Marcel Boldorf und Jonas Scherner (Hrsg.)
Handbuch Wirtschaft im Nationalsozialismus

Handbücher zur Wirtschaftsgeschichte

Herausgegeben von
Marcel Boldorf und Christian Kleinschmidt

Handbuch Wirtschaft im Nationalsozialismus

Herausgegeben von
Marcel Boldorf und Jonas Scherner

DE GRUYTER
OLDENBOURG

ISBN 978-3-11-221423-7
e-ISBN (PDF) 978-3-11-079635-3
e-ISBN (EPUB) 978-3-11-079643-8

Library of Congress Control Number: 2023932786

Bibliografische Information der Deutschen Nationalbibliothek
Die Deutsche Nationalbibliothek verzeichnet diese Publikation in der Deutschen Nationalbibliografie; detaillierte bibliografische Daten sind im Internet über http://dnb.dnb.de abrufbar.

© 2025 Walter de Gruyter GmbH, Berlin/Boston
Dieser Band ist text- und seitenidentisch mit der 2023 erschienenen gebundenen Ausgabe.
Einbandabbildung: Berlin, Altmärkische Kettenwerk GmbH (Alkett). Serienproduktion von Sturmgeschütz III und Sturmhaubitze 42; ca. Aug./Sept. 1943. Bundesarchiv, Bild 146-1985-100-33
Satz: Meta Systems Publishing & Printservices GmbH, Wustermark
Druck und Bindung: CPI books GmbH, Leck

www.degruyter.com

Vorwort zur Gesamtreihe

Die neuen *Handbücher zur Wirtschaftsgeschichte* setzen bei aktuellen Forschungen auf dem Gebiet der Wirtschaftsgeschichte an und richten sich auf spezifische Themenfelder aus. Damit unterscheiden sie sich von den bisherigen Handbüchern zur Wirtschaftsgeschichte, die einen eher chronologischen oder auch regionalen bzw. länderspezifischen Ansatz verfolgten und deren Erscheinen einige Jahrzehnte zurückliegt. Das Fach hat sich inzwischen weiter ausdifferenziert und dabei auch neue Themen und Methoden in den Blick genommen. Im Ganzen soll die neue Handbuchreihe eine vertiefte, sachbezogene Auseinandersetzung mit Schwerpunkten des Fachs auf der Basis einer breiten Wahrnehmung der Forschung ermöglichen. Sie richtet sich in erster Linie an Fachhistorikerinnen und Fachhistoriker, aber auch an Studierende, Lehrerinnen und Lehrer sowie an ein breites, historisch interessiertes Publikum.

Während für den englischsprachigen Raum vergleichbare Handbuchkonzepte für unterschiedliche Fächer und Forschungsfelder schon seit längerem vorliegen (Oxford und Cambridge Handbooks), ist dies für das Fach Wirtschaftsgeschichte im deutschsprachigen Raum nicht der Fall. Die vorliegende Handbuchreihe richtet sich dementsprechend in erster Linie am deutschsprachigen Forschungsraum aus, nicht ohne die jeweiligen Inhalte auch in einen internationalen bzw. transnationalen Kontext zu stellen.

Das übergeordnete Thema „Wirtschaft" wird von uns in einem breiten Verständnis rezipiert und soll Anschlussmöglichkeiten an gesellschaftliche, politische, soziale und kulturelle Fragen bieten, ohne Vollständigkeit anstreben zu können. Die Beiträge der einzelnen Bände zeichnen sich durch eine inhaltliche und methodische Vielfalt aus, wobei die jeweilige Schwerpunktsetzung und Gestaltung in der Verantwortung der Herausgeber der Bände liegt.

Marcel Boldorf (Lyon)
Christian Kleinschmidt (Marburg)

In Gedenken an Christoph Buchheim (1954–2009)

Inhalt

Vorwort zur Gesamtreihe —— V

1 Einleitung

Marcel Boldorf und Jonas Scherner
1.1 Forschungsfragen und Bandkonzeption —— 3

2 Grundlagen des Wirtschaftens

Marcel Boldorf
2.1 Wirtschaftsordnung und Wirtschaftslenkung —— 17

Helmut Maier
2.2 Wissenschaft und Rüstungsforschung —— 43

Harald Wixforth
2.3 Finanzsystem und Banken —— 69

Christian Marx
2.4 Wirtschaftselite und NS-Staat —— 93

Christopher Kopper
2.5 Transport und Verkehr —— 117

3 Wirtschaftssektoren und industrielle Branchen

Jonas Scherner
3.1 Industrielle Entwicklung und Investitionen —— 145

Jochen Streb
3.2 Rüstungsindustrie —— 169

Alexander Donges
3.3 Montanindustrie: Eisenerz, Kohle und Stahl —— 193

Jonas Scherner
3.4 Nichteisenmetalle: Bergbau und Verhüttung —— 221

Johannes Bähr
3.5 Maschinen- und Kraftfahrzeugbau —— 245

Raymond G. Stokes
3.6 Chemische Industrie —— 275

Simon Gogl
3.7 Bauwirtschaft —— 299

Ralf Banken
3.8 Elektroindustrie —— 323

Mark Spoerer
3.9 Textilproduktion und -versorgung —— 349

Boris Gehlen
3.10 Energiewirtschaft —— 373

Gustavo Corni
3.11 Agrarpolitik —— 395

4 Wirtschaft und Gesellschaft

Ole Sparenberg
4.1 Umwelt und Wirtschaft —— 421

Wolfgang Mühl-Benninghaus
4.2 Medienwirtschaft: Tagespresse, Film und Rundfunk —— 445

Hasso Spode
4.3 Tourismus —— 469

Sina Fabian
4.4 Luxusgüter und Genussmittel —— 495

5 Erwerbstätigkeit und Verteilungspolitik

André Steiner
5.1 Einkommen, Lebensstandard und Konsum —— 519

Rüdiger Hachtmann
5.2 **Arbeitsbeziehungen und Tarifsystem** —— 541

Mark Spoerer
5.3 **Zwangsarbeit** —— 567

Elizabeth Harvey
5.4 **Frauenarbeit in der NS- und der Kriegswirtschaft** —— 589

Marcel Boldorf
5.5 **Sozialpolitik** —— 613

6 Expansion und Verfolgung

Marc Buggeln
6.1 **Großraumwirtschaft** —— 641

Ernst Langthaler
6.2 **Österreichs Wirtschaft im Nationalsozialismus** —— 667

Jaromír Balcar
6.3 **Die tschechische Industrie in der Kriegswirtschaft** —— 691

Christoph Kreutzmüller
6.4 **Vernichtung der jüdischen Gewerbetätigkeit** —— 715

7 Außen- und Besatzungswirtschaft

Jonas Scherner
7.1 **Außenhandel und -wirtschaft** —— 739

Marcel Boldorf
7.2 **Besatzungswirtschaft in Westeuropa: Frankreich, Belgien und Niederlande** —— 765

Hans Otto Frøland
7.3 **Besatzungswirtschaft in Nordeuropa: Norwegen und Dänemark** —— 793

Paolo Fonzi
7.4 **Besatzungswirtschaft in Süd- und Südosteuropa: Jugoslawien, Griechenland und Italien** —— 819

Stephan Lehnstaedt
7.5 Besatzungswirtschaft in Osteuropa – Polen und die Sowjetunion —— 843

8 Ausblick

Marcel Boldorf und Jonas Scherner
8.1 Wirtschaftliche Folgen der nationalsozialistischen Herrschaft und des Zweiten Weltkriegs —— 867

Verzeichnis der Autorinnen und Autoren —— 877

Personenregister —— 883

Unternehmensregister —— 887

Ortsregister —— 891

Sachregister —— 895

1 Einleitung

Marcel Boldorf und Jonas Scherner
1.1 Forschungsfragen und Bandkonzeption

1.1.1 Nationalsozialistische Ideologie und Wirtschaftspolitik

Die nationalsozialistische Ideologie und die Wirtschaftspolitik standen miteinander auf Kriegsfuß. Bei ihrer Gründung 1920 entwickelte die NSDAP kein ausgefeiltes Wirtschaftsprogramm, sondern verhielt sich ökonomischen Problemen gegenüber eher ignorant. Hitlers eigene Auffassung war geprägt „von der niederen Rangordnung der Wirtschaft hinter Volk und Rasse, Staat und Partei und von ihrer dienenden Rolle." Er glaubte, dass jeder „machtpolitische Aufschwung" einen wirtschaftlichen Aufstieg nach sich ziehe und jeder Machtverlust „auch die Wirtschaft verkümmern" ließe.[1] Sucht man nach einer kennzeichnenden Leitlinie, lässt sich als Hauptcharakteristikum des Wirtschaftsdenkens festhalten, dass die Wirtschaft politischen Interessen unterzuordnen sei, insbesondere der völkischen Neuregelung Europas und der Kriegsführung zu diesem Zweck.

Trotzdem lassen sich im 25-Punkte-Programm der NSDAP, das immer wieder als grundlegend für die Parteientwicklung bezeichnet wird, Befunde zur „Wirtschaft" finden.[2] Einige Punkte hatten klassenkämpferische Züge, insbesondere wenn sie den heftig angegriffenen Finanzsektor betrafen: Der „Brechung der Zinsknechtschaft" verschrieb sich vor allem der sog. Strasser-Flügel der Partei, der in den frühen 1930er Jahren ausgeschaltet wurde. Bereits im Programm von 1920 waren Umverteilungsvorstellungen ebenso vorzufinden wie die Forderung nach Verstaatlichung aller bereits vergesellschafteten Trusts. Ergänzt wurden diese Punkte durch die Forderung nach staatlicher Gewinnbeteiligung an Großbetrieben und einer Kommunalisierung der Groß-Warenhäuser. Die Dominanz der Landwirtschaft in den wirtschaftspolitischen Vorstellungen drückte sich in der Forderung einer „unseren nationalen Bedürfnissen angepasste[n] Bodenreform" aus.

Hieran schlossen sich die Forderung der Abschaffung des Bodenzinses und der Verhinderung der Bodenspekulation an. Schließlich wurde ein hartes Vorgehen gegen „gemeine Volksverbrecher, Wucherer, Schieber" gefordert. Sie seien mit dem Tode zu bestrafen, „ohne Rücksichtnahme auf Konfession und Rasse." Manche Stellen des Programms enthielten Reminiszenzen an den zwei Jahre zurückliegenden Krieg, z. B. auch die aufgenommene konkrete Forderung nach „restlose[r] Einziehung aller Kriegsgewinne". Die Rassenideologie ragte bereits in zentrale Wirtschaftsvorstellungen hinein, denn

---

[1] *Wolfram Fischer*, Deutsche Wirtschaftspolitik 1918–1945, Opladen 1968, S. 52.
[2] Zum Folgenden *Avraham Barkai*, Das Wirtschaftssystem des Nationalsozialismus. Ideologie, Theorie, Politik 1933–1945, 3. Aufl. Frankfurt am Main 1995, S. 30–33; *Fischer*, Wirtschaftspolitik, S. 52–55.

die Angriffe auf verschiedene Wirtschaftsbereiche und Unternehmenstypen betrafen Entitäten, die im nationalsozialistischen Sinn als „jüdisch" dominiert begriffen wurden.

Für die Wirtschaft galt wie für andere Bereiche, dass die NSDAP nur wenige Ergänzungen zu dem ursprünglichen Programm machte, das zur Grundfeste für die Parteiarbeit wurde. Im Wahlkampf 1930 distanzierte sich die Partei von Sozialisierungsideen, weil Punkte wie „unentgeltliche Enteignung" vom politischen Gegner süffisant aufgenommen worden waren. Während der Wirtschaftskrise erlebte die NSDAP ein rasantes Wachstum des Wählerzuspruchs, als sich ihre Stimmenanteile von der vierten Weimarer Reichstagswahl im Mai 1928 (2,6 %) über die fünfte im September 1930 (18,3 %) bis zur sechsten im Juli 1932 (37,4 %) stark erhöhten. Inmitten der Krisenperiode gründete die NSDAP im Januar 1931 eine wirtschaftspolitische Abteilung, die sich intensiver mit den wirtschaftspolitischen Zielen der Partei beschäftigen sollte.[3] Um eine mögliche Regierungsbeteiligung vorzubereiten, hatte sich die Abteilung unter der Leitung von Otto Wagener schwerpunktmäßig den Arbeitsgebieten Währung, Finanzen, Sozialpolitik und Arbeitsbeschaffung zuzuwenden.[4] Konkret beraten wurden Themen wie die ständische Organisation der Wirtschaft unter Wahrung des Leistungsprinzips, die Lösung der Probleme der Arbeitslosigkeit und der Wirtschaftskrise, die Finanz- und Währungsordnung sowie einzelne Problemfelder, z. B. die Landwirtschaftsförderung, die Verkehrspolitik, Steuerfragen und Ausländerbeschäftigung. Es entstand kein konzises Programm, weil sich die von Hitler hinzugezogenen Vertrauten über konkurrierende Konzepte stritten. Mittelständisch und proletarisch orientierte Lobbyisten versuchten zu intervenieren. Konsensvorstellungen herrschten vor allem über die Gewinnung von Lebensraum im Osten vor, denn dies sei die „vordingliche volkswirtschaftliche Aufgabe", sowie über die Kontrolle der Wirtschaft durch den Staat. In der Praxis folgte die Idee eines Sofortprogramms, an dem Gottfried Feder und Gregor Strasser mitarbeiteten; es betonte die Notwendigkeit schnell zu ergreifender Maßnahmen nach einer Regierungsbeteiligung.[5]

Für den Nationalsozialismus an der Macht gewannen konkrete Thematiken an Bedeutung. Nach dem Januar 1933 „lief die Uhr für die Programmatiker ab", zum Beispiel für Feder, der ursprünglich eine nationalsozialistische „Wirtschaftslehre" erarbeitet hatte. Es begann „die Stunde der Politiker, die nicht idealen Zielen nachjagen, sondern reale Zwecke zu verwirklichen trachten".[6] Viele der bisher entwickelten Programmideen wurden über Bord geworfen, zum Teil in machtpolitischen Kämpfen wie mit Strasser, die Hitler und seine Gefolgsleute für sich entschieden. Vor allem die antikapita-

---

3 Vgl. *Barkai*, Wirtschaftssystem, S. 34–41.
4 *Ralf Banken*, „An der Spitze aller Künste steht die Staatskunst". Das Protokoll der NSDAP-Wirtschaftsbesprechungen Februar/März 1933, in: Johannes Bähr/Ralf Banken (Hrsg.), Wirtschaftssteuerung durch Recht im Nationalsozialismus. Studien zur Entwicklung des Wirtschaftsrechts im Interventionsstaat des „Dritten Reichs", Frankfurt am Main 2006, S. 520.
5 *Banken*, An der Spitze, S. 526; *Barkai*, Wirtschaftssystem, S. 42–67. Zur Durchführung vgl. das Kapitel 2.1 in diesem Band.
6 *Fischer*, Wirtschaftspolitik, S. 55; *Barkai*, Wirtschaftssystem, S. 27–34.

listischen Elemente wurden kaum wirkungsmächtig („Brechung der Zinsknechtschaft"), es sei denn, man bediente sich ihrer zur Rechtfertigung rassistischer Verfolgung.

Unter dem Primat der Politik stand von vornherein die Umstellung der Wirtschaft auf einen Krieg im Vordergrund. Der Staat versuchte dafür Sorge zu tragen, dass ein Maximum an kriegswichtigen Gütern produziert wurde. Im Zentrum stand die eigentliche Rüstungsproduktion, die von Waffen und Munition bis zu Kriegsgeräten wie Panzern, Flugzeugen und U-Booten reichte.[7] Daneben erfasste der rüstungswirtschaftliche Wandel auch andere Industriesektoren, die nun vermehrt Güter für den militärischen Gebrauch herstellten, wie etwa elektrische Geräte oder militärische Kleidung, z. B. Uniformen.[8] Von grundlegender Bedeutung waren auch Basissektoren wie die Energiewirtschaft[9] oder die Landwirtschaft, die im nationalsozialistischen Wirtschaftsdenken eine besonderen Platz einnahm. Dies zog nicht nur ideologisch fundierte Maßnahmen wie den Erlass des Reichserbhofgesetzes nach sich, weil das „Bauerntum als Blutquelle des deutschen Volkes"[10] galt, sondern hatte auch praktische Auswirkungen für die Kriegsplanung: Hitler leitete aus agrarwirtschaftlichen Engpässen die Notwendigkeit einer Siedlungspolitik ab.[11]

Die Vorstellungen Hitlers bewegten sich von einer offenen hin zu einer geschlossen gedachten Volkswirtschaft, was eine Abkehr von Weltmarktbindungen implizierte. Die Autarkiepolitik war in den Augen Hitlers weder allein ein Instrument, um sich auf den Lebensraumkrieg vorzubereiten – wie in der „Denkschrift zum Vierjahresplan" (1936)[12] zu sehen – noch eine reine Antwort auf kurzfristige Zahlungsbilanzprobleme. Maßgeblich war die aus den Erfahrungen des Ersten Weltkriegs und der Blockade gewonnene Überzeugung, dass die Importabhängigkeit und der relativ beschränkte Zugang zu Rohstoffen und Agrarprodukten Deutschland schwäche und erpressbar mache. Er erwartete, dass es für Deutschland zunehmend schwierig werden würde, seine gewerblichen Warenexporte zur Finanzierung von Rohstoff- und Agrarimporten im Ausland abzusetzen, und zwar nicht nur aufgrund des herrschenden Protektionismus, sondern auch wegen Überkapazitäten, die in anderen Teilen der Welt entstanden. Laut dem Hossbach-Protokoll – einem Schlüsseldokument zur Konkretisierung der Kriegspläne – bemerkte Hitler 1937 hinsichtlich der Frage der deutschen Weltmarktorientierung, es sei „grundsätzlich zu bedenken, daß seit dem Weltkrieg eine Industrialisierung gerade früherer Ernährungsausfuhrländer stattgefunden

---

7 Vgl. das Kapitel 3.2 in diesem Band.
8 Vgl. die Kapitel 3.8 und 3.9 in diesem Band.
9 Vgl. das Kapitel 3.10 in diesem Band.
10 Reichsgesetzblatt I 1933, S. 685–692. Reichserbhofgesetz, 29. 9. 1933, vgl. das Kapitel 3.11 in diesem Band.
11 Hitlers Ausführungen anlässlich eines Abendessens mit den Befehlshabern des Heeres und der Marine am 3. Februar 1933, abgedruckt in *Thilo Vogelsang*, Dokumentation: „Neue Dokumente zur Geschichte der Reichswehr 1930–1933", in: Vierteljahrshefte für Zeitgeschichte 2, 1954, S. 434 f.
12 *Wilhelm Treue*, Hitlers Denkschrift zum Vierjahresplan 1936, in: Vierteljahrshefte für Zeitgeschichte 3, 1955, S. 184–210.

habe".¹³ Da man im Zeitalter wirtschaftlicher Imperien lebe, müsse Deutschland für die Erweiterung seines Einflussbereiches und seines „Lebensraums" sorgen.

Die ordnungspolitische Umstellung beinhaltete auch die Einführung zahlreicher Regularien für die Wirtschaft, die zunächst eine Maßnahmenpolitik hervorbrachten, die dann in eine institutionelle Neuordnung des Wirtschaftssystems und den Ausbau eines kriegsrelevanten Bewirtschaftungsapparates mündete. Dass Planung und Regulierung immer nur einen sekundären Stellenwert hatten, hing mit dem sozialdarwinistischen Denken Hitlers und der Nationalsozialisten zusammen: Die Unternehmen stünden in einem Wettbewerb miteinander, in dem sich stets das stärkere durchsetzen werde. Daher seien die spezifischen Autarkie- und Rüstungsziele nicht durch staatliche, sondern am besten durch privatwirtschaftlich organisierte Unternehmen zu erreichen. Diese Überzeugung begründete für den Nationalsozialismus an der Macht eine Präferenz für Privateigentum und eine Distanzierung von Staatseigentum.¹⁴

1.1.2 Forschungen zum Thema dieses Handbuchs

Im Einklang mit der nationalsozialistischen kriegswirtschaftlichen Prioritätensetzung gewannen sog. wehrwirtschaftliche Forschungen in den 1930er Jahren an Gewicht. Zur Vorbereitung eines erneuten Krieges entstanden detaillierte Studien, die sich Problemsektoren des Ersten Weltkrieges zuwandten. Die durchaus kritischen Studien der Carnegie-Stiftung für internationalen Frieden, von denen sich einige mit der deutschen Wirtschaft im zurückliegenden Weltkrieg beschäftigten, hatten bereits ab Mitte der 1920er Jahre eine wichtige Vorarbeit geleistet. Die ausgewählten deutschen Autoren waren zumeist Praktiker, die zwischen 1914 und 1918 eine organisatorische Funktion in der Staats- und Kriegsverwaltung bekleidet hatten.¹⁵ Manche der alten Funktionsträger wie der Staatsrechtler Kurt Wiedenfeld, der 1916 zum wirtschaftlichen Generalreferent im Kriegsrohstoffamt aufgestiegen war, nahmen ihre früheren Arbeiten wieder auf.¹⁶ Die Reihe „Schriften zur kriegswirtschaftlichen Forschung und Schulung", die seit 1935 mit Unterstützung amtlicher Stellen herausgegeben wurde, widme-

---

13 Bundesarchiv Berlin, RW 8/18, Bl. 2–8. Niederschrift des Oberst Hossbach über die Besprechung vom 5. November 1937 in der Reichskanzlei, 10. 11. 1937.
14 Vgl. *Christoph Buchheim/Jonas Scherner*, The Role of Private Property in the Nazi Economy: The Case of Industry, in: Journal of Economic History 66, 2006, S. 390–416.
15 *Friedrich Aereboe*, Der Einfluss des Krieges auf die landwirtschaftliche Produktion in Deutschland, Stuttgart [u. a.] 1927; *August Skalweit*, Die deutsche Kriegsernährungswirtschaft, Stuttgart [u. a.] 1927; *Walther Lotz*, Die deutsche Staatsfinanzwirtschaft im Kriege, Stuttgart [u. a.] 1927; *Otto Goebel*, Deutsche Rohstoffwirtschaft im Weltkrieg einschließlich des Hindenburgprogramms, Stuttgart [u. a.] 1930.
16 *Kurt Wiedenfeld*, Die Organisation der Kriegsrohstoffbewirtschaftung im Weltkriege, Hamburg 1936. Zurückgreifend auf: *Kurt Wiedenfeld*, Rohstoffversorgung, Berlin 1917; vgl. auch: *Marcel Boldorf*, Forschungsfragen und Wissensstände, in: Marcel Boldorf (Hrsg.), Deutsche Wirtschaft im Ersten Weltkrieg (Handbücher zur Wirtschaftsgeschichte), Berlin/Boston 2020, S. 10–12.

te sich spezialisierten Problemen der Kriegswirtschaft, wie sie für künftige Konflikte erwartet wurden und teilweise infolge der Autarkiepolitik bereits auftraten (Fettlücke).[17] Die Darstellung zur „Wehrwirtschaft" von Paul Wiel, ein aktives Mitglied der für NS-Propaganda verantwortlichen „Deutschen Gesellschaft für Wehrpolitik und Wehrwissenschaften", wirkte sich auf die Behörden- und Militärorganisation aus.[18] Sein Buch behandelte die wirtschaftliche Kriegsführung und „wehrwirtschaftliche Fragen", die von der Wirtschaftssteuerungspolitik bis zur wirtschaftlichen Kriegsvorbereitung reichten. Die Installation wehrwirtschaftlicher und rüstungsrelevanter Abteilungen setzte sich in vielen zivilen Verwaltungen fort. Das neu entstandene Reichsamt für Wehrwirtschaftliche Planung publizierte auch eine Schriftenreihe.[19] Die Publikation dieser Art von kriegsvorbereitenden, dann kriegsbegleitenden Studien setzte sich auf vielen wirtschaftlichen Feldern bis 1945 fort.

Die erste grundlegende Publikation nach Kriegsende, die auf die nachfolgende wirtschaftshistorische Forschung Einfluss nahm, war der Abschlussbericht des *United States Strategic Bombing Survey (USSBS)*.[20] Die militärische Erforschung umfasste auch ein Interesse für die wirtschaftlichen Auswirkungen des strategisch geführten Bombenkriegs. Als Nebeneffekt wurde eine Theorie für den wirtschaftlichen Verlauf des gerade erst vergangenen Weltkrieges entwickelt, nach der das Deutsche Reich 1939 wirtschaftlich noch kaum vorbereitet war und „eine unter Friedensbedingungen arbeitende Wirtschaft bis weit hinein in die Kriegsjahre bestand."[21] Erst unter Rüstungsminister Albert Speer sei der Übergang zur „totalen Kriegswirtschaft" erfolgt. Dieser Befund erlaubte dem Volkswirt und Statistiker Rolf Wagenführ, der während des Krieges Mitarbeiter im Rüstungsministerium war und dann dem USSBS zuarbeitete, auf der Basis seiner eigenen Datensammlung die Theorie der „friedensähnlichen Kriegswirtschaft" zu platzieren.[22] In Erweiterung dessen entwickelten der gleichfalls am USSBS mitarbeitende Burton H. Klein und nachfolgend der britische Wirtschaftshistoriker Alan S. Milward die sog. Blitzkriegshypothese.[23] Demnach habe das NS-Regime Ende der 1930er Jahre und zu Beginn des Kriegs lediglich das Konzept der

---

17 *Theodor Macht*, Die deutsche Fettwirtschaft in und nach dem Kriege, Hamburg 1936; *Fritz-Adolf Schilling-Vos*, Die Sonderernährung der Rüstungsarbeiter im Rahmen der Kriegswirtschaft 1914–1918. Ein Beitrag zur deutschen Arbeiterfrage, Hamburg 1936; *Johannes Mayer*, Preisbildung und Preisprüfung in der Kriegswirtschaft, Hamburg 1937; *Erwin Rauscher*, Die Umstellung von der Friedens- auf die Kriegsfertigung, Hamburg 1937.
18 *Paul Wiel*, Krieg und Wirtschaft. Wirtschaftskrieg, Kriegswirtschaft, Wehrwirtschaft, Berlin 1938.
19 Die deutsche Industrie. Gesamtergebnisse der amtlichen Produktionsstatistik (Schriftenreihe des Reichsamts für wehrwirtschaftliche Planung, Bd. 1), Berlin 1939.
20 *United States Strategic Bombing Survey (USSBS)*, The Effects of Strategic Bombing on the German War Economy Overall Economic Effects Division, October 31, 1945, Washington 1945.
21 *Alan S. Milward*, Die deutsche Kriegswirtschaft 1939–1945, Stuttgart 1966, S. 14; vgl. USSBS, Effects, S. 6.
22 *Rolf Wagenführ*, Die deutsche Industrie im Kriege 1939 bis 1945, Berlin 1954, S. 25.
23 *Burton H. Klein*, Germany's Economic Preparations for War, Cambridge/Mass. 1959; *Milward*, Kriegswirtschaft.

Breitenrüstung – die Aufstellung und Ausrüstung einer möglichst großen Zahl von Truppen – aber nur unzureichend der Tiefenrüstung verfolgt, d. h. die Schaffung einer industriellen Basis inklusive einer umfangreichen Munitions- und Rohstofflagerung.[24] Diese unvollkommene Mobilisierung der deutschen Wirtschaft habe dem Wunsch entsprochen, eine zu starke Einschränkung des privaten Konsums zu vermeiden, d. h. die friedensähnliche Kriegswirtschaft zur Erhöhung der Akzeptanz des Regimes aufrecht zu erhalten. Erst nachdem der Sieg gegen die Sowjetunion 1941 misslang und die USA als potente Gegner in den Krieg eintraten, sei eine Abkehr von diesem Konzept erfolgt und die Wirtschaft radikal auf einen Abnutzungskrieg eingestellt worden.[25] Drei Hauptbelege dominierten die Argumentation: (a) die Annahme eines relativ hohen privaten Konsums, selbst nach Kriegsausbruch, (b) die relativ geringen Vorkriegsinvestitionen in typischen Kriegssektoren, (c) die geringe Vorratshaltung, besonders der überwiegend importierten Nichteisenmetalle.

Richard Overy zeigte, dass die von Milward angeführten Daten zum privaten Verbrauch irreführend waren und dass das Konsumniveau in Deutschland nach Kriegsausbruch rasch fiel.[26] Weitere Studien zu industriellen Investitionen und der Bevorratung nichteiserner Metalle, die in zwei Kapiteln dieses Handbuchs aufzugreifen sind, schwächten die wirtschaftliche Blitzkriegstheorie zusätzlich.[27] Im Zuge des ausgreifenden Polykratieparadigmas entwickelte sich als weitere Annahme gegen Ende der 1980er Jahre die „Ineffizienzhypothese", die – wie zu zeigen – eingeschränkte Gültigkeit hat.[28] All diese Studien widerlegten die früheren Befunde zu den wirtschaftlichen Planungen und zum wirtschaftlichen Verlauf des Krieges. Auch die sog. Speersche Wende, die weitgehend einer Selbststilisierung des Anfang 1942 eingesetzten Rüstungsministers entsprach, verlor an Bedeutung. Die fortschreitende wissenschaftliche Erkenntnis brachte neue Interpretationen zum Konsum im Nationalsozialismus sowie zur kriegswirtschaftlichen Ordnung hervor, die in diesem Handbuch ausführlich rezipiert werden.[29] Insgesamt betrachtet erscheint die Fähigkeit des NS-Regimes zur wirtschaftlichen Mobilisierung erheblich größer und die Wirtschaftspolitik weitaus kontinuierlicher als lange Zeit angenommen.

Eine wesentliche Untersuchung legte 1958 der Schweizer Ökonom René Erbe vor, die bereits eine zeitgenössische Rezension als „außerordentlich wertvolle Bereicherung" zur Debatte über die NS-Wirtschaftspolitik bezeichnete.[30] Bei der Analyse des NS-Aufschwungs der 1930er Jahre errechnete Erbe einen niedrigen Indikator für die

---

[24] Vgl. dazu generell *Georg Thomas*, Geschichte der deutschen Wehr- und Rüstungswirtschaft (1918–1943/45), Boppard am Rhein 1966.
[25] Vgl. ausführlich das Kapitel 3.2 in diesem Band.
[26] *Richard J. Overy*, War and Economy in the Third Reich, Oxford 1994, S. 278, 288–290.
[27] Vgl. die Kapitel 3.1 und 3.4 in diesem Band.
[28] Vgl. das Kapitel 3.2 in diesem Band.
[29] Vgl. die Kapitel 2.1 und 5.1 in diesem Band.
[30] *René Erbe*, Die nationalsozialistische Wirtschaftspolitik 1933–1939 im Lichte der modernen Theorie, Zürich 1958; rezensiert von *Knut Borchardt*, in: Jahrbücher für Nationalökonomie und Statistik 171, 1959, S. 451 f.

öffentlichen Investitionen. Daraus schloss er, dass das NS-Regime keine Konjunkturpolitik betrieben habe, sondern eine Kriegswirtschaft in Friedenszeiten war, was das Wagenführsche Diktum semantisch umdrehte. Das Primat der Rüstung, das spätestens seit 1935 den Wirtschaftsaufschwung bestimmte, arbeitete Erbe bereits klar heraus. Beispiele wie der häufig zitierte Autobahnbau seien – verglichen mit den staatlichen Rüstungsausgaben – konjunkturell völlig unbedeutend gewesen. Unterdessen sei die „Konjunkturpolitik [...] damit beschäftigt gewesen, die technischen Defizite der Defizitpolitik zu lösen."[31] Er erteilte deshalb auch der Vermutung eine Absage, dass Hitler eine keynesianische Politik betrieben habe.[32] Des Weiteren könnten die Konzepte zur Arbeitsbeschaffung bereits Hitlers Vorgängerregierungen zugeschrieben werden. Diese Erkenntnisse, die bis heute vielfach verifiziert wurden, verhinderten nicht, dass manche NS-„Errungenschaften" jahrzehntelang als solche präsentiert wurden. In der Öffentlichkeit und in allgemeinhistorischen Werken dominierte lange Zeit eine Sichtweise, die die wirtschaftspolitischen Leistungen des NS-Regimes hervorhob, was auf die Langlebigkeit der NS-Propaganda hindeutet.[33]

Dass Großkapital und Faschismus eng verwoben waren, gehörte zu den Grundannahmen marxistischer Anschauungen. Josef Stalin interpretierte den Faschismus als höchste Krisenstufe des staatsmonopolistischen Kapitalismus.[34] Mit einer anderen Akzentuierung vertraten auch westliche Autoren die Krisentheorie, wenn etwa Michael von Prollius mit Rückgriff auf Ernst Nolte schreibt, dass die Depression der Zwischenkriegszeit „als umfassende Krise der kapitalistischen Gesellschaft" zu deuten sei, „deren Integrationsfähigkeit und Legitimation zunehmend nachließ und kaum ausreichende Antworten auf die Herausforderungen von Massengesellschaft, Pluralisierung und Individualisierung bot". Dies habe „die Ausprägung und Akzeptanz einer derart autoritären und rassistischen Weltanschauung" begünstigt.[35] In den DDR-Standardwerken wurde auch Hitlers Kriegsentfesselung als Ausdruck einer Krisensituation gedeutet: Der vom NS-Regime provozierte militärische Konflikt sei „eine gesetzmäßige Erscheinung der kapitalistischen Klassengesellschaft".[36] Leicht modifiziert übertrug der DDR-Historiker

---

31 *Borchardt*, Rezension zu René Erbe, S. 451 f.
32 *Jochen Streb*, Das nationalsozialistische Wirtschaftssystem: Indirekter Sozialismus, gelenkte Marktwirtschaft oder vorgezogene Kriegswirtschaft? In: Werner Plumpe/Joachim Scholtyseck (Hrsg.), Der Staat und die Ordnung der Wirtschaft. Vom Kaiserreich bis zur Berliner Republik, Stuttgart 2012, S. 74–76; *Erbe*, Wirtschaftspolitik, S. 166–177, vgl. auch das Kapitel 2.1 in diesem Band.
33 *Christoph Buchheim*, Das NS-Regime und die Überwindung der Weltwirtschaftskrise in Deutschland, in: Vierteljahrshefte für Zeitgeschichte 56, 2008, S. 382; vgl. auch die Hinweise in *Fischer*, Wirtschaftspolitik, S. 51.
34 Vgl. *Jürgen Kuczynski*, Geschichte der Arbeiter unter dem Kapitalismus Teil 1, Bd. 2, Berlin (Ost) 1953, S. 55; Bd. 6, Berlin (Ost) 1964, S. 17 ff.
35 *Michael von Prollius*, Das Wirtschaftssystem der Nationalsozialisten 1933–1939. Steuerung durch emergente Organisation und politische Prozesse, Paderborn 2003, S. 98, basierend auf *Ernst Nolte*, Die Krise des liberalen Systems und die faschistischen Bewegungen, München 1968, S. 19.
36 *Hans-Erich Volkmann*, Ökonomie und Expansion. Grundzüge der NS-Wirtschaftspolitik. Ausgewählte Schriften. München 2003, S. 88 mit Verweis auf: Deutschland im zweiten Weltkrieg, Bd 1: Vorbereitung, Entfesselung und Verlauf des Krieges bis zum 22. Juni 1941, Berlin (Ost) 1974, S. 23.

Dietrich Eichholtz die wirtschaftliche Krisentheorie auf den Kriegsausbruch: Mit dem Faschismus sei eine Herrschaftsform des staatsmonopolistischen Kapitalismus geschaffen worden, „die die Krise des Kapitalismus mit Terror im Innern und durch die Neuaufteilung der Welt nach außen überwinden sollte."[37] Somit wurde auch der Weltkrieg als Überwindung einer ökonomischen Krisensituation gedeutet.

Obgleich marxistischer Herkunft, differenzierte der Historiker Timothy Mason stärker: Auch er ging davon aus, dass der Kriegsausbruch der Ausdruck einer inneren wirtschaftlichen Krise war. Hitler habe zur Stabilisierung seiner Diktatur den Eroberungskrieg als geeignetes Mittel gesehen, das zugleich den Lebensstandard der unzufriedenen Arbeiterschaft steigern könne.[38] Damit deutete er den Kriegsbeginn im Sinne eines Primats der Politik. Nicht die Interessen der Industrie, sondern die politischen Überzeugungen des NS-Regimes seien für die Weichenstellung zum Krieg entscheidend gewesen. Dies forderte zwar Korrekturen heraus, denn Richard Overy konstatierte, dass Deutschlands Wirtschaft wesentlich robuster gewesen sei, als von Mason angenommen.[39] Doch setzte sich das Primat der Politik als Deutungsmuster allgemein durch, d. h., dass der Staat durch seine Nachfrage nach Rüstungsgütern für einen Aufschwung gesorgt habe. Auch gewann die Interpretation an Gewicht, dass die Industrie von wirtschaftspolitischen Entscheidungsfindungen weitgehend ausgeschlossen war. An diesem Punkt traten die allgemeineren Fragen nach der Natur des Aufschwungs in der NS-Zeit sowie nach der Verantwortung der Unternehmer für die Kriegs- und Rüstungswirtschaft auf den Plan.

Die Debatte um den Wirtschaftsaufschwung im Nationalsozialismus drehte sich um eine Bewertung der hohen Wachstumsraten ab 1933, deren Höhe ähnlich denen in der Bundesrepublik nach 1948 waren. Werner Abelshauser argumentierte, dass die Konjunkturwende nach 1933 ursächlich auf die NS-Wirtschaftspolitik zurückzuführen sei, wobei er die frühere Argumentation einer keynesianischen Staatskonjunktur wieder aufgriff.[40] Gegen diese Deutung wandte sich Christoph Buchheim, indem er wie René Erbe auf die fehlenden Multiplikatoreffekte der Staatsausgaben hinwies.[41] Er stellte heraus, dass sich ein eigenständiger Konjunkturaufschwung durch spontane Antriebskräfte vor der Machtübernahme andeutete und dass die NS-Arbeitsmarktpro-

---

[37] *Volkmann*, Ökonomie, S. 88 mit Verweis auf *Dietrich Eichholtz*, Geschichte der deutschen Kriegswirtschaft 1939–1941, Berlin (Ost) 1971, S. 1.
[38] *Timothy W. Mason*, Arbeiterklasse und Volksgemeinschaft. Dokumente und Materialien zur deutschen Arbeiterpolitik 1936–1939, Opladen 1975; *Timothy W. Mason*, Innere Krise und Angriffskrieg 1938/1939, in: Friedrich Forstmeier/Hans-Erich Volkmann (Hrsg.), Wirtschaft und Rüstung am Vorabend des Zweiten Weltkriegs, Düsseldorf 1975, S. 158–188.
[39] *Richard Overy*, Germany, „Domestic Crisis" and War in 1939, in: Past & Present 116, 1987, S. 138–168; als Replik *David Kaiser/Tim Mason*, Germany, „Domestic Crisis" and War in 1939, in: Past & Present 122, 1989, S. 200–221.
[40] *Werner Abelshauser*, Kriegswirtschaft und Wirtschaftswunder. Deutschlands wirtschaftliche Mobilisierung für den Zweiten Weltkrieg und die Folgen für die Nachkriegszeit, in: Vierteljahrshefte für Zeitgeschichte 47, 1999, S. 505–513.
[41] *Buchheim*, NS-Regime und die Überwindung, S. 407 (Tabelle 4).

gramme von 1933 auf Ausarbeitungen der Vorgängerregierungen beruhten.[42] Insbesondere charakterisierte er den NS-Aufschwung als deformiertes Wachstum, weil er einseitig den Zielen der Aufrüstung und Autarkie verpflichtet war, aber nicht auf die Hebung des Wohlstandes der breiten Masse der Bevölkerung zielte. Deshalb brachte er auch kein selbsttragendes Wachstum hervor.[43] Auch wenn sich weitere Indikatoren Buchheims, die vermeintlich niedrige Investitionsquote und die wachsende Lücke in der Arbeitsproduktivität der deutschen Industrie gegenüber den USA, modifizieren lassen, teilen heute die meisten Wirtschaftshistoriker seine Charakterisierung des Aufschwungs, zumal sich weitere Indikatoren für ein deformiertes Wachstum finden lassen, z. B. die Spreizung der Einkommensteilung.[44]

In der Debatte um Wirtschaftsaufschwung und Umstellung auf die Kriegswirtschaft stellte sich die Frage nach der Rolle der Unternehmen. Der US-amerikanische Historiker Peter Hayes hob hervor, dass die Unternehmen im Nationalsozialismus einem starken Zwang ausgesetzt waren. Durch zahlreiche Regulierungen und Drohungen habe der NS-Staat die unternehmerischen Handlungsspielräume derart eingeengt, dass es zu einer Art indirekten Sozialisierung gekommen sei.[45] Dagegen wandten Buchheim und Jonas Scherner ein, dass staatliche Drohungen nicht die von Hayes zugeschriebene Wirkung entfalteten und dass die Regulierungen nicht so engmaschig waren, dass sie den Unternehmen jegliche Handlungsspielräume entzogen.[46] Dies setzte indessen die Mitverantwortung der Unternehmer wieder in ein neues Licht.

1.1.3 Themenspektrum des Handbuchs

Dieses Handbuch verschreibt sich einem weiten Verständnis von Wirtschaftsgeschichte. Aus dem engeren Kanon behandelt es die ökonomischen Kernsektoren in umfassender Weise. Was andere Werke für den Industriesektor schon vorher leisteten,[47]

---

[42] *Christoph Buchheim*, Die Wirtschaftsentwicklung im Dritten Reich – mehr Desaster als Wunder. Eine Erwiderung auf Werner Abelshauser, in: Vierteljahrshefte für Zeitgeschichte 49, 2001, S. 653–664.
[43] *Buchheim*, Wirtschaftsentwicklung, S. 662. Vgl. zum Konsum in der Vorkriegszeit, *Mark Spoerer/Jochen Streb*, Guns and Butter – but no Margarine: The Impact of Nazi Economic Policies on German Food Consumption 1933–38, in: Jahrbuch für Wirtschaftsgeschichte 2013/1, S. 75–88.
[44] *Mark Spoerer/Jochen Streb*, Neue deutsche Wirtschaftsgeschichte des 20. Jahrhunderts, München 2013, S. 103, 117–119. Zur Deutung des NS-Aufschwungs vgl. Kapitel 8.1 in diesem Band.
[45] *Peter Hayes*, Corporate Freedom of Action in Nazi Germany, in: Bulletin of the German Historical Institute 2009/2, S. 29–42.
[46] Vgl. zum Verhältnis von Staat und Industrie *Alexander Donges*, Die Vereinigte Stahlwerke AG im Nationalsozialismus. Konzernpolitik zwischen Marktwirtschaft und Staatswirtschaft, Paderborn 2014; *Jonas Scherner*, Keine primäre moralische Verantwortung? Zum Umfang und zu Grenzen unternehmerischer Handlungsspielräume in der NS-Zeit, in: Gert Kollmer-von Oheimb-Loup [u. a.] (Hrsg.), Ökonomie und Ethik. Beiträge aus Wirtschaft und Geschichte, Ostfildern 2017, S. 149–188; *Ralf Banken* (Hrsg.), Between Coercion and Private Initiative: Entrepreneurial Freedom of Action during the „Third Reich", in: Business History 62, 2020, S. 375–487.
[47] Beispielsweise *Christoph Buchheim* (Hrsg.), German Industry in the Nazi Period, Stuttgart 2008.

bringt es zu einem systematischen Abschluss: die fundierte Untersuchung der relevanten Sektoren und Branchen der deutschen Wirtschaft. Dabei wird das Dritten Reich in seiner zwölfjährigen Länge betrachtet, sodass die häufig hervorgehobene Zäsur des Jahres 1939 nicht als entscheidende Wasserscheide angesehen wird. Durchgängig zeigen die Beiträge auf, dass die Trennung zwischen einer Friedens- und einer Kriegswirtschaft obsolet wird, sobald man sich systematischen Fragestellungen zuwendet. In Ergänzung zu dieser Präsentation gesichteten Wissens bietet der vorliegende Band – in Teilen quellenbasiert – auch neue Perspektiven auf den Industriesektor, beispielsweise zur Bauwirtschaft oder zur Metallpolitik.[48]

Darüber hinaus bietet das Handbuch *Wirtschaft im Nationalsozialismus* eine Erweiterung des herkömmlichen wissenschaftlichen Kanons. Einige Beiträge wenden sich Themen zu, die in der Geschichtswissenschaft größere Aufmerksamkeit genießen – beispielsweise die Ökologie oder die Sozialpolitik – und durchleuchten diese mit einem wirtschaftshistorischen Ansatz.[49] Außerdem werden Dienstleistungsbranchen einbezogen, die wichtige Säulen für die Legitimierung der Diktatur bildeten – wie die Medien und das Reisen. In ökonomischer Perspektive werden sie als Medienwirtschaft oder als Tourismuswirtschaft behandelt. Die Außen- und Besatzungswirtschaft umfasst ein eigenes Kapitel. Sie wird nach den vier Himmelsrichtungen Nord, West, Süd und Ost entfaltet, was die prinzipielle Ost-West-Teilung der Besatzungswirtschaft perspektivisch erweitert. Dadurch werden beispielsweise im Südosten Europas die Interferenzen mit der italienischen Besatzungswirtschaft deutlicher herausgestellt.[50]

Einem allgemeinhistorischen Interesse folgend, entzaubert die Zusammenschau neuerer Forschungen manche Begriffe und zerstört manche vorherrschenden Narrative. Um den Nationalsozialismus ranken sich mehr Mythen als um andere historische Perioden, oft zählebige Legenden, die dem Regime partielle wirtschaftspolitische Verdienste zubilligen. Dazu zählt, dass Hitler nach der Machtübernahme zielstrebig Maßnahmen ergriffen habe, um die Arbeitslosigkeit zu bekämpfen, und damit binnen kurzer Zeit beachtliche Erfolge erzielte.[51] Dies gilt auch für den Autobahnbau, den sich der „Führer" auf die Fahnen schrieb, obgleich die Projektierung dieser Fernstraßen bereits in der Weimarer Republik begonnen hatte.[52] Genaue Untersuchungen zeigen, dass die Rüstungsziele und die Kriegsvorbereitung stets die entscheidende Rolle beim Ergreifen wirtschaftspolitischer Maßnahmen spielten.

Aber auch Begriffe, die zeitgenössisch entstanden, transportieren solche Mythen. Schon in den 1930er Jahren wurde zur Beschreibung des unbezweifelbaren NS-Aufschwungs der Begriff „Wirtschaftswunder" benutzt.[53] Die hohen Wachstumsraten

---

48 Vgl. die Kapitel 3.4 und 3.7 in diesem Band.
49 Vgl. die Kapitel 4.1 und 5.5 in diesem Band.
50 Vgl. das Kapitel 7.4 in diesem Band.
51 Korrigiert in *Buchheim*, NS-Regime und die Überwindung, S. 381–414.
52 *Albrecht Ritschl*, Deficit Spending in the Nazi Recovery, 1933–1938: A Critical Reassessment, in: Journal of the Japanese and International Economies 16, 2002, S. 565, 577; *Erbe*, Wirtschaftspolitik, S. 26.
53 *Hans E. Priester*, Das deutsche Wirtschaftswunder, Amsterdam 1936; *George M. Katona*, The „Miracle" of German Recovery, in: Foreign Affairs 14, 1936, S. 348–350.

trugen dazu bei, dass die ihrer Wortführer beraubte Arbeiterklasse trotz zahlreicher Zumutungen dem NS-Regime gegenüber relativ loyal blieb, weil einige wirtschaftliche Erfolge, vor allem die Rückkehr zu einer gewissen existenziellen Sicherheit, durch die Ausweitung der Beschäftigung erzielt wurden.[54] Hartnäckig hält sich das Gerücht, dass Hitler den Menschen Arbeit und Wohlstand gebracht habe. Eine eingehende Beschäftigung mit den Parametern des Wachstums lässt indessen die Bezeichnung als „Wirtschaftswunder" nicht als adäquat erscheinen. Aus der Perspektive der abhängig Beschäftigten betrachtet, ging der Anteil ihrer Einkommen am Sozialprodukt zurück, und der Pro-Kopf-Konsum erreichte selbst Ende der 1930er Jahre nie wieder das Niveau der späten 1920er Jahre.[55]

Auch der Begriff des „Rüstungswunders", der im Gefolge der Blitzkriegshypothese dem Rüstungsminister Albert Speer zugeschrieben wurde, ist kaum haltbar.[56] Speer schuf diesen Mythos bewusst, um den Durchhaltewillen der Bevölkerung zu stärken und seine persönliche Stellung in der Führungsriege des NS-Staates zu festigen.[57] Die Bezeichnung „Blitzkrieg" – ein Begriff, den die deutsche Wehrmacht kaum, aber die britischen Journalisten im Zweiten Weltkrieg umso häufiger benutzten, ist ebenfalls als Legende entlarvt worden.[58] Im gleichen Atemzug muss das Konzept einer Blitzkriegswirtschaft zurückgewiesen werden, das – wie oben gezeigt – von einer „friedensmäßigen Kriegswirtschaft" von 1939 bis Ende 1941 ausging.[59] Die Korrektur des Spontanen und Ungeplanten hat auch Implikationen für die Interpretation der Besatzungswirtschaft: Die Nationalsozialisten und die Wehrmacht gingen nicht unvorbereitet vor, denn schon seit 1939 konzipierte die Wehrmacht eine wirtschaftliche Ausbeutung der später besetzten Ökonomien Westeuropas.[60]

Der von Götz Aly geprägte Begriff der „Wohlfühldiktatur" meint, dass die soziale Besserstellung der „kleinen Leute" während des Nationalsozialismus mit Ausbeutung in großem Stil finanziert worden sei. Er deutet den Anstieg der Sparquote als Ausdruck des zunehmenden Vertrauens in das Regime. Ihre Verdreifachung sei nicht primär das Ergebnis eines Konsumverzichts, sondern auch „eines Grundvertrauens in die Führungskunst Hitlers". Solchen neuen Legendenbildungen entgegenzutreten ist unter

---

54 *Buchheim*, Wirtschaftsentwicklung, S. 653.
55 *Mark Spoerer*, Demontage eines Mythos? Zu der Kontroverse über das nationalsozialistische „Wirtschaftswunder", in: Geschichte und Gesellschaft 31, 2005, S. 434 f.; vgl. ausführlich das Kapitel 5.1 in diesem Band.
56 *Jonas Scherner/Jochen Streb*, Das Ende eines Mythos? Albert Speer und das so genannte Rüstungswunder, in: Vierteljahrschrift für Sozial- und Wirtschaftsgeschichte 93, 2006, S. 172–196; vgl. auch die Kapitel 3.1 und 3.2 in diesem Band.
57 *Spoerer/Streb*, Neue deutsche Wirtschaftsgeschichte, S. 182 mit Verweis auf *Adam Tooze*, Ökonomie der Zerstörung. Die Geschichte der Wirtschaft im Nationalsozialismus, München 2007, S. 635–639.
58 *Karl-Heinz Frieser*, Blitzkrieg-Legende. Der Westfeldzug 1940, München 1995; *Rolf-Dieter Müller*, Der Zweite Weltkrieg, Darmstadt 2015, S. 21.
59 Vgl. die Kapitel 3.1, 3.2 und 3.5 in diesem Band.
60 Vgl. das Kapitel 7.2 in diesem Band.

anderem die Absicht der Kapitel zur Sozialpolitik und zum Lebensstandard. Aber auch die Gesamtbilanz zur europäischen Ausbeutung in diesem Handbuch widmet sich der Frage: „Wer zahlte Hitlers Krieg?"[61]

Auswahlbibliografie

Barkai, Avraham, Das Wirtschaftssystem des Nationalsozialismus. Ideologie, Theorie, Politik 1933–1945, Frankfurt am Main 1988.
Buchheim, Christoph, Das NS-Regime und die Überwindung der Weltwirtschaftskrise in Deutschland, in: Vierteljahrshefte für Zeitgeschichte 56, 2008, S. 381–414.
Buchheim, Christoph/Scherner, Jonas, The Role of Private Property in the Nazi Economy: The Case of Industry, in: Journal of Economic History 66, 2006, S. 390–416.
Eichholtz, Dietrich, Geschichte der deutschen Kriegswirtschaft 1939–1945. 3 Bde. Neudruck, München 2003.
Erbe, René, Die nationalsozialistische Wirtschaftspolitik 1933–1939 im Lichte der modernen Theorie, Zürich 1958.
Mason, Timothy W., Arbeiterklasse und Volksgemeinschaft. Dokumente und Materialien zur deutschen Arbeiterpolitik 1936–1939, Opladen 1975.
Milward, Alan S., Die deutsche Kriegswirtschaft 1939–1945, Stuttgart 1966.
Overy, Richard J., War and Economy in the Third Reich, Oxford 1994.
Ritschl, Albrecht (Hrsg.), Das Reichswirtschaftsministerium in der NS-Zeit. Wirtschaftsordnung und Verbrechenskomplex (Wirtschaftspolitik in Deutschland 1917–1990, Bd. 2), Berlin/Boston 2016.
Scherner, Jonas/Streb, Jochen, Das Ende eines Mythos? Albert Speer und das so genannte Rüstungswunder, in: Vierteljahrschrift für Sozial- und Wirtschaftsgeschichte 93, 2006, S. 172–196.
Spoerer, Mark, Demontage eines Mythos? Zu der Kontroverse über das nationalsozialistische „Wirtschaftswunder", in: Geschichte und Gesellschaft 31, 2005, S. 415–438.
Tooze, Adam, Ökonomie der Zerstörung. Die Geschichte der Wirtschaft im Nationalsozialismus, München 2007.
United States Strategic Bombing Survey, The Effects of Strategic Bombing on the German War Economy. Overall Economic Effects Division, October 31, 1945, Washington 1945.
Wagenführ, Rolf, Die deutsche Industrie im Kriege 1939–1945, Berlin 1954.

---

61 Vgl. das Kapitel 8.1 in diesem Band.

2 Grundlagen des Wirtschaftens

Marcel Boldorf
2.1 Wirtschaftsordnung und Wirtschaftslenkung

2.1.1 Einführung

„Wenn Nationalökonomen und die von ihnen beeinflussten Wirtschaftshistoriker überhaupt von Wirtschaftssystemen sprachen, stellten sie sich darunter eine Marktwirtschaft oder eine Planwirtschaft vor."[1] Diese Feststellung von Ludolf Herbst fasst einen Kernaspekt der Debatte um den ordnungspolitischen Charakter des nationalsozialistischen Wirtschaftssystems zusammen. Auch andere Autoren betonen, dass die Fokussierung auf die Idealtypen „Zentralverwaltungswirtschaft (Sozialismus)" und „Marktwirtschaft" ordnungstheoretisch zu kurz greife.[2] Versuche zur Klärung der NS-Wirtschaftsordnung seien häufig daran gescheitert, dass sie „von einer erst nach dem Zweiten Weltkrieg entstandenen Klarheit der Trennung von Markt- und Planwirtschaft" ausgingen.[3]

Ist es so, wie westliche Historiker und Ökonomen bis Ende der 1960er Jahre postulierten, dass der NS-Wirtschaftsordnung „jeder Systemcharakter" fehlte?[4] Das sahen zwei amerikanische Autoren, die sich der älteren, vom Totalitarismus-Ansatz geprägten NS-Forschung anschlossen, ganz anders. Peter Temin und Peter Hayes erkannten große Übereinstimmungen zwischen dem nationalsozialistischen Wirtschaftssystem und der sowjetischen Zentralplanwirtschaft der 1930er Jahre. Spätestens die Verkündung des Vierjahresplans 1936 habe den Beginn der vollständigen Unterordnung der deutschen Unternehmer unter die Planung der NS-Wirtschaftspolitik markiert.[5] Temin äußerte 1991 die dezidierte Meinung, dass die ökonomische Planung unter Stalin und Hitler in den 1930er Jahren in wesentlichen Punkten ähnlich war, sowohl in der Entwicklung als auch im Ergebnis.[6] Beide Volkswirtschaften hätten die Preise reguliert

---
1 *Ludolf Herbst*, Gab es ein nationalsozialistisches Wirtschaftssystem? In: Albrecht Ritschl (Hrsg.), Das Reichswirtschaftsministerium in der NS-Zeit. Wirtschaftsordnung und Verbrechenskomplex (Wirtschaftspolitik in Deutschland 1917–1990, Bd. 2), Berlin/Boston 2016, S. 611.
2 *Jochen Streb*, Das nationalsozialistische Wirtschaftssystem: Indirekter Sozialismus, gelenkte Marktwirtschaft oder vorgezogene Kriegswirtschaft? In: Werner Plumpe/Joachim Scholtyseck (Hrsg.), Der Staat und die Ordnung der Wirtschaft. Vom Kaiserreich bis zur Berliner Republik, Stuttgart 2012, S. 63.
3 *Jan Otmar Hesse*, Zur Semantik von Wirtschaftsordnung und Wettbewerb in nationalökonomischen Lehrbüchern der Zeit des Nationalsozialismus, in: Johannes Bähr/Ralf Banken (Hrsg.), Wirtschaftssteuerung durch Recht im Nationalsozialismus. Studien zur Entwicklung des Wirtschaftsrechts im Interventionsstaat des „Dritten Reichs", Frankfurt am Main 2006, S. 474.
4 *Wolfram Fischer*, Deutsche Wirtschaftspolitik 1918–1945, Opladen 1968, S. 51; vgl. *Herbst*, Gab es ein, S. 611.
5 *Streb*, Das nationalsozialistische Wirtschaftssystem, S. 61.
6 *Peter Temin*, Soviet and Nazi Economic Planning in the 1930s, in: Economic History Review 44, 1991, S. 573–593.

und Zwang in einem chaotischen Prozess der Ressourcenallokation eingesetzt. In beiden Ländern sei der Konsum den Investitionen in die Schwerindustrie geopfert worden. Beide Volkswirtschaften könnten als sozialistisch betrachtet werden, und der Sozialismus der 1930er Jahre habe im Wesentlichen als eine militärische Mobilisierung zu gelten. Temins Interpretation positionierte sich nicht nur eindeutig auf der Seite der Planwirtschaft, sondern sah Zwang als entscheidende Komponente an, die ökonomische Transaktionen bestimmte. Dieser Ansatz kann inzwischen als überholt, ja eigentlich als widerlegt gelten. Mark Spoerer schrieb von einer „ebenso fulminanten wie grotesken Fehlinterpretation."[7]

Untersuchungen, die sich detaillierter mit den ökonomischen Transaktionsmechanismen beschäftigten, kamen zu dem Schluss, dass auch im NS-Wirtschaftssystem grundsätzlich Vertragsfreiheit herrschte. Daher sei das System eher marktwirtschaftlich als planwirtschaftlich geprägt. Gleichwohl kam es zu massiven staatlichen Eingriffen, die aber häufig auf Anreizsetzungen zurückgriffen, um spezifische Lenkungsziele zu erreichen. Die Gewinnmotive der Unternehmer wurden nicht ausgeschaltet und das Privateigentum nicht abgeschafft.[8] Entsprechend wird inzwischen auch die Position der Unternehmen und Unternehmer eingeordnet.[9] Jedoch nahm die Bedeutung der ökonomischen Planung seit Mitte der 1930er Jahre zu, als die Industriestatistik sich zu entwickeln begann, wie Rainer Fremdling herausgearbeitet hat.[10] Diese Bemühungen führten aber bis Kriegsende nicht dazu, dass ein umfassender Gesamtplan für die deutsche Volkswirtschaft erstellt werden konnte. Weitere Aufsätze widmeten sich der Betrachtung von Pfadabhängigkeiten und stellten Fragen nach Kontinuitäten und Brüchen der NS-Herrschaft im Wirtschaftsbereich gegenüber den vorangehenden und den nachfolgenden Zeitabschnitten.[11] Die folgenden Ausführungen werden die zwölf Jahre NS-Herrschaft chronologisch entlang der Zeitachse im Hinblick auf die fortwährende Änderung und Anpassung der regulatorischen Weichenstellungen betrachten. Die ordnungspolitischen Vorstellungen, soweit sie entwickelt wurden, und die daraus resultierenden Maßgaben und Befehle waren flexibel, solange die Hauptziele des nationalsozialistischen Wirtschaftens nicht in Gefahr gerieten.

---

7 *Mark Spoerer*, Das kurze Dritte Reich: Zur Frage der Kontinuität sozioökonomischer Strukturen zwischen der Weimarer Republik, dem Dritten Reich und der Bundesrepublik, in: Perspektiven der Wirtschaftspolitik 20, 2019, S. 386.

8 *Christoph Buchheim/Jonas Scherner*, The Role of Private Property in the Nazi Economy: The Case of Industry, in: Journal of Economic History 66, 2006, S. 390–416.

9 *Christoph Buchheim*, Unternehmen in Deutschland und NS-Regime: Versuch einer Synthese, in: Historische Zeitschrift 282, 2006, S. 351–390; *Werner Plumpe*, Unternehmen im Nationalsozialismus. Eine Zwischenbilanz, in: Werner Abelshauser/Jan-Ottmar Hesse/Werner Plumpe (Hrsg.): Wirtschaftsordnung, Staat und Unternehmen. Neue Forschungen zur Wirtschaftsgeschichte des Nationalsozialismus, Essen 2003, S. 243–266.

10 Vgl. grundlegend *Rainer Fremdling*, Wirtschaftsstatistik 1933–1945, in: Ritschl, Reichswirtschaftsministerium, S. 233–318; *Rainer Fremdling*, Nationalsozialistische Kriegswirtschaft und DDR. Planungsstatistik 1933–1949/50, Stuttgart 2018.

11 *Albrecht Ritschl*, Der späte Fluch des Dritten Reichs: Pfadabhängigkeiten in der Entstehung der bundesdeutschen Wirtschaftsordnung, in: Perspektiven der Wirtschaftspolitik 6, 2005, S. 151–170.

2.1.2 Rüstung statt Wohlstand: Maßnahmenpolitik und Staatskonjunktur

Um 1960 ordnete die historische Forschung Hitlers Wirtschaftspolitik in das Konzept des totalitären „Maßnahmenstaats" ein.[12] Dieser Ansatz nahm das Ermächtigungsgesetz vom 3. Juli 1934 auf, das dem Reichswirtschaftsminister das Recht zum Ergreifen von Maßnahmen gab, die er für die Förderung der Wirtschaft für notwendig hielt.[13] Seine regulierenden Eingriffe waren mit anderen Ressorts abzustimmen, durften aber von bestehenden Gesetzen abweichen. Während sich das nationalsozialistische Regime ausdrücklich zum Mittel der außergesetzlichen Intervention bekannte, ging dieser Politikstil an sich bereits auf die Präsidialkabinette zurück, die zwischen 1930 bis 1932 mit Notverordnungen zur Preis- und Finanzregulierung tief in den Wirtschaftsablauf eingriffen. Nach der Machtübernahme schien ein sichtbarer Erfolg der Maßnahmenpolitik vor allem die markante Senkung der Arbeitslosigkeit zu sein, wobei die Statistik sorgfältig zu interpretieren ist.[14] Ihr Rückgang resultierte aus einer Staatskonjunktur, die mit umfangreichen öffentlichen Ausgaben in Gang gesetzt wurde. Als Motiv dienten jedoch andere politischen Absichten und nicht in erster Linie der Wille, die Arbeitslosigkeit zu verringern.

Als Hitler zum Reichskanzler ernannt wurde, war die wirtschaftliche Talsohle der Weltwirtschaftskrise bereits durchschritten. Die konjunkturelle Erholung hatte im Winter 1932/33 eingesetzt, wie verschiedene Indikatoren belegen. Insbesondere ist auf die Auftragslage in der Industrie zu verweisen, während die Arbeitslosigkeit ein der konjunkturellen Entwicklung nachhinkender Indikator war. Das Steigen der Inlandsaufträge im Maschinenbau seit Dezember 1932 zeigt, dass das NS-Regime keine Wende herbeiführte, sondern beim Machtantritt bereits konjunkturellen Rückenwind hatte.[15] Schon vier Tage nach Regierungsantritt bezeichnete Hitler in einer Ansprache an hohe Generäle der Reichswehr nicht die Konjunkturpolitik oder die Arbeitsbeschaffung als sein wirtschaftliches Hauptziel, sondern die „Wiederwehrhaftmachung des deutschen Volkes". Damit legte er in diesem militärischen Führungskreis frühzeitig ein Bekenntnis zur Wehr- und Rüstungswirtschaft ab.[16] Die Möglichkeit, einen Aufschwung durch Steigerung der Ausfuhr herbeizuführen, hielt er für „zwecklos". Der Strömung der

---

12 *Karl Dietrich Bracher/Wolfgang Sauer/Gerhard Schulz*, Die nationalsozialistische Machtergreifung. Studien zur Errichtung des totalitären Herrschaftssystems in Deutschland 1933/34, Köln/Opladen 1960, bes. S. 371 ff.
13 Reichsgesetzblatt (RGBl.) I 1934, S. 565. Gesetz über wirtschaftliche Maßnahmen, 3. 7. 1934.
14 Vgl. *Christoph Buchheim*, Das NS-Regime und die Überwindung der Weltwirtschaftskrise in Deutschland, in: Vierteljahrshefte für Zeitgeschichte 56, 2008, S. 395. Zwischen Januar 1933 und Januar 1934 stieg die Beschäftigung um 1,9 Millionen Personen, während die Zahl der registrierten Arbeitslosen von 6 auf knapp 3,8, also um rund 2,2 Millionen abnahm. Somit ging das Arbeitsangebot, d. h. die Beschäftigten zuzüglich der erfassten Arbeitslosen, insgesamt zurück.
15 *Buchheim*, NS-Regime, S. 383–385.
16 *Buchheim*, NS-Regime, S. 387.

Wachstumsskepsis seiner Zeit folgend, hielt er die „Aufnahmefähigkeit der Welt für begrenzt", denn die Produktion sei „überall übersteigert".[17] Hintergrund war, dass seit dem Ersten Weltkrieg in weiten Teilen der Welt die Industrialisierung eingesetzt hatte und sich dadurch die Absatzmärkte für europäische Waren zunehmend verengten.

Da es Hitler und seiner Partei an konkreten Wirtschaftsentwürfen fehlte, nahm er Maßnahmen der Vorgängerregierungen auf, die zum Teil bereits begonnen worden waren. Im Ausschuss der Reichsregierung für Arbeitsbeschaffung sprach sich Hitler am 9. Februar 1933 dafür aus, die Mittel aus den laufenden Arbeitsmarktprogrammen in die Wiederaufrüstung und Verbesserung der Landesverteidigung zu lenken. Seine Überlegung schien zu sein, dass die öffentlichen Rüstungsaufträge als Nebeneffekt zur Steigerung der Beschäftigung beitragen könnten. Die Maßnahmen zur Arbeitsbeschaffung hatten mit dem Papen-Programm von Juni bzw. September 1932 (300 Mio. RM) begonnen und waren mit dem Sofortprogramm des Reichskanzlers Schleicher vom Januar 1933 (500 Mio. RM) fortgesetzt worden. Mitte März 1933 wurde das Papen-Programm gestoppt, denn die bei der Einstellung neuer Arbeitskräfte in Form von Steuergutscheinen gezahlten Prämien hatten sich als unwirksam erwiesen. Die dadurch freiwerdenden Mittel erhielt die Reichswehr, wobei das Sofortprogramm zusätzlich um 100 Millionen RM aufgestockt wurde.[18]

Zur stärkeren Fokussierung auf den Arbeitsmarkt führte erst das „Gesetz zur Verminderung der Arbeitslosigkeit", das am 1. Juni 1933, d.h. mehrere Monate nach Machtübernahme, in Kraft trat. Der der NSDAP angehörende Staatssekretär Fritz Reinhardt aus dem Reichsfinanzministerium nahm darin ein Antikrisenprogramm wieder auf, das er dem Reichstag bereits im Februar 1931 vorgelegt hatte. Es basierte auf einer weiteren Erhöhung der öffentlichen Ausgaben für den infrastrukturellen Ausbau. Während es der Haushaltsausschuss zwei Jahre zuvor noch als „inflationstreibend" abgelehnt hatte, wurde es nun umgesetzt. Neben Arbeitsbeschaffungsmaßnahmen standen im Mittelpunkt des Reinhardt-Programms Bau- und Infrastrukturvorhaben, Anreizsetzungen für Unternehmen sowie sozialpolitische Elemente.[19] Die Mehrzahl der Maßnahmen folgte der Logik der Notstands- und Konjunkturprogramme, die seit Mitte der 1920er Jahre aufgelegt worden waren.[20] Erneut wurde die Staatsnachfrage auf Kreditbasis erhöht und Ausgabenbereiche wie öffentliche Bauten, Wohnungsbau und Verkehrsinvestitionen großzügig subventioniert.[21] Als eine Wiederbelebung der Konjunktur einsetzte, unterstützte der Staat diese Entwicklung, indem er Anreize für Unternehmen durch Steuererlasse gewährte.

---

17 *Thilo Vogelsang*, Dokumentation: Neue Dokumente zur Geschichte der Reichswehr 1930–1933, in: Vierteljahrshefte für Zeitgeschichte 2, 1954, S. 435.
18 *Buchheim*, NS-Regime, S. 388f.
19 Zu den Ehestandsdarlehen als typisches sozialpolitisches Element vgl. das Kapitel 5.4 in diesem Band.
20 Vgl. dazu *Dieter Hertz-Eichenrode*, Wirtschaftskrise und Arbeitsbeschaffung. Konjunkturpolitik 1925/26 und die Grundlagen der Krisenpolitik Brünings, Frankfurt 1982.
21 *Mark Spoerer/Jochen Streb*, Neue deutsche Wirtschaftsgeschichte des 20. Jahrhunderts, München 2013, S. 106f.

Abb. 1: BArch, Bild 183-H29718 1934. Lohnzahlung an Notstandsarbeiter bei Berlin, 1934.

Die eigentliche Priorität der Staatsausgaben lag auf dem Rüstungssektor. Ein Kabinettsbeschluss entzog dem Reichsfinanzministerium im April 1933 die Kontrolle über „das Finanzgebaren der Wehrmacht",[22] was den Weg für den Ausbau gewaltiger Rüstungsprogramme freimachte. Ein weiterer Kabinettsbeschluss vom 8. Juni 1933 bewilligte Reichsmittel in Höhe von 35 Mrd. RM, die in den kommenden zehn Jahre für Rüstungszwecke ausgegeben werden sollten. Das Sozialprodukt belief sich in diesem Kalenderjahr auf 43 Mrd. RM.[23] Die Jahresausgaben im Rüstungssektor überstiegen diejenigen für sämtliche Arbeitsbeschaffungsmaßnahmen der Jahre 1932 und 1933 um das Dreifache. Schon im Jahr 1934 bestand die Hälfte der öffentlichen Aufträge an die Industrie aus Rüstungsaufträgen. Die Folge war, dass die Industrieproduktion sprunghaft um 30 Prozent anstieg, indem unterausgelastete Kapazitäten in dem beginnenden Rüstungsaufschwung genutzt werden konnten. Dies löste einen industriellen Boom auf Staatskosten aus; das Defizit des Reichs nahm um 2,7 auf 3,9 Milliarden RM zu. Allerdings verbesserte sich auch die gesamtwirtschaftliche Lage durch den Anstieg

---

22 *Jürgen Kilian*, Krieg auf Kosten anderer. Das Reichsministerium der Finanzen und die wirtschaftliche Mobilisierung Europas für Hitlers Krieg, Berlin/Boston 2017, S. 25.
23 *Adam Tooze*, Ökonomie der Zerstörung. Die Geschichte der Wirtschaft im Nationalsozialismus, München 2007, S. 78.

der Nachfrage, und der private Konsum stieg an.[24] Jedoch ist die Auffassung, dass der Aufschwung durch nichtmilitärische Arbeitsbeschaffung und den Bau der Autobahnen ausgelöst wurde, nicht zu rechtfertigen. Die Investitionen in das Autobahnnetz erreichten erst 1936 eine beträchtliche Größenordnung.[25]

Die Staatskonjunktur warf das Problem ihrer Finanzierung auf. Steuererhöhungen waren unpopulär und reichten nicht aus, um das geplante Ausgabenvolumen abzudecken. Im Juli 1933 wurde von Krupp, Siemens und einigen weiteren Unternehmen im Auftrag des Reichs die „Metallurgische Forschungsgesellschaft mbH" (Mefo) als Scheinfirma gegründet. Sie übernahm die Zwischenfinanzierung der staatlichen Rüstungseinkäufe durch Ausgabe der sog. Mefo-Wechsel. Diese auf die Mefo gezogenen, kurzfristigen Papiere mussten von der Reichsbank rediskontiert werden. Nach außen verschleierte diese Maßnahme den hohen Anteil der Rüstungsausgaben im offiziellen Staatshaushalt. Von den 62 Milliarden Reichsmark, die bis Kriegsbeginn für die Aufrüstung ausgegeben wurden, wurde ein Drittel durch offene und verborgene Kredite gedeckt.[26]

Hjalmar Schacht, der anfangs wichtigste Architekt des NS-Rüstungs- und Finanzsystems, erweiterte seinen Aktionsradius sukzessive. Im März 1933 war er auf die Position des Reichsbankpräsidenten zurückgekehrt und trat 1934 auch die Nachfolge Kurt Schmitts als Reichswirtschaftsminister an. Er vermochte diesen Rivalen auszumanövrieren, indem er der Reichswehr alles versprach, was sie verlangte.[27] Seine Machtposition wurde am 21. Mai 1935 durch Ernennung zum „Generalbevollmächtigten für die Kriegswirtschaft" vervollständigt. Während das Finanzministerium die Kontrolle über die Mittelverteilung an die Ressorts verlor, nahm die Reichsbank die Oberaufsicht über das Kredit- und das Währungswesen wahr, d. h. sie wurde zur wichtigsten verbliebenen Kontrollinstanz über das Finanzgebaren der Regierung. Schacht profitierte von dem Umstand, dass kaum NS-Experten in die ökonomisch relevanten Schaltzentralen des Regimes vorstießen. Er besaß in „technisch-administrativen Bereichen der Wirtschaftspolitik völlige Handlungs- und Gestaltungsfreiheit",[28] die ihm der in Wirtschaftsfragen weitgehend ignorante Hitler einräumte. Sein Fokus lag auf der Handelsbilanz und der Devisenzwangswirtschaft. Nachdem die Reichsbank unter seiner Leitung zunächst ein Garant für eine zügellose Geldpolitik war, setzte sich erst 1937 die Einsicht durch, dass die Finanzierung eines erheblichen Teils der Staatsnachfrage durch Kreditschöpfung inflationäre Tendenzen befördere. Durch die Ausgabe von 12 Milliarden RM in Mefo-Wechseln war der Geldumlauf seit dem Beginn der Aufrüstung bereits auf das Anderthalbfache angewachsen.[29]

---

24 *Buchheim*, NS-Regime, S. 402.
25 *Albrecht Ritschl*, Deficit Spending in the Nazi Recovery, 1933–1938: A Critical Reassessment, in: Journal of the Japanese and International Economies 16, 2002, S. 565, 577.
26 Vgl. *Buchheim*, NS-Regime, S. 402–406; *Ulrich Herbert*, Geschichte Deutschlands im 20. Jahrhundert, München 2014, S. 345 f.
27 *Tooze*, Ökonomie der Zerstörung, S. 249.
28 *Herbst*, Gab es ein, S. 628.
29 *Kilian*, Krieg auf Kosten, S. 30; *Buchheim*, NS-Regime, S. 408.

Über die Maßnahmenpolitik dieser Jahre wurde die wissenschaftliche Diskussion geführt, inwieweit die von ihr ausgelöste Staatskonjunktur einen keynesianischen Zuschnitt hatte.[30] Darunter versteht man eine staatliche Wirtschaftspolitik, die akute Wirtschaftskrisen durch den Einsatz fiskal- und geldpolitischer Instrumente zu überwinden sucht. Gegen eine solche Deutung der nationalsozialistischen Antikrisenpolitik wandte René Erbe schon 1958 ein, dass der Zweck des Wirtschaftens im Nationalsozialismus ein anderer als in Keynes' Konzepten war: Die NS-Wirtschaftspolitik tat nichts, um die Konsumneigung der privaten Haushalte zu erhöhen. Im Gegenteil förderte sie das Sparen. Der private Konsum wurde zurückgedrängt, um Ressourcen für den Aufbau und die Nutzung von Rüstungskapazitäten freizusetzen. Daher blieben die Multiplikatoreffekte der erhöhten Staatsausgaben gering. Keynes' Zielvorgaben für die staatliche Investitionspolitik wie etwa die Finanzierung des infrastrukturellen Ausbaus wurden nur partiell verfolgt, weil die Kriegsvorbereitung bei allen Finanzierungsentscheidungen Vorrang hatte. Die Ordnungsvorstellungen zielten auf den Ausbau der Wehr- und Rüstungswirtschaft, d. h. die Erhöhung der Staatsverschuldung wurde nicht als Instrument für eine Wohlstandsverbesserung eingesetzt.

2.1.3 Korporative Neuordnung und Bewirtschaftungssystem

Wirtschaftliche Lenkung und Regulierung entstanden in Deutschland schon während des Ersten Weltkrieges. Ab der Mitte dieses Krieges wurden „Reichsstellen neuen Typs" gegründet, die im Ernährungs- und Konsumgüter-, aber auch Industriesektor vor allem für Verteilungsfragen zuständig waren.[31] Als die Kriegswirtschaft immer mehr Züge einer Kommandowirtschaft annahm, setzte die Regierung Reichskommissare ein, denen spezifische Aufgabenfelder zugewiesen wurden und die in Ressortzuständigkeiten eingreifen konnten. Manche dieser Reichsstellen und -kommissare setzten ihre Arbeit in der Weimarer Republik fort, z. B. der Reichskommissar für die Ein- und Ausfuhrbewilligung bis 1924, oder sie wurden in Krisensituationen wiederbelebt, z. B. der im Dezember 1931 eingesetzte Reichskommissar für die Preisüberwachung.[32] Über

---

30 Zum folgenden Absatz *Streb*, Das nationalsozialistische Wirtschaftssystem, S. 74–76; *René Erbe*, Die nationalsozialistische Wirtschaftspolitik im Lichte der modernen Theorie, Zürich 1958, S. 163, vgl. auch *Albrecht Ritschl*, Deutschlands Krisen und Konjunktur 1924–1934, Berlin 2003, S. 41–106.
31 *Marcel Boldorf*, Ordnungspolitik und kriegswirtschaftliche Lenkung, in: Marcel Boldorf (Hrsg.), Deutsche Wirtschaft im Ersten Weltkrieg (Handbücher zur Wirtschaftsgeschichte), Berlin/Boston 2020, S. 43.
32 *Hartmut Berghoff/Ingo Köhler/Harald Wixforth*, Navigation im Meer der Interessen. Binnenwirtschaftspolitische Steuerungsinitiativen des Reichswirtschaftsministeriums, in: Carl-Ludwig Holtfrerich (Hrsg.), Das Reichswirtschaftsministerium der Weimarer Republik und seine Vorläufer. Strukturen, Akteure, Handlungsfelder (Wirtschaftspolitik in Deutschland 1917–1990, Bd. 1), Berlin/Boston 2016, S. 424 f., 444.

die NS-Machtübernahme hinweg herrschte Kontinuität: Carl Friedrich Goerdeler war bis 1932 Preiskommissar und hatte dieses Amt erneut von November 1933 bis Juni 1935 inne. Der Reichskommissar für das Handwerk und das Kleingewerbe – in der Weimarer Republik 1925 eingeführt – wurde 1933 programmatisch in „Reichskommissar für den Mittelstand" umbenannt.[33] Die Widerbelebung der Reichsstellen für Konsumgüterverteilung und -rationierung erfolgte bereits im ersten Jahr der NS-Herrschaft. Die Reichsstellen für Milch und für Eier sowie diejenige für Öle und Fette unterstützten die inländische Produktion dieser nunmehr bewirtschafteten Güter und senkten damit die Devisenausgaben für deren Einfuhr.[34] Die Institutionen der Reichsstellen und Reichskommissare waren weder neu noch originär nationalsozialistisch.

Das Schlüsseljahr für die Reorganisation der Wirtschaftslenkung nach NS-Vorstellungen war 1934. Das „Gesetz zur Vorbereitung des organischen Aufbaus der deutschen Wirtschaft"[35] bezog die Unternehmerverbände in die zentralistische Neuordnung ein. Die Branchen wurden zu neuen Verbänden zusammengefasst, deren Spitzenfunktionäre das Reichswirtschaftsministerium bestellte. Sämtliche Unternehmen und Unternehmer mussten zwingend beitreten, sodass die Verbände zur alleinigen Vertretung ihres Wirtschaftszweiges wurden. Ältere Verbandsstrukturen, beispielsweise der Verband Deutscher Arbeitgeber oder der Stahlwerksverband, lösten sich auf.[36] Die am 13. März 1934 durch Reichswirtschaftsminister Schmitt bekanntgegebene Organisationsstruktur der gewerblichen Wirtschaft sah eine Gliederung in zwölf Hauptgruppen vor, davon sieben für große, zusammengefasste Industriezweige, die ein halbes Jahr später zu einer einzigen Reichsgruppe Industrie zusammengefasst wurden. Ab November 1934 existierten insgesamt noch fünf Hauptgruppen: Neben der Industrie waren dies Energiewirtschaft, Versicherungen, Banken sowie Handel.[37]

Nach unten fächerte sich das System weiter auf, indem sich Wirtschaftsgruppen sowie zugehörige Bezirksgruppen bildeten. Sie umfassten in der Regel die Betriebe einer Branche und waren die wichtigste Organisationseinheit. Zunächst nahmen sie beratende Aufgaben wahr, dann fachliche Zuarbeiten wie die statistische Sammlung, um schließlich unter Anleitung des Reichswirtschaftsministeriums auch marktregelnde Maßnahmen zu erlassen.[38] Die Zwangsmitgliedschaft in den Wirtschaftsgruppen berei-

---

33 Handbuch für das Deutsche Reich, Berlin 1936, S. 172 f.; *Markus Seumer*, Vom Reinigungsgewerbe zum Gebäudereiniger-Handwerk. Die Entwicklung der gewerblichen Gebäudereinigung in Deutschland (1878 bis 1990), Stuttgart 1998, S. 137 f.
34 *Ralf Banken*, Die wirtschaftspolitische Achillesferse des „Dritten Reichs": Das Reichswirtschaftsministerium und die NS-Außenwirtschaftspolitik 1933–1939, in: Ritschl, Reichswirtschaftsministerium, S. 128.
35 RGBl. I 1934, S. 185 f., 27. 2. 1934.
36 Vgl. auch den Abschnitt 2.4.5 in diesem Band.
37 RGBl. I 1934, S. 1194. Erste Verordnung zur Durchführung des Gesetzes vom Februar 1934, 27. 11. 1934. Vgl. *Daniela Kahn*, Die Steuerung der Wirtschaft durch Recht im nationalsozialistischen Deutschland. Das Beispiel der Reichsgruppe Industrie, Frankfurt am Main 2006, S. 205–218.
38 Vgl. das Kapitel 3.9 in diesem Band.

tete deren sukzessive Übernahme hoheitlicher Funktionen vor. Schließlich erstreckten sich ihre Kompetenzen auf die Rohstoff- und Devisenbeschaffung, die Verteilung von Staats- und Rüstungsaufträgen, die Außenhandelslenkung, die Preisgestaltung sowie die Unternehmensberatung und -kontrolle.[39] Nach Kriegsausbruch koordinierten die Wirtschaftsgruppen häufig die Verlagerung von Produktionsaufträgen in die besetzten Gebiete.[40] Bei Kriegsbeginn untergliederte sich die Reichsgruppe Industrie in mehr als 300 Industriezweige und 31 Wirtschaftsgruppen.[41]

Parallel zu dieser korporatistischen Neuordnung erfolgte der Aufbau staatlicher Überwachungs- und Kontrollstellen.[42] Die Lenkungspolitik des Reichswirtschaftsministeriums setzte bei Rohstoffen und Halbfabrikaten an, d. h. auf der niedrigsten Stufe der Wertschöpfungskette. Unter „Rohstoff" wurden auch Zwischenprodukte auf einer unteren Verarbeitungsstufe, z. B. Eisen und Stahl, gefasst. Als indirektes Steuerungsinstrument sollte die Variation des Rohstoffeinsatzes die Kontrolle der nachgelagerten Fertigungsprozesse bis hin zum Endprodukt erlauben. Die Überwachungsstellen unterstanden einem weisungsgebundenen Reichsbeauftragten, den das Wirtschaftsministerium bestimmte. Zeitgleich erließ die Reichsregierung anfangs temporär gedachte Einkaufsverbote im Ausland für Baumwolle, Wolle, sonstige Tierhaare, Felle und Häute, pflanzliche Spinnstoffe sowie für Raffinadekupfer.[43] Die ersten vier Überwachungsstellen für Baumwolle, Wolle, Bastfasern und unedle Metalle wurden Ende März 1934 errichtet; bis Mai 1934 folgten die Überwachungsstellen für Felle und Häute sowie für Kautschuk. Der Erwerb dieser Rohstoffe unterlag fortan einer Genehmigung durch die Überwachungsstelle. Schon bald folgten weitere Regelungen, die sich auf die eingeschränkte Zuteilung von Devisen für Importzwecke sowie auf die Verwendung der bewirtschafteten Rohstoffe bezogen. Produktionseinschränkungen auf Anweisung des Wirtschaftsministeriums betrafen ab August 1934 den Verbrauch von Kupfer, Zinn und Quecksilber für Güter wie Blitzableiter, Holzimprägnierungsmittel, Schilder und Zierleisten.[44]

Fast allen genannten Rohstoffen war gemeinsam, dass sie als Mangelgüter galten und überwiegend nach Deutschland importiert werden mussten. Die Überwachungsstellen wurden zum integralen Bestandteil des Neuen Plans, mit dem Reichsbankpräsident und Reichswirtschaftsminister Hjalmar Schacht auf die angespannte finanzielle Situation und die negative Außenhandelsbilanz des Reiches reagierte. Die Bezeichnung als Neuer Plan rührte daher, dass bereits im Dezember 1933 ein Vierjahresplan mit dem Schwerpunkt der Beseitigung der Arbeitslosigkeit propagandistisch angekün-

---

39 *Kahn*, Steuerung der Wirtschaft, S. 224.
40 Vgl. Abschnitte 3.8.4 und 7.2.3 in diesem Band.
41 *Fremdling*, Wirtschaftsstatistik, S. 274.
42 RGBl. I 1934. Gesetz über den Verkehr mit industriellen Rohstoffen und Halbfabrikaten. 22. 3. 1934.
43 RGBl. I 1934, S. 228, 248 f., 303, 340, 372. 1. bis 6. Durchführungsverordnung zum Gesetz über den Verkehr mit industriellen Rohstoffen und Halbfabrikaten, März–Mai 1934.
44 *Banken*, Wirtschaftspolitische Achillesferse, S. 128. Vgl. zu den Überwachungsstellen die Abschnitte 3.9.2 und 7.1.2 in diesem Band.

digt, aber nie umgesetzt worden war. Nun traten drei neue Schwerpunktsetzungen an seine Stelle: die Einschränkung und Lenkung der Einfuhr, die Förderung gewisser Ausfuhren sowie die Bilateralisierung des Außenhandels, wodurch sich dessen Schwerpunkt nach Südosteuropa verlagerte.[45] Auf der Grundlage der Verordnung über den Warenverkehr vom 4. September 1934 stellten die Überwachungsstellen ihre Importkontrolle auf eine breitere Basis. Die Devisenkontingente wurden nicht mehr pauschal zugeteilt, sondern auf der Grundlage des festgestellten Bedarfs und der Importbewilligung, die die Überwachungsstellen in jedem Einzelfall erteilten.[46] Dies erlaubte, die Devisen nach ausgewählten Importgütern und Herkunftsländern aufzuteilen.

Als die vereinte Reichsgruppe Industrie im November 1934 gebildet wurde, rückte auch der Export in den Fokus der staatlichen Kontrolle. Um den Warenexport der Unternehmen zu steuern, veranlasste das Reichswirtschaftsministerium die Einrichtung von Ausfuhrprüfungsstellen bei den Wirtschaftsgruppen. Sie wurden die „eigentliche Schnittstelle zu den staatlichen Lenkungsbehörden"[47] und über weitere Einzelverordnungen in die Planung der Ein- und Ausfuhr, in die Rohstoffbewirtschaftung und in die Verteilung der staatlichen Aufträge auf die ihnen angehörenden Unternehmen eingebunden. Ihre Möglichkeiten zur Einflussnahme wurden dadurch vergrößert, dass führende Mitglieder der Wirtschaftsgruppen mit ihrer Fachkompetenz in Überwachungs- und Prüfungsstellen vertreten waren, über die wiederum das Reichswirtschaftsministerium Aufsicht führte.[48] Zur Leitung der Wirtschaftsgruppen erdachte man sich das Amt des Wirtschaftsführers. Die designierten Personen erhielten jedoch keine neuen Befugnisse, sodass sich eine hierarchische Befehlsstruktur innerhalb der Wirtschaftsgruppen kaum durchsetzen ließ. Das „Führerprinzip" diente nicht als Instrument der überbetrieblichen Governance, sondern es war ein „neues, politisch gewünschtes Etikett".[49]

Es stellt sich die Frage, inwieweit überhaupt die Intention bestand, ein System der Wirtschaftsplanung zu entwerfen. Schließlich stand „Planwirtschaft" auch in der zeitgenössischen Wahrnehmung für das Sowjetsystem. Hitler war sich bewusst, dass die Konzentration auf den Rüstungssektor die wirtschaftlichen Relationen verzerre und dies Lenkungsmaßnahmen nach sich ziehe. In einer Rede vom 21. Mai 1935 beschrieb er die Gefahr, dass die Außenhandelslage Deutschland zu einer Ersatzstoffproduktion zwinge, die nur „durch eine planmäßig geleitete Wirtschaft gelöst" werden könne. Jeder Planwirtschaft folge aber, „nur zu leicht die Verbürokratisierung und damit die Erstickung der ewig schöpferischen privaten Einzelinitiative", d. h. „eine

---

[45] Vgl. die Kapitel 7.1 und 7.4. in diesem Band.
[46] *Buchheim*, NS-Regime, S. 405.
[47] *Jochen Streb*, Das Reichswirtschaftsministerium im Kriege, in: Ritschl, Reichswirtschaftsministerium, S. 536.
[48] Vgl. *Kahn*, Steuerung der Wirtschaft, S. 221–224.
[49] *Johannes Bähr*, „Corporate Governance" im Dritten Reich. Leitungs- und Kontrollstrukturen deutscher Großunternehmen während der nationalsozialistischen Diktatur, in: Abelshauser/Hesse/Plumpe, Wirtschaftsordnung, Staat und Unternehmen, S. 67.

sich dem Kommunismus nähernde Wirtschaft". Diese habe die Tendenz zur „Einschläferung der Produktionsenergie", zur Verminderung der Arbeitskraft und des allgemeinen Lebensstandards. Jede Planwirtschaft hebe „die harten Gesetze der wirtschaftlichen Auslese der Besseren und der Vernichtung der Schwächeren" auf – zugunsten einer „Garantierung der Erhaltung auch des minderwertigsten Durchschnitts auf Kosten der höheren Fähigkeit, des höheren Fleißes und Wertes und damit zu Lasten des allgemeinen Nutzens." Dieser Weg dürfe nur „unter dem Zwang der Notwendigkeit beschritten" werden.[50]

Nach Hitlers Einlassungen verfolgte der Nationalsozialismus an der Macht kaum die Absicht, eine Planwirtschaft zu einzurichten. Dennoch gab es innerhalb der Reichsministerien und innerhalb des Statistischen Reichsamtes Bestrebungen, ein statistisches Gerüst für kriegswirtschaftliche Planungen zu erstellen.[51] Im Ergebnis entstand aber kein zentral erstellter Plan, sondern es überwogen einzelne Maßnahmen und indirekte Eingriffe. Die Kompetenzen der Überwachungs- und Reichsstellen wurden immer weiter ausgedehnt. Insbesondere wurde die Vokabel der Planung bei der Verabschiedung eines „Vierjahresplans" im Munde geführt.

2.1.4 Vierjahresplan, Autarkie und wirtschaftliche Deformation

Als sich Widerstände gegen die unbeschränkte Rüstungspolitik zu formieren schienen, veranlasste Hitler im August 1936 die Anfertigung einer 13-seitigen Denkschrift, die sich mit den Fortschritten des Rüstungs- und Autarkieprogramms beschäftigte.[52] Schacht und die Reichsbank meldeten wegen des expansiven Finanzkurses Bedenken an. Die Aufrüstung ginge zulasten der Währung, und daher müssten die Rüstungsausgaben gedrosselt werden. Die Devisenlage wurde als bedrohlich angesehen, weil sich Deutschland zunehmend vom Weltmarktgeschehen abkoppelte. Die Devisenzwangspolitik wurde ebenso wie die Bestrebungen fortgeführt, sich insbesondere von rüstungsrelevanten Importen unabhängig zu machen. Der daraus resultierende Vierjahresplan stand im Zeichen eines forcierten Ausbaus der Ersatzstoffproduktionen und einer Wiederaufnahme der inländischen Rohstoffgewinnung zu weit über dem Weltmarktpreis liegenden Kosten. Autarkie blieb das Ziel, doch auch Hitler zweifelte daran, dass sie in vollständiger Weise realisierbar sei. Trotzdem forderte er eine volle Konzentration auf die importabhängigen Engpassbereiche. Er sah die notwendiger-

---

50 *Ludolf Herbst*, Der Totale Krieg und die Ordnung der Wirtschaft. Die Kriegswirtschaft im Spannungsfeld von Politik, Ideologie und Propaganda 1939–1945, Stuttgart 1982, S. 80.
51 Vgl. *Fremdling*, Wirtschaftsstatistik.
52 Vgl. die Dokumentation: *Wilhelm Treue*, Hitlers Denkschrift zum Vierjahresplan 1936, in: Vierteljahrshefte für Zeitgeschichte 3, 1955, S. 184–210.

weise zu ergreifenden Maßnahmen als „vorübergehende Entlastung" an, während die „endgültige Lösung [...] in der Erweiterung des Lebensraumes bzw. der Rohstoff- und Ernährungsbasis unseres Volkes" liege.[53] Charakteristischerweise führte er auch die agrarischen Probleme auf die in der „Raumnot" liegende Begrenzung der deutschen landwirtschaftlichen Produktion zurück. Beim Vierjahresplan handelte es sich demnach nicht um die Verwirklichung nationalsozialistischer Wirtschaftskonzepte, sondern um ein konzentriertes Vorbereitungsprogramm für den Krieg: Der Plan sollte die deutsche nationale Wirtschaft vom Ausland unabhängig machen, und binnen vier Jahren hatten die Wehrmacht und die Wirtschaft kriegs- und angriffsbereit zu sein.[54]

Inhaltlich gab die Vierjahresplandenkschrift 1936 vor, auf möglichst allen Gebieten eine Selbstversorgung zu erreichen, vom Ausland unabhängig zu werden und Devisen einzusparen. Im Vordergrund stand, die Brennstoffversorgung zum Abschluss zu bringen, die Massenfertigung von synthetischem Gummi einzuleiten, die industrielle Fettversorgung auf Kohlebasis zu steigern, die einheimischen Eisenerze zur Steigerung der Eisen- und Stahlerzeugung zu nutzen und die Erzeugung von Leichtmetallen zu erhöhen.[55] Von den Investitionen, die sukzessive für die Durchführung des Vierjahresplans bereitgestellt wurden, gingen fast 43 % in den Chemiesektor (davon zwei Drittel in die Treibstofferzeugung), weshalb der Vierjahresplan auch als groß angelegtes Chemieprogramm interpretiert wurde.[56]

Hitler ernannte den Luftwaffenchef Hermann Göring am 18. Oktober 1936 zum „Beauftragten für den Vierjahresplan", was seine schon im Frühjahr übernommene Position als Devisen- und Rohstoffkommissar beträchtlich erweiterte. Ursprünglich als Schlichter bei Interessengegensätzen vorgesehen, erhielt er nun eine umfassende Weisungsbefugnis gegenüber Reichsbehörden und -ministerien und konnte seine politische Macht über die Wirtschaft ausbauen.[57] Auf ökonomischem Gebiet war er aber ein Laie und verstand seine Aufgabe nicht als Auftrag, eine schlagkräftige, an den Erfordernissen des Krieges ausgerichtete Rüstungsorganisation zu errichten. Stattdessen delegierte er die neuen Aufgaben an die bürokratischen Apparate, die er als preußischer Ministerpräsident und als Reichsluftfahrtminister ohnehin schon beherrschte. Dennoch ist höchst fraglich, ob er mittels einer „Usurpationstaktik" wirklich zu einem „Wirtschaftsdiktator" aufstieg.[58]

Durch Görings Ernennung gingen Schacht als Wirtschaftsminister entscheidende ordnungspolitische Kompetenzen verloren. Obgleich letzterer zur Wahrung des Scheins gegenüber dem Ausland im Ministeramt gehalten werden sollte, trat er im November

---

53 *Treue*, Hitlers Denkschrift, S. 197, 206, vgl. auch: *Herbst*, Gab es ein, S. 616.
54 *Treue*, Hitlers Denkschrift, S. 210.
55 *Treue*, Hitlers Denkschrift, S. 208 f.
56 *Streb*, Reichswirtschaftsministerium im Kriege, S. 541.
57 *Overy*, War and Economy, S. 251 f.; *Banken*, Wirtschaftspolitische Achillesferse, S. 139.
58 So aber z. B. *Michael von Prollius*, Das Wirtschaftssystem der Nationalsozialisten 1933–1939. Steuerung durch emergente Organisation und politische Prozesse, Paderborn 2003, S. 210.

1937 zurück, blieb aber noch bis Januar 1939 Reichsbankpräsident.[59] Göring übernahm übergangsweise die Leitung des Reichswirtschaftsministeriums und leitete einen umfangreichen organisatorischen und personellen Umbau ein.[60] Nachdem Walther Funk im Februar 1938 als Wirtschaftsminister eingesetzt wurde, verlor das von ihm geleitete Ministerium immer mehr an gestaltender Macht und wurde zum formal ausführenden Organ der Vierjahresplanbehörde.[61]

Die Vierjahresplanorganisation war vielschichtig aufgebaut: Die Zentrale des Beauftragten für den Vierjahresplan war im preußischen Staatsministerium angesiedelt. Bereits bestehende Behörden wurden integriert, z. B. das „Amt für deutsche Roh- und Werkstoffe", das wiederum aus dem Rohstoff- und Devisenstab hervorgegangen war.[62] Rund die Hälfte der mehr als 1000 Beschäftigten der Gesamtorganisation gehörte diesem Amt an.[63] Um planen zu können, war man in hohem Maße auf die Expertise aus der Industrie angewiesen. Besonders eng war die Vierjahresplanorganisation mit der chemischen Großindustrie verflochten, vertreten durch die IG-Farben und ihren Direktor Krauch, der zum mächtigsten Mann der Behörde nach Göring aufstieg.[64] Innerhalb des Amtes für Roh- und Werkstoffe baute er 1936/37 eine Abteilung für Forschung und Entwicklung auf, die unter anderem planerische Entwürfe für Produktionssteigerungen erarbeitete.[65] 1944, gegen Ende des Bestehens der Vierjahresplanorganisation, stammte ein Drittel der 128 Akademiker aus dem IG-Farben-Konzern.[66] Von Seiten des Reichsamtes für Wehrwirtschaftliche Planung wurden auf Grundlage des Industriezensus von 1936 detaillierte Materialbilanzen und Flussdiagramme zur Quantifizierung des industriellen Bedarfs an Rohstoffen und Vorprodukten vorgelegt. Jedoch reichten die Planungskapazitäten nicht aus, um auf dieser Grundlage einen vollständigen und vor allem widerspruchsfreien volkswirtschaftlichen Gesamtplan zu erstellen.[67]

Trotz anhaltender inflationärer Tendenzen wurde die im November 1934 geschaffene Institution des Preiskommissars wegen dauernder Konflikte mit der Agrarlobby

---

59 *Christopher Kopper*, Hjalmar Schacht. Aufstieg und Fall von Hitlers mächtigstem Bankier, München 2010, S. 317.
60 *Stefan Fisch*, Willkür und Regelhaftigkeit. Personal und Organisation des Reichswirtschaftsministeriums im Dritten Reich, in: Ritschl, Reichswirtschaftsministerium in der NS-Zeit, S. 49–51.
61 *Streb*, Reichswirtschaftsministerium im Kriege, S. 540.
62 Zum Amt für deutsche Roh- und Werkstoffe im Vierjahresplan vgl. *Willi A. Boelcke*, Die deutsche Wirtschaft 1930–1945. Interna des Reichswirtschaftsministeriums, Düsseldorf 1983, S. 171–173.
63 *Dietmar Petzina*, Autarkiepolitik im Dritten Reich. Der nationalsozialistische Vierjahresplan, Stuttgart 1968, S. 66.
64 *Hans-Erich Volkmann*, Ökonomie und Expansion. Grundzüge der NS-Wirtschaftspolitik, Ausgewählte Schriften, München 2003, S. 78.
65 Petzina, Autarkiepolitik, S. 79; vgl. auch: *Florian Schmaltz*, Peter Adolf Thiessen und Richard Kuhn und die Chemiewaffenforschung im NS-Regime, in: Helmut Maier (Hrsg.), Gemeinschaftsforschung, Bevollmächtigte und der Wissenstransfer. Die Rolle der Kaiser-Wilhelm-Gesellschaft im System kriegsrelevanter Forschung des Nationalsozialismus, Göttingen 2007, S. 317.
66 *Spoerer/Streb*, Deutsche Wirtschaftsgeschichte, S. 158.
67 *Fremdling*, Wirtschaftsstatistik, S. 242–244, 276.

und wegen mangelnder Kompetenzen, wie Amtsinhaber Carl Friedrich Goerdeler beklagte, bereits im Folgejahr wieder aufgehoben. Im Oktober 1936 entstand als Teil der Vierjahresplanorganisation erneut eine derartige Behörde. Das kann als Beleg für den unverminderten Problemdruck des drohenden Preisauftriebs interpretiert werden, zumal der Reichskommissar für die Preisbildung mit umfassenden Vollmachten ausgestattet wurde und mit dem Gauleiter Josef Wagner ein mächtiger Alt-Parteigenosse und Funktionär den Posten übernahm. Eine seiner ersten Amtshandlungen war Ende November 1936 die Verordnung eines generellen Preisstopps.

Die Bürokratisierung großer Teile der Wirtschaftsablaufpolitik griff um sich. Der Durchführung der Devisen- und Warenbewirtschaftung ließen sich im April 1939 insgesamt 16 000 Beschäftigte zurechnen. Darunter gab es 4300 Personen, vor allem abgestellte Reichsbankbeamte, die in 32 Devisenstellen arbeiteten. Die für den Import zuständigen Überwachungsstellen hatten ca. 5000 Mitarbeiter; in 27 Prüfungsstellen waren 2200 Beschäftigte mit der Kontrolle der deutschen Exporte beauftragt. Weitere 4500 Personen gehörten dem Bereich der Devisenkontrolle bei der Reichsbank, der Deutschen Verrechnungskasse sowie anderen Institutionen an. Obwohl die nationalsozialistischen Wortführer das „Bürokratiegestrüpp" verachteten, ließ sich die wirtschaftliche Kontrolle, insbesondere des Außenhandels, nur durch ausufernde bürokratische Steuerungsprozesse realisieren.[68]

Die Anreizpolitik zur Förderung der inländischen, speziell der rüstungsorientierten Industrieproduktion setzte dagegen auf den Einsatz marktkonformer Mittel. Sie vollzog sich insbesondere mittels der Förderung industrieller Erweiterungsinvestitionen, die im Rahmen der Vierjahresplanung auf die Autarkiebranchen konzentriert wurden. Basierend auf dem „Gesetz zur Übernahme von Garantien zum Ausbau der Rohstoffwirtschaft" vom 13. Dezember 1934 wurden verschiedene Vertragstypen für die einzelnen Industriezweige geschaffen.[69] Die Vierjahresplanorganisation agierte in vielen diesbezüglichen Fragen federführend und beteiligte sich an der Vertragsausgestaltung, insbesondere in den Schwerpunktsektoren wie z. B. der Bunaproduktion.[70] Die Anreizsetzungen betrafen die Unternehmen, die zu der gewünschten Produktion angehalten werden sollten. Auf einem anderen Blatt stand die Verteilung der Rohstoffe an die Unternehmen, denn sie war in den bürokratischen Prozess eingebunden. Im Vierjahresplan wurde die zuvor indirekte Rohstoffbewirtschaftung zunehmend durch direkte Maßnahmen wie die Kontingentierung, insbesondere von Eisen, abgelöst. Gleichwohl blieb die Lenkung mangelhaft, denn es ließen sich keine verbindlichen Prioritätenlisten erstellen, die die Nachfrage der Unternehmen befriedigten. Es stellten sich unerwünschte Effekte wie Vorratsbildung und Rohstoffhortung ein. Ge-

---

68 Vgl. *Banken*, Wirtschaftspolitische Achillesferse, S. 132, 153.
69 *Jonas Scherner*, Das „Gesetz zur Übernahme von Garantien zum Ausbau der Rohstoffwirtschaft" und die NS-Autarkiepolitik, in: Bähr/Banken, Wirtschaftssteuerung durch Recht, S. 343–364. Vgl. auch Abschnitt 3.1.3 in diesem Band.
70 *Banken*, Wirtschaftspolitische Achillesferse, S. 200. Vgl. Abschnitt 3.6.4 in diesem Band.

messen an den Produktionserfordernissen waren in zahlreichen Industriesektoren zu viele Kontingente im Umlauf; dieses Dilemma ließ sich trotz einer Verfeinerung der Dringlichkeitsstufen nicht lösen.

Eine weitere entscheidende Schwäche war die organisatorische Zuordnung der Betriebe zu den Überwachungsstellen, die seit 1939 die Bezeichnung „Reichsstellen" trugen. Diese Stellen waren nach Rohstoffgruppen zusammengefasst, doch konnten mehrere von ihnen für dasselbe Unternehmen verantwortlich sein. Dies führte zu Konflikten um Ressourcen und zu einer ständigen Veränderung der Zuordnungen. Angesichts der Lenkungsmängel kam es zu Reorganisationen, z. B. der Reduzierung und Zentralisierung der beteiligten Stellen, was aber die grundlegenden Mängel nicht abstellte. Zuletzt wurden Reichsbeauftragte eingesetzt, die Führungs- und Kontrollaufgaben übernahmen, während die Wirtschaftsgruppen für die Ausführung der Lieferung verantwortlich waren.[71]

Spätestens mit der Einsetzung von Generalbevollmächtigten wurden – ähnlich wie beim Amt des Reichskommissars – politische Machtpositionen für die strategische Stellung der einzelnen Branchen entscheidend. Die Verfügung über die Verteilung knapper Ressourcen war kein Akt rationaler Planung, sondern ein politischer Kampf, der sich auf Regierungsebene auch als Wettbewerb zwischen den Ressorts beschreiben lässt. Sein Strukturmerkmal war „Prinzip der Mehrfachregelung".[72] In vielerlei Hinsicht verlagerte sich der Wettbewerb „vom anonymen Markt in die Flure der Berliner Rüstungsbürokratie." Aber dennoch: „Unternehmen, die Rüstungsgüter produzierten, verdienten im Durchschnitt deutlich mehr als solche, die bei der Konsumgüterproduktion blieben",[73] d. h. trotz der Mängel in der Wirtschaftsplanung bildete das Anreizsystem die Basis der Wirtschaftsverfassung, sodass sich die Produktion über Vertragstypen, die den Unternehmen in unterschiedlichem Maße das Risiko abnahmen, sowie über Preisfestsetzungen in die gewünschte Richtung lenken ließ.[74]

Auf entscheidenden Gebieten des Vierjahresplans setzte Göring im Juli 1938 Generalbevollmächtigte ein, nachdem sich die internationalen Spannungen durch die aggressive Außenpolitik des Deutschen Reichs verschärft hatten. Ihre Hauptaufgabe war die Ausführung eines neuen wehrwirtschaftlichen Erzeugungsplans. Unter dem Generalbeauftragten Göring waren sie berechtigt, „auf den ihnen zugewiesenen Sondergebieten alle Maßnahmen zu treffen und alle Behörden und Dienststellen mit den hierfür notwendigen Weisungen zu versehen".[75] Ziel ihrer Einsetzung war die Beschleunigung des Vierjahresplans. Sie waren nicht mehr an Weisungen anderer Dienststellen gebunden, d. h. sie übten nicht mehr nur eine Koordinations- und Vertei-

---

71 Vgl. *Toni Pierenkemper/Rainer Fremdling*, Wirtschaft und Wirtschaftspolitik in Deutschland, 75 Jahre RWI – Leibniz-Institut für Wirtschaftsforschung e. V. 1943–2018, Berlin/Boston 2018, S. 101 f.
72 *Herbst*, Gab es ein, S. 620.
73 *Spoerer*, Das kurze dritte Reich, S. 386.
74 Vgl. *Jonas Scherner*, Die Logik der Industriepolitik im Dritten Reich. Die Investitionen in die Autarkie- und Rüstungsindustrie und ihre staatliche Förderung, Stuttgart 2008, S. 25–83.
75 *Dietrich Eichholtz*, Geschichte der deutschen Kriegswirtschaft, Bd. 1: 1939–1941, Berlin 1996, S. 46.

lerfunktion, sondern eine Exekutivfunktion aus. Krauch unterstand der Chemiesektor; Generalmajor Hermann von Hanneken führte unter neuer Bezeichnung sein Amt als Verantwortlicher für die Eisen- und Stahlbewirtschaftung weiter. Mit den Generalmajoren Adolf von Schell (Kraftfahrzeugwesen) und Fellgiebel (technische Nachrichtenmittel) wurden weitere Militärs bestellt. Auch akademische Spezialisten wie der Universitätsprofessor Alfred Bentz für die Erdölgewinnung wurden eingesetzt.[76] Fritz Todt wurde im Dezember 1938 zum Generalbevollmächtigten für die Bauwirtschaft und baute diese Stellung zu einem eigenen Machtapparat aus, der als „Organisation Todt" auch in den besetzten Gebieten eine entscheidende Rolle spielte.[77] Eine vergleichbare Karriere machte der SS-Angehörige und Textilindustrielle Hans Kehrl, der seit 1935 für die Bewirtschaftung der Textilindustrie zuständig war und 1938 Generalreferent für Sonderaufgaben im Reichswirtschaftsministerium wurde, wo er ein an Rohstoffgruppen orientiertes Netzwerk ausbaute.[78] Im Rüstungsministerium unter Albert Speer versuchte er ab 1943 als Leiter des Planungsamtes eine europaweite Koordination der Rohstoffbewirtschaftung zu organisieren.

Die Einsetzung solcher Wirtschaftskader, die mit Generalbevollmächtigter oder anderen Titeln dekoriert wurden, bestimmten die Lesart des nationalsozialistischen Wirtschaftssystems. Analog zu der 1935 eingeführten Bezeichnung „Wehrwirtschaftsführer" wurden sie als „nationalsozialistische Wirtschaftsführer" bezeichnet und dementsprechend die Wirtschaftsverfassung als „Kommissarwirtschaft".[79] In der Tat prägten sie die Wirtschaftsordnung, zumindest im Bereich der kriegsrelevanten Wirtschaftssektoren. Ihre Sondervollmachten überlappten sich, und es etablierten sich parallele Lenkungssysteme. Dies wurde als „Ämterchaos" interpretiert, das notwendigerweise zu Reibungsverlusten und Lähmung der Wirtschaft führen musste. Angelehnt an das Polykratie-Paradigma vermutete die Forschung eine daraus resultierende Ineffizienz.[80]

Es gibt aber eine andere Lesart, wenn man über die Konflikte zwischen den Akteuren hinausschaut und die Mechanismen der Kooperation und Steuerung als zentrale Elemente der nationalsozialistischen Wirtschaftsordnung begreift. Auch dabei steht freilich der Rüstungssektor im Mittelpunkt, auf den das Anreizsystem ausgerichtet war. In einigen Fällen nahm das Regime sogar Ineffizienzen in Kauf, vor allem in der Autarkiepolitik, um kriegswichtige Ziele zu erreichen. Denn die Wirtschaft galt nur dann als erfolgreich, wenn die Rüstungsziele erreicht wurden. Will man die nationalsozialistische Vierjahresplanung an ihren eigenen Zielen messen, können die im Rahmen dieser Vorgaben erzielten Produktionsergebnisse beurteilt werden. Die

---

76 *Petzina*, Autarkiepolitik, S. 121; zu Bentz vgl. *Titus Kockel*, Deutsche Ölpolitik 1928–1938, Berlin 2005.
77 Siehe Kapitel 3.7 in diesem Band.
78 *Herbst*, Gab es ein, S. 639.
79 *Herbst*, Gab es ein, S. 638; *Prollius*, Wirtschaftssystem, S. 214.
80 Ausgehend von *Peter Hüttenberger*, Nationalsozialistische Polykratie, in: Geschichte und Gesellschaft 2, 1976, S. 417–442, auf den Wirtschaftssektor übertragen, z. B. *Rolf-Dieter Müller*, Das Deutsche Reich und der Zweite Weltkrieg. Bd. 5: Organisation und Mobilisierung des deutschen Machtbereichs, Halbbd. 1: Kriegsverwaltung, Wirtschaft und personelle Ressourcen, 1939–1941, Stuttgart 1988, S. 347–689.

Bewertungen der Literatur hinsichtlich der Erfolge des Vierjahresprogramms fallen unterschiedlich aus. Einerseits wird festgestellt, dass es der Vierjahresplanbehörde gelang, „einen Teil ihrer (über)ambitionierten Autarkieziele zu verwirklichen",[81] z. B. hinsichtlich der Pulver- und Sprengstoffherstellung. Andererseits wird darauf verwiesen, dass das Ziel, Deutschland binnen vier Jahren wirtschaftlich kriegsfähig zu machen, nicht erreicht wurde. Die größten Steigerungen in der Ersatzstoff- und Autarkieproduktion konnten erst während des Krieges erzielt werden. Da der Vierjahresplan bis 1940 nicht zur Kriegsfähigkeit verhalf, zwang er dem Krieg strategische Entscheidungen auf. Die Militärführung habe „notgedrungen" einen „Rohstoffsicherungskrieg" bei erheblichen militärischen Verlusten aufnehmen müssen.[82] In der Tat gelang z. B. die notwendige Ergänzung der Erzversorgung durch die De-facto-Annexion Lothringens sowie die Eroberung Norwegens, die den Import schwedischer Erze wieder ermöglichte. Ein weiteres Beispiel war der 1942 gescheiterte militärische Vorstoß nach Baku, um die Vorräte der dortigen Erdölfelder zu erreichen.

Aus einer allgemeinen Perspektive ist hervorzuheben, dass der rüstungsbedingte Aufschwung keine Periode normalen Wachstums war, sodass typische Folgen von wirtschaftlichem Fortschritt nicht auftraten. Die Fokussierung auf die Rüstung führte zu einer Deformation der Wirtschaftsstruktur.[83] Die Verschiebung der Wachstumskräfte zeigte sich am deutlichsten bei den Veränderungen im Industriesektor: Die Vierjahresplaninvestitionen, die im Wesentlichen in die Grund- und Ersatzstoffindustrie flossen, umfassten 1937 und 1938 mehr als die Hälfte aller industriellen Investitionen. Dadurch traten vor allem in den vernachlässigten Sektoren, z. B. der Konsumgüterbranche, kaum mehr Multiplikatoreffekte auf. Der Lebensstandard der breiten Bevölkerung erhöhte sich nicht, bestenfalls stagnierte er. In ordnungspolitischer Hinsicht erfolgten auch einige negative Regulierungsentscheidungen, etwa im Energie- oder Verkehrssektor. Außerdem erzeugte die Staatsfinanzierung des Rüstungsbooms eine langfristige Schuldenlast, der aber kaum wirtschaftsstimulierende Effekte gegenüberstanden.

2.1.5 Kriegswirtschaftliche Ordnung

Beim Bemühen, eine „kriegswirtschaftliche Wirtschaftsordnung" zu definieren, schrieb ihr Avraham Barkai zwei Eigenschaften zu: a) die Etablierung von institutionellen Kontroll- und Lenkungsmechanismen, b) den quantitativen Ausbau der Rüstungsproduktion zulasten des privaten Konsums.[84] Zum erstem Punkt gehörte der schrittweise

---

[81] *Streb*, Reichswirtschaftsministerium im Kriege, S. 569.
[82] *Herbst*, Gab es ein, S. 619.
[83] Vgl. *Christoph Buchheim*, Zur Natur des Wirtschaftsaufschwungs in der NS-Zeit, in: Christoph Buchheim [u. a.] (Hrsg.), Zerrissene Zwischenkriegszeit, Baden-Baden 1994, S. 97–119; *Christoph Buchheim*, Die Wirtschaftsentwicklung im Dritten Reich – mehr Desaster als Wunder, in: Vierteljahrshefte für Zeitgeschichte 49, 2001, S. 653–664.
[84] *Avraham Barkai*, Das Wirtschaftssystem des Nationalsozialismus. Ideologie, Theorie, Politik 1933–1945, Frankfurt am Main 1988, S. 206; vgl. auch *Streb*, Das nationalsozialistische Wirtschaftssystem, S. 77 f.

Ausbau von Preiskontrollen, von Devisen- und Rohstoffbewirtschaftung sowie die Arbeitskräfte- und Investitionslenkung. Insofern begann die ordnungspolitische Transformation des deutschen Wirtschaftssystems in eine kriegswirtschaftliche Ordnung schon 1934. Auch mit Blick auf den zweiten Punkt kann man von einer vorgezogenen Kriegswirtschaft sprechen, denn die Konsumausgaben wurden systematisch zu Gunsten der Kriegsvorbereitung zurückgedrängt.[85] Alles in allem handelte es sich um eine „Kriegswirtschaft im Frieden", was in der älteren Kontroverse zwischen Richard Overy und Alan Milward eindeutig den Ausschlag zum Erstgenannten gibt.[86]

An diesen allgemeinen Befund schließt sich die Frage an, inwiefern mit Kriegsbeginn überhaupt eine ordnungspolitische Zäsur festzustellen ist. Manches deutete auf Kontinuität hin, so z. B. als Reichswirtschaftsminister Walther Funk mit Bezug auf die neu besetzten Gebiete sagte, dass die von Deutschland „bereits in den letzten Jahren entwickelten Preis- und Bewirtschaftungsmethoden zunächst weiter angewandt werden"[87] müssten. Zugleich weist dieses Zitat auf das Neue der Ordnungspolitik hin: Durch die Gebietsbesetzungen in Nord- und Westeuropa griff die Lenkungstätigkeit über die Grenzen des Reichs hinaus. Der institutionelle Ausbau der Besatzungswirtschaft vollzog sich dort unter Beteiligung der Lenkungsinstanzen des Reichs. Fortan stützte sich die NS-Kriegsführung immer mehr auf die kontinentaleuropäischen Ressourcen und Produktionskapazitäten. Die Finanzhoheit der Reichsbank expandierte mit Institutionen wie den Reichskreditkassen als Besatzungsbank oder der Berliner Verrechnungskasse, die für die Abwicklung des Zentralclearings zuständig war. Im Handelspolitischen Ausschuss wurden ordnungspolitische Entscheidungen mit europäischer Dimension gefällt. Auch andere Reichsinstitutionen griffen mit ihren Entscheidungen in außerdeutsche Gebiete ein; die korporatistischen Wirtschaftsorganisationen – z. B. die Reichsgruppen Industrie und Handel – beteiligten sich an der Durchführung der Lenkungswirtschaft.[88] Dagegen fand im Reichsinneren eher eine Konsolidierung des Bestehenden statt, d. h. das institutionelle Gefüge der Lenkungswirtschaft blieb erhalten, und es war kein klarer Einschnitt zu erkennen. Im Gegensatz zum Ersten Weltkrieg fand keine abrupte Umstellung auf die Kriegswirtschaft statt, der damals erlebte Kriegsschock blieb aus.

---

85 So bereits *Erbe*, Wirtschaftspolitik, S. 163 f.
86 *Richard J. Overy*, War and Economy in the Third Reich, Oxford 1994 vs. *Alan S. Milward*, Die deutsche Kriegswirtschaft 1939–1945, Stuttgart 1966. Auch dem vermittelnden Versuch von Abelshauser ist aus der hier dargelegten Perspektive nicht zuzustimmen: *Werner Abelshauser*, Kriegswirtschaft und Wirtschaftswunder. Deutschlands wirtschaftliche Mobilisierung für den Zweiten Weltkrieg und die Folgen für die Nachkriegszeit, in: Vierteljahrschrift für Zeitgeschichte 47, 1999, S. 526.
87 Aktenvermerk über eine Chefbesprechung im Reichswirtschaftsministerium am 22. Juli 1940, in: Gerhart Hass/Wolfgang Schumann (Hrsg.), Anatomie der Aggression. Neue Dokumente zu den Kriegszielen des faschistischen deutschen Imperialismus im zweiten Weltkrieg, Berlin (Ost) 1972, S. 67–76; vgl. auch: *Marc Buggeln*, Währungspläne für den europäischen Großraum. Die Diskussion der nationalsozialistischen Wirtschaftsexperten über ein zukünftiges europäisches Zahlungssystem, in: Beiträge zur Geschichte des Nationalsozialismus 18, 2002, S. 62 f.; *Kilian*, Krieg auf Kosten, S. 66.
88 Besprechung im Reichswirtschaftsministerium, 11. 9. 1940, in: Hass/Schumann, Anatomie der Aggression, S. 99–101.

Dennoch verstärkte sich mit Kriegseintritt der Wille zur wirtschaftlichen Lenkung im Sinne einer Steuerung von Produktionsprozessen. Hierfür stand im Februar 1940 die Ernennung Fritz Todts zum „Generalinspekteur für Sonderfragen des Vierjahresplans" Pate, der einen Monat später seine Aufwertung zum „Reichsminister für Bewaffnung und Munition" folgte. Die Ministeriumsgründung zielte auf die Zusammenfassung aller in der Waffenherstellung und Munitionserzeugung tätigen Stellen des Großdeutschen Reichs. Todts Kompetenzen erstreckten sich auf einen zentralen Bereich, aber nicht auf die gesamte Rüstungswirtschaft. Er wollte den Führungsanspruch der Wehrmacht bei Fragen der Rüstungsproduktion zurückdrängen, die Unternehmen stärker in die Verantwortung einbeziehen und die Leistungskräfte der privaten Firmen bündeln.[89] Dies zog Konflikte mit anderen NS-Führungspersönlichkeiten nach sich, die durch einen Führererlass vom 3. Dezember 1941 beigelegt wurden. Dieser sprach sich aufgrund der Erfahrungen des Winterkrieges 1941/42 für eine Konzentration und Rationalisierung der Rüstungsproduktion aus und stattete Todt mit entsprechenden Kompetenzen aus.[90] Ein System von Haupt- und Unterausschüssen sollte die Rüstungsindustrie neu gruppieren. Vieles konnte er nicht mehr verwirklichen, weil er im Februar 1942 bei einem Flugzeugabsturz ums Leben kam.

Todt stellte während seiner Amtszeit als Reichsminister entscheidende Weichen, die vor allem institutionelle Modifikationen zur Effizienzsteigerung betrafen. Die Betriebe wurden angeleitet, Arbeitsvorgänge zu vereinfachen und Verfahrensinnovationen zur Einsparung von Rohstoffen oder allgemeiner von Kosten zu implementieren. Eine Verbesserung der Kostenrechnung erfolgte auch durch den Rückgriff auf Grundsätze für Buchhaltungsrichtlinien, die das Reichswirtschaftsministerium teilweise bereits vor Kriegsbeginn erarbeitet hatte. Produktivitätssteigerungen traten auch durch Lerneffekte ein, z. B. im Flugzeugbau. Auch in organisatorischer Hinsicht fanden Verbesserungen statt: Wirtschaftsminister Funk sprach bei einer Rede im Februar 1942 von einer „Umlagerung oder Zentralisierung der Aufträge", was auf eine reibungslosere Vergabe schon während der Amtszeit Todts hinwies.[91]

Albert Speer übernahm als Nachfolger Todts all seine Ämter, darunter die wichtige Position als Reichsminister für Bewaffnung und Munition. Gleich nach seinem Amtsantritt fasste er das von Todt konzipierte System in einem „Schema für die Reorganisation der Rüstungswirtschaft" zusammen. Das System der Ausschüsse und Ringe wurde parallel zum bestehenden Lenkungssystem aufgebaut. Die neuen Organe waren jeweils einem der drei Wehrmachtsteile (Heer, Luftwaffe und Marine) zugeordnet. Die Hauptausschüsse definierten sich über ein Rüstungsendprodukt, z. B. gepanzerte Fahrzeuge, Kampfflugzeuge, U-Boote, aber auch Werkzeugmaschinen oder Munition.

---

89 *Fabian Lemmes*, Arbeiten in Hitlers Europa. Die Organisation Todt in Frankreich und Italien 1940–1945, Wien/Köln/Weimar 2021, S. 87; *Herbst*, Gab es ein, S. 640.
90 *Boelcke*, Die deutsche Wirtschaft, S. 281 f.
91 Vgl. ausführlich mit Beispielen: *Jonas Scherner/Jochen Streb*, Das Ende eines Mythos? Albert Speer und das so genannte Rüstungswunder, in: Vierteljahrschrift für Sozial- und Wirtschaftsgeschichte 93, 2006, S. 190–195.

Die Ringe umfassten die vorgelagerten Produktionsstufen entlang der Wertschöpfungskette, z. B. den Ring Eisenverarbeitung oder den Ring Elektrotechnik. Sie bezogen alle Zulieferer auf einer bestimmten Fertigungsstufe ein, d. h. meist die Hersteller von Zwischenprodukten wie Kugellagern oder Schmiedestücken.[92] Um den unbedingten Vorrang der Rüstung administrativ abzusichern, gab das Reichswirtschaftsministerium am 27. März 1942 einen Erlass über die Rangordnung der Fertigungen im Bereich der gewerblichen Wirtschaft aus.[93]

Von der Denkweise ihrer Entwickler her basierte die Reorganisation allerdings auf dem Prinzip der „Selbstverantwortung der Industrie":[94] Führende Industrielle – und nicht mehr die Militärs – sollten für die Organisation zuständig sein. Obwohl das neue System zu Erfolgen in der Rüstungsproduktion führte, ließen sich gravierende bestehende Mängel der Lenkung nicht beheben. Das Problem der eindeutigen Zuordnung von Betrieben zu Ausschüssen, Ringen oder Wirtschaftsgruppen bestand weiterhin. Die Wirtschaftsgruppen verloren ihre Eingriffsmöglichkeiten bei Verteilungsfragen nicht. Durch die Untergliederung der Ausschüsse traten zusätzliche Lenkungsineffizienzen auf, weil die Unternehmen beispielsweise regional etablierten Zulieferungskontakten den Vorzug gaben.[95]

Die Einsicht in derartige Unzulänglichkeiten führte zur Entstehung weiterer Planungsinstanzen. Als neue Organisation wurde am 22. April 1942 durch Erlass von Reichsmarschall Göring die „Zentrale Planung" bei der Vierjahresplanbehörde ins Leben gerufen. Sie existierte als Kollegialorgan bereits vorher, wobei ihr Zweck in der Aushandlung von Kompromissen bei der Bewirtschaftung lag.[96] Nun wurde sie auf ein Dreierkollegium reduziert, dem Reichsminister Speer, der Staatssekretär im Luftfahrtministerium und Generalluftzeugmeister Erhard Milch sowie Staatssekretär Paul Körner aus der Vierjahresplanorganisation als Vertreter Görings angehörten.[97] Das Oberkommando des Heeres und der Marine wurden bewusst abseits gehalten, ebenso zunächst das Reichswirtschaftsministerium, dessen Zuständigkeit sich immer mehr auf die zivile Produktion einschränkte. Parallel dazu erfolgte die Einsetzung Fritz Sauckels als „Generalbevollmächtigter für den Arbeitseinsatz". Beide Instanzen waren stark auf die besetzten Länder ausgerichtet. Die „Zentrale Planung" sollte dem System der Ausschüsse und Ringe übergeordnet sein als ein auf den engsten Kreis reduziertes ökonomisches Kabinett für die Bewirtschaftung kriegswirtschaftlicher Ressourcen.[98]

---

92 *Fremdling*, Wirtschaftsstatistik, S. 279 f.
93 *Boelcke*, Die deutsche Wirtschaft, S. 282.
94 Auch diese viel zitierte Begriffsbildung geht auf Speer selbst zurück, vgl. *Hans-Erich Volkmann*, Zum Verhältnis von Großwirtschaft und NS-Regime im Zweiten Weltkrieg, in: Wacław Długoborski (Hrsg.), Zweiter Weltkrieg und sozialer Wandel. Achsenmächte und besetzte Länder, 2. Aufl. Göttingen 2011, S. 96.
95 *Fremdling*, Wirtschaftsstatistik, S. 280.
96 *Pierenkemper/Fremdling*, Wirtschaft und Wirtschaftspolitik, S. 103.
97 *Paolo Fonzi*, La moneta nel grande spazio. La pianificazione nazionalsocialista dell'integrazione monetaria europea 1939–1945, Mailand 2011, S. 322; *Tooze*, Ökonomie der Zerstörung, S. 642 f.
98 Vgl. *Overy*, War and Economy, S. 356.

Sauckel hatte die Lücken auf dem Arbeitsmarkt durch Heranschaffung von Zwangsarbeitern zu schließen.

In der Praxis der Zentralen Planung wurde die Verteilung von Eisen und Stahl durch Kontingentierung zum Hebel, um die gesamte Kriegswirtschaft zu lenken.[99] Eisen war der zentrale Grundrohstoff der Rüstungsproduktion, und das Schicksal fast aller Industrieunternehmen und Rüstungsprogramme hing davon ab, wieviel Stahl produziert und welche Mengen im Rahmen des Zuteilungsverfahrens erworben werden konnten.[100] Göring rief im April 1942 dazu auf, die gesamte Rohstoffverteilung mit Ausnahme von Kohle, Treibstoff und Buna der Zentralen Planung zu überlassen.[101] Im Reichswirtschaftsministerium wurde Kehrl die Befugnis übertragen, die gesamte Rohstoffbewirtschaftung neu zu regeln.[102] Er sorgte dafür, dass die Kompetenzen der Reichsstellen ausgebaut wurden: Zum einen wurden im Konsumgüterbereich statt der bisherigen Herstellungsverbote nun Anordnungen erlassen, welche Produkte herzustellen waren; zum anderen wurden Reichsvereinigungen als neue Bewirtschaftungsstellen eingerichtet. Sie fassten jeweils mehrere bestehenden Kartelle zu Reichsvereinigungen zusammen, z. B. die Reichsvereinigung Textilindustrie oder die Reichsvereinigung Eisen. Manchmal firmierten sie auch unter anderen Bezeichnungen wie Gemeinschaft Schuhe oder Deutscher Zementverband. Gemäß dem Erlass des Reichswirtschaftsministers Funk zur Neuordnung der Bewirtschaftung vom 25. November 1942 waren die Selbstorganisationen zu stärken. Die wichtige Reichsvereinigung Eisen unter ihrem Vorsitzenden Hermann Röchling zeigte die Neuverteilung der Aufgaben exemplarisch auf: Die Reichsstelle für Eisen und Stahl war für Kontingentierung und die Devisenzuteilung zuständig; die Wirtschaftsgruppe Eisen beschränkte sich auf die rechtliche Beratung der Unternehmen, während die Reichsvereinigung die Bewirtschaftung von Erzen, Schrott und Roheisen, die Planung des Erzeugungsprogramms, die Ein- und Ausfuhr von Walzeisen und die Auftragsverlagerung ins Ausland übernehmen sollte.[103]

Insbesondere der als Spitzeninstitution gedachten Zentralen Planung fehlte es häufig an statistischen Grundlagen, die sie für ihre kriegswirtschaftlichen Entscheidungen benötigte. In den Richtlinien vom 16. Juni 1943 forderte Kehrl von den Wirtschaftsgruppen entsprechende Informationen ein, um Rohstoff- und Fertigwarenbilanzen zu erstellen. Rückwirkend bis 1939 und fortan monatlich waren die Daten zu Kapazitäten, Arbeitskräften, Verkehrsmitteln und Energieträgern zu übermitteln, um statistische Monatsberichte zu erstellen. Im September 1943 wurde das Planungsamt als Bestandteil des Rüstungsministeriums gebildet. Unter Kehrls Leitung bereitete es die Entscheidungen der Zentralen Planung vor und überwachte deren Ausführung.[104]

---

99 *Fremdling*, Wirtschaftsstatistik, S. 278.
100 *Pierenkemper/Fremdling*, Wirtschaft und Wirtschaftspolitik, S. 104. Nach *Petzina*, Autarkiepolitik, war die Rohstofflenkung zwischen 1936 und 1942 weitgehend mit der Eisenkontingentierung identisch.
101 *Eichholtz*, Kriegswirtschaft, Bd. 2, S. 82.
102 *Pierenkemper/Fremdling*, Wirtschaft und Wirtschaftspolitik, S. 104.
103 Vgl. *Streb*, Reichswirtschaftsministerium im Kriege, S. 542–544.
104 Vgl. *Fremdling*, Wirtschaftsstatistik, S. 277–291; *Pierenkemper/Fremdling*, Wirtschaft und Wirtschaftspolitik, S. 103, zur Einrichtung des Zentralen Planungsamtes nach dem Erlass vom 16. 9. 1943.

Es plante die Grundstoffverteilung auf die Bedarfsträger, fasste die Produktionsbilanzen der Ausschüsse und Ringe sowie der Wirtschaftsgruppen zusammen und erstellte auf Basis der gesammelten Daten Erzeugungs- und Verteilungsplanungen für die gesamte Kriegswirtschaft. Auch der Außenhandel und die Planung der Arbeitskräfte waren zu erfassen. Ziel war die Ausdehnung der Planungsarbeit auf den gesamten deutschen Machtbereich. Die Erstellung eines volkswirtschaftlichen Gesamtaufwandplan zur Überwindung von Ressourcenengpässen gelang erst Ende 1944. Zu einer umfassenden Planung kam es indessen nicht mehr, sodass das errichtete System planvoller erschien, als es tatsächlich war.[105]

Zur Interpretation, dass es sich bei der Steigerung der Rüstungsproduktion um ein „Wunder" gehandelt habe, trug Speer selbst bei. In seiner Rede im Berliner Sportpalast im Juni 1943 prägte er den Begriff und brachte ihn mit seinen Organisationsreformen in Zusammenhang. Für die Langlebigkeit der Legende sorgten aber vor allem die Nachkriegsberechnungen des Leiters der Statistischen Abteilung des Rüstungsministeriums Rolf Wagenführ.[106] Sein Index setzte bei dem statistischen Tief im Januar/Februar 1942 an und wies die nachfolgende Entwicklung daher überhöht aus. In verschiedenen Rüstungssektoren konnte man aufgrund von Rationalisierungsmaßnahmen, die allerdings bereits unter Todt einsetzten, ein intensives Wachstum erreichen, das wie gehabt zulasten der übrigen Industriesektoren und insbesondere des Konsums ging. Zur Effizienzsteigerung trug auch ein Technologietransfer bei, der mitunter über die Ausschüsse und Ringe zwischen den Unternehmen stattfand und über das System der Paten- und Leitfirmen manche Zulieferer in den besetzten Gebieten einbezog.[107] Alles in allem war der Boom des Rüstungssektors weniger ein Erfolg der Planung als vielmehr das Resultat einer bedingungslosen Konzentration aller Ressourcen auf die rüstungsrelevanten Industrien.

2.1.6 Schlussbemerkungen

Mit der Errichtung der Zentralen Planung gewann die nationalsozialistische Wirtschaftspolitik potenziell die Fähigkeit, in größerem Umfang planend in den Wirtschaftsprozess einzugreifen. Dies unterschied die Kriegswirtschaftspolitik ab 1942 von der vorherigen Maßnahmenpolitik, die seit der NS-Machtübernahme, aber auch noch im Vierjahresplan eher punktuell verankert war. Im Reichswirtschaftsministerium, das immer mehr auf die zivilwirtschaftliche Funktion eingeschränkt wurde, existierte

---

[105] *Fremdling*, Wirtschaftsstatistik, S. 277.
[106] *Scherner/Streb*, Das Ende eines Mythos, S. 175, vgl. auch Kapitel 3.2 in diesem Band.
[107] *Streb*, Reichswirtschaftsministerium im Kriege, S. 572, der aber auch auf die Grenzen hinweist. Zur Rolle bei der Auftragsverlagerung vgl. *Marcel Boldorf*, Forced Collaboration, Entrepreneurial Strategies, and their Long-Term Effects in France, in: Jonas Scherner/Eugene White (Hrsg.), Paying for Hitler's War: The Consequences of Nazi Hegemony for Europe, Cambridge 2016, S. 137 f.

lange Zeit kein Grundsatzreferat. Zwar war bei der Neustrukturierung unter Göring 1938 eine Hauptabteilung „Wirtschaftsordnung, Handwerk, Handel" geschaffen worden. Sie unterstand dem Elektriker Rudolf Schmeer, der sich seit Anfang der 1920er Jahre in der NSDAP engagiert und die Personalabteilung der Deutschen Arbeitsfront von Robert Ley geleitet hatte.[108] Ordnungstheoretische Impulse gingen von der Abteilung nicht aus, bis im November 1943 der SS-Brigadeführer und Ministerialdirektor Otto Ohlendorf an ihre Spitze rückte. Als promovierter Volkswirt leitete er das nunmehr eingerichtete Grundsatzreferat „Fragen der Wirtschaftspolitik im Reich und im europäischen Raum"[109] und avancierte zum führenden Staatsekretär im Hause. Er verfolgte die Vision, das Reichswirtschaftsministerium zu einem „Wirtschaftsforschungsministerium" zu entwickeln, um „Aufgaben einer wirklich zentralen Wirtschaftsplanung und Wirtschaftsforschung" nachzukommen.[110] Indessen hat er als „intellektuelle[r] Totengräber der Wehr- und Rüstungswirtschaft" zu gelten, denn er glaubte, dass sich die Wirtschaft über die Lehren des Nationalsozialismus hinweggesetzt habe.[111] In der Praxis verfügte Ohlendorf kaum über Einfluss, weil die kriegswirtschaftlichen Entscheidungen längst außerhalb seines Ministeriums getroffen wurden. Dennoch finden sich in der unmittelbaren Nachkriegszeit sowohl bei der Vorbereitung des marktwirtschaftlichen Neubeginns als auch bei der Etablierung der statistischen Planung Personen und Konzepte aus dem Kreis um Ohlendorf wieder.[112]

Das nationalsozialistische Wirtschaften zeichnete sich durch eine bedingungslose Fokussierung auf die Rüstung aus. Die fortwährende Steigerung der Rüstungsproduktion brachte das Regime „um die Möglichkeit, sich durch die Befriedigung ziviler Konsumwünsche ein gewisses Maß von Legitimität zu bewahren."[113] Es fand ein rigoroser Abbau der zivilen Produktion zu Gunsten der rüstungsrelevanten Güter statt. Somit stellte sich der von Götz Aly postulierte Wohlfahrts- und Versorgungsstaat zu keinem Zeitpunkt ein, und es fand kein „sozialpolitisches Appeasement"[114] der deutschen Normalbevölkerung durch wirtschaftliche Erfolge statt. Auch Hans-Ulrich Wehlers Annahme, die Versorgung der Reichsbevölkerung sei bis Herbst 1944 „geradezu vorzüglich", ging in die Irre.[115]

Schließlich zeigten sich die ordnungspolitischen Grenzen mit dem wirtschaftlichen Niedergang im Krieg. Eine Denkschrift, die vermutlich im Führungsstab des General-

---

108 *Fisch*, Willkür und Regelhaftigkeit, S. 51.
109 *Fremdling*, Wirtschaftsstatistik, S. 301.
110 *Fremdling*, Wirtschaftsstatistik, S. 302.
111 *Herbst*, Gab es ein, S. 641f.
112 *Albrecht Ritschl*, Einleitung, in: Ritschl, Reichswirtschaftsministerium in der NS-Zeit, S. 15.
113 *Herbst*, Gab es ein, S. 641.
114 *Götz Aly*, Hitlers Volksstaat. Raub, Rassenkrieg und nationaler Sozialismus, 2. Aufl. Frankfurt am Main 2005, S. 360. Vgl. für eine grundlegende Kritik an Aly: *Christoph Buchheim*, Die vielen Rechenfehler in der Abrechnung Götz Alys mit den Deutschen unter dem NS-Regime, in: Sozial.Geschichte 20, 2005, S. 67–76.
115 *Hans-Ulrich Wehler*, Deutsche Gesellschaftsgeschichte, Bd. 4: Vom Beginn des Ersten Weltkriegs bis zur Gründung der beiden deutschen Staaten 1914–1949, München 2003, S. 706.

bevollmächtigten für die Wirtschaft entstand, sprach unter dem Titel „Grenzen der wirtschaftlichen Wehrkraft Deutschlands" bereits 1939 vor Kriegsbeginn offen an, dass die kriegswirtschaftlichen Ressourcen nicht ausreichen, um gleichzeitig die Rüstungs- und Konsumbedürfnisse Deutschlands zu befriedigen. Mit dem Hinweis auf die entscheidenden Engpässe Arbeitskräfte und Rohstoffe kam sie zu dem Schluss, dass ein Krieg nicht erfolgreich führbar sei.[116] Trotzdem begann Hitler den Krieg, indem er auf irreale Steigerungsmöglichkeiten der kriegsrelevanten Produktion setzte. Mit der Kriegsniederlage scheiterte der Nationalsozialismus auch an den eigenen Maßstäben für wirtschaftlichen Erfolg.

Die Erörterungen dieses Beitrags haben gezeigt, dass eine Diskussion Planwirtschaft versus Marktwirtschaft in der Tat wenig fruchtbar ist. Trotz intensiver Bemühungen um rational kontrolliertes Wirtschaften kam es gerade in der zweiten Kriegsphase teilweise zu widersprüchlichen Entwicklungen: Während das System der Ausschüsse und Ringe auf die Selbstorganisationskräfte der Wirtschaft setzte, liefen die Versuche, eine zentrale Planung – zumindest der Rohstoffzuteilung – durchzusetzen, in die entgegengesetzte Richtung. Jedoch war die NS-Rüstungswirtschaft meist am erfolgreichsten, wenn sie auf eine anreizorientierte Politik setzte, z. B. mit den Wirtschaftlichkeitsgarantie- und Festpreisverträgen. Am besten lässt sich das NS-Wirtschaftssystem charakterisieren als Kombination einer kriegsorientierten Rüstungswirtschaft mit einer rassistisch motivierten Diskriminierung und einer Entrechtlichung, die beide auch wirtschaftlich prägend waren.

Auswahlbibliografie

Abelshauser, Werner, Kriegswirtschaft und Wirtschaftswunder. Deutschlands wirtschaftliche Mobilisierung für den Zweiten Weltkrieg und die Folgen für die Nachkriegszeit, in: Vierteljahrshefte für Zeitgeschichte 47, 1999, S. 503–538.

Bähr, Johannes/Banken, Ralf (Hrsg.), Wirtschaftssteuerung durch Recht im Nationalsozialismus. Studien zur Entwicklung des Wirtschaftsrechts im Interventionsstaat des „Dritten Reichs", Frankfurt am Main 2006.

Barkai, Avraham, Das Wirtschaftssystem des Nationalsozialismus. Ideologie, Theorie, Politik 1933–1945, Frankfurt am Main 1988.

Boelcke, Willi A., Die deutsche Wirtschaft 1930–1945. Interna des Reichswirtschaftsministeriums, Düsseldorf 1983.

Buchheim, Christoph, Das NS-Regime und die Überwindung der Weltwirtschaftskrise in Deutschland, in: Vierteljahrshefte für Zeitgeschichte 56, 2008, S. 381–414.

Buchheim, Christoph, Die Wirtschaftsentwicklung im Dritten Reich – mehr Desaster als Wunder, in: Vierteljahrshefte für Zeitgeschichte 49, 2001, S. 653–664.

Erbe, René, Die nationalsozialistische Wirtschaftspolitik im Lichte der modernen Theorie, Zürich 1958.

Fremdling, Rainer, Nationalsozialistische Kriegswirtschaft und DDR. Planungsstatistik 1933–1949/50, Stuttgart 2018.

---

[116] Vgl. *Streb*, Reichswirtschaftsministerium im Kriege, S. 573, s. auch *Boelcke*, Deutsche Wirtschaft, S. 230.

Hayes, Peter, Corporate Freedom of Action in Nazi Germany, in: Bulletin of the German Historical Institute 2009/2, S. 29–42.
Herbst, Ludolf, Der Totale Krieg und die Ordnung der Wirtschaft. Die Kriegswirtschaft im Spannungsfeld von Politik, Ideologie und Propaganda 1939–1945, Stuttgart 1982.
Kahn, Daniela, Die Steuerung der Wirtschaft durch Recht im nationalsozialistischen Deutschland. Das Beispiel der Reichsgruppe Industrie, Frankfurt am Main 2006.
Milward, Alan S., Die deutsche Kriegswirtschaft 1939–1945, Stuttgart 1966.
Overy, Richard J., War and Economy in the Third Reich, Oxford 1994.
Petzina, Dietmar, Autarkiepolitik im Dritten Reich. Der nationalsozialistische Vierjahresplan, Stuttgart 1968.
Prollius, Michael von, Das Wirtschaftssystem der Nationalsozialisten 1933–1939. Steuerung durch emergente Organisation und politische Prozesse, Paderborn 2003.
Ritschl, Albrecht (Hrsg.), Das Reichswirtschaftsministerium in der NS-Zeit. Wirtschaftsordnung und Verbrechenskomplex (Wirtschaftspolitik in Deutschland 1917–1990, Bd. 2), Berlin/Boston 2016.
Spoerer, Mark, Das kurze Dritte Reich: Zur Frage der Kontinuität sozioökonomischer Strukturen zwischen der Weimarer Republik, dem Dritten Reich und der Bundesrepublik, in: Perspektiven der Wirtschaftspolitik 20, 2019, S. 383–392.
Streb, Jochen, Das nationalsozialistische Wirtschaftssystem: Indirekter Sozialismus, gelenkte Marktwirtschaft oder vorgezogene Kriegswirtschaft? In: Werner Plumpe/Joachim Scholtyseck (Hrsg.), Der Staat und die Ordnung der Wirtschaft. Vom Kaiserreich bis zur Berliner Republik, Stuttgart 2012, S. 61–83.
Temin, Peter, Soviet and Nazi Economic Planning in the 1930s, in: Economic History Review 44, 1991, S. 573–593.
Tooze, Adam, Ökonomie der Zerstörung. Die Geschichte der Wirtschaft im Nationalsozialismus, München 2007.

Helmut Maier
2.2 Wissenschaft und Rüstungsforschung

2.2.1 Einleitung

Verschiedene Branchen der NS-Wehr- und Kriegswirtschaft erwiesen sich als besonders innovativ.[1] Alle wissenschaftsbasierten Branchen verfügten über hauseigene Abteilungen für Forschung und Entwicklung (F&E): „Invention was industrialized."[2] Als Erfolgsfaktor des deutschen Innovationssystems erwies sich die „academic-industrial symbiosis".[3] Auf Reichsebene waren forschende Behörden wie die Physikalisch-Technische Reichsanstalt (PTR) entstanden, die als Marksteine einer aktiven staatlichen Technologiepolitik gelten.[4] 1911 trat die Kaiser-Wilhelm-Gesellschaft (KWG) hinzu, deren Institute Forschungsbedürfnisse der sie mitfinanzierenden Industrie bedienten. Ab 1900 wurde die Innovationsdynamik durch die Gründung zahlreicher branchenspezifischer Gemeinschaftsinstitute weiter verstärkt.[5]

Das lange vorherrschende Narrativ zur NS-Geschichte der Technowissenschaften folgte dem Pejorativum der „grotesken Ineffizienz" des NS-Staates und titulierte die Forschung als „Stiefkind des Systems".[6] Heute bildet der Primat des Rassismus und des Bellizismus den „Schlüssel zum Verständnis der Entwicklung der Wissenschaften".[7] Außerdem ist von einer bereits 1933 einsetzenden Mobilisierung von Ingenieuren, Chemikern und Physikern für die Autarkie- und Rüstungsforschung auszugehen. Das nach den Erfahrungen des Ersten Weltkriegs propagierte Konzept des „autarken Wehrstaats" entsprach nicht nur der durch Wehrmacht und Partei verfolgten Strate-

---

[1] *Lutz Budraß*, Flugzeugindustrie und Luftrüstung in Deutschland 1918–1945, Düsseldorf 1998; *Jochen Streb*, Staatliche Technologiepolitik und branchenübergreifender Wissenstransfer. Über die Ursachen der internationalen Innovationserfolge der deutschen Kunststoffindustrie im 20. Jahrhundert, Berlin 2003.
[2] *Georg Meyer-Thurow*, The Industrialization of Invention: A Case Study from the German Chemical Industry, in: Isis 73, 1982, S. 363; *Paul Erker*, Die Verwissenschaftlichung der Industrie. Zur Geschichte der Industrieforschung in den europäischen und amerikanischen Elektrokonzernen 1890–1930, in: Zeitschrift für Unternehmensgeschichte 35, 1990, S. 73–94.
[3] *Jeffrey Allen Johnson*, The Academic-industrial Symbiosis in German Chemical Research, in: John E. Lesch (Hrsg.), The German Chemical Industry in the Twentieth Century, Dordrecht 2000, S. 15–56.
[4] *Eva Barlösius*, Ressortforschungseinrichtungen – Forschung im staatlichen Auftrag, in: Dagmar Simon, [u. a.] (Hrsg.), Handbuch Wissenschaftspolitik, 2. Aufl. Wiesbaden 2016, S. S. 580; *Lundgreen, Peter* [u. a.] (Hrsg.), Staatliche Forschung in Deutschland 1870–1980, Frankfurt 1986, S. 20.
[5] Vgl. grundlegend *Ulrich Marsch*, Zwischen Wissenschaft und Wirtschaft. Industrieforschung in Deutschland und Großbritannien 1880–1936, Paderborn 2000.
[6] *Helmut Maier*, „Stiefkind" oder „Hätschelkind"? Rüstungsforschung und Mobilisierung der Wissenschaften bis 1945, in: Christoph Jahr (Hrsg.), Die Berliner Universität in der NS-Zeit, Bd. 1: Strukturen und Personen, Wiesbaden 2005, S. 99–114.
[7] *Rüdiger Hachtmann*, Unter rassistischen und bellizistischen Vorzeichen – die Wissenschaften 1933–1945, in: Wolfgang A. Herrmann/Winfried Nerdinger (Hrsg.), Die Technische Hochschule München im Nationalsozialismus, München 2018, S. 12–32.

gie der Kriegsvorbereitung, sondern erwies sich auch in weiten Kreisen der wissenschaftlichen Eliten als anschlussfähig.

Als eines der gravierendsten Defizite des NS-Innovationssystems galt der mangelhafte Problem- und Wissenstransfer zwischen Wissenschaft, Militär und Industrie.[8] Tatsächlich jedoch vollzog sich die Kriegsvorbereitung in enger Abstimmung der Bedarfs- und Kompetenzträger. Dabei oblag die Umsetzung der NS-Technologiepolitik den institutionenübergreifenden Verbünden zwischen Militär und Unternehmen, Hochschulen, Verbänden, Ressort- und Gemeinschaftsforschung.[9] Ein überragendes Merkmal des NS-Innovationssystems bildet die dynamische Ausweitung der Ressortforschung (Wissenschaft, Wirtschaft, Verkehr, Reichswehr, Luftfahrt, Post, Landwirtschaft).[10]

Die Ressourcenarmut Deutschlands hatte zur Folge, dass sich F&E in steigendem Maße der Beseitigung von Engpässen widmeten.[11] Der ab 1939 beschleunigte Rüstungswettlauf, verbunden mit dem Ziel technischer Überlegenheit der Bewaffnung, schuf Freiräume für innovative Entwicklungen („science-based weapons").[12] Dies zögerte die Befreiung Europas vom NS-Herrschafts- und Vernichtungsapparat signifikant hinaus. Die bis 1945 erzielten Innovationen einschließlich des Forschungspersonals bildeten eine der wichtigsten Ressourcen für den ökonomischen Erfolg der Bundesrepublik Deutschland ab den 1950er Jahren.[13]

Gerade der innovationshistorisch entscheidenden Rolle der Forschungsinfrastruktur der Unternehmen hat die Wirtschaftsgeschichte bislang wenig Aufmerksamkeit geschenkt.[14] Daher werden hier nicht nur das Wissenschafts- und Innovationssystem, sondern auch die F&E-Abteilungen der Unternehmen selbst in den Blick genommen. Eine Hauptquelle zur Einordnung der erzielten Innovationen im transnationalen Vergleich bilden die Berichte der rund 4000 alliierten *intelligence teams*, die Industrie und

---

8 Vgl. exemplarisch *Hermione Giffard*, Engines of Desperation: Jet Engines, Production and New Weapons in the Third Reich, in: Journal of Contemporary History 48, 2013, S. 824 f.
9 *Helmut Maier*, Forschung als Waffe. Rüstungsforschung in der Kaiser-Wilhelm-Gesellschaft und das Kaiser-Wilhelm-Institut für Metallforschung 1900–1945/48, Göttingen 2007.
10 *Sören Flachowsky* [u. a.] (Hrsg.), Ressourcenmobilisierung. Wissenschaftspolitik und Forschungspraxis im NS-Herrschaftssystem, Göttingen 2016.
11 Vgl. exemplarisch *Jonas Scherner*, Staatliche Förderung, Industrieforschung und Verfahrensentwicklung. Die Tonerdeproduktion aus deutschen Rohstoffen im „Dritten Reich", in: Flachowsky, Ressourcenmobilisierung, S. 383–422.
12 *Michael Eckert*, The Dawn of Fluid Dynamics: A Discipline Between Science and Technology, Weinheim 2006, S. 57; *Jeffrey Allan Johnson*, Weltkriege, in: Marianne Sommer [u. a.] (Hrsg.), Handbuch Wissenschaftsgeschichte, Stuttgart 2017, S. 303–311.
13 Ein prominentes Beispiel bildet die Kontinuität der Kunststoff-Forschung der IG Farben, Werk Ludwigshafen (Kunststoff-Rohstoff-Abteilung; Kuro) mit 200 Mitarbeitenden (1944) und der Kuro der BASF mit 650 Mitarbeitenden (1960); *BASF*, 50 Jahre Anwendungstechnik Thermoplaste. Streifzug durch die Geschichte der Anwendungstechnik, Ludwigshafen 1989; *Morris Kaufman*, The History of PVC. The Chemistry and Industrial Production of Polyvinyl Chloride, London 1969.
14 *Raymond Stokes*, Research and Development in German Industry in the Nazi Period: Motivations and Incentives, Directions, Outcomes, in: Christoph Buchheim (Hrsg.), German Industry in the Nazi Period, Stuttgart 2008, S. 199–211.

Wissenschaft nach der Befreiung evaluierten.[15] Die Teams widmeten sich überdies den Kooperationsverhältnissen zwischen den Kompetenz- und Bedarfsträgern des Innovationssystems, also den Querverbünden zwischen Ressort- und Industrieforschung, dem Rüstungsministerium sowie den drei militärischen Forschungskomplexen. Diese werden im Folgenden analysiert und im Lichte quantitativer Befunde bilanziert.

2.2.2 Strukturen des Wissenschafts- und Innovationssystems und NS-Wissenschaftspolitik

Die branchenspezifischen Innovationssysteme konstituierten sich aus der Trias der hauseigenen Industrieforschung, den Hochschul- und den Gemeinschaftsinstituten, disziplinär vernetzt durch die technowissenschaftlichen Vereine. Im Bereich kriegsrelevanter Forschung spielte der Staat die entscheidende Rolle. Ab den 1880er Jahren wurden militärische Forschungseinrichtungen errichtet. Diesen folgte 1898 die Gründung der Centralstelle für wissenschaftlich-technische Untersuchungen als Gemeinschaftsinstitut der bedeutendsten Rüstungskonzerne.[16] Die techno-militärische Leitdisziplin (Ballistik) institutionalisierte sich an der Militärtechnischen Akademie in Berlin (1904).

Die Entfaltung der Innovationssysteme der Flugzeug- und Kraftfahrzeugindustrie verlief entgegen dem klassischen Modell. Noch in der Pionierphase der Luftfahrt vor dem Ersten Weltkrieg, die – bis auf die Zeppelin-Werke – keine industriellen Strukturen vorzuweisen hatte, wurde 1907 die Aerodynamische Versuchsanstalt gegründet. Diese und der 1911 von Hugo Junkers an der TH Aachen errichtete Windkanal spiegelten die akademische Genese der Leitdisziplin (Aerodynamik). Schon 1912 folgte die Gründung der Deutschen Versuchsanstalt für Luftfahrt (DVL) unter militärischer Präsidentschaft.[17] Im Kraftfahrwesen, das im Zweiten Weltkrieg eine militärische Schlüsselfunktion einnehmen sollte, dauerte es nach der Gründung einer Versuchsanstalt an der TH Berlin 1904 noch bis Ende der 1920er Jahre, bis ein Gemeinschaftsinstitut nationalen Ranges ins Leben gerufen wurde (Forschungsinstitut für Kraftfahrwesen und Fahrzeugmotoren, Stuttgart/FKFS).[18]

---

15 *Charlie Hall*, British Exploitation of German Science and Technology, 1943–1949, London 2019; *Douglas M. O'Reagan*, Taking Nazi Technology. Allied Exploitation of German Science after the Second World War, Baltimore 2021.
16 Deutsche Waffen- und Munitionsfabriken, Mauser, Rheinisch-Westfälische Sprengstoff-AG, Köln-Rottweiler Pulverfabriken, AG Ludwig Loewe und ab 1901 Krupp; s. *Josef Wallich*, Deutsche Forschungsstätten technischer Arbeit, Berlin 1919, S. 122.
17 *Budraß*, Flugzeugindustrie, S. 41; *Helmuth Trischler*, Luft- und Raumfahrtforschung in Deutschland, 1900–1970, Frankfurt am Main 1992, S. 82, 120.
18 *Klaus Schreurs*, Wunibald Kamm (1893–1966), das FKFS und die Verwissenschaftlichung des Kraftfahrwesens seit den 1930er Jahren, in: Klaus Schreurs [u. a.] (Hrsg.), Vom Nachzügler zum Vorreiter.

Standardwerke konstatieren das Fehlen einer NS-Wissenschaftspolitik. Im Rahmen des polykratischen NS-Herrschaftsapparats hätten mehr oder weniger parteinahe Machtzentren um Vorherrschaft gerungen. Das Gesetz zur Wiederherstellung des Berufsbeamtentums (April 1933) löste eine Emigrationswelle aus. Tatsächlich verloren die Universitäten rund 20 % ihres Lehrkörpers.[19] Bis zu 3000 Wissenschaftler verließen Deutschland und Österreich. Die Zahl der vertriebenen Chemiker (Hochschule, Industrie) betrug schätzungsweise 700, rund 140 Ingenieure gingen nach England.[20] Für die USA liegen keine genauen Zahlen vor.[21] Die hohen Gesamtzahlen der berufstätigen Ingenieure und Chemiker[22] dürfen nicht darüber hinwegtäuschen, dass gerade die autarkie- und rüstungsrelevanten Disziplinen und Branchen von der Emigration betroffen waren.[23]

Nach der krisenbedingten Unterfinanzierung des Wissenschaftssystems wendete sich das Blatt ab 1933 vergleichsweise schnell. Ein durchschnittliches Hochschulinstitut sah sich ab Mitte der 1930er Jahre mit einer wachsenden Zahl an Drittmittelgebern konfrontiert. Die unbürokratische Bewilligung erfolgte unter der Bedingung der „Staats- und Wehrwichtigkeit", später der „Kriegswichtigkeit". Da in den Ressorts Fachexperten verantwortlich waren, war es kaum möglich, sich mit „Antragslyrik" Mittel zu beschaffen. Ohnehin ist diese Überlegung abwegig, weil die Antragsteller ihre Arbeit als nationale Aufgabe begriffen und motiviert waren, zur Errichtung des „autarken Wehrstaats" beizutragen („Selbstmobilisierung"). Auch von einer „Grundlagenforschungsfeindlichkeit" kann nach neueren Forschungen kaum mehr die Rede sein.[24]

Durch die 1933 einsetzende Errichtung des „autarken Wehrstaates" wurden die Technowissenschaften politisch aufgewertet,[25] die Industrieforschung ausgebaut. Nach Gründung des Reichsluftfahrtministeriums (RLM) im April 1933 wurden neue For-

---

Kraftfahrzeugforschung in Wissenschaft und Industrie einst und jetzt, Essen 2018, S. 37–56; *Gian Marco Secci*, Forschung als Dienstleistung: Professor Gabriel Becker (1883–1975) und die Berliner Versuchsanstalt für Kraftfahrzeuge und Leichtmotoren, in: Schreurs, Nachzügler, S. 21–36.

19 *Michael Grüttner/Sven Kinas*, Die Vertreibung von Wissenschaftlern aus den deutschen Universitäten 1933–1945, in: Vierteljahrshefte für Zeitgeschichte 55, 2007, S. 141.

20 *Wolfgang Mock*, Technische Intelligenz im Exil. Vertreibung und Emigration deutschsprachiger Ingenieure nach Großbritannien 1933–1945, Düsseldorf 1986, S. 192–204.

21 *Werner Roeder/Herbert A. Strauss* (Hrsg.), International Biographical Dictionary of Central European Emigrés 1933–1945, 2 Bde. Berlin 1980/1983.

22 Im Jahr 1933: 243 934 Ingenieure und Techniker, 10 950 Chemiker, s. *Volker Müller-Benedict* (Hrsg.), Akademische Karrieren in Preußen und Deutschland 1850–1940, Göttingen 2008, S. 255, 281.

23 *Stefan L. Wolff*, Die Ausgrenzung und Vertreibung der Physiker im Nationalsozialismus, in: Dieter Hoffmann/Mark Walker (Hrsg.), Physiker zwischen Autonomie und Anpassung, Weinheim 2007, S. 91–138; *Ute Deichmann*, Flüchten, Mitmachen, Vergessen. Chemiker und Biochemiker in der NS-Zeit, Weinheim 2001.

24 *Helmut Maier*, Aus der Verantwortung gestohlen? „Grundlagenforschung" als Persilschein für Rüstungsforschung am Kaiser-Wilhelm-Institut für Metallforschung vor und nach 1945; in: Werner Lorenz/Torsten Meyer (Hrsg.), Technik und Verantwortung im Nationalsozialismus, Münster 2004, S. 47–77.

25 *Helmut Maier*, Chemiker im „Dritten Reich". Die Deutsche Chemische Gesellschaft und der Verein Deutscher Chemiker im NS-Herrschaftsapparat, Weinheim 2015.

schungsanstalten eröffnet. Für die Kriegsvorbereitung begann das Amt für deutsche Roh- und Werkstoffe ab 1936 mit dem großflächigen Ausbau der Autarkieforschung (Vierjahresplan). Im gleichen Jahr begann der Aufbau des Großforschungszentrums für die Entwicklung ballistischer Fernraketen (V-2), der Heeresversuchsanstalt Peenemünde.[26] Mit der Gründung des Reichsforschungsrats (RFR) 1937, der dem Chef des Heereswaffenamts (HWA) unterstand, legte die Deutschen Forschungsgemeinschaft (DFG) ihren Fokus auf die Autarkie- und Rüstungsforschung.[27] Das Reichspostministerium etablierte eine hauseigene Forschungsanstalt (1937). 1938 folgte das RLM mit der Erprobungsstelle „Peenemünde-West" (V-1).[28]

2.2.3 Autarkie und Rüstung in der Ressortforschung

In der Historiografie ist die überragende Stellung der PTR für die physikalische Theorie- und Methodenentwicklung unbestritten („Metrologie").[29] Als Ressortforschungseinrichtung verkörperte sie idealtypisch die hybride Funktion staatlicher Forschung zwischen technowissenschaftlichen Disziplinen auf der einen und Dienstleistung für die Industrie auf der anderen Seite („Regulierungswissen").[30] Bald intensivierte sich der Umfang der wehrwichtigen Arbeiten ebenso wie die Bedeutung ihrer Wissenschaftler für zahlreiche interinstitutionelle Fachgremien. Ihr Präsident, Abraham Esau, avancierte zum Bevollmächtigten für alle Fragen der Kernphysik (1942). Überdies war die PTR an der Entwicklung selbststeuernder Torpedos beteiligt („smart weapons").[31] Der Personalstand stieg von rund 300 (1932) auf knapp 770 (1944).[32]

---

[26] *Michael J. Neufeld*, Die Rakete und das Reich. Wernher von Braun, Peenemünde und der Beginn des Raketenzeitalters, 2. Aufl. Berlin 1999; *Thomas H. Lange*, Peenemünde. Analyse einer Technologieentwicklung im Dritten Reich, Düsseldorf 2006.
[27] *Sören Flachowsky*, Von der Notgemeinschaft zum Reichsforschungsrat. Wissenschaftspolitik im Kontext von Autarkie, Aufrüstung und Krieg, Stuttgart 2008.
[28] *Botho Stüwe*, Peenemünde-West. Die Erprobungsstelle der Luftwaffe für geheime Fernlenkwaffen und deren Entwicklungsgeschichte, Esslingen 1995, S. 124.
[29] *Dieter Kind*, Herausforderung Metrologie. Die Physikalisch-Technische Bundesanstalt und die Entwicklung seit 1945, Bremerhaven 2002; *Rudolf Huebener/Heinz Lübbig*, Die Physikalisch-Technische Reichsanstalt. Ihre Bedeutung beim Aufbau der modernen Physik, Wiesbaden 2011.
[30] *Carsten Reinhardt*, Regulierungswissen und Regulierungskonzepte, in: Berichte zur Wissenschaftsgeschichte 33, 2020, S. 351–364; *Eva Barlösius*, „Forschen mit Gespür für politische Umsetzung" – Position, interne Strukturierung und Nomos der Ressortforschung, in: Der moderne Staat. Zeitschrift für Public Policy, Recht und Management, 2, 2009, S. 347–366.
[31] *Jürgen Müller*, Die PTR als Wehrmachtsbetrieb, in: PTB-Mitteilungen 123, 2013, S. 21–23.
[32] *Helmut Maier*, Physikalisch-Technische Bundesanstalt, Oktober 2017. www.bmwi.de/Redaktion/DE/Downloads/J-L/kurzgutachten-forschungsstand-aufarbeitung-ns-vergangenheit-ptb.pdf?__blob=publicationFile&v=4 (abgerufen 14. 7. 2022).

Deutlich enger war die Chemisch-Technische Reichsanstalt (CTR), die das zivile und militärische Sprengstoffwesen regulierte, auf militärische Zwecke ausgerichtet. Ab 1933 konzentrierte das Militär seine Prüfaufgaben in der CTR, die ab 1938 „zu mehr als 95 %" für das Reichskriegsministerium arbeitete.[33] Sie war während des Kriegs in zwei Arbeitsgemeinschaften (ArGe) des Reichsamts für Wirtschaftsausbau (RWA) und – wie die Physikalisch-Technische Reichsanstalt – in allen militärischen Forschungskomplexen präsent. Ihre Beschäftigtenzahl stieg von 111 (1929) auf rund 1000 (1945).[34]

Zu den innovativsten Neugründungen zählte 1937 die Forschungsanstalt der Deutschen Reichspost (RPF). Neben der Einführung des Fernsehens wurden „Sonderfragen der Elektro-, insbesondere der Hochfrequenz- und Übertragungstechnik" bearbeitet.[35] Zusammen mit dem RLM und der Kriegsmarine wurde der „Fernseh-Torpedo" entwickelt, eine Variante des selbstzielsuchenden Torpedos. Ab 1939 war die RPF an der Entwicklung der Infrarot-Zielsuchgeräte für das HWA beteiligt.[36] Sie zählte zu den wichtigsten Kooperationspartnern der Erprobungsstelle in Peenemünde-West bei der Entwicklung ferngelenkter Gleit- und Raketenbomben mit einem „Fernlenk-Kommandogeber", Vorläufer des Joy-Sticks.[37] Weitere Vorhaben betrafen Radardetektoren für U-Boote sowie selbstzielsuchende Boden-Luft-Raketen. Der RPF war u. a. auch das Institut für atomphysikalische Untersuchungen, das Manfred von Ardenne leitete, angegliedert. 1940 wurde mit dem Bau einer Zyklotron- und einer Hochspannungshalle begonnen. Anders als das HWA und die im „Uranverein"[38] organisierten Institutionen trieb die RPF die Entwicklung des Neutronen-Generators 1943/44 verstärkt voran.[39] Bei Kriegsende verfügte die RPF über mehr als 1100 Beschäftigte.[40]

---

[33] *Walter Ruske*, 100 Jahre Materialprüfung in Berlin, Berlin 1971, S. 304–326; Zitat S. 314.
[34] *Helmut Maier*, Militärversuchsamt/Chemisch-Technische Reichsanstalt, Oktober 2017, www.bmwi.de/Redaktion/DE/Downloads/J-L/kurzgutachten-forschungsstand-aufarbeitung-ns-vergangenheit-mva-ctr.pdf?__blob=publicationFile&v=4 (abgerufen 14. 7. 2022), vgl. Abschnitt 2.2.5 in diesem Kapitel.
[35] *Gottfried Korella*, Über die Zusammenarbeit der deutschen Post mit Heer/Wehrmacht im Fernmeldewesen von 1900 bis 1945, in: Archiv für deutsche Postgeschichte 24, 1976, S. 35.
[36] *H. Gaertner*, Die Bedeutung der infraroten Strahlen für militärische Verwendungszwecke, in: Wehrtechnische Monatshefte 59, 1962, S. 151.
[37] *Max Maier*, Versuchs- und Erprobungsstelle der Luftwaffe in Peenemünde-West/Usedom, in: Heinrich Beauvais [u. a.] (Hrsg.): Flugerprobungsstellen bis 1945. Johannisthal, Lipezk, Rechlin, Travemünde, Tarnewitz, Peenemünde-West, Bonn 1998, S. 227, 252, 255.
[38] Bezeichnung der Arbeitsgemeinschaft zur Erforschung der militärischen Nutzung der Atomspaltung; s. *Mark Walker*, German National Socialism and the Quest for Nuclear Power, 1939–1949, Cambridge 1989; *Rainer Karlsch/Heiko Petermann* (Hrsg.), Für und Wider „Hitlers Bombe". Studien zur Atomforschung in Deutschland, Münster 2007.
[39] Alle Angaben: *Hubert Faensen*, Hightech für Hitler. Die Hakeburg – Vom Forschungszentrum zur Kaderschmiede, 2. Aufl. Berlin 2018, S. 81–89, 96–101.
[40] Bundesarchiv (BArch), Forschungsanstalt der Deutschen Reichspost (Bestand); www.deutsche-digitale-bibliothek.de/item/YT57LTIW2NJBEK4HUQ7XUTS6J3KMUMOT (abgerufen 14. 7. 2022); *Thomas Stange*, Die kernphysikalischen Ambitionen des Reichspostministers Ohnesorge, in: Berichte zur Wissenschaftsgeschichte 21, 1998, S. 161.

Im Ressortbereich des Reichswirtschaftsministeriums erlangte das Reichsamt für Wirtschaftsausbau als „Innovationsministerium" überragende Bedeutung. Im Gefolge der Verkündung des Vierjahresplans von 1936 wurde zunächst das Amt für deutsche Roh- und Werkstoffe ins Leben gerufen, aus dem bis Ende 1939 das RWA hervorging. Seine ursprüngliche Stoßrichtung resultierte aus der prekären Rohstofflage und der damit verbundenen Devisenkrise von 1935. Das RWA wurde ab 1939 durch den wissenschaftspolitisch ehrgeizigen IG Farben-Direktor Carl Krauch geführt. Er schuf bis 1944 einen Verband von 38 Vierjahresplaninstituten. Das RWA setzte die Hochschul- und Industrieforschung systematisch auf die Lösung kriegswirtschaftlicher Engpässe an.[41] – Um „den wissenschaftlich-technischen Erfahrungsaustausch zwischen Hochschule [...] und Industrie auf vierjahresplanwichtigen Gebieten herzustellen",[42] schuf das RWA ab 1940 18 Arbeitsgemeinschaften (RWA-ArGe). Hier traten die Vierjahresplaninstitute mit den Gemeinschaftsinstituten in Kontakt, flankiert von den RFR-Fachsparten, KWG-Instituten, der Ressort-, Industrie- und Hochschulforschung.

Das Beispiel der RWA-Verbundforschung zum Lederersatz offenbart den auch verbrecherischen Charakter der Ressortforschung. Ein gravierender Engpass bestand in der Lederversorgung der Wehrmacht. Was sich hier aus dem Alltagsgegenstand Schuh entwickelte, beschreibt die Funktionsweise des NS-Innovationssystems insgesamt. Unter Federführung des RWA entwickelten die Wirtschaftsgruppe Lederindustrie, die Deutsche Versuchsanstalt für Lederindustrie und das Kaiser-Wilhelm-Institut (KWI) für Lederforschung die sog. Gebrauchswertforschung. Die Versuche mit Ersatzschuhen wurden ab 1940 in die eigens eingerichtete Schuhprüfstrecke im KZ Sachsenhausen verlegt, wo Trageversuche mit Laboruntersuchungen kombiniert wurden. Zur Schuhprüfstrecke abkommandiert zu werden, kam für die Häftlinge einem Todesurteil gleich. Zum wichtigsten Ersatzstoff entwickelte sich die Buna-Sohle, und ab 1941 hielt das Polyvinylchlorid (PVC) Einzug in die Schuhproduktion.[43]

Die in den Ländern dezentral angesiedelten Materialprüfungsämter bzw. -anstalten (MPA) bildeten einen eigenen Typus der Ressortforschung. Sie standen als gutachtende Instanzen der regionalen Innovationssysteme in enger Verbindung mit den Bauingenieur- und Maschinenbau-Fakultäten der Technischen Hochschulen. Das größte Materialprüfungsamt in Berlin war in allen militärischen Forschungskomplexen präsent. Die Zahl seiner Mitarbeitenden stieg von 275 (1936) auf 476 (1942). Dass es gleich zwei Vierjahresplaninstitute beherbergte und sieben der 18 RWA-ArGe angehörte, unter-

---

41 Alle Angaben: *Sören Flachowsky*, Das Reichsamt für Wirtschaftsausbau als Forschungsbehörde im NS-System. Überlegungen zur neuen Staatlichkeit des Nationalsozialismus, in: Technikgeschichte 82, 2015, S. 185–223.
42 Archiv der Max-Planck-Gesellschaft, Berlin, III/84/1; [RWA] Richtlinien für die vom [RWA], Berlin, veranstalteten Arbeitstagungen zur Förderung der Vierjahresplanforschung, 1940.
43 *Anne Sudrow*, Der Schuh im Nationalsozialismus. Eine Produktgeschichte im deutsch-britisch-amerikanischen Vergleich, Göttingen 2010, S. 488–591, 706.

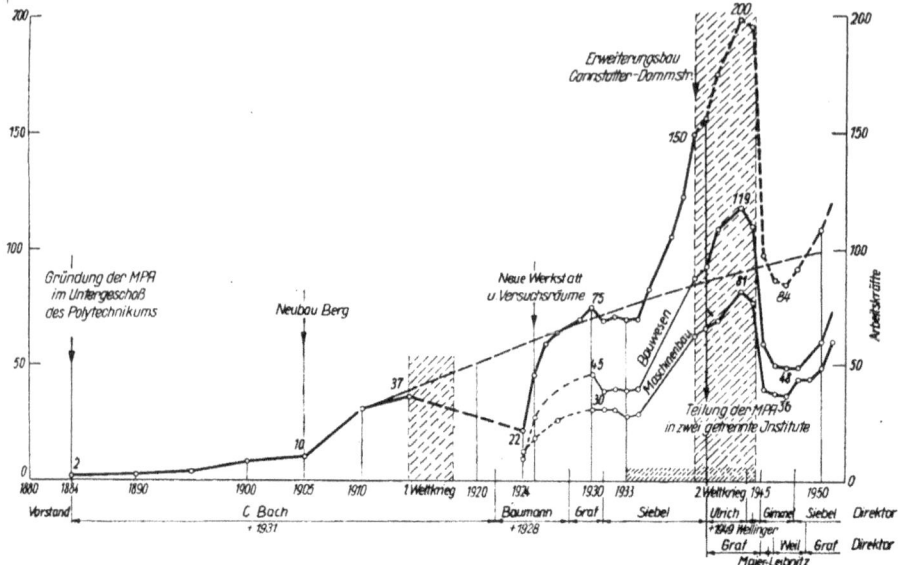

Bild 5. Arbeitskräfte in der Materialprüfungsanstalt von 1884 bis 1950

Abb. 1: Personalentwicklung der MPA Stuttgart 1884–1950 (nach Gimmel).
Quelle: Karl Wellinger, Sonderheft der Staatlichen Materialprüfungsanstalt an der Technischen Hochschule Stuttgart zum 60. Geburtstag des Direktors Professor Dr. Ing. E. Siebel [...] am 17. Mai 1951, S. 8.

streicht seine Spitzenstellung in der Kriegswirtschaft.[44] Die Materialprüfungsämter, wie auch zahlreiche andere Institute, verfügten über den Status eines „Rüstungs-", „Wehrwirtschafts-" oder „Spezialbetriebs".[45] – Durch ihre Spezialisierungen waren sie wertvolle Partner der militärischen Forschung. So errichtete das Materialprüfungsamt in Stuttgart einen Prüfstand für das HWA, um die Getriebe schwerer Fahrzeuge zu optimieren.[46] Ihre Personalentwicklung steht als Indikator staatlicher Technologiepolitik idealtypisch für fast alle F&E-Einrichtungen, wie Abb. 1 zeigt.

2.2.4 F&E in Unternehmen

Dieser Abschnitt präsentiert eine Auswahl aus den am häufigsten durch das Rüstungsministerium mit Leitungsfunktionen ermächtigten und von den militärischen For-

---

[44] *Helmut Maier,* Bundesanstalt für Materialforschung und -prüfung, Oktober 2017. www.bmwi.de/Redaktion/DE/Downloads/J-L/kurzgutachten-forschungsstand-aufarbeitung-ns-vergangenheit-bam.pdf?_blob=publicationFile&v=4 (Zugriff am 14. 7. 2022).
[45] *Maier,* Forschung, S. 1084–1087.
[46] *Jens Klein,* Zerreißprobe? Rüstungsforschung an der Abteilung Maschinenbau der MPA Stuttgart von 1933 bis 1945, Berlin 2019.

schungsführungen beauftragten Firmen.[47] Die Elektroindustrie steigerte den Anteil ihrer Rüstungsproduktion von 30 % (1939) auf über 69 % (1943).[48] Wie die Rüstungsforschung insgesamt expandierte auch das Forschungsinstitut der Allgemeinen Elektricitäts-Gesellschaft AG (AEG) (Personal 1931: 79; 1938: 365; 1944: 863).[49] Mitte der 1930er Jahre begann die Zusammenarbeit mit dem HWA auf dem Gebiet der Infrarot-Zielsuchgeräte („Bildwandlertechnik"), von denen „für den [Kampfpanzer] Panther bis Kriegsende etwa 1000 dieser Kommandanten-Geräte geliefert" wurden.[50] Die AEG gehörte fünf RWA-ArGe an und spielte in den F&E-Organen des Rüstungsministeriums neben Siemens eine herausragende Rolle.

Der Siemens-Forschungskomplex setzte sich 1937 aus einer größeren Zahl von Laboren und Entwicklungsstellen zusammen. Die Struktur dieses Komplexes steht exemplarisch für das marktorientierte Innovationspotential aller Branchen mit Großkonzernen.[51] 1937 leistete sich Siemens neben den werkseigenen Laboren gleich drei Gemeinschaftslabore (Forschungslaboratorium; Röhrenwerk; Kabelwerk). Jeder sechste Ingenieur der Siemens & Halske AG (S&H) in Berlin sei im Labor tätig gewesen.[52] Siemens war in fünf RWA-ArGe vertreten und arbeitete 1943–1944 u. a. für die Kriegsmarine („Drahtsteuerung von Torpedos"). Die Beschäftigtenzahl des S&H-Zentrallabors stieg von 269 (1933) auf 883 (1944).

Seit ihrer Gründung 1903 galt die Telefunken GmbH als Technologieführerin in der militärischen Telekommunikation.[53] Bis 1945 trieb sie die gesamte Hochfrequenztechnik maßgeblich voran. 1939 bestritt sie 60 % der Gesamtproduktion der Radio- bzw. Funkindustrie, gefolgt von der Lorenz AG (35 %).[54] Bei Kriegsende verfügte die F&E der Telefunken über rund 1500 Mitarbeitende in vier Abteilungen (Fernsehen/Kathodenstrahlröhren; Hochfrequenz; Niederfrequenz; Röhren).[55] Im Kontext des Radar- und U-Boot-Krieges avancierten ihre Labore mit 31 Vorhaben (Juni 1943–

---

47 Vgl. zu den Firmen die Abschnitte 2.2.5 und 2.2.6
48 *United States Strategic Bombing Survey (USSBS)*, Equipment Division: German Electrical Equipment Industry (= Bios Miscellaneous Report, Nr. 99), Washington 1947, S. 2.
49 *Detlef Lorenz*, Das AEG-Forschungsinstitut in Berlin-Reinickendorf. Daten, Fakten, Namen zu seiner Geschichte 1928–1989, Berlin 2004, S. 12–17; *Burghard Weiss*, Rüstungsforschung am Forschungsinstitut der Allgemeinen Elektricitäts-Gesellschaft bis 1945, in: Helmut Maier (Hrsg.), Rüstungsforschung im Nationalsozialismus. Organisation, Mobilisierung und Entgrenzung der Technikwissenschaften, Göttingen 2002, S. 109–141.
50 *Gaertner*, Strahlen, S. 151, 155.
51 *Paul Erker*, Industrieeliten in der NS-Zeit. Anpassungsbereitschaft und Eigeninteresse von Unternehmern in der Rüstungs- und Kriegswirtschaft 1936–1945, Passau 1993, S. 52.
52 *K. Reche*, Über die Entwicklungsarbeit und die Forschung der Siemens & Halske AG, in: Siemens-Zeitschrift 17, 1937, S. 112 f.
53 *Margot Fuchs*, Anfänge der drahtlosen Telegraphie im Deutschen Reich 1897–1918, in: Hans-Jürgen Teutenberg/Cornelius Neutsch (Hrsg.), Vom Flügeltelegraphen zum Internet. Geschichte der modernen Telekommunikation, Stuttgart 1998, S. 113–131.
54 *USSBS*, German Electrical Equipment Industry, S. 7.
55 *Carleton L. Dyer*, Organization of Telefunken (= CIOS, File No. XXI-1), London ca. 1945, S. 4.

September 1944) zum größten Auftragnehmer des Oberkommandos der Kriegsmarine (OKM).

Der Zeiss-Konzern hielt die Spitzenstellung in der optischen Industrie. Seine Militär-Vertriebsabteilung wurde bis 1945 von einem Offizier im Admiralsrang geleitet. Der Leiter der F&E-Abteilung war Physikprofessor und Mitglied des Wissenschaftlichen Führungsstabes des OKM. Im April 1945 verfügte die Konstruktions- und Patentabteilung über 362 Mitarbeitende, die drei F&E-Abteilungen über rund 170:[56] „Diese hochspezialisierten Labors waren mit einer Ausnahme von promovierten bzw. habilitierten Experten besetzt." Militärische Aufträge kamen vom RLM („Nachtjäger-Visier"), aber auch dem OKM („Bahnuntersuchung ferngelenkter Raketen").[57]

Der Standort der Deutsche Waffen- und Munitionsfabriken AG (DWM) in Kiel war auf das ballistische Messwesen spezialisiert und für die Munitionsentwicklung verantwortlich. Die dortige Forschungsanstalt (ca. 150 Experten) verfügte über eine Abteilung für Theorie, die die Luftfahrtforschungsanstalt „Hermann Göring" in Braunschweig (LFA) mit Messgeräten versorgte. Die *US-Intelligence* stellte fest: „Whereas the research staff of DWM was, on the whole not up to the high caliber of the LFA, the work on applied Exterior Ballistics was actually superior." Ab September 1944 entwickelte die DWM-Forschungsanstalt die Rakete für den Luftkampf „R 4 M" im Auftrag des RLM[58] und übernahm Aufträge des HWA und des OKM. Die herausragende Stellung der DWM für die Forschung des Rüstungsministeriums erschließt sich aus der Leitung von gleich zwei Erfahrungsgemeinschaften (EG Hülsenfragen; EG Hohlraumladung) und einer Entwicklungskommission (EK Munition).

Als einer der Hauptlieferanten der Heeres- und Marinerüstung unterhielt die Fried. Krupp AG traditionell enge Beziehungen zum HWA und zum OKM: „Bestimmend für die Rolle der Kruppwerke bei der Rüstungsvorbereitung war nicht ihre Fähigkeit, Rüstungsgüter zu produzieren, sondern vielmehr die hohe Qualität und Flexibilität ihrer Forschungs-, Entwicklungs- und Erprobungsarbeit."[59] F&E-Abteilungen existierten in den verschiedenen Konzernwerken und Tochtergesellschaften. Allein im Essener Stammwerk („Gußstahlfabrik") stieg der Personalstand der forschenden Dienststellen von 550 (April 1939) auf 712 (Oktober 1942).[60] Der Leiter der Krupp-Forschung übernahm 1940 die EG Mangelmetalle.[61] Krupp entwickelte, erprobte und produzierte die

---

56 *Arthur W. Angus*, Report on the Firm of Carl Zeiss, Jena (= CIOS, File No. XXXIII-51), London 1946, S. 146–152.
57 Alle Angaben: *Rolf Walter*, Zeiss 1905–1945, Köln 2000, S. 8f., 255–258, 293–295.
58 Alle Angaben: *Leslie E. Simon*, Special Mission on Captured German Scientific Establishments (= CIOS No. XXX-71), 1945, S. 57–61.
59 *Werner Abelshauser*, Rüstungsschmiede der Nation? Der Kruppkonzern im Dritten Reich und in der Nachkriegszeit 1933 bis 1951, in: Lothar Gall (Hrsg.), Krupp im 20. Jahrhundert, Berlin 2002, S. 280.
60 Historisches Archiv Krupp, WA 41/6–59 und 6–61. Zahl der Werksangehörigen; ich danke Ralf Stremmel.
61 *Andreas Zilt*, Edouard Houdrement (1896–1958), in: Wolfhard Weber (Hrsg.), Ingenieure im Ruhrgebiet, Münster 1999, S. 481f.

unterschiedlichsten Artilleriewaffen für die gesamte Wehrmacht. Alle Waffengattungen führten Schießversuche an der Krupp-Erprobungsstelle in Meppen durch.[62] Der Konzern leitete die EG Ölersparung, die EK Waffen/Geschütze, nahm an der RWA-ArGe Teerverwertung teil und forschte für das RLM. Das *Combined Intelligence Objectives Sub-Committee* (CIOS) bilanzierte: „The Krupp visit was extremely profitable to the CIOS representatives in that it yielded 17 tons of highly secretive patents and detailed drawings on some of the most advanced ordnance equipment in the world."[63]

Die F&E-Einrichtungen der Mauser-Werke AG in Oberndorf waren in einem großzügigen neuen Gebäude untergebracht (550 Beschäftigte). Mauser übernahm Forschungsaufträge aus der Industrie (Rheinmetall-Borsig, Gustloff-Werke, Brünner Waffenwerke, Krupp). Ein *CIOS-team* zeigte sich angesichts der Ausstattung geradezu überwältigt:

> In fact the whole lay-out [of the experimental department] was the designers dream to come true. It is desired at this point to emphasise that this first class experimental department was the property of one firm and used solely on small arms and machine guns.

Die Abteilung kooperierte mit allen militärischen Forschungskomplexen und Erprobungsstellen. In Tarnewitz unterhielt Mauser eine eigene Erprobungsstelle.[64]

Die Düsseldorfer Werke der Rheinmetall-Borsig AG verfügten jeweils über eine Versuchsanstalt, das Werk Sömmerda über eine ballistische Abteilung.[65] Für das Rüstungsministerium leitete der Konzern die EG Elektrische Zündschrauben und bearbeitete Vorhaben für das HWA und das RLM. Das Ausmaß der F&E spiegelt sich einer größeren Zahl von *intelligence reports*.[66] Die in Berlin konzipierten Waffenentwürfe wurden in Düsseldorf in Versuchsserien umgesetzt und am konzerneigenen Schießplatz erprobt (Unterlüss).[67] Die Entwicklungsabteilungen wurden während des Kriegs nach Grimma, Wurzen und Trebsen verlagert.[68] Im Konzern waren mehr als 2500 Wissenschaftler und Techniker in F&E tätig. Materialengpässe hätten die For-

---

62 *C. C. Inglis* [u. a.], Investigations in Germany by Tank Armament Research, Ministry of Supply (= Bios Final Report, Nr. 270), London ca. 1945, S. 9.
63 German Design Improvisation Described by Timken Metallurgist, in: Iron Age 156, 1945, S. 109.
64 Alle Angaben: *R. V. Shepherd* [u. a.], Visit to Mauser Werke A.G., Oberndorf am Neckar and Mauser Personnel at Lager Haiming, Ötztal (CIOS, File No. XXXIII-4), [1945], S. 14 (Zitat, Hervorhebung in der Quelle), 73–76.
65 *R. S. Bruce*, Rheinmetall Borsig, Sommerda (= CIOS File No. XXX-52), London ca. 1945; *Inglis*, Tank Armament Research, S. 41 f.
66 *A. J. Garratt*, Interrogation of the Personnel of the Ballistics Section of Rheinmetall-Borsig (= BIOS Final Report No. 191), London ca. 1945; *Hartley*, Koering, German Armament Development Technique, 1946.
67 „Plant Unterlüss (Proving ground, laboratories, construction, research)", *USSBS*, Rheinmetall-Borsig, Düsseldorf, 1947, Exhibit E.
68 *J. M. Crews/D. V. Read*, Investigation of Rheinmetall-Borsig, A. G. Düsseldorf (= CIOS File No. XXVII-79), London ca. 1945, S. 3 (enclosure 1).

schung stimuliert.⁶⁹ Den Wissenschaftlern hätten gut ausgestattete physikalische, chemische, metallographische und Röntgenlaboratorien, Dauerprüf- und Schießstände zur Verfügung gestanden. Die Flugzeugbewaffnung wurde in Tarnewitz erprobt.⁷⁰

In der IG Farbenindustrie AG hatten die größten deutschen Chemieunternehmen fusioniert. Die über ihre Standorte verteilten 25 F&E-Labore verfügten bereits 1926 über rund 3700 Beschäftigte. Als Reaktion auf die Weltwirtschaftskrise wurden die Arbeitsgebiete in drei Sparten zusammengeführt.⁷¹ Ein Großteil der Forschungsmittel der Sparte II floss „nach Oppau als dem traditionellen Zentrum" für F&E. Im Ammoniaklabor, „seinerzeit größte Industrie-Forschungsstätte der Welt", stieg die Zahl der Laborangestellten von 1936 bis 1939 um rund 80 % (1940: 1344). Das Hochdrucklabor expandierte ähnlich dynamisch (1940: 1224).⁷² Die Gesamtzahl der IG-Chemiker stieg von 1995 (1933) auf 2762 (1942).⁷³ – Der 1935 durch die IG Farben in Berlin gegründeten „Vermittlungsstelle W" – W für Wehrmacht – fiel die Aufgabe zu, „to coordinate IG's dealings with the government concerning research, production, mobilization, labor assignments, air defense, espionage, patents, licenses, storage, and transport."⁷⁴ Die IG-Werke waren in sämtlichen RWA-ArGe und militärischen Forschungskomplexen aktiv. Das OKM kooperierte ab Sommer 1943 in mindestens zwölf Projekten mit sechs IG-Standorten.

Vorhaben der Ruhrchemie AG waren typisch für die Verbundforschung („Reichsamts-Vergleichsversuche"). Dahinter verbarg sich die Treibstoff-Synthese („Ausbeutesteigerung") einschließlich weiterführender Probleme, die aus der Produktqualität resultierten („Klopffestigkeit"). Die im Labor entwickelte Schmieröl-Synthese, deren Produkte die Betriebsdauer gegenüber mineralölbasierten Flugmotorenölen mehr als verdoppelte, hatte bereits Mitte der 1930er Jahre zur Kooperation mit dem RLM geführt. Wesentliche Entwicklungen erfolgten im Verbund mit anderen Firmen, dem KWI für Kohlenforschung oder dem FKFS.⁷⁵ Die Ruhrchemie nahm an zwei RWA-ArGe teil und

---

69 *F. V. Smith/A. Parr*, Investigation of Artillery Design and Development performed by Rheinmetall-Borsig Aktiengesellschaft (CIOS, File No. XXXI-12), 1. September 1945, S. 4.
70 *Alexander E. Kramer*, Development of Weapons by Rheinmetall-Borsig (= CIOS, File No. XXXI-63), o. O., ca. 1945, S. 3–9.
71 I: „Stickstoff und Mineralöl"; II: „Anorganika, Zwischenprodukte, Lösungsmittel und Farbstoffe und deren Hilfsprodukte, Pharma, Pflanzenschutz sowie Riechstoffe"; III: „Foto und Kunstfasern"; alle Angaben: *Gottfried Plumpe*, Die IG Farbenindustrie AG. Wirtschaft, Technik, Politik 1904–1945, Berlin 1990, S. 147–158; 475.
72 *Raymond Stokes*, Von der IG Farbenindustrie AG bis zur Neugründung der BASF (1925–1952), in: Werner Abelshauser (Hrsg.), Die BASF. Eine Unternehmensgeschichte, München, 2002, S. 292 f.; *Baum*, Prof. Dr. Bernhard Timm 60 Jahre, in: Chemiker-Zeitung 93, 1969, S. 743.
73 *Marsch*, Wissenschaft, 2000, S. 73.
74 *Peter Hayes*, Industry and Ideology. IG Farben in the Nazi Era, Cambridge 1987, S. 142 f.
75 *Günther Luxbacher*, Kohle – Öl – Benzin. Die Fischer-Tropsch-Synthese in der interinstitutionellen Kooperation 1933–1944, in: Helmut Maier (Hrsg.), Gemeinschaftsforschung, Bevollmächtigte und der Wissenstransfer. Die Rolle der Kaiser-Wilhelm-Gesellschaft im System kriegsrelevanter Forschung des Nationalsozialismus, Göttingen 2007, S. 453–502.

bearbeitete ab August 1943 allein fünf Aufträge des HWA. Die Entwicklung leistungsstarker Katalysatoren für die Kohlenwasserstoffsynthese und eine große Forschungsabteilung für die angewandte Stickstoff-Synthese machten sie zu einem begehrten Ziel alliierter Geheimdienste.[76] Der Personalstand der Labore lag bei rund 500.[77]

Die Ankurbelung der Luftrüstung einschließlich der Errichtung der für die Luftwaffe erforderlichen Infrastruktur löste ab 1933 nicht nur ein exponentielles Wachstum der Branche selbst aus. Vielmehr resultierte aus den Kopplungseffekten dieses Leitsektors der NS-Wehr- und Kriegswirtschaft ein dynamischer Nachfrage-Boom.[78] Die Forschung besaß für die Unternehmen einen überragenden Stellenwert. Die Junkers-Werke verstanden sich als Stätte für „industrielle Forschung mit angliederten Massenproduktionsstätten". In der Aerodynamik war die Branche praktisch seit dem Ersten Weltkrieg auf die staatlichen Anstalten angewiesen. Diese Auslagerung der Forschung aus den Unternehmen avancierte zur Blaupause der Luftrüstung ab 1933, flankiert durch den massiven Ausbau staatlicher Forschungsanstalten (vgl. Tabelle 1).[79]

Auf die Beschleunigung des Rüstungstempos ab Mitte der 1930er Jahre reagierten die Firmen mit einem „Entwicklungsboom". Bei Heinkel stieg die Zahl der Beschäftigten des Entwicklungsbaus in Rostock von 1500 (1938) auf 2000 (1940). In gleicher Größenordnung bewegten sich die Zahlen im „Entwicklungsbereich des Werkes Dessau" bei Junkers. Im Laufe des Krieges bildete sich „nun endgültig wieder das Modell der Forschungsorganisation heraus," das auf Junkers zurückging. Bei Heinkel verfügte die Studien GmbH Rostock über rund 300 Beschäftigte. Die Abteilung F der Henschel-Flugzeugwerke AG beschäftigte 1943 knapp 400 technische Angestellte zur Erforschung neuer Antriebe und ferngelenkter Gleitbomben.[80] Auch die Messerschmitt AG bezog im Sommer 1943 bei Oberammergau ein neues Forschungszentrum mit rund 1400 Mitarbeitenden, „around 600 of them involved directly in research and development."[81]

Die enge Verbindung zwischen dem RLM und den Firmen war durch die durchgängige Präsenz von Fliegerstabsingenieuren gewährleistet.[82] Ab 1942 wurde ein System von Entwicklungsgruppen aufgezogen, um gleichartige Komponenten „jeweils von einer Entwicklungsgruppe nach Prämissen einer möglichst einfachen Gestaltung"

---

76 Vgl. „5.1 Ruhrchemie als Ziel alliierter Industriespionage", s. *Manfred Rasch*, Kohlechemie im Revier. Zur Geschichte der Ruhrchemie AG 1927–1966, Münster 2018, S. 179, 266–273.
77 *W. F. Faragher* [u. a.], Ruhrchemie A.G., Sterkrade-Holten (= CIOS, File No. XXXII-96), 1945, S. 34.
78 *Lutz Budraß*, „Der Staat der Arbeit und des Friedens"? Zur Debatte über die Handlungsspielräume von Unternehmen in der nationalsozialistischen Aufrüstung, in: Ingo Köhler/Eva-Maria Roelevink (Hrsg.), Transformative Moderne: Struktur, Prozess und Handeln in der Wirtschaft (Festschrift für Dieter Ziegler), Dortmund 2021, S. 424 f.
79 Alle Angaben: *Lutz Budraß*, Zwischen Unternehmen und Luftwaffe. Die Luftfahrtforschung im „Dritten Reich", in: Maier, Rüstungsforschung, S. 155, 159 f.
80 Alle Angaben: *Budraß*, Zwischen Unternehmen, S. 168–170, 179 f.
81 *Daniel Uziel*, Arming the Luftwaffe. The German Aviation Industry in World War II, Jefferson 2012, S. 101.
82 *D. C. Appleyard*, Structural Work at Focke-Wulf, Bad Eilsen (= BIOS Final Report No. 285), London 1947, S. 3.

bearbeiten zu lassen. Deren Leitung oblag den Fachabteilungen der einschlägigen Firmen, aber auch der Ressortforschung (AVA; DVL): „Im November 1942 existierten 20 Entwicklungsgruppen mit 28 Untergruppen, im Juli 1944 18 Entwicklungsgruppen mit 48 Untergruppen".[83]

Die konsequent institutionenübergreifende Innovationsstrategie in der NS-Kriegswirtschaft offenbart sich idealtypisch im Bereich der Kunststoffanwendung im Flugzeugbau.[84] Die in der Chemie erzielten Innovationen und ihr Transfer in die Rüstung bildeten das Resultat branchenübergreifender F&E-Verbünde und brachten bis heute bekannte Produkte hervor (Mipolam; Plexiglas; Moltopren).[85] Die Leitung der diesbezüglichen Entwicklungs-Untergruppe oblag der Focke-Wulf Flugzeugbau GmbH, die ihre F&E und Konstruktion ab August 1941 in Bad Eilsen konzentriert hatte (1944: ca. 1750 Beschäftigte).[86] Gerade die Anwendung von Plexiglas versprach vielfältige neue Konstruktionsmöglichkeiten. Um den diesbezüglichen Erfahrungsaustausch zu intensivieren, hatte das RWA 1942 seine ArGe Organische Gläser gegründet. Hier waren sämtliche namhaften Flugzeughersteller versammelt, dazu neun Vierjahresplaninstitute, das Materialprüfungsamt Berlin, Forschung und Erprobung des RLM, HWA und Rüstungsministerium, vor allem jedoch die einschlägigen Kunststoff-Hersteller und -Verarbeiter. Das RLM förderte die Kunststoff-Forschung mit zahlreichen Aufträgen, namentlich bei Focke-Wulf, Bad Eilsen.

Ausgehend von ihrem zentralen Forschungsinstitut in Dortmund bündelte die Vereinigte Stahlwerke AG (VSt AG) ihre Forschung in der 1934 gegründeten Kohle- und Eisenforschung GmbH. Sie deckte das gesamte Spektrum der montanindustriellen Forschungsfelder ab. Im Gesamtkonzern waren die F&E-Abteilungen der Betriebsgesellschaften über Fachausschüsse miteinander verbunden. Im Gegensatz zu allen anderen hier genannten F&E-Stellen verzeichnete die Entwicklung der GmbH einen gegenläufigen Trend. Ihr Personalstand stieg zwar von 209 (1934) auf 332 (1938), fiel jedoch auf nur noch 215 (1943/44) – obwohl ihre Projekte als „kriegswichtig" galten (deutsche Erze, Mangan, Sinter- und Schlackenmetallurgie, Rüstungsstähle).[87] Dagegen wurde die Deutschen Eisenwerke AG, eine VSt-Betriebsgesellschaft mit umfangreichen F&E-Kapazitäten, mit der Leitung der EG Stahlguss betraut. Auch die Entwicklung der August Thyssen-Hütte AG, einer Betriebsgesellschaft der VSt AG, folgte dem bekannten Muster. Sie baute ihre F&E in Duisburg-Hamborn ab 1937 weiter aus.[88] Im August

---

83 Alle Angaben: *Budraß*, Flugzeugindustrie, S. 751 f.
84 *James T. Grey*, Plastics and Wooden Parts in German Aircraft (= CIOS, File No. XXXI-8), ca. 1945.
85 *G. A. Earwicker*, Focke-Wulf Structural Research Station (= CIOS, File No. XXIV-1), ca. 1945, S. 5.
86 *Reinhold Thiel*, Focke-Wulf Flugzeugbau, Bremen 2011, S. 233, 299; *A. C. Peterson* [u. a.], Focke Wulf Designing Offices and General Management Bad Eilsen (= CIOS, File No. XXVI-6), Mai 1945.
87 *Andreas Zilt*, Rüstungsforschung in der westdeutschen Stahlindustrie. Das Beispiel der Vereinigte Stahlwerke AG und Kohle- und Eisenforschung GmbH, in: Maier, Rüstungsforschung, S. 183–213.
88 Alle Angaben: *Andreas Zilt*, Industrieforschung bei der August Thyssen-Hütte in den Jahren 1936 bis 1960, in: Technikgeschichte 60, 1993, S. 129–159.

1944 erreichte die Beschäftigtenzahl dort 355,[89] war also deutlich größer als die der Forschungs-GmbH.

Die reichsweit einzigartige Forschungsstelle für Gleisketten-Fahrzeuge der Maschinenfabrik Augsburg-Nürnberg AG (MAN) wurde 1938 auf Initiative des HWA gegründet.[90] Allein am Standort Nürnberg waren 1943 fünf Stellen mit „Forschungs-, Entwicklungs-, Versuchs- und Erprobungsaufgaben" für Panzer befasst. Konstruktion und Entwicklung erhielten Aufgaben vom HWA (Fronterfahrungen) und von der EK Panzer des Rüstungsministeriums, für das die MAN den Forschungskreis Federung und Dämpfung Gleiskettenfahrzeuge leitete. Im Rahmen einer ArGe des OKH wurde die Entwicklung luftgekühlter Dieselmotoren vorangetrieben. Die Turbinenbau-Entwicklungsabteilung bearbeitete im Verbund mit der Dampf-Forschungsabteilung der TH Dresden u. a. Aufträge des RLM. Der Personalstand aller F&E-Stellen im Werk Nürnberg betrug insgesamt 608 (Ende 1943).[91] – Noch vor Kriegsbeginn war in Augsburg im Auftrag des OKM die MAN-Forschungsanstalt für Schiffsdieselmotoren gegründet worden (1945: ca. 70 Beschäftigte).[92]

2.2.5 F&E für das Rüstungsministerium ab 1940

Während traditionsreiche Reichsressorts über jahrzehntealte Verbindungen in das Innovationssystem verfügten, war das 1940 gegründete Reichsministerium für Bewaffnung und Munition gezwungen, diese erst ins Leben zu rufen. Die Ära des ersten Rüstungsministers Todt war daher von der Errichtung sog. Erfahrungsgemeinschaften (EG) geprägt. Während man im Kontext der Munitionskrise 1940 anfangs noch auf die Steigerung der Munitionsversorgung zielte (EG Zinkzünder; EG Hülsenfragen), entspann sich ein schnell ausgreifender F&E-Komplex. Dabei ging es um die Waffen- und Munitionstechnik, aber auch um vorgelagerte Engpässe (EG Gleichstrom-Höchstspannungsübertragung). Von 1940 bis 1943 wurden 24 EG ins Leben gerufen. Deren Leitung oblag überwiegend Unternehmen (17), gefolgt von Gemeinschaftsinstituten (3), dem Reichsverkehrsministerium (3) und einer Technischen Hochschule (EG Wehrbetontechnik).[93]

---

[89] Metallurgische Abteilung; thyssenkrupp Corporate Archives (tkA), Duisburg, A/5339, Briefentwurf an den Herrn Reichsminister für Rüstung und Kriegsproduktion, 17. 11. 1943; Chem. Hauptlaboratorium A. Th.-H., Aktennotiz, Besprechung am 5. 7. 1944; ich danke Andreas Zilt.
[90] *Conrad Michaels*, Rüstungsmanagement der Ministerien Todt und Speer. Das Beispiel Panzerentwicklung/Panzerkommission, Münster 2020, S. 50.
[91] MAN Truck & Bus, Historisches Archiv, Bestand 315.1–5,4; Niederschrift über die Sitzung der Kommission zur Überprüfung von Forschungs-, Entwicklungs-, Versuchs- und Erprobungsaufgaben bei der [MAN AG], Werk Nürnberg, 13. 12. 1943; ich danke Conrad Michaels.
[92] *R. J. Keig/J. A. Cowderoy*, Report on Visit to M. A. N. Research Laboratory, Heinrich von Buz-Strasse, Augsburg (= CIOS File XXXIII-II), London 1945, S. 4; *Sven Feyer*, Die MAN im Dritten Reich. Ein Maschinenbauunternehmen zwischen Weltwirtschaftskrise und Währungsreform, Diss. Augsburg 2016, S. 346–349.
[93] *Michaels*, Rüstungsmanagement, S. 746; *Maier*, Forschung, S. 977 f.

Unter Rüstungsminister Speer wurden die EG ab dem Frühjahr 1942 in die Entwicklungskommissionen (EK) überführt. Von den bis 1945 nachweisbaren 14 EK wurden 11 von Konzernen geleitet (u. a. Krupp, DWM, Messerschmitt), zwei durch das OKM (EK Schiffbau; EK Torpedo) und eine durch das HWA (EK Kraftfahrzeuge). Auffällig ist die Häufung der Leitung durch Siemens (EK Nachrichtenmittel; EK Funkmesstechnik; EK Elektrotechnik) und die AEG (EK Beobachungs- und Feuerleitgeräte; EK Fernschießen). Nach dem gleichen Prinzip problemzentrierter Unterorganisation wie beim RLM richteten die EK ihrerseits Unterausschüsse ein, in denen neben den entsprechenden Waffenoffizieren die „Experts and scientists of all weapon manufacturers" vertreten waren.[94] Voraussetzung für punktgenaue Lösungen war die Zusammensetzung der EK:

> These were made up of representatives of the O.K.W., of the three Services, scientists (representatives of technical colleges and institutions), economists (production specialists), specialists from industry, heads of development offices, and administrative specialists from the Ministry.

Die Stärke der EK bestand in ihrer „complete mixture of knowledge of military requirements, technical feasibility, production, and scientific readiness to do the job, and administration."[95] Dies zeigt der Fall der EK Panzer und der EK Kraftfahrzeuge, die ihre Arbeit bündelten. Sie gründeten im Sommer 1943 elf Forschungskreise, um die Forschung „planmäßig für die Rüstung einzusetzen". Die involvierten Institutionen stammten aus den F&E-Komplexen des RWA (Vierjahresplaninstitute), des RLM, der Kfz-Branche und einschlägigen Hochschulinstituten.[96]

2.2.6 Militärische Forschungskomplexe

Der F&E-Komplex des Heeres unterstand der Amtsgruppe Entwicklung und Prüfung (Wa Prüf) des HWA. Sie untergliederte sich in zwölf Abteilungen von der Ballistik über Infanterie- und Artilleriewaffen bis zu Raketen und Kampfstoffen.[97] Die Erprobung erfolgte in den Heeresversuchsanstalten Kummersdorf, Hillersleben, Gottow, Raubkammer und Peenemünde. Ein britisches *intelligence team* konstatierte: „Army equipment was controlled by the Heereswaffenamt, and there is no doubt that this organisation employed (in uniform) many first class technicians and scientists."[98]

---

94 Interrogation of Friedrich Geist and Kurt Weissenborn at Dustbin, s. *F. H. Fassnidge/F. S. Edwards*, Armament Production and Design (= BIOS Final Report No. 650), London ca. 1945, S. 6–8.
95 Alle Zitate: *R. Pickup*, The Organisation of the German Chemical Industry and Its Development for War Purposes (= BIOS Final Report No. 534), Mai 1946, S. 13.
96 Alle Angaben: *Michaels*, Rüstungsmanagement, S. 454–465.
97 *Florian Schmaltz*, Kampfstoff-Forschung im Nationalsozialismus. Zur Kooperation von Kaiser-Wilhelm-Instituten, Militär und Industrie, Göttingen 2005.
98 *Inglis*, Tank Armament Research, S. 9.

Die Vorhaben der Forschungsabteilung des HWA betrafen Sprengstoffphysik und -chemie, Hohlladungen, Ballistik, Raketen, Sondertreibstoffe, Ultrarot, biologische Waffen und die Nachrichtentechnik. Insgesamt kooperierten mindestens 114 Hochschulforscher mit der HWA-Forschungsabteilung. Bei den Technischen Hochschulen lag Berlin an der Spitze, bei den Universitäten Wien. Der 1942 gegründete Forschungsbeirat des HWA versammelte die ranghöchsten wissenschaftspolitischen Exponenten des NS-Staates. Auch hier vollzog sich der Querverbund zwischen Militär, Wissenschaft und Industrie durch Personalunion, nun auf höchster Ebene. Neben den Präsidenten der Chemisch-Technischen und der Physikalisch-Technischen Reichsanstalt war SS-Obersturmbannführer Rudolf Mentzel präsent, in Personalunion Leiter des Amtes Wissenschaft (Reichserziehungsministerium) und DFG-Präsident. Und mit Albert Vögler war nicht nur der KWG-Präsident, sondern zugleich der Vorstandsvorsitzende der VSt AG anwesend.[99]

Von August 1943 bis November 1944 vergab das HWA insgesamt 85 Aufträge an 38 Unternehmen. Mit Hilfe von Monatslisten der militärischen Forschungsführungen ist es möglich, einige strukturelle Aspekte zu rekonstruieren. Noch im August 1943 bestritten die Hochschulen rund 60 % der Aufträge, gefolgt von der Industrie mit rund 17 %. Bis November 1944 halbierten sich die Aufträge, wobei die Industrie gegenüber August 1943 anteilsmäßig mit rund 52 % deutlich zulegte.[100] Bei den Industrieaufträgen stand die MAN mit Abstand an der Spitze (23). Es folgte die Chemie (IG Farben: 6; Ruhrchemie: 5). Der Radarkrieg schlug sich in Aufträgen an die Elektroindustrie nieder. Bildgebende Systeme wurden für die Entwicklung von Nachtsichtgeräten relevant. Ein typisch branchenübergreifendes Vorhaben bildeten die „Arbeiten an einem akustischen Flak-Zünder" (Rheinmetall-Borsig; Siemens-Zentrallabor). Dieser Auftrag zählte zu einem der innovativsten Felder („Annäherungszünder") von kriegsentscheidender Bedeutung,[101] ebenso die Hohlladungsgeschosse (DWM-Forschungsanstalt).

Aus der Entwicklung ballistischer Fernraketen (V-2) entfaltete sich der größte militärische Einzelforschungskomplex.[102] Im Sommer 1943 verzeichnete die Heeresversuchsanstalt Peenemünde einen Personalstand von annähernd 12 000 einschließlich Zwangsarbeitenden und KZ-Häftlingen. Und: „Einige 1000 Personen waren zusätzlich an den Universitäten, den Forschungseinrichtungen und in der Industrie unter Vertrag."[103] Die TH Darmstadt hielt die Spitzenstellung (101). Für die ballistische Fernrakete „mobilisierten sich [...] die akademischen Ressourcen geradezu von selbst." Es mussten „drei Schlüsseltechnologien gemeistert und zusammengeführt werden:

---

99 Alle Angaben: *Günter Nagel*, Wissenschaft für den Krieg. Die geheimen Arbeiten der Abteilung Forschung des Heereswaffenamtes, Stuttgart 2012, S. 571–581.
100 Eigene Erhebung; BArch, R 26/III, Nr. 4, Bl. 2–94; OKH an den Leiter des Geschäftsführenden Beirats des [RFR], Mentzel, 8. 10. 1943 [ff. bis Nov. 1944], Zusammenstellung von Forschungsaufträgen des [HWA] (Anlage).
101 *Guy Hartcup*, The Effect of Science on the Second World War, Basingstoke 2000, S. 39–45.
102 Personal 1938: 411, 1939: ca. 1200, 1941: ca. 4000, s. *Neufeld*, Rakete, S. 94.
103 *Lange*, Peenemünde, S. 36 f.

Tab. 1: Anstalten der zentralisierten Großforschung der Luftfahrt.

Standorte und Beschäftigtenzahlen, ca. 1944/45			
DVL	Deutsche Versuchsanstalt für Luftfahrt	Berlin	2000
LFA	Luftfahrtforschungsanstalt „Hermann Göring"	Braunschweig	1000
LFM	Luftfahrtforschungsanstalt München	München	200
AVA	Aerodynamische Versuchsanstalt	Göttingen	800
FGZ	Forschungsanstalt Graf Zeppelin	Stuttgart	300
DFS	Deutsche Forschungsanstalt für Segelflug	Darmstadt	1000
FKFS	Forschungsinstitut für Kraftfahrwesen und Fahrzeugmotoren	Stuttgart	300
FFO	Flugforschungsinstitut	Oberpfaffenhofen	800
TAL	Technische Akademie der Luftwaffe	Berlin	300
Summe im letzten Kriegsjahr ca.			6700
Gesamtzahl einschließlich der zentralisierten Großforschung ca.			10000

Quelle: *Simon*, Special Mission, S. 207–214.

Überschallaerodynamik, Raketentriebwerkstechnik sowie Lenkungs- und Steuertechnik."[104] Ebenso bedeutend war die Einbindung der Industrieforschung, deren Rolle weit über die bloßen Zulieferer hinausging. Denn das HWA war selbst nicht in der Lage, dieses komplexeste aller Waffensysteme „unter einem Dach" zu entwickeln. Eine Aufstellung von 24 involvierten Firmen macht den Grad der Spezialisierungen vor allem mittelständischer Firmen sichtbar. Die Untertage-Produktion (Mittelbau Dora) kostete rund 20 000 Häftlingen das Leben.[105]

Der mit Abstand größte militärische Forschungskomplex, der die dezentrale zivile F&E mit acht Großforschungszentren verkoppelte (vgl. Tabelle 1), war dem RLM unterstellt. Zuzüglich weiterer Einrichtungen kam der RLM-Komplex am Ende auf insgesamt rund 10 000 Mitarbeitende – eine Verdopplung gegenüber dem letzten Friedensjahr.[106] Die Verbindung zwischen den Zentren und der Industrie war eng, da die Firmen über den direkten Zugang zu den Instituten verfügten.[107] Die Technische Akademie der Luftwaffe (TAL) bildete einen Teil der Ende 1935 gegründeten Luftkriegsakademie. Das bedeutendste seiner 13 Institute (Ballistik, ca. 150 Mitarbeitende) war dem RFR-Bevollmächtigten für ballistische Forschung unterstellt.[108] Die TAL-Institute

---

104 Ralf Pulla, „Vorhaben Peenemünde". Die TH Darmstadt im raketentechnischen Netzwerk des „Dritten Reiches", in: Noyan Dinçkal [u. a.] (Hrsg.), Selbstmobilisierung der Wissenschaft. Technische Hochschulen im „Dritten Reich", Darmstadt 2010, S. 111 f.
105 *Neufeld*, Rakete, S. 317; *Lange*, Peenemünde, S. 19.
106 *Trischler*, Luft- und Raumfahrtforschung, S. 275.
107 Interrogation of Prof. Blenk Director of the L.F.A.; *R. D. Hiscocks* [u. a.], Luftfahrtforschungsanstalt Hermann Göring, Völkenrode, Brunswick (= BIOS Final Report No. 160), London 1945, S. 3.
108 Es wurde wegen seiner Spitzenstellung nach Kriegsende vom französischen Waffenamt übernommen, *Ansbert Baumann*, Die Gründung des Institut Saint-Louis, in: Pariser Historische Studien 81, 2007, S. 237–255.

standen in Verbindung mit den anderen militärischen F&E-Komplexen und der Industrieforschung.[109]

Nach ihrer Reorganisation unterstand die RLM-Forschung ab Juli 1942 der Reichsstelle „Forschungsführung des Reichsministers der Luftfahrt und Oberbefehlshabers der Luftwaffe".[110] Einzelforscher wurden für Spezialfragen herangezogen (Manfred von Ardenne: „Verhinderung von Feindstörungen beim Dezimeterwellen-Abstandszünder mit Dopplereffekt-Ausnutzung").[111] Die Mehrzahl der Aufträge ging an Hochschulen, im Schnitt der Vergleichsmonate Juli 1943 und September 1944 zu rund 55 %. Auffällig ist der Aufwuchs der Ressortforschung, deren Anteil von rund 6 % auf über 32 % anstieg. Dahinter verbarg sich die rasante Entwicklung der Radar- und Fernsteuerungstechnik, wodurch das Vierjahresplaninstitut für Schwingungsforschung, die RPF sowie die FFO verstärkt herangezogen wurden. Von Juni 1943 bis September 1944 beauftragte das RLM 69 Unternehmen (163 Aufträge). Spitzenreiter waren die Degussa („Brand- und Zündmassen aus Alkalimetallen") und verschiedene IG Werke („Kunststoffleime, Bindung zwischen Leim und Holz"). Weitere Vorhaben betrafen die Waffenentwicklung (Nachtjägervisier) oder die Polymerchemie. Rheinmetall-Borsig untersuchte „Verbrennungsgesetze von verschiedenen Pulvern für Pulvertriebwerke". Focke-Wulf führte „Luftschraubenprofil-Messungen im Hochgeschwindigkeitskanal" an der LFA durch.[112] Die Unterwasser-Ballistik steht für die Verbundforschung des RLM-Komplexes (Erprobungsstelle Travemünde, FGZ) mit verschiedenen Instituten (KWI für Strömungsforschung) und Unternehmen (Rheinmetall-Borsig, Unterlüss).[113] 1947 kam ein prominenter US-Experte bezüglich der Leitdisziplin der Luftfahrtforschung und ihrer Anwendungen zu dem Schluss:

> In résumé, we entered World War II approximately 5 years behind the Germans in these new applications of aerodynamics; and due to the fact that research in this field lagged in this country during the war, while such research was carried on at an accelerated rate, we were still further behind them on VE-day.[114]

Auch die F&E für die Kriegsmarine des OKM arbeitete im Verbund hauseigener mit externen Stellen.[115] Industrie und Hochschulen unterhielten direkte Beziehungen zu den Sperr- und Nachrichtenmittel-Versuchskommandos und zur Torpedoversuchs-

---

109 *Simon*, Special Mission, S. 84, 149.
110 *Hiscocks*, Luftfahrtforschungsanstalt Hermann Göring, S. 2.
111 BArch, R 26/III, Nr. 5, Bl. 110. Forschungsführung, Elektromagnetische Schwingungen und Akustik, Aufträge April 1944.
112 Eigene Auswertung, BArch, R 26/III, Nr. 5, Bl. 1–169; Forschungsaufträge 1943–1944, Bd. 3: Forschungsführung des Reichsministers der Luftfahrt und Oberbefehlshabers der Luftwaffe.
113 *N. Simmons*, German Underwater Ballistics (= BIOS Final Report No. 224), London ca. 1945.
114 Statement from J. H. Marchant, Division of Engineering, Brown University, Providence, in: Hearings before the Subcommittee of the Committee on Appropriations United States Senate, Second Session on H. R. 8567, Washington 1950, S. 124–126.
115 *Maier*, Forschung, S. 1019 f.

anstalt. Aufträge wurden „im wesentlichen durch die Fachämter oder Entwicklungsstellen" des OKM ausgesprochen, während die „Steuerung sämtlicher Forschungsaufgaben" der Amtsgruppe Forschung, Erprobung, Patente (FEP) oblag.[116] Sie bestand aus vier Abteilungen, darunter die Abteilung Forschung mit fünf eigenen F&E-Stellen.[117]

Mit der Chemisch-Physikalischen Versuchsanstalt (CPVA) verfügte das OKM zunächst über lediglich eine eigene Forschungsanstalt. Ihr Vorläufer, das Torpedolaboratorium (TL),[118] arbeitete seit langem mit Hochschulen und „Werkslaboratorien" zusammen. Aus ihm ging 1934 die CPVA hervor: „Sie erhielt 1940 ein modern eingerichtetes Institut auf dem Ostufer der Kieler Förde" (90 Wissenschaftler). Die CPVA wurde durch einen promovierten Elektroingenieur im Admiralsrang geleitet, „wie ebenfalls die Leiter der Abteilungen und Gruppen Wissenschaftler in Beamtenstellungen und nicht Offiziere waren."[119] Auch in seinen Außenbeziehungen galt der Primat der Industrie und Wissenschaft. Als Folge der Torpedokrise ordnete Karl Dönitz 1940 an, die OKM-Dienststellen sollten sich „auf Zielsetzung und Aufgabenstellung einerseits und Fronterprobung und Abnahme andererseits beschränken."[120] Im Laufe des Jahres 1943 nahm zusätzlich die Forschungsstelle Wannsee des Marinewaffenamtes ihre Arbeit auf (20 Labore, 70 Mitarbeitende).[121]

Anfang 1944 berief das OKM den hochkarätig besetzten „Wissenschaftlichen Führungsstab der Kriegsmarine". Der Zeitpunkt verweist auf die im Kriegsverlauf dynamisch ansteigende Verkopplung der etablierten Forschungskomplexe. Denn die hier versammelten Spitzen repräsentierten nicht nur die zivile F&E, sondern auch die durch das Rüstungsministerium und den RFR gebildeten Querverbünde. Der Vorsitz lag in Händen des Entwicklungsleiters Fernmeldetechnik des Siemens Wernerwerks, der zugleich in drei Kommissionen des Rüstungsministeriums agierte (EK Nachrichtenmittel; EK Funkmesstechnik; Torpedokommission). Über den PTR-Präsidenten Esau, nun Bevollmächtigter für Hochfrequenzforschung, waren in Personalunion die Ressortforschung, der RFR und der Forschungsbeirat des HWA eingebunden.[122]

Die Auswertung der FEP-Monatsberichte 1943/44 untermauert die These von der weitestgehenden Mobilisierung auch der Industrieforschung. So können insgesamt

---

116 BArch, R 26/III 3, Bl. 5, 5 R; Hermann Bauermeister, FEP II, Erfahrungsaustausch über Forschungsarbeiten, Besprechung beim Reichsforschungsrat, 5. 7. 1943.
117 FEP III-Versuchsstellen: 1. Optik, 2. Marineforschungsstelle für Höchstdruckphysik, 3. Hochfrequenztechnik, 4. Phonolabor für Unterwasserakustik, 5. Marineversuchsstelle für Hf.-Fernsteuerung von Raketen; s. *Maier*, Forschung, S. 1019 f.
118 *Oliver Krauß*, Rüstung und Rüstungserprobung in der deutschen Marinegeschichte unter besonderer Berücksichtigung der Torpedoversuchsanstalt (TVA), Diss. Kiel 2006.
119 Alle Angaben: BArch, RM 105/452, Geschichte der Chemisch-Physikalischen Versuchsanstalt der Marine, ca. 1945, S. 2 f.; ich danke Simon Große-Wilde.
120 *Maier*, Forschung, S. 706.
121 BArch, RM 7/1240, FEP IIa, Tätigkeitsbericht der Amtsgruppe FEP für 1943, März 1944, Bl. 34; *John Todd*, Applied Mathematical Research in Germany (= BIOS Report No. 79), London 1945, S. 46.
122 *Maier*, Forschung, S. 1036 f.

74 Unternehmen mit 231 Aufträgen identifiziert werden. Der Vergleich der Monate Juni 1943 und September 1944 macht sichtbar, dass die Kriegsmarine in weit höherem Maße als Heer und Luftwaffe auf die Zuarbeit der Industrie angewiesen war, im Schnitt der beiden Monate zu rund 42 %, gefolgt von der Ressortforschung (ca. 21 %) und den Hochschulen (ca. 20 %).[123] Spitzenreiter war die Elektroindustrie (Telefunken: 31; GEMA: 24; AEG: 13). Mit der Gesellschaft für elektroakustische und mechanische Apparate (GEMA mbH) hatte sich das OKM 1934 ein eigenes Unternehmen geschaffen, das zu einem der bedeutendsten Hersteller radartechnischer Geräte avancierte.[124] Es beschäftigte Anfang 1943 mindestens 200 Schlüsselkräfte.[125] – Mit 14 Aufträgen war die MAN (Augsburg) verzeichnet („Schwingungen und Formänderungen an getauchten in Fahrt befindlichen U-Bootskörpern").

2.2.7 Forschungsetats und staatliche Technologiepolitik

Die Forschungsetats bilden neben der Personalentwicklung einen der beiden Hauptindikatoren für die Vermessung von Wissenschafts- und Innovationssystemen.[126] Lange Zeit herrschte die Auffassung unzureichender Finanzierung durch den NS-Staat vor. Ursache waren die angeblich sehr bescheidenen Etats der DFG.[127] Spätere Untersuchungen wiesen ab 1940 eine Lücke auf.[128] Die Historiografie hat daher „Niveausprünge staatlicher Wissenschaftsförderung" für die 1920er und 1960/70er Jahre konstatiert, nicht jedoch für das „Dritte Reich".[129] Demgegenüber erschließt sich aus der Etatentwicklung von Instituten „von unten" eine weitaus komplexere Finanzierungsstruktur.[130] Es zeigt sich, dass die Institute sowohl von den rüstungskonjunkturell bedingt wachsenden Einnahmen der Branchen als auch dem fulminanten Aufwuchs der dezentralen Ausgaben des RLM profitierten, die 1942 ihr bislang bekanntes Maxi-

---

123 Eigene Auswertung; alle Angaben: BArch, R 26/III, Nr. 3, Bl. 1–191; RFR, Forschungsaufträge 1943–1944, Bd. 1: OKM, Zusammenstellung der von der Kriegsmarine [...] erteilten Forschungsaufträge.
124 *Krauß*, Rüstung, S. 168, 170.
125 Eigene Schätzung nach *Harry von Kroge*, GEMA – Berlin. Geburtsstätte der deutschen aktiven Wasserschall- und Funkortungstechnik, Hamburg 1998, S. 158, 174 f., 186.
126 *Benoit Godin*, Measurement and Statistics on Science and Technology. 1920 to the Present, New York 2005, S. 239.
127 *Kurt Zierold*, Forschungsförderung in drei Epochen. Deutsche Forschungsgemeinschaft. Geschichte, Arbeitsweise, Kommentar, Wiesbaden 1968, S. 234.
128 *Frank R. Pfetsch*, Die säkulare Entwicklung der staatlichen Wissenschafts-Ausgaben in Deutschland 1870–1975, in: Historical Social Research 28, 1983, S. 3–29.
129 *Ulrich Wengenroth*, Innovationspolitik und Innovationsforschung, in: Gerd Graßhoff/Rainer C. Schwinges (Hrsg.), Innovationskultur. Von der Wissenschaft zum Produkt, Zürich 2008, S. 66.
130 *Wolfgang Biedermann*, Zur Finanzierung der Institute der Kaiser-Wilhelm-Gesellschaft zur Förderung der Wissenschaften e. V. (1924–1944). Finanzquellen, Einnahmen, Ausgaben, Berlin 2007.

Tab. 2: F&E-Gesamtausgaben RLM, RLM-Ausgaben für „dezentrale Zwecke" (*, ** Schätzwerte), Gesamtausgaben DFG/RFR, RWA, KWG und IG Farben, 1936–1944 [in Mio. RM].

	RLM (gesamt)	RLM (dezentral)	DFG/RFR	RWA	KWG	IG-Farben
1936	29,8	6,5	4,8	***1,1	5,7	68,0
1937	54,7	8,9	5,8		7,5	82,2
1938	88,9	12,9	8,3	9,6	9,6	93,3
1939	88,1	17,8	6,7	10,7	10,3	100,5
1940	56,3	19,9	5,5	16,2	10,8	105,9
1941	63,5	22,2	6,8	19,9	10,3	109,2
1942	89,5	26,5	8,5	24,5	14,3	105,3
1943	78,0	**22,9	16,0	25,0	14,7	107,6
1944	*71,8	**22,9	25,0	27,0	14,4	102,3
Gesamt	ca. 620,6	ca. 161,5	87,4	134,0	97,6	874,3

Quelle: RLM nach *Florian Schmaltz*, Luftfahrtforschung auf Expansionskurs. Die Aerodynamische Versuchsanstalt in den besetzten Gebieten, in: Flachowsky, Ressourcenmobilisierung, S. 338; DFG/RFR nach *Flachowsky*, Notgemeinschaft, S. 375, übrige nach *Flachowsky*, Reichsamt, S. 198, 203. Um die Gesamtsummen untereinander vergleichbar zu machen, wurden für die unbekannten Beträge des RLM Durchschnittswerte aus ganzen Kriegsjahren eingesetzt; * Durchschnitt aus 1940–1943; ** Durchschnitt aus 1940–1942; *** Amt für Roh- und Werkstoffe 10/1936–11/1937.

mum von 26,5 Mio. RM erreichten (vgl. Tabelle 2). Die F&E-Gesamtausgaben des RLM erreichten mehrfach Spitzenwerte bis zu über 88 Mio. RM jährlich.

Der Vergleich der Metadaten verstärkt den Befund großzügiger und zugleich flächendeckender Förderung durch den NS-Staat. So erreichten die Ausgaben der DFG/RFR 1944 mit 25 Mio. RM ihr Maximum, hätten aber sogar noch deutlich höher ausfallen können. Denn die 50 Mio. RM des „Dispositionsfonds des Reichsmarschalls" für 1943/44 konnten nur teilweise verausgabt werden.[131] Die RWA-Ausgaben überstiegen die der DFG/RFR von Anbeginn und wuchsen bis 1944 auf 27 Mio. RM. Die KWG erreichte 1942 ein anhaltendes Niveau von über 14 Mio. RM. Im Vergleich der insgesamt von 1936 bis 1944 verausgabten Mittel übertraf das RWA (134 Mio. RM) die KWG (97 Mio. RM) und die DFG/RFR (87,7 Mio. RM) deutlich. Die dezentralen Ausgaben des RLM überragten jedoch – konservativ geschätzt – mit insgesamt über rund 160 Mio. RM alle anderen, was die pro-aktive Technologiepolitik für den Leitsektor der NS-Kriegswirtschaft eindrucksvoll bestätigt.

Über die F&E-Ausgaben der Industrie können hier nur vorläufige Überlegungen angestellt werden. Die Ausgaben der IG Farben stiegen kontinuierlich und erreichten

---

[131] Flachowsky, Notgemeinschaft, S. 386–388.

1942 den 2,5-fachen Wert des Jahres 1933.[132] Bei Siemens erreichten die Ausgaben 1942/43 mit 57,3 Mio. RM mehr als das Doppelte des Betrages von 1936/37 (24,9 Mio. RM).[133] Auf den ersten Blick erscheint überraschend, dass die IG-Ausgaben die der Ressorts bei weitem überstiegen. Dahinter verbargen sich die im Vergleich zur Laborforschung deutlich kostenintensiveren Entwicklungsabteilungen (Technika, Pilotanlagen). Auch im Bereich der Flugzeug- und der Elektroindustrie ist davon auszugehen, dass hier Mittel verausgabt wurden, die die staatlichen Summen deutlich überstiegen.

2.2.8 Bilanz: Wissenschaft und Innovation für den NS-Herrschafts- und Vernichtungsapparat

Im Unterschied zu Franzosen und Sowjets erfüllten sich die hohen Erwartungen an den Wert der technowissenschaftlichen Kriegsbeute für die heimische Industrie auf britischer und US-amerikanischer Seite in nur wenigen Fällen.[134] Die Quellen zeigen, dass viele *intelligence teams* ihren deutschen Fachkollegen allenfalls durchschnittliches Niveau bescheinigten, andere dagegen ihren eigenen Rückstand konstatierten: „In I.R. [Infra-Red] the Germans were very definitely ahead of us".[135] Auffällig ist die während des Krieges andauernde „Grundlagenforschung", die ihren Fokus auf für die Kriegführung unverzichtbare Fragen legte. Dies korrespondiert mit der Praxis der Wissensproduktion in technowissenschaftlichen Innovationssystemen, in der eine scharfe Abgrenzung zur Anwendungsforschung unmöglich ist. Die Ergebnisse der disziplinären Wissensproduktion schlugen sich in den über 100 Bänden des „FIAT Review of German Science" nieder, an denen auch Industrieforscher mitwirkten.[136]

Der Nachweis, dass die staatlichen Forschungsausgaben spätestens ab 1935 deutlich expandierten, führte in der Kontroverse um die NS-Wissenschaftspolitik zu einem Paradigmenwechsel. Denn die Ressortforschung, „terra incognita" auch in der Wissenschaftsforschung,[137] muss als vierte maßgebliche Säule des NS-Wissenschaftssystems begriffen werden. Zugespitzt: Während die Haushalte der drei klassischen Säulen des Wissenschaftssystems ein signifikantes Wachstum zu verzeichnen hatten, wurden sie

---

132 *Plumpe*, IG Farbenindustrie AG, S. 608; eigene Berechnung.
133 *Erker*, Industrieeliten, S. 52.
134 *O'Reagan*, Taking Nazi Technology, S. 43–49, vgl. den Abschnitt „The General Case: Disappointment in German Technology".
135 *R. F. Fisher*, German Airborne Gun and R. P. Sight (= BIOS Final Report No. 67), ca. 1945, S. 20.
136 Naturforschung und Medizin in Deutschland 1939–1946: für Deutschland bestimmte Ausgabe der FIAT review of German Science, Wiesbaden 1947–1953.
137 *Eva Barlösius*, Zwischen Wissenschaft und Staat? Die Verortung der Ressortforschung, (Diskussionspapier des Wissenschaftszentrums Berlin für Sozialforschung, P 2008-101), Berlin 2008, S. 6.

noch deutlich von den durch die Ressorts bereitgestellten Mittel übertroffen, die das Wissenschaftssystem zusätzlich fluteten. Dieser fulminante Anstieg muss auch im Sinne der historischen Innovationsforschung neu bewertet werden. Denn nur so erklären sich Äußerungen wie die des späteren Chefs der US Army Ordnance und renommierten „Soldier-Scientist", Stuart E. Leslie (1945):

> With a very much smaller potential source of research and development personnel (not more than one third [...]), the German Government succeeded in maintaining a series of war weapons that was at least comparable to those of the Allies. Considering the changing conditions of warfare, the changes that took place in weapons, and the period of time, that is a tremendous accomplishment.[138]

Als zweite grundlegende Größe für die Vermessung staatlicher Technologiepolitik gelten die „human resources devoted to R&D."[139] Auch das industrielle Innovationspotential steht in direkter Abhängigkeit vom Umfang ihres F&E-Personals. Obwohl eine Gesamtbilanz nicht existiert, ist von einer deutlich nach oben gerichteten Entwicklung auszugehen. Sowohl Ressort- als auch Industrieforschung hatten bis 1942/43 einen dynamischen Anstieg zu verzeichnen, da Schlüsselkräfte ab Kriegsbeginn unabkömmlich gestellt werden konnten und danach von zahlreichen Freistellungserlassen profitierten.[140] Dies galt auch für die Chemieindustrie. Noch im November 1944 erfolgte dort die pauschale Freistellung von rund 5000 wehrfähigen F&E-Experten. Dementsprechend fielen die Kriegsverluste unter Chemikern mit rund 3 % deutlich geringer aus als der Durchschnitt der männlichen Bevölkerung (16,8 %).[141] Folgt man der Einschätzung des US President's Scientific Research Board von 1947 sinngemäß, war der Engpass an Experten ab 1942/43 die Ursache dafür, die seit Mitte der 1930er Jahre ansteigende Dynamik des NS-Innovationssystems auszubremsen: „[T]he ceiling on research and development activities is fixed by the availability of trained personell, rather than by the amounts of money available."[142]

Auswahlbibliografie

Barlösius, Eva, „Forschen mit Gespür für politische Umsetzung" – Position, interne Strukturierung und Nomos der Ressortforschung, in: Der moderne Staat. Zeitschrift für Public Policy, Recht und Management 2, 2009, S. 347–366.

---

138 *Simon*, Special Mission, S. 224.
139 *Godin*, Measurement, S. 239.
140 Ab 1939 durch die Regelungen für „Bedarfsstellen 1. Ordnung"; von Anfang 1942 bis Ende 1943 insgesamt mindestens 23 Erlasse; Tab. 2.41: Erlasse und Verordnungen mit Auswirkungen auf die Freistellung von wehrfähigen Schlüsselkräften 1942 und 1943, in: *Maier*, Forschung, S. 1044–1047.
141 *Maier*, Chemiker, S. 540, 570.
142 *Godin*, Measurement, S. 239.

Barricelli, Michele [u. a.] (Hrsg.), Ideologie und Eigensinn. Die Technischen Hochschulen in der Zeit des Nationalsozialismus, Göttingen 2017.
Budraß, Lutz, Flugzeugindustrie und Luftrüstung in Deutschland 1918–1945, Düsseldorf 1998.
Dinçkal, Noyan [u. a.] (Hrsg.), Selbstmobilisierung der Wissenschaft. Technische Hochschulen im „Dritten Reich", Darmstadt 2010.
Erker, Paul, Die Verwissenschaftlichung der Industrie. Zur Geschichte der Industrieforschung in den europäischen und amerikanischen Elektrokonzernen 1890–1930, in: Zeitschrift für Unternehmensgeschichte 35, 1990, S. 73–94.
Flachowsky, Sören, Von der Notgemeinschaft zum Reichsforschungsrat. Wissenschaftspolitik im Kontext von Autarkie, Aufrüstung und Krieg, Stuttgart 2008.
Flachowsky, Sören, Das Reichsamt für Wirtschaftsausbau als Forschungsbehörde im NS-System. Überlegungen zur neuen Staatlichkeit des Nationalsozialismus, in: Technikgeschichte 82, 2015, S. 185–223.
Flachowsky, Sören [u. a.] (Hrsg.), Ressourcenmobilisierung. Wissenschaftspolitik und Forschungspraxis im NS-Herrschaftssystem, Göttingen 2016.
Große-Wilde, Simon, Werkstoff zwischen den Systemen. Eine Stoffgeschichte der Vulkanfiber im 19. und 20. Jahrhundert, Berlin 2022.
Hall, Charlie, British Exploitation of German Science and Technology, 1943–1949, London 2019.
Herrmann, Wolfgang A./Nerdinger, Winfried (Hrsg.), Die Technische Hochschule München im Nationalsozialismus, München 2018, S. 12–32.
Herrmann, Manfred, Project Paperclip. Deutsche Wissenschaftler in Diensten der U. S. Streitkräfte nach 1945, Diss. Universität Erlangen-Nürnberg 1999.
Hoffmann, Dieter/Walker, Mark (Hrsg.), Physiker zwischen Autonomie und Anpassung, Weinheim 2007.
Krauß, Oliver, Rüstung und Rüstungserprobung in der deutschen Marinegeschichte unter besonderer Berücksichtigung der Torpedoversuchsanstalt (TVA), Diss. Kiel 2006.
Maier, Helmut, Forschung als Waffe. Rüstungsforschung in der Kaiser-Wilhelm-Gesellschaft und das Kaiser-Wilhelm-Institut für Metallforschung 1900–1945/48, Göttingen 2007.
Maier, Helmut, Chemiker im „Dritten Reich". Die Deutsche Chemische Gesellschaft und der Verein Deutscher Chemiker im NS-Herrschaftsapparat, Weinheim 2015.
Marsch, Ulrich, Zwischen Wissenschaft und Wirtschaft. Industrieforschung in Deutschland und Großbritannien 1880–1936, Paderborn 2000.
Michaels, Conrad, Rüstungsmanagement der Ministerien Todt und Speer. Das Beispiel Panzerentwicklung/Panzerkommission, Münster 2020.
Mick, Christoph, Forschen für Stalin. Deutsche Fachleute in der sowjetischen Rüstungsindustrie 1945–1958, München 2000.
Nagel, Günter, Wissenschaft für den Krieg. Die geheimen Arbeiten der Abteilung Forschung des Heereswaffenamtes, Stuttgart 2012.
Neufeld, Michael J., Die Rakete und das Reich. Wernher von Braun, Peenemünde und der Beginn des Raketenzeitalters, 2. Aufl. Berlin 1999.
O'Reagan, Douglas M., Taking Nazi Technology. Allied Exploitation of German Science after the Second World War, Baltimore 2021.
Rasch, Manfred, Kohlechemie im Revier. Zur Geschichte der Ruhrchemie AG 1927–1966, Münster 2018.
Streb, Jochen, Staatliche Technologiepolitik und branchenübergreifender Wissenstransfer. Über die Ursachen der internationalen Innovationserfolge der deutschen Kunststoffindustrie im 20. Jahrhundert, Berlin 2003.
Sudrow, Anne, Der Schuh im Nationalsozialismus. Eine Produktgeschichte im deutsch-britisch-amerikanischen Vergleich, Göttingen 2010.
Uziel, Daniel, Arming the Luftwaffe. The German Aviation Industry in World War II, Jefferson 2012.

Harald Wixforth
2.3 Finanzsystem und Banken

2.3.1 Einleitung

Die Entwicklung der Kreditwirtschaft während des Nationalsozialismus gehörte in den letzten zwanzig Jahren zu den privilegierten Forschungsfeldern in der Wirtschafts- und Unternehmensgeschichte. Seit Ende der 1990er Jahre begannen die drei zu diesem Zeitpunkt noch existierenden deutschen Großbanken damit, ihre Geschichte während des NS-Regimes durch eigene Historikerkommissionen aufarbeiten zu lassen. Die einzige Großbank Österreichs, die Bank Austria, folgte diesem Beispiel und ließ die Entwicklung ihrer drei Vorgängerinstitute nach dem sogenannten „Anschluss" im März 1938 ebenfalls akribisch erforschen. In allen Fällen war die Entscheidung, sich seiner Geschichte während des Nationalsozialismus zu stellen, die Folge wachsenden Drucks in der Öffentlichkeit. Zudem bestand die Gefahr, durch Sammelklagen von NS-Opfern von Gerichten in den USA belangt zu werden. Um der Gefahr von negativen Konsequenzen vorzubeugen, gaben die Kreditinstitute ihre Haltung des Verschweigens und Verdrängens auf, die sie seit Ende des Zweiten Weltkriegs über mehrere Jahrzehnte hinweg praktiziert hatten. Sie öffneten ihre Archive und stellten der Forschung das Quellenmaterial zur Verfügung, das lange Zeit als verschollen galt.[1]

Inzwischen ist diese „Forschungskonjunktur" abgeflaut, dafür liegt eine Fülle von neuen Ergebnissen vor.[2] Diese wurden in den beiden unlängst erschienenen Gesamtdarstellungen zur Geschichte der Deutschen Bank und der Commerzbank vertieft und spezifiziert. Zudem wurden Studien publiziert, in denen die Rolle der Banken in bestimmten Geschäftsfeldern oder in einzelnen, vom NS-Regime besetzten Gebieten ausführlich untersucht wurde.[3] Daher steht der Forschung heute ein Korpus an Infor-

---

1 Siehe *Klaus-Dietmar Henke*, Anschuldigung und Selbstverharmlosung. Das historische Image der Dresdner Bank nach 1945, in: Klaus-Dietmar Henke, Die Dresdner Bank 1933–1945. Ökonomische Rationalität, Regimenähe und Mittäterschaft, München 2006, S. 1–11; *Oliver Rathkolb*, Die ungeschriebene Geschichte. Creditanstalt-Bankverein, Österreichische Länderbank und die Entschädigung bzw. Restitution von Vermögenswerten jüdischer Kunden und Kundinnen nach 1945, in: Gerald D. Feldman [u. a.], Österreichische Banken und Sparkassen im Nationalsozialismus und in der Nachkriegszeit, Bd. 1, München 2006, S. 685–701.
2 Siehe etwa die vierbändige Darstellung zur Dresdner Bank: Die Dresdner Bank im Dritten Reich, Bd. 1–4, München 2006; *Harold James*, Die Deutsche Bank und die „Arisierung", München 2001; *Harold James*, Die Deutsche Bank im Dritten Reich, München 2003; *Ludolf Herbst/Thomas Weihe* (Hrsg.), Die Commerzbank und die Juden 1933–1945, München 2004.
3 Siehe etwa *Werner Plumpe/Alexander Nützenadel/Catherine R. Schenk*, Die Deutsche Bank. Die globale Hausbank 1870–2020, Berlin 2020; *Stephan Paul/Friederike Sattler/Dieter Ziegler*, Hundertfünfzig Jahre Commerzbank, 1870–2020, München 2020; *Ingo Köhler*, Die „Arisierung" der Privatbanken im „Dritten Reich", München 2005; *Ingo Loose*, Kredite für NS-Verbrechen. Die deutschen Kreditinstitute in Polen und die Ausraubung der polnischen und jüdischen Bevölkerung 1939–1945, München 2007.

mationen zur Verfügung, der eine detaillierte Darstellung zur Entwicklung der Kreditwirtschaft während des Nationalsozialismus erlaubt.

2.3.2 In der Krise: Die Kreditwirtschaft zu Beginn des NS-Regimes

Ende Januar 1933, zum Zeitpunkt der Machtübernahme durch die Nationalsozialisten, befand sich die deutsche Kreditwirtschaft noch immer in der schwersten Krise, die sie bis dahin erlebt hatte. Als Folge des Kollapses sahen sich alle Segmente der Kreditwirtschaft mit einem enormen Verlust an Kapital einerseits und an Vertrauen der Kundschaft andererseits konfrontiert. Hinzu kamen eine wachsende staatliche Regulierung und Kontrolle. Dies galt vor allem für das private Bankwesen. Auf Initiative des Reiches wurde die Darmstädter und Nationalbank mit der Dresdner Bank zwangsfusioniert, wobei staatliche Institutionen die Mehrheit des Aktienkapitals übernahmen und ihre Interessenvertreter in die Kontrollgremien des Instituts entsandten. Auch bei der Commerz- und Privatbank wurde das Reich der maßgebliche Großaktionär und Entscheidungsträger. Im Gegenzug ordnete es die Verschmelzung mit dem Barmer Bankverein an, einer großen westdeutschen Regionalbank, die ebenfalls vor dem Bankrott stand. Andere Regionalinstitute ließen sich nur retten, indem ihnen das Reich eine großzügige finanzielle Unterstützung gewährte. Mit so viel Wohlwollen konnte die Mehrheit der Privatbankfirmen nicht rechnen, sodass viele von ihnen ihre Geschäftstätigkeit als Folge der Bankenkrise einstellen mussten.[4]

Nach der „Machtübernahme" setzte das erste Kabinett Hitler alles daran, die deutsche Wirtschaft in eine neue, ständische Organisationsstruktur zu pressen. Am 27. Februar 1934 wurde daher das Gesetz zur „Vorbereitung des organischen Aufbaus der deutschen Wirtschaft" verabschiedet. Dieses Gesetz legte fest, dass in jeder Wirtschaftsbranche nur noch eine große Interessenvertretung, eine Reichsgruppe, existieren sollte. Sieben Reichsgruppen waren für die Industrie vorgesehen, fünf weitere für das Handwerk und den Dienstleistungssektor, darunter eine für das Kreditgewerbe.[5] Wenige Tage zuvor, am 22. Februar 1934 hatte der Centralverband des deutschen Bank- und Bankiersgewerbes als maßgeblicher Interessenverband der Kreditwirtschaft seine Auflösung und seine Umwandlung zur Wirtschaftsgruppe „Privates Bankgewerbe" beschlossen. Nach kurzer interner Diskussion kam er damit der Gesetzesinitiative der

---

[4] *Dieter Ziegler*, Der Ordnungsrahmen, in: Johannes Bähr (Hrsg.), Die Dresdner Bank in der Wirtschaft des Dritten Reichs, S. 43–61; *Paul/Sattler/Ziegler*, Commerzbank, S. 114–133; *Detlef Krause*, Der Barmer Bank-Verein Hinsberg, Fischer & Comp. Eine westdeutsche Regionalbank (1867–1932), in: Westfälische Forschungen 67, 2017, S. 93–115, vor allem S. 110–113.
[5] Reichsgesetzblatt I, 1934, S. 185, Gesetz vom 27. 2. 1934.

Reichsregierung zuvor.⁶ Im März 1934 wurde Otto Christian Fischer, seit 1925 Vorstandsmitglied der staatseigenen Reichs-Kredit-Gesellschaft, zum Leiter der Reichsgruppe Banken ernannt, während Friedrich Reinhart aus dem Vorstand der Commerz- und Privatbank diese Funktion für die Wirtschaftsgruppe Privates Bankgewerbe und die Fachgruppe Aktienbanken übernahm. Dem Kölner Privatbankier Kurt von Schröder wurde dagegen die Leitung der Fachgruppe Privatbankiers übertragen. Reinhart hatte seine große Affinität zur NS-Ideologie seit längerem immer wieder betont, seit 1933 unterstützte er die Ziele des Regimes offen. Auch von Schröder war ein überzeugter Nationalsozialist, sodass nach den Maßnahmen zum Neuaufbau der deutschen Wirtschaft sich das private Bankgewerbe am Gängelband des NS-Herrschaftsapparats befand.⁷

Eine ähnliche Entwicklung lässt sich auch für die beiden anderen wichtigen Segmente der deutschen Kreditwirtschaft feststellen – die Sparkassenorganisation und die Kreditgenossenschaften. Allerdings sperrte sich der Deutsche Sparkassen- und Giroverband (DSGV) als Spitzenverband der Sparkassenorganisation längere Zeit sowohl gegen seine Selbstauflösung als auch gegen die Eingliederung in die Organisationsstruktur der „neuen Wirtschaft" im NS-Staat. Erst mit einer Anordnung Schachts bzw. seines Staatssekretärs Hans Ernst Posse vom 26. Juni 1935 wurde die neue Wirtschaftsgruppe Sparkassen gebildet, in die der DSGV und die Sparkassenorganisation überführt wurden. An ihre Spitze berief Schacht einen Mann seines Vertrauens, den langjährigen Leiter der Abteilung Geld-, Bank- und Börsenwesen im Reichswirtschaftsministerium, Johannes Heintze. Dieser sollte dafür sorgen, dass sich die Wirtschaftsgruppe in den Dienst des „neuen Staates" stellte, und zudem umfassende Reformen in der Sparkassenorganisation initiieren. Als dritte Wirtschaftsgruppe in der Kreditwirtschaft wurden schließlich die Kreditgenossenschaften und ihre Zentralinstitute gleichgeschaltet und damit ein Teil der „neuen Wirtschaft im neuen Staat."⁸

Angesichts der neuen Rahmenbedingungen und politischen Kräfteverhältnisse zeigten die Entscheidungsträger in allen Segmenten der Kreditwirtschaft ein hohes Maß an Anpassungsbereitschaft an die Zielsetzungen des Regimes. Sie waren nicht nur bereit, die Zielvorgaben der neuen Machthaber zu akzeptieren und sich daran zu orientieren, sondern initiierten auch Personalentscheidungen im Sinne des verordneten politischen Kurses. Ihre Intention war eindeutig: Fast alle Kreditinstitute woll-

---

6 *Christopher Kopper*, Zwischen Marktwirtschaft und Dirigismus. Bankenpolitik im Dritten Reich, Bonn 1995, S. 104–109, 144–149.
7 Rossiskij Gosudarstvennyj Voennyj Archiv v Moskve/RGVA Moskau, Fond 1458, Findbuch 12, Akte 10, Bl. 63, Aktennotiz des Reichswirtschaftsministeriums, 15. 5. 1934; Bl. 185–187, Arbeitsbericht der Wirtschaftsgruppe Privates Bankgewerbe für die Jahre 1933 bis 1936, ohne Datum.
8 *Janina Salden*, Der Deutsche Sparkassen- und Giroverband zur Zeit des Nationalsozialismus, Stuttgart 2019, S. 65–89; *Patrick Bormann/Joachim Scholtyseck/Harald Wixforth*, Die kreditgenossenschaftlichen Zentralinstitute vom Beginn des Ersten Weltkriegs bis zur bedingungslosen Kapitulation des NS-Staates (1914–1945), in: Timothy W. Guinnane [u. a.], Die Geschichte der DZ Bank. Das genossenschaftliche Zentralbankwesen in Deutschland vom 19. Jahrhundert bis zur Gegenwart, München 2013, S. 230–236.

ten den rassepolitischen Vorgaben der Nationalsozialisten entsprechen und hofften im Gegenzug darauf, keine größeren geschäftlichen Einbußen infolge der kredit- und bankpolitischen Zielsetzungen der ersten Regierung Hitler und der NS-Ideologen hinnehmen zu müssen. Auch bei der Deutschen Bank, die einen staatlichen Einfluss nach der Bankenkrise vermeiden konnte, ist ein solches Szenario zu konstatieren.[9]

In der Regel wurden die Posten im Vorstand, im Aufsichtsrat und auf der Ebene der Abteilungsleiter nach der Entlassung der jüdischen Direktoren und Mandatsträger durch Personen ersetzt, die entweder überzeugte Nationalsozialisten waren oder die Ziele des Regimes wohlwollend unterstützten. Dieser Befund gilt für alle Segmente der Kreditwirtschaft. Überall schlug die Stunde der rücksichtslosen Opportunisten und Karrieristen, die darauf hofften, langjährige und verdiente jüdische Kollegen verdrängen und selber eine steile Karriere in der Kreditwirtschaft unter dem Hakenkreuz starten zu können. Gerade sie prägten in den folgenden Jahren immer mehr die Entwicklung sowohl im privaten Bankwesen als auch in der Sparkassenorganisation und bei den Kreditgenossenschaften.[10] Dagegen lassen sich kaum Beispiele für Vorstandsmitglieder und Abteilungsdirektoren finden, die in kritischer Distanz oder sogar Opposition zum NS-Regime standen. Die wenigen Einzelfälle, etwa Hans Helferich als Präsident der Preußischen bzw. Deutschen Zentralgenossenschaftskasse – dem Spitzeninstitut der Kreditgenossenschaften – oder Max Sentz aus dem Vorstand der Deutschen Girozentrale, können nicht darüber hinwegtäuschen, dass die wichtigen Entscheidungsgremien in der deutschen Kreditwirtschaft spätestens ab 1934 von Personen dominiert wurden, die den wirtschafts-, aber auch rassepolitischen Kurs der Nationalsozialisten befürworteten.[11]

---

9 Zu den personalpolitischen Revirements bei der Dresdner Bank *Dieter Ziegler*, Die Verdingung der jüdischen Angestellten, in: Dieter Ziegler (Hrsg.), Die Dresdner Bank und die deutschen Juden (Die Dresdner Bank im Dritten Reich, Bd. 2), München 2006, S. 11–68. Für die Deutsche Bank *James*, Deutsche Bank und „Arisierung", S. 11–41; *James*, Deutsche Bank im Dritten Reich, S. 42–63; *Alexander Nützenadel*, Zwischen Staat und Markt 1914–1989, in: Plumpe/Nützenadel/Schenk, Deutsche Bank, S. 336–355; *Thomas Weihe*, Die Verdrängung jüdischer Mitarbeiter und der Wettbewerb um Kunden im Nationalsozialismus, in: Herbst/Weihe, Commerzbank, S. 43–53; *Paul/Sattler/Ziegler*, Commerzbank, S. 157–177. Für die Deutsche Zentralgenossenschaftskasse *Bormann/Scholtyseck/Wixforth*, Kreditgenossenschaftliche Zentralinstitute, S. 232–236.
10 Zur Dresdner Bank *Dieter Ziegler*, Vorstand und Aufsichtsrat, in: Bähr, Dresdner Bank, S. 75–101; *Nützenadel*, Zwischen Markt und Staat, S. 341–345; *James*, Deutsche Bank im Dritten Reich, S. 85–191; *Paul/Sattler/Ziegler*, Commerzbank, S. 135–155.
11 *Harald Wixforth*, Hans Helferich (1891–1945), in: Institut für bankhistorische Forschung (Hrsg.), Sozialreformer, Modernisierer, Bankmanager. Biographische Skizzen aus der Geschichte der Kreditgenossenschaftswesen, München 2016, S. 251–271; vgl. auch *Lother Gall*, Der Bankier Hermann Josef Abs. Eine Biographie, München 2004, S. 92–96; *Lother Gall*, A Man für All Seasons? Hermann Josef Abs im Dritten Reich, in: Zeitschrift für Unternehmensgeschichte 43, 1998, S. 123–175; *James*, Deutsche Bank im Dritten Reich, S. 172–179; *James*, Deutsche Bank und „Arisierung", S. 100–109.

2.3.3 In der Konsolidierung: Reprivatisierung der Großbanken und Strukturwandel der Kreditwirtschaft

Mit der „Gleichschaltung" und Einbindung in das Wirtschaftssystem des NS-Staates sowie der Ausrichtung der Geschäftspolitik an dessen Zielvorgaben begann für die meisten Kreditinstitute eine Phase der Konsolidierung, die sicherlich auch durch einen an Intensität gewinnenden konjunkturellen Aufschwung begünstigt wurde. Für alle Segmente der Kreditwirtschaft lassen sich steigende Umsätze und sogar Gewinne konstatieren, was angesichts der immensen Verwerfungen und der hohen Verluste infolge der Banken- und Finanzkrise des Jahres 1931 keineswegs zu erwarten war. Dennoch bestand gerade für die Großbanken und die prominenten Regionalinstitute weiterhin die Gefahr staatlicher Eingriffe in das operative Geschäft. Die Attacken von NS-Ideologen wie Gottfried Feder hatten im Vergleich zu den Jahren der Bankenkrise abgenommen, doch wurde die Rolle des privaten Bankwesens im NS-Staat immer wieder hinterfragt. Ab 1936 kamen kritische Stimmen aus der gerade gegründeten und unter der Kontrolle Hermann Görings stehenden Vier-Jahres-Plan-Behörde hinzu, die weiterhin keinen Hehl daraus machten, dass sie eine umfassende Umgestaltung der deutschen Kreditwirtschaft bei einer gleichzeitigen Stärkung der Sparkassenorganisation und der Kreditgenossenschaften für erforderlich hielten. Den Großbanken gelang es jedoch, diese Kritik und Attacken zu unterlaufen. Ihre Interessenvertreter konnten deutlich machen, dass weniger ein ideologiegesteuerter, sondern ein pragmatischer Kurs in der Wirtschafts- und Finanzpolitik zu verfolgen sei, wollte das Regime seine weitgespannten Ziele in die Tat umsetzen. Für die Finanzierung der großangelegten Infrastrukturprojekte zur Arbeitsbeschaffung, vor allem aber für den Aufbau und die finanzielle Alimentierung der Rüstungswirtschaft waren leistungsfähige große Bankinstitute erforderlich – dies hatte man sowohl in der Reichsbank als auch im Reichswirtschaftsministerium erkannt. Solange der Einfluss und die Stellung Hjalmar Schachts bei der Festlegung und Umsetzung wirtschafts- und finanzpolitischer Ziele ungebrochen waren, konnten die privaten Großbanken und die wichtigen Regionalinstitute mit einem pragmatischen Kurs in der Bankenpolitik rechnen und auf einen Bestandsschutz hoffen. Dafür mussten die Institute des privaten Bankwesens zu weiteren Konzessionen bereit sein. Bis 1936 wurden die noch verbliebenen jüdischen Mandatsträger aus ihren Ämtern und Funktionen gedrängt, bei der Deutschen Bank die Vorstandsmitglieder Oscar Wassermann, Georg Solmssen und Theodor Frank, bei der Dresdner Bank die Vorstandsmitglieder Samuel Ritscher und Reinhold Quaatz.[12]

---

[12] Zur Geschäftspolitik und zu den personellen Revirements im Vorstand der Deutschen Bank *Nützenadel*, Zwischen Markt und Staat, S. 338–342. Zur Dresdner Bank *Ziegler*, Vorstand und Aufsichtsrat, S. 86–98. Bei der Dresdner Bank wechselte zudem Carl Goetz, im Vorstand nach der Bankenkrise 1931 der maßgebliche Entscheidungsträger, in den Aufsichtsrat. Zur Commerzbank *Paul/Sattler/Ziegler*, Commerzbank, S. 155–177.

Zudem mussten sie akzeptieren, dass sich die Gewichte im operativen Geschäft der Zukunft verschieben würden. Traditionelle Sparten wie die Finanzierung des Außenhandels und die Platzierung von Emissionen auf dem Kapitalmarkt ließen sich nur noch in Ansätzen oder im Einklang mit den Zielvorgaben in der NS-Wirtschaftspolitik praktizieren, sodass sie an Bedeutung für die Geschäftspolitik verloren. Dieses war politisch gewollt, sollten die Reglementierungen in der Außenwirtschaftspolitik doch bestehen bleiben bzw. verschärft werden. Auch der deutsche Kapitalmarkt wurde zum Gegenstand weitreichender staatlicher Intervention.[13] An den deutschen Börsen sollten die verfügbaren Mittel vor allen zu den Unternehmen gelenkt werden, die zu den vom Staat kontrollierten Konzernen der Rohstoff- und Rüstungswirtschaft gehörten. Hierzu zählten etwa die Braunkohle-Benzin AG (Brabag) und vor allem die 1936 gegründeten Reichswerke Hermann Göring. Die privaten Institute sollten im Verbund mit der staatseigenen Reichs-Kredit-Gesellschaft sowie einigen Staats- und Landesbanken die Kapitalmobilisierung und die ausreichende Versorgung dieser Unternehmen mit finanziellen Mitteln gewährleisten.[14]

Für die Großbanken, bei denen der Staat noch der Mehrheitsaktionär war und durch seine Emissäre die Geschäftspolitik bestimmen konnte, war es besonders wichtig, ihre Ertragslage zu verbessern. Sollte die Rentabilität weiter zunehmen, so stand für die Dresdner Bank sowie die Commerz- und Privatbank in Aussicht, dass der Staat seine Beteiligungen aufgab und die Institute reprivatisiert würden.[15] Ein solcher Schritt bedeutete, dass die Institute wieder über eine unternehmerische Handlungsautonomie und Eigenverantwortung verfügten. Sowohl Reichsbankpräsident Hjalmar Schacht als auch Friedrich Ernst, seit 1931 Reichskommissar für das Bankgewerbe und für die Überwachung der Kreditinstitute zuständig, hatten erkennen lassen, dass sie die Aufgabe der Staatsbeteiligung durchaus begrüßen würden. Mit dieser Rückendeckung begann die Dresdner Bank damit, langsam eigene Aktien zu erwerben, sofern diese an den deutschen Börsen verfügbar waren. Der Aktienkurs stieg daraufhin während des gesamten Jahres 1936 beständig und lieferte der Bank zusätzliche Argumente, auf ein Ende der Staatsbeteiligung und eine Restauration der alten Besitzverhältnisse zu drängen.

---

13 *Patrick Hof,* Kurswechsel an der Börse. Kapitalmarktpolitik unter Hitler und Mussolini, München 2008, S. 234–261.
14 *Michael C. Schneider,* Rohstoffkredite: Zellwolle, Kunstseide und Benzin, in: Bähr, Dresdner Bank, S. 302, 315; *Michael C. Schneider,* Die synthetische Benzingewinnung durch die Brabag, in: Bähr, Dresdner Bank, S. 316–329: Zur Gründung und Kapitalmobilisierung für die Reichswerke Hermann Göring *Harald Wixforth,* Die Reichswerke Hermann Göring und die Dresdner Bank, in: Bähr, Dresdner Bank, S. 345–360.
15 1935 konnte die Dresdner Bank erstmals seit der Bankenkrise von 1931 wieder eine Dividende von 4 % an ihre Anteilseigner ausschütten, ebenso im folgenden Jahr. Vom Aktienkapital in Höhe von 150 Millionen RM befanden sich 103 Millionen RM im Besitz des Reichs und knapp 33 Millionen RM im Besitz der staatseigenen Deutschen Golddiskontbank. Etwas mehr als 14 Millionen RM wurden noch von privaten Investoren gehalten. Dazu: *Ziegler,* Ordnungsrahmen, S. 66 f.

Die Dresdner Bank profitierte zudem von der Entwicklung auf dem deutschen Kapitalmarkt während der Jahre 1936 und 1937. Hier waren Bankaktien durchaus wieder gefragt, im Gegensatz zu den Papieren der neuen Konzerne unter Staatseinfluss. Vor diesem Hintergrund ließ sich mit dem Reichsfinanzministerium ein Arrangement erzielen. Die Berliner Behörde erklärte sich bereit, Schatzanweisungen aus dem Besitz der Dresdner Bank zu übernehmen, diese in Schatzanweisungen des Reichs umzuwandeln und dafür die Option einzuräumen, Dresdner Bank-Aktien zu liefern, sollten sich diese an der Börse beim Publikum platzieren lassen. Das Kreditinstitut griff die Offerte auf und ließ sich eine Option auf einen Betrag von 20 Millionen RM seiner Aktien einräumen, die sich bis September 1937 auf dem Kapitalmarkt absetzen ließen.[16]

Dieses war der erste Schritt der in Aussicht genommenen Reprivatisierung. Der zweite wurde auf Initiative von Carl Goetz eingeleitet, dem seit 1936 amtierenden Aufsichtsratsvorsitzenden der Dresdner Bank. Goetz sorgte dafür, dass der größte Teil der Aktien bei namhaften Industrieunternehmen unterzubringen war, während ein Betrag von zehn Millionen RM bei einem Konsortium unter Führung der Berliner Handelsgesellschaft unterzubringen war. Das Münchener Privatbankhaus Merck, Fink & Co. übernahm zusätzlich fünf Millionen RM. Den Rest bot die Dresdner Bank über ihre Filialen interessierten Privatleuten zur Zeichnung an. Bereits Anfang Oktober 1937 konnte das Institut verkünden, dass alle Aktien platziert und die Reprivatisierung damit abgeschlossen sei. Zudem hatte die Dresdner Bank für eine breite Streuung der Papiere gesorgt und damit sichergestellt, dass in Zukunft kein Großaktionär ihre Geschäftspolitik maßgeblich bestimmen konnte. Für die neuen Anteilseigner der Dresdner Bank erwies sich der Aktienerwerb durchaus als Geschäft. Als sich im Frühjahr 1938 die Gerüchte verdichteten, die Bank würde ihre Dividende auf 5% anheben, zumal die Aussicht auf eine Geschäftsausdehnung in das „angeschlossene" Österreich bestand, zog der Kurs für Dresdner Bank-Aktien deutlich an, sodass sich ein ordentlicher Gewinn realisieren ließ.[17]

Zügiger als bei der Dresdner Bank ließ sich die Reprivatisierung der Commerz- und Privatbank durchführen. Im Frühjahr 1936 hatte sich die Ertragslage des Instituts so weit konsolidiert, dass es erstmals seit der Bankenkrise wieder eine Dividende von 4% an seine Anteilseigner ausschütten konnte. Dies wertete ein alter Geschäftsfreund der Commerz- und Privatbank, der Inhaber des Frankfurter Privatbankhauses J. Dreyfus & Co., als Signal, um die Abtretung der Staatsbeteiligung und die Reprivatisierung des Instituts ins Gespräch zu bringen. Er wandte sich an das Berliner Bankhaus Delbrück, Schickler & Co. und regte die Bildung eines Konsortiums an, das die Aktien der

---

[16] RGVA Moskau, Fond 1458, Findbuch 1, Akte 549, Schreiben des Reichsfinanzministeriums vom 15. März 1937; Vereinbarung mit dem Reichsfinanzministerium vom 24. April 1937; *Ziegler*, Ordnungsrahmen, S. 68.
[17] *Ziegler*, Ordnungsrahmen, S. 72f.; RGVA Moskau, Fond 1458, Findbuch 1, Akte 549, Schreiben von Carl Goetz an das Reichsfinanzministerium vom 20. Oktober 1937.

Commerz- und Privatbank aus dem Besitz der Deutschen Golddiskontbank und des Reichsfinanzministeriums übernehmen sollte. Als die erste Tranche an Aktien der Commerz- und Privatbank im Herbst 1936 reibungslos an den deutschen Börsen unterzubringen war, entschieden die Mitglieder des Konsortiums, rasch ein zweites Paket zu platzieren. Da auch diese Transaktion zügig abzuwickeln war, vereinbarte man, im Februar 1937 eine dritte Tranche nachzuschieben. Auch diese Maßnahme verlief erfolgreich, sodass sich die Leitung der Bank, die im Konsortium zusammengeschlossenen Institute sowie das Reichsfinanzministerium darauf verständigten, die Reprivatisierung schnell zu Ende zu bringen. Im Frühjahr 1937 erhielten sie die Genehmigung, die noch im Besitz des Reiches bzw. seiner Institutionen befindlichen 30 Millionen RM an Aktien auf dem Kapitalmarkt zu platzieren.[18]

Nach Abschluss der Reprivatisierung schien es, als hätten die privaten Großbanken ihre frühere Stellung in der deutschen Kreditwirtschaft zurückerlangen und die Folgen der Bankenkrise endgültig beseitigen können. Andererseits wurde schnell offenkundig, dass die Deutsche Bank, die Dresdner Bank, die Commerz- und Privatbank sowie die Berliner Handelsgesellschaft als viertes, aber filialloses großes privates Institut keineswegs nahtlos zu ihrem alten Geschäftsmodell zurückkehren konnten. Die privaten Banken mussten zur Kenntnis nehmen, dass ihr Anteil in einigen Geschäftssparten gegenüber Instituten aus anderen Segmenten der Kreditwirtschaft zurückgegangen war, vergleicht man ihn mit den Jahren vor der Banken- und Finanzkrise. Sowohl die Sparkassenorganisation als auch die Kreditgenossenschaften konnten dagegen Zuwächse verbuchen. So hatten die Berliner Großbanken 1937, dem Jahr vor Beginn der territorialen Expansion des NS-Regimes, bei einer Reihe von Bilanzposten nicht einmal den Stand erreicht, den sie während der Bankenkrise ausgewiesen hatten.[19] Anders lagen die Verhältnisse bei den Sparkassen. Sie hatte von 1932 bis 1937 einen Zuwachs von knapp sieben Milliarden RM bei der aggregierten Bilanzsumme erzielen können, vor allem als Folge des Wachstums von Spareinlagen. Diese hatten in den aggregierten Bilanzen der Sparkassen ebenfalls um sieben Milliarden RM zugenommen, während die Großbanken hier einen bescheidenen Zuwachs von 400 Millionen RM verbuchen konnten. Daher verwundert es nicht, dass die Sparkassen Ende 1937 knapp 78 % aller Einlagen verwalteten, die Großbanken dagegen nur 3,05 %.[20]

---

18 *Paul/Sattler/Ziegler*, Commerzbank, S. 155–157.
19 So lag die aggregierte Bilanzsumme der großen privaten Institute 1932 bei 8,81 Milliarden RM, 1937 bei 8,01 Milliarden RM. Erst 1938 ließ sich eine deutliche Steigerung der aggregierten Bilanzsumme erreichen, allerdings in erster Linie als Folge von Übernahmen von Kreditinstituten im „angeschlossenen" Österreich und im Sudetenland. Siehe dazu: *Deutsche Bundesbank* (Hrsg.), Deutsches Geld- und Bankwesen in Zahlen, Frankfurt am Main 1976, S. 78.
20 *Deutsche Bundesbank*, Deutsches Geld- und Bankwesen, S. 78, 102; *Hans Pohl*, Die Sparkassen vom Ausgang des 19. Jahrhunderts bis zum Ende des Zweiten Weltkriegs, in: Hans Pohl/Bernd Rudolph/Günther Schulz, Wirtschafts- und Sozialgeschichte der deutschen Sparkassen im 20. Jahrhundert, Stuttgart 2005, S. 179 f.

Nicht nur diese Zahlen zeigen, dass das Vertrauen der Kundschaft sich nach der Bankenkrise bei den Sparkassen deutlich schneller wiederherstellen ließ, sodass hier wieder verfügbare Gelder deponiert wurden. Die Sparkassenorganisation, aber auch die Kreditgenossenschaft waren daher die Segmente der deutschen Kreditwirtschaft, die gestärkt aus der Bankenkrise hervorgingen, zu Lasten des privaten Kreditgewerbes. Die Protektion der privaten Banken durch Schacht, die Reichsbank und das Reichswirtschaftsministerium konnten daran nichts ändern.[21] Die erfolgreiche Reprivatisierung konnte nicht darüber hinwegtäuschen, dass die Institute aus dem privaten Bankgewerbe weiterhin unter Druck standen. Wollten sie ihre Ertragslage stabilisieren oder sogar verbessern, so mussten sie neben ihrem traditionellen Geschäftsmodell andere Geschäftssparten entwickeln und ausbauen, um dort bessere Margen zu verdienen und höhere Gewinne zu erzielen. Dies war nur möglich, wenn sie sich weiter in den Dienst des NS-Regimes stellten, dabei dessen wirtschafts- und rassepolitische Zielvorgaben nicht nur akzeptierten, sondern sie auch für ihr eigenes Geschäft nutzten.[22]

2.3.4 Im Wandel: neue Geschäftsfelder, neue Kunden und heikle Geschäfte

Auch nach der Reprivatisierung mussten die privaten Banken erkennen, dass traditionelle Sparten wie die Außenhandelsfinanzierung und das Emissionsgeschäft sich kaum ausdehnen ließen, selbst das Kreditgeschäft mit der industriellen Klientel versprach keine allzu großen Zuwachsraten, da viele Unternehmen ihre Eigenkapitalquote mit dem Anziehen der Konjunktur wieder verbessern konnten. Die Entscheidungsträger der großen privaten Institute standen vor der Alternative, das bisherige Geschäftsmodell fortzuführen, allerdings ohne Aussicht auf steigende Gewinne, oder mit einer veränderten Unternehmensstrategie neue Sparten aufzubauen und sich neue Kundenkreise zu erschließen. Bis auf die Berliner Handelsgesellschaft entschieden sich die Führungsgremien der anderen großen privaten Institute für die zweite Variante.

Spätestens mit der Vorlage von Hitlers im August 1936 verfassten und Anfang September veröffentlichten Memorandum zur deutschen Außenpolitik und zur Vorbereitung eines Angriffskrieges gegen die Sowjetunion sowie der dadurch evozierten Gründung der Vierjahres-Plan-Behörde unter der Leitung Görings Ende 1936 ließ sich nicht mehr verkennen, dass sich Deutschland auf einen Krieg vorbereitete und die Wirtschaft auf die Erfordernisse der Rüstungsproduktion umzustrukturieren war. Dies bedeutete, dass immense Summen an Kapital für die Rüstungswirtschaft bereitzustellen waren. Die finanzielle Alimentierung und der Ausbau der großen

---

21 Siehe *Gottfried Feder*, Einführung, in: Sparkassen und Nationalsozialismus. Führende Nationalsozialisten zur Sparkassenfrage, Berlin 1933, S. 1–3.
22 *Paul/Sattler/Ziegler*, Commerzbank, S. 163–165; *Nützenadel*, Zwischen Markt und Staat, S. 348–350.

Rüstungskonzerne stuften die großen privaten Banken daher schnell als perspektivenreiches Geschäftsfeld ein, zumal führende NS-Entscheidungsträger immer wieder darauf hinwiesen, dass der Ausbau der Rüstungswirtschaft die entscheidende Aufgabe für das Bankwesen in der Zukunft sei.[23]

Bereits die Gründung und Finanzierung der Reichswerke Hermann Göring im Sommer 1937 als neuer staatlich kontrollierter Konzern der Rüstungswirtschaft ließ erkennen, dass die Dresdner Bank und die Deutsche Bank darum streiten würden, wer die Führungsrolle bei der Kapitalmobilisierung für die Rüstungsindustrie übernehmen könne. Besonders die Dresdner Bank und ihr Vorstandsmitglied Karl Rasche setzten alles daran, möglichst schnell zur Hauptbankverbindung des neuen Montan- und Rüstungskomplexes zu werden. Rasche schaltete sich in die Verhandlungen über die Gründung der Reichswerke ein, offenbar mit der Intention, eine strategische Allianz mit deren Führungspersonal zu schmieden. Als die Reichswerke im Herbst 1937 einen Teil des neugeschaffenen Aktienkapitals an der Börse platzieren wollten, kam es jedoch zum Konflikt zwischen der Deutschen Bank und der Dresdner Bank um die Führung im Bankenkonsortium, das die Emission durchführen sollte. Erst nach intensiven Verhandlungen mit Paul Pleiger, dem Vorstandsvorsitzenden der Reichswerke, ließ sich ein Kompromiss erreichen. Beide Institute sollten sich die Konsortialführung teilen, zudem im Wechsel die Rolle einer Hauptbankverbindung bei folgenden großen Kapitaltransaktionen übernehmen.[24] Als die Kapitalbeschaffungsmaßnahme im Frühjahr 1938 durchgeführt wurde, wirkten sowohl die Dresdner Bank als auch die Deutsche Bank dabei an prominenter Stelle mit, was ihnen von den Reichswerken mit einer vergleichsweise hohen Provision vergütet wurde. Im Vertrauen auf die ungebrochene Rückendeckung durch staatliche Organe fand sich vor allem die Dresdner Bank immer wieder bereit, große Summen zur Verfügung zu stellen, um damit den Ausbau zu einem gigantischen „Montan- und Rüstungskomplex" zu ermöglichen.[25]

Durch die finanzielle Alimentierung und die organisatorische Mithilfe der Dresdner Bank gelang es den Reichswerken ab dem Sommer 1938, einen verschachtelten und europaweit verzweigten Montan- und Rüstungskonzern zu errichten, mit Tochtergesellschaften sowohl im „angeschlossenen" Österreich, im Sudetenland, Protektorat Böhmen und Mähren als auch in Oberschlesien, im Generalgouvernement und in den Reichskommissariaten Ostland und Ukraine. Vor allem im Sudetenland und im Protektorat Böhmen und Mähren waren die Reichswerke in der Lage, mit Hilfe der

---

23 Siehe etwa Internationales Militärtribunal Nürnberg, Dokument NI-051, Rede Görings vor führenden Industriellen im Preußenhaus, 17. 12. 1936.
24 BArch, R 8119 F/ P 1418, Bl. 55, Brief Rasches an Karl Kimmich aus dem Vorstand der Deutschen Bank. 14. 12. 1937; Bl. 57, Antwortschreiben Kimmichs vom gleichen Tag. Vgl. *Wixforth*, Reichswerke, S. 348 f.; *Kopper*, Zwischen Marktwirtschaft und Dirigismus, S. 175–177.
25 BArch, R 2/17883, Bl. 68, Aktennotiz des Reichsfinanzministeriums betr. Reichswerke Hermann Göring, Kapitalausstattung und Kapitalerhöhung, 1941. Vgl. auch *Wixforth*, Reichswerke, S. 349; *Harald Wixforth/Dieter Ziegler*, Die Expansion der Reichswerke Hermann Göring in Europa, in: Jahrbuch für Wirtschaftsgeschichte, 2008/1, S. 257–278.

Dresdner Bank die dort liegenden großen Montanunternehmen und Firmen der Eisen- und Stahlerzeugung sowie des Maschinenbaus in ihren Konzern einzugliedern. Durch diese Übernahmen ließ sich das Potenzial der deutschen Rüstungswirtschaft entscheidend steigern.[26]

Ein ähnlicher Befund gilt für die Akquisitionen der Reichswerke in Oberschlesien und im Generalgouvernement. Schließlich konnten sie sich bei der Umgestaltung der Schwerindustrie im Reichskommissariat Ukraine eine Schlüsselrolle sichern. Vom Plazet oder Veto ihres Direktoriums und vor allem Pleigers hing es ab, welches andere deutsche Unternehmen die Erlaubnis erhielt, in die Ukraine zu expandieren und dort eine „Patenschaft" für einen der Betriebe der Schwerindustrie zu übernehmen.[27] Außer Frage steht, dass die vehemente Expansion der Reichswerke in Europa ohne die finanzielle Unterstützung der Dresdner Bank nicht möglich gewesen wäre. Die enge, auch persönliche Vernetzung von Rüstungsindustrie und Bankwesen während des NS-Regimes zeigte sich hier in aller Deutlichkeit.[28] Konkurrenzlos war die Dresdner Bank in ihrer Position als Hauptbankverbindung und maßgeblicher Finanzdienstleister des Montan- und Rüstungskomplexes jedoch nicht. Bei allen großen Kapitaltransaktionen versuchte die Deutsche Bank, ihrer Konkurrentin diesen Rang streitig zu machen. Angesichts des immer wiederkehrenden Gerangels der beiden großen Rivalen hatte die Commerz- und Privatbank lange Zeit das Nachsehen. So gelang es ihrem Vorstand nicht, ähnlich wie Rasche und Karl Kimmich bei den Entscheidungsträgern sowohl bei den Reichswerken als auch in den Berliner Behörden für ihre Position zu werben.[29]

Seit 1942 mussten alle drei privaten Großbanken immer öfter akzeptieren, dass ihnen bei der Rüstungsfinanzierung eine große Konkurrenz in Gestalt der öffentlichen Institute erwuchs. Vor dem Hintergrund einer wachsenden Kritik an der zunehmenden Macht der privaten Institute in der deutschen Kreditwirtschaft drängten die Behörden in Berlin und in den besetzten Gebieten vor Ort darauf, diesen Banken die Führung bei voluminösen Konsortialkrediten für die Reichwerke und ihre Tochtergesellschaften zu übertragen. Dies galt vor allem für die Preußische Staatsbank (Seehandlung) und die Reichs-Kredit-Gesellschaft, die zu einer „nationalsozialistischen

---

26 *Wixforth/Ziegler*, Expansion der Reichswerke, S. 264–275; *Jaromir Balcar*, Panzer für Hitler, Traktoren für Stalin. Großunternehmen in Böhmen und Mähren 1938–1950, München 2014, S. 49–111; *Jaromir Balcar/Jaroslav Kučera*, Nationalsozialistische Wirtschaftslenkung und unternehmerische Handlungsspielräume im Protektorat Böhmen und Mähren (1939–1945), in: Christoph Buchheim/Marcel Boldorf (Hrsg.), Europäische Volkswirtschaften unter deutscher Hegemonie, München 2012, S. 164–168.
27 *Wixforth/Ziegler*, Expansion der Reichswerke, S. 266–275; *Harald Wixforth*, Handlungsspielräume in der Befehlswirtschaft. Die Hüttenwerke in der Ukraine unter deutscher Besatzung, in: Jahrbuch für Wirtschaftsgeschichte 2019/2, S. 497–532.
28 Eine detaillierte Aufstellung der Kreditvergabe an die Reichswerke und ihre Tochtergesellschaften durch die Dresdner Bank-Zentrale in Berlin sowie ihre Affiliationen in den besetzten Gebieten befindet sich in *Wixforth*, Reichswerke, S. 356–359.
29 Siehe *Paul/Sattler/Ziegler*, Commerzbank, S. 162–166, 185–195.

Musterbank" und zum wichtigsten Finanzdienstleister für den Reichswerke-Konzern ausgebaut werden sollte. Damit war klar zu erkennen, dass der Staatseinfluss nicht nur in der staatlich gelenkten und kontrollierten Rüstungswirtschaft wachsen sollte, sondern auch bei den Banken, die für ihre Finanzierung eine entscheidende Rolle übernahmen.

Trotz dieser Verschiebung der Gewichte blieb die führende Position der privaten Großbanken bei der Finanzierung von Rüstungsunternehmen bestehen, vor allem, weil sie ihre Geschäftsbeziehungen zu Konzernen aus der Privatwirtschaft ausbauen konnten. Dies galt zum einen für Firmen aus der Montanwirtschaft und der Eisen- und Stahlproduktion, zum anderen für Betriebe für die Erzeugung hochwertiger Rüstungsgüter wie dem Maschinenbau, dem Flugzeugbau und aus der Werftindustrie. Die Forschung steht dabei vor dem Problem, dass sich nicht genau klären lässt, welcher Anteil an der gesamten Erzeugung bei Firmen wie den Vereinigten Stahlwerken und Krupp, bei Junkers und Focke-Wulf oder beim Bremer Vulkan auf die zivile und auf die Rüstungsproduktion entfiel. Außer Frage steht, dass der Krupp-Konzern während des Kriegs von den zunehmenden Rüstungsaufträgen profitierte. Dies betraf zum einen die „Kernfirmen" der Schwerindustrie im Ruhrgebiet, zum anderen Betriebe für die Produktion von Panzerstahl wie das Krupp-Gruson-Werk in Magdeburg und die zum Konzern gehörenden Werften. Seit dem Kaiserreich hatte die Dresdner Bank bei Krupp die Rolle einer Hausbank übernommen und konnte diese Position auch während der Weimarer Republik und des NS-Regimes verteidigen. Der Ausbau der Kapazitäten für die Rüstungsproduktion erforderte große Summen an Kapital. Die dafür notwendigen Mittel konnte sich Krupp zum einen durch spezielle Zuweisungen der Berliner Behörden beschaffen, zum anderen durch Kredite der großen privaten Banken. Herausragend war hier die Dresdner Bank, die dem Krupp-Konzern eine Kreditlinie in Höhe von 25 Millionen RM offenhielt, auf die bei Bedarf zurückzugreifen war, um den kurzfristigen Kapitalbedarf zu decken. Die dritte Quelle für die Kapitalmobilisierung bestand auch für Krupp in der Aufnahme von Anleihen, deren Erlös für Investitionen in den Ausbau von Produktionskapazitäten verwandt wurde. In den Konsortien für die Platzierung von drei Krupp-Anleihen auf dem Kapitalmarkt erhielt die Dresdner Bank abermals die höchste Quote, gefolgt von der Deutschen Bank und der Berliner Handelsgesellschaft.[30]

Die Festlegung der Anleihebedingungen und die Abwicklung der Transaktionen zeigen, dass sich die Gewichte in den Beziehungen zwischen den Banken und ihrer industriellen Klientel eindeutig in Richtung Unternehmen verschoben hatten. Krupp konnte seine Interessen in den Anleiheverhandlungen durchsetzen, während die Dresdner Bank und andere Konsortialbanken zu Konzessionen bereit waren, um das Geschäft überhaupt abwickeln zu können. Nicht zuletzt aufgrund steigender Erträge aus der Rüstungsproduktion und einer deutlich zunehmenden Rentabilität konnte

---

[30] *Ralf Ahrens*, Die Finanzierung eines „alten" Konzerns der Rüstungsindustrie: Krupp, in: Bähr, Dresdner Bank, S. 330–344.

Krupp mit den Kreditinstituten aus einer Position der Stärke heraus verhandeln, sodass sich eine Dominanz der Banken nicht beobachten lässt. Dennoch steht außer Frage, dass Konzerne der Schwerindustrie und der Rüstungswirtschaft wie Krupp auch während des NS-Regimes auf die Banken als Finanzdienstleister angewiesen waren, die bei Bedarf eine passgenaue Kapitalmobilisierung ermöglichten.[31]

Eine steigende Rentabilität und eine während des Krieges sinkende Bedeutung der Banken für die Kapitalmobilisierung lässt sich bei den Unternehmen konstatieren, die neben den Konzernen aus der Eisen- und Stahlindustrie sowohl in der Rüstungswirtschaft als auch für die Kriegsführung eine immer wichtigere Rolle spielten. Nach einem scharfen Rückgang der Ertragslage während der Weltwirtschaftskrise war etwa die Bremer Vulkan AG, Schiffbau und Maschinenfabrik in Bremen-Vegesack bis Mitte der 1930er Jahre auf die Zufuhr fremder Mittel durch die Banken angewiesen. Die Dresdner Bank übernahm dabei erneut die Funktion des federführenden Finanzdienstleisters. Dem Bremer Vulkan kam zudem zugute, dass er bei Bedarf auch auf Mittel der Bank voor Handel en Scheepvaart bzw. der August Thyssen-Bank zurückgreifen konnte, zwei Finanzintermediäre mit Sitz in Rotterdam bzw. Berlin und aus dem Firmenverbund Heinrich Thyssen-Bornemiszas, des Großaktionärs beim Bremer Vulkan.[32]

Der Aufbau einer effektiven Luftrüstung und einer leistungsfähigen Flugzeugindustrie gehörte zu den primären Zielen der Rüstungsplaner in Berlin. Die großen Berliner Banken witterten hier lukrative Geschäfte mit den Flugzeugproduzenten, benötigten diese doch erhebliche Summen an Kapital, um ihre Produktionskapazitäten und ihre Fertigung nach den Wünschen aus Berlin zu erweitern. Bald zeigte sich jedoch, dass die Gewährung von Luftfahrtkrediten mit Risiken verbunden war, verzögerte sich die Rückzahlung der gewährten Gelder doch immer wieder. Zudem mussten die Berliner Institute feststellen, dass zwei staatliche Finanzintermediäre ihnen den Platz bei der Kapitalmobilisierung für die Flugzeugindustrie streitig machten: die Bank der deutschen Luftfahrt und die Reichs-Kredit-Gesellschaft. Dieses Institut konnte zum Beispiel sowohl bei der Messerschmitt AG als auch bei den Henschel Flugzeugwerken in Berlin-Schönefeld die privaten Institute als Hauptbankverbindung verdrängen.[33] Weniger erfolgreich war die Reichs-Kredit-Gesellschaft bei den Junkers Flugzeugwerken in Dessau. Obwohl das Unternehmen seit seiner tiefgreifenden Restrukturierung Mitte der 1920er Jahre zu den prominenten Kunden des reichseigenen Instituts gehörte, musste dieses seinen Platz als wichtigste Bankverbindung während des Krieges für die Bank der Deutschen Luftfahrt räumen. Zudem konnte die Dresdner Bank aufgrund von verwandtschaftlichen Beziehungen ihres Vorstandsmitglieds

---

31 *Ahrens*, Finanzierung, S. 343 f.
32 *Boris Gehlen*, Internationalisierungsfaktor maritime Wirtschaft? Reedereien, Handelsgesellschaften und Werften der Thyssen-Bornemisza-Gruppe 1906/1926 bis 1971. In: Zeitschrift für Unternehmensgeschichte 65, 2020, S. 181–184.
33 Zu den Krediten der Reichs-Kredit-Gesellschaft an die Henschel-Flugzeugwerke und die Messerschmitt AG siehe den umfangreichen Schriftverkehr in: BArch, R 8136/2670, R 8136/2671.

Emil Meyer zu Entscheidungsträgern von Junkers einen Teil des Bankverkehrs für sich reklamieren.[34]

Nicht nur dieser Sachverhalt verweist auf eine Entwicklung, die sich während des Krieges immer deutlicher abzeichnete. Die privaten Banken konnten ihre Stellung als wichtigste Finanzintermediäre vor allem bei den Unternehmen der Rüstungswirtschaft verteidigen, mit denen sie seit langem in intensivem Geschäftsverkehr standen. Dagegen mussten die Entscheidungsträger der privaten Institute akzeptieren, dass sie bei einer Reihe von prominenten Firmen aus dem Maschinen- und Flugzeugbau oder der Gewinnung von synthetischem Treibstoff reichseigenen oder staatlich kontrollierten Kreditinstituten die Rolle der Hauptbankverbindung überlassen mussten. Gerade diese Kreditinstitute sorgten dafür, dass diese Firmen passgenau die Mittel erhielten, die sie für die Ausweitung ihrer Produktionskapazitäten benötigten.[35]

Während des Kriegs mussten alle Finanzintermediäre erkennen, dass sich das NS-Regime bei der Kapitalmobilisierung für die Rüstungsindustrie zunehmend alternativer und „geräuschloser" Methoden bediente. Ließen sich bis 1938 Gelder durch bei der Reichsbank rediskontfähiger Mefo-Wechsel generieren,[36] so wählte das Reich ab 1939 einen direkten Zugriff auf die Guthaben der Bevölkerung. Da für diese in der Kriegswirtschaft der Konsum erheblich eingeschränkt war, sammelte sich die überschüssige Kaufkraft auf Konten bei den Banken, den Sparkassen und den Kreditgenossenschaften. Angesichts eines zunehmend regulierten Kapitalmarktes und mangelnder Alternativen für die Anlage dieser Gelder investierten alle Finanzintermediäre einen immer größeren Teil der auf ihren Konten verbuchten Guthaben in Titel des Reiches oder Institutionen in dessen Besitz. Ohne dass es den Inhabern der Sparkonten bewusst war, dienten ihre Guthaben zunehmend für die Finanzierung der Rüstungsindustrie.[37]

---

34 Siehe den intensiven Schriftverkehr BArch, R 8136/2673, sowie Historisches Archiv der Commerzbank AG (HAC), Akte 500/30261. Bei den großen Konsortialkrediten, die Junkers ab 1941 erhielt, lässt sich folgende Quotenverteilung beobachten: Bank der Deutschen Luftfahrt 30 %, Dresdner Bank 23 %, Deutsche Bank 20 %, Commerzbank 10 %, Reichs-Kredit-Gesellschaft 7,5 % Allgemeine Deutsche Credit-Anstalt (ADCA) 7,5 %; Ascherslebener Bank 1 %; Bayer & Heintze 1 %. Vgl. auch *Johannes Bähr*, Die Luftfahrtkredite und die Beziehungen zum Junkers-Konzern, in: Bähr, Dresdner Bank, S. 383 f.
35 *Bähr*, Geschäftsentwicklung, vor allem S. 203–208; *Nützenadel*, Zwischen Markt und Staat, S. 348–350.
36 Bereits 1933 hatten fünf Großunternehmen die Metallurgische Forschungsgesellschaft mbH (Mefo) errichtet, deren Funktion darin bestand, von den Produzenten von Rüstungsgütern ausgestellte Wechsel mit ihrem Akzept zu versehen, sodass diese bei der Reichsbank zum Rediskont eingereicht werden konnten. Auf diese Weise konnten sich die Rüstungsunternehmen kurzfristig Mittel beschaffen. Die Angaben zum Bestand der Mefo-Wechsel im Portefeuille der Reichsbank und der privaten Banken differieren bis 1938 erheblich. Michael C. Schneider, Die „geräuschlose" Finanzierung durch Mefo-Wechsel, in: Bähr, Dresdner Bank, S. 299–301.
37 *Harald Wixforth*, Die Gründung der Reichsgruppe Banken. Gleichschaltung, Anpassung und Mittäterschaft der Banken im NS-Regime, in: Dieter Lindenlaub/Carsten Burhop/Joachim Scholtyseck (Hrsg.), Schlüsselereignisse der deutschen Bankengeschichte, Stuttgart 2014, S. 287–291; *Pohl*, Sparkassen, S. 203–207.

Das exakte Ausmaß dieser „geräuschlosen" Finanzierungsmethode lässt sich schwer beziffern. Bisher vorliegende Untersuchungen gehen davon aus, dass etwa der Beitrag der Sparkassenorganisation an der Finanzierung der Rüstungs- und Kriegswirtschaft durch langfristige Schuldtitel des Reiches zwischen 54 Milliarden RM und 86 Milliarden RM zu veranschlagen ist, das heißt zwischen 15 und 20 Prozent der auf diesem Weg finanzierten Reichsschuld. Hinzu kommen circa 3,1 Milliarden RM an kurzfristigen Schuldtiteln, die Ende 1944 im Portefeuille von Instituten der Sparkassenorganisation lagen. Das NS-Regime bediente sich somit auch der Sparkassen, um seine während des Zweiten Weltkriegs immens wachsenden Rüstungsausgaben zu finanzieren. Die Kreditgenossenschaften mit ihren Spitzeninstituten wurden ebenfalls für diesen Zweck eingespannt. Exakte Zahlen dazu liegen allerdings nicht vor.[38]

Das Geschäftsfeld, das rasch für das operative Geschäft der Kreditinstitute an Bedeutung gewann, aber auch zu den heikelsten und moralisch bedenklichsten gehörte, war sicherlich die Beteiligung an der „Konfiskation und Verwertung jüdischen Vermögens" – die sogenannte „Arisierung." Aufgrund des steigenden politischen Druckes sahen sich ab 1934 immer mehr jüdische Gewerbetreibende gezwungen, ihren Betrieb zu veräußern. Die Vermittlung und „Verwertung" jüdischen Besitzes schien vielen Banken seit dieser Zeit ein ausgesprochen lukratives Geschäftsfeld zu sein, in dem sie zunächst im alten Reichsgebiet, später auch in den angeschlossenen und vom NS-Regime annektierten Territorien gute Provisionen verdienen und eine Reihe neuer Kunden auch für andere Geschäfte akquirieren konnten. Einige Institute richteten in ihren Zentralen eigene Abteilungen ein bzw. rekrutierten „Arisierungsspezialisten", welche die „Arisierungstätigkeit" der Filialen koordinieren und den Informationsfluss zwischen Zentrale und Niederlassungen effizienter gestalten sollten. Im harten Kampf um besonders lukrative „Arisierungsobjekte" hoffte man, dadurch Wettbewerbsvorteile gegenüber der Konkurrenz zu bekommen. Wenn auch nicht in demselben Ausmaß wie bei der Deutschen Bank und der Dresdner Bank, so versuchte auch eine Reihe von Regionalbanken ebenso wie die Sparkassen, sich in die Vermittlung von „Arisierungsobjekten" einzuschalten und dabei gute Provisionen zu verdienen.[39] Die Frage, wie hoch der Wert der „arisierten" Objekte zu beziffern ist, lässt sich bis heute kaum zufriedenstellend beantworten, allen Verdiensten der neueren Forschungen und der Arbeit von internationalen Forschungskommissionen zum Trotz. Gleiches gilt für die Frage, wie hoch der aggregierte Gewinn der „arischen" Erwerber zu veranschlagen ist, und ob sich jedes „arische" Mitglied in der „Volksgemeinschaft" des NS-Systems in die „Verwertung" jüdischen Besitzes einschalten wollte und konnte.[40]

---

38 *Pohl*, Sparkassen, S. 204–208; *Harald Wixforth*, Die Deutsche Zentralgenossenschaftskasse vom Beginn des Zweiten Weltkriegs bis zum Zusammenbruch des NS-Regimes, in: Guinanne, Geschichte der DZ Bank, S. 270–274.
39 *Ziegler*, Dresdner Bank und die deutschen Juden, S. 255–257, 259–330; *James*, Deutsche Bank und Arisierung, S. 49–51.
40 *Robert Gellately*, Hingeschaut und weggesehen. Hitler und sein Volk, Stuttgart 2002; *Ingo Loose*, Das Reichswirtschaftsministerium und die nationalsozialistische Judenverfolgung 1933–1945, in: Albrecht

Diese Einschränkungen dürfen nicht dazu verleiten, das Verhalten der Banken bei der „Arisierung" zu bagatellisieren, auch wenn in der Forschung darüber intensiv gestritten wurde und noch gestritten wird. Ein valides Urteil zum Verhalten der Banken ist schwierig, da sich ein ganzes Spektrum verschiedener Transaktionen im Zusammenhang mit der „Arisierung" ausmachen lässt. Zudem ist darauf zu verweisen, dass der Handlungsspielraum der Banken in den besetzten und abhängigen Gebieten durch neu errichtete Institutionen des Herrschaftsapparates eingeschränkt wurde, die gezielt die Konfiskation und „Verwertung" jüdischen Besitzes koordinieren, kontrollieren und durchführen sollten. Im „angeschlossenen" Österreich war dies die Vermögensverkehrsstelle, im besetzten Polen die Haupttreuhandstelle Ost (HTO) mit ihren einzelnen Dependancen.[41]

Außer Frage steht, dass sich zwischen den einzelnen Segmenten der Kreditwirtschaft eine Art von Arbeitsteilung entwickelte, welche die unterschiedliche Kundenstruktur einzelner Institute widerspiegelte. Während sich die Sparkassen vielfach an der Enteignung kleinerer Betriebe und Geschäfte im Einzelhandel beteiligten, waren die privaten Kreditinstitute vor allem in die „Arisierung" mittlerer und größerer Firmen involviert, besonders dann, wenn hier komplizierte Besitzverhältnisse herrschten oder eine Reihe von Erwerbern ihr Interesse an einer Übernahme artikuliert hatten. In solchen Fällen waren es häufig die Banken, die zwischen den Kaufinteressenten und staatlichen Organen vermittelten, aber auch für einzelne Erwerber aus ihrem Kundenkreis die Finanzierung für den Kauf eines Objekts aus jüdischem Besitz übernahmen. Gerade dieser Mechanismus bot für die Banken Vorteile. Zum einen konnten sie im Zuge der „Arisierung" gute Kreditgeschäfte abschließen, zum anderen „arische" Erwerber als Kunden dauerhaft an sich binden. Die neuere Forschung hat klar gezeigt, dass es neben den Provisionen, die im „Arisierungsgeschäft" zu verdienen waren, die Aussicht auf langjährige und stabile Kundenbeziehungen war, welche die Banken dazu trieb, sich bei der rigiden Vernichtung der jüdischen Gewerbetätigkeit zu engagieren.[42]

Gerade in dieser Hinsicht verschärfte sich die Konkurrenz zwischen Deutscher Bank und Dresdner Bank. Beide Institute sahen in der „Arisierung" die willkommene Möglichkeit einer schnellen Geschäftsausweitung und zudem die Chance, sich nicht nur bei ihrer Kundschaft aus Industrie und Handel, sondern auch bei den Organen und Institutionen des Herrschaftsapparates als kompetenter Finanzdienstleister und

---

Ritschl (Hrsg.), Das Reichswirtschaftsministerium in der NS-Zeit. Wirtschaftsordnung und Verbrechenskomplex, Berlin/Boston 2016, S. 357–521.
41 *Gerhard Botz*, „Arisierungen" in Österreich (1938–1940), in: Dieter Stiefel (Hrsg.), Die politische Ökonomie des Holocaust. Zur wirtschaftlichen Logik von Verfolgung und „Wiedergutmachung", Wien 2001, S. 29–56, hier vor allem S. 44–48. Zur Tätigkeit der Haupttreuhandstelle Ost mit ihren einzelnen Dependancen *Bernhard Rosenkötter*, Treuhandpolitik. Die Haupttreuhandstelle Ost und der Raub polnischen Vermögens 1933 bis 1945, Essen 2003.
42 *Ziegler*, Dresdner Bank und deutsche Juden, S. 255–258; *James*, Deutsche Bank und „Arisierung", S. 51–81; *Nützenadel*, Zwischen Markt und Staat, S. 350 f.

Berater zu positionieren. Vor diesem Hintergrund lässt sich nachvollziehen, warum die Dresdner Bank und die Deutsche Bank in kurzer Zeit eigene „Arisierungsabteilungen" errichteten bzw. versierte „Arisierungsspezialisten" damit beauftragten, sich in möglichst viele Fälle einzuschalten, auch wenn diese kompliziert waren und eine profunde Expertise im Wirtschafts- und Handelsrecht einzelner Länder erforderten.[43]

Direkt und unmittelbar profitierten die Banken von der Vernichtung der jüdischen Gewerbetätigkeit und der Verdrängung der Juden aus dem Wirtschaftsleben, sofern sie Privatbankfirmen im Besitz von Juden für eigene Rechnung und in eigenem Namen übernehmen konnten. Solche Fälle waren im Vergleich mit dem Gros der „Arisierungen" eher selten. Viele Privatbankfirmen waren durch die Folgen der Bankenkrise derart in ihrer Substanz geschwächt, dass sie sich bereits zu Beginn der 1930er Jahre kaum noch im Wettbewerb behaupten konnten. Als der politische Druck des Regimes auf jüdische Gewerbetreibende im Allgemeinen und die Inhaber jüdischer Privatbankfirmen wuchs, waren diese zunehmend bereit, ihr Geschäft aufzugeben. In einigen Fällen gelang es ihnen, ihr Bankhaus rechtzeitig an einen ihrer „arischen" Teilhaber zu übergeben und dadurch den Fortbestand des Geschäfts zu sichern.[44]

Dies war jedoch die Ausnahme. In der Regel waren jüdische Privatbankiers gezwungen, nach einem geeigneten „arischen" Erwerber zu suchen. Die Mehrheit der jüdischen Privatbankfirmen führte nicht nur Konten für jüdische Gewerbetreibende, sondern hatte hier zahlreiche Kreditengagements laufen. Als der Druck des Regimes auf die Juden im Wirtschaftsleben wuchs, diese ihr Geschäft nicht mehr betreiben konnten, waren diese Kreditengagements schnell „eingefroren", das heißt, diese Kredite konnten nicht mehr fristgerecht getilgt werden. Die jüdischen Privatbanken mussten diese Engagements abschreiben, was jedoch ihre Substanz erheblich unterminierte und den Wert des Instituts reduzierte. Vor allem nach der Reichspogromnacht war eine solche Konstellation für zahlreiche kleinere jüdische Privatbankfirmen nicht mehr zu vermeiden.[45]

Als kompliziert, aber auch als spektakulär erwiesen sich die Fälle, in denen eine der renommierten und prominenten Privatbanken von den großen Berliner Privat-

---

[43] Während die Dresdner Bank aufgrund der Vielzahl der von ihr bearbeiteten „Arisierungsfälle" eine eigene Abteilung einrichtete, verzichtete die Deutsche Bank darauf, warb aber eine Reihe von „Arisierungsspezialisten" an, die in den Sekretariaten der Vorstandsmitglieder Karl Kimmich und Hermann Josef Abs eingehende „Arisierungen" bearbeiteten. *Nützenadel*, Zwischen Markt und Staat, S. 351f., *James*, Deutsche Bank und „Arisierung", S. 51–81, 100–109.
[44] *Ingo Köhler*, Zwischen wirtschaftlicher Marginalisierung und politischer Verdrängung. Die Privatbankiers in Deutschland 1929–1935, in: Ingo Köhler/Peter Eigner (Hrsg.), Privatbankiers in Mitteleuropa zwischen den Weltkriegen. Geld und Kapital, Bd. 7, Stuttgart 2005, S. 103–133; *Köhler*, „Arisierung" der Privatbanken, S. 42–61; *Michael Stürmer/Gabriele Teichmann/Wilhelm Treue*, Wagen und Wägen. Sal. Oppenheim jr. & Cie. Die Geschichte einer Bank und einer Familie, München 1994, S. 363–379.
[45] *Ingo Köhler*, Werten und Bewerten. Die kalte Technik der „Arisierung" 1933 bis 1938, in: Hartmut Berghoff/Jürgen Kocka/Dieter Ziegler (Hrsg.), Wirtschaft im Zeitalter der Extreme. Beiträge zur Unternehmensgeschichte Deutschlands und Österreichs, München 2010, S. 317–333; *Köhler*, „Arisierung" der Privatbanken, S. 327–356.

banken übernommen wurde. Zu diesen gehörte sicherlich das Dresdner Bankhaus Gebr. Arnold, das 1938 der Dresdner Bank zugesprochen wurde.[46] Auch die Deutsche Bank war in zwei ähnlich prominente Fälle involviert: die Übernahme des Berliner Bankhauses Mendelssohn & Co., das mehr als ein Jahrhundert zu den einflussreichsten Finanzintermediären in Deutschland gehörte und selbst 1938 noch immer die größte deutsche Privatbank war,[47] sowie der Erwerb des Essener Privatbankhauses Simon Hirschland und seine Überleitung auf die neu errichtete Privatbankfirma Burkhardt & Co.[48] Diese prominenten und in der Forschung bis heute zum Teil kontrovers diskutierten Fälle dürfen nicht den Eindruck erwecken, die „Arisierung" von jüdischen Bankfirmen durch Großbanken für eigene Rechnung und in eigenem Namen hätten im Zentrum des „Arisierungsgeschäft" gestanden. In der weitaus überwiegenden Zahl der Fälle handelten diese Institute als Vermittler und als Scharnier zwischen ihrer „arischen" Kundschaft und jüdischen Gewerbetreibenden. Dennoch lässt sich nicht bestreiten, dass die Großbanken durch die „Arisierungen" für eigene Rechnung ihre Stellung in der deutschen Kreditwirtschaft deutlich verbessern konnten. Dies war sicherlich auch einer der Gründe, dass sich die Gewichtsverteilung im privaten deutschen Bankwesen bereits vor Ausbruch des Zweiten Weltkriegs verschoben hatte.

2.3.5 In der Expansion: die Geschäftsausdehnung der Banken in Europa

Die Expansion des NS-Regimes vor allem in die Länder Mittel- und Osteuropas bot den Banken eine weitere Möglichkeit, Wachstumsschranken im „Altreich" zu umgehen und eine neue Phase der Geschäftsausdehnung einzuleiten. Die erste Gelegenheit, diese Strategie in die Tat umzusetzen, bot sich beim „Anschluss" Österreichs und seiner hoch entwickelten Wirtschaft im März 1938. Dabei zeigte sich, dass die Deutsche Bank und die Dresdner Bank intensiv nach „Brückenköpfen" in Gestalt von österreichischen Kreditinstituten suchten, mit deren Hilfe sie ihre geschäftspolitischen Interessen durchsetzen und ihr Geschäft ausbauen konnten. Vor allem diese beiden Institute drängten bei den zuständigen Behörden in Berlin und Wien darauf, eine österreichische Bank zu

---

46 *Ingo Köhler*, Die „Arisierung" jüdischer Privatbanken, in: Ziegler, Dresdner Bank und die deutschen Juden, S. 135–161; *Paul/Sattler/Ziegler*, Commerzbank, S. 168 f.
47 Dazu: *Julius H. Schöps*, Das Erbe der Mendelssohns. Biographie einer Familie, Frankfurt 2010; *Sebastian Panwitz*, Das Haus des Kranichs. Die Privatbankiers von Mendelssohn & Co, 1795–1838, Berlin 2018; *Gall*, Der Bankier Hermann Josef Abs, S. 58–65; *James*, Deutsche Bank und „Arisierung", S. 77–81; *Ingo Köhler*, Das Ende des Hauses Mendelssohn 1938. Aderlass durch „Arisierungen", in: Lindenlaub/Burhop/Scholtyseck, Schlüsselereignisse, S. 270–282.
48 Dazu *Keith Ulrich*, Das Privatbankhaus Simon Hirschland im Nationalsozialismus, in: Keith Ulrich/Manfred Köhler (Hrsg.), Banken, Konjunktur und Politik. Beitrage zur Geschichte deutscher Banken im 19. und 20. Jahrhundert, Essen 1995, S. 129–142.

übernehmen oder sich an ihr maßgeblich zu beteiligen.[49] Während sich die Dresdner Bank nicht zuletzt aufgrund ihrer engen personellen Kontakte zu den neuen Entscheidungsträgern in Wien mit ihren Vorstellungen durchsetzen konnte, sodass ihr dort die Länderbank zugesprochen wurde, verstrickte sich die Deutsche Bank in eine langwierige Auseinandersetzung mit der NS-Bürokratie, eine Beteiligung an der größten Bank des Landes zu erhalten, der Credit-Anstalt-Bankverein (CA).[50]

Erst 1942 gelang es der Deutschen Bank, die Mehrheitsbeteiligung an der CA zu bekommen. Zu diesem Zeitpunkt hatte die Dresdner Bank die Länderbank Wien bereits zu ihrem Stützpunkt für die weitere Expansion nach Südosteuropa ausgebaut. Zudem konnte sich das Institut als wichtiger Finanzintermediär im Industriekundengeschäft positionieren. Unter ihren Affiliationen wurde die Länderbank rasch zur größten und wichtigsten Auslandsbeteiligung und damit zu einem entscheidenden Baustein in einem europaweit agierenden Dresdner Bank-Konzern. Die gleiche Rolle übernahm die CA für die Deutsche Bank, allerdings mit zeitlicher Verzögerung. Dennoch steht außer Frage, dass es der Dresdner Bank und der Deutschen Bank mit der Inkorporierung der Länderbank bzw. der CA gelungen war, strategische Brückenköpfe für weitere Expansionsschritte zu errichten, sowohl für das Geschäft mit der Industrie als auch für die Geschäftsausweitung nach Südosteuropa.[51]

Nicht nur die privaten Banken, sondern auch Kreditinstitute aus anderen Segmenten profitierten von der „Neuordnung" des Bankwesens nach dem „Anschluss". So konnte die Deutsche Zentralgenossenschaftskasse eines der Spitzeninstitute der österreichischen Kreditgenossenschaften übernehmen, die Girozentrale der österreichischen Genossenschaften, und damit ihren Einfluss in der Genossenschaftsorganisation des Landes entscheidend stärken. Schließlich wurde auch das Sparkassenwesen nach den Kriterien umgestaltet und „gleichgeschaltet", die bereits im alten Reichsgebiet galten.[52] Bei der Umgestaltung der Kreditwirtschaft im Sudetenland und im Protektorat Böhmen und Mähren 1938/39 legten NS-Institutionen und ihre Funktionäre noch mehr als in Österreich die Bedingungen fest, unter denen deutsche Banken ihr Geschäft ausweiten konnten. Dies war zum einen der Reichskommissar für das Kreditwesen Friedrich

---

49 *Dieter Ziegler*, Die „Germanisierung" und „Arisierung" der Mercurbank während der Ersten Republik Österreich, in: Dieter Ziegler (Hrsg.), Banken und „Arisierungen" in Mitteleuropa während des Nationalsozialismus, Stuttgart 2002, S. 15–41; *Peter Eigner/Peter Melichar*, Enteignungen und Säuberungen – die österreichischen Banken im Nationalsozialismus, in: Ziegler, Banken und „Arisierungen", S. 43–117.
50 *Eigner/Melichar*, Enteignungen und Säuberungen, S. 44–56; *Ziegler*, Mercurbank, S. 29–38; *Dieter Ziegler*, Die Expansion nach Österreich, in: Harald Wixforth, Die Expansion der Dresdner Bank in Europa (Die Dresdner Bank im Dritten Reich, Bd. 3), München 2006, S. 11–26; *James*, Deutsche Bank und „Arisierung", S. 127–138; *Nützenadel*, Zwischen Markt und Staat, S. 370.
51 *Ziegler*, Expansion nach Österreich, S. 27–47; *Melichar*, Neuordnung im Bankwesen, S. 38–49; *James*, Deutsche Bank im Dritten Reich, S. 166.
52 *Bormann/Scholtyseck/Wixforth*, Kreditgenossenschaftliche Zentralinstitute, S. 274–277. Zur Sparkassenorganisation: *Theodor Venus*, Die Zentralsparkasse der Gemeinde Wien im Nationalsozialismus, in: Feldman, Österreichische Banken, S. 513–598.

Ernst, zum anderen Görings Generalreferent in der Vierjahresplan-Behörde, Hans Kehrl. Zu beiden unterhielt die Dresdner Bank offenbar erneut intensivere persönliche Beziehungen als die Deutsche Bank oder die Commerzbank. Daher gingen sowohl Ernst als auch Kehrl auf ihre Wünsche ein, sodass die Dresdner Bank die im Sudetenland liegenden Filialen der vergleichsweise ertragsstarken Böhmischen Escompte-Bank und Creditanstalt (Bebca) und der Živnostenská banka übernehmen konnte, während die Deutsche Bank die Niederlassungen der weniger rentabel arbeitenden Böhmischen Union-Bank (BUB) erhielt. Nicht zuletzt aufgrund des Drucks von NSDAP-Funktionären aus Sachsen konnte die Adca aus Leipzig, die wichtigste Regionalbank in Deutschland, ihr Filialnetz im benachbarten Sudetenland deutlich erweitern.[53]

Mit der Zuordnung der Filialen im Sudetenland war zugleich ein Präjudiz für die „Neuordnung" der Kreditwirtschaft im Protektorat Böhmen und Mähren geschaffen worden. Unmittelbar nach dem Einmarsch deutscher Truppen in Prag im März 1939 begannen die Sondierungen über die Umgestaltung der Kreditwirtschaft. Vor allem Kehrl setzte sich dafür ein, dass die Dresdner Bank die Prager Zentrale der Bebca und deren Filialen im böhmischen und mährischen Kernland erhielt. Für die Dresdner Bank erwies sich die Eingliederung der Bebca in ihren Konzern als weiterer Meilenstein zum Aufbau ihres Geschäfts in Mittel- und Osteuropa. Die Bebca unterhielt traditionell enge Geschäftsbeziehungen zur hochentwickelten Schwer- und Rüstungsindustrie in Böhmen und Mähren und war an einer Reihe von großen Unternehmen beteiligt. Mit ihrer Übernahme kamen diese Engagements unter die Kontrolle der Dresdner Bank. Gerade diese Geschäftsbeziehungen erwiesen sich als sehr lukrativ.[54]

Während die Commerzbank zögerte, schnell und gezielt in das Protektorat zu expandieren, setzte die Deutsche Bank alles daran, dass ihre neue Affiliation in Prag nach einer notwendigen Reorganisation des Geschäftsbetriebs bald rentabel arbeitete. Die Entscheidungsträger des Instituts schreckten dabei nicht davor zurück, sich in den Dienst des Herrschaftsapparates zu stellen und mit ihm enge Allianzen einzugehen. Die BUB folgte allerdings dem Beispiel, das die Bebca bereits vorexerziert hatte. Ihr Führungspersonal unterhielt nicht nur traditionell enge Kontakte zum schwer- und rüstungswirtschaftlichen Komplex in Böhmen und Mähren, sondern schmiedete enge Allianzen mit der neuen Protektoratsverwaltung. Das unternehmensstrategische Ziel, dadurch an möglichst vielen großen Finanztransaktionen für Unternehmen aus den wichtigsten Branchen zu partizipieren bzw. diese zu kontrollieren, ließ sich vor diesem Hintergrund schon bald in die Tat umsetzen.[55]

Nach der Besetzung Polens bot sich den Kreditinstituten die Möglichkeit, auch in diesen Teil des neuen deutschen Herrschaftsraumes zu expandieren. Mit Ausnahme

---

[53] *Harald Wixforth*, Die Dresdner Bank im Sudetenland und im Protektorat Böhmen und Mähren, in: Wixforth, Expansion der Dresdner Bank, S. 55–80; vgl. *James*, Deutsche Bank und „Arisierung", S. 141–149.
[54] *Wixforth*, Dresdner Bank im Sudetenland, S. 199–239; *James*, Deutsche Bank und „Arisierung", S. 149–165.
[55] Wixforth, Dresdner Bank im Sudetenland, S. 254–306, 391 f.

des industriell hoch entwickelten Oberschlesiens bildeten hier jedoch nicht industriepolitische Überlegungen die Richtschnur für unternehmensstrategische Planspiele, sondern volkstums- und rassepolitische Ziele. Die deutschen Kreditinstitute waren schnell bereit, diese Zielsetzung zu akzeptieren und für ihre eigenen Expansionspläne zu nutzen. Während sie im besetzten Teil Oberschlesiens versuchten, möglichst rasch eigene Filialen zu errichten und mit der Industrie vor Ort Geschäftsbeziehungen anzuknüpfen, war es das Ziel im Warthegau und im Gau Danzig-Westpreußen, durch die Übernahme von einheimischen Banken Stützpunkte zu errichten, welche die Finanzierung von groß angelegten Siedlungsprojekten ebenso übernehmen sollten wie den Aufbau von Firmen zur rücksichtslosen Ausbeutung von Bodenschätzen. Die gleiche Zielsetzung galt für die Geschäftsausweitung deutscher Banken in das Generalgouvernement. Sowohl hier als auch in den beiden neuen Reichsgauen konnte sich die Dresdner Bank erneut mit ihren Wünschen gegenüber der Konkurrenz durchsetzen, indem ihr mit der Ostbank für Handel und Gewerbe in Posen und der Kommerzialbank in Krakau zwei durchaus funktionsfähige Institute zugesprochen wurden. Daher brauchte sie nicht wie die Deutsche Bank neue Niederlassungen errichten und die dafür notwendige Infrastruktur schaffen.[56] Ab 1941 wollten die deutschen Banken in die neu geschaffenen Reichskommissariate Ostland und Ukraine expandieren. Im Reichskommissariat Ostland mit seiner vergleichsweise schwach entwickelten Industrie war es neben der Dresdner Bank vor allem die Commerzbank, die erhebliche Anstrengungen unternahm, um ihr Geschäft aufzubauen. Ihre Präsenz war allerdings wie die ihrer Konkurrenz von vergleichsweise kurzer Dauer. Hatte man im Frühjahr 1942 halbwegs tragfähige Strukturen für das operative Geschäft etabliert, so sahen sich alle Kreditinstitute ab Herbst 1944 mit einer näher rückenden Front konfrontiert, sodass auf der Basis von sogenannten „Mob-Plänen" die Evakuierung und die Verlagerung der Affiliationen in das alte Reichsgebiet vorbereitet wurde.[57]

In den abhängigen und besetzten Gebieten in Westeuropa mussten die deutschen Institute für ihre Geschäftsausweitung eine modifizierte Strategie verfolgen. Auch hier mussten sie Allianzen mit Organen der Besatzungsherrschaft eingehen. Allerdings achteten sie auch darauf, die leistungsfähigen Strukturen in der Kreditwirtschaft der Niederlande, Belgiens und Frankreichs aufrecht zu erhalten bzw. für ihre Interessen zu nutzen. Dies gelang den meisten deutschen Banken mit Erfolg, sodass sich durch die Expansion in diese Gebiete mit ihrer hoch entwickelten Wirtschaft weitere beträchtliche Gewinne erzielen ließen.[58] Im Ergebnis bleibt festzuhalten, dass vor allem

---

56 *Harald Wixforth*, Die Dresdner Bank und ihre Tochtergesellschaften im besetzten Polen, in: Wixforth, Expansion der Dresdner Bank, S. 432–619; *James*, Deutsche Bank und „Arisierung", S. 184–194; *Nützenadel*, Zwischen Staat und Markt, S. 372–374.
57 *Harald Wixforth*, Die Dresdner Bank in den Reichskommissariaten Ostland und Ukraine, in: Wixforth, Expansion der Dresdner Bank, S. 621–649; *Paul/Sattler/Ziegler*, Commerzbank, S. 196 f.
58 *Johannes Bähr/Friederike Sattler*, Die Dresdner Bank und ihre Tochtergesellschaften in den besetzten westeuropäischen Gebieten, in: Wixforth, Expansion der Dresdner Bank, S. 665–830; *Johannes Bähr*, Die Aktivitäten der Dresdner Bank in Frankreich, in: Wixforth, Expansion der Dresdner Bank,

die Dresdner Bank und die Deutsche Bank von der Expansion in die besetzten Gebiete profitierten. Zwar mussten sie für den Aufbau des Geschäfts Risiken und Kosten übernehmen, doch ließ sich im Gegenzug mit ihren neuen Filialen und Affiliationen eine deutliche Geschäftsausweitung erreichen. Das Wachstum der beiden Institute ab 1938 lässt sich in erster Linie auf ihre Expansion im neuen deutschen Herrschaftsbereich zurückführen. Die Commerzbank und einige größere Regionalinstitute, die aus der territorialen Expansion des NS-Regimes nur einen geringeren Nutzen ziehen konnten, wiesen dagegen eine geringe Wachstumsdynamik auf und fielen in ihren Geschäftsumfang deutlich hinter der Deutschen Bank und der Dresdner Bank zurück.[59]

2.3.6 Fazit

Wie weite Teile des Unternehmertums und der wirtschaftsbürgerlichen Elite zeigte auch die Mehrheit der Bankiers während des Nationalsozialismus schnell ein hohes Maß an Anpassungsbereitschaft an die neuen, vom Regime eingeforderten und geschaffenen Bedingungen. Gerade die nach der Bankenkrise von 1931 angeschlagene private Kreditwirtschaft befand sich in einer Situation, in der bis dahin gültige Verfahrensweisen im operativen Geschäft zur Disposition standen. Die Zukunft der Branche schien höchst unsicher zu sein, sodass der Forderungskatalog der neuen Machthaber einen Orientierungsrahmen bot, auch wenn dieser die tradierten Normen im Bankgeschäft ebenso obsolet machte wie bisherige Umgangsformen, gerade mit jüdischen Mitarbeitern und Kunden. Ein Sachzwang, der kaum unternehmerische Handlungsspielräume erlaubte, war er keineswegs, trotz der vom Regime diktierten Gleichschaltung der Interessengruppen im Kreditwesen und einem wachsenden Anpassungsdruck. Der nach dem Zweiten Weltkrieg oft zu hörende Verweis auf die Sachzwänge durch die NS-Wirtschaftspolitik wurde allzu gerne als wohlfeile Entschuldigung genutzt, um vom eigenen Fehlverhalten und dem Verlust von bisherigen moralischen Standards im Bankgeschäft abzulenken.

Die ab 1938 deutlich steigenden Gewinne vieler Institute dokumentieren eindrucksvoll, dass sie zu den Profiteuren der territorialen Expansion des Regimes gehörten. Sie kamen ihrem erklärten Ziel, europaweit agierende Bankkonzerne zu errichten, trotz aller Probleme ziemlich nahe. Bereits vor Entfesselung des Zweiten Weltkriegs, mehr noch in dessen Verlauf, wurden persönliche Allianzen mit Funktionsträgern des Regimes immer mehr zur Schlüsselgröße für den Erfolg eines Kredit-

---

S. 833–870; *Nützenadel*, Zwischen Staat und Markt, S. 375 f., *Paul/Sattler/Ziegler*, Commerzbank, S. 198–203.

59 *Harald Wixforth*, Die Dresdner Bank und ihre Expansion in Europa – Bankgeschäfte, Bankenpolitik, Besatzungspolitik, in: Wixforth, Expansion der Dresdner Bank, S. 878–898; *James*, Deutsche Bank im „Dritten Reich", S. 177 f.; *Nützenadel*, Zwischen Staat und Markt, S. 378–380; *Paul/Sattler/Ziegler*, Commerzbank, S. 204–206.

instituts. Das Verhalten der Banken war nicht nur eine Folge der politischen Rahmenbedingungen, sondern auch des bewussten Ausnutzens von Handlungsspielräumen, welche die Politik der Kreditwirtschaft gerade in den abhängigen und besetzten Gebieten bot. Ein weiterer Faktor für die Strategiebildung war schließlich die vielfach auf persönlichen Beziehungen beruhende Macht- und Kräftekonstellation vor Ort. Das geschäftspolitisch rationale Handeln der Bank macht ihre Motive und ihre Zielsetzung zwar offenkundig und nachvollziehbar, entschuldigt ihre Geschäftspolitik und ihr Verhalten jedoch nicht im Geringsten.

Auswahlbibliografie

Bähr, Johannes, Die Dresdner Bank in der Wirtschaft des Dritten Reichs (Die Dresdner Bank im Dritten Reich, Bd. 1), München 2006.

Balcar, Jaromir, Panzer für Hitler, Traktoren für Stalin. Großunternehmen in Böhmen und Mähren 1938–1950, München 2014.

Eigner, Peter/Melichar, Peter, Enteignungen und Säuberungen – die österreichischen Banken im Nationalsozialismus, in: Dieter Ziegler (Hrsg.), Banken und „Arisierungen" in Mitteleuropa während des Nationalsozialismus, Stuttgart 2002, S. 43–117.

Feldman, Gerald D. [u. a.], Österreichische Banken und Sparkassen im Nationalsozialismus, Bde. 1 und 2, München 2006.

Gall, Lothar, A Man for All Seasons? Hermann Josef Abs im Dritten Reich, in: Zeitschrift für Unternehmensgeschichte 43, 1998, S. 123–175.

Henke, Klaus-Dietmar, Die Dresdner Bank 1933–1945. Ökonomische Rationalität, Regimenähe und Mittäterschaft (Die Dresdner Bank im Dritten Reich, Bd. 4), München 2006.

Herbst, Ludolf/Weihe, Thomas (Hrsg.), Die Commerzbank und die Juden 1933–1945, München 2004.

Hof, Patrick, Kurswechsel an der Börse. Kapitalmarktpolitik unter Hitler und Mussolini, München 2008.

James, Harold, Die Deutsche Bank und die „Arisierung", München 2001.

James, Harold, Die Deutsche Bank im Dritten Reich, München 2003.

Köhler, Ingo, Die „Arisierung" von Privatbanken im „Dritten Reich", München 2005.

Köhler, Ingo, Werten und Bewerten. Die kalte Technik der „Arisierung" 1933 bis 1938, in: Hartmut Berghoff/Jürgen Kocka/Dieter Ziegler (Hrsg.), Wirtschaft im Zeitalter der Extreme. Beiträge zur Unternehmensgeschichte Deutschlands und Österreichs, München 2010, S. 317–333

Kopper, Christopher, Zwischen Marktwirtschaft und Dirigismus. Bankenpolitik im „Dritten Reich", Bonn 1995.

Loose, Ingo, Kredite für NS-Verbrechen. Die deutschen Kreditinstitute in Polen und die Ausraubung der polnischen und jüdischen Bevölkerung, München 2007.

Plumpe, Werner/Nützenadel, Alexander/Schenk, Catherine R., Die Deutsche Bank. Die globale Hausbank 1870–2020, Berlin 2020.

Rosenkötter, Bernhard, Treuhandpolitik. Die Haupttreuhandstelle Ost und der Raub polnischen Vermögens 1933 bis 1945, Essen 2003.

Salden, Janina, Der Deutsche Sparkassen- und Giroverband zur Zeit des Nationalsozialismus, Stuttgart 2019.

Wixforth, Harald, Die Expansion der Dresdner Bank in Europa (Die Dresdner Bank im Dritten Reich, Bd. 3), München 2006.

Wixforth, Harald, Die Gründung der Reichsgruppe Banken. Gleichschaltung, Anpassung und Mittäterschaft der Banken im NS-Regime, in: Dieter Lindenlaub/Carsten Burhop/Joachim Scholtyseck, Joachim (Hrsg.), Schlüsselereignisse der deutschen Bankengeschichte, Stuttgart 2014, S. 283–296.

Ziegler, Dieter, Die Dresdner Bank und die deutschen Juden (Die Dresdner Bank im Dritten Reich, Bd. 2), München 2006.

Christian Marx
2.4 Wirtschaftselite und NS-Staat

2.4.1 Einleitung

Die breite Mehrheit der Unternehmer engagierte sich weder im inneren Parteizirkel der NSDAP noch stand sie den rassistischen Zielen des NS-Regimes besonders nahe. Dennoch sind die rüstungswirtschaftlichen Leistungen des Deutschen Reichs ohne die Kooperationsbereitschaft der Unternehmer nicht zu erklären. Dass die imperialistische Eroberungspolitik des NS-Staats letztlich scheiterte, lag nicht an den Unternehmern, in denen die neuen Machthaber bereitwillige Kollaborateure fanden. Obschon das Autarkieprogramm und die neuen Überwachungsbehörden tief in die marktwirtschaftlichen Strukturen eingriffen, erhoben die Unternehmer kaum Widerspruch, vielmehr fanden die meisten Maßnahmen, die von der Zerschlagung der Arbeiterorganisationen und einer neuen Außenpolitik begleitet wurden, die tatkräftige Unterstützung erfahrener Firmenchefs.[1]

Wie andere Funktionseliten in Verwaltung, Justiz oder Militär stellten auch die Unternehmer dem Regime ihre Erfahrung und ihr Wissen bereitwillig zur Verfügung. Dabei mangelte es der Unternehmerschaft im Grunde weder an Bildung noch an Selbstbewusstsein, um die menschenverachtende Politik der Nationalsozialisten erkennen und gegen sie aufbegehren zu können. Nach den unstabilen und wechselnden Machtverhältnissen in der Weimarer Republik schien aus der Sicht vieler Unternehmer mit Hitler endlich der starke Mann an die Spitze des Staates gekommen zu sein, der ihrem Selbstbild als entscheidungsfreudige Manager innerhalb der Unternehmen entsprach. Das Konzept des Betriebsführers war Teil der neuen Ordnung und wertete innerbetrieblich den Status als Unternehmer in ihrem Sinne auf. Obschon die NS-Rassenpolitik die jüdischen Mitglieder der Wirtschaftselite innerhalb weniger Jahre aus ihren angestammten Positionen entfernte und damit bisherige Geschäftspartner und -freunde ihrer Lebensgrundlage beraubte, erhob sich daher kaum Widerstand der Unternehmensleiter.[2]

Die Geschichtswissenschaft diskutiert die Rolle der Unternehmer im Nationalsozialismus durchaus konträr und verweist sowohl auf die übereinstimmenden Ziele zwischen Unternehmern und Nationalsozialisten als auch auf den strukturellen Konflikt zwischen den kurzfristigen Rüstungsambitionen der NS-Machthaber und langfristigen Unternehmenszielen. Vor diesem Hintergrund wird im Folgenden zunächst der Forschungsstand skizziert, bevor anschließend der Frage nachgegangen wird, welche Rolle

---

1 *J. Adam Tooze*, Ökonomie der Zerstörung. Die Geschichte der Wirtschaft im Nationalsozialismus, Bonn 2007, S. 166.
2 *Martin Münzel*, Die jüdischen Mitglieder der deutschen Wirtschaftselite 1927–1955. Verdrängung – Emigration – Rückkehr, Paderborn 2006.

die Unternehmer bei der Machtübernahme der Nationalsozialisten spielten und inwiefern es 1933 zu einer beschleunigten Zirkulation der Wirtschaftselite kam. Zweifellos gab es Nutznießer der neuen politischen Ordnung, umgekehrt verengten sich jedoch auch die Handlungsspielräume vieler Unternehmer. Dies hing nicht zuletzt damit zusammen, dass auch die privatwirtschaftlichen Interessenvertretungen der nationalsozialistischen Gleichschaltungspolitik unterlagen. Im fünften Abschnitt wird deshalb die Frage beantwortet, warum die Unternehmer nicht schärfer gegen die Abschaffung ihrer Verbände intervenierten und inwiefern sie in den neuen Organen der Wirtschaftssteuerung mitarbeiteten. Jene Kooperationsbereitschaft ging zugleich vielfach mit einem Beitritt in die NSDAP einher, mit der die Unternehmer die Legitimität des Unrechtsregimes stärkten. Der sechste Abschnitt wird sich daher näher mit ihren Motiven für einen Parteibeitritt und ihrer Anpassungsbereitschaft befassen, bevor ein abschließendes Fazit ihre Mitverantwortung für die NS-Diktatur beleuchtet.

2.4.2 Forschungsstand

Die westdeutsche Geschichtswissenschaft rekurrierte lange und in weiten Teilen ähnlich zur Verteidigungsstrategie der Anwälte vor dem Nürnberger Militärgerichtshof auf entlastende, totalitarismustheoretische Ansätze, die die NS-Verstrickungen vieler Unternehmer mit der Bedrohung vor dem Kommunismus rechtfertigten.[3] Erst ab Ende der 1950er Jahre setzte im politisch-rechtlichen wie auch im wissenschaftlichen Feld ein Wandel im Umgang mit der nationalsozialistischen Vergangenheit ein.[4] Mit seinen Ergebnissen über den Vierjahresplan und die Autarkiepolitik im Dritten Reich, in der Dietmar Petzina die vielfältigen Partikularinteressen innerhalb der nationalsozialistischen Wirtschaftspolitik herausarbeitete, brach er mit der bis dahin verbreiteten Vorstellung einer NS-Wirtschaftsdiktatur.[5] Die zur gleichen Zeit von Martin Broszat verfasste Strukturgeschichte des Nationalsozialismus stellte zudem klar, dass es den Unternehmern in den Anfangsjahren des NS-Regimes durchaus gelungen war, Einflussversuche seitens der NSDAP abzuwenden.[6] Daneben wirkte ab den 1960er Jahren besonders die Kritik seitens der DDR-Forschung auf die (marxistisch orientierte)

---

3 *Sebastian Brünger*, Geschichte und Gewinn. Der Umgang deutscher Konzerne mit ihrer NS-Vergangenheit, Göttingen 2017, S. 128–131.
4 *Ulrich Herbert*, Geschichte Deutschlands im 20. Jahrhundert, München 2014, S. 769–777; *Peter Reichel*, Vergangenheitsbewältigung in Deutschland. Die Auseinandersetzung mit der NS-Diktatur von 1945 bis heute, München 2001.
5 *Dietmar Petzina*, Autarkiepolitik im Dritten Reich. Der nationalsozialistische Vierjahresplan, Stuttgart 1968.
6 *Martin Broszat*, Der Staat Hitlers. Grundlegung und Entwicklung seiner inneren Verfassung, München 1969.

Geschichtswissenschaft in der Bundesrepublik ein.[7] Mit den Materialsammlungen der „Braunbücher", in denen Laufbahnen unterschiedlicher Persönlichkeiten nachgezeichnet wurden, erreichte diese Kritik eine neue Qualität.[8] Parallel entwickelte sich in der DDR die Betriebsgeschichte zu einem wirkungsmächtigen Zweig innerhalb der Wirtschaftsgeschichte, die der westdeutschen Unternehmensgeschichte einige Leerstellen aufzeigte.[9]

Das Zusammenspiel von deutsch-deutschem Systemwettstreit, erleichtertem Zugang zu Archivmaterial und gesellschaftlichem Aufbruch führte dazu, dass die Rolle der Unternehmer im Nationalsozialismus ab Mitte der 1960er Jahre neu diskutiert wurde. Einen entscheidenden Anstoß hierzu gab der britische Historiker Timothy Mason, der sowohl die bisherige Forschung im Westen kritisierte als auch die überkommene Dimitroff-These des Faschismus als Diktatur des Finanzkapitals als verfehlt ansah. Ihm zufolge konnte die NS-Politik der Kriegszeit nicht mit den imperialistischen Interessen des Monopolkapitals erklärt werden. Stattdessen waren Strukturveränderungen in Wirtschaft und Gesellschaft die Ursache für die Verselbstständigung des NS-Staatsapparats, welche schließlich zu einem „Primat der Politik" führten.[10] Damit löste er eine langjährige, bis in die 1980er Jahre andauernde Debatte über das „Primat der Politik" oder das „Primat der Wirtschaft" aus, die durch ihre engführende Dichotomie jedoch bedeutsamere Fragen nach den Wechselwirkungen zwischen beiden Bereichen überdeckte.[11] Der Rückbezug Masons auf marxistische Ideen rief vor allem heftige Gegenwehr der DDR-Historiker hervor, die an der These vom „Primat der Ökonomie" festhielten und den Faschismus als eine weitere Entwicklungsstufe des „Staatsmonopolistischen Kapitalismus" ansahen.[12]

Im Kontext der verstärkten gesellschaftlichen Aufmerksamkeit gegenüber dem Nationalsozialismus entwickelte sich ab Mitte der 1970er Jahre eine Diskussion über die Verantwortung der ökonomischen Elite am Aufstieg Hitlers. Maßgeblich geprägt wurde jene Debatte durch Auseinandersetzungen zwischen dem US-Historiker Henry

---

7 *Ian Kershaw*, Der NS-Staat. Geschichtsinterpretationen und Kontroversen im Überblick, Reinbek 1988, S. 58 f.
8 *Brünger*, Geschichte und Gewinn, S. 146 f.
9 *Jürgen Kuczynksi*, Westdeutsche Unternehmensgeschichte über den Wiederaufbau der Firmen in Westdeutschland nach dem Zweiten Weltkrieg, in: Jahrbuch für Wirtschaftsgeschichte 1963/2, S. 143–202; *Jörg Osterloh*, Die Monopole und ihre Herren. Marxistische Interpretationen, in: Norbert Frei/ Tim Schanetzky (Hrsg.), Unternehmen im Nationalsozialismus. Zur Historisierung einer Forschungskonjunktur, Göttingen 2010, S. 36–47.
10 *Tim W. Mason*, Der Primat der Politik. Politik und Wirtschaft im Nationalsozialismus, in: Das Argument 8, 1966, S. 473–494.
11 *Kershaw*, NS-Staat, S. 89–103. Vgl. zur Historisierung der Primat-Debatte: *Norbert Frei*, Die Wirtschaft des „Dritten Reiches". Überlegungen zu einem Perspektivwechsel, in: Frei/Schanetzky, Unternehmen, S. 9–24; *Carola Sachse*, Revisited: Primat der Politik, Primat der Ökonomie, in: Frei/Schanetzky, Unternehmen, S. 48–61.
12 *Reinhard Neebe*, Großindustrie, Staat und NSDAP 1930–1933, Göttingen 1981, S. 9–13.

Ashby Turner und Dirk Stegmann.¹³ Während Turner gegen jegliche monopolkapitalistischen Erklärungen als Ursache der NS-Machtübernahme anschrieb und eine nennenswerte Finanzierung der NSDAP durch die Großindustrie vor 1933 bestritt, betrachtete Stegmann die Unterstützung großindustrieller Kreise als erklärendes Moment für den Aufstieg der Nationalsozialisten. Zwar konnte Turner seine These durch Quellen führender Unternehmerpersönlichkeiten belegen, allerdings war es ihm nicht möglich, seine Aussagen für alle Unternehmer zu bekräftigen. Ebenso griff Stegmanns Ansatz zu kurz, weil er die Bedeutung der Weltwirtschaftskrise und die Verständigung unterschiedlicher Industriegruppen unterschätzte.

Erst nach und nach wandelte sich der Umgang der westdeutschen Geschichtswissenschaft mit dem Nationalsozialismus. Im Rahmen eines kollektiven Lernprozesses wurden immer mehr Elemente der NS-Verfolgungspolitik als Unrecht anerkannt. Dabei traten vor allem die Beteiligung an „Arisierungsgeschäften" und der Einsatz von Zwangsarbeitern immer stärker in den Vordergrund.¹⁴ In diesem Zusammenhang entwickelten sich lebhafte Kontroversen um den Anteil der Unternehmer an NS-Verbrechen. So kam Peter Hayes zu dem Ergebnis, dass die IG Farben-Leitung einer primär ökonomischen Logik folgend die ideologisch-politischen Absichten des Regimes akzeptiert habe. Da sich die Führungsfiguren der IG Farben von einer engen ökonomischen Rationalität leiten ließen, habe es Hayes zufolge einer ideologischen Überzeugung in den Reihen des Vorstands überhaupt nicht bedurft.¹⁵

In den 1990er Jahren erlebte die deutsche Unternehmer- und Unternehmensgeschichte mit der wiederaufkeimenden Frage nach Wiedergutmachung infolge der deutschen Wiedervereinigung dann einen bisher unbekannten Boom.¹⁶ Nicht nur schweizerische Banken, die das Vermögen ermordeter Juden stillschweigend einbehalten hatten (Raubgold-Debatte), sondern auch zahlreiche deutsche Unternehmen

---

13 *Dirk Stegmann*, Zum Verhältnis von Großindustrie und Nationalsozialismus 1930–1933. Ein Beitrag zur Geschichte der sog. Machtergreifung, in: Archiv für Sozialgeschichte 13, 1973, S. 399–482; *Henry Ashby Turner*, Faschismus und Kapitalismus in Deutschland. Studien zum Verhältnis zwischen Nationalsozialismus und Wirtschaft, Göttingen 1972; *Henry Ashby Turner*, Die Großunternehmer und der Aufstieg Hitlers, Berlin 1985.
14 *Bernd Faulenbach*, Geschichte der Übergangszeit. Zur historischen Bedeutung geschichtspolitischer Gegensätze und Debatten während der 1980er Jahre, in: Ursula Bitzegeio/Anja Kruke/Meik Woyke (Hrsg.), Solidargemeinschaft und Erinnerungskultur im 20. Jahrhundert, Bonn 2009, S. 417–428; *Ulrich Herbert*, Fremdarbeiter. Politik und Praxis des „Ausländer-Einsatzes" in der Kriegswirtschaft des „Dritten Reiches", Berlin/Bonn 1985.
15 *Peter Hayes*, Industry and Ideology. IG Farben in the Nazi Era, Cambridge 1987; *Peter Hayes*, Zur umstrittenen Geschichte der IG Farbenindustrie, in: Geschichte und Gesellschaft 18, 1992, S. 405–417. Vgl. hierzu *Gottfried Plumpe*, Die IG Farbenindustrie AG. Wirtschaft, Technik und Politik 1904–1945, Berlin 1990; *Gottfried Plumpe*, Antwort auf Peter Hayes. Zur umstrittenen Geschichte der IG Farbenindustrie, in: Geschichte und Gesellschaft 18, 1992, S. 526–532.
16 *Ralf Banken*, Kurzfristiger Boom oder langfristiger Forschungsschwerpunkt? Die neuere deutsche Unternehmensgeschichte und die Zeit des Nationalsozialismus, in: Geschichte in Wissenschaft und Unterricht 56, 2005, S. 183–196.

setzten nun wissenschaftliche Kommissionen ein, um ihre NS-Vergangenheit aufzuarbeiten.[17] Dabei rückte die Frage nach den Handlungsspielräumen und Handlungsweisen der Unternehmer in den Mittelpunkt. Ihre Motivlage, ihre Beteiligung am NS-Unrecht und der NS-Wirtschaftssteuerung sowie Biografien zum Führungspersonal stellen seitdem die zentralen Forschungsfelder dar, wobei die Grenzen zwischen diesen Strängen oftmals fließend sind.[18] Diese Darstellungen setzten mit der Vermessung unterschiedlicher Grade der Verstrickung die Messlatte für zukünftige Arbeiten.[19]

Als Ergebnis lässt sich festhalten, dass inzwischen weitgehend Einigkeit darüber herrscht, dass die Unternehmensleitungen auch während der NS-Zeit vor allem aus einer ökonomischen Logik heraus gehandelt haben, aber ebenso über beträchtliche Handlungsspielräume verfügten. Daran änderte auch die Kontroverse zwischen Christoph Buchheim und Jonas Scherner auf der einen und Peter Hayes auf der anderen Seite wenig, die in gewisser Weise eine Neuauflage der Primat-Debatte darstellte.[20] Buchheim wandte sich insbesondere gegen eine Formulierung von Adam Tooze, wonach die Unternehmer „willige Partner" des NS-Regimes gewesen seien, weil diese Sichtweise die wirtschaftliche Eigendynamik unternehmerischen Verhaltens ausblende.[21] Unbestreitbar konnte das NS-Regime die Wirtschaft vor allem dort erfolgreich steuern, wo es mit ökonomischen Anreizen operierte und den Unternehmen Handlungsspielräume ließ.[22] Mittels lukrativer Staatsaufträge förderte es die Kollaboration der Unternehmer, umgekehrt dürfen das Bedrohungspotenzial und die Gewaltbereitschaft der neuen Machthaber jedoch ebenso wenig völlig ausgeblendet werden. Selbst wenn einige Entscheidungen ökonomisch rational zu erklären sind, handelte es sich um einen radikalen Verfall politisch-moralischer Verhaltensregeln, die bis dahin für die Wirtschaftselite unhinterfragt Geltung hatten.[23]

---

17 Vgl. exemplarisch *Klaus-Dietmar Henke* (Hrsg.), Die Dresdner Bank im Dritten Reich, 4 Bde, München 2006.
18 Banken, Unternehmensgeschichte; *Werner Plumpe*, Unternehmen im Nationalsozialismus. Eine Zwischenbilanz, in: Werner Abelshauser/Jan-Otmar Hesse/Werner Plumpe (Hrsg.), Wirtschaftsordnung, Staat und Unternehmen. Neue Forschungen zur Wirtschaftsgeschichte des Nationalsozialismus. Festschrift für Dietmar Petzina zum 65. Geburtstag, Essen 2003, S. 243–266.
19 *Werner Abelshauser/Jan-Otmar Hesse/Werner Plumpe*, Wirtschaftsordnung, Staat und Unternehmen. Neuere Forschungen zur Wirtschaftsgeschichte des Nationalsozialismus, in: Abelshauser/Hesse/Plumpe, Wirtschaftsordnung, S. 10 f.; *Brünger*, Geschichte und Gewinn, S. 353–360.
20 *Christoph Buchheim*, Unternehmen in Deutschland und NS-Regime 1933–1945. Versuch einer Synthese, in: Historische Zeitschrift 282, 2006, S. 351–390; *Christoph Buchheim/Jonas Scherner*, Corporate Freedom of Action in Nazi Germany. A Response to Peter Hayes, in: German Historical Institute (GHI) Bulletin 45, 2009, S. 43–50; *Peter Hayes*, Corporate Freedom of Action in Nazi Germany, in: GHI Bulletin 45, 2009, S. 29–42; *Peter Hayes*, Rejoinder, in: GHI Bulletin 45, 2009, S. 52–55.
21 *Christoph Buchheim*, „Der Blitzkrieg, der keiner war", in: Die Zeit, 28. 6. 2007.
22 *Ralf Banken*, Introduction: The Room for Manoeuvre for Firms in the Third Reich, in: Business History 62, 2020, S. 375–392.
23 *Jonas Scherner*, Anreiz statt Zwang. Wirtschaftsordnung und Kriegswirtschaft im „Dritten Reich", in: Frei/Schanetzky, Unternehmen, S. 140–155; *Dieter Ziegler*, Erosion der Kaufmannsmoral. „Arisierung", Raub und Expansion, in: Frei/Schanetzky, Unternehmen, S. 156–168.

2.4.3 Die Rolle der Unternehmer bei der Machtübernahme

Der Nationalsozialismus gehörte zu den ideologischen Radikalbewegungen, die die komplexen Herausforderungen der modernen Industriegesellschaft auf ein vermeintlich einfaches Grundprinzip reduzierten. Oftmals wurde der Industrie oder dem anonymen „Kapital" unterstellt, als Steigbügelhalter jener Bewegung fungiert zu haben. Zweifellos waren viele Unternehmer Teil eines eskalierenden Nationalkonservatismus, der nach der Jahrhundertwende in Deutschland um sich griff und ständisch-autoritäre Gesellschaftskonzepte propagierte. Doch unterstützte die Großindustrie Hitler in finanzieller Hinsicht bis 1932 nur in sehr begrenztem Umfang. Erst nach der Machtübernahme flossen den Regierungsparteien – allen voran der NSDAP – größere Geldbeträge seitens der Großindustrie zu. Gleichwohl hatten die Unternehmer unbestreitbar Anteil am Untergang der Weimarer Republik, deren demokratische Errungenschaften nur wenige von ihnen schätzten. Dabei besaß die Schwerindustrie in den 1920er Jahren eine Führungsposition innerhalb der deutschen Wirtschaft und wusste ihre ökonomische Macht in politische Einflussnahme zu transformieren. Gleichzeitig zeichneten sich die Vertreter jener Branche durch eine nationalkonservative Denkweise und einen ausgesprochenen autoritär-hierarchischen „Herr-im-Hause"-Standpunkt aus.[24]

Ab 1928 fungierte die von führenden Montanindustriellen gegründete Ruhrlade als zentrale Sammel- und Verteilungsinstanz für finanzielle Leistungen an politische Parteien. Die Beiträge der Eisenproduzenten betrugen in den Jahren 1928 bis 1930 etwa 620 000 RM jährlich; die geldlichen Aufwendungen seitens des Bergbaus lagen noch darüber. Obwohl die Mitglieder der Ruhrlade unterschiedlichen Parteien nahestanden, herrschte unter ihnen zunächst ein politischer Grundkonsens, der gegen sozialistische Tendenzen gerichtet war und die Verteilung der Spenden auf die als „bürgerlich" geltenden Parteien (DVP, DNVP, Zentrum und BVP) möglich machte – die NSDAP gehörte nicht hierzu. Gustav Krupp, Paul Silverberg und Albert Vögler gehörten der DVP an, Karl Haniel, Friedrich Springorum und Fritz Thyssen waren Mitglied der DNVP, und Peter Klöckner war dem Zentrum beigetreten.[25] Der Initiator der Ruhrlade Paul Reusch hatte bis 1923 der DVP angehört und war seitdem – wie die

---

[24] *Bernd Faulenbach*, Die Preußischen Bergassessoren im Ruhrbergbau. Unternehmermentalität zwischen Obrigkeitsstaat und Privatindustrie, in: Rudolf Vierhaus (Hrsg.), Mentalitäten und Lebensverhältnisse. Beispiele aus der Sozialgeschichte der Neuzeit. Rudolf Vierhaus zum 60. Geburtstag, Göttingen 1982, S. 225–242.
[25] *Christian Marx*, Paul Reusch und die Gutehoffnungshütte. Leitung eines deutschen Großunternehmens, Göttingen 2013, S. 316–318; *Henry Ashby Turner*, Die „Ruhrlade". Geheimes Kabinett der Schwerindustrie in der Weimarer Republik, in: Henry Ashby Turner (Hrsg.), Faschismus und Kapitalismus in Deutschland. Studien zum Verhältnis zwischen Nationalsozialismus und Wirtschaft, Göttingen 1972, S. 124–130.

übrigen Ruhrlademitglieder – parteipolitisch nicht gebunden; ohne Zweifel ist aber auch er jener nationalkonservativen Wertewelt zuzuordnen.[26] Die DNVP erhielt 1928 ca. 200 000 RM und dürfte damit am meisten von den Spenden der Industrie profitiert haben. Doch im Jahr 1931 zerbrach der Konsens zwischen den Unternehmern. Dies hing zum einen mit dem Wettbewerb zwischen den Unternehmen und unterschiedlichen Ordnungsvorstellungen der Beteiligten zusammen; zum anderen war dies auf das offene Bekenntnis von Fritz Thyssen zur NSDAP seit Dezember 1931 zurückzuführen. Gleichwohl blieb Thyssen mit dieser Haltung eine Ausnahme. Neben ihm galt im Industriellenlager allenfalls noch Emil Kirdorf zeitweise als uneingeschränkter Befürworter der NSDAP. Er war 1927 in die Partei eingetreten, hatte die NSDAP aufgrund ihrer antikapitalistischen Forderungen jedoch bereits ein Jahr später wieder verlassen.[27]

Darüber hinaus engagierten sich einige Industrielle wie Reusch, Springorum, Krupp und Silverberg ab Ende der 1920er Jahre für eine Verfassungsreform und waren Mitglied im „Bund zur Erneuerung des Reiches". Dem Bund floss sowohl Geld der Industrie als auch großagrarischer Kreise zu. Vorsitzender wurde der ehemalige Reichskanzler Hans Luther. Der sogenannte „Lutherbund" wollte einerseits den Dualismus zwischen Preußen und dem Reich beenden, andererseits zielte er auf die Beseitigung des Nebeneinanders von Reichstag und Reichsregierung und wollte damit das parlamentarische System einschränken.[28] Ferner gab es seitens der Industriellen Bestrebungen, der zunehmenden politischen Zersplitterung durch eine Sammlungsbewegung rechtsgerichteter und bürgerlicher Parteien entgegenzuwirken, die zeitweise auch die Nationalsozialisten einschloss. Doch bereits während des Jahres 1930 zeichnete sich ab, dass die Bildung einer solchen Einheitsfront an der Zerstrittenheit der beteiligten Persönlichkeiten scheiterte.[29]

Die im Frühjahr 1930 neu eingesetzte Regierung unter Heinrich Brüning fand zunächst die Unterstützung industrieller Kreise, doch in Anbetracht der fortschreitenden Wirtschaftskrise schwanden die anfänglichen Sympathien recht schnell. Insbesondere akzeptierten die Schwerindustriellen nicht, dass Brüning sein Kabinett von der SPD tolerieren ließ. Brüning versuchte, die Industriellen auf seine Seite zu ziehen, indem er Silverberg und Vögler Ministerposten in seinem zweiten Kabinett anbot. Doch mochte er sich nicht von seinen Grundsatzpositionen verabschieden, weshalb die Wirtschaftsverbände die Regierung ab Ende September 1931 scharf angriffen.[30]

---

26 *Christian Marx*, Paul Reusch – ein politischer Unternehmer im Zeitalter der Systembrüche. Vom Kaiserreich zur Bundesrepublik, in: Vierteljahrschrift für Sozial- und Wirtschaftsgeschichte 101, 2014, S. 273–299.
27 *Stegmann*, Großindustrie, S. 411–414, 417 f.; *Turner*, Kirdorf; *Turner*, Thyssen.
28 *Marx*, Leitung, S. 318 f.
29 *Gustav Luntowski*, Hitler und die Herren an der Ruhr. Wirtschaftsmacht und Staatsmacht im Dritten Reich, Frankfurt am Main 2000, S. 27 f.; *Neebe*, Großindustrie, S. 60–64; *Stegmann*, Großindustrie, S. 415 f.; *Turner*, Kabinett, S. 131–133.
30 *Luntowski*, Hitler, S. 37–40; *Neebe*, Großindustrie, S. 80–89, 93–95, 99–102.

Nur einige Tage später fand im Oktober 1931 auf Initiative von Alfred Hugenberg eine Veranstaltung der Harzburger Front statt, die sich gegen die zweite Regierung Brüning richtete. Auch wenn führende Industrielle der Kundgebung fernblieben, stimmten viele von ihnen doch mit den Grundlinien dieser „Nationalen Opposition" überein.[31]

Die Unternehmer waren vor 1933 mehrheitlich keine Anhänger der NSDAP, allerdings trugen sie massiv zum Untergang der Weimarer Republik bei, indem sie ihr politisches Gewicht zugunsten republikskeptischer und -feindlicher Kräfte mobilisierten. Auch nach dem verhängnisvollen Erdrutschsieg der NSDAP bei den Reichstagswahlen im September 1930 bewahrten viele von ihnen Distanz zur NS-Bewegung. Insbesondere der wirtschaftspolitische Kurs der NSDAP weckte Zweifel. Nicht zuletzt vor diesem Hintergrund unterstützte die Ruhrlade 1931 den Redakteur und späteren Wirtschaftsminister Walther Funk, der sich dem Beraterstab Hitlers angeschlossen hatte und den sie als Verfechter eines großwirtschaftlichen Privatkapitalismus und Korrektiv gegenüber dem „linken" Parteiflügel unter Gregor Strasser ansahen. Mit dem Stimmenzuwachs der Nationalsozialisten gewannen viele Unternehmen den Eindruck, dass es sinnvoller sei, den wirtschaftspolitischen Kurs der rechtsradikalen Partei in ihrem Sinn zu beeinflussen, als sich von ihr abzuwenden.[32]

Am 26. Januar 1932 fand ein prestigeträchtiger Auftritt Hitlers im Industrie-Club in Düsseldorf statt, bei dem er auf die Mentalität seines Publikums Rücksicht nahm und den Gedanken des Privateigentums besonders hervorhob. Im Unterschied zu Albert Vögler, Ernst Poensgen und Karl Haniel nahmen Paul Reusch, Fritz Springorum und Paul Silverberg nicht an der Hitler-Rede teil, die vor allem auf Fritz Thyssen zurückzuführen war, der inzwischen als entschiedener Befürworter der NSDAP galt. Die Industrieelite war in der Frage, wie man mit Hitler umgehen sollte, gespalten.[33] Die in den Augen der Unternehmer zweifelhafte wirtschaftspolitische Haltung der NSDAP führte schließlich zur Gründung der sogenannten „Arbeitsstelle Schacht", die von Hjalmar Schacht initiiert wurde und deren Ziel in der wirtschaftspolitischen Beeinflussung der NSDAP bestand. Doch blieb ihre Wirkungskraft beschränkt.[34] Das während des Wahlkampfs für die Reichstagswahl im Juli 1932 vorgestellte „Wirtschaftliche Sofortprogramm", mit dem besonders die Arbeiterschaft angesprochen werden sollte, stieß bei den Großindustriellen denn auch auf vehemente Kritik.[35] Während

---

31 *Dietmar Petzina*, Hauptprobleme der deutschen Wirtschaftspolitik 1932/33, in: Vierteljahrshefte für Zeitgeschichte 15, 1967, S. 18–55; *Stegmann*, Großindustrie, S. 420 f.; *Turner*, Großunternehmer, S. 217–221.
32 *Boris Gehlen*, Paul Silverberg (1876–1959). Ein Unternehmer, Stuttgart 2007, S. 493–497; *Neebe*, Großindustrie, S. 107 f.; *Stegmann*, Großindustrie, S. 418 f.; *Turner*, Kabinett, S. 140 f.
33 *Volker Ackermann*, Treffpunkt der Eliten. Die Geschichte des Industrie-Club Düsseldorf, Düsseldorf 2006, S. 30 f., 43, 120–139; *Hans Otto Eglau*, Fritz Thyssen. Hitlers Gönner und Geisel, Berlin 2003, S. 115 f., 130–135; *Neebe*, Großindustrie, S. 119 f.; *Turner*, Kabinett, S. 138 f.; *Turner*, Großunternehmer, S. 263–273.
34 *Marx*, Leitung, S. 321–325; *Turner*, Großunternehmer, S. 292–301.
35 *Neebe*, Großindustrie, S. 132 f.

Schacht im Kontext der darauffolgenden Reichstagswahl im November 1932 durch eine Petition der Wirtschaft an den Reichspräsidenten die Ernennung Hitlers zum Reichskanzler erreichen wollte, verweigerte ein Großteil der Unternehmer die Unterschrift – unter den einflussreichen Ruhrindustriellen unterschrieb lediglich Fritz Thyssen die Eingabe.[36]

Wenige Tage nach der Machtübernahme trafen am 20. Februar 1933 zahlreiche Unternehmer mit Hitler, Göring und Schacht im Rahmen einer Industriellenbesprechung zusammen, bei der die Grundzüge der NS-Politik erläutert und die Ausschaltung der Gewerkschaften angekündigt wurden. Die eigentliche Intention der Zusammenkunft erfuhren die Industriellen jedoch erst von Göring, nachdem Hitler das Treffen bereits wieder verlassen hatte. Da das deutsche Unternehmertum ein großes Interesse an der Bekämpfung der politischen Linken habe und die NSDAP derzeit unter Geldmangel leide, forderte er die Anwesenden auf, ein finanzielles Opfer für den NSDAP-Wahlkampf bei den anstehenden Märzwahlen aufzubringen. Schacht offerierte den Unternehmern anschließend einen Wahlfonds in Höhe von drei Millionen Reichsmark, der nach Industriebranchen aufgeschlüsselt war. Die westliche Kohlen- und Eisenindustrie sollte ein Drittel des Betrags übernehmen, eine weitere Million Reichsmark war für die chemische Industrie und den Kalibergbau vorgesehen. Das restliche Geld sollten der Braunkohlenbergbau, der Maschinenbau und die Elektrotechnik zur Verfügung stellen. Die Industriellen willigten ein und leisteten damit zum ersten Mal einen bedeutenden materiellen Beitrag zur NS-Bewegung.[37]

Es war der Beginn einer großen Scheckbuchoffensive zugunsten den Nationalsozialisten, die sich vor allem auf die „Adolf-Hitler-Spende der deutschen Wirtschaft" konzentrierte, die im Frühjahr 1933 von Gustav Krupp angeregt wurde, um die zahlreichen einzelnen Spendenwünsche aller möglichen NS-Gliederungen abzuwehren. Die ausufernden Spendenaufrufe waren für einige Unternehmer zu einer Belastung geworden. Tatsächlich durften Unternehmen, die sich an der Adolf-Hitler-Spende beteiligten, fortan Anfragen anderer Parteigliederungen ablehnen; allerdings handelte es sich hierbei praktisch um eine Zwangsabgabe, weil die Beträge jeder Branche im Vorhinein festgelegt waren. Bis September 1933 kam auf diese Weise ein Betrag von etwa zehn Millionen RM zusammen.[38]

Die meisten Unternehmer mochten vor 1933 offen keine Partei unterstützen, die mit ihren antikapitalistischen Hasstiraden den eigenen Ordnungsvorstellungen widersprach, umgekehrt liebäugelten viele von ihnen mit den sozial- und außenpolitischen Zielen der Nationalsozialisten – wie der Entmachtung der organisierten Arbeiterbewegung oder der Revision des Versailler Vertrags. Auch wenn die Unternehmer somit

---

36 *Eglau*, Thyssen, S. 140 f.; *Gehlen*, Silverberg, S. 497 f.; *Luntowski*, Hitler, S. 71–73, 77 f.; *Turner*, Großunternehmer, S. 366, 519 f., Anm. 57.
37 *Tooze*, Ökonomie, S. 128 f.; *Turner*, Großunternehmer, S. 395 f.
38 *Johannes Bähr/Christopher Kopper*, Industrie, Politik, Gesellschaft. Der BDI und seine Vorgänger 1919–1990, Göttingen 2019, S. 130.

Abb. 1: BArch, Bild 102-16496. „Wirtschaftsführer" mit „deutschem Gruß", v. r. n. l. Gustav Krupp von Bohlen und Halbach, Adrian von Renteln, Albert Vögler, November 1933.

nicht unmittelbar an der Machtübergabe beteiligt waren, trugen sie mit ihren Attacken auf das parlamentarische System zweifellos zum Untergang der Weimarer Republik und damit letztlich zum Aufstieg der Nationalsozialisten bei – auch weil sie ihre eigene Gestaltungskraft gegenüber der NS-Bewegung überschätzten.

2.4.4 Kontinuität in der deutschen Wirtschaftselite

Mit der Verdrängung der jüdischen Mitglieder aus der Wirtschaftselite verbesserten sich für politisch zuverlässige Nachwuchskräfte die Karrierechancen. In einigen Fällen mochten Unternehmer auch die Gelegenheit nutzen, sich auf diese Weise missliebiger Konkurrenten zu entledigen, doch für das Gros der Unternehmer galt, dass sie primär infolge einer Mischung aus Interessenkongruenz mit den nationalsozialistischen Zielen und Ohnmacht gegenüber den terroristischen Machthabern eine Konfrontation vermeiden wollten. Dass die Nationalsozialisten am Prinzip des Privateigentums weitgehend festhielten und damit nach der Überwindung der Weltwirtschaftskrise im Rahmen des Rüstungsbooms wieder privatwirtschaftliche Gewinne möglich wurden, förderte den unternehmerischen Kooperationswillen.[39] Aus ökonomischen Erwägungen war dies nachvollziehbar. Doch handelten Unternehmer nicht immer nach rein ökonomisch-rationalen Maßstäben, schließlich waren sie zugleich in soziale, politische, kulturelle und regionale Zusammenhänge eingebettet.[40] Die Unternehmerschaft stellte als Funktionselite, die sich vornehmlich aus der Oberschicht rekrutierte, sich durch überdurchschnittliche Qualifikationen auszeichnete und über einen hohen Einfluss auf gesellschaftlich relevante Entscheidungen verfügte, eine abgrenzbare Gruppe mit ähnlichen Merkmalen und übergreifenden Interessen dar, wie sie seit 1919 im Reichsverband der Deutschen Industrie (RDI) gebündelt wurden; andererseits war sie nicht vollkommen homogen, sondern umfasste sowohl Eigentümer-, Erfinder- und Familienunternehmer wie auch angestellte Manager, Geschäftsführer, Industrielle und Bankiers.[41]

Am Ende der Weimarer Republik hatte die deutsche Wirtschaftselite bereits einen tiefen sozial-strukturellen Wandel hinter sich, der durch den säkularen Trend in Richtung Großunternehmen auf Kosten der Familienunternehmen gekennzeichnet und mit dem Aufstieg der Manager einhergegangen war. Die sozialen Bindungen an den monarchistischen Beamtenstaat hatten sich hierdurch gelockert, gleichwohl blieben die meisten Unternehmer politisch im alten System verhaftet.[42] Mit dem Übergang zum Nationalsozialismus änderte sich an der sozialen und personellen Zusammensetzung der Wirtschaftselite nur wenig, wenn man die Entfernung jüdischer Personen und die unter staatlichem Einfluss stehenden Unternehmen unberücksichtigt lässt. Kommunale Elektrizitätswerke mit politischen Entscheidungsträgern in ihren Führungsgremien oder öffentliche Unternehmen, wie der Staatskonzern Preussag, der 1933/34 fast seinen gesamten Vorstand auswechselte, waren die Ausnahme. Hierunter sind auch die rasanten Aufstiege der politischen Newcomer Wilhelm Tengelmann (Hibernia) oder Emil Meyer (Dresdner Bank) einzuordnen. Ebenso nahm der Anteil der Behördenvertreter und Politiker unter den Netzwerkspezialisten mit der Machtübernahme überraschenderweise nicht zu. Die bürokratischen Leistungskriterien und sozialen Rekrutierungsmuster blieben somit weitgehend erhalten.[43]

Von überaus großer Bedeutung war hingegen die Verdrängung der nach den Nürnberger Rassengesetzen als jüdisch geltenden Unternehmer, die sowohl die Vor-

---

39 *Paul Erker*, Einleitung: Industrie-Eliten im 20. Jahrhundert, in: Paul Erker/Toni Pierenkemper (Hrsg.), Deutsche Unternehmer zwischen Kriegswirtschaft und Wiederaufbau. Studien zur Erfahrungsbildung von Industrie-Eliten, München 1999, S. 4 f.
40 *Frei*, Wirtschaft.
41 *Bähr/Kopper*, Industrie; *Hartmut Kaelble/Hasso Spode*, Sozialstruktur und Lebensweisen deutscher Unternehmer 1907–1927, in: Sripta Mercaturae 24, 1990, S. 132–178.
42 *Kaelble/Spode*, Sozialstruktur.
43 *Erker*, Industrie-Eliten, S. 4 f.; *Hervé Joly*, Großunternehmer in Deutschland: Soziologie einer industriellen Elite 1933–1989, Leipzig 1998, S. 112 f.; *Dieter Ziegler*, Kontinuität und Diskontinuität der deutschen Wirtschaftselite 1900 bis 1938, in: Dieter Ziegler (Hrsg.), Großbürger und Unternehmer. Die deutsche Wirtschaftselite im 20. Jahrhundert, Göttingen 2000, S. 43 f.

stände und Aufsichtsräte von Industrieunternehmen – wie bei der AEG oder Mannesmann – als auch diejenigen von Banken zu verlassen hatten.[44] Während die jüdischen Mitglieder bis zum Ende der 1920er Jahre noch einen zentralen Platz in der deutschen Wirtschaftselite hatten und ihr Anteil dort höher lag als es ihrem Durchschnitt in der Bevölkerung entsprach, schwächte sich ihre Stellung bereits mit den Bankenkrise 1931 ab. Dies war darauf zurückzuführen, dass die Größe der Aufsichtsräte und die Zahl der Mandate pro Person infolge der Bankenkrise stark begrenzt wurden. Damit erfuhr die Verflechtung der deutschen Großunternehmen über ihre Leitungsorgane eine tiefe Erschütterung.[45] Überproportional viele Privatbankiers schieden aus den Aufsichtsräten aus, von denen wiederum überdurchschnittlich viele Juden waren. Besonders jüdische Bankdirektoren – wie Curt Sobernheim (Commerzbank), Herbert Gutmann (Dresdner Bank), Oscar Wassermann (Deutsche Bank) und Jakob Goldschmidt (Danat Bank) – wurden in der Öffentlichkeit wegen Vernachlässigung ihrer Aufsichtspflichten an den Pranger gestellt. Antisemitische Ressentiments, mit denen die Ablösung jüdischer Kollegen vorangetrieben wurde, verfingen auch schon vor 1933 in den Vorstandsetagen deutscher Unternehmen.[46]

Dennoch entstand mit der Machtübernahme der Nationalsozialisten 1933 eine neue Situation, in der jüdische Leitungskräfte nicht nur vereinzelt bedrängt, sondern auf breiter Basis massiv eingeschüchtert und unter Gewaltandrohung verdrängt wurden. Der Mandatsanteil der Vorstands- bzw. Aufsichtsratsmitglieder jüdischer Herkunft in der Wirtschaftselite sank von über zehn bzw. zwanzig Prozent 1933 auf null im Jahr 1939.[47] Einige Unternehmen sahen nun den Zeitpunkt gekommen, ihre wirtschaftlichen Interessen forciert durchzusetzen und sich lästiger Konkurrenten zu entledigen. Eines der bekanntesten Opfer war der Schwerindustrielle Paul Silverberg, der infolge der Wirtschaftskrise bereits angeschlagen war und 1934 dauerhaft in die Schweiz emigrierte.[48] Bis etwa 1938 gab es durchaus noch Spielräume, um jüdische Personen in Führungsorganen zu halten – vor allem wenn ihr Know-how, ihr Kapital oder ihre Kontakte dringend gebraucht wurden. Behörden und Reichsbank wussten um die Bedeutung jüdischer Bankiers für die deutsche Wirtschaft und warnten vor

---

44 *Joly*, Großunternehmer, S. 114 f.; *Münzel*, Emigration, S. 130–132.
45 *Christian Marx/Karoline Krenn*, Kontinuität und Wandel in der deutschen Unternehmensverflechtung. Vom Kaiserreich bis zum Nationalsozialismus (1914–1938), in: Geschichte und Gesellschaft 38, 2012, S. 658–701.
46 *Ziegler*, Kontinuität, S. 48–50. In seinem Sample der Big Linker (N=128) gibt Ziegler den Anteil jüdischer Mitglieder für 1927 mit 46 % an, wobei der Anteil der (Privat-)Bankiers (63 %) überrepräsentiert ist. Windolf gibt den Anteil jüdischer Mitglieder unter den Netzwerkspezialisten, die vier oder mehr Positionen in Großunternehmen hatten (N=398), für 1928 mit 24,6 % an. Vgl. *Paul Windolf*, Das Netzwerk der jüdischen Wirtschaftselite – Deutschland 1914–1938, in: Rudolf Stichweh/Paul Windolf (Hrsg.), Inklusion und Exklusion. Analysen zur Sozialstruktur und sozialen Ungleichheit, Wiesbaden 2009, S. 283, 286; *Ziegler*, Kontinuität, S. 41.
47 *Münzel*, Emigration, S. 179–183.
48 *Gehlen*, Silverberg, S. 477, 508–516.

den Folgen einer überstürzten „Arisierung". Insbesondere auf einigen Teilfeldern des Bankgeschäftes hatten Privatbanken immer noch eine erhebliche volkswirtschaftliche Bedeutung. Dennoch wurden die oft traditionsreichen jüdischen Privatbankhäuser schließlich in nicht-jüdischen Besitz überführt oder in eine der Großbanken eingegliedert.[49]

Von außen kommende Partei-Parvenüs hatten auch nach 1933 nur geringe Chancen, in die Wirtschaftselite aufzusteigen, zumal bald jedes Unternehmen einen politisch vorzeigbaren Nationalsozialisten in seinen Reihen hatte und nicht wenige Unternehmer der NSDAP beitraten. Auf diese Weise wurden die Unternehmer Teil des NS-Regimes und verliehen ihm politische Legitimität. Zweifellos gab es einige Parteibuch-Industrielle, die ihren beruflichen Karrieresprung der Machtübernahme durch die Nationalsozialisten verdankten. Die mittelständischen Unternehmer Hans Kehrl oder Walter Rohland repräsentierten jenen neuen Unternehmertypus, dem die Rüstungs- und Kriegswirtschaft ungeahnte soziale Aufstiegschancen bot. Doch die übergroße Mehrheit der Wirtschaftsführer stammte aus dem klassischen Unternehmermilieu und konnte ohne besonderen Druck durch die Aussicht auf Gewinne und Expansionsmöglichkeiten in das NS-System integriert werden. Die Nationalsozialisten erzwangen nicht die Aufnahme ihrer „alten Kämpfer" in die Unternehmen, sondern luden die bestehende Wirtschaftselite erfolgreich zur Mitarbeit ein. Zu starke Eingriffe wären letztlich auch kontraproduktiv gewesen, da sie die Loyalität der Unternehmer und die Rüstungsproduktion gefährdet hätten. Erst nach den ersten militärischen Rückschlägen während des Zweiten Weltkrieges erfuhr die deutsche Rüstungswirtschaft eine Umorganisation, in deren Rahmen allzu zögerliche oder unbequeme Unternehmer – wie der Vorstandsvorsitzende der Vereinigten Stahlwerke (VSt) Ernst Poensgen – durch agilere und loyalere Kräfte ersetzt wurden.[50]

2.4.5 Inkorporation in die Rüstungspolitik

Mit ihren Attacken auf das parlamentarische System der Weimarer Republik ebneten die Unternehmer radikalen Ordnungsentwürfen den Weg, umgekehrt standen sie dem Aufstieg der Nationalsozialisten zunächst reserviert gegenüber. Doch in Erwartung einer ökonomischen Ankurbelung und der Wiederherstellung des deutschen Großmachtstatus stellten sie sich ab 1933 bereitwillig in den Dienst der neuen Machthaber, nicht zuletzt weil sie glaubten, die NSDAP in ihrem Sinne beeinflussen zu können. Angesichts der Zerschlagung der Gewerkschaften und der linksgerichteten Parteien

---

49 *Ingo Köhler*, Die „Arisierung" der Privatbanken im Dritten Reich. Verdrängung, Ausschaltung und die Frage der Wiedergutmachung, 2. Aufl. München 2008; *Dieter Ziegler*, Die Verdrängung der Juden aus der Dresdner Bank 1933–1938, in: Vierteljahrshefte für Zeitgeschichte 47, 1999, S. 187–216; *Ziegler*, Kontinuität, S. 50–52.
50 *Joly*, Großunternehmer, S. 112–115, 119–135.

waren viele Unternehmer bereit, auch auf ihre eigene privatwirtschaftliche Interessenvertretung zu verzichten. Der Gleichschaltung des RDI setzten sie daher nur geringe Widerstände entgegen.

Innerhalb des RDI war es vor allem der NSDAP-Befürworter Fritz Thyssen, der nach der Machtübernahme die reservierte Haltung der Geschäftsführung gegenüber den Nationalsozialisten kritisierte. Die Nationalsozialisten forderten den Rücktritt des geschäftsführenden Präsidialmitglieds Ludwig Kastl, da er den Young-Plan unterzeichnet hatte, sowie die Entfernung sämtlicher jüdischen Mitglieder aus der Geschäftsführung und dem Präsidium. Anfang April 1933 erfolgte unter Androhung von Gewalt ein letztes Ultimatum. Es war ein beispielloser Eingriff in die Autonomie der wirtschaftlichen Selbstverwaltungsorgane.[51] Ohne Rücksprache akzeptierte Krupp als RDI-Präsident die Forderungen und übergab die Verbandsführung zwei NS-Kommissaren. Obschon der Angriff auf die Autonomie der Wirtschaftsverbände dem Verständnis zahlreicher Unternehmer über das Verhältnis von Staat und Wirtschaft widersprach, entwickelte sich im RDI keine geschlossene Front gegen die Nationalsozialisten. Zwar protestierten einige Präsidialmitglieder, doch konnte dies die Entwicklung nicht mehr umkehren. Um weitere Konflikte zu vermeiden, gab Krupp am 22. Mai 1933 kurzerhand die Selbstauflösung aller RDI-Körperschaften bekannt, die im Juni 1933 mit der Vereinigung Deutscher Arbeitgeberverbände (VDA) zum Reichsstand der Deutschen Industrie zusammengeführt wurden, wobei der RDI in der Wirtschaftspolitischen und der VDA in der Sozialpolitischen Abteilung aufging. Insgesamt waren dem Reichsstand etwa 1500 Fachverbände angeschlossen, welche in 29 Fachgruppen gebündelt waren. Daneben existierten 23 regionale sowie 28 örtliche und allgemeine Verbände.[52]

Einige Unternehmer zogen sich mit der Gleichschaltung des RDI aus dem Verbandswesen zurück, andere passten sich anstandslos den Erfordernissen der neu gegründeten Organisationen an. Der Reichsstand genoss keine Verbandsautonomie mehr, denn sein Leiter wurde vom Reichswirtschaftsministerium ernannt. Nach dem Führerprinzip wählte er wiederum die Leiter der Fachverbände aus. Krupp übernahm die Leitung des Reichsstandes der Deutschen Industrie und fungierte zunächst noch als Leiter der Hauptgruppe I (Bergbau, Eisen- und Metallgewinnung), die Anfang 1934 als eine von zwölf Hauptgruppen unter Reichswirtschaftsminister Kurt Schmitt ins Leben gerufen wurde.[53]

---

51 *Werner Abelshauser*, Gustav Krupp und die Gleichschaltung des Reichsverbandes der Deutschen Industrie, 1933–1934, in: Zeitschrift für Unternehmensgeschichte 47, 2002, S. 8–13; *Bähr/Kopper*, Industrie, S. 114–119; *Turner*, Großunternehmer, S. 397–400; *Udo Wengst*, Der Reichsverband der Deutschen Industrie in den ersten Monaten des Dritten Reiches, in: Vierteljahrshefte für Zeitgeschichte 28, 1980, S. 98–103.
52 *Abelshauser*, Gleichschaltung, S. 13–16; *Bähr/Kopper*, Industrie, S. 119–126; *Rainer Eckert*, Die Leiter und Geschäftsführer der Reichsgruppe Industrie, ihrer Haupt- und Wirtschaftsgruppen, in: Jahrbuch für Wirtschaftsgeschichte 1979/4, S. 243–277; *Daniela Kahn*, Die Steuerung der Wirtschaft durch Recht im nationalsozialistischen Deutschland. Das Beispiel der Reichsgruppe Industrie, Frankfurt am Main 2006; *Wengst*, Reichsverband, S. 103–110.
53 *Bähr/Kopper*, Industrie, S. 131–133.

Nachdem Schacht das Amt des Reichswirtschaftsministers übernommen hatte, kamen neue Ideen zur Gliederung der Wirtschaft auf. Die Wirtschaftsverbände wurden nun Teil einer „Organisation der gewerblichen Wirtschaft", an deren Spitze eine Reichswirtschaftskammer stand. Im Januar 1935 ordnete Schacht die Überführung des Reichsstandes der Deutschen Industrie in die „Reichsgruppe Industrie" an, welche in sieben Haupt- und 28 Wirtschaftsgruppen gegliedert war. Bei der neuen Struktur handelte es sich um mehr als eine Umgruppierung. Die Reichsgruppe war als Körperschaft des öffentlichen Rechts als Zwangsorganisation konzipiert. Von einer privatwirtschaftlichen Interessenvertretung konnte somit nicht mehr die Rede sein. Die Reichsgruppe Industrie nahm als Lenkungsorgan des Staates und Dienstleister für seine Mitglieder eine Zwitterstellung ein, wobei die staatliche Lenkungsfunktion im Laufe der Zeit und vor allem während des Krieges an Bedeutung zunahm.[54] Nicht alle Unternehmen waren gleichermaßen in die neuen Wirtschaftsgruppen eingebunden. Mannesmann oder die VSt waren beispielsweise wesentlich stärker in der Reichsgruppe Industrie vertreten als die Gutehoffnungshütte, deren Leitung immer wieder mit den Nationalsozialisten aneckte.[55] Die Umorganisation der Verbandslandschaft in den ersten Jahren der NS-Herrschaft demonstriert, dass das Verhältnis der Unternehmer zum Nationalsozialismus durch eine Ambivalenz von Konflikten und Kooperationen gekennzeichnet war. Hier wurde auch die Fähigkeit der Unternehmer sichtbar, sich an Befehle, die ihrem wirtschaftsbürgerlichen Ethos entgegenstanden, anzupassen und sich anschließend von ihrer Richtigkeit überzeugen zu lassen.[56]

Dies zeigte sich besonders bei der Gründung der „Reichswerke AG ‚Hermann Göring' für Erzbergbau und Eisenhütten" (HGW) im Juli 1937. Mit der 1936 installierten Vierjahresplanbehörde unter Leitung von Hermann Göring sollte die deutsche Wirtschaft innerhalb von vier Jahren kriegsfähig gemacht werden. Neben der Rohstoffkontingentierung und der Lenkung des Arbeitseinsatzes gehörte hierzu insbesondere die – oftmals unrentable – Erzeugung synthetischer Rohstoffe, um die Abhängigkeit von ausländischen Importen zu reduzieren. Ein ganzes System staatlicher Subventionen und Garantien sicherte risikoreiche Forschungsvorhaben ab.[57] So sahen die privatwirtschaftlichen Montankonzerne die inländische Erzförderung als wenig lukratives Geschäft an. Der neue Staatskonzern sollte die Ausbeutung der eisenarmen Salzgittererze im Sinne der NS-Autarkiebestrebungen vorantreiben und zwang die privaten Eigentümer, weite Teile ihrer Bergbaukonzessionen für die dortigen Eisenerzvorkommen abzugeben. Besonders der im Rohstoffamt tätige Paul Pleiger enga-

---

54 *Bähr/Kopper*, Industrie, S. 136–149.
55 *Bernhard Gotto*, Information und Kommunikation: Die Führung des Flick-Konzerns 1933–1945, in: Johannes Bähr [u. a.] (Hrsg.), Der Flick-Konzern im Dritten Reich, München 2008, S. 233–235.
56 *Peter Hayes*, Die Degussa im Dritten Reich. Von der Zusammenarbeit zur Mittäterschaft, München 2004, S. 93.
57 *Rainer Karlsch/Raymond G. Stokes*, Faktor Öl. Mineralölwirtschaft in Deutschland 1859–1974, München 2003, S. 171–202; *Jonas Scherner*, Die Logik der Industriepolitik im Dritten Reich. Die Investitionen in die Autarkie- und Rüstungsindustrie und ihre staatliche Förderung, Stuttgart 2008.

gierte sich für das Projekt und wurde schließlich Vorstandsvorsitzender des neuen Unternehmens.[58] Neben die Privatwirtschaft und den konventionellen öffentlichen Sektor trat mit den Reichswerken eine Form der Parteiwirtschaft. Während einige Teile der Forschung in der Gründung der Reichswerke einen Beleg für den Primat der Politik sehen, gehen andere davon aus, dass die Reichswerke nur aufgebaut worden seien, da sich die Industrie nicht im gewünschten Umfang auf das Vorhaben einlassen wollte.[59]

In jedem Fall regte sich unter den Unternehmern Widerstand gegen den Aufbau eines neuen Staatskonzerns. Der sich mit Göring im Machtkampf befindliche Hjalmar Schacht initiierte bei Ernst Poensgen eine Denkschrift der Montankonzerne, um das Projekt zu Fall zu bringen. Doch nur die Gutehoffnungshütte, die Klöckner-Werke und die Dillinger Hüttenwerke stellten sich 1937 hinter die Denkschrift. Die übrigen Konzerne waren von Göring eingeschüchtert worden und wollten sich nicht einem Sabotagevorwurf aussetzen, auch wenn viele Unternehmer das Ansinnen ablehnten, gigantische, autarke Hüttenwerke unter Außerachtlassung ökonomischer Rentabilitätsaspekte zu errichten. Letztlich zeigte sich hier die Durchsetzungskraft der NS-Machthaber gegen den Willen der Industriellen, die ihre Werke ansonsten bedenkenlos in die Rüstungsproduktion führten.[60]

Hier wird die Parallelität von Konflikthaftigkeit, Anpassungsbereitschaft und Mittäterschaft erkennbar. Trotz gegensätzlicher Ordnungsvorstellungen überwogen aus unternehmerisch-ökonomischen Kalkül meist gemeinsame Interessen. Selbst Unternehmen wie die Gutehoffnungshütte oder Bosch, deren Unternehmensleitungen den Nationalsozialisten distanziert gegenüberstanden, profitierten von der Aufrüstung. Die Gutehoffnungshütte beteiligte sich mit Siemens, Krupp, Rheinstahl/Vereinigte Stahlwerke und den Deutschen Industriewerken zudem an der im Juli 1933 gegründeten Scheinfirma „Metallurgische Forschungsgesellschaft mbH" (Mefo), mit deren Hilfe die geheime Aufrüstung des NS-Regimes am Staatshaushalt vorbei gesteigert wurde.[61] Die Mehrheit der Unternehmer war nicht gewillt, sich gegen Aufrüstungs- und Autarkiebestrebungen oder die Ausbeutung von Sklaven- und Zwangsarbeitern zu stellen. Selbst Großkonzerne wie die IG Farben oder die Vereinigten Stahlwerke konnten sich mit Alternativvorschlägen nicht durchsetzen, wenn diese der NS-Rüstungspolitik widersprachen.

---

[58] *Johannes Bähr*, GHH und M.A.N. in der Weimarer Republik, im Nationalsozialismus und in der Nachkriegszeit (1920–1960), in: Johannes Bähr/Ralf Banken/Thomas Flemming (Hrsg.), Die MAN. Eine deutsche Industriegeschichte, München 2008, S. 293 f.; *Kim C. Priemel*, Flick. Eine Konzerngeschichte vom Kaiserreich bis zur Bundesrepublik, Göttingen 2007, S. 357–360; *Gerhard Th. Mollin*, Montankonzerne und „Drittes Reich". Der Gegensatz zwischen Monopolindustrie und Befehlswirtschaft in der deutschen Rüstung und Expansion 1936–1944, Göttingen 1988, S. 70–75; *Tooze*, Ökonomie, S. 278–281.
[59] Vgl. Kapitel 3.3 in diesem Band.
[60] *Bähr*, GHH, S. 294 f.; *Priemel*, Flick, S. 362–366; *Mollin*, Montankonzerne, S. 104–106.
[61] *Marx*, Leitung, S. 358 f.; *Michael C. Schneider*, „Geräuschlose" Finanzierung durch Mefo-Wechsel, in: Johannes Bähr (Hrsg.), Die Dresdner Bank in der Wirtschaft des Dritten Reichs, München 2006, S. 299–301.

Dabei fungierte die Selbstverwaltung der Wirtschaft auch nach dem Mai 1933 als zentrales Bindeglied zwischen staatlicher Wirtschaftspolitik und Privatwirtschaft und übernahm besonders für die Steuerung der Kriegswirtschaft eine zentrale Funktion. Nachdem das Verbandswesen neu geordnet worden war, baute beispielsweise die rheinisch-westfälische Schwerindustrie eine neue Lobby auf, um weiterhin wirkungsvoll ihre Interessen in der Wirtschaftspolitik zu vertreten. Der „Kleine Kreis" trat das Erbe der Ruhrlade als informeller Zirkel der Eisen- und Stahlindustrie an und brach sowohl generationell als auch hinsichtlich der Mentalität mit der früheren Vereinigung. Unternehmer wie Friedrich Flick wussten besser mit den nationalsozialistischen Spielregeln umzugehen und zeigten sich stärker gewillt, mit den neuen politischen Machthabern zu kooperieren.[62] Dabei beschränkte sich die Mitwirkung der Unternehmer nicht auf die Leitung ihres Betriebs und die Selbstorganisation in Wirtschaftsgruppen, vielmehr engagierten sich viele von ihnen auch in staatlichen Beiräten und Ausschüssen. Überschneidungen im antisozialistischen, national-konservativen Denken erleichterten solche Formen der Regimeunterstützung.

2.4.6 Das Verhältnis von Unternehmern und NSDAP

Die NSDAP rekrutierte ihre Mitglieder aus unterschiedlichen Schichten und war heterogen strukturiert. Am Ende der 1930er Jahre war sie daher tief in der deutschen Gesellschaft verwurzelt.[63] Die vulgär-antikapitalistische Agitation der Nationalsozialisten hatte zur Folge, dass sich vor 1933 kaum angesehene Unternehmer zur NSDAP bekannten. Kirdorf, Thyssen oder auch Continental-Vorstand Willy Tischbein, der die NS-Machtübernahme mit Euphorie begrüßte, bildeten die herausragenden Ausnahmen.[64] Auch die Autarkiebestrebungen der NSDAP trafen nicht bei allen Unternehmen auf einhellige Zustimmung. Besonders in exportorientierten Branchen wie der Chemieindustrie oder dem Maschinenbau zeigten sich zunächst auch Vorbehalte gegenüber einer Abgrenzung von Auslandsmärkten. Dennoch traten viele Unternehmer und Bankiers nach der Machtübernahme 1933 der NSDAP bei. Trotz der ordnungspolitischen Differenzen in der Wirtschaftspolitik und dem grundsätzlichen Konflikt zwischen langfristigen Unternehmenszielen und kurzfristigen NS-Rüstungszielen überwog bei vielen die Erwartung unternehmerischer Vorteile.

Neben zahlreichen individuellen Motiven gab es aus der Stellung der Unternehmer heraus mehrere Gründe für einen Parteibeitritt. Viele Bankiers und Industrielle hatten in der Banken- und Weltwirtschaftskrise um den Erhalt ihres Unternehmens

---

62 *Gotto*, Information, S. 233–236.
63 *Jürgen W. Falter*, Hitlers Parteigenossen. Die Mitglieder der NSDAP 1919–1945, Frankfurt am Main 2020.
64 *Paul Erker*, Zulieferer für Hitlers Krieg. Der Continental-Konzern in der NS-Zeit, Berlin 2020, S. 9 f.; *Joly*, Großunternehmer, S. 116.

gekämpft und bemühten sich daher mit allen Mitteln, wieder in die Gewinnzone zurückzukehren. Die noch von der Vorgängerregierung in Gang gesetzten Arbeitsbeschaffungsmaßnahmen, die einige Firmenchefs wegen des staatlichen Eingriffs in den Wirtschaftskreislauf zeitweise kritisiert hatten, wie auch die Aufrüstungspolitik wurden daher schließlich akzeptiert und unterstützt. Darüber hinaus fanden sich viele national-konservative Unternehmer in ideologischer Übereinstimmung mit der NSDAP – in ihrer feindseligen Haltung gegenüber der gewerkschaftlichen Interessenvertretung und dem Parlamentarismus der Weimarer Republik wie auch in ihrer außenpolitischen Zielsetzung zur Revision des Versailler Vertrages –, auch wenn sie die NS-Rassenpolitik ablehnten. Die Entscheidung, Parteigenosse zu werden, wurde folglich durch eine Kombination unterschiedlicher Interessen motiviert. Ein tiefgehender Einschnitt in die soziale Zusammensetzung der ökonomischen Elite fand 1933 nicht statt, wohl aber ihre Vereinnahmung und Anpassung an die neuen Herrschaftsverhältnisse.

Dabei kann die Wirkung eines Parteibeitritts durch ein Mitglied der Geschäftsführung oder des Vorstands als formale Konformitäts- und Solidaritätserklärung mit dem NS-Regime kaum unterschätzt werden. Ob der Beitritt aus einem Gefühl des wirtschaftlichen Zwangs, aus einem Moment des gedankenlosen Konformismus oder aus reinem Opportunismus erfolgte, war hierbei im Grunde zweitrangig. Nachgeordnete Management- und Beschäftigtenebenen konnten sich den Zielen und dem Druck der NSDAP hierdurch schwerer entziehen, sahen sich oftmals selbst gezwungen der Partei beizutreten und verstärkten auf diese Weise die regimestabilisierende Funktion der NSDAP als Massenpartei.

Die Parteibuch-Industriellen, deren beruflicher Aufstieg nach 1933 nicht primär durch Qualifikation, sondern durch ihre Parteimitgliedschaft begründet war, stellten unter den Unternehmern nur eine Minderheit dar. Der weit überwiegende Teil der NS-Wirtschaftselite hatte seine Karriere bereits im Kaiserreich begonnen und trat der NSDAP aus freien Stücken bei. Eine Untersuchung zur NSDAP-Mitgliedschaft von 34 amtierenden Vorstandsvorsitzenden Anfang 1945 kommt zu dem Ergebnis, dass jene sieben Personen, die schon vor 1933 Parteimitglied waren, meist öffentlichen Unternehmen vorstanden, deutlich jünger als der Durchschnitt waren und in der Regel nach 1945 keine Zukunft mehr in der Wirtschaftselite hatten. Die neun Vorstandsvorsitzenden, die nie der NSDAP beigetreten waren, hatten hingegen ein deutlich höheres Durchschnittsalter; ihre Karrieren waren folglich schon weit fortgeschritten, sodass es ihnen nicht unbedingt nötig schien, in die Partei einzutreten, auch wenn dies nicht automatisch als Zeichen der Distanz interpretiert werden kann.[65] Dies verweist auf ein Grundproblem der Forschungsannahme, die Nähe der wirtschaftlichen Elite zur nationalsozialistischen Ideologie über ihre NSDAP-Mitgliedschaft zu vermessen. Es gab sowohl Unternehmer, die dem Nationalsozialismus ideologisch nah stan-

---

65 *Hervé Joly*, Kontinuität und Diskontinuität der industriellen Elite nach 1945, in: Ziegler, Großbürger, S. 64–69.

den, aber nicht in die Partei eintraten, wie auch Firmenleiter, die nur formal einen Aufnahmeantrag stellten, um größeren Schaden von sich, ihrer Familie oder ihrem Unternehmen abzuwenden. So gehörten weder der Bankier Emil Georg von Stauß noch der langjährige Aufsichtsratsvorsitzende von Rheinmetall Ernst Trendelenburg der NSDAP an, obwohl ihre Nähe zu den Nationalsozialisten kein Geheimnis war.[66] Eindrücklich zeigt sich das Problem formaler Kriterien auch bei Hans Walz, der sowohl der NSDAP als auch der SS beitrat, umgekehrt aber vielen Personen jüdischer Herkunft das Leben rettete und daher nach 1945 als „Gerechter unter den Völkern" geehrt wurde.[67]

Trotz dieser Schwierigkeit bei der Bewertung der Parteimitgliedschaft waren die Loyalitätsbekundungen der Wirtschaftselite in Form eines Parteibeitritts wertvoll für das NS-Herrschaftssystem. Im Mai 1933 trat der RWE-Vorstand geschlossen in die NSDAP ein. Ihm gehörten mit Arthur Koepchen und Ernst Henke angesehene Unternehmer an, die zugleich in zahlreichen Aufsichtsräten anderer Unternehmen saßen und damit die NSDAP-Mitgliedschaft über die Grenzen des eigenen Unternehmens hinweg gesellschaftsfähig machten. Individuell abweichendes Verhalten innerhalb des RWE-Führungsorgans war kaum vorstellbar.[68] Eine ähnliche Breitenwirkung hatte der NSDAP-Beitritt von Hans Schippel, der zwischen 1933 bis 1945 ordentliches Vorstandsmitglied der Dresdner Bank war. Zudem verfügte die Dresdner Bank mit Emil Meyer und Karl Rasche über zwei überzeugte Nationalsozialisten mit engen Verbindungen zur Parteiführung.[69] Bei der Degussa sah man es im Frühjahr 1933 gleichfalls als notwendig an, ein Vorstandsmitglied als Verbindungsmann in der NSDAP zu haben.[70] Ebenso traten bei der IG Farben diverse Spitzenmanager des Vorstands bzw. des Zentral-Ausschusses in die NSDAP ein. Bei den Vereinigten Stahlwerken gehörten 1944 neun von elf Vorstandsmitgliedern der NSDAP an. Unter den 518 erfassten Vorständen, Aufsichtsräten, Direktoren und Prokuristen der Vereinigten Stahlwerke lag der NSDAP-Anteil bei 70 Prozent.[71]

---

[66] *Christian Leitzbach*, Rheinmetall. Vom Reiz, im Rheinland ein großes Werk zu errichten, Bd. 1, Köln 2014, S. 197–200; *Manfred Pohl*, VIAG Aktiengesellschaft 1923–1998. Vom Staatsunternehmen zum internationalen Konzern, München 1998, S. 113; *Harold James*, Die Deutsche Bank im Dritten Reich, München 2003, S. 85–100; *Christopher Kopper*, Bankiers unterm Hakenkreuz, München 2005, S. 135–150; *Harald Wixforth*, Emil Georg von Stauß (1877–1942), in: Hans Pohl (Hrsg.), Deutsche Bankiers des 20. Jahrhunderts, Stuttgart 2008, S. 403–417.
[67] *Johannes Bähr/Paul Erker*, Bosch. Geschichte eines Weltunternehmens, München 2013, S. 169–174, 183–192.
[68] *Manfred Grieger*, Das RWE in Wirtschaftskrise und NS-Diktatur 1930–1945, in: Dieter Schweer/Wolf Thieme (Hrsg.), RWE – ein Konzern wird transparent. Der gläserne Riese, Wiesbaden 1998, S. 117–140; *Helmut Maier*, „Nationalwirtschaftlicher Musterknabe" ohne Fortune. Entwicklungen der Energiepolitik und des RWE im „Dritten Reich", in: Helmut Maier (Hrsg.), Elektrizitätswirtschaft zwischen Umwelt, Technik und Politik. Aspekte aus 100 Jahren RWE-Geschichte 1898–1998, Freiberg 1999, S. 129–166.
[69] *Dieter Ziegler*, „Entjudung" und Nazifizierung 1933–1937, in: Bähr, Dresdner Bank, S. 85–100.
[70] *Hayes*, Degussa, S. 51f.
[71] *Erker*, Industrie-Eliten, S. 6.

Jüngste Untersuchungen über das quantitative Ausmaß der NSDAP-Mitgliedschaft unter Unternehmern, bei denen mehr als 500 Personen berücksichtigt wurden, zeigen, dass der NSDAP-Anteil bei etwa 37 % lag. Die übergroße Mehrheit trat der Partei erst nach der Machtübernahme bei. Während ältere Unternehmer in einer fortgeschrittenen Berufsphase eine geringe Beitrittsneigung verspürten, war die Bereitschaft bei aufsteigenden jüngeren Managern besonders hoch. Die meisten Unternehmer wurden aus einer Mischung von politischer Überzeugung und ökonomisch-rationalem Opportunismus NSDAP-Mitglied und trugen durch jene Loyalitätsbekundung zur Stabilisierung des Regimes bei.[72]

Widerstand gegen den Nationalsozialismus gab es seitens der Unternehmer hingegen kaum.[73] Wenn man von Robert Bosch und den Männern des Bosch-Kreises absieht, lassen sich nur wenige Fälle nachweisen, bei denen politische Differenzen explizit den Ausschlag für einen Rückzug gaben.[74] Der einstige Förderer der NSDAP Fritz Thyssen wandte sich Ende der 1930er Jahre vom Nationalsozialismus ab und trat gegen die Kriegstreiberei des NS-Regimes ein, woraufhin er verhaftet und ins Konzentrationslager eingewiesen wurde.[75] Mit Paul und Hermann Reusch mussten 1942 zwei weitere Leitfiguren der Ruhrindustrie auf Drängen der Nationalsozialisten ihre Führungspositionen räumen, und auch das Ausscheiden von Ehrhart Schott, Vorstandsmitglied der Portland-Cementwerke Heidelberg-Mannheim Stuttgart AG, erfolgte auf politischen Druck hin.[76] Darüber hinaus gerieten zwar Teile des „Reusch-Kreises" nach dem Attentat des 20. Juli 1944 unter Generalverdacht, doch fand weder das Reichsicherheitshauptamt noch der SD Belege für ein konspiratives Verhalten. Der gut vernetzte GHH-Chef mochte Kontakte bis in den Widerstand haben, aber er beteiligte sich nicht aktiv an Widerstandsplänen.[77] Falls es tatsächlich einmal zu Konflikten bei der Entfernung jüdischer Kollegen oder der „Arisierung" von Betrieben kam, beließen es die meisten Unternehmer bei einem wirkungslosen stillen Protest. Häufiger gingen die „alte" Wirtschaftselite und die neuen politischen Machthaber hingegen einen Kompromiss ein, der vom Zugeständnis weitgehender unternehmerischer Autonomie im Austausch gegen politische Unterstützung getragen wurde und sich oftmals in der NSDAP-Mitgliedschaft der Unternehmer widerspiegelte.[78]

---

[72] *Paul Windolf/Christian Marx*, Die braune Wirtschaftselite. Unternehmer und Manager in der NSDAP, Frankfurt am Main 2022.
[73] *Wilhelm Treue*, Widerstand von Unternehmern und Nationalökonomen, in: Jürgen Schmädeke/Peter Steinbach (Hrsg.), Der Widerstand gegen den Nationalsozialismus. Die deutsche Gesellschaft und der Widerstand gegen Hitler, 2. Aufl. München 1986, S. 917–937.
[74] *Bähr/Erker*, Bosch, S. 236–244.
[75] *Fritz Thyssen*, I paid Hitler, New York/London 1941.
[76] *Marx*, Leitung, S. 481–505; *Münzel*, Emigration, S. 185.
[77] *Marx*, Leitung, S. 527–530.
[78] *Joly*, Großunternehmer, S. 117 f.

2.4.7 Fazit

Nach der Machtübernahme der Nationalsozialisten gaben die Unternehmer ihre anfänglichen Bedenken bald auf und stellten sich bereitwillig in den Dienst des Unrechtsregimes. Zwar waren sie materiell nicht unmittelbar an der Machtübergabe beteiligt, doch hatten sie mit ihren Attacken auf das parlamentarische System zweifelsohne zur Destabilisierung der Weimarer Republik und damit zum Aufstieg des Nationalsozialismus beigetragen. Angesichts der antikapitalistischen Rhetorik hatten nur wenige Unternehmer die Nationalsozialisten vor 1933 unterstützt, auch wenn sich in ihren Vorstellungen über den Kampf gegen Sozialismus und Bolschewismus sowie die geforderte Revision des Versailler Friedensvertrags Gemeinsamkeiten zeigten. Da das Privatkapital auch nach der Machtübernahme weitgehend unangetastet blieb – zumindest dasjenige nicht-jüdischer Reichsbürger –, konnten sich viele Unternehmer mit dem Hitler-Regime arrangieren und sahen auch in der Gleichschaltung ihrer Interessenverbände keinen Grund, gegen die neuen Machthaber aufzubegehren. Aus Sicht der Unternehmer überwogen die Vorteile infolge der Zerschlagung der Arbeiterorganisationen bei Weitem; zumal das Regime den Unternehmern bei der Organisation der gewerblichen Wirtschaft einen gewissen Spielraum wirtschaftlicher Selbstverantwortung einräumte. Doch damit unterschätzten sie den Machtanspruch und die Durchsetzungsmöglichkeiten der NS-Führung.[79]

Die Anpassungsbereitschaft der Unternehmer hatte ferner betriebswirtschaftliche Gründe. Indem das NS-Regime eine Rüstungsproduktion ungeahnten Ausmaßes ankündigte, sahen die Unternehmensleiter die Chance, ihre Betriebe nach den schmerzlichen Erfahrungen der Weltwirtschaftskrise wieder in die Gewinnzone zu führen. Die Abschottung vom Weltmarkt und autarkiepolitische Ziele, die auf einen künftigen Krieg vorbereiten sollten, stießen zwar nicht überall auf Zustimmung – insbesondere in exportorientierten Industrien –, dennoch willigten die Unternehmer letztlich ein. Das Verhältnis zwischen NS-Regime und Unternehmern war folglich nicht vollkommen konfliktfrei. Die Gründung der Reichswerke Hermann Göring demonstrierte jene politische Durchsetzungsstärke gegenüber ökonomisch-rationalen Abwägungskriterien. Dass sich die Unternehmer auch unter den Bedingungen der NS-Herrschaft Handlungsspielräume bewahrten, lag vor allem daran, dass sie den Herrschaftsanspruch der Nationalsozialisten nicht grundsätzlich infrage stellten, sondern sich in weiten Teilen zu willfährigen Mittätern machten. Nur in Einzelfällen opponierten Unternehmer gegen die Verdrängung jüdischer Kollegen oder „Arisierungen". Stattdessen wurde jene menschenverachtende Politik vielfach genutzt, um lästige Konkurrenten auszuschalten, den eigenen Machtbereich über die Einverleibung enteigneter Unternehmen auszudehnen oder die persönliche Karriere voranzutreiben. Im Gefolge

---

[79] *Paul Erker*, Industrie-Eliten in der NS-Zeit. Anpassungsbereitschaft und Eigeninteresse von Unternehmern in der Kriegs- und Rüstungswirtschaft 1936–1945, Passau 1994, S. 7f.

der Rüstungs- und Kriegspolitik betraten neue, junge Unternehmer die Chefetagen der Konzerne, welche sich stärker als die „alte" Wirtschaftselite mit den NS-Zielen identifizierten. Jene Haltung spiegelte sich auch im Beitrittsverhalten zur NSDAP wider. Zugleich variierte die Kooperationsbereitschaft zwischen privaten Unternehmen, deren Leitungen Eingriffen von außen tendenziell kritisch gegenüberstanden, und staatlichen Konzernen, in denen auch NS-Führungsfiguren ihren Platz fanden.

Als sich mit Kriegsausbruch neue Expansionsmöglichkeiten eröffneten, nutzten die Unternehmer ihre Chance und übernahmen auch Betriebe in den besetzten Ost- und Westgebieten. Die Unrechtmäßigkeit ihres Handelns musste ihnen erst nach 1945 vor Augen geführt werden und leuchtete vielen auch dann noch nicht ein. Die Grenzen zwischen Unternehmen, Rüstungsbürokratie und NS-Staat verschwommen während des Nationalsozialismus immer weiter. Die Unternehmer wurden zu Profiteuren des Unrechtsregimes, indem sie sich an „Arisierungen" und der Plünderung besetzter Gebiete beteiligten, die Arbeitskraft von Zwangsarbeitern und KZ-Häftlingen ausbeuteten und mit der Produktion von Rüstungsgütern Gewinne erwirtschafteten.[80] Folglich wurden weite Teile des Führungspersonals nach dem Zweiten Weltkrieg temporär inhaftiert und ein ausgewählter Kreis aus der Chemie- und Schwerindustrie im Rahmen der Nürnberger Militärtribunale wegen Kriegsverbrechen angeklagt.[81] Viele sahen im NS-Rüstungs- und Wirtschaftssystem lediglich eine neue ökonomische Herausforderung, die man wie ökonomische Turbulenzen unter anderen politischen Vorzeichen betriebswirtschaftlich meistern konnte. Daher bedurfte es nur selten Zwangsandrohungen, um sie zum Mitmachen zu bewegen. Ökonomische Anreize in Form lukrativer Staatsaufträge waren ein wesentlich effektiveres Mittel, zumal sich viele Unternehmer in vorauseilendem Gehorsam den Zielen der NS-Bewegung beugten. Auf diese Weise setzte eine Gewöhnung an die Diskriminierung von Juden, an Gewalt gegen Minderheiten und an rassenbiologische Weltmachtsfantasien ein, die im deutlichen Widerspruch zum bis dahin gültigen Wertehorizont wirtschaftsbürgerlicher Kreise stand.

Auswahlbibliografie

Buchheim, Christoph, Unternehmen in Deutschland und NS-Regime 1933–1945. Versuch einer Synthese, in: Historische Zeitschrift 282, 2006, S. 351–390.
Erker, Paul, Industrie-Eliten in der NS-Zeit. Anpassungsbereitschaft und Eigeninteresse von Unternehmern in der Kriegs- und Rüstungswirtschaft 1936–1945, Passau 1994.
Erker, Paul/Pierenkemper, Toni (Hrsg.), Deutsche Unternehmer zwischen Kriegswirtschaft und Wiederaufbau. Studien zur Erfahrungsbildung von Industrie-Eliten, München 1999.

---

[80] *Jürgen Lillteicher* (Hrsg.), Profiteure des NS-Systems? Deutsche Unternehmen und das „Dritte Reich", Berlin 2006.
[81] *Stephan H. Lindner*, Aufrüstung – Ausbeutung – Auschwitz: Eine Geschichte des IG-Farben-Prozesses, Göttingen 2020; *Kim C. Priemel/Alexa Stiller* (Hrsg.), NMT. Die Nürnberger Militärtribunale zwischen Geschichte, Gerechtigkeit und Rechtschöpfung, Hamburg 2013.

Frei, Norbert/Schanetzky, Tim (Hrsg.), Unternehmen im Nationalsozialismus. Zur Historisierung einer Forschungskonjunktur, Göttingen 2010.
Gall, Lothar/Pohl, Manfred (Hrsg.), Unternehmen im Nationalsozialismus, München 1998.
Hayes, Peter, Industry and Ideology. IG Farben in the Nazi Era, Cambridge 1987.
Hayes, Peter, Die Degussa im Dritten Reich. Von der Zusammenarbeit zur Mittäterschaft, München 2004.
Henke, Klaus-Dietmar (Hrsg.), Die Dresdner Bank im Dritten Reich, 4 Bde, München 2006.
James, Harold, Die Deutsche Bank im Dritten Reich, München 2003.
Joly, Hervé, Großunternehmer in Deutschland: Soziologie einer industriellen Elite 1933–1989, Leipzig 1998.
Kahn, Daniela, Die Steuerung der Wirtschaft durch Recht im nationalsozialistischen Deutschland. Das Beispiel der Reichsgruppe Industrie, Frankfurt am Main 2006.
Köhler, Ingo, Die „Arisierung" der Privatbanken im Dritten Reich. Verdrängung, Ausschaltung und die Frage der Wiedergutmachung, 2. Aufl. München 2008.
Lillteicher, Jürgen (Hrsg.), Profiteure des NS-Systems? Deutsche Unternehmen und das „Dritte Reich", Berlin 2006.
Luntowski, Gustav, Hitler und die Herren an der Ruhr. Wirtschaftsmacht und Staatsmacht im Dritten Reich, Frankfurt am Main 2000.
Marx, Christian, Paul Reusch und die Gutehoffnungshütte. Leitung eines deutschen Großunternehmens, Göttingen 2013.
Mollin, Gerhard Th., Montankonzerne und „Drittes Reich". Der Gegensatz zwischen Monopolindustrie und Befehlswirtschaft in der deutschen Rüstung und Expansion 1936–1944, Göttingen 1988.
Münzel, Martin, Die jüdischen Mitglieder der deutschen Wirtschaftselite 1927–1955. Verdrängung – Emigration – Rückkehr, Paderborn 2006.
Plumpe, Werner, Unternehmen im Nationalsozialismus. Eine Zwischenbilanz, in: Abelshauser, Werner/Hesse, Jan-Otmar/Plumpe, Werner (Hrsg.), Wirtschaftsordnung, Staat und Unternehmen. Neue Forschungen zur Wirtschaftsgeschichte des Nationalsozialismus. Festschrift für Dietmar Petzina zum 65. Geburtstag, Essen 2003, S. 243–266.
Priemel, Kim C., Flick. Eine Konzerngeschichte vom Kaiserreich bis zur Bundesrepublik, Göttingen 2007.
Scherner, Jonas, Das Verhältnis zwischen NS-Regime und Industrieunternehmen – Zwang oder Kooperation? In: Zeitschrift für Unternehmensgeschichte 51, 2006, S. 166–190.
Turner, Henry Ashby, Die Großunternehmer und der Aufstieg Hitlers, Berlin 1985.
Windolf, Paul/Marx, Christian, Die braune Wirtschaftselite. Unternehmer und Manager in der NSDAP, Frankfurt am Main 2022.
Ziegler, Dieter, Kontinuität und Diskontinuität der deutschen Wirtschaftselite 1900 bis 1938, in: Ziegler, Dieter (Hrsg.), Großbürger und Unternehmer. Die deutsche Wirtschaftselite im 20. Jahrhundert, Göttingen 2000, S. 31–53.

Christopher Kopper
2.5 Transport und Verkehr

2.5.1 Einleitung

Trotz der wachsenden Bedeutung des Verkehrswesens für Kriegsführung und Kriegswirtschaft begann die Geschichtswissenschaft erst in den 1990er Jahren mit der systematischen Erforschung der nationalsozialistischen Verkehrspolitik. Nach den Erkenntnissen der (wirtschafts)historischen Forschung waren die Begrenztheit der Produktionsfaktoren und der verspätete Paradigmenwechsel der deutschen Rüstungspolitik als Hauptursachen für die ökonomische Unterlegenheit des Deutschen Reiches verantwortlich. Während sich die 1999 erschienene Darstellung des Zeithistorikers Klaus Hildebrand auf die nationalsozialistische (Selbst)gleichschaltung der Reichsbahn und ihre Position im polykratischen Herrschaftssystem konzentrierte, publizierte der amerikanische Wirtschaftshistoriker Alfred C. Mierzejewski 2000 eine umfassende empiriegesättigte Studie über die Reichsbahn von 1920 bis 1945. Mierzejewski beschäftigte sich vor allem mit der Frage, wie die Reichsbahn den Anforderungen der Kriegswirtschaft gerecht wurde. Seine fundierte Analyse ihrer Investitionspolitik zeigte, dass die Rüstungspolitik die Reichsbahn an ausreichenden Erweiterungsinvestitionen hinderte und sich die Investitionsplanungen der Reichsbahn bis 1941 an friedenswirtschaftlichen Erwartungen orientierten. Dieser Beitrag untersucht darüber hinaus die Frage, ob die hohen, für die Kriegsführung weitgehend nutzlosen Investitionen in das Autobahnnetz maßgeblich für die Unterinvestitionen in die Eisenbahn verantwortlich waren. Die Opportunitätskosten der verfrühten und nicht bedarfsgerechten Großinvestitionen in das Fernstraßennetz wurde in der Forschung bislang vernachlässigt.

Bereits im Ersten Weltkrieg hatte die Eisenbahn eine wichtige Rolle beim deutschen Truppenaufmarsch und über die gesamte Zeit des Stellungskrieges gespielt. Unterinvestitionen in das rollende Material (Lokomotiven und Waggons), dessen Kriegswichtigkeit zu spät erkannt und nicht konsequent bei der Rüstungsplanung berücksichtigt wurde, hatten die Versorgung der Truppe und der kriegswichtigen Industrien zunehmend erschwert und behindert.[1]

Während des Ersten Weltkriegs beeinträchtigte die föderale Struktur der deutschen Staatsbahnen die Koordination des Schienenverkehrs und die optimale Nutzung der knappen Transportkapazitäten. Mit der Eingliederung der Länderbahnen in die Deutsche Reichsbahn (1920) und der Umwandlung des Regiebetriebs Reichsbahn in die reichseigene, aber als selbstständige Aktiengesellschaft geführte Deutsche Reichsbahn-Gesellschaft (1924) entstand ein Verkehrsunternehmen, das sich ohne budgetäre Restriktionen des Reichshaushalts und ohne administrative Eingriffe des Reichsverkehrs-

---

[1] *Christopher Kopper*, Transport und Verkehr, in: Marcel Boldorf (Hrsg.), Deutsche Wirtschaft im Ersten Weltkrieg, Boston/Berlin 2020, S. 105–122.

ministeriums nach unternehmenswirtschaftlichen Rationalitätskriterien weiterentwickeln konnte.²

2.5.2 Polykratische Konkurrenz statt einheitlicher Verkehrspolitik: Reichsbahn und Straßenverkehr

Zu Beginn der nationalsozialistischen Herrschaft besaß das Deutsche Reich ein technisch leistungsfähiges und wirtschaftlich modernes Schienennetz mit einem hohen Gütegrad. Trotz des ausgezeichneten Instandhaltungszustands beteiligte sich die Deutsche Reichsbahn-Gesellschaft (DRG) am Arbeitsbeschaffungsprogramm der Reichsregierung und investierte 1933/34 840 Mio. RM in zum Teil zusätzliche, betrieblich nicht wirklich erforderliche Instandhaltungsprogramme. Um die Reichswehr als Verbündeten zu gewinnen, floss ein kleinerer Teil der zusätzlichen Investitionen in militärisch nutzbare Projekte wie den Ausbau von Bahnhöfen an Truppenübungsplätzen sowie in Streckenausbauten mit militärstrategischer Bedeutung.³ Stärker als in der Weimarer Republik stellte die DRG eigenwirtschaftliche Interessen hinter ihre traditionelle Gemeinwohlorientierung zurück. 1931 hatte der Vorstand der DRG ein Arbeitsbeschaffungsprogramm im Gleisbau noch wegen fehlender Wirtschaftlichkeit abgelehnt.

1933 gliederte die Reichsregierung überregionale Landesstraßen aus dem Eigentum und der Baulast der Länder bzw. der preußischen Provinzen aus und übertrug sie der neu gegründeten Verwaltung des Generalinspektors für das deutsche Straßenwesen. Die Hauptaufgabe des Generalinspektors Fritz Todt war jedoch der Bau eines reichsweiten Autobahnnetzes von 5000 bis 6000 km Länge, das der promovierte Straßenbauingenieur Todt im Dezember 1932 erstmalig in einer Denkschrift an Hitler skizzierte.⁴ Im April 1933 konnte Hitler den Reichsbahn-Generaldirektor Julius Dorpmüller von seiner Idee überzeugen, die Reichsbahn zur Bauherrin der Autobahnen zu machen.⁵ Das am 27. Juni 1933 erlassene „Gesetz über die Errichtung eines Unter-

---

2 *Alfred C. Mierzejewski*, The Most Valuable Asset of the Reich. A History of the German National Railway. Bd. 1: 1920–1932, Chapel Hill 1999/2000.
3 Protokoll der Sitzung des Kabinettsausschusses der Reichsregierung für Arbeitsbeschaffung, 9. 2. 1933, in: Akten der Reichskanzlei (AdR), Regierung Hitler, Teil 1, Bd. 1, S. 58 f.; Bundesarchiv Berlin (BArch), R 5/2520 und 2521. Akten „Winterbauprogramm" der Reichsbahn 1933/34; vgl. *Christopher Kopper*, Modernität oder Scheinmodernität nationalsozialistischer Herrschaft. Das Beispiel der Verkehrspolitik, in: Christian Jansen (Hrsg.), Von der Aufgabe der Freiheit. Festschrift für Hans Mommsen, Berlin 1995, S. 399–411.
4 BArch, R 65 I/Ia. Fritz Todt, Straßenbau und Straßenverwaltung; vgl. *Erhard Schütz/Eckhard Gruber*, Mythos Reichsautobahn. Bau und Inszenierung der „Straßen des Führers" 1933–1941, Berlin 1996, S. 16.
5 Niederschrift einer Besprechung Hitlers mit Dorpmüller, 10. 4. 1933, in: AdR, Regierung Hitler, Teil 1, Bd. 1, S. 329–334.

nehmens Reichsautobahnen" ermächtigte die DRG zum Bau und Betrieb „eines leistungsfähigen Netzes von Kraftfahrbahnen". Zum Träger des Autobahnbaus wurde das neu gegründete Unternehmen „Gesellschaft Reichsautobahnen" bestimmt, dessen Grundkapital von 50 Mio. RM die DRG aufzubringen hatte.

Obwohl der DRG die Verwaltung der Gesellschaft Reichautobahnen übertragen wurde und die gesamte Verwaltungsspitze der Gesellschaft sowie die regionalen Bauleitungen mit höheren Reichsbahnbeamten besetzt wurden, hatte die Leitung der DRG keinen Einfluss auf das Bauprogramm.[6] Das Reichsautobahngesetz übertrug Todt die Aufstellung der Baupläne und die Durchführung der Planfeststellungsverfahren.[7]

Hitler ignorierte den Wunsch, dem traditionell eisenbahnfreundlichen Reichsverkehrsministerium die Aufsicht über das Fernstraßennetz zu übertragen.[8] Die erste Durchführungsverordnung des Gesetzes zeigte deutlich, dass Todt und nicht die Reichsbahn alle grundsätzlichen Entscheidungen über das Autobahnnetz treffen sollte. Obwohl die Vorstandsmitglieder der Gesellschaft Reichsautobahn aus dem höheren bautechnischen Dienst der Reichsbahn stammten, konnten sie nur im Einvernehmen mit Todt berufen werden. Das Amt des Generalinspektors bestimmte nicht nur über die Linienführung der Autobahnen, sondern auch über die bautechnischen Details. Zudem übertrug die Verordnung dem Generalinspektor die Etathoheit über den Bau und den Betrieb der Autobahnen und entzog dem Verkehrsminister die finanziellen und planerischen Einflussmöglichkeiten auf den Autobahnbau.[9]

Während der Straßenbau auf die genuin nationalsozialistische Behörde des Generalinspektors übertragen wurde, verblieb die Straßenverkehrspolitik beim Reichsverkehrsministerium unter der Leitung des ehemaligen Reichsbahn-Direktionspräsidenten Paul Freiherr von Eltz-Rübenach. Es zeigte sich, dass der Generalinspektor und das Verkehrsministerium gegensätzliche Ziele verfolgten und die polykratische Kompetenzzersplitterung eine klare verkehrspolitische Linie verhinderte. Während die Aufhebung der Kfz-Steuer für PKW und Motorräder und der Bau der Autobahnen den motorisierten Verkehr stimulierten, war Eltz-Rübenach an einer Zurückdrängung des gewerblichen Güterfernverkehrs auf der Straße interessiert. Eltz-Rübenachs Initiative zur Einführung eines Reichbahnmonopols für den Güterfernverkehr auf der Straße scheiterte im Herbst 1934 am Widerstand Todts und an Bedenken Hitlers, der sich zuvor noch aufgeschlossen für die Pläne der Reichsbahn gezeigt hatte.[10] Das 1935

---

6 Zur personellen Zusammensetzung der Gesellschaft Reichsautobahn siehe Deutsche Reichsbahn-Gesellschaft, Verzeichnis der oberen Reichsbahnbeamten 1936, Berlin 1936.
7 Reichsgesetzblatt (RGBl) I, 1933, S. 509 f.
8 Chefbesprechung in der Reichskanzlei am 15. 6. 1933, in: AdR, Regierung Hitler, Teil 1, Bd. 1, S. 560 f.
9 RGBl. II, 1933, S. 521–523. Erste Verordnung zur Durchführung des Gesetzes über die Errichtung eines Unternehmens „Reichsautobahnen", 7. 8. 1933; vgl. *Klaus Hildebrand*, Die Reichsbahn in der nationalsozialistischen Diktatur 1933–1945, in: Lothar Gall/Manfred Pohl (Hrsg.), Die Eisenbahn in Deutschland, München 1999, S. 215 ff.
10 Vermerk des Oberregierungsrates Willuhn über einen Vortrag des Generaldirektors Dorpmüller bei Hitler am 16. 3. 1933, in: AdR, Regierung Hitler, Teil 1, Bd. 1, S. 225–231; BArch, R 43 II/752. Entwurf des Reichsverkehrsministeriums für ein Güterfernverkehrsgesetz, 9. 7. 1934.

verabschiedete Güterfernverkehrsgesetz bewahrte die unternehmerische Autonomie der LKW-Spediteure, verhinderte aber durch die gesetzliche Parität zwischen Reichsbahntarifen und LKW-Tarifen einen Preiswettbewerb und einen höheren Marktanteil des LKW-Verkehrs. Der Konzessionszwang für LKW-Spediteure im Fernverkehr und die seit August 1933 bestehende Deckelung der Konzessionen blieben bestehen.[11] Als Folge des regulierten Preiswettbewerbs und der restriktiven Konzessionspraxis im Fernverkehr verlief der Anstieg des gesamten Straßengüterverkehrs langsamer, als es die technische Entwicklung des LKW erwarten ließ. Während der Güterverkehr mit LKW 1929 3,1 Mrd. Tonnenkilometer (tkm) umfasste, waren es 1938 erst 6,7 Mrd. tkm.[12]

Obwohl die Reichswehr die Requisition privater LKW im Mobilisierungsfall plante, sprach sich das Reichswehrministerium nicht mit Nachdruck gegen die wettbewerbspolitischen Hemmnisse des LKW-Verkehrs aus.[13] Die Wettbewerbsbeschränkungen im Fernverkehr trafen vor allem die schweren LKW, an denen das Heer ein besonderes Interesse besaß. Andererseits schuf die Gewichtsdegression bei der LKW-Besteuerung einen finanziellen Anreiz zum Kauf schwerer Fahrzeuge. Aus der Sicht der Reichswehr wurden die negativen Folgen der Marktordnung im Güterfernverkehr durch die Entscheidung der Reichsbahn zum Aufbau einer eigenen LKW-Flotte für den Stückgutverkehr wieder ausgeglichen.[14]

Während Todt in seiner Denkschrift den potenziellen Nutzen der Autobahnen für schnelle Truppenverlegungen herausgestellt hatte, spielten militärische Interessen bei der Durchsetzung und der Dimensionierung des Autobahn-Bauprogramms keine Rolle. Die propagandistische Überhöhung der Autobahnen als „Straßen des Führers" und ihre Rolle als dominierendes Infrastrukturprojekt der nationalsozialistischen Herrschaft machten eine Legitimation durch militärische Sicherheitsinteressen überflüssig. Mit dem Argument, dass sich die Rentabilität der Autobahnen erst nach der Vollendung des Gesamtnetzes beurteilen lasse, entzog Todt den Autobahnbau jedem kritischen Expertendiskurs. Todts Kalkulation der Baukosten von 400 000 bis 500 000 RM pro Autobahnkilometer wurden in der Realität um das Doppelte übertroffen.[15]

Angesichts des geringen Motorisierungsniveaus der Reichswehr und des stetig steigenden Transportbedarfs einer Heeresdivision war die Verlegung größerer Einheiten per LKW keine Alternative zum Bahntransport. Generalstabschef Frhr. von Fritsch sprach sich daher in einem privaten Gespräch mit dem ehemaligen Reichslandwirtschaftsminister Magnus Frhr. von Braun dafür aus, die hohen Investitionssummen

---

11 Siehe hierzu die Klagen in: BArch, R 43 II/752. Denkschrift des Reichs-Kraftwagen-Betriebsverbands vom 6. 5. 1937.
12 *Walther G. Hoffmann*, Das Wachstum der Wirtschaft seit der Mitte des 19. Jahrhunderts, Berlin 1965, S. 417.
13 BArch R 4601/584. Niederschrift von Ministerialrat Schönleben (GI für das Straßenwesen) über eine Besprechung im Reichsverkehrsministerium, 26. 2. 1937.
14 *Mierzejewski*, Most Valuable Asset, Bd. 2, S. 44 f.
15 Vermerk MR Willuhn über eine Besprechung zur Finanzierung der Autobahnen in der Reichskanzlei, 18. 9. 1933, in: AdR, Regierung Hitler, Teil 1, Bd. 1, S. 740–743.

für den Autobahnbau lieber in die Reichsbahn zu investieren.[16] Die Reparaturanfälligkeit der LKW und der Mehrbedarf an Treibstoff und Kautschuk sprachen uneingeschränkt für den ressourcensparenden Truppentransport per Bahn. Aus der Sicht der Reichwehr hatte die Leistungsfähigkeit der Reichsbahn Priorität.

2.5.3 Nicht rüstungswichtig: Die Reichsbahn von 1933 bis 1939

In den ersten Jahren der nationalsozialistischen Herrschaft profitierte die Reichsbahn von der schnellen konjunkturellen Erholung durch die staatliche Stimulierung der Nachfrage nach Bau- und Ausrüstungsinvestitionen, die schon 1934 vom Beginn der Aufrüstung überlagert wurde. Während die Betriebseinnahmen der Reichsbahn 1933 (2920 Mio. RM) noch auf dem Stand von 1932 verharrten, stiegen sie 1934 bei gleichbleibendem Tarifniveau um 14 % auf 3392 Mio. RM.[17] Zum ersten Mal seit 1930 erzielte die Reichsbahn 1934 wieder einen kleinen Gewinn von 24 Mio. RM. Pflichtabgaben an den Reichshaushalt in Höhe von 146 Mio. RM zehrten den geringen Gewinn vollständig auf und erhöhten die Zahlungsprobleme der Reichsbahn.[18] Da sich der Anteil der nicht gewinnbringenden Massenguttransporte zu Ausnahmetarifen weiter erhöhte, schlug sich die positive Entwicklung des Transportvolumens nicht in einer Verbesserung der Ertragslage nieder.[19] Politisch geforderte Subventionen wie Fahrpreisermäßigungen von 75 % für KdF-Reisen und Sonderzüge zum Reichsparteitag erbrachten Einnahmeverluste in Höhe von mehreren Millionen RM. Auch 1935 konnte die Reichsbahn die satzungsgemäße Ausgleichsrücklage von zwei Prozent der Einnahmen mangels ausreichender Überschüsse nicht dotieren.

Wegen der ungünstigen Ertragslage blieben die Investitionen der Reichsbahn deutlich hinter dem Stand vor 1929 zurück. Während die Reichsbahn 1928 1288 Mio. RM investiert hatte, stagnierten ihre Investitionen zwischen 1933 (616 Mio. RM) und 1937 (693 Mio. DM).[20] Da die Gütertarife auf dem Stand von Oktober 1931 eingefroren waren und die Kosten stiegen, musste der Vorstand auch bei einem weiteren Anziehen der Konjunktur mit einem niedrigeren Betriebsergebnis rechnen, das eine Selbstfinanzierung größerer Investitionsprogramme nicht ermöglichte. Aufgrund der strikten Kontrolle des Kapitalmarkts durch die Reichsbank benötigte die Reichsbahn das Placet des Reichsbankpräsidenten Schacht für die Aufnahme längerfristiger Darlehen. Ange-

---

16 *Magnus Frhr. von Braun*, Weg durch vier Zeitepochen, Limburg 1965, S. 272 f.
17 *Mierzejewski*, Most Valuable Asset, Bd. 1, S. 360; Bd. 2, S. 26.
18 Chefbesprechung im Reichsverkehrsministerium, 28. 6. 1935, in: AdR, Regierung Hitler, Bd. 2, Teilbd. 2, S. 654–662.
19 BArch, R 43II/187b. Telegrammbrief des Reichsverkehrsministeriums an die Reichsminister, 24. 7. 1935.
20 *Jonas Scherner*, "Armament in the Depth" or "Armament in the Breadth"? German Investment Pattern and Rearmament during the Nazi Period, in: Economic History Review 66, 2013, S. 497–517.

sichts ihrer noch nicht vollständig ausgelasteten Transportkapazitäten erschien die Reichsbahn aus der Perspektive der Reichsbank nicht als ein relevantes Element der wirtschaftlichen Wehrhaftmachung und erhielt keine Genehmigung für Anleiheemissionen. Die bis zum Januar 1937 bestehende budgetäre Unabhängigkeit der DRG vom Reichshaushalt stand wegen der politischen Prioritäten für Aufrüstung und Autobahnbau nur auf dem Papier.

Während die Reichsautobahn reichliche Etatmittel aus dem Reichshaushalt und hohe Darlehen der Reichsanstalt für Arbeitsvermittlung und Arbeitslosenversicherung erhielt, war die DRG überwiegend auf die Selbstfinanzierung ihrer Investitionen angewiesen. Erst nach dem entschiedenen Drängen von Dorpmüller und Verkehrsminister Eltz-Rübenach stimmte das Kabinett im November 1935 zu, aus einer Reichsanleihe über 500 Mio. RM zur Finanzierung der Reichautobahn eine Tranche von 100 Mio. RM für die DRG abzuzweigen.[21] Hitler und Todt negierten die hohen Opportunitätskosten des Autobahnbaus, die sich bis zur endgültigen Einstellung der Bauarbeiten im Winter 1941/42 auf drei Milliarden Reichsmark beliefen. Wegen seiner propagandistischen Signifikanz und seiner Legitimation durch den Willen des Führers war der Autobahnbau jedem kritischen Diskurs entzogen.

Da sich die Schere zwischen den Beschaffungspreisen und den Tarifen weiter öffnete, musste die Reichsbahn 1935 eine 5%-Tariferhöhung im Güterverkehr beantragen. Obwohl das bis 1936 gültige Reichsbahngesetz von 1924 der Reichsbahn die Entscheidung über das Tarifniveau und das Tarifsystem übertrug und die Reichsregierung nur bei einer wirtschaftlich unangebrachten Tariferhöhung intervenieren konnte, fügte sich die Reichsbahn dem preispolitischen Imperativ der Reichsregierung. Schacht und Hitler lehnten eine Tariferhöhung wegen des Primats der Inflationsbekämpfung ab.[22] Eine offene Tariferhöhung für alle Güter wäre nicht ohne Rückwirkungen auf Industriepreise und Verbraucherpreise geblieben und hätte das herrschaftslegitimierende Versprechen der Preisstabilität erschüttert. Schacht und Hitler akzeptierten lediglich den Kompromissvorschlag der DRG, einen 5%-Tarifzuschlag für nicht lebensnotwendige Transportgüter zu erheben und die Tarife für Lebensmittel und Kohle von dem Tarifzuschlag zu verschonen.[23]

Die finanzielle Lage der Reichsbahn besserte sich 1936 erheblich, als sie dank des konjunkturellen Booms ihre Einnahmen um 11% steigern und ein Betriebsergebnis von 472 Mio. RM erzielen konnte. Ihre gute Ertragslage hätte ihr unter normalen ord-

---

21 BArch, R 43II/187b. Chefbesprechung im Reichsverkehrsministerium am 28. 6. 1935; Schreiben Eltz-Rübenach an den Staatssekretär der Reichskanzlei, 4. 10. 1935; Chefbesprechung in der Reichskanzlei am 26. 11. 1935, in: AdR, Regierung Hitler, Bd. 2, Teilbd. 2 (1934/35), S. 946–950; *Mierzejewski*, Most Valuable Asset, Bd. 2, S. 50 f., 64.
22 BArch, R43II/187b. Schreiben des Staatssekretärs Lammers (Reichskanzlei) an Staatssekretär Koenigs (Reichsverkehrsministerium), 9. 8. 1935.
23 BArch, R 43II/187b. Schreiben des Reichsbahn-Generaldirektors Dorpmüller an das Reichsverkehrsministerium, 19. 7. 1935; Schreiben des Reichsverkehrsministers an den Staatssekretär der Reichskanzlei, 30. 12. 1935; Schreiben des Reichswirtschaftsministers an den Reichsverkehrsminister, 27. 12. 1935.

nungspolitischen Bedingungen ein umfangreiches Investitionsprogramm ermöglicht. Die 1937 beginnende Kontingentierung von Eisen und Stahl hinderte die Reichsbahn jedoch, größere Aufträge für Lokomotiven und Güterwaggons bei der Schienenfahrzeugindustrie zu platzieren und den Fahrzeugbestand den gestiegenen Verkehrsanforderungen anzupassen.[24] Eine Intervention des stellvertretenden Reichsbahn-Generaldirektors Wilhelm Kleinmann beim Reichskriegsministerium blieb im Sommer 1937 ohne Erfolg.[25] Das im Vergleich zu 1936 gesunkene Betriebsergebnis vermittelte einen falschen Eindruck über die wirtschaftliche Lage der Reichsbahn. Im Vorgriff auf die geplante Umgestaltung von Berlin und München nahm sie bereits Abschreibungen für die Bahnanlagen in Höhe von 250 Mio. RM vor, die für den Neubau an anderer Stelle bestimmt waren.[26] Das Betriebsergebnis von 1937 entsprach nicht der tatsächlichen Ertragslage.

Während die Reichsbahn die Verkehrsnachfrage 1937 noch ohne Kapazitätsengpässe bewältigen konnte, verzeichnete sie im Sommer 1938 erstmals Probleme. Der Bau des Westwalls entlang der deutschen Westgrenze generierte eine zusätzliche Verkehrsnachfrage von täglich bis zu 8000 Güterwaggons bei einer bereits hohen Netzauslastung. Wegen ihrer hohen Verkehrsbelastung mit Baustofftransporten stimmte die Reichsbahn dem Wunsch der LKW-Spediteure zu, auch die Tarifklassen für Massengüter für den LKW-Fernverkehr zu öffnen, was sie bis dahin aus Ertragsgründen abgelehnt hatte.[27] Während der saisonalen Nachfragespitze im Herbst 1938 kam es zu ersten Leistungsengpässen und einem täglichen Rückstau von bis zu 200 Güterzügen, der um Weihnachten auf 600 Güterzüge stieg.[28]

Die Eingliederung der Österreichischen Bundesbahn schuf wegen der Überalterung ihres Waggonparks mehr Probleme, als ihr bislang nur teilweise ausgelasteter Fahrzeugpark lösen konnte. Knapp ein Viertel aller österreichischen Güterwaggons waren noch nicht mit Druckluftbremsen ausgestattet und konnten nicht freizügig im großdeutschen Eisenbahnnetz verwendet werden.[29] Wegen der Überlastung der nur eingleisigen Strecke zwischen Passau und Wels musste die Reichsbahn zeitweise Verkehrssperren für einzelne Züge nach Österreich verhängen.[30]

Von 1933 bis 1938 beschaffte die Reichsbahn im Jahresdurchschnitt nur 155 Dampflokomotiven und 2340 Güterwaggons, deutlich weniger als in den Jahren von 1927 bis

---

24 *Mierzejewski*, Most Valuable Asset, Bd. 2, S. 52.
25 Hinweis auf ein Schreiben von Kleinmann an das Reichskriegsministerium, 8. 6. 1937, in: AdR, Regierung Hitler, Bd. 6: 1939, München 2012, S. 469 (Fußnote 13).
26 BArch, R 5 Anhang I/Sammlung Sarter/89 neu und 69. Niederschrift der 65. Präsidentenkonferenz der Reichsbahn am 18. 5. 1938 und der 68. Präsidentenkonferenz, 14. 12. 1938.
27 BArch, R 5/8109. Niederschrift der 75. Sitzung des Verwaltungsrats der DRG am 7. 10. 1936.
28 *Mierzejewski*, Most Valuable Asset, Bd. 2, S. 50, 53; BArch, R 5 Anh. I/Slg. Sarter/89 neu. Niederschrift der 67. Präsidentenkonferenz der Reichsbahn, 5. 10. 1938, und der 69. Präsidentenkonferenz, 1. 2. 1939; Besprechung im Reichsverkehrsministerium am 26. 7. 1939, in: AdR, Regierung Hitler, Bd. 6, S. 471.
29 Äußerung Dorpmüllers in der Sitzung des Reichsverteidigungsrats, 23. 6. 1939, in: AdR, Regierung Hitler, Bd. 6, S. 377.
30 Niederschrift der 67. Präsidentenkonferenz der Reichsbahn, 5. 10. 1938.

1929, als sie im Durchschnitt 193 Dampfloks und 9550 Güterwaggons in Dienst stellen konnte.[31] Das Beschaffungsprogramm der Reichsbahn litt von 1933 bis 1935 unter restriktiven kreditpolitischen Rahmenbedingungen und ab 1937 unter der fehlenden Einstufung der Eisenbahn als rüstungswichtig.

Die Reichsbahn reagierte auf den nachhaltigen Verkehrsanstieg mit einem umfassenden Beschaffungsprogramm.[32] Wegen der Stahlkontingentierung auf 181 000 Tonnen für Schienenfahrzeuge (1938) konnte das Programm erst 1939 mit voller Geschwindigkeit anlaufen. Nach Kriegsbeginn wurde es zunächst in verminderter Form mit einem Drittel der ursprünglich zugesagten Stahlmenge (250 000 Tonnen) fortgeführt.[33] Auch 1939 blieb die Zahl der 13 000 gelieferten Güterwaggons fast 50 % unter den Zielen des Beschaffungsprogramms.[34] Kurz vor Kriegsbeginn entwickelte sich die teilweise Auslastung der Waggonbauindustrie mit kriegswichtigen Aufträgen zum zweiten limitierenden Faktor für eine bedarfsgerechte Fahrzeugbeschaffung.[35] Trotz ihrer Benachteiligung bei der Ressourcenallokation gelang es der Reichsbahn 1939, zum ersten Mal das Investitionsniveau von 1928 (1288 Mio. RM) mit 1456 Mio. RM zu übertreffen.[36]

Der Leiter des Transportwesens im Oberkommando der Wehrmacht (OKW) äußerte im November 1938 Zweifel, ob die Transportkapazitäten der Reichsbahn selbst bei der termingerechten Umsetzung des Beschaffungsprogramms ausreichen würden.[37] In einer Hinsicht hatte die Reichsbahn vorgesorgt: Ein Teil der neuen Güterwaggons war für die Umspurung auf die russische Breitspur ausgerüstet und stand nach dem Abschluss des deutsch-sowjetischen Wirtschaftsvertrags vom 19. August 1939 für umladefreie Rohstofftransporte aus der Sowjetunion zur Verfügung.[38] Eine ähnliche Situation bestand ab 1939 auch für die Bauprojekte der Reichsbahn. Sie waren nach ihrer Dringlichkeit den Wehrmachtsbauten und den rüstungsrelevanten Industriebauten und den übrigen Bauten mit „dringendem Wirtschaftsbedarf" nachgeordnet. Über die Einstufung in eine der fünf Dringlichkeitsstufen entschied Todt als Generalbevollmächtigter für die Bauwirtschaft. Todt zeigte in seinem Amt als Generalinspektor für das Straßenwesen wenig Verständnis für die wirtschaftlichen Bedürfnisse der Bahn, aber erkannte in seinem Amt als Oberster Bauleiter des Westwalls die Wichtigkeit eines leistungsfähigen Schienenverkehrs.

---

31 *Mierzejewski*, Most Valuable Asset, Bd. 2, S. 74.
32 BArch, R 5/2123. Fahrzeugbeschaffungsprogramm der Hauptverwaltung (HV) der Reichsbahn für die Jahre 1939 bis 1942, 31. 12. 1937.
33 BArch, R 5 Anh. I/Slg. Sarter/89 neu. Niederschrift der 70. Präsidentenkonferenz, 21. 3. 1939; BArch, R 5 Anh. I/Slg. Sarter/69. Vortrag Ministerialdirektor (MinDir) Bergmann auf der 73. Präsidentensitzung, 5. 12. 1939; R 5/2123. Rundschreiben der HV der Reichsbahn, 17. 10. 1939; *Mierzejewski*, Most Valuable Asset, Bd. 2, S. 74.
34 BArch, R 5/2179. Schreiben des Reichsbahn-Zentralamts an die HV der Reichsbahn, 20. 8. 1938.
35 BArch, R 5/2123. Rundschreiben der HV der Reichsbahn, 2. 9. 1939.
36 *Scherner*, Armament in the Depth.
37 BArch, R 5 Anh. I/Slg. Sarter/128. Protokoll der Sitzung des Reichsverteidigungsrats, 18. 11. 1938.
38 BArch, R 5 Anh. I/Slg. Sarter/69. Vortrag des MinDir Hermann Bergmann (Leiter des Maschinentechnischen Dienstes in der Reichsbahn HV) auf der 72. Präsidentenkonferenz, 3. 10. 1939.

Im Winter 1938/39 zeigte die Vernachlässigung der Eisenbahn erste negative volkswirtschaftliche Effekte. Defizite bei der Gestellung von Waggons für Kohletransporte erzwangen in einigen Fällen kurzfristige Fördereinstellungen, weil die Kohle nicht rechtzeitig abgefahren werden konnte und die Haldenflächen erschöpft waren.[39] Der Personenfernverkehr bekam den Kapazitätsengpass im Herbst 1938 zu spüren, als die Reichsbahn wegen des steigenden Urlauberverkehrs der Wehrmacht eine zunehmende Zahl Sonderzugbestellungen durch die KdF und durch private Reiseveranstalter ablehnen und im Januar 1939 wegen winterbedingter Verkehrsprobleme sogar eine größere Zahl planmäßiger Personenzüge ausfallen lassen musste.[40] Die Reichsbahn sah sich am 20. Oktober 1938 gezwungen, die erste Vorrangliste für volkswirtschaftlich dringliche Güter und für Westwalltransporte zu erlassen.[41] Die Transportkapazitäten der Reichsbahn konnten dem Transportbedarf der Verfrachter nicht mehr vollständig und zu jeder Zeit entsprechen.[42]

2.5.4 Anpassung an Kriegsbedingungen. Der Verkehr bis zum Angriff auf die Sowjetunion

Für die Mobilmachung gegen Polen reichten wenige Tage vom 25. bis zum 31. August aus, um den größten Teil der Wehrmachtseinheiten zur deutsch-polnischen Grenze zu transportieren. Nur für kurze Zeit musste die Reichsbahn unter einem Höchstleistungsfahrplan operieren, der den zivilen Verkehr deutlich reduzierte, aber den Berufsverkehr funktionsfähig hielt. Die Reichsbahn hob die Einschränkungen des zivilen Güterverkehrs und Personenverkehrs bereits Mitte September wieder auf.[43] Da die Aufmarschbewegungen überwiegend in Richtung Ostgrenze verliefen, wurde der Güterverkehr im Ruhrgebiet nicht gravierend gestört. Die Waggongestellung fiel dort im Vergleich zur Woche vom 13. bis zum 19. August 1939 nur um 27 %.

---

39 Ressortbesprechung im Reichswirtschaftsministerium, 21. 1. 1939, in: AdR, Regierung Hitler, Bd. 6, S. 48–53.
40 Niederschrift der 67. Präsidentenkonferenz der Reichsbahn, 5. 10. 1938, und der 69. Präsidentenkonferenz, 1. 2. 1939; Besprechung im Reichswirtschaftsministerium, 19. 6. 1939, in: AdR, Regierung Hitler, Bd. 6, S. 350–353; Besprechung im Reichsverkehrsministerium am 26. 7. 1939, in: AdR, Regierung Hitler, Bd. 6, S. 474. Die Zahl der zivilen Sonderzüge ging von Januar bis Mai 1939 gegenüber dem Vorjahr um 41 % zurück.
41 BArch, R 43II/1890. Aktennotiz Killy (Reichskanzlei) über eine Besprechung, 17. 10. 1938; Schnellbrief des Reichsbahn-Generaldirektors Dorpmüller, 20. 10. 1938.
42 BArch, R 43II/1890, S. 469. Besprechung im Reichsverkehrsministerium, 26. 7. 1939.
43 BArch, R 5 Anh. I/Slg. Sarter/69. Vortrag des MinDir Max Leibbrand auf der 72. Präsidentenkonferenz am 3. 10. 1939; *Mierzejewski*, Most Valuable Asset, Bd. 2, S. 78 f.

Trotz der Unsicherheit über die Dauer des Krieges kalkulierte die Reichsbahn das Problem des kriegsbedingten Instandhaltungsrückstands und des kumulierten Verschleißes an Gleisen und Loks ein. Der Leiter der Abteilung Betrieb in der Hauptverwaltung der Reichsbahn erklärte am 3. Oktober 1939 auf der Konferenz der Reichsbahn-Direktionspräsidenten: „Wir müssen mit unserem Fahrmaterial und mit der Beanspruchung des Oberbaues höchst vorsichtig sein. Dazu zwingen uns die bitteren Erfahrungen des Weltkrieges". Mit diesen Worten begründete er die generelle Geschwindigkeitsreduzierung bei Schnellzügen von 120 auf 90 km/h und bei Güterzügen von 70 auf 50 km/h. Um die relativ kurzen Fernschnellzüge (FD-Züge) optimal auszulasten, wurden sie mit Wagen der 3. Klasse verlängert und verloren dadurch ihre soziale Exklusivität.[44]

Während der zivile Güterverkehr nur wenige Wochen mit Verkehrseinschränkungen operieren musste, stellten die Verdunkelungsvorschriften zum Schutz vor Luftangriffen die Bahn vor deutlich größere Herausforderungen. Es bestätigte sich die Warnung des Chefs der Transportabteilung des Generalstabs, der am 23. Juni 1939 im Reichsverteidigungsrat auf die fehlende Kriegsbereitschaft des Verkehrswesens hingewiesen hatte.[45] Das strikte Verdunkelungsgebot für Lokomotiven, Bahnhöfe und Rangierbahnhöfe im luftangriffsgefährdeten Westen des Reiches setzte die Rangierkapazitäten erheblich herab und führte im Herbst 1939 zu einer Vervierfachung der Unfälle. Es dauerte einige Monate, bis sich die Eisenbahner an die erschwerten Betriebsbedingungen gewöhnten und die Rangierer die Tagesstunden optimal ausnutzten.

Da das Reichsverkehrsministerium den zivilen LKW-Fernverkehr mit Rücksicht auf die Benzin- und Reifenbewirtschaftung bis auf kriegswichtige Ausnahmen untersagte, fielen der Reichsbahn zusätzliche Transportleistungen im arbeitsintensiven Stückgutverkehr zu.[46] Die Einstellung des Fernverkehrs auf der Straße (ab 50 km Entfernung) stellte das bis Mitte der 1920er Jahre bestehende technische und wirtschaftliche Monopol der Bahn im Güterfernverkehr zu Land faktisch wieder her.

Zur Entlastung der Bahn stand lediglich der Binnenschiffverkehr zur Verfügung, dessen Netz sich durch die Fertigstellung des Mittellandkanals (Oktober 1938) und des Kanals zwischen dem oberschlesischen Steinkohlerevier und der Oder (Oktober 1939) erweitert hatte und besser als zuvor die Bahn im Kohleverkehr ergänzen konnte. Der Anstieg des Binnenschiffverkehrs (1936: 25,9 Mrd. tkm, 1939: 28,7 Mrd. tkm) war jedoch zu gering, um die Bahn signifikant entlasten zu können.[47] Obwohl die Reichsbahn ihre Wettbewerbstarife mit der Binnenschifffahrt abschaffte und den Verladern

---

[44] BArch, R 5 Anh. I/Slg. Sarter/69. Vortrag MinDir Max Leibbrand auf der 73. Präsidentenkonferenz, 5. 12. 1939.
[45] Sitzung des Reichsverteidigungsrats, 23. 6. 1939, in: AdR, Regierung Hitler, Bd. 6, S. 368–378.
[46] Vorlage des Reichsverkehrsministeriums zur Einschränkung des Güterverkehrs mit Kraftfahrzeugen, 13. 10. 1939, in: AdR, Regierung Hitler, Bd. 6, S. 622 f. Die Einschränkungen traten zum 1. Dezember 1939 in Kraft.
[47] Zahlen nach *Andreas Kunz*, Statistik der Binnenschifffahrt in Deutschland 1935–1989, St. Katharinen 1999.

Abb. 1: Historisches Archiv Krupp, WA 16 a 250.06. Schiffbeladung, Hüttenwerk Essen-Borbeck, 1938.

Anreize zur Nutzung des Wasserwegs bot, nahm die Schifffahrt dem Schienenverkehr nach Schätzungen der Reichsbahn im Herbst 1939 nur 1,5 % ihrer gesamten Transportmenge ab.[48]

Im September 1939 gründete das Reichsverkehrsministerium drei Gebietsverkehrsleitungen, die den Verladern bindende Anweisungen über die Wahl des Verkehrsmittels und der Verkehrswege erteilen konnten. Da die Gebiete der Gebietsverkehrsleitungen mit den Generalbetriebsleitungen der Reichsbahn übereinstimmten und die Leiter der Gebietsverkehrsleitungen auch den Vorsitz der Generalbetriebsleitungen übernahmen, waren die Interessen der Reichsbahn durch die verkehrsträgerübergreifende Transportlenkung institutionell gesichert.[49] Im Juni 1940 richtete die Reichsbahn Ausschüsse für die Organisation der Kohle- und Erztransporte bei den Generalbetriebsleitungen ein, die Vollmachten für die Güterverteilung auf die Schiene und den Wasserweg erhielten.[50] Die Besetzung Polens führte zu weiteren Engpässen im Lokpark, weil die Direktion der Ostbahn im Generalgouvernement hunderte Lokomotiven wegen ihres schlechten Instandhaltungsstandes bei der Reichsbahn ausbessern lassen musste.[51]

---

48 Vortrag des MinDir Paul Treibe auf der 73. Präsidentenkonferenz, 5. 12. 1939.
49 BArch, R 5/3630. Erlass des Reichsverkehrsministers, 17. 10. 1939.
50 BArch, R 5 Anh. I/Slg. Sarter/69. Niederschrift der 77. Präsidentenkonferenz, 24. 4. 1940 sowie R 5/2971.
51 *Mierzejewsi*, Most Valuable Asset, Bd. 2, S. 81 f.

Zur Anpassung der Transportnachfrage an die Kapazität der Bahn und zur Durchsetzung einer Prioritätenordnung gab das Reichsverkehrsministerium im September 1939 eine Liste von dringlichen Gütern heraus, die keine Transportgenehmigungen durch die Reichsbahndirektionen und die regionalen Transportbevollmächtigten des Reichsverkehrsministeriums benötigten.[52] Diese Liste wurde im Juni 1940 durch eine Positivliste mit einer Prioritätenfolge für Wehrmachtsgüter, Rüstungsgüter, Lebensmittel, wichtige Rohstoffe und sonstige Vorranggüter ersetzt.[53] Da die Wehrmacht zivilen Verladern jederzeit die besondere Dringlichkeit von Transportsendungen bescheinigen konnte, wurde die kriegswirtschaftliche Prioritätenordnung gelegentlich unterlaufen.

Der sehr kalte Winter von Januar bis März 1940 demonstrierte die Frostempfindlichkeit der Binnenschiffverkehrs, der gegenüber 1939 von 28,7 auf 25,0 Mrd. tkm zurückging. Wegen des Zufrierens der Kanäle musste die Bahn zusätzliche Massenguttransporte übernehmen. Die Verlagerung von Massenguttransporten auf Binnenschiffe blieb auf die Zeit von Frühjahr bis Herbst beschränkt. Der strenge Frost sorgte für einen wachsenden Rückstau von Güterzügen, der sich im Januar 1940 allein bei Kohletransporten auf 180 Züge erhöhte.[54] Die zunehmenden Probleme bei der Kohleversorgung vergrößerten sich wegen der unzureichenden Kooperationsbereitschaft der Kohlesyndikate bei der Rationalisierung des Kohleverkehrs. Erst im Januar 1940 erklärten sich die Kohlesyndikate bereit, sortenreine Züge zu bilden, die als Ganzzüge ohne Rangieren bis zu den Endabnehmern durchfahren konnten.[55]

In den annektierten Gauen Danzig-Westpreußen, dem Warthegau und in Ostoberschlesien erwies sich die Rassenpolitik des NS-Regimes für die Leistungsfähigkeit der Reichsbahn als kontraproduktiv. Die niedrigeren Löhne und die niedrigeren Lebensmittelrationen für polnische Arbeiter senkten ihre Leistungsfähigkeit und reduzierten ihre Leistungsbereitschaft signifikant. Daher forderten die Präsidenten der Reichsbahndirektionen Danzig, Posen und Oppeln eine lohnrechtliche und versorgungspolitische Gleichstellung, die sie gegen den Widerspruch des Reichskommissars für die Festigung des deutschen Volkstums und der Gauleiter Greiser und Forster jedoch nicht durchsetzen konnten.[56] Das Verbot, polnischen Führungskräften Weisungsgewalt über deutsche Mitarbeiter zu geben, erforderte die Versetzung tausender Reichsbahnbeamter in die drei östlichen Reichsbahndirektionen und in das Generalgouvernement.

Angesichts der stark zunehmenden Zugverspätungen und der angespannten Verkehrslage verhängte das Propagandaministerium im Januar 1940 eine temporäre Nachrichtensperre über die Verhältnisse im Bahnverkehr.[57] Das verordnete Schwei-

---

52 Vortrag des Leiters der Verkehrsabteilung in der HV der Reichsbahn auf der 72. Präsidentenkonferenz, 3. 10. 1939.
53 BArch, R 5/2090. Richtlinien der HV der Reichsbahn für die Wagengestellung, 1. 6. 1940.
54 BArch, R 5 Anh. I/Slg. Sarter/69. Niederschrift der 74. Präsidentenkonferenz, 13. 1. 1940.
55 BArch, R 5 Anh. II/Slg. Kreidler/46; BArch, R 5 Anh. I/Slg. Sarter/69. Niederschrift der 91. Präsidentenkonferenz, 6. 12. 1943.
56 BArch, R 5 Anh. II/Slg. Kreidler/46. Niederschrift der 75. Präsidentenkonferenz, 6. 2. 1940.
57 *Hildebrand*, Reichsbahn in der nationalsozialistischen Diktatur, S. 224.

gen über Verkehrsprobleme hinderte die Bahnreisenden nicht, die Probleme durch eigene Anschauung ungefiltert wahrzunehmen. Wegen des Vorrangs für Kohlezüge war die Reichsbahn am 21. Januar 1940 gezwungen, den Personenzugverkehr für einige Wochen bis auf den Stammfahrplan zu reduzieren, der normalerweise nur im Mobilisierungsfall gelten sollte.[58] Der Verkehrsrückgang im Januar 1940 war gegenüber dem gleichen Monat des Vorjahres mit 12 % nicht unerheblich.[59]

Der besonders lange Winter war mitverantwortlich für die Entscheidung Hitlers und des OKW, den Angriff gegen die Niederlande, Belgien und Frankreich auf den 10. Mai 1940 zu verschieben. Die lange Vorbereitungszeit bis zum Angriffsbefehl ermöglichte eine zeitliche Streckung des Truppenaufmarschs, sodass die Reichsbahn den Mobilisierungsfahrplan auf den Westen des Reiches und die Zeit vom 30. April bis zum 25. Mai 1940 beschränken konnte.[60] Die Transportleitung der Wehrmacht hatte aus den Erfahrungen des 1. Weltkriegs mit unzureichenden Transportmöglichkeiten für Fronturlauber und ihren negativen Folgen für die Stimmung in der Truppe gelernt. Eine ausreichende Zahl von Schnellzügen für Fronturlauber garantierte, dass Soldaten den Heimaturlaub antreten konnten.

Obwohl bis April 1940 47 000 Reichsbahner zum Kriegsdienst einberufen und weitere 25 000 in die besetzten Ostgebiete versetzt wurden, hielt die Hauptverwaltung immer noch an ihrer traditionalistischen Personalpolitik fest. Seit dem Beginn des Krieges hatte die Reichsbahn die Zahl der weiblichen Beschäftigten nur von 10 000 auf 30 000 erhöht. Während die Hauptverwaltung im April 1940 die Beschäftigung von Frauen im Innendienst gestattete, wurden Frauen im Zugbegleitdienst nur auf Nebenstrecken und nur an Bahnsteigsperren auf Bahnhöfen mit geringem Verkehr eingesetzt.[61] Die Führungskräfte der Reichsbahn waren zu diesem Zeitpunkt noch nicht bereit, die Leistungsfähigkeit und Leistungsbereitschaft von Frauen vorurteilslos anzuerkennen. Auch im März 1941 lag die Zahl der beschäftigten Frauen mit 63 000 noch deutlich unter dem Niveau der Frauenbeschäftigung am Ende des Ersten Weltkriegs.[62] Erst im Dezember 1941 stimmte die Personalabteilung der Reichsbahn dem Einsatz von Frauen im Stellwerksdienst und als Sicherungsposten für Bahnunterhaltungsarbeiter zu.[63]

Bis Ende 1942 musste die Reichsbahn 120 000 Eisenbahner zum Dienst in den besetzten Ostgebieten abordnen und die Einberufung von 80 000 Beschäftigten zum Wehrdienst durch neu eingestellte Arbeitskräfte ausgleichen.[64] Als sie zwischen Januar und August 1943 weitere 80 000 Eisenbahner der Geburtsjahrgänge 1901 bis 1918

---

58 Vortrag des MinDir Leibbrand auf der 75. Präsidentenkonferenz, 6. 2. 1940.
59 Vortrag Leibbrand auf der 78. Präsidentenkonferenz, 4. 6. 1940. Der Verkehrsrückgang wurde nach der Zahl der Wagenachs-km gemessen.
60 *Mierzejewski*, Most Valuable Asset, Bd. 2, S. 82.
61 BArch, R 5 Anh. I/Slg. Sarter/69. Niederschrift der 77. Präsidentenkonferenz, 24. 4. 1940.
62 BArch, R 5 Anh. I/Slg. Sarter/69. Niederschrift der 82. Präsidentenkonferenz, 1. 4. 1941.
63 *Mierzejewski*, Most Valuable Asset, Bd. 2, S. 150.
64 *Mierzejewski*, Most Valuable Asset, Bd. 2, S. 148.

an die Wehrmacht verlor und eine Dienstpflicht für Frauen eingeführt wurde, sah sich die Reichsbahn gezwungen, die Lücke durch die ihr zugewiesenen Arbeitskräfte zu decken: 51 000 Frauen und 41 000 ausländische Arbeiter.[65] Ende 1943 beschäftigte die Reichsbahn entgegen ihren früheren Absichten bereits 190 000 Frauen, das waren 12,5 % aller Beschäftigten.

Nach dem Sieg gegen Frankreich entstand in der Hauptverwaltung der Reichsbahn der Eindruck, dass sich die Engpässe bei der Gestellung von Güterwaggons zumindest zum Teil aufgelöst hätten. Der Zugriff der Reichsbahn auf den Waggonpark der französischen Staatsbahn SNCF bewog die Maschinentechnische Abteilung der Hauptverwaltung, zunächst auf eine dauerhafte Erhöhung der Beladungsgrenzen für Güterwaggons zu verzichten.[66] Bis zum Juni 1942 lag die Lenkung des Schienenverkehrs im besetzten Frankreich und in Belgien in den Händen der Wehrmachts-Verkehrsdirektionen Paris und Brüssel, die für die Reichsbahn bis zu 5300 Lokomotiven und zehntausende Güterwaggons der SNCF und der SNCB anforderten. Für den Zugbetrieb versprach dies eine erhebliche Erleichterung, weil die Zahl der gelieferten Neubau-Dampflokomotiven auch 1940 mit knapp 1000 das Ziel des mittelfristigen Bedarfsprogramms von 1938 (1380 Lokomotiven) verfehlte.[67] Der Einsatz der französischen Leihlokomotiven verlief auf längere Sicht nicht komplikationslos, denn die Ausbesserungswerke der Reichsbahn benötigten für größere Wartungsarbeiten zum Teil Ersatzteile aus Frankreich. Überdurchschnittlich viele französische Lokomotiven mussten als Schadloks auf Reparaturen warten. Durch die unfreiwillige Gestellung von Waggons mussten die SNCF und die belgische SNCB den Güterverkehr im Reich auf Kosten des stark eingeschränkten zivilen Verkehrs in Belgien und Frankreich unterstützen.

Angesichts der unvorhersehbaren politischen Entwicklung nach dem Frankreichfeldzug entwarf die Maschinentechnische Abteilung der Hauptverwaltung im August 1940 zwei alternative Beschaffungsprogramme für 1941. Für den Fall eines Friedensschlusses mit England plante die Reichsbahn ein Beschaffungsprogramm, das auf einen normalisierten Friedensverkehr zugeschnitten war. Für den Fall eines fortgesetzten Krieges konzentrierte sie ihr Beschaffungsprogramm ausschließlich auf schwere und mittelschwere Güterlokomotiven (Dampflokbaureihen 41, 44, 45 und 50).[68]

---

[65] BArch Berlin, R 5 Anh. I/Slg. Sarter/69. Vortrag Ministerialdirigent Fromm (Personalabteilung der HV der Reichsbahn) auf der 90. Präsidentenkonferenz, 11.5. 1943.
[66] BArch, R 5/2090. Schreiben des Leiters der Abt. III MinDir Bergmann, 29. 11. 1940.
[67] *Mierzejewski*, Most Valuable Asset, Bd. 2, S. 112; BArch, R 5/2090. Bedarfsprogramm des Referats 23 (Betriebsabteilung) der Hauptverwaltung für 1940–1943, 23. 8. 1938.
[68] Internes Schreiben des Referats 31 der HV (Maschinentechnische und Einkaufsabteilung), 4. 7. 1940; BArch, R 5/2123. Schreiben der Maschinentechnischen Abteilung an die übrigen Abteilungen der HV, 16. 8. 1940.

2.5.5 Die Reichsbahn und die Überdehnung des Logistiknetzes. Die Konsequenzen des Kriegs an der Ostfront

Auf der Grundlage einer OKW-Direktive vom 27. Juli 1940 begann die Reichsbahn im Herbst mit dem Ausbau der fünf von Westen nach Osten führenden Bahnstrecken in den Reichsbahndirektionen Danzig, Königsberg und Posen.[69] Das strategische Streckenbauprogramm, das in einer Reminiszenz an die Ostausdehnung des Reiches zur Zeit des Sachsenkaisers Otto I. als „Otto-Programm" firmierte, erhielt im Unterschied zu allen übrigen Bauprogrammen der Reichsbahn den gleichen hohen Prioritätenstatus wie Wehrmachtsbauten. Aufgrund des strategischen Zwecks des Otto-Programms erklärte die Wehrmacht, 60 % der Baukosten zu übernehmen.[70] Die Schwerpunktsetzung der Baumaßnahmen auf Überholungs- und Abstellgleise, Bahnhofserweiterungen, zusätzliche Streckenblocks und Verbindungskurven zeigte, dass das Otto-Programm der Vorbereitung des Truppenaufmarschs an die Ostgrenze diente. Mit einem Volumen von 270 Mio. RM überstieg das Otto-Programm alle übrigen Bauprogramme der Reichsbahn erheblich.[71] Aufgrund der extrem kurzen Bauzeitvorgabe der Wehrmacht, die den Abschluss der Bauarbeiten bis zum 15. April 1941 verlangte, musste die Reichsbahn auf Bauleistungen der Eisenbahnpioniere zurückgreifen. Laut einer Mitteilung der Reichsbahndirektion Königsberg an die Hauptverwaltung der Reichsbahn war die bauliche Qualität der von den Eisenbahnpionieren gebauten Abstellgleise wegen des hohen Zeitdrucks so schlecht, dass die Reichsbahn für eine dauerhafte Nutzung einen „vollkommenen Umbau" einplanen musste.[72]

Obwohl Ende Juli 1941 „zahlreiche Vorhaben des Otto-Programms noch in Ausführung begriffen waren" und das Restprogramm erst 1942 abgeschlossen wurde,[73] reichten die Streckenkapazitäten im Osten des Reiches und im Generalgouvernement für den Aufmarsch von 160 Divisionen in 33 000 Zügen von März bis Juni 1941 aus, auch wenn die Reichsbahn an einigen Tagen im Juni täglich 2500 Züge bewältigen musste. Während der Truppenaufmarsch reibungslos verlief, wurden die Reichsbahn und die Feldeisenbahner der Wehrmacht beim weiteren Vordringen der Wehrmacht mit zunehmenden Transportproblemen konfrontiert. Es war den sowjetischen Eisenbahnern und den Armeepionieren gelungen, einen Großteil des Lokomotivenparks in den

---

[69] *Mierzejewski*, Most Valuable Asset, Bd. 2, S. 94 ff.
[70] BArch, R 5/2353. Schreiben der Abt. L (Landesverteidigung) an die Bautechnische Abt. der Reichsbahn, 17. 6. 1941.
[71] BArch, R 5/2353. Auflistung der Baumaßnahmen des Otto-Programms im Reichsgebiet, Mai 1941. Zum Otto-Programm generell: *Hans Pottgießer*, Die Deutsche Reichsbahn im Ostfeldzug 1939–1944, Neckargemünd 1975.
[72] BArch, R 5/2353. Schreiben der Reichsbahndirektion Königsberg an die HV der Reichsbahn, 27. 6. 1941.
[73] BArch, R 5/2353. Schreiben der Abt. VI der Reichsbahn an die Abt. L, 1. 8. 1941.

Osten zu evakuieren und wichtige Infrastruktureinrichtungen für die Wartung wie Lokschuppen und Werkstätten zu sprengen.[74] Der Mangel an russischen Breitspurloks zwang die Pioniertruppen der Wehrmacht, die Gleise auf die europäische Normalspur umzuspuren. Für den Bahnbetrieb im Osten musste die Reichsbahn bis Anfang Dezember 3000 Lokomotiven – 13 % des betriebsfähigen Gesamtbestandes der Reichsbahn – bei der Maschinentechnischen Abteilung der Reichsbahn anfordern, welche die Fahrzeuge aus dem Reichsgebiet abziehen musste.[75] Mitte Januar 1942 war jede fünfte Lok und jeder sechste Güterwaggon der Reichsbahn in den Osten abgeordnet, um die hohen Ausfallraten notdürftig auszugleichen.[76]

Obwohl die Lokomotivindustrie 1941 erstmalig ausreichende Stahlkontingente erhielt und die Reichsbahn ihr Beschaffungssoll von 1300 Lokomotiven erstmals erreichte, wurde der Mangel auf dem Höhepunkt des herbstlichen Ernteverkehrs und bei der Organisation der Kohlebevorratung deutlich fühlbar. Der größte deutsche Lokomotivfabrikant Oscar Henschel[77] kritisierte im Oktober 1941 das Lokbeschaffungsprogramm der Reichsbahn, das sich weiterhin an dem prognostizierten Bedarf einer Friedenswirtschaft orientierte und dem Übergang in den totalen Krieg zu wenig Rechnung trug. Obwohl die Reichsbahn ihr Beschaffungsprogramm seit 1941 auf vier Güterzug-Baureihen (44, 50, 83 und 86) konzentrierte,[78] schöpfte sie die technischen und ökonomischen Vorteile der Typenrationalisierung nicht aus. Noch immer gingen in der Lokindustrie Produktionsstunden durch Umrüstzeiten verloren, weil viele Werke mehr als eine Baureihe produzierten.

Henschel erklärte am 20. Oktober 1941 in einer Unterredung mit Göring, dass die Lokindustrie bei gleicher Zahl der Arbeiter und ohne eine Erhöhung der Stahl- und Kupferkontingente 15 bis 20 % mehr Lokomotiven produzieren könnte, wenn die Industrie nur noch eine konstruktiv vereinfachte Version der Baureihe 50 bauen würde.[79] Göring ging mit dieser Information zu Hitler, der ihn in seiner Auffassung bestärkte, die Verantwortung für die Lokomotiventwicklung wie in der Flugzeugindustrie den Herstellern zu überlassen.[80]

Henschels These von der unzureichenden Ausschöpfung der Produktivitätsreserven in der Lokomotivindustrie traf einen wunden Punkt. Obwohl die Industrie die

---

74 *Mierzejewski*, Most Valuable Asset, Bd. 2, S. 98 ff.
75 BArch, R 5 Anh. I/Slg. Sarter/69. Vortrag des MinDir Leibbrand auf der 84. Präsidentenkonferenz am 4. 12. 1941. Zu den logistischen Problemen der Kriegsführung s. *Klaus A. Friedrich Schüler*, Logistik im Russlandfeldzug, Frankfurt 1987.
76 *Mierzejewski*, Most Valuable Asset, Bd. 2, S. 102; BArch, R 5 Anh. I/Slg. Sarter/69. Niederschrift der 86. Präsidentenkonferenz, 23. 6. 1942.
77 Oscar Robert Henschel (1899–1982) war von 1924 bis 1957 Generaldirektor der Henschel & Sohn GmbH.
78 BArch, R 5/2227. Aktennotiz Referat 31 (Maschinentechnische Abt.) an Dorpmüller, 6. 11. 1941.
79 BArch, R 5/2227. Telegramm Oscar Henschel an Dorpmüller, 6. 11. 1941.
80 BArch, R 5/2227. Aktennotiz des Leiters der Maschinentechnischen Abt. der Reichsbahn über ein Gespräch mit Dorpmüller, 31. 10. 1941.

Lokomotiven konstruierte, setzte die Reichsbahn die konstruktiven Parameter fest. Die von der Reichsbahn genehmigten Konstruktionsentwürfe der Lokomotivhersteller gingen erst nach einer Überarbeitung durch das Vereinheitlichungsbüro des Maschinentechnischen Dienstes in die Produktion. Das Vereinheitlichungsbüro achtete zur Vereinfachung der Instandhaltung vor allem auf baugleiche Verschleißteile bei den unterschiedlichen Lokbaureihen.[81] Wegen der dominierenden Stellung von Henschel & Sohn unterstützte die kartellähnliche Deutsche Lokomotivbau-Vereinigung trotz der Zweifel ihres Vorsitzenden Krauß (Krauß-Maffei) an der Fließbandfertigung von Lokomotiven diesen Vorschlag und sprach sich dafür aus, der Reichsbahn bis Anfang 1942 einen Entwurf für eine stark vereinfachte Kriegslok vorzulegen.[82] Die Information des Maschinentechnischen Dienstes der Reichsbahn, dass die jährliche Zuteilung von 600 000 Tonnen Stahl an die Lokomotivindustrie rechnerisch für den Bau von 3000 Lokomotiven ausreichen würde, verlieh Henschels Argumentation zusätzliches Gewicht.[83]

Die Lokomotivbau-Vereinigung wählte die Baureihe 50 als Grundlage für die Kriegslokomotive, weil sie eine niedrigere Achslast als andere Baureihen aufwies und damit für den Einsatz auf den weniger belastbaren Gleisen in den eroberten Ostgebieten geeignet war. Schon am 14. November 1941 legte die Lokomotivbau-Vereinigung Dorpmüller eine Konzeptskizze vor, die bereits die grundlegenden Merkmale der späteren Kriegslokomotiven-Baureihe 52 enthielt.[84] Unter den 240 Veränderungsvorschlägen gegenüber der Baureihe 50 ragte der Verzicht auf eine Reinigungs- und Vorwärmeanlage für das Kesselspeisewasser hervor, die den Kohlenverbrauch um 10 % reduzierte, aber bei strengem Frost einfror. In der Sowjetunion entwickelte sich das Einfrieren der Loks wegen des Fehlens geschützter Lokstände und ausreichender Wartungsmöglichkeiten zur Achillesferse des Bahnbetriebs.[85] Nach dem Vorbild der sowjetischen Loks wurden Wasserleitungen und Wasserpumpen von den Außenseite auf die Innenseite des Kesselblechs verlegt, um sie vor dem Einfrieren zu schützen. Auch das geschlossene Führerhaus der „entfeinerten" Kriegslok trug den Herausforderungen des russischen Winters Rechnung und reduzierte die Erkrankungsgefahr für die Lokbesatzungen.

Wegen der konsequenten Ersetzung des knappen Kupfers durch Stahl waren die Verschleißteile wie Rohre, Kesselstäbe und Lager nur für eine begrenzte Lebensdauer

---

81 BArch, R 5/2227. Aktennotiz des Direktors der Maschinentechnischen Abt. über eine Besprechung mit Dorpmüller, 1. 11. 1941.
82 BArch, R 5/2227. Schreiben von Abteilungspräsident Wagner (Reichsbahn-Zentralamt) an die HV der Reichsbahn, November 1941.
83 BArch, R 5/2227. Aktenvermerk des Referats 31 der Reichsbahn-HV über eine Besprechung Dorpmüllers mit führenden Lokomotivfabrikanten, 7. 11. 1941.
84 BArch, R 5/2227. Schreiben von H. G. Krauß (Vorsitzender der Lokomotivbau-Vereinigung) an Dorpmüller, 14. 11. 1941.
85 BArch, R 5/2163. Aufzeichnung des Referats 31 der Hauptverwaltung für Referat 34, 4. 5. 1942. Zur Entwicklung und zum Einsatz der Kriegslok s. *Alfred B. Gottwaldt*, Deutsche Kriegslokomotiven 1939–1945, Stuttgart 1973.

konzipiert und für den Dauereinsatz in Friedenszeiten nicht geeignet. Aus der Sicht Albert Speers, des neuen Ministers für Bewaffnung und Munition, war das Projekt der Kriegslok eine überzeugende Antwort auf die Herausforderungen des totalen Krieges, auch wenn es im Widerspruch zur betriebswirtschaftlichen Rationalität stand. Die internen Berichte der Reichsbahn unterstützten diese Position nachdrücklich. Der Abteilungsleiter für den Betrieb schätzte den zusätzlichen Bedarf auf „mindestens 5000, nach Möglichkeit aber 9000 betriebsfähige Loks, um die Erfordernisse der Wirtschaft und der Kriegsführung auch nur eingeschränkt zu decken".[86]

Unter Henschels Führung übernahmen die Hersteller die Initiative bei der Neuorganisation der Lokomotivproduktion. Dorpmüller musste erkennen, dass seine Macht als oberster Verkehrslenker des Reiches wegen der Verkehrsschwierigkeiten angeschlagen war und er der Industrie die Leitung des Lokprogramms überlassen musste. Am 2. März 1942 bot er Speer an, die Verantwortung für die Lokproduktion dem Ministerium für Bewaffnung und Munition zu übertragen. Unmittelbar darauf gründete Speer den Hauptausschuss Schienenfahrzeuge, mit dessen Leitung er den Demag-Direktor Gerhard Degenkolb beauftragte.[87] Obwohl die Serienfertigung der Baureihe 52 erst im Spätherbst 1942 nach dem Abschluss der Entwurfsarbeiten und dem Bau der ersten Prototypen anlaufen konnte, konnte die Lokindustrie ihre Auslieferungen an die Reichsbahn von 1400 (1941) auf 2100 (1942) und 4500 Lokomotiven (1943) steigern. Von Ende 1942 bis 1944 bauten die deutschen Hersteller insgesamt 6200 Kriegslokomotiven der Baureihe 52, die größte Stückzahl einer Baureihe, die je in Deutschland erreicht wurde.

Während die Maschinentechnische Abteilung der Reichsbahn erhebliche Bedenken gegen das Konzept der Kriegslok erhob,[88] spielte die Logistikkrise der Wehrmacht im besetzten Teil der Sowjetunion Henschels Argumenten in die Hände. Aufgrund der langen Nachschubwege und der stark eingeschränkten Befahrbarkeit der Straßen nach Regenperioden und Schneeschmelzen war die Wehrmacht auf den Nachschub über die Schiene angewiesen. Aus Mangel an Beutelokomotiven musste die Transportleitung des Heeres eine zunehmende Zahl Güterloks aus dem Reichsgebiet anfordern, für die kaum Wartungsmöglichkeiten und kältegeschützte Abstellanlagen vorhanden waren. Der Anfang Dezember 1941 beginnende extreme Frost setzte die Loks in großer Zahl außer Gefecht und führte zu einer schweren Nachschubkrise, für die Hitler zuerst die Leitung der Reichsbahn verantwortlich machte.

Die Transportkrise hinter der Ostfront hatte auch ernsthafte Auswirkungen auf die Verkehrslage im Reichsgebiet. Gegenüber August 1941 ging die Zahl der betriebsfä-

---

86 BArch, R 5 Anh. I/Slg. Sarter/69. Vortrag des MinDir Leibbrand auf der 85. Präsidentenkonferenz, 31. 3. 1942.
87 *Mierzejewski*, Most Valuable Asset, Bd. 2, S. 111. Zu Degenkolbs Tätigkeit als Leiter des Hauptausschusses Schienenfahrzeuge s. *Alfred Gottwaldt*, Gerhard Degenkolb, die Kriegslok und die Raketen, in: Jahrbuch für Eisenbahnliteratur 1997.
88 BArch, R 5/2163. Stellungnahme der Maschinentechnischen Abteilung gegenüber Dorpmüller, 21. 11. 1941.

higen Güterzugslokomotiven im Westen des Reichs im Januar 1942 um 26 %, im gesamten Reichsgebiet um 17 % zurück. Wegen der zunehmenden Zahl zurückgestauter Züge sah sich die Generalbetriebsleitung West am 15. Januar 1942 gezwungen, die Zuteilung von Waggons nach kriegswirtschaftlicher Wichtigkeit zu kontingentieren.[89] Aufgrund des Anstiegs der zurückgestauten Güterzüge auf 1000 war die Reichsbahn gezwungen, den Güterverkehr im gesamten Reichsgebiet vom 19. Januar bis zum 6. Februar 1942 erheblich zu drosseln und auf volkswirtschaftliche und militärische Güter mit Prioritätsstatus zu beschränken.

2.5.6 Anpassung der Reichsbahn an den totalen Krieg

Hitler reagierte auf die Transportkrise an der Ostfront mit seinem üblichen Verhaltensmuster, negative externe Einflussfaktoren nicht als Entschuldigungen für schlechte Ergebnisse zu akzeptieren und den Fehler in individuellen Führungsfehlern und einem Mangel an Willenskraft zu suchen. Da er Dorpmüller wegen dessen Nimbus als Vater der Reichsbahn nicht ohne negative Folgen für die Motivation der Eisenbahner entlassen konnte, bestimmte Hitler den stellvertretenden Reichsbahn-Generaldirektor Wilhelm Kleinmann zum Sündenbock. Auf Speers Empfehlung ernannte Hitler im Mai 1942 den bisherigen Leiter der Haupteisenbahndirektion in Poltawa Albert Ganzenmüller zum Staatssekretär und stellvertretenden Generaldirektor der Reichsbahn.[90]

Der erst 37 Jahre alte Ganzenmüller war Speer als tatkräftiger und entscheidungsfreudiger Krisenmanager des Bahnverkehrs in der Ukraine aufgefallen. Mit dieser Entscheidung setzte Hitler das Senioritätsprinzip in der Reichsbahn außer Kraft und entschied sich für eine Führungskraft, die dem Idealbild der nationalsozialistischen Menschenführung entsprach und einen Bruch mit tradierten bürokratischen Routinen vermittelte. Ganzenmüller nutzte seine Vertrauensstellung bei Speer und dessen direkten Zugang zu Hitler und ersetzte über Dorpmüllers Kopf hinweg die Leiter der Betriebsabteilung und der Verkehrs- und Tarifabteilung durch jüngere und energischere Nachfolger. Bis zum Herbst 1942 besetzte Ganzenmüller mit Speers Zustimmung zehn Positionen auf der Führungsebene der Abteilungspräsidenten und Direktionspräsidenten um.[91] Auch die Eisenbahner im Lokomotivdienst mussten neben einer auf 60 Stunden verlängerten Wochenarbeitszeit (exklusive Überstunden) ein-

---

[89] BArch, R 5/2085. Schreiben des Präsidenten der GBL West an Dorpmüller, 9. 2. 1942; Vortrag des MinDir Leibbrand in der 85. Präsidentenkonferenz, 31. 3. 1942.
[90] BArch, R 3/1503 und 1504. Aufzeichnungen von Speer über seine Besprechung am 19. 3. 1942, 18. 5. 1942 und 23.–25. 5. 1942 im Führerhauptquartier.
[91] BArch, R 3/1504. Aufzeichnung von Speer über seine Besprechung am 13. 5. 1942 und 28./29. 6. 1942 im Führerhauptquartier; *Mierzejewski*, Most Valuable Asset, Bd. 2, S. 103–109.

schneidende Veränderungen in ihren Dienstroutinen hinnehmen. Während jeder Lok bislang feste Besatzungen zugeordnet waren, mussten nun Dienstpläne mit Lokwechseln akzeptiert werden, wodurch sich die Auslastung der Lokomotiven zu Lasten der Pausen- und Ruhezeiten verbesserte.[92]

In der strategischen Planung und in der operativen Lenkung der Reichsbahn übernahm Ganzenmüller die Leitung und führte auch in den Konferenzen der Direktionspräsidenten das Wort. Ganzenmüller besaß gegenüber dem Transportchef des OKH, General der Infanterie Rudolf Gercke, eine größere Autorität als Dorpmüller, der sich im Winter 1941/42 in Auseinandersetzungen mit ihm aufgerieben hatte. Der Transportchef des OKH überließ der Reichsbahn die Organisation des zivilen Güterverkehrs in die besetzten Ostgebiete, wodurch sich die Transportabwicklung deutlich verbesserte.[93] Mit Hitlers Zustimmung unterstellte Ganzenmüller am 15. Juni 1942 die Ostbahn sowie die Wehrmachts-Verkehrsdirektionen Brüssel und Paris der Reichsbahn, die forthin den gesamten Schienenverkehr im besetzten Europa lenkte.[94]

Mit Speers Unterstützung erhielten die Schienenfahrzeugproduktion und die Ausbesserungswerke der Reichsbahn eine hohe Prioritätenstellung bei der Zuweisung von Arbeitskräften und Material. Im Juni 1942 startete die Reichsbahn eine dreimonatige Sonderaktion, um den Lokomotivmangel durch die zusätzliche Instandsetzung von 3000 Lokomotiven zu beheben und damit die immer noch angespannte Verkehrslage zu verflüssigen. Zu diesem Zweck ordnete Speers Ministerium zeitweise Arbeitskräfte aus der Rüstungsindustrie ab, welche die Reichsbahn 1940/41 an die Industrie abgeben musste.[95]

Trotz der angestrebten Verlagerung von Massenguttransporten auf Binnenschiffe unterlag die Reichsbahn bis zum Sommer 1942 der uneingeschränkten gesetzlichen Beförderungspflicht. Unter den Bedingungen des totalen Kriegs bevollmächtigte die Zentralverkehrsleitstelle im Reichsverkehrsministerium die Reichsbahndirektionen, nicht kriegswichtige Transporte im Nahverkehr nach eigenem Ermessen abzulehnen und die Empfänger zu einem gleichmäßigeren Güterbezug durch Vorratsbildung zu drängen. Durch die Abschaffung der Entfernungsdegression bei den Gütertarifen eliminierte die Reichsbahn die wirtschaftlichen Anreize, Güter von weiter entfernten Lieferanten als nötig zu beziehen. Da die Beschleunigung des Waggonumlaufs eine zentrale Bedeutung für eine höhere Waggongestellung und damit für die Verkehrsbewältigung hatte, führte die Reichsbahn finanzielle Anreize für die Empfänger der Güter ein. Während bislang nur die verspätete Entladung von Güterwaggons mit zusätzlichen Standgebühren belastet war, wurden die Unternehmen durch eine Prämie

---

92 *Mierzejewski*, Most Valuable Asset, Bd. 2, S. 142.
93 BArch R 5 Anh. I/Slg. Sarter/69. Vortrag des Leiters der Betriebsabteilung Gustav Dilli auf der 90. Präsidentenkonferenz, 11. 5. 1943.
94 *Mierzejewski*, Most Valuable Asset, Bd. 2, S. 136.
95 Aufzeichnung von Speer über seine Besprechung im Führerhauptquartier, 23.–25. 5. 1942; Niederschrift der 86. Präsidentenkonferenz, 23. 6. 1942.

von 10 RM pro Tag und Waggon zur beschleunigten Be- und Entladung und zur schnelleren Abgabe der Waggons angehalten.[96]

Während Eisenbahnarbeiter im Werkstättendienst seit jeher im Gedingelohn (Gruppenakkord) arbeiteten und mit finanziellen Anreizen motiviert wurden, führte die Reichsbahn im Juni 1942 für alle Beschäftigten im Umschlagsdienst Leistungsprämien ein.[97] Die Optimierung des Bahnbetriebs, die verbesserte Versorgung mit Lokomotiven und Güterwaggons und das Ausbleiben einer erneuten Transportkatastrophe an der Ostfront waren maßgeblich dafür verantwortlich, dass die Reichsbahn in den ersten vier Monaten des Jahres 1943 im Tagesdurchschnitt 30 000 Güterwaggons mehr als im gleichen Zeitraum von 1942 transportieren konnte und Verkehrssperren im Güterverkehr auf eine Woche im Januar 1943 beschränkt blieben.[98]

Die Deportation der deutschen und westeuropäischen Juden in die Ghettos, Konzentrationslager und Vernichtungslager hatte auf die Abwicklung des militärischen Zugverkehrs nur marginale Auswirkungen. Nach den detaillierten Forschungen des Eisenbahnhistorikers Alfred Gottwaldt fuhr die Reichsbahn von Oktober 1941 bis 1945 220 Deportationszüge aus dem Reichsgebiet und dem Protektorat Böhmen und Mähren.[99] Hinzu kamen 205 Deportationszüge aus den Niederlanden, Frankreich und Belgien, die zu großen Teilen von der Reichsbahn gefahren wurden.[100] Bei einer durchschnittlichen Strecke von 500 km summierte sich die Transportleistung für die Deportationszüge auf insgesamt 212 500 Zug-km, was circa 0,02 % der gesamten Zugleistungen der Reichsbahn im Jahr 1942 entsprach. Das vorgetäuschte Unwissen der als Zeugen geladenen ehemaligen Reichsbahner während des Düsseldorfer Ganzenmüller-Prozesses (1973) war nicht nur der kollegialen Solidarität mit dem Angeklagten und der *omertà* über die kollektive Mitverantwortung geschuldet, sondern auch der geringen Bedeutung der Deportationszüge für den Gesamtbetrieb der Bahn.[101]

Im Sommer 1943 erweiterte die Reichsbahn wegen des zunehmenden Mangels an deutschen Arbeitskräften die Einsatzmöglichkeiten für qualifizierte Arbeiter aus

---

96 Niederschrift der 86. Präsidentenkonferenz am 23. 6. 1942; *Mierzejewski*, Most Valuable Asset, Bd. 2, S. 139 f.
97 BArch, R 5 Anh. I/Slg. Sarter/69. Niederschrift der 87. Präsidentenkonferenz, 11. 9. 1942.
98 BArch, R 5/1851. Bericht des Leiters der Verkehrsabteilung Fritz Schelp auf der 90. Präsidentenkonferenz am 11. 5. 1943; Ausarbeitung „Der deutsche Verkehr im Jahre 1943" (o. Verf.).
99 *Alfred B. Gottwaldt/Diana Schulle*, Die „Judendeportationen" aus dem Deutschen Reich 1941–1945. Eine kommentierte Chronologie, Wiesbaden 2005; *Alfred B. Gottwaldt*, Die „Logistik des Holocaust" als mörderische Aufgabe der Deutschen Reichsbahn im europäischen Raum, in: Ralf Roth (Hrsg.), Neue Wege in ein neues Europa, Frankfurt 2009, S. 277 f.
100 Die zahlreichen Deportationszüge innerhalb des Generalgouvernements, aus Ungarn, der Slowakei, Südosteuropa und Italien wurden nur auf dem letzten kurzen Streckenabschnitt vor Auschwitz über das Reichsbahnnetz geführt und können daher ausgeklammert werden. Deportationstransporte, die aus einzelnen Wagen bestanden und an fahrplanmäßige Züge angehängt wurden, wurden wegen des geringen Mehraufwands für die Reichsbahn ebenfalls nicht berücksichtigt.
101 Zum Ganzenmüller-Prozess s. *Raul Hilberg*, Sonderzüge nach Auschwitz, Frankfurt am Main 1987, S. 232–245.

Westeuropa und Nordeuropa. Während ausländische Arbeitskräfte bis dahin keine eigenverantwortlichen Aufgaben übernehmen und möglichst körperlich schwere Arbeiten in der Streckeninstandhaltung und in Werkstätten verrichten sollten, sollten „germanische nichtdeutsche Kräfte" nunmehr auch als Aufseher in Stückgutbahnhöfen, als Rangieraufseher, Weichenwärter, Lokheizer und als Zugschaffner eingesetzt werden.[102] In der Praxis stieß diese Personalpolitik auf den hinhaltenden Widerstand der Direktionen und Ämter, die erst nach der Erschöpfung aller Personalreserven zur Ausbildung von ausländischen Arbeitern bereit waren. Tausende qualifizierte französische Eisenbahner erhielten eigenverantwortliche Positionen, obwohl sie nicht exakt dem Kriterium der „germanischen Rasse" entsprachen, aber im Unterschied zu niederländischen, norwegischen und dänischen Arbeitskräften verfügbar waren. Die Reichsbahn akzeptierte die verordnete rassistische Hierarchisierung der freien und gezwungenen ausländischen Arbeiter trotz ihrer kontraproduktiven Folgen für die Aufrechterhaltung des Betriebs. Nach dem Urteil des Reichsbahn-Personalchefs Werner Hassenpflug erwiesen sich Ostarbeiter als „bessere Arbeitskräfte als Polen, Franzosen und Belgier", aber wurden nach den Vorgaben des Reichsernährungsministeriums völlig unzureichend ernährt. Angesichts der großen Zahl der verfügbaren ausländischen Arbeitskräfte sprach Ganzenmüller noch im April 1944 davon, dass bei der Knappheit des Personals „im Vergleich zum ersten Weltkrieg die äußerste Grenze noch nicht erreicht sei".[103]

Seit dem Frühjahr 1943 trafen britische und amerikanische Bomberverbände neben der Rüstungsindustrie und den Wohnvierteln des Ruhrgebiets immer öfter auch Bahnanlagen.[104] Obwohl sich die Betriebslage wegen des dichten Streckennetzes in west-östlicher Richtung nach Luftangriffen relativ schnell wieder normalisierte, führte der temporäre Ausfall von Rangierbahnhöfen zum Rückstau von Kohlezügen. Die Bitten der Reichsbahn an das Ruhrkohlesyndikat, zur Einsparung von Rangierarbeiten möglichst viele Ganzzüge für Kohle zu bilden, wurden wegen der inflexiblen Distributionslogistik des Bergbaus und des Rheinisch-Westfälischen Kohle-Syndikats jedoch nur teilweise umgesetzt.[105] Die im Sommer 1943 beginnende Dezentralisierung der Rüstungsindustrie durch Teilverlagerungen in ländliche Räume führte zu höheren Belastungen des Nebenbahnnetzes, zu einer Steigerung des Transportbedarfs und zum ersten Mal zu einem Mangel an gedeckten Waggons für den Transport von Vorprodukten und Fertigwaren.[106] Nach Schätzungen des Verkehrsdezernats der Hauptverwaltung

---

102 Niederschrift der 90. Präsidentenkonferenz, 11. 5. 1943; *Hildebrand*, Reichsbahn in der NS-Diktatur, S. 234 f.
103 Niederschrift der 92. Präsidentenkonferenz, 18. 4. 1944; BArch, R 5 Anh. I/Slg. Sarter/69. Bericht von Hassenpflug.
104 Bericht des Direktionspräsidenten Lamertz (Essen) auf der 90. Präsidentenkonferenz.
105 BArch, R 5/2087. Niederschrift der Besprechung zwischen der Hauptverwaltung der Reichsbahn, den Generalbetriebsleitungen und den Reichsbahndirektionen Essen und Oppeln über die Entlastung der Bahn im Ruhrgebiet, 31. 5. 1943.
106 Niederschrift der 92. Präsidentenkonferenz, 18. 4. 1944; *Mierzejewski*, Most Valuable Asset, Bd. 2, S. 141.

verursachte die Dezentralisierung der Rüstungsindustrie einen täglichen Mehrbedarf von 2000 Waggons, der in Relation zum Gesamtverkehr gering war, aber eine überproportionale Zahl von Zugleistungen beanspruchte.[107] Wegen des Mangels an gedeckten Waggons musste die Reichsbahn im Frühjahr 1944 dazu übergehen, gelegentlich auch nässeempfindliche Produkte wie Zement und Düngemittel in offenen Waggons zu transportieren und dadurch Transportverluste in Kauf zu nehmen.

Infolge der zunehmenden Luftangriffe seit Juli 1943 stieg die Zahl der zurückgestauten Waggons von 31 000 (Anfang Juli) auf 48 000 (Mitte August).[108] Die Reichsbahn stand seit dem Herbst 1943 in den besonders stark bombardierten Städten vor dem Dilemma, durch die vorrangige Wiederherstellung der Nahverkehrsstrecken den Ausfall von Arbeitsstunden zu reduzieren, aber die Normalisierung des überregionalen Güterverkehrs zu verzögern.[109] Die steigenden Unterbrechungen des Rangierbetriebs durch Luftalarm reduzierten die Kapazität des Bahnnetzes.

2.5.7 Der schrittweise Ausfall der Bahn unter der alliierten Luftkriegsführung 1944/45

Obwohl die Luftangriffe bis zum Sommer 1944 vorrangig auf die Rüstungsindustrie und auf Wohngebiete zielten, nahmen die Kollateralschäden an Bahnanlagen stetig zu.[110] Die zunehmende Zahl der Luftangriffe bei Tag und Nacht führte zu einer steigenden Zahl von Betriebsunterbrechungen, die den Ablauf des Verkehrs behinderten. Die Anweisung der Hauptverwaltung, Personenzüge schon beim Einsetzen des Luftalarms zu stoppen, ließ sich nicht mehr aufrechterhalten. Züge sollten erst dann gestoppt werden, wenn ihr Beschuss kurz bevorstand und eine rechtzeitige Evakuierung der Passagiere noch möglich war. Leere Güterwaggons und Personenwagen wurden im Ruhrgebiet möglichst auf Bahnhöfen an der Peripherie abgestellt, um Bombenschäden so weit wie möglich zu vermeiden.

Bis zum Juli 1944 verlief der Bahnbetrieb im Reichsgebiet laut der Reichsbahn-Hauptverwaltung „relativ flüssig", obwohl die Zahl der gestellten Waggons im zweiten Quartal des Jahres um acht Prozent hinter 1943 zurückblieb und sich die Zugver-

---

107 BArch, R 5 Anh. I/Slg. Sarter/69. Bericht von Fritz Schelp (Leiter der Verkehrsabt. der Hauptverwaltung) auf der Präsidentenkonferenz, 24. 7. 1944.
108 BArch, R 5 Anh. I/Slg. Sarter/69. Rundspruch von Dorpmüller und Ganzenmüller an die Reichsbahnpräsidenten, 14. 9. 1943.
109 Niederschrift der 91. Präsidentenkonferenz am 6. 12. 1943. Zur Lage des Transportwesens und der Kriegswirtschaft s. *Jonas Scherner*, Bericht zur deutschen Wirtschaftslage 1943/44. Eine Bilanz des Reichsministeriums für Rüstung und Kriegsproduktion über die Entwicklung der deutschen Kriegswirtschaft bis Sommer 1944, in: Vierteljahreshefte für Zeitgeschichte 55, 2007, S. 499–546.
110 Niederschrift der 92. Präsidentenkonferenz am 18. 4. 1944.

spätungen erhöhten.[111] Die improvisierten Maßnahmen zur Reduzierung von Betriebsunterbrechungen erwiesen sich ab September 1944 jedoch als völlig unzureichend. Die Generalstäbe der alliierten Bomberflotten hatten die Eisenbahn relativ spät als Achillesferse der deutschen Kriegswirtschaft erkannt und ließen jetzt die Rangierbahnhöfe im Rheinland, im Ruhrgebiet und in Westfalen angreifen, um den Nachschub an die Westfront zu unterbrechen und die Lieferungen aus dem Ruhrgebiet in den Rest des Reiches zu stoppen. Angriffe auf das westdeutsche Kanalnetz legten die Binnenschifftransporte von Ruhrkohle im Herbst 1944 weitgehend lahm und brachten die Kriegswirtschaft ab November 1944 durch Energiemangel teilweise zum Erliegen.[112]

Im Westen Deutschlands verschärften die Bombenangriffe auf Bahnanlagen die Verkehrsprobleme so stark, dass ein geordneter Zugverkehr seit Oktober 1944 unmöglich war. Durch den Ausfall vieler Rangierbahnhöfe war der Verkehr aus dem Ruhrgebiet um drei Viertel reduziert.[113] Im November verhängte das Verkehrsministerium eine Sperre für Transporte in alle Direktionsbezirke im Westen, Südwesten und Osten des Reiches. Lediglich Wehrmachtsgut, Kohle, Getreide und Kartoffeln sowie besonders wichtige Sendungen der Rüstungsindustrie waren ausgenommen.[114] Im Dezember 1944 sank die Leistungsfähigkeit der Bahn so stark, dass das Ministerium für Rüstung und Kriegsproduktion und das Verkehrsministerium ein selektives Auswahlverfahren für den Gütertransport einführten.[115] Während die Eisenbahn bis zum August 1944 die Transportanforderungen der Kriegswirtschaft erfüllen konnte, führte die gezielte Lähmung der Knotenpunkte im Herbst 1944 zum progressiven Ausfall der Verkehrsinfrastruktur.

Auswahlbibliografie

Arold, Stefan, Die technische Entwicklung und rüstungswirtschaftliche Bedeutung des Lokomotivbaus der Deutschen Reichsbahn im Dritten Reich (1933–1945), Stuttgart 1997.
Braun, Magnus Frhr. von, Weg durch vier Zeitepochen, Limburg 1965.
Deutsche Reichsbahn-Gesellschaft, Verzeichnis der oberen Reichsbahnbeamten 1936, Berlin 1936.
Gottwaldt, Alfred B., Die Reichsbahn und die Juden 1933–1939, Wiesbaden 2011.
Gottwaldt, Alfred B./Dorpmüller, Julius, Die Reichsbahn und die Autobahn, Berlin 1995.
Gottwaldt, Alfred B., Deutsche Kriegslokomotiven 1939–1945, Stuttgart 1973.
Gottwaldt, Alfred/Schulle, Diana, Die „Judendeportationen" aus dem Deutschen Reich 1941–1945. Eine kommentierte Chronologie, Wiesbaden 2005.

---

111 Niederschrift der 93. Präsidentenkonferenz am 24. 7. 1944.
112 *Mierzejewski*, Most Valuable Asset, Bd. 2, S. 158–161; *Alfred C. Mierzejewski*, The Collapse of the German War Economy 1944–1945, Chapel Hill 1988.
113 BArch, R 3/1528. Bericht von Speer über die Verkehrslage an Hitler, 11. 11. 1944; BArch, R 3/1854. Angaben über den Ausfall der Rangierbahnhöfe.
114 BArch, R 3/1848. Entwurf des Reichsverkehrsministeriums, November 1944.
115 BArch, R 3/1848. Schreiben Speer an Rudorff (Bank der Deutschen Luftfahrt), 5. 12. 1944.

Hilberg, Raul, Sonderzüge nach Auschwitz, Frankfurt 1987.
Hildebrand, Klaus, Die Reichsbahn in der nationalsozialistischen Diktatur 1933–1945, in: Lothar Gall/ Manfred Pohl (Hrsg.), Die Eisenbahn in Deutschland, München 1999, S. 165–244.
Knipping, Andreas/Schulz, Reinhard, Deutsche Reichsbahn 1939–1945, Stuttgart 2015.
Kopper, Christopher, Modernität oder Scheinmodernität nationalsozialistischer Herrschaft. Das Beispiel der Verkehrspolitik, in: Christian Jansen (Hrsg.), Von der Aufgabe der Freiheit. Festschrift für Hans Mommsen, Berlin 1995, S. 399–411.
Kuczynski, Thomas, Dem Regime dienen – nicht Geld verdienen. Zur Beteiligung der Deutschen Reichsbahn an Deportation und Zwangsarbeit während der NS-Diktatur, in: Zeitschrift für Geschichtswissenschaft 57, 2009, S. 510–528.
Kunz, Andreas, Statistik der Binnenschifffahrt in Deutschland 1935–1989, St. Katharinen 1999.
Mierzejewski, Alfred C., The Most Valuable Asset of the Reich. A History of the German National Railway, 2 Bde. Chapel Hill 1999/2000.
Mierzejewski, Alfred C., The Collapse of the German War Economy 1944–1945, Chapel Hill 1988.
Overy, Richard, Cars, Roads, and Economic Recovery in Germany, 1932–1938, in: Richard Overy, War and Economy in the Third Reich, Oxford 1994, S. 68–89.
Pottgießer, Hans, Die Deutsche Reichsbahn im Ostfeldzug 1939–1944, Neckargemünd 1975.
Roth, Ralf, Wann sich Kommunikations- und Transportsysteme in Destruktionsmittel verwandeln. Die Reichsbahn und das System der Zwangsarbeit in Europa, in: Ralf Roth (Hrsg.), Neue Wege in ein neues Europa, Frankfurt 2009, S. 235–260.
Schüler, Klaus A. Friedrich, Logistik im Rußlandfeldzug, Frankfurt 1987.
Schütz, Erhard/Gruber, Eckhard, Mythos Reichsautobahn. Bau und Inszenierung der „Straßen des Führers" 1933–1941, Berlin 1996.

3 Wirtschaftssektoren und industrielle Branchen

Jonas Scherner
3.1 Industrielle Entwicklung und Investitionen

3.1.1 Einleitung

Als Hitler zum Reichskanzler ernannt wurde, war der industrielle Sektor durch die Folgen der Weltwirtschaftskrise stark gezeichnet. 1932 lag die Zahl der geleisteten Arbeitsstunden in der deutschen Industrie nur noch halb so hoch wie drei Jahre zuvor.[1] Ein ähnlicher Rückgang war bei der Industrieproduktion und den realen Ausfuhren des gewerblichen Sektors zu verzeichnen.[2] Insbesondere in den Investitionsgüterindustrien waren Beschäftigung und Produktion massiv eingebrochen.[3] Auch die relative Bedeutung der Industrie in der deutschen Volkswirtschaft hatte sich vermindert. Der Anteil der industriellen an den gesamtwirtschaftlichen Investitionen betrug 1932 nur noch zehn Prozent und hatte sich gegenüber 1928 fast halbiert.[4] Allerdings deuteten erste Indikatoren darauf, dass der Tiefpunkt der wirtschaftlichen Entwicklung zur Jahreswende 1932/33 durchschritten war.[5] In den folgenden zwölf Jahren sollte die Industrie nicht nur wieder den relativen Stellenwert in der deutschen Volkswirtschaft erreichen, den sie vor der Weltwirtschaftskrise hatte, sondern ihn massiv überschreiten, wie dieses Kapitel zeigen soll. Gleichzeitig fanden innerhalb des Industriesektors bemerkenswerte Strukturveränderungen statt.

Die Betrachtung der Entwicklung der Industrie und ihrer Bedeutung in der deutschen Volkswirtschaft soll in erster Linie auf der Grundlage der Untersuchung der Industrieinvestitionen und ihrer Triebkräfte erfolgen, und weniger durch eine Analyse der industriellen Produktion, der Arbeitsproduktivität sowie deren Determinanten. Dieser Weg wird beschritten, weil eine Untersuchung der Investitionstätigkeit insbesondere Aussagen über langfristige Änderungen der Industrie erlaubt, denn gerade im Bereich der Investitionstätigkeit haben neuere Forschungen die statistische Grundlage für die Analyse verbessert.[6] Außerdem spielen Höhe, Struktur

---

[1] *Länderrat des Amerikanischen Besatzungsgebiets* (Hrsg.), Statistisches Handbuch von Deutschland 1928–1944, München 1949, S. 480.
[2] *Rolf Wagenführ*, Die Industriewirtschaft. Entwicklungstendenzen der deutschen und internationalen Industrieproduktion 1860 bis 1932, Berlin 1933, S. 56; *Länderrat*, Statistisches Handbuch, S. 394; *Hans-Erich Volkmann*, Die NS-Wirtschaft in Vorbereitung des Krieges, in: Wilhelm Deist (Hrsg.), Das Deutsche Reich und der Zweite Weltkrieg. Bd. 1: Ursachen und Voraussetzungen der deutschen Kriegspolitik, Stuttgart 1979, S. 181.
[3] *Wagenführ*, Industriewirtschaft, S. 56.
[4] *Länderrat*, Statistisches Handbuch, S. 604.
[5] *Christoph Buchheim*, Das NS-Regime und die Überwindung der Weltwirtschaftskrise in Deutschland, in: Vierteljahrshefte für Zeitgeschichte 56, 2008, S. 381–414.
[6] *Jonas Scherner*, Nazi Germany's Preparation for War: Evidence from Revised Industrial Investment Series, in: European Review of Economic History 14, 2010, S. 433–468; *Jonas Scherner*, "Armament in the Depth" or "Armament in the Breadth"? German Investment Pattern and Rearmament during the

und Determinanten der Industrieinvestitionen eine zentrale Rolle in wichtigen Debatten zur NS-Wirtschaftsgeschichte, nämlich a) in welchem Maß Deutschland für einen langen Krieg wirtschaftlich vorbereitet war (die sogenannte Blitzkriegswirtschaftshypothese),[7] b) welche Ursachen der starke Anstieg der Rüstungsproduktion in der zweiten Kriegshälfte hatte (die Debatte um das sogenannte Rüstungswunder),[8] und schließlich c) derjenigen zum Verhältnis zwischen Staat und Industrie.[9]

Außerdem ist unser Wissen über die industrielle Produktion und damit zwangsläufig auch über die Produktivitätsentwicklung lückenhaft und manchmal widersprüchlich, anders als das über die industriellen Investitionen und ihre Zusammensetzung. Zwar ist unstrittig, dass die industrielle Produktion während der NS-Zeit stark anstieg, von dem Wirtschaftsaufschwung der 1930er Jahre insbesondere die Rüstungs- und Autarkieindustrie profitierten und der Krieg diese Tendenz noch einmal verstärkte. Allerdings liegt für die industrielle Produktion noch keine konsistente Zeitreihe vor, welche die gesamte NS-Zeit abdeckt. Der vom Institut für Konjunkturforschung (IfK), dem späteren Deutschen Institut für Wirtschaftsforschung (DIW), erstellte industrielle Produktionsindex, der einen Vergleich mit der Zeit vor der Weltwirtschaftskrise erlaubt, umfasst nicht die gesamte NS-Zeit.[10] Überdies repräsentierte er nur einen Teil

---

Nazi Period, in: Economic History Review 66, 2013, S. 497–517; *Claus-Martin Gaul*, Die industriellen Anlageinvestitionen und ihre Steuerung in Deutschland von 1933 bis 1939. Ein Beitrag zur wirtschaftshistorischen Analyse des Verhältnisses von Politik und Ökonomie im Nationalsozialismus, Hamburg 2004; *Jonas Scherner*, Die Logik der Industriepolitik im Dritten Reich. Die Investitionen in die Autarkie- und Rüstungsindustrie und ihre staatliche Förderung, Stuttgart 2008.

7 Zur Blitzkriegswirtschaftshypothese insbesondere *Alan S. Milward*, Die deutsche Kriegswirtschaft 1939–1945, Stuttgart 1966.

8 Für einen Überblick über die Debatten und eine Kritik am Rüstungswunder, vgl. *Jonas Scherner/Jochen Streb*, The Mirage of the German Armament Miracle in World War II, in: Jari Eloranta [u. a.] (Hrsg.), An Economic History of Warfare and State Formation, Tokio 2016, S. 243–258. Siehe auch das Kapitel 3.2 in diesem Band.

9 Vgl. zu dieser Debatte *Christoph Buchheim/Jonas Scherner*, The Role of Private Property in the Nazi Economy: The Case of Industry, in: Journal of Economic History 66, 2006, S. 390–416; *Christoph Buchheim*, Unternehmen in Deutschland und NS-Regime: Versuch einer Synthese, in: Historische Zeitschrift 282, 2006, S. 351–390; *Jonas Scherner*, Das Verhältnis zwischen NS-Regime und Industrieunternehmen – Zwang oder Kooperation?, in: Zeitschrift für Unternehmensgeschichte 51, 2006, S. 166–190; *Peter Hayes*, Corporate Freedom of Action in Nazi Germany, in: Bulletin of the German Historical Institute (GHI) 46, 2009, S. 29–42; *Christoph Buchheim/Jonas Scherner*, Corporate Freedom of Action – a Reply to Peter Hayes, in: Bulletin of the GHI 45, 2009, S. 43–50; *Jonas Scherner*, Keine primäre moralische Verantwortung? Zum Umfang und zu Grenzen unternehmerischer Handlungsspielräume in der NS-Zeit, in: Stefanie van de Kerkhof [u. a.] (Hrsg), Ökonomie und Moral. Neue Ansätze der Wirtschaftswissenschaften und historische Fallbeispiele, Stuttgart 2017, S. 149–187. Diese Debatte wurde auch beleuchtet in *Tim Schanetzky/Norbert Frei* (Hrsg.), Unternehmen im Nationalsozialismus. Zur Historisierung einer Forschungskonjunktur, Göttingen 2010 und in einem von Ralf Banken edierten Sonderheft Business History 62, 2020. Zur Darstellung des Verhältnisses zwischen Staat und Industrie in der Bauwirtschaft *Simon Gogl*, Laying the Foundations. Organisation Todt and the German Construction Industry in Occupied Norway, Berlin/Boston 2020.

10 BArch R 3102/2992, Bl. 25 f. Statistisches Reichsamt, Arbeitsplan für die Weiterführung der Industriestatistik. Generell zur Methode des IfK-Index zur industriellen Produktion *Wagenführ*, Industriewirt-

des tatsächlichen Outputs und zog teilweise problematische Einzelindikatoren heran. Der Produktionsindex von Hoffmann ist unbrauchbar, wie Rainer Fremdling und Reiner Stäglin gezeigt haben, weil er unter anderem zur Gewichtung Ende der 1930er Jahre publizierte Daten des Industriezensus von 1936 zu den Bruttoproduktionswerten verwendet, die allerdings zum Teil erheblich verzerrt sind.[11] Problematisch sind auch die beiden Zeitreihen, die für die Kriegszeit existieren. Die erste wurde vom ehemaligen Chefstatistiker von Albert Speers Rüstungsministerium Rolf Wagenführ veröffentlicht.[12] Eine zweite wurde kurz nach dem Krieg von einem Mitarbeiter des United States Strategic Bombing Survey (USSBS) in einem Special Paper aus Nettowertschöpfungsdaten zu konstanten Preisen einzelner Branchen berechnet, die auf der Grundlage von Umsatzzahlen der Reichsgruppe Industrie mithilfe der Vorleistungsquoten aus den publizierten Daten zum Industriezensus von 1936 und eines Preisindex ermittelt und erstmalig umfassend von Adam Tooze analysiert wurden.[13] Wenn auch beide Zeitreihen zeigen, dass die deutsche Industrieproduktion in der zweiten Kriegshälfte deutlich größer als 1939 war, führen sie zu widersprüchlichen Ergebnissen für die ersten beiden Kriegsjahre – Stagnation nach den Wagenführschen Daten und hohes Wachstum nach den USSBS-Daten. Hinzu kommt, dass beide Zeitreihen methodisch problematisch sind. Zu den vielen Mängeln von Wagenführs Index zählt etwa, dass er das Gewicht der Rüstungsproduktion unter- und das der Bauindustrie überschätzt.[14] Doch auch die Zeitreihe zur Industrieproduktion auf der Basis der USSBS-Zahlen hat Schwächen. Das liegt unter anderem an der Verwendung der Vorleistungsquoten aus den publizierten Daten zum Industriezensus von 1936. Diese sind nicht nur verzerrt, sondern berücksichtigen auch nicht den Umstand, dass es während des Krieges zu einem starken industriellen Outsourcing innerhalb Deutschlands, aber auch in das besetzte Europa kam. Das bedeutete, dass die Vorleistungsquoten in einigen Industriezweigen vor allem ab 1939 deutlich anstiegen und somit das vom USSBS verwendete Verfahren die Produktion während des Krieges überschätzte.[15]

---

schaft, S. 47–57. Der Index wurde regelmäßig veröffentlicht, vgl. Statistisches Jahrbuch für das Deutsche Reich 1941/42, S. 55*.
11 *Walther G. Hoffmann*, Das Wachstum der deutschen Wirtschaft seit der Mitte des 19. Jahrhunderts, Berlin 1965, S. 392 ff.; *Rainer Fremdling/Reiner Stäglin*, Output, National Income and Expenditure: An Input-Output Table of Germany in 1936, in: European Review of Economic History 18, 2014, S. 385 f. Vgl. generell zu dem Industriezensus neben den zahlreichen Publikationen von Rainer Fremdling und Reiner Stäglin in den letzten 15 Jahren *J. Adam Tooze*, Statistics and the German State 1900–1945. The Making of Modern Economic Knowledge, Cambridge 2001.
12 *Rolf Wagenführ*, Die deutsche Industrie im Kriege 1939–1945, Berlin 1954, S. 191.
13 National Archives and Records Administration (NARA), RG 243, Records of the United States Strategic Bombing Survey, European Survey, Special Paper No 8, Industrial Sales, Output, and Productivity, Prewar Area of Germany; *J. Adam Tooze*, No Room for Miracles. German Industrial Output in World War II Reassessed, in: Geschichte und Gesellschaft 31, 2005, S. 439–464.
14 Zu einer ausführlichen Diskussion der Schwächen *Tooze*, No Room, S. 444–449.
15 Zur sinkenden Fertigungstiefe und dem Outsourcing in das besetzte Europa, vgl. *Lutz Budraß/ Jonas Scherner/Jochen Streb*, Fixed-price Contracts, Learning and Outsourcing: Explaining the Continuous Growth of Output and Labour Productivity in the German Aircraft Industry during World War II,

Da eine Schätzung eines konsistenten industriellen Produktionsindex noch aussteht, wird im Folgenden zunächst die quantitative Entwicklung der industriellen Investitionstätigkeit anhand verschiedener Kennziffern, wie dem Anteil industrieller Investitionen an den gesamtwirtschaftlichen Investitionen oder insbesondere im Vergleich zu anderen Sektoren, analysiert und damit die Veränderung des relativen Stellenwertes der Industrie in der deutschen Volkswirtschaft beleuchtet werden. Anschließend werden die Struktur der industriellen Investitionen nach Branchen und nach anderen Merkmalen sowie ihre Veränderungen vor dem Hintergrund der erwähnten historiografischen Debatten betrachtet. Dabei ist zu zeigen, welche Industriebranchen aus Sicht der Investitionstätigkeit am meisten von der NS-Wirtschaftspolitik profitierten und auf welche Triebkräfte dies zurückzuführen ist.

3.1.2 Umfang und Struktur der Industrieinvestitionen

Im Herbst 1945 erschien der Abschlussbericht des USSBS, der die Auswirkungen des alliierten Bombenkriegs auf die deutsche Kriegswirtschaft untersuchen sollte. Ein zentraler Befund dieses Berichts, an dem namhafte Ökonomen aus verschiedenen Ländern mitgewirkt hatten, lautete: „The Germans did not plan for a long war, nor were they prepared for it. Hitler's strategy contemplated a series of separate thrusts and quick victories (…)".[16] Dementsprechend habe man Ende der 1930er Jahre und zu Beginn des Kriegs das Konzept der Breitenrüstung – die Aufstellung und Ausrüstung einer möglichst großen Zahl von Truppen – und nur unzureichend das Konzept der Tiefenrüstung verfolgt, also die Schaffung einer industriellen Basis und umfangreicher Lagerbestände an Munition und strategischen Rohstoffen.[17]

---

in: Economic History Review 63, 2010, S. 107–136; *Jonas Scherner*, Europas Beitrag zu Hitlers Krieg. Die Verlagerung von Industrieaufträgen der Wehrmacht in die besetzten Gebiete und ihre Bedeutung für die deutsche Rüstung im Zweiten Weltkrieg, in: Christoph Buchheim/Marcel Boldorf (Hrsg.), Europäische Volkswirtschaften unter deutscher Hegemonie, München 2012, S. 70–92; *Jonas Scherner/Jochen Streb/Stephanie Tilly*, Supplier-Networks in the German Aircraft Industry during World War II and the Effects for West Germany's Car Industry in the 1950s, in: Business History 56, 2014, S. 996–1020. Der Einwand steigender Vorleistungsquoten dürfte in erster Linie auf das verarbeitende Gewerbe, insbesondere die metallverarbeitende Industrie zutreffen. Das aber wiederum bedeutet, dass in vorgelagerten Branchen, insbesondere der Rohstoffproduktion, die Nettoproduktionswerte aufgrund der publizierten Zensusdaten (soweit die von Fremdling und Stäglin festgestellten Abweichungen zu den tatsächlichen nicht zu groß sind bzw. diese Abweichungen für eine Neuberechnung der Nettoproduktionsdaten verwendet werden) zur Produktivitätsmessung benutzt werden können.

16 *United States Strategic Bombing Survey* (USSBS), The Effects of Strategic Bombing on the German War Economy Overall Economic Effects Division, October 31, 1945, Bd. 1, New York 1976, S. 6.
17 Vgl. auch generell dazu *Georg Thomas*, Geschichte der deutschen Wehr- und Rüstungswirtschaft (1918–1943/45), Boppard am Rhein 1966.

Diese später als Blitzkriegswirtschaftshypothese bezeichnete Aussage wurde in den kommenden Jahrzehnten vor allem durch Burton H. Klein, einem Harvard-Ökonom, der bereits an dem Final Report mitgewirkt hatte, und durch den britischen Wirtschaftshistoriker Alan S. Milward weiter verfeinert.[18] Beide glaubten, dass sich Deutschland erst von diesem Konzept abgewandt habe, nachdem es nicht gelungen war, die Sowjetunion im Jahr 1941 zu besiegen und zugleich die USA mit ihren gewaltigen industriellen Kapazitäten zum Kriegsgegner geworden waren. Erst dann sei die deutsche Wirtschaft radikal auf einen Abnutzungskrieg eingestellt worden. Der Grund für die halbherzige und unvollkommene Mobilisierung der deutschen Wirtschaft vor Ende 1941 wurde neben militärischen Erwägungen auch darin gesehen, dass man vermeiden wollte, dass die deutsche Bevölkerung ihren Konsum zu stark einschränken musste, was die Akzeptanz des NS-Regimes zu verringern drohte.[19] Entsprechend der Annahme einer nur bedingt erfolgten Mobilisierung der deutschen Wirtschaft in den ersten Kriegsjahren sprechen manche Autoren wie Rolf Wagenführ davon, dass die deutschen Wirtschaft in dieser Zeit eine „friedensgleiche Kriegswirtschaft" gewesen sei.[20] Implizit bedeute diese Bewertung, dass Deutschland eine Chance vergeben habe, den Krieg zu gewinnen, indem es sich anfänglich unzureichend auf die Kriegsführung eingestellt habe, wie auch Albert Speer, der Anfang 1942 Rüstungsminister wurde, explizit betonte.[21] Belege dafür, dass NS-Deutschland nur kurze Kriege geplant habe, fanden die Vertreter der Blitzkriegswirtschaftshypothese dabei in einer Reihe von Indikatoren. Einer davon beruhte auf der Betrachtung der Investitionstätigkeit in den Jahren vor dem Krieg. Denn eine Rekonstruktion und Analyse der deutschen gesamtwirtschaftlichen Investitionsstruktur in der Vorkriegszeit, zeige, so Burton H. Klein, keine „pronounced concentration of its investment in those activities associated with economic preparations of war".[22] Auch nach Kriegsbeginn seien die Kapazitäten in der deutschen Rüstungsindustrie nur langsam angewachsen.[23]

Spätere Forschungen machten klar, dass im Rahmen des 1936 implementierten Vierjahresplans hohe Industrieinvestitionen im Bereich der Autarkiebranchen getätigt wurden.[24] Darstellungen zur Unternehmensgeschichte wiesen darauf hin, dass in der zweiten Hälfte der 1930er Jahre vielen Firmen massiv in Rüstungskapazitäten investierten, insbesondere im wichtigen Bereich der Luftrüstung.[25] Insgesamt ergab sich

---

18 *Burton H. Klein*, Germany's Economic Preparations for War, Cambridge/Mass. 1959; *Milward*, Die deutsche Kriegswirtschaft.
19 *Milward*, Die deutsche Kriegswirtschaft, S. 60 f.
20 *Wagenführ*, Die deutsche Industrie, S. 25.
21 Vgl. zu Speers Einschätzung *Milward*, Die deutsche Kriegswirtschaft, S. 30.
22 *Klein*, Germany's Economic Preparations, S. 15. Dies übernahm *Milward*, Die deutsche Kriegswirtschaft, S. 20.
23 *USSBS*, The Effects of Strategic Bombing, S. 7.
24 Vgl. etwa *Dietmar Petzina*, Autarkiepolitik im Dritten Reich. Der nationalsozialistische Vierjahresplan, Stuttgart 1968.
25 Vgl. z. B. *Neil Gregor*, Stern und Hakenkreuz. Daimler-Benz im Dritten Reich. Berlin 1997; *Lutz Budraß*, Flugzeugindustrie und Luftrüstung in Deutschland 1918–1945, Düsseldorf 1998; *Andreas Meyhoff*,

auf Firmen- und Branchenebene ein ganz anderer Befund als aus Kleins makroökonomischen Daten. Dennoch konnte seine Deutung, nach der im Frieden keine besondere Ausrichtung der Investitionstätigkeit auf den Krieg zu erkennen sei, lange Zeit nicht grundsätzlich widerlegt werden. Erst in jünger Zeit zeigte eine neue Datenbasis, dass die bis dahin herangezogenen Werte zur Höhe und Struktur der Investitionstätigkeit im Dritten Reich fehlerhaft waren.[26] Das gilt sowohl für die gesamtwirtschaftlichen Investitionen im Allgemeinen als auch für die Industrieinvestitionen im Speziellen. Die von Klein und auch in späteren Publikationen verwendeten Daten zu den gesamtwirtschaftlichen Investitionen zwischen 1935 und 1938 beruhen nämlich auf Angaben einer staatlichen Bank, der Reichskreditgesellschaft, und nicht auf offiziellen Angaben, weil das Statistische Reichsamt (StRA) die Publikation dieser Daten für die Jahre nach 1934 aus Geheimhaltungsgründen eingestellt hatte.[27] Von diesem Zeitpunkt an wurden im Statistischen Jahrbuch für das Deutsche Reich lediglich für einige Sektoren, nämlich Verkehr (bis 1938), Wohnungswirtschaft (bis 1940) und Industrie (bis 1939) jährliche Investitionsdaten veröffentlicht. Die bisher bekannten Angaben für die anderen Sektoren wie die Landwirtschaft und insbesondere die öffentliche Verwaltung beruhten auf Nachkriegsschätzungen. Unklar blieb, ob und in welchem Umfang Militärausgaben in den bekannten Daten zu den gesamtwirtschaftlichen Investitionen und zur öffentlichen Verwaltung enthalten waren und welchen Zwecken diese Militärausgaben gegebenenfalls dienten – solchen, die auch nach heutiger Lesart unter Investitionen subsumiert werden können oder solchen wie Rüstungskäufen, die heute unter Staatskonsum erfasst werden.[28] Schließlich waren die von verschiedenen Autoren erstellten Schätzungen zur Höhe der gesamtwirtschaftlichen Investitionen für die Kriegsperiode widersprüchlich und Angaben zu ihrer Struktur höchst lückenhaft.[29]

Inzwischen wurden diese Lücken jedoch geschlossen, die Widersprüche aufgelöst und die Schätzungen verbessert. Diese Korrekturen revidieren unser Wissen über die industrielle Investitionstätigkeit im Dritten Reich grundlegend. Betrachtet man zunächst

---

Blohm & Voss im „Dritten Reich". Eine Hamburger Großwerft zwischen Geschäft und Politik, Hamburg 2001.

26 Vgl. dazu genauer *Scherner*, Armament. Fremdling und Stäglin haben auf der Grundlage des Industriezensus von 1936 und somit auf einem anderen Weg für 1936 die Investitionshöhe berechnet und kommen zu nur geringfügig abweichenden Ergebnissen zu den gesamtwirtschaftlichen Investitionen und ihrer Zusammensetzung. *Fremdling/Stäglin*, Output, National Income and Expenditure, Appendix, S. 22.

27 Zu den älteren Veröffentlichungen, vgl. *Albrecht Ritschl*, Über die Höhe und Struktur der gesamtwirtschaftlichen Investitionen in Deutschland 1935–38, in: Vierteljahrschrift für Sozial- und Wirtschaftsgeschichte 79, 1992, S. 156–176; *Mark Spoerer*, Demontage eines Mythos? Zu der Kontroverse über das nationalsozialistische „Wirtschaftswunder", in: Geschichte und Gesellschaft 31, 2005, S. 415–438.

28 Vgl. *Scherner*, Armament.

29 Vgl. für diese Schätzungen *Wagenführ*, Deutsche Industrie, S. 160; *Gerhard Gehrig*, Eine Zeitreihe für den Sachkapitalbestand (1925 bis 1938 und 1950 bis 1957), in: IFO-Studien 7, 1961, S. 50 (Tab. 5); *Wolfgang Kirner*, Zeitreihen für das Anlagevermögen der Wirtschaftsbereiche in der Bundesrepublik Deutschland, Berlin 1968, S. 81.

die in den ersten beiden Zeilen der Tabelle 1 abgetragenen unkorrigierten und korrigierten gesamtwirtschaftlichen Investitionen, erkennt man, dass letztere zwischen 1933 und 1944 etwa 140 Mrd. RM betrugen, und damit wesentlich – um ca. 20 % – geringer lagen als bisher angenommen, wobei die deutlichste Abweichung 1937 zu beobachten ist. Die Abweichungen lassen sich für die Jahre bis einschließlich 1938 dadurch erklären, dass die bisher bekannten Daten zu den gesamtwirtschaftlichen Investitionen die gesamten Rüstungsgüterkäufe als Teil der Investitionen der öffentlichen Verwaltung enthielten und die bisherigen Schätzungen für die folgenden Jahre auf verzerrten Ausrüstungs- und Bauinvestitionen beruhten. Im Unterschied dazu waren die industriellen Bruttoanlageinvestitionen erheblich höher, als in der älteren Literatur unterstellt, wie in den Zeilen 3 und 4 zu sehen. Das liegt daran, dass ein erheblicher quantifizierbarer Teil der Investitionen in die Rüstungsindustrie nicht in der vom StRA publizierten Zeitreihe zur industriellen Investitionstätigkeit, sondern unter den Investitionen der öffentlichen Verwaltung enthalten waren, was einerseits auf die bewusste Verschleierungsstrategie des StRA und andererseits auf die Erhebungsmethode zurückzuführen ist.[30] Daher wuchs in Wirklichkeit das Gewicht der Industrieinvestitionen an der gesamtwirtschaftlichen Investitionstätigkeit erheblich stärker, als die ältere Forschung angenommen hatte (Tabelle 1, Zeile 5 und 6). Bisher musste man davon ausgehen, dass erst Ende der 1930er Jahre der Anteil der industriellen an den gesamtwirtschaftlichen Investitionen wieder die gleiche Höhe hatte wie 1928. Mithin wäre der durch die Weltwirtschaftskrise entstandene relative Bedeutungsverlust erst mit Kriegsausbruch wettgemacht worden. Die revidierten Zahlen vermitteln ein deutlich anderes Bild. Bereits von 1935 an übertraf der entsprechende Anteil denjenigen von 1928. Im Krieg dann machten industriellen Investitionen etwa die Hälfte aller Investitionen aus. War die Industrie noch 1928, einem Jahr, für das die meisten Wirtschaftshistoriker von einer industriellen Investitionsschwäche sprechen, dem Investitionsvolumen nach nur der drittgrößte Sektor hinter dem Verkehrssektor und dem Wohnungsbau, so war sie seit 1936 der größte. Schließlich war der Anteil der Industrieinvestitionen am Sozialprodukt zwischen 1936 und 1944 erheblich höher als 1928 (Tabelle 1, Zeile 8). Zusammenfassend lässt sich sagen, dass seit Mitte der 1930er Jahre ein dramatischer relativer Bedeutungszuwachs des industriellen Sektors in der deutschen Volkswirtschaft zu beobachten ist.

Diese herausgehobene Stellung des industriellen Sektors seit der zweiten Hälfte der 1930er Jahre zeigt auch eine Betrachtung der realen Pro-Kopf-Investitionen, aufgeschlüsselt nach Sektoren und bezogen auf das jeweilige Reichsgebiet (Tabelle 2). Zwar gab es noch andere Sektoren, deren relative Bedeutung anstieg. Das waren solche, die für eine Kriegswirtschaft von Bedeutung waren, wie die Landwirtschaft, der Verkehrs-

---

30 Vgl. *Scherner*, Nazi Germany's Preparation, S. 437 ff., 454 ff. Die bisherigen Industrieinvestitionen beruhen bis 1939 auf die Angaben des StRA und für die Zeit zwischen 1940 und 1944 auf den Schätzungen bei Eichholtz, vgl. *Länderrat*, Statistisches Handbuch, S. 605; Dietrich *Eichholtz*, Geschichte der deutschen Kriegswirtschaft 1939–1945. Bd. 2: 1941–1943, München 1999, S. 381.

Tab. 1: Deutschlands gesamtwirtschaftliche und industrielle Investitionen 1928/33–1944 [in Mio. RM].

	1928	1933	1934	1935	1936	1937	1938	1939	1940	1941	1942	1943	1944
(1) Bisherige gesamtwirtschaftliche Investitionen	13676	5064	8179	11600	13800	16000	19000	20700	17700	18000	16800	14700	11300
(2) Neuschätzung der gesamtwirtschaftlichen Investitionen	13583	4474	6958	8278	10762	11725	15226	16666	13867	15400	13800	11400	10600
(3) Bisherige industrielle Investitionen	2615	557	1060	1639	2159	2843	3691	4432	4861	5254	5564	4906	3505
(4) Neuschätzung der industriellen Investitionen	2615	557	1165	1775	2650	3390	4506	5442	5873	6731	6884	5472	5679
(5) Bisheriger Anteil industrieller an den gesamtwirtschaftlichen Investitionen	19,3	11,0	13,0	14,1	15,6	17,8	19,4	21,4	27,5	29,2	33,1	33,4	31,0
(6) Neuschätzung des Anteils industrieller an den gesamtwirtschaftlichen Investitionen	19,3	12,4	16,7	21,4	24,6	28,9	29,6	32,7	42,4	43,7	49,9	48,0	53,6
(7) Bisheriger Anteil industrieller Investitionen am Sozialprodukt	2,9	1,0	1,6	2,3	2,8	3,2	3,7	3,8	3,7	3,6	3,7	3,0	2,2
(8) Neuschätzung des Anteils industrieller Investitionen am Sozialprodukt	2,9	1,0	1,8	2,5	3,3	3,8	4,5	4,6	4,4	4,7	4,6	3,4	3,6

Quellen: (1)–(6) *Scherner*, Armament; *Scherner*, Nazi Germany's Preparation. (7)–(8) Sozialproduktdaten nach *Albrecht Ritschl/Mark Spoerer*, Das Bruttosozialprodukt in Deutschland nach den amtlichen Volkseinkommens- und Sozialproduktsstatistiken 1901–1995, in: Jahrbuch für Wirtschaftsgeschichte 1997/2, S. 51 f.

3.1 Industrielle Entwicklung und Investitionen — 153

Tab. 2: Pro-Kopf-Investitionstätigkeit nach Sektoren in konstanten Preisen 1928/33–1944 (1928=100).

	1933	1934	1935	1936	1937	1938	1939	1940	1941	1942	1943	1944
Industrie	21	54	84	124	146	209	251	198	215	212	164	–
Gas, Wasser, Strom	24	35	42	47	51	64	71	61	42	41	40	40
Verkehr	61	81	96	110	122	170	163	139	121	106	–	–
Landwirtschaft	76	93	103	116	128	160	166	128	93	79	76	44
Wohnungsbau	43	64	75	104	97	98	66	28	11	6	4	3
Sonstige private Sektoren	46	51	55	59	59	59	58	22	16	15	15	15
Sonstige öffentliche Bautätigkeit	21	67	69	100	88	149	222	161	101	50	<50	<35
Gesamtwirtschaftliche Investitionen	41	64	77	99	105	139	150	93	95	84	70	64

Quellen: Angaben zu den realen Investitionen auf der Grundlage der Preise von 1913 nach *Scherner*, Armament, S. 517 (Tab. A3); zur den Bevölkerungsständen *Wagenführ*, Die deutsche Industrie, S. 135.

Tab. 3: Investitionsquote und Investitionsintensität in der deutschen Industrie, jeweiliges Reichsgebiet (1928=100).

	1933	1934	1935	1936	1937	1938	1939	1940	1941	1942	1943	1944
(1) Investitionsquote[a]	–	–	–	128	–	–	218	196	205	200	144	144
(2) Investitionsintensität[b]	32	64	91	124	132	176	143	168	176	180	126	–

Quellen und Anmerkungen:
a) Die Investitionsquote ist definiert als der Quotient zwischen den Bruttoanlageinvestitionen und Bruttowertschöpfung. Die Angabe zur Bruttowertschöpfung im Jahr 1928 beziehen sich auf 1927/28 und stammt aus Wagenführ, Industriewirtschaft, S. 57; diejenigen für die Jahre 1936 und 1939 aus NARA, RG 243, Records of the United States Strategic Bombing Survey, 134a 51, Industrial Sales Statistics, Reichsgruppe Industrie, Umsatz der deutschen Industrie nach Wirtschaftsgruppen, (Jahreszahlen des Vorkriegsumfangs in Mill. RM), 27.6.1945; diejenigen für 1940–1943 aus Jonas Scherner, Bericht zur deutschen Wirtschaftslage 1943/44. Eine Bilanz des Reichsministeriums für Rüstung und Kriegsproduktion über die Entwicklung der deutschen Kriegswirtschaft bis Sommer 1944, in: Vierteljahrshefte für Zeitgeschichte, 55, 2007. S. 513. Die Angabe für 1944 ist geschätzt aus dem Wert, den der Industrial Sales Report für 1944 für das Altreich angegeben hat, multipliziert mit dem Quotienten für die Bruttowertschöpfung 1943 im Reichsgebiet aus *Scherner*, Bericht, und dem Wert des Industrial Sales Report 1943 für das Altreich.
b) Die Investitionsintensität ist definiert als der Quotient zwischen den Bruttoanlageinvestitionen in konstanten Preisen von 1913 und industriellen Beschäftigten. Für Angaben zu den realen Investitionen auf der Grundlage der Preise von 1913 Scherner, Armament, S. 517; Beschäftigte nach *Länderrat*, Statistisches Handbuch von Deutschland, S. 480 (1929; 1933–1938); *Wagenführ*, Die deutsche Industrie, S. 139 (1939–1944). Für die Zahl der industriell Beschäftigten 1928 wurde die Angabe für 1929 verwendet.

sektor[31] und Ende der 1930er Jahre die öffentliche Bauwirtschaft, für deren Wachstum in erster Linie militärische Bauten wie Kasernen oder der Westwall verantwortlich waren.[32] Allerdings überstiegen allein im industriellen Sektor die realen Pro-Kopf-Investitionen den Wert des Jahres 1928 dauerhaft. Den Boom der Industrieinvestitionen, der in der zweiten Hälfte der 1930er Jahre begann und bis weit in den Krieg hinein anhielt, belegt auch eine Berechnung anderer gängiger Kennziffern für die Industrieinvestitionen. Die Investitionsintensität in diesem Sektor (Tabelle 3, Zeile 2) – definiert hier als reale Bruttoanlageinvestitionen pro Beschäftigtem[33] – stieg bis 1938 rasant an, was dann insbesondere im Krieg zu einer gegenüber der Zeit vor der Weltwirtschaftskrise erheblich höheren Kapitalintensität in der deutschen Industrie führte, weil die Nettoinvestitionen pro Beschäftigtem seit den späten 1930er Jahren positiv waren.[34] 1938 lagen die realen industriellen Bruttoanlageinvestitionen pro Beschäftigtem 76 % höher als zehn Jahre zuvor, obwohl sie nicht ganz in gleichem Maß wie die industriellen Pro-Kopf-Investitionen (Tabelle 2) angestiegen waren, denn der Anteil der industriell Beschäftigten an der Gesamtzahl aller Beschäftigten war im betrachteten Zeitraum gewachsen. Die Investitionsquote, d.h. der Quotient zwischen Bruttoanlageinvestitionen und der Bruttowertschöpfung, hatte sich massiv erhöht, denn ihr Wert lag zwischen 1939 und 1942 doppelt so hoch wie 1928 (Tabelle 3, Zeile 1).

Gerade die Entwicklung der industriellen Investitionstätigkeit im Krieg ist bemerkenswert, insbesondere wenn man sie mit der Situation im Ersten Weltkrieg vergleicht, in dem das Reich ebenfalls in einen Abnutzungskrieg verwickelt war. Wenn auch für den Ersten Weltkrieg keine Daten für Industrieinvestitionen bekannt sind, so ist doch eine Zeitreihe für die inländische Werkzeugmaschinenproduktion überliefert, die ja ein wichtiger Indikator für die Investitionstätigkeit ist. Während diese im Ersten Weltkrieg erheblich unter der der Friedenszeit lag, übertrafen die heimischen Verkäufe im Zweiten Weltkrieg in allen Jahren die Vorkriegswerte.[35]

---

31 Der gegenüber 1928 stark gewachsene Anteil dieses Sektors ist erster Linie in der Friedenszeit auf den Autobahnbau und während des Krieges auf die Investitionen in die Eisenbahn zurückzuführen. Für eine Aufschlüsselung der Verkehrsinvestitionen bis 1938, vgl. *Länderrat*, Statistisches Handbuch, S. 606; *Scherner*, Armament.

32 Genauer zur Bauwirtschaft vgl. das Kapitel 3.7 in diesem Band.

33 Für eine alternative, allerdings nur für manche Jahre vorliegende Angabe zu den Beschäftigten in der Industrie vgl. *Rainer Fremdling*, German Industrial Employment 1925, 1933, 1936 and 1939. A New Benchmark for 1936 and a Note on Hoffmann's Tales, in: Jahrbuch für Wirtschaftsgeschichte 2007/2, S. 171–195.

34 BArch R 3102/2701, Bl. 39. Die Investitionen und Anlageabschreibungen der deutschen Industrie in den Jahren 1935 bis 1938, Mai 1940; Bl. 49, Investitionen und Abschreibungen der deutschen Industrie, 22. 4. 1940.

35 *Verein Deutscher Ingenieure*, Technische Kriegserfahrungen für die Friedenswirtschaft, im Rahmen der volkswirtschaftlichen Untersuchungen der ehemaligen Mitglieder der Wissenschaftlichen Kommission des Preußischen Kriegsministeriums, Berlin 1923, S. 255; *Scherner*, Nazi Germany's Preparation, S. 461 (Tab. A3).

3.1.3 Struktur der Industrieinvestitionen und ihre Determinanten

Ursache des spektakulären Investitionsbooms in der deutschen Industrie waren, wie Tabelle 4 zu entnehmen ist, die Investitionen in die Autarkie- und Rüstungsindustrien.[36] In der zweiten Zeile sind die Investitionen in die Rüstungsindustrie abgetragen, die während der 1930er Jahre stark anstiegen und ihren Höhepunkt während des Krieges erreichten. Sie waren dafür verantwortlich, dass die Neuschätzung der gesamten Industrieinvestitionen in ihrer Höhe die bisher bekannten Daten übertraf, weil letztere die Rüstungsindustrieinvestitionen nur unzureichend erfassten.[37] Die dritte Zeile zeigt die industriellen Autarkieinvestitionen, die – nach einem starken Anstieg mit Implementierung des Vierjahresplans 1936 – ihren Höhepunkt etwa zwei Jahre früher als die Rüstungsindustrieinvestitionen erreichten, nämlich bereits Ende der 1930er und Anfang der 1940 Jahre. Da sie oftmals den Unterbau für die Rüstungsindustrie bildeten, war dies bei der Vorbereitung für einen längeren Krieg so zu erwarten.[38] Zusammengenommen hatten die Investitionen in die Autarkie- und Rüstungsindustrien seit 1936 einen sehr hohen Anteil an den deutschen industriellen Investitionen – er stieg trotz ihrer Kriegswichtigkeit nicht mehr dramatisch an. Daraus folgt, dass bezüglich der Struktur der Industrieinvestitionen die Kennzeichnung der deutschen Volkswirtschaft der zweiten Hälfte der 1930er Jahre als „kriegsmäßige Friedenswirtschaft" zutreffend ist. Die Annahme der Blitzkriegswirtschaftshypothese, während der 1930er Jahre habe keine ausgeprägte Ausrichtung der Industrieinvestitionen auf die Kriegsvorbereitung vorgelegen, trifft nicht zu, vielmehr ist das Gegenteil der Fall.

Weiterhin zeigt sich, dass das NS-Regime, anders als Zeitgenossen wie zuvorderst der Leiter des Wehrwirtschafts- und Rüstungsamtes, General Georg Thomas, suggerie-

Tab. 4: Die Bedeutung von Rüstung und Autarkiepolitik für die Industrieinvestitionen 1934–1943 (Mio. RM).

	1934	1935	1936	1937	1938	1939	1940	1941	1942	1943
(I): Industrieinvestitionen	1165	1775	2650	3390	4506	5442	5873	6731	6884	5472
(II): Rüstungsinvestitionen	116	147	502	579	880	1169	2409	2671	2948	2462
(III) Autarkieinvestitionen	199	352	>906	1811	2180	2178	2254	2127	1925	1809
(IV) = (II)/(I)	10	8	19	17	20	21	41	40	43	45
(V) = (III)/(I)	17	20	>34	53	48	40	38	32	28	33
(VI) = [(II) + (III)]/(I)	27	28	>53	70	68	61	79	72	71	78

Quellen: *Scherner*, Nazi Germany's Preparation, S. 442.

---

36 Für eine Definition und die Berechnung der hier unter Rüstungs- und Autarkieinvestitionen erfassten Investitionen *Scherner*, Nazi Germany's Preparation, S. 441 ff., 455–458.
37 *Scherner*, Nazi Germany's Preparation, S. 437 ff., 454–458.
38 Richard J. *Overy*, War and Economy in the Third Reich, Oxford 1994, S. 245.

Tab. 5: Breitenrüstungsindikatoren 1933–1940.

	1933	1934	1935	1936	1937	1938	1939	1940
(1) Breitenrüstungsindikator im engeren Sinn	19,3	9,8	12,0	5,1	5,9	4,1	2,9	3,0
(2) Breitenrüstungsindikator im weiteren Sinn	–	3,7	4,8	< 1,9	1,6	1,3	1,2	1,6

Quellen und Anmerkungen: Für die Rüstungsgüterkäufe und für die Investitionen in die Rüstungsindustrie, die gegenüber den Angaben in Tabelle 3 vom Kalender- auf das Haushaltsjahr (das am 1. April eines Jahrs begann) umgerechnet wurden, sowie zu dem Breitenrüstungsindikator im engeren Sinn *Scherner*, Armament, Tabelle 3. Der Breitenrüstungsindikator im weiteren Sinn ergibt sich aus der Einbeziehung der Autarkieinvestitionen in den Nenner. Da für 1936 nur ein Wert für das zweite Halbjahr besteht, wurde auf eine Umrechnung auf das Haushaltsjahr verzichtet.

ren, seit etwa 1937 zunehmend das Konzept einer Tiefenrüstung verfolgte – also Maßnahmen, welche die Resilienz einer zukünftigen Kriegswirtschaft erhöhen sollten, z. B. den Ausbau industrieller Kapazitäten – anstelle einer Breitenrüstung, d. h. der Aufstellung und Ausrüstung weiterer Truppen. Der Quotient zwischen den Ausgaben für Rüstungsgüterkäufe und Investitionen in die Rüstungsindustrie (in Tabelle 5 „Breitenrüstungsindikator im engeren Sinn" genannt) sank nämlich in diesen Jahren, ebenso wie derjenige zwischen den Ausgaben für Rüstungsgüterkäufe der Wehrmacht und der Summe der Investitionen in die Rüstungs- und in die Autarkieindustrie („Breitenrüstungsindikator im weiteren Sinn").

Die Investitionen in die Rüstungsindustrie führten dazu, dass deren Kapitalstock alleine 1939 um ca. 48 % anstieg und angesichts stagnierender Rüstungsproduktion erhebliche Überkapazitäten für den Kriegsfall aufgebaut wurden.[39] Das galt etwa für die Luftrüstungsindustrie ebenso wie für die heereseigenen Industriebetriebe – Rüstungsfabriken, die vom Staat errichtet und finanziert, von privaten Unternehmen aber gepachtet und betrieben wurden und verschiedene Rüstungsgüter (wie Munition oder Pulver) herstellten. Diese bewusst geschaffenen Überkapazitäten für den Kriegsfall führten dazu, dass z. B. die heereseigenen Industriebetriebe Ende der 1930er Jahre – bezogen auf einen Zwei-Schicht-Betrieb – gerade einmal zu 20 % ausgelastet waren.[40] Auch hatten zwischen einem Viertel bis zu einem Drittel der Investitionen in die Marinerüstungsindustrie den Zweck von Stand-by-Kapazitäten, die erst im Krieg genutzt werden sollten.

In den ersten beiden Kriegsjahren, als die Wehrmacht erfolgreiche kurze Feldzüge führte, verdoppelten sich in absoluten Zahlen die Investitionen in die Rüstungs-

---

[39] *Scherner/Streb*, Mirage, S. 254 (Tab. 7). Überkapazitäten für den Kriegsfall wurden zum Teil auch im Rohstoffsektor aufgebaut, z. B. bei den Reichswerken Hermann Göring, vgl. *Alexander Donges*, Die Vereinigte Stahlwerke AG im Nationalsozialismus. Konzernpolitik zwischen Marktwirtschaft und Staatswirtschaft, Paderborn 2014.
[40] *Scherner*, Nazi Germany's Preparation.

industrie gegenüber dem Wert von 1939 (Tabelle 4, Zeile 2), was im klaren Widerspruch zur Blitzkriegswirtschaftshypothese steht. Gerade auch diese Investitionen aus der ersten Kriegshälfte wiederum trugen dazu bei, dass in der zweiten Kriegshälfte die Rüstungsproduktion stark expandieren konnte, was in der älteren Literatur noch gemeinhin vor allem Maßnahmen von Albert Speer ab 1942 zugeschrieben wurde.[41] 1943 war der Kapitalstock in der deutschen Rüstungsindustrie um etwa 70 % größer als 1941.[42]

Worauf aber waren die massiven Investitionen in die Autarkie- und Rüstungsbranchen zurückzuführen? Waren sie im Allgemeinen das Ergebnis von Entscheidungen, welche die Firmen aus freien Stücken trafen? Oder hatten Unternehmen oftmals, insbesondere seit der zweiten Hälfte der 1930er Jahre keine andere Wahl,[43] weil die staatlich gesetzten makroökonomischen Rahmenbedingungen sich derart verengten, dass man letztlich nur in diesen Bereichen investieren konnte? Oder schufen staatliche Zwangsandrohungen und vereinzelte Fälle von Zwang ein Klima, dass Firmen in „vorauseilendem Gehorsam" handelten,[44] wie manche Historiker glauben?

Zweifellos änderte der NS-Staat sukzessive die Rahmenbedingungen wirtschaftlichen Handelns dergestalt, dass Investitionen in den Branchen, deren Expansion in den Augen des NS-Regimes erwünscht war, begünstigt und solche in weniger wichtige Branchen demgegenüber diskriminiert wurden. Für manche Güter wurden Preise staatlich bestimmt, für den Gang auf den Kapitalmarkt bedurfte es einer staatlichen Genehmigung und immer mehr Rohstoffe wurden kontingentiert. Zweifellos beeinflussten sich ändernde Rahmenbedingungen, z. B. in der Preispolitik, das Investitionskalkül von Unternehmen. Ende der 1930er Jahre wünschte etwa das Reichswirtschaftsministerium, dass die IG Farben AG und die Metallgesellschaft die Kapazitäten ihres gemeinschaftlich betriebenen Aluminiumwerks in Bitterfeld ausweiteten. Aluminium war nicht nur für die Luftrüstung, sondern auch für die autarkiepolitischen Ziele als Substitut vor allem für Kupfer von Bedeutung.[45] Die gewünschte Kapazitätserweiterung lehnten die beiden Unternehmen zunächst ab, weil sie befürchteten, dass derart vergrößerten Anlagen nach dem erwarteten Ende der Aufrüstung nicht voll-

---

41 Vgl. *Jonas Scherner/Jochen Streb*, Das Ende eines Mythos? Albert Speer und das so genannte Rüstungswunder, in: Vierteljahrschrift für Sozial- und Wirtschaftsgeschichte 93, 2006, S. 172–196; *Budraß/ Scherner/Streb*, Fixed-price Contracts. Generell zum sogenannten Rüstungswunder und der Bedeutung weitere Faktoren s. Kapitel 3.2 in diesem Band.
42 Berechnet auf Basis der Daten in *Scherner/Streb*, Mirage, S. 254 (Tab. 7).
43 *Peter Hayes*, Die Degussa im Dritten Reich. Von der Zusammenarbeit zur Mittäterschaft, München 2004, S. 130.
44 Vgl. etwa *Gerhard T. Mollin*, Montankonzerne und „Drittes Reich". Der Gegensatz zwischen Monopolindustrie und Befehlswirtschaft in der deutschen Rüstung und Expansion 1936–1944, Göttingen 1988, S. 66. Nobert Frei [u. a.], Flick. Der Konzern, die Familie, die Macht, München 2009, S. 183. Zur Bedeutung von Drohungen *Cornelia Rauh*, Wirtschaftsbürger im „Doppelstaat". Zur Kritik der neueren Forschung, in: Schanetzky/Frei, Unternehmen im Nationalsozialismus, S. 114.
45 *Scherner*, Keine primäre moralische Verantwortung, S. 174.

kommen ausgelastet sein und sich dadurch nicht amortisieren würden. Angesichts dieser Verweigerungshaltung drohte der zuständige Referent im Reichswirtschaftsministerium beiden Unternehmen damit, den staatlich festgesetzten Aluminiumpreis zu senken, falls keine Werkserweiterungen stattfänden. Unter dieser Voraussetzung entschlossen sich die IG und die Metallgesellschaft zum Ausbau, weil dadurch das Amortisationsrisiko für die gesamte Anlage mehr gesenkt würde, als wenn man die Kapazitäten nicht erweiterte.

Ein anderes Beispiel sind die Vereinigten Stahlwerke (VESTAG), bei denen im Krieg die Preislenkung zu einem verstärkten Ausbau der Rüstungs- und Verarbeitungsbetriebe führte. Denn in diesen Bereichen wurden größere Preissetzungsspielräume als in der Grundstoff- und Halbwarenproduktion eingeräumt.[46] Neben Preisregulierungen konnten auch Kapitalmarktregulierungen und die Rohstoffkontingentierung Investitionen in die gewünschte Richtung lenken. Im Fall der VESTAG beeinflusste der Umstand, dass der Gang auf den Kapitalmarkt einer staatlichen Genehmigung bedurfte und das Unternehmen zugleich gegen Ende der 1930er Jahre vorübergehende Finanzierungsengpässe hatte, das Investitionsverhalten der Firma zugunsten kriegswichtiger Branchen.[47] Durch die Rohstoffkontingentierung in der Textilindustrie wurden Rahmenbedingungen geschaffen, die einen Anreiz für Textilunternehmen schufen, Kapital der auf staatliche Initiative seit 1935 gegründeten sogenannten regionalen Zellwollewerke zu zeichnen, weil mit den Aktien Bezugsrechte für das klassische Autarkieprodukt Zellwolle verknüpft waren.[48]

Allerdings schufen die Veränderungen der Rahmenbedingungen nicht immer Anreize zugunsten von Rüstungs- und Autarkieinvestitionen. Das Instrument der Preispolitik war kein wirksames Mittel zur Investitionslenkung, wenn die Wettbewerbsfähigkeit von Firmen der durch die Preislenkungsmaßnahme betroffenen Branche unterschiedlich war.[49] Im Fall der Chemiefaserindustrie konnte der Staat, im Unterschied zur Aluminiumindustrie, keinen Druck über die Preispolitik ausüben. Den etablierten Herstellern war nämlich klar, dass wegen der Anlaufschwierigkeiten der regionalen Zellwollewerke eine administrative Preissenkung für absehbare Zeit nicht in Frage kam. Auch bei Produzenten von Tonerde war zu beobachten, dass die Risikoeinschätzung von staatlich erwünschten Kapazitätserweiterungen je nach den spezi-

---

46 *Donges*, Vereinigte Stahlwerke, S. 403. Als weiteres Beispiel *Ole Sparenberg*, „Segen des Meeres". Hochseefischerei und Walfang im Rahmen der nationalsozialistischen Autarkiepolitik, Berlin 2012, S. 296 f.

47 *Donges*, Vereinigte Stahlwerke, S. 403 f.

48 Beispiele außerhalb der Autarkie- und Rüstungsbranchen sind die Anpassungsinvestitionen der Textilindustrie infolge der vermehrten Verarbeitung von Zellwolle oder diejenigen der Reifenindustrie infolge der Umstellung auf Synthesekautschuk: *Gerd Höschle*, Die deutsche Textilindustrie zwischen 1933 und 1939. Staatsinterventionismus und ökonomische Rationalität, Stuttgart 2004, S. 300 ff.; *Paul Erker*, Zulieferer für Hitlers Krieg. Der Continental-Konzern in der NS-Zeit, Berlin/Boston 2020, S. 144, 151.

49 Vgl. für das Folgende, *Scherner*, Verhältnis.

fischen Bedingungen, mit denen die Unternehmen konfrontiert waren, differieren konnte, sodass folglich allgemeine, für die gesamte Branche gesetzte Lenkungsmaßnahmen – das Zugeständnis hoher Preise – unterschiedliche Wirkungen entfalten konnten.[50]

Zusammenfassend lässt sich sagen, dass Regulierungsmaßnahmen das Investitionsverhalten in den Autarkie- und Rüstungsindustrien nicht immer beeinflussen konnten. Das konnte daran liegen, dass Rahmenbedingungen unwirksam blieben, weil sie keine bindende, also das Verhalten beeinflussende Restriktion darstellten. Als zweiter Grund kam hinzu, dass sie in vielen Fällen nur schwache Anreize schufen. Makroökonomische Bedingungen konnten ja jederzeit geändert werden, was dazu führte, dass sie in vielen Fällen die Risiken, die Unternehmen in einer staatlich erwünschten Kapazitätsausdehnung sahen, nur unzureichend abdeckten. Deshalb erfolgte der Ausbau in den Autarkie- und Rüstungsbranchen meistens auf der Basis standardisierter Vertragstypen, die kurz nach der NS-Machtübernahme entwickelt und relativ unverändert bis Kriegsende in großer Zahl eingesetzt wurden.[51] Diese Vertragstypen unterschieden sich in verschiedenen Punkten, nämlich in der Laufzeit, in der Höhe des Amortisationsrisikos der jeweiligen Investitionen, das den Unternehmen verblieb, in dem Umfang staatlicher Kontroll- und Mitspracherechte, in den Eigentumsrechten nach der Vertragslaufzeit sowie in der Vereinbarung, ob die Verträge unilateral von einem Vertragspartner oder nur im gegenseitigen Einvernehmen kündbar waren. Wenn das Amortisationsrisiko, das die Unternehmen für die vertraglich geregelten Investitionen zu tragen hatten, gering war, gab es hohe Beschränkungen zu beachten, während bei hohem Amortisationsrisiko das Gegenteil der Fall war.

Die Vertragswahl der Unternehmen wurde von der Überlegung geleitet, ob die entsprechenden staatlich erwünschten Investitionen auch mittel- und langfristig für die Firmen von Vorteil waren oder nicht. Dabei unterstellten sie, dass mittelfristig die staatliche bzw. staatliche induzierte Nachfrage stark reduziert werden würde, sie daher unter Umständen Überkapazitäten hätten, die sich nicht amortisieren ließen.[52] Im Kalkül der Unternehmen spielte hinsichtlich der Wahl des vorteilhaftesten Vertragstyps auch eine große Rolle, ob die geschaffenen Anlagen für andere als die bei Vertragsabschluss beabsichtigten Zwecke zu nutzen war, also auch unter „normalen" Marktbedingungen.

Eine umfangreiche Untersuchung von Vertragsverhandlungen zwischen Behörden und Unternehmen unterschiedlicher Größe in unterschiedlichen Branchen zeigt, dass im Allgemeinen seitens der Behörden kein Zwang zur Vertragsunterzeichnung

---

50 Zu den hohen Preisen bei Tonerde, vgl. *Scherner*, Keine primäre moralische Verantwortung, S. 176.
51 Für das Folgende vgl. *Scherner*, Logik. Für das Förderprämienverfahren, das im Buntmetallsektor genutzt wurde, vgl. Kapitel 3.4 in diesem Band. Die größere Bedeutung von Verträgen gegenüber makroökonomischen Rahmenbedingungen hebt auch hervor *Gaul*, Anlageinvestitionen, S. 432.
52 Ein weiteres Beispiel für ein derartiges Unternehmenskalkül, siehe *Johannes Bähr*, Der Flick-Konzern im Dritten Reich, München 2008, S. 144 ff.

ausgeübt wurde.⁵³ Das galt auch für die Zeit nach 1936/37 und selbst in der Kriegszeit, als es für das Regime eigentlich nahe lag, zu rabiaten Mitteln zu greifen, und es dies auch mit dem „Überlebensinteresse" des Reichs hätte begründen können. Es ließen sich sogar Fälle finden, in denen es – ohne weitere Nachteile für die betreffende Firma – zu keiner Einigung kam, und solche, in denen Unternehmen kein Interesse zeigten, in Verhandlungen mit den Behörden zu treten – ohne dass dies für sie negative Konsequenzen nach sich gezogen hätte.⁵⁴

Wie die innenpolitischen Strategiediskussionen im Reichswirtschaftsministerium zeigten, verzichteten die Behörden in der Regel auf Zwang oder Druck, weil sie überzeugt waren, dass die geplanten Investitionen am effizientesten mithilfe wirtschaftlicher Anreize für die Privatwirtschaft realisiert werden konnten. Dieser Weg war auch der Gründung staatlich betriebener Unternehmen vorzuziehen, weil den Behörden bewusst war, dass sie oft nicht über das entsprechende Know-how verfügten. Außerdem standen dem Staat im Allgemeinen bei Kapazitätserweiterungen viele alternative Vertragspartner zur Verfügung, um das angestrebte Ziel zu erreichen. Lediglich in wenigen Sonderfällen, etwa bei der Gründung der Reichswerke Hermann Göring oder der BRABAG, in denen Anreize nicht zur gewünschten Investition führten, wurden Staatsunternehmen gegründet oder Zwang auf das betreffende Unternehmen ausgeübt.⁵⁵ Die Ursache für einen Sonderfall wie die BRABAG war, dass andere Unternehmen der gleichen Branche bereits Investitionsverträge abgeschlossen hatten, sich der Staat aber in Nichtdiskriminierungsvereinbarungen verpflichtet hatte, künftigen Vertragspartnern keine grundsätzlich besseren Konditionen einzuräumen.⁵⁶ Wenn also Firmen, die von den Behörden zu einer Investition gedrängt wurden, diese als riskanter erachteten als Unternehmen, die bereits einen Vertrag abgeschlossen hatten, konnten demnach keine größeren Anreize geboten werden.

Die Prioritäten der Investitionspolitik hatten zu einer klaren relativen und zum Teil auch absoluten – gemessen an den entsprechenden realen Investitionsbeträgen im Jahr 1928 – Verdrängung der Investitionen in den Bereichen geführt, die wie der Wohnungsbau weitgehend unbedeutend für die Kriegsvorbereitung und Kriegsführung waren. Dementsprechend wurden im industriellen Sektor die Autarkie- und Rüstungsinvestitionen eindeutig privilegiert, während durch verschiedene Regulierungsmaßnahmen, etwa die Kapitalmarktlenkung oder die seit 1937/38 eingeführte Kontingentierung bei Stahl und in der Bautätigkeit, Investitionen in Industriebranchen,

---

53 Für das Folgende, *Scherner*, Logik. Ein weiteres Beispiel, bei dem sich kein direkter Zwang nachweisen lässt, s. *Donges*, Vereinigte Stahlwerke, S. 401 f.
54 Das ist durchaus auch im Krieg zu beobachten: So wurde die Aluminiumwerk Bitterfeld bei dem revidierten Aluminiumplan nicht berücksichtigt, weil die Eigner an Erweiterungen desinteressiert waren, *Scherner*, Keine primäre moralische Verantwortung, S. 183.
55 Als Beispiel sind hier die Reichswerke „Hermann Göring" zu nennen, vgl. Kapitel 3.3 in diesem Band.
56 *Jonas Scherner*, The Beginnings of Nazi Autarky Policy: 'The National Pulp Programme' and the Origin of Regional Staple Fibre Plants, in: Economic History Review 61, 2008, S. 892 f.

Tab. 6: Pro-Kopf-Investitionstätigkeit außerhalb der Rüstungs- und Autarkiebranchen (in konstanten Preisen des Jahrs 1928), 1928=100.

1936	1937	1938	1939	1940	1941	1942	1943
< 58	46	67	95	42	64	65	51

Quelle: *Scherner*, Nazi Germany's Preparation, S. 449.

die für die staatlichen Ziele weniger oder gar nicht wichtig waren, wie also viele Verbrauchsgüterindustrien, diskriminiert wurden.[57] Das führte zweifellos dazu, dass manche privaten Investitionspläne, die aus Sicht des Staates keine Priorität genossen, nicht realisiert werden konnten.[58]

Allerdings waren, wie in Tabelle 6 zu sehen, die Industrieinvestitionen außerhalb der Autarkie- und Rüstungsindustrie keineswegs unbedeutend und entsprachen in realen Pro-Kopf-Größen 1939 immerhin – bei allerdings deutlich höherem Sozialprodukt – dem Niveau von 1928. Der Industriesektor bot, wenn auch eingeschränkt gegenüber „normalen" Zeiten, alternative Anlageformen zu den vom Staat präferierten Investitionen. Selbst im Krieg ähnelten die entsprechenden Werte denen der 1930er Jahre, nimmt man das Jahr 1939 einmal aus.

Man könnte einwenden, dass die Werte in Tabelle 6 nur indirekt ermittelt wurden, indem sie als Residuum zwischen den gesamten jährlichen Industrieinvestitionen und denen in die Autarkie- und Rüstungsbranchen errechnet wurden, und somit auch Produktionsgüterindustrien einschlossen, die Vorleistungen für die Autarkie- und Rüstungsindustrie produzierten. Mit anderen Worten werde die Höhe der Investitionen in die staatlich diskriminierten Branchen dadurch überschätzt. Allerdings legen auch andere Indikatoren nahe, dass der Trend durch die in Tabelle 6 aufgeführte Zeitreihe sowohl in der Vorkriegs- als auch in der Kriegszeit gut erfasst wurde, wenngleich es durchaus erhebliche branchenspezifische Abweichungen gab. Das zeigt zunächst eine Betrachtung der Verbrauchsgüterindustrien. Sie beruht für die Vorkriegszeit auf Daten des StRA zur Investitionstätigkeit klassischer Verbrauchgüterindustrien (Tabelle 7), mit der Ausnahme solcher, die als überwiegend rüstungs- bzw. autarkienah identifiziert werden können (Kunstseide- und Zellwolleindustrie; Uhren, optische und feinmechanische Industrie; Eisen-, Stahl- und Metallwarenindustrie).[59] Sowohl

---

57 Daneben gab es noch weitere Restriktionen, wie etwa das Erweiterungsinvestitionsverbot in der Textilindustrie, *Höschle*, Textilindustrie, S. 297 f.
58 Vgl. z. B. *Höschle*, Textilindustrie, S. 311 ff.; *Hayes*, Corporate Freedom, S. 32.
59 Diese Methode der Bereinigung kann allerdings nicht das Ausmaß der Anpassungsinvestitionen erfassen, die es in manchen Bereichen der zivilwirtschaftlichen Industriezweige gegeben haben dürfte. Für derartige Anpassungsinvestitionen aufgrund des steigenden Anteils von chemischen Fasern vgl. *Höschle*, Textilindustrie, S. 300 ff. Auf der anderen Seite erfolgten keineswegs alle Investitionen im Autarkiesektor nur aufgrund der staatlichen Rahmenbedingungen. Ein Teil des massiven Ausbaus in der Zellwolle- und Kunstseidenindustrie wäre auch unter „normalen" Bedingungen erfolgt, s. *Jonas*

Tab. 7: Investitionen in Konsumgüterindustrien 1937–1939.

	1937	1938	1939
Reale Bruttoinvestitionen (1928 = 100)			
Nahrungs- und Genussmittel	92	95	104
Textil- und Bekleidungsindustrie[a]	65	90	96
Verschiedene Verbrauchsgüterindustrien[b]	68	76	82
Nettoinvestitionen (in Mio. RM)			
Nahrungs- und Genussmittel[a]	+28	+30	+48
Textil- und Bekleidungsindustrie[a]	+4	+32	+22
Verschiedene Verbrauchsgüterindustrien[b]	+5	+41	+44

Quelle: *Scherner*, Keine primäre moralische Verantwortung, S. 179.
a) ohne Kunstseide- und Zellwolleindustrie.
b) ohne Uhren, optische und feinmechanische Industrie sowie ohne Eisen-, Stahl-, und Metallwarenindustrie.

die realen Brutto- als auch die Nettoanlageinvestitionen dieser Branchen stieg in den letzten drei Friedensjahren durchgängig an, und zwar in einem ähnlichem Maß wie die Werte in Tabelle 6. In diesen Jahren wuchs auch – zum ersten Mal seit 1928 – der Kapitalstock in diesen Branchen wieder.

Für die Kriegszeit gibt es keine branchenspezifischen Investitionsdaten des StRA. Allerdings lässt sich eine Zeitreihe für diejenigen Werkzeugmaschineninvestitionen ermitteln, die nicht unter das Kontingent der Wehrmacht fielen. Außerdem können Daten zu heimischen Umsätzen von Maschinen für Verbrauchsgüterindustrien (Tabelle 8) herangezogen werden, die, weil Importe irrelevant waren,[60] ein guter Indikator für die Investitionstätigkeit in diesen Industrien sein dürften. Das legt die einzige eindeutig mit den branchenspezifischen Investitionsdaten vergleichbare Zeitreihe der Maschinenumsätze nahe: Die Wachstumsrate bei Textilmaschinen war zwischen 1937 und 1939 mit 51% ziemlich ähnlich wie die Steigerung der realen Bruttoanlageinvestitionen in der Textilindustrie, die sich im gleichen Zeitraum um 47% erhöhten.

Vergleicht man all diese Zeitreihen, zeigt sich eine deutlich unterschiedliche Entwicklung – nämlich Branchen, die Ende der 1930er Jahre und noch in der ersten Kriegszeit zum Teil erheblich preisbereinigt höhere Pro-Kopf-Investitionen tätigten als 1928, und solche, die von dem Investitionsboom zu keinem Zeitpunkt profitierten. Bei Letzteren dürfte sich spätestens mit Kriegsbeginn der Kapitalstock verringert haben, wenn man während des Krieges wenigstens eine Kapitalverschleißquote wie Ende der 1930er Jahre unterstellt.

Man kann aber auch feststellen, dass es bis weit in den Krieg hinein keineswegs zu einer vollkommenen bzw. weitgehenden Verdrängung sonstiger Industrieinvesti-

---

Scherner, Zwischen Staat und Markt. Die deutsche halbsynthetische Chemiefaserindustrie in den 1930er Jahren, in: Vierteljahrschrift für Sozial- und Wirtschaftsgeschichte 89, 2002, S. 427–448.
60 *Scherner*, Nazi Germany's Preparation.

Tab. 8: Pro-Kopf-Maschineninvestitionen außerhalb der Autarkie- und Rüstungsindustrien in konstanten Preisen (1928 = 100).

	1936	1937	1938	1939	1940	1941	1942	1943	1944
Schuh- und Lederbearbeitungsmaschinen[a]	115	120	153	185	123	138	100	92	46
Werkzeugmaschinen für zivile Zwecke[b]	–	–	194	177	97	77	78	65	–
Maschinen für die Nahrungsmittelindustrie[a]	91	111	118	132	99	87	75	47	34
Textilmaschinen[a]	59	80	95	101	65	63	49	20	26
Papiermaschinen[a]	37	54	80	83	57	49	37	23	29
Druckerpressen[a]	54	61	52	73	41	30	25	9	7

Quellen und Anmerkungen:
a) Für die Verwendung des heimischen Absatzes als Investitionsindikator vgl. Text. Für den heimischen Absatz *Scherner*, Nazi Germany's Preparation, S. 461 f.; für den Preisindex S. 466 (Tabelle A6); Bevölkerungszahl nach *Wagenführ*, Die deutsche Industrie, S. 135.
b) Werkzeugmaschinen für zivile Zwecke sind definiert als gesamte Werkzeugmaschinen abzüglich solcher in die Rüstungsindustrie. Für die Werkzeugmaschineninvestitionen und für den Preisindex *Scherner*, Nazi Germany's Preparation, S. 461, 466; für die Anteile der Allokation von Werkzeugmaschinen an die Wehrmacht an dem gesamten Inlandsverbrauch an Werkzeugmaschinen: BArch R 13 III/385; BArch R 13 III/233, Vermerk, 31. 7. 1944, Maschineninvestitionen.

onen in manchen zivilwirtschaftlichen Branchen kam. Wie lässt sich das und die recht hohen Investitionen vor dem Krieg erklären, obwohl ja makroökonomische Rahmenbedingungen – Kontingentierung, Preispolitik oder etwa Genehmigungszwang auf dem Kapitalmarkt – die Investitionen in Autarkie- und Rüstungsbranchen begünstigten und zugleich Investitionen in sonstigen Branchen diskriminieren sollten?[61]

Manche der in Tabelle 8 angeführten Investitionen enthalten Anpassungsinvestitionen, die eine Folge der sich im Rahmen der Autarkiepolitik geänderten teilweisen Umstellung der Rohstoffversorgung auf „deutsche Rohstoffe" waren, auch wenn sich der Anteil der entsprechen Investitionen einer Quantifizierung entzieht. Das gilt etwa für die Textilindustrie infolge des massiv steigenden Verbrauchs von Zellwolle und für die Schuhindustrie und die Lederverarbeitung, in der zunehmend, vor allem nach Kriegsbeginn, Lederersatzstoffe verwendet wurden.[62] Außerdem benötigte die Wehrmacht, gerade im Krieg, essenzielle Konsum- und Verbrauchsgüter wie Schuhe, Textilerzeugnisse und Lebensmittel.[63]

---

61 Daneben gab es noch weitere Restriktionen, wie etwa das Erweiterungsinvestitionsverbot in der Textilindustrie. Vgl. *Höschle*, Textilindustrie, S. 297 f.
62 Vgl. für die Textilindustrie *Höschle*, Textilindustrie, S. 300 ff., für Lederaustauschstoffe *Gaul*, Anlageinvestitionen, S. 352, 421. Für den Umfang der Lederaustauschstoffproduktion, vgl. *Anne Sudrow*, Der Schuh im Nationalsozialismus. Eine Produktgeschichte im deutsch-britisch-amerikanischen Vergleich, Göttingen 2010, S. 255.
63 *Overy*, War, S. 294 f.

Die lange Zeit recht hohe Investitionstätigkeit – zumindest in einigen Branchen der zivilen Wirtschaft – hatte teilweise damit zu tun, dass das NS-Regime trotz des eindeutigen Vorrangs der Aufrüstung und später der eigentlichen Kriegswirtschaft gegenüber dem privaten Konsum stets Unzufriedenheit in der Bevölkerung vermeiden wollte.[64] Demnach sollte eine gewisse Mindestversorgung mit zentralen, von der Industrie produzierten Konsumgütern gewährleistet sein. Außerdem dürften auch in diesen Branchen makroökonomische Rahmenbedingungen unter bestimmten Umständen unwirksam gewesen sein: Höschle wies für die Textilindustrie nach, dass Unternehmen manche Restriktionen umgingen.[65] Schließlich verfügten auch viele zivilwirtschaftliche Industrien wegen beträchtlicher Gewinne Ende der 1930er Jahre über eine hohe Liquidität – im Unterschied zu anderen Sektoren, wie dem Wohnungsbau oder den öffentlichen Versorgern, die für die Ziele des NS-Regimes unwichtig waren, wobei ihre Finanzierung direkt oder indirekt von staatlichen Entscheidungen abhing. Damit wurde das negative Instrument zur Investitionssteuerung, nämlich die Genehmigungspflicht für den Gang auf den Kapitalmarkt, bei Unternehmen mit hoher Liquidität wirkungslos. Die hohen Gewinne vieler Firmen außerhalb der Autarkie- und Rüstungsindustrien äußerten sich darin, dass vielfach die Schulden erheblich getilgt und ein Großteil der Investitionen aus eigenen Mitteln finanziert werden konnten.[66] Noch 1938 können bei den meisten Verbrauchsgüterindustrien die Kapitalmarktrestriktionen im Allgemeinen nicht bindend gewesen sein, weil die bilanziellen Abschreibungsbeträge höher als die Bruttoanlageinvestitionen waren, mithin über den Gegenwert der Abschreibung genügend disponible Mittel für die Eigenfinanzierung zur Verfügung gestanden haben müssen.[67]

Auch im Krieg standen den Unternehmen infolge üppiger Kriegsgewinne genug eigene Mittel zur Finanzierung von Investitionen zur Verfügung, obwohl die Steuerbelastung anstieg. Dies erklärt, warum die Kapitalmarktrestriktionen keine perfekte Lenkungswirkung entfalten konnten.[68] Der Staat war nicht in der Lage, in den 100 000 Industrieunternehmen die Investitionslenkung vollständig und umfassend durchzusetzen bzw. effiziente Kontrollmechanismen zu schaffen. Die Unternehmen fanden immer wieder Wege, „illegale" Investitionen zu tätigen, indem sie kontingentiertes Eisen und Stahl, das für die Fertigung bestimmt war, für die Maschinenbeschaffung verwendeten. Dabei wurden teilweise sogar Herstellungsverbote unterlaufen.[69]

---

64 *Overy*, War, S. 248; *Christoph Buchheim*, Der Mythos vom „Wohlleben". Der Lebensstandard der deutschen Bevölkerung im Zweiten Weltkrieg, in: Vierteljahrshefte für Zeitgeschichte 58, 2010, S. 299–328.
65 *Höschle*, Textilindustrie, S. 299, 310 f., 313.
66 Für das Folgende *Scherner*, Keine primäre moralische Verantwortung, S. 176 f.
67 Zu den erhöhten Abschreibungen und der dadurch erhöhten Liquidität vgl. *Mark Spoerer*, Von Scheingewinnen zum Rüstungsboom. Die Eigenkapitalrentabilität der deutschen Industrieaktiengesellschaften 1925–1941, Stuttgart 1996, S. 67, 114–117.
68 Für das Folgende vgl. *Scherner*, Keine primäre moralische Verantwortung, S. 180 ff.
69 Für ein Beispiel: *Ulrich Hensler*, Die Stahlkontingentierung im Dritten Reich, Stuttgart 2008, S. 146 ff.

Schließlich muss man berücksichtigen, dass die in Tabelle 8 aufgeführten Daten zu den Werkzeugmaschineninvestitionen außerhalb der Rüstungsbranchen vermutlich nur eine Untergrenze des tatsächlichen Werts darstellten. Aufgrund asymmetrischer Informationen war es für die staatlichen Stellen schwierig zu überprüfen, ob weitere Werkzeugmaschinen, für deren Produktion Rohstoffe aus dem Wehrmachtskontingent zugeteilt wurden, wirklich für die angedachte Produktion benötigt wurden. So wurde bereits 1941 angeordnet, dass Unternehmen eine eidesstaatliche Erklärung abzugeben hatten, dass sie die gewünschten Maschinen tatsächlich für die Rüstungsproduktion brauchten. Trotz dieser Anordnung stellte sich bis Ende 1943 nicht das gewünschte Ergebnis ein, wie Hans Kehrl, der Chef des neu geschaffen Planungsamts im Rüstungsministerium, beklagte.[70] Auch die Rohstoffkontingentierung für Investitionsgüter und das Verbot von Investitionen außerhalb der Kontingente konnten nichts daran ändern, dass manche Investitionen in eine nicht als kriegswichtig erachtete Richtung flossen.[71] Das lag daran, dass Firmen, die auch Rüstungsgüter produzierten, ihre Informationsvorteile ausnutzten, wie eine von den Wehrwirtschaftsbehörden durchgeführte Untersuchung schon Anfang 1940 zeigte.[72]

Das Problem unberechtigter Investitionskontingente blieb auch in den folgenden Jahren bestehen und entwickelte sich sogar zu einem Horten von Investitionsgütern, weil auf der einen Seite die Zahl zu kontrollierender Unternehmen weiterhin anstieg, auf der anderen Seite der Mangel an Überwachungsbeamten zunahm.[73] Außerdem wuchs der Wunsch der Unternehmen, angesichts des immer größer werdenden Potenzials der zurückgestauten Inflation ihre Liquidität in solche Maschinen fließen zu lassen, die auch unter friedenswirtschaftlichen Bedingungen Nutzen versprachen.[74] Da vorherigen Bemühungen der Behörden, den unberechtigten Bezug von Werkzeugmaschinen zu unterbinden, nicht den gewünschten Erfolg hatten[75] und es im Frühjahr 1944 immer noch zu „starker Hortung" kam, sah sich das Rüstungsministerium gezwungen, zu dem vermeintlich letzten verbliebenen Mittel zu greifen: Von nun an konnten Unternehmen neu produzierte Werkzeugmaschinen nicht mehr erwerben, sondern nur noch ausleihen.[76]

---

70 Vgl. auch *Hans-Joachim Weyres von Levetzow*, Die deutsche Rüstungswirtschaft von 1942 bis zum Ende des Krieges, München 1975, S. 117.
71 Für ein Beispiel, bei dem Investitionskontingente ohne substanzielle Sanktionen für andere Investitionsprojekte zweckentfremdet wurden *Donges*, Vereinigte Stahlwerke, S. 354–356.
72 *Jonas Scherner*, Die Grenzen der Informationsbeschaffung, -transfer und -verarbeitung in der deutschen Wehr- und Kriegswirtschaftsverwaltung im Dritten Reich, in: *Jahrbuch für Wirtschaftsgeschichte 2015/1*, S. 120.
73 *Scherner*, Grenzen der Informationsbeschaffung, S. 133.
74 Zum Interesse der Unternehmen, ihre liquiden Mittel in Realkapital anzulegen *Spoerer*, Von Scheingewinnen, S. 162; weitere Gründe neben den Informationsasymmetrien s. *Weyres von Levetzow*, Rüstungswirtschaft, S. 181 f.
75 Etwa durch Einführung eidesstattlicher Erklärungen durch die Unternehmen im März 1941 oder Maschinenbedarfsprüfungen Ende 1942, vgl. *Scherner*, Grenzen, S. 120, 133.
76 Vgl. *Scherner*, Keine primäre moralische Verantwortung.

3.1.4 Fazit

Im Dritten Reich gab es einen spektakulären Boom der Industrieinvestitionen, sodass die relative Bedeutung der Industrie innerhalb der deutschen Volkswirtschaft stark anstieg. Aus der Perspektive der Investitionstätigkeit muss man regelrecht von einem Industrialisierungsschub sprechen, von dem vor allem die Rüstungs- und Autarkieindustrien profitierten – und zwar anders als von Vertretern der Blitzkriegshypothese postuliert, bereits in der Vorkriegszeit. Insofern lässt sich mithilfe einer Analyse der Investitionstätigkeit die Interpretation widerlegen, dass das NS-Regime sich nicht für einen langen Krieg vorbereitet habe. Den Schub in den genannten Branchen rief insbesondere die staatliche Wirtschaftspolitik hervor. Allerdings waren die staatlich gesetzten Rahmenbedingungen für Industrieinvestitionen nicht immer wirksam, zumal sie prinzipiell kurzfristig geändert werden konnten. Sie wurden deshalb von Unternehmen, die ja im Allgemeinen aus freien Stücken und nicht infolge von Zwang investierten, im Fall von sehr riskant eingeschätzten Investitionsvorhaben als nicht ausreichend erachtet. In solchen Fällen waren Investitionsverträge zwischen Staat und Unternehmen ein zentrales Instrument, das in den kriegswichtigen Branchen regelmäßig zum Einsatz kam, um die gewünschten Investitionen zu generieren. Es ist daher nicht überraschend, dass die staatlich induzierte Investitionstätigkeit in diesen Branchen der Treiber des spektakulären Investitionsbooms im Dritten Reich war. Wenn auch durch den Bombenkrieg industrielle Anlagen in beträchtlichem Umfang zerstört wurden, trug der Investitionsboom dazu bei, dass etwa das westdeutsche Bruttoanlagevermögen das Vorkriegsniveau übertraf, wie Rolf Krengel schon in den 1950er Jahren zeigte, sodass der Nachkriegskapitalstock deutlich neuer und damit produktiver war.[77]

Auswahlbibliografie

Buchheim, Christoph, Das NS-Regime und die Überwindung der Weltwirtschaftskrise in Deutschland, in: Vierteljahrshefte für Zeitgeschichte 56, 2008, S. 381–414.

Buchheim, Christoph/Scherner, Jonas, The Role of Private Property in the Nazi Economy: The Case of Industry, in: Journal of Economic History 66, 2006, S. 390–416.

Buchheim, Christoph, Unternehmen in Deutschland und NS-Regime: Versuch einer Synthese, in: Historische Zeitschrift 282, 2006, S. 351–390.

---

[77] *Rolf Krengel*, Anlagevermögen, Produktion und Beschäftigung der Industrie im Gebiet der Bundesrepublik von 1924 bis 1936, Berlin 1958. Zu dem Investitionsboom bei Werkzeugmaschinen vgl. *Adam Tooze*, „Punktuelle Modernisierung": Die Akkumulation von Werkzeugmaschinen im „Dritten Reich", in: Jahrbuch für Wirtschaftsgeschichte 2003/1, S. 79–98; *Christiano Andrea Ristucci/Adam Tooze*, Machine Tools and Mass Production in the Armaments Boom: Germany and the United States, 1929–44, in: Economic History Review 66, 2013, S. 953–974.

Donges, Alexander, Die Vereinigte Stahlwerke AG im Nationalsozialismus. Konzernpolitik zwischen Marktwirtschaft und Staatswirtschaft, Paderborn 2014.
Fremdling, Rainer/Stäglin, Reiner, Output, National Income and Expenditure: An Input-Output Table of Germany in 1936, in: European Review of Economic History 18, 2014, S. 371–397.
Fremdling, Rainer/Stäglin, Reiner, An Input-Output Table of Germany in 1936: A Documentation of Results, Sources and Research Strategy, in: Jahrbuch für Wirtschaftsgeschichte 2014/2, S. 187–298.
Gaul, Claus-Martin, Die industriellen Anlageinvestitionen und ihre Steuerung in Deutschland von 1933 bis 1939. Ein Beitrag zur wirtschaftshistorischen Analyse des Verhältnisses von Politik und Ökonomie im Nationalsozialismus, Hamburg 2004.
Gehrig, Gerhard, Eine Zeitreihe für den Sachkapitalbestand (1925 bis 1938 und 1950 bis 1957), in: IFO-Studien 7, 1961, S. 7–60.
Hopmann, Barbara, Von der MONTAN zur Industrieverwaltungsgesellschaft (IVG) 1916–1951, Stuttgart 1996.
Klein, Burton H., Germany's Economic Preparations for War, Cambridge/Massachusetts 1959.
Krengel, Rolf, Anlagevermögen, Produktion und Beschäftigung der Industrie im Gebiet der Bundesrepublik von 1924 bis 1936, Berlin 1968.
Ritschl, Albrecht, Über die Höhe und Struktur der gesamtwirtschaftlichen Investitionen 1935–38, in: Vierteljahrschrift für Sozial- und Wirtschaftsgeschichte 79, 1992, S. 156–176.
Scherner, Jonas, Die Logik der Industriepolitik im Dritten Reich. Die Investitionen in die Autarkie- und Rüstungsindustrie und ihre staatliche Förderung, Stuttgart 2008.
Scherner, Jonas, Nazi Germany's Preparation for War: Evidence from Revised Industrial Investment Series, in: European Review of Economic History 14, 2010, S. 433–468.
Scherner, Jonas, "Armament in the Depth" or "Armament in the Breadth"? German Investment Pattern and Rearmament during the Nazi Period, in: Economic History Review 66, 2013, S. 497–517.
Spoerer, Mark, Demontage eines Mythos? Zu der Kontroverse über das nationalsozialistische „Wirtschaftswunder", in: Geschichte und Gesellschaft 31, 2005, S. 415–438.
Spoerer, Mark, Von Scheingewinnen zum Rüstungsboom. Die Eigenkapitalrentabilität der deutschen Industrieaktiengesellschaften 1925–1941, Stuttgart 1996.
Tooze, Adam, No Room for Miracles. German Industrial Output in World War II Reassessed, in: Geschichte und Gesellschaft 31, 2005, S. 439–464.
Tooze, Adam, „Punktuelle Modernisierung": Die Akkumulation von Werkzeugmaschinen im „Dritten Reich", in: Jahrbuch für Wirtschaftsgeschichte 2003/1, S. 79–98.
Wagenführ, Rolf, Die Industriewirtschaft. Entwicklungstendenzen der deutschen und internationalen Industrieproduktion 1860 bis 1932, Berlin 1933.
Wagenführ, Rolf, Die deutsche Industrie im Kriege 1939–1945, Berlin 1954.

Jochen Streb
3.2 Rüstungsindustrie

3.2.1 Einleitung: Das „Rüstungswunder"

Am 5. Juni 1943 trat Rüstungsminister Albert Speer[1] im Berliner Sportpalast vor 10 000 eingeladene Rüstungsarbeiter, um diese stellvertretend für das gesamte deutsche Volk für die Steigerung der deutschen Rüstungsgüterproduktion zu begeistern, die seit seiner Amtsübernahme im Februar 1942 stattgefunden habe, und von der er versprach, dass sie den deutschen Soldaten zum Sieg über ihre zahlreichen Kriegsgegner verhelfen werde:

> Seit dem Frühjahr des Jahres 1942 ist ein Vielfaches der damaligen monatlichen Fertigung von schweren Panzern, von Pak, von leichten, schweren und schwersten Flak, von leichten und schweren Feldhaubitzen, von weittragenden Kanonen, von sämtlichen Munitionssorten bis zur Handgranate und Mine und auch bei den Flugzeugen erreicht worden. [...] Wir werden der Front neue Waffen, neue Panzer, Flugzeuge und U-Boote in einer Zahl zur Verfügung stellen, die es unseren Soldaten [...] ermöglicht, diesen Kampf nicht nur zu bestehen, sondern endgültig zu siegen.[2]

Durch die häufige Wiederholung solcher propagandistischen Erfolgsmeldungen, die Speer im kleineren Kreis gerne durch entsprechende Schaubilder mit steil nach oben verlaufenden Rüstungsziffern illustrierte,[3] gelang es ihm, der breiten Öffentlichkeit den Eindruck eines kompetenten Rüstungsmanagers zu vermitteln, der auch in den Nachkriegsjahrzehnten fortbestehen sollte. Zum Weiterleben dieses Mythos trug ganz wesentlich Rolf Wagenführ bei. Speers ehemaliger Mitarbeiter[4] im Planungsamt des

---

[1] Der studierte Architekt Albert Speer (1905–1981) wurde im Juni 1937 von Hitler zum Generalbauinspektor für die Reichshauptstadt ernannt und übernahm im Februar 1942 das Rüstungsministerium als Nachfolger des tödlich verunglückten Fritz Todt. Im Jahr 1946 wurde Speer im Nürnberger Prozess der Hauptkriegsverbrecher zu 20 Jahren Haft verurteilt. Vgl. *Magnus Brechtken*, Albert Speer. Eine deutsche Karriere, München 2017.
[2] Tatsachen sprechen für den Sieg. Die Reden der Reichsminister Speer und Goebbels im Berliner Sportpalast am 5. Juni 1943, Berlin 1943, S. 7, 21. Wenn Speer in dieser Rede auf Einzelheiten einging, wählte er als Vergleichsperiode stets das Jahr 1941. Beispielsweise führte er auf S. 13 aus: „Wir haben im Monat Mai [1943] mehr an Tonnen Munition hervorgebracht als 1941 in einem halben Jahr. [...] Für jede Tonne Munition benötigen wir heute im Durchschnitt nur noch ein Viertel der Arbeitskräfte, weniger als die Hälfte des Roheisens, ein Zwölftel des Kupfers und ein Sechstel des Aluminiums."
[3] Eine zeitgenössische Fotografie zeigt Speer, wie er im Juni 1944 anhand eines Lichtbilds den Anstieg der von ihm verantworteten Rüstungsproduktion erläutert. Siehe Abbildung 30 in *Adam Tooze*, The Wages of Destruction, London 2006.
[4] Nach dem Ende des Zweiten Weltkriegs war der Volkswirt Rolf Wagenführ (1905–1975) zunächst am Aufbau eines statistischen Zentralamts für die sowjetische Besatzungszone beteiligt. Seit 1946 fungierte er als Abteilungsleiter, seit 1948 als Direktor des Statistischen Amts der britischen Besatzungszone. Im Jahr 1957 wurde Wagenführ auf den Lehrstuhl für Statistik an die Universität Heidelberg berufen; im Jahr 1958 wurde er erster Generaldirektor des Statistischen Amts der Europäischen

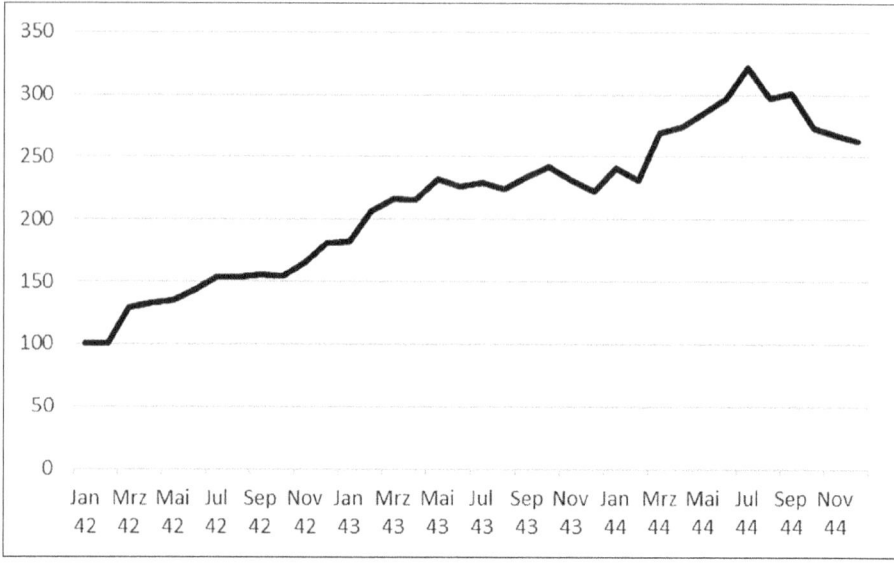

Abb. 1: Der deutsche Rüstungsindex 1942–1944 nach Wagenführ.
Quelle: *Rolf Wagenführ*, Die deutsche Industrie im Kriege 1939–1945, Berlin 1954, S. 178–181.
Der Rüstungsindex beschreibt die Entwicklung der deutschen Rüstungsendfertigung, die sich aus den Untergruppen Waffen, Munition, Flugzeuge, Schiffe, Panzer, Fahrzeuge, Pulver und Sprengstoffe zusammensetzt. Die Rüstungsendfertigung der Monate Januar/Februar 1942 dient der Zeitreihe als Basis und ist gleich 100 gesetzt.

Rüstungsministeriums bestätigte in seiner einflussreichen Monografie *Die deutsche Industrie im Kriege* (1954) die im letzten Kriegsjahr von Speer noch selbst verbreitete Behauptung, dass sich der Index der deutschen Rüstungsendfertigung zwischen Anfang 1942 und Juli 1944 verdreifacht habe (vgl. Abb. 1) und dabei mit einer erstaunlichen Verdopplung der Arbeitsproduktivität einhergegangen sei.[5] Nach Kriegsende präsentierte Wagenführ den Rüstungsindex als präzise Beschreibung historischer Tatsachen, obwohl er um die Schwächen einer Statistik wusste, die ursprünglich geschaffen worden war, um Hitler und seinen politisch-wirtschaftlichen Machtapparat von Speers außergewöhnlichen Leistungen als Rüstungsminister zu überzeugen.

Wirtschaftsgemeinschaft. Vgl. *Jochen Streb*, Wagenführ, Rolf, in: Historischen Kommission bei der Bayerischen Akademie der Wissenschaften (Hrsg.), Neue Deutsche Biographie, Bd. 27, Berlin 2020, S. 196 f.; vgl. auch *Adam Tooze*, Statistics and the German State 1900–1945: The Making of Modern Economic Knowledge, Cambridge 2001, S. 262, 273 f., 284 f. Im Wirtschaftsarchiv Baden-Württemberg findet sich unter der Bestandssignatur N 10 ein Nachlass von Rolf Wagenführ, der insbesondere Statistiken und andere Dokumente zur deutschen Kriegswirtschaft umfasst.

5 *Rolf Wagenführ*, Die deutsche Industrie im Kriege 1939–1945, Berlin 1954, S. 125, 178 ff. Diese Monografie verfasste Rolf Wagenführ wahrscheinlich bereits im Sommer 1945. Im Jahr 1954 wurde sie vom Deutschen Institut für Wirtschaftsforschung (DIW) ohne Nennung des Verfassers veröffentlicht. Mit Nennung des Verfassers erschien im Jahr 1963 die zweite Auflage.

Das von Wagenführ bekräftigte deutsche „Rüstungswunder" verlangte dringend nach einer wissenschaftlichen Erklärung, auf die zu finden sich mehrere Generationen von Wirtschaftshistorikern fokussierten. Unweigerlich verstellte diese thematische Einengung jedoch den Blick auf die längerfristige Entwicklung der deutschen Rüstungsindustrie im Dritten Reich. Im vorliegenden Überblick werden zunächst die traditionellen Narrative des „Rüstungswunders" vorgestellt. Danach erfolgen eine Neuschätzung und zeitliche Erweiterung des Index der deutschen Rüstungsendfertigung, die erkennen lassen, dass die Diskontinuitäten zwischen erster und zweiter Kriegshälfte bislang überbewertet wurden. Der zweite Teil dieses Kapitels widmet sich einer genaueren Betrachtung der einzelwirtschaftlichen Ursachen dieses Befunds. Dabei stützt sich die Untersuchung, anders als herkömmliche Studien zur Entwicklung der deutschen Rüstungsindustrie im Dritten Reich, weniger auf politische Verlautbarungen und militärische Planvorgaben als auf detaillierte betriebswirtschaftliche Daten, die konkret Aufschluss über die hemmenden und beschleunigenden Faktoren der deutschen Rüstungsproduktion auf der Ebene der Unternehmen geben.

Jede Betrachtung der Rüstungsindustrie hat mit dem Problem zu kämpfen, dass diese Branche anders als etwa der Bergbau oder die Textilindustrie nicht eindeutig gegenüber anderen Industriezweigen abgegrenzt werden kann, weil die meisten Produzenten von Rüstungsgütern gleichzeitig auch zivile Produkte erzeugen. In unserem Betrachtungszeitraum finden sich Rüstungsproduzenten unter anderem in der Stahlindustrie (z. B. Vereinigte Stahlwerke und Krupp), in der Fahrzeugindustrie (z. B. Daimler-Benz und BMW), in der chemischen Industrie (z. B. IG Farben), in der elektrotechnischen Industrie (z. B. Siemens und Bosch), in der feinmechanischen Industrie (z. B. Carl Zeiss Jena) und in der Flugzeugindustrie (z. B. Junkers und Focke-Wulf). Hinzu kommen ungezählte Zulieferer aus anderen Branchen wie etwa der Metallverarbeitung oder dem Maschinenbau, deren wachsende Bedeutung in der nationalsozialistischen Rüstungswirtschaft in Abschnitt 3.2.5 thematisiert wird. Diese Abgrenzungsprobleme erklären, warum die wirtschaftlichen Aktivitäten der Rüstungsindustrie meistens nur anhand der staatlichen Rüstungsausgaben indirekt statistisch dargestellt werden.[6]

3.2.2 Ursachenforschung

Die in den Nachkriegsjahrzehnten zunächst vorherrschende Erklärung des deutschen „Rüstungswunders" ist als Blitzkriegshypothese in die Wirtschaftsgeschichtsschreibung eingegangen. Die von akademischen Mitarbeitern des *United States Strategic Bombing Surveys* (USSBS) entwickelte und später unter anderem von Alan Milward aufgegriffene

---

[6] Vgl. *Heinz-J. Bontrup/Norbert Zdrowomyslaw*, Die deutsche Rüstungsindustrie. Vom Kaiserreich zur Bundesrepublik, Heilbronn 1988, S. 47 f., 114–128.

Argumentation ging davon aus, dass sich Hitler zu Beginn des Zweiten Weltkriegs bewusst dazu entschlossen habe, die deutsche Rüstungsgüterproduktion zu deckeln und die Überfälle auf die europäischen Nachbarn als materialschonende Blitzkriege zu führen, um hierdurch Ressourcen für die einheimische Produktion von Konsumgütern einzusparen, die dringend benötigt wurden, um sich die fortgesetzte Zustimmung der deutschen Bevölkerung zum nationalsozialistischen Regime zu erkaufen.[7] Erst nach den militärischen Niederlagen des Spätjahres 1941 habe Hitler die Notwendigkeit erkennen müssen, die Rüstungsgüterproduktion durch eine umfassende Umverteilung von Arbeitskräften und Rohstoffen zu intensivieren, was seit Anfang 1942 zu dem beobachteten Anstieg des Rüstungsindex geführt habe, der implizit auch den ursächlich damit verbundenen Zusammenbruch der zivilen Fertigung widerspiegele.[8]

Die Legitimität der Blitzkriegshypothese wurde seit den 1980er Jahren zunehmend in Frage gestellt. Nach Auffassung von Richard Overy war die eigentliche Ursache der zu Kriegsbeginn zunächst stagnierenden Rüstungsproduktion im vorzeitigen Ausbruch des Zweiten Weltkriegs zu suchen. Im Herbst 1939 habe sich die deutsche Rüstungsindustrie noch mit dem Aufbau zusätzlicher Rüstungskapazitäten beschäftigt, sodass der für den Mobilisierungsfall eigentlich vorgesehene starke Anstieg des Rüstungsausstoßes erst mit einiger Verzögerung erfolgen konnte.[9] In einer Variante dieser Ineffizienzhypothese vermutet Rolf Dieter Müller, dass die geringe Dynamik der deutschen Rüstungsproduktion vor 1942 in erster Linie der nationalsozialistischen Polykratie geschuldet gewesen sei. Verschiedene zivile und militärische Behörden mit unklarer Kompetenzabgrenzung hätten um Einflussmöglichkeiten auf die Rüstungsindustrie konkurriert und durch ihre sich widersprechenden und häufig wechselnden Zielvorgaben deren effiziente Steuerung verhindert.[10] Beide Historiker eint die Vorstellung, dass Albert Speer als neuem Rüstungsminister das Verdienst zukomme, durch seine organisatorischen Neuerungen solche Ineffizienzen beseitigt und dadurch erst den starken Anstieg der Rüstungsproduktion seit 1942 eingeleitet zu haben.[11]

---

7 Vgl. *United States Strategic Bombing Survey*, The Effects of Strategic Bombing on the German War Economy, by Overall Economic Effects Division, Washington 1945; *Nicholas Kaldor*, The German War Economy, in: Review of Economic Studies 13, 1946, S. 33–52; *Burton H. Klein*, Germany's Economic Preparation for War, Cambridge (Mass.) 1959; *Alan S. Milward*, The German Economy at War, London 1965. Die These, dass die Nationalsozialisten die politische Unterstützung der Deutschen in erster Linie durch materielle Zuwendungen zu gewinnen trachteten, wurde vertreten durch *Götz Aly*, Hitlers Volksstaat. Raub, Rassenkrieg und nationaler Sozialismus, Frankfurt am Main 2005.
8 Zum Rückgang der Konsumgüterproduktion vgl. *Jochen Streb*, Das Reichswirtschaftsministerium im Kriege, in: Albrecht Ritschl (Hrsg.), Das Reichswirtschaftsministerium in der NS-Zeit. Wirtschaftsordnung und Verbrechenskomplex, Berlin 2016, S. 533–610.
9 Vgl. *Richard J. Overy*, War and Economy in the Third Reich, Oxford 1994.
10 Vgl. *Rolf-Dieter Müller*, Die Mobilisierung der deutschen Wirtschaft für Hitlers Kriegsführung, in: Bernhard Kroener/Rolf-Dieter Müller/Hans Umbreit (Hrsg.), Das Deutsche Reich und der Zweite Weltkrieg. Bd. 5: Organisation und Mobilisierung des deutschen Machtbereichs, Halbbd. 1: Kriegsverwaltung, Wirtschaft und personelle Ressourcen 1939–1941, Stuttgart 1988, S. 349–692.
11 Vgl. auch *Hans Joachim Weyres-v. Levetzow*, Die deutsche Rüstungswirtschaft von 1942 bis zum Ende des Krieges, München 1975; *Werner Abelshauser*, Germany: Guns, Butter and Economic Miracles,

Speer werden insbesondere folgende Reformen zugeschrieben: Erstens habe er eine Reduktion der Typenvielfalt und der Programmwechsel bei Rüstungsgütern erwirkt, was es den Rüstungsunternehmen ermöglicht habe, durch Verstetigung ihrer Fertigungsabläufe Vorteile der Massenproduktion auszunutzen. Zweitens seien unter seiner Amtsführung auch Modifikationen bestehender Waffentypen seltener geworden, was zu erheblichen Einsparungen von kurzfristigen Anpassungskosten geführt habe. Drittens habe das Rüstungsministerium gegen den Widerstand der Wehrmacht durchsetzen können, dass Fertigungsschritte, die die Kampfkraft einer Waffe nicht erhöhten, wie etwa das Polieren und Lackieren, nicht mehr durchgeführt wurden, wodurch erneut Einsparungen, insbesondere hinsichtlich der Fertigungszeit, realisiert wurden. Viertens habe man die produktivsten Unternehmen dazu veranlasst, ihr Fertigungs-Know-how im Rahmen von firmenübergreifenden Ausschüssen und Ringen mit ihren weniger effizienten Konkurrenten zu teilen, wodurch sich die durchschnittliche Produktivität der ganzen Branche erhöht habe. Schließlich wies Speer in seinen Memoiren auf einen mitunter übersehenen fünften Punkt hin, wenn er anführte, dass auch die Intensivierung der überbetrieblichen Arbeitsteilung eine weitere bedeutende Ursache des „Rüstungswunders" gewesen sei.[12]

Overy ist davon überzeugt, dass die meistens dieser Rationalisierungsmaßnahmen wirkungslos geblieben wären, wenn es nicht gleichzeitig durch den Übergang von Selbstkosten- zu Festpreisverträgen zu einem fundamentalen Wandel der Anreizstrukturen im staatlichen Beschaffungswesen gekommen wäre.[13] Die bis zu Speers Amtsantritt gebräuchlichen Selbstkostenverträge hätten die Unternehmen nämlich zur Verschwendung von Materialien und Arbeitskräften verleitet, weil im Rahmen solcher Vereinbarungen der Unternehmensgewinn als fester Anteil an den nachgewiesenen Produktionskosten berechnet worden sei. Mit Einführung der Festpreisverträge sei hingegen schon bei Vertragsabschluss ein verbindlicher Abnahmepreis vereinbart worden, weshalb alle betriebswirtschaftlichen Einsparungen im nachfolgenden Produktionsprozess automatisch mit einer Erhöhung des Gewinns einhergingen. Somit hätten Festpreisverträge gewinnorientierte Unternehmer zu Kostensenkungen motiviert, während von Selbstkostenverträgen sogar Anreize zur Kostensteigerung ausgegangen seien.[14] Es war exakt dieser Gegensatz, der nach Meinung von Overy den generellen

---

in: Mark Harrison (Hrsg.), The Economics of World War II: Six Great Powers in International Comparison, Cambridge 1998, S. 122–176.

12 Vgl. *Albert Speer*, Erinnerungen, Berlin 1969, S. 223. Zu Speers Neuordnung vgl. Kapitel 2.1 in diesem Band.
13 Vgl. *Overy*, War, S. 357.
14 Dieser klare Unterschied gilt zumindest auf konzeptioneller Ebene. Auf der Ebene der praktischen Umsetzung der beiden Vertragsalternativen entstehen neue Probleme der Überwachung und Durchsetzung der getroffenen Vereinbarungen. Vgl. hierzu *Jochen Streb*, Das Scheitern der staatlichen Preisregulierung in der nationalsozialistischen Bauwirtschaft, in: Jahrbuch für Wirtschaftsgeschichte 2003/1, S. 27–48; *Jochen Streb*, Negotiating Contract Types and Contract Clauses in the German Construction Industry during the Third Reich, in: RAND Journal of Economics 40, 2009, S. 364–379.

Wechsel von Selbstkosten- zu Festpreisverträgen von so zentraler Bedeutung für das „Rüstungswunder" machte.

Jonas Scherner und Jochen Streb bezweifeln das behauptete zeitliche Zusammenfallen von Speers Amtsantritt als Rüstungsminister im Frühjahr 1942 und den hier aufgezählten Maßnahmen zur Rationalisierung der Rüstungsproduktion.[15] Viele Reformen wurden schon deutlich früher und manche erst so spät eingeführt, dass sie auf den Höchststand der Rüstungsproduktion im Sommer 1944 keinen Einfluss mehr haben konnten. Insbesondere waren Festpreisverträge bereits lange vor Speers Amtsantritt in der deutschen Rüstungsindustrie die Regel. Die von Overy hervorgehobene Veränderung des deutschen Beschaffungswesens ist deshalb ebenfalls wenig geeignet, die Beschleunigung der Rüstungsendfertigung seit 1942 zu erklären.

Unbeschadet dieser inhaltlichen Einwände ist zu beachten, dass der von Wagenführ in die Wirtschaftsgeschichtsschreibung eingeschleuste Index der Rüstungsendfertigung auf unsicherem statistischen Fundament ruht.[16] Speers Ministerium hatte sich bewusst dafür entschieden, die ersten beiden Monate des Jahres 1942, in denen die deutsche Rüstungsfertigung besonders niedrig war, als Basis für seine Zeitreihe zu wählen, um hierdurch die weitere Entwicklung ab März 1942 in besonders positivem Licht erscheinen zu lassen. Außerdem wurde durch diese Vorgehensweise erfolgreich verschleiert, dass die deutsche Rüstungsproduktion bereits zwischen 1938 und 1940 kräftig angestiegen war. Beispielsweise gelangte Adam Tooze auf Grundlage einer Neubewertung der makroökonomischen Daten zur Entwicklung von Investitionen, Produktion und Produktivität zwischen 1939 und 1944 zu der Auffassung, dass die Leistungsfähigkeit der deutschen Industrie in der frühen Phase des Krieges wesentlich höher war als weithin angenommen.[17]

Ein besonders schwerwiegendes Problem von Wagenführs Rüstungsindex ist, dass dieser auch das in den besetzten Gebieten erzeugte Kriegsgerät umfasst. Insbesondere die Beiträge aus Tschechien und Frankreich waren bemerkenswert.[18] Hermann Göring hatte bereits im August 1940 die Anweisung gegeben, die Wirtschaftskraft der besetzten

---

15 Vgl. *Jonas Scherner/Jochen Streb*, Das Ende eines Mythos? Albert Speer und das so genannte Rüstungswunder, in: Vierteljahrschrift für Sozial- und Wirtschaftsgeschichte 93, 2006, S. 172–196.
16 Vgl. *Scherner/Streb*, Mythos.
17 Vgl. *Adam Tooze*, No Room for Miracles. German Industrial Output in World War II Reassessed, in: Geschichte und Gesellschaft 31, 2005, S. 437–464.
18 Vgl. *Jonas Scherner*, Der deutsche Importboom während des Zweiten Weltkriegs. Neue Ergebnisse zur Struktur der Ausbeutung des besetzten Europas auf der Grundlage einer Neuschätzung der deutschen Handelsbilanz, in: Historische Zeitschrift 294, 2012, S. 79–113. Die wichtigsten ausländischen Lieferanten der Wehrmacht waren das Protektorat (Tschechien) mit Waren im Wert von 8,7 Milliarden Reichsmark (RM), Frankreich (6,2 Milliarden RM), Belgien (3,2 Milliarden RM), die Niederlande (2,2 Milliarden RM) und das Generalgouvernement (Teil von Polen) (1,4 Milliarden RM). Zur Berechnung dieser Zahlen vgl. *Jonas Scherner*, Europas Beitrag zu Hitlers Krieg. Die Verlagerung von Industrieaufträgen der Wehrmacht in die besetzten Gebiete und ihre Bedeutung für die deutsche Rüstung im Zweiten Weltkrieg, in: Christoph Buchheim/Marcel Boldorf (Hrsg.), Europäische Volkswirtschaften unter deutscher Hegemonie, München 2012, S. 70–92.

Gebiete durch die Vergabe von Aufträgen an ausländische Unternehmen in Zukunft systematisch zu nutzen. Übergeordnetes Ziel dieser Auftragsverlagerung war, die deutsche Rüstungsproduktion zu steigern. Hierzu waren grundsätzlich zwei Wege vorgesehen. Zum einen konnten ausländische Unternehmen damit beauftragt werden, die von der Wehrmacht benötigten Rüstungsgüter oder wesentliche Bauteile derselben in ihren heimischen Werkstätten zu produzieren. Zum anderen sollten deutsche Unternehmen, die bisher (auch) zivile Güter hergestellt hatten, deren Erzeugung ins Ausland verlagern, um ihre eigenen Kapazitäten vollständig für die Rüstung frei zu machen.[19] In unserem Zusammenhang ist von Bedeutung, dass die innerdeutsche Rüstungsproduktion durch Wagenführs Rüstungsindex seit 1941 möglicherweise erheblich überschätzt wird, weil dieser auch die im besetzten Ausland erzeugten Rüstungsgüter miteinschließt, die im Zuge der Auftragsverlagerung entstanden und nach Deutschland geliefert wurden. Die Diskontinuität zwischen den beiden Phasen 1939 bis 1941 und 1942 bis 1944 wird durch diesen simplen, aber in seiner Wirkung über Jahrzehnte hinweg sehr wirkungsvollen Trick überzeichnet.

Um das Ausmaß der statistischen Manipulationen Wagenführs zu ermessen, haben Scherner und Streb auf Grundlage archivalischer Quellen eine Neuschätzung des Index der Rüstungsendfertigung vorgelegt (vgl. Abb. 2), die den Betrachtungszeitraum auf die gesamte Kriegsdauer erweitert und explizit zwischen deutscher und ausländischer Produktion unterscheidet.[20] Abbildung 2 enthüllt zunächst, dass sich die deutsche Rüstungsendfertigung bereits im ersten Kriegsjahr verdoppelte, was in Wagenführs verkürzter Darstellung (vgl. Abb. 1) vollkommen unterschlagen wird. Zudem zeigt sich, dass die Erzeugung der besetzten Gebiete einen wesentlichen Anteil an der deutschen Rüstungsproduktion hatte, mit einem Maximum von 28 Prozent im Jahr 1941, 24 Prozent im Jahr 1942 und jeweils 17 Prozent in den Jahren 1943 und 1944. Betrachtet man die Rüstungsproduktion ausschließlich der besetzten Gebiete (gestrichelte Linie) fällt der starke Rückgang im Jahr 1941 ins Auge, von dem sich die deutsche Rüstungsindustrie lange nicht erholen konnte. So dauerte es fast zwei Jahre, bevor die innerdeutsche Rüstungsproduktion im Sommer 1942 wieder das Niveau erreichte, das sie bereits im Sommer 1940 besessen hatte. Gerade in diesem Zeitraum scheint der Beitrag des Auslands zum Erhalt der Kampffähigkeit der Wehrmacht unverzichtbar gewesen zu sein. Scherner und Streb vermuten, dass der starke Einschnitt des Jahres 1941 unter anderem dem Umstand geschuldet sein könnte, dass in diesem Zeitraum der Schwerpunkt der deutschen Rüstungsproduktion von der vergleichsweise einfachen Munitionserzeugung zur technologisch anspruchsvolleren Fertigung von Kampfflugzeugen verlagert

---

19 Einen umfassenden Überblick über die Auftragsverlagerung in die besetzten Gebiete bietet *Elena Dickert*, Die „Nutzbarmachung" des Produktionspotentials besetzter Gebiete durch Auftragsverlagerung im Zweiten Weltkrieg, Diss. Trondheim 2014.
20 Vgl. *Jonas Scherner/Jochen Streb*, The Mirage of the German Armament Miracle in World War II, in: Jari Eloranta [u. a.] (Hrsg.), Economic History of Warfare and State Formation, Singapur/Heidelberg 2016, S. 243–258.

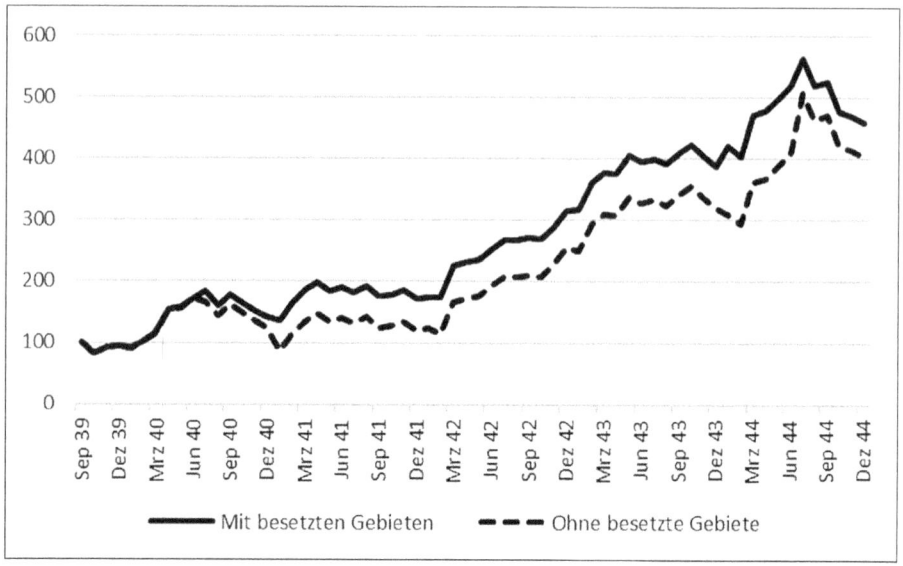

Abb. 2: Neuschätzung des deutschen Rüstungsindex 1939–1944.
Quelle: *Jonas Scherner/Jochen Streb*, The Mirage of the German Armament Miracle in World War II, in: Jari Eloranta [u. a.] (Hrsg.), Economic History of Warfare and State Formation, Singapur/Heidelberg 2016, S. 251. Die Abbildung zeigt, wie sich die deutsche Rüstungsendfertigung ohne den Beitrag der besetzten Gebiete entwickelt hätte (gestrichelte Linie). Die Rüstungsendfertigung des Monats September 1939 dient der Zeitreihe als Basis und ist gleich 100 gesetzt.

wurde. Außerdem seien in diesem Zeitraum viele deutsche Unternehmen aus zivilen Sektoren in die Rüstungsfertigung neu eingebunden wurden, die aufgrund ihrer fehlenden Erfahrung mit Rüstungsgütern einiges an Zeit benötigten, um sich der deutlich höheren Arbeitsproduktivität der etablierten Rüstungsunternehmen anzunähern.[21] Zusammenfassend vermittelt Abbildung 2 anders als Wagenführs Index den Eindruck einer über die gesamte Kriegsdauer kontinuierlich wachsenden Rüstungsgütererzeugung, die allerdings im Jahr 1941 eine beachtliche Stagnationsphase durchlief. Diese Kontinuitätshypothese spiegelt sich auch in einer Neuschätzung der Entwicklung der Arbeitsproduktivität wider, die zwischen 1940 und 1944 einen u-förmigen Verlauf nahm und deren Maximum im Juni 1944 nur um 70 Prozent über dem bereits im Sommer 1940 erreichten Wert lag.[22]

Im fünften Teil des Friedensvertrags von Versailles wurden der Umfang des deutschen Heeres auf 100 000 und jener der Marine auf 15 000 Mann begrenzt, die Errichtung einer Luftwaffe gänzlich untersagt und die deutsche Rüstungsindustrie entsprechend geschrumpft und in Art und Menge auf die Erzeugung bestimmter vor-

---

21 Vgl. *Scherner/Streb*, Mirage, S. 254 f.
22 Vgl. *Scherner/Streb*, Mirage, S. 253.

gegebener Rüstungsgüter beschränkt. Auch wenn sich das deutsche Militär diesen Vorgaben niemals vollständig fügte und illegale Rüstungsaktivitäten unter anderem in der Sowjetunion betrieb, bildete erst die Machtergreifung Hitlers im Jahr 1933 den eigentlichen Startschuss für die Wiederaufrüstung Deutschlands.[23] Um die Entwicklung der Rüstungsproduktion im Dritten Reich komplett überblicken zu können, wäre es wünschenswert, den Index der Rüstungsendfertigung auch für die Friedensjahre des Dritten Reichs zu erstellen. Leider liegen die hierzu benötigten Produktionsziffern für die meisten Rüstungsgüter nicht vor.[24] Eine Ausnahme bilden die Kampfflugzeuge, für deren Fertigung sich im Militärarchiv in Freiburg eine Aufstellung des Reichsluftfahrtministeriums erhalten hat, in der die monatlichen Produktionszahlen aller Frontflugzeuge (u. a. Bomber, Jäger und Aufklärer) sowie der Schulungsflugzeuge für den Zeitraum von 1933 bis 1940 detailliert aufgeführt sind.[25] Auf Grundlage dieser Quelle ist es möglich, die Entwicklung der Stückzahlen in der Luftrüstung von 1933 bis 1940 darzustellen (siehe Abb. 3).[26] Angesichts der Tatsache, dass die Luftrüstung mit einem Anteil von etwa 40 Prozent das mit Abstand höchste Gewicht in Wagenführs Rüstungsindex einnimmt, mag deren langfristige Entwicklung einen ungefähren Eindruck von den Vorgängen in den anderen Untergruppen von Rüstungsgütern (Waffen, Munition, Schiffe, Panzer, Fahrzeuge, Pulver und Sprengstoffe) liefern.

Abbildung 3 verdeutlicht, dass die im Dritten Reich wiederaufgenommene Fertigung von Kampfflugzeugen im Frühjahr 1937 ihren ersten Höhepunkt erreichte. Die nachfolgende Phase der Stagnation endete zu Beginn des Jahres 1939, als die Produktion im Vorfeld des Zweiten Weltkriegs enorm anzuwachsen begann. So stiegen die Stückzahlen in der Luftrüstung zwischen Januar 1939 und März 1940 um das 2,4-fache, legt man den Dezember 1938 dieser Betrachtung zugrunde, gar um das 3,4-fache. Das ist die von Speer so gerne unter den Teppich gekehrte Steigerung der Rüstungsproduktion vor seinem Amtsantritt als Rüstungsminister.

Die beobachtbare Beschleunigung der Produktion seit Sommer 1936 fällt zeitlich zusammen mit einer geheimen Denkschrift, die Hitler im August dieses Jahres zunächst nur Reichsluftfahrtminister Hermann Göring und Reichskriegsminister Werner

---

[23] Zur Geschichte der Rüstungspolitik in der Weimarer Republik vgl. *Michael Geyer*, Deutsche Rüstungspolitik 1860–1980, Frankfurt am Main 1984, S. 118–137. Zum nationalsozialistischen Primat der Aufrüstung bereits seit 1933 vgl. *Tooze*, Wages, S. 54–57. Vgl. auch *Christoph Buchheim*, Das NS-Regime und die Überwindung der Weltwirtschaftskrise in Deutschland, in: Vierteljahrshefte für Zeitgeschichte 56, 2008, S. 381–414.
[24] Zur lückenhaften Darstellung der wirtschaftlichen Entwicklung der deutschen Rüstungsindustrie in Friedenszeiten vgl. *Stefanie van de Kerkhof*, Rüstungsindustrie und Kriegswirtschaft, in: Thomas Kühne/Benjamin Ziemann (Hrsg.), Was ist Militärgeschichte? Paderborn 2000, S. 175–194.
[25] Vgl. Bundesarchiv Abteilung (BArch), RL 3/2617. Der Hinweis auf diese Quelle findet sich in *Tooze*, Wages, S. 232. Zur Geschichte der Luftrüstung vgl. *Lutz Budraß*, Flugzeugindustrie und Luftrüstung in Deutschland 1918–1945, Düsseldorf 1998.
[26] In Verbindung mit *Wagenführ*, Industrie, S. 182, ergibt sich folgende Zeitreihe der jährlichen Stückzahlen in der Luftrüstung: 407 (1933), 1909 (1934), 2908 (1935), 4876 (1936), 5404 (1937), 4979 (1938), 7552 (1939), 10 250 (1940), 11 030 (1941), 14 700 (1942), 25 220 (1943), 37 950 (1944).

Abb. 3: Die Produktion von Kampfflugzeugen 1933–1940.
Quelle: BArch, RL 3/2617.
Die Erzeugung ist in Stückzahlen gemessen. Die Produktionsmenge des Monats September 1939 dient der Zeitreihe als Basis und ist gleich 100 gesetzt.

von Blomberg zugänglich machte und mit der er den deutschen Kriegsvorbereitungen eine eindeutige Frist setzte: „Die deutsche Armee muss in vier Jahren einsatzfähig sein. 2. Die deutsche Wirtschaft muss in vier Jahren kriegsfähig sein."[27] Zur Umsetzung dieser Zielvorgabe ernannte Hitler im Oktober 1936 Göring zum Beauftragten für den Vierjahresplan und stattete ihn mit umfassenden Weisungsbefugnissen gegenüber allen staatlichen Behörden einschließlich der Reichsministerien aus. Unter Görings Leitung wurde zügig eine umfangreiche Vierjahresplan-Behörde eingerichtet, die vor allem den Ausbau der deutschen Roh- und Grundstoffindustrie vorantrieb. Der Schwerpunkt des Vierjahresplans war auf die Förderung der chemischen Industrie ausgerichtet. Allein dem Aufbau der einheimischen Treibstofferzeugung auf Basis von Braunkohle wurden fast dreißig Prozent des geplanten Investitionsvolumens gewidmet, weitere sieben Prozent wurden für Anlagen zur Herstellung des synthetischen Gummis BUNA eingeplant.[28]

Parallel zur Förderung der importsubstituierenden Autarkiebranchen wurden auch die Kapazitäten der deutschen Rüstungsindustrie erweitert, wobei sich der

---

27 *Wilhelm Treue* (Hrsg.), Dokumentation: Hitlers Denkschrift zum Vierjahresplan 1936, in: Vierteljahrshefte für Zeitgeschichte 3, 1955, S. 210.
28 Vgl. *Dietmar Petzina*, Autarkiepolitik im Dritten Reich. Der nationalsozialistische Vierjahresplan, Stuttgart 1968; *Jonas Scherner*, Die Logik der Industriepolitik im Dritten Reich. Die Investitionen in die Autarkie- und Rüstungsindustrie und ihre staatliche Förderung, Stuttgart 2008.

Schwerpunkt der Investitionstätigkeit im Zeitverlauf auf Letztgenannte verschob.[29] Scherner zeigt, dass die privatwirtschaftlichen Investitionen in den Autarkiebranchen mit 2,25 Milliarden RM bereits im Jahr 1940 ihr absolutes Maximum erreichten, während diese Aktivitäten in der Rüstungsindustrie mit 2,95 Milliarden RM erst im Jahr 1942 an ihrem Höhepunkt angelangten.[30] Das zeitliche Nachhinken der privatwirtschaftlichen Rüstungsinvestitionen ist auch auf den Unwillen der Unternehmer zurückzuführen, in Friedenszeiten in zusätzliche Rüstungskapazitäten zu investieren, als die bereits vorhandenen noch nicht einmal voll ausgelastet waren. Vor Kriegsausbruch musste deshalb oftmals der Staat in die Bresche springen, dessen eigene Investitionen in Rüstungskapazitäten sich von 235 Millionen RM im Jahr 1935 auf 1,48 Milliarden RM im Jahr 1939 mehr als versechsfachten.[31]

Die Entwicklung der makroökonomischen Rüstungsinvestitionen verdeutlicht, dass sich die deutsche Rüstungsindustrie seit 1936 und mindestens bis Kriegsausbruch nicht auf die Erzeugung von Rüstungsgütern, sondern auf den Aufbau zusätzlicher Rüstungskapazitäten konzentrierte. Dass diese im Herbst 1939 schon teilweise fertiggestellt waren, erklärt, warum es möglich war, die Rüstungsproduktion mit Kriegsausbruch deutlich zu steigern. Solch einen sprunghaften Anstieg des Ausstoßes lässt sich nicht nur in der Luftrüstung, sondern beispielsweise auch bei Sprengstoff und Pulver beobachten: Die Sprengstofferzeugung wuchs von 25 000 Tonnen im Jahr 1938 über 75 000 Tonnen im Jahr 1939 auf 168 000 Tonnen im Jahr 1940, die Pulvererzeugung von 30 000 Tonnen im Jahr 1938 über 60 000 Tonnen im Jahr 1939 auf 75 000 Tonnen im Jahr 1940.[32] Dass die zusätzlichen Rüstungskapazitäten im Herbst 1939 zu einem nicht unerheblichen anderen Teil noch im Aufbau waren und oft erst gegen etwa Mitte des Krieges für die Produktion zur Verfügung standen, legt eine Begründung dafür nahe, warum sich das Wachstum der Rüstungsfertigung in der zweiten Kriegshälfte noch einmal beschleunigen konnte (siehe Abb. 2). In den folgenden Abschnitten dieses Kapitels werden wir nun die betriebswirtschaftlichen Vorgänge betrachten, deren Zusammenspiel die dargestellten gesamtwirtschaftlichen Veränderungen von Rüstungsinvestitionen und Rüstungsproduktion bewirkten. Angesichts des begrenzten Umfangs dieses Beitrags konzentrieren sich die Ausführungen insbesondere auf die gut erforschte Luftrüstung.

---

29 Vgl. *Bontrup/Zdrowomyslaw*, Rüstungsindustrie, S. 111.
30 Vgl. *Jonas Scherner*, Nazi Germany's Preparation for War: Evidence from Revised Industrial Investment Series, in: European Review of Economic History 14, 2010, S. 442.
31 Vgl. *Jonas Scherner*, "Armament in Depth" or "Armament in Breadth"? German Investment Pattern and Rearmament during the Nazi Period, in: Economic History Review 66, 2013, S. 506.
32 Vgl. Staatsarchiv Nürnberg, NI 8915, Bl. 26 f., Vierjahresplan, Chemischer Erzeugungsplan, Steigerung der Erzeugung, Stand Januar 1943.

3.2.3 Erweiterungs- und Verbesserungsinvestitionen

Da sich die privaten Rüstungsunternehmen vor Kriegsausbruch häufig dem staatlichen Ansinnen verweigerten, eigene Mittel in den Aufbau von zusätzlichen Reservekapazitäten für einen zukünftigen Mobilisierungsfall zu investieren, finanzierte der Staat seit Mitte der 1930er Jahre den Aufbau sogenannter „Schattenfabriken", die für die Zeit nach dem Kriegsausbruch vorgehalten werden sollten, wenn Waffen und Munition in hohem Ausmaß benötigt würden. Diese „Schattenfabriken" wurden in das von der staatlichen Verwertungsgesellschaft für Montanindustrie GmbH (Montan) verwaltete System heereseigener Industriebetriebe (HIB) eingegliedert, die als Treuhänderin des Reichs über die benötigten Betriebsgrundstücke verfügte und aus Heeresmitteln auch den Anlagenbau finanzierte.[33] Nach der Fertigstellung verpachtete die Montan ihre neuen Fabriken jeweils an einschlägige Privatunternehmen mit entsprechender Produktionserfahrung, die meistens bereits den Aufbau des Werkes geleitet hatten. Um das Ausland über den rüstungswirtschaftlichen Charakter der neuen Produktionskapazitäten im Unklaren zu lassen, traten allerdings nicht die traditionellen Rüstungsunternehmen, sondern eigens gegründete Tochtergesellschaften mit unverdächtig klingenden Namen als offizielle Pächter auf.[34] Solche „Schattenfabriken" entstanden sowohl für die eigentliche Rüstungsendfertigung[35] als auch für die spezialisierte Zuliefererindustrie.

Ein Beispiel für letzteren Fall sind die im Niedersächsischen Hildesheim angesiedelten Trillke-Werke, in denen die Robert Bosch GmbH während des Zweiten Weltkriegs mit bis zu 4000 Arbeitern (darunter mehr als die Hälfte Ausländer) Lichtmaschinen, Anlasser und Magnetzünder für Panzer fertigte.[36] Die Trillke-Werke entstanden auf Anregung von General Emil Leeb, der in seiner Eigenschaft als Leiter des Heereswaffenamts das Stuttgarter Unternehmen im Frühjahr 1937 dazu aufgefordert hatte, zur Erhöhung der rüstungsrelevanten elektrotechnischen Produktionskapazitäten in Norddeutschland eine zusätzliche Fabrik mit Heeresmitteln zu errichten und im Kriegsfall als Pächter zu betreiben. In einem langwierigen Entscheidungsprozess wählte Bosch aus einer Liste von 16 vorgeschlagenen deutschen Klein- und Mittelstädten schließlich Hildesheim als Standort seiner „Schattenfabrik" aus, für den insbesondere seine Anbindung an die Eisenbahnstrecke von Köln nach

---

33 Vgl. *Barbara Hopmann*, Von der Montan zur Industrieverwaltungsgesellschaft (IVG) 1916–1951, Stuttgart 1996, S. 71–85.
34 Vgl. auch *Neil Forbes*, Democracy at a Disadvantage? British Rearmament, the Shadow Factory Scheme and the Coming of War, 1936–40, in: Jahrbuch für Wirtschaftsgeschichte 2014/2, S. 49–69.
35 Zum Aufbau der „Schattenfabriken" der Sprengstoffindustrie vgl. *Jonas Scherner/Jochen Streb*, Wissenstransfer, Lerneffekte oder Kapazitätsausbau? Die Ursachen des Wachstums der Arbeitsproduktivität in den Werken der Deutschen Sprengchemie GmbH, 1937–1943, in: Zeitschrift für Unternehmensgeschichte 53, 2008, S. 100–122.
36 Zur Geschichte der Trillke-Werke vgl. *Manfred Overesch*, Bosch in Hildesheim 1937–1945, Göttingen 2008.

Berlin sowie an den Mittellandkanal sprach, der den Schiffstransport zu Rhein und Elbe möglich machte. Zum Schutz vor Luftangriffen errichtete man die Werksanlagen nicht auf dem eigentlichen Stadtgebiet, sondern im Hildesheimer Wald. Die Gebäude durften nicht höher als die Baumgipfel sein und wurden zudem räumlich gestreut, damit einzelne Bombentreffer zu keiner vollständigen Zerstörung der Produktionsanlagen führten.

Der Einsatz öffentlicher Mittel beim Aufbau der „Schattenfabriken" darf nicht darüber hinwegtäuschen, dass die Rüstungsunternehmen in zunehmenden Umfang auch private Quellen für die Finanzierung des Kapazitätsaufbaus mobilisierten. Die Vierjahresplan-Organisation war lange davon ausgegangen, dass die seit Mitte der 1930er Jahre stark angewachsenen Gewinne der Grundstoff- und Investitionsgüterindustrie[37] den Unternehmen erlauben würden, den Großteil der angedachten Neuinvestitionen aus zurückbehaltenen Gewinnen zu bestreiten; insbesondere auch deshalb, weil das im Jahr 1934 in Kraft getretene Anleihestockgesetz die Gewinnausschüttung mittels Dividenden auf maximal sechs Prozent beschränkte.[38] Erst dann, wenn diese Form der Selbstfinanzierung aus vorangegangenen Gewinnen nicht ausreiche, die Investitionen vollständig durchzuführen, wollte man den betroffenen Unternehmen erlauben, weiteres Eigenkapital durch Aktienneuemissionen oder langfristiges Fremdkapital durch die Ausgabe von Industrieobligationen zu erwerben. Der Rückgriff auf staatliche Kredite oder gar Subventionen sollte nach Möglichkeit vollständig vermieden werden.[39]

In den Jahren 1935 bis 1938 war der Markt für festverzinsliche Schuldverschreibungen noch vorrangig für die Konsolidierung des Reichshaushalts vorgesehen gewesen. Um den Erfolg der in mehreren Auflagen herausgegebenen Reichsschatzanweisungen nicht durch das zeitgleiche Angebot von Konkurrenzprodukten zu gefährden, wurde die Neuemission von Rentenpapieren deutscher Unternehmen (Industrieobligationen mit einer üblichen Nominalverzinsung von fünf Prozent) auf wenige Sonderfälle begrenzt und insbesondere vor und während der Zeichnungsfrist der Reichsschatzanweisungen gänzlich untersagt. Diese Monopolisierung des deutschen Rentenmarkts führte dazu, dass es den deutschen Gebietskörperschaften zwischen 1935 und 1938 gelang, Schuldverschreibungen in einem Gesamtumfang von fast 15 Milliarden Reichsmark zu emittieren, während die deutschen Unternehmen im gleichen Zeitraum Industrieobligationen nur in einem Wert von 440 Millionen Reichsmark auf dem Kapitalmarkt platzieren durften.[40] Die Phase öffentlich angebotener Reichsanleihen

---

37 Vgl. *Mark Spoerer*, Von Scheingewinnen zum Rüstungsboom. Die Eigenkapitalrentabilität der deutschen Industrieaktiengesellschaften 1925–1941, Stuttgart 1996, S. 154.
38 Vgl. *Patrik Hof*, Kurswechsel an der Börse: Kapitalmarktpolitik unter Hitler und Mussolini, München 2008, S. 127.
39 So zum Beispiel in einer Denkschrift des Wehrwirtschaftsstabs geäußert. Vgl. Sonderarchiv Moskau SAM 1458/3/268, Bl. 133, Finanzierung der Errichtung, Erweiterung oder Umstellung von Wehrwirtschaftsbetrieben, 28. 11. 1939.
40 Vgl. *Deutsche Bundesbank* (Hrsg.), Deutsches Geld- und Bankenwesen in Zahlen 1876–1975, Frankfurt am Main 1976, S. 293. Zur Vergabe von Industrieanleihen zwischen 1933 und 1938/39 vgl. *Karin*

endete im Herbst 1938, als eine neue Serie von Reichsschatzanweisungen angesichts schwindenden Publikumsinteresses nur mit großen Schwierigkeiten untergebracht werden konnte. Das Reich verzichtete seither auf die weitere öffentliche Begebung von Anleihen und beschränkte sich nunmehr auf die „geräuschlose Finanzierung". Diese wurde vom breiteren Publikum kaum wahrgenommen, weil es nun die Kreditinstitute und Versicherungen waren, welche die Einlagen ihrer Kunden fortlaufend in Reichsschuldverschreibungen anlegten.[41] Parallel zu diesem finanzpolitischen Kurswechsel begann das Reichswirtschaftsministerium, den Markt für Rentenpapiere verstärkt für börsenfähige Industrieobligationen zu öffnen. Allein in den ersten fünf Monaten des Jahres 1939 wurden Industrieobligationen im Wert von mindestens 158 Millionen Reichsmark emittiert; immerhin bereits über ein Drittel des Wertes aller zwischen 1935 und 1938 ausgegebenen Rentenpapiere der Unternehmen. Im gleichen Zeitraum beliefen sich die vom Reichswirtschaftsministerium genehmigten Kapitalerhöhungen mittels Aktienneuemission auf knapp 339 Millionen RM.[42]

Zur Kriegsmitte hin war die Finanzierung der Rüstungsunternehmen mittels Vergabe von Aktien und Industrieobligationen zur Routineangelegenheit geworden. Hatten Genehmigungsverfahren vor Kriegsbeginn noch Monate oder gar Jahre angedauert,[43] wurden sie nunmehr innerhalb weniger Wochen mit zumeist positiven Bescheiden abgewickelt. Beispielsweise dauerte es im August 1942 nur zwei Wochen, bis das Reichswirtschaftsministerium den Antrag auf eine Anleihe über 30 Millionen Reichsmark der Vereinigten Deutschen Metallwerke genehmigte, die als Zulieferer der deutschen Luftrüstungsindustrie tätig waren.[44] Bereits im Juli 1942 hatte das Reichswirtschaftsministerium der Arado Flugzeugwerke GmbH[45] erlaubt, Industrieobligationen im Umfang von ebenfalls 30 Millionen RM zu begeben. Eine zweite Tranche in Höhe von weiteren 20 Millionen RM wurde im März 1943 befürwortet.[46]

Abgesehen von einem Zwischentief im Jahr 1941 stieg der Wert der jährlich neu vergebenen Industrieanleihen kontinuierlich an und erreichte im Jahr 1943 schließlich mehr als das Zehnfache des Wertes von 1938.[47] Der parallele Kursanstieg der an

---

Lehmann, Wandlungen der Industriefinanzierung mit Anleihen in Deutschland (1923/24–1938/39), Stuttgart 1996.
41 Vgl. *Karl-Heinrich Hansmeyer/Rolf Caesar*, Kriegswirtschaft und Inflation (1936–1948), in: Deutsche Bundesbank (Hrsg.), Währung und Wirtschaft in Deutschland 1876–1975, Frankfurt am Main 1976, S. 403.
42 Vgl. BArch R 2501/6549, Bl. 189, Volkswirtschaftliche und statistische Abteilung der Reichsbank: Private Emissionen seit Anfang 1939 (soweit hier bekannt geworden), 19. 6. 1939.
43 Vgl. hierzu *Streb*, Reichwirtschaftsministerium, S. 558–565.
44 Vgl. BArch R 3101/16053, Vereinigte Deutsche Metallwerke AG, Direktion, an den Reichswirtschaftsminister, 31. Juli 1942, und die entsprechende Genehmigung durch Abteilung IV Fin., 13. 8. 1942.
45 Arado war in das Ju-88-Programm eingebunden. Vgl. hierzu die Abschnitte 3.2.4 und 3.2.5.
46 Vgl. BArch R 3101/16051, Bank der deutschen Luftfahrt Aktiengesellschaft an den Reichswirtschaftsminister, 22. Juni 1942, und die entsprechenden Genehmigungsschreiben durch Abteilung IV Finanzen, 20. 8. 1942 und 9. 3. 1943.
47 Im gleichen Zeitraum stieg der Nominalwert der an der Berliner Börse gehandelten Aktien nur um etwas mehr als 31 Prozent von 7860 Millionen auf 10 335 Millionen Reichsmark. Vgl. *Deutsche Bundesbank*, Geld- und Bankenwesen, S. 294.

der Börse gehandelten Industrieobligationen auf bis 110 Prozent belegt, dass das hohe Angebot auf eine entsprechende große Nachfrage traf und deshalb ohne Probleme platziert werden konnte.

Viele deutsche Unternehmen nutzten das günstige Investitionsklima des nationalsozialistischen Rüstungsbooms zu einer grundlegenden Modernisierung ihrer Anlagen und Maschinen. Christiano Ristuccia und Adam Tooze zeigen, dass die deutsche Industrie, was die Ausstattung mit Werkzeugmaschinen anging, gegenüber ihrer amerikanischen Konkurrenz bis zum Kriegsende deutlich aufgeholt hatte. Bemerkenswert ist, dass diese Konvergenz nicht nur die Stückzahlen und damit Erweiterungsinvestitionen, sondern auch die Qualität und Fortschrittlichkeit der Werkzeugmaschinen und somit Verbesserungsinvestitionen betraf.[48] Insofern dieser Zuwachs durch Bombardierung oder Demontagen nicht wieder zunichte gemacht wurde, waren die ehemaligen Rüstungsunternehmen und ihre Zulieferer bestens gerüstet für den Wiederaufschwung des Nachkriegsjahrzehnts.[49]

3.2.4 Lerneffekte

Scherner und Streb bestätigen die von Tooze in die wirtschaftshistorische Debatte um das „Rüstungswunder" eingeführte Kontinuitätshypothese mit Hilfe betriebswirtschaftlicher Daten, die insbesondere aus einer im Bundesarchiv in Berlin vorhandenen Sammlung von Wirtschaftsprüfungsberichten der Deutschen Revisions- und Treuhand AG entnommen werden können.[50] Die verfügbaren Dokumente decken für eine große Zahl von Rüstungsunternehmen in der Regel die Periode von 1939 bis etwa 1943 ab. Daten für das Jahr 1944, in dem die deutsche Rüstungsproduktion laut Wagenführ ihren Höhepunkt erreichte, sind hingegen kaum vorzufinden, weil die Wirtschaftsprüfer mindestens ein Jahr benötigten, um ihre jährlich anfallenden Prüfberichte abzuschließen, sodass die meisten Gutachten für das Jahr 1944 aufgrund der deutschen Kapitulation im Mai 1945 nie fertig gestellt wurden. Trotzdem ist dieser Aktenbestand eine erstklassige Quelle für wirtschafts- und unternehmenshistorische Forschungen zur deutschen Kriegswirtschaft während des Zweiten Weltkriegs. Der

---

[48] Vgl. *Christiano Andrea Ristuccia/Adam Tooze*, Machine Tools and Mass Production in the Armaments Boom: Germany and the United States, 1929–1944, in: Economic History Review 66, 2013, S. 953–974. Vgl. zum deutschen Aufholprozess in der Zwischenkriegszeit auch *Marcel P. Timmer/Joost Veenstra/Pieter J. Woltjer*, The Yankees of Europe? A New View on Technology and Productivity in German Manufacturing in the Early Twentieth Century, in: Journal of Economic History 76, 2016, S. 874–908.
[49] Vgl. das Beispiel des noch kleinen Maschinenbauers Trumpf, der den Wert seines Maschinenbestands trotz hoher Abschreibungen von 12 593 RM zum 30. Juni 1938 auf 129 000 RM zum 30. Juni 1944 mehr als verzehnfachte. Vgl. *Jochen Streb*, Trumpf. Geschichte eines Familienunternehmens, München 2018, S. 105 f.
[50] Bestand BArch, R 8135.

typische, mehr als einhundert Seiten umfassende jährliche Prüfbericht über ein Rüstungsunternehmen enthält nämlich nicht nur eine ausführliche Diskussion der handelsrechtlichen Bilanz und der Gewinn- und Verlustrechnung – deren Quellenwert für ökonomische Aussagen ja durchaus fragwürdig ist[51] –, sondern überdies detaillierte Angaben über erzeugte Mengen, Preise, Umsatz, Produktionskosten, Arbeitskräfteentwicklung und getätigte Investitionen.

Auf Grundlage dieser Daten war es Scherner und Streb möglich, wesentliche Einflussfaktoren einzelwirtschaftlicher Produktionssteigerungen zu identifizieren und hinsichtlich ihrer relativen Bedeutung zu gewichten. In dieser Überblicksdarstellung fokussieren die Ausführungen wie gesagt auf die den Rüstungsindex dominierende Luftrüstungsindustrie; vergleichbare Erkenntnisse ergaben sich jedoch auch in anderen Rüstungsbranchen.[52] Eine zentrale Stellung im Produktionsprogramm der Luftrüstungsindustrie nahm die Erzeugung des von den Junkers Flugzeug- und Motorenwerken entwickelte Modells Ju 88 ein. Von diesem meist als Bomber eingesetzten Mehrzweckkampfflugzeug wurden zwischen 1939 und 1944 mehr als 14 000 Stück im Verbund der sieben Luftrüstungsunternehmen Junkers, Arado, ATG, Heinkel-Oranienburg, Mitteldeutsche Motorenwerke, Siebel und Weser hergestellt, für die jeweils Wirtschaftsprüfungsberichte der Deutschen Revisions- und Treuhand AG vorliegen.[53]

Die verfügbaren Daten verdeutlichen unter anderem, dass es seit Kriegsbeginn zu einer erheblichen und vor allem kontinuierlichen Verringerung der benötigten Arbeitszeit je fertiggestelltem Flugzeug gekommen ist. Die drastische Senkung der durchschnittlichen Arbeitszeit von 100 000 Stunden pro Ju 88 im Oktober 1939 auf nur wenig mehr als 15 000 im August 1941 und 7000 im September 1943[54] führten die staatlichen Planer auf betriebswirtschaftliche Lerneffekte zurück, deren Konzept zwar erst im Jahr 1963 von Armen Alchian in die Wirtschaftswissenschaften eingeführt wurde, dem Reichsluftfahrtministerium aber bereits in den 1930er Jahren hinlänglich bekannt war.[55] Im Militärarchiv Freiburg finden sich sorgfältig auf Millimeterpapier gezeichnete fallende Lernkurven, mit deren Hilfe die Mitarbeiter des Ministeriums erzielte Produktivitätsfortschritte der einzelnen Rüstungsunternehmen

---

51 Vgl. *Mark Spoerer*, „Wahre Bilanzen!" Die Steuerbilanz als unternehmenshistorische Quelle, in: Zeitschrift für Unternehmensgeschichte 40, 1995, S. 158–179.
52 Vgl. *Jonas Scherner/Jochen Streb*, Ursachen des „Rüstungswunders" in der Luftrüstungs-, Pulver- und Munitionsindustrie während des Zweiten Weltkriegs, in Andreas Heusler/Mark Spoerer/Helmuth Trischler (Hrsg.), Rüstung, Kriegswirtschaft und Zwangsarbeit im „Dritten Reich", München 2010, S. 37–61.
53 Andere Luftrüstungsunternehmen fertigten unter anderem über 23 000 Ausführungen der Me 109 und circa 20 000 Stück der Fw 190. Vgl. *Bontrup/Zdrowomyslaw*, Rüstungsindustrie, S. 128. Für die folgenden Ausführungen vgl. *Lutz Budraß/Jonas Scherner/Jochen Streb*, Fixed-price Contracts, Learning and Outsourcing: Explaining the Continuous Growth of Output and Labour Productivity in the German Aircraft Industry during World War II, in: Economic History Review 63, 2010, S. 107–136.
54 Vgl. Abb. 6 in *Budraß/Scherner/Streb*, Fixed-price Contracts.
55 Vgl. *Armen A. Alchian*, Reliability of Progress Curves in Airframe Production, in: Econometrica 31, 1963, S. 679–693.

in Abhängigkeit von den kumulierten Produktionsmengen dokumentierten und in Fortschreibung der vorangegangenen Entwicklung zukünftige Einsparungen an Arbeitszeit prognostizierten.[56]

Gemeinhin werden fallende Lernkurven darauf zurückgeführt, dass Arbeiter (und Angestellte) im Verlauf steigender Stückzahlen beständig neue Erfahrungen sammeln und ihre individuellen Aufgaben deshalb umso schneller erfüllen können, je öfter sie diese bereits zuvor durchgeführt haben. Diese Erklärung setzt allerdings stillschweigend voraus, dass ein Arbeiter lange genug in einem Unternehmen beschäftigt ist, um diese Lerneffekte überhaupt realisieren zu können. Diese Vorbedingung war in der deutschen Kriegswirtschaft häufig nicht erfüllt. Die überlieferten Wirtschaftsprüfungsberichte lassen erkennen, dass die Fluktuation der Arbeitskräfte zumindest in der Luftrüstung hoch war. Viele unausgebildete Arbeitskräfte arbeiteten nur wenige Monate in der Flugzeugfertigung und hatten daher gar nicht die Zeit, ihre Arbeitsproduktivität im Zuge von Learning by Doing nachhaltig zu steigern. Verschärft wurde diese Problematik durch den zunehmenden Einsatz von unterernährten Zwangsarbeitern mit oftmals schlechtem Gesundheitszustand. Die in den Luftrüstungsunternehmen erzielten Lerneffekte betrafen deshalb auch weniger die einzelnen Arbeiter als das Management, das lernen musste, die Produktion so neu zu organisieren, dass sie von ungelernten und unerfahrenen Arbeitern mindestens so schnell erledigt werden konnte wie zuvor von den Fachkräften der im Kriegsverlauf schwindenden Stammbelegschaft. Beispielsweise kam der Wirtschaftsprüfer von Junkers zu dem Schluss, dass die im Wirtschaftsjahr 1941/42 erfolgte Verringerung der Arbeitskosten durch technische Rationalisierung und insbesondere durch die Einführung der Fließfertigung erreicht worden sei.[57] Der Wirtschaftsprüfer von Siebel wies ergänzend darauf hin, dass auch mit der zunehmenden Verwendung standardisierter Bauteile eine deutliche Verkürzung der Montagezeiten einherging.[58]

Das Bestreben der Führungskräfte, das Erfahrungswissen einer häufig wechselnden Belegschaft zu identifizieren und zu erhalten, mag auch erklären, warum immer mehr Luftrüstungsunternehmen während des Zweiten Weltkriegs ein betriebliches Vorschlagswesen etablierten. Verbesserungsvorschläge erwartete man nicht nur von der deutschen Belegschaft, weshalb die Deutsche Arbeitsfront (DAF) entsprechende Formblätter in einem Dutzend Muttersprachen der in Deutschland beschäftigten Zwangsarbeiter bereitstellte. Die Effekte des betrieblichen Vorschlagswesens sind schwer zu quantifizieren. Karl Frydag, unter Rüstungsminister Speer Leiter des Hauptausschusses Flugzeugbau, räumte dieser Maßnahme rückblickend gleichwohl große Bedeutung ein. Als er im August 1945 zu den Ursachen der Produktionssteigerungen in der deutschen Luftrüstung befragt wurde, nannte er nämlich deren vier: Rationalisierung,

---

56 Vgl. die zahlreichen Beispiele in BArch, RL 3/931.
57 Vgl. BArch R 8135/7559, Bl. 95. Wirtschaftsprüfungsbericht 1941/42 Junkers Flugzeug- und Motorenwerke Dessau.
58 Vgl. BArch R 8135/7938, Bl. 10. Wirtschaftsprüfungsbericht 1943 Siebel Flugzeugwerke Halle.

Standardisierung von Bauteilen, längere Arbeitszeiten und die Einführung des betrieblichen Vorschlagswesens.[59]

Auch in den neuen Werken der Pulverindustrie konnten für die Anlaufphase der Produktion sehr hohe Lerneffekte nachgewiesen werden.[60] Anders als in der Luftrüstungsindustrie mit ihren ungleich komplexeren Erzeugnissen war bei der Pulvererzeugung das Lernpotential aber offensichtlich schon nach zwei Jahren weitgehend erschöpft. Somit ist festzuhalten, dass das hohe Wachstum der deutschen Rüstungsproduktion während des Zweiten Weltkriegs unter anderem auf Lerneffekte zurückzuführen ist, die, wie nun im folgenden Abschnitt gezeigt werden wird, durch die zunehmende überbetriebliche Arbeitsteilung forciert wurden.

3.2.5 Überbetriebliche Arbeitsteilung

Das vielleicht überraschendste Ergebnis der von Scherner und Streb durchgeführten Untersuchung des Ju-88-Programms ist, dass etwa ein Drittel der beobachteten Erhöhung der Arbeitsproduktivität in den Luftrüstungsunternehmen auf die Verlagerung von einzelnen Produktionsschritten auf Drittunternehmen zurückzuführen ist. Diese in der modernen Managementliteratur als Outsourcing[61] bezeichnete betriebswirtschaftliche Strategie wurde lange Zeit übersehen, wenn es um die Erklärung des nationalsozialistischen „Rüstungswunders" ging. Eine bemerkenswerte Ausnahme ist Jeffrey Fear, der bereits 1987 darauf hingewiesen hat, dass in der Schwäbischen Luftfahrtindustrie eine neue Form der Industrieorganisation entstand, als der Flugzeugbauer Messerschmitt immer mehr Lieferbeziehungen zu spezialisierter Zulieferunternehmen etablierte.[62]

Im Ju-88-Programm entstand diese Form der überbetrieblichen Arbeitsteilung auf Initiative des Generaldirektors der Junkers Flugzeug- und Motorenwerke Heinrich

---

59 Vgl. Imperial War Museum London, Combined Intelligence Objectives Subcommittee Evaluation Report 323, Interrogation of Gen. Dir. K. Frydag and Prof. E. Heinkel. Some Aspects of Aircraft Production during the War, 14. 8. 1945.
60 Vgl. *Scherner/Streb*, Wissenstransfer.
61 Oliver E. Williamson bezeichnet die Entscheidung darüber, ein Vorprodukt selbst zu produzieren oder von einem Zulieferer zu beziehen als „make-or-buy decision". Vgl. *Oliver E. Williamson*, The Economic Institutions of Capitalism: Firms, Markets, Relational Contracting, New York 1985.
62 Vgl. *Jeffrey Fear*, Die Rüstungsindustrie im Gau Schwaben 1939–1945, in: Vierteljahrshefte für Zeitgeschichte 35, 1987, S. 193–216. Tetsuji Okazaki hat kürzlich gezeigt, dass das „Rüstungswunder" in der japanischen Luftrüstung ebenfalls dem Aufbau eines Netzwerks von Zulieferbetrieben zu verdanken ist, vgl. *Tetsuji Okazaki*, The Supplier Network and Aircraft Production in Wartime Japan, in: Economic History Review 64, 2011, S. 973–994. Vonyó und Streb betonen, dass die kriegsführenden Nationen des Zweiten Weltkriegs ähnliche rüstungswirtschaftliche Probleme unbeschadet aller ideologischen Gegensätze mit ähnlichen rüstungswirtschaftlichen Instrumenten lösten. Vgl. *Tamás Vonyó/Jochen Streb*, Historical Economics of Wars in the 20th Century, in: Jahrbuch für Wirtschaftsgeschichte 2014/2, S. 9–14.

Koppenberg, der im Jahr 1937 das Reichsluftfahrtministerium davon überzeugte, dass durch die Aufteilung der Produktion auf mehrere Unternehmen Vorteile der Massenproduktion und eine Hebung des technologischen Standards realisiert werden können. Als größtes Unternehmen dieses Netzwerks produzierte Junkers in seinen zahlreichen Betrieben weiterhin alle Komponenten der Ju 88 einschließlich der Flugmotoren, während sich die anderen Flugzeugbauer unter Junkers organisatorischer und technologischer Führung auf die Erzeugung bestimmter Bauteile wie etwa der Tragflächen oder des Fahrwerks konzentrierten.[63]

Die politische Entscheidung der nationalsozialistischen Führung, den industriellen Wunsch nach überbetrieblicher Arbeitsteilung zu unterstützen, kann auch als Eingeständnis des Scheiterns der ursprünglich bevorzugten Zentralisierung gedeutet werden. Im Vorfeld des Krieges war der Aufbau von Rüstungskapazitäten vor allem in Mitteldeutschland gefördert worden, weil man die dortigen Standorte zu diesem Zeitpunkt außerhalb der Reichweite der feindlichen Bomber wähnte. Nach Kriegsausbruch litten diese Produktionsstätten angesichts der emporschießenden staatlichen Nachfrage nach Rüstungsgut schnell an großer Arbeitskräfteknappheit. Diesen Mangel versuchte man zunächst dadurch zu beheben, dass man die Arbeiter der metallverarbeitenden Unternehmen an der deutschen Westgrenze dazu verpflichtete, zu dem Rüstungsunternehmen in Mitteldeutschland überzusiedeln.[64] Dort war man mit den Leistungen der Dienstverpflichteten allerdings wenig zufrieden. Diese stellten sich anscheinend mit Absicht ungeschickt an, um als ungeeignet zurück zu ihren Familien geschickt zu werden, und sie meldeten sich offenbar auch häufiger krank als die ortsansässigen Arbeitskräfte.[65]

Angesichts solcher Probleme mag der schnelle Strategiewechsel nicht überraschen. Schon Ende 1939 verkündete Staatssekretär Fritz Landfried aus dem Reichswirtschaftsministerium, dass man Rüstungsaufträge zukünftig über das gesamte Reichsgebiet verteilen würde, um so auch die brachliegenden Kapazitäten der Unternehmen in den westlichen Grenzregionen zu nutzen.[66] In der praktischen Umsetzung bedeutete dies, die Endmontage der Rüstungsgüter in Mitteldeutschland zu belassen, die Fertigung von

---

63 Vgl. *Budraß*, Flugzeugindustrie, S. 536–556.
64 Rechtliche Grundlage hierfür waren die Verordnungen zur Sicherstellung des Kräftebedarfs für Aufgaben von besonderer staatspolitischer Bedeutung vom 22. Juni 1938 (Reichsgesetzblatt I, 1938, S. 652) und vom 13. Februar 1939 (Reichsgesetzblatt I, 1939, S. 206 f.). Zur Regulierung des Arbeitsmarktes vgl. *Rüdiger Hachtmann*, Industriearbeit im „Dritten Reich". Untersuchung zu den Lohn- und Arbeitsbedingungen in Deutschland 1933–1945, Göttingen 1983. Vgl. auch *Stefanie Werner/Harald Degner/Mark Adamo*, Hitlers gläserne Arbeitskräfte. Das Arbeitsbuch als Quelle von Mikrodaten für die historische Arbeitsmarktforschung, in: Jahrbuch für Wirtschaftsgeschichte 2011/2, S. 175–191.
65 Vgl. *Jonas Scherner/Jochen Streb/Stephanie Tilly*, Supplier Networks in the German Aircraft Industry during World War II and their Long-term Effects on West Germany's Automobile Industry during the Wirtschaftswunder, in: Business History 56, 2014, S. 1000.
66 Vgl. *Willi Boelcke*, Die deutsche Wirtschaft 1930–1945: Interna des Reichswirtschaftsministeriums, Düsseldorf 1983, S. 249.

Bauteilen aber nach Westen zu verlagern und so den ehemals Dienstverpflichteten die Rückkehr in ihre Heimatstädte zu ermöglichen. Wie bereits in Abschnitt 3.2.2 erläutert, bewog der Erfolg dieser Maßnahme Reichsluftfahrtminister Göring im August 1940 dazu, auch Unternehmen des besetzten Auslands in die wachsende überbetriebliche Arbeitsteilung der deutschen Rüstungsindustrie einzubinden.

Auch aus Sicht der beteiligten Unternehmen löste die neu geschaffene Möglichkeit zur überbetrieblichen Arbeitsteilung drängende kriegswirtschaftliche Probleme. Die etablierten Rüstungsunternehmen konnten durch die Auslagerung bestimmter Produktionsschritte Erweiterungsinvestitionen in zusätzliche (Über-)Kapazitäten weitgehend vermeiden, die vom Staat schon seit Zeiten der „Schattenfabriken" immer wieder eingefordert worden waren. Die kleinen und mittelgroßen Unternehmen der zivilen Fertigung konnten sich ihrer drohenden Stilllegung entziehen, indem sie als umgestellte Zulieferbetriebe am Rüstungsboom partizipierten. Diese Entwicklung gefiel jedoch keineswegs allen Sachverständigen. So äußerte sich der Flugzeugbauingenieur Joachim von Richthofen[67] im Oktober 1943 anlässlich eines Vortrags in Esslingen sehr kritisch über die im Stuttgarter Raum tätigen Unterlieferanten in der Luftrüstung:

> [Der Unterlieferant] sei bemüht, stets in ein neues Programm einzusteigen und ist besser als irgendjemand darüber orientiert, welche Fertigung z. Zt. am meisten gefragt wird. Er war sofort dabei, als jede Stuttgarter Gemüsefrau die Parole Ju 88 kannte und hatte mindestens ein paar Bolzen dafür zu drehen, die natürlich ebenso in einer Lokomotive, einem Panzerwagen oder einer Waschmaschine vorkommen können. Sein Betrieb war aber darum selbstverständlich kriegsentscheidend, und er ist heute ebenso dabei, wenn die Parole der Stuttgarter Gemüsefrau jetzt „A4" oder „Jägerprogramm" heißt und seine Bolzen nunmehr zufällig in der Bf 109 verwendet werden. Er hat freilich niemals nur Teile für ein Programm bei sich laufen, sondern möglichst immer Lokomotivenprogramm, Jägerprogramm, Panzerprogramm usw. nebeneinander, um auch von jedem den besten Rahm abschöpfen zu können. Das Ganze betreibt er dann mit 30–50 Mann, wobei jedem versichert wird, dass er all diese Programme in größtem Umfang und auf rationellste Weise herstelle. In Wirklichkeit hat der Unterlieferant natürlich niemals auch nur im Entferntesten Zeit oder Möglichkeit gehabt festzustellen, was eigentlich rationelle Fertigung ist.[68]

Scherner, Streb und Stephanie Tilly haben auf Grundlage von Lieferantenlisten, die in den zeitgenössischen Wirtschaftsprüfungsberichten veröffentlicht wurden, das Firmennetzwerk des Ju-88-Programms in wesentlichen Teilen rekonstruiert. Sie identifizierten insgesamt 460 Zulieferunternehmen, von denen knapp 80 Unternehmen in größerem Umfang Vorleistungen für 18 Kernunternehmen des Ju-88-Programms bereitstellten und die als hochspezialisierte und erfahrene Zulieferer klar von den von

---

67 Joachim von Richthofen (1910–1981) begleitete die Legion Condor im Spanischen Bürgerkrieg mit der Aufgabe, die Wirksamkeit des Waffeneinsatzes zu prüfen. Nach dem Zweiten Weltkrieg war er als Automobilkonstrukteur bei Daimler-Benz tätig. Auskunft des Familienarchivs der von Richthofens vom 1. Februar 2017.
68 BArch, RL 3/5102, Dipl.-Ing. J. v. Richthofen, Esslingen am Neckar, 22. 9. 1943, Vortrag: Der Unterlieferer in der Rüstungswirtschaft und die rationale Ausnutzung der Kapazität.

Richthofen kritisierten „Unterlieferanten" zu unterscheiden sind.[69] Die im Kriegsverlauf zunehmende überbetriebliche Arbeitsteilung innerhalb dieses Netzwerks veränderte maßgeblich die Produktionsprogramme der beteiligten Unternehmen, die sich mehr und mehr auf ihre Kernkompetenzen konzentrierten. Dieser fortschreitende Spezialisierungsprozess wird durch den Anteil der Vorleistungskäufe an den gesamten Produktionskosten verdeutlicht, der beispielsweise beim Flugmotorenhersteller Mitteldeutsche Motorenwerke von nur 20 Prozent im Jahr 1937 auf knapp 70 Prozent im Jahr 1943 anstieg. Während man in diesem Unternehmen die allermeisten Bestandteile der Flugmotoren wie etwa die Kolben zunächst noch selbst gefertigt hatte, lernte man bald, auf spezialisierte Zulieferer solcher Bauteile zu vertrauen und sich selbst auf die eigentliche Montage der Motoren zu fokussieren. Generell hingen die Möglichkeiten zur Verlagerung einzelner Produktionsschritte von der Komplexität eines Erzeugnisses ab. Deshalb stieg die Vorleistungsquote vor allem in den nachgelagerten Produktionsstufen Endmontage, Flugmotoren und Flugzeugzellen. Unternehmen, die von Anfang an auf die Produktion von vergleichsweise einfachen Gütern wie etwa Zylinderköpfen und Schraubgewinden oder von Leichtmetallblechen spezialisiert waren, boten sich hingegen nur geringe Möglichkeiten zum Outsourcing.[70]

Abbildung 4 verdeutlicht am Beispiel der 18 Kernunternehmen des Ju-88-Programms, dass alle Wertschöpfungsstufen einen Rückgang der Angebotspreise im Zuge eines Anstiegs ihrer Arbeitsproduktivität verzeichneten. Dabei fiel der betragsmäßige Preisrückgang normalerweise niedriger als der Produktivitätsanstieg aus, weil es den privaten Unternehmen zum Beispiel im Rahmen von Festpreisverträgen gelang, einen Teil ihrer Kostensenkungen in Form erhöhter Gewinne einzubehalten und nicht in Form von Preissenkungen an nachgelagerte Kunden und die Luftwaffe als Endverbraucher weiterzugeben. Abbildung 4 legt überdies die Vermutung nahe, dass sich die Produktivitätszuwächse entlang der Wertschöpfungskette akkumulierten. Beispielsweise stieg die maximale jährliche Wachstumsrate der Arbeitsproduktivität Schritt für Schritt von 18 Prozent in der Leichtmetallerzeugung über 51 Prozent in der Fertigung von Bauteilen der Flugmotoren und 85 Prozent in der Montage von Flugmotoren auf 125 Prozent in der Endmontage der Ju 88 an. Dieser Befund impliziert, dass der Anstieg der Arbeitsproduktivität in der deutschen Rüstungsindustrie, der so viele Wirtschaftshistoriker nachhaltig beeindruckt hat, nicht wie bisher vermutet vorrangig in den Werkshallen der bekannten Rüstungsproduzenten erfolgte, sondern in jeweils vergleichsweise kleinen Schritten in den vielen unbekannten Unter-

---

[69] Die 18 Kernunternehmen verteilen sich auf die fünf Wertschöpfungsstufen Endmontage (Siebel Flugzeugwerke, Weser Flugzeugwerke), Flugmotoren (Junkers Motorenbau Köthen, Junkers Motorenbau Magdeburg, Mitteldeutsche Motorenwerke), Bauteile von Flugmotoren (Argus Motoren, Askania Werke, Eiso Schrauben, Rudolf Rautenbach, Vogtländische Metallwerke), Bauteile von Flugzeugzellen (Christian Mansfeld, Deutsche Industriewerke, Fritz Leitz, Junkers Schönebeck, Mansfeld-Werke, Mechanik GmbH Rochlitz) und Leichtmetall (Dürener Metallwerke, Leipziger Leichtmetallwerke). Vgl. *Scherner/Streb/Tilly*, Supplier Networks.
[70] Vgl. *Scherner/Streb/Tilly*, Supplier Networks, Tabelle 7.

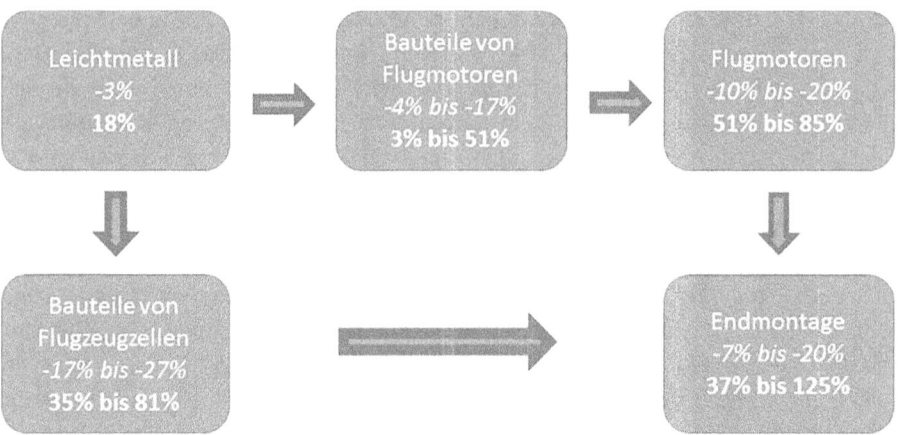

Abb. 4: Sinkende Preise und Anstieg der Arbeitsproduktivität in der Wertschöpfungskette des Ju-88-Netzwerks.
Quelle: *Jonas Scherner/Jochen Streb/Stephanie Tilly*, Supplier Networks in the German Aircraft Industry during World War II and their Long-term Effects on West Germany's Automobile Industry during the Wirtschaftswunder, in: Business History 56, 2014, S. 1009.
Die Bandbreite der betriebsindividuellen jährlichen Veränderungsraten der Preise ist in kursiver Schrift, die der Arbeitsproduktivität in fetter Schrift angegeben.

nehmen entlang der gesamten Wertschöpfungskette der Rüstungsgüter entstand und deshalb den Rückgriff auf ein unerklärliches „Rüstungswunder" nicht mehr notwendig erscheinen lässt.

Interessanterweise überlebte das Lieferantennetzwerk der Luftrüstung das Ende des Krieges. Zu Beginn des Wirtschaftswunders in den 1950er Jahren erinnerte man sich in der boomenden Automobilindustrie an die Lieferbeziehungen aus dem Zweiten Weltkrieg und reanimierte das alte Netzwerk für die Fertigung ziviler Kraftfahrzeuge.[71]

3.2.6 Zusammenfassung

Die Erforschung der Rüstungsindustrie im Dritten Reich hat sich lange auf die nur spärlich vorhandenen gesamtwirtschaftlichen Zeitreihen und unternehmenshistorische Einzeldarstellungen rüstungsnaher Unternehmen[72] gestützt und musste deshalb

---

[71] Vgl. *Scherner/Streb/Tilly*, Supplier Networks.
[72] Vgl. *Johannes Bähr/Paul Erker*, Bosch. Geschichte eines Weltunternehmens, München 2013; *Johannes Bähr/Paul Erker/Maximilian Rieder*, 180 Jahre KrausMaffei. Die Geschichte einer Weltmarke, München 2018; *Alexander Donges*, Die Vereinigte Stahlwerke AG im Nationalsozialismus, Paderborn 2014; *Lothar Gall* (Hrsg.), Krupp im 20. Jahrhundert, Berlin 2000; *Astrid Gehrig*, Nationalsozialistische Rüstungspolitik und unternehmerischer Entscheidungsspielraum. Vergleichende Fallstudien zur württembergischen Maschinenbauindustrie, München 1996; *Neil Gregor*, Stern und Hakenkreuz. Daimler-Benz

zwangsläufig daran scheitern, die Bedeutung des Outsourcings zu erkennen, das einen wesentlichen Beitrag zum Anstieg der Rüstungsproduktion im Zweiten Weltkrieg leistete. Auf Grundlage detaillierter einzelwirtschaftlicher Informationen konnte in dieser Überblicksdarstellung gezeigt werden, dass es die überbetriebliche Arbeitsteilung den Unternehmen der rüstungswirtschaftlichen Wertschöpfungskette erlaubt, sich jeweils auf einzelne Produktionsschritte zu spezialisieren und dadurch Vorteile der Massenproduktion und Lerneffekte zu realisieren. Weil sowohl der Aufbau zusätzlicher Rüstungskapazitäten als auch die Errichtung von Lieferantennetzwerken Zeit benötigten und weit in den Zweiten Weltkrieg hineinreichten, traten in der zweiten Hälfte des Krieges noch einmal erhebliche Produktionszuwächse auf, die man lange Rüstungsminister Albert Speer zugeteilt hat, der zufällig gerade dann sein Amt antrat, als die hier beschriebenen Mechanismen voll zum Tragen kamen.

Diese Erkenntnisse führen inhaltlich und methodisch über den eigentlichen Rahmen dieses Handbuchs hinaus. Aus inhaltlicher Perspektive ergibt sich die Frage nach einem möglichen Zusammenhang zwischen den unternehmerischen Erfolgen im bundesdeutschen Wirtschaftswunder und den Erfahrungen, die Unternehmen während des Zweiten Weltkriegs mit neuen betriebswirtschaftlichen Strategien wie etwa dem Outsourcing machen konnten – und damit nach einer möglichen Modernisierungswirkung der nationalsozialistischen Kriegswirtschaft.[73] Aus methodischer Sicht bekräftigen die hier präsentierten Forschungsergebnisse das Desiderat, in der Wirtschaftsgeschichte verstärkt auf die vergleichende Auswertung einzelwirtschaftlicher (Massen-)Daten von Unternehmen und Haushalten zu setzen, die in Zeiten von rasanten Fortschritten in der maschinellen Texterkennung in Zukunft vielleicht deutlich schneller und kostengünstiger zu erschließen sind als heute noch.

Auswahlbibliografie

Bontrup, Heinz-J./Zdrowomyslaw, Norbert, Die deutsche Rüstungsindustrie. Vom Kaiserreich zur Bundesrepublik, Heilbronn 1988.
Brechtken, Magnus, Albert Speer. Eine deutsche Karriere, München 2017.

---

im Dritten Reich, Berlin 1997; *Peter Hayes*, Industry and Ideology. IG Farben in the Nazi Era, 2. Aufl. Cambridge 2001; *Christian Leitzbach*, Rheinmetall. Vom Reiz, im Rheinland ein großes Werk zu errichten. 2 Bde, Greven/Köln 2014; *Till Lorenzen*, BMW als Flugmotorenhersteller 1926–1940, München 2008; *Hans Mommsen/Manfred Grieger*, Das Volkswagenwerk und seine Arbeiter im Dritten Reich, Düsseldorf 1996; *Kim Christian Priemel*, Flick. Eine Konzerngeschichte vom Kaiserreich bis zur Bundesrepublik, Göttingen 2007.

73 Zum wirtschaftshistorischen Zweig der Debatte um Nationalsozialismus und Modernisierung vgl. *Albrecht Ritschl*, Die NS-Wirtschaftsideologie – Modernisierungsprogramm oder revolutionäre Utopie? In: Michael Prinz/Rainer Zitelmann (Hrsg.), Nationalsozialismus und Modernisierung, 2. Aufl. Darmstadt 1994, S. 48–70; *Hans Mommsen*, Der Mythos von der Modernität. Zur Entwicklung der Rüstungsindustrie im Dritten Reich, Essen 1999; sowie die Besprechung dieses Buches durch *Mark Spoerer* in H-Soz-Kult, 9. 2. 2000, www.hsozkult.de/publicationreview/id/reb-2242 (abgerufen 18. 5. 2022).

Budraß, Lutz/Scherner, Jonas/Streb, Jochen, Fixed-price Contracts, Learning, and Outsourcing: Explaining the Continuous Growth of Output and Labour Productivity in the German Aircraft Industry during the Second World War, in: Economic History Review 63, 2010, S. 107–136.

Fear, Jeffrey, Die Rüstungsindustrie im Gau Schwaben 1939–1945, in: Vierteljahrshefte für Zeitgeschichte 35, 1987, S. 193–216.

Forbes, Neil, Democracy at a Disadvantage? British Rearmament, the Shadow Factory Scheme and the Coming of War, 1936–40, in: Jahrbuch für Wirtschaftsgeschichte 2014/2, S. 49–69.

Geyer, Michael, Deutsche Rüstungspolitik 1860–1980, Frankfurt am Main 1984.

Milward, Alan S., The German Economy at War, London 1965.

Müller, Rolf-Dieter, Die Mobilisierung der deutschen Wirtschaft für Hitlers Kriegsführung, in: Bernhard Kroener/Rolf-Dieter Müller/Hans Umbreit (Hrsg.), Das Deutsche Reich und der Zweite Weltkrieg. Bd. 5: Organisation und Mobilisierung des deutschen Machtbereichs, Halbbd. 1: Kriegsverwaltung, Wirtschaft und personelle Ressourcen 1939–1941, Stuttgart 1988, S. 349–692.

Okazaki, Tetsuji, The Supplier Network and Aircraft Production in Wartime Japan, in: Economic History Review 64, 2011, S. 973–994.

Overy, Richard J., War and Economy in the Third Reich, Oxford 1994.

Scherner, Jonas, Europas Beitrag zu Hitlers Krieg. Die Verlagerung von Industrieaufträgen der Wehrmacht in die besetzten Gebiete und ihre Bedeutung für die deutsche Rüstung im Zweiten Weltkrieg, in: Christoph Buchheim/Marcel Boldorf (Hrsg.), Europäische Volkswirtschaften unter deutscher Hegemonie, München 2012, S. 70–92.

Scherner, Jonas, Nazi Germany's Preparation for War: Evidence from Revised Industrial Investment Series, in: European Review of Economic History 14, 2010, S. 433–468.

Scherner, Jonas/Streb, Jochen, Das Ende eines Mythos? Albert Speer und das so genannte Rüstungswunder, in: Vierteljahrschrift für Sozial- und Wirtschaftsgeschichte 93, 2006, S. 172–196.

Scherner, Jonas/Streb, Jochen, The Mirage of the German Armament Miracle in World War II, in: Jari Eloranta [u. a.] (Hrsg.), Economic History of Warfare and State Formation, Singapur/Heidelberg 2016, S. 243–258.

Scherner, Jonas/Streb, Jochen, Ursachen des „Rüstungswunders" in der Luftrüstungs-, Pulver- und Munitionsindustrie während des Zweiten Weltkriegs, in: Andreas Heusler/Mark Spoerer/Helmuth Trischler (Hrsg.), Rüstung, Kriegswirtschaft und Zwangsarbeit im „Dritten Reich", München 2010, S. 37–61.

Scherner, Jonas/Streb, Jochen/Tilly, Stephanie, Supplier Networks in the German Aircraft Industry during World War II and their Long-term Effects on West Germany's Automobile Industry during the Wirtschaftswunder, in: Business History 56, 2014, S. 996–1020.

Streb, Jochen, Das Reichswirtschaftsministerium im Kriege, in: Albrecht Ritschl (Hrsg.), Das Reichswirtschaftsministerium in der NS-Zeit. Wirtschaftsordnung und Verbrechenskomplex, Berlin 2016, S. 533–610.

Tooze, Adam, No Room for Miracles. German Industrial Output in World War II Reassessed, in: Geschichte und Gesellschaft 31, 2005, S. 437–464.

Tooze, Adam, The Wages of Destruction, London 2006.

Wagenführ, Rolf, Die deutsche Industrie im Kriege 1939–1945, Berlin 1954.

Alexander Donges
3.3 Montanindustrie: Eisenerz, Kohle und Stahl

3.3.1 Einleitung

Im Wirtschaftssystem des „Dritten Reichs" besaß die Montanindustrie eine Schlüsselstellung: Ihre Hütten lieferten den Stahl für die Aufrüstung und ihre Bergwerke die für die Energieversorgung unersetzliche Steinkohle. Die Unternehmen profitierten vom Rüstungsaufschwung, jedoch erforderten die veränderten institutionellen Rahmenbedingungen ein hohes Maß an Anpassungsbereitschaft. Eine auf Privateigentum basierende Wirtschaftsordnung blieb zwar bestehen, die Reichsregierung schränkte die Funktionsweise der Märkte aber durch Lenkungsmaßnahmen wie Eingriffe in die Preispolitik oder die Kontingentierung von Eisen und Stahl stark ein.[1] Für die Unternehmen erhöhten sich so die Transaktionskosten und es verengten sich die Handlungsspielräume. Diese Veränderungen und deren Auswirkungen auf die Unternehmen stehen in diesem Kapitel im Vordergrund.

Traditionell nimmt das Wirken der Montanindustriellen in der historischen Forschung einen hohen Stellenwert ein. Dies liegt nicht nur an der Bedeutung dieses Industriesektors, sondern auch am vermeintlich großen politischen Einfluss der Konzernlenker und deren Beteiligung an den Verbrechen des Nationalsozialismus. Noch bis in die 1980er Jahre lag der Forschungsfokus auf den politischen Verbindungen der Montanindustriellen und weniger auf deren Unternehmen.[2] Zwar gab es prominente Förderer wie Fritz Thyssen, die Hitler und die NSDAP politisch und finanziell unterstützen, jedoch blieben diese vor 1933 in der Minderheit.[3] Die meisten Industriellen standen dem Nationalsozialismus abwartend gegenüber und zeigten, von opportunistischen Motiven getrieben, erst nach der Machtübernahme ihre offene Unterstützung.[4] Nach 1933

---
1 Vgl. *Alexander Donges*, Die Vereinigte Stahlwerke AG im Nationalsozialismus. Konzernpolitik zwischen Marktwirtschaft und Staatswirtschaft, Paderborn 2014; *Ulrich Hensler*, Die Stahlkontingentierung im Dritten Reich, Stuttgart 2008.
2 Vgl. *George W. F. Hallgarten*, Adolf Hitler and German Heavy Industry, 1931–1933, in: Journal of Economic History 12, 1952, S. 222–246; *Reinhard Neebe*, Großindustrie, Staat und NSDAP 1930–1933. Paul Silverberg und der Reichsverband der Deutschen Industrie in der Krise der Weimarer Republik, Göttingen 1981; *Arthur Schweitzer*, Big Business in the Third Reich, Bloomington 1965; *Henry A. Turner*, German Big Business and the Rise of Hitler, Oxford 1985. Vgl. auch Kapitel 2.4 in diesem Band.
3 Vgl. *Turner*, Business, S. 78–85; *Gustav Luntowski*, Hitler und die Herren an der Ruhr. Wirtschaftsmacht und Staatsmacht im Dritten Reich, Frankfurt am Main 2000. Siehe zu Fritz Thyssen ferner dessen unter dem Titel „I paid Hitler" veröffentlichte Autobiographie, vgl. *Fritz Thyssen*, I Paid Hitler, London 1941, sowie *Hans O. Eglau*, Fritz Thyssen. Hitlers Gönner und Geisel, Berlin 2003.
4 Beispiele sind Gustav Krupp von Bohlen und Halbach (vgl. *Neebe*, Großindustrie, S. 188) oder Walter Rohland, der spätere Vorstandsvorsitzende der Vestag, der im Mai 1933 in die NSDAP eintrat; vgl.

profitierten sie nicht nur vom Wirtschaftsaufschwung, sondern sie beteiligten sich – in unterschiedlichem Ausmaß – auch an Verbrechen wie der „Arisierung" jüdischen Eigentums oder der Ausbeutung von Zwangsarbeiterinnen und Zwangsarbeitern.[5] In jüngerer Zeit arbeiteten Historikerinnen und Historiker diese Verbrechen auf. Dieser Aufarbeitungsprozess begünstigte die Entstehung unternehmenshistorischer Studien, die Einblicke in die Entwicklung der Montankonzerne und das Handeln der Industriellen liefern.

Die Forschung konzentriert sich auf die Konzerne des Rhein-Ruhr-Gebiets, die in der Montanindustrie eine dominierende Stellung besaßen. Besonders gut erforscht sind die Friedrich Krupp AG (Krupp), der Flick-Konzern, die Gutehoffnungshütte, Aktienverein für Bergbau und Hüttenbetrieb (GHH) sowie die Vereinige Stahlwerke AG (Vestag).[6] Ebenso gibt es nennenswerte Literatur zur Gründung und Expansion der Reichswerke AG für Erzbergbau und Eisenhütten „Hermann Göring" (Reichswerke).[7] Dieser mehrheitlich im Staatseigentum befindliche Konzern wurde 1937 mit dem Ziel gegründet, die Eisen- und Stahlproduktion zu steigern und für den Kriegsfall Ausweichkapazitäten zu schaffen. In den Folgejahren traten die Reichswerke in Konkurrenz zu den privaten Montankonzernen und erweiterten ihren Einfluss durch Unternehmensübernahmen, wobei die Konzernexpansion mit der territorialen Expansion des Deutschen Reichs einherging.[8]

Walter Rohland, Bewegte Zeiten. Erinnerungen eines Eisenhüttenmannes, Stuttgart 1978, S. 52; *Donges*, Stahlwerke, S. 308–310.

5 Ein Beispiel für eine „Arisierung" ist die Übernahme der Hochofenwerk Lübeck AG durch Friedrich Flick, vgl. *Johannes Bähr* [u. a.], Der Flick-Konzern im Dritten Reich, München 2008, S. 307–321. Zur Zwangsarbeit gibt es eine Vielzahl von Fallstudien, vgl. exemplarisch: *Thomas Urban*, Zwangsarbeit bei Thyssen. „Stahlverein" und „Baron-Konzern" im Zweiten Weltkrieg, Paderborn 2014. Zur Vernichtung der jüdischen Gewerbetätigkeit vgl. Kapitel 6.4 in diesem Band.

6 Zu Krupp: *Werner Abelshauser*, Rüstungsschmiede der Nation? Der Kruppkonzern im Dritten Reich und in der Nachkriegszeit 1933 bis 1951, in: Lothar Gall (Hrsg.), Krupp im 20. Jahrhundert, Berlin 2002, S. 267–589; *Harold James*, Krupp. Deutsche Legende und globales Unternehmen, München 2011; zu Flick: *Bähr* [u. a.], Flick; *Norbert Frei*, Flick. Der Konzern, die Familie, die Macht, München 2009; *Kim Christian Priemel*, Flick. Eine Konzerngeschichte vom Kaiserreich bis zur Bundesrepublik, Göttingen 2007; *Tim Schanetzky*, Regierungsunternehmer. Henry J. Kaiser, Friedrich Flick und die Staatskonjunkturen in den USA und Deutschland, Göttingen 2015; zur GHH: *Christian Marx*, Paul Reusch und die Gutehoffnungshütte. Leitung eines deutschen Großunternehmens, Göttingen 2013; *Johannes Bähr/Ralf Banken/Thomas Flemming*, Die MAN. Eine deutsche Industriegeschichte, München 2008; zur Vestag: *Donges*, Stahlwerke.

7 Vgl. *Gerhard Th. Mollin*, Montankonzerne und „Drittes Reich". Der Gegensatz zwischen Montanindustrie und Befehlswirtschaft in der deutschen Rüstung und Expansion 1936–1944, Göttingen 1988; *Richard J. Overy*, Goering. The „Iron Man", London 1984; *Matthias Riedel*, Vorgeschichte, Entstehung und Demontage der Reichswerke im Salzgittergebiet, Düsseldorf 1967. Siehe ferner die eher populärwissenschaftliche Monografie von *August Meyer*, Hitlers Holding. Die Reichswerke „Hermann Göring", Wien 1999.

8 Vgl. *Harald Wixforth/Dieter Ziegler*, Die Expansion der Reichswerke „Hermann Göring" in Europa, in: Jahrbuch für Wirtschaftsgeschichte, 2008/2, S. 257–278.

In der jüngeren unternehmenshistorischen Literatur dominieren Einzelfallstudien, jedoch fehlen bislang vergleichende, deren Erkenntnisse aufgreifende Synthesen.[9] Der folgende Überblick setzt hier an, wobei der Schwerpunkt auf der Frage liegt, wie sich die Veränderung der institutionellen und volkswirtschaftlichen Rahmenbedingungen auswirkte und wie die Unternehmen auf die veränderten Rahmenbedingungen reagierten. Hierzu geht Kapitel 2 zunächst auf die langfristigen Entwicklungstendenzen ein, aus denen die in den 1930er Jahren gegebenen Industriestrukturen resultierten. Wesentliches Charakteristikum war die vertikale Integration zahlreicher Wertschöpfungsstufen in einem Unternehmensverbund – vom Eisenerz- und Steinkohlenbergbau, über die Erzeugung von Roheisen- und Rohstahl bis zu dessen Verarbeitung. Diese vertikale Struktur bildet in den folgenden Kapiteln den roten Faden: In Kapitel 3 wird die Versorgung mit Eisenerz und der Ausbau des Eisenerzbergbaus betrachtet, Kapitel 4 gibt einen Überblick über die Entwicklung des Steinkohlenbergbaus, in Kapitel 5 steht die Stahlproduktion und das Entstehen von Konkurrenz durch die Reichswerke im Zentrum, Kapitel 6 widmet sich dem Ausbau der Rüstungsbetriebe und Kapitel 7 schließt mit einer Zusammenfassung und einem kurzen Ausblick auf lohnenswerte Forschungsfelder ab.

3.3.2 Langfristige Entwicklungstendenzen

Betrachtet man die Entwicklung der deutschen Montanindustrie im 19. und frühen 20. Jahrhundert, so lassen sich vier Tendenzen feststellen: erstens, die Zunahme der regionalen Konzentration auf das Rhein-Ruhr-Gebiet; zweitens, die Zunahme der Kartellierung; drittens, die vertikale Integration verschiedener Wertschöpfungsstufen innerhalb einzelner Konzerne; viertens, Fusionen und Übernahmen, die zu horizontaler Konzentration führten.

Im 19. Jahrhundert entwickelte sich das Rhein-Ruhr-Gebiet aufgrund der Steinkohlevorkommen und der mit der Rheinlage verbundenen Transportkostenvorteile zum Zentrum der deutschen Montanindustrie. Weitere wichtige Montanstandorte lagen in Oberschlesien, im Saarrevier und in Elsass-Lothringen. Darüber hinaus gab es Hüttenwerke in traditionellen Bergbaurevieren wie dem Siegerland oder der Oberpfalz, wo lokal vorhandene Eisenerze abgebaut und eingeschmolzen wurden. Die begrenzten Erzvorkommen und Transportkostennachteile schränkten das Entwicklungspotential dieser Standorte jedoch ein, sodass deren Bedeutung mit der Zeit zurück

---

9 Siehe zum Steinkohlenbergbau folgende Überblicksdarstellungen: *Hans-Christoph Seidel*, Der Ruhrbergbau im Zweiten Weltkrieg. Zechen – Bergarbeiter – Zwangsarbeiter, Essen 2010; *Dieter Ziegler*, Kriegswirtschaft, Kriegsfolgenbewältigung, Kriegsvorbereitung. Der deutsche Bergbau im dauernden Ausnahmezustand (1914–1945), in: Klaus Tenfelde/Dieter Ziegler (Hrsg.), Geschichte des deutschen Bergbaus. Bd. 4: Rohstoffgewinnung im Strukturwandel, der deutsche Bergbau im 20. Jahrhundert, Münster 2013, S. 15–182.

Tab. 1: Montanproduktion nach Regionen 1933.

	Rohstahlproduktion		Steinkohleförderung	
	in Mio. t	(in %)	in Mio. t	(in %)
Rheinland und Westfalen[1]	6,2	(82,9)	85,4	(71,0)
Schlesien	0,2	(2,7)	19,8	(16,5)
Sonstige	1,1	(14,3)	15,1	(12,5)
Deutsches Reich insgesamt	7,5	(100,0)	120,3	(100,0)

Anmerkungen: Alle Zahlen auf 100 000 t gerundet. 1: einschließlich Siegerland, Steinkohleförderung im Bereich der Oberbergämter Bonn und Dortmund.
Quelle: Eigene Darstellung, Daten aus *Wolfram Fischer* (Hrsg.), Statistik der Montanproduktion Deutschlands 1915–1985, St. Katharinen 1995.

ging. Nach dem Ersten Weltkrieg verstärkte sich der Konzentrationsprozess zugunsten des Rhein-Ruhr-Gebiets als Folge des Versailler Vertrags und der damit verbundenen Gebietsabtretungen.

1933 produzierten die Hüttenwerke im Rheinland und in Westfalen (einschließlich Siegerland) rund 6,2 Mio. Tonnen Rohstahl, was ungefähr 83 Prozent der Gesamtförderung im Deutschen Reich entsprach (vgl. Tabelle 1). Der Rest verteilte sich auf die anderen Regionen, wobei auf Schlesien, dessen östlicher Teil (Ostoberschlesien) als Folge einer 1921 erfolgten Volksabstimmung an Polen abgetreten worden war, nur noch 2,7 Prozent entfielen. Auch bei der Steinkohleförderung ragte das Rheinland und Westfalen mit einer Förderung von über 85 Mio. hervor. Bezogen auf die deutsche Gesamtförderung entspricht dies einem Anteil von 71 Prozent. Das zweite wichtige Steinkohlerevier war Schlesien, wo die Förderung 1933 bei 19,8 Mio. Tonnen bzw. 16,5 Prozent der deutschen Gesamtausbringung lag.

Ein weiteres Charakteristikum war der hohe Kartellierungsgrad. Der Kartellierungsprozess hatte bereits im Kaiserreich als Reaktion auf Preisrückgänge begonnen und beschleunigte sich nach dem Ersten Weltkrieg.[10] Kartelle waren legal und galten als Instrument zur Marktregulierung, um „ruinösen Wettbewerb" zu verhindern.[11] Diese Logik stand auch hinter dem Gesetz über die Regelung der Kohlenwirtschaft vom 23. März 1919, das die deutschen Bergbauunternehmen zum Kartellbeitritt zwang und so zur vollständigen Kartellierung des Kohlenmarkts führte. Das wichtigste dieser Kartelle war das Rheinisch-Westfälische Kohlen-Syndikat (RWKS), das den Steinkohlenbergbau des Ruhrgebiets kontrollierte. In der Eisen- und Stahlproduktion ist eine ähnliche Entwicklung festzustellen, wenngleich es hier keinen gesetzlichen Zwang gab. Anfang der 1930er Jahre war der Markt für standardisierte Eisen- und Stahlerzeugnisse de facto vollständig kartelliert.

---

[10] Vgl. *Steven B. Webb*, Tariffs, Cartels, Technology, and Growth in the German Steel Industry, 1879 to 1914, in: Journal of Economic History 40, 1980, S. 309–330.
[11] Einen Überblick liefert: *Harm Schröter*, Kartellierung und Dekartellierung 1890–1990, in: Vierteljahrschrift für Sozial- und Wirtschaftsgeschichte 81, 1994, S. 457–493.

In der Montanindustrie waren die meisten Kartelle als Syndikate organisiert, die nicht nur Produktionsquoten und Preise festlegten, sondern auch als zentrales Absatzorgan für den Vertrieb kartellierter Produkte fungierten. Die Reichsregierung profitierte von diesen Strukturen, weil sie die zentrale Informationsgewinnung erleichterten und somit für die Rüstungslenkung vorteilhaft waren.[12]

Kartellierung impliziert nicht die Ausschaltung des Wettbewerbs. Zwar konnte ein einzelnes Unternehmen nicht mehr unilateral die Preise senken, um so Marktanteile zu gewinnen, jedoch war Wachstum durch Übernahmen möglich. Ferner bestanden Anreize für Kostensenkungen und die Realisierung betrieblicher Synergieeffekte, um so die Gewinnmarge zu erhöhen. In diesem Zusammenhang war die „vertikale" Integration von Bedeutung.

Die Tendenz zur vertikalen Integration setzte ebenfalls im Kaiserreich ein, wobei neben der Ausnutzung von Synergieeffekten die Sicherung der Rohstoffversorgung und der Absatzkanäle im Vordergrund stand. Zum Beispiel konnten Hüttenwerke durch die Errichtung eigener Zechenanlagen oder die Beteiligung an Bergbaugesellschaften vergünstigt Kokskohle beziehen – dieser Logik folgend entstanden die sogenannte „Hüttenzechen".[13]

Anfang der 1930er Jahre prägten vertikal-integrierte Konzerne die Montanindustrie. Diese Konzerne verfügten nicht nur über Steinkohlezechen, Kokereien und Erzgruben, sondern auch über Handelsgesellschaften sowie Beteiligungen im Bereich der Metallverarbeitung, des Maschinen-, Fahrzeug- und Anlagenbaus oder der Werftindustrie. In manchen Konzernen lag ein stärkeres Gewicht auf der Weiterverarbeitung (z. B. bei der GHH), während sich andere auf die Grundstoffproduktion fokussierten (z. B. die Vestag). Hüttengesellschaften ohne eigene Steinkohlebasis gab es ebenfalls, jedoch waren diese klein und so nur von nachrangiger Bedeutung. Demgegenüber gab es im Steinkohlenbergbau noch größere Zechengesellschaften ohne eigene Hüttenwerke (z. B. die im preußischen Staatseigentum befindliche Bergwerksgesellschaft Hibernia).

Die Montankonzerne expandierten nicht nur in vor- und nachgelagerte Industrien, sondern auch durch den Zusammenschluss mit Unternehmen der gleichen Wertschöpfungsstufe. Diese horizontalen Zusammenschlüsse führten zu einer Zunahme der Marktkonzentration. Den Höhepunkt dieses Prozesses markierte die Gründung der Vestag im Jahr 1926. Diese Fusion, an der sich unter anderem die Thyssen-Gruppe beteiligte, schuf den größten deutschen Montankonzern.[14] Zusammen mit sieben weiteren vertikal-integrierten Konzernen kontrollierte die Vestag den Großteil der deutschen Eisen- und Stahlproduktion. Zu dieser Führungsgruppe gehörten neben Krupp, GHH und dem Flick-Konzern die Hoesch-Köln Neuessen AG für Bergbau und Hütten-

---

12 Vgl. *Donges*, Stahlwerke, S. 99 f.
13 Exemplarisch ist die Entwicklung der GHH zu nennen, vgl. *Bähr* [u. a.], MAN, S. 75–77.
14 Vgl. *Alfred Reckendrees*, Das „Stahltrust"-Projekt. Die Gründung der Vereinigte Stahlwerke AG und ihre Unternehmensentwicklung 1926–1933/34, München 2000.

Tab. 2: Produktion der Montankonzerne 1933.

	Rohstahl		Steinkohle		Koks	
	Mio. t	Anteil in %	Mio. t	Anteil in %	Mio. t	Anteil in %
Vestag[1]	3300	43,4	15366	14,0	3986	18,8
Krupp[2]	945	12,4	5252	4,8	1602	7,6
Hoesch[3]	589	7,7	3984	3,6	1062	5,0
Flick[4]/Harpen[5]	519	6,8	4802	4,4	931	4,4
Klöckner	436	5,7	2460	2,2	564	2,7
GHH	426	5,6	2285	2,1	466	2,2
Mannesmann	248	3,3	2409	2,2	718	3,4
Sonstige	1149	15,1	73134	66,7	11825	55,9
Deutsches Reich	7612	100,0	109692	100,0	21154	100,0

Anmerkungen: 1: einschl. Geisweider Eisenwerke AG; 2: einschl. Gew. Emscher-Lippe und Gew. Constantin der Große; 3: einschl. Harkort-Eicken Edelstahlwerke GmbH; 4: Mitteldeutsche Stahlwerke AG und Eisenwerk-Gesellschaft Maximilianshütte; 5: Harpener Bergbau AG (Flick maßgeblich beteiligt).
Quelle: Eigene Darstellung, Daten aus „Übersicht über die Steinkohleförderung und Kokserzeugung in Deutschland" (vermutlich 1947), in: Historisches Archiv (HA) Krupp, WA 40 B 1326.

betrieb (Hoesch), die Klöckner-Werke AG (Klöckner) sowie die Mannesmannröhren-Werke AG (Mannesmann). Die Produktionsschwerpunkte dieser Konzerne lagen – die Eisen- und Stahlwerke des Flick-Konzerns ausgenommen – im rheinisch-westfälischen Industriegebiet.[15]

Tabelle 2 zeigt die Produktionsanteile im Jahr 1933. Auf die Vestag entfielen über 43 Prozent der Rohstahlproduktion. Zusammen lag der Anteil der sieben führenden Konzerne bei rund 85 Prozent. Im Bereich der Steinkohleförderung und Koksproduktion war die horizontale Konzentration weniger stark ausgeprägt. So entfielen 1933 nur rund ein Drittel der Steinkohleförderung und 44 Prozent der Koksproduktion auf die sieben großen Montankonzerne. Die Vestag lag mit einem Anteil von 14 Prozent bei der Steinkohleförderung und 18,8 Prozent bei der Koksproduktion ebenfalls an erster Stelle. Ihre führende Stellung behielten die sieben großen Montankonzerne bis Kriegsende, wenngleich ihr relativer Anteil an der Grundstoffproduktion zurückging.

3.3.3 Die Versorgung mit Eisenerz und der Ausbau des Erzbergbaus

Deutschland verfügte über große Steinkohlevorkommen, Eisenerz war aber knapp, sodass nur ein Bruchteil des Bedarfs aus dem Inland gedeckt werden konnte. Die meisten Lagerstätten enthielten Erze mit niedrigem Eisengehalt und ungünstiger

---

[15] Bis 1932 waren die Vestag und der Flick-Konzern kapitalmäßig verbunden, jedoch wurde diese Verbindung als Folge der Weltwirtschaftskrise getrennt, vgl. *Priemel*, Flick, S. 220–246.

chemischer Zusammensetzung, sodass deren Förderung und Verarbeitung mit hohen Kosten verbunden war. Aus diesem Grund hatten die Hüttengesellschaften Ende des 19. Jahrhunderts nach Lothringen expandiert, um die dort liegenden Erzvorkommen abzubauen. Die lothringischen Minette-Erze ließen sich aufgrund ihrer Zusammensetzung kostengünstiger verhütten und bildeten deshalb einen wesentlichen Bestandteil der Rohstoffgrundlage. Der Verlust dieser Vorkommen führte nach dem Ersten Weltkrieg dazu, dass sich die Montankonzerne neu orientieren mussten. Die verstärkte Erschließung inländischer Erzvorkommen bot aufgrund der ungünstigen Beschaffenheit trotz staatlicher Subventionen keinen hinreichenden Ersatz, sodass nunmehr der Großteil des Erzes aus dem Ausland (z. B. aus Schweden) importiert werden musste.[16]

Die Sicherung der Rohstoffbasis war von großer strategischer Bedeutung, weswegen die Montankonzerne in den 1920er Jahren versuchten, sich an ausländischen Unternehmen zu beteiligen.[17] Die Bedingungen waren aber ungünstig, da als Folge des Ersten Weltkriegs nicht nur in Lothringen, sondern auch in anderen Ländern Beteiligungen verloren gegangen waren und die Auslandsaktivitäten somit von Grund auf neu ausgerichtet werden mussten. Die Konzerne waren hier nur wenig erfolgreich, sodass sie den Großteil des Eisenerzes von konzernfremden ausländischen Unternehmen beziehen mussten.

In den 1930er Jahren wurden die Auslandsaktivitäten fortgeführt, eine Ausweitung war aber kaum noch möglich. Investitionsprojekte mussten in der Weltwirtschaftskrise zurückgestellt werden, was auch die Auslandsaktivitäten traf, und die im Sommer 1931 eingeführte Devisenkontingentierung schränkte Direktinvestitionen und den Erwerb von Beteiligungen im Ausland stark ein. Nach 1933 wurde die Devisenbewirtschaftung schrittweise ausgeweitet und unter Reichswirtschaftsminister Hjalmar Schacht im Rahmen des „Neuen Plans" zu einem Instrument zur Außenhandelslenkung weiterentwickelt. Ziel war es, strategisch wichtige Industrien bei der Zuteilung von Devisen zu priorisieren. Im Zuge des Vierjahresplans von 1936 intensivierten sich diese Anstrengungen.

Trotz Devisenmangel konnten die Stahlwerke aufgrund ihrer strategischen Bedeutung weiterhin den Großteil ihres Rohstoffbedarfs aus dem Ausland decken, auch wenn es temporär Engpässe gab, die aus Konflikten um die Zuteilung von Devisen resultierten, und die aufwendigen Genehmigungsverfahren den bürokratischen Aufwand erhöhten.[18] In anderen Branchen, insbesondere in den Konsumgüterindustrien, waren die Auswirkungen der Außenhandelslenkung hingegen stärker zu spüren.

Tabelle 3 zeigt, dass die wertmäßigen Eisenerzimporte von 58,8 Mio. RM im Jahr 1933 auf 281,5 Mio. RM im Jahr 1938 gesteigert werden konnten. Der Anteil der Importe relativ zu den Gesamtimporten stieg in diesem Zeitraum von 1,4 auf 5,2 Prozent. Hier spiegelt sich die Schwerpunktsetzung der Devisenbewirtschaftung wider. Zwar lagen

---

16 Siehe dazu ausführlich: *Donges*, Stahlwerke, S. 127–132.
17 Vgl. *Mollin*, Montankonzerne, S. 54 f.
18 Zu den Auswirkungen der Außenhandelspolitik: *Donges*, Stahlwerke, S. 132–136.

Tab. 3: Deutsche Eisenerzimporte, 1929–1940.

	1929	1933	1934	1935	1936	1937	1938	1939	1940
Importe Roherz [in Mio. RM]	315,6	58,8	88,3	123,4	168,3	221,9	281,5	256,7	166,9
in % der Gesamtimporte	2,3	1,4	2,0	3,0	4,0	4,1	5,2	4,9	3,3
Importe Roherz [in Mio. t]	17,0	4,6	8,3	14,1	18,5	20,6	21,9	20,6	10,7

Anmerkungen: Alle Werte gerundet.
Quelle: Eigene Darstellung, Daten für 1929–1939 aus *Donges*, Stahlwerke, S. 135, für 1940 aus: Statistisches Jahrbuch für das Deutsche Reich 1941/42, S. 284, 288, 301.

die wertmäßigen Importe 1938 noch unter denen des Jahres 1929, berücksichtigt man aber den Preisrückgang, so ist real ein merklicher Anstieg festzustellen. Die mengenmäßigen Importe lagen 1938 bei 21,9 Tonnen, verglichen mit 17 Tonnen im Jahr 1929. Erst 1939 gingen die Importe sowohl wert- als auch mengenmäßig zurück, wobei hier kriegsbedingte Einflüsse ursächlich waren. Zum einen stoppten die Alliierten ihre Erzlieferungen (z. B. aus Neufundland), zum anderen fielen schwedische Erzlieferungen größtenteils aus, weil das Eisenerz aufgrund der Kriegshandlungen nicht mehr über den norwegischen Hafen Narvik verschifft werden konnte und ein Ausweichen auf andere Häfen nur bedingt möglich war.[19]

Die Lieferengpässe der Jahre 1939/40 machten deutlich, wie verwundbar die Versorgung mit Eisenerz war. Dies war den rüstungswirtschaftlichen Planern lange vor Ausbruch des Zweiten Weltkriegs bewusst und erklärt deren Forderungen nach einem Ausbau des Erzbergbaus.[20] Bereits in der Weimarer Republik hatten sich Offiziere in den Planungsstäben mit der Rohstoffversorgung im Kriegsfall beschäftigt und diese Bestrebungen intensivierten sich im Zuge des Vierjahresplans von 1936. Eine Ausweitung der Erzförderung war einerseits notwendig, um die Roheisenproduktion trotz knapper Devisen weiter zu steigern, andererseits sollten inländische Vorkommen auch eine strategische Reserve schaffen, um im Kriegsfall Lieferengpässe überbrücken zu können. In den Fokus rückten hier die im Harzvorland, nahe der heutigen Stadt Salzgitter, liegenden Eisenerze. Diese Vorkommen waren zwar umfangreich, im Vergleich mit ausländischen Erzen war der Eisengehalt aber gering und die Erze enthielten viel Kieselsäure, was die Verarbeitung erschwerte.[21] Bereits in den 1920er Jahren hatten die Montankonzerne damit begonnen, die Erzvorkommen im Salzgittergebiet zu erschließen, und sie weiteten ihre Aktivitäten Mitte der 1930er Jahre aus.[22] Angesichts des niedrigen Eisengehalts sollten diese Erze aber nur als Beimischung zu Importerzen verwendet werden, nicht um letztere in großem Umfang oder sogar

---

[19] Vgl. *Friedhelm Plücker*, Der schwedische Eisenerzbergbau und seine Beziehungen zur westdeutschen Eisenhüttenindustrie 1880–1965, Diss. Universität Köln 1968, S. 344 f.
[20] Siehe zu den Ausbauplänen: *Donges*, Stahlwerke, S. 231–238; *Mollin*, Montankonzerne, S. 70–77.
[21] Vgl. *Donges*, Stahlwerke, S. 128 f.
[22] Vgl. *Donges*, Stahlwerke, S. 138–145.

vollständig zu ersetzen. Gleiches gilt für die in Süddeutschland gelegenen Doggererze, deren Abbau aufgrund ungünstiger geologischer Bedingungen ebenfalls nur unter sehr hohen Kosten möglich war.[23]

Zwar steigerten die Montankonzerne ihre Erzförderung, die staatlichen Rüstungsplaner forderten 1937 jedoch umfangreichere Investitionen, insbesondere den Aufbau eines großen Hüttenwerks im Salzgittergebiet.[24] Dieses sollte im Kriegsfall Eisen und Stahl auf Basis der dort vorhandenen Erze produzieren und so mögliche Produktionsausfälle im Rhein-Ruhr-Gebiet ausgleichen. Außerdem sollten die Kapazitäten in der Roheisenproduktion ausgeweitet werden, um die rüstungsbedingt hohe Nachfrage zu decken. Eine merkliche Ausweitung der Kapazitäten war aus Sicht der Montankonzerne aber mit zu hohen Risiken verbunden, weil für die Zeit nach dem Rüstungsboom mit einem Rückgang der Nachfrage zu rechnen war. Der Staat reagierte auf die ablehnende Haltung der Konzerne mit der Gründung der Reichswerke. Ziel war es, unter dem Dach dieses Staatsunternehmens im Salzgittergebiet ein großes Hüttenwerk zu errichten und den Abbau der dortigen Erzvorkommen voranzutreiben. In der Folge mussten die privaten Konzerne den Großteil ihrer im Salzgittergebiet befindlichen Erzvorkommen auf der Grundlage der „Verordnung über den Zusammenschluss von Bergbauberechtigten" vom 23. Juli 1937 an die Reichswerke abtreten. Diese Enteignung wird in der Literatur breit diskutiert.[25] Gerhard Th. Mollin sieht hier eine Zäsur im Verhältnis zwischen dem Staat und der Privatwirtschaft, jedoch relativieren neue Forschungsergebnisse dieses Bild.[26] Schwerer als der Verlust der Erzvorkommen wog die Entstehung eines staatlichen Konkurrenzunternehmens, das in den Folgejahren stark expandierte.[27]

Tabelle 4 zeigt, dass die Hüttenwerke ihre Roheisenproduktion bis 1938 auf rund 18 Mio. Tonnen steigerten. Erst während des Krieges kam es zu einem merklichen Rückgang der Produktion auf nur noch 13,7 Mio. im Jahr 1940. Dieser Einbruch ist auf den Rückgang der Importe zurückzuführen und wäre ohne den Einsatz von Erzen aus dem Inland noch stärker ausgefallen. Die Förderung von Roherz wurde nämlich von nur 2,6 Mio. Tonnen im Jahr 1933 auf insgesamt 16,2 Mio. Tonnen im Jahr 1940 gesteigert. Gleichzeitig verschlechterte sich das Verhältnis von Nettoimporten (dem Saldo aus Importen und Exporten) und Förderung relativ zur Roheisenproduktion, was den niedrigen Eisengehalt der Inlandserze widerspiegelt. 1933 lag das Verhältnis bei 1,4 (d. h. die Produktion einer Tonne Roheisen erforderte durchschnittlich 1,4 Tonnen Roherz) und 1940 bei 2,0, d. h. aufgrund des niedrigeren Eisenanteils musste mehr Roherz verwendet werden, um eine Tonne Roheisen herzustellen.

---

23 Vgl. *Wolfgang von Hippel*, Hermann Röchling 1872–1955. Ein deutscher Großindustrieller zwischen Wirtschaft und Politik. Facetten eines Lebens in bewegter Zeit, Göttingen 2018, S. 458–487.
24 Vgl. *Donges*, Stahlwerke, S. 225–243; *Mollin*, Montankonzerne, S. 70–77, 102–109; *Riedel*, Reichswerke.
25 Exemplarisch: *Marx*, Reusch, S. 433–439; *Priemel*, Flick, S. 356–367; *Hippel*, Röchling, S. 476–487.
26 Vgl. *Mollin*, Montankonzerne, S. 102–109; *Donges*, Stahlwerke, S. 225–249.
27 Zur ökonomischen Bewertung: *Donges*, Stahlwerke, S. 244–249.

Tab. 4: Roheisenerzeugung und Eisenerzversorgung 1929–1944.

	1933	1934	1935	1936	1937	1938	1939	1940	1941	1942	1943	1944
(1) Roheisenerzeugung in Mio. t	5,2	8,7	12,8	15,3	16,0	18,0	17,7	13,7	15,2	16,4	16,0	13,4
(2) Nettoimporte Roherz in Mio. t	4,6	8,2	14,0	18,5	20,6	21,9	19,7	9,2	14,3	15,6	16,9	6,1
(3) Förderung Roherz in Mio. t	2,6	3,7	5,3	6,7	7,8	12,3	14,7	16,2	15,5	13,2	10,7	11,8
(4) = [(2) + (3)] / (1)	1,4	1,4	1,5	1,6	1,8	1,9	1,9	1,9	2,0	1,8	1,7	1,3

Anmerkungen: Alle Werte gerundet; einschl. Saarland (ab 1935), „Ostmark" (ab 1938) und „Sudetenland" (ab 1939); (2): Nettoimporte = Saldo von Importen und Exporten.
Quelle: Eigene Darstellung, Daten für (1) und (3) aus *Fischer*, Statistik; Daten für (2) aus *Hensler*, Stahlkontingentierung, S. 28.

Die im Inland geförderten Erze erfüllten in den ersten beiden Kriegsjahren ihre Funktion als strategische Reserve, die eingesetzt werden musste, um die Roheisenproduktion auf einem hohen Niveau zu halten.[28] Sie waren jedoch nicht ausreichend, um höherwertige Importerze zu substituieren. Der aus deutscher Sicht günstige Kriegsverlauf führte dazu, dass auf diese Reserve nur kurz zurückgegriffen werden musste. Nach dem Abzug der alliierten Truppen aus Norwegen war die Versorgung mit schwedischen Importerzen wieder gesichert und der Kriegsverlauf im Westen erlaubte die schnelle Nutzbarmachung der in Lothringen gelegenen Erze. 1942 lag die Roheisenproduktion bei 16,4 Mio. Tonnen, verglichen mit 13,7 Mio. Tonnen im Jahr 1940, während die inländische Erzförderung zwischen 1940 und 1942 von 16,2 auf 13,2 Mio. Tonnen zurückging. Erst 1944 kam es kriegsbedingt zu einem starken Einbruch der Nettoimporte und der Roheisenproduktion.

Der zwischen 1940 und 1943 festzustellende Rückgang der inländischen Erzförderung lässt sich damit erklären, dass der Erzabbau in Lothringen oder der Import aus dem Ausland aus Effizienzgesichtspunkten vorteilhafter war als die Förderung und Verarbeitung der Salzgitter- und Doggererze.[29] Der Abbau der letztgenannten band nämlich Arbeitskräfte, die anderweitig produktiver eingesetzt werden konnten. Hinzu kam, dass die Verhüttung dieser eisenarmen Erze überdurchschnittlich viel Koks erforderte, wobei zu berücksichtigen ist, dass auch Koks knapp war, weil die Kokereien an der Kapazitätsgrenze arbeiteten und der Bergarbeitermangel eine Steigerung der Steinkohleförderung erschwerte.[30]

3.3.4 Die Entwicklung des Steinkohlenbergbaus

Der Steinkohlenbergbau erlebte nach der Weltwirtschaftskrise eine von Autarkie- und Rüstungspolitik angetriebene Sonderkonjunktur, welche die langfristigen Strukturprobleme in diesem Bereich überdeckte.[31] So konnte die Steinkohle insbesondere im Ruhrgebiet nur zu hohen Kosten im Untertagebau gefördert werden. Gleichzeitig nahm die Konkurrenz durch alternative Energieträger wie Erdöl und Braunkohle zu.[32] Für die Montankonzerne war diese Entwicklung von Bedeutung, da nur ein Teil der geförderten Kohle zu Hochofenkoks verarbeitet wurde. Der große Rest wurde über die Syndikate verkauft und unter anderem zur Energiegewinnung in Kraftwerken oder zum Heizen von Wohnraum eingesetzt. In letztgenannten Bereichen nahm vor allem der Einsatz von Braunkohle zu, weil diese in Deutschland ausreichend vorhanden war und im Übertagebergbau kostengünstig abgebaut wurde. Auch bei der Koks-

---

28 Vgl. *Donges*, Stahlwerke, S. 327–333.
29 Vgl. *Hippel*, Röchling, S. 487–491.
30 Vgl. *Seidel*, Ruhrbergbau, S. 85–102.
31 Siehe allgemein zur Entwicklung des Bergbaus: *Ziegler*, Kriegswirtschaft: *Seidel*, Ruhrbergbau.
32 Vgl. *Seidel*, Ruhrbergbau, S. 62–66. Siehe auch Kapitel 3.10 in diesem Band.

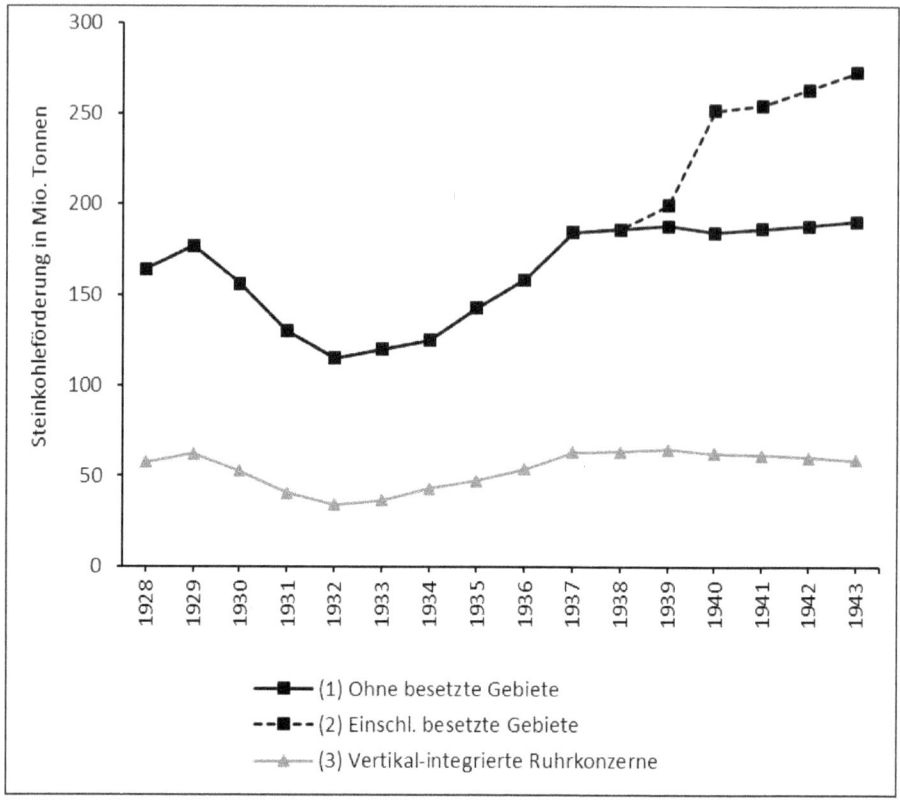

Abb. 1: Steinkohleförderung 1928–1943 [Mio. t].
Anmerkungen: (1) ab 1935 einschl. Saargebiet; (2) ab 1939 einschl. besetzte Gebiete (darunter ab 1941 einschl. Lothringen, ab 1942 einschl. Olsa, Drombrowa, Jawoizno); (3) hierin enthalten: Vestag, Krupp (einschl. Gew. Emscher-Lippe und Gew. Constantin der Große), GHH, Flick (Harpener Bergbau AG), Hoesch, Klöckner und Mannesmann.
Quelle: Eigene Darstellung, Daten aus: (1): *Fischer*, Statistik, Tab. 1; (2) und (3): „Übersicht über die Steinkohleförderung und Kokserzeugung in Deutschland" (vermutlich 1947), HA Krupp, WA 40 B 1326.

kohle war langfristig mit einem Nachfragerückgang zu rechnen, denn durch den Einsatz effizienterer Verfahren ging der Bedarf an Kokskohle pro produzierter Einheit Roheisen zurück. Der nach der Weltwirtschaftskrise einsetzende Nachfrageanstieg überlagerte diese Entwicklungen aber, sodass sich die Strukturprobleme noch nicht in den Förderzahlen widerspiegelten.

Abbildung 1 zeigt die Entwicklung der Steinkohleförderung in Mio. Tonnen im Zeitraum zwischen 1928 und 1943, wobei unterschieden wird zwischen (1) der Fördermenge im deutschen Kerngebiet (ohne besetzte Gebiete), (2) der Fördermenge im gesamten deutschen Wirtschaftsraum (einschließlich besetzter Gebiete) und (3) der auf die vertikal-integrierten Konzerne entfallenden Fördermenge. Gesamtwirtschaftlich betrachtet wird nach dem Einbruch in der Weltwirtschaftskrise das Vorkrisenniveau 1937 übertroffen, wobei zu berücksichtigen ist, dass in den Zahlen ab 1935 auch die

Förderung des Saarlandes enthalten ist. Zwischen 1937 und 1943 stagnierte die jährliche Förderung im deutschen Kerngebiet trotz kriegsbedingt hoher Nachfrage auf einem Niveau zwischen 180 und 190 Mio. Tonnen. Berücksichtigt man aber den Steinkohlenbergbau in den besetzten Gebieten, so ist ab 1939 eine merkliche Erhöhung der Gesamtförderung festzustellen. Bei den vertikal-integrierten Ruhrkonzernen verläuft die Entwicklung bis Kriegsbeginn spiegelbildlich zur Entwicklung der Gesamtfördermenge. Danach geht die Produktion trendmäßig zurück.

Bereits vor Kriegsausbruch war der Mangel an Bergleuten ein limitierender Faktor, der die Möglichkeit von Produktionssteigerungen begrenzte.[33] Zwar war in die Mechanisierung des Untertagebergbaus investiert worden, die Produktionsprozesse blieben aber arbeitsintensiv.[34] Während des Krieges weitete sich der Arbeitskräftemangel aus, da auch Bergleute zum Kriegsdienst eingezogen wurden, obwohl der Steinkohlenbergbau von rüstungswirtschaftlicher Bedeutung war. Um diesen Verlust zu kompensieren, wurden verstärkt ausländische Arbeitskräfte, insbesondere Zwangsarbeiter und Kriegsgefangene, herangezogen, deren Produktivität im Durchschnitt aber unter derjenigen der Stammbelegschaft lag.[35]

Einer Ausweitung der Förderkapazitäten stand trotz hoher Nachfrage nicht nur der Mangel an Arbeitskräften entgegen, sondern eine Reihe weiterer Faktoren. Erstens erforderte das Abteufen neuer Schächte mehrere Jahre und war mit einem hohen Investitionsaufwand verbunden, wodurch ein langer Planungshorizont notwendig war. Zweitens durften die Kohlepreise aufgrund staatlicher Preisregulierung nicht erhöht werden, sodass sie Ende der 1930er Jahre trotz hoher Nachfrage noch immer unter den Vorkrisenwerten lagen.[36] Dies reduzierte die Anreize für Erweiterungsinvestitionen. Drittens gab es neben der Preisregulierung eine Vielzahl weiterer Lenkungsmaßnahmen wie beispielsweise die Stahlkontingentierung, die Investitionsmöglichkeiten einschränkten.

Vor dem Hintergrund der genannten Faktoren erscheint es plausibel, dass die Unternehmen kaum Erweiterungsinvestitionen durchführten, wenngleich es auch Ausnahmen gab. Ein Beispiel ist die nördlich von Duisburg gelegene Zeche Walsum, wo erst 1927 mit dem Abteufen des ersten Förderschachts begonnen worden ist.[37] Nach der Weltwirtschaftskrise hielten die Eigentümer an dem Investitionsvorhaben fest und bauten die Zeche kontinuierlich aus. Solche Projekte blieben aber die Ausnahme. Die meis-

---

33 Vgl. *Seidel*, Ruhrbergbau, S. 85–102.
34 Zur Produktivitätsentwicklung: *Tobias Jopp*, How Technologically Progressive Was Germany in the Interwar Period? Evidence on Total Factor Productivity in Coal-Mining, in: Journal of Economic History 76, 2016, S. 1113–1151.
35 Vgl. *Donges*, Stahlwerke, S. 332–336.
36 Aufgrund von Qualitätsunterschieden gab es unterschiedliche Kohlepreise, jedoch entwickelten sich diese ähnlich. Exemplarisch ist der RWKS-Großhandelspreis für Förderfettkohlen zu nennen, der 1939 rund 17 Prozent unter dem Niveau von 1929 lag; *Donges*, Stahlwerke, S. 96.
37 Vgl. *Harald Wixforth*, Vom Stahlkonzern zum Firmenverbund. Die Unternehmen Heinrich Thyssen-Bornemiszas von 1926 bis 1932, Paderborn 2019, S. 119–134.

ten Investitionsvorhaben hatten zum Ziel, die Produktivität steigern, um die Wettbewerbsfähigkeit langfristig zu sichern, beispielsweise durch die Mechanisierung der Förderprozesse. Investiert wurde ferner in den Ausbau der Kokereien, weil der Koksbedarf durch den Anstieg der Eisenproduktion und den verstärkten Einsatz von Erzen niedrigerer Qualität zunahm.[38]

Ein weiterer Bereich, in den die Unternehmen des Steinkohlenbergbaus investierten, waren Anlagen zur Treibstofferzeugung. Basierend auf chemischen Verfahren, die in den 1920er Jahren unter anderem von der IG Farbenindustrie AG (IG Farben) entwickelt worden waren, gelang es auf Kohlebasis Flüssigtreibstoffe synthetisch herzustellen.[39] Aufgrund der rüstungswirtschaftlichen Bedeutung subventionierte der Staat den Ausbau dieser Anlagen und die großen Hütten- und Zechengesellschaften begannen in den 1930er Jahren mit der Errichtung mehrerer Werke. Dazu zählen die auf Basis des IG Farben-Hydrierverfahrens errichteten Anlagen der Bergwerksgesellschaft Hibernia (Hydrierwerk Scholven AG) und der Vestag (Gelsenberg Benzin AG) sowie die Fischer-Tropsch Anlagen[40] von Krupp (Krupp-Treibstoffwerk GmbH), Hoesch (Hoesch-Benzin GmbH), Klöckner (Gew. Victor) und des Flick-Konzerns (Chemische Werke der Essener Steinkohle AG).[41]

In der Literatur wird diskutiert, inwieweit diese Investitionen auf staatlichen Zwang zurückzuführen sind. Dies gilt insbesondere für die Gelsenberg Benzin AG, wobei die ältere Literatur hier den Zwangscharakter hervorhebt.[42] Jüngere Forschungsergebnisse legen aber nahe, dass die Entscheidung zum Bau der Anlage auf freiwilliger Basis getroffen wurde, wenngleich sie der Staat durch die Gewährung von Wirtschaftlichkeitsgarantien beeinflusst hatte.[43] Auch bei anderen Projekten gibt es keine hinreichenden Belege für Zwang. Vielmehr zeigen mehrere Beispiele, dass staatliche Forderungen ohne erkennbare negative Konsequenzen abgelehnt werden konnten. Zu nennen sind die Bergbau AG Ewald-König Ludwig, deren Leitung sich staatlichen Forderungen nach Errichtung einer Fischer-Tropsch-Anlage erfolgreich widersetzte,[44] oder die ablehnende Haltung oberschlesischer Bergbaugesellschaften, sich an der Gründung

---

38 Vgl. exemplarisch die Investitionspolitik der Vestag: *Donges*, Stahlwerke, S. 148–154.
39 Siehe hierzu ausführlich: *Scherner*, Industriepolitik, S. 103–138.
40 Hierbei handelt es sich um ein Verfahren, das Franz Fischer und Heinz Tropsch am Kaiser-Wilhelm-Institut für Kohleforschung in Mülheim (Ruhr) entwickelt hatten; vgl. *Manfred Rasch*, Geschichte des Kaiser-Wilhelm-Instituts für Kohlenforschung 1913–1943, Weinheim 1989.
41 Zu den Treibstoffinvestitionen der Vestag: *Donges*, Stahlwerke, S. 154–179; zu Krupp: *Abelshauser*, Rüstungsschmiede, S. 357; zu Flick: *Priemel*, Flick, S. 318–320; eine Übersicht liefert *Scherner*, Industriepolitik, S. 109.
42 Vgl. *Wolfgang Birkenfeld*, Der synthetische Treibstoff 1933–1945. Ein Beitrag zur nationalsozialistischen Rüstungspolitik, Göttingen 1964, S. 139; *Mollin*, Montankonzerne, S. 69.
43 Vgl. *Donges*, Stahlwerke, S. 176–179.
44 An der Bergbau AG Ewald-König Ludwig war Fritz Thyssen mehrheitlich beteiligt. Thyssen lehnte als Aufsichtsratsvorsitzender die Investition ab, da der Staat die Finanzierung nicht sicherstellte; vgl. *Donges*, Stahlwerke, S. 178.

eines Hydrierwerks (Oberschlesische Hydrierwerke AG) zu beteiligen.[45] Insofern liefert die Forschung, was die Treibstoffwerke des Steinkohlenbergbaus angeht, keine hinreichenden Belege für staatlichen Investitionszwang.[46]

Die Subventionen erlaubten es den Konzernen, ein vielversprechendes Geschäftsfeld zu erschließen. Außerdem erhielten sie die Möglichkeit, einen Teil der Investitionssumme am Kapitalmarkt zu finanzieren. In anderen Bereichen war dies aufgrund der Genehmigungspflicht für Anleihe- und Aktienemissionen nicht mehr frei möglich.[47] Insofern spielte „direkter" staatlicher Zwang zwar keine wesentliche Rolle, aber es ist anzunehmen, dass die Investitionsentscheidungen unter abweichenden Bedingungen anders ausgefallen wären. Vermutlich wäre ohne Subventionen und Lenkungsmaßnahmen nur in geringerem Umfang in diesen Bereich investiert worden. Hierbei sind die Opportunitätskosten zu berücksichtigen. So hätten die für den Bau der Treibstoffanlagen eingesetzten Mittel auch für andere, möglicherweise rentablere Investitionen verwendet werden können, beispielsweise für die Modernisierung der Hüttenwerke.[48]

3.3.5 Die Entwicklung der Hüttenwerke und das Entstehen von Konkurrenz durch die Gründung der Reichswerke

Im Bereich der Eisen- und Stahlerzeugung gab es ebenfalls Strukturprobleme, die von der staatlich getriebenen Sonderkonjunktur überlagert wurden. So litten viele Hüttenwerke aufgrund von Überkapazitäten und veralteten Produktionstechnologien unter zu hohen Kosten. Die Zusammenschlüsse der 1920er Jahre, allen voran die Gründung der Vestag, hatten darauf abgezielt, Überkapazitäten abzubauen und die Hüttenwerke zu modernisieren, jedoch mussten kapitalintensive Modernisierungsmaßnahmen in der Weltwirtschaftskrise zurückgestellt werden.[49] Ab 1933 nahm die Nachfrage nach Rohstahlerzeugnissen zwar wieder stark zu, was sich in ansteigenden Ausbringungsmengen widerspiegelt, viele Werke litten aber weiterhin unter niedriger Rentabilität. Hierfür waren nicht nur ausgebliebene Modernisierungsmaßnahmen ursächlich, sondern auch

---

45 Vgl. *Scherner*, Industriepolitik, S. 116–120.
46 Demgegenüber gibt es im Braunkohlebergbau ein oft zitiertes Beispiel für direkten staatlichen Zwang: die Gründung der Braunkohle-Benzin AG (1934), an der sich die Unternehmen des Braunkohlebergbaus im Rahmen einer „Pflichtgemeinschaft" beteiligen mussten; vgl. *Scherner*, S. 108 f.
47 Zur staatlichen Kapitalmarktlenkung: *Karin Lehmann*, Wandlungen der Industriefinanzierung mit Anleihen in Deutschland (1923/24–1938/39), Stuttgart 1996, S. 161–167.
48 Vgl. *Donges*, Stahlwerke, S. 219–223.
49 Vgl. *Reckendrees*, Stahltrust-Projekt. Siehe zur Rationalisierung ferner: *Christian Kleinschmidt*, Rationalisierung als Unternehmensstrategie. Die Eisen- und Stahlindustrie des Ruhrgebiets zwischen Jahrhundertwende und Weltwirtschaftskrise, Essen 1993.

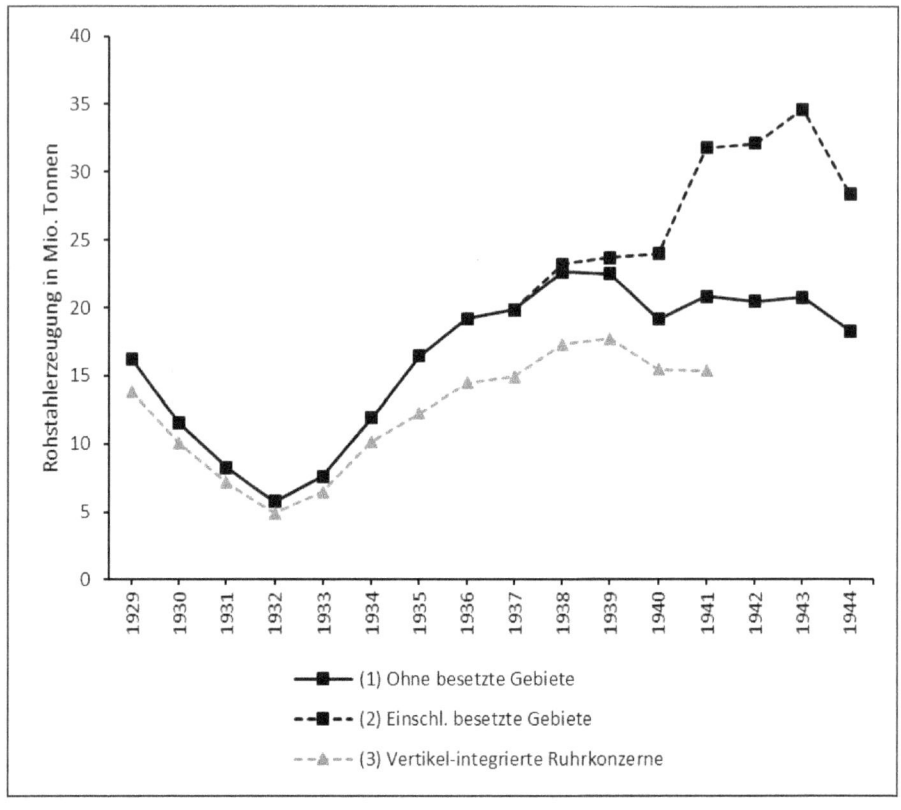

Abb. 2: Rohstahlerzeugung 1929–1943 [Mio. t].
Anmerkungen: (1) ab 1935 einschließlich Saarland; (2) ab 1939 einschließlich jeweils besetzte Gebiete und deutscher Einflussraum (Ostgebiete, Protektorat, Generalgouvernement, Meurthe-et-Moselle, Belgien, Nordfrankreich, Niederlande, Centre-Ouest, Centre-Midi, Italien); (3) hierin enthalten: Vestag, Krupp, GHH, Flick (Mitteldeutsche Stahlwerke AG, Eisenwerk-Gesellschaft Maximilianshütte und ab 1939 Sächsische Gußstahlwerke Döhlen AG), Hoesch (Harkort-Eicken Edelstahlwerke GmbH), Klöckner und Mannesmann.
Quelle: Eigene Darstellung; Daten aus: „Übersicht über die Rohstahlerzeugung in Deutschland vom 25. Juni 1947", HA Krupp, WA 40 B 1326.

die staatliche Preisstoppverordnung, die eine Umlage steigender Kosten (z. B. durch erhöhten Rohstoffeinsatz) auf die Rohstahlverbraucher verhinderte.[50]

Abbildung 2 zeigt die Entwicklung der Rohstahlerzeugung, wobei unterschieden wird zwischen (1) der Produktion im „Altreich" (ab 1935 einschließlich Saarland), (2) der Produktion im gesamten deutschen Wirtschaftsraum (einschließlich besetzter Gebiete) und (3) der Produktion der vertikal-integrierten Konzerne. Bezogen auf das deutsche Kerngebiet (ohne besetzte Gebiete) erreichte die Rohstahlerzeugung mit

---

50 Vgl. *Donges*, Stahlwerke, S. 189–191.

rund 22,7 Mio. Tonnen ihren Höhepunkt, brach dann bei Kriegsbeginn stark ein und stabilisierte sich bis 1943 auf einem Niveau von etwa 21 Mio. Tonnen. Betrachtet man die Gesamtproduktion im deutschen Einflussbereich, so ist während des Krieges ein merklicher Anstieg festzustellen. Unter Berücksichtigung der besetzten Gebiete stieg die Rohstahlproduktion bis 1943 auf rund 34,6 Mio. Tonnen, wobei ein Großteil der zusätzlichen Produktion auf die lothringischen und luxemburgischen Hüttenwerke entfiel. Abbildung 2 zeigt ferner, dass auch noch während des Krieges die sechs vertikal-integrierten Konzerne einen großen Teil der inländischen Produktion ausmachten, auch wenn deren relative Bedeutung als Folge der Gebietszuwächse und wachsenden Konkurrenz durch den Reichswerke-Konzern im Zeitverlauf abnahm.

Die Rohstahlproduktion wurde im Wesentlichen von drei knappen Produktionsfaktoren bestimmt: Eisenerz, Hochofenkoks und den Produktionskapazitäten.[51] Wie in Kapitel 3 erläutert, gab es im ersten Kriegsjahr eine vorrübergehende Knappheit an Eisenerz, sodass verstärkt auf im Inland geförderte Erze zurückgegriffen werden musste. Deren niedrigere Qualität führte bei gegebener Hochofenkapazität zu einem Rückgang der Ausbringungsmenge und Anstieg des Koksverbrauchs.[52] Einschränkend wirkte auch der Mangel an Stahlschrott, der bei der Erzeugung von Stahleisen (das zu Siemens-Martin-Stahl weiterverarbeitet wurde) dem Eisenerzgemisch im Hochofen hinzugefügt wurde, um so den Eisenanteil zu erhöhen.[53] Da dies nicht mehr in ausreichendem Umfang möglich war, musste Schrott wiederum vermehrt durch Erze mit hohem Eisengehalt substituiert werden. Nach dem Ende der Kampfhandlungen in Norwegen und der deutschen Besetzung Frankreichs, Belgiens, der Niederlande und Luxemburgs entspannte sich die Versorgungssituation zwar, was sich im Anstieg der Rohstahlproduktion widerspiegelte, Eisenerz und Hochofenkoks blieben aber knapp, weil als Folge der territorialen Expansion auch die unter deutscher Kontrolle befindlichen Stahlwerkskapazitäten stark zunahmen. Die Versorgung mit Eisenerz und Hochofenkoks konnte nicht im nötigen Umfang gesteigert werden. Abbaubare Eisenerzvorkommen waren nach der Besetzung Frankreichs zwar in großem Umfang vorhanden, jedoch verhinderte der Arbeitskräftemangel die Ausweitung der Förderung. Hinsichtlich der Koksproduktion ist anzumerken, dass die Unternehmen ihre Kokereien in den 1930er Jahren zwar stark ausgebaut hatten, deren Kapazität reichte aber nicht aus, um den Bedarf zu decken. Vor diesem Hintergrund forderte Göring die Montankonzerne 1941 auf, den Koksverbrauchs merklich zu verringern, jedoch blieben diese und ähnliche Eingriffe weitgehend wirkungslos.[54] Auch konnten die Unternehmen

---

[51] Der Produktionsprozess kann vereinfacht in drei Stufen unterteilt werden: erstens, dem Schmelzen des Erzes im Hochofen unter Zuführung von Hochofenkoks; zweitens, der Herstellung von Stahl auf Basis von Roheisen und Stahlschrott im sogenannten Konverter; drittens, der anschließenden Formgebung (z. B. durch Walzen, Pressen oder Schmieden des Stahls) und Veredelung (z. B. durch Beschichtung).
[52] Vgl. *Donges*, Stahlwerke, S. 328–331.
[53] Vgl. *Donges*, Stahlwerke, S. 187–189.
[54] Vgl. *Donges*, Stahlwerke, S. 331 f.

ihre Hochofenkapazität nicht in dem Maße ausweiten, wie es angesichts des verstärkten (ineffizienteren) Einsatzes eisenarmer Erze eigentlich notwendig gewesen wäre (vgl. Tabelle 4). Dies erklärt, warum die Kapazitätsauslastung der deutschen Stahlwerke nach Schätzungen der Vestag 1941 bei nur 68 Prozent lag.[55]

Aufgrund der hohen Nachfrage nach Stahl war bereits 1937 ein Kontingentierungsverfahren eingeführt worden, das darauf abzielte, den Verbrauch nach rüstungswirtschaftlichen Gesichtspunkten zu lenken.[56] Hierbei ist zu berücksichtigen, dass die staatlich fixierten Preise für standardisierte Eisen- und Stahlerzeugnisse die tatsächliche Knappheitssituation nicht mehr widerspiegelten und, angesichts des Nachfrageüberhangs, viel zu niedrig waren, um eine effiziente Allokation zu gewährleisten. Aufgrund von Informationsasymmetrien konnte die Kontingentierung nicht die Fehlanreize beseitigen, die aus den starren Preisen resultierten.

Trotz Kontingentierungsverfahren blieb auch in rüstungsrelevanten Bereichen Stahl knapp, kurioserweise auch bei den stahlerzeugenden Unternehmen. Investitionen in den Ausbau von Hüttenwerken erforderten nämlich große Mengen an Stahl, die aber ebenfalls der Kontingentierung unterlagen. Dies hatte zur Folge, dass selbst rüstungswirtschaftlich bedeutsame Ausbaumaßnahmen nicht oder nur verzögert realisiert werden konnten. Ein Beispiel bietet die Errichtung von Erzaufbereitungsanlagen und einer Hochofenanlage durch die August Thyssen-Hütte AG in Duisburg-Hamborn (einer Tochter des Vestag-Konzerns).[57] Dieses 1938 angestoßene Investitionsprojekt hatte ein Gesamtvolumen von rund 20 Mio. RM und war insofern von Bedeutung, als ohne entsprechende Aufbereitungsanlagen eisenarme Erze nicht effizient verhüttet werden konnten und Hochofenkapazität knapp war. Obwohl die für den Ausbau notwendigen Kontingente 1938 bewilligt worden waren, verzögerte sich der Baubeginn, da behördliche Genehmigungen fehlten und die Dringlichkeitsstufe dieses Projekts nach Kriegsbeginn herabgestuft wurde.

Das obige Beispiel illustriert, dass für die niedrige Auslastung der Stahlwerke nicht nur der Mangel an (hochwertigem) Eisenerz und Kokskohle ursächlich war, sondern dass es auf der vorgelagerten Produktionsstufe, bei den Hochöfen, erhebliche Kapazitätsengpässe gab. Aus Sicht der Unternehmen gab es aufgrund hoher Fixkosten finanzielle Anreize, die Produktionskapazitäten auf allen Wertschöpfungsstufen bestmöglich auszunutzen. Insofern war es trotz Kapazitätsüberhang bei den Stahlwerken rational, in den Ausbau von Erzaufbereitungsanlagen und Hochöfen zu investieren, da ohne die zusätzliche Roheisenproduktion dieser Überhang nicht abgebaut werden konnte. Davon abgesehen waren Modernisierungsinvestitionen notwendig, um Kosten zu senken und so die langfristige Wettbewerbsfähigkeit der Hüttenwerke sicherzustellen.

Die Tatsache, dass es im Bereich der Stahlproduktion aufgrund der beschriebenen Probleme trotz boomender Konjunktur noch erhebliche Überkapazitäten gab, erklärt

---

55 Vgl. *Donges*, Stahlwerke, S. 329.
56 Vgl. *Hensler*, Stahlkontingentierung, S. 53–59.
57 *Donges*, Stahlwerke, S. 352–356.

Abb. 3: Historisches Archiv Krupp, WA 16 a 250. Firma Krupp: Gießhalle des Martinwerks VII, 1938.

den Widerstand gegen die Gründung der Reichswerke im Jahr 1937, der in der Literatur ausgiebig diskutiert wird.[58] Mit der Gründung der Reichswerke verfolgten die Rüstungsplaner nämlich nicht nur das Ziel, die Förderung der im Salzgitter-Gebiet befindlichen Eisenerze zu beschleunigen, sondern es sollte vor Ort auch ein großes integriertes Hüttenwerk errichtet werden. Die Quellen deuten darauf hin, dass hierfür strategische Überlegungen ausschlaggebend waren: die Schaffung von Ausweichkapazitäten, die im Kriegsfall geographisch weniger exponiert lagen als das Ruhrgebiet.[59] Dies implizierte aber eine Kapazitätsausweitung, obwohl die bestehenden Stahlwerke immer noch weit unter der Auslastungsgrenze arbeiteten.[60] Wortführer der Kritik waren Albert Vögler und Ernst Poensgen, die beiden führenden Köpfe der Vestag, jedoch gab es auch offene Unterstützer wie Hermann Röchling, der auch den Ausbau des inländischen Erzbergbaus forciert hatte,[61] oder opportunistisch handelnde Unternehmer wie Friedrich Flick, der den Widerstand der Vestag-Leitung nicht offen unterstützte, um sich so Handlungsspielräume in anstehenden Verhandlungen mit der

---

58 Vgl. *Donges*, Stahlwerke, S. 225–287; *Priemel*, Flick, S. 356–367; *Mollin*, Montankonzerne, S. 102–109.
59 Besonders hervorgehoben wird dieses Argument bei *Donges*, Stahlwerke, S. 228–238.
60 Exemplarisch können die Stahlwerke der Vestag angeführt werden. Deren Kapazitätsauslastung lag im Juni 1937 durchschnittlich bei nur rund 73 Prozent; vgl. *Donges*, Stahlwerke, S. 194.
61 Vgl. *Donges*, Stahlwerke, S. 242 f.; *Hippel*, Röchling, S. 458–487.

Reichsregierung offen zu halten.[62] Das Fehlen einer geschlossenen Opposition durch die Industriellen erleichterte das Vorgehen der Reichsregierung, jedoch ist davon auszugehen, dass die Gründung der Reichswerke vor dem Hintergrund der strategischen Vorfeldüberlegungen auch unter anderen Bedingungen vorangetrieben worden wäre.

Mit der Gründung der Reichswerke entstand 1937 ein mehrheitlich im Staatseigentum befindliches Unternehmen, das fortan in Konkurrenz zu den privaten Montankonzernen trat. Zunächst schränkten die staatlichen Ausbaupläne die Investitionsmöglichkeiten der privaten Konzerne weiter ein, da die Errichtung der Hüttenanlagen im Salzgittergebiet (Hütte Braunschweig) große Mengen an Stahl erforderte und die Reichswerke bei der Vergabe der Kontingente vorrangig behandelt wurden.[63] Aus langfristiger Perspektive war unklar, ob sich die Reichswerke den bestehenden Syndikaten anschließen oder eine Außenseiterrolle anstreben und so deren Macht unterlaufen würden.[64] Ferner war Paul Pleiger, der mit der Leitung der Reichswerke betraut worden war, darin bestrebt, die Aktivitäten nicht nur auf den Erzbergbau und die Errichtung der Hütte Braunschweig zu beschränken, sondern einen vertikal-integrierten Montankonzern zu schaffen.[65] Dieser Strategie folgend forcierte Pleiger die Angliederung weiterer Hüttengesellschaften, den Erwerb von Steinkohlebergwerken sowie die Beteiligung an Unternehmen der Rüstungsendfertigung.[66] Im Zuge der territorialen Expansion weitete sich der Einfluss auch auf die besetzten Gebiete aus, wo die Reichswerke mit den privaten Montankonzernen um die attraktivsten Übernahmeziele konkurrierten. Auf diese Weise entstand ein gewaltiges Firmenkonglomerat, das neben den deutschen Beteiligungen unter anderem Unternehmen einschloss, die sich vormals in österreichischem, tschechischem, polnischem oder französischem Eigentum befunden hatten.[67]

Tabelle 5 gibt Aufschluss über die quantitative Bedeutung der Reichswerke. Als Indikator dient die Rohstahlerzeugung (in 1000 Tonnen), wobei die Produktion nach Werksgruppen aufgegliedert und die Vestag als größter privater Montankonzern zum Vergleich aufgeführt ist. 1939 produzierten die Hütten der Reichswerke (die ehemals österreichischen „Alpinen Montanbetriebe"[68] sowie die im „Protektorat Böhmen und

---

62 Vgl. *Priemel*, Flick, S. 356–367.
63 Vgl. *Mollin*, Montankonzerne, S. 140 f.
64 Vgl. *Donges*, Stahlwerke, S. 249; *Mollin*, Montankonzerne, S. 144–147.
65 Zur Rolle Pleigers: *Matthias Riedel*, Eisen und Kohle für das Dritte Reich. Paul Pleigers Stellung in der NS-Wirtschaft, Göttingen 1973.
66 Exemplarisch ist die Übernahme der Österreichisch-Alpine Montangesellschaft im Jahr 1939 zu nennen, vgl. *Donges*, Stahlwerke, S. 268–281. Zu den Erwerbungen im Steinkohlenbergbau zählen die 1939 erfolgte Übernahme von Zechen der Harpener Bergbau AG, vgl. *Bähr* [u. a.], Flick, S. 343–371, und die Übernahme der Bergbau AG Ewald-König Ludwig im Jahr 1940, vgl. *Donges*, Stahlwerke, S. 292–299. Zu den Beteiligungen im Bereich der Rüstungsendfertigung zählte die Rheinmetall-Borsig AG (1938 von der Vereinigte Industrieunternehmungen AG übernommen), vgl. *Mollin*, Montankonzerne, S. 188.
67 Zur Expansion der Reichswerke: *Mollin*, Montankonzerne, S. 183–204; *Overy*, War, S. 315–342; *Wixforth/Ziegler*, Expansion, S. 261–277.
68 Den Kern der „Alpinen Montanbetriebe" bildeten die Österreichisch-Alpine Montangesellschaft sowie ein neues Hüttenwerk in Linz, mit dessen Errichtung 1938 begonnen wurde; siehe dazu u. a.: *Helmut Fiereder*, Reichswerke „Hermann Göring" in Österreich (1938–1945), Wien 1983.

Tab. 5: Rohstahlproduktion des Reichswerke-Konzerns und der Vestag 1929–1940.

	1939	1940	1941	1942	1943
(1) Reichswerke	1090	1093	2333	2863	3207
– Hütte Braunschweig	–	80	415	602	583
– Alpine Montanbetriebe	376	318	262	371	453
– Witkowitzer Eisenwerke	714	695	705	732	759
– Hüttenverwaltung Westmark	–	–	820	869	1055
– Sonstige	–	–	131	289	355
(2) Vestag	8953	7534	7452	7080	7656
(3) = (1) in % von (2)	12,2	14,5	31,3	40,4	41,9

Anmerkungen: Rohstahlproduktion in 1000 Tonnen, alle Werte gerundet; (1): Reichswerke aufgeteilt nach Konzernunternehmen „Alpine Montanbetriebe" (Alpine Montan AG „Hermann Göring" einschließlich Steirische Gußstahlwerke, Eisenwerke AG Krieglach und Kärtner Eisen- und Stahlwerks AG), Witkowitzer Eisenwerke, Hüttenverwaltung Westmark (Werke De Wendel I bis III in Hagendingen) und sonstigen (ab 1941 einschl. Stalowa Wola, Starachowice und Ostrowiec; ab 1942 einschl. Poldihütte, Prag und Oderberger Eisen- und Stahlwerke); (2): Vestag-Konzern einschließlich Industrie-Angliederungen, Daten bezogen auf Geschäftsjahre 1938/39 bis 1942/43.
Quelle: Eigene Darstellung, Daten für die Reichswerke aus: „Jahresziffern 1938 und 1939" und „Statistischer Jahresbericht 1940–1943", Niedersächsisches Wirtschaftsarchiv Braunschweig, Wolfenbüttel (NWA) 2, Nr. 9947; Angaben zu den Daten für die Vestag *Donges*, Stahlwerke, S. 327.

Mähren" gelegenen Witkowitzer Eisenwerke) rund 1,1 Mio. Tonnen Rohstahl, wobei das im Aufbau befindliche Hauptwerk im Salzgitter-Gebiet (Hütte Braunschweig) noch keinen Rohstahl erzeugte. Bis 1943 stieg die Rohstahlerzeugung auf über 3,2 Mio. Tonnen, jedoch entfiel der Großteil weiterhin auf Standorte in den besetzten Gebieten, insbesondere auf die lothringischen Hüttenwerke („Hüttenverwaltung Westmark").[69] Die Vestag blieb aber die mit Abstand größte Rohstahlerzeugerin, auch wenn deren Ausbringungsmenge aufgrund oben erläuterter Einschränkungen von fast neun Mio. Tonnen im Jahr 1939 auf 7,6 Mio. Tonnen im Jahr 1943 zurückging. Setzt man die Produktion der beiden Konzerne ins Verhältnis, so stieg der Anteil der Reichswerke im betrachteten Zeitraum von rund zwölf auf fast 42 Prozent.

Zu berücksichtigen ist, dass kriegsbedingte Einflüsse wie Baumaterialknappheit und Luftangriffe den Ausbau der Hütte Braunschweig verzögerten und dieser nicht wie geplant abgeschlossen werden konnte. Wäre das Hüttenwerk planmäßig ausgebaut worden, hätte es bei voller Auslastung schätzungsweise 1,7 Mio. Tonnen Rohstahl produzieren können, verglichen mit einer tatsächlichen Produktion von 583 000 Tonnen

---

[69] Die lothringischen und luxemburgischen Hüttenwerke wurden im Rahmen von „Treuhänderschaften" von deutschen Konzernen verwaltet. Neben dem Reichswerke-Konzern erhielten unter anderem die Vestag, Flick, Klöckner und Röchling Treuhänderschaften. In diesem Zusammenhang wird diskutiert, inwieweit die Reichswerke bevorzugt wurden (vgl. *Marx*, Reusch, S. 454 f.; *Mollin*, Montankonzerne, S. 237–243). Donges argumentiert, dass sich die Reichsregierung an den Eigentumsverhältnissen vor dem Ersten Weltkrieg orientierte; vgl. *Donges*, Stahlwerke, S. 380–392.

im Jahr 1943.[70] Insofern unterschätzen die Produktionskennziffern die Stellung, die der Reichswerke-Konzern langfristig gegenüber den privaten Stahlkonzernen eingenommen hätte.

Mollin interpretiert die Ausdehnung der von Pleiger geführten Reichswerke als Indiz für die Zurückdrängung der privatwirtschaftlich-organisierten „Monopolindustrie" zugunsten einer staatlich-dominierten „Befehlswirtschaft".[71] Zwar zeigen die Daten, dass der Reichswerke-Konzern schneller wuchs als die private Konkurrenz, jedoch ist hier zum einen die niedrigere Ausgangsbasis zu berücksichtigen und zum anderen die Tatsache, dass der Konzern vor allem durch Akquisitionen in den besetzten Teilen wuchs. Von diesen Beteiligungen standen einige nur unter treuhänderischer Verwaltung, sodass unklar ist, ob diese langfristig überhaupt in den Reichswerke-Konzern integriert worden wären. Auch muss berücksichtigt werden, dass die Reichsregierung den Verkauf von Staatsbeteiligungen nicht grundsätzlich ablehnte und Göring der Reprivatisierung von Reichswerke-Tochtergesellschaften 1942 explizit zustimmte.[72] Insofern liefert die Expansion des Reichswerke-Konzerns kein hinreichendes Indiz für eine systematische Zurückdrängung der Privatindustrie zugunsten von Staatsunternehmen.

Auch im Hinblick auf die Unternehmensführung unterschieden sich die Reichswerke weniger von den privaten Montankonzernen als der von Mollin hervorgehobene Gegensatz suggeriert. Zwar unterlagen die Reichswerke als Staatskonzern einer „weicheren" Budgetrestriktion, was den Erwerb von Beteiligungen erleichterte, jedoch impliziert dies nicht, dass betriebswirtschaftliche Gesichtspunkte bei produktionstechnischen oder strategischen Entscheidungen keine Rolle spielten. Da eine effiziente Produktion aus rüstungswirtschaftlicher Sicht von Bedeutung war, versuchte die Reichswerke-Leitung um Pleiger, Rohstahl zu möglichst niedrigen Kosten zu produzieren. Zwar legen interne Übersichten nahe, dass die Kosten bei der Roheisen- und Rohstahlerzeugung (aufgrund höherer Rohstoffkosten) im Durchschnitt höher lagen als bei der Vestag, angesichts der noch geringen Erzeugungsmengen während der Ausbauphase kann aber nur spekuliert werden, wie sich die Produktivität der Hütte Braunschweig langfristig entwickelt hätte.[73] Immerhin zeigen interne Aufstel-

---

70 Diese Angaben basieren auf dem Ausbauplan, der bis 1944 zwölf installierte Hochöfen vorsah. Tatsächlich wurden aber nur zehn Hochöfen bis September 1944 fertigstellt und 1943 waren erst acht Hochöfen betriebsbereit gewesen; vgl. *United States War Department*, The United States Strategic Bombing Survey. Reichswerke Hermann Göring AG, Hallendorf, Germany, 1947, S. 2–4.
71 Vgl. *Mollin*, Montankonzerne, S. 252–275.
72 Vgl. *Christoph Buchheim/Jonas Scherner*, The Role of Private Property in the Nazi Economy: The Case of Industry, in: Journal of Economic History 66, 2006, S. 407.
73 Auf der Hütte Braunschweig betrugen die Kosten für die Produktion einer Tonne Thomas-Roheisen (Rohstahl) im Juli 1941 rund 72 RM (91 RM), verglichen mit durchschnittlich rund 67 RM (84 RM) bei den Werken der Vestag (Geschäftsjahr 1940/41). Die Kosten für die Erzeugung einer Tonne Siemens-Martin-Stahl lagen im Juli 1941 mit rund 95 RM ebenfalls über den durchschnittlichen Kosten bei der Vestag (85 RM im Geschäftsjahr 1940/41); Angaben zur Hütte Braunschweig aus: Vergleich der Selbstkosten der Hütte Braunschweig, November gegenüber Juli 41, Anlage 10, in: NWA 2 Nr. 11117.

lungen, dass die Produktionskosten mit höherer Auslastung nicht nur zurückgingen, sondern auch merklich unter der Werten lagen, die von den privaten Konkurrenzunternehmen 1937 erwartet worden waren.[74]

Gemessen an der Rohstahlerzeugung ist bei den vertikal-integrierten Ruhrkonzernen in der Kriegszeit im Durchschnitt eine stagnierende bzw. zurückgehende Geschäftsentwicklung festzustellen (vgl. Abbildung 2). Diese Zahlen verzerren die betriebswirtschaftliche Situation aber insofern, als sie die Zunahme der Wertschöpfungstiefe nicht widerspiegeln. Betrachtet man exemplarisch die Vestag und Krupp, für die jeweils Daten vorliegen, stiegen die Umsätze der Vestag in den Geschäftsjahren 1938/39 bis 1943/44 von rund 2,1 Mrd. RM auf 2,7 Mrd. RM und bei Krupp nahmen die Umsätze in den Geschäftsjahren 1938/39 bis 1942/43 von rund 785 Mio. RM auf 950 Mio. RM zu.[75] Dies entspricht jeweils einer durchschnittlichen jährlichen Wachstumsrate von rund fünf Prozent. Erklärt werden kann diese Entwicklung mit dem Produktionsanstieg im Bereich der Weiterverarbeitung, der die Rückgänge im Rohstahlbereich überkompensierte. Dabei profitierten die Vestag und Krupp, wie auch die anderen Montankonzerne, von Rüstungsaufträgen, die darüber hinaus höhere Renditen generierten.[76]

3.3.6 Der Ausbau der Rüstungsbetriebe

Angetrieben durch die staatliche Nachfrage investierten die Montankonzerne zunehmend in den Ausbau ihrer weiterverarbeitenden Betriebe, um dort Zulieferungen für die Rüstungsindustrie herzustellen. Ferner waren sie an Unternehmen des Maschinen- und Fahrzeugbaus sowie der Werftindustrie beteiligt, die in der Rüstungsendfertigung eine wichtige Rolle spielten.

Bei der Bewertung dieser Investitionen ist zu berücksichtigen, dass die Renditen im Bereich der Grundstofferzeugung niedrig blieben, da die Preise für Rohstahlerzeugnisse (wie auch für Steinkohle) nicht erhöht werden durften und eine Umgehung der Preisstoppverordnung aufgrund des hohen Standardisierungsgrads und des zentralisierten Absatzes über die Syndikate nicht möglich war. Anders sah die Situation bei den weiterverarbeitenden Betrieben aus, wo es aufgrund stärkerer Produktheterogenität und Informationsasymmetrie einen größeren Preissetzungsspielraum gab. Dies galt insbesondere für die Fertigung von Rüstungsgütern. Außerdem subventionierte das Reich den Aufbau von Rüstungsbetrieben, sodass einer hohen erwartete Rentabilität ein geringes Investitionsrisiko gegenüberstand. Hinter dem Ausbau der

---

[74] Dies geht aus einem internen Schriftwechsel der GHH-Konzernleitung hervor; vgl. Korrespondenz zwischen Lübsen und Kellermann, Rheinisch-Westfälisches Wirtschaftsarchiv 130-400101303/5.
[75] Angaben bezogen auf den Umsatz mit konzernfremden Unternehmen (Fremd- bzw. Außenumsatz); für Krupp liegen für 1943/44 keine Zahlen vor; Daten zur Vestag: *Donges*, Stahlwerke, S. 337; Daten zu Krupp: *Lothar Gall* (Hrsg.), Krupp im 20. Jahrhundert, Berlin 2002, S. 671.
[76] Vgl. *Donges*, Stahlwerke, S. 110–113.

Rüstungsbetriebe stand unter den gegebenen Rahmenbedingungen somit eine klare strategische und finanzielle Logik.[77]

Im Hinblick auf das Produktionsprogramm, die organisatorische Anbindung und die Investitionsfinanzierung lassen sich die Rüstungsaktivitäten wie folgt unterscheiden:

Erstens gab es Betriebe, die den Hüttenwerken und Gießereien angegliedert worden waren, und vor allem als Zulieferer für die Rüstungsendfertigung arbeiteten. Als Prototyp ist die Essener Gussstahlfabrik zu nennen, das Stammwerk des Krupp-Konzerns, wo unter anderem Geschütze, Panzergehäuse und Schiffspanzerungen hergestellt wurden.[78] Für den Ausbau der Produktionsanlagen gewährte das Reich zinslose Darlehen und Beihilfen. Vergleichbare Subventionen erhielten auch die Betriebsgesellschaften der Vestag, darunter die Bochumer Verein für Gußstahlfabrikation AG, deren Betriebe z. B. Artilleriegranaten, Geschützrohre und Panzerkuppeln herstellten.[79] Ferner gab es sogenannte Pachtbetriebe. Im Fall von Pachtbetrieben wurden die Anlagen vollständig vom staatlichen Auftraggeber finanziert und verblieben in dessen Eigentum.[80] Private Unternehmen pachteten die Anlagen dann, um Rüstungsgüter herzustellen und trugen so kein nennenswertes Investitionsrisiko. Ein Beispiel ist die zum Flick-Konzern gehörende Brandenburger Eisenwerke GmbH, die als Betreibergesellschaft für die Fertigung von Panzergehäusen fungierte.[81]

Zweitens waren die Montankonzerne an Unternehmen des Maschinen- und Fahrzeugbaus sowie der Werftindustrie beteiligt, die in der Rüstungsendfertigung eine wichtige Rolle spielten. Hervorzuheben sind die GHH mit ihren Töchtern Maschinenfabrik Augsburg-Nürnberg AG (u. a. U-Boot-Motoren und Panzerkampfwagen) und Deutsche Werft AG (u. a. U-Boot-Bau) sowie der Krupp-Konzern mit den Töchtern Friedrich Krupp Germaniawerft AG in Kiel (u. a. U-Boot-Bau) und der Krupp Grusonwerk AG in Magdeburg (u. a. Panzerkampfwagen).[82] Auch die Vestag verfügte über entsprechende Beteiligungen, darunter die 1934 übernommene Hannoversche Maschinenbau AG (u. a. Endmontage von Geschützen und Zugkraftwagen),[83] jedoch waren diese gemessen am Umsatz von geringerer Bedeutung als bei der GHH oder bei Krupp.

Im Zusammenhang mit der Rüstungsfertigung wird in der Literatur die Rolle von Zwang und Freiwilligkeit diskutiert.[84] Auf Seite der Unternehmen gab es durchaus

---

77 Zur Rentabilität von Rüstungsinvestitionen: *Donges*, Stahlwerke, S. 206–219.
78 Zur Entwicklung der Essener Gussstahlfabrik: *Abelshauser*, Rüstungsschmiede, S. 330–343.
79 Vgl. *Donges*, Stahlwerke, S. 212–215; siehe zur Bochumer Verein für Gußstahlfabrikation AG außerdem: *Gustav-Hermann Seebold*, Ein Stahlkonzern im Dritten Reich. Der Bochumer Verein 1927–1945, Wuppertal 1981.
80 Vgl. *Scherner*, Industriepolitik, S. 37–53.
81 Vgl. *Bähr* [u. a.], Flick, S. 489–491.
82 Vgl. *Bähr* [u. a.], MAN, S. 280–339; *Abelshauser*, Rüstungsschmiede, S. 337–354.
83 Vgl. *Donges*, Stahlwerke, S. 201–205.
84 Beispielsweise deuten Abelshausers Ausführungen zum Krupp-Konzern auf (impliziten) Zwang hin. So sei „[s]pätestens mit dem Kriegsausbruch [...] die Zeit der unternehmerischen Autonomie für die Gussstahlfabrik auch offiziell abgelaufen" gewesen; *Abelshauser*, Rüstungsschmiede, S. 335.

Vorbehalte, Anlagen auf die Produktion von Rüstungsgütern umzustellen, da man die zivile Produktion möglichst lange aufrechterhalten wollte, um keine Absatzmärkte zu verlieren.[85] Investitionen in Rüstungsbetriebe waren im Hinblick auf die langfristige Auslastung mit erheblichen Risiken verbunden, jedoch kompensierte der Staat die Unternehmen für diese Risiken nicht nur mithilfe der oben beschriebenen Finanzierungshilfen, sondern auch im Rahmen der Preisgestaltung, beispielsweise durch hohe Gewinnzuschläge auf die Herstellkosten.[86] Die Tatsache, dass im Rüstungsbereich im Durchschnitt höhere Gewinne erzielt werden konnten als in der Grundstofferzeugung, legt nahe, dass es betriebswirtschaftlich rational war, auf „freiwilliger" Basis mit dem Staat zu kooperieren. Auf der anderen Seite ist es unwahrscheinlich, dass der Staat eine politisch oder moralisch begründete Weigerung, sich an der Rüstungsfertigung zu beteiligen, toleriert hätte. Anzunehmen ist, dass in einem solchen Fall starker Druck gegenüber den betreffenden Personen ausgeübt worden wäre, mit dem Ziel diese aus ihren Funktionen zu drängen oder „Kooperation" zu erzwingen.[87]

3.3.7 Zusammenfassung

Die Unternehmen der Montanindustrie sahen sich im Wirtschaftssystem des „Dritten Reichs" mit vielen Herausforderungen konfrontiert, die sich aus der Veränderung volkswirtschaftlicher und institutioneller Rahmenbedingungen ergaben. Bereits vor Kriegsausbruch war die Verwaltung des Mangels auf vielen Ebenen kennzeichnend. So veranlassten Devisenknappheit und strategische Überlegungen die Reichsregierung, Außenhandelsrestriktionen zu verschärfen und den Ausbau des Eisenerzbergbaus zu forcieren. Letzterer schuf eine Reserve für den Kriegsfall, die Verhüttung dieser Erze erforderte aber zusätzliche Hochofenkapazität und mehr Hochofenkoks. Zur Steigerung der Kokserzeugung mussten wiederum die Kokereien ausgebaut und die Steinkohleförderung erhöht werden, obwohl es einen Mangel an Bergarbeitern gab. Staatlich fixierte Preise verhinderten eine effiziente Allokation und schufen Fehlanreize. Der Staat reagierte mit weiteren Eingriffen, wie der Eisen- und Stahlkontingentierung, mithilfe derer die Knappheiten jedoch nur verwaltet, nie aber beseitigt werden konnten.

---

85 Vgl. *Abelshauser*, Rüstungsschmiede, S. 336–338; *Bähr* [u. a.], MAN, S. 321–327.
86 Siehe für ein Beispiel aus der Munitionsproduktion: *Donges*, Stahlwerke, S. 207–209.
87 Hier ist auf den Fall Fritz Thyssen zu verweisen. Nach anfänglicher Unterstützung der Nationalsozialisten geriet Thyssen mit diesen in Konflikt. Infolgedessen wurde das Thyssen-Vermögen beschlagnahmt und Thyssen wurde zusammen mit seiner Frau Amélie nach einem gescheiterten Auswanderungsversuch bis Kriegsende inhaftiert; vgl. *Jan Schleusener*, Die Enteignung Fritz Thyssens. Vermögensentzug und Rückerstattung, Paderborn 2018; *Donges*, Stahlwerke, S. 291–295. Ein weiteres Beispiel bietet der erzwungene Rücktritt des GHH-Vorstandsvorsitzenden Paul Reusch vgl. Abschnitt 2.4.6 in diesem Band.

Die Vielzahl staatlicher Lenkungsmaßnahmen schränkte die Handlungsspielräume der Unternehmen in der Investitionspolitik stark ein. Zwar gab es, von Ausnahmen abgesehen, weiterhin Investitionsfreiheit, die oben genannten Maßnahmen sowie lukrative Staatsaufträge und Subventionen generierten aber Anreize, in Rüstungsprojekte zu investieren, die unter „normalen" marktwirtschaftlichen Bedingungen nicht so realisiert worden wären. Die Unternehmen profitierten von der Kooperation mit dem NS-Regime, sodass direkter staatlicher Druck oder Zwang in den meisten Fällen nicht notwendig waren. Gleichzeitig beteiligten sie sich an den Verbrechen des Nationalsozialismus wie der „Arisierung" jüdischen Eigentums und der Ausbeutung von Zwangsarbeiterinnen und Zwangsarbeitern.

In jüngerer Zeit konzentrierte sich die Forschung auf Einzelfallstudien, wobei die Entwicklung Krupps, des Flick-Konzerns, der GHH und der Vestag im Zentrum standen. Zu den anderen Montankonzernen sowie den konzernunabhängigen Zechengesellschaften liegen keine vergleichbaren Publikationen vor.[88] Dies gilt im Übrigen auch für die Reichswerke, deren Gründung zwar an vielen Stellen ausführlich dokumentiert und diskutiert wird, jedoch gibt es noch keine umfassende Monografie, die auch die betriebswirtschaftliche Seite, wie die Produktivitäts- und Kostenentwicklung, stärker in den Blick nimmt. Generell liegen die thematischen Schwerpunkte der Literatur meist auf den politischen Verbindungen der Entscheidungsträger, der Investitions- und Expansionspolitik sowie der Beteiligung an den Verbrechen des Nationalsozialismus. Demgegenüber bleiben viele andere Aspekte (z. B. Forschung und Entwicklung oder die Rolle der Kartelle) weitgehend unberücksichtigt.

Auswahlbibliografie

Abelshauser, Werner, Rüstungsschmiede der Nation? Der Kruppkonzern im Dritten Reich und in der Nachkriegszeit 1933 bis 1951, in: Lothar Gall (Hrsg.), Krupp im 20. Jahrhundert, Berlin 2002, S. 267–589.

Bähr, Johannes [u. a.], Der Flick-Konzern im Dritten Reich, München 2008.

Bähr, Johannes/Banken, Ralf/Flemming, Thomas, Die MAN. Eine deutsche Industriegeschichte, München 2008.

Donges, Alexander, Die Vereinigte Stahlwerke AG im Nationalsozialismus. Konzernpolitik zwischen Marktwirtschaft und Staatswirtschaft, Paderborn 2014.

Eglau, Hans O., Fritz Thyssen. Hitlers Gönner und Geisel, Berlin 2003.

Frei, Norbert [u. a.], Flick. Der Konzern, die Familie, die Macht, München 2009.

Hallgarten, George W. F., Adolf Hitler and German Heavy Industry, 1931–1933, in: Journal of Economic History 12, 1952, S. 222–246.

Hensler, Ulrich, Die Stahlkontingentierung im Dritten Reich, Stuttgart 2008.

---

88 Es fehlen vergleichbare Studien zu Hoesch und Klöckner. Zur Geschichte von Mannesmann im „Dritten Reich" beschränkt sich der Forschungsstand im Kern auf eine Unternehmensfestschrift, vgl. Horst A. Wessel, Kontinuität im Wandel: 100 Jahre Mannesmann 1890–1990, Düsseldorf 1990. Zu den Zechengesellschaften, die bislang noch nicht hinreichend erforscht sind, zählt z. B. die Bergwerksgesellschaft Hibernia AG.

Hippel, Wolfgang von, Hermann Röchling 1872–1955. Ein deutscher Großindustrieller zwischen Wirtschaft und Politik. Facetten eines Lebens in bewegter Zeit, Göttingen 2018.
James, Harold, Krupp. Deutsche Legende und globales Unternehmen, München 2011.
Luntowski, Gustav, Hitler und die Herren an der Ruhr. Wirtschaftsmacht und Staatsmacht im Dritten Reich, Frankfurt am Main 2000.
Marx, Christian, Paul Reusch und die Gutehoffnungshütte. Leitung eines deutschen Großunternehmens, Göttingen 2013.
Mollin, Gerhard Th., Montankonzerne und „Drittes Reich". Der Gegensatz zwischen Montanindustrie und Befehlswirtschaft in der deutschen Rüstung und Expansion 1936–1944, Göttingen 1988.
Overy, Richard J., Goering. The „Iron Man", London 1984.
Priemel, Kim Christian, Flick. Eine Konzerngeschichte vom Kaiserreich bis zur Bundesrepublik, Göttingen 2007.
Riedel, Matthias, Eisen und Kohle für das Dritte Reich. Paul Pleigers Stellung in der NS-Wirtschaft, Göttingen 1973.
Schanetzky, Tim, Regierungsunternehmer. Henry J. Kaiser, Friedrich Flick und die Staatskonjunkturen in den USA und Deutschland, Göttingen 2015.
Schleusener, Jan, Die Enteignung Fritz Thyssens. Vermögensentzug und Rückerstattung, Paderborn 2018.
Seebold, Gustav-Hermann, Ein Stahlkonzern im Dritten Reich. Der Bochumer Verein 1927–1945, Wuppertal 1981.
Seidel, Hans-Christoph, Der Ruhrbergbau im Zweiten Weltkrieg. Zechen – Bergarbeiter – Zwangsarbeiter, Essen 2010.
Thyssen, Fritz, I paid Hitler, London 1941.
Urban, Thomas, Zwangsarbeit bei Thyssen. „Stahlverein" und „Baron-Konzern" im Zweiten Weltkrieg, Paderborn 2014.
Wixforth, Harald/Ziegler, Dieter, Die Expansion der Reichswerke „Hermann Göring" in Europa, in: Jahrbuch für Wirtschaftsgeschichte, 2008/2, S. 257–278.
Ziegler, Dieter, Kriegswirtschaft, Kriegsfolgenbewältigung, Kriegsvorbereitung. Der deutsche Bergbau im dauernden Ausnahmezustand (1914–1945), in: Klaus Tenfelde/Dieter Ziegler (Hrsg.), Geschichte des deutschen Bergbaus. Bd. 4: Rohstoffgewinnung im Strukturwandel, der deutsche Bergbau im 20. Jahrhundert, Münster 2013, S. 15–182.

Jonas Scherner
3.4 Nichteisenmetalle: Bergbau und Verhüttung

3.4.1 Einleitung

Nichteisenmetalle – d. h. die Edelmetalle wie Gold und Silber, Bunt- und Legierungsmetalle wie Kupfer und Nickel sowie Leichtmetalle wie Aluminium und Magnesium – waren ein strategischer Schlüsselsektor für die Erreichung zweier zentraler Ziele des NS-Regimes: Rüstung und Autarkie. Ohne Metalle konnte man keine Rüstungsgüter produzieren: Kupfer wurde für Munition benötigt, Blei für Akkumulatoren, Wolfram für Hartmantelgeschosse, Aluminium für Flugzeuge und Magnesium für Bomben. Problematisch war bei Metallen aus der Perspektive des NS-Regimes nicht nur die Importabhängigkeit, sondern auch, dass diese Einfuhren, die Mitte der 1930er Jahre wertmäßig deutlich diejenigen von Mineralöl oder Kautschuk überstiegen und bei Rohstoffen nur von Textilfasern übertroffen wurden, die deutsche Zahlungsbilanz erheblich belasteten.[1] Zudem gehörten Metalle zu den Rohstoffen, die ähnlich Kautschuk, aber anders als Wolle, Mineralöl oder Eisenerz, überwiegend nicht mithilfe von Verrechnungsabkommen oder im Kompensationsverkehr, sondern in knappen Devisen zu bezahlen waren. Dies war im durch chronischen Devisenmangel gekennzeichneten Deutschland der 1930er Jahre besonders schwierig. Noch problematischer war schließlich unter dem Gesichtspunkt der Versorgungssicherheit im Kriegs- oder Blockadefall, dass die importierten Metalle oftmals teilweise oder sogar ausschließlich aus Übersee stammten.[2]

Die Importabhängigkeit war Ergebnis davon, dass Deutschland einerseits zu den weltweit größten Verbrauchern bei den meisten Metallen zählte, und z. B. bei Kupfer nur von den USA überflügelt wurde.[3] Andererseits war der Abbau deutscher Erze im Fall vieler Metalle in einem größeren Umfang nicht wirtschaftlich. Bei anderen Metallen waren keine, etwa bei Chrom, oder nur ganz geringe Erzvorkommen bekannt, wie bei Bauxit oder Wolfram. So betrug etwa 1929 der Anteil des aus deutschen Erzen gewonnenen Kupfers gerade einmal knapp zwölf Prozent der deutschen Kupferversorgung.[4] Auch bei Blei und Zink war man vor der Weltwirtschaftskrise Netto-

---

1 *Matthias Riedel*, Niederschrift des Gutachter-Ausschusses über Rohstofffragen am 26. 5. 1936, in: Tradition 14, 1969, S. 321 f., 324, 327.
2 *United States Strategic Bombing Survey (USSBS)*, The Effects of Strategic Bombing on the German War Economy, Washington D.C. 1945, S. 109 (Tab. 62).
3 *Heinz Schatz*, Austausch von Kupfer durch Aluminium, Diss. Halle 1936, S. 4.
4 *Länderrat des Amerikanischen Besatzungsgebiets* (Hrsg.), Statistisches Handbuch von Deutschland 1928–1944, München 1949, S. 281, 293.

importeur.[5] Angesichts großer Zinkerzvorkommen in Deutschland lag allerdings eine Deckung des Zinkverbrauchs durch heimische Rohstoffe durchaus im Bereich des Möglichen. Zu unterstreichen ist auch, dass die hohe deutsche Einfuhrabhängigkeit bei Metallen verschleiert, dass der deutsche Eigenverbrauch im Allgemeinen erheblich niedriger als der Gesamtverbrauch lag, weil erhebliche Metallmengen in industriellen Produkten verarbeitet wurden, die in den Export gingen. Nach dem Industriezensus von 1936 waren etwa ca. 31 Prozent des gesamten Kupfer-, knapp 22 Prozent des Zinn- und 45 Prozent des Wolframverbrauchs für die Ausfuhr bestimmt.[6]

Insgesamt waren die Bedingungen in den 1930er Jahren ähnlich wie vor dem Ersten Weltkrieg. In diesem Krieg hatte man die Engpässe infolge der Blockadepolitik durch eine Reihe von Maßnahmen so weit überwinden können, dass Deutschland über 1918 hinaus, und damit viel länger als von der Entente erwartet, seinen Bedarf hätte decken können.[7] Neben Importen, der Ausplünderung besetzter Gebiete sowie Substitutions- und Einsparmaßnahmen wurden damals auch der heimische Erzbergbau ausgedehnt und die Verhüttungs- und Recyclingkapazitäten erhöht. Auch die NS-Wirtschaft blieb bei der Versorgung mit diesen Rohstoffen verwundbar und ihre strategische Rolle in einem Krieg war bedeutend.

In einem ersten Rückblick nach Kriegsende hob der *United States Strategic Bombing Survey* (USSBS) die erhebliche Bedeutung der Nichteisenmetalle für die Aufrüstung und die Kriegswirtschaft im Dritten Reich hervor.[8] Danach befasste sich die Wissenschafts- und Technikgeschichte eingehend mit Metallen aus dem Blickwinkel der Substitutionsforschung.[9] Bis auf die Edelmetalle behandelten Darstellungen zur Wirtschaftsgeschichte des Dritten Reiches das Thema nur beiläufig. Für einige Buntmetalle und Leichtmetalle liegen eine Untersuchung zur Investitionstätigkeit[10] und für Legierungsmetalle eine ziemlich alte und daher auf eine noch relativ schmale Quellenbasis beschränkte Dissertation aus den 1960er Jahren vor.[11] Daneben gibt es Unternehmens- und Branchengeschichten, in denen bestimmte Metalle und Erzeugungsstätten auch in der NS-Zeit betrachtet werden.[12] Unlängst wurde die Kriegsvor-

---

5 Für das Folgende vgl. *Jonas Scherner*, Die Logik der Industriepolitik im Dritten Reich. Die Investitionen in die Autarkie- und Rüstungsindustrie und ihre staatliche Förderung, Stuttgart 2008, S. 224f.
6 Bundesarchiv (BArch) R 3102/5684. Reichsamt für Wehrwirtschaftliche Planung, Gesamtverbrauch an Rohstoffen und Verbrauch für die Ausfuhr in der Industrie 1936.
7 *Jonas Scherner*, Metallbewirtschaftung, in: Marcel Boldorf (Hrsg.), Deutsche Wirtschaft im Ersten Weltkrieg, Berlin/Boston 2020, S. 67–88.
8 USSBS, The Effects, S. 111.
9 Vgl. insbesondere *Helmut Maier*, Forschung als Waffe. Rüstungsforschung in der Kaiser-Wilhelm-Gesellschaft und das Kaiser-Wilhelm-Institut für Metallforschung 1900 bis 1945/48, Göttingen 2007.
10 *Jonas Scherner*, „Ohne Rücksicht auf Kosten"? Eine Analyse von Investitionsverträgen zwischen Staat und Unternehmen im „Dritten Reich" am Beispiel des Förderprämienverfahrens und des Zuschussvertrags, in: Jahrbuch für Wirtschaftsgeschichte 2004/2, S. 167–188.
11 *Jörg-Johannes Jäger*, Die wirtschaftliche Abhängigkeit des Dritten Reichs vom Ausland dargestellt am Beispiel der Stahlindustrie, Berlin 1969.
12 Vgl. etwa *Manfred Knauer*, Hundert Jahre Aluminiumindustrie in Deutschland (1886–1986). Die Geschichte einer dynamischen Branche, München 2014. Zu zahlreichen Darstellungen zu Unternehmen

bereitungen auf dem Nichteisenmetallsektor mit einem Fokus auf zwei wichtige Buntmetalle – Kupfer und Zinn – und zwei zentrale Legierungsmetalle – Wolfram und Nickel – genauer untersucht.[13]

Angesichts dieses lückenhaften Forschungsstands zum Metallerzbergbau und die Nichteisenmetallindustrie auf der einen Seite und der strategischen Bedeutung dieses Sektors auf der anderen Seite soll dessen Entwicklung im Folgenden vor dem Hintergrund der NS-Wirtschaftspolitik betrachtet werden. Zunächst wird die Vorkriegszeit betrachtet, beginnend mit einer Darstellung der Ausgangslage im Metallerzbergbau und in der Nichteisenmetallindustrie. Durch die nationalsozialistische Wirtschaftspolitik änderten sich die Rahmenbedingungen, was sich bis Ende der 1930er Jahre auf den Sektor auswirkte. Anschließend wird die weitere Entwicklung im Krieg dargestellt. Das Kapitel konzentriert sich auf die Bunt- und Legierungsmetalle sowie die beiden Leichtmetalle Aluminium und Magnesium, weil sie von zentraler Bedeutung für Aufrüstung und Autarkie waren.[14]

3.4.2 Ausgangslage

Der Nichteisenmetallsektor bestand neben dem Metallerzbergbau aus der Nichteisenmetallindustrie, welche die sogenannten primären Rohstoffe der Metallerzeugung, also überwiegend Erze, oder die sekundären Rohstoffe, vor allem Schrott, einschmolz und raffinierte, sowie Halbwaren aus Metallen, z. B. Legierungen, produzierte. Gemessen an seinem Investitionsvolumen gehörten der Sektor zu den kleinen Industriebranchen, machte er doch im Jahr 1928 weniger als zwei Prozent der gesamten Industrieinvestitionen aus.[15] Im gleichen Jahr bestand der deutsche Metallerzbergbau aus 45 Betrieben und erreichte mit knapp 20 000 Beschäftigten einen Bruchteil der Erwerbstätigen im Kohlebergbau. Nach einem Rückgang während der Weltwirtschaftskrise sollte der Metallerzbergbau erst 1936 wieder diese Beschäftigungszahl

---

aus dem Nichteisenmetallsektor vgl. etwa *Peter Josef Belli*, Das Lautawerk der Vereinigte Aluminium-Werke AG (VAW) von 1917 bis 1948. Ein Rüstungsbetrieb in regionalen, nationalen, internationalen und politischen Kontexten (zugleich ein Beitrag zur Industriegeschichte der Niederlausitz), Berlin 2012. Als zeitgenössische Betrachtungen verschiedener Aspekte des Nichteisenmetallsektors vgl. *Carl-Heinz Ulrich*, Die Versorgung Deutschlands mit unedlen Metallen unter besonderer Berücksichtigung ihrer Bewirtschaftung seit 1934, Diss. Hamburg 1937.
13 *Jonas Scherner*, Preparing for the Next Blockade: Non-ferrous Metals and the Strategic Economic Policy of the Third Reich, in: English Historical Review 137, 2022, S. 475–512.
14 Für Edelmetalle vgl. *Ralf Banken*, Edelmetallmangel und Großraubwirtschaft. Die Entwicklung des deutschen Edelmetallsektors und die Degussa AG 1933–1945, Berlin 2009.
15 *Länderrat*, Statistisches Handbuch, S. 605; Statistisches Jahrbuch für das Deutsche Reich 1932, S. 95 f.; Statistisches Jahrbuch für das Deutsche Reich 1941/42, S. 192 f.

erreichen. Erheblich größer, aber immer noch klein im Vergleich mit anderen Sektoren, war in diesem Jahr die Nichteisenmetallindustrie mit 76 000 Beschäftigten.[16]

Metallerzbergbau fand in vielen Gegenden Deutschlands statt, etwa im Harz, im Mansfelder Land, in Sachsen, in der Eifel und in Oberschlesien. In der Regel waren den Bergwerken Hütten angeschlossen, die das Erz einschmolzen. Daneben existierten noch sogenannte Lohnhütten, wie die Norddeutsche Affinerie in Hamburg. Ihr Merkmal war, dass sie wegen ihres Rohstoffbedarfs an schiffbaren Flüssen oder am Meer gelegen sein mussten, denn in Ermangelung einer eigenen Erzbasis verarbeiteten sie fast ausschließlich importierte Rohstoffe. Sowohl im deutschen Bergbau als auch im Hüttenwesen war es in den 1920er Jahren zu einer erheblichen Modernisierung und Rationalisierung gekommen. In Gruben, die Erze abbauten, in denen verschiedene Metalle stark miteinander verwachsen waren, wie z. B. im Blei- und Zinkbergbau, hatte sich das moderne Flotationsverfahren in der Regel durchgesetzt, und in der Hüttenindustrie ging die Zahl der Betriebe zurück, während die Arbeitsproduktivität stark anstieg und die Kosten für die Erzaufbereitung zum Teil massiv sanken.[17] Bei der Raffination der Erze wurde zunehmend auch Elektrolysen verwendet, weil damit Metalle mit noch höherem Reinheitsgrad produziert werden konnten, die für viele moderne Anwendungen, etwa der Elektroindustrie, unabdingbar waren.

Bei der Produktion mancher Metalle hatte Schrott, der entweder in Deutschland anfiel oder eingeführt wurde, eine bedeutende Rolle als Rohstoff. So war Deutschland ein bedeutender Erzeuger von wiedergewonnenem Zinn.[18] Dabei wurde Schrott keineswegs nur in Anlagen der Fachgruppe Metallschmelzereien verwertet, sondern auch in Werken anderer Fachgruppen, die zusammen der Wirtschaftsgruppe Nichteisenmetallindustrie angehörten.[19] Im Fall von Kupfer waren dies Metallgießereien, Kupfer- und Bleihütten, Walz-, Press- und Hammerwerke oder Kupferraffinerien und -elektrolysen, welche ihrerseits entweder an Hütten oder an Halbzeugwerke angeschlossen sein konnten. Die geografische Verteilung der deutschen Recyclinganlagen folgte den gleichen Prinzipien wie im Fall der erzverarbeitenden Hütten: Sie waren oft metallverarbeitenden Betrieben, bei denen metallische Produktionsabfälle anfielen, angegliedert, während andere Hütten, die auf die Zufuhr, teilweise auch aus Übersee, von metallischem Schrott angewiesen waren, transportgünstig gelegen waren. Knapp die Hälfte des in Deutschland wiedergewonnenen Zinns in wurde Harburg-Wilhelmsburg recycelt und von dort in die USA exportiert.

Der weltweit zu beobachtende technische Fortschritt war ein Grund dafür, dass die Preise der quantitativ betrachtet wichtigsten Buntmetalle Kupfer, Blei und Zink bereits vor der Weltwirtschaftskrise, also bei tendenziell steigender Nachfrage, sanken.[20] Der

---

[16] *Rainer Fremdling/Reiner Stäglin*, An Input-Output Table of Germany in 1936. A Documentation of Results, Sources and Research Strategy, in: Jahrbuch für Wirtschaftsgeschichte 2014/2, S. 206.
[17] *Scherner*, Industriepolitik, S. 226–230, 233.
[18] *Franz Ludwig Neher*, Kupfer, Zinn, Aluminium, Leipzig 1940, S. 217.
[19] Zu den verschiedenen Fachgruppen, vgl. *Fremdling/Stäglin*, An Input-Output Table, S. 216.
[20] Für das Folgende *Scherner*, Industriepolitik, S. 229–250.

Nachfragerückgang während der Weltwirtschaftskrise beschleunigte den Preisverfall, auch wenn er bei manchen Metallen durch Kartellvereinbarungen und Drosselung der Produktion durch marktbeherrschende Anbieter abgemildert werden konnte.[21]

Preisverfall und Abwertung des Pfunds, in dem normalerweise die Metallpreise notiert wurden, brachten viele deutsche Metallerzgruben in eine schwierige Situation. Die Wettbewerbsposition der Gruben, die Blei, Zink oder Kupfererze förderten, war nämlich unterschiedlich, was u. a. durch den Metallgehalt der Erze beeinflusst wurde. Die 1926 fertiggestellte Deutsch-Bleischarley-Grube der Bergwerksgesellschaft Georg von Gieschen Erben in Oberschlesien galt Ende der 1920er Jahre als eine der modernsten und größten Zinkgruben der Welt. Sie war auch nach der Abwertung der Länder, in denen die wichtigsten Konkurrenten angesiedelt waren, international konkurrenzfähig. Das galt auch für die Zinkerzförderung des Erzbergwerks Rammelsberg der Unterharzer Berg- und Hütten GmbH, das ebenfalls seit Mitte der 1920er Jahre wirksame Rationalisierungsmaßnahmen durchgeführt hatte. Andere große deutsche Hersteller, etwa die AG für Bergbau, Blei- und Zinkfabrikation zu Stolberg und in Westfalen, waren in der Zinkproduktion deutlich weniger wettbewerbsfähig. Auch bei der Bleierzförderung gibt es ein ähnliches Bild mit Unternehmen, die bei relativ niedrigen Weltmarktpreisen in Schwierigkeiten geraten konnten, wie die Gewerkschaft Mechernicher Werke, und anderen, die auch selbst unter dieser Bedingung keine Verluste machten, wie etwa Rammelsberg. Die Erzförderung des mit Abstand bedeutendsten deutschen Kupferbergwerks in Mansfeld war bereits seit 1930 nicht mehr wettbewerbsfähig, d. h. selbst zu einem Zeitpunkt, als der Weltmarktpreis noch erheblich höher als 1934 lag, dem absoluten Tiefpunkt des Kupferpreises während der 1930er Jahre. Damals schon prognostizierte man sogar eine sich noch weiter verschlechternde Wettbewerbsfähigkeit, weil die Abbautiefe stieg und der Metallgehalt der Erze sank. Ebenso wie im Fall der Erzgruben wurden auch die Wettbewerbsfähigkeit der deutschen Hütten durch die Abwertung des Pfunds massiv beeinträchtigt.[22]

Angesichts zunehmender wirtschaftlicher Schwierigkeiten infolge des beschleunigten krisenbedingten Preissturzes und der Währungsabwertung anderer Länder wurde die Gewinnung von Kupfer-, Zink- und Bleierzen bereits seit Beginn der 1930er Jahre in Deutschland direkt subventioniert.[23] Infolgedessen ging die deutsche Nichteisenmetallproduktion nicht in dem Maße wie andere Produktionsgüterindustrien zurück, was man angesichts der krisenbedingten Reduktion des Metallverbrauchs hätte erwarten können.[24] Ziel dieser Subventionierung war neben beschäftigungspoli-

---

21 Vgl. etwa für Nickel *Pål Thonstad Sandvik*, Multinationals, Subsidiaries and National Business Systems. The Nickel Industry and Falconbridge Nikkelverk, London 2012, S. 34.
22 Vgl. auch *Ulrich*, Versorgung, S. 45.
23 Für das Folgende vgl. *Scherner*, Industriepolitik, S. 53 f. Als Beispiel für eine Subventionierung: *Bernhard Stier/Johannes Laufer*, Von der Preussag AG zur TUI. Wege und Wandlungen eines Unternehmens 1923–2003, Essen 2005, S. 221.
24 Wochenbericht des Instituts für Konjunkturforschung, 7. Jg., Nr. 20/21, 30. 5. 1934, S. 95; *Hans-Erich Volkmann*, Die NS-Wirtschaft in Vorbereitung des Krieges, in: Wilhelm Deist [u. a.] (Hrsg.), Das Deut-

tischen Überlegungen die Aufrechterhaltung bestehender Förderkapazitäten. Es sollte vermieden werden, dass Gruben ersaufen und damit auch nicht mehr für Notzeiten, etwa im Kriegsfall, zur Verfügung stehen würden. Außerdem schlossen die Behörden im Allgemeinen mittelfristig eine Verbesserung des Weltmarktpreises und eine erneute Konkurrenzfähigkeit der in den entsprechenden Gruben gewonnenen Nichteisenmetalle nicht aus. In diesem Fall hätte aber die Wiederinbetriebnahme stillgelegter Gruben unverhältnismäßig hohe Kosten nach sich gezogen. Die während der Weltwirtschaftskrise gewährte Subventionierung bestand in Zuschüssen für einen Teil der Verluste, die im Fall der Verbesserung der wirtschaftlichen Lage an den Staat zurückgezahlt werden mussten. Die Alternative einer Schutzzolleinführung war aufgrund bestehender Handelsabkommen, aber auch mit Rücksicht auf die Verbraucher verworfen worden. Im Fall des Kupfererzproduzenten Mansfeld AG mündete die gewährte Praxis der Verlustabdeckung allerdings Anfang 1933 in ein Vertragswerk, das auf lange Sicht Verluste bei der Kupfererzförderung decken sollte, weil man von vornherein ausschloss, dass diese weitgehend erschöpfte Grube selbst bei einem erneuten Preisanstieg jemals wieder rentabel werden könnte.[25]

3.4.3 Neue Rahmenbedingungen

Mit der Machtübernahme änderten sich die Ziele und der Umfang der Subventionspolitik im Metallsektor. Nun rückte angesichts des chronischen Devisenmangels die Ausdehnung der Kapazitäten, und zwar nicht nur der Erzgewinnung, sondern auch der Verhüttung und Veredelung in den Vordergrund. Vor allem wurde aber die Metallpolitik an der Kriegsvorbereitung und der damit zusammenhängenden Autarkiepolitik ausgerichtet. Kam es 1933 noch zunächst nur zu Einzelmaßnahmen, wie die Vergabe eines Kredits von 15 Mio. RM durch die Gesellschaft für öffentliche Arbeiten (Öffa) an die Bergwerksgesellschaft Georg von Giesches Erben zur Errichtung einer Zinkelektrolyse in Magdeburg,[26] so wurde im folgenden Jahr eine systematische Neuordnung der Subventionspolitik für Buntmetalle eingeleitet. Rechtliche Grundlage dafür war das *Gesetz zur Übernahme von Garantien zum Ausbau der Rohstoffwirtschaft* vom 13. Dezember 1934, das rückwirkend zum 1. Dezember 1933 galt. Es regelte die Subventionierung der deutschen Rohstoffproduktion. In der nicht veröffentlichten Gesetzes-

---

sche Reich und der Zweite Weltkrieg. Bd. 1: Ursachen und Voraussetzungen der deutschen Kriegspolitik, Stuttgart 1979, S. 181, 184.
25 Für weitere Details dieser Verträge, die die betreffenden Unternehmen im Gegenzug für den Verlustausgleich faktisch zu Pächtern von quasi-staatlichen Betrieben machten, vgl. *Scherner*, Ohne Rücksicht. Dieser Vertragstypus wurde dann später auch bei einigen anderen Metallerzbergbaubetrieben eingesetzt, bei denen absehbar war, dass der dadurch geförderte Bergbau langfristig ohne staatliche Hilfe nicht überlebensfähig wäre.
26 *Maier*, Forschung als Waffe, S. 393; *Scherner*, Industriepolitik, S. 229 f.

begründung wurde die größtmögliche Unabhängigkeit Deutschlands von ausländischen Rohstoffen als das zentrale Ziel hervorgehoben.[27] Hintergrund dieses Gesetzes waren nicht nur prinzipielle Autarkieüberlegungen, sondern auch die sich seit Sommer 1934 nochmals verschärfende devisenpolitische Situation, welche die Deckung des Metallbedarfs der deutschen Wirtschaft infrage stellte. Insbesondere bemängelte auch die Wehrmacht die ihrer Meinung nach unzureichende Metallzuteilung für die Aufrüstung.[28] Daher entschied die Regierung, wie der neue kommissarische Reichswirtschaftsminister Hjalmar Schacht in einem Schreiben an den Reichsminister der Finanzen hervorhob, dass die inländische Metallerzförderung „ohne Rücksicht auf die entstehenden Kosten" gesteigert werden solle.[29] Dazu sei die heimische Bergwerkserzeugung auszudehnen, vor allem von Blei und Zink, aber auch von Zinn, Nickel und Kupfer. Um die Fertigmetalleinfuhr so weit wie möglich durch Erz- und Schrotteinfuhr zu ersetzen, sollten die deutschen Hütten international konkurrenzfähig gemacht werden. Mit der bisherigen Subventionierung glaubte man, dies nicht erreichen zu können, denn die Unternehmen hatten im Zuge des Verfalls der Metallpreise, infolge ihrer Verluste und dem Wertschwund ihrer Sicherheiten die Kreditwürdigkeit verloren.

Um diese Ziele zu erreichen, hatte das Reichswirtschaftsministerium in Kooperation mit Vertretern der Nichteisenmetallindustrie eine Neuordnung der Subventionspolitik für Buntmetalle erarbeitet, die *Bedingungen für die Gewährung von Förderprämien für den deutschen Metallerzbergbau und Verhüttungsprämien für die deutschen Metallhütten*, kurz Förderprämienverfahren.[30] Es sollte in den folgenden Jahren, was das Fördervolumen und die Anzahl der geförderten Unternehmen betraf, zum wichtigsten staatlichen Instrument für den Buntmetallsektor werden. Insgesamt hatten bis Kriegsende über fünfzig Unternehmen entsprechende Verträge abgeschlossen. Im Förderprämienverfahren verpflichtete sich das Reich, dem Metallbergwerk die Differenz zwischen dem sogenannten Verrechnungspreis der betreffenden Periode, der auch die Abdeckung der vom Reichswirtschaftsministerium festgelegten Erweiterungsinvestitionen umfasste, und den tatsächlichen Erlösen für verhüttetes Metall in Form von sogenannten Förderprämien zu erstatten. Mit dieser De-facto-Verlustabdeckung bei der Gewinnung von Metall aus deutschen Erzen trug der Staat direkt die Last der Subventionierung. Dies war ein Unterschied zu den meisten anderen Autarkiesektoren, bei denen die Kosten weitgehend durch den Verbraucher getragen wurden, weil hohe staatlich vorgegebene bzw. in Verträgen zwischen Staat und Unternehmen festgelegte Preise die Amortisation der Investitionen ganz oder teilweise gewährleisteten.

---

27 *Jonas Scherner*, Das „Gesetz zur Übernahme von Garantien zum Ausbau der Rohstoffwirtschaft" und die NS-Autarkiepolitik, in: Johannes Bähr/Ralf Banken (Hrsg.), Wirtschaftssteuerung durch Recht im Nationalsozialismus. Studien zur Entwicklung des Wirtschaftsrechts im Interventionsstaat des „Dritten Reichs", Frankfurt am Main 2006, S. 343–364.
28 *Volkmann*, NS-Wirtschaft, S. 251.
29 BArch R 2/15411, Bl. 2. Reichswirtschaftsminister und Preußischer Minister für Wirtschaft und Arbeit an Reichsminister der Finanzen, 17. 10. 1934.
30 Für das Folgende, vgl. *Scherner*, Industriepolitik, S. 53–66.

Ein wesentlicher Grund für diese unterschiedliche Behandlung war, dass im Unterschied etwa zu Treibstoff Nichteisenmetalle wichtige Inputs für die Exportindustrie waren, die man zur Erwirtschaftung von Devisen benötigte.

Das Förderprämienverfahren diente nicht nur dem Abbau von Erzen, sondern, wie oben erwähnt, auch der Verhüttung von Nichteisenmetallen. Soweit inländische Erze verhüttet wurden, gewährleisteten die den Erzproduzenten gewährten Verrechnungspreise die Rentabilität ebenso wie die im Rahmen des Förderprämienverfahrens gewährten „Normalhüttenlöhne", die eine angemessene Bezahlung für die Verhüttung der Erze sicherten.[31] Wenn man die internationale Wettbewerbfähigkeit von Hütten, die importierte Erze verarbeiten, gewährleisten wollte, konnte die Rückwälzung aber nicht durch Förderprämien erfolgen. Daher wurde die Metallverhüttung in diesen Fällen durch den ebenfalls im Rahmen des Förderprämienverfahrens vertraglich geregelten „Hüttenlohnausgleich" subventioniert, der letztendlich die durch die Pfundabwertung entstandenen Nachteile deutscher Hütten ausgleichen sollte. Damit sollten sie befähigt werden, Investitionen zu tätigen. Um Kapazitäten beschleunigt auszubauen, konnten seit der Mitte der 1930er Jahre im Rahmen des Förderprämienverfahrens sowohl Bergwerke als auch Hütten zudem vom Reich verbürgte oder staatliche Kredite in Anspruch nehmen. Mit dem Förderprämienverfahren änderte sich auch der Umfang der staatlichen Mittel, die zur Stützung der Bunt- und Legierungsmetalle verwendet wurden, massiv. 1934 beliefen sie sich noch auf acht Mio. RM,[32] doch der Voranschlag für 1935 ging von dem fünffachen Betrag aus.[33]

Bei Leichtmetallen, d. h. Magnesium und Aluminium, wurde der beabsichtigte Kapazitätsausbau durch eine andere Anreizstruktur gefördert als bei Bunt- und Legierungsmetallen, nämlich durch staatlich festgelegte Preise. Diese wurden so bemessen, dass die deutschen Produzenten bereit waren, ihre Kapazitäten auszubauen, obwohl sie sich in der Unsicherheit befanden, ob sie die erweiterten Produktionsstätten auch unter „normalen" Bedingungen, d. h. ohne staatlich induzierte Nachfrage und weitgehende Entkoppelung vom Weltmarkt, auslasten konnten.[34] Diese Art der Preisfestsetzung löste zwar ein Problem, schuf aber zugleich ein neues. Auch wenn die Aluminiumpreise immer wieder gesenkt wurden, geschah dies nicht in dem Maße, wie es angesichts der Gestehungskostenentwicklung möglich und notwendig gewesen wäre, um über den Preismechanismus eine weitreichende Substitution von Kupfer in der Elektroindustrie herbeizuführen. Deshalb wurden neben positiven auch negative Instrumente eingesetzt, um Verbraucher und indirekt den Bergbau und die Nichteisenmetallindustrie in die gewünschte Richtung zu lenken. Seit 1934 wurden für viele Metalle Verwendungsverbote erlassen, was die Nachfrage nach möglichen Substituten, wie etwa Aluminium für Kupfer, erhöhte.[35] Im Fall von Magnesium, das ebenfalls

---

31 Zu weiteren Details *Scherner*, Industriepolitik, S. 57 ff.
32 BArch R2/15405, Bl. 204. Aktenvermerk, Februar 1934.
33 BArch R2/15411, Bl. 46. Reichsminister der Finanzen, Vermerk, 28. 8. 1934.
34 Für Details *Scherner*, Industriepolitik, S. 27–241.
35 Vgl. etwa *Neher*, Kupfer, Zinn, Aluminium, S. 338; *Maier*, Forschung als Waffe, S. 367–372.

als Substitut vorgesehen war, blieb die Nachfrage dennoch zu gering, um die auf staatliche Veranlassung hin erweiterten Produktionskapazitäten auszulasten, so dass für dieses Leichtmetall 1937 sogar ein Verwendungsgebot erlassen wurde. Zudem wurden alle Nichteisenmetalle seit Anfang dieses Jahres kontingentiert, mit Ausnahme von Magnesium, für das diese Maßnahme erst 1939 eingeführt wurde.[36]

Die chronischen Zahlungsbilanzschwierigkeiten Deutschlands und die seit 1934/35 für die meisten Metalle steigenden Weltmarktpreise trugen dazu bei, dass das NS-Regime nicht nur die Produktion der existierenden Gruben steigern, sondern auch neue Felder erschließen wollte. Dementsprechend rückte bereits frühzeitig die Lagerstättenforschung ins Zentrum der Metallpolitik.[37] Das Lagerstättengesetz von 1934 zentralisierte die sogenannte Bodenforschung und legte fest, dass alle Erkundungen der Preußischen Geologischen Landesanstalt gemeldet werden mussten.[38] Zudem wurden im bereits erwähnten Rohstoffgarantiegesetz von 1934 nicht nur Mittel für Leistungssteigerung und Wiedereröffnung von Metallerzbergwerken und für Aufbereitungs- und Verhüttungsanlagen bereitgestellt, sondern auch für die Lagerstättenforschung.[39] Die Bodenforschung unterstand seit 1934 Wilhelm Keppler, zunächst in seiner Funktion als Hitlers Rohstoffbeauftragter, dann ab 1936 als Leiter der Abteilung „Erforschung des deutschen Bodens" in der Vierjahresplanbehörde und schließlich ab 1939 als Präsident der neugegründeten Reichsstelle für Bodenforschung, die im Krieg dann zu einem Reichsamt aufgewertet wurde.[40] Allein bis 1936 wurden über 100 bergbauliche Aufschlussarbeiten vorgenommen. Diese Explorationstätigkeit setzte sich bis zum Kriegsbeginn fort, wobei auch Aufträge an Forschungsinstitute erteilt wurden und mit Bergbaubetrieben kooperiert wurde.[41] 1938 wurde die Bodenforschung beschleunigt und der Fokus auf Projekte gelenkt, bei denen die Erzförderung relativ schnell aufgenommen werden konnte.

Der Erhöhung der Metallgewinnung mit Blick auf einen zu führenden Krieg diente auch die staatlich finanzierte Forschungsförderung zur Aufbereitung armer deutscher Erze,[42] zur Ausbeutung von Halden und generell zur Erkundung von Spurenelementen von Metallen im Gestein, also zu sehr geringen Metallkonzentrationen, deren Ausbeutung sehr teuer werden würde.[43] Auch die Forschung und Entwicklung von

---

36 *Budraß*, Flugzeugindustrie, S. 603.
37 *Maier*, Forschung als Waffe, S. 379.
38 *Ulrich*, Versorgung, S. 98; *Titus Kockel*, Deutsche Ölpolitik 1928–1938, Berlin 2005, S. 250 ff.
39 BArch R 2/16103, Bl. 13. Reichsfinanzministerium, Vermerk, 27. 10. 1934.
40 Für das Folgende *Scherner*, Preparing for the Next Blockade, S. 490.
41 Bundesanstalt für Geowissenschaften und Rohstoffe Hannover-Archiv (BGR-Archiv)/0008145, Mineralogische Forschungsanstalt Freiburg, Metallspuren in Deutschen Sedimentgesteinen, Erster Bericht, 18. 3. 1938; *Stier/Laufer*, Preussag, S. 227.
42 BArch R 3101/17929, Bl. 2. Amt für Deutsche Roh- und Werkstoffe, 11. 1. 1938, Bewilligungs- und Auszahlungsanordnung.
43 BGR-Archiv/0008145, Mineralogische Studiengesellschaft Freiburg, Metallspuren im Deutschen Sedimentgesteinen, Erster Bericht, 18. 3. 1938.

Anlagen zur Gewinnung von Metallen aus Schlacken wurde staatlich finanziert. Dazu zählten die Entwicklung von Verfahren, Vanadium aus der Thomasschlacke der Stahlerzeugung oder Molybdän aus den bei der Kupferverhüttung in Mansfeld anfallenden Rückständen zu gewinnen.[44] Zur Verarbeitung dieser Rückstände hatten die IG Farben, Krupp, die Gesellschaft für Elektro-Metallurgie Paul Grünfeld, die Hermann C. Stark AG und die Gebr. Borchers AG – das sogenannte Legierungsmetallkonsortium – sich bereits im Jahr 1935 auf Anregung Kepplers entschlossen, gemeinschaftlich eine Anlage in Oker zu bauen, die seit 1937 schrittweise erweitert wurde. Mit der Implementierung des Vierjahresplans begannen die Behörden auch Verfahren zur Tonerdegewinnung aus deutschen Rohstoffen voranzutreiben.[45] Sie regten erfolgreiche Versuche an und finanzierten mit erheblichem Aufwand Großversuchsanlagen für verschiedene Verfahren. Zudem initiierten staatliche Stellen in der zweiten Hälfte der 1930er die Einrichtungen von Ausschüssen zum Austausch von Erfahrungen, wie Verluste bei der Aufbereitung und Verhüttung von Metallerzen zu vermindern seien.[46]

Eine weitere Rohstoffquelle für die Nichteisenmetallindustrie rückte ebenfalls in den Fokus der NS-Metallpolitik, nämlich das Recycling von Schrott und Abfällen aus dem Produktionsprozess. Es hatte schon einige Zeit eine wichtige Rolle bei manchen Metallen gespielt, insbesondere bei Kupfer und Zinn, bei denen es einen gewichtigen Anteil am Verbrauch deckte. Das NS-Regime förderte die Recyclingforschung und subventionierte den Ausbau entsprechender Anlagen, die beispielsweise Kupferabfälle und Aluminiumschrott verarbeiteten.[47] Mit dem Hüttenlohnausgleich im Rahmen des Förderprämienverfahrens lag ja ein Instrument vor, das unter anderem für eine größere Verwertung von Altmetall geschaffen worden war. Zur Sicherung der entsprechenden Rohstoffversorgung wurden Ausfuhrverbote für Altmaterial erlassen und versucht, durch die Ersetzung eines Reichskommissars 1936 die Schrotterfassung für die Altmaterialverwertung zu systematisieren.[48] Der Reichskommissar für die Altmaterialverwertung leitete auch Maßnahmen zur Altstoffsammlung ein, um das

---

44 Für das Folgende BArch RW 19/6220, Sitzungsbericht zur 9. Sitzung des Arbeitsausschusses des Reichsverteidigungsrats, 7. 2. 1935; HA Krupp WA 142/1935, Vertrag zwischen IG, Gesellschaft für Elektrometallurgie Heinz Gehm, Firma C. Strack, Krupp und Firma Gebr. Borchers AG, 14. 8. 1944.
45 Für das Folgende *Jonas Scherner*, Staatliche Förderung, Industrieforschung und Verfahrensentwicklung: die Tonerdeproduktion aus deutschen Rohstoffen im Dritten Reich, in: Rüdiger Hachtmann [u. a.] (Hrsg.), Ressourcenmobilisierung. Wissenschaftspolitik und Forschungspraxis im NS-Herrschaftssystem, Göttingen 2017, S. 286–325.
46 BArch R 2/77, Bl. 7. Abschrift aus dem Vortrag „Die Nichteisenmetallindustrie im Vierjahresplan", 16. 11. 1937.
47 *Helmut Maier*, Flugzeugschrott und Suppentöpfe. Aluminiumrecycling in Deutschland vor und nach 1945, in: Roland Ladwig (Hrsg.), Recycling in Geschichte und Gegenwart, Vorträge der Jahrestagung der Georg-Agricola-Gesellschaft 2002 in Freiberg (Sachsen), Freiberg 2003, S. 75–94; *Maier*, Forschung als Waffe, S. 428 f., 612.
48 *Schatz*, Austausch, S. 106; *Ulrich*, Versorgung, S. 75. Zu Elektrolytkupfer vgl. *Berg/ Friedensburg*, Kupfer, S. 55; BArch R 2/15411, Bl. 188. Aktenvermerk, 13. 6. 1935.

Schrottaufkommen zu erhöhen.[49] Ihm standen dabei verschiedene Institutionen zur Verfügung, etwa die NSDAP für die Haushaltssammlungen oder die Organisationen der gewerblichen Wirtschaft für die Erfassung in gewerblichen Betrieben. Um den Anfall von Altstoffen zu steigern, wurden zudem ökonomische Anreize gesetzt. Zu dieser Forcierung gehörte auch die Sammlung von Munitionshülsen auf Schießständen und von Nichteisenmetallschrott in gewerblichen Betrieben – nicht mehr brauchbare Maschinenteile, Rohre, Montagematerialien, wobei das Aufkommen aber gering blieb – sowie von Konservendosen, bei denen das darin enthaltene Zinn von Interesse war. Zinn wurde auch in Zahnpastatuben verarbeitet, weswegen man ihnen einen roten Zettel beigefügte, der die Bevölkerung zum Sammeln aufforderte.[50]

Die NS-Metallrecyclingpolitik im Allgemeinen und die Förderung des Ausbaus der Recyclingkapazitäten im Speziellen diente nicht nur der Einsparung von Devisen.[51] Die Kriegsvorbereitung spielte eine ebenso zentrale Rolle. Wie im Ersten Weltkrieg ging man davon aus, dass auch in einem künftigen Krieg eine Metallmobilisierung, also die Sammlung und Einschmelzung von Gebrauchsgegenständen wie Pfannen, Kirchenglocken und Kupferdächern, stattfinden würde, sodass entsprechende Kapazitäten und Technologien im Frieden vorzubereiten waren.[52] Insgesamt stieg durch die in den 1930er Jahren durchgeführte Metallpolitik die Bedeutung des Recyclings für die deutsche Metallversorgung stark an: Während 1929 knapp neun Prozent der deutschen Kupferversorgung auf Recycling beruhte, wurde Ende der 1930er Jahre alleine durch Recycling von inländischem Schrott etwa ein Drittel des deutschen Verbrauchs gedeckt.[53]

3.4.4 Ziele und Zielkonflikte

Die deutsche Metallpolitik, die die Rahmenbedingungen für den Metallerzbergbau und die Nichteisenmetallindustrie schuf, verfolgte die beiden Ziele, knappe Devisen einzusparen und die Bedingungen für die Metallversorgung im Kriegsfall zu verbessern. Das führte allerdings zu Zielkonflikten bei der Frage der Ausnutzung deutscher Erzvorkommen.[54] Die Verringerung des Devisenverbrauchs zu Friedenszeiten durch erhöhte

---

49 Für das Folgende, vgl. *Reichskommissar für die Altmaterialverwertung* (Hrsg.), Anordnungen und Richtlinien der Geschäftsgruppe Rohstoffverteilung und des Reichskommissars für die Altmaterialverwertung für die Zeit vom November 1936 bis Februar 1940, Berlin 1940, S. 4, 8–12, 19, 27, 30–35.
50 *Anton Zischka*, Wissenschaft bricht Monopole, Leipzig 1937, S. 204.
51 Vgl. etwa *Hans Kehrl*, Krisenmanager im Dritten Reich. 6 Jahre Friede – 6 Jahre Krieg. Erinnerungen, Düsseldorf 1973, S. 58 f.
52 *Jonas Scherner*, Lernen und Lernversagen. Die „Metallmobilisierung" im Deutschen Reich 1939 bis 1945, in: Vierteljahrshefte für Zeitgeschichte 66, 2018, S. 233–266.
53 *Wochenbericht des Instituts für Konjunkturforschung*, 7. Jg., Nr. 20/21, 30. 5. 1934, S. 96; BArch R 3112/27, Bl. 24–28.
54 *Scherner*, Preparing for the Next Blockade, S. 490.

Selbstversorgung bedeutete nämlich eine Reduktion der heimischen Erzreserven. Mit anderen Worten: Anders als im Fall vieler anderer autarkierelevanter Rohstoffe, die theoretisch vollkommen durch synthetische Produkte substituierbar waren und für die inländische Ersatzstoffindustrien aufgebaut werden konnten (Mineralöl), führte bei Metallen, deren Substitution bei allen Erfolgen Grenzen gesetzt waren, die Linderung eines kurzfristigen Engpasses durch Rückgriff auf einheimische Bodenschätze zu größerer Auslandsabhängigkeit in der Zukunft.

Dieser Zielkonflikt wurde bereits frühzeitig kontrovers diskutiert. Schon das Förderprämienverfahren war u. a. deswegen bei seiner Einführung auf Ablehnung im Reichsfinanzministerium gestoßen.[55] Angesichts der zu diesem Zeitpunkt kritischen Versorgungslage konnte es sich aber mit seiner Sichtweise nicht durchsetzen. Daran änderte sich auch in den anschließenden Jahren nichts, weil starke Interessengruppen sich für eine Ausdehnung der deutschen Erzförderung aussprachen. 1935 setzte sich die Nichteisenmetallindustrie für eine Forcierung des Ausbaus der deutschen Metallförderung ein. Hintergrund war, dass die Metallvorräte, die Ende 1933 noch recht beträchtlich waren, im ersten Halbjahr 1935 auf geringe Restbestände zusammengeschmolzen waren. Da es in der ersten Jahreshälfte in der Nichteisenmetallindustrie wegen Rohstoffmangels vereinzelt schon zu Entlassungen gekommen und die Verarbeitungsquoten der Nichteisenmetall-Halbzeugindustrie im Mai scharf beschränkt worden waren, befürchtete die Industrie die Stilllegung ganzer Betriebe. Daher forderte die Wirtschaftsgruppe Nichteisenmetallindustrie die bisher noch nicht erfolgte Aufnahme der Nickel-, Wolfram-, und Zinnproduktion und eine erhebliche Erhöhung der Kupfer-, Zink- und Bleierzförderung, die weit über die 1934 bei der Implementierung des Förderprämienverfahrens festgelegten Ziele hinausging. Dazu sollte anstelle des Förderprämienverfahrens ein sogenannter „Deutscher Preis" eingeführt werden, worunter man einen Preis verstand, der den deutschen Produzenten eine rentable Produktion ermöglichte und sie in die Lage versetzt, auf rein privatwirtschaftlicher Basis ihre Kapazitäten zu erweitern. Zwar drang die Industrie mit ihrem Vorschlag, die Förderung des Metallerzbergbaus noch großzügiger zu gestalten, als das im Förderprämienverfahren geschehen war, nicht durch.[56] Die Forderung der Wirtschaftsgruppe, die einheimische Förderung auszuweiten, wurde aber in den folgenden Jahren nicht abgewiesen, obwohl Stimmen laut geworden waren, etwa im Reichswirtschaftsministerium oder von dem 1936 zum Rohstoffkommissar ernannten Hermann Göring, die sich für die Schonung der deutschen Erzvorkommen aufgrund ihrer Reservefunktion für den Krieg aussprachen.[57]

---

55 Vgl. für das Folgende die Dokumente in BArch R 2/15411.
56 Die nachfolgenden Diskussionen um den „Deutschen Preis" spiegelten sich in einem Gutachten des Instituts für Konjunkturforschung wider: BArch R 3101/30615, Einführung eines „Deutschen Preises" für Kupfer, Blei und Zink. Erstattet vom Institut für Konjunkturforschung, Berlin 1938. Es hob als Vorteil hervor, dass Preiserhöhungen den Anreiz zur staatlich erwünschten Substitution schufen, sodass Verwendungsverbote wegfallen könnten. Eine Änderung der Subventionspolitik trat vermutlich wegen des Kriegsausbruchs nicht ein.
57 *Riedel*, Niederschrift, S. 333 f.

Im Gegenteil wurden die Ausbauziele im Rahmen der frühen Vierjahresplanung sogar gegenüber denen des Jahres 1934 heraufgesetzt. Diese zunächst geplante Ausweitung der Erzförderung war darauf zurückzuführen, dass die Wehrmacht neben der Nichteisenmetallindustrie vehement für eine verstärkte Nutzung der heimischen Erzvorkommen eintrat. Das war etwa 1936 der Fall, als eine erneute Zahlungsbilanzkrise gedroht und steigende Metallpreise die Aufrüstungspläne gefährdet hatten.[58] Schließlich forderte vor allem Hitler in seiner Denkschrift zum Vierjahresplan vom August desselben Jahres, dass die deutsche Erzförderung ohne Rücksicht auf Kosten gesteigert werden müsse.[59]

Gegen Ende 1937 scheint es aber zu einem Paradigmenwechsel gekommen zu sein, möglicherweise auch, weil die Rohstoffpreise nach jahrelangem Anstieg in der zweiten Jahreshälfte zu sinken begannen, sodass sich Metalleinfuhren erheblich verbilligten.[60] Von nun an war die Maximierung der Erzförderung nicht länger das entscheidende Ziel, sondern wurde durch zwei Prinzipien eingeschränkt: Zum Ersten sollte sie gegenüber dem Status quo nur bei solchen Metallen in einem nennenswerten Umfang gesteigert werden, bei denen die Differenz zwischen den Gewinnungskosten und dem Weltmarktpreis relativ gering oder gar negativ, mithin der Subventionsbedarf nicht zu hoch war. Zum Zweiten sollte dies nur erfolgen, soweit die Erzvorkommen relativ reichlich vorhanden waren. Wurden diese Kriterien nicht erfüllt, sollten deutsche Erze als letzte Reserve für den Kriegsfall geschont werden. Das erste Prinzip entsprach damit dem, das 1936 erfolglos von Reichswirtschaftsminister Hjalmar Schacht gefordert worden war: „Versucht werden muß im Frieden diejenigen Rohstoffe innerdeutsch zu produzieren, die wirtschaftlich günstig liegen, für andere Rohstoffe Bereitschaftsanlagen für den Notfall."[61] Entsprechend der neuen Prinzipien wurden 1938 das Förderungsziel bei Blei und Zink, deren Kosten im internationalen Vergleich eher niedrig waren und bei denen Deutschland über bedeutende Erzreserven verfügte, stark ausgedehnt, während die teure Förderung armer deutscher Nickelerze, deren Umfang zudem im Unterschied zu Blei ziemlich begrenzt war, sowie die von Kupfer reduziert wurde.[62] Wiederum andere Lagerstätten sollten nur als Bereitschaftsanlagen für den Krieg ausgebaut werden, wie die Antimonlagerstätte Schlaining.[63] Für den Kriegsfall wurden für jedes Bergwerk sogenannte „Kriegsaufgaben" festgelegt.[64]

---

58 *Volkmann*, NS-Wirtschaft, S. 277–281.
59 *Wilhelm Treue*, Hitlers Denkschrift zum Vierjahresplan, in: Vierteljahrshefte zur Zeitgeschichte 3, 1955, S. 184–210.
60 Für das Folgende *Scherner*, Preparing for the Next Blockade, S. 489 f.
61 Niederschrift des Ministerrates am 27.5.1936, in: Trial of the Major War Criminals before the International Military Tribunal. Bd. 27: Documents and other Material in Evidence. Numbers 1104-PS to 1739-PS, Nürnberg 1947, Dok. 1301-PS, S. 144–149.
62 Zu den jeweiligen Kapazitätszielen BArch R 2/77, Bl. 18. Abschrift aus dem Vortrag „Die Nichteisenmetallindustrie im Vierjahresplan"; BArch R 2/15412, Bl. 134–139. Reichswirtschafts- an Reichsfinanzministerium, 29.8.1938.
63 BArch RW 19/333, Bl. 113. Wochenbericht 20.–25.6.1938.
64 *Scherner*, Preparing for the Next Blockade, S. 490.

3.4.5 Zwischenfazit: Metallpolitik bis Kriegsausbruch

Infolge der NS-Metallpolitik stieg während der zweiten Hälfte der 1930er Jahre in der Nichteisenmetallindustrie die Beschäftigtenzahl stark an, wobei sie sich wie der Industriedurchschnitt bewegte.[65] Auch die Zahl der Hütten und Schmelzwerke erhöhte sich teilweise beträchtlich, ebenso wie ihre Kapazitäten und die von ihnen hergestellten Metallmengen.[66] Der Output deutscher Kupferhütten war um 1938 doppelt so hoch wie zehn Jahre zuvor.[67] Während 1928 nur 36 % des verbrauchten Kupfers einheimisch erzeugt war, lag 1937, bei ähnlichen Verbrauchsmengen, der entsprechende Anteil bei 78 %. Einem noch stärkeren Anstieg des Eigenerzeugungsanteils stand dabei die begrenzte Verfügbarkeit geeigneten Verhüttungsmaterials auf dem Weltmarkt entgegen, weil seit den 1920er Jahren Bergbauunternehmen überall in der Welt dazu übergegangen waren, die gewonnenen metallischen Erze im eigenen Land zu verhütten, um u. a. die Transportkosten reduzieren.[68]

Die besonders hochwertigen Formen der Metallerzeugung nahmen, wie schon in den 1920er Jahren, überproportional zu.[69] Das galt etwa für Elektrolytkupfer, was durch ein zeitweiliges Importverbot begünstigt worden war. Auch bei der Zinkverhüttung stieg die Verwendung von Feinzink (mit höchstem Reinheitsgrad) überproportional stark an. Bei manchen Metallen erhöhte sich, wie für Kupfer gezeigt, der Anteil des Recyclings an der Versorgung deutlich.

Die Aluminium- und die ihr vorgelagerte Tonerdenproduktion wurden deutlich ausgedehnt: Der Aluminiumoutput stieg von ca. 18 000 t im Jahr 1933 auf 199 500 t im Jahr 1939 an, und übertraf somit bei Weitem die Produktion vor der Weltwirtschaftskrise (33 000 t im Jahr 1929).[70] Dieser Ausbau wurde dadurch begünstigt, dass das internationale Aluminiumkartell Anfang 1935 die Fabrikationsbeschränkungen für Deutschland aufgehoben hatte.[71] Zwar musste Bauxit, der übliche Ausgangsrohstoff bei der Aluminiumproduktion, ebenfalls importiert werden. Allerdings machte die Devisenbelastung des Bauxits nur einen relativ geringen Prozentsatz (7 %) an den Gesamtaufwendungen für die Aluminiumproduktion aus, und war somit deutlich ge-

---

65 *Länderrat*, Statistisches Handbuch, S. 478 (Tab. 5), S. 480 (Tab. 6); *Fremdling/Stäglin*, An Input-Output Table, S. 206.
66 Statistisches Jahrbuch für das Deutsche Reich 1939/40, S. 172 ff. Für ein Beispiel einer neuen Hütte *Stier/Laufer*, Preussag, S. 224.
67 *Scherner*, Industriepolitik, S. 233.
68 Vgl. *Bernhard Katthain*, Kupfererzeugung und Kupferbedarf: eine wirtschaftsgeographische Studie, Berlin, 1931, S. 68 f.; *Ulrich*, Versorgung, S. 114; *Schatz*, Austausch, S. 33; Wochenbericht des Instituts für Konjunkturforschung, 7. Jg., Nr. 20/21, 30. 5. 1934, S. 99.
69 *Scherner*, Industriepolitik, S. 233.
70 Für die deutsche Aluminiumproduktion vgl. *Länderrat*, Statistisches Handbuch, S. 293.
71 Zur Expansion der Aluminiumindustrie *Ernst Rauch*, Geschichte der Hüttenaluminiumindustrie in der westlichen Welt, Düsseldorf 1962; *Knauer*, Aluminiumindustrie; *Belli*, Lautawerk; *Gottfried Plumpe*, Die IG-Farbenindustrie-AG, Wirtschaft, Technik und Politik 1904–1945, Berlin 1990, S. 409–424.

ringer als diejenige, der bei der Versorgung mit Kupfer oder Zinn anfiel, das ja, soweit möglich, durch Aluminium ersetzt werden sollte.[72] Auf staatliche Initiative hin deutlich ausgeweitet wurde auch die Herstellung von Magnesium, das im Unterschied zu Aluminium vollkommen auf einheimischer Rohstoffgrundlage gewonnen wurde und das im Rahmen des Vierjahresplan die Aufgabe hatte, Aluminium, soweit technisch möglich, zu ersetzen. Infolge dieser massiven Ausdehnung, überwiegend bei der IG Farben, aber auch bei Wintershall, stellte Deutschland 1938 etwa zwei Drittel der Magnesiumweltproduktion her.

Beim Metallerzbergbau führte die 1934 eingeleitete Politik dazu, dass der durch die Weltwirtschaftskrise bedingte Rückgang der Beschäftigung rasch überwunden wurde und die sektorale Erwerbstätigkeit gegen Ende der 1930er Jahre um fast ein Drittel höher als ein Jahrzehnt zuvor lag.[73] In ähnlichem Maße erhöhte sich die Zahl der Betriebe, vor allem bei den Metallen, deren Erzgewinnung bis dato verglichen mit Kupfer, Zink und Blei unbedeutend oder gar inexistent war, also vor allem bei Legierungsmetallen. Eine spürbare Erhöhung der Erzförderung war nur bei Zink und Blei zu beobachten. Bei den Zink- und Bleierzgruben, die Förderprämien in Anspruch nahmen, verdoppelte sich zwischen 1935 und 1938 die Metallgewinnung.[74] Aufgrund der geringen Förderungssteigerung bei anderen Metallen – ein weiterer Grund war der im Zuge der Aufrüstung tendenziell steigende Verbrauch – blieb Deutschland bei den meisten Bunt- und Legierungsmetallen in hohem Maß auf Importe angewiesen.[75] Diese unverändert starke Einfuhrabhängigkeit ist aber nicht einem Versagen der NS-Wirtschaftspolitik und der Vierjahresplanbehörde geschuldet, wie gelegentlich behauptet, sondern mit dem erwähnten Paradigmenwechsel 1937 zu erklären, wonach Kriegsreserven bei Metallen zu bewahren waren, deren einheimische Erzbasis gering war.[76]

Die starken Explorationen führten bis Kriegsbeginn im Fall mancher Metalle zu einem deutlichen Ansteigen der bekannten Erzvorkommen. Bereits Mitte der 1930er Jahre war den deutschen Behörden bewusst, dass das Nickelerzvorkommen der Krupp AG im schlesischen Frankenstein keine unbedeutende Reserve darstellte. Man ging nach geologischen Untersuchungen davon aus, dass mindestens 20 000 t Nickel daraus zu gewinnen seien.[77] Die Verarbeitung der Frankensteiner Erze war technisch gelöst, wenn auch klar war, dass die Kosten erheblich über dem Weltmarktpreis liegen würden, weswegen man sich entschied, zunächst nur eine geringe Förderung in dieser seit 1921 stillliegenden Grube einzuleiten. Weitere Untersuchungen führten dazu, dass sich Ende der 1930er Jahre der bekannte Metallinhalt der Frankensteiner Felder

---

72 *Scherner*, Staatliche Förderung, S. 286.
73 Statistisches Jahrbuch für das Deutsche Reich 1941/42, S. 192 f.
74 BArch R 2/78, Bl. 80. Aktenvermerk, August 1939.
75 *Volkmann*, Vorbereitung, S. 310.
76 *Scherner*, Preparing for the Next Blockade, S. 489 f. (auch zum Folgenden).
77 BArch R 3101/30339, Bl. 26–45. Über die Nickelvorräte bei Frankenstein und die Aussichten der Erschließung weiterer Nickelerzvorkommen in den schlesischen Serpentinen, 18. 9. 1936.

gegenüber 1936 verdoppelte. Im niederschlesischen Goldberg, wo bereits Ende des 19. Jahrhundert eine dann wieder eingestellte Kupferförderung existiert hatte,[78] wusste man seit 1934 von einer großen Lagerstätte, deren Umfang auf 400 000 t geschätzt wurde, also auf etwa zwei Drittel der bekannten deutschen Kupfervorkommen.[79] Man erwartete ähnliche hohe Förderkosten wie für Mansfelder Erze.[80] Noch im gleichen Jahr wurden mit staatlicher Unterstützung Aufschlussarbeiten eingeleitet.[81] Zur Ausbeutung der Vorkommen hatte die Bergwerksgesellschaft Georg von Giesches Erben eine Tochtergesellschaft, die Bergbau- und Hütten AG (BUHAG), gegründet und die Reichsregierung erklärte sich bereit, das wirtschaftliche Risiko des Projekts zu übernehmen. 1938 wurde der gesamte Kupfervorrat in Niederschlesien auf 1,2 Millionen t geschätzt, nachdem neben dem zuerst untersuchten Feld, der Haaseler Mulde, noch ein zweites Feld entdeckt wurde, die Gröditzer Mulde. Obwohl in letzterem Feld der Kupfergehalt pro Tonne Erz deutlich höher war, wurde nach einer Entscheidung Görings im Sommer 1938 – also während zunehmender, durch die Außenpolitik des Reiches hervorgerufener internationaler Spannungen – der bereits eingeleitete Ausbau der Haaseler Mulde priorisiert, weil andernfalls die Aufnahme der Kupferproduktion um ca. zwei Jahre auf das Jahr 1941 verzögert worden wäre.

Auch bei anderen Metallerzen, etwa bei Zinn, wurden bereits vor dem Vierjahresplan Aufschlussarbeiten eingeleitet.[82] Der Ausbau der stillgelegten Zinn- und Wolframgruben Altenberg und Zinnwald und die Modernisierung der Aufbereitungsanlagen wurden beschlossen, wobei man allein in Altenberg 24 000 t gewinnbares Zinn erwartete.[83] Dort sollten zunächst etwa 300 Jahrestonnen Zinn gewonnen werden. In Zinnwald, wo die prognostizierten Gewinnungskosten deutlich höher als in Altenberg lagen, sollte hingegen nur ein Viertel der Zinnförderung von Altenberg vorgenommen werden und eine ebenso große Förderung von Wolfram, dessen Kosten, bezogen auf den Metallinhalt, deutlich über dem Weltmarktpreis lagen. Diese geplanten Gewinnungsgrößen wurden dann etwa seit Mitte 1938 auch erreicht. Eine weiteres neu erkundetes und eröffnetes Zinn-Wolfram-Bergwerk war die Grube Pechtelsgrün, die der Gewerkschaft Vereinigung zu Leipzig gehörte, die wiederum durch das Legierungsmetallkonsortium auf Veranlassung des Amts für Deutsche Roh- und Werkstoffe gegründet wurde und Anfang 1939 die Produktion aufnahm.[84] Insgesamt lässt sich

---

78 BArch R 2/15405, Bl. 198–202. Vermerk, 5. 7. 1934.
79 BGR-Archiv/2011134, Die Beteiligung deutscher Kupferzlagerstätten an der deutschen Kupferversorgung ca. 1934, Ernst Fulda, Bergrat an der Preußischen Geologischen Landesanstalt in Berlin.
80 BArch R 2/15405, Vermerk betr. Untersuchungsarbeiten des Kupfererzvorkommens bei Goldberg i. Schlesien, Juli 1934.
81 Vgl. für das Folgende die Dokumente in BArch R 2/15421.
82 BArch R 2/15444, Bl. 18. Finanzministerium, Vermerk, 20. 6. 1936. Für ein Beispiel aus dem Blei- und Zinkbergbau, vgl. *Stier/Laufer*, Preussag, S. 282.
83 Vgl. für das Folgende die Dokumente in BArch R 2/15440.
84 Vgl. dazu BArch R 2/15413; HA Krupp WA 142/928, Aktenvermerk über die Befahrung der Gewerkschaft „Vereinigung" Pechtelsgrün im Vogtland.

also festhalten, dass die Lagerstättenerkundungen durchaus erfolgreich waren und in manchen Fällen – jedenfalls theoretisch – die deutsche Rohstoffdecke beträchtlich verlängerten, wenn auch die Förderkosten in allen Fällen erheblich über den Weltmarktpreisen lagen.

Der Umfang der Investitionen in den Erzbergbau und den Ausbau der deutschen Hütten und Schmelzwerke war infolge des hohen Stellenwertes, den Metalle für die NS-Wirtschaftspolitik von Anfang an hatten und der sich in einer entsprechenden Förderung niedergeschlagen hatte, von erheblicher Bedeutung in der deutschen Industrie, insbesondere Mitte der 1930er Jahre. 1935 entfielen nämlich 16 % aller industriellen Nettoinvestitionen in Deutschland auf den Nichteisenmetallsektor, obwohl er zu etwa der gleichen Zeit weniger als zwei Prozent der Industriebeschäftigten stellte.[85] Auch im Vergleich zu anderen Autarkiebranchen waren die Investitionen bemerkenswert und machten, ohne Berücksichtigung des Leichtmetallsektors, bis 1938 180 Mio. RM aus, womit sie nach dem Synthesebenzinsektor (1153 Mio. RM) und der Chemiefaserindustrie (227 Mio. RM) zu diesem Zeitpunkt auf dritter Stelle standen.[86] Bezieht man den Leichtmetallsektor ein, so zeigt sich sogar, dass der Nichteisenmetallsektor in der Friedenszeit des Dritten Reiches mit großem Abstand der vom Investitionsvolumen her zweitwichtigste Sektor der NS-Autarkiepolitik war, wurden doch alleine bei Aluminium bis einschließlich 1939 Investitionen von etwa 300 Mio. RM getätigt. Insgesamt gehörte der Metallsektor, also Metallerzbergbau und Nichteisenmetallindustrie, wie auch der Bausektor zu den wenigen Industriebranchen, deren nominales Investitionsvolumen sich zwischen 1928 und dem Ende der 1930er Jahre in etwa verdreifachte und damit ein erheblich höheres Wachstum als der industrielle Durchschnitt aufwies.[87] Wichtig war die Metallpolitik auch aus der Perspektive der Devisenersparnis. An der autarkiegeleiteten Ersparnis von 167,5 Mio. RM an Devisen im Jahr 1936 hatten die Maßnahmen in der Nichteisenmetallindustrie und im Metallerzbergbau mit 60,3 Mio. RM den größten Anteil. Dies war etwas mehr als die Deviseneinsparungen durch den Ausbau der Kunstfaserindustrie (59,7 Mio. RM) und deutlich mehr als die im Mineralölsektor (30,5 Mio. RM).[88]

---

85 Für die Beschäftigtenzahlen vgl. *Länderrat*, Statistisches Handbuch, S. 270 ff.; BArch R 3102/2701, Bl. 39. Investitionen und Anlageabschreibungen der deutschen Industrie in den Jahren 1935 bis 1938, Mai 1940.
86 Für Daten zu den Investitionen vgl. *Jonas Scherner*, The Beginnings of Nazi Autarky Policy: The „National Pulp Programme" and the Origin of Regional Staple Fibre Plants, in: Economic History Review 61, 2008, S. 870; BArch R 2/78, Bl. 91–93; *Scherner*, Industriepolitik, S. 234; *Scherner*, Staatliche Förderung, S. 287.
87 Für den Metallsektor vgl. *Länderrat*, Statistisches Handbuch, S. 605; für die gesamte Industrie *Jonas Scherner*, Nazi Germany's Preparation for War: Evidence from Revised Industrial Investment Series, in: European Review of Economic History 14, 2010, S. 438 (Tab.1).
88 BArch R 2/16103, Bl. 77. Anlage zum Rechenschaftsbericht: Zusammenstellung der voraussichtlichen Jahresdevisenersparnisse gegenüber 1935 in RM, 12. 10. 1936.

3.4.6 Nichteisenmetallindustrie und Metallerzbergbau im Krieg

Die Nichteisenmetallindustrie gehörte nach 1939 – angesichts ihrer Kriegswichtigkeit nicht überraschend – zu den Branchen, bei denen Output und Beschäftigung stark anstiegen, wobei die Arbeitsproduktivität sich erhöhte.[89] Eine zunehmende Bedeutung hatte dabei die Beschäftigung von Zwangsarbeitern, deren Quote gegen Ende des Krieges höher als in der Gesamtindustrie lag.[90] Das Wachstum der Produktion von Blei und Zink sowie solcher Metalle, denen eine wichtige Substitutionsfunktion zukam – Aluminium, Vanadium und Magnesium –, setzte sich fort, wobei die Produktion der beiden letzten sich zwischen 1938 und 1944 jeweils verdreifachte.[91]

Die steigende Metallproduktion beruhte aber nur punktuell auf einer gestiegenen deutschen Erzförderung.[92] Vielmehr waren oftmals Erze aus besetzten Gebieten und aus neutralen und verbündeten Ländern sowie in- und ausländisches Altmetall für die Produktionserhöhung bzw. -aufrechterhaltung verantwortlich. Das Altmetallaufkommen resultierte dabei nicht nur aus den üblichen Quellen wie Produktionsabfällen, sondern auch aus einer im Reich und den meisten besetzten Gebieten auch mit Hilfe von Zwangsarbeitern und Häftlingen durchgeführten Metallmobilisierung,[93] die vor allem bei Kupfer und Zinn eine wichtige Rolle spielte, sowie aus dem Sammeln von Kriegsschrott. Neben Kupfer gewann im Krieg insbesondere bei Aluminium das Recycling erheblich an Bedeutung, weil der Anfall an Schrott kriegsbedingt anstieg, die Recyclingverfahren verbessert wurden und generell die Fertigung von Umschmelzaluminium weniger energieintensiv als die Fertigung von Neualuminium war. Zudem war man nicht auf Bauxitimporte angewiesen.[94] 1944 deckte dann Recycling 30 % des deutschen Aluminium- und knapp 50 % des Kupferverbrauchs.[95]

---

89 National Archives and Records Administration (NARA), RG 243, Records of the United States Strategic Bombing Survey, European Survey, Special Paper Nr. 8, Industrial Sales, Output, and Productivity, Prewar Area of Germany, S. 63, 65; *Rolf Wagenführ*, Die deutsche Industrie im Kriege 1939–1945, Berlin 1954, S. 140 f.; NARA, RG 243, Records of the United States Strategic Bombing Survey, 134a 51, Industrial Sales Statistics, Die Nettoproduktion der deutschen Industrie, 7. 9. 1944. Die im Kapitel 3.1 in diesem Band geäußerten Bedenken zur Berechnung von Produktivitätsindikatoren treffen bei diesem Sektor weniger zu, weil eine massive Änderung der Vorleistungsquote vor allem bei nachgelagerten Branchen auftrat.
90 Für ein Beispiel zur Beschäftigung von Zwangsarbeitern, vgl. *Stier/Laufer*, Preussag.
91 BArch R 3/1797, Bl. 15, 23. Statistische Schnellberichte zur Kriegsproduktion.
92 Zur Erzförderung vgl. BArch R 3/576.
93 *Chad B. Denton*, Metal to Munitions: Requisition and Resentment in Wartime France, Diss. Berkeley 2009; *Scherner*, Lernen. Für eine Quantifizierung der Aufkommensquellen bei Zinn, vgl. *Scherner*, Tin, S. 133.
94 *Maier*, Flugzeugschrott; *Lutz Budraß*, Ideology and Business Strategy. Assessing Nazi Germany's Different Approaches to the Supply of Light Metals to the Luftwaffe, in: Hans Otto Frøland [u. a.] (Hrsg.), Industrial Collaboration in Nazi-Occupied Europe. Norway in Context, London 2016, S. 37–63; *Budraß*, Flugzeugindustrie, S. 826 f.
95 BArch R 3/1797, Bl. 14. Statistische Schnellberichte zur Kriegsproduktion; BArch R 3/576. Die Recyclingquote bei Kupfer ist für das erste Quartal 1944 berechnet worden und beruht auf inländischem

Abb. 1: BArch, Bild 183-L03540. Abordnungen von Berliner Kriegskameradschaften auf dem Gendarmenmarkt. Abgabe der alten Fahnenspitzen, die ein Gewicht von je 1,5–2,5 kg haben, für die Metallspende des deutschen Volkes, April 1940.

Die Entwicklung des deutschen Erzbergbaus im Krieg war im Unterschied zur Nichteisenmetallindustrie weniger eindeutig. Bei den vom mengenmäßigen Verbrauch her wichtigsten Buntmetallen war eine Steigerung der Erzförderung bei Zink zu beobachten, nicht aber bei Kupfer und Blei, deren Erzförderung in etwa konstant blieb.[96] Die Förderung von Legierungsmetallen hingegen stieg kontinuierlich, wenn auch ausgehend von einem sehr niedrigen Niveau an und beschleunigte sich dann gegen Kriegsende in manchen Fällen. Trotz der nicht besonders großen Steigerung der Erzförderung kam es aufgrund des Abbaus der armen Erze zu einer erheblichen und ziemlich kontinuierlichen Steigerung der Beschäftigten im Metallerzbergbau gegenüber der Vorkriegszeit, nämlich von 25 000 im Jahr 1938 auf etwa 40 000 in den Jahren 1943 und 1944, wobei sich die Beschäftigten im Legierungsmetallerzbergbau mehr als verdreifachten und im Blei- und Zinkbergbau sich etwa um die Hälfte erhöhten.[97]

Schrott und Aufkommen aus inländischer Metallmobilisierung. Ausländische Inputs für Recycling sind mangels Daten nicht berücksichtigt.
96 *Scherner*, Industriepolitik, S. 231 f.
97 Für 1938: Statistisches Jahrbuch für das Deutsche Reich 1941/42, S. 192 f. Für 1943 und 1944: BArch R 3/1863, Bl. 35. Wirtschaftsgruppe Metallerzbergbau, Lagebericht Mai 1944, 1. 8. 1944.

Dieser nur punktuelle Anstieg der deutschen Erzförderung lässt sich damit erklären, dass in manchen Fällen günstigere, zumindest nicht teurere Bezugsquellen zur Verfügung standen, etwa die Metallbestände in den besetzten Gebieten, die den Besatzern als Kriegsbeute unentgeltlich in die Hände fielen, Altmetallbestände z. B. durch die Metallmobilisierungen oder reguläre Importe.[98] Nicht zutreffend ist die gelegentliche Behauptung, dass die bei manchen Metallen erst gegen Ende Kriegs deutliche erhöhte Erzgewinnung ein Indikator für eine kurzsichtige, nicht vorausschauende Politik sei.[99] Die Politik der Exploration und des Aufschlusses von Erzvorkommen wurde nämlich im Krieg forciert fortgesetzt. Die jährlich für die Ausbauarbeiten des Kupfererzvorkommens in Niederschlesien investierten Mittel stiegen gegenüber der Friedenszeit deutlich an: Zwischen 1935 und März 1939 wurden insgesamt etwa sechs Mio. RM investiert, während in der folgenden Zeit bis Mitte 1944 die Investitionen ca. 40 Mio. RM betrugen.[100] Auch bei Wolfram und Zinn wurde man weiter fündig. 1942 schätzte man die deutschen Zinn-Wolframvorkommen auf eine gleiche Größenordnung wie die entsprechenden Vorräte in Spanien und in Portugal, die die größten in Europa und die wichtigsten Wolframversorger Deutschlands während des Krieges waren. Daraus schloss man, dass bei Ausbau der Betriebe und der Aufbereitungsanlagen die bisherige Förderung ganz erheblich vergrößert werden könnte.

Aufgeschlossenen Gruben und entsprechenden Aufbereitungsanlagen kam dabei eine doppelte Funktion zu – einmal sollten sie helfen, die Förderung dort zu steigern, wo diese beschlossen war. Zum anderen sollten sie als Bereitschaftskapazitäten dienen.[101] Zur Schaffung von dafür nötigen Anlagen kam es etwa für Nickel, Wolfram und Zinn. Bei Nickel wurde unmittelbar nach Kriegsausbruch der Ausbau von Reservelagerstätten eingeleitet, etwa bei den Nickellagerstätten im niederschlesischen Frankenstein. Das wurde auch im weiteren Kriegsverlauf fortgeführt, obwohl seit 1941 klar war, dass die deutsche Nickelversorgung durch die finnischen Erze gesichert war. So trafen 1943 deutsche Behörden die Vorbereitungen dafür, kurzfristig die jährliche Nickelproduktion aus Frankensteiner Nickelerzen von aktuell 1100 t auf 2250 t steigern zu können, und im Notfall, wie es hieß, ab 1946 eine weitere Verdoppelung durchzuführen. Aufgrund dieser umfangreichen Vorbereitungsarbeiten waren im Jahr 1944, ohne dass noch irgendwelche Aus-, Vorrichtungs- oder Abraumarbeiten nötig gewesen wären, 1,5 Mio. Tonnen Erze mit einem Nickelinhalt von etwa 14 000 t Nickel für den Abbau vorgerichtet.

Auch bei deutschen Wolfram- und Zinnerzgruben wurde kurz nach dem Angriff auf Polen eine Beschleunigung des Bereitschaftsausbaus eingeleitet, wobei insbesondere Vorkommen im Sudetenland eine wichtige Rolle spielten. Durch Kriegsbeginn und durch technische Fehler war der dortige Bergbau ins Stocken geraten, sodass

---

98 Für das Folgende *Scherner*, Preparing for the Next Blockade, S. 405 ff.
99 Dies suggeriert *Jäger*, Abhängigkeit, S. 84–87.
100 BArch R 3101/30365, Bl. 3–11.
101 Dazu und für das Folgende *Scherner*, Preparing for the Next Blockade, S. 405 ff.

kurz danach auf Veranlassung des Reichswirtschaftsministeriums die ausländischen Eigentümer die Erzfelder an die sächsische staatliche Gewerkschaft Zinnwalder Bergbau und die Otavi Minen-Eisenbahngesellschaft zu verkaufen hatten.[102] Zugleich wurde auf Veranlassung des Reichswirtschaftsministeriums, finanziert mit einem staatlichen gesicherten Kredit, eine Aufbereitungsanlage bestellt. Das war vollkommen unüblich, weil die Grube noch nicht voll erschlossen war, diente aber dem Zweck, den Zeitraum bis zur Produktionsaufnahme, der normalerweise drei Jahre gedauert hätte, zu halbieren. Obwohl verschiedene Faktoren – Wetterbedingungen, Fehlausführungen beim Bau der Aufbereitungsanlage und Arbeitermangel – im Folgenden die Erzgewinnung verzögerten, konnte die Gruben schließlich doch aufgeschlossen, die Aufbereitungsanlage installiert und damit zur Schaffung von Bereitschaftskapazitäten beigetragen werden. Auch wenn die deutsche Jahresproduktion etwa von Wolfram Ende 1942 gerade einmal 180 t betrug, was nur einen Bruchteil der meist von der iberischen Halbinsel stammenden Importe ausmachte, konnte sie angesichts der vorhandenen Bereitschaftskapazitäten nach Stellung der benötigten Arbeitskräfte sofort auf 700 t gesteigert werden.[103]

Auf ein Risiko bei der Versorgung – im Fall von Wolfram und Nickel wegbrechende Einfuhren – konnte somit rasch reagiert werden, wie es dann bei diesen beiden Metallen auch im Sommer 1944 geschah. Das Problem des Mangels an Arbeitskräften wurde dadurch gelöst, dass man sie gemäß einer Knappheitsrangliste bei der Erzförderung von Metallen abzog, bei denen die Behörden keine Versorgungsrisiken antizipierten, und stattdessen im Bergbau von Nichteisenmetallerzen einsetzte, bei denen Knappheit in der Versorgung herrschte.[104] Entsprechend der sich über die Zeit ändernden Engpässe kam es auch zu Senkungen der Produktionsvorgaben bei manchen Gruben, also der staatlich vorgeschriebenen jährlichen Fördermengen, was mit der Schonung der Lagerstätten, die als Reserve zu halten war, begründet wurde. Die Steuerung über die Ranglisten funktionierte auch gut angesichts der Vorbereitungsarbeiten. Die Förderung von Kupfererz genoss Mitte 1944 aufgrund sehr hoher Vorräte, die erheblich höher als bei Kriegsbeginn waren, eine niedrige Priorität. Zwischen Juli und Oktober 1944 wurde sie von monatlich 1900 t (gemessen am Metallinhalt) auf 1760 t reduziert, während man die Monatsproduktion bei dem ausgesprochenen Mangelmetall Nickel von 52 t auf 215 t erhöhte. Gerade diese Flexibilität, die durch Bereitschaftsanlagen, auch bei der Verhüttung, geschaffen wurde, führte dazu, dass die deutsche Produktion von Nichteisenmetallen – wie die anderer Schlüsselbereiche der deutschen Industrie – bis Herbst 1944 auf einem hohen Niveau blieb.[105]

Mit staatlicher Hilfe wurden während des Krieges auch erhebliche Investitionen in Forschung und Entwicklung getätigt, deren Umfang weit über die bestehende oder

---

102 Vgl. auch für das Folgende BArch R 2/15451, R 2/15444, R 3101/30410.
103 *Scherner*, Preparing for the Next Blockade, S. 405.
104 Für das Folgende vgl. die Dokumente in BArch R 3101/31093.
105 BArch R 3102/3147. Statistische Schnellberichte zur Kriegsproduktion.

erwartete Notwendigkeit hinausging, z. B. Großversuchsanlagen zu neuen Verfahren zur Gewinnung von Tonerde aus deutschen Rohstoffen gebaut. Der Aufbau erfolgte nicht zur Verbesserung der Rohstoffversorgung, die man mittelfristig als gesichert ansah, und auch nicht, um einen spürbaren Beitrag zu der geplanten Expansion der Tonerdeproduktion zu leisten, sondern folgte einem langfristig angelegten Kalkül.

3.4.7 Schlussbetrachtung

Anders als es die geringe Größe des Sektors, gemessen an der Zahl der Beschäftigten, vermuten lässt, spielten die Nichteisenmetalle eine zentrale Rolle in der nationalsozialistischen Autarkiepolitik, den Aufrüstungsbestrebungen und natürlich in der Kriegswirtschaft. Relativ rasch wurden die Auswirkungen der Weltwirtschaftskrise überwunden. Umfangreiche staatlich initiierte und weitgehend direkt oder indirekt öffentlich finanzierte Maßnahmen führten vor allem in der Hüttenindustrie zu einer dynamischen Entwicklung, besonders bei der Raffinierung hochwertiger, also reiner Metalle, bei der Leichtmetallproduktion und beim Recycling. Damit trugen diese Maßnahmen neben der Ausplünderung besetzter Gebiete und vor allem der Substitution und Einsparung dazu bei, dass es im Krieg zu einem, wie alliierte Beobachter während des Krieges verwundert feststellten,[106] „Metallwunder" kommen konnte. Deutschland stand nicht, wie viele erwartet hatten, nach relativ kurzer Zeit ohne Metalle da und konnte den Krieg über 1940 hinaus fortsetzen, anders als es die britische und die französische Regierung 1939 erwartet hatten.

Der hier dargestellte Umfang und die Vielschichtigkeit der Maßnahmen im Metallerzbergbau und der Nichteisenmetallindustrie zeigen klar, dass NS-Deutschland in diesem Bereich keineswegs unvorbereitet in den Krieg eintrat.

Auswahlbibliografie

Belli, Peter Josef, Das Lautawerk der Vereinigte Aluminium-Werke AG (VAW) von 1917 bis 1948. Ein Rüstungsbetrieb in regionalen, nationalen, internationalen und politischen Kontexten (zugleich ein Beitrag zur Industriegeschichte der Niederlausitz), Berlin 2012.
Hackenholz, Dirk, Die elektrochemischen Werke in Bitterfeld 1914–1945. Ein Standort der IG-Farbenindustrie AG, Münster 2004.
Jäger, Jörg-Johannes, Die wirtschaftliche Abhängigkeit des Dritten Reichs vom Ausland dargestellt am Beispiel der Stahlindustrie, Berlin 1969.
Kaufhold, Karl Heinrich (Hrsg.), Bergbau und Hüttenwesen im und am Harz, Hannover 1992.
Knauer, Manfred, Hundert Jahre Aluminiumindustrie in Deutschland (1886–1986). Die Geschichte einer dynamischen Branche, München 2014.

---

106 *Maier*, Forschung als Waffe, S. 692.

Maier, Helmut, Flugzeugschrott und Suppentöpfe: Aluminiumrecycling in Deutschland vor und nach 1945, in: Roland Ladwig (Hrsg.), Recycling in Geschichte und Gegenwart, Vorträge der Jahrestagung der Georg-Agricola-Gesellschaft 2002 in Freiberg (Sachsen), Freiberg 2003, S. 75–94.

Maier, Helmut, Forschung als Waffe. Rüstungsforschung in der Kaiser-Wilhelm-Gesellschaft und das Kaiser-Wilhelm-Institut für Metallforschung 1900 bis 1945/48, Göttingen 2007.

Scherner, Jonas, „Ohne Rücksicht auf Kosten"? Eine Analyse von Investitionsverträgen zwischen Staat und Unternehmen im „Dritten Reich" am Beispiel des Förderprämienverfahrens und des Zuschussvertrags, in: Jahrbuch für Wirtschaftsgeschichte 2004/2, S. 167–188.

Scherner, Jonas, Staatliche Förderung, Industrieforschung und Verfahrensentwicklung: die Tonerdeproduktion aus deutschen Rohstoffen im Dritten Reich, in: Rüdiger Hachtmann [u. a.] (Hrsg.), Ressourcenmobilisierung. Wissenschaftspolitik und Forschungspraxis im NS-Herrschaftssystem, Göttingen 2017, S. 286–325.

Scherner, Jonas, Lernen und Lernversagen. Die „Metallmobilisierung" im Deutschen Reich 1939 bis 1945, in: Vierteljahrshefte für Zeitgeschichte 66, 2018, S. 233–266.

Scherner, Jonas, Preparing for the Next Blockade: Non-ferrous Metals and the Strategic Economic Policy of the Third Reich, in: English Historical Review 137, 2022, S. 475–512.

Stier, Bernhard/Laufer, Johannes, Von der Preussag AG zur TUI. Wege und Wandlungen eines Unternehmens 1923–2003, Essen 2005.

Ulrich, Carl-Heinz, Die Versorgung Deutschlands mit unedlen Metallen unter besonderer Berücksichtigung ihrer Bewirtschaftung seit 1934, Diss. Hamburg 1937.

Johannes Bähr
3.5 Maschinen- und Kraftfahrzeugbau

3.5.1 Vorbemerkung

Der Maschinenbau, das Rückgrat der deutschen Industrie, war im „Dritten Reich" das fertigungstechnische Fundament der Rüstungsproduktion sowie der Erzeugung von Gütern des zivilen Bedarfs und zugleich der Industriezweig mit dem höchsten Anteil am Export.[1] Gleichwohl fehlen Untersuchungen zur Entwicklung dieser Branche in der NS-Zeit. Bislang stand nur der Werkzeugmaschinenbau im Blick der wirtschafts- und technikhistorischen Forschung. Für die Unternehmensgeschichte ist der Maschinenbau wegen des hohen Anteils kleiner und mittlerer Betriebe, zu denen keine Archivüberlieferung existiert, ein sperriges Feld.

Wer sich mit der Geschichte des Maschinenbaus beschäftigt, wird nicht nur durch die disparate Struktur der Branche vor ein Problem gestellt. Hinzu kommt, dass die Abgrenzung fließend ist und keine einheitliche Datenüberlieferung vorliegt. Ein nicht geringer Teil des deutschen Maschinenbaus entfiel auf sogenannte kombinierte Betriebe, die häufig anderen Branchen zugerechnet wurden. Andererseits wurden benachbarte Zweige wie der Anlagenbau und der Apparatebau in der amtlichen Statistik mit dem Maschinenbau zusammengefasst. Die Statistik der 1934 an die Stelle des Vereins deutscher Maschinenbau-Anstalten (VDMA) getretenen Wirtschaftsgruppe Maschinenbau enthält Daten für 31 Fachzweige, die sich nicht mit den in der amtlichen Statistik aufgeführten Warenarten decken.[2] Von zentraler Bedeutung sind die Übersichten, die nach dem Krieg aus der Statistik der Wirtschaftsgruppe für die Alliierten zusammengestellt worden sind.[3] Doch beginnen diese Reihen erst 1936. In der Reichsstatistik wurden wiederum Daten für den Maschinen-, Apparate- und Fahrzeugbau nur bis 1936 veröffentlicht. Ein spezielles Problem ist die Abgrenzung zum Fahrzeugbau. In der Reichsstatistik umfasste der Maschinenbau den gesamten Fahrzeugbau einschließlich Schiffbau und Flugzeugbau.[4] Eine Einbeziehung des Schiff- und Flugzeug-

---

[1] Die deutsche Industrie. Gesamtergebnisse der amtlichen Produktionsstatistik (Schriftenreihe des Reichsamts für wehrwirtschaftliche Planung, Heft 1), Berlin 1939, S. 148–150.
[2] *Johann Sebastian Geer*, Die Statistik der Wirtschaftsgruppe Maschinenbau, in: Friedrich Burgdörfer (Hrsg.), Die Statistik in Deutschland nach ihrem heutigen Stand, Berlin 1940, S. 1039–1048.
[3] Bundesarchiv Berlin (BArch), R 3101/ANH. 127–132. Wirtschaftsstatistik der Wirtschaftsgruppe Maschinenbau, Umsatz Index; Ausland. Auf diese Quelle stützen sich die Daten in: United States Strategic Bombing Survey – Overall Economic Effects Division, The Effects of Strategic Bombing on the German War Economy, Washington D.C. 1945, S. 43–51, 217–230. Ebenso die Übersichten in: *Länderrat des Amerikanischen Besatzungsgebiets (Hrsg.)*, Statistisches Handbuch von Deutschland 1928–1944, München 1949, S. 296–301; *Bruno Gleitze*, Ostdeutsche Wirtschaft. Industrielle Standorte und volkswirtschaftliche Kapazitäten des ungeteilten Deutschland, Berlin 1956, S. 197 f.
[4] Wie Rainer Fremdling nachweisen konnte, wurde der Flugzeugbau bereits im Industriezensus von 1936 aus Tarnungsgründen im Restposten „Baugewerbe und sonstige Industriezweige" versteckt.

baus würde wegen der herausragenden Rolle der Luftrüstung den Rahmen des vorliegenden Beitrags sprengen. Andererseits waren die Übergänge zwischen Maschinen-, Motoren- und Kraftfahrzeugbau so fließend, dass eine strikte Trennung zwischen diesen Bereichen nicht sinnvoll ist. Daher wird im Folgenden der Kraftfahrzeugbau miteinbezogen.

Anders als die chemische Industrie und die elektrotechnische Industrie wurde der Maschinenbau nicht von wenigen Konzernen dominiert, an denen sich die Entwicklung der Branche nachvollziehen ließe. Zwar gab es bedeutende Großunternehmen wie MAN und Rheinmetall-Borsig, doch war der Maschinenbau viel stärker von kleinen und mittleren Firmen geprägt. 1934 hatten 49 Prozent der Unternehmen weniger als 100 Beschäftigte, 42 Prozent waren Personengesellschaften.[5] Im Kraftfahrzeugbau entfielen dagegen vor dem Zweiten Weltkrieg 74 Prozent der deutschen Pkw-Produktion auf fünf Unternehmen. Bei den Nutzfahrzeugen hatten sechs Hersteller einen Anteil von insgesamt 69 Prozent.[6]

3.5.2 Forschungsstand

Zur Entwicklung einzelner Fachzweige des Maschinenbaus in der NS-Zeit liegen nur technikhistorische Überblicksdarstellungen für den Werkzeugmaschinenbau vor.[7] In der umfangreichen Forschung über Unternehmen im Nationalsozialismus ist der Maschinenbau unterrepräsentiert, da nur von wenigen Firmen geschlossene Aktenbestände überliefert sind. Besonders hervorzuheben ist die Dissertation von Michael C. Schneider über die Chemnitzer Maschinenbauindustrie der Jahre 1933 bis 1945, in deren Vordergrund die Wanderer-Werke AG steht. Da dieses Unternehmen sowohl im Werkzeugmaschinenbau als auch in der Büromaschinenindustrie ein bedeutender Hersteller war, bietet die Studie über die betriebliche Ebene hinaus einen Vergleich zwischen zwei sich recht unterschiedlich entwickelnden Fachzweigen.[8] Die vergleichende Perspektive zeichnet auch die Dissertation von Astrid Gehrig über drei württembergische Maschinenbauunternehmen in der Zeit des Nationalsozialismus aus. Als

---

Rainer Fremdling, Statistics and Organization of the NS-War Economy and the East German Planned Economy 1933–1949/50 (MPRA Paper Nr. 87664), S. 38. https://mpra.ub.uni-muenchen.de/87664/1/MPRA_paper_87664.pdf (abgerufen 13. 7. 2022).
5 Der deutsche Maschinenbau auf der Ausstellung „Deutsches Volk – Deutsche Arbeit", S. 14.
6 *Gleitze*, Ostdeutsche Wirtschaft, S. 74.
7 *René Haak*, Die Entwicklung des deutschen Werkzeugmaschinenbaus in der Zeit von 1930 bis 1960, Berlin 1997; *Markus Haas*, Spanende Metallbearbeitung in Deutschland während der Zwischenkriegszeit (1918–1939), Hamburg 1997. Mit Betonung des Werkzeugmaschinenbaus: *Mirko Buschmann*, Durch Rationalisierungsdruck zu neuen Pfaden? Maschinenbau im Nationalsozialismus, in: Dresdener Beiträge zur Geschichte der Technikwissenschaften 32, 2008, S. 33–56.
8 *Michael C. Schneider*, Unternehmensstrategien zwischen Weltwirtschaftskrise und Kriegswirtschaft. Chemnitzer Maschinenbauindustrie in der NS-Zeit 1933–1945, Essen 2005.

eine der ersten Untersuchungen richtete sie auch den Blick auf Unternehmen der Branche, die im „Dritten Reich" nicht zur Großindustrie gehörten.[9] Von den führenden Maschinenbauunternehmen ist die damals zum Gutehoffnungshütte-Konzern gehörende MAN am besten erforscht. Verwiesen sei hier auf die neuere Dissertation von Sven Feyer und die einschlägigen Kapitel der 2008 erschienenen Unternehmensgeschichte des Konzerns.[10] Ausführliche Kapitel zur NS-Zeit enthalten auch die neueren Gesamtdarstellungen zur Geschichte der Unternehmen Rheinmetall, Simson und Krauss-Maffei sowie die Dissertationen von Tobias Kampmann über die Firma Klingelnberg und von Oliver Werner über die Leipziger Transportanlagenfabrik Bleichert.[11]

Die lange mythenumwobene Entwicklung des Kraftfahrzeugbaus im „Dritten Reich" ist heute auf der Branchen- und Unternehmensebene recht gut erforscht. Den nach wie vor besten Überblick über die Motorisierung in den Jahren 1933 bis 1939 gibt die von Heidrun Edelmann verfasste Geschichte der Verbreitung von Personenkraftwagen in Deutschland.[12] Aus der unternehmenshistorischen Forschung ist an erster Stelle die Pionierstudie von Hans Mommsen und Manfred Grieger über das Volkswagenwerk zu nennen.[13] Umfangreiche quellengestützte Studien liegen zu Daimler-Benz und zur Auto Union vor.[14] Die Forschung zu BMW im „Dritten Reich" beschränkt sich weitgehend auf den Flugmotorenbau, der die Unternehmensentwicklung in der Rüstungs- und Kriegswirtschaft prägte.[15] Verwiesen sei ferner auf die neuere Unternehmensge-

---

9 *Astrid Gehrig*, Nationalsozialistische Rüstungspolitik und unternehmerischer Entscheidungsspielraum. Vergleichende Studien zur württembergischen Maschinenbauindustrie, München 1996.
10 *Sven Feyer*, Die MAN im Dritten Reich. Ein Maschinenbauunternehmen zwischen Weltwirtschaftskrise und Währungsreform, Baden-Baden 2018; *Johannes Bähr* [u. a.], Die MAN. Eine deutsche Industriegeschichte, München 2008, S. 280–339.
11 *Christian Leitzbach*, Rheinmetall. Vom Reiz, im Rheinland ein großes Werk zu errichten, Bd. 1, Köln 2014; *Ulrike Schulz*, Simson. Vom unwahrscheinlichen Überleben eines Unternehmens 1856–1993, Göttingen 2013; *Johannes Bähr* [u. a.], 180 Jahre KraussMaffei. Die Geschichte einer Weltmarke, München 2018; *Tobias Kampmann*, Vom Werkzeughandel zum Maschinenbau. Der Aufstieg des Familienunternehmens W. Ferd. Klingelnberg Söhne 1900–1950, Stuttgart 1994; *Oliver Werner*, Ein Betrieb in zwei Diktaturen. Von der Bleichert Transportanlagen GmbH zum VEB VTA Leipzig 1932 bis 1963, Stuttgart 2004.
12 *Heidrun Edelmann*, Vom Luxusgut zum Gebrauchsgegenstand. Die Geschichte der Verbreitung von Personenkraftwagen in Deutschland, Frankfurt am Main 1989. Vgl. ferner: *Rainer Flik*, Automobilindustrie und Motorisierung in Deutschland bis 1939, in: Rudolf Boch (Hrsg.), Geschichte und Zukunft der deutschen Automobilindustrie. Tagung im Rahmen der „Chemnitzer Begegnungen" 2000, Stuttgart 2001, S. 49–84.
13 *Hans Mommsen/Manfred Grieger*, Das Volkswagenwerk und seine Arbeiter im Dritten Reich. Düsseldorf 1996.
14 *Neil Gregor*, Stern und Hakenkreuz. Daimler-Benz im Dritten Reich, Berlin 1997; *Carsten Thieme*, Daimler-Benz zwischen Anpassungskrise, Verdrängungswettbewerb und Rüstungskonjunktur 1919–1936, Vaihingen 2004; *Rudolf Boch/Martin Kukowski*, Kriegswirtschaft und Arbeitseinsatz bei der Auto Union AG Chemnitz im Zweiten Weltkrieg, Stuttgart 2014.
15 *Till Lorenzen*, BMW als Flugmotorenhersteller 1926–1940. Staatliche Lenkungsmaßnahmen und unternehmerische Handlungsspielräume, München 2008; *Constanze Werner*, Kriegswirtschaft und Zwangsarbeit bei BMW, München 2006.

schichte von Porsche und die bereits erwähnte Literatur zur Rolle des Nutzfahrzeugherstellers MAN im „Dritten Reich".[16] Eine ähnlich breit angelegte Studie zur Unternehmensentwicklung des damaligen Marktführers Opel liegt nicht vor.[17] Das Interesse richtete sich hier vor allem auf das Verhalten des Mutterkonzerns General Motors gegenüber dem NS-Regime.[18] Einen Schwerpunkt der unternehmenshistorischen Literatur bildet das ausgeprägte Zwangsarbeitsregime im Fahrzeugbau.[19]

3.5.3 Am Tiefpunkt: Der Maschinen- und Kraftfahrzeugbau in der Weltwirtschaftskrise

Für die Einordnung des Wachstums der Branche nach 1933 ist es wichtig sich zu vergegenwärtigen, dass der Maschinen- und Fahrzeugbau in den vorangegangenen Jahren der Weltwirtschaftskrise dramatisch geschrumpft war. Die Inlandsaufträge des deutschen Maschinenbaus sanken im Januar 1932 auf den Tiefststand von 18,2 Prozent des Jahresdurchschnitts von 1928.[20] 1933 lag die Beschäftigtenzahl des Maschinen-, Apparate- und Fahrzeugbaus um 52 Prozent unter dem Stand von 1925, der Absatz in laufenden Preisen bei 40 Prozent und real bei 46 Prozent des Stands von 1928.[21]

Dabei fiel der Rückgang in den einzelnen Fachzweigen recht unterschiedlich aus. Während der Textilmaschinenbau und der Landmaschinenbau besonders stark unter der Weltwirtschaftskrise litten, erwies sich der Werkzeugmaschinenbau als vergleichsweise resistent. Bedingt war dies zum einen durch den hohen Anteil von Exporten in

---

16 *Wolfram Pyta* [u. a.], Porsche. Vom Konstruktionsbüro zur Weltmarke, München 2017; *Feyer*, MAN; *Bähr* [u. a.], MAN, S. 280–339.
17 Zur Unternehmensentwicklung und zur Rolle Opels in der NS-Rüstungs- und Kriegswirtschaft vgl. *Günter Neliba*, Die Opel-Werke im Konzern von General Motors (1929–1948) in Rüsselsheim und Brandenburg. Produktion für Aufrüstung und Krieg ab 1935 unter nationalsozialistischer Herrschaft, Frankfurt am Main 2000. Vgl. ferner die Beiträge in: *Bernd Heyl/Andrea Neugebauer* (Hrsg.), „... ohne Rücksicht auf die Verhältnisse". Opel zwischen Weltwirtschaftskrise und Wiederaufbau, Frankfurt am Main 1997.
18 *Henry Ashby Turner Jr.*, General Motors und die Nazis. Das Ringen um Opel, Berlin 2006 [engl. Orig.: General Motors and the Nazis. The Struggle of Control of Opel, Europe's Biggest Carmaker, New Haven 2005]; *Reinhold Billstein* [u. a.], Working for the Enemy. Ford, General Motors and Forced Labor in Germany during the Second World War, New York 2000.
19 Neben den bereits genannten Veröffentlichungen sei hier auf eine Untersuchung zur Zwangsarbeit in der Adlerwerke vorm. H. Kleyer AG hingewiesen: *Ernst Kaiser/Michael Korn*, „Wir arbeiteten und schliefen zwischen den Toten". Rüstungsproduktion, Zwangsarbeit und Vernichtung in den Frankfurter Adlerwerken, 3. Aufl. Frankfurt am Main 1998.
20 *Ernst Wagemann* (Hrsg.), Konjunkturstatistisches Handbuch 1936, Berlin 1935, S. 228.
21 Statistisches Jahrbuch für das Deutsche Reich 1936, Berlin 1937, S. 126f., 160; *Länderrat*, Statistisches Handbuch, S. 460 (Index der Großhandelspreise des Maschinenbaus, 1913 = 100).

diejenigen europäischen Länder, die wie Frankreich erst später von der Krise erfasst wurden.[22] Ab Mitte 1930 gehörte der Werkzeugmaschinenbau auch zu den Bereichen der deutschen Industrie, die führend am „Russlandgeschäft" beteiligt waren. Erstmals seit 1914 wurde Deutschland dadurch wieder der weltweit führende Maschinenexporteur.[23] Einige Fertigungen von Maschinenbauunternehmen konnten nur durch die Handelsverträge mit der Sowjetunion bestehen bleiben. Andere überlebten durch Aufträge des Militärs. So konnte die MAN den Bau von Großmotoren in ihrem Augsburger Werk durch Lieferungen an die Marine aufrechterhalten.[24] Katastrophal war die Lage des schon länger kränkelnden Lokomotivbaus. Traditionsunternehmen von Weltruf wie Maffei in München und Borsig in Berlin mussten ihre Fertigung abgeben.[25]

Der Fahrzeugbau hatte bereits Mitte der 1920er Jahre eine schwere Krise erlitten, die auch Ausdruck des Motorisierungsrückstands gegenüber Westeuropa und den USA war. Die Zahl der Automobilhersteller ging damals in Deutschland von 65 (1924/25) auf 23 (1928) zurück.[26] Die verbliebenen Unternehmen wurden von der Weltwirtschaftskrise nochmals hart getroffen. Die Inlandsaufträge lagen im Januar 1932 im Automobilbau bei 17,2 Prozent, im Lkw-Bau sogar nur bei 11,9 Prozent des Stands von 1928.[27] Der größte deutsche Automobilhersteller, die Adam Opel AG, war bereits im März 1929 von General Motors übernommen worden.[28] Der Nachfragerückgang in der Weltwirtschaftskrise zwang die Fahrzeugbauer, Kosten zu senken und die Produktion einzuschränken. Die sächsische Automobilindustrie blieb nur durch den Zusammenschluss der wichtigsten Hersteller zu einem Staatskonzern vor dem Untergang bewahrt. Die Firmen DKW, Audiwerke AG und Horchwerke AG wurden im Juni 1932 mit der Automobilsparte der Wanderer-Werke zur Auto Union AG fusioniert.[29] Konstruktionstechnisch verhalf die Krise dem Kleinwagen mit Frontantrieb zum Durchbruch.[30]

3.5.4 Aufschwung nach der Krise

Die Statistik der Inlandsaufträge für den Maschinenbau zeigt, dass die deutsche Wirtschaft im Herbst 1932 die Talsohle der Weltwirtschaftskrise durchschritten hat. Die Aufträge nahmen entgegen den saisonalen Einflüssen im dritten und vierten Quartal

---

22 *Verena Schröter*, Die deutsche Industrie auf dem Weltmarkt 1929 bis 1933. Außenwirtschaftliche Strategien unter dem Druck der Weltwirtschaftskrise, Frankfurt am Main 1984, S. 103.
23 *Schröter*, Die deutsche Industrie, S. 76.
24 *Feyer*, MAN, S. 83.
25 *Bähr* [u. a.], KraussMaffei, S. 127–133; *Kurt Pierson*, Borsig, ein Name geht um die Welt. Die Geschichte des Hauses Borsig und seiner Lokomotiven, Berlin 1973, S. 101, 143.
26 *Edelmann*, Luxusgut, S. 80.
27 *Wagemann*, Konjunkturstatistisches Handbuch 1936, S. 237.
28 *Turner*, General Motors, S. 3–6.
29 *Boch/Kukowski*, Kriegswirtschaft, S. 39–43.
30 *Flik*, Automobilindustrie, S. 78 f.

1932 nicht ab.[31] Die beginnende wirtschaftliche Erholung wurde auch in anderen Bereichen der Wirtschaft registriert. Die Auftragsentwicklung im Maschinenbau als einem Frühindikator der Konjunktur ist jedoch ein besonders eindrücklicher Beleg. In der neueren Forschung hat vor allem Christoph Buchheim anhand dieser Daten die verbreitete Annahme widerlegt, dass die Überwindung der Weltwirtschaftskrise in Deutschland ein Verdienst der Nationalsozialisten gewesen sei.[32]

Auch in der Automobilindustrie hatte sich die wirtschaftliche Erholung schon ab September 1932 abgezeichnet.[33] Die besondere Förderung dieser Branche durch das von Hitler initiierte Sofortprogramm vom Frühjahr 1933 führte dann vorübergehend zu einem wahren Boom. Für den Diktator hatte die Motorisierung des Straßenverkehrs hohe Priorität. Dabei ging es keineswegs nur darum, die von der Weltwirtschaftskrise schwer getroffenen Automobilhersteller aufzurichten und den vorhandenen Rückstand Deutschlands auf diesem Gebiet zu verringern. Hitler wusste sehr gut, dass der von ihm angestrebte Krieg nur mit einem leistungsfähigen Fahrzeug- und Motorenbau geführt werden konnte. Seinem im Februar 1933 auf der Internationalen Automobilausstellung in Berlin angekündigten Programm der „Volksmotorisierung" kam zugleich ein wichtiger Stellenwert in der Propaganda des Regimes zu, indem es technischen Fortschritt, Konsum und Wohlstand versprach.[34]

Durch ein Gesetz vom 10. April 1933 wurden neu zugelassene Personenkraftwagen und Motorräder von der Kraftfahrzeugsteuer befreit, die im internationalen Vergleich besonders hoch lag und seit langem für den relativ geringen Motorisierungsgrad in Deutschland verantwortlich gemacht wurde.[35] Diese Förderung führte zu einem Nachfrageschub, wie ihn die deutschen Automobilhersteller noch nicht erlebt hatten. Die Zahl der zugelassenen Neuwagen lag im ersten Halbjahr 1933 um 75 Prozent, die Beschäftigtenzahl im Automobilbau sogar um rund 100 Prozent höher als im gleichen Zeitraum des Vorjahres. Doch schon im Juli gingen die Absatzzahlen zurück.[36] Bei näherer Betrachtung wird deutlich, dass der Boom durch das Förderprogramm zwar ausgelöst wurde, zum größten Teil aber durch den Nachfragerückstau während der Weltwirtschaftskrise bedingt war. Ein starkes Indiz dafür ist der Vergleich mit dem Lastwagenbau. Obwohl die Steuerbefreiung nur für Personenkraftwagen galt, lag die Zahl der neu zugelassenen Lastkraftwagen im ersten Halbjahr 1933 um rund 50 Prozent höher als im ersten Halbjahr 1932.[37]

---

31 *Wagemann*, Konjunkturstatistisches Handbuch 1936, S. 228.
32 *Christoph Buchheim*, Das NS-Regime und die Überwindung der Weltwirtschaftskrise in Deutschland, in: Vierteljahrshefte für Zeitgeschichte 56, 2008, S. 381–414.
33 Für Daimler-Benz zeigt dies *Gregor*, Stern, S. 57.
34 Vgl. hierzu u. a. *Edelmann*, Luxusgut, S. 157 f., 173–180.
35 Reichsgesetzblatt 1933 I, Nr. 39, S. 192 f. Gesetz über Änderung des Kraftfahrzeugsteuergesetzes. Vom 10. April 1933; *Edelmann*, Luxusgut, S. 140–142, 157–162.
36 Die Zunahme des Automobilabsatzes, in: Wochenbericht des Instituts für Konjunkturforschung 6, 1933, Nr. 20, S. 88; Monatliche Zahlenübersicht Juli 1934, in: Wochenbericht des Instituts für Konjunkturforschung 7, 1934, Nr. 35, 4. Beilage.
37 Die Zunahme des Automobilabsatzes, in: Wochenbericht des Instituts für Konjunkturforschung 6, 1933, Nr. 20, S. 88.

Zudem beruhten die hohen, von der Propaganda des Regimes einprägsam verkündeten Steigerungen der Pkw-Produktion auf einem Vergleich der Stückzahlen mit den extrem niedrigen Werten von 1932, wie er sich auch in der amtlichen Statistik findet. Die Zahl der hergestellten Personenkraftwagen stieg zwischen 1932 (42 000) und 1934 (147 000) um rund 250 Prozent.[38] Daten des Instituts für Konjunkturforschung zur Entwicklung der Produktionswerte, die vom Referenzjahr 1928 ausgehen, zeigen dagegen, dass der bisherige Höchststand der deutschen Pkw-Produktion vom April 1928 erst im Juli 1934 annähernd erreicht und erst ab März 1935 übertroffen wurde.[39] Der Unterschied erklärt sich vor allem daraus, dass der Anteil der Kleinwagen stark zunahm und die Preise für Personenkraftwagen um fast ein Viertel zurückgegangen waren.[40]

Nachdem die Erholung der deutschen Wirtschaft im Frühjahr 1933 Fahrt aufgenommen hatte, wurde auch der Maschinenbau von der Regierung Hitler gezielt gefördert. Auf Vorschlag des VDMA führte das am 1. Juni 1933 verkündete Gesetz zur Verminderung der Arbeitslosigkeit eine Steuerbefreiung für Ersatzbeschaffungen ein. Die Ausgaben für neu angeschaffte Maschinen konnten bis Ende 1934 vollständig von der Steuer abgeschrieben werden.[41] Der Auftragseingang im Maschinenbau stieg daraufhin rasch an, erreichte im Juli 1933 den Stand vom September 1930 und übertraf ab Oktober 1934 den Stand von 1928.[42] Bruttoproduktion und Umsatz der Branche in laufenden Preisen lagen nach Daten der Wirtschaftsgruppe Maschinenbau dagegen noch bis Dezember 1936 unter dem Stand von 1928 (siehe Tabelle 1 und 2).

Im Maschinenbau sind unterschiedliche Entwicklungen der Fachzweige die Regel. Nach 1933 bildete sich dabei jedoch ein bestimmtes Muster heraus, das einerseits durch ein außerordentlich hohes Wachstum des Werkzeugmaschinenbaus, der Getriebe- und Wälzlagerproduktion und der Büromaschinenindustrie, andererseits durch einen ausgeprägten Rückstand des Druckmaschinenbaus, des Textilmaschinenbaus und der Nahrungs- und Genussmittelmaschinenindustrie gekennzeichnet war (siehe Tabelle 2).[43] Das Wachstum des Werkzeugmaschinenbaus ging weit über eine Aufholbewegung nach dem Einbruch in der Weltwirtschaftskrise hinaus. 1936 lag der Absatz in laufenden Preisen schon um 82 Prozent, die Beschäftigtenzahl um rund 70 Prozent

---

[38] Statistisches Jahrbuch für das Deutsche Reich 1935, S. 147; Statistisches Jahrbuch für das Deutsche Reich 1937, S. 169.
[39] Wagemann, Konjunkturstatistisches Handbuch 1936, S. 237.
[40] Statistisches Jahrbuch für das Deutsche Reich 1937, S. 169; Die Kraftfahrzeugkonjunktur im vierten Aufschwungsjahr, in: Wochenbericht des Instituts für Konjunkturforschung 9, 1936, Nr. 19, Sonderbeilage, S. 2 f.
[41] Reichsgesetzblatt 1933 I, S. 324. Gesetz zur Verminderung der Arbeitslosigkeit. Vom 1. Juni 1933, Abschnitt II. Vgl. *Susanne Schröder*, Steuerlastgestaltung der Aktiengesellschaften und Veranlagung zur Körperschaftssteuer im Deutschen Reich und in den USA von 1918 bis 1936. Ein Beitrag zum Problem der Besteuerung in der Demokratie, Berlin 1996, S. 69 f.
[42] *Wagemann*, Konjunkturstatistisches Handbuch 1936, S. 62.
[43] Siehe hierzu auch *Gleitze*, Ostdeutsche Wirtschaft, S. 196–198.

Tab. 1: Bruttoproduktion und Absatz des deutschen Maschinenbaus 1928–1944.

Jahr	Bruttoproduktion in Mio. RM	davon Export in Prozent	Index Bruttoprod. (1928 = 100)	Inlandsabsatz neugefertigter Maschinen in Mio. RM	Index Inlandsabsatz (1928 = 100)
1928	3678,4	30,2	100,0	2504	100,0
1933	1546,6	34,6	42,0	–	–
1936	3290,0	20,1	89,4	2630	105,0
1937	4100,0	19,5	111,5	3300	131,8
1938	4932,0	16,7	134,1	4211	168,2
1939	5561,5	12,8	151,2	4990	199,3
1940	5577,9	9,0	151,6	5305	–
1941	6169,8	9,2	167,7	5912	–
1942	6247,5	8,7	169,8	5996	–
1944	5439,3	5,3	147,9	4888	195,2

Quellen: BArch, R 3101-ANH/129. Bruttoproduktionswerte der deutschen Maschinenindustrie, Gesamter Maschinenbau 1928–1944; *Scherner*, Nazi Germany's (Index Inlandsabsatz). Die Bruttoproduktionswerte beruhen für 1928 und 1933 auf der amtlichen Produktionsstatistik, für 1936 bis 1944 auf der Statistik der Wirtschaftsgruppe Maschinenbau.

über dem Stand von 1929 (siehe Tabelle 2).[44] Ein weiteres Indiz ist die große Zahl neuer Hersteller. Der Nachfrageboom führte zu vielen Unternehmensgründungen und veranlasste Firmen aus anderen Fachzweigen, die Fertigung von Werkzeugmaschinen aufzunehmen. Insgesamt kamen zu den 185 Unternehmen, die 1933 Werkzeugmaschinen fertigten, bis 1936 245 weitere hinzu. Die Zahl der Hersteller lag damit um rund 60 Prozent über dem Stand von 1929.[45]

Dass der Werkzeugmaschinenbau sowohl für den zivilen als auch für den militärischen Bedarf von größter Bedeutung war, trug zu diesem Boom bei. Zumindest für die Jahre 1933/34 lässt sich das Wachstum dadurch jedoch nicht vollständig erklären. Entscheidend dürfte auch die von Adam Tooze herausgearbeitete Modernisierung in der deutschen metallverarbeitenden Industrie gewesen sein, die nach der Weltwirtschaftskrise einsetzte. Die für den Werkzeugmaschinenbestand in Deutschland charakteristische Dominanz der Universalmaschinen wurde damals von einer „Strategie des Kompromisses" abgelöst, „die auf der Kombination von Universalmaschinen mit Mehrzweck- und Einzweckmaschinen beruhte."[46]

---

[44] Ähnlich: *USSBS*, Effects, S. 221 (Appendix, Table 22). Zur Beschäftigtenzahl: *Harald Scherbarth*, Erfolg mit Messen. Die Geschichte der Ausstellungen für Werkzeugmaschinen, Frankfurt am Main 1989, S. 61, 75.
[45] *Scherbarth*, Erfolg, S. 61, 75.
[46] *Adam Tooze*, „Punktuelle Modernisierung": Die Akkumulation von Werkzeugmaschinen im „Dritten Reich", in: Jahrbuch für Wirtschaftsgeschichte 2003/1, S. 94, 96.

Tab. 2: Absatz von Erzeugnissen des Maschinenbaus nach ausgewählten Fachzweigen 1928–1944 [in Mio. RM].

	1928	1933	1936	1938	1939	1940	1941	1942	1944
Werkzeugmaschinen	261,1	129,9	476,4	665,3	755,8	869,7	936,8	893,2	777,1
				670,7	*766,2*	*900,4*	*995,6*	*953,1*	*806,9*
Getriebe und Wälzlager	155,9	87,2	222,9	353,7	403,2	450,8	505,9	551,7	602,8
				360,1	*413,5*	*465,4*	*524,0*	*574,4*	*655,9*
Textilmaschinen	330,0	122,3	176,8	230,3	241,1	179,0	167,8	152,6	86,5
				231,1	*246,7*	*189,7*	*186,9*	*159,3*	
Landmaschinen	314,3	129,7	328,3	469,8	547,3	494,6	510,1	505,8	306,4
				479,0	*563,5*	*517,0*	*535,8*	*520,0*	
Verbrennungsmotoren	199,4	79,2	132,6	188,2	222,4	240,5	321,5	357,3	340,7
				192,6	*224,9*	*243,3*	*328,7*	*361,8*	
Lokomotiven	97,9	47,1	84,2	120,4	182,4	218,3	268,0	320,7	307,6
				125,6	*205,9*	*259,1*	*322,3*	*415,1*	*473,9*
Druckluftindustrie	195,6	70,7	217,6	355,9	422,2	435,9	488,7	479,7	485,6
				362,7	*434,6*	*448,8*	*505,3*	*492,9*	
Hütten- und Walzwerksanlagen	36,2	41,5	53,2	92,6	98,7	117,5	136,0	138,3	36,9
				92,8	*99,2*	*119,4*	*137,2*	*138,6*	
Büromaschinen	103,1	60,3	135,4	202,8	238,9	182,6	142,4	125,1	43,2
					239,0	*182,7*	*142,5*	*125,2*	
Maschinen für die Nahrungs- und Genussmittelindustrie	207,3	95,3	137,7	177,0	195,7	158,7	142,8	123,8	61,0
				181,2	*202,0*	*167,9*	*150,5*	*127,1*	
Aufbereitungs- und Baumaschinen	240,6	76,5	194,3	314,7	345,9	300,8	345,1	345,1	278,3
				321,9	*355,7*	*314,5*	*361,9*	*361,7*	
Druckmaschinen	105,9	31,7	47,7	61,2	60,9	34,9	26,6	20,8	7,4
				61,7	*61,8*	*35,7*	*27,1*	*21,1*	

Quellen: BArch, R 3101-ANH/129. Bruttoproduktionswerte der deutschen Maschinenindustrie nach Gruppen 1928–1944, 3. 11. 1945. 1928/1933: amtliche Produktionsstatistik: 1936–1944: Statistik der Wirtschaftsgruppe Maschinenbau. Recte: Deutsches Reich in den Grenzen von 1937; *kursiv: Deutsches Reich mit annektierten Gebieten*.

Ein besonders hohes Wachstum lässt sich in diesen Jahren auch für die Herstellung von Getrieben und Wälzlagern, für die Druckluftindustrie, den Landmaschinenbau, die Baumaschinen- und die Büromaschinenindustrie feststellen (siehe Tabelle 2). Der größte Teil des Absatzes dürfte hier in den Jahren nach 1933 auf die Industrie und zivile öffentliche Aufträge entfallen sein. Im Landmaschinenbau spielten staatliche Aufträge keine große Rolle, doch war die vom Reichsnährstand propagierte „Erzeugungsschlacht" eng mit der Kriegsrüstung verbunden.[47] Im Textilmaschinenbau, im Druckmaschinenbau und in der Nahrungs- und Genussmittelmaschinenindustrie konnte dagegen der Stand von 1928 bei Weitem nicht mehr erreicht werden (siehe Tabelle 2).[48] Ein eindeutiges Gefälle zwischen militärisch relevanten Fertigungen und solchen für ausschließlich zivile Zwecke lässt sich dieser Verteilung nicht unbedingt entnehmen. Der Rückstand des Textilmaschinenbaus und der Nahrungs- und Genussmittelmaschinenindustrie deutet zwar auf vergleichsweise geringe Investitionen in diesen für die Aufrüstung nicht relevanten Fachzweigen hin. Doch konnte eine andere Sparte von geringer militärischer Bedeutung, die Büromaschinenindustrie, den Absatz zwischen 1933 und 1936 mehr als verdoppeln, während die Steigerung bei Verbrennungsmotoren nur 68 Prozent betrug.[49]

Zum Anteil der Rüstungsaufträge finden sich in den unternehmenshistorischen Fallstudien einige Angaben. Selbst in einem Schlüsselunternehmen wie der MAN hatte dieser Anteil 1935 noch keine maßgebende Größenordnung erreicht. Hier entfielen damals 30 Prozent des Umsatzes auf den Export, nur 17 Prozent dagegen auf Aufträge der öffentlichen Hand. Die Unternehmensleitung setzte vorrangig auf das Auslandsgeschäft und wollte die Risiken einer allzu starken Ausrichtung auf Rüstungsaufträge vermeiden.[50] Bei den Wanderer-Werken hielt der Vorstand aus langfristigem Kalkül an einer breit gefächerten Fertigung fest. Priorität hatte der Büromaschinenbau. Die Unternehmensleitung sah es geradezu als eine Mission an, diesen Markt nicht dem US-Konzern IBM und seiner Tochter Deutsche Hollerith-Maschinen Gesellschaft mbH (Dehomag) zu überlassen. Der Anteil der Büromaschinenfertigung lag dementsprechend weiterhin bei über 50 Prozent.[51]

Der Aufschwung des deutschen Maschinenbaus nach 1932 ging zunächst fast ausschließlich vom Binnenmarkt aus. Die Exporte sanken bis Anfang 1934 auf 36 Prozent des Stands von 1928.[52] Im ersten Halbjahr 1934 fiel Deutschland beim Maschinenexport hinter die USA und Großbritannien zurück. Neben der Binnenkonjunktur trugen dazu die Dollarabwertung und die Wirtschaftskrise in Frankreich bei.[53] Die Unternehmen wollten die nach dem Ersten Weltkrieg wiedergewonnen Exportmärkte unbedingt

---

47 Vgl. hierzu u.a. *Gustavo Corni/Horst Gies*, Brot, Butter, Kanonen. Die Ernährungswirtschaft in Deutschland unter der Diktatur Hitlers, Berlin 1997, S. 264–267.
48 Zur Entwicklung der realen Umsätze bei Maschinen für Verbrauchsgüterindustrien siehe Abschnitt 3.1.3 (Tabelle 8) in diesem Band.
49 *Gleitze*, Ostdeutsche Wirtschaft, S. 197.
50 *Feyer*, MAN, S. 166, 170.
51 *Schneider*, Unternehmensstrategien, S. 101–116, 502 (siehe Tabelle 4). Zur Dehomag liegt bislang nur ein Buch eines Journalisten vor, das umstrittene Schlussfolgerungen enthält: *Edwin Black*, IBM und der Holocaust. Die Verstrickung des Weltkonzerns in die Verbrechen der Nazis, New York 2001.
52 BArch, R 3101/ANH./127. Wirtschaftsstatistik der Wirtschaftsgruppe Maschinenbau, Umsatz Index; Ausland.
53 Die deutsche Maschine im Kampf um den Weltmarkt, in: Wochenbericht des Instituts für Konjunkturforschung 8, 1935, Nr. 41, 16. Oktober 1935, S. 167 f.

Tab. 3: Produktion, Exporte und Inlandsabsatz von Werkzeugmaschinen 1929–1944 [in Mio. RM].

Jahr	Produktion	Export	Import	Inlandsabsatz	
				(USSBS 1945)	(Scherner 2006)
1929	257,9	125,7	13,2	145,4	143 (1928)
1933	126,5	71,1	4,0	59,4	–
1936	476,4	124,0	5,9	358,3	352
1938	650,4	158,6	7,7	499,5	508
1940	861,0	110,8	12,3	762,5	788
1941	958,5	116,5	37,5	879,5	877
1942	916,6	61,7	68,9	923,8	886
1943	858,0	–	–	–	742
1944	759,5	32,4	48,1	775,2	727

Quellen: *USSBS*, Effects, S. 221 (Appendix Table 22); *Scherner*, Investment, S. 36 (Appendix Table 1).

halten. Ihr Interesse an einer Stärkung des Exports deckte sich mit den Bestrebungen der Reichsregierung, die bestehende Ausfuhrförderung wegen des chronischen Devisenmangels effizienter zu gestalten.[54] Von dieser 1935 durchgeführten Reform profitierte der Maschinenbau wohl stärker als jeder andere Industriezweig. 1936 lag die Exportquote der Branche bereits bei 20 Prozent, die des Werkzeugmaschinenbaus bei 26 Prozent (siehe Tabellen 1 und 3).

Im Werkzeugmaschinenbau nahm der Export ab Herbst 1935 besonders stark zu, weil der Beginn des Abessinien-Kriegs und die japanische Expansion in China weltweit zu einer steigenden Nachfrage nach Rüstungsgütern führten. Auf dem Weltmarkt etablierte Hersteller wie die Wanderer-Werke mussten die Exportsubventionen jetzt nicht mehr in Anspruch nehmen, weil sie ihre Erzeugnisse im Ausland mit Gewinn verkaufen konnten.[55] Ganz anders lagen die Verhältnisse im Textilmaschinenbau, der den in der Weltwirtschaftskrise erlittenen Rückschlag nicht aufholen konnte. Der Inlandsabsatz lag hier 1936 bei knapp 50 Prozent des Stands von 1928.[56] Für die Textilmaschinenhersteller war der Verlustausgleich im Rahmen der Exportförderung eine wichtige Stütze des Geschäfts. Wie das Beispiel der Sächsischen Textilmaschinenfabrik vorm. Richard Hartmann AG in Chemnitz zeigt, wurden mit den Ausfuhren in diesem Fachzweig kaum Gewinne erzielt.[57] Angesichts der geringen Nachfrage auf dem Binnenmarkt konnte durch das subventionierte Auslandsgeschäft aber eine bessere Kapazitätsauslastung erreicht werden.

---

54 *Michael Ebi*, Export um jeden Preis. Die Deutsche Exportförderung von 1932–1938, Stuttgart 2004, S. 133–167.
55 *Schneider*, Unternehmensstrategien, S. 135.
56 BArch, R 3101/ANH. 129. Textilmaschinen 1928–1944, 3. 11. 1945.
57 Sächsische Textilmaschinenfabrik vorm. Rich. Hartmann AG, Chemnitz, in: Frankfurter Zeitung, 2. 10. 1935.

Der Kraftfahrzeugbau entwickelte sich mit größerer Dynamik als der Durchschnitt des Maschinenbaus, blieb allerdings hinter dem Wachstum des Werkzeugmaschinenbaus und auch des Landmaschinenbaus zurück. Kennzeichnend für das Muster, das sich hier herausbildete, waren die hohen Zuwächse des Lastwagenbaus. Der Absatz nahm hier zwischen 1934 und 1936 deutlich stärker zu (246 Prozent in Stückzahlen) als in der Automobilindustrie (166 Prozent). Auch bei Motorrädern und Schleppern lagen die Absatzsteigerungen höher als bei Personenkraftwagen.[58] Nach Einschätzung des Instituts für Konjunkturforschung verhinderten die nach wie vor hohen Haltungskosten und Preise eine raschere Verbreitung von Personenkraftwagen.[59] Immer noch entfielen mehr als 50 Prozent der Neuzulassungen auf Firmen und Geschäftsleute. Allerdings nahm der Anteil der Kleinwagen weiter zu.[60] Von dieser Entwicklung profitierten vor allem Opel und die Auto Union, während der Marktanteil von Daimler-Benz zurückging. Der Anteil der Auto Union verdoppelte sich durch den Kleinwagen DKW zwischen 1933 und 1936 von 12,5 auf 25 Prozent.[61] Daimler-Benz profitierte dagegen als führender Hersteller von Nutzfahrzeugen vom starken Wachstum des Lastwagenmarkts. Das Unternehmen investierte massiv in den Ausbau des Lkw-Werks Gaggenau.[62]

Wie eine nach Kriegsende vom United States Strategic Bombing Survey (USSBS) veröffentlichte Statistik belegt, lag der Anteil militärischer Aufträge am Umsatz des Lastkraftwagenbaus in den Jahren 1935/36 bei 10 bis 15 Prozent. Der Absatz der Automobilindustrie entfiel zu mehr als 95 Prozent auf den zivilen Markt im Inland und auf den Export (siehe Tabellen 4 und 5). Doch wurden in diesen Jahren bereits wichtige Weichen für eine starke Einbindung des Kraftfahrzeugbaus in die Aufrüstung gestellt. So errichtete Opel 1935 ein großdimensioniertes Lkw-Werk in Brandenburg/Havel, das für die Wehrmacht jährlich bis zu 25 000 3-t-Lastkraftwagen des Typs „Opel Blitz" herstellen sollte.[63] Daimler-Benz nahm schon Anfang 1934 mit dem Reichsluftfahrtministerium Verhandlungen über eine Serienproduktion von Flugmotoren im Werk Berlin-Marienfelde auf, um sich einen Anteil an dem wachsenden Geschäft mit Staatsaufträgen zu sichern. Im Herbst 1935 wurde die Errichtung eines großzügig geplanten Flugmotorenwerks in Genshagen südlich von Berlin beschlossen.[64] BMW gründete 1934 die BMW-Flugmotorenbau GmbH. Das Unternehmen, das im Ersten Weltkrieg als Flugmotorenhersteller entstanden war und erst 1928 die Automobilproduktion aufgenommen hatte, entschied sich dafür, den Schwerpunkt seiner Fertigung wieder auf das ursprüngliche Kerngeschäft zu legen.[65] Die Auto Union AG stieg 1935

---

58 *Länderrat*, Statistisches Handbuch, S. 301.
59 Die Kraftfahrzeugkonjunktur im vierten Aufschwungsjahr, in: Wochenbericht des Instituts für Konjunkturforschung 9, 1936, Nr. 19, Sonderbeilage, S. 6.
60 *Edelmann*, Luxusgut, S. 166 f.; *Länderrat*, Statistisches Handbuch, S. 301.
61 *Boch/Kukowski*, Kriegswirtschaft, S. 45, 47 f.
62 *Gregor*, Stern, S. 59, 63.
63 *Neliba*, Opel-Werke, S. 62–72; *Turner*, General Motors, S. 41–48.
64 *Gregor*, Stern, S. 95–105.
65 *Lorenzen*, BMW, S. 158 f.

mit der Gründung der Mitteldeutschen Motorenwerke in Taucha ebenfalls in die Luftrüstung ein. Die Tochtergesellschaft wurde ein wichtiger Zulieferer für die Junkers Flugzeug- und Motorenwerke.[66] Der Lokomotiv- und Nutzfahrzeughersteller Henschel hatte im Mai 1933 aus eigenem Antrieb den schon länger geplanten Bau von Militärflugzeugen aufgenommen. 1934 folgte die Gründung eines eigenen Flugzeugwerks in Berlin-Schönefeld, zwei Jahre später die Errichtung einer Tochtergesellschaft für den Flugmotorenbau.[67] Flugmotorenwerke weiterer Fahrzeughersteller kamen hinzu, genannt seien hier nur Büssing NAG und Stoewer.[68] Der Bau der neuen Werke wurde weitgehend vom Reich finanziert. Teils aus Eigeninitiative der Unternehmen, teils auf Drängen des Reichsluftfahrtministeriums wurde so ein erheblicher Teil der zukünftigen Kapazitäten des Kraftfahrzeugbaus in den Dienst der Luftrüstung gestellt.

3.5.5 Primat der Kriegsrüstung

Anders als die Automobilindustrie wurde der Maschinenbau nicht durch Großprojekte in die Aufrüstung eingebunden. Auch liegen für diese Branche keine Daten zum Anteil staatlicher Aufträge nach 1933 vor. Es steht jedoch außer Zweifel, dass die Aufrüstung erst ab 1936 die Entwicklung des Maschinenbaus bestimmte. Nach einer Schätzung von Michael Geyer entfielen im Frühjahr 1937 zwischen 22 und 25 Prozent des Gesamtverbrauchs an Eisen und Stahl auf Rüstungszwecke.[69] Die Vorgaben des im September 1936 verkündeten Vierjahresplans, der die deutsche Wirtschaft auf einen baldigen Angriffskrieg ausrichtete und die gleichzeitig zunehmende Nachfrage des Weltmarkts führten besonders im Werkzeugmaschinenbau zu Engpässen.[70] Werkzeugmaschinenhersteller berichteten 1937 von einem historisch einzigartigen Auftragseingang.[71]

Eine wichtige Zäsur war die Einführung einer staatlichen Kontingentierung von Eisen und Stahl im Februar 1937. Das Kontingentierungssystem räumte Aufträgen für die Wehrmacht, den Vierjahresplan und den Export Priorität ein. Der Maschinenbau und die Kraftfahrzeugindustrie gehörten zu den priorisierten fünf Branchen der verarbeitenden Industrie, die mit Kontingenten bedacht wurden. Die Verteilung des Kon-

---

66 *Peter Kohl/Peter Bessel*, Auto Union und Junkers. Die Geschichte der Mitteldeutschen Motorenwerke GmbH Taucha 1935–1948, Stuttgart 2003.
67 *Thomas Vollmer*, Produktion und Geschäftsentwicklung von Henschel & Sohn im Kontext der nationalsozialistischen Aufrüstung und Kriegsführung, in: Jürgen Nautz (Hrsg.), Henschel und Kassel. Fallstudien zur Geschichte des Unternehmens und der Familie Henschel, Darmstadt 2012, S. 138–140, 150–158.
68 Vgl. *Eckhard Fischer*, Niedersächsische Motorenwerke Braunschweig-Querum, Salzgitter 2012; *Gerhard Maerz*, Die Geschichte der Stoewer-Automobile, Stuttgart 1983.
69 *Michael Geyer*, Rüstungsbeschleunigung und Inflation. Zur Inflationsdenkschrift des Oberkommandos der Wehrmacht vom November 1938, in: Militärgeschichtliche Mitteilungen 30/2, 1981, S. 162.
70 *Ebi*, Export, S. 192–217.
71 *Karl Haase*, Aufgaben des deutschen Werkzeugmaschinenbaus, in: Werkstatt und Betrieb 70, 1937, Nr. 5/6, S. 58. Vgl. *Haak*, Entwicklung, S. 27.

tingents innerhalb der Branchen erfolgte über die jeweilige Wirtschaftsgruppe.[72] Als das Kontingentierungssystem bereits im Spätsommer 1937 geändert werden musste, wurde die für den Maschinen- und Kesselbau vorgesehene Menge um 55 Prozent gekürzt.[73] Die Unternehmen reagierten auf die Verknappung mit zunehmender Lagerhaltung.[74] Die Lieferzeiten für Maschinen nahmen zwangsläufig weiter zu, bei führenden Werkzeugmaschinenherstellern lagen sie 1937 zwischen 18 und 20 Monaten.[75]

Beispiele aus Unternehmen des Maschinenbaus stützen die These von Adam Tooze, wonach die Einführung der Stahlkontingentierung für die laufende Fertigung von größerer Bedeutung war als die Verkündung des Vierjahresplans.[76] Diejenigen Fachzweige des Maschinenbaus, die weder für das Exportgeschäft noch für die Aufrüstung von besonderer Bedeutung waren, wurden praktisch abgehängt. Viele Unternehmen änderten ihr Fertigungsprogramm, um mit genügend Eisen und Stahl beliefert zu werden. Die Firma Werner & Pfleiderer in Stuttgart-Feuerbach, die bis dahin hauptsächlich Backöfen und Bäckereimaschinen gebaut hatte, begann 1938 mit der Herstellung von Maschinen für die Herstellung von synthetischem Kautschuk.[77] Die Sächsische Textilmaschinenfabrik vorm. Richard Hartmann AG nahm die Fertigung von Munition auf.[78] Bei der MAN versuchte der Vorstand nicht länger, eine allzu starke Ausrichtung auf das Rüstungsgeschäft zu vermeiden.[79] Die Sicherung der Rohstoffversorgung hatte durchweg höchste Priorität. Umso bemerkenswerter ist das ungebrochen starke Wachstum der Büromaschinenindustrie, deren Fertigung zwischen 1936 und 1939 noch einmal um 76 Prozent zunahm (siehe Tabelle 2). Dagegen musste die Reichsbahn ihr überfälliges, Ende 1937 beschlossenes Beschaffungsprogramm kürzen, weil die Lokomotivhersteller nicht genügend Eisen und Stahl zugeteilt erhielten.[80]

Die Exportquote der Branche ging nach 1936 wieder zurück, doch selbst in der rüstungswirtschaftlichen Schlüsselsparte, dem Werkzeugmaschinenbau, lag sie auch 1938 noch bei 24 Prozent (siehe Tabelle 3). Die Wanderer-Werke setzten 1938 sogar 39 Prozent ihrer Fräsmaschinenfertigung im Ausland ab.[81] Insgesamt wuchs die Produktion des Maschinenbaus nicht mehr so stark wie in den ersten Jahren nach 1933, weil die Kapazitätsgrenzen erreicht waren und die Eisen- und Stahllieferungen der

---

72 Siehe hierzu *Ulrich Hensler*, Die Stahlkontingentierung im Dritten Reich, Stuttgart 2008, S. 53–59.
73 *Hensler*, Stahlkontingentierung, S. 72 f.
74 Exemplarisch: *Oliver Werner*, Produktionswunder rückwärts. Ein Leipziger Maschinenbaubetrieb in der nationalsozialistischen Kriegswirtschaft, in: Ulrich Heß/Michael Schäfer (Hrsg.), Unternehmer in Sachsen. Aufstieg – Krise – Untergang – Neubeginn, Leipzig 1998, S. 307.
75 *Haak*, Entwicklung, S. 27.
76 *Adam Tooze*, Ökonomie der Zerstörung. Die Geschichte der Wirtschaft im Nationalsozialismus, München 2007, S. 275.
77 *Gehrig*, Rüstungspolitik, S. 62 f.
78 *Schneider*, Unternehmensstrategien, S. 157.
79 *Feyer*, MAN, S. 175, 724.
80 *Alfred C. Mierzejewski*, The Most Valuable Asset of the Reich. A History of the German National Railway, Bd. 2, 1933–1945, Chapell Hill 2000, S. 68–72.
81 *Schneider*, Unternehmensstrategien, S. 138.

Kontingentierung unterlagen. Die Produktionskapazitäten der Unternehmen waren im Maschinenbau 1937 zu 95,4 Prozent (1935: 70,6 Prozent) und damit noch stärker als in der chemischen Industrie (87 Prozent) oder der Elektroindustrie (85 Prozent) ausgelastet.[82] Für den Werkzeugmaschinenbau bedeutete dies praktisch eine Überauslastung. Obwohl die Zahl der Hersteller noch einmal stark zunahm, konnte die Auftragsflut nur mit immer längeren Lieferzeiten bewältigt werden.[83]

Ein weiteres Merkmal der industriellen Entwicklung in den Jahren vor dem Zweiten Weltkrieg war der Aufstieg neuer Rüstungskonglomerate. Im Maschinenbau entstand Anfang 1936 die Rheinmetall-Borsig AG durch eine Fusion zwischen der Rheinischen Metallwaren- und Maschinenfabrik und der A. Borsig Maschinenbau AG. Mit rund 50 000 Beschäftigten im Jahr 1937 war sie das größte Unternehmen des deutschen Maschinenbaus.[84] Das Aktienkapital befand sich mehrheitlich in der Hand der reichseigenen Holding Vereinigte Industrie-Unternehmungen AG (Viag) und wurde 1938 vom ein Jahr zuvor gegründeten Staatskonzern Reichswerke AG für Erzbergbau und Eisenhütten „Hermann Göring" übernommen.[85] Rheinmetall-Borsig gehörte zu den Vorzeigeunternehmen der deutschen Rüstungsindustrie. Die Werke in Düsseldorf und Berlin-Tegel fertigten Maschinengewehre, Minenwerfer, Feldkanonen, Marinegeräte, Flug- und Panzerabwehrkanonen. Für den Bau von Panzerfahrzeugen wurde 1937 gemeinsam mit der heereseigenen Verwertungsgesellschaft für Montanindustrie die Altmärkische Kettenwerk GmbH (Alkett) gegründet. Zugleich hielt das Unternehmen an der zivilen Fertigung seines Büromaschinenwerks in Sömmerda fest. Nach außen hin gab sich Rheinmetall-Borsig als ein ausschließlich „zivile" Güter fertigender Hersteller, auch als 1939 bereits mehr als zwei Drittel der Fertigung auf Waffen entfielen. Intern verfolgte der Vorstand das Geschäftsmodell eines „Großentwicklungswerk(s) für die Wehrmacht".[86]

Von den „Arisierungen", die 1938 einen Höchststand erreichten, waren allein in Berlin 262 Betriebe, Werkstätten und Vertriebsgesellschaften des Maschinen- und Fahrzeugbaus betroffen. Die meisten von ihnen gingen in Liquidation.[87] Zu den größeren Unternehmen, die jüdische Eigentümer abgeben mussten, gehörten der Büromaschinenhersteller Adrema-Werke, der 1935 von der Mercedes Büromaschinen-Werke AG, einer Tochter der US-Firma Underwood Elliott Fisher, übernommen wurde, die Berlin-Erfurter Maschinenfabrik Henry Pels, die an die zum Quandt-Konzern gehörende Deutsche Waffen- und Munitionsfabrik überging und die Argus-Motorenwerke des Berliner Industriellen Moritz Strauß, die der Junkers-Generaldirektor Heinrich Koppenberg 1938

---

82 *Ebi*, Export, S. 207.
83 *Scherbarth*, Erfolg, S. 75.
84 *Leitzbach*, Rheinmetall, Bd. 1, S. 217; *Martin Fiedler*, Die 100 größten Unternehmen von 1938 – ein Nachtrag, in: Zeitschrift für Unternehmensgeschichte 44, 1999, S. 236.
85 *Leitzbach*, Rheinmetall, Bd. 1, S. 197.
86 *Leitzbach*, Rheinmetall, Bd. 1, S. 213, 217, 219 (Zitat), 222, 235, 251, 261.
87 https://www2.hu-berlin.de/djgb/www/find (abgerufen am 30. 3. 2022).

weit unter Wert erhielt.[88] Beim Feldbahn- und Baumaschinenhersteller Orenstein & Koppel, einem der größten Maschinenbauunternehmen Deutschlands, wurde die Familie Orenstein erst ihrer Stimmrechte und dann ihrer Beteiligung beraubt. Schließlich wurde ihr Name aus der Firmenbezeichnung entfernt.[89] Als „spektakulärer' Sonderfall" gilt die „Arisierung" der Simson & Co KG in Suhl.[90] Die Inhaber Arthur und Julius Simson mussten nach der Verhaftung durch die Gestapo eine hohe Steuerschuld anerkennen und durch Abtretung ihres Firmenbesitzes an den Thüringer Gauleiter Fritz Sauckel begleichen. Sauckel brachte die übernommenen Waffen- und Fahrzeugwerke später in die von ihm gegründete und geleitete Nationalsozialistische Industriestiftung „Wilhelm Gustloff" ein.[91]

Im Fahrzeugbau ging das Wachstum der Automobilhersteller in der Hochrüstung nach 1936 zurück. Hatten die gefertigten Stückzahlen 1935 um 42 Prozent zugenommen, so waren es 1937 noch elf Prozent und 1938 acht Prozent (siehe Tabelle 4). Die Gründe dafür lagen nicht nur in der Kontingentierung von Eisen und Stahl, sondern auch im Mangel an Gummi, das aus Asien und Südamerika importiert werden musste.[92] Die im Rahmen der Kriegsvorbereitungen forcierte Herstellung von Reifen aus synthetischem Kautschuk (Buna) befand sich noch in den Anfängen. Da der Anteil der militärischen Nachfrage in der Automobilindustrie recht gering war, konnten die Hersteller nur durch ein wachsendes Exportgeschäft eine Priorisierung bei der Zuteilung von Eisen- und Stahlkontingenten erhalten. Der Pkw-Export stieg denn auch von 9,8 Prozent im Jahr 1935 auf 22,2 Prozent im Jahr 1938 (siehe Tabelle 4). Bei Hanomag nahm die Ausfuhr von Automobilen allein im Jahr 1937 um 32 Prozent zu.[93] Auf dem Binnenmarkt führte dies vorübergehend zu einer Stagnation des Angebots. Der Inlandsabsatz der deutschen Automobilindustrie erreichte 1937 nicht einmal den Vorjahresstand. Neill Gregor sieht darin in seiner Studie über Daimler-Benz im „Dritten Reich" zurecht einen grundlegenden Wandel in der Motorisierungspolitik des Regimes: „Motorisierung der deutschen Gesellschaft' – dieses zuvor von den Nationalsozialisten propagierte Motto wurde von 1936/37 dem übergeordneten Ziel der Militarisierung geopfert".[94]

---

88 *Leonhard Dingwerth*, Die Geschichte der deutschen Schreibmaschinenfabriken, Bd. 1: Große und mittlere Hersteller, Delbrück 2008, S. 48 f.; *Joachim Scholtyseck*, Der Aufstieg der Quandts. Eine deutsche Unternehmerdynastie, München 2011, S. 393–399; *Lutz Budraß*, Flugzeugindustrie und Luftrüstung in Deutschland 1918–1945, Düsseldorf 1998, S. 378 f.
89 Das in Maschinen- und Bahnbedarf AG umbenannte Unternehmen wurde Ende 1941 vom Hoesch-Konzern übernommen. Die Geschichte von Orenstein & Koppel AG ist weithin unerforscht. Zur „Arisierung" vgl. *Christof Biggeleben* [u. a.] (Hrsg.), „Arisierung" in Berlin, Berlin 2007, S. 123; *Martin Münzel*, Die jüdischen Mitglieder der deutschen Wirtschaftselite 1927–1955. Verdrängung, Emigration, Rückkehr, Paderborn 2006, S. 223 f.
90 *Schulz*, Simson., S. 168.
91 *Schulz*, Simson, S. 114–169.
92 *Gregor*, Stern, S. 70–73.
93 Geschäftsbericht der Hannoverschen Maschinenbau-Actien-Gesellschaft vormals Georg Egestorff (Hanomag) für das Geschäftsjahr 1937, Hannover 1938, S. 7.
94 *Gregor*, Stern, S. 74.

Tab. 4: Produktion und Absatzmärkte von Personenkraftwagen 1934–1944.

Jahr	Personenkraftwagen (Stück)	davon entfielen (in %) auf die Wehrmacht*	auf den zivilen Markt im Inland	auf den Export
1934	144542	2,7	89,6	7,7
1935	205233	4,5	85,7	9,8
1936	240530	3,9	83,7	12,4
1937	267910	2,1	76,3	21,6
1938	289108	4,7	73,1	22,2
1939	250788	8,0	66,7	25,3
1940	67561	42,2	38,5	19,3
1941	35165	77,0	9,1	13,9
1942	27895	87,3	4,6	8,1
1943	34478	94,9	2,9	2,2
1944	21656	97,1	2,5	4,0

* einschl. Waffen-SS und anderer bewaffneter Gliederungen
Quelle: *USSBS*, Effects, S. 281 (Appendix Table 108).

Tab. 5: Produktion und Absatzmärkte von Lastkraftwagen 1934 bis 1944.

Jahr	Lastkraftwagen (Stück)	davon entfielen (in %) auf die Wehrmacht*	auf den zivilen Markt im Inland	auf den Export
1934	28452	6,2	85,9	7,9
1935	45213	15,6	75,3	9,1
1936	79040	10,4	80,1	9,5
1937	79126	16,1	66,1	17,8
1938	87661	26,0	58,3	15,7
1939	101745	32,0	52,0	16,0
1940	87888	60,7	24,6	14,7
1941	86147	59,3	25,2	15,5
1942	80152	72,1	21,2	6,7
1943	92959	79,8	15,9	4,3
1944	77177	87,3	9,8	2,9

* einschl. Waffen-SS und anderer bewaffneter Gliederungen
Quelle: *USSBS*, Effects, S. 281 (Appendix Table 108).

Der größte Teil der Exporte entfiel auf die Kleinwagenhersteller Opel und DKW (Auto Union).[95] Sie mussten mit einem Einbruch ihres Inlandsabsatzes rechnen, sobald Hitlers schon 1934 angekündigtes Lieblingsprojekt eines preisgünstigen „Volkswagens" in Großserienfertigung ging. Den Zuschlag für dieses von der Automobilindustrie kritisch eingeschätzte Großprojekt hatte der Reichsverband der Automobilhersteller auf Drängen Hitlers nicht einem der führenden Kleinwagenproduzenten, sondern dem Stuttgarter Ingenieurbüro Ferdinand Porsche erteilt. Als „politischer Konjunkturritter" verstand es Porsche, bei Hitler skrupellos Vorteile für sich herauszuholen.[96]

Als Hitler am 26. Mai 1938 den Grundstein zu dem von der Deutschen Arbeitsfront (DAF) zu errichtenden Volkswagenwerk legte, hatte das Versprechen von der „Volksmotorisierung" nur noch propagandistischen Wert. Dem Glauben daran tat dies keinen Abbruch. Bis Ende 1939 wurden bei der DAF und ihrer Unterorganisation Kraft durch Freude (KdF) rund 270 000 Sparverträge für den Kauf eines KdF-Wagens, wie das Fahrzeug von Hitler getauft wurde, abgeschlossen. Die meisten Sparer stammten aus der Mittelschicht. Entgegen der Propaganda von einem „Fahrzeug für jeden Volksgenossen" war der KdF-Wagen trotz des stark subventionierten Preises von 990 Reichsmark für Arbeiter nicht erschwinglich. Während des Krieges ging die Zahl der Neuabschlüsse zurück, doch stieg die Gesamtzahl noch auf 340 000 an, obwohl das Volkswagenwerk kein einziges ziviles Fahrzeug herstellte.[97]

Die reale Kraftfahrzeugfertigung war 1938 bereits ganz von den Kriegsvorbereitungen geprägt. Die Hersteller wurden vom Reichswirtschaftsministerium aufgefordert, die Zahl der gefertigten Typen zu reduzieren. Da die Unternehmen mit dem vorhandenen Angebot glänzend verdienten, zeigten sie wenig Bereitschaft, darauf einzugehen. Als im November 1938 noch keine Einigung zustande gekommen war, wurde die Branche einem staatlichen Diktat unterworfen. Göring ernannte als Beauftragter für den Vierjahresplan Oberst Adolf von Schell zum Generalbevollmächtigten für das Kraftfahrtwesen mit der Befugnis, eine Typenbegrenzung anzuordnen. Das am 15. März 1939 vorgelegte Schell-Programm schrieb vor, die Zahl der Pkw-Modelle auf 30 Haupttypen in fünf nach dem Hubraum bemessenen Klassen zu reduzieren. Noch rigider war der Eingriff in die Lkw-Produktion, die auf 19 Haupttypen beschränkt wurde.[98] Dieses Diktat ging vor allem zulasten der kleineren Hersteller, während Daimler-Benz und die Auto Union ihr Fertigungsprogramm weitgehend beibehalten konnten.[99]

---

95 An den Exporten der deutschen Automobilindustrie hatten Kleinwagen (Pkw mit einem Hubraum bis 1,5 l) 1937 einen Anteil von knapp 69 Prozent. Die Kraftverkehrswirtschaft im Jahre 1938 (Sonderbeilage zu Wirtschaft und Statistik 19, 1939, Nr. 3), S. 6.
96 *Pyta* [u. a.], Porsche, S. 391; vgl. ferner *Mommsen/Grieger*, Volkswagenwerk, S. 53–70.
97 *Mommsen/Grieger*, Volkswagenwerk, S. 189–202 (Zitat aus der DAF-Zeitung „Arbeitertum", S. 196), 383–405.
98 Ausführungsverordnung zu der Verordnung über die Typenbegrenzung in der Kraftfahrzeugindustrie vom 2. März 1939, in: Reichs- und Staatsanzeiger Nr. 66 vom 18. März 1939, S. 2 f. Zum Schell-Programm und seiner Vorgeschichte siehe *Edelmann*, Luxusgut, S. 198–202.
99 *Kukowski/Boch*, Kriegswirtschaft, S. 45 f.; *Gregor*, Stern, S. 77–79.

Tab. 6: Kfz-Bestand in Deutschland, Frankreich, Großbritannien und den USA 1927–1939.

Jahr	Deutschland		Frankreich		Großbritannien		USA	
	Kfz in 1000	Einw. pro Kfz	Kfz in 1000	Einw. pro Kfz	Kfz in 1000	Einw. pro Kfz	Kfz in 1000	Einw. pro Kfz
1927	368	175	891	44	1148	37	22137	5,0
1929	577	111	1296	37	1309	35	26501	4,6
1932	649	100	1689	25	1404	33	–	–
1934	866	75	1890	22	1725	27	23827	5,2
1936	1231	54	2065	20	2043	23	26211	4,8
1937	1447	47	2167	19	2241	21	28221	4,5
1938	1709	44	2192	19	2418	19	29705	4,0
1939	1986	40	2251	18	2422	19	29486	4,4

Quelle: Statistisches Jahrbuch für das Deutsche Reich, Jahrgänge 1927 bis 1939.

Ebenso wie um den Autobahnbau bildeten sich um die Motorisierung vor dem Zweiten Weltkrieg nachhaltig wirkende Legenden. Tatsächlich hat sich der Kraftfahrzeugbestand im Deutschen Reich zwischen 1932 und 1939 zwar verdreifacht und in absoluten Zahlen dem Stand in Frankreich und Großbritannien angenähert. Beim Motorisierungsgrad bestand aber immer noch ein Rückstand von mehr als zehn Jahren. 1938 kam in Deutschland ein Kraftfahrzeug auf 40 Einwohner. Dieser Stand war in Frankreich bereits 1927 und im Vereinigten Königreich sogar noch früher erreicht worden (siehe Tabelle 6). Eine raschere Verbreitung des Automobils kam in Deutschland wegen der hohen Treibstoffkosten, der geringen Reallohnzuwächse und der Prioritäten der Kriegsrüstung ab 1936 nicht zustande.[100] Eine Spitzenstellung hatte das „Dritte Reich" dagegen bei der Kraftraddichte. Das „Auto des kleinen Mannes" war hier so verbreitet wie in keinem anderen Land der Welt.[101]

3.5.6 Weichenstellungen der ersten Kriegsjahre

Durch das wachsende Gewicht der Rüstungsproduktion nach Kriegsbeginn nahmen die Disparitäten zwischen den Fertigungszweigen des Maschinenbaus noch einmal erheblich zu. 1940 lag die Produktion des Werkzeugmaschinenbaus um 15 Prozent, der Getriebe- und Wälzlagerherstellung um 12 Prozent und des Lokomotivbaus gar um 20 Prozent über dem Vorjahresstand (bezogen jeweils auf die Grenzen von 1937). Dagegen brach die Fertigung des Textilmaschinenbaus, der Leder- und Schuhmaschinenindustrie, der Nähmaschinenindustrie und der Nahrungs- und Genussmittelmaschinenindustrie im

---

[100] Vgl. *Edelmann*, Luxusgut, S. 237.
[101] *Flik*, Automobilindustrie, S. 63.

ersten Kriegsjahr ein. Schon zuvor hatte sie in laufenden Preisen in diesen konsumorientierten Sparten nicht einmal den Stand von 1928 erreicht.[102]

Die neuere Forschung misst der sprunghaft zunehmenden Fertigung von Werkzeugmaschinen in den ersten Kriegsjahren große Bedeutung bei, weil sie als Indiz für die hohen Investitionen in die Rüstung gelten kann. 1941 lag die Produktion hier viermal so hoch wie 1938 und während 1938 erst 24 Prozent der deutschen Werkzeugmaschinenproduktion auf Aufträge der Wehrmacht entfielen, waren es 1940 bereits 65 Prozent.[103] Jonas Scherner und Jochen Streb sehen darin einen klaren Widerspruch zu der lange vorherrschenden Annahme von einer „friedensmäßigen Kriegswirtschaft" in den Jahren 1939 bis 1941.[104] Die Gegenthese von einer „war-like peace time economy" nach 1937[105] deckt sich mit Befunden von Adam Tooze, wonach der vor Kriegsbeginn einsetzende Investitionsschub im Werkzeugmaschinenbau nicht nur zu einer starken Zunahme, sondern auch zu einer Verjüngung und Modernisierung des Werkzeugmaschinenbestands führte. Dass der Bestand bis 1943 in Deutschland größer war als in den USA, wurde in den USSBS-Berichten auf Verkrustungen des deutschen Fertigungssystems zurückgeführt, vor allem auf den geringen Anteil von Einzweckmaschinen für die Massenfertigung und die Neigung, alte Maschinen nur langsam zu verschrotten. Diese Hypothesen hat Tooze anhand der Maschinenbestandserhebungen des Statistischen Reichsamts widerlegt.[106] Seine Ergebnisse werden durch Befunde aus untersuchten Unternehmen gestützt. So beschloss der Vorstand von Daimler-Benz Anfang 1939, nicht in eine Erweiterung der Kapazitäten zu investieren, sondern in Werkzeugmaschinen, die zur Senkung der Kosten beitrugen.[107] Bei den Wanderer-Werken nahm durch die Aufträge für die Luftrüstung die Fertigung von Sondermaschinen zu.[108]

Das Problem lag nach Tooze vielmehr in der Fehlallokation der Arbeitskräfte: „Der Maschinenberg, für den die Arbeiter fehlten, ist symptomatisch für die Inkonsequenz des NS-Regimes."[109] So gesehen war es nur konsequent, dass die Produktionswerte des Werkzeugmaschinenbaus nach 1941 zurückgingen. Andererseits wurde mit der Verordnung zur Begrenzung von Gewinnausschüttungen (Dividendenabgabeverordnung) vom 12. Juni 1941 ein Anreiz für zusätzliche Investitionen in den Werkzeug-

---

102 Siehe Tabellen 2 und 4, sowie die Übersicht über die Produktionszweige des Maschinenbaus in: *USSBS*, Effects, S. 218 (Appendix, Table 17). Ähnlich: *Dietrich Eichholtz*, Geschichte der deutschen Kriegswirtschaft 1939–1945, Bd. 2: 1941–1943, Berlin (Ost) 1985, S. 375 (Tabelle 94).
103 Siehe Tabelle 3, sowie die Daten in: *Jonas Scherner/Jochen Streb*, Das Ende eines Mythos? Albert Speer und das sogenannte Rüstungswunder, in: Vierteljahrschrift für Sozial- und Wirtschaftsgeschichte 93, 2006, S. 185 (Tabelle 9).
104 *Scherner/Streb*, Ende eines Mythos, S. 195.
105 *Jonas Scherner*, Nazi Germany's Preparation for War: Evidence from Revised Industrial Investment Series, in: European Review of Economic History 14, 2010, S. 451. Siehe Kapitel 3.1 in diesem Band.
106 *Tooze*, „Punktuelle Modernisierung", S. 79–98.
107 *Gregor*, Stern, S. 107.
108 *Schneider*, Unternehmensstrategien, S. 431 f.
109 *Tooze*, „Punktuelle Modernisierung", S. 98.

maschinenbau geschaffen. Die Unternehmen setzten nun darauf, ihre Gewinne durch die Beschaffung langfristiger Investitionsgüter für den Start in die Nachkriegszeit nutzen zu können.

Der Investitionsboom der ersten Kriegsjahre führte auch in anderen Zweigen des Maschinenbaus zu einer raschen Steigerung der Rüstungsproduktion. In den Werken Augsburg und Nürnberg der MAN (Motorenbau, Schwermaschinenbau, Lkw-Bau) fertigten Ende Januar 1940 72 bzw. 76 Prozent der Beschäftigten für mittelbare und unmittelbare Rüstungszwecke. Bis Ende April 1941 stiegen diese Anteile auf 89 bzw. 94 Prozent.[110] Ähnlich dominant entwickelte sich die Rüstungsproduktion in den tschechischen Škoda-Werken, die im Zuge der zwangsweisen „Germanisierung" in die Anfang 1941 gebildete Reichswerke AG für Waffen und Maschinenbau „Hermann Göring" eingegliedert wurden. Für die gesamte Branche ergibt sich ein anderes Bild. Den Schlüsselsparten der Kriegsrüstung standen weite Bereiche mit einem niedrigeren oder geringen Anteil militärischer Aufträge gegenüber. Selbst bei den Wanderer-Werken entfielen 1941 noch 35 Prozent der Fertigung auf den Büromaschinenbau und 53 Prozent auf die Herstellung von Werkzeugmaschinen und Geräten für unmittelbare Rüstungszwecke.[111] Insgesamt blieb der Maschinenbau bei Weitem nicht so stark in die Kriegsrüstung eingespannt wie der Kraftfahrzeugbau.

Das höchste Wachstum unter den Fachzweigen verzeichnete neben dem Werkzeugmaschinenbau der Lokomotivbau. Hier nahm die Produktion in den Jahren 1938 bis 1941 um rund 150 Prozent zu (siehe Tabelle 2). Während im Maschinen- und Fahrzeugbau insgesamt nur ein relativ geringer Anteil der Fertigung auf die in den Jahren 1938/39 annektierten Gebiete entfiel, nahm die Kapazität des Lokomotivbaus durch Fabriken im ehemaligen Österreich, im Protektorat Böhmen und Mähren und in den annektierten polnischen Gebieten erheblich zu.[112] Ebenso wie der Werkzeugmaschinenbau hatte der Lokomotivbau in den Jahren 1936 bis 1938 einen Engpass der gesamten Kriegsrüstung gebildet. Diese Erfahrung beeinflusste ganz offensichtlich die Verteilung der Investitionen in den ersten Kriegsjahren. Unbedingt sollte verhindert werden, dass lange Lieferzeiten für Maschinen und Verzögerungen in den Lieferketten das Tempo der Rüstung beeinträchtigten. Auch dies spricht dafür, dass Hitler von Anfang an einen längeren Krieg geplant hat.

In den Unternehmen überwog nach Kriegsbeginn eine andere Wahrnehmung. Besonders die Automobilhersteller gingen zunächst nicht von einer längeren Dauer des Krieges aus.[113] Sie sahen sich daher nicht zu Umstellungen in der Fertigung veran-

---

110 *Feyer*, MAN, S. 180.
111 *Schneider*, Unternehmensstrategien, S. 507.
112 Erwähnt seien hier nur die von Henschel übernommene Wiener Lokomotivfabrik Floridsdorf, die Škoda-Werke und die Böhmisch-Mährischen Maschinenfabriken sowie die Oberschlesischen Lokomotivwerke.
113 Für Daimler-Benz zeigt dies *Gregor*, Stern, S. 114, 116. Für die Auto Union: *Michael C. Schneider*, Sächsische Unternehmen in der Aufrüstungs- und Kriegswirtschaft, in: Mike Schmeitzner [u. a.] (Hrsg.), Von Stalingrad zur SBZ. Sachsen 1943 bis 1949, Göttingen 2016, S. 91.

lasst, obwohl der Pkw-Markt eingebrochen war. Kraftfahrzeuge durften nur noch in Ausnahmefällen von Privatpersonen genutzt werden, ein großer Teil des Bestands an Nutzfahrzeugen wurde von der Wehrmacht eingezogen. Zugleich wurde die Zahl der Lkw-Modelle weiter reduziert. Auf Weisung Schells mussten die Hersteller Baugemeinschaften bilden.[114] Blieb die Lkw-Produktion durch den wachsenden Bedarf der Wehrmacht noch auf einem relativ hohen Niveau, so wurde die Fertigung von Personenkraftwagen weiter abgesenkt. Der österreichische Fahrzeugbauer Steyr-Daimler-Puch war schon nach der Annexion des Landes auf die Fertigung von Flugmotoren und Panzerteilen umprofiliert worden. Die General-Motors-Tochter Opel musste die Kapazitäten des Rüsselsheimer Stammwerks in den Dienst der Luftrüstung stellen. Die Pkw-Produktion wurde Anfang 1940 stillgelegt. Das Werk fertigte nun Komponenten für Junkers-Flugzeuge, vor allem den Kampfbomber Ju 88. Nach Hitlers Kriegserklärung an die Vereinigten Staaten im Dezember 1941 geriet der größte deutsche Fahrzeugbauer zudem unter Feindvermögensverwaltung.[115] Daimler-Benz und BMW mussten ihre Automobilproduktion 1942 einstellen.[116] Das vor Kriegsbeginn mit großen Ankündigungen gegründete Volkswagenwerk produzierte vor allem Rüstungsgüter wie Bomben und Flugzeugteile. An Fahrzeugen wurde lediglich die militärische Version des Volkswagens, der Kübelwagen, in größerer Zahl hergestellt.[117] Die Kapazitäten der gesamten Branche waren weitgehend auf die Fertigung von Kraftfahrzeugen für die Wehrmacht, Flugmotoren und Flugzeugteilen für die Luftwaffe umgestellt. Die Bilanz der von Hitler versprochenen „Volksmotorisierung" hätte nicht desaströser ausfallen können.

Die Exportquote des Maschinenbaus ging nach Kriegsbeginn auf unter 10 Prozent zurück, das Überseegeschäft brach durch die britische Seeblockade fast vollständig weg. Auch im Kraftfahrzeugbau ging der Export rapide zurück. Die Auto Union konnte lediglich noch in Spanien und in Südosteuropa nennenswerte Umsätze erzielen.[118] Im Maschinenbau konnten einzelne Hersteller dagegen ein bedeutendes „richtiges" Auslandsgeschäft mit Kunden in neutralen und verbündeten Ländern aufrechterhalten. Dies galt zum Beispiel für den Büromaschinenbau. Die Wanderer-Werke konnten ihren Export an Rechenmaschinen in den ersten Kriegsjahren steigern. Die Abnehmer waren nun allerdings durch handelsvertraglich festgelegte Kontingente vorgegeben.[119] Im Textilmaschinenbau lag die Exportquote im letzten Kriegsjahr sogar über dem Stand von 1938, da der Absatz im Inland durch Stilllegungen und Produktionsverbote drastisch zurückgegangen war.[120]

---

114 *Gregor*, Stern, S. 210–212.
115 *Neliba*, Opel-Werke, S. 76–89, 97, 104–106; *Turner*, General Motors, S. 98 f., 135 f., 142 f.
116 *Gregor*, Stern, S. 118; *Werner*, Kriegswirtschaft, S. 123 f.
117 *Mommsen/Grieger*, Volkswagenwerk, S. 363–405.
118 *Eva Pietsch*, Griff nach dem Weltmarkt. Die Exporte und Exportstrategien der Auto Union AG Chemnitz, 1932–1945, in: Rudolf Boch (Hrsg.), Geschichte und Zukunft der deutschen Automobilindustrie. Tagung im Rahmen der „Chemnitzer Begegnungen" 2000, Stuttgart 2001, S. 169–173.
119 *Schneider*, Unternehmensstrategien, S. 276–280.
120 *Länderrat*, Statistisches Handbuch, S. 300.

An den im Sommer 1940 beginnenden Auftragsverlagerungen in besetzte Länder waren die Unternehmen des Maschinen- und Kraftfahrzeugbaus in unterschiedlicher Weise beteiligt. In der Regel wurden Rüstungsfertigungen früher verlagert als Fertigungen ziviler Produkte. Vor allem Großunternehmen der Rüstungsindustrie wollten auf diese Weise Kapazitätsengpässe beseitigen und Investitionsrisiken umgehen. Sie nahmen in Kauf, dass mit den Verlagerungen technisches Wissen an die Auftragnehmer transferiert wurde. Rheinmetall-Borsig und die Auto Union begannen bereits im Juni 1940 mit Verlagerungen nach Frankreich und in die Niederlande. Daimler-Benz entschloss sich dazu erst ein Jahr später und nur im Auftrag der Wehrmacht. Noch stärker scheuten mittelständische Hersteller ziviler Produkte das Risiko eines Wissenstransfers und den organisatorischen Aufwand von Fertigungsverlagerungen ins Ausland. Auf breiter Ebene setzten die Auftragsverlagerungen hier erst 1942 ein. Für die Unternehmen des Maschinen- und Fahrzeugbaus war Frankreich das wichtigste Zielland der Verlagerungen, gefolgt von den Niederlanden, Belgien und (ab Herbst 1943) Norditalien. Diese Länder verfügten über einen hochentwickelten Maschinen- und Fahrzeugbau.[121]

3.5.7 Bedeutungsverlust in der Ära Speer

Der im Februar 1942 zum Reichsminister für Bewaffnung und Munition ernannte Architekt Albert Speer knüpfte in vielem an Strategien seines Vorgängers Fritz Todt an. Nach den Rückschlägen an der Ostfront hatte dieser bereits die Weichen für eine Lenkung der Rüstungswirtschaft unter weitgehender Ausschaltung der militärischen Beschaffungsämter gestellt. Für die Schwerpunkte der Rüstungsindustrie baute Speer die bestehenden Hauptausschüsse aus, die durchweg von Industriellen oder Repräsentanten von Industrieverbänden geleitet wurden. Beim Rüstungsministerium bestanden drei Hauptausschüsse für den Maschinen- und Fahrzeugbau: der Hauptausschuss Maschinen unter dem Vorsitz von Karl Lange, dem Hauptgeschäftsführer der Wirtschaftsgruppe Maschinenbau, der von Gerhard Degenkolb (Demag) geleitete Hauptausschuss Schienenfahrzeuge und der Hauptausschuss Kraftfahrzeuge, der zunächst von Paul Werners (Büssing NAG), später von Wilhelm Schaaf (BMW) geleitet wurde.[122]

---

[121] *Elena Dickert*, Die „Nutzbarmachung" des Produktionspotentials besetzter Gebiete durch Auftragsverlagerungen im Zweiten Weltkrieg. Staatliche Regulierung und Verlagerungsverhalten von Maschinenbau- und Automobilunternehmen, Diss. Trondheim 2013, S. 173–228.
[122] *Eichholtz*, Geschichte, Bd. 2, S. 65. Zu Karl Langes Rolle in der NS-Kriegswirtschaft siehe *Matt Bera*, Lobbying Hitler. Industrial Associations between Democracy and Dictatorship, New York 2016, S. 189–219. Lange war von 1926 bis 1934 Hauptgeschäftsführer der VDMA gewesen. 1949 wurde er erneut in diese Position berufen.

Von Hitler mit weitreichenden Vollmachten ausgestattet, ging Speer dazu über, die Umprofilierung und Stilllegung ganzer Fertigungsbereiche anzuordnen. Im Maschinenbau waren davon Sparten mit geringer rüstungswirtschaftlicher Bedeutung wie der Büromaschinenbau und der Textilmaschinenbau besonders betroffen, im Fahrzeugbau stand die bereits erwähnte Minimierung der Automobilproduktion an erster Stelle. In anderen Fachzweigen wurden rigide Typenbeschränkungen angeordnet, um die Massenherstellung von Rüstungsgütern zu forcieren. Insgesamt fiel der Maschinenbau in der Ära Speer zurück, da die Investitionen schwerpunktmäßig in die Waffen- und Munitionsherstellung, die Luftrüstung und den Panzerbau gelenkt wurden. Nur noch wenige Bereiche der Branche konnten ihre Fertigung in den Jahren 1942 bis 1944 steigern: der Motorenbau, der Lokomotivbau und die Getriebe- und Wälzlagerhersteller (s. Tabelle 2). Die Bruttoproduktion des gesamten Maschinenbaus nahm 1942 nur noch um ein Prozent zu und ging in den folgenden Jahren zurück. Davon war der Werkzeugmaschinenbau nicht ausgenommen (s. Tabellen 1, 2 und 3). Selbst der Wert der an die Wehrmacht gelieferten Werkzeugmaschinen erreichte in den letzten Kriegsjahren nicht mehr den Höchststand von 1942, obwohl der Anteil der Wehrmacht und der Rüstungsindustrie am Absatz des Fertigungszweigs von 74 Prozent (1942) auf 83 Prozent (Frühjahr 1944) stieg.[123] Im gesamten Maschinenbau lag dieser Anteil weiterhin erheblich niedriger, da es auch unter Speer nicht gelang, diese disparate Branche ähnlich stark auf die Rüstungsproduktion auszurichten wie den Kraftfahrzeugbau. Nach Wagenführs 1955 veröffentlichter Bilanz der deutschen Kriegswirtschaft lag der Anteil der Kriegsgerätefertigung am Umsatz der Wirtschaftsgruppe Maschinenbau im Herbst 1943 bei 33 Prozent, in der Fahrzeugindustrie zur gleichen Zeit bei 60 Prozent.[124] Diese Zahlen sind mit Sicherheit zu niedrig angesetzt, doch dürfte es realistisch sein, von einem Gefälle ähnlicher Größenordnung auszugehen.

Vom Kriegsverlauf getrieben, konzentrierte das Rüstungsministerium die Investitionen auf Schwerpunktprogramme, die wiederholt geändert werden mussten und mehrfach wechselten. Die an der Ostfront erlittenen Verluste an Nutzfahrzeugen sollten durch eine Standardisierung der Lkw-Produktion und eine Steigerung der Fertigung des Opel-Werks in Brandenburg aufgeholt werden.[125] Auch die Reichsbahn hatte im Osten ein Desaster erlitten, da ihre Lokomotiven dem russischen Winter nicht gewachsen waren. Speer reagierte darauf mit der Einführung eines vereinfachten Lokomotivtyps, der Kriegslokomotive. Jeder Lokomotivhersteller hatte ein bestimmtes Kontingent dieses Typs zu fertigen.[126] Schon im September 1943 musste das Programm gedrosselt werden. Bei Krauss-Maffei und den Borsig-Lokomotiv-Werken wurde auf

---

123 *Scherner/Streb*, Ende eines Mythos, S. 195; *USSBS*, Effects, S. 49 (Tabelle 21).
124 *Rolf Wagenführ*, Die deutsche Industrie im Kriege 1939–1945, Berlin 1955, S. 44.
125 Neliba, Opel-Werke, S. 131–137.
126 *Alfred B. Gottwald*, Deutsche Kriegslokomotiven 1939–1945, Stuttgart 1998; *Alfred B. Gottwald*, Deutsche Eisenbahnen im Zweiten Weltkrieg. Rüstung, Krieg und Eisenbahn (1939–1945), Stuttgart 1983, S. 68, 94–107; *Bähr* [u. a.], KraussMaffei, S. 153 f.

Weisung Speers die gesamte Dampflokomotivenproduktion stillgelegt, um Arbeitskräfte in den Flugmotorenbau umzusetzen.[127] Der Beginn der massiven Luftangriffe der Alliierten zwang dazu, der Luftrüstung wieder höchste Priorität einzuräumen.

Noch vordringlicher als der Bau der Kriegslokomotiven war das im Januar 1942 von Hitler angeordnete Panzerprogramm. Die Panzer der Wehrmacht waren beim Überfall auf die Sowjetunion dem neuen T-34 der Roten Armee hoffnungslos unterlegen. Da die deutsche Rüstungsmaschinerie bei der Panzerfertigung weder quantitativ noch qualitativ mit den Alliierten Schritt gehalten hatte, fehlten schwere Panzer vollständig. Nun sollten die Herstellerfirmen, an deren Spitze Lastwagenbauer wie Daimler-Benz, Henschel & Sohn und MAN standen, die Produktion auf 1500 Panzer im Monat steigern.[128] Es wurden neue, kampfstärkere Typen konstruiert, die Panzer V („Panther") und VI („Tiger"), deren Serienfertigung im Herbst 1942 anlief.[129] Wegen des Mangels an Arbeitskräften ging das Panzerprogramm bei den führenden Herstellern zwangsläufig zu Lasten der Lkw-Produktion. An dieser wollten die Unternehmen aber unbedingt festhalten, da sie eine Perspektive für die Nachkriegszeit bot. Bei MAN scheiterten alle derartigen Bestrebungen an Weisungen des Rüstungsministeriums. Speers Amtsleiter Karl-Otto Saur ordnete im Januar 1944 das Auslaufen der Lkw-Fertigung an, um weitere Kapazitäten für den Panzerbau freizusetzen.[130] Daimler-Benz konnte dagegen weiterhin Lastwagen herstellen, weil sich das Unternehmen auf Anordnung Speers verpflichtet hatte, den Einheitslastwagen für die Wehrmacht, den 3-t-Lkw Opel „Blitz", in Lizenz zu fertigen. Als das große Lkw-Werk von Opel in Brandenburg im August 1944 nach einem Luftangriff die Produktion einstellen musste, wurde der Lastwagenbau von Daimler-Benz für die Wehrmacht unverzichtbar. Diese Position ermöglichte es dem Unternehmen, Vorbereitungen für die Nachkriegszeit zu treffen. Schon Anfang 1944 hatte man hier damit begonnen, Werkzeugmaschinen aus dem Panzerbau in den Lkw-Bau zu verlegen.[131] Unter dem Druck der Produktionsverbote nahm zugleich die Auftragsverlagerung ziviler Fertigungen in besetzte Länder zu. So vergaben die Wanderer-Werke nun Aufträge für die Fertigung von Schreibmaschinen in die Niederlande und nach Belgien. Durch die zivilen Aufträge nahm besonders das Volumen der Auftragsverlagerungen nach Frankreich 1943 noch einmal stark zu.[132]

---

127 *Bähr* [u.a.], KraussMaffei, S. 154f.
128 Zu den Herstellerfirmen gehörten neben den Fahrzeugbauern Daimler-Benz, Henschel & Sohn, Krupp-Gruson, MAN, Vogtländische Maschinenfabrik (Vomag) und Steyr-Daimler-Puch (Nibelungenwerk) auch die neuen Rüstungsfirmen Alkett, Maschinenfabrik Niedersachsen Hannover (MNH), MIAG und Deutsche Eisenwerke, die aus den Linke-Hofmann-Busch-Werken hervorgegangene Junkers-Tochter Famo sowie die Škoda-Werke und die Böhmisch-Mährische Maschinenfabrik. *Johannes Bähr* [u.a.], Der Flick-Konzern im Dritten Reich, München 2008, S. 486.
129 Zum Adolf-Hitler-Panzerprogramm siehe u.a. *Tooze*, Ökonomie, S. 682; *Eichholz*, Geschichte, Bd. 2, S. 121.
130 *Bähr* [u.a.], MAN, S. 321–326.
131 *Gregor*, Stern, S. 213–224, 371.
132 *Dickert*, „Nutzbarmachung", S. 163–165, 182f.

Die Kapazitäten der Maschinenbaufirmen wurden im letzten Kriegsjahr zunehmend für Rüstungsendfertigungen genutzt. Das Rüstungslieferungsamt des Speer-Ministeriums und der im August 1944 gebildete Rüstungsstab erzwangen besonders im Werkzeugmaschinenbau eine breitangelegte Umstellung der Produktion auf Munition, Geschosse und andere Kriegsartikel, da die Ausrüstungen der Hersteller dafür gut geeignet waren. Werkzeugmaschinenfabriken in Berlin, Thüringen, Sachsen und Württemberg hatten Granatwerfer zu fertigen, andere wurden angewiesen, nach der Zerstörung der Kugellagerfabriken in Schweinfurt Wälzlager aufzubereiten. Die Karlsruher Waffenschmiede Deutsche Waffen- und Munitionsfabrik (DWM) gab ihre bedeutende Werkzeugmaschinenfertigung weitgehend auf.[133] Die Stückzahl der in Deutschland hergestellten Werkzeugmaschinen lag 1944 bei 79 Prozent der Vorjahresstands und nur noch bei 56 Prozent des Stands von 1941.[134]

Der Zwangsarbeitereinsatz hatte im Maschinen- und Kraftfahrzeugbau wie in fast allen Branchen der deutschen Industrie während des ersten Kriegsjahres begonnen und nahm bis Herbst 1944 kontinuierlich zu. Einen besonders hohen Anteil von Zwangsarbeiterinnen und Zwangsarbeitern hatten die neu errichteten Flugmotorenwerke der Fahrzeughersteller, die über keine größere Stammbelegschaft verfügten, und das Volkswagenwerk, das ebenfalls für die Luftrüstung genutzt wurde. Im Werk Genshagen von Daimler-Benz und im Volkswagenwerk lag dieser Anteil Ende 1944 bei rund zwei Drittel der Belegschaft.[135] Dagegen bestand 1944 bei der MAN etwa ein Drittel der Belegschaft aus Zwangsarbeiterinnen und Zwangsarbeitern, in mittelständischen Maschinenfabriken Württembergs wie Gebr. Boehringer, Werner & Pfleiderer und Trumpf & Co. lag dieser Anteil zwischen 22 und 34 Prozent, bei einem hochspezialisierten Maschinenbauer wie W. Ferd. Klingelnberg noch niedriger.[136] Werke von Daimler-Benz, BMW und Steyr-Daimler-Puch bildeten ebenso wie das Volkswagenwerk auch Schwerpunkte des Einsatzes von KZ-Häftlingen. Bei BMW begann dieser Einsatz schon 1942. Systematisch wurden Häftlinge ab Frühjahr 1944 als letzte Arbeitskraftreserve für die Rüstungsproduktion ausgebeutet, auch in Großunternehmen des Maschinenbaus wie Rheinmetall-Borsig, einem wichtigen Zulieferer für das Raketenprogramm.[137]

Ab September 1943 konnten die Unternehmen wegen der zunehmenden Luftangriffe Ausweich- und Verlagerungsbetriebe an für sicherer gehaltenen Standorten errichten. Davon machten nicht nur die Großbetriebe, sondern auch mittelständische

---

133 Zur „Abschaltungsaktion im Werkzeugmaschinenbau" vom Herbst 1944 siehe *Gehrig*. Rüstungspolitik, S. 278–282. Vgl. ferner *USSBS*, Effects, S. 47. Zur DWM: *Roland Peter*, Rüstungspolitik in Baden. Kriegswirtschaft und Arbeitseinsatz in einer Grenzregion im Zweiten Weltkrieg, München 1995, S. 126.
134 *Fritz Blaich*, Wirtschaft und Rüstung im „Dritten Reich", Düsseldorf 1987, S. 48.
135 *Gregor*, Stern, S. 278; *Mommsen/Grieger*, Volkswagenwerk, S. 532, 1027 (Tabelle 6).
136 *Bähr* [u. a.], MAN, S. 334; *Gehrig*, Rüstungspolitik, S. 189; *Jochen Streb*, Trumpf. Geschichte eines Familienunternehmens, München 2018, S. 108 f.; *Kampmann*, Werkzeughandel, S. 220.
137 *Gregor*, Stern, S. 294–298; *Werner*, Kriegswirtschaft, S. 218–223; *Bertrand Perz*, Projekt Quarz. Steyr-Daimler-Puch und das Konzentrationslager Melk, Wien 1991; *Mommsen/Grieger*, Volkswagenwerk, S. 496–525, 766–799; *Leitzbach*, Rheinmetall, Bd. 1, S. 274.

Maschinenfabriken aus Ballungszentren regen Gebrauch. Nicht wenige Unternehmen konnten die Fertigung ihrer wichtigsten Produkte an andere Standorte, häufig in stillgelegte Textilfabriken, verlegen, bevor ihr Stammwerk von Bomben getroffen wurde.[138] Insgesamt war der Maschinenbau aufgrund seiner Standort- und Betriebsgrößenstruktur von den Luftangriffen weniger betroffen als großindustriell geprägte Branchen.

Die Großbetriebe des Flugmotorenbaus gehörten zu den Werken, für die 1944 auf Weisung des Rüstungsministeriums unterirdische Verlagerungen erfolgen sollten. Die Flugmotorenfertigung von BMW sollte durch die Errichtung eines unterirdischen Werks im Elsass vor Luftangriffen gesichert werden, Teile des Flugmotorenwerks von Daimler-Benz wurde aus Genshagen bei Berlin unter dem Tarnnamen Goldfisch GmbH in einen Gipsstollen bei Obrigheim am Neckar verlagert. Später wurden auch Maschinen und Ersatzteile aus der Lkw-Fertigung des Unternehmens unterirdisch verlegt. Für den Bau der unterirdischen Fabriken wurden KZ-Häftlinge unter unmenschlichen Bedingungen eingesetzt, besonders auch beim Projekt Quarz, einer unterirdischen Kugellagerfabrik der zum Reichswerke-Konzern gehörenden Steyr-Daimler-Puch AG.[139]

3.5.8 Schlussbemerkung

Als amerikanische Experten nach Kriegsende systematische Untersuchungen über die Auswirkungen der Luftangriffe durchführten, konzentrierten sie sich auf die Schlüsselsparten der deutschen Rüstungsindustrie. Aus dem Maschinenbau finden sich in diesen Berichten daher nur detaillierte Angaben zum Werkzeugmaschinenbau und zum Werkzeugmaschinenbestand. Nach den vom USSBS veröffentlichten Daten hat der Werkzeugmaschinenbestand während des Krieges kontinuierlich zugenommen und Anfang 1945 um 55 Prozent über dem Stand vom Juli 1939 gelegen.[140] Selbst 1944 seien nur 6,5 Prozent des Bestands durch Luftangriffe beschädigt oder zerstört worden.[141]

Solche Zahlen scheinen für eine enorme Steigerung der Leistungsfähigkeit des Maschinenbaus während des Krieges zu sprechen. Ein derartiges Bild steht jedoch in einem scharfen Kontrast zu Berichten der Unternehmen aus den letzten Kriegsjahren. Statt von einem „Rüstungswunder" ist hier von zunehmenden Unwägbarkeiten und einem kaum zu bewältigenden Chaos die Rede. Dabei steht außer Zweifel, dass der Maschinenbau durch die Investitionen während des Krieges einen beträchtlichen Wachstumsschub erfahren hat und die durch Luftangriffe beschädigten Maschinen zu einem großen Teil repariert werden konnten. Doch sollten die Daten für den rüstungswirtschaftlich besonders relevanten Werkzeugmaschinenbau nicht darüber hinwegtäuschen, dass weite Teile der Branche von Umprofilierungen der Fertigung und

---

138 Siehe hierzu etwa das Beispiel der Stuttgarter Firma Fortuna, in: *Gehrig*, Rüstungspolitik, S. 142.
139 *Gregor*, Stern, S. 331–354; *Werner*, Kriegswirtschaft, S. 319–329; *Perz*, Projekt „Quarz".
140 *USSBS*, Effects, S. 230.
141 *USSBS*, Effects, S. 45.

Produktionsstilllegungen betroffen waren – Maßnahmen, die schließlich auch manchen Werkzeugmaschinenfabriken drohten. Zwar wurde der Maschinenbau längst nicht so stark auf die Fertigung von Waffen und Flugzeugteilen ausgerichtet wie der Kraftfahrzeugbau. Doch waren seine Unternehmen in den letzten Kriegsjahren weiter denn je davon entfernt, „Hüterin und Bewahrerin der höchsten Leistungsfähigkeit der deutschen Wirtschaft" zu sein. Dass sich keine größeren Substanzverluste ergaben und die Ausgangsbasis für die Nachkriegszeit zu einem großen Teil intakt blieb, ist nicht durch die unrealistischen Rüstungsprogramme der letzten Kriegsjahre zu erklären. Entscheidend waren die breit angelegten Verlagerungen von Maschinen, das vorhandene Know-how und die verbliebenen Fachkräfte, aber auch das Eigeninteresse der Unternehmen, an ihren Stammfertigungen so lange wie möglich festzuhalten.

Auswahlbibliografie

Bähr, Johannes [u. a.], Die MAN. Eine deutsche Industriegeschichte, München 2008.
Bähr, Johannes [u. a.], 180 Jahre KraussMaffei. Die Geschichte einer Weltmarke, München 2018.
Boch, Rudolf/Kukowski, Martin: Kriegswirtschaft und Arbeitseinsatz bei der Auto Union AG Chemnitz im Zweiten Weltkrieg, Stuttgart 2014.
Buschmann, Mirko, Durch Rationalisierungsdruck zu neuen Pfaden? Maschinenbau im Nationalsozialismus, in: Dresdener Beiträge zur Geschichte der Technikwissenschaften 32, 2008, S. 33–56.
Edelmann, Heidrun, Vom Luxusgut zum Gebrauchsgegenstand. Die Geschichte der Verbreitung von Personenwagen in Deutschland, Frankfurt am Main 1989.
Feyer, Sven, Die MAN im Dritten Reich. Ein Maschinenbauunternehmen zwischen Weltwirtschaftskrise und Währungsreform, Baden-Baden 2018.
Gehrig, Astrid, Nationalsozialistische Rüstungspolitik und unternehmerischer Entscheidungsspielraum. Vergleichende Studien zur württembergischen Maschinenbauindustrie, München 1996.
Gregor, Neil, Stern und Hakenkreuz. Daimler-Benz im Dritten Reich, Berlin 1997.
Haak, René, Die Entwicklung des deutschen Werkzeugmaschinenbaus in der Zeit von 1930 bis 1960, Berlin 1997.
Kampmann, Tobias, Vom Werkzeughandel zum Maschinenbau. Der Aufstieg des Familienunternehmens W. Ferd. Klingelnberg Söhne 1900–1950, Stuttgart 1994.
Leitzbach, Christian, Rheinmetall. Vom Reiz, im Rheinland ein großes Werk zu errichten, Bd. 1, Köln 2014.
Mommsen, Hans/Grieger, Manfred, Das Volkswagenwerk und seine Arbeiter im Dritten Reich, Düsseldorf 1996.
Neliba, Günter, Die Opel-Werke im Konzern von General Motors (1929–1948) in Rüsselsheim und Brandenburg. Produktion für Aufrüstung und Krieg ab 1935 unter nationalsozialistischer Herrschaft, Frankfurt am Main 2000.
Pyta, Wolfram [u. a.], Porsche. Vom Konstruktionsbüro zur Weltmarke, München 2017.
Schneider, Michael C., Unternehmensstrategien zwischen Weltwirtschaftskrise und Kriegswirtschaft. Chemnitzer Maschinenbauindustrie in der NS-Zeit 1933–1945, Essen 2005.
Tooze, Adam, „Punktuelle Modernisierung": Die Akkumulation von Werkzeugmaschinen im „Dritten Reich", in: Jahrbuch für Wirtschaftsgeschichte 2003/1, S. 79–89.
Turner Jr., Henry Ashby, General Motors und die Nazis. Das Ringen um Opel, Berlin 2006 (engl. Original: General Motors and the Nazis. The Struggle of Control of Opel, Europe's Biggest Carmaker, New Haven 2005).
Vollmer, Thomas, Produktion und Geschäftsentwicklung von Henschel & Sohn im Kontext der nationalsozialistischen Aufrüstung und Kriegsführung, in: Jürgen Nautz (Hrsg.), Henschel und Kassel.

Fallstudien zur Geschichte des Unternehmens und der Familie Henschel, Darmstadt 2012, S. 135–172.

Werner, Constanze, Kriegswirtschaft und Zwangsarbeit bei BMW, München 2006.

Werner, Oliver, Ein Betrieb in zwei Diktaturen. Von der Bleichert Transportanlagen GmbH zum VEB VTA Leipzig 1932 bis 1963, Stuttgart 2004.

Raymond G. Stokes
3.6 Chemische Industrie

3.6.1 Einleitung

Die chemische Industrie ist ein weites Feld, und da bildete der deutsche Chemiesektor keine Ausnahme. Er umfasste Unternehmen mit einer Produktpalette, die von Seifen, Waschmitteln und Farbstoffen bis zu Kunststoffen und Arzneimitteln reichte. Die Unternehmensgröße hing vom Produktionsschwerpunkt und vom Marktzugang ab. Die größeren Unternehmen verfügten in der Regel über die höchsten technologischen Fähigkeiten, obwohl auch einige der kleineren Firmen, insbesondere im Pharmabereich, technologisch hoch versiert sein konnten. Allgemeine Aussagen über die chemische Industrie im Nationalsozialismus und im Zweiten Weltkrieg sind nur schwer zu treffen, das gilt auch für repräsentative Fallstudien. Es liegen nur wenige Untersuchungen über kleine und mittlere Unternehmen sowie über bestimmte Teilbereiche der Branche vor.

Die wissenschaftliche Literatur zur Geschichte der deutschen chemischen Industrie ist fast deckungsgleich mit der Geschichte der Interessengemeinschaft Farbenindustrie AG (IG Farben).[1] Dies überrascht nicht, denn dieser Konzern war während der gesamten Epoche führend in der deutschen Chemiebranche. Auf die IG Farben entfiel ein überproportionaler Anteil am Jahresumsatz der Branche, der 1943 mit drei Milliarden Reichsmark (RM) der mit Abstand größte der rund 4000 deutschen Chemieunternehmen war. Nur drei weitere Unternehmen erzielten in jenem Jahr einen höheren Umsatz als 100 Millionen RM, darunter eines, an dem die IG Farben einen Anteil von 25 Prozent hielt. Die IG erzeugte auch große Teile der Industrieproduktion, vor allem in strategischen Bereichen wie dem synthetischen Kautschuk, wo sie für 100 Prozent der Produktion verantwortlich war. Sie stellte 90 Prozent aller Kunststoffe her, und der einzige andere unabhängige Kunststoffhersteller Röhm & Haas war bei

---

[1] Vgl. *Peter Hayes*, Industry and Ideology. IG Farben in the Nazi Era, 2. Aufl. Cambridge 2000; *Raymond G. Stokes*, From the IG Farben Fusion to the Establishment of BASF AG (1925–1952), in: Werner Abelshauser [u. a.], German Industry and Global Enterprises: BASF. The History of a Company, Cambridge 2004, S. 206–361; *Gottfried Plumpe*, Die IG Farbenindustrie AG. Wirtschaft, Technik, Politik, 1904–1945, Berlin 1991; *Stephan H. Lindner*, Hoechst. Ein IG Farben Werk im Dritten Reich, München 2005; *Bernhard Lorentz/Paul Erker*, Chemie und Politik. Die Geschichte der Chemischen Werke Hüls 1938–1979, München 2003. Nur selten steht die IG Farben nicht im Mittelpunkt der Analyse, eine große Ausnahme ist daher *Peter Hayes*, From Cooperation to Complicity. Degussa in the Third Reich, Cambridge 2004.

Anmerkung: Übersetzt von Marcel Boldorf.

seinen Vorprodukten vollständig auf die IG Farben angewiesen.² Selbst in Bereichen wie den synthetischen Kraftstoffen, wo der Gesamtbeitrag der IG mit etwa einem Drittel wesentlich bescheidener ausfiel,³ kontrollierte sie den größten Teil des geistigen Eigentums, das von den anderen Unternehmen bei dieser strategischen Produktion eingesetzt wurde. Die Herstellung von Flugzeugtreibstoff während des Zweiten Weltkriegs hing fast vollständig von der Produktion der IG und ihrer bereitgestellten Verfahren ab. Schließlich beschäftigte der Konzern im Kriegsjahr 1943, als der Stand der Produktion und der Beschäftigung sehr hoch war, ungefähr die Hälfte der Arbeitskräfte der gesamten deutschen Chemieindustrie.⁴

Vor diesem Hintergrund erscheint es selbstverständlich, dass der Konzern eng mit dem politischen Apparat der NSDAP und seinen Machenschaften verstrickt war. Die IG und ihre Führungskräfte bekleideten einen wesentlichen Teil der für die Politikgestaltung und -umsetzung relevanten Positionen und standen auch bei der industriellen Ausbeutung der im Krieg besetzten Gebiete an vorderster Front. Darüber hinaus beteiligten sich das Unternehmen und seine Mitarbeiter an den staatlichen Programmen zur Entwicklung von Gift- und Nervengasen. Diese Waffen wurden glücklicherweise nie für Kampfzwecke, wohl aber für Versuche an Insassen von Konzentrationslagern eingesetzt. Die von der IG Farben und ihren Vertretern durchgeführten Menschenversuche betrafen auch die Entwicklung von Arzneimitteln sowie medizinische Behandlungen. Damit gehörten sie zu den berüchtigtsten und verwerflichsten Aktivitäten des Konzerns sowie der gesamten deutschen Industrie während des Nationalsozialismus. Dieser Befund führte dazu, dass die Spitzenmanager der IG Farben nach dem Krieg vor dem Nürnberger Tribunal wegen Kriegsverbrechen angeklagt wurden, was für einige von ihnen zu Verurteilungen führte.⁵

Aus all diesen Gründen und wegen der hohen Qualität der neueren Literatur über den Konzern und seine Aktivitäten steht die IG Farben im Mittelpunkt dieses Kapitels. Die Tatsache, dass die übrige deutsche Chemieindustrie in der Zeit von 1933 bis 1945 nur unzureichend erforscht ist, sollte uns jedoch nicht daran hindern, ihre Bedeutung in bestimmten entscheidenden Bereichen, z. B. der Pharmaindustrie, hervorzuheben.

---

2 *Bernard Bernstein* (OMGUS-Direktor der Untersuchungsabteilung für Kartelle und Auslandsvermögen), Erklärung vor dem US-Senat (Kilgore-Subkomitee), 11. 12. 1945, in: Office of Military Government, US (OMGUS), Ermittlung gegen die IG Farben, Nördlingen 1986, S. 310, 317.
3 Die IG Farben produzierte nicht nur ein Drittel des gesamten synthetischen Benzins, sondern auch etwa 46 Prozent des hochoktanigen Benzins und das gesamte Schmieröl. Siehe die Übersichten in *OMGUS*, Control of IG Farben. Special Report of the Military Governor, US Zone, Oktober 1945, S. 5.
4 Zur Beschäftigung in der Chemieindustrie 1943: *Rolf Wagenführ*, Die Deutsche Industrie im Kriege 1939 bis 1945, Berlin 1954, Tabelle A.04.1a. Daten in der GESIS Datenbank: https://search.gesis.org/research_data/ZA8471 (abgerufen 22. 8. 2022); Zahlen für die IG Farben aus *Hayes*, Industry and Ideology, S. 325.
5 *Stephan H. Lindner*, Aufrüstung – Ausbeutung – Auschwitz. Eine Geschichte des IG-Farben-Prozesses, Göttingen 2020; *Kim Christian Priemel*, The Betrayal. The Nuremberg Trials and German Divergence, Oxford 2016. Zur Nachkriegsentwicklung vgl. *Raymond G. Stokes*, Divide and Prosper. The Heirs of IG Farben under Allied Authority, 1945–1951, 2. Aufl. Huddersfield 2009.

Zwar erwirtschaftete die IG Farben in diesem Bereich mit 55 Prozent den weitaus größten Teil der deutschen Produktion, doch heißt das im Umkehrschluss auch, dass die IG an bemerkenswerten 45 Prozent nicht beteiligt war.[6] Hinzu kommt, dass auch die chemischen Betriebsteile von Unternehmen außerhalb des Chemiesektors, wie etwa der Kohle- und Stahlunternehmen, die synthetische Kraftstoffe herstellten, einen großen Einfluss auf die hier interessierende industrielle Entwicklung besaßen.

Im Folgenden soll nach einem kurzen Blick auf die Entwicklung der deutschen chemischen Industrie bis 1933 eine chronologische Darstellung gegeben werden, wobei jeder Abschnitt einen Teilzeitraum zwischen 1933 und 1945 abdeckt. Zu den behandelten Kernthemen gehören die sich entwickelnden Strategien des deutschen Chemiesektors im Kontext der NS-Wirtschaft (aber auch der internationalen Konkurrenz), die Beziehungen zwischen Unternehmen und NS-Regime, der Beitrag der Industrie zur Planung und Durchführung der Kriegswirtschaft sowie die Mitschuld der Chemiemanager an den NS-Verbrechen.

3.6.2 Hintergrund: Deutschlands Chemieindustrie bis 1933

Die moderne Industrie in der organischen Chemie entwickelte sich seit der Mitte der 1850er Jahre, nachdem der englische Wissenschaftler William Henry Perkin erstmals den Farbstoff Mauve aus Kohlenteer synthetisiert hatte. Nach dieser Entdeckung nahm die Farbenindustrie rasch an Fahrt auf, zunächst in Großbritannien und Frankreich und dann ab den 1860er Jahren vor allem in Deutschland. Dort erlaubte eine glückliche Kombination aus universitären Forschungen, bahnbrechenden institutionellen Innovationen wie industrielle Labore und vorteilhaften Gesetzen zum Schutz geistigen Eigentums den Unternehmen Bayer, BASF oder Hoechst, den britischen und französischen Vorreitern den Rang abzulaufen. Im späten 19. und frühen 20. Jahrhundert entwickelte sich aus der deutschen Farbstoffindustrie die pharmazeutische Industrie (bei Bayer und Hoechst) und schließlich Bereiche wie die katalytische Hochdruckchemie (bei BASF), sodass Deutschland den Welthandel mit organischen Chemikalien dominierte. 1913 entfielen fast 90 Prozent des internationalen Handels mit organischen Chemikalien auf deutsche Firmen.[7]

---

6 *OMGUS*, Control of IG Farben, S. 5.
7 Klassische Studien über die frühe Geschichte der organischen Chemieindustrie: *John J. Beer*, The Emergence of the German Dye Industry, Champaign-Urbana 1959; *Paul Hohenberg*, Chemicals in Western Europe. An Economic Study of Technical Change, Chicago 1967; *Ludwig Fritz Haber*, The Chemical Industry during the Nineteenth Century. A Study of the Economic Aspects of Applied Chemistry in Europe and North America, Oxford 1959; *Ludwig Fritz Haber*, The Chemical Industry, 1900–1930. International Growth and Technological Change, Oxford 1971; *Johann Peter Murmann*, Knowledge and Competitive Advantage. The Co-Evolution of Firms, Technology, and National Institutions, Cambridge 2003.

Der Erste Weltkrieg schnitt die deutschen Unternehmen von den überseeischen Märkten ab und rief auch ausländische Konkurrenten auf den Plan bzw. stärkte sie. Darüber hinaus führte der Krieg zu einer verstärkten Konzentration in der deutschen Industrie, zunächst durch relativ lose Zusammenschlüsse einzelner Unternehmen. Dies geschah, um Größen- und Verbundvorteile zu erzielen, aber auch weil eine größere ausländische Konkurrenz in der Nachkriegszeit erwartet wurde. Schließlich bewiesen die deutschen Chemieunternehmen während des Krieges, dass sie in der Lage waren, die Kriegsmaschinerie mit wichtigen Materialien zu versorgen, von denen viele normalerweise aus dem Ausland stammten, wie z. B. durch die noch rudimentäre Produktion synthetischen Kautschuks, die synthetischer Stickstoffe für Düngemittel und Sprengstoffe sowie die erschreckende Produktion von Giftgas.[8]

Die Geschichte der Branche war in den 1920er und 1930er Jahren maßgeblich von den Kriegsentwicklungen und den Auswirkungen der deutschen Kriegsniederlage geprägt. Der Druck der ausländischen Konkurrenz war ein wichtiger Impuls für die fortschreitende Konzentration der wichtigsten deutschen Chemieunternehmen, die im Dezember 1925 in der Gründung der IG Farben gipfelte, die fortan eines der größten deutschen Unternehmen und eines der größten der Welt war. Ein weiterer wichtiger Faktor, der für die weitere Konzentration sprach, waren die enormen Summen, die für die Entwicklung eines weiteren Ersatzstoffs für einen strategischen Rohstoff benötigt wurden, der normalerweise nur in Übersee erhältlich war: synthetische Treibstoffe. Der Technikhistoriker Thomas Parke Hughes charakterisierte diese Entwicklung als eine Funktion des „technologischen Momentums", das sich aus dem erfolgreichen Abschluss von Projekten in der katalytischen Hochdruckchemie, insbesondere bei der BASF, ergab.[9] Hughes argumentierte, dass das Fachwissen, die Ausrüstung und die Kompetenzen, die für die Herstellung von synthetischem Stickstoff und dann für synthetisches Methanol entwickelt worden waren, für Masse, Geschwindigkeit und Richtung sorgten, die zu einem Folgeprojekt zur Herstellung synthetischer Treibstoffe aus den reichlichen deutschen Kohlevorräten unter Verwendung des Bergius-Hydrierungsverfahrens führten. Das Projekt erlangte in der ersten Hälfte der 1920er Jahre große Bedeutung, als die natürlichen Erdölvorräte der Welt zur Neige zu gehen schienen, während den politischen Entscheidungsträgern und Planern klar wurde, dass Erdöl für die Zukunft der Marine und der motorisierten Kriegsführung, wie der Ersten Weltkrieg gezeigt hatte, entscheidend sein würde. Mit Hilfe erheblicher finanzieller Mittel, die die Standard Oil of New Jersey (Esso) im Gegenzug für den Zugang zur Technologie und zum Know-how bereitstellte, begann die IG Farben 1927 in ihrem Werk Leuna mit der kommerziellen Produktion synthetischer Treibstoffe auf Kohlebasis.

---

[8] Zum Giftgas: *Ludwig Fritz Haber*, The Poisonous Cloud. Chemical Warfare in the First World War, Oxford 1986.
[9] *Thomas Parke Hughes*, Technological Momentum in History: Hydrogenation in Germany 1898–1933, in: Past and Present 44, S. 106–132.

Hochrangige IG-Farben-Manager erkannten bald, dass das Bestreben, auf der Welle des technologischen Aufschwungs der BASF in Richtung einer lukrativen Zukunft für synthetische Kraftstoffe mitzureiten, eine wirtschaftliche Fehlkalkulation war. Die Entdeckung ergiebiger neuer Erdölfelder in Texas und Oklahoma und kurz darauf der allgemeine und abrupte Rückgang des Welthandels und der Weltmarktpreise in der Weltwirtschaftskrise ließen den Erdölpreis so stark fallen, dass die Produktion von Ersatzstoffen auf Kohlebasis völlig unwirtschaftlich wurde. Gleichzeitig gab der zurückgehende Welthandel jedoch zur Hoffnung Anlass, dass Protektionismus und Subventionen die Situation so verändern könnten, dass sich die Investitionen in die Technologie amortisieren könnten. Deshalb wurde über alternative Entwicklungen im Bereich der synthetischen Materialien (z. B. Kautschuk und Kunststoffe) sowie der Pharmazeutika nachgedacht.

Die neue Technologie weckte auch in einem anderen Bereich Hoffnungen: Zusammen mit vorherigen Entwicklungen in der Synthesetechnologie ließen die synthetischen Treibstoffe manche Strategen von der Befreiung Deutschlands aus der Abhängigkeit von Rohstoffimporten träumen. Autarkie erschien möglich, zumindest bis zu dem Zeitpunkt, wenn Deutschland in der Lage wäre, seine Rohstoffbeschränkung durch einen konzertierten Angriffskrieg zu überwinden. Diese Möglichkeit war vor allem für die Gruppen in der Weimarer Zeit attraktiv, die die demokratische Regierungsform und die Erfüllung des Versailler Vertrages ablehnten und sich weigerten, die deutschen Niederlage im Ersten Weltkrieg einzugestehen. Jedoch gibt es kaum Belege dafür, dass die IG Farben oder andere deutsche Großunternehmen den Zusammenbruch der Weimarer Republik herbeigeführt oder bei der Machtübernahme der Nationalsozialisten Ende Januar 1933 eine tragende Rolle gespielt hätten.[10]

3.6.3 Von der Machtübernahme zum Vierjahresplan (1933–1936)

Nach der Ernennung Hitlers zum Reichskanzler Ende Januar 1933 versuchte die NSDAP, ihre politische Macht rasch zu festigen, bedrohte dabei aber weder die Interessen des Militärs noch der Wirtschaft, zumindest nicht zu Beginn. Die chemische Industrie und ihr größtes Unternehmen, die IG Farben, standen dem Geschehen, wie weite Teile der Wirtschaft, weitgehend neutral gegenüber. Gewiss waren sie keine Gegner des neuen Regimes oder seiner Politik – im Gegenteil, sie begrüßten viele Maßnahmen, wie z. B. das Vorgehen gegen die Gewerkschaften, denn sie waren erleichtert,

---

10 *David Abraham*, The Collapse of the Weimar Republic: Political Economy and Crisis, 2. Aufl. Princeton 1986. Für eine ausführliche Widerlegung der Abraham-These vgl. *Peter Hayes*, History in an Off Key: David Abraham's Second Collapse, in: Business History Review 61, 1987, S. 452–472; vgl. auch *Henry Ashby Turner*, German Big Business and the Rise of Hitler, Oxford 1985.

dass das Privateigentum unangetastet blieb. Dennoch waren sie auch keine begeisterten Befürworter der neuen Regierung.[11]

Die Beziehungen zwischen der IG Farben und dem NS-Regime in dieser Phase waren typisch für diejenigen zwischen Wirtschaft und NS-Regime im Allgemeinen. Es lässt sich am besten als vorsichtiges Entgegenkommen auf beiden Seiten charakterisieren, als Ergebnis einer Kombination gemeinsamer und unterschiedlicher Interessen. Der sogenannte Benzin-Vertrag vom Dezember 1933 ist ein hervorragendes Beispiel, um einige dieser Interessen herauszuarbeiten. Wie bereits erwähnt, hatte die IG Farben beträchtliche Summen in die Technologie der synthetischen Treibstoffe investiert, die aber durch die neuen Erdölfunde und den durch das zusätzliche Angebot und die Weltwirtschaftskrise bedingten Preisverfall unrentabel wurden. Es schien unwahrscheinlich, dass die Verfahren jemals kommerziell nutzbar würden. Als die Nationalsozialisten an die Macht kamen, suchte die IG-Firmenleitung daher intensiv nach einer Möglichkeit, ihre Verluste zu verringern. Einerseits folgte daraus die strategische Entscheidung, nicht weiter in eine Technologie zu investieren, die man als zukunftslos ansah, und sich stattdessen auf die Entwicklung neuer, langfristig lukrativer Produkte und Verfahren zu konzentrieren, wie z. B. den Synthesekautschuk. Andererseits suchte das Unternehmen ständig nach Möglichkeiten, seine bestehenden Anlagen und Technologien zumindest kurz- bis mittelfristig wirtschaftlich rentabel zu machen.

Das Regime war seinerseits bestrebt, die Devisenausgaben zu minimieren und gleichzeitig Energiesicherheit herzustellen. Synthetische Treibstoffe, aus deutscher Kohle hergestellt, schienen eine sehr gute Möglichkeit zu sein, beide Ziele zu erreichen. Die Bereitstellung eines Systems von Subventionen und Preisgarantien, das die Produktion synthetischer Kraftstoffe ermöglichen sollte, war daher eine der Optionen, die das Regime verfolgte. Die angestrebten weiteren Schritte zur Erhöhung der gesamten Produktionskapazität für synthetische Treibstoffe standen jedoch im Widerspruch zu der IG-Farben-Strategie, solche Wege nicht weiter zu verfolgen. Zumindest bis Spätsommer 1933 erwog die NS-Regierung deswegen ernsthaft die Möglichkeit, durch die Subventionierung des Ausbaus der Raffineriekapazitäten Devisen einzusparen, was die Einfuhr von bedeutend billigerem Rohöl anstelle von teuren Fertigprodukten hätte ermöglichen können.[12]

Peter Hayes hat gezeigt, dass der Benzinvertrag, der von Vertretern der IG Farben und der Regierung Ende 1933 unterzeichnet wurde, die Interessen der Vertragsparteien geschickt ausbalancierte.[13] Als Gegenleistung für die Verpflichtung des Chemiekonzerns, die Produktionskapazitäten für synthetische Treibstoffe im Werk Leuna erheblich zu erhöhen, verpflichtete sich der Staat, die Produktion abzunehmen, die sich

---

11 Vgl. *Christoph Buchheim*, Das NS-Regime und die Überwindung der Weltwirtschaftskrise in Deutschland, in: Vierteljahrshefte für Zeitgeschichte 56, 2008, S. 397–401.
12 *Rainer Karlsch/Raymond G. Stokes*, Faktor Öl. Die Mineralölwirtschaft in Deutschland von 1859 bis 1974, München 2003, S. 168 f., 252 f., 263–265.
13 Zu den Vertragsverhandlungen und -bedingungen *Hayes*, Industry and Ideology, S. 117–119.

nicht auf dem Markt verkaufen ließ. Darüber hinaus garantierte der Vertrag für zehn Jahre einen festen Preis für die Gesamtproduktion synthetischer Treibstoffe in Leuna, unabhängig davon, ob sie auf dem freien Markt verkauft wurden oder nicht. Dieser Preis sollte die gesamten Herstellungskosten des Unternehmens, einschließlich Abschreibungen und Steuern, abdecken, zuzüglich eines Gewinns von fünf Prozent auf das investierte Kapital, wobei alle darüber hinaus gehenden Gewinne aus Marktverkäufen an den Staat abgeführt werden mussten.[14] Der vom NS-Regime eingeschlagene Weg zur Treibstoffautarkie führte zwar zu einer Verminderung der Devisenausgaben, hatte aber auch seinen Preis. Die IG Farben musste Zusatzinvestitionen in Bereichen tätigen, die sich als massiver technologischer und kommerzieller Fehlschlag herausstellen sollten. Dennoch war meist gesichert, dass die getätigten Investitionen zumindest teilweise zurückflossen.

Diese Übereinkunft hielt sogar, als das NS-Regime nicht mehr allein mit dem Ziel des Devisensparens nach Autarkie strebte, sondern um Deutschland in die Lage zu versetzen, sich auf einen Angriffskrieg vorzubereiten. Zu diesem Zweck wurde der Plan, zusätzliches Erdöl zu importieren, im Herbst 1933 zugunsten einer Strategie aufgegeben, die auf eine drastische Erhöhung der Produktionskapazitäten für synthetische Treibstoffe zielte. Die IG Farben widersetzte sich dem weitgehend, obwohl sie 1934 aufgrund ihrer Braunkohlebeteiligungen zusammen mit einigen anderen Bergbauunternehmen gezwungen war, sich an der Braunkohle-Benzin AG (BRABAG) zu beteiligen, die unter dem Zwang des Regimes gegründet worden war. Die BRABAG baute in der Folge drei Anlagen für synthetische Treibstoffe, die auf der IG-Farben-Technologie basierten.[15] In den folgenden Jahren investierte die IG jedoch kaum mehr direkt in den beträchtlichen zusätzlichen Ausbau solcher Produktionskapazitäten, obwohl der größte Teil der neu entstehenden Kapazitäten ihre Technologie nutzte. Stattdessen entschied sie sich für die Strategie der Lizenzvergabe an Neueinsteiger, wobei die meisten Lizenzvereinbarungen mit deutschen Unternehmen der Schwerindustrie, vor allem Kohleproduzenten, geschlossen wurden. Diese wiederum sahen in der Herstellung synthetischer Treibstoffe eine Möglichkeit zur Diversifizierung ihrer Tätigkeit. Sie wollten in die chemische Industrie einsteigen, die eine höhere Wertschöpfung aufwies und daher rentabler als Kohleförderung und -vertrieb war. In einem der seltenen Fälle, in denen die IG Farben erneut direkt in den Einsatz ihrer Technologie für synthetische Kraftstoffe investierte, ging der Konzern 1937 in Pölitz ein Joint Venture mit den deutschen Tochtergesellschaften von Esso (Standard Oil of New Jersey) und Royal Dutch Shell ein. Mit dem Bau der Anlage wurde allerdings erst 1939 begonnen. Die beiden Ölmultis wollten einen Teil ihrer Gewinne, die in Form von gesperrten Devisen vorlagen und nicht an ihren jeweiligen Hauptsitz zurückgeführt werden konnten, in Deutschland investieren.[16]

---

14 Benzinvertrag vom 14. Dezember 1933, NI-881, Imperial War Museum, London.
15 *Stokes*, From the IG Farben Fusion, S. 258–260.
16 *Karlsch/Stokes*, Faktor Öl, S. 191–197.

Für die IG Farben und weitere Chemieunternehmen, aber auch Firmen aus anderen Industriezweigen, gab es Gründe, mit der nationalsozialistischen Politik der ersten Jahre unzufrieden zu sein. Die NS-Arbeitsmarktpolitik brachte aus Sicht der Privatwirtschaft zwar den gewünschten Effekt, dass die Gewerkschaften ausgeschaltet waren. Die Kehrseite dessen war, dass die Entscheidungsfreiheit der Unternehmen eingeschränkt wurde. Die Deutsche Arbeitsfront unter Robert Ley, der selbst ein ehemaliger IG-Farben-Chemiker war, bemächtigte sich des Eigentums und der Macht der Gewerkschaften, verfolgte aber nicht unbedingt eine wirtschaftsfreundliche Politik. Ihre Eingriffe in die Entscheidungskompetenzen der Privatwirtschaft, unterstützt durch die Macht des Staates und der regierenden NSDAP, wurden von der Wirtschaft oft nicht begrüßt. Darüber hinaus sah sich die Privatwirtschaft in den Jahren nach der anfänglichen Machtergreifung der Nationalsozialisten in anderen Bereichen, in denen Entscheidungen aus unternehmensinternen Gründen getroffen wurden, zunehmenden Beschränkungen ausgesetzt, was zu einem geringeren Handlungsspielraum führte, obwohl der größte Teil des Industriesektors in privater Hand verblieb.[17]

Wenn zu große Interessenkonflikte auftraten, gründete der Staat mächtige Konkurrenten für die bestehenden Unternehmen, wie zum Beispiel in der Schwerindustrie und im Maschinenbau die Hermann Göring Werke und in der Automobilindustrie das später so genannte Volkswagenwerk. Bemerkenswerterweise war dies in der chemischen Industrie nicht der Fall, insbesondere im Hinblick auf die IG Farben. Diese nahm wegen ihrer zentralen Rolle in den sich abzeichnenden Plänen des Regimes, vor allem aber wegen ihrer technologischen Fähigkeiten, die nur schwer zu imitieren oder zu reproduzieren waren, eine Sonderstellung ein. Peter Hayes hat die Manipulation dieses Sonderstatus durch die technologischen Fähigkeiten der IG Farben als „Strategie der Unentbehrlichkeit" charakterisiert, die dem Unternehmen während der gesamten NS-Zeit mehr Handlungsspielraum als vielen anderen gab.[18] Vieles spricht für Hayes' Charakterisierung, aber es ist auch wichtig, die Kehrseite zu betonen: Die IG Farben verlor die Kontrolle über die Arbeitskräfte, Anlagen in Devisen, einige Investitionen und viele andere traditionelle Funktionen, sodass sie nur noch im Technologiebereich volle Handlungsfreiheit hatte.[19] Aber selbst hier mussten die Entwick-

---

17 Als Überblick zur Frage der unternehmerischen Handlungsfreiheit *Ralf Banken*, Introduction: The Room for Manoeuvre for Firms in the Third Reich, in: Business History 62, 2020, S. 375–392.
18 *Hayes*, Industry and Ideology, S. 172f., 257. Hayes hat nachdrücklich darauf hingewiesen, dass während der NS-Zeit alle Unternehmen, auch die IG Farben, in ihrer Handlungsfreiheit zunehmend eingeschränkt wurden, vgl. *Peter Hayes*, Corporate Freedom of Action in Nazi Germany, in: Bulletin of the German Historical Institute (GHI) Washington DC, 2009, S. 29–42. Als Replik: *Christoph Buchheim/Jonas Scherner*, Corporate Freedom of Action in Nazi Germany: A Response to Peter Hayes, in: Bulletin of the GHI, 2009, S. 43–50; *Peter Hayes*, „Rejoinder", in: Bulletin of the GHI, 2009, S. 51.
19 Jonas Scherner weist zu Recht darauf hin, dass die Industrie im Nationalsozialismus erstaunlich viele Investitionen tätigte, die nicht direkt mit der Autarkie oder der Rüstung zusammenhingen. Derartige Ausgaben der IG Farben beliefen sich zwischen 1937 und 1940 auf mindestens 60 % der Investitionen von 1928. Er schließt sich aber auch der Forschungsmeinung an, dass die Auswirkungen der nationalsozialistischen Wirtschaftspolitik auf die industrielle Investitionsstruktur erheblich waren,

lungspläne bis zu einem gewissen Grad mit den Interessen des Regimes übereinstimmen. Die vom Unternehmen gewählte „Strategie der Unentbehrlichkeit" war daher weniger ein Ausdruck strategischer Stärke gegenüber dem Regime, sondern ein taktisches und opportunistisches Verhalten. Die Strategie bestand eher darin, die Geschäftsoptionen zu wählen, die dem Unternehmen am wenigsten schadeten. Darüber hinaus ist hervorzuheben, dass das „Primat der Technik" schließlich eine entscheidende Rolle bei einer Reihe verhängnisvoller Entscheidungen spielte, die 1941 zur Gründung der IG Auschwitz führten.[20] Eine Etappe auf diesem Weg war die Entwicklung und Anwendung der Kautschuksynthesetechnologie in den letzten Jahren vor Kriegsbeginn. Dieser nach Auschwitz verlagerte Produktionsprozess zeigte das beträchtliche Ausmaß – aber auch die Grenzen – der Fähigkeit der IG-Führung, die Politik des Regimes zumindest bis 1941/42 für ihre eigenen kommerziellen Ziele zu nutzen.

3.6.4 Weichenstellungen für den Krieg (1936–1939)

Der Hinweis auf das „Primat der Technik", von dem das Handeln der IG Farben zunehmend bestimmt war, weil sonstige Handlungsspielräume fehlten, ist natürlich eine Anspielung auf Timothy Masons klassischen Aufsatz über das „Primat der Politik" in der NS-Zeit.[21] Als Marxist, der ansonsten das Primat der Ökonomie bei der Erklärung von Machtstrukturen, Motivationen und Verhalten bevorzugt, sieht er das Jahr 1936 als Beginn einer Umkehrung der üblichen Herrschaftsverhältnisse an. Die immer stärker werdenden Autarkiebestrebungen des NS-Regimes im Vorfeld des Angriffskrieges gerieten zunehmend mit den Beharrungskräften der finanziellen und industriellen Eliten in Konflikt. Diese betrachteten die Wirtschaft als überhitzt und forderten eine Senkung der Staatsausgaben. Doch das NS-Regime setzte sich durch.

Nach Mason brachte der Sieg des Regimes, die Konzentration der Kräfte auf die Wiederaufrüstung, nicht nur eine breite Abwertung der industriellen Macht, sondern auch eine Neukalibrierung der Machtverhältnisse innerhalb der Industrie. So verlor beispielsweise die Schwerindustrie, die zuvor in der deutschen Industriepolitik und Wirtschaft eine Vormachtstellung innehatte, relativ an Bedeutung. Dieser Trend rühr-

---

vgl. *Jonas Scherner*, Industrial Investment in Nazi Germany. The Forgotten Wartime Boom, Yale Seminar Paper, March 2006, S. 31, https://economics.yale.edu/sites/default/files/files/Workshops-Seminars/Economic-History/scherner-060329.pdf (abgerufen 22. 8. 2022).
20 *Raymond G. Stokes*, Primat der Politik – Primat der Technik. Das Verhältnis von Industrie und Staat im nationalsozialistischen Deutschland am Beispiel der IG Farben, in: Jürgen Lillteicher (Hrsg.), Profiteure des NS-Systems? Deutsche Unternehmen und das „Dritte Reich", Berlin 2006, S. 44–60. Zur Analyse der Entscheidungsfindung, die zur Gründung der IG Auschwitz führte, vgl. auch: *Stokes*, From the IG Farben Fusion, S. 299–306.
21 *Timothy Mason*, Nazism, Fascism, and the Working Class, Cambridge 1995, S. 53–76 („The Primacy of Politics. Politics and Economics in National Socialist Germany").

te aus der Zeit vor dem Nationalsozialismus und fand in der erwähnten Gründung der Hermann-Göring-Werke im Sommer 1937 seinen Ausdruck. Andere Industriezweige mit spezialisierten, kaum zu imitierenden Fähigkeiten, insbesondere im technologischen Bereich,[22] gewannen relativ an Gewicht, allen voran die chemische Industrie.

Mason und andere haben die 1936 gegründete Vierjahresplan-Behörde mit Göring an der Spitze als wichtigste Organisation für die intentionelle Umsetzung dieser Machtverschiebung hervorgehoben. Über sie wurden große Finanzmittel für den Erwerb von Rohstoffvorräten in Erwartung künftiger Konflikte und für umfangreiche Investitionen zur Unterstützung des Autarkiestrebens bereitgestellt. In der wissenschaftlichen Literatur wird allgemein betont, dass Carl Krauch, einer der wichtigsten IG-Farben-Direktoren und Leiter der Sparte I innerhalb des Unternehmens, eine Schlüsselfigur in der Organisation war, zunächst als Leiter der Abteilung für Forschung und Entwicklung im Amt für deutsche Roh- und Werkstoffe, ab 1938 dann als Generalbevollmächtigter für Sonderfragen der chemischen Erzeugung. Krauchs prominente Rolle in der Vierjahresplan-Organisation war ein Schlüsselbeleg für Dietmar Petzinas Urteil, dass der Vierjahresplan im Wesentlichen ein IG-Farben-Plan war, obwohl Peter Hayes überzeugend herausgestellt hat, dass der Anteil der IG an den Investitionen im Rahmen des Plans nicht höher, sondern wahrscheinlich erheblich niedriger lag, als man angesichts des Anteils des Unternehmens an der Produktion der deutschen chemischen Industrie 1936 hätte erwarten können.[23]

Wie dem auch sei, es steht außer Frage, dass sich die technologischen Fähigkeiten und die Geschäftsstrategie der IG Farben spätestens ab 1936 immer enger an die sich abzeichnenden Kriegsziele des Regimes anlehnten. Eine hinreichende Selbstversorgung mit strategischen Gütern wie Benzin, Flugbenzin, Stickstoff (vor allem für Sprengstoffe, aber auch für Düngemittel), Kunststoffen und Kautschuk war – zumindest, bis ein Angriffskrieg den Zugang zu anderen Quellen für einige dieser Rohstoffe ermöglichte – ohne das Know-how der deutschen chemischen Industrie und insbesondere der IG Farben, die bei den Substitutionsstoffen über erhebliche oder sogar ausschließliche Marktanteile verfügte, nicht zu erreichen. Die Strategie der Unentbehrlichkeit schien aufzugehen, denn die vom Vierjahresplan begünstigten Hauptbereiche trugen zwischen 1936 und 1939 zu 40 Prozent zur Umsatzsteigerung des Konzerns bei.[24] Und offensichtlich regte sich kein Widerstand, als der Arbeitskräftemangel, der sich aus dieser Produktions- und Absatzsteigerung ergab, bis 1939 teilweise durch den Einsatz zwangsverpflichteter deutscher Arbeitskräfte und einiger sog. Gastarbeiter aus

---

22 Unter Anwendung des Konzepts der „capabilities" nach *David Teece* [u. a.], Dynamic Capabilities and Strategic Management, in: Strategic Management Journal 18, 1997, S. 509–533.
23 *Dietmar Petzina*, Autarkiepolitik im Dritten Reich, Stuttgart 1968, S. 123; *Hayes*, Industry and Ideology, S. 181–183.
24 BASF-Unternehmensarchiv, Ludwigshafen, IG, T 01/1. Rötger, Chemikalien-Umsätze der IG und der BASF, 27. 5. 1966 und 23. 9. 1969.

Ländern mit anhaltend hoher Arbeitslosigkeit wie Frankreich und den Niederlanden behoben wurde.[25]

Die IG Farben hatte für das Regime aufgrund ihrer internationalen Beziehungen, insbesondere zur Standard Oil of New Jersey, einen zusätzlichen technologischen und militärischen Wert. Durch die langjährigen intensiven Verbindungen mit Esso konnte der deutsche Chemiegigant 1935 den Erwerb der Tetraethylblei-Technologie anbahnen, was schließlich zum Bau einer Fabrik zur Herstellung der Antiklopfmittel als wichtigem Treibstoffzusatz für Flugzeuge der Luftwaffe führte.[26] Darüber hinaus verfügte die IG Farben über die Kompetenz, Giftgase und Nervenkampfstoffe zu entwickeln und herzustellen.[27] Zu diesem Zweck gründete das Unternehmen 1937 auf Veranlassung des Oberkommandos der Wehrmacht die Tochtergesellschaft Anorgana GmbH im abgelegenen Gendorf (Oberbayern).[28] Schließlich wurde im niederschlesischen Dyhernfurth ein weiteres Werk errichtet, das sich auf die Entwicklung und Produktion chemischer Waffen konzentrierte. Obwohl die Gase und Wirkstoffe nie im Gefecht eingesetzt wurden und sich das Unternehmen zunächst gegen ihre Entwicklung sträubte, stellte es sie schließlich in kleinen Mengen her. Ihre Wirksamkeit wurde Anfang der 1940er Jahre an Insassen von Konzentrationslagern getestet.[29]

Während der gesamten Epoche des Nationalsozialismus gab es gewisse Grenzen der Übereinstimmung von Zielen und Strategien zwischen der IG Farben und dem NS-Regime, wie die Vorkriegsverhandlungen über die Standorte der Buna-Kautschuk-Werke zeigen. Wie bereits erwähnt, verlief der Einstieg der BASF (und später der IG Farben) in den Bereich der synthetischen Kraftstoffe nicht wie prognostiziert. Nach dem Verfall der Weltmarktpreise infolge der amerikanischen Erdölfunde erwies sich die Investition für das Unternehmen als ein Weißer Elefant. Zwar erzielte die IG Farben durch Technologietransfer Einnahmen von Standard Oil of New Jersey und anderen Firmen. Ferner erhielt sie Staatsgelder für Preisstützungen und Subventionen im Rahmen des Benzin-Vertrags sowie Lizenzgebühren, die nach dem massiven Ausbau der Produktionskapazitäten in den folgenden Jahren für Nicht-IG-Investoren anfielen. All dies trug dazu bei, die schlimmsten Auswirkungen der umfangreichen Fehlinvestitionen auszugleichen. Die IG Farben war durchweg bestrebt, ihre Verluste zu begrenzen, weil es die Technologie als nicht zukunftsfähig ansah.

---

25 *Stokes*, From the IG Farben Fusion, S. 290.
26 *John K. Smith*, Patents, Public Policy, and Petrochemical Processes in the Post-World War II Era, in: Business and Economic History 27, 1998, S. 414.
27 *Jonathan Tucker*, War of Nerves: Chemical Warfare from World War I to Al-Qaeda, New York 2006, vor allem die Kapitel 2 und 3. Umfassend zur chemischen Kriegsführung: *Florian Schmaltz*, Kampfstoff-Forschung im Nationalsozialismus. Zur Kooperation von Kaiser-Wilhelm-Instituten, Militär und Industrie, Göttingen 2017.
28 *Combined Intelligence Objectives Subcommittee (CIOS)*, Report "Anorgana GmbH – Werk Gendorf, 12 june 1945", https://collections.nlm.nih.gov/ext/dw/101709541/PDF/101709541.pdf (abgerufen 22. 8. 2022). Der Bericht datiert auf S. 3 die Gründung von Anorgana fälschlicherweise auf 1940.
29 *Tucker*, War of Nerves; *Eugen Kogon*, The Theory and Practice of Hell. The German Concentration Camps and the System Behind Them, New York 1950, S. 218.

Abb. 1: BASF, 68573-alt, Benzolstraße BASF, 1942.

Die Ansichten über andere im Syntheseverfahren hergestellte Ersatzstoffe, vor allem den Buna-Kautschuk, gingen weit auseinander. Hinsichtlich der Wettbewerbsfähigkeit von Buna herrschten bis Mitte der 1930er Jahre Bedenken vor.[30] Der aus deutscher Kohle hergestellte künstliche Kautschuk versprach nicht nur, Deutschlands Abhängigkeit von Naturkautschuklieferungen aus britischen Kolonialgebieten zu verringern. Nach Einschätzung des Unternehmens barg er längerfristig auch Gewinnpotenziale, und zwar a) wegen der Nachfrage, die sowohl im Inland als auch in Übersee anstieg, b) aufgrund der Möglichkeiten zur Verbesserung der Materialeigenschaften, die Buna dem Naturkautschuk überlegen machen könnte, c) wegen der Wahrscheinlichkeit, dass sich die Kosten im Laufe der Zeit durch eine effektive Integration der Buna-Produktion in bestehende Verfahren der IG-Werke zunächst eindämmen und dann senken ließen. Die ersten beiden dieser prognostizierten Entwicklungen standen im Einklang mit den Zielen des Regimes. Der dritte Punkt konnte jedoch zur Konfliktquelle werden, weil die Regierung und insbesondere das Militär darauf drängten, strategisch wichtige Buna-Produktionsanlagen außerhalb der Reichweite potenzieller Bombenabwürfe der Kriegsgegner zu errichten. Das hätte faktisch bedeutet, dass sie von den bestehenden IG-Anlagen weit entfernt lagen.

---

30 Vgl. *Lorentz/Erker*, Chemie und Politik, S. 35–45, zur Entwicklung der IG-Strategie bezüglich des synthetischen Kautschuks in den 1930er Jahren.

Der Umstand, dass die IG Farben in der Lage war, sich in dem Konflikt über die Standorte der Produktionsanlagen bis in die frühen 1940er Jahre hinein zu behaupten, ist vielleicht das beste Beispiel für das Ausmaß der Handlungsfreiheit bis zu diesem Zeitpunkt. Die drei ersten Buna-Anlagen wurden in unmittelbarer Nähe bestehender IG-Standorte gebaut, sodass die Unternehmensstrategie der Verbundwirtschaft zum Tragen kam. Diese basierte auf räumlicher Nähe, um Rohstoffe, Energie und anderer Betriebsmittel komplementär zu nutzen und durch Synergieeffekte neue vielversprechende Technologien zu entwickeln. Sie konnten aber leicht das Ziel von Bombenangriffen werden. Jede weitere gebaute Fabrik befand sich innerhalb eines Bombenradius, der leichter als der vorherige erreichbar war.

Die 1936 in Schkopau in Mitteldeutschland errichtete IG Buna I lag in unmittelbarer Nähe des großen IG Leuna-Werks, das im Ersten Weltkrieg als Produktionsstätte für synthetischen Stickstoff gegründet worden war und 1927 zum ersten kommerziellen Hersteller von synthetischem Benzin wurde. Zur Zufriedenheit der IG-Geschäftsführung ließen sich viele komplementäre Inputs entwickeln. Schkopau befand sich als weltweit erstes Synthesekautschukwerk genau an der Grenze der Reichweite der Flugzeuge, sodass das Militär und die Regierung dem Bau und der Inbetriebnahme zähneknirschend zustimmten.

Weit weniger zufrieden war das Regime jedoch mit Buna II, einem Gemeinschaftsunternehmen der IG Farben (75 Prozent) und der staatlichen Bergwerksgesellschaft Hibernia AG (25 Prozent), das 1938 als Chemische Werke Hüls GmbH in Marl den Betrieb aufnahm.[31] Das Konzept für die neue Anlage war die effiziente und effektive Nutzung sich ergänzender Rohstoffe und chemischer Prozesse in einer Verbundwirtschaft zwischen Hüls und den im Ruhrgebiet vorhandenen Produktionsanlagen für Kokerei und Hydrierung synthetischer Kraftstoffe. In der Hülser Anlage wurde auch eine neuartige Technologie in Form eines Lichtbogenverfahrens zur Herstellung von Acetylen und Ethylen aus den Abgasen der umliegenden Fabriken eingesetzt. Als Seniorpartner verpachtete die IG dem neuen Gemeinschaftsunternehmen einen Teil seines eigenen Grundstücks als Standort für die Anlage, stellte ihm geistiges Eigentum, Knowhow und Personal zur Verfügung und verkaufte das Endprodukt über ihre eigene Vertriebsgesellschaft. Hibernia war nicht einmal in wesentliche Informationen über die Produktion oder die Vermarktung der Anlage eingeweiht.[32] Das Regime und das Militär freuten sich zwar, dass neue Kapazitäten für die Gummiproduktion in Betrieb genommen wurden, waren aber weniger erfreut über die Tatsache, dass die neue Anlage nur einen kurzen Bomberflug von der französischen Grenze entfernt lag. Aber auch hier vermochte sich die IG durchzusetzen.

Trotz des wachsenden Unbehagens seitens des Militärs und des Regimes lag die 1940 errichtete Buna III in Ludwigshafen-Oppau – dem riesigen Produktionsstandort der ehemaligen (und späteren) BASF – und damit noch näher an der französischen

---

31 *Lorentz/Erker*, Chemie und Politik, S. 9.
32 Zur Corporate Governance in Hüls vgl. *Lorentz/Erker*, Chemie und Politik, S. 141–150.

Grenze als Hüls. Auch hier waren die Komplementarität von Technologie, Produktionsverfahren und Betriebsmitteln, vor allem aber die Möglichkeit, ein neues, von Walter Reppe entwickeltes technologisches Verfahren einzusetzen, für die Wahl des Standorts ausschlaggebend. Zum Leidwesen der Militärs lag er nur etwa 60 km von Frankreich entfernt und in Reichweite der alliierten Bombenangriffe.[33] Diese Vereinbarung wurde gegen das Zugeständnis des Unternehmens erzielt, dass das nächste Werk für synthetischen Kautschuk viel weiter entfernt liegen müsse. So begann 1941 der Bau von Buna IV in der Nähe des Konzentrations- und späteren Vernichtungslagers Auschwitz im annektierten Polen. Obwohl das Unternehmen dem Drängen des Regimes und des Militärs nach einem entfernten Standort nachgab, gelang es sogar in der IG Auschwitz, die technologische Komplementarität aufrechtzuerhalten, indem man nach einem Primat der Technik strebte, allerdings zu enormen moralischen und menschlichen Kosten. Im letzten chronologischen Abschnitt ist auf die IG Auschwitz zurückzukommen.

3.6.5 Erste Kriegsphase (1939–1941)

Peter Hayes zitiert einen Zeugen im Nürnberger Nachkriegsprozess gegen IG-Farben-Führungskräfte und behauptet, dass die IG Farben bereits 1934 begonnen hatte, mit den Wölfen zu heulen, und zwar mit „a mixture of habit, fear, complacence, and satisfaction among IG's leaders".[34] Wie Hayes selbst einräumt, traf diese Charakterisierung der ersten Jahre des Dritten Reichs nur teilweise zu. Als der Krieg mit einer Reihe rascher und unerwarteter deutscher militärischer Siege begann, unterstützte die IG Farben, wie die meisten anderen Unternehmen der chemischen und anderer Industrien auch, das Regime und die Kriegsführung enthusiastisch, nicht zuletzt, weil dies wirtschaftliche Profite abwarf. Zwar gibt es keine Belege dafür, dass die IG Farben in Arisierungen involviert war, bei denen das Eigentum der als „jüdisch" definierten Personen zu Schleuderpreisen an neue Eigentümer veräußert wurde. Demgegenüber scheuten andere Unternehmen der Branche, vom großen Degussa-Konzern bis zu einer kleinen Seifenfabrik in Familienbesitz, den Dalli-Werken, nicht davor zurück, diese Gelegenheit zur Bereicherung zu ergreifen.[35]

---

33 *Stokes*, From the IG Farben Fusion, S. 299.
34 *Hayes*, Industry and Ideology, S. 79. Das kurze Zitat, das sich nicht auf ein bestimmtes Datum bezieht, stammt aus der Zeugenaussage von Kurt Krüger in: Trials of the War Criminals before the Nuremberg Military Tribunals, Bd. 7: The IG Farben Case: United States vs. Carl Krauch et al., Washington o. J. [ca. 1949], S. 445.
35 *Hayes*, From Cooperation to Complicity; *Martin Johnson/Raymond G. Stokes/Tobias Arndt*, The Thalidomide Catastrophe. How It Happened, Who Was Responsible and Why the Search for Justice Continues after More Than Six Decades, Exeter 2018, S. 71 f.

In anderen Bereichen stellten sich die Spitzenmanager der IG Farben voll und ganz hinter das Regime und die Wehrmacht. Dies galt vor allem für die wirtschaftliche Ausbeutung der ab September 1939 von deutschen Truppen besetzten oder annektierten Gebiete.[36] Die Mittel und das Ausmaß der Ausbeutung variierten je nach der technologischen und wirtschaftlichen Stärke der einheimischen Unternehmen in diesen Territorien. In Frankreich wurde beispielsweise die einheimische Farbstoff- und Pharmaindustrie zugunsten der deutschen Interessen umorganisiert, zum Teil durch Vereinbarungen über relative Marktanteile und den Export, obwohl die Unternehmen größtenteils in französischer Hand verblieben und es eine gewisse Zusammenarbeit im Bereich Forschung und Entwicklung gab. In den annektierten tschechischen Gebieten und in Österreich wurden Chemieunternehmen, die für die deutschen Werke von Interesse waren, einfach übernommen, während die vom Reich annektierten ehemaligen polnischen Gebiete und das Generalgouvernement als grüne Wiese für Expansion und Entwicklung dienten. Ein Beispiel dafür ist die Debatte innerhalb der IG Farben über den Standort der Buna IV-Anlage. Sie dauerte bis 1941 an und endete schließlich schicksalhaft mit der Entscheidung für einen ehemals polnischen und nun annektierten Ort in der Nähe des Konzentrationslagers Auschwitz.[37]

Das gleiche Heulen mit den Wölfen herrschte bei der Nutzung der Arbeitskraft. Sie war von den Differenzierungen bei der industriellen Ausbeutung gekennzeichnet, die sich je nach Entwicklungsstand der besetzten Gebiete unterschied. In Anbetracht eines zunehmenden Arbeitskräftemangels, der auf die Einberufung zum Kriegsdienst zurückzuführen war, füllten die IG-Fabrikleiter und ihre Kollegen in der gesamten Industrie die Lücke zunächst mit Arbeitsverpflichteten und Kriegsgefangenen und später, besonders nach Mitte 1941, in vielen Fällen mit Zwangsarbeitern. Die Arbeiter erfuhren je nach ihrer west- oder osteuropäischen Herkunft gemäß der NS-Rassenpolitik eine unterschiedlich schlechte Behandlung. Juden und andere verfolgte Minderheiten wurden am härtesten behandelt und erhielten die geringsten Lebensmittelrationen. Im Laufe des Krieges wuchs der Anteil der letztgenannten Gruppen an der Belegschaft der Chemiewerke, und die Lebensmittelzuteilungen sanken drastisch.[38] Es gibt kaum eindeutige Belege dafür, dass Zwangsarbeiter und Kriegsgefangene in der Chemieindustrie aus rassistischen Gründen anders behandelt wurden. Vielmehr erscheint es wahrscheinlich, dass die unterschiedliche Behandlung aus der pragmatischen Notwendigkeit entstand, die Vorgaben für die Kriegsproduktion zu erfüllen. Gleichzeitig sind aber auch keine Belege zu finden, dass es in dieser oder einer anderen Hinsicht einen ernsthaften Widerstand gegen die Rassenpolitik gab.

Ein letzter Bereich, in dem die deutsche chemische Industrie eine besonders schwere Schuld für verantwortungsloses Handeln während der NS-Zeit und vor allem während des Krieges trägt, ist die Pharmazie. Insbesondere galt dies in Bezug auf

---

[36] Vgl. hierzu ausführlich *Hayes*, Industry and Ideology, S. 266–317.
[37] *Stokes*, From the IG Farben Fusion, S. 300–306.
[38] *Stokes*, From the IG Farben Fusion, S. 289–293, 322–325.

Menschenversuche bei der Medikamentenentwicklung. Auch hier waren Teile der IG Farben, darunter die Behring-Werke und die IG-Mittelrheingruppe um Höchst, maßgeblich an Versuchen mit Häftlingen aus Buchenwald und anderen Konzentrationslagern beteiligt. Die Versuche zur Entwicklung von Arzneimitteln zur Behandlung von Krankheiten wie Typhus oder zur Entwicklung von Impfstoffen beschränkten sich jedoch nicht auf das führende deutsche Chemieunternehmen. Auch andere pharmazeutische Unternehmen waren daran beteiligt, wie z. B. Schering in Berlin und nichtdeutsche Arzneimittelentwickler wie das Institut Pasteur im besetzten Frankreich.[39]

3.6.6 Totale Mobilisierung (1942–1945)

In den letzten zweieinhalb Kriegsjahren schwankten die führenden Köpfe der deutschen chemischen Industrie – verkörpert durch die Führungsspitze ihres größten und wichtigsten Unternehmens, der IG Farben – zwischen drei verschiedenen Zielen: a) opportunistisches Streben nach geschäftlicher Expansion im Gefolge der deutschen militärischen Eroberungen; b) Versuche, das Regime und die Militärs zu beschwichtigen; c) Initiativen zur Erhaltung von Vermögenswerten und organisatorischen Ressourcen angesichts der wachsenden Überzeugung, dass der Krieg bald verloren sei und die Alliierten heftig zurückschlagen würden. Die generelle Tendenz ging von der ersten zur dritten dieser Zielsetzungen, doch herrschte meist eine Mischung aus allen dreien vor.

Aus Opportunitätsgründen entschied die IG Farben, ihre vierte Buna-Fabrik in Monowitz, in der Nähe des Konzentrationslagers Auschwitz, anzusiedeln. Die Entscheidungsträger des Chemiegiganten waren sehr daran interessiert, ihre beiden ehrgeizigen Synthesetechnologien – für Treibstoff und Kautschuk – in einer einzigen Anlage zu vereinen, die auch andere wichtige Verfahren integrieren sollte. Auschwitz, mit seinen reichlichen Reserven an Land, Wasser, Kohle und Arbeitskräften, wurde bald als idealer Standort für die Verwirklichung dieser Pläne angesehen. Die Entscheidung zum Bau des Werks beruhte zwar zum Teil auf der Verfügbarkeit von Arbeitskräften aus dem Konzentrationslager, lag zeitlich aber vor der Einrichtung des Vernichtungslagers Auschwitz-Birkenau. Als das Vernichtungslager in Betrieb genommen wurde, waren die Manager des Unternehmens gewillt, Arbeiter einsetzen, die vom

---

[39] *Johnson/Stokes/Arndt*, Thalidomide Catastrophe, S. 52–55, 58–63; *Stephan Lindner*, Inside IG Farben. Hoechst during the Third Reich, Cambridge 2008, S. 55, 57, 117; *Kogon*, The Theory and Practice of Hell, S. 149 f.; Diary of the Division for Typhus and Virus Research at the Institute of Hygiene of the Waffen SS, 1941 to 1945 (Ding diary), in: Trials of the War Criminals before the Nuremberg Military Tribunals, Bd. 1: The "Medical Case": United States vs. Karl Brandt et al., Washington o. J. [ca. 1949], S. 557–572.

Tod bedroht waren. Zu diesem Zweck unterstützten sie den Bau und Betrieb eines von der SS betriebenen Konzentrationslagers in Auschwitz-Monowitz.[40]

Das oben erwähnte Primat der Technik schien also alle anderen Überlegungen, auch moralischer Art, zu übertrumpfen. Trotz internationaler Empörung lebte diese Sichtweise nach der Befreiung des Vernichtungslagers Auschwitz im Januar 1945 bis weit in die Nachkriegszeit weiter. Am deutlichsten artikulierte sie Otto Ambros, nachdem er 1948 im Nürnberger Prozess als Führungskraft der IG Farben zu acht Jahren Gefängnis verurteilt worden war. Er war ein prominentes Mitglied des IG-Vorstands und eine Schlüsselfigur bei der Entscheidung zum Bau der Anlage in Auschwitz gewesen. Kurz vor Haftantritt im Juli 1948 schrieb Ambros von seinem Stolz auf die wissenschaftlichen und technologischen Errungenschaften, die er mit anderen im Dritten Reich vollbracht habe, was das IG-Werk Auschwitz implizit einschloss. Diese Leistungen hätten auch die fachliche Anerkennung des ehemaligen Feindes gefunden.[41] Dieser Logik folgend wurde seine Strafe im Februar 1951 durch den US-Hochkommissar in Deutschland John J. McCloy auf die bereits verbüßte Haftzeit reduziert.

Ab 1941 erbaute die IG die Anlage in Auschwitz, um sich dem NS-Regime und der Wehrmacht anzudienen. Nachdem sich das Unternehmen erfolgreich dem Druck widersetzt hatte, eine große Buna-Produktionsanlage weit im Osten anzusiedeln, entfernt von den alliierten Bombern, aber auch von den anderen IG-Werken, stimmte es dem Bau von Buna IV an der Grenze zum Generalgouvernement zu. Das anfängliche Zögern wich bald dem von Ambros zum Ausdruck gebrachten technischen Ehrgeiz. Es gibt keine Anzeichen dafür, dass man sich dem Einsatz von Zwangsarbeitern widersetzte, weder beim Bau des Werks noch bei der Durchführung der Produktion nach seiner Fertigstellung. Diese Verhaltensweise ließ sich als Bekenntnis zum Vorrang der Technik und der Suche nach einer möglichst glimpflichen Lösung einordnen, doch ist gleichzeitig festzuhalten, dass die anfängliche Zurückhaltung der Verantwortlichen sehr schnell in eine Begeisterung für die neue Produktionsstätte umschlug.

Auch bei der Entwicklung von Giftgas, insbesondere der hochgiftigen und tödlichen Nervengase Tabun und Sarin, fügte sich die IG den Wünschen des Regimes.[42] Gleichzeitig kam im Unternehmen ein starker Widerstand gegen einen Kampfeinsatz dieser chemischen Waffen auf, vor allem wegen des möglichen Imageschadens, der sich negativ auf die Nachkriegsperspektiven des Unternehmens auswirken könnte. Warum das Militär und das Regime vor dem Einsatz dieser Waffen zurückschreckten, ist nicht geklärt. Das Zögern all dieser Akteure, die Giftwaffen auf dem Schlachtfeld einzusetzen, hinderte sie jedoch nicht daran, Experimente am Menschen durchzuführen, um ihre Wirksamkeit zu erproben. So wurden insgesamt etwa 3000 Auschwitz-

---

40 Siehe *Bernd Wagner*, IG Auschwitz. Zwangsarbeit und Vernichtung von Häftlingen des Lagers Monowitz 1941–1945, München 2000.
41 BASF Unternehmensarchiv, W 10/1. Otto Ambros, Gedanken zu meiner Verurteilung durch das Nürnberger Gericht am 29./30. Juli 1948, Oktober 1948, S. 1.
42 *Schmaltz*, Kampfstoff-Forschung im Nationalsozialismus, S. 433–459.

Häftlinge nach Dyhernfurth transportiert und Experimenten zur Wirksamkeit des Tabun-Nervengases ausgesetzt. Alle diese Deportierten kamen dabei ums Leben.[43]

Spätestens Ende 1943 herrschte Klarheit, dass Deutschland den Krieg verlieren würde, eine Tatsache, die die zunehmenden alliierten Bombenangriffe täglich vor Augen führten. Als sich die Bombardements ab Herbst 1944 darauf konzentrierten, den Zugriff der Wehrmacht auf Benzin zu verhindern, machten sich die Verantwortlichen in der chemischen Industrie keine Illusionen mehr über den Kriegsausgang. Die Kriegsschäden an den chemischen Produktionsanlagen, insbesondere der IG Farben, waren enorm. Das Problem war dabei nicht so sehr die westliche Lage der Buna-Produktionsanlagen, denn die alliierten Bomber konnten zu diesem Zeitpunkt problemlos Ziele weit östlich der deutschen Vorkriegsgrenzen erreichen. Die Auswirkung des Luftkriegs war vielmehr so groß, weil die IG und andere Chemieproduzenten auf die Verbundwirtschaft setzten. Die enge Verzahnung unterschiedlicher Produktionsprozesse und ihre Abhängigkeit voneinander machte die alliierte Bombenkriegsführung besonders effektiv.[44]

Obwohl die Realität von Tag zu Tag immer ernüchternder wurde, leugneten das Regime ebenso wie das Militär den Ernst der Lage. Die IG-Farben-Führungskräfte zeigten wenig Bereitschaft, sich diesem Leugnen entgegenzustellen. Ein in den Nürnberger Prozess gegen IG-Farben-Führungskräfte vorgelegtes Dokument zur Entwicklung der deutschen Bunaproduktion (siehe Abb. 2) verdeutlicht, in welchem Maße sie willens waren, sich dem Wahn des deutschen Endsiegs hinzugeben. Das Diagramm, das am 19. Oktober 1944 erstellt wurde – also nachdem die Alliierten die deutschen Synthesebenzinwerke bombardiert hatten – und den Stand am 1. November desselben Jahres wiedergibt, weist tatsächlich einen projektierten Anstieg der Produktion ab Januar 1945 aus. Die für 1945 prognostizierte Produktion nach Quartalen zeigt ein Produktionsniveau in jeder der vier bestehenden Buna-Anlagen (Sko=Schkopau; Hü=Hüls; Lu=Ludwigshafen; Az=Auschwitz), das höher als zu irgendeinem anderen Zeitpunkt des Krieges lag. Dies optimistisch zu nennen, wäre eine krasse Untertreibung.

Und noch schlimmer: Die rechts hinzugefügten Zusatzspalten für die Quartalziele 1945 (vgl. Abb. 2) wurden am 20. Januar 1945 als Aktualisierung des Planungsstandes ausgewiesen. Zwar wurden die Prognosen für jedes Werk gegenüber denen vom Oktober 1944 nach unten korrigiert, doch lagen sie immer noch über den in den letzten beiden Quartalen 1944 tatsächlich erreichten Werten. Außerdem wurde angenommen, dass die Werke im letzten Quartal 1945 wieder die Produktion des zweiten Quartals 1944 – vor der alliierten Offensive auf die Synthesebenzinanlagen – erreichen könnten. Erstaunlich ist, dass in der Prognose für das letzte Quartal 1945 auch die Produktion einer zusätzlichen Anlage, Buna V, angegeben wird. Es gibt keine Hinweise – und

---

43 *Tucker,* War of Nerves, S. 51.
44 *United States Strategic Bombing Survey* (USSBS) (European War), USSBS Report 109, Oil division Final Report, 2. Aufl. Washington 1947.

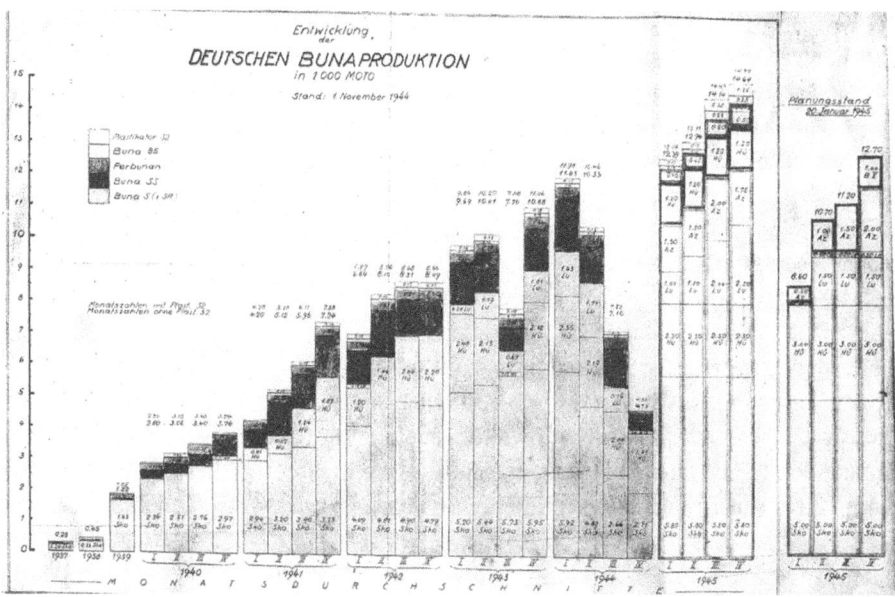

Abb. 2: Tatsächliche und projektierte Bunaproduktion, November 1944/Januar 1945 [in 1000 metrischen Tonnen].
Quelle: Records of the United States Nuernberg War Crimes Trials. United States vs. Carl Krauch et al. (Case VI), Otto Ambros Defence Exhibit 4, Reel 61.

es ist vollkommen unwahrscheinlich –, dass dieses Werk jemals gebaut wurde. Aber auch dieses Dokument deutet auf einen Grad an hoffnungsvoller Zuversicht hin, der nur entweder durch völlige Realitätsferne oder durch den extremen Wunsch, den Machthabern zu gefallen, erklärt werden kann, und dies noch zu einem Zeitpunkt, als der Zusammenbruch des NS-Staates mit großer Geschwindigkeit nahte.

Über eine Erklärung für das rosige Bild, das die IG-Farben-Planer Ende 1944 und Anfang 1945 von der Lage der Synthesekautschukindustrie zeichneten, kann nur spekuliert werden. Auf jeden Fall wurden ihre Maßnahmen zu Erhaltung der Anlagevermögen und organisatorischen Ressourcen angesichts der drohenden Niederlage und der zu befürchtenden Vergeltungsmaßnahmen der Alliierten weniger offen durchgeführt, auch wenn ihre Motivation transparent und verständlich erschien. Beispielsweise übergab der IG-Vorstand und Chefjurist August von Knieriem Ende 1944 ein Memorandum an seine Kollegen, das Maßnahmen vorschlug, um einem Eingriff der amerikanischen Truppen zuvorzukommen: Es sah vor, das Unternehmen entweder durch die Gründung einer großen Anzahl von Tochtergesellschaften oder durch eine präventive Aufteilung des Großkonzerns nach Produktlinien zu reorganisieren.[45] Dabei konnten die problematischen, im Krieg gegründeten Tochtergesellschaften ab-

---

45 BASF Unternehmensarchiv, IG A 281/1. August von Knieriem, Aufteilung der IG, o. J. [ca. Ende 1944].

gestoßen werden, ohne dem Kerngeschäft Schaden zuzufügen. Keiner der Vorschläge wurde jemals umgesetzt, doch wird deutlich, dass die obersten IG-Manager die Auswirkungen der erwartbaren amerikanischen Antikartellpolitik fürchteten.

Zunächst einmal galt ihre Sorge auch den möglichen Auswirkungen der NS-Befehle zur Zerstörung eines Großteils der Industrieanlagen, um sie nicht dem Feind zu überlassen. Die Führungskräfte des großen, hochintegrierten Werks Ludwigshafen-Oppau widersetzten sich diesen Befehlen und bewahrten die nicht von Bombenschäden betroffenen Teile des Werks vor der Zerstörung.[46] Gleiches galt für andere Chemiewerke in den Reichsgrenzen von 1937, die jedoch mit dem Einmarsch der Truppen zwischen Winter 1944/45 und Frühjahr 1945 unter alliierte Kontrolle gestellt wurden. Damit begann ein langer Prozess der Neuordnung und Aufteilung des politischen und wirtschaftlichen Lebens in Deutschland, der mit der Neuordnung und Aufteilung der chemischen Industrie, insbesondere der IG Farben, einherging. Wie erwartet wurde der Konzern Anfang der 1950er Jahre endgültig zerschlagen, und mehrere seiner Spitzenmanager wegen ihrer Verbrechen gegen die Menschlichkeit vor Gericht gestellt und verurteilt.[47]

3.6.7 Fazit

Der größte Teil der Literatur zur deutschen Chemieindustrie in der Zeit des Nationalsozialismus konzentriert sich auf die IG Farben, die in dieser Zeit nicht nur das bedeutendste deutsche, sondern nach mehreren Kriterien auch weltweit das größte Chemieunternehmen war. Trotzdem ist hervorzuheben, dass dieser Konzern nicht als Synonym für die deutsche Chemieindustrie stand. Es gab noch andere bedeutende Unternehmen, vor allem in so wichtigen Bereichen wie der Pharmazie oder den synthetischen Kraftstoffen, die hier kurz angesprochen wurden. Aber es steht außer Zweifel, dass die IG Farben, auch wenn sie nicht immer repräsentativ war, in dieser Zeit eine dominante und höchst bedeutende Rolle in der chemischen Industrie spielte. Dies implizierte wiederum, dass ihre Geschäfte und das Handeln ihrer Manager, Wissenschaftler und Ingenieure sowohl vor als auch während des Krieges eng mit der Politik und den Praktiken des NS-Regimes und der Wehrmacht verflochten waren.

Die Vorbereitung und Durchführung des NS-Angriffskrieges wären ohne die Produkte, die technischen Verfahren, das Personal und die internationalen Kontakte des deutschen Chemiegiganten unmöglich gewesen. Die Technologien und Produkte der IG Farben, darunter synthetische Kraftstoffe, synthetischer Kautschuk und andere Schlüsselmaterialien, bildeten die Grundlage für die viele strategische Schlachten des Weltkriegs und reichten von der Kriegsvorbereitung bis zur endgültigen deutschen

---

[46] BASF Unternehmensarchiv, A 865/50. Carl Wurster an Carl Krauch, 22. 3. 1945; Otto Ambros, Über die Vorgänge anlässlich der Besetzung des Werkes Ludwigshafen am Rhein vom 18. bis 22. März 1945.
[47] Vgl. *Stokes*, Divide and Prosper, S. 170–200.

Niederlage. Die Vierjahresplan-Organisation, die in der zweiten Hälfte der 1930er Jahre die zentrale Rolle bei den Kriegsvorbereitungen spielte, wurde in Schlüsselpositionen von Personen geleitet, die die IG Farben abstellte. Darüber hinaus ließ sich über die internationalen Kontakte des Unternehmens die Tetraethylblei-Technologie besorgen, mit der die Flugzeugtriebwerke der Luftwaffe während des Krieges ihre höchste und tödlichste Leistung erreichten.

Aus der Erkenntnis, dass die IG Farben eine tragende Rolle im NS-Apparat spielte, lässt sich nicht schließen, dass das Unternehmen und seine Führungskräfte mit dem Vorgehen des Regimes übereinstimmten oder an den detaillierten Vorbereitungen militärischer Aktionen beteiligt waren. Bezeichnenderweise wurden die 24 Führungskräfte des Unternehmens, die nach dem Krieg in Nürnberg angeklagt waren, alle vom Vorwurf der Verschwörung zum Angriffskrieg freigesprochen. Es gibt auch keine Beweise dafür, dass die IG Farben an der Arisierung der deutschen Wirtschaft beteiligt war und Eigentum der vom Regime als „jüdisch" definierten Personen zu Billigpreisen erwarb. Gleichzeitig nutzte das Unternehmen jedoch die deutschen Siege in der Anfangsphase des Krieges, um einen großen Teil der kontinentaleuropäischen Chemieindustrie zu seinen Gunsten umzustrukturieren. Und es fügte sich während des Krieges widerspruchslos der Übertragung der Rassenpolitik auf die Besatzungs- und Arbeitspolitik. Die Plünderung der besetzten Gebiete und der Missbrauch von Zwangsarbeitern, insbesondere im Werk Auschwitz, waren die schwersten Anklagepunkte in Nürnberg, und auf dieser Basis wurden 13 der 24 Angeklagten verurteilt.

Diese Beobachtungen und weitere Punkte, die in diesem Beitrag vorgestellt wurden, sind für eine der längsten und kontroversesten Debatten unter zeitgenössischen Kommentatoren sowie unter Unternehmenshistorikern von Bedeutung: Wie viel Handlungsfreiheit genoss die deutsche Wirtschaft – und hier insbesondere die IG Farben – in der NS-Zeit? Mit anderen Worten: Vermochten sich die IG-Verantwortlichen dem Druck des Regimes und insbesondere seinen kriminellen Aktivitäten zu entziehen? Das hier vorgelegte Material deutet einerseits darauf hin, dass die IG Farben im Vergleich mit anderen Unternehmen größere Handlungsspielräume hatte, vor allem aufgrund der von Peter Hayes genannten „Strategie der Unentbehrlichkeit", d. h. aufgrund der Beherrschung von Technologien, die für die Verwirklichung der Kriegsziele unabdinglich waren. Die Tatsache, dass das Unternehmen bei der Errichtung der ersten drei Buna-Anlagen seine kommerziellen und technologischen Interessen gegenüber den militärisch-strategischen Interessen des Regimes durchsetzen konnte, zeigt, wie weit diese Freiheit reichte.

Andererseits steht außer Frage, dass die Handlungsfreiheit der Unternehmen durch das Regime und seine Politik im Laufe der NS-Zeit immer stärker eingeschränkt wurde. An erster Stelle stand die Kontrolle der Arbeitspolitik, gefolgt von der Beschränkung der Devisenverwendung bis zu der Auferlegung gewisser Kontrollen für Investitionen. Die volle Verfügungsgewalt hatte das Unternehmen nur noch über die Technologie, was, wie gezeigt, zum „Primat der Technik" in der Geschäftsstrategie und Entscheidungsfindung der IG Farben führte. Jedoch wurde auch hier die völlige

Eigenbestimmung dadurch eingeschränkt, dass die unternehmerischen Pläne eng an die des Regimes anzupassen waren. Auch hier sind die Geschichte der Bunaproduktion und ihr Ausgang aufschlussreich: Das Vernichtungslager in Auschwitz existierte noch nicht, als die IG Farben beschloss, ihre Buna IV-Anlage dort anzusiedeln. Doch die Tatsache, dass das Vernichtungslager bald in Betrieb genommen wurde, tat der Begeisterung des Unternehmens für den Bau einer hochintegrierten Chemiefabrik keinen Abbruch. Dass die beiden wichtigsten Synthesetechnologien für Erdöl und Kautschuk zusammen mit anderen Verfahren in einer Fabrik vereint wurden, wurde als ein technologisches Wunderwerk betrachtet. Dabei bewiesen die wichtigsten Entscheidungsträger des Unternehmens, die an dem Projekt beteiligt waren, darunter Otto Ambros, Fritz ter Meer und Carl Krauch, einen schockierenden Verlust an moralischer Orientierung. Somit spielte das „Primat der Technik" eine zentrale Rolle auf dem „verschlungenen Weg nach Auschwitz" der IG Farben.[48]

Auswahlbibliografie

Banken, Ralf, Introduction: The Room for Manoeuvre for Firms in the Third Reich, in: Business History 62, 2020, S. 375–392.
Haber, Ludwig Fritz, The Chemical Industry during the Nineteenth Century. A Study of the Economic Aspects of Applied Chemistry in Europe and North America, Oxford 1959.
Haber, Ludwig Fritz, The Chemical Industry, 1900–1930. International Growth and Technological Change, Oxford 1971.
Haber, Ludwig Fritz, The Poisonous Cloud. Chemical Warfare in the First World War, Oxford 1986.
Hayes, Peter, From Cooperation to Complicity. Degussa in the Third Reich, Cambridge 2004.
Hayes, Peter, Industry and Ideology. IG Farben in the Nazi Era, 2. Aufl. Cambridge 2000.
Johnson, Marting/Stokes, Raymond G./Arndt, Tobias, The Thalidomide Catastrophe. How It Happened, Who Was Responsible and Why the Search for Justice Continues after More Than Six Decades, Exeter 2018.
Karlsch, Rainer/Stokes, Raymond G., Faktor Öl. Die Mineralölwirtschaft in Deutschland von 1859 bis 1974, München 2003.
Lindner, Stephan H., Aufrüstung – Ausbeutung – Auschwitz. Eine Geschichte des IG-Farben-Prozesses, Göttingen 2020.
Lindner, Stephan H., Hoechst. Ein IG Farben Werk im Dritten Reich, München 2005.
Lorentz, Bernhard/Erker, Paul, Chemie und Politik. Die Geschichte der Chemischen Werke Hüls 1938–1979, München 2003.
Murmann, Johann Peter, Knowledge and Competitive Advantage. The Co-Evolution of Firms, Technology, and National Institutions, Cambridge 2003.
Petzina, Dieter, Autarkiepolitik im Dritten Reich, Stuttgart 1968.
Plumpe, Gottfried, Die IG Farbenindustrie AG. Wirtschaft, Technik, Politik, 1904–1945, Berlin 1991.
Priemel, Kim Christian, The Betrayal. The Nuremberg Trials and German Divergence, Oxford 2016.
Schleunes, Karl A., The Twisted Road to Auschwitz: Nazi Policy toward German Jews, 1933–1939, Chicago 1970.

---

48 Vgl. den Titel der klassischen Studie *Karl A. Schleunes*, The Twisted Road to Auschwitz: Nazi Policy toward German Jews, 1933–1939, Chicago 1970.

Schmaltz, Florian, Kampfstoff-Forschung im Nationalsozialismus. Zur Kooperation von Kaiser-Wilhelm-Instituten, Militär und Industrie, Göttingen 2017.

Stokes, Raymond G., Divide and Prosper. The Heirs of IG Farben under Allied Authority, 1945–1951, 2. Aufl. Huddersfield 2009.

Stokes, Raymond G., From the IG Farben Fusion to the Establishment of BASF AG (1925–1952), in: Werner Abelshauser [u. a.], German Industry and Global Enterprises: BASF. The History of a Company, Cambridge 2004, S. 206–361.

Stokes, Raymond G., Primat der Politik – Primat der Technik. Das Verhältnis von Industrie und Staat im nationalsozialistischen Deutschland am Beispiel der IG Farben, in: Jürgen Lillteicher (Hrsg.), Profiteure des NS-Systems? Deutsche Unternehmen und das „Dritte Reich", Berlin 2006.

Tucker, Jonathan, War of Nerves: Chemical Warfare from World War I to Al-Qaeda, New York 2006.

United States Strategic Bombing Survey (USSBS) (European War), USSBS Report 109, Oil division Final Report, 2. Aufl. Washington 1947.

Wagner, Bernd, IG Auschwitz. Zwangsarbeit und Vernichtung von Häftlingen des Lagers Monowitz 1941–1945, München 2000.

Simon Gogl
3.7 Bauwirtschaft

3.7.1 Einleitung

Beinahe zweieinhalb Millionen Menschen arbeiteten im Mai 1939 im deutschen Baugewerbe. Dies entsprach fast einem Zehntel der nichtlandwirtschaftlichen Arbeitskräfte im Reich, mehr als in jedem anderen industriellen Sektor am Vorabend des Zweiten Weltkriegs.[1] Nachdem die Wirtschaftskrise zu Beginn der 1930er Jahre die konjunkturanfällige Bauwirtschaft schwer getroffen hatte, spielten der Ausbau von Infrastruktur und industriellen Kapazitäten eine zentrale Rolle in den Kriegsvorbereitungen des nationalsozialistischen Regimes. Die Bauwirtschaft erlebte einen beispiellosen Boom und wurde zu einem Kristallisationspunkt staatlicher Wirtschaftspolitik. Zugleich erfüllte Bauen eine Funktion in der Selbstdarstellung des Regimes: Der propagandistische Wert der Autobahnen oder des Westwalls an der Grenze zu Frankreich lässt sich von ihrem unmittelbaren wirtschaftlichen und militärischen Nutzen wohl kaum trennen. Darüber hinaus wurden die staatlichen Großbaustellen zu Orten, an denen die nationalsozialistische „Volksgemeinschaft" inszeniert und Arbeitsbeziehungen zunehmend militarisiert wurden.

Nach Ausbruch des Krieges fuhr der Staat die inländische Bautätigkeit stark zurück, während Bauprojekte in den besetzten Gebieten an Bedeutung gewannen. Keine andere Branche verlagerte ihre Aktivitäten in solchem Maße in das besetzte Europa. Dort führten deutsche Bauunternehmen und Handwerksbetriebe Aufträge für die Wehrmacht und zivile deutsche Behörden aus, immer häufiger auch für die paramilitärische Bauorganisation des „Dritten Reichs", die Organisation Todt (OT). Im Zuge dieser Tätigkeiten kam der Bau- und Baustoffindustrie eine überragende Bedeutung bei der Beschäftigung von Zwangsarbeitern zu. Der hohe Anteil an einfachen, aber körperlich anstrengenden Hilfstätigkeiten ermöglichte es gerade im Bausektor, deutsche Arbeitskräfte für die Wehrmacht abzustellen und durch ausländische zu ersetzen. Doch auch der Einsatz von KZ-Häftlingen und die „Vernichtung durch Arbeit" geschahen häufig auf Baustellen und bei der Gewinnung von Baumaterialien.

Trotz ihrer zentralen wirtschaftlichen Stellung liegt bislang keine umfassende Darstellung zur Bauwirtschaft unter dem Nationalsozialismus vor. Zwar kommt kaum eine Studie zur Wirtschaft des Dritten Reichs ohne einen Hinweis auf das Baugewerbe aus, doch findet der Sektor meist nur am Rande Erwähnung und ist nicht selbst Gegenstand des Erkenntnisinteresses. Allerdings ist zu einer Reihe von Teilaspekten über die Jahre eine umfangreiche Literatur entstanden, die sich zu einem Bild der Bauwirtschaft zwischen 1933 und 1945 zusammenfügen lässt.

---

1 Statistisches Jahrbuch für das Deutsche Reich 1941/42, S. 181.

Die mit großem propagandistischem Aufwand inszenierten öffentlichen Bauvorhaben der NS-Zeit haben auch in der Forschung eine zentrale Stellung eingenommen. Dies gilt zunächst für die Arbeitsbeschaffungsmaßnahmen der Jahre ab 1933, die primär auf die Bauwirtschaft zielten.[2] Die Literatur zu den Reichsautobahnen hat Themen wie ihre propagandistische Inszenierung, Arbeitsmarkteffekte und Arbeitsbedingungen auf den Baustellen in den Blick genommen.[3] Zum Westwall liegen vor allem stark militärhistorisch geprägte Studien vor.[4] Die nationalsozialistischen Repräsentationsbauten und Umgestaltungspläne von München über Nürnberg bis Berlin sind oft unter kultur- und architekturgeschichtlichen Fragestellungen untersucht worden.[5]

Die Bauwirtschaft im engeren Sinne war seit Mitte der 1990er Jahre Gegenstand mehrerer unternehmensgeschichtlicher Studien, die unter dem Eindruck der Debatte um die finanzielle Entschädigung ehemaliger Zwangsarbeiter entstanden.[6] Diese Studien sind um eine ausführliche und nuancierte Darstellung der Jahre 1933 bis 1945 bemüht, was sie deutlich von den apologetischen Festschriften früherer Jahrzehnte abhebt.[7] Dennoch herrscht in ihnen immer noch eine Interpretation vor, die zwar

---

2 *Detlev Humann*, „Arbeitsschlacht". Arbeitsbeschaffung und Propaganda in der NS-Zeit 1933–1939, Göttingen 2011.
3 *Rainer Stommer* (Hrsg.), Reichsautobahn: Pyramiden des Dritten Reiches. Analysen zur Ästhetik eines unbewältigten Mythos, Marburg 1982; *Karl Lärmer*, Autobahnbau in Deutschland 1933 bis 1945. Zu den Hintergründen, Berlin (Ost) 1975; *Erhard Schütz/Eckhard Gruber*, Mythos Reichsautobahn. Bau und Inszenierung der „Straßen des Führers" 1933–1941, Berlin 1996; *Dan P. Silverman*, Hitler's Economy: Nazi Work Creation Programs, 1933–1936, Cambridge/London 1998; *Friedrich Hartmannsgruber*, „.... ungeachtet der noch ungeklärten Finanzierung". Finanzplanung und Kapitalbeschaffung für den Bau der Reichsautobahnen 1933–1945, in: Historische Zeitschrift 278, 2004, S. 625–681.
4 *Manfred Gross*, Der Westwall zwischen Niederrhein und Schnee-Eifel, Köln 1982; *Dieter Bettinger/ Martin Büren*, Der Westwall. Die Geschichte der deutschen Westbefestigungen im Dritten Reich, Bd. 1, Osnabrück 1990. Zur kritischen Einordnung: *Karola Fings*, Im Westen nichts Neues? Ein kritischer Seitenblick auf Literatur zum Westwall, in: Geschichte in Köln. Zeitschrift für Stadt- und Regionalgeschichte 51, 2007, S. 262–270.
5 *Jost Dülffer/Jochen Thies/Josef Henke*, Hitlers Städte: Baupolitik im Dritten Reich; eine Dokumentation, Köln 1978; *Dieter Bartetzko*, Illusionen in Stein. Stimmungsarchitektur im deutschen Faschismus; ihre Vorgeschichte in Theater- und Film-Bauten, Reinbek bei Hamburg 1985; *Winfried Nerdinger*, Bauen im Nationalsozialismus: Bayern 1933–1945, München 1993; *Yasmin Doosry*, „Wohlauf, laßt uns eine Stadt und einen Turm bauen ..." Studien zum Reichsparteitagsgelände in Nürnberg, Tübingen/Berlin 2002; *Alexander Kropp*, Die politische Bedeutung der NS-Repräsentationsarchitektur: die Neugestaltungspläne Albert Speers für den Umbau Berlins zur „Welthauptstadt Germania" 1936–1942/43, Neuried 2005.
6 Zum Beispiel: *Manfred Pohl*, Die Strabag: 1923 bis 1998, München 1998; *Manfred Pohl*, Philipp Holzmann: Geschichte eines Bauunternehmens 1849–1999, München 1999; *Bernhard Stier/Martin Krauß*, Drei Wurzeln – ein Unternehmen. 125 Jahre Bilfinger Berger AG, Heidelberg/Ubstadt-Weiher/Basel 2005. Als unzureichend muss allerdings die offizielle Darstellung seitens des Hauptverbandes der Deutschen Bauindustrie bezeichnet werden: *Erhard F. Knechtel*, Arbeitseinsatz im Baugewerbe im Deutschen Reich 1939–1945, Berlin 2001.
7 Beispiele für letztere sind: *Hans Meyer-Heinrich*, Philipp Holzmann Aktiengesellschaft im Wandel von hundert Jahren, Frankfurt am Main 1949; *Gerd v. Klass*, Weit spannt sich der Bogen. 1865–1965. Die Geschichte der Bauunternehmung Dyckerhoff & Widmann, Wiesbaden 1965; *Sager & Woerner AG* (Hrsg.), Sager & Woerner 1864–1964. Bd. 2: Sammlung-Einsatz-Krise-Erstarkung, 1920–1945, München 1969.

konzediert, dass die Unternehmen in die Verbrechen des NS-Staates verstrickt waren, sie aber doch primär als passive Befehlsempfänger des Regimes präsentiert.

Die Geschichte der OT bildet ein weiteres Forschungsfeld zur Bauwirtschaft. Die ersten, allerdings recht unkritischen Studien zur Organisation und ihrem Gründer Fritz Todt wurden Ende der 1980er Jahre von Franz Seidler veröffentlicht.[8] Hedwig Singer legte zudem eine mehrbändige Quellensammlung vor.[9] Da die OT während des Krieges vor allem in den besetzten Gebieten tätig war und dort zum wichtigsten Bauträger neben der Wehrmacht avancierte, hat sich in den letzten Jahren eine wachsende internationale Literatur, speziell zu den OT-Einsätzen in Frankreich, Italien und Norwegen, entwickelt.[10]

Die enorme staatliche Nachfrage nach Bauleistungen führte im Laufe der 1930er Jahre zu einem erheblichen Druck auf die staatlich regulierten Preise und Löhne und ließ die Gewinne von Bauunternehmen stark steigen. Die Forschung hat deshalb die Vertragsverhandlungen zwischen Staat und Bauwirtschaft auf unternehmerische Handlungsspielräume hin untersucht und die Grenzen der nationalsozialistischen Preis- und Gewinnbegrenzung aufgezeigt.[11]

Zuletzt ist die inzwischen umfangreiche Literatur zur NS-Zwangsarbeit zu nennen. Eine Überblicksdarstellung zur Zwangsarbeit in Bausektor liegt zwar nach wie vor nicht vor, zahlreiche Studien zu bestimmten Zwangsarbeitergruppen, Regionen und Bauträgern haben aber zu einem besseren Verständnis der Bauwirtschaft unter dem Nationalsozialismus im Allgemeinen beigetragen.[12]

Im Folgenden wird zunächst ein Überblick über die wirtschaftliche Entwicklung des Bausektors in der Zeit des Nationalsozialismus gegeben (Kapitel 2). Anschließend werden die wichtigsten Felder der Bautätigkeit mit den für sie maßgeblichen Akteuren

---

8 *Franz W. Seidler*, Die Organisation Todt. Bauen für Staat und Wehrmacht 1938–1945, 2. Aufl. Koblenz 1998; *Franz W. Seidler*, Fritz Todt. Baumeister des Dritten Reiches, München 1986.
9 *Hedwig Singer* (Hrsg.), Quellen zur Geschichte der Organisation Todt, 4 Bde., Osnabrück 1987–1998.
10 Für Frankreich und Italien: *Fabian Lemmes*, Arbeiten in Hitlers Europa. Die Organisation Todt in Frankreich und Italien 1940–1945. Wien/Köln/Weimar 2021. Für Norwegen: *Simon Gogl*, Laying the Foundations of Occupation – Organisation Todt and the German Construction Industry in Occupied Norway, Berlin/Boston 2020. Dort sind auch jeweils ausführliche Hinweise zur französischen und italienischen bzw. norwegischen Literatur zu finden.
11 *Jochen Streb*, Das Scheitern der staatlichen Preisregulierung in der nationalsozialistischen Bauwirtschaft, in: Jahrbuch für Wirtschaftsgeschichte 2003/1, S. 27–48; *Jochen Streb*, Negotiating Contract Types and Contract Clauses in the German Construction Industry during the Third Reich, in: The RAND Journal of Economics 40, 2009, S. 364–379; *Marc Buggeln*, „Menschenhandel" als Vorwurf im Nationalsozialismus. Der Streit um den Gewinn aus den militärischen Großbaustellen am Kriegsende (1944/45), in: Andreas Heusler/Mark Spoerer/Helmuth Trischler (Hrsg.), Rüstung, Kriegswirtschaft und Zwangsarbeit im „Dritten Reich", München 2010, S. 199–218; *Gogl*, Laying the Foundations.
12 Aus der fast unüberschaubaren Literatur sind hervorzuheben *Edith Raim*, Die Dachauer KZ-Außenkommandos Kaufering und Mühldorf. Rüstungsbauten im letzten Kriegsjahr 1944/45, Landsberg am Lech 1992; *Stefan Lütgenau/Alexander Schröck*, Zwangsarbeit in der österreichischen Bauindustrie. Die Teerag-Asdag AG 1938–1945, Innsbruck/Wien/München 2001; *Karola Fings*, Krieg, Gesellschaft und KZ: Himmlers SS-Baubrigaden. Paderborn 2005.

näher beleuchtet (Kapitel 3). Abschließend werden die wichtigsten staatlichen Regulierungsmaßnahmen im Bausektor vorgestellt, welche versuchten, Löhne, Preise und Gewinne zu begrenzen, die Arbeitsmobilität einzuschränken, die Zuteilung von Baustoffen und -geräten zu steuern und alle Bauvorhaben einem strikten Genehmigungsverfahren zu unterwerfen (Kapitel 4).

3.7.2 Entwicklungslinien der deutschen Bauwirtschaft 1933–1945

Der deutsche Bausektor der 1930er und 1940er Jahre war stark fragmentiert. Im Mai 1939 erfasste das Statistische Reichsamt knapp 267 000 Betriebe, wobei es allerdings eine sehr breite Definition anwandte. So zählten beispielsweise Niederlassungen eines Unternehmens als eigenständige Betriebe.[13] Die meisten Betriebe waren zwei Gruppen zugeordnet. Ungefähr 88 000 Betriebe, zumeist Hoch-, Tief- und Straßenbauunternehmen, gehörten dem Bauhauptgewerbe an, also dem Teil des Sektors, der überwiegend für die Erstellung von Rohbauten zuständig war. Rund 150 000 Unternehmen bildeten das Baunebengewerbe, welches sich primär mit dem Ausbau jener Rohbauten beschäftigte. Darunter fielen zum Beispiel Glaser, Dachdecker, Isolierer und mehr.

Der Sektor war nach wie vor stark handwerklich geprägt. Bei über 238 000 Betrieben handelte es sich um Handwerksbetriebe, die in einer der zahlreichen Handwerksinnungen organisiert waren. Viele dieser Betriebe bestanden oft nur aus den Inhabern, einigen Familienangehörigen und einer Handvoll Arbeitern. Mehr als 200 000 Betriebe des deutschen Baugewerbes beschäftigten zehn oder weniger Mitarbeiter.[14] Nur etwas mehr als 10 % aller Betriebe, circa 28 000, waren Mitglied der Wirtschaftsgruppe Bauindustrie. Bei etwa der Hälfte davon handelte es sich wiederum um Architektur- und Ingenieurbüros, sodass letztlich wenige tausend Betriebe als wirklich industrielle Bauunternehmen bezeichnet werden können.[15] Dafür, ob ein Betrieb der Wirtschaftsgruppe Bauindustrie oder einer der Handwerksinnungen zugeordnet wurde, gab es keine eindeutigen Kriterien. Unklare Fälle waren häufig Gegenstand von Verhandlungen zwischen der Wirtschaftsgruppe und den Innungen. In der 1935 aus dem Reichsverband des Ingenieurbaus hervorgegangen Wirtschaftsgruppe Bauindustrie dominierten die Ingenieure, vor allem Unternehmen aus den Bereichen Beton-, Tief- und neuzeitlicher

---

[13] Statistisches Jahrbuch für das Deutsche Reich 1941/42, S. 181; The Effects of Strategic Bombing on the German War Economy (European Report #3), in: David MacIsaac (Hrsg.), The United States Strategic Bombing Survey, New York 1976, S. 235.
[14] *Länderrat des amerikanischen Besatzungsgebiets* (Hrsg.), Statistisches Handbuch von Deutschland 1928–1944, München 1949, S. 242–243.
[15] Im Folgenden wird sich der Begriff „Bauindustrie" nur auf diese Gruppe von Unternehmen beziehen, während die Gesamtheit der Betriebe im Sektor, inklusive der Handwerksbetriebe, als „Bauwirtschaft" bezeichnet wird.

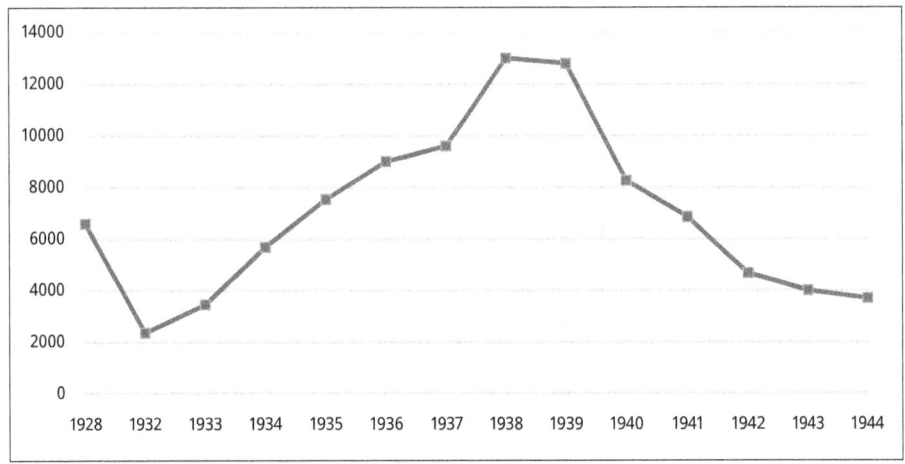

Abb. 1: Bauvolumen 1928/32–1944 [in Mio. RM, Preise von 1938].
Quelle: Bundesarchiv R 3/Film 77815, Bl. 40. Joachim Steffens, Das Bauwesen – geschichtlich, technisch und wirtschaftlich gesehen. Unveröffentlichtes Manuskript, circa 1944. Bauvolumen für 1943/44, siehe: USSBS, The Effects, S. 55. Baupreisindex für 1943/44 geschätzt von *Jonas Scherner*, Nazi Germany's Preparation for War: Evidence from Revised Industrial Investment Series, in: European Review of Economic History 14, 2010, S. 466. Erfasst ist das Gebiet „Großdeutschlands" in seinen jeweiligen Grenzen.

Straßenbau. Auch die Größe eines Unternehmens spielte eine Rolle, wenn es galt, die Grenze zwischen Handwerk und Industrie zu ziehen.[16]

Das *Handbuch der deutschen Aktiengesellschaften* von 1943 nennt über 70 Aktiengesellschaften, die im damaligen Reichsgebiet entweder Mitglied der Wirtschaftsgruppe Bauindustrie waren oder aufgrund ihrer Betätigungsfelder eindeutig als Bauunternehmen erkennbar sind.[17] Mit einem Aktienkapital von 25,8 Millionen RM war die Frankfurter Philipp Holzmann AG das größte Bauunternehmen, gefolgt von namhaften Aktiengesellschaften wie Grün & Bilfinger (Mannheim), Julius Berger (Wiesbaden), Heilmann & Littmann (München), der Deutschen Bau AG (Berlin) und Hochtief (Essen). Die größten Bauaktiengesellschaften auf österreichischem Gebiet waren die Wiener Universale Hoch- und Tiefbau AG und die Allgemeine Baugesellschaft – A. Porr AG. Allerdings gab es auch zahlreiche, außerordentlich große und umsatzstarke Bauunternehmen, die keine Aktiengesellschaften waren, so zum Beispiel Dyckerhoff & Widmann, das seit 1937 als Kommanditgesellschaft organisiert war.

Die Unternehmen der Bauwirtschaft waren zu allen Zeiten starken konjunkturellen Schwankungen ausgesetzt gewesen. Die Situation in den 1930er Jahren kann allerdings mit Recht als extrem bezeichnet werden (vgl. Abb. 1).

---

16 *Erich Reuss*, Die Verbände der Bauindustrie, Wiesbaden 1966, S. 43–51.
17 Handbuch der deutschen Aktiengesellschaften 1943: Das Spezial-Archiv der deutschen Wirtschaft, Berlin 1943.

Am Tiefpunkt der Wirtschaftskrise war das deutsche inländische Bauvolumen 1932 auf unter zweieinhalb Milliarden RM gefallen. Industrie und private Haushalte hielten sich mit Investitionen zurück. Ebenso verheerend wirkten die Ausgabenkürzungen von Staat, Ländern und Gemeinden, deren Bauaufträge zusammen mit dem öffentlichen Wohnungsbau in den 1920er Jahren ungefähr die Hälfte des deutschen Bauvolumens ausgemacht hatten.[18] Nur sechs Jahre später, 1938, betrug das Bauvolumen ganze 13 Milliarden RM, wovon ungefähr eine Milliarde auf das neu hinzugekommene Österreich und das Sudetenland entfiel. Das stellte fast eine Verdoppelung selbst gegenüber dem starken Vorkrisenjahr 1928 dar. Grund hierfür waren vor allem die staatlichen Investitionen in Infrastruktur, industrielle und militärische Anlagen, die im Zeichen von Aufrüstung und Kriegsvorbereitung standen. Der Anteil staatlicher Aufträge am Bauvolumen stieg in den 1930er Jahren auf rund zwei Drittel. Erhebungen der Wirtschaftsgruppe Bauindustrie aus den Jahren 1936 bis 1938 lassen erkennen, dass der Anteil öffentlicher Aufträge bei Unternehmen der Bauindustrie überdurchschnittlich hoch lag. Dies verwundert kaum, weil die staatlichen Bauvorhaben oft groß und komplex waren und nur von entsprechend leistungsstarken Unternehmen ausgeführt werden konnten.[19] Die über die Leistungen des Jahres 1937 hinausgehende Produktionssteigerung der Jahre 1938 und 1939 war größtenteils auf den um jeden Preis forcierten Bau des Westwalls zurückzuführen. Behörden und Unternehmen waren sich einig, dass in diesen Jahren die absolute Grenze dessen erreicht war, was die deutsche Bauwirtschaft zu leisten imstande war.

Der Ausbruch des Krieges kehrte diese Entwicklung um. Während zahlreiche andere Sektoren im Krieg eine weitere Steigerung der Nachfrage erlebten, sank das inländische Auftragsvolumen in der Bauwirtschaft drastisch, von 1939 bis 1944 um geschätzte 70 %. Das war zurückzuführen auf eine bewusste staatliche Politik, die inländische Baustellen stilllegte, um Soldaten für die Wehrmacht zu mobilisieren und um freiwerdende Bauunternehmen im besetzten Europa einsetzen zu können.

Häufig findet sich in zeitgenössischen Quellen wie auch in der Literatur eine Unterteilung des Bauvolumens in Hochbau und Tiefbau. Eine Schätzung der Anteile erweist sich allerdings als schwierig, da verlässliches Zahlenmaterial fehlt.[20] Hochbau

---

18 *Reichs-Kredit-Gesellschaft*, Deutschlands wirtschaftliche Lage in der Jahresmitte 1939, Berlin 1939, S. 6. Zum Verhältnis zwischen öffentlichem und privatem Wohnungsbau, siehe: BArch, R 3102/2731, Vertrauliche Tabelle „Die volkswirtschaftlichen Investitionen (Neu- und Ersatzanlagen)" des Statistischen Reichsamtes vom 21. 3. 1939.
19 1938–1939. Rückblick und Ausblick, in: Die Bauindustrie 7, Nr. 1, 1939, S. 6–10; *Karl Ehrler*, Die statistische Erfassung der Bauwirtschaft. Methode und Auswertung, Dresden 1940, S. 117.
20 Die umfassendsten aber zugleich stark voneinander abweichenden Zahlenreihen finden sich in Bundesarchiv (BArch), R 3102/2701, Bl. 7. Vertraulicher Bericht über den Wert des deutschen Bauvolumens in den Jahren 1929 bis 1940, 10. 9. 1941; Riksarkivet Oslo, RAFA-2188/2/Hfa-L0007, Mappe 26. Statistikk og utredninger, Anlage „Bauvolumen 1924–1938" zur Niederschrift über die Sitzung der Erfahrungsgemeinschaft für Bauvolumen und -kapazität am 8. 5. 1941 im Reichsministerium für Bewaffnung und Munition.

wurde traditionell definiert als Bauten mit einer primär vertikalen Ausdehnung, wie Wohnhäuser, Industriebauten und öffentliche Gebäude. Gerade der Hochbau war noch immer von kleinen, inhabergeführten Betrieben geprägt. Tiefbauten wiederum erstrecken sich primär in horizontaler Richtung und umfassen Straßen, Eisenbahnen, Tunnel, Kanäle und ähnliches. Hier übernahmen meist Ingenieure die Planungsarbeiten. Die Projekte erforderten öfter den Einsatz schweren Baugeräts und dementsprechend wurden Aufträge oft großen Bauunternehmen übertragen. Aufgrund technischer Neuerungen erwies sich aber die Trennung nach Hoch- und Tiefbau spätestens seit den 1920er Jahren als zunehmend überholt. Außerdem konnte das Statistische Reichsamt, jenseits aller definitorischen Schwierigkeiten, das Verhältnis nur indirekt über die den Berufsgenossenschaften gemeldeten Lohnsummen schätzen. Es kann allerdings als gesichert gelten, dass der Anteil des Tiefbaus, wie auch immer man diesen nun exakt definieren mag, unter dem Nationalsozialismus signifikant anstieg. Straßen- und Brückenbauten, Flugplätze und Befestigungsbauten gewannen im Laufe der 1930er Jahre an Bedeutung und machten nicht zuletzt einen Großteil der deutschen Bauten in den besetzten Gebieten aus.

Der außergewöhnliche Aufschwung zwischen der tiefen Krise zu Beginn der 1930er Jahre und des Baubooms zum Ende des Jahrzehnts spiegelt sich auch in den Zahlen zu Beschäftigung und Arbeitslosigkeit wider. Laut Angabe einer Reihe von Verbänden der Bauwirtschaft lag die Arbeitslosenquote unter den gewerkschaftlich organisierten Bauarbeitern im Januar 1932 bei 88,6 %.[21] Und 1933 führte die offizielle Statistik noch im Juni, also inmitten der jährlichen Bausaison, beinahe 900 000 arbeitslose Arbeiter und Angestellte im Bauhaupt- und Baunebengewerbe, was 44,8 % der Beschäftigten in diesem Sektor entsprach. Unter den größeren Wirtschaftszweigen wies lediglich die Gruppe Maschinen-, Kessel-, Apparate- und Fahrzeugbau eine ähnlich dramatische Arbeitslosenrate auf.[22]

Aus dieser Talsohle setzte der Sektor in den folgenden Jahren zu einem beachtlichen Aufschwung an. Allein zwischen 1932 und 1936 verfünffachte sich der Beschäftigungsstand im Sektor.[23] Befeuert durch Investitionen in den Aufbau von Rüstungskapazitäten, militärischen Anlagen und Infrastruktur ging die Zahl der Arbeitslosen rasch zurück. Vereinzelt meldeten Gebiete mit hoher militärischer Bautätigkeit schon 1935 einen Arbeitskräftemangel, so zum Beispiel das brandenburgische Neuruppin.[24] Wie das Reichsarbeitsministerium mitteilte, bedrohte der Mangel an Bauarbeitern im

---

21 BArch, R 13-VIII/27, Eingabe der Verbände der deutschen Bauwirtschaft an den Reichskanzler, 17. 3. 1932.
22 *Statistisches Reichsamt* (Hrsg.), Die berufliche und soziale Gliederung der Bevölkerung des Deutschen Reichs, Berlin 1936, S. 11–12.
23 *Timothy W. Mason*, Social Policy in the Third Reich. The Working Class and the „National Community", Providence/Oxford 1993, S. 123 f.
24 *Humann*, Arbeitsschlacht, S. 721.

Sommer und Herbst 1936 die pünktliche Fertigstellung wichtiger Bauprojekte.[25] Dabei fehlten immer häufiger nicht nur Facharbeiter, sondern auch Bauhilfsarbeiter: Zum 30. September 1936 waren im gesamten Reichsgebiet weniger als 48 000 ungelernte Bauarbeiter bei den Behörden als arbeitslos gemeldet.[26] „Der große Umfang der Bauaufgaben hat dazu geführt", berichtete der Präsident der Reichsanstalt für Arbeitsvermittlung und Arbeitslosenversicherung schließlich im Mai 1938, „daß die Betriebe der Bauwirtschaft in diesem Jahr schon Anfang April nahezu alle einsatzfähigen Arbeitskräfte dieses Wirtschaftszweiges aufgenommen hatten."[27] Längst hatte die Bauwirtschaft begonnen, Arbeitskräfte auch aus anderen Sektoren zu absorbieren, beispielsweise aus der Landwirtschaft und der Baustoffindustrie. Im Falle der Landwirtschaft kratzte das an einem zentralen Element der nationalsozialistischen Ideologie mit ihrer Überhöhung des Bauerntums.[28] Noch konkretere Folgen hatte die Situation für die Baustoffindustrie, deren Betriebe zunehmend über Bauunternehmen klagten, die ihnen die Arbeitskräfte mit „Locklöhnen" abwarben. Letztlich sägte die Bauwirtschaft an dem Ast, auf dem sie saß, wenn Ziegeleien und Steinbrüche aufgrund des Arbeitskräftemangels ihre Lieferaufträge nicht mehr erfüllen konnten. Ab 1938 wuchsen sich die Engpässe zu einer handfesten Krise aus. Der im Juni angelaufene Bau des Westwalls, auf dessen Bauplätzen in der Folge insgesamt eine halbe Million Menschen arbeiteten, erhöhte den Druck auf den Arbeitsmarkt nochmals. Das Regime reagierte mit dem Erlass der „Verordnung zur Sicherstellung des Arbeitskräftebedarfs für Aufgaben von besonderer staatspolitischer Bedeutung" vom 22. Juni 1938.

Nach Kriegsausbruch wurden Bauarbeiten im Deutschen Reich einer strengen Überprüfung unterzogen und Baustellen, die nicht als kriegswichtig galten, aufgelöst. Bezogen auf das Reich in seinen Vorkriegsgrenzen verlor die Bauwirtschaft zwischen Mai 1939 und Mai 1944 gut zwei Drittel ihrer deutschen Arbeiter und Angestellten. Ihre Zahl sank in diesem Zeitraum von ungefähr 2,5 Millionen auf unter 900 000.[29] Eine detaillierte Analyse der Entwicklung, insbesondere Vergleiche zwischen Bauindustrie und Handwerk, erweisen sich als schwierig. Zahlen liegen nicht für alle Kriegsjahre vor, umfassen bisweilen nur Teile des Handwerks und beziehen sich auf das Deutsche Reich in seinen unterschiedlichen Ausdehnungen. Zwei Aspekte lassen sich dennoch festhalten. Bezogen auf das Inland scheinen die größeren Industriefirmen mehr Beschäftigte verloren zu haben als das Bauhandwerk. Zugleich konnten sie diese Entwicklung aber auch besser kompensieren. Einerseits betrug am 31. Mai 1943 der Anteil an

---

25 Schreiben des Reichs- und Preußischen Arbeitsministers an den Chef der Reichskanzlei Lammers, 28. 8. 1936, abgedruckt in: *Timothy W. Mason*, Arbeiterklasse und Volksgemeinschaft. Dokumente und Materialien zur deutschen Arbeiterpolitik 1936–1939, Opladen 1975, S. 194–196.
26 Statistisches Jahrbuch für das Deutsche Reich 1937, S. 350.
27 Erlass des Präsidenten der Reichsanstalt an die Landesarbeitsämter und Arbeitsämter vom 17. 5. 1938, in: *Mason*, Arbeiterklasse und Volksgemeinschaft, S. 547 f.
28 Vgl. das Kapitel 3.11 in diesem Band.
29 Diese und die folgenden Angaben fußen auf dem Zahlenmaterial, das die Alliierten nach dem Krieg in der *United States Strategic Bombing Survey* zusammengetragen haben: The Effects, S. 57, 236 f.

zivilen Zwangsarbeitern, Kriegsgefangenen und jüdischen Zwangsarbeitern im Bauhandwerk ca. 30 %, in der Bauindustrie hingegen 50 %. Der Grund lag vermutlich darin, dass größere Unternehmen über die Kapazitäten zur Überwachung größerer Zwangsarbeitergruppen verfügten und auf Großbaustellen der massenhafte Einsatz von ungelernten ausländischen Arbeitern leichter möglich war. Andererseits sind in den Zahlen die OT- und Wehrmachtsbaustellen im besetzten Europa nicht enthalten. Es ist anzunehmen, dass die großen Bauunternehmen eher in der Lage waren, ihre Aktivitäten ins besetzte Ausland zu verlagern als die kleinen, oft familiengeführten, Handwerksbetriebe. Der zweite Aspekt war, dass längst nicht alle dem Sektor verloren gegangenen Arbeiter zur Wehrmacht einberufen waren. Wie den Aufstellungen des Wehrmacht-Ersatzamtes im OKW von Ende 1944 zu entnehmen ist, hatte die Bau- und Baustoffindustrie im Laufe des Krieges tatsächlich mehr Beschäftigte an andere Wirtschaftszweige und die OT abgegeben, als in die Wehrmacht einberufen wurden.[30]

3.7.3 Bauen als Teil der nationalsozialistischen „Arbeitsschlacht"

Propagandistisch wurde die Bekämpfung der Arbeitslosigkeit als die zentrale wirtschaftspolitische Herausforderung in den ersten Jahren der nationalsozialistischen Herrschaft dargestellt.[31] Die Stabilisierung des Regimes hing zu einem Gutteil von einer raschen Verbesserung der Situation auf dem Arbeitsmarkt ab. Folgerichtig kündigte Hitler in seiner ersten Radioansprache am 1. Februar 1933 einen „gewaltigen und umfassenden Angriff gegen die Arbeitslosigkeit" an: „Binnen vier Jahren muß die Arbeitslosigkeit endgültig überwunden sein."[32] Unter dem martialischen Schlagwort der „Arbeitsschlacht"[33] zielten staatliche Arbeitsbeschaffungsmaßnahmen zusammen mit Steuererleichterungen in den folgenden Jahren schwerpunktmäßig auf die Bauwirtschaft, weil man sich gerade von arbeitsintensiven Tiefbau- oder Meliorationsarbeiten[34] schnelle Arbeitsmarkteffekte versprach. Dass öffentlich geförderte Baumaßnahmen als eine Initialzündung für die darniederliegende Wirtschaft dienen konnten, war aber keineswegs eine originäre Idee der nationalsozialistischen Staatsregierung. Die Bauwirtschaft selbst hatte vor der NS-Machtübernahme wiederholt für Arbeitsbeschaffungsmaßnahmen geworben, so zum Beispiel die Studiengesellschaft

---

30 BArch, RW 6/416, Bl. 41. Wehrmacht-Ersatzplan 1945 des Wehrmachtersatzamtes im OKW.
31 *Christoph Buchheim*, Das NS-Regime und die Überwindung der Weltwirtschaftskrise in Deutschland, in: Vierteljahrshefte für Zeitgeschichte 56, 2008, S. 381–414.
32 *Max Domarus* (Hrsg.), Triumph (1932–1938), (Hitler: Reden und Proklamationen, 1932–1945; kommentiert von einem deutschen Zeitgenossen, Bd. 1), Neustadt an der Aisch 1962, S. 191–194.
33 Siehe dazu: *Humann*, Arbeitsschlacht.
34 Unter Melioration versteht man die Aufwertung von Land zur baulichen oder landwirtschaftlichen Nutzung, z. B. durch die Trockenlegung von Mooren.

für die Finanzierung des deutschen Straßenbaus im Juni und die Tiefbau-Industrie im November 1932.[35] Schließlich waren es die letzten Weimarer Kabinette, die – allerdings nach einigem Zögern – die ersten Arbeitsbeschaffungsprogramme auflegten. Das sogenannte Papen-Programm vom September 1932 stellte ungefähr 290 Millionen RM für direkte Arbeitsbeschaffungsmaßnahmen bereit, das Sofortprogramm der Regierung Schleicher vom Januar 1933 500 Million RM.[36] Das Geld floss freilich erst mit einer gewissen Verzögerung ab dem Sommer, da Projekte zunächst geplant und Entscheidungen über Zuteilungen getroffen werden mussten. Erst im Juni beziehungsweise September 1933 brachte die Regierung Hitler im Rahmen des Ersten und Zweiten Gesetzes zur Verminderung der Arbeitslosigkeit eigene Maßnahmen auf den Weg: Die beiden sogenannten Reinhardt-Programme hatten einen Gesamtvolumen von 1,5 Milliarden RM. Zusammen mit anderen Maßnahmen wurden insgesamt fünf Milliarden RM für die Arbeitsbeschaffung zur Verfügung gestellt.[37] Es ist geschätzt worden, dass der Bausektor ungefähr 73 % der durch die Maßnahmen geschaffenen Nachfrage befriedigte und somit deren Hauptprofiteur war.[38]

Obwohl die Arbeitsbeschaffungsmaßnahmen maßgeblich zum Aufschwung der Bauwirtschaft unter dem Nationalsozialismus beitrugen, sollte nicht vergessen werden, dass das Regime zu einem überaus günstigen Zeitpunkt an die Macht gelangte. Einerseits entfalteten das Papen-Programm und das Sofortprogramm, welches nur zwei Tage vor Hitlers Regierungsantritt erlassen worden war, ihre Wirkung erst in der Bausaison 1933. Anderseits hatte bereits im Herbst 1932 ein allgemeiner Wirtschaftsaufschwung eingesetzt, der auch in der Bauwirtschaft registriert wurde.[39] Beides verstand die nationalsozialistische Propaganda nun als Erfolg des noch jungen Regimes zu verbuchen.

Das Großprojekt, das propagandistisch wohl am stärksten in den Kontext der „Arbeitsschlacht" gestellt wurde, war der Bau der Reichsautobahnen. Das Projekt wurde geleitet vom Straßenbauingenieur Fritz Todt, den Hitler am 30. Juni 1933 zum Generalinspektor für das deutsche Straßenwesen ernannt hatte.[40] Todt war NSDAP-Mitglied seit 1923 und hatte, an bereits existierende Pläne aus den 1920er Jahren anknüpfend, im

---

35 BArch, R 2/18648, Exposé der Studiengesellschaft für die Finanzierung des Deutschen Straßenbaus über „die Durchführung eines ausserordentlichen Strassenbauprogramms im Rahmen einer Arbeitsbeschaffungsaktion", 14. 6. 1932; BArch, R 43-I/900, Bl. 186–195, Petition der Tiefbau-Industrie an den Reichskanzler, 3. 11. 1932.
36 Im März beschloss die neue Regierung Hitler noch eine Aufstockung des Sofortprogramms um 100 Millionen RM.
37 *Karl Schiller*, Arbeitsbeschaffung und Finanzordnung in Deutschland, Berlin 1936, S. 158 f.
38 *Rainer Fremdling/Reiner Stäglin*, Work Creation and Rearmament in Germany 1933–1938 – A Revisionist Assessment of NS-Economic Policy Based on Input-Output Analysis, in: DIW Berlin Discussion Paper Nr. 1473, 2015, S. 3–6.
39 Habermann & Guckes AG, Berlin, Geschäftsbericht 1932; Julius Berger Tiefbau AG, Berlin, Geschäftsbericht 1932; Straßenbau AG, Niederlahnstein, Geschäftsbericht 1933; s. auch *Buchheim*, Überwindung; *Pohl*, Philipp Holzmann, S. 207 f.
40 Zum Thema Transport und Verkehrswesen, vgl. Kapitel 2.5. in diesem Band.

Jahr 1932 mit seiner *Braunen Denkschrift* die Aufmerksamkeit Hitlers erregt. In dieser Denkschrift schlug Todt den Bau eines 5000 bis 6000 km langen Netzes von Autobahnen vor, wobei der Einsatz von Maschinen zunächst beschränkt werden sollte, um die Arbeitsmarkteffekte zu maximieren.[41] Auch wenn sich der Autobahnbau zu einem der zählebigsten Mythen über den Nationalsozialismus entwickeln sollte, war sein Beitrag zum Abbau der Arbeitslosigkeit gering. Erst 1935 erreichten die Investitionen in den Autobahnbau überhaupt ein signifikantes Niveau[42] und die Arbeiterzahlen auf den Baustellen nahmen sich mit maximal 122 000 (Sommer 1936) eher bescheiden aus.[43] Bis 1942 wurden ungefähr 3800 km Autobahnen gebaut.[44]

3.7.4 Bauen zur Kriegsvorbereitung

Es bestand kein Widerspruch zwischen dem Vorhaben, mithilfe arbeitsintensiver Bauarbeiten die Arbeitslosigkeit im Reich abzubauen, und dem Ziel, Deutschland binnen weniger Jahre für einen Krieg bereit zu machen. Schon bei zahlreichen Meliorationsarbeiten unter den Arbeitsbeschaffungsprogrammen handelte es sich beispielsweise um getarnte Vorbereitungen für den Bau von Flugplätzen und anderen Militäreinrichtungen. Auch Straßenbauten und die Erweiterung von Wasserwegen dienten oft militärischen Zwecken. Ab 1936 folgten dann die Bauprojekte unter dem Vierjahresplan mit enormen Investitionen in Anlagen der Rüstungs- und Autarkiebranche. Der Mangel an Arbeitskräften trat in den Regionen mit Bauprojekten des Vierjahresplans besonders früh und stark auf, zum Beispiel im Raum Bitterfeld.[45] Die Wehrmacht befand sich in einer Position, Geld ausgeben zu können, ohne jemandem Rechenschaft ablegen zu müssen.[46] Das macht es schwer, den genauen Umfang militärischer Bauinvestitionen in den 1930er Jahren abzuschätzen.[47]

---

41 *Fritz Todt*, Strassenbau und Strassenverwaltung (München, 1932), in: Hedwig Singer (Hrsg.), Quellen zur Geschichte der Organisation Todt, Bd. 1/2, Osnabrück 1998, S. 59–110. Karl Lärmer hat allerdings darauf hingewiesen, dass die Nationalsozialisten hier aus der Not eine Tugend machten, denn die Konstruktion und Herstellung der für den neuartigen Betonstraßenbau notwendigen Geräte benötigte Zeit: *Lärmer*, Autobahnbau, S. 57 f.
42 *Albrecht Ritschl*, Hat das Dritte Reich wirklich eine ordentliche Beschäftigungspolitik betrieben? In: Jahrbuch für Wirtschaftsgeschichte 2003/1, S. 128 f.; *Hartmannsgruber*, Finanzierung, S. 675.
43 *Silverman*, Work Creation Programs, S. 261.
44 *Hartmannsgruber*, Finanzierung, S. 681.
45 Bericht des Treuhänders der Arbeit für das Wirtschaftsgebiet Mitteldeutschland an den Reichs- und Preußischen Arbeitsminister, 20. 2. 1937, in: *Mason*, Arbeiterklasse und Volksgemeinschaft, S. 340–347.
46 *Michael Geyer*, Rüstungsbeschleunigung und Inflation. Zur Inflationsdenkschrift des Oberkommandos der Wehrmacht vom November 1938, in: Militärgeschichtliche Mitteilungen 30, 1981, S. 122.
47 Dazu ausführlich: *Jonas Scherner*, „Armament in Depth" or „Armament in Breadth"? German Investment Pattern and Rearmament during the Nazi Period, in: Economic History Review 66, 2013, S. 497–517.

Das größte militärische Bauprojekt war freilich der Westwall, der zwischen Mai 1938 und dem Frühjahr 1940 auf einer Länge von 600 Kilometern entlang der Grenze zu Frankreich errichtet wurde. Bestehend aus mehreren Linien mit Bunkern, Schießständen, Panzersperren und Luftabwehrinstallationen sollte er dem Hitler-Regime bei seiner Attacke auf die Tschechoslowakei im Herbst 1938 den Rücken freihalten. Die Koordinierung der Bauarbeiten übertrug Hitler an Todt und dessen Mitarbeiterstab in der Reichsautobahnbehörde. Die daraus geborene OT plante die Bauarbeiten nach den Anweisungen des Heeres, schaffte Maschinen, Arbeitskräfte und Baumaterialien aus dem ganzen Reich heran und übertrug die Bauarbeiten an 16, später 18 Hauptunternehmer. Diese wiederum überwachten teilweise Dutzende Subunternehmer. Über 1000 Baufirmen arbeiteten am Westwall.[48] Die Arbeiten standen unter gewaltigem Zeitdruck, wobei die Kosten für die OT eine nachgeordnete Rolle spielten. Die Westwallfirmen verzeichneten hohe Übergewinne, was vom Reichsrechnungshof in Potsdam wiederholt, aber weitgehend erfolglos angeprangert wurde. Im November 1942 konstatierte Potsdam, dass die Westwallbauten mehr als 2,9 Milliarden RM verschlungen hatten.[49]

3.7.5 Wohnungs- und Städtebau

Der Wohnungsbau war ein Bereich des Bausektors, der besonders stark darunter zu leiden hatte, dass der Staat den Kriegsvorbereitungen Priorität einräumte. Zwar waren die Zahlen der fertiggestellten Neu- und Umbauten bis Ende der 1930er Jahre nicht so niedrig wie oftmals angenommen (vgl. Abb. 1). Allerdings bestand ein Mangel an Wohnraum im Deutschen Reich schon zum Ende der Weimarer Republik. Durch den wirtschaftlichen Aufschwung und den Heiratsboom der 1930er Jahre verschärfte sich die Situation zusehends. Um diesen Trend zu ändern, genügte die Zahl der erstellten Wohnungen bei Weitem nicht.

Es war der Staat, der seine Investitionstätigkeit im Wohnungsbau zunehmend zurückfuhr. In der zweiten Hälfte der 1920er Jahre hatte der staatliche Anteil am Wohnungsbauvolumen noch 45 bis 60 % betragen. In der zweiten Hälfte der 1930er Jahre war der Anteil auf weniger als 20 % gesunken. Die privaten Investitionen hingegen lagen auf oder sogar leicht über dem Niveau der Weimarer Jahre.

Eine Alternative zum Neubau bestand in der Teilung von großen Wohnungen, da vor allem ein Mangel an Kleinwohnungen herrschte.[50] Zunehmend wirkte auch die

---

48 BArch, RH 53–12/43, Verzeichnis der Bauunternehmer am Westwall, 1. 7. 1938 bis 1. 4. 1941.
49 BArch, R 2301/7172, Bl. 286–292. Rechnungshof des Deutschen Reichs an den Herrn Generalinspektor für das deutsche Straßenwesen, Abteilung Wiesbaden betr. Abrechnung der Abteilung Wiesbaden über die Ausgaben für die Westbefestigungen und die Verwaltungskosten, 21. 11. 1942.
50 *Karl Christian Führer*, Anspruch und Realität: Das Scheitern der nationalsozialistischen Wohnungsbaupolitik 1933–1945, in: Vierteljahrshefte für Zeitgeschichte 45, 1997, S. 233.

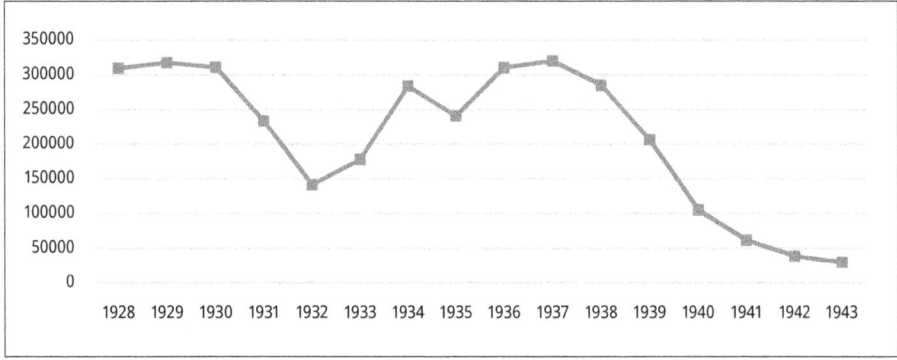

Abb. 2: Reinzugang an Wohnungen 1928–1943.
Quelle: Statistisches Handbuch von Deutschland 1928–1944, S. 340 f. Reichsgebiet in den Grenzen von 1937.

Vertreibung Oppositioneller und vor allem jüdischer Mieterinnen und Mieter aus ihren Wohnungen als ein Ventil zur Entlastung des Wohnungsmarktes. Die Stadt Berlin nahm hier eine Vorreiterrolle ein. In enger Zusammenarbeit zwischen Stadtverwaltung, NSDAP und dem am 30. Januar 1937 zum Generalbauinspektor für die Reichshauptstadt (GBI) ernannten Albert Speer wurden tausende jüdische Mieter aus ihren Wohnungen vertrieben, um Platz zu machen für nichtjüdische Mieter. Erstere mussten Speers gigantischen Plänen zur Umgestaltung der künftigen Reichshauptstadt Germania weichen.[51] Mangels verlässlicher Erhebungen existieren nur Schätzungen über den Wohnungsfehlbedarf am Vorabend des Krieges, sodass die vorgenommenen Berechnungen „zwangsläufig einen pauschalen und zunehmend auch spekulativen Charakter"[52] hatten. Mal wurde ein Fehlbedarf von 2,8 Millionen Wohnungen genannt, während die Deutsche Arbeitsfront gar von 3,4 Millionen ausging.[53]

3.7.6 Bauen im Zweiten Weltkrieg

Nach Kriegsbeginn unterschied sich die Bauwirtschaft von den meisten anderen Industriezweigen in dreierlei Hinsicht. Erstens wurde durch den Stopp staatlicher Investitionen und durch Bauverbote die inländische Nachfrage stark gedrosselt (s. o. Abb. 1). Die Westwallbauten wurden 1940, die Autobahnbauten 1942 weitgehend eingestellt. Mit dem Bau von Verkehrswegen generell konnte innerhalb der Reichsgrenzen nach 1942

---

51 *Susanne Willems*, Der entsiedelte Jude: Albert Speers Wohnungsmarktpolitik für den Berliner Hauptstadtbau, Berlin 2002; *Christoph Bernhardt*, Wohnungspolitik und Bauwirtschaft in Berlin (1930–1950), in: Michael Wildt/Christoph Kreutzmüller (Hrsg.), Berlin 1933–1945, München 2013, S. 177–192.
52 *Führer*, Wohnungsbaupolitik, S. 234.
53 *Führer*, Wohnungsbaupolitik, S. 234 f.

kaum noch Geld verdient werden. Auf einem höheren Niveau als in den 1930er Jahren hielten sich hingegen die Bauinvestitionen der Industrie, deren Kapazitäten für die Rüstung benötigt wurden. Der Neubau von Wohnraum wiederum ging stark zurück und lag ab 1942 grob geschätzt noch bei einem Zehntel des Vorkriegsniveaus.[54] Gerade der Rückgang des Wohnungsbaus dürfte kleinere Handwerksbetriebe stark belastet haben. Einen gewissen Ausgleich schufen allerdings die Reparaturarbeiten und die Trümmerbeseitigung nach Einsetzen der alliierten Luftangriffe.

Zweitens verlagerte keine andere Branche in einem solchen Maße ihre Tätigkeiten ins besetzte Europa wie die Bauwirtschaft. Die Hauptauftraggeber für deutsche Baufirmen waren die drei Wehrmachtsteile, die zivilen Okkupationsbehörden und vor allem die OT. 1943 schätzte man im Umfeld Speers, der nach dem Unfalltod Fritz Todts zu dessen Nachfolger als Rüstungsminister und Chef der OT ernannt worden war, dass die Hälfte aller deutschen Bauarbeiter inzwischen unter der OT im besetzten Europa arbeitete.[55] Für die deutsche Bauwirtschaft bedeutete diese Verlagerung, dass man den Rückgang der Inlandsnachfrage durch die Verdienste im besetzten Europa kompensieren konnte. Tatsächlich vermerkte das Planungsamt in Speers Reichsministerium für Rüstung und Kriegsproduktion im Dezember 1943, dass der Zementverbrauch im „Großdeutschen Reich" und den besetzten Gebieten zusammengenommen dem inländischen Vorkriegsverbrauch entsprach.[56] Ebenso wie innerhalb der Reichsgrenzen bedienten sich deutsche Stellen auch bei den Baueinsätzen im besetzten Europa zumeist attraktiver Verträge, anstatt zu Zwangsmaßnahmen zu greifen. Inzwischen konnte für zahlreiche Regionen und Bauträger nachgewiesen werden, dass der Einsatz deutscher Baufirmen gewöhnlich das Resultat eingehender Verhandlungen, nicht das von Zwangsverpflichtungen war.[57] Ein großer Anreiz war auch, dass Firmen über Bauträger wie Wehrmacht und OT an begehrte Baugeräte kommen konnten. So ordnete Todt beispielsweise schon im Frühjahr 1939 die Herstellung von Baumaschinen durch tschechische Produzenten im Wert von 20 Millionen RM an. Diese sollten an Bauunternehmen verkauft werden, die sich auf den Baustellen der Autobahnen und des Westwalls verdient gemacht hatten.[58] Je weiter Krieg und Geldentwertung fortschritten, desto attraktiver wurde diese Form der Bezahlung für die Industrie. Tatsächlich blieb die inländische Produktion von Baumaschinen im Verlauf des Krieges auf einem stabilen Niveau.[59] Zahlenmaterial über Zuteilungen und die Baumaschinenbestände im Sektor liegen bislang allerdings nicht vor. Das liegt vor allem daran, dass Firmen auch mit Maschinen aus Beschlagnahmungen und Schwarzmarktkäufen in den besetzten Gebieten versorgt wurden. Sogar die staatlichen Bauträger selbst verloren hier mitunter den Überblick:

---

54 *Gogl*, Laying the Foundations, S. 322–326.
55 BArch, N 1318/5, Bl. 58. Chronik der Speerdienststellen, 1944.
56 BArch, R 3/1957, Bl. 15 f. 2. Wochenbericht des Planungsamtes (abgeschlossen 12. 12. 1943), 20. 12. 1943.
57 *Gogl*, Laying the Foundations, S. 235–238, 241–245.
58 BArch, NS 26/1187, Bl. 95 f. Brief Fritz Todts an Botschafter von Ritter, 3. 3. 1939; Bl. 424, Brief Todts an verschiedene Baufirmen, 25. 5. 1939.
59 *Scherner*, Preparation, S. 461.

So kritisierte der Reichsrechnungshof, dass die Einsatzgruppe West der OT 1941 im unbesetzten Frankreich Baumaschinen im Wert von über 4,5 Millionen RM erworben hatte, später aber nicht mehr in der Lage war, über den Verbleib von fast der Hälfte dieser Maschinen Rechenschaft abzulegen.[60]

Die dritte Besonderheit bestand darin, dass 1938 mit der OT eine paramilitärische Großorganisation entstanden war, die eine überragende Steuerungs- und Koordinationsfunktion im Bausektor einnahm. Die OT folgte den Wehrmachtsverbänden mit mobilen Firmeneinheiten in die besetzten Gebiete, vornehmlich um Infrastruktur wiederherzustellen. Ab Frühjahr 1942 wurden unter Speer stationäre Einsatzgruppen errichtet, die Bauarbeiten planten, für den Nachschub an Baumaschinen und -materialien sorgten, mit Arbeitseinsatzbehörden über den Einsatz von Zwangsarbeitern verhandelten und Verträge über die Durchführung der Arbeiten mit deutschen und lokalen Firmen abschlossen. Führende deutsche Baufirmen erhielten dabei weitreichende Kompetenzen bei der Überwachung von Zwangsarbeitskräften und lokalen Subunternehmern, sowie bei der Verwaltung der Baustellen. Die deutschen Beschäftigten waren einerseits einer Militarisierung der Arbeitsbeziehungen unterworfen, andererseits dienten sie als Aufsichtspersonal über die zwangsweise Verpflichteten auf den Baustellen – eine Position, die einen gewaltigen persönlichen Handlungsspielraum mit sich brachte. Schätzungen gehen davon aus, dass die OT im Krieg insgesamt bis zu zwei Millionen Menschen einsetzte.[61]

Ab 1943 wurde die OT vermehrt innerhalb der Reichsgrenzen eingesetzt, unter anderem zur Fliegerschädenbeseitigung, für Untertageverlagerungen und Rüstungsbauten.[62] Mit ihren SS-Baubrigaden wurde ab 1942 auch die SS zu einem wichtigen Faktor im Bausektor. KZ-Häftlinge mussten in deutschen Städten als Aufräum- und Bombenentschärfungstrupps arbeiten und wurden für Untertageverlagerungen der Industrie oder auch auf Baustellen im besetzten Frankreich eingesetzt.[63]

3.7.7 Staatliche Regulierung der Bauwirtschaft

Der nationalsozialistische Staat tastete auch in der Bauwirtschaft die Vertragsfreiheit für gewöhnlich nicht an und lockte Unternehmen bevorzugt mit hohen Verdienstmöglichkeiten. Man griff allerdings massiv in die Arbeitnehmerrechte ein, um die Bau-

---

60 BArch, R 2301/644, Bl. 308, Bericht Reichsrechnungshof Prüfungsgebiet VII2 betreffend „Vermißte reichseigene Baugeräte".
61 Handbook of the Organisation Todt by the Supreme Headquarters Allied Expeditionary Force Counter-Intelligence Sub-Division MIRS/MR-OT/5/45, in: Hedwig Singer (Hrsg.), Quellen zur Geschichte der Organisation Todt, Bd. 4, Osnabrück 1992, S. 3.
62 S. z. B. *Raim*, Kaufering und Mühldorf.
63 *Fings*, SS-Baubrigaden.

tätigkeit in die vom Regime gewünschten Bahnen zu lenken, so zum Beispiel auf den Baustellen der Reichsautobahnen.[64]

Als der Arbeitskräftemangel ab Mitte der 1930er Jahre immer virulenter wurde, erließ der neuernannte Beauftrage für den Vierjahresplan, Hermann Göring, im November 1936 mehrere Anordnungen, die vor allem auf den besonders überhitzten Bausektor und die Eisen- und Metallwirtschaft[65] zielten. Um das Horten von Facharbeitern vor allem in den ruhigeren Wintermonaten zu unterbinden, wurden Firmen nun verpflichtet, diese zu melden, wenn sie mehr als zwei Wochen lang Aufgaben von Ungelernten ausführten. Die Arbeitsämter konnten dann fordern, dass die Facharbeiter ihrer Qualifikation entsprechend eingesetzt werden oder an einen anderen Betrieb abgegeben werden müssen. Eine weitere Anordnung machte private Bauprojekte mit einer Lohnsumme von mehr als 5000 RM und öffentliche Bauprojekte mit einer Lohnsumme von mehr als 25 000 RM von der Genehmigung der Arbeitsämter abhängig. Schließlich wurden ab 22. Dezember 1936 Arbeitgeber unter anderem in der Bauwirtschaft ermächtigt, im Falle einer ungenehmigten Kündigung die Arbeitsbücher ihrer Arbeiter einzubehalten. Damit sollten unkontrollierte Arbeitsplatzwechsel unterbunden werden. Seit 6. Oktober 1937 durften Maurer und Zimmerleute nur noch mit Erlaubnis der Arbeitsämter eingestellt werden. Im Mai 1938 wurde die Anordnung auf alle Bauarbeiter im Reich und im annektierten Österreich ausgeweitet.[66] Der Erfolg dieser Maßnahmen war jedoch begrenzt. Am Arbeitskräftemangel, der durch eine immer größere Zahl kriegswichtiger Bauprojekte verschärft wurde, änderten sie nichts, und um ihre Einhaltung durch die Unternehmen zu überwachen, fehlte den Behörden schlicht das Personal.

Der Bau des Westwalls war dann der Anlass für den Erlass der „Verordnung zur Sicherstellung des Arbeitskräftebedarfs für Aufgaben von besonderer staatspolitischer Bedeutung" vom 22. Juni 1938 (Dienstpflichtverordnung).[67] Sie ermöglichte es den Arbeitsämtern, Arbeitskräfte aus allen Branchen für eine begrenzte, später sogar für unbegrenzte Zeit auf kriegswichtige Arbeitsplätze zu versetzen. Bis Ende 1939 wurden etwa 1,3 Million Menschen zumeist kurzfristig dienstverpflichtet, 400 000 davon zum Westwall, 500 000 nach Kriegsbeginn zugunsten der Rüstungsindustrie.[68]

Der nationalsozialistische Bauboom blieb nicht ohne Folgen für das Lohn- und Preisgefüge, was staatliche Stellen mit zunehmender Sorge betrachteten. Als ein wich-

---

64 *Lärmer*, Autobahnbau.
65 Darunter wurde ein breites Spektrum metallerzeugender und -verarbeitender Industriezweige verstanden, von Gießereien und eisenschaffender Industrie über Maschinenbau bis hin zur Fahrzeug-, Luftfahrt-, Elektro- und optischen Industrie, vgl. *Mason*, Arbeiterklasse und Volksgemeinschaft, S. 225.
66 Die genannten Anordnungen des Beauftragen für den Vierjahresplan, Göring, und des Präsidenten der Reichsanstalt für Arbeitsvermittlung und Arbeitslosenversicherung, Syrup, finden sich abgedruckt als Dokumente 8, 9, 12, 66 und 80 in: *Mason*, Arbeiterklasse und Volksgemeinschaft, S. 226–228, 230 f., 501 f., 550 f.
67 Reichsgesetzblatt (RGBl.) I, 1938, S. 652.
68 *Michael Schneider*, Unterm Hakenkreuz: Arbeiter und Arbeiterbewegung 1933 bis 1939, Bonn 1999, S. 320.

tiger Faktor wurden dabei die Löhne identifiziert, weil diese traditionell die Grundlage der Baupreiskalkulationen bildeten. Seit Mitte der 1930er Jahre meldeten die Reichstreuhänder der Arbeit, die nach der Zerschlagung der Gewerkschaften für die Lohnpolitik zuständig waren, dass Bauunternehmen zunehmend über Tarif bezahlten und außerdem zahlreiche Prämien und Gratifikationen gewährten, um die immer knapper werdenden Arbeitskräfte zu halten beziehungsweise anzuwerben.[69] Um die Kontrolle über das Lohngefüge zu behalten, ordnete Hermann Göring in seiner Funktion als Beauftragter für den Vierjahresplan am 25. Juni 1938 an, dass die Reichstreuhänder der Arbeit Höchstlöhne festsetzen konnten und jede Lohnerhöhung genehmigen mussten.[70] Die Verordnung über die Baupreisbildung vom 16. Juni 1939 untersagte wiederum, übertarifliche Löhne zur Berechnungsgrundlage eines Angebots zu machen.[71] Schließlich wurde in der Kriegswirtschaftsverordnung vom 4. September 1939 unter anderem ein genereller Lohnstopp und die Streichung von Überstunden, Sonn- und Feiertagszuschlägen angeordnet.[72]

Die offiziellen Lohnstatistiken scheinen diesen Maßnahmen einen weitgehenden Erfolg zu bescheinigen. Die offiziell erfassten Löhne im Baugewerbe waren in der Weltwirtschaftskrise stark gefallen und stiegen danach von einem sehr niedrigen Niveau ausgehend nur moderat an. Zwischen 1932 und 1944 erhöhten sich die effektiven Bruttostundenverdienste für Maurer um 8,8 %, für Tiefbauarbeiter um 7,4 %.[73] Die Tariflöhne blieben zwischen 1933 und 1941 praktisch unverändert.[74]

Allerdings sind gewisse Zweifel angebracht, ob das Statistische Reichsamt in der Lage war, die Entwicklung im Sektor tatsächlich richtig zu erfassen. Erstens nutzten Unternehmen verschiedenartige Prämien, Weihnachtsgratifikationen, Familienbeihilfen und ähnliches, um die verordneten Höchstlohnsätze zu umgehen. Zweitens sahen sich die Reichstreuhänder in der großen und stark fragmentierten Bauwirtschaft mit gewaltigen Kontrollproblemen konfrontiert, was sie selbst ebenso wie Todt offen zugaben.[75] Der Staat war darauf angewiesen, dass Bauunternehmer korrekte Lohnsummen meldeten. Bis zu einem gewissen Grad hatten aber Unternehmer und Beschäftigte ein gemeinsames Interesse daran, den Lohnstopp zu umgehen. In der Bauwirtschaft wurde oft auf Selbstkostenbasis bezahlt, wobei der Unternehmer einen

---

69 Vgl. die zahlreichen Berichte der Reichstreuhänder in *Mason*, Arbeiterklasse und Volksgemeinschaft.
70 RGBl. I, 1938, S. 691.
71 RGBl. I. 1939, S. 1041–1043.
72 RGBl. I, 1939, S. 1609–1613. Die Streichungen wurden bis Januar 1940 stückweise zurückgenommen.
73 *Rüdiger Hachtmann*, Industriearbeit im „Dritten Reich". Untersuchungen zu den Lohn- und Arbeitsbedingungen in Deutschland 1933–1945, Göttingen 1989, S. 106 f.
74 Statistisches Jahrbuch für das Deutsche Reich 1934, S. 283; Statistisches Jahrbuch für das Deutsche Reich 1941/42, S. 390.
75 Auszug aus den Sozialberichten der Reichstreuhänder der Arbeit für das 4. Vierteljahr 1938 (Teil betreffs der Lohnpolitik), in: *Mason*, Arbeiterklasse und Volksgemeinschaft, S. 793. *Fritz Todt*, Die Neuordnung des deutschen Bauwesens, in: Der deutsche Baumeister 1, 1939, S. 9.

gewissen Prozentsatz als seinen Gewinn auf die Baukosten aufschlagen durfte. Das bedeutete, dass höhere Löhne zu höheren Kosten und damit zu einer Steigerung des Gewinns beitrugen. Außerdem lockte man durch höhere Löhne die immer knapper werdenden Arbeitskräfte an. Mindestens ebenso wichtig war, dass Wehrmacht, OT und andere Auftraggeber unter enormem Zeitdruck um Unternehmen konkurrierten und daher regelmäßig überteuerte Angebote durchwinkten und Vergaberegeln missachteten.[76]

Neben steigenden Löhnen und besonders den außertariflichen Zuschlägen wirkten weitere Faktoren preissteigernd. Der Mangel an Baumaschinen ließ Mietpreise für Geräte steigen[77] und für Großprojekte wie den Westwall mussten Baumaterialien aus allen Teilen des Landes herbeigeschafft werden, was hohe Transportkosten verursachte.[78] Auch die Verwendung von Festpreisverträgen – die im Übrigen nie flächendeckend oder verpflichtend eingeführt wurden – schuf kaum Abhilfe.[79] Deren Funktionsprinzip war es, für ein Bauunternehmen durch Aushandlung eines festen Preises vor Baubeginn einen Anreiz zu setzen, die Arbeiten schneller und kostengünstiger zu erledigen, um einen Teil der Kostenersparnisse als zusätzlichen Gewinn einbehalten zu dürfen. Doch ab Mitte der 1930er Jahre wurden Projekte immer öfter freihändig vergeben, also ohne vorher mehrere Angebote einzuholen und zu vergleichen. Die Folge war, dass Unternehmen stark überhöhte Festpreise durchsetzen konnten. Die Zahl der Rechnungsprüfer im Reich, beispielsweise bei der Wehrmacht, reichte wiederum bei Weitem nicht aus, um alle Projekte zu überprüfen und eigene (Nach-)Kalkulationen aufzustellen.[80] Die Prioritäten von Organisationen wie der OT lagen ohnehin auf der schnellen Ausführung der befohlenen Bauten, nicht auf Kostenersparnis.

Der offizielle Baukostenindex des Statistischen Reichsamtes, der zwischen 1933 und 1938 lediglich eine Preissteigerung um 7,5 % und von 1938 bis 1944 noch einmal um 21 % registrierte, spiegelte die Entwicklung nur unzureichend wider.[81] Erstens beruhte der Index auf den Kosten im Wohnungsbau, also einem Teil des Bausektors, dessen Volumen unter dem Nationalsozialismus sank, was sich bremsend auf die Preisentwicklung ausgewirkt haben dürfte. Zweitens rechnete das Statistische Reichsamt mit Baumaterialien zu lokalen Preisen, berücksichtigte also nicht die stark steigenden Transportkosten. Drittens wurden als Lohnfaktor die Tariflöhne in die Gleichung eingesetzt, die die wirklichen Lohnkosten spätestens ab Mitte der 1930er Jahre nicht mehr realistisch abbildeten. Deutlich besser dürfte die Entwicklung im nicht

---

76 *Tilla Siegel*, Leistung und Lohn in der nationalsozialistischen „Ordnung der Arbeit", Opladen 1989, S. 60; *Adam Tooze*, Ökonomie der Zerstörung: die Geschichte der Wirtschaft im Nationalsozialismus, München 2007, S. 306–310.
77 BArch, R 2301/3007, Bl. 262 f. Denkschrift des Präsidenten des Rechnungshofs des Deutschen Reichs zur Reichshaushaltsrechnung für das Rechnungsjahr 1939, 19. 4. 1943.
78 *Steffens*, Bauwesen, Bl. 53.
79 *Streb*, Negotiating Contract Types.
80 *Streb*, Negotiating Contract Types, S. 368; *Geyer*, Rüstungsbeschleunigung, S. 157 f.
81 Statistisches Handbuch von Deutschland 1928–1944, S. 462.

veröffentlichten Baupreisindex der Behörde des Generalbevollmächtigten für die Regelung der Bauwirtschaft erfasst worden sein. Dieser ging bis 1938 von denselben Werten wie das Statistische Reichsamt aus, verzeichnete dann aber zwischen 1938 und 1944 eine Preissteigerung um 72 %.[82]

In dem Maße, in dem Preise und Umsätze stiegen, stiegen auch die Gewinne der deutschen Bauwirtschaft. Wenige andere Sektoren verzeichneten dabei so hohe Eigenkapital- und Umsatzrenditen und profitierten so massiv von Aufrüstung und Kriegswirtschaft wie der Bau.[83] Da es nicht gelang, das Preisniveau unter Kontrolle zu halten, bemühte sich der Reichskommissar für die Preisbildung, die Gewinne in der Bauwirtschaft zu überwachen und Übergewinne im Nachhinein abzuschöpfen. Grundlage hierfür waren für Gewinne der Jahre 1939 und 1940 die Kriegswirtschaftsverordnung vom September 1939, für Gewinne der Jahre 1941 bis 1943 jeweils eine Verordnung über die Gewinnabführung. Der Kontroll- und Verwaltungsaufwand allerdings überstieg die behördlichen Kapazitäten bei Weitem. Alle involvierten Stellen waren sich einig, dass der Staat nicht in der Lage war, eine flächendeckende und effektive Überwachung von Preisen und Gewinnen in der Bauwirtschaft durchzuführen.[84] An nennenswerte Preis- und Gewinnkontrollen auf den weitverstreuten Wehrmachts- und OT-Baustellen im besetzten Europa war ohnehin kaum zu denken.

3.7.8 Der Generalbevollmächtigte für die Regelung der Bauwirtschaft

Spätestens seit Anlaufen der Westwall-Bauarbeiten musste jedem Beobachter klar sein, dass man mit Einschränkungen der Arbeitsmobilität, Zwangsverpflichtungen und Lohnstopps nur Symptome behandelte. Das grundsätzlichere Problem bestand darin, dass die Nachfrage von Staat und Industrie weit über den Kapazitäten der Bauwirtschaft lag.

Vor diesem Hintergrund entschloss sich der Beauftrage für den Vierjahresplan, Hermann Göring, am 9. Dezember 1938 einen Generalbevollmächtigten für die Regelung der Bauwirtschaft (GB Bau) zu bestellen:

> Die besondere Lage des Jahres 1938 hat dazu geführt, daß die Beanspruchung des Baumarktes noch stärker gestiegen ist, als die anderer Wirtschaftszweige. Das hat zu unerwünschten Spannungen bei der Rohstoffbewirtschaftung, beim Arbeitseinsatz und schließlich bei der Lohngestaltung

---

82 *Scherner*, Preparation, S. 466. Bei den Indexwerten der Jahre 1943 und 1944 handelt es sich um Schätzungen Scherners.
83 *Gogl*, Laying the Foundations, S. 138–150.
84 BArch, R 2301/3007, Bl. 260. Denkschrift des Präsidenten des Rechnungshofs des Deutschen Reichs zur Reichshaushaltsrechnung für das Rechnungsjahr 1939, 19. 4. 1943; BArch, R 13-VIII/188, Runderlass Nr. 6/44 des Reichskommissars für die Preisbildung, 14. 3. 1944.

geführt. Durch die Fülle dringlicher Aufgaben ist insbesondere das Abwerben von Arbeitskräften und die Gewährung von Locklöhnen gerade bei der Bauwirtschaft besonders häufig geworden. Das Ergebnis ist, daß die Leistungssteigerung auf dem Baumarkt der dort eingesetzt Geldmengen im ganzen nicht mehr entspricht; das Bauen ist unverhältnismäßig teuer geworden.[85]

Die Aufgabe des GB Bau sollte es sein, die Bauwünsche von Staat und Wirtschaft mit den verfügbaren Kapazitäten der Bauwirtschaft in Einklang zu bringen und vor allem die Verteilung von Baustoffen in eine Hand zu bekommen. Das Amt übertrug Göring an Todt, der damit endgültig zur zentralen Figur des deutschen Bausektors aufstieg. Todt und später dessen Nachfolger Speer wurden zu herausragenden Vertretern eines führerunmittelbaren, elastischen und dynamischen Herrschaftsstils.[86] Durch Bündelung von Kompetenzen und weitreichende Vollmachten sollten sie die Handlungsfähigkeit des Regimes angesichts immer umfangreicherer und komplexerer Aufgaben auf dem Bausektor sichern.

Der GB Bau verfügte über regionale Vertreter sowie Bevollmächtigte in den besetzten Gebieten. Diese rekrutierten sich meist aus der bestehenden Verwaltung und vereinten mehrere Ämter auf sich. Dies war einerseits schlicht dem Mangel an Bauexperten in der zunehmend überlasteten Verwaltung geschuldet, entsprach aber wiederum auch dem Ideal, Entscheidungs- und Kommunikationswege kurz zu halten und Kompetenzen zu bündeln.[87]

Das wichtigste Instrument zur Regelung der Bauwirtschaft stellten in den kommenden Jahren Ranglisten dar, auf denen Bauprojekte entsprechend ihrer Kriegswichtigkeit sortiert wurden. Sie bildeten die Grundlage für Baugenehmigungen und die Zuteilung von Baumaterialien und Arbeitern. Für Bauarbeiten, die nicht dem Kriterium der Kriegswichtigkeit entsprachen, wurde ein Baustopp verhängt. Adressaten der Genehmigungen und Zuteilungen waren die rund 20 sogenannten Kontingentträger, darunter zum Beispiel das OKW, die Reichswerke Hermann Göring, verschiedene NS-Organisationen und Ministerien.[88] Der GB Bau nahm eine koordinierende Rolle

---

85 Schreiben des Beauftragten für den Vierjahresplan Göring an den Generalinspektor für das deutsche Straßenwesen Todt, 9. 12. 1938, abgedruckt in: *Rudolf Dittrich*, Vom Werden, Wesen und Wirken der Organisation Todt. Ausarbeitung für die Historical Division / US Army in Europe, in: Hedwig Singer (Hrsg.), Quellen zur Geschichte der Organisation Todt, Bd. 1/2, Osnabrück 1998, S. 422 f.
86 *Rüdiger Hachtmann*, Elastisch, dynamisch und von katastrophaler Effizienz – zur Struktur der Neuen Staatlichkeit des Nationalsozialismus, in: Sven Reichardt/Wolfgang Seibel (Hrsg.), Der prekäre Staat. Herrschen und Verwalten im Nationalsozialismus, Frankfurt am Main 2011, S. 29–70.
87 Zum Verwaltungsapparat des GB Bau *Christiane Botzet*, Ministeramt, Sondergewalten und Privatwirtschaft. Der Generalbevollmächtigte für die Regelung der Bauwirtschaft, in: Rüdiger Hachtmann/Winfried Süß (Hrsg.), Hitlers Kommissare: Sondergewalten in der nationalsozialistischen Diktatur, Göttingen 2006, S. 119–122.
88 Die Liste der Kontingentträger änderte sich fortlaufend. Für das Frühjahr 1939 s. Mitteilung des GB Bau über die Vereinheitlichung der Baustoffzuteilung in der deutschen Bauwirtschaft, 5. 4. 1939, in: Der deutsche Baumeister 1, Nr. 4, 1939, S. 26. Für Juni 1942 s. Deutscher Reichsanzeiger und Preußischer Staatsanzeiger, Nr. 146, 25. 6. 1942.

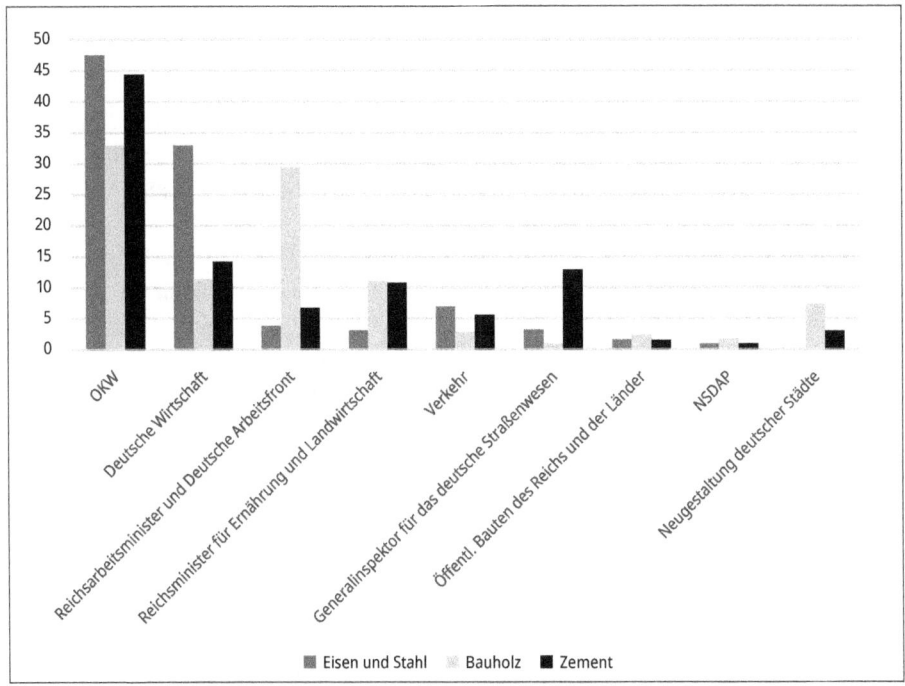

Abb. 3: Zuteilung von Baumaterialien durch den GB Bau 1939 [in % des jeweiligen Baustoffes].
Quelle: *Steffens*, Bauwesen, Bl. 215 f.

zwischen den Kontingentträgern ein und legte das Bauvolumen fest, über das letztere jeweils verfügen konnten.

Eine Momentaufnahme über die Zuteilungen des GB Bau liegt für das Jahr 1939 vor. Beinahe die Hälfte der deutschen Zementproduktion und von Baueisen und -stahl gingen an das OKW, das daraus unter anderem die Westwallbauten versorgte. Die Industrie erhielt ein Drittel des verteilten Baueisens- und stahls, während 12,9 % des Zements für den Bau der Reichsautobahnen zur Verfügung gestellt wurde. Der Wohnungsbau und gemeindliche Bauten wurden aus der Quote des Reichsarbeitsministers bedient, was dessen hohes Bauholz-Kontingent erklärt.

Zumindest in der Theorie lag der Vorteil der zentralen Rolle des GB Bau darin, dass nur noch Bauprojekte begonnen werden durften, für die auch Baumaterialien und Arbeitskräfte in ausreichender Zahl verfügbar waren. Zugleich war die Stammbelegschaft von Firmen auf kriegswichtigen Baustellen vor dem Zugriff anderer Behörden und Einberufungen geschützt. Gerade durch diese Maßnahme war den Unternehmen ein höchst effektiver Anreiz geboten, die von den Behörden gewünschten Bauprojekte zu übernehmen.

Insgesamt hatte das Genehmigungsverfahren des GB Bau das Potential, die Planungssicherheit für Behörden und Bauwirtschaft zu erhöhen. Die Verbände und Unternehmen der Bauwirtschaft sahen in der Tätigkeit des GB Bau also nicht unbedingt einen Angriff des Staates auf die Autonomie der Privatwirtschaft. Vielmehr begrüßten sie ihn als eine ordnende Hand.[89] Das galt besonders für kleine Firmen, die fürchteten, im immer schärferen Kampf um Baumaschinen, -materialien und -arbeiter gegenüber größeren Mitbewerbern ins Hintertreffen zu geraten.[90] Ein weiterer Vorteil des GB Bau bestand darin, dass die Behörde den Baustellen nun zentral die wichtigsten Baustoffe zuteilte. Seit Kriegsbeginn galt das auch für Baueisen und -stahl, welche nun aus der allgemeinen Stahlkontingentierung ausgekoppelt wurden.[91] Zuvor hatten Unternehmen oft kritisiert, dass es regelmäßig zu Verzögerungen führte, wenn Baumaterialien bei verschiedenen Stellen beantragt werden mussten. Wurde auch nur ein rationierter Baustoff zu spät bereitgestellt, geriet das ganze Projekt ins Stocken.

Weiter versuchte der GB Bau, die Produktion und Verteilung von Baumaschinen zu steuern, beispielsweise durch das eigens eingerichtete „G.B.-Sonderkontingent" für Eisen. Letzteres erlangte aber keine größere Bedeutung. Der überwiegende Teil der Baumaschinenproduktion wurde aus den Eisenkontingenten von Industrie und Wehrmacht gespeist.[92] Bei der Erfassung und Verteilung von existierenden Geräten stützte sich die Behörde auf die Wirtschaftsgruppe Bauindustrie, die ein Vermittlungsbüro für Baugeräte einrichtete. Schließlich versuchten Todt und Speer in unzähligen Artikeln und Erlassen die Industrie zur Rationalisierung von Arbeitsprozessen und während der Kriegszeit zum Einsatz einfachster Bauweisen anzuhalten.[93]

Trotz aller Bemühungen um eine effektive Steuerung des Bausektors im Krieg sah sich die Behörde des GB Bau doch mit großen Kontrollproblemen konfrontiert. Es lag nämlich weiter in der Hand der Kontingentträger, selbst zu entscheiden, welche Projekte sie mit ihrer Quote ausführen wollten. Obwohl niemand den generellen Nutzen einer koordinierenden Stelle bezweifelte, sah die Sache doch schon ganz anders aus, wenn über konkrete Kürzungen und Stilllegungen verhandelt wurde. Ursprünglich weigerte sich die Wehrmacht sogar, dem GB Bau auch nur Listen ihrer Bauprojekte zu übermitteln. Man sprach der zivilen Stelle schlicht die Kompetenz ab, die Wichtigkeit

---

89 BArch, R 43-II/1169, Bl. 155–160, Schreiben der Wirtschaftsgruppe Bauindustrie an das Reichswirtschaftsministerium, Hauptabteilung I, 5. 8. 1938; BArch, R 43-II/417b, Bl. 33–40, Schreiben der Wirtschaftsgruppe Bauindustrie an Reichs- und Preußischen Wirtschaftsminister betreffend die Auftragsvergebung im Bauwesen, 16. 12. 1937.
90 Anlage C zum Wirtschaftlichen Lagebericht des Stadtpräsidenten für das Gebiet Berlin für das 4. Vierteljahr 1938 (Auszug), in: *Mason*, Arbeiterklasse und Volksgemeinschaft, S. 903–906; sowie: Erlass des Reichskommissars für die Preisbildung an den Leiter der Reichswirtschaftskammer, 9. 9. 1939, in: *Mason*, Arbeiterklasse und Volksgemeinschaft, S. 1087–1095.
91 *Ulrich Hensler*, Die Stahlkontingentierung im Dritten Reich, Stuttgart 2008, S. 71.
92 *Konrad Weber*, Baugeräte, in: Eitelfritz Kühne (Hrsg.), Gelenkte Bauwirtschaft, Berlin 1941, S. 79 f.; Beschaffung von Baumaschinen und Geräten, in: Technische und Wirtschaftliche Rundschau, Beilage zu Der deutsche Baumeister 37, 1939, S. 207 f.
93 Vgl. hierzu die Ausgaben der Zeitschrift *Die Bauindustrie* aus den Kriegsjahren. Bei der Zeitschrift handelte es sich um das Verbandsorgan der Wirtschaftsgruppe Bauindustrie.

militärischer Bauprojekte zu beurteilen.[94] Formal hätte der GB Bau bei der Zuteilung von Baumaterialien zwar das letzte Wort gehabt, aber eine zentrale Überprüfung aller Bauprojekte im Reich hätte die Kapazitäten der Behörde um ein Vielfaches überstiegen.[95] Auch weiterhin wurden mehr Bauprojekte als kriegswichtig deklariert, als der Sektor überhaupt ausführen konnte. Ebenso schien dem GB Bau durchaus bewusst zu sein, dass Kontingentträger illegal Baumaterialien horteten, ohne dass ein Apparat vorhanden gewesen wäre, der hätte eingreifen können. Wie schon im Falle der Bauträger, die überhöhte Löhne und Preise akzeptierten, um Firmen und Arbeiter anzulocken, entstanden aus Interessenkonflikten zwischen verschiedenen staatlichen und militärischen Stellen Handlungsspielräume für die Bauwirtschaft.

3.7.9 Bilanz

Die abschließende Frage nach der Effektivität der staatlichen Steuerungsmaßnahmen auf dem Bausektor muss spekulativ bleiben, denn sie ist geknüpft an die letztlich nicht zu beantwortende Frage, wie die Entwicklung ohne eine Institution wie den GB Bau und ohne die Beschränkung von Löhnen, Preisen und Gewinnen verlaufen wäre. Trotz aller geschilderter Unzulänglichkeiten wurden zur Zeit des Nationalsozialismus gewaltige militärische, industrielle und infrastrukturelle Bauprojekte verwirklicht. Abgesehen von manch prominenten Großbauten wie dem Westwall, dessen militärischer Wert schon zu Kriegszeiten als begrenzt galt, bewiesen viele Bauten auch nach 1945 noch ihren Nutzen. Bis weit in den Krieg hinein wurde stark in industrielle Kapazitäten investiert, was sich als ein Grundstein des Wirtschaftsaufschwungs der Nachkriegsjahre erweisen sollte. Nicht zu vergessen sind die ausgebauten Häfen und Wasserwege, Flugplätze und Autobahnen.

Ab 1933 bewiesen die staatlichen Institutionen eine beachtliche Fähigkeit, das Bauschaffen in die vom Regime gewünschten Bahnen zu lenken. Während des Krieges wurden Firmen, Personal und Maschinen in nie gekanntem Ausmaß in die besetzten Gebiete verlagert. Dennoch kann nicht davon gesprochen werden, dass die Bauwirtschaft unter dem Nationalsozialismus in eine reine Zwangswirtschaft verwandelt worden wäre. Attraktive Verträge blieben das bevorzugte Mittel staatlicher Stellen, um Firmen für Bauprojekte zu gewinnen. Und obwohl an Vorschriften und Erlassen kein Mangel herrschte, war für die unterbesetzte Verwaltung an eine engmaschige Kontrolle des großen und fragmentierten Sektors kaum zu denken. Nicht zuletzt auf den weitverstreuten Baustellen im besetzten Europa verfügten deutsche Bauunternehmen nach wie vor über einen beträchtlichen Handlungsspielraum.

---

94 *Botzet*, Generalbevollmächtigter, S. 123.
95 *Fritz Todt*, Regelung der Bauwirtschaft, in: Der Vierjahresplan 3, 1939, S. 762–764.

Auswahlbibliografie

Botzet, Christiane, Ministeramt, Sondergewalten und Privatwirtschaft. Der Generalbevollmächtigte für die Regelung der Bauwirtschaft, in: Rüdiger Hachtmann/Winfried Süß (Hrsg.), Hitlers Kommissare: Sondergewalten in der nationalsozialistischen Diktatur, Göttingen 2006, S. 115–137.

Brechtken, Magnus, Albert Speer. Eine deutsche Karriere, München 2017.

Buggeln, Marc, „Menschenhandel" als Vorwurf im Nationalsozialismus. Der Streit um den Gewinn aus den militärischen Großbaustellen am Kriegsende (1944/45), in: Andreas Heusler/Mark Spoerer/Helmuth Trischler (Hrsg.), Rüstung, Kriegswirtschaft und Zwangsarbeit im „Dritten Reich", München 2010, S. 199–218.

Fings, Karola, Krieg, Gesellschaft und KZ: Himmlers SS-Baubrigaden. Paderborn 2005.

Gogl, Simon, Laying the Foundations of Occupation – Organisation Todt and the German Construction Industry in Occupied Norway, Berlin/Boston 2020.

Humann, Detlev, „Arbeitsschlacht". Arbeitsbeschaffung und Propaganda in der NS-Zeit 1933–1939, Göttingen 2011.

Lärmer, Karl, Autobahnbau in Deutschland 1933 bis 1945. Zu den Hintergründen, Berlin (Ost) 1975.

Lemmes, Fabian, Arbeiten in Hitlers Europa. Die Organisation Todt in Frankreich und Italien 1940–1945. Wien/Köln/Weimar 2021.

Lütgenau, Stefan/Schröck, Alexander, Zwangsarbeit in der österreichischen Bauindustrie. Die Teerag-Asdag AG 1938–1945, Innsbruck/Wien/München 2001.

Mason, Timothy W., Arbeiterklasse und Volksgemeinschaft. Dokumente und Materialien zur deutschen Arbeiterpolitik 1936–1939, Opladen 1975.

Pohl, Manfred, Die Strabag: 1923 bis 1998, München 1998.

Pohl, Manfred, Philipp Holzmann: Geschichte eines Bauunternehmens 1849–1999, München 1999.

Raim, Edith, Die Dachauer KZ-Außenkommandos Kaufering und Mühldorf. Rüstungsbauten im letzten Kriegsjahr 1944/45, Landsberg am Lech 1992.

Rauh-Kühne, Cornelia, Hitlers Hehler? Unternehmerprofite und Zwangsarbeiterlöhne, in: Historische Zeitschrift 275, 2002, S. 1–55.

Scherner, Jonas, „Armament in Depth" or „Armament in Breadth"? German Investment Pattern and Rearmament during the Nazi Period, in: Economic History Review 66, 2013, S. 497–517.

Scherner, Jonas, Nazi Germany's Preparation for War: Evidence from Revised Industrial Investment Series, in: European Review of Economic History 14, 2010, S. 433–168.

Seidler, Franz W., Die Organisation Todt. Bauen für Staat und Wehrmacht 1938–1945. 2. Aufl. Koblenz 1998.

Seidler, Franz W., Fritz Todt. Baumeister des Dritten Reiches, München 1986.

Silverman, Dan P., Hitler's Economy: Nazi Work Creation Programs, 1933–1936, Cambridge/London 1998.

Singer, Hedwig, Entwicklung und Einsatz der Organisation Todt, in: Hedwig Singer (Hrsg.), Quellen zur Geschichte der Organisation Todt, Bd. 1/2, Osnabrück 1998.

Stier, Bernhard/Krauß, Martin, Drei Wurzeln – ein Unternehmen. 125 Jahre Bilfinger Berger AG, Heidelberg/Ubstadt-Weiher/Basel 2005.

Streb, Jochen, Das Scheitern der staatlichen Preisregulierung in der nationalsozialistischen Bauwirtschaft, in: Jahrbuch für Wirtschaftsgeschichte 2003/1, S. 27–48.

Streb, Jochen, Negotiating Contract Types and Contract Clauses in the German Construction Industry during the Third Reich, in: The RAND Journal of Economics 40, 2009, S. 364–379.

Willems, Susanne, Der entsiedelte Jude: Albert Speers Wohnungsmarktpolitik für den Berliner Hauptstadtbau, Berlin 2002.

Ralf Banken
3.8 Elektroindustrie

3.8.1 Einleitung

Während die Entwicklung der Elektroindustrie für das 19. Jahrhundert untersucht ist, fehlt bis heute sowohl für die Zeit der Weimarer Republik als auch für die Periode des Dritten Reiches eine wissenschaftlich-moderne Darstellung über die Geschichte der Gesamtbranche, obgleich sie eine der wichtigsten Exportbranchen der Zwischenkriegszeit war. Das folgende Kapitel basiert deshalb auf Monografien zur Geschichte einzelner Unternehmen – und hier insbesondere den Studien von Wilfried Feldenkirchen,[1] der am stärksten auf die Entwicklung des gesamten Wirtschaftszweiges zwischen 1918 und 1945 einging – sowie Untersuchungen spezieller Aspekte wie etwa der technischen Entwicklung oder der Rationalisierungspolitik. Auf die Entwicklung mittelgroßer und kleiner Unternehmen kann in diesem Zusammenhang nur beispielhaft und kurz eingegangen werden.

3.8.2 Situation der Elektrobranche vor 1933

Nachdem die deutsche Elektroindustrie durch den Ersten Weltkrieg zurückgeworfen worden war, konnte sie ab Mitte der 1920er Jahre wieder verstärkt Anteile auf den ausländischen Märkten erobern. In zahlreichen Bereichen der Elektrotechnik war man führend geblieben. Nicht nur der Export stieg von 286 Mio. Mark (1923) auf 639 Mio. Reichsmark (1929) kontinuierlich an, sondern auch der deutsche Weltmarktanteil von 25,8 % (1925) auf 28,6 % (1928). Unverändert lieferten die deutschen Elektrounternehmen den allergrößten Teil ihrer Ausfuhr nach Europa, wobei der Anteil dieses Kontinents zwischen 1928 (78,2 %) und 1931 (83,2 %) leicht anstieg.[2]

Aufgrund der umfangreichen Aufträge der Reichspost, der Elektrifizierung zahlreicher Eisenbahnstrecken sowie derjenigen von Haushalten und Unternehmen verzeichnete die Branche auch auf dem Binnenmarkt nach der Währungsstabilisierung

---
1 *Wilfried Feldenkirchen*, Siemens 1918–1945, München, Zürich 1995, S. 133–135; *Wilfried Feldenkirchen*, Siemens. Von der Werkstatt zum Weltunternehmen, 2. Aufl. München, Zürich 2003, S. 123–168. Daneben sind folgende wichtige Studien zu nennen *Peter Strunk*, Die AEG: Aufstieg und Niedergang einer Industrielegende, Berlin 2002, S. 44, 51; *Johannes Bähr*, Bosch im Dritten Reich (1933–1945), in: Johannes Bähr/Paul Erker, Bosch: Geschichte eines Weltunternehmens, München 2013, S. 91f., 96, 116, 135–138; *Johannes Bähr*, Verbandspolitik in Demokratie und Diktatur. Der Spitzenverband der elektrotechnischen Industrie 1918–1950, Frankfurt am Main 2019, S. 65.
2 *Feldenkirchen*, Siemens 1918, S. 133–135, 647; vgl. auch *Harold James*, Deutschland in der Weltwirtschaftskrise, Stuttgart 1988, S. 129.

wachsende Umsätze, wenngleich der Absatz an die Reichspost wegen der Haushaltsschwierigkeiten des Reiches seit 1929 deutlich abnahm. Sieht man von Sonderentwicklungen einzelner Produktionszweige und Unternehmen wie Bosch (Krise der Autoindustrie 1926) ab, hielt die vergleichsweise gute Auftragslage bis 1929 an, denn erst im Folgejahr erfasste die Weltwirtschaftskrise die gesamte Elektroindustrie. Die Produktion der deutschen Unternehmen sank von 3,2 Mrd. RM (1929) auf 2,5 Mrd. RM (1930), um nach der Bankenkrise 1931 vollends einzubrechen und 1932 nur noch 38 % des Höchststandes von 1929 zu betragen. Interessanterweise stabilisierten die Exporte noch 1931 den Absatz der deutschen Firmen, weil die Ausfuhr erst 1932 und 1933 einbrach, auch aufgrund verschärfter Zollschranken und Einfuhrbeschränkungen. Bereits aber ab 1931 wiesen die Unternehmen der Elektroindustrie jedoch insgesamt Verluste auf. Die Entwicklung der Beschäftigung folgte derjenigen des Umsatzes. Trotz umfangreicher Rationalisierungen in den Großunternehmen stieg die Gesamtbeschäftigung der Branche von 266 000 (1925) auf 333 000 (1929), um danach auf 183 000 (1932) abzusinken, wobei die Einführung von Kurzarbeit die Unterauslastung der Produktionskapazitäten ab 1930 noch ein Stück weit verdeckt. Dies zeigt auch der ab 1930 stark sinkende Produktionswert pro Beschäftigtem, der vom Höchststand 1929 um fast ein Drittel bis 1933 abrutschte, sodass er unter demjenigen von 1925 lag.[3]

Unabhängig von der konjunkturellen Entwicklung blieb die deutsche Elektroindustrie von den beiden dominierenden Großunternehmen Siemens – das sich nach Ende der Hyperinflation wieder aus der Interessengemeinschaft der Rhein-Elbe-Schuckert-Union löste und immer stärker mit den beiden Hauptfirmen Siemens & Halske bzw. den Siemens-Schuckert-Werken eine Holdingstruktur entwickelte – und AEG geprägt, die beide zusammen bis 1932 mehr als die Hälfte des Umsatzes der Elektroindustrie auf sich vereinten.[4]

Neben den dominierenden Großunternehmen AEG, Siemens & Halske, Siemens-Schuckert-Werke und deren Tochtergesellschaften (Telefunken, Osram, Protos, Vereinigte Eisenbahn-Signalwerke, Deutsche Grammophon etc.) gab es noch zahlreiche mittelgroße Konzerne, von denen Bosch mit etwa 10 000 Beschäftigten 1929 und Brown, Boveri & Cie. (BBC) mit 9000 Mitarbeitern 1928 die größten waren, aber auch zahlreiche kleine Unternehmen mit einer Belegschaft von wenigen dutzenden bis einigen hundert Mitarbeitern wie z. B. der Radiohersteller Graetz.[5] Unter den mittelgroßen

---

3 *Feldenkirchen*, Siemens 1918, S. 120 f., 132; *Bähr*, Verbandspolitik, S. 65, *James*, Deutschland, S. 278.
4 Zu den Daten s.: *Feldenkirchen*, Siemens 1918, S. 654, 656.
5 Als Beispiel für die zahlreichen mittelgroßen Unternehmen, die im Übergangsbereich zwischen Universal- und Spezialfirmen angesiedelt waren, seien die Berliner Firmen Bergmann-Elektricitäts-Werke, die Deutsche Telephonwerke und Kabelindustrie AG (DeTeWe), Mix & Genest und die C. Lorenz AG genannt. *Bähr*, Bosch, S. 142; *Johannes Bähr*, Industrie im geteilten Berlin (1945–1990). Die elektrotechnische Industrie und der Maschinenbau im Ost-West-Vergleich, München 2001, S. 26; *ABB AG* (Hrsg.), Spannungswechsel, Frankfurt am Main 2000, S. 52. Zu Graetz siehe *Peter Süß*, Ist Hitler nicht ein famoser Kerl? Graetz – eine Familie und ihr Unternehmen vom Kaiserreich bis zur Bundesrepublik, Paderborn 2003.

und stärker spezialisierten Unternehmen wie den Frankfurter Firmen Hartmann & Braun (Messtechnik), Voigt & Haeffner (Schaltgeräte) oder Telefonbau- und Normalzeit (Telefonanlagen) befanden sich allerdings zahlreiche Tochtergesellschaften der AEG und Siemens, deren Anteile wie bei Telefunken oder Osram sogar gemeinsam von den beiden Branchenführern gehalten wurden.[6] Ab Mitte der 1920er Jahre drangen jedoch auch mehrere ausländische Konzerne auf den deutschen Markt, indem sie mittelgroße Firmen aufkauften. So erwarb die niederländische Philips 1926 den Röntgenröhrenhersteller für medizinische Zwecke CHF Müller und die ITT bekam durch den Kauf der Firmen C. Lorenz AG und Mix & Genest AG einen Fuß auf dem deutschen Markt.[7] Aufgrund des großen Kapitalbedarfes beteiligte sich auch General Electric mit 27,5 % an der AEG, während Siemens sich in den späten 1920er Jahren allein durch US-amerikanische Anleihen finanzierte.[8] Allerdings übernahmen auch die deutschen Großunternehmen, die bereits vor 1924 mehrere Unternehmen vor- und nachgelagerter Industriezweige – z. B. der Metall- und Porzellanindustrie – erworben hatten, zahlreiche kleine und mittelgroße Konkurrenten, sodass der Konzentrationsgrad – unabhängig vom schon zuvor hohen Kartellisierungsgrad der Branche[9] – bis 1933 deutlich anstieg und die Zahl der Anbieter stark zurückging. Als Beispiele sind die Beteiligung der AEG an Felten & Guilleaume oder die Übernahme der Erlanger Medizintechnikfirma Reiniger, Gebbert & Schall durch Siemens zu nennen. Gemeinsam erwarben die beiden Marktführer dagegen die Firma Maffei-Schwartzkopf – um sie anschließend zu liquidieren – sowie die Bergmann AG, bei der sie den Großmaschinenbau einstellten und deren Glühlampenproduktion an Osram abgaben. Bosch wiederum übernahm u. a. die Eisemann-Werke (Magnetzünder), die Ideal-Werke (Radio), die Eugen Bauer GmbH (Filmprojektoren) sowie die Noris Zünd-Licht AG, die vor allem elektrische Ausrüstungen für Motorräder herstellte.[10]

---

6 Gemeinsam kontrollierten die AEG und Siemens etwa die Telefunken Gesellschaft für drahtlose Telegraphie m.b.H., die Osram GmbH KG oder auch die Vereinigten Eisenbahn-Signalbauwerke GmbH. S. hierzu und den genannten Beispielen: *Feldenkirchen*, Siemens 1918, S. 109 f.; *Strunk*, AEG, S. 46; *Bähr*, Industrie, S. 26; *Erdmann Thiele* (Hrsg.), Telefunken nach 100 Jahren – Das Erbe einer deutschen Weltmarke, Berlin 2003; *Franz Lerner*, Das tätige Frankfurt im Wirtschaftsleben dreier Jahrhunderte (1948–1955) zugleich ein Handbuch der Altfrankfurter Firmen, Frankfurt am Main 1955, S. 324–329, 335–339, 376–379; *Günther Luxbacher*, Massenproduktion im globalen Kartell: Glühlampen, Radioröhren und die Rationalisierung der Elektroindustrie bis 1945, Berlin [u. a.] 2003.
7 *Ivo J. Blanken*, The History of Philips Electronics N. V. Bd. 3: The Development of N. V. Philips Gloeilampenfabrieken into a Major Electrical Group, Zaltbommel 1999; *Ben Wubs*, A Dutch Multinational's Miracle in Post-war Germany, in: Jahrbuch für Wirtschaftsgeschichte 2012/1, S. 15–41; *Bähr*, Industrie, S. 26.
8 *Feldenkirchen*, Siemens 1918, S. 393–401, vgl. auch *ABB*, Spannungswechsel, S. 47; *Strunk*, AEG, S. 50; *James*, Deutschland, S. 144, 278; *Bähr*, Bosch, S. 120 f.
9 *Feldenkirchen*, Siemens 1918, S. 129; *Strunk*, AEG, S. 49.
10 *Feldenkirchen*, Siemens 1918, S. 129, 340; *Strunk*, AEG, S. 45 f.; *Gert Hautsch*, Das Imperium AEG-Telefunken, Frankfurt am Main 1979, S. 27; *Bähr*, Bosch, S. 100, 147–152; *Bähr*, Verbandspolitik, S. 32; *ABB*, Spannungswechsel, S. 71; *Sigfried von Weiher*, Herbert Goetzler, Weg und Wirken der Siemens-Werke im Fortschritt der Elektrotechnik, 1847–1980, Wiesbaden 1972, S. 90.

Die einzelnen Marktbereiche entwickelten sich in den 1920er Jahren dabei sehr unterschiedlich. Im Schwachstrombereich (Spannungsbereiche bis 50 Volt bei Wechselspannung bzw. 120 Volt bei Gleichspannung) wuchs das Telefongeschäft bis 1926 aufgrund der Aufträge der Reichspost stark, um danach langsamer zu expandieren,[11] was auch das Ausgreifen in neue Märkte wie Haushaltselektrifizierung, Haushaltsgeräte oder Medizintechnik nicht vollständig kompensierte.[12] Die aufkommende Autoelektrik ermöglichte Bosch ein enormes Wachstum, das allerdings weniger vom Binnenmarkt als vom Export getragen wurde. Und schließlich bot der neu entstehende Markt für Unterhaltungsgeräte der aufkommenden Radioindustrie ein großes Betätigungsfeld mit erheblichen Absatzchancen.[13] Der Starkstrombereich, in dem die Unternehmen zahlreiche technische Verbesserungen (höherer Wirkungsgrad der Dampfturbinen, leistungsstärkere Fernleitungen; Einzelachsantrieb bei Schnellzugloks usw.) umsetzten, war nach 1923 zunächst durch umfangreiche Nachholinvestitionen gekennzeichnet. Diese waren durch die Elektrifizierung der Unternehmen nach dem Siegeszug des Elektromotors sowie den Ausbau der Infrastruktur geprägt. Schließlich sorgten auch die Elektrifizierung zahlreicher Bahnstrecken – inklusive der Fertigung von Elektroloks – und der Ausbau von Verbundnetzen und Stromproduktion durch die kommunalen, staatlichen und privaten Versorger vor der Weltwirtschaftskrise für eine gute Auftragslage.[14]

Unabhängig von der guten Branchenentwicklung bis 1929 erfasste ab 1926 eine breit angelegte Rationalisierungswelle die Elektroindustrie und insbesondere ihre Großunternehmen. Obgleich nun auch moderne Fertigungsmethoden wie die Fließbandfertigung und auch taylorsche Prinzipien für die Arbeitsläufe in der Produktion Einzug in die Unternehmen hielten, zielten die Rationalisierungsmaßnahmen weniger auf die Einführung arbeitsplatzsparender Technologien denn auf die Straffung der Unternehmensorganisationen (Zentralisierung der kaufmännischen Verwaltung) und Vertriebsnetze sowie auf die Einführung neuer Lohnberechnungssysteme – Lohnbestimmung durch zentrale Akkordbüros statt durch die Vorarbeiter – oder eine verminderte Lagerhaltung. Von noch größerer Bedeutung war weiterhin die Aufgabe

---

11 *Feldenkirchen*, Siemens 1918, S. 122; *Bähr*, Verbandspolitik, S. 32; *Hans-Joachim Braun*, Konstruktion, Dekonstruktion und der Ausbau technischer Systeme zwischen 1914 und 1945, in: Hans-Joachim Braun/ Walter Kaiser, Energiewirtschaft, Automatisierung, Information, Berlin 1992, S. 150.

12 In den 1920er Jahren begannen die AEG, Siemens, Bosch und zahlreiche kleinere Unternehmen mit der Produktion von Kühlschränken, Elektroherden, Staubsaugern, Bügeleisen, Rasierern oder Radios. Allerdings verlief die Elektrifizierung der deutschen Haushalte eher schleppend: *Strunk*, AEG, S. 46, 50; *Feldenkirchen*, Siemens 1918, S. 306–310; *Bähr*, Verbandspolitik, S. 32; *Braun*, Konstruktion, S. 87 f., 92–94; *Wolfgang König*, Volkswagen, Volksempfänger, Volksgemeinschaft: „Volksprodukte" im Dritten Reich. Vom Scheitern einer nationalsozialistischen Konsumgesellschaft. Paderborn [u. a.] 2004, S. 137–150, 226–231.

13 *Braun*, Konstruktion, S. 155; *König*, Volkswagen, S. 26–99; *Ewald Mahr*, Im Kraftfeld von Zeitgeschehen – Zeitgeist – Erfindergeist, in: Erdmann Thiele (Hrsg.), Telefunken nach 100 Jahren. Das Erbe einer deutschen Marke, Berlin 2003, S. 23–26.

14 *Feldenkirchen*, Siemens 1918, S. 121; *ABB*, Spannungswechsel, S. 47, 49, 52, 66, 68, 72–75; *Braun*, Konstruktion, S. 80–86, 98–101; *Bähr*, Verbandspolitik, S. 32.

kommerziell unergiebiger Nebenprodukte, die Verringerung der Typenvielfalt, die Produktnormierung sowie der verstärkte Einsatz angelernter Frauen für einfache Montagetätigkeiten.[15] Auch die Verlagerung von Werken aus Berlin und seinem Umland – noch 1936 wurden 7 % der Weltelektroproduktion in der „Elektropolis" Berlin gefertigt – in strukturschwache Gebiete Mitteldeutschlands bildete eine Maßnahme zur Kostensenkung, weil die Löhne in der Hauptstadt sowohl für Facharbeiter als auch für Ungelernte und Arbeiterinnen erheblich höher lagen. Siemens errichtete neue Werke für lohnintensive Fertigungen in Thüringen und Sachsen (Sonneberg, Plauen, Sörnewitz bei Meißen u. a.), und auch die AEG baute drei Fabriken für Installationsmaterial im strukturschwachen Erzgebirge (Scheibenberg, Crottendorf, Annaberg).[16]

Nach dem Ausbruch der Weltwirtschaftskrise geriet der Starkstrombereich früher als die Schwachstromproduktion in die Krise, da sich hier sowohl die Industrie als auch die Kommunen und staatliche Institutionen wie die Reichspost mit Aufträgen zurückhielten. Nachdem der Auftragsbestand 1930 abgearbeitet war, konnten auch die umfangreichen Russlandaufträge[17] und die in der Krise aufgelegten Projekte der Bahnelektrifizierung nicht verhindern, dass die Großunternehmen erhebliche Entlassungen vornahmen, nachdem die Firmenleitungen so lange wie möglich versucht hatten, Facharbeiter in Beschäftigung zu halten.[18] Insgesamt kamen jedoch diejenigen Unternehmen besser durch die Krise, die die neuen Märkte (Funk- und Fernmeldetechnik, Medizintechnik, Haushaltsgeräte) bedienten bzw. die stärker diversifiziert waren. Letzteres war einer der Gründe dafür, dass Siemens im Gegensatz zur AEG, die schon zuvor an Boden verlor, 1931 nicht vom Ruin bedroht war. Ein weiterer Grund lag darin, dass Siemens aufgrund der zuvor sehr konservativen Finanzpolitik und der hohen Abschreibungen große Reserven in der Bilanz besaß, während die AEG wegen der hohen Dividendenausschüttungen und ihren zahlreichen defizitären Beteiligungen große Liquiditätsschwierigkeiten hatte. Auch Bosch kam wegen Diversifikation der Produktion (Haushaltsgeräte, Radiotechnik usw.), dem Ausbau zum Sys-

---

15 Zur umfassenden Rationalisierung der Produktion und Unternehmensverwaltung: *Feldenkirchen*, Siemens 1918, S. 122–125; *Heidrun Homburg*, Rationalisierung und Industriearbeit: Arbeitsmarkt, Management, Arbeiterschaft im Siemens-Konzern. Berlin 1900–1939, Berlin 1991; *James*, Deutschland, S. 156, 191 197, 200 f., 218; *ABB*, Spannungswechsel, S. 44, 47; *Strunk*, AEG, S. 44; *Bähr*, Bosch, S. 126, 129.
16 Zur Bedeutung des Standorts Berlin und der Verlagerung der Produktion ins Umland: *Bähr*, Berlin, S. 24, 38; *Strunk*, AEG, S. 46–48; *Peter Czada*, Die Berliner Elektroindustrie in der Weimarer Zeit, Berlin 1969, S. 38–99.
17 Das Russlandgeschäft der BBC hatte schon seit Anfang der 1920er Jahre große Bedeutung und betrug 1927–1932 etwa 30 % des Gesamtumsatzes im Mannheimer Werk, sodass man dort in der Weltwirtschaftskrise die Turbinenfabrikation aufrechterhalten konnte: *ABB*, Spannungswechsel, S. 52; *Strunk*, AEG, S. 45; *Weiher/Goetzler*, Weg und Wirken, S. 94.
18 Zur Beschäftigungs- und Lohnpolitik: *James*, Deutschland, S. 223–225, 231; *Feldenkirchen*, Siemens 1918, S. 123 f.; *Bähr*, Bosch, S. 140 f.; *ABB*, Spannungswechsel, S. 52, 75 f.; *Bähr*, Verbandspolitik, S. 37.

temanbieter für Kfz-Elektrik und der umfangreichen Restrukturierungsmaßnahmen nach der Unternehmenskrise 1926 gut durch die Krise.[19]

Trotz aller betriebswirtschaftlicher Schwierigkeiten aber gelang es der deutschen Elektroindustrie in der Weltwirtschaftskrise, ihren Anteil auf dem Weltmarkt gegenüber ihren ausländischen Konkurrenten wieder auszubauen. So lag der Weltmarktanteil der deutschen Elektroindustrie mit 25,8 % (1925) bis 24,9 % (1932) immer höher als der Anteil der Konkurrenten in anderen Ländern.[20] Neben den deutlich gesunkenen Produktionskosten durch Rationalisierung und Lohnsenkungen kam hier vor allem der längst wieder erreichten technischen Konkurrenzfähigkeit der Elektrounternehmen eine große Bedeutung zu, was auch der Austausch zahlreicher Patente mit den ausländischen Konkurrenten während der gesamten 1920er Jahre zeigt.[21]

3.8.3 Staatskonjunktur und Rüstungsboom zwischen 1933 und 1939

Anders als viele mittelständische Unternehmer begrüßten die leitenden Manager und Eigentümer der Großkonzerne die Beteiligung der Nationalsozialisten keineswegs, sondern favorisierten stattdessen republikanische Parteien. Carl Friedrich von Siemens, der sich in der Weltwirtschaftskrise aus öffentlichen Ämtern weitgehend zurückgezogen hatte, unterstützte z. B. den Kurs Heinrich Brünings und spendete 1932 für die Wiederwahl Hindenburgs. Siemens zahlte vor der Machtübernahme auch kein Geld an die NSDAP. Auch der Vorstandssitzender der AEG, Hermann Bücher, der als ein inoffizieller Wirtschaftsberater von Brüning fungierte, sprach sich vor 1933 nicht offen für eine Machtbeteiligung der NSDAP aus, wenngleich die AEG ein- bis zweimal kleinere Summen an diese Partei überwies. Bei Bosch wiederum sympathisierte weder Robert Bosch noch einer der Hauptdirektoren mit Hitlers Regierungsübernahme. Schließlich stand auch der Zentralverband Elektrotechnik- und Elektronikindustrie (ZVEI), der in den 1920er Jahren eher am linken Flügel des Unternehmerlagers gestanden hatte, unter Leitung von Friedrich Carl von Siemens als Vorsitzendem und Hans von Raumer als Geschäftsführer den Nationalsozialisten fern, trotz der Unterstützung des wirtschaftsfreundlichen Reichskanzlers Franz von Papen. So gehörte Anfang 1933 keines der 29 ordentlichen und stellvertretenden Mitglieder des ZVEI-Vorstands der NSDAP an und von Raumer ließ der katholischen Zentrumspartei noch vor der Reichstagswahl am 5. März 1933 eine Spende des Siemens-Konzerns in Höhe von 30 000 RM

---

19 Zur Entwicklung der Großunternehmen in der Weltwirtschaftskrise: *Feldenkirchen*, Siemens 1918, S. 121, 125–128; *Strunk*, AEG, S. 46–49, 51–53; *Bähr*, Bosch, S. 142 f.
20 *Feldenkirchen*, Siemens 1918, S. 647.
21 Als Beispiel s. etwa den Patentaustausch der Telefunken mit der amerikanischen RCA (1921) oder der niederländischen Philipps (1925): *Mahr*, Kraftfeld, S. 25.

zukommen. Allerdings traten am 1. Mai 1933 schon die ersten Vorstandsmitglieder in die NSDAP ein und die sieben als jüdisch geltenden Vorstände des Verbandes mussten im Frühjahr 1933 ausscheiden. Wegen seiner früheren politischen Betätigung in der linksliberalen DDP, aber auch aufgrund des Drucks mittlerer und kleiner Elektrospezialfirmen, die sich zur Vereinigung elektrischer Specialfirmen (VES) zusammengeschlossen hatten, schied von Raumer ebenfalls aus der Geschäftsführung des im Juli 1933 neuformierten Reichsfachverband der Elektrotechnischen Industrie aus. Dieser wurde nun vom Vorstandsvorsitzenden der Bergmann Elektrizitäts-Werke Philipp Keßler und den weiteren Geschäftsführern des ZVEI geführt. Im Sommer 1934 wurde der Reichsverband dann in die Wirtschaftsgruppe Elektroindustrie umgewandelt, die später 26 Fachgruppen umfasste und der dann alle Firmen der Branche per Zwangsmitgliedschaft angehörten. Zeitgleich mit der Errichtung der Wirtschaftsgruppe wurde auch Keßler, der bis dahin weiter scharfe Auseinandersetzungen mit den kleineren Anbietern wegen der unterbliebenen Errichtung von Zwangskartellen geführt hatte, vom sehr viel diplomatischeren Waldemar Braun, Vorstandsmitglied der Frankfurter Firma Hartmann & Braun AG, als Führer abgelöst. Anders als zuvor besaß weder der Reichsfachverband noch die Wirtschaftsgruppe einen größeren Einfluss auf die Wirtschaftspolitik des NS-Regimes, sondern fungierte eher als Hilfsorgan der Behörden, z. B. bei der Überwachung der Elektromärkte, der Exportpreise und der Kartelle, die man gemeinsam mit den Überwachungs- und Prüfungsstellen organisierte.[22]

Auch in verschiedenen Unternehmen zeitigte der Machtwechsel vom Januar 1933 personelle Konsequenzen. Zahlreiche Vorstände der Großunternehmen traten noch vor dem Mitgliederstopp am 1. Mai 1933 in die NSDAP ein, z. B. Hans Walz und Karl Martell Wild bei Bosch, obgleich beide nicht mit dem Nationalismus sympathisierten. Da dies als politische Versicherung vielfach nicht ausreichte, engagierten die Unternehmen häufig auch Parteimitglieder mit sehr guten Verbindungen zur Parteispitze als Berater oder Mitarbeiter. Schließlich wurden aufgrund des politischen Drucks auch zahlreiche jüdische Mitarbeiter aus den Führungsetagen der Unternehmen, z. B. bei Telefunken, entlassen, und ihre Versetzung in Auslandsorganisationen, z. B. bei Siemens, führte zu heftigen Anschuldigungen durch zahlreiche NSDAP-Stellen. Auch in kleineren Unternehmen machte sich der Regierungswechsel schon ab dem Frühjahr 1933 bemerkbar, selbst wenn die Inhaber den Ideen der NSDAP nahestanden. Erst recht sahen sich als jüdische geltende Elektrounternehmen wie die Radio AG D. S. Loewe bereits in den ersten Monaten 1933 unter Druck, weshalb die Berliner Firma bis Mitte Juni dieses Jahres alle jüdischen Mitglieder des Vorstandes und Auf-

---

22 Zur politischen Ausrichtung und Gleichschaltung des ZVEI s.: *Bähr* Verbandspolitik, S. 9, 23, 39, 43–51, 55, 59–67. Zur politischen Haltung und den Auseinandersetzungen der Partei mit den drei Großunternehmen Siemens, Bosch und AEG vgl.: *Bähr*, Bosch, S. 168–191; *Feldenkirchen*, Werkstatt, S. 176; *Feldenkirchen*, Siemens 1918, S. 141 f., 558 f.; *Hautsch*, Imperium, S. 33–35; *Thomas Irmer*, „Es wird der Zeitpunkt kommen, wo das alles zurückgezahlt werden muss." In: Christof Biggeleben (Hrsg.), „Arisierung" in Berlin, Berlin 2009, S. 121–150.

Tab. 1: Entwicklung der deutschen Elektroindustrie 1932–1943.

	Produktions-wert [RM]	Export-wert [RM]	Export-anteil [in %]	deutscher Weltmarkt-anteil [in %]	Beschäftigte [in 1000]	Produktion pro Beschäftigtem [RM]
1932	1224	354	29,0	34,9	183	6689
1933	1260	248,8	20,0	29,8	190	6632
1934	1726	226,4	13,1	26,1	254	6795
1935	2046	233,2	11,4	26,0	287	7129
1936	2268	266,2	11,8	26,9	312	7269
1937	2500	328	13,1	26,5	359	6964
1938	3200	336	10,5	–	430	7442
1939	3990	314,6	7,9	–	486	8209
1940	4300	235	5,5	–	509	8434
1941	5180	304	5,9	–	565	9153
1942	5370	360	6,7	–	586	9157
1943	5916	465	7,9	–	631	9365
1944	–	–	–	–	695	6632

Quellen: *Feldenkirchen*, Siemens 1918, S. 646–649. Feldenkirchens Beschäftigungsdaten weichen ab 1938 von der Reichsstatistik ab, weil er nur die Beschäftigung für das vierte Quartals wiedergibt, vgl. *Länderrat des Amerikanischen Besatzungsgebietes* (Hrsg.), Statistisches Handbuch von Deutschland 1928–1944, München 1949, S. 302.

sichtsrats bis auf den Firmengründer und technischen Kopf des Unternehmens, Siegmund Loewe, entfernte.[23]

Unabhängig von der politischen Einstellung profitierten die Unternehmen der Elektroindustrie vom Aufschwung nach 1933, wenngleich nicht sofort und in unterschiedlichem Ausmaß. Erst ab 1934 machte sich die anziehende Konjunktur für alle bemerkbar. So verzeichnete die Gesamtbranche zunächst nur eine geringe Steigerung der Produktion und trotz des deutlichen Wachstums dauerte es bis 1938, bis der Rekordwert von 1929 in Höhe von 3,2 Mrd. RM wieder erreicht wurde, um dann ein Jahr später mit fast vier Mrd. RM einen neuen Höchststand zu erreichen. Dagegen war die Beschäftigung bereits 1937 auf einem höheren Stand als vor der Weltwirtschaftskrise. Sie lag mit 486 000 Beschäftigten 1939 unter Einschluss der annektierten Gebiete fast ein Drittel höher als 1929.

Im Unterschied zu den 1920er Jahren und der Zeit der großen Depression schrumpfte der Anteil ins Ausland abgesetzter Waren zwischen 1932 und 1935 von 29 %

---

[23] Zu den Arisierungen in der Elektroindustrie und den politischen Einflüssen auf innerbetriebliche Angelegenheiten in den Unternehmen: *Kilian Steiner*, Ortsempfänger, Volksfernseher und Optaphon: die Entwicklung der deutschen Radio- und Fernsehindustrie und das Unternehmen Loewe, 1923–1962, Essen 2005, S. 214–239; *Süß*, Hitler, S. 139–144; *Bähr*, Bosch, S. 168–191; *Feldenkirchen*, Werkstatt, S. 176; *Feldenkirchen*, Siemens 1918, S. 141 f., 558 f.; *Hautsch*, Imperium, S. 33–35; *Charles Higham*, An Exposé of the Nazi-American Money Plot 1933–1949, New York 1983, S. 93–115; *Bähr*, Verbandspolitik, S. 64.

Tab. 2: Anteile einzelner Länder an der Weltelektroausfuhr 1933–1937.

Jahr	Weltelektro-export [Mio. RM]	Anteile einzelner Länder [in %]							
		Deutschland	USA	Großbritannien	Frankreich	Niederlande	Schweden	Schweiz	Japan
1933	834,9	29,8	19,8	16,2	4,7	10,9	2,9	4,0	2,1
1934	866,3	26,1	21,5	16,7	4,3	11,2	3,1	3,3	3,0
1935	896,3	26,0	23,5	19,5	3,8	9,3	2,9	3,1	2,9
1936	990,3	26,9	25,7	19,4	2,9	7,6	2,7	2,6	3,6
1937	1238,2	26,5	25,5	19,3	2,3	8,0	2,3	2,5	3,2

Quelle: *Feldenkirchen*, Siemens 1918, S. 647.

auf etwa 11 % und stagnierte bis Kriegsbeginn auf diesem Niveau. Trotz des deutlich niedrigeren Exportanteils konnte die deutsche Elektroindustrie ihren Anteil an der Weltelektroproduktion bis 1937 mit etwas über 26 % auf dem Niveau der 1920er Jahre halten, wenngleich man in absoluten Werten mit 336 Mio. RM nur etwas mehr als die Hälfte der Exporte von 1929 ausführte. Ähnlich wie die Umsätze entwickelten sich auch die Investitionen – diese stiegen erst ab 1935 auf ein Vorkrisenniveau – sowie die Gewinne und andere betriebswirtschaftliche Indikatoren, weshalb viele Unternehmen erst ab 1935 wieder größere Ausschüttungen tätigten.[24]

Anders als vor der Weltwirtschaftskrise schwand die Dominanz der beiden dominierenden Marktführer Siemens und AEG, deren Anteil an der deutschen Elektroproduktion von 51 % (1928/29) auf 39 % (1933/34) sank. Nach 1933 schwanke ihr Marktanteil bis 1944 zwischen 40 und 50 %. Marktführer Siemens besaß dabei einen Anteil von knapp 30 % (1943/44) bis 34,5 % (1937/38), während die AEG etwa die Hälfte erreichte. Trotz dieser leicht gesunkenen Marktanteile der beiden dominierenden Großkonzerne, die vor allem auf das schwächere Umsatzwachstum der AEG zurückzuführen waren, nahm die Konzentration in der Elektroindustrie nach 1933 aber weiter zu. Durchschnittlich 70 % aller Beschäftigten arbeiteten in Betrieben mit mehr als 2000 Mitarbeitern. 1938/1939 beschäftigten allein 33 der insgesamt 1400 Firmen zwei Drittel der insgesamt 490 000 Mitarbeiter. Den wenigen Großkonzernen mit einem sehr breiten Produktionspotenzial und den Verfügungsrechten über wichtige Patente standen 1934 ca. 800 Spezialfirmen gegenüber, die der VES angehörten. Mittelgroße Betriebe mit einer Belegschaft von 11 bis 200 Mitarbeitern besaßen nur in der Herstellung von Heiz- und Kochapparaten, Installations- und Isoliermaterial sowie galvanischen Elementen einen größeren Marktanteil als die Großbetriebe. Für die hohe

---

24 Zur Investitionsentwicklung der Elektroindustrie, die erst 1935 mit 73 Mio. RM wieder den Stand von 1930 (71 Mio. RM) erreicht hatte und 1936 mit 88 Mio. RM denjenigen von 1929 (83 Mio. RM) überstieg: *Feldenkirchen*, Siemens 1918, S. 648, 730, 702.

Unternehmenskonzentration der Elektroindustrie war weniger die Übernahme oder Schließung zahlreicher kleinerer Unternehmen verantwortlich, weil die größeren Anbieter der Branche nur noch wenige kleine Firmen aufkauften. Häufig waren dies auch keine Konkurrenten, sondern Unternehmen vorgelagerter Branchen wie beim Kauf der Porzellanfabrik Roeler in Rodach bei Coburg durch Siemens 1938. Und die ITT konnte bis 1934 die Aktienmehrheit von Mix & Genest und Lorenz sowie einige kleinere Beteiligungen – z. B. die Berliner Fernsprech- und Telegraphenwerk AG Schuchhardt – erwerben und in die Standard Elektrizitäts Gesellschaft eingliedern. Aufgrund des Anschlusses Österreichs im März 1938 wurden wiederum einige österreichische Töchter von ihren Muttergesellschaften übernommen, wie z. B. die österreichischen Brown Boveri Werke, Wien durch die BBC in Mannheim oder die österreichischen Siemens-Schuckert-Werke durch ihr Berliner Pendant, wobei jedoch die Siemenschen Kabelwerke in Österreich von Siemens als selbständige Wiener Kabel- und Metallwerke AG weiterbetrieben wurden.[25]

Eine weitere Ursache für die zunehmende Konzentration war die Arisierung jüdischer Betriebe. 1938 konnte z. B. Bosch seine Beteiligung bei der Fernseh AG von 37,5 % auf 50 % erhöhen. Siemens erwarb außer der Porzellanfabrik Roesler und der Heliowatt AG 1938 auch die Hälfte des Aktienpakets der Geschwister Koppel an Osram für die Elektrische Licht- und Kraftanlagen AG, während die andere Hälfte an Gesellschafter von Osram und die Bergmann Elektrizitäts-Werke AG ging. Die AEG wiederum konnte die jüdische Familie Loewe aus der Gesellschaft für elektrische Unternehmungen (Gesfürel) hinausdrängen. Im Radiogeschäft schließlich gerieten Loewe, Nora oder Reico schon 1933 durch die Boykottaktionen massiv unter Druck, was zur Flucht der Geschäftsführung von Reico und der Insolvenz dieser Firma führte. Loewe und auch die Frankfurter Telefonbau und Normalzeit GmbH wurden zusätzlich von den Devisenstellen und Finanzämtern wegen Devisenvergehen und Steuerhinterziehung verfolgt und von sämtlichen Reichspostaufträgen ausgeschlossen.[26]

---

25 Zur sektoralen Konzentration und einigen Beispielen von Unternehmensübernahmen: *Tilla Siegel/ Thomas von Freyberg*, Industrielle Rationalisierung unter dem Nationalsozialismus, Frankfurt am Main [u. a.] 1991, S. 280–285; *Feldenkirchen*, Siemens 1918, S. 29, 139 f., 479–484, 498, 533, 535, 540 f., 571, 578, 614, 618; *Feldenkirchen*, Werkstatt, S. 168, 181, 183, 189, 194, 197, 236; *Mahr*, Kraftfeld, S. 31, 34; *ABB*, Spannungswechsel, S. 57, 71; *Günther Luxbacher*, „Teures Kapital und billige Arbeitskraft verlangsamen den Trend in Richtung stärkere Mechanisierung". Entwicklungslinien der Elektroindustrie in Österreich 1945–1960, in: Horst A. Wessel (Hrsg.), Die elektrotechnische Industrie nach 1945, Berlin [u. a.] 1997, S. 293–316.

26 Zu den genannten Arisierungsbeispielen: *Steiner*, Ortsempfänger, S. 194–203, 214–247; *Osram GmbH* (Hrsg.), 100 Jahre Osram. Licht hat einen Namen, München 2006, S. 34; *Feldenkirchen*, Werkstatt, S. 170; *Norbert Cobaus*, Geschichte der T&N/Telenorma und das Unternehmen in Urberach (1937–1996), Rödermark 2006, S. 13–27; *Hans Hutt*, TN-Firmengeschichte, Teil 1 bis 1960, o. O. 2004, S. 42–55; *Johannes Ludwig*, Boykott, Enteignung, Mord. Die Entlohnung der deutschen Wirtschaft, München 1992, S. 298–311; *Wolfgang Lotz*, Die Deutsche Reichspost 1933–1945. Eine politische Verwaltungsgeschichte, Bd. 1: 1933–1939, Berlin 1999, S. 207–214; *Joachim Scholtyseck*, Der Aufstieg der Quandts: eine deutsche Unternehmerdynastie, München 2011, S. 401–403.

Sieht man einmal vom Aufkommen der beiden ausländischen Großunternehmen ITT und Philips ab, die sich in den 1930er Jahren etablierten und ihren Marktanteil ausbauen konnten, sowie vom überdurchschnittlich starken Wachstum von Bosch in diesem Jahrzehnt, änderte sich an der Marktstruktur der deutschen Elektroindustrie wenig. Neben AEG und Siemens mit der von ihnen abhängigen Bergmann Elektrizitäts-Werke AG war auch BBC im Starkstromgeschäft tätig und hatte 1938 einen Marktanteil von etwa 17 %.

Den Telefon- und Telegrafenumsatz teilten sich Siemens & Halske mit 60 % und die ITT-Gesellschaften mit 35 %, während Telefunken 60 % und ITT 35 % des Radiomarktes besaßen. Bosch wiederum dominierte als faktischer Monopolist das Geschäft mit Kfz-Elektrik. Einzig die Kabelproduktion war nicht ganz so stark konzentriert, weil hier die AEG und Felten & Guilleaume nur einen Anteil von je einem Viertel innehatten und sich der Rest auf kleinere Firmen aufteilte. Allein Siemens mit seinem Umsatz von 1,364 Mrd. RM in beiden Stammgesellschaften und Beteiligungen – sowie einem Grundkapital von 157 Mio. RM (Siemens & Halske) und 120 Mio. RM (Siemens-Schuckert-Werke) – hatte einen Marktanteil von 34,3 % bei Maschinen, Apparaten und Zubehör der Stark- und Schwachstromindustrie, 18 % in der Kabelindustrie, 27,3 % in der Elektrokohlenindustrie, 22,8 % in der Akkumulatorenindustrie und 26,5 % in der Lampen- und Leuchtenindustrie.[27]

Der hohe Konzentrationsgrad der Branche wurde zudem durch Kartelle und die seit 1934 eingeführte nationalsozialistische Marktordnung in seiner Wirkung verstärkt. Allein Siemens war an etwa 1000 nationalen und internationalen Kartellvereinbarungen und Verbänden beteiligt und besaß nicht nur mit der AEG, sondern auch mit zahlreichen kleineren Mitbewerbern Absprachen über eine Marktaufteilung. So einigte sich Siemens & Halske beispielsweise 1934 mit der ITT über eine Aufteilung des Reichspostgeschäftes, wobei Siemens 60 % und ITT 40 % erhielt. In Deutschland betrieb Siemens weiterhin Kartelle für Kabel, Leitungen, Hohlseile oder Zähler und traf von Fall zu Fall Einzelverständigungen. Hinzu kamen zahlreiche Gebietsabsprachen für alle Weltteile mit der internationalen Konkurrenz. Neben den zahlreichen Abstimmungen mit der AEG über Patente, Einheitskalkulationen oder dem Gemeinschaftsbesitz (Telefunken, Signalwerke, Osram usw.) schloss man 1937 auch mit der französischen Thomson-Houston ein Abkommen, sich im jeweiligen Heimatmarkt keine Konkurrenz zu machen oder verständigte sich mit Bosch darüber, nicht in die Kfz-Elektromärkte einzusteigen. Zahlreiche der offiziellen Kartelle der Elektroindustrie, deren Zahl von 42 (1937) auf 83 (1940) stieg, wurden von der Wirtschaftsgruppe Elektroindustrie verwaltet, die auch die Prüfungsämter für die Exportkalkulation kontrollierte.[28]

---

27 *Siegel/Freyberg*, Industrielle Rationalisierung, S. 280 f., 285; *Feldenkirchen*, Werkstatt, S. 168; *Feldenkirchen*, Siemens 1918, S. 139 f., 498; *Mahr*, Kraftfeld, S. 31.
28 Zu Kartellen und Absprachen der Elektroindustrie: *Wilfried Feldenkirchen*, Das Zwangskartellgesetz von 1933. Seine wirtschaftliche Bedeutung und seine praktischen Folgen, in: Hans Pohl (Hrsg.), Kartelle und Kartellgesetzgebung in Praxis und Rechtsprechung vom 19. Jahrhundert bis zur Gegen-

Unabhängig von der Kartellierung und Unternehmenskonzentration verbesserte sich die Geschäftslage der Unternehmen ab 1933 deutlich, wenngleich je nach Sparte der Elektroindustrie in unterschiedlichem Tempo. Während die Starkstromindustrie wegen der nur langsam anlaufenden Investitionsbereitschaft der Industrie nur langsam anstieg, entwickelte sich das Schwachstromgeschäft von Siemens & Halske schon ab 1933 deutlich besser, u. a. weil man dort das Elektrifizierungsprogramm der Reichsbahn im Umfang von 45 Mio. RM selbst vorfinanzierte. Dagegen blieben die Neu- und Ersatzinvestitionen der Reichspost weiterhin deutlich unter dem Niveau der 1920er Jahre. Auch erwiesen sich das Wohnungsinstandsetzungsprogramm der Regierung und die Reduktion der Kfz-Steuern als günstig für die Nachfrage nach Elektroerzeugnissen (Installationsmaterial, Autoelektrik). Deshalb und wegen der anlaufenden Aufrüstung verzeichnete Siemens & Halske bereits 1934/1935 einen Rekord beim Auftragseingang, der bei den Siemens-Schuckert-Werken immer noch 37 % unter dem Höchststand lag. Erst durch die enorme Nachfrage aus der Investitionsgüter- und Rüstungsindustrie sowie die Nachfrage nach Ersatzinvestitionen der kommunalen Elektrizitätswirtschaft setzte auch im Starkstrombereich ab 1936 ein enormes Wachstum bei Siemens ein. 1938 waren die Kapazitäten faktisch aller Unternehmen der Elektroindustrie vollständig ausgelastet, was nicht nur zu steigenden Gewinnen führte, sondern überall die Erweiterung der eigenen Produktionsanlagen und Kapitalerhöhungen nach sich zog.[29]

Wenngleich die deutsche Aufrüstung bereits seit 1934 für kräftige Umsatzzuwächse bei den Elektrounternehmen sorgte, erklärte die Produktion von Rüstungsgütern in zahlreichen Sparten der Elektrotechnik zunächst nur den kleineren Teil des Wachstums. Die BBC lieferte z. B. zwar Turbinen für die großen Kriegsschiffe (z. B. Scharnhorst und Tirpitz), den geplanten Flugzeugträger Zeppelin oder für U-Bootantriebe, doch war das nur ein kleiner Teil ihrer Produktion. Von größerer Bedeutung für den Starkstrombereich des Mannheimer Unternehmens waren dagegen der Bau von Dampf- und Gasturbinen für die Stromerzeugung, die Produktion von E-Lokomotiven, Verdichtern für chemische Prozesse oder Energiezentralen für Rüstungsbetriebe, die indirekt meist auch der Aufrüstung dienten. Der Schwachstromsektor war seit 1933 in größerem Maße als der Starkstrombereich in die Rüstungsproduktion eingebunden. Bosch profitierte z. B. durch die Fertigung von Zündern für Flugzeugmotoren und elektrotechnischen Komponenten für Kraftwagen, Zugmaschinen und Panzern. Siemens wandelte für die Rüstungsfertigung die bereits seit 1920 bestehenden Gesellschaft für elektrotechnische Apparate (Gelap) in die Siemens Apparate und Maschinen GmbH um. Noch stärker war die Nachrichten- und Funktechnik in die Rüstung ein-

---

wart, Stuttgart 1985, S. 145–165; *Feldenkirchen*, Siemens 1918, S. 578–580, 591 f., 596, 598; *Feldenkirchen*, Werkstatt, S. 188 f.

29 Zu den Rüstungs- und Staatsgeschäften sowie deren ökonomischer Bedeutung: *Feldenkirchen*, Siemens 1918, S. 135–137, 181–184, 189, 217, 486–489, 497, 619–636, 650; *Siegel/Freyberg*, Industrielle Rationalisierung, S. 282; *Strunk*, AEG, S. 53, *Hautsch*, Imperium, S. 34–37.

gebunden, z. B. durch die Produktion von Funkgeräten, Richtantennen, Akkus oder Elektronenröhren bei Firmen wie Telefunken, Lorenz, Loewe oder Mix & Genest. Der Aufbau eines eigenen Fernmeldenetzes für die Luftwaffe diente bereits der Kriegsvorbereitung. Zudem wurden in dieser Sparte der Elektrotechnik auch lange vor Kriegsbeginn zahlreiche Elektro-Sondergeräte hergestellt, z. B. Suchscheinwerfer, Ortungs- und Peilanlagen oder Lande- und Blindflugeinrichtungen. Für die Produktion von Radaranlagen entstand 1934 die Gesellschaft für elektroakustische und mechanische Apparate mbH (Gema), die sich zu einem HighTech-Unternehmen für militärische Elektronik entwickelte.

Aufgrund der finanziellen Risiken zögerten die Firmen, diese Produktion stärker auszuweiten, während die meisten Unternehmen – und auch die Firmen im ausländischen Besitz – keinerlei Probleme hatten, für die Rüstung zu produzieren, solange diese Fertigung sich im Rahmen ihrer Stammproduktion für zivile Märkte bewegte. Die Zurückhaltung der Firmenleitungen überwand der NS-Staat dabei zumeist durch die Übernahme der Finanzrisiken und massiven Druck auf die jeweilige Geschäftsleitung. Bosch stimmte als faktischer Monopolist für Fahrzeugelektrik nicht nur der Kapazitätssteigerung der bestehenden, sondern auch dem Bau neuer Werke außerhalb von Württemberg nur widerwillig zu. So wurde 1934/1935 die Dreilinden Maschinenbau GmbH in Kleinmachnow bei Berlin extra für die Flugmotorenzünder-Produktion errichtet und 1937 mit dem Bau der Trillke-Werke in Hildesheim begonnen, die später ausschließlich Lichtmaschinen, Anlasser und Zünder für Heeresfahrzeuge fertigten. Auch Siemens baute die rüstungsrelevante Produktion nach 1934 erheblich aus. Staatliche Aufträge machten bei den Siemens-Schuckert-Werken SSW 1936 bereits die Hälfte aller Bestellungen aus, während Bergmann in diesem Jahr bereits zu 80 % Rüstungsaufträge abarbeitete. Die AEG war vergleichsweise wenig im Rüstungs- und Behördengeschäft tätig; Sonderaufträge machten 1937 erst vier bis fünf Prozent des Umsatzes aus.

Deutlich stärker wuchs die rüstungsrelevante Produktion im Funk- und Nachrichtenbereich sowie in der Messtechnik und dem Signalwesen. Bei Telefunken stieg der Anteil der Rüstungs- und Behördenaufträge etwa von einem Fünftel (1932/33) auf fast drei Viertel (1937/38). Bei Lorenz lag der Anteil von Funkgeräten zur Übermittlung von Nachrichten und Signalen 1938 schon drei Viertel gegenüber einem Stand von 25 bis 35 % vor der NS-Zeit, obwohl nach dem Auslaufen der entsprechenden Patente 1936 auch mehrere kleine Anbieter wie Seibt und Körting die Geräte der beiden Marktführer nachbauten. Insgesamt gingen im August 1939 vom Gesamtabsatz der Wirtschaftsgruppe Elektroindustrie 29 % an die Wehrmacht und nur noch 7,7 % ins Ausland.[30]

---

[30] Zur Produktion einzelner Rüstungs- und rüstungsrelevanter Güter: *Feldenkirchen*, Siemens 1918, S. 138, 143, 478, 504, 576 f., 581, 599, 603 f., 615; *Feldenkirchen*, Werkstatt, S. 179 f., 183, 218; *ABB*, Spannungswechsel, S. 57, 60, 66, 77; *Braun*, Konstruktion, S. 150, 184, 188; *Hautsch*, Imperium, S. 35; *Bähr*, Bosch, S. 193–207; *Steiner*, Ortsempfänger, S. 187–194, 247–256; *Mahr*, Kraftfeld, S. 28–32.

Obgleich die Rüstungsproduktion immer größere Teile der Produktionskapazitäten absorbierte, hielten die Elektrounternehmen an der Produktion für zivile Zwecke sowie von Konsumgütern fest. Nicht nur Siemens und AEG entwickelten weitere Haushaltsgeräte wie Staubsauger, Elektroherde oder Wärmegeräte, sondern auch neue Unternehmen stiegen in diesen Markt ein. So brachte Philips einen elektrischen Rasierer auf den Markt und errichtete hierfür sogar eine eigene Fabrik in Aachen. Der Wuppertaler Textil- und Maschinenfabrikant Vorwerk wiederum begann, den während der Weltwirtschaftskrise entwickelten Staubsauger Kobold erfolgreich im Direktvertrieb zu vermarkten.[31]

Den größten Umsatz erzielten die zahlreichen Hersteller von Konsumgütern jedoch mit Radiogeräten und dies nicht allein mit den von Goebbels massiv geförderten Volksempfängern. Der 1933 auf der Berliner Funkausstellung erstmals der Öffentlichkeit vorgestellte Volksempfänger VE 301 war – ebenso wie der Deutsche Kleinempfänger 1938 als kleiner Bruder – ein durch politischen Druck zustande gekommenes Gemeinschaftsprodukt von 28 Radiofirmen auf Basis der Patente von Telefunken und Lorenz. Die Konstruktion des VE 301 war dabei so gehalten, dass ein möglichst niedriger Preis von 76 RM eine weite Verbreitung möglich machte, die das NS-Regime für eine flächendeckende Propaganda nutzen konnte. Insgesamt wurden in den beiden ersten Jahren knapp 1,5 Mio. Volksempfänger verkauft, doch produzierten die Firmen stets noch mehr Markengeräte.

Selbst im Inland lag der Marktanteil des Volksempfängers durchweg unter 50 %. In den Anfangsjahren 1932/33 erreichte er einen Anteil von 42 bis 46 % und selbst nach der Einführung des Deutschen Kleinempfängers mit einem Preis von 38 RM nur 45 %. Die Produktion beider Gemeinschaftsgeräte war auf die zahlreichen Unternehmen nach Quoten aufgeteilt, wobei die kleineren Hersteller im Vergleich zu ihren tatsächlichen Marktanteilen erheblich bevorzugt wurden. Tatsächlich übernahmen mehrere kleinere Produzenten sogar die Fertigung von Volksempfängern für einige der großen Radiohersteller, weil diese mit ihren Markengeräten deutlich mehr verdienten und die Produktion des Volksempfängers für zahlreiche Firmen wenig rentabel war. Die Einführung der Volksempfänger änderte jedoch nichts an der stärker fragmentierten Marktstruktur der Radiobranche. So besaßen Telefunken, Mende und Saba 1934 Marktanteile zwischen 9,3 % und 13,4 % (ohne Volksempfänger) und wurden durch mittelgroße Produzenten wie Heliowatt/Nora, Owin, Ideal, Bruckner & Stark, Philips oder Dr. Georg Seibt mit Marktanteilen um vier Prozent sowie durch 17 kleine Firmen mit maximal drei Prozent ergänzt. In die Gruppe der großen Hersteller stieß bis 1939 nur noch die Bosch-Tochter Ideal vor, die 1938 in Blaupunkt umbenannt wurde.

Betrachtet man die Hörerdichte, die kurz vor dem Krieg nicht höher als in Skandinavien oder Großbritannien war, stellte die politisch motivierte Einführung des Volks-

---

[31] Zur Produktion von Elektrohaushaltsgeräten: *König*, Volkswagen, S. 137–150, 226–231; *Feldenkirchen*, Siemens 1918, S. 193 f., 587 f.; *Bähr*, Bosch, S. 147–149; *Helge Pross*, Der Geist der Unternehmer. 100 Jahre Vorwerk & Co. Düsseldorf 1983, S. 30–34.

radios keinen besonders großen Erfolg dar. Im Vergleich zu anderen Volksprodukten (Volkswagen, Fernseher, Kühlschrank usw.), die der Bevölkerung eine zukünftige Massenkonsumgesellschaft suggerierten, war der Volksempfänger immerhin ein Teilerfolg, obwohl 1941 zwei Drittel der Bevölkerung zu Hause über ein Radio verfügten. Technisch und volkswirtschaftlich führte der Volksempfänger in die Sackgasse, weil er nicht weiterentwickelt wurde, aber Produktions- und Forschungskapazitäten band. Zudem war er für die Exportmärkte ungeeignet. Die technische Entwicklung der Funk- und Fernsehtechnik wurde durch die Emigration zahlreicher jüdischer Techniker gebremst, die ihre Erfahrungen und ihr Wissen vielfach Konkurrenten im Ausland zur Verfügung stellten.[32]

Auch in anderen Sparten der Elektrotechnik gab es einen Braindrain ins Ausland, der jedoch schwächer ausfiel. In der Starkstromindustrie z. B. hinderte die Rüstungskonjunktur die technische Weiterentwicklung, weil sich die Forschung der deutschen Elektrounternehmen bis Kriegsende stärker auf die organische Weiterentwicklung der vorhandenen Grundlagen und die Erhöhung der Leistung (Erweiterung der Anwendungsgebiete, Vergrößerung der Reichweite, billigere Produktion) als auf neue Verfahren und Produkte konzentrierte. In der Mess- und Regeltechnik wiederum vollzog man z. B. bei Hartmann & Braun in den 1930er Jahren nicht nur den Schritt von der Mess- zur Regelungstechnik mit dezentraler Fernmessung und Verarbeitung der Daten, sondern baute auch die technischen Möglichkeiten der Analysetechnik aus, z. B. zum Erkennen von Spurengasen. Die Entwicklung der Kfz-Elektrik war dagegen stärker durch eine Weiterentwicklung geprägt, wenngleich Bosch zusammen mit Daimler-Benz und Hanomag 1936 die Dieseleinspritzpumpe für Personenkraftwagen auf den Markt brachte, die sich jedoch erst nach dem Zweiten Weltkrieg durchsetzte. Andere Neuerungen wie der Schwungradlichtmagnetzünder, ein Schnellgangwischer und ein Scheinwerfer mit Fernlicht für Nachtfahrten waren dagegen technisch wie auch wirtschaftlich wenig bedeutende Neuentwicklungen.[33]

Die zunehmende Auslastung aller Produktionskapazitäten im Zuge der NS-Rüstungskonjunktur und die Überbewertung der Reichsmark führten zu einem sinkenden Umsatzanteil des Exports. Aufgrund der weltweiten Gebietskartelle der Lampen- und Leuchtenindustrie erzielte z. B. Osram weiterhin erhebliche Umsätze im

---

32 Zur Entwicklung des Volksempfängers und des Radiomarktes sowie zu den Volksprodukten: *König*, Volkswagen, S. 26–99, 100–114, 137–150, 226–231; *Steiner*, Ortsempfänger, S. 159–187, 194–214; *Süß*, Hitler, S. 103–109, 123–139, 153–175. Vgl. hierzu auch: *Bähr*, Bosch, S. 162 f., 167; *Feldenkirchen*, Werkstatt, S. 32, 182, 220–222, 225; *Feldenkirchen*, Siemens 1918, S. 183, 454, 606; *Braun*, Konstruktion, S. 155, 160, 168; *Alfred Kirpal/Andreas Vogel*, Die Entwicklung der Rundfunkgeräteindustrie im geteilten Deutschland bis Mitte der fünfziger Jahre und die Einführung der UKW-Technik, in: Wessel, Industrie, S. 83–104; *Luxbacher*, Massenproduktion, S. 423–428, 441–447; *Pross*, Geist, S. 30–34; *Mahr*, Kraftfeld, S. 27, 35.

33 *Feldenkirchen*, Werkstatt, S. 229, 235; *Bähr*, Bosch, S. 193–202; *Alfred Fischer, Horst A. Wessel*, Die Hartmann & Braun AG, Frankfurt am Main, 1945–1968 – Zerstörung, Besetzung und Wiederaufbau, in: Wessel, Industrie, S. 135–176.

Ausland, weil die Firma bis 1941 an der Glühlampenweltkonvention Phoebus beteiligt blieb und sich dadurch die alleinige Belieferung zahlreicher Märkte Mittel- und Nordeuropas sowie Italiens sicherte. Auch die elektromedizinische Produktion der Siemens-Reiniger-Werke ging noch 1938 aufgrund der fortschrittlichen Technik deutscher Anbieter zu zwei Dritteln in den Export, während der Anteil des gesamten Elektroausfuhren auf 10,5 % zurückging. Bosch setzte in diesem Jahr nur noch 11,6 % seiner deutschen Produktion im Ausland ab, profitierte jedoch von seinen produzierenden Auslandsbeteiligungen (United American Bosch Corporation und Lavalette-Bosch in Frankreich). Neben der rüstungsbedingten Nachfrage in Deutschland, die die vorhandenen Kapazitäten auslastete, bildete die Devisenbewirtschaftung aufgrund der großen bürokratischen Umstände (staatliche Prüfung der Exportpreise usw.) ein starkes Hemmnis für einen hohen Devisenerlös der elektrotechnischen Großunternehmen, die noch bis Kriegsbeginn ein Vertriebsnetz im Ausland unterhielten. Dennoch erbrachte die Ausfuhr, die 1938 zu 70 % nach Europa und zu 30 % nach Übersee ging, große Mengen an Devisen für das Deutsche Reich. Auch die auf Bilateralität ausgerichtete NS-Handelspolitik machte den Export für viele Firmen wenig attraktiv, zumal auch zahlreiche Staaten wie die USA und Großbritannien hohe Zölle auf deutsche Elektrowaren erhoben. Schließlich erschwerte der ab 1934 zunehmende Rohstoffmangel und der daraus folgende Einsatz von Ersatzstoffen den Elektrowarenexport.[34]

Die Rüstungskonjunktur hatte erhebliche Auswirkungen auf die innerbetriebliche Organisation. Insbesondere in den Zentren der Elektroindustrie wie Berlin machte sich bereits Mitte der dreißiger Jahre ein Facharbeitermangel bemerkbar, der nicht nur zur Verstärkung der Ausbildung, sondern zu umfassenden Rationalisierungsmaßnahmen führte. Neben der Inbetriebnahme zusätzlicher Fließbänder und der Mechanisierung weiterer Produktionsabläufe setzte man verstärkt auf Standardisierung und Massenproduktion, wobei die Einsparung von Mangelrohstoffen durch Neukonstruktionen und den Einsatz von Ersatzstoffen vielfach für den Übergang zu einer rationelleren Fertigung genutzt wurde. Durch die mechanisierte Produktion konnte der Anteil der Frauenarbeit erhöht werden – bei Siemens von 27 % (1928) auf 34,6 % – oder ungelernte Arbeiter vermehrt eingesetzt werden, um Lohnkosten zu senken. Schließlich erzwang der Arbeitermangel in den Berliner Produktionszentren eine Verlagerung der Produktion in andere Teile des Reiches, insbesondere nach Mitteldeutschland, worauf auch militärische Stellen immer wieder drängten. Diesem Muster folgend errichtete Bosch, wenngleich nur widerwillig, die Trillke-Werke in Hildesheim für die Versorgung von Kraftwagen, Zugmaschinen und Panzer des Heeres mit elektrotechnischen Komponenten oder die C. Lorenz AG 1934 als Zweigwerk im thüringischen Mühlhausen. Auch der Aufbau zweier Röhrenfabriken in Thüringen durch Telefunken (Erfurt, Neuhaus) und zahlreicher neuer Großbetriebe durch Siemens in Arnstadt, Gera oder Neustadt/

---

34 Vgl. zu den Auslandsgeschäften: *Feldenkirchen*, Siemens 1918, S. 204, 207, 226, 454, 478, 492 f., 454 f., 499, 532, 611, 613, 646; *Feldenkirchen*, Werkstatt, S. 203, 230, 237; *Wubs*, Dutch, S. 212–214; *Bähr*, Bosch, S. 164; *Luxbacher*, Massenproduktion, S. 314–326, 328, 384–394; *Osram*, 100 Jahre, S. 34.

Saale waren auf rüstungsstrategische Ursachen zurückzuführen. Durch die Verlagerung in weniger luftkriegsgefährdete Gebiete mit geringen Lohnkosten minderte sich der Anteil Berlins an der Beschäftigung der deutschen Elektroindustrie von 49,8 % (1936) auf 43,6 % (1939). Als Ausgleich wurden die unternehmenseigenen Berliner Forschungs- und Entwicklungsabteilungen kräftig ausgebaut. Trotz der Verlagerung arbeiteten bei Siemens und AEG 1939 noch jeweils weit mehr als zwei Drittel der inländischen Beschäftigten in Berlin und Umland, wobei die Belegschaft der beiden gemeinsamen Töchter Telefunken und Osram noch nicht einmal berücksichtigt ist.[35]

3.8.4 Wichtigkeit der Branche im Zweiten Weltkrieg

Die große Bedeutung der deutschen Elektroindustrie für die Wirtschaft im Zweiten Weltkrieg zeigt allein die enorme Steigerung ihrer Produktion von 3,2 Mrd. RM (1938) auf 5,9 Mrd. RM (1943) um 45 %, obgleich der Export nur geringfügig wuchs und anteilsmäßig von niedrigen 10,5 % auf 7,9 % absank. Trotz aller Bemühungen konnten die Unternehmen wegen der alliierten Blockaden während des Krieges nur noch in die besetzten und neutralen Länder exportieren, sieht man einmal von den Exporten in die UdSSR bis Juni 1941 ab.[36] Möglich wurde das Produktionswachstum der deutschen Elektroindustrie durch die Steigerung der Beschäftigung von 430 000 Personen vor dem Krieg (1938) auf 695 000 (1944), von denen ein Großteil Zwangsarbeiter war, wie Tabelle 3 zeigt.

Insgesamt lag der Anteil der Zwangsarbeiter in der deutschen Elektroindustrie in der zweiten Kriegshälfte zwischen 18,6 und 35,2 %. Der Zwangsarbeitereinsatz ermöglichte nicht nur die Weiterproduktion, sondern die Steigerung der Elektroerzeugung, wobei die Produktion pro Beschäftigten bis 1943 von 7442 RM (1938) auf 9365 RM ebenfalls weiter anwuchs. Alle größeren Elektrounternehmen nahmen Zwangsarbeiter auf. Bei Siemens, wo Ende 1940 eigene „Judenwerkstätten" errichtet wurden und Juden auch in Produktionsstätten nahe der Lager Auschwitz und Ravensbrück für das Unternehmen arbeiten mussten, waren im September 1944 noch mindestens 47 500 Zwangsarbeiter tätig, die vornehmlich schwere Arbeiten verrichteten. Auch in den Betrieben anderer Unternehmen mussten Ghettoinsassen oder KZ-Häftlinge vielfach schwere

---

35 *Bähr*, Elektroindustrie, S. 24–27, 31 f., 38–42, 81; *Johannes Bähr*, Substanzverluste, Wiederaufbau und Strukturveränderungen in der deutschen Elektroindustrie 1945–1955, in: Wessel, Industrie, S. 61– 82; *Feldenkirchen*, Siemens 1918, S. 542, 591; *Osram*, 100 Jahre, S. 36, 40; *Peter Strunk*, Demontage und Wiederaufbau bei der Allgemeinen Elektricitäts-Gesellschaft (AEG) nach dem Zweiten Weltkrieg, in: Wessel, Industrie, S. 53–60; *Hautsch*, Imperium, S. 32–41; *Siegel/Freyberg*, Industrielle Rationalisierung, S. 293–298, 303–319, 322, 324–369; *Mahr*, Kraftfeld, S. 35.
36 Zum stark eingeschränkten Export der deutschen Elektroindustrie im Zweiten Weltkrieg: *Feldenkirchen*, Siemens 1918, S. 495, 504, 646; *Feldenkirchen*, Werkstatt, S. 203; *Siegel/Freyberg*, Industrielle Rationalisierung, S. 282; *Osram*, 100 Jahre, S. 34.

Tab. 3: Zwangsarbeiter in der Wirtschaftsgruppe Elektroindustrie 1941–1944.

Jahr	Gesamt-beschäftigung	Kriegs-gefangene	Ausländische Zivilarbeiter und jüdische Beschäftigte	Anteil Zwangs-arbeiter [in %]
September 1941	565000	7004	38931	8,1
September 1942	586450	11216	77250	18,6
Januar 1943	630213	31729	94954	20,1
Juli 1943	634222	30182	193694	35,2
November 1943	654840	29506	130190	24,4
Mai 1944	695749	31208	145190	25,4
Juli 1944	679843	18134	140613	23,4

Quelle: *Feldenkirchen*, Siemens 1918, S. 646–649.

Tätigkeiten übernehmen, z. B. für die Vorwerk-Zweigniederlassung in Litzmannstadt oder das Varta-Werk Hannover, für das Häftlinge aus dem Neuengamme-Außenlager Stöcken arbeiteten. Auch Bosch setzte nicht nur Kriegs- und Strafgefangene sowie Ostarbeiter, sondern in drei Werken (Blaupunkt GmbH, Siling-Werke, Dreilinden Maschinenbau GmbH) zusätzlich etwa 1200 KZ-Häftlinge ein, wobei es diesen Zwangs-arbeitern, obgleich sich Bosch ansonsten durch sehr gute Arbeitsbedingungen aus-zeichnete, nicht besser als in den meisten anderen Großunternehmen der Elektro-industrie erging. Mit Ausnahme der Westarbeiter, bei denen außer dem unfreien Arbeitsverhältnis keine größeren Unterschiede zur Stammbelegschaft von Bosch aus-zumachen waren, reichte das Verhalten gegenüber Ostarbeitern vom Einhalten eines Mindeststandards bis zu Willkürakten und Denunziationen. KZ-Häftlinge und russi-sche Kriegsgefangene wurden im Allgemeinen sehr viel schlechter behandelt.[37]

Interessanterweise erhöhten sich die Marktanteile der beiden dominierenden Großkonzerne Siemens und AEG im Krieg nicht weiter, sie stagnierten bis 1943/1944 zwischen 44,2 % und 47,3 %. Grund hierfür war unter anderem, dass kaum Fusionen und Übernahmen erfolgten, wenn man von den besetzten Gebieten absieht. Neben der Fusion der AEG mit der Gesfürel sowie der Aufteilung der gemeinsamen Beteili-gungen durch Siemens und AEG (die AEG bekam Telefunken und Siemens unter ande-rem die Vereinigte Eisenbahn-Signalwerke, die Klangfilm, die Deutsche Grammphon und die Bergmann-Elektricitäts Werke) übernahm im Altreich nur die C. Lorenz AG 1940 die G. Schaub Apparatebau-Gesellschaft mbH.[38]

Sehr viel stärker wandelte sich das Produktionsprogramm der Elektroindustrie. Die Produktion konsumnaher Güter wie Elektrowärmeapparate oder Radios sank so-

---

[37] Zur Entwicklung der Beschäftigung und insbesondere der Zwangsarbeit in der deutschen Elektro-industrie: *Bähr*, Bosch, S. 210, 218–234; *Siegel/Freyberg*, Industrielle Rationalisierung, S. 297–303, 324–330; *Steiner*, Ortsempfänger, S. 256–264; *Süß*, Hitler, S. 191–200, 222–238; *Scholtyseck*, Aufstieg, S. 638–650; *Feldenkirchen*, Siemens 1918, S. 140, 511, 516, 546, 648; *Hautsch*, Imperium, S. 36–41; *Mahr*, Kraftfeld, S. 35; *ABB*, Spannungswechsel, S. 61.
[38] *Feldenkirchen*, Siemens 1918, S. 350–353, 489, 614; *Hautsch*, Imperium, S. 36–41; *Mahr*, Kraftfeld, S. 34.

wohl prozentual als auch absolut, während andere nicht kriegswichtige Produktionszweige (Kabel, Draht, Lampen, Zähler, elektromedizinische Geräte, Starkstromanlagen, Installationsmittel) in ihrer Bedeutung für den Gesamtumsatz der Branche zumindest stagnierten. Wie die Erzeugung von Akkumulatoren und Batterien stieg die Produktion der Telefonie und Telegrafie absolut an und steigerte ihren Anteil am Branchenumsatz von 16,6 % (1938) auf 28,9 % (1943). Hier profitierte vor allem Telefunken, das zu einem Innovationszentrum der Funktechnik heranwuchs und ein zentraler Teil des engen Forschungs- und Entwicklungs-Verbundes (Telefunken, Siemens, Lorenz, Blaupunkt, Gema) mit der Wehrmacht und der Luftwaffe wurde.[39] Ein ähnlich starkes Wachstum wies allein noch die Produktion von elektronischen Spezialerzeugnissen für die Wehrmacht auf, die ihren Umsatzanteil von 7,3 % auf 12,4 % erhöhten.[40] Allerdings verdecken diese Anteile die Bedeutung der Rüstungsproduktion in der Elektroindustrie.

Ähnlich wichtig wie der unmittelbare war der indirekte, jedoch rüstungsrelevante Absatz an die Wehrmacht. Beide machten 1943 zusammen 70 % des Gesamtabsatzes der Elektroindustrie aus. Selbst der Absatz von Geräten wie Stromzählern oder elektromedizinischen und Haushaltsgeräten ging überwiegend an die Wehrmacht, während diese Güter im August 1939 erst zu 29 % an das Militär geliefert worden waren.[41] Der hohe Anteil der rüstungsrelevanten Fertigung im Krieg war dabei wenig überraschend, denn praktisch jedes wichtige Waffensystem der Wehrmacht und jede kriegswichtige Fertigung war auf Erzeugnisse der Elektroindustrie angewiesen. Die Liste der unmittelbar an die Wehrmacht gelieferten Kriegsgeräte reichte dabei von Funkgeräten und drahtlosen Telefonen über Navigationsgeräte, Störsender, Radar- und Peilanlagen, Echolote, Messeinrichtungen für Artilleriezwecke, Röhren für Röntgengeräte – die mehr in der Materialkontrolle denn in der Medizin eingesetzt wurden – und Suchscheinwerfer bis hin zu elektrischen Minenzündern, Akkus für U-Boote oder Zünd- und Lichtmaschinen für Panzer und Flugzeuge. Sowohl diese Kriegsgeräte als auch rüstungsrelevante Produkte wie etwa Elektroröhren wurden dabei häufig von Fremdfirmen in Lizenz der großen Patentfirmen (Siemens, AEG, Telefunken, Lorenz usw.) gefertigt, um den Ausstoß schnell und massiv zu erhöhen, ohne zusätzliche Produktionskapazitäten errichten zu müssen.

---

39 Die Hochfrequenztechnik (Funk, Radar) wurde im Laufe des Krieges zur Schlüsseltechnologie der deutschen Elektroindustrie, s. hierzu auch: *Günter Dörfel/Renate Tobies*, Elektronenröhrenforschung nach 1945. Telefunkenforscher in Ost und West und das Scheitern des Konzepts der „Gnom-Röhren" in Erfurt, in: Christian Forstner/Dieter Hoffmann (Hrsg.), Physik im Kalten Krieg. Beiträge zur Physikgeschichte während des Ost-West-Konflikts, Wiesbaden 2013, S. 91–112; *Christian Meier*, Telefunken: Die Eroberung der Ionosphäre durch Telefunkenforscher, in: Marcus Popplow/Beate Winzer (Hrsg.), Fliegen und Funktechnik. Die Flugzeugfabrik der Luftwaffe in Berlin-Tempelhof 1933–1945, Berlin 2018, S. 39–44; *Johannes Bähr*, Das Oberspreewerk – ein sowjetisches Zentrum für Röhren und Hochfrequenztechnik in Berlin (1945–1952), in: Zeitschrift für Unternehmensgeschichte 39, 1994, S. 145–165.
40 Zu den Absatzdaten der Elektroindustrie, nach Produkten kategorisiert: *Feldenkirchen*, Siemens 1918, S. 652.
41 *Feldenkirchen*, Siemens 1918, S. 478.

Eine Weiterentwicklung und Forschung erfolgte nur noch für Wehrmachtsgerät, weshalb mehrere Manager nach dem Zweiten Weltkrieg der Meinung waren, dass die deutsche Elektroindustrie die Bedürfnisse der deutschen Kriegswirtschaft zwar quantitativ erfüllt habe, jedoch im Schwachstrombereich technisch gegenüber der westlichen Konkurrenz in Rückstand geraten sei. Allerdings mussten die Unternehmen wegen des sich verstärkenden Rohstoffmangels immer stärker mit Ersatzstoffen experimentieren, wobei auch der Arbeitermangel, insbesondere die große Zahl fehlender Facharbeiter, die Produktion immer stärker beeinträchtigte. Manche Betriebe wie die Trillke-Werke von Bosch produzierten ausschließlich Elektroaggregate für Panzer, doch zahlreiche Fabriken wurden auf die Produktion von nichtelektrischen Gütern umgestellt. Zum Beispiel produzierte die AEG auch Granaten oder Mundstücke für Gasmasken. Loewe wiederum fertigte Untersätze für Panzerabwehrkanonen, Panzergranaten, Geschützrohre oder Gewehr- und Maschinengewehrteile. Anders als bei dieser Produktion nichtelektrischer und branchenfremder Güter wehrten sich die Unternehmen nicht gegen die Fertigung von Elektrogütern für militärischen Zwecke, solange die Stammproduktion beibehalten werden konnte. Einer unbeschränkten Ausdehnung der Produktionskapazitäten stand man in den ersten Kriegsjahren jedoch vielfach zögerlich gegenüber, weshalb sich Siemens – aber auch Bosch – des Vorwurfs von Speer und anderen behördlichen Stellen erwehren musste, nicht genug zu liefern oder die Produktion nicht ausreichend auf Militärbedarf umzustellen. Diese zögerliche Haltung gründete jedoch weder bei Siemens noch bei den anderen Elektrounternehmen im Widerstand gegen das NS-Regime, sondern in der Scheu vor dem hohen Geschäftsrisiko, das der Aufbau von Überkapazitäten für die Friedenszeit erwarten ließ. Allerdings hielt sich trotz der enormen Umsatzsteigerungen die Kriegsbegeisterung in vielen Vorstandsetagen der Elektrounternehmen in vergleichsweise engen Grenzen. Im Unterschied zu anderen Wirtschaftszweigen plädierten die Verantwortlichen der Elektroindustrie nach den ersten Kriegserfolgen nicht für die Annexion besetzter Gebiete und die Übernahme ausländischer Firmen, sondern befürworteten einen von Deutschland dominierten gemeinsamen Wirtschaftsraum. Womöglich erklärt diese Haltung auch, dass die Großunternehmen der Branche nur wenige ausländische Unternehmen übernahmen oder als Treuhänder führten. Als Ausnahme mietete Bosch für die Tochter Sundgau Maschinenbau GmbH und die Spezialfertigung für Benzineinspritzpumpen im Herbst 1940 allerdings das Werk der Manufacture de Machines du Haut-Rhin in Bourtzwiller bei Mulhouse und wurde Mehrheitseigentümer an seiner Beteiligung Lavalette. Die AEG wiederum gründete die AEG-Fabriken Ostland GmbH für die treuhänderische Leitung von vier Werken im besetzten Osteuropa, u. a. in Lodz und Riga.[42]

---

42 Zum Produktionsprogramm der Elektroindustrie und einzelner Unternehmen im Allgemeinen und zur Rüstungsproduktion im Besonderen s.: *Feldenkirchen*, Siemens 1918, S. 477–478, 504, 507, 544, 581 f., 613, 636; *Bähr*, Bosch, S. 193–217; *Siegel/Freyberg*, Industrielle Rationalisierung, S. 280–286, 349; *Luxbacher*, Massenproduktion, S. 432–447; *Mahr*, Kraftfeld, S. 32–35; *Steiner*, Ortsempfänger, S. 187–194; 247–256, 265 f.; *Süß*, Hitler, S. 210–221; *Scholtyseck*, Aufstieg, S. 382–390, 418–421, 434–438; *Pross*, Geist, S. 32–34;

Unabhängig von diesem Engagement standen sowohl die Unternehmensführungen der AEG als auch von Siemens dem Regime nach Kriegsbeginn großteils eher reserviert gegenüber, und die Verantwortlichen in der Bosch-Führung unterstützten sogar Regimegegner aus dem Widerstand wie Goerdeler. Bei Philips wiederum musste der Geschäftsführer der deutschen Philips-Tochter, Theodor Graf von Westarp, aufgrund seiner politischen Haltung die Verantwortung nach Kriegsbeginn abgeben. Dagegen drohte der ITT 1941 die Übernahme ihres deutschen Unternehmensbesitzes durch Siemens, was der Planung von Postminister Ohnesorge entsprach, die Frankfurter Telefonbau- und Normalzeit für die Reichspost zu erwerben und zum Konkurrenten von Siemens aufzubauen.[43] Unabhängig von der politischen Einstellung einzelner Unternehmensführungen schwanden deren Handlungsspielräume im Krieg zusehends, auch weil die Wirtschaftsgruppe Elektroindustrie unter ihrem neuen Hauptgeschäftsführer Heinrich Ostermann in ihren Kompetenzen von anderen Institutionen wie den vom Vierjahresplan eingesetzten verschiedenen Generalbeauftragten bei der Vergabe von Rüstungsaufträgen und der Rohstoffzuteilung erheblich eingeschränkt wurden. Zudem unterstand Ostermann direkt dem Reichswirtschaftsministerium und wurde in dieser Position ermächtigt, die Fertigung von Waren innerhalb der Herstellungszweige der jeweiligen Wirtschaftsgruppe sowie deren Verteilung in dringenden Bedarfsfällen zu überwachen. Ab Sommer 1941 hatte die Wirtschaftsgruppe dann die Produktionsverlagerungen der deutschen Elektroindustrie in die besetzten Länder zu koordinieren. Nach Speers Umorganisation der Kriegsproduktion Anfang 1942 stieg die Abhängigkeit der Unternehmen von den neu errichteten sog. Ringen, auch wenn zahlreiche Vertreter führender Unternehmen in den zugeordneten Ausschüssen vertreten waren. Für die Elektroindustrie waren seit April 1942 der Hauptring elektrotechnische Erzeugnisse und der Hauptausschuss Nachrichtengerät zuständig, wobei beide vom Siemens-Vorstand Friedrich Lüschen geleitet wurden, der im Herbst 1943 zudem den Vorsitz der Wirtschaftsgruppe Elektroindustrie übernahm. Lüschen – einem Freund Speers – unterstanden zehn Sonderringe und 23 Sonderausschüsse, die ab November 1943 im neuen Hauptausschuss Elektrotechnik zusammengefasst wurden. Die Wirtschaftsgruppe entwickelte sich nun endgültig zu einer Bewirtschaftungsstelle weiter, die als Reichsstelle für elektrotechnische Erzeugnisse für die Lieferung von Rohstoffen an die Elektroindustrie zuständig war. Sie ließ auch als Auftraggeber einer Glimmerspalterei im Ghetto Theresienstadt 1300 Häftlinge – zumeist Frauen – unter unmenschlichen Bedingungen Zwangsarbeit verrichten. Neben Lüschen, der als Leiter des Hauptausschusses allen Elektrounternehmen verbindliche Anweisungen geben

---

ABB, Spannungswechsel, S. 77; *Hautsch*, Imperium, S. 11; *Kirpal/Vogel*, Entwicklung, S. 83–104; *Fischer/Wessel*, Hartmann & Braun, S. 135–176.
43 Zur politischen Einstellung der Unternehmensführungen sowie den Versuchen der Übernahme der ITT-Gesellschaften bzw. der Telefonbau- und Normalzeit: *Bähr*, Bosch, S. 236–245; *Hautsch*, Imperium, S. 36–41; *Feldenkirchen*, Siemens 1918, S. 484; *Higham*, Exposé, S. 20–31; *Cobaus*, Geschichte, S. 13–27; *Lotz*, Deutsche Reichspost, S. 207–214.

konnte, übernahmen auch Mitarbeiter von Siemens und der AEG eine Reihe der 244 Posten im Hauptring elektrotechnische Erzeugnisse. Allein im Hauptausschuss Nachrichtengerät und den dazugehörigen Bezirksbeauftragten stammten 48 von Siemens (20%) und 71 von der AEG (29%). Die vornehmliche Aufgabe der Ringe und Ausschüsse der Elektroindustrie bestand in einer effizienteren Organisation der Kriegsproduktion, um das nach dem Krieg von den Unternehmensmanagern vielfach beklagte Kompetenzwirrwarr in der Rüstungskoordination, ihren überbordenden Verwaltungsaufwand und die technisch unkundigen Militärvorgaben mit kurzfristig wechselnden und überzogenen Anforderungen der Rüstungsoffiziere zu überwinden. Konkret bedeutete dies die Konzentration der gleichartigen Fertigung in den effizientesten Betrieben, die Einsparung von Arbeitern und Material, die Förderung der Serienfertigung, die Normung und Typisierung der Produkte sowie die Erfassung der Produktionskapazitäten und deren Beschränkung oder Erweiterung auf das kriegstechnisch Erforderliche.[44]

Außer über die Hauptringe und -ausschüsse intervenierte das Speersche Rüstungsministerium in der Frage von Betriebsverlagerungen auch direkt in unternehmerische Angelegenheiten. Aufgrund der zunehmenden Gefahr alliierter Luftangriffe ab 1941 wurden daher zahlreiche Produktionsstätten aus den Zentren der Elektroindustrie in weniger gefährdete Gebiete verlagert. Insbesondere traf dies Berliner Betriebe, wo zu Kriegsbeginn noch 83% der Beschäftigten der Telegrafie- und Telefonindustrie, 69% der Rundfunkindustrie und 65% der Glühlampenproduktion tätig waren. Durch die Verlagerungen vor allem der Werke von Siemens, AEG, Lorenz und Telefunken sank der Berliner Anteil an der Beschäftigung in der Elektroindustrie von 44% bis ins Frühjahr 1944 auf 33%, obgleich die Berliner Betriebe in den ersten Kriegsjahren noch weiter ausgebaut wurden. Vornehmlich verlagerte man die Betriebe wie schon vor Kriegsbeginn nach Mitteldeutschland, dessen Anteil an der Beschäftigung der Branche zwischen 1936 und 1944 von 14 auf 25% anstieg. Vor dem Krieg waren dort nur Dresden (Sachsenwerk, Koch & Sterzel, Radio-Mende) und Leipzig (Körting-Werke) bedeutende Standorte der Elektroindustrie. Auch zahlreiche Betriebe aus den Großstädten mit einer hohen Konzentration elektrotechnischer Industrie wie Stuttgart (Bosch), Mannheim (BBC), Nürnberg (Siemens-Schuckert-Werke) oder Köln (Felten & Guilleaume) wurden verlegt. Berliner Betriebe wurden ins damalige Ost- bzw. das spätere Westdeutschland (u. a. Ostwestfalen, Weserbergland, Oberpfalz) oder in die besetzten Gebiete verlagert. Ein Beispiel war die Graetzer Produktion, die nach Lunzenau in Sachsen verlegt wurde, oder die Errichtung von Werken für Röhren im niederschlesischen Liegnitz sowie für Funkgeräte in Breslau durch Telefunken, das seine Produktion in insgesamt 350 Ausweichstellen verlegte, u. a. ins oberpfälzische Waldsassen, nach Ulm, Reval, Riga, Krakau, Posen oder nach Lodz. Eine solche Zersplitterung betraf auch andere Unter-

---

44 Zur Steuerung der Kriegswirtschaft und zur Beteiligung der Wirtschaftsgruppe: Elektroindustrie *Bähr*, ZVEI, S. 67–78; *Siegel/Freyberg*, Industrielle Rationalisierung, S. 286–292; *Hautsch*, Imperium, S. 11; *Osram*, 100 Jahre, S. 39–41.

nehmen: So besaßen die Siemens-Firmen Ende 1944 über fast 400 Kriegsverlagerungswerkstätten, und allein die Entwicklungsstellen von Siemens & Halske waren auf mehr als 25 Standorte verteilt. Das Elektromotorenwerk von Siemens betrieb neben dem traditionellen Standort Siemensstadt nach 1940 Fabriken in Neustadt, Müglitz und Böhmisch-Leipa; das Berliner Schaltwerk wiederum hatte zusätzlich Betriebe in Siemensstadt, Oppach, Gebweiler und Lodz. Ähnlich war die Situation bei Bosch, das schon im September 1939 ein neues Werk für die Fertigung von Kerzen für Flugmotoren in der stillgelegten Metallwarenfabrik Stadler in Bamberg aufbaute und von dort 1941 Teile der Fertigung in stillgelegte Webereien der Nachbarorte Zeil und Forchheim verlegte. Zudem produzierte man ab 1943 in einem freigeräumten Textilunternehmen im niederschlesischen Langenbielau, wofür eigens die Siling-Werke GmbH als Tochtergesellschaft gegründet wurde. Und auch Hartmann & Braun verlagerten ihre Fertigung vom Hauptsitz Frankfurt in mehrere Ausweichstätten, u. a. nach Rodgau und Lauterbach in Hessen sowie ins fränkische Hof.[45]

3.8.5 Ausblick

Trotz aller Verlagerungen verzeichneten die Elektrounternehmen erhebliche Schäden durch die alliierten Luftangriffe, insbesondere in den Großstädten, wobei die Produktion jedoch bis zum jeweiligen Ende der Kampfhandlungen zumeist weiterlief. So war das BBC-Werk in Mannheim-Käfertal zu zwei Dritteln, dasjenige in Mannheim-Neckarau zu 80 % zerstört, was zusammen mit anderen Standorten sich zu Kriegsschäden in Höhe von 84,2 Mio. RM addierte, zu denen Verluste in Höhe von 7,5 Mio. RM durch Beschlagnahmen und Plünderungen hinzukamen. Bei Bosch wurde etwa ein Drittel der Gebäude und Anlagen in Stuttgart und Feuerbach durch alliierte Bomben zerstört und ein weiteres Drittel schwer beschädigt, was sich in der Bilanz mit Kosten von 42 Mio. RM niederschlug. Durch die Verlagerungen waren die meisten Maschinen bei Bosch erhalten geblieben, sodass die Kriegsschäden keinen unüberwindbaren Verlust darstellten und etwa der Höhe des Umsatzes von 1935 oder der stillen Rücklagen von 1940 entsprachen. Bei Siemens & Halske waren gegen Kriegsende etwa 40 % der Berliner Fabrikationsfläche zerstört, und man verzeichnete einen Substanzverlust von etwa einem Drittel durch die Bombardierungen.

---

45 Zum Aufbau neuer Elektrowerke bzw. der Verlagerung der bestehenden Produktion: *Johannes Bähr*, Substanzverluste, Wiederaufbau und Strukturveränderungen in der deutschen Elektroindustrie 1945–1955, S. 61–82; *Bähr*, Elektroindustrie, S. 39–46; *Bähr*, Bosch, S. 207–216; *Feldenkirchen*, Siemens 1918, S. 545, 563, 584, 612; *ABB*, Spannungswechsel, S. 71, 78; *Mahr*, Kraftfeld, S. 34, 38; *Siegel/Freyberg*, Industrielle Rationalisierung, S. 280; *Hautsch*, Imperium, S. 11; *Osram*, 100 Jahre, S. 41; *Kirpal/Vogel*, Entwicklung, S. 83–104; *Fischer/Wessel*, Hartmann & Braun, S. 135–176; *Hans-Walter Wichert*, Verlagerung elektrotechnischer deutscher Industrie zu Ende des Zweiten Weltkrieges und ihre Wirkung als Technologietransfer in ländliche Räume, in: Wessel, Industrie, S. 211–232; *Strunk*, Demontage, S. 53–60.

Größere Verluste als durch die Bombardierungen erlitten zahlreiche Großunternehmen allerdings durch die Demontagen und die Enteignung ihrer Werke in der sowjetischen Zone und den abgetrennten Gebieten. Bei Siemens & Halske lagen die Kapazitätsverluste durch die sowjetische Demontage in den Siemens-Schuckert-Werken Berlin bei 98 %, das waren 85 % der bei Kriegsende vorhandenen Ausrüstungen. Bei Telefunken betrug dieser Wert 100 %, bei Lorenz 73 %, bei Blaupunkt 95 % und bei Mix & Genest 95 %. Die AEG wiederum verlor neun Werke in Ostberlin und weitere 23 in der sowjetischen Zone. Die geringere Bedeutung der Kriegsschäden gegenüber den Nachkriegseingriffen aufgrund von Demontagen und Enteignungen gründete auf dem enormen Wachstum der Produktionskapazitäten für die Rüstungsproduktion, weil sich die Kriegsschäden in der elektrotechnischen Industrie und im Maschinenbau auf höchstens 15 bis 20 % der Kapazitäten von 1936 beliefen. Die alliierten Luftangriffe vernichteten nur einen Teil des Kapazitätszuwachses der Jahre 1936 bis 1943, sodass die Produktionskapazitäten bei Kriegsende etwa 90 % derjenigen von 1936 betrugen. Langfristig wog für die Großunternehmen der Verlust des gesamten Auslandsvermögens schwer, denn trotz aller Tarnungsversuche über ausländische Briefkastenfirmen und komplizierte Beteiligungsverhältnisse war es von den alliierten Regierungen beschlagnahmt worden, weshalb die so wichtigen Auslandsmärkte auf lange Jahre verschlossen blieben.[46] Abermals hatte ein Weltkrieg die deutsche Elektroindustrie ihre sehr gute Stellung auf den internationalen Märkten gekostet, auch weil sie von zahlreichen technischen Entwicklungen andernorts ausgeschlossen war und die westlichen Alliierten in der Nachkriegszeit Einblick in ihre Forschung und Entwicklung erhielten. Darüber hinaus erschwerte der durch den Verlust der ostdeutschen Werke notwendig gewordene Wiederaufbau von Produktionskapazitäten in Westdeutschland die Wiedererlangung der ehemals dominierenden Weltmarktposition.

---

46 Zu den Kriegsschäden, den Demontagen und dem Verlust des Auslandsvermögens: *Bähr*, Elektroindustrie, S. 39–63; *Bähr*, Substanzverluste, S. 61–82; *Bähr*, Bosch, S. 202–216; *Kirpal/Vogel*, Entwicklung, S. 83–104; *Wilfried Feldenkirchen*, Die Finanzierung des Wiederaufbaus im Hause Siemens nach 1945, in: Wessel, Industrie, S. 105–134; *Wilfried Feldenkirchen*, Der Wiederaufbau des Hauses Siemens nach dem Zweiten Weltkrieg (1945 bis zum Beginn der 1950er Jahre), in: Wessel, Industrie, S. 177–210; *Fischer/Wessel*, Hartmann & Braun, S. 135–176; *Wichert*, Verlagerung, S. 211–232; *Strunk*, Demontage, S. 53–60; *Rainer Karlsch*, Die Reparationsleistungen der Industrie der SBZ/DDR unter besonderer Berücksichtigung der Elektroindustrie, in: Wessel, Industrie, S. 29–53; *Mahr*, Kraftfeld, S. 34, 38; *Siegel/Freyberg*, Industrielle Rationalisierung, S. 280; *Hautsch*, Imperium, S. 11, 17; *Osram*, 100 Jahre, S. 41; *ABB*, Spannungswechsel, S. 71, 78.

Auswahlbibliographie

ABB AG (Hrsg.), Spannungswechsel, Frankfurt am Main 2000.
Bähr, Johannes, Verbandspolitik in Demokratie und Diktatur. Der Spitzenverband der elektrotechnischen Industrie 1918–1950, Frankfurt am Main 2019.
Bähr, Johannes, Bosch im Dritten Reich (1933–1945), in: Johannes Bähr/Paul Erker, Bosch: Geschichte eines Weltunternehmens, München 2013.
Bähr, Johannes, Industrie im geteilten Berlin (1945–1990). Die elektrotechnische Industrie und der Maschinenbau im Ost-West-Vergleich, München 2001.
Blanken, Ivo J., The History of Philips Electronics N.V. Bd. 3: The Development of N.V. Philips Gloeilampenfabrieken into a major electrical Group, Zaltbommel 1999.
Braun, Hans-Joachim, Konstruktion, Dekonstruktion und der Ausbau technischer Systeme zwischen 1914 und 1945, in: Hans-Joachim Braun/Walter Kaiser, Energiewirtschaft, Automatisierung, Information, Berlin 1992, S. 11–282.
Czada, Peter, Die Berliner Elektroindustrie in der Weimarer Zeit, Berlin 1969.
Feldenkirchen, Wilfried, Siemens 1918–1945. München/Zürich 1995.
Feldenkirchen, Wilfried, Siemens. Von der Werkstatt zum Weltunternehmen, 2. Aufl. München/Zürich 2003.
Homburg, Heidrun, Rationalisierung und Industriearbeit: Arbeitsmarkt, Management, Arbeiterschaft im Siemens-Konzern. Berlin 1900–1939, Berlin 1991.
König, Wolfgang, Volkswagen, Volksempfänger, Volksgemeinschaft: „Volksprodukte" im Dritten Reich, Paderborn [u. a.] 2004.
Luxbacher, Günther, Massenproduktion im globalen Kartell: Glühlampen, Radioröhren und die Rationalisierung der Elektroindustrie bis 1945, Berlin [u. a.] 2003.
Siegel, Tilla/Freyberg, Thomas von, Industrielle Rationalisierung unter dem Nationalsozialismus, Frankfurt am Main [u. a.] 1991.
Steiner, Kilian, Ortsempfänger, Volksfernseher und Optaphon. Die Entwicklung der deutschen Radio- und Fernsehindustrie und das Unternehmen Loewe, 1923–1962, Essen 2005.
Strunk, Peter, Die AEG: Aufstieg und Niedergang einer Industrielegende, Berlin 2002.
Süß, Peter, Ist Hitler nicht ein famoser Kerl? Graetz – eine Familie und ihr Unternehmen vom Kaiserreich bis zur Bundesrepublik, Paderborn 2003.
Thiele, Erdmann (Hrsg.), Telefunken nach 100 Jahren – Das Erbe einer deutschen Weltmarke, Berlin 2003.
Weiher, Sigfried von/Goetzler, Herbert, Weg und Wirken der Siemens-Werke im Fortschritt der Elektrotechnik, 1847–1980, Wiesbaden 1972.
Wessel, Horst A. (Hrsg.), Die elektrotechnische Industrie nach 1945, Berlin [u. a.] 1997.

Mark Spoerer
3.9 Textilproduktion und -versorgung

3.9.1 Einleitung

Die Konsumbedürfnisse der meisten Menschen lassen sich bis zur Entstehung der „Konsumgesellschaft", die sich in Deutschland erst nach dem Zweiten Weltkrieg entfalten sollte, in drei große Komponenten aufteilen: Essen und Trinken, Wohnen und Heizen sowie Bekleidung und Schuhwerk. Aus umfangreichen Erhebungen auf Grundlage von privaten Haushaltsrechnungen aus den späten 1920er Jahren weiß man, dass für die textilen Bedürfnisse etwa 10–12 % des Budgets privater Haushalte aufgewendet wurden.[1] In den vorangegangenen Jahrhunderten war das nicht viel anders, nur dass der Anteil für Ernährung höher war. Heute liegen die Ausgaben für Bekleidung und Schuhe im Durchschnitt aller Privathaushalte nur noch bei 4,4 %.[2]

Während die heute getragene Kleidung weitgehend aus halb- und vollsynthetischen Fasern besteht, dominierten bis weit ins 20. Jahrhundert noch Naturfasern wie Wolle und Leinen sowie vor allem Baumwolle, die aus klimatischen Gründen nicht in Mitteleuropa angebaut werden kann und daher immer schon importiert werden musste. Baumwolle entwickelte sich wegen ihrer textilen Eigenschaften im 19. Jahrhundert zur wichtigsten Naturfaser. Ende der 1920er Jahre bestanden in Deutschland gefertigte und verkaufte Textilien zu fast vier Fünfteln aus Baumwolle und knapp einem Fünftel aus Wolle. Leinen und die teure Seide spielten quantitativ nur noch eine geringe Rolle.

Zu diesem Zeitpunkt lag in Deutschland der Anteil halbsynthetischer Fasern erst bei drei Prozent;[3] vollsynthetische Fasern wie etwa Nylon spielten erst nach dem Zweiten Weltkrieg für den privaten Konsum eine Rolle. Halbsynthetische Fasern werden aus Zellwolle hergestellt, die ihrerseits aus Zellulose (Hauptbestandteil von Baumholz) gewonnen wird. Die im Rahmen des Viskoseprozesses gewonnenen Fasern wurden entweder kontinuierlich zu Kunstseide verarbeitet oder abgeschnitten („Stapelfaser") und zu Zellwolle versponnen. Keine der beiden halbsynthetischen Fasern konnte in der ersten Hälfte des 20. Jahrhunderts die Qualität ihrer natürlichen Vorbilder, also Naturseide bzw. Baumwolle, erreichen. Kunstseide war jedoch Ende der 1920er Jahre schon erheblich preiswerter als Naturseide. Zellwolle war im Ersten

---
[1] Vgl. *Statistisches Reichsamt*, Die Lebenshaltung von 2000 Arbeiter-, Angestellten und Beamtenhaushaltungen. Erhebungen von Wirtschaftsrechnungen im Deutschen Reich von 1927/28, Bd. 1, Berlin 1932, S. 20, 32, 43.
[2] Angaben für 2015 bis 2017, vgl. https://www.destatis.de/DE/Themen/Gesellschaft-Umwelt/Einkommen-Konsum-Lebensbedingungen/Konsumausgaben-Lebenshaltungskosten/Tabellen/privater-konsum-d-lwr.html (abgerufen 15. 6. 2022).
[3] Vgl. *Jonas Scherner*, The Beginnings of Nazi Autarky Policy: The "National Pulp Programme" and the Origin of Regional Staple Fibre Plants, in: Economic History Review 61, 2008, S. 872.

Weltkrieg, als wegen der Seeblockade der Alliierten keine Baumwolle mehr nach Mitteleuropa kam, als Ersatzstoff für Kleidung eingesetzt worden und hatte seitdem bei den Konsumenten ein denkbar schlechtes Image.[4]

In der Wertschöpfungskette steht nach der Gewinnung der Rohstoffe Wolle, Flachs (für Leinen) und Baumwolle der Spinnprozess, an dessen Ende das Garn steht. Die Mechanisierung des Spinnprozesses, v. a. von Baumwolle, war bekanntlich eine der treibenden Kräfte der frühen Industrialisierung im nordwestlichen England des späten 18. Jahrhunderts (Lancashire). Im Laufe des 19. Jahrhunderts entstanden auch in Deutschland immer mehr mechanische Spinnereien, sodass das Spinnen von Hand fast völlig zum Erliegen kam. Mit dem Aufkommen maschinell hergestellter und preiswerter Garne entstand ein Produktionsengpass beim Webprozess, bei dem das Garn zu Gewebe verarbeitet wird. Auch hier setzten sich mit einiger Verzögerung im Laufe des 19. Jahrhunderts mechanische Webverfahren durch, sodass das Weben mit manuellen Webstühlen marginalisiert wurde.

Die Verarbeitung von Geweben zu Kleidung entzog sich hingegen lange Zeit der Mechanisierung, weil die Formgebung zu anspruchsvoll war und im Grunde bis heute noch ist. Neue Kleidung wurde bis weit ins 20. Jahrhundert auf Maß geschneidert und war entsprechend teuer. Aus diesem Grunde versorgten sich die unteren Schichten entweder mit gebrauchter Kleidung oder mit Stoffen, die sie selbst zuschnitten und zusammennähten. Die Nähmaschine, die seit Mitte des 19. Jahrhunderts Einzug in private Haushalte fand, war zunächst die einzige größere Innovation bei der Formgebung von Textilien. Unternehmen der Bekleidungs-,Industrie' (auch: Konfektionsindustrie), die sich seit Ende des 19. Jahrhunderts entwickelte, bestanden oft nur aus einem Nähsaal, in dem viele Näh- und einige wenige andere Maschinen standen, und einem Büro. Oft vergaben solche Unternehmen bei Bedarf zusätzlich Nähaufträge im klassischen Verlagssystem an private Haushalte, manchmal unter Einschaltung eines Zwischenmeisters. Dies war für Frauen, die wegen der Kinder oder anderer pflegebedürftiger Haushaltsmitglieder an den Haushalt gebunden waren, eine Möglichkeit, mit der Nähmaschine ein zusätzliches Haushaltseinkommen zu erzielen. Was die frühe Bekleidungsindustrie vom klassischen Schneiderbetrieb unterschied, war weniger der Einsatz von Maschinen als vielmehr die massenhafte und genormte Produktion auf „Stange", naturgemäß zunächst für wenig individuelle und daher leicht normierbare Produkte wie Wäsche, Arbeitskleidung, Kittel oder später auch Mäntel.[5]

Die Entstehung der Bekleidungsindustrie ging Hand in Hand mit der von Warenhäusern und Kaufhäusern, die sich zu (Textil-)Einzelhandelsketten entwickelten. Als letztes Glied der textilen Wertschöpfungskette war der Textileinzelhandel lange Zeit in den Händen von Schneidern, fahrenden Händlern und spezialisierten Geschäften, die jedoch meistens nur Stoffe (meist Tuche genannt) verkauften, die von den Kundin-

---

4 Vgl. *Robert Bauer*, Das Jahrhundert der Chemiefasern, München 1965, S. 53–55.
5 Vgl. *Julia Schnaus*, „Kleidung zieht jeden an". Die deutsche Bekleidungsindustrie 1918 bis 1973, Berlin 2017, S. 29–40.

Tab. 1: Strukturwandel des Textilsektors 1925 bis 1950.

	Textil- industrie	Bekleidungs- industrie	Textileinzel- handel	Textilsektor insgesamt
1925				
– Betriebe	122 987	428 445	129 181	685 779
– Beschäftigte	1 212 437	724 026	475 597	2 730 343
– pro Betrieb	9,9	1,7	3,7	4,0
1933				
– Betriebe	67 716	369 035	145 671	582 422
– Beschäftigte	857 396	716 630	558 492	2 132 518
– pro Betrieb	12,7	1,9	3,8	3,7
1939				
– Betriebe	178 483	427 214	174 649	780 346
– Beschäftigte	1 548 485	1 049 712	683 977	3 282 174
– pro Betrieb	8,7	2,5	3,9	4,2
1950 (West-D)				
– Betriebe	20 926	173 953	113 709	308 588
– Beschäftigte	648 311	542 137	379 787	1 570 235
– pro Betrieb	31,0	3,1	3,3	5,1

Quellen: Statistisches Jahrbuch für das Deutsche Reich 1928, S. 105, 107; 1937, S. 138–141; 1941/42, S. 177f., 181, 183; Statistisches Jahrbuch für die Bundesrepublik Deutschland 1952, S. 158, 160.
Anmerkung: ohne Kürschnerei, Leder- und Schuhgewerbe. Textileinzelhandel inkl. Warenhäuser und Handel mit Waren aller Art.
Für die auffällig geringe Zahl an Betrieben und Beschäftigten in der Textilindustrie 1933 lässt sich außer der hohen Konkursrate bzw. Arbeitslosigkeit kein anderer Grund finden. An Unterschieden in der statistischen Erfassung wird es nicht gelegen haben (in allen vier Erhebungen sind Kleinstunternehmen erfasst), denn das Statistische Reichsamt verglich die Werte für 1925 und 1933 ohne Einschränkung; vgl. Statistisches Jahrbuch für das Deutsche Reich 1937, S. 132; ferner auch *Schnaus*, Kleidung, S. 64–67. Dort sind die Zahlen für die Bekleidungsindustrie etwas höher, weil die Herstellung von Schuhen nicht herausgerechnet ist.

nen und Kunden selbst zu Kleidungsstücken verarbeitet wurden. Solche Textileinzelhandelsgeschäfte boten als Serviceleistung auch das Schneidern von Kleidern oder die Umarbeitung fertiger Kleidungsstücke nach Wünschen der Kundschaft an. Dies war auch in den frühen Warenhäusern der Fall, die sich seit etwa den 1880er Jahren rasant entwickelten, den traditionellen Textileinzelhandel zu verdrängen drohten (zumindest in der Perzeption der Zeitgenossen) und damit sogar eine gegen sie gerichtete Gesetzgebung bewirkten.[6] Da Hunderttausende von Menschen als Selbstständige einen Schneider- oder Textileinzelhandelsbetrieb führten oder dort abhängig arbeite-

---

6 Vgl. *Heidrun Homburg*, Warenhausunternehmen und ihre Gründer in Frankreich und Deutschland, oder: eine diskrete Elite und mancherlei Mythen, in: Jahrbuch für Wirtschaftsgeschichte 1992/1, S. 183–219.

ten, war dies ein Strukturwandel mit erheblicher gesellschaftlicher Sprengkraft, die sich dann bald auch die sich zunächst antikapitalistisch gebärdende nationalsozialistische Propaganda zunutze machte.[7]

Dieser Beitrag behandelt die Entwicklung des Textilsektors im Nationalsozialismus, also sowohl die Textilproduktion (Textilindustrie und Bekleidungsindustrie) als auch die Textilversorgung über den Einzelhandel und im Krieg auch staatliche Verteilungsstellen. Da sowohl die Textil- als auch die Bekleidungsindustrie mittelständisch geprägt waren und der (Einzel-)Handel generell wenig historiographische Aufmerksamkeit findet, ist die Anzahl der einschlägigen Forschungsarbeiten sehr überschaubar. Glücklicherweise liegen jedoch drei sehr substantielle Branchenstudien (alles Dissertationen) zum Thema vor. Die Textilindustrie hat Gerd Höschle für die Jahre 1933 bis 1939 einer sehr gründlichen Analyse unterzogen, wohingegen eine Überblicksdarstellung für den Zweiten Weltkrieg ein Forschungsdesiderat bleibt. Die Bekleidungsindustrie und der Textileinzelhandel sind durch die Arbeiten von Julia Schnaus und Uwe Balder gut und für die komplette NS-Zeit erforscht. Für die verbleibenden Lücken lassen sich verstreute Informationen in einer Reihe von Darstellungen zur Kriegswirtschaft und -versorgung sowie in Unternehmensgeschichten finden.[8]

Obwohl die Textilbranche stärker als jede andere größere Industrie (außer der strategisch hochbedeutenden Luftfahrtindustrie) schon sehr früh von weitgehenden staatlichen Eingriffen betroffen war, bedeuteten die ab 1939 getroffenen kriegswirtschaftlichen Maßnahmen nochmals einen tiefen Einschnitt. Insofern bietet es sich auch für diese Branche an, mit Kriegsbeginn am 1. September 1939 eine Zäsur zu setzen. Im nächsten Abschnitt über die „Friedensjahre" des Dritten Reichs werden zunächst branchenübergreifend die wirtschaftspolitischen Rahmenbedingungen und außenwirtschaftlichen Verflechtungen des Textilsektors dargestellt. Danach folgt ein Abschnitt über die im Nationalsozialismus über alle Maßen ausgebaute halbsynthetische Chemiefaserindustrie, die Kunstseide und vor allem die stark geförderte Zellwolle herstellte. Daran schließen sich Abschnitte zur Textilindustrie und zur Bekleidungsindustrie an, ehe der Textileinzelhandel und die gesamte Textilversorgung der Bevölkerung und anderer Bedarfsträger in den Blick genommen werden. Ein spezieller Abschnitt behandelt branchenübergreifend die Arisierung, die auch in diesem Sektor 1938 ihren Höhepunkt hatte. In den Ausführungen über den Zweiten Weltkrieg erfolgt keine so strikte Tren-

---

7 Vgl. *Detlef Briesen*, Warenhaus, Massenkonsum und Sozialmoral. Zur Geschichte der Konsumkritik im 20. Jahrhundert. Frankfurt am Main/New York 2001, S. 155 f., 161; *Uwe Balder*, Kleidung zwischen Konjunktur und Krise. Eine Branchengeschichte des deutschen Textileinzelhandels 1914 bis 1961, Stuttgart 2020, S. 57 f., 69–71.
8 Vgl. *Balder*, Kleidung; *Gerd Höschle*, Die deutsche Textilindustrie zwischen 1933 und 1939. Staatsinterventionismus und ökonomische Rationalität, Stuttgart 2004; *Roman Köster*, Hugo Boss 1924–1945. Die Geschichte eines Bekleidungsunternehmens, München 2011; *Roman Köster*, Seidensticker. Eine Unternehmensgeschichte 1919–2019, Essen 2019; *Schnaus*, Kleidung; *Helmut Vogt*, Bierbaum-Proenen 1929–1952. Ein Familienunternehmen während Weltwirtschaftskrise, Nationalsozialismus und Wiederaufbau, Köln 2012.

nung der einzelnen Branchen, weil der sich dramatisch zuspitzenden Situation besser mit einer chronologischen Gliederung Rechnung getragen werden kann. Im Schlussabschnitt wird die Entwicklung des Textilsektors in die säkulare Entwicklung, die die Branche im 20. Jahrhundert durchlief, eingeordnet.

3.9.2 Wirtschaftspolitische Rahmenbedingungen und außenwirtschaftliche Verflechtungen

Die beiden entscheidenden Charakteristika des Textilsektors aus Sicht des neuen nationalsozialistischen Regimes waren zum einen eine grundsätzliche Geringschätzung des privaten (textilen) Bedarfs und zum anderen die starke außenwirtschaftliche Abhängigkeit des Sektors. Wie sich in den Jahren nach 1933 schnell herausstellen sollte, lenkte die NS-Regierung die volkswirtschaftlichen Ressourcen ganz gezielt in die Aufrüstung. Zwar gehörten dazu auch Uniformen und Kampfanzüge, doch genossen bekanntlich die Produktion von Grundstoffen (noch intensiviert durch den Vierjahresplan 1936) und letztlich Rüstungsendgütern wie Panzern, Flugzeugen und Schiffen höchste Priorität. Darüber durfte zwar auch ein totalitäres Regime nicht die Versorgung der Bevölkerung vernachlässigen, doch war sie zweitrangig.

Zu den unvermeidlichen Begleiterscheinungen des nationalsozialistischen Rüstungsbooms gehörten nicht nur der sozialpolitisch sehr erwünschte und propagandistisch gefeierte Abbau der Arbeitslosigkeit, sondern auch der Anstieg der Kaufkraft der Bevölkerung. Textilien gehören zu den Konsumgütern des langfristigen Bedarfs, deren Kauf man normalerweise herausschieben kann. Dies hatte in den Jahren der Weltwirtschaftskrise für Zurückhaltung beim Kauf gesorgt, sodass im konjunkturellen Aufschwung ab 1933/34 neben dem normalen Bedarf auch ein Aufholbedarf zum Ausdruck kam. Diese Entwicklung war auch insofern ein Problem, als die Textilindustrie in großem Umfang auf Baumwollimporte angewiesen war. Daran hatte auch der Übergang zur Devisenbewirtschaftung unter dem Eindruck der Banken- und Währungskrise im September 1931 zunächst wenig geändert. Der gesamte Rohstoffimportbedarf des Textilsektors verschlang noch 1933 fast 19 % des jährlichen deutschen Warenimportwerts – die Textilindustrie war eine „Devisenverzehrerin ersten Ranges", wie die Frankfurter Zeitung im Juli 1934 urteilte.[9] Das nationalsozialistische Regime baute die Devisenbewirtschaftung immer weiter aus und nutzte sie als strategisches Mittel, um die gesamten deutschen Importe für seine wirtschaftspolitischen Ziele zu steuern. Reichsbankpräsident und Reichswirtschaftsminister Hjalmar Schacht entwickelte im September 1934 den „Neuen Plan", dessen (von der Reichsbank) zentral gesteuerte wirtschaftspolitische Hebel zum einen eine Bilateralisierung der Handelsbeziehungen und

---

[9] Vgl. *Höschle*, Textilindustrie, S. 28 (Zitat), 327. Bis 1935 stieg der Importanteil des Textilsektors sogar noch auf 20,1 % an.

zum anderen gespaltene Wechselkurse waren. Im Endeffekt kam es dadurch binnen weniger Jahre zu einer starken Verlagerung des Außenhandels vom westeuropäisch-angelsächsischen Raum nach Nordeuropa, Südosteuropa und vor allem Lateinamerika, von wo immer mehr Baumwolle importiert wurde.[10] Trotz dieser weitreichenden Regulierungsmaßnahmen, die im Wesentlichen alle 1934 implementiert wurden, blieb das Privateigentum im Textilsektor unangetastet. Die Unternehmen verfolgten nach wie vor – und überwiegend mit wachsendem Erfolg – ihre Gewinnziele, mussten dabei jedoch das enge Korsett der staatlichen Regulierungsmaßnahmen beachten.

Im Zuge der Neuordnung der Wirtschaft fanden sich die drei Wertschöpfungsstufen des Textilsektors in verschiedenen Wirtschaftsgruppen wieder. Das im Februar 1934 erlassene „Gesetz zur Vorbereitung des organischen Aufbaus der deutschen Wirtschaft" ermächtigte den Reichswirtschaftsminister, Wirtschaftsverbände als alleinige Vertreter ihrer Branche anzuerkennen, zu errichten, aufzulösen oder miteinander zu vereinigen. Die Wirtschaftsgruppen hatten 1934 zunächst noch vorwiegend beratende und betreuende Aufgaben, konnten aber mit Genehmigung des Reichswirtschaftsministeriums (RWM) auch marktregelnde Maßnahmen erlassen. Sie erhielten damit zunehmend hoheitliche Funktionen, insbesondere nach Kriegsausbruch. Im März 1934 gab der Reichswirtschaftsminister die Struktur der „Organisation der gewerblichen Wirtschaft" bekannt, die nach einer Zusammenfassung der industriellen Branchen in der Reichsgruppe Industrie im Januar 1935 und einer weiteren Vereinfachung im April 1937 ihre endgültige Form erhielt. Die Hauptabteilung VI der Reichsgruppe Industrie umfasste demnach die drei Wirtschaftsgruppen Leder, Textil und Bekleidung. Der Einzelhandel für Bekleidung, Textil und Leder fand sich als Fachgruppe 3 in der Wirtschaftsgruppe Einzelhandel wieder, die zur Reichsgruppe Handel gehörte. Für die Organisationsstruktur des Textileinzelhandels war das auch insofern von Bedeutung, als es bis 1933 konkurrierende Verbände gegeben hatte, die einerseits die kleineren und andererseits die Mittel- und Großbetriebe vertreten hatten. Zu einer der führenden Figuren in der Branche schwang sich Herbert Tengelmann (1896–1959) auf, der ab 1934 im Rahmen der Reichsgruppe Industrie Leiter der Wirtschaftsgruppe Bekleidungsindustrie und im Rahmen der Reichsgruppe Handel, Wirtschaftsgruppe Einzelhandel, Leiter der Fachgruppe Bekleidung, Textil und Leder war.[11]

Parallel zur Neuordnung der Wirtschaft und viel früher als in den meisten anderen Branchen unterwarf die NS-Regierung den Textilsektor einer weitreichenden Regulierung. Das im März 1934 erlassene Gesetz über den Verkehr mit industriellen Rohstoffen und Halbfabrikaten schuf Überwachungsstellen für Baumwolle, Wolle und andere Tierhaare sowie Bastfasern. Für die nachfolgenden Wertschöpfungsstufen wurde im August 1934 eine weitere Überwachungsstelle für Baumwollgarne und -gewebe eingerichtet. Es folgten schnell weitere Überwachungsstellen, sodass bis September 1934 die gesamte Textil- und Bekleidungsindustrie einschließlich der Kunstseide- und Zell-

---

10 Vgl. *Mark Spoerer/Jochen Streb*, Neue deutsche Wirtschaftsgeschichte des 20. Jahrhunderts, München 2013, S. 111–114.
11 Vgl. *Balder*, Kleidung, S. 301f., 310–313; dort in Fußnote 957 weitere Details zu Tengelmann und seinen Funktionen in der NS-Wirtschaftsbürokratie; *Schnaus*, Kleidung, S. 103, 106f., 111f.

wollehersteller abgedeckt war. Eine wesentliche Aufgabe der Überwachungsstellen war die Durchsetzung von generellen Einkaufsverboten im Ausland für die meisten Naturfasern – jeder Import war fortan genehmigungspflichtig. Ab Oktober 1934 legten die Überwachungsstellen zudem die Preise fest und griffen somit zentral in die unternehmerische Entscheidungsfreiheit ein.[12]

Grundlage dafür war die Faserstoffverordnung vom 19. Juli 1934, der zufolge die Preise im Einzelhandel von Waren aus textilen Stoffen nicht über einem Referenzverkaufspreis liegen durften, der auf den des 21. März 1934 festgelegt wurde, selbst wenn Großhändler oder Fabrikanten die Preise zwischenzeitlich erhöht hatten. Das die Faserstoffverordnung ersetzende Spinnstoffgesetz vom 6. Dezember 1935 vereinheitlichte weitere die Kalkulation und Preissetzung betreffende Bestimmungen.[13] Diese beiden rechtlichen Maßnahmen sollten bis Kriegsbeginn die entscheidenden Parameter für den Textilsektor setzen.

3.9.3 Zellwolle-Industrie

Das spektakulärste Ergebnis der wirtschaftspolitischen Steuerung des Textilsektors war der Auf- und Ausbau der Zellwollindustrie, eine der wenigen Erfolgsgeschichten der ambitionierten NS-Autarkiepolitik.[14] Zellwolle basierte auf Rohstoffen, die im Inland gewonnen werden konnten, insbesondere Zellulose. Ersetzte man in den Geweben Baumwolle möglichst weitgehend mit Zellwolle, so ließen sich enorme Devisen sparen, die Bevölkerung weiterhin mit Textilien versorgen und möglicherweise durch Export sogar netto Devisen erwirtschaften. Die beiden Hauptprobleme waren die Kosten der Zellwollproduktion und die qualitativ bedingte mangelnde Akzeptanz bei den Verbrauchern. Beide Probleme ging die NS-Wirtschaftspolitik mit der ihr eigenen Mischung aus ökonomischen Anreizen und Zwang an. Eine entscheidende Rolle spielte dabei Hans Kehrl (1900–1984), ursprünglich ein Textilunternehmer aus der Lausitz, der seit November 1934 als Mitarbeiter Wilhelm Kepplers in der Funktion als Wirtschaftsbeauftragter des Führers und Reichskanzlers unter anderem die Zellwollindustrie aufbauen sollte.[15]

Die beiden wichtigsten Hersteller waren 1933 die IG Farbenindustrie, für die Synthesefasern nur eine untergeordnete Bedeutung in ihrem Produktportfolio besaßen, und die Vereinigten Glanzstoff-Fabriken (VGF), deren Hauptprodukt Kunstseide war. Beide Unternehmen zögerten, ihre Kapazitäten so weit auszubauen, wie es den ehrgei-

---
12 *Höschle*, Textilindustrie, S. 31 f., 34 f.
13 *Balder*, Kleidung, S. 330, 334.
14 Vgl. aus Sicht der NS-Wirtschaftspolitik schon *Dietmar Petzina*, Autarkiepolitik im Dritten Reich: der nationalsozialistische Vierjahresplan, Stuttgart 1968, S. 101; und zustimmend *Höschle*, Textilindustrie, S. 99; *Scherner*, Nazi Autarky Policy, S. 870 f.
15 *Rolf-Dieter Müller*, Hans Kehrl – Ein Parteibuch-Industrieller im „Dritten Reich?", in: Jahrbuch für Wirtschaftsgeschichte 1999/2, S. 200 f.

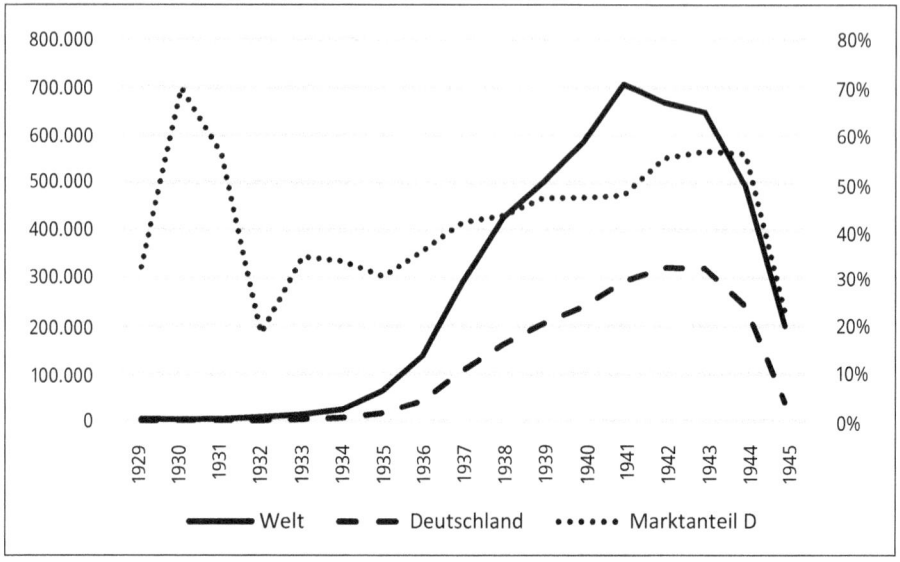

Abb. 1: Produktion von Zellwolle in Deutschland und der Welt (Tonnen).
Quellen: Fibre Organon 1962/1, S. 17–21 (Welt); Statistisches Jahrbuch für das Deutsche Reich 1934, 1936, 1938, 1941/42 (Deutschland 1929–1939); Kelheimer Taschenbuch 1960, S. 10 (Deutschland 1940–1945).

zigen, im Nationalen Faserstoffprogramm vom Frühsommer 1934 verankerten Zielen des NS-Staats entsprochen hätte. Da dieser seine regulatorischen bzw. interventionistischen Maßnahmen im Textilsektor stets als vorläufig bezeichnete, stand privatwirtschaftlichen Unternehmen immer das Risiko eines Verfalls der Baumwollpreise vor Augen – ganz zu Recht, wie die Entwicklung auf dem Weltmarkt ab spätestens 1938 zeigen sollte.[16] Das Regime beschloss daher in Konkurrenz zur IG und den Vereinigten Glanzstoff-Fabriken sogenannte regionale Zellwollwerke aufbauen zu lassen. Durch günstige Kredite und Preisgarantien konnte es viele Spinnereiunternehmen veranlassen, sich in der Gründung dieser Werke zu engagieren. Das Regime ermöglichte damit den mittelständisch geprägten Unternehmen, sich beim Bezug der Zellwolle aus dem Duopol von IG und Vereinigte Glanzstoff-Fabriken zu befreien. Entscheidend war auch, dass mit der Übernahme der Aktien der neuen Regionalwerke auch Zellwolle-Bezugsrechte verbunden waren, was in einem von zunehmendem Rohstoffmangel und Zellwolle-Beimischungszwang (s. Abschnitt 3.9.4) geprägten Markt wichtig war. Aus Sicht des Regimes konnten mit der Standortwahl in eher abgelegenen und zum Teil Notstandsgebieten zudem beschäftigungspolitische Impulse gesetzt werden.[17]

---

[16] *Höschle*, Textilindustrie, S. 336.
[17] Vgl. zur Gründung *Scherner*, Nazi Autarky Policy, S. 872–883; zur weiteren Entwicklung *Jonas Scherner/Mark Spoerer*, Infant Company Protection in the German Semi-synthetic Fibre Industry: Market Power, Technology, the Nazi Government and the post-1945 World Market, in: Business History 63, 2021, https://doi.org/10.1080/00076791.2021.1900118.

Wie Abbildung 1 zeigt, wurde das im Faserstoffprogramm verankerte Ziel von 100 000 Jahrestonnen bereits 1937 überschritten. Auf ihrem Höhepunkt lag die Produktion in den Jahren 1942 und 1943 bei gut 320 000 Jahrestonnen, zu denen die acht Regionalwerke jeweils fast 70 % beisteuerten. Hatten sie anfangs aus technischen Gründen noch überwiegend Zellulose aus dem Ausland beziehen müssen, so änderte sich dies Ende der 1930er Jahre. Die Qualität der Zellwolle verbesserte sich zwar, doch kam sie nach wie vor nicht an die der Baumwolle heran. Da in den Textilien zunehmend Baumwolle durch Zellwolle ersetzt wurde, verschlechterte sich die Produktqualität trotz der qualitativen Fortschritte bei der Zellwolle. Die Konsumenten bemängelten „mangelnde Reißfestigkeit und Dichte, mangelnde Wärmefähigkeit, Haltbarkeit und Naßfestigkeit" der Textilien, insbesondere bei Regenwetter und beim Waschen. Letzteres verschärfte sich im Krieg, weil die Waschmittel aggressiver wurden.[18]

3.9.4 Textilindustrie

Die klassische Textilindustrie verteilte sich zwar über das ganze Deutsche Reich, doch lassen sich für die 1930er Jahre fünf Cluster ausmachen: Sachsen, die Rheinprovinz, Württemberg/Hohenzollern, Bayern und Westfalen. Diese Regionen vereinten 1936 rund 70 % der Beschäftigung und der Wertschöpfung der gesamten deutschen Textilindustrie auf sich. Typische Textilregionen in dem Sinne, dass entsprechende Betriebe überdurchschnittlich die Industriestruktur mitprägten, waren hingegen neben Sachsen und Württemberg/Hohenzollern noch Thüringen, Niederschlesien, Brandenburg und Baden. Der Anteil der Branche an der gesamten industriellen Wertschöpfung betrug 8,3 %, womit sie nur knapp hinter der Nahrungs- und Genussmittelindustrie den zweiten Platz belegte.[19] Angesichts der mittelständisch geprägten Struktur der Branche lassen sich nur wenige Großunternehmen ausmachen, die man als Konzerne bezeichnen könnte. Eine relativ wichtige Rolle spielte der Dierig-Konzern unter der Leitung von Gottfried Dierig (1889–1945), der von 1935 bis 1938 Leiter der Wirtschaftsgruppe Textilindustrie war. Die Christian Dierig AG war zu diesem Zeitpunkt das größte baumwollverarbeitende Unternehmen in Kontinentaleuropa und zudem an einem der neuen Zellwolle-Regionalwerke führend beteiligt, aus der sich im September 1939 mit der Phrix-Gruppe ein neuer Zellwolle-Konzern herausbildete.[20]

Die Unternehmen der Textilindustrie waren im Grunde seit 1934 in allen betrieblichen Funktionsbereichen starker Regulierung ausgesetzt. In Hinsicht auf die Beschaffung machte der Rohstoffbezug die größten Probleme. Kurz nach der Machtergreifung kam es zunächst zu einem Run auf Baumwolle, da die Unternehmen ein-

---

18 Zitiert nach *Höschle*, Textilindustrie, S. 124; vgl. auch *Balder*, Kleidung, S. 437; *Schnaus*, Kleidung, S. 136.
19 Vgl. *Höschle*, Textilindustrie, S. 23 f.
20 Vgl. *Scherner/Spoerer*, Infant Company Protection, S. 13.

schränkende Maßnahmen der neuen Regierung antizipierten und ihre Rohstoffvorräte auffüllen wollten. Wie oben beschrieben, wurde dann tatsächlich ab März 1934 der Import von Baumwolle schwieriger und ab April auch der von Wolle.[21] Im Rahmen der zunehmenden Bilateralisierung des Außenhandels, insbesondere durch Zahlungs- und Clearing-Abkommen, veränderte sich die Importstruktur. Hatte man die Baumwolle zuvor aus den Vereinigten Staaten oder über Großbritannien bezogen, so verlagerten sich die Importe nun auf Staaten an der Peripherie der Weltwirtschaft, insbesondere Südafrika (Wolle), Brasilien, Peru oder die Türkei (Baumwolle). Infolge der neuen Bezugsquellen verteuerten sich die Textilwaren, sodass ihr Großhandelspreisindex (1913 = 100) von 60,1 im Jahre 1933 auf 86,1 zwei Jahre später anstieg.[22] Zusammenfassend lässt sich für die Rohstoffversorgung der deutschen Textilindustrie sagen, dass sie sich nach der Verschärfung der Devisenbewirtschaftung in der zweiten Hälfte 1934 massiv verschlechterte, 1935 konsolidierte, 1936/37 noch einmal für die Baumwollspinnereien verschärfte, dann aber 1938 wegen der sinkenden Preise für Baumwolle am Weltmarkt beruhigte.[23]

In Hinsicht auf die Produktion griff das Regime zunächst zu einer etwas ungewöhnlichen Maßnahme zur Senkung des (importierten) Rohmaterialverbrauchs, indem es die Arbeitszeit durch die Faserstoffverordnung von Juli 1934 verringerte. Zudem kamen ab August 1934 direkte Kontingentierungen (Verarbeitungshöchstmengen) für Baumwolle und im Oktober 1936 auch für andere Naturfasern hinzu. Allerdings waren zu diesem Zeitpunkt die auf dem deutschen Binnenmarkt tatsächlich verfügbaren Mengen ohnehin häufig geringer als die Kontingente.[24]

Eine ganz entscheidende Maßnahme war der im Februar 1936 erlassene Beimischungszwang für Baumwollgarne, die fortan zunächst mindestens 8 % Zellwolle enthalten sollten. Faktisch hatte sich mangels Baumwolle zu diesem Zeitpunkt bereits eine höhere Beimischung eingespielt. Im Laufe des Jahres 1936 wurden zunehmend mehr Vorschriften erlassen, die im Ergebnis dazu führten, dass Baumwolle in immer größerem Umfang durch Zellwolle ersetzt wurde. Trotz der enorm steigenden Zellwollproduktion konnte die Textilproduktion bald nicht mehr mit der steigenden Nachfrage mithalten. Preis- und saisonbereinigt erreichte die Nachfrage um den Jahreswechsel 1936/37 wieder das Niveau von 1928.[25]

Nicht überraschend war die Textilindustrie auch von Investitionsverboten betroffen. In der Faserstoffverordnung wurde für alle Naturfaser be- oder verarbeitende Betriebe ein Verbot für Erweiterungsinvestitionen ausgesprochen. Nur Ersatz- oder Modernisierungsinvestitionen blieben erlaubt. Dies war schon insofern wichtig, als die immer stärkere Einarbeitung von Zellwolle auch Änderungen an den Maschinen erforderlich machte. Angesichts der geringen Auslastung spielte das Investitions-

---

21 Vgl. *Höschle*, Textilindustrie, S. 35, 38, 74, 87 f.
22 Vgl. *Balder*, Kleidung, S. 341.
23 *Höschle*, Textilindustrie, S. 106.
24 *Höschle*, Textilindustrie, S. 42 f., 46 f., 107.
25 *Höschle*, Textilindustrie, S. 49–51, 115, 122, 153–157.

verbot 1934 noch keine große praktische Rolle, sehr wohl aber im Zeichen der stark anziehenden Nachfrage von 1937 bis 1939.[26]

Die erzwungene Verringerung der Arbeitszeit führte im Sommer 1934 zunächst zu vermehrten Einstellungen, um die Kapazitäten besser auszulasten. Arbeitsmarktpolitisch war dies durchaus erwünscht. In dem Maße jedoch, wie die Rüstungskonjunktur ansprang, waren Rüstungsunternehmen in der Lage, deutlich höhere Löhne zu zahlen. Vor allem ab 1936 drehte sich die Beschäftigungslage. Insbesondere männliche Arbeiter wanderten zu besser zahlenden Industriezweigen ab, sodass sich der ohnehin schon hohe Frauenanteil in der Textilindustrie von 52 % 1935 auf 62 % im Oktober 1939 erhöhte.[27]

3.9.5 Bekleidungsindustrie

Belässt man die Ergebnisse für die Beschäftigung in der Schuhindustrie im Aggregat für die Bekleidungsindustrie, wie es das Statistische Reichsamt tat, so war diese 1933 nach dem Nahrungs- und Genussmittelgewerbe die zweitgrößte Industriebranche.[28] Die Faserstoffverordnung vom Juli 1934 und das sie ersetzende Spinnstoffgesetz vom Dezember 1935 betrafen nicht die Arbeitszeit bzw. die Verarbeitungsmengen in der Bekleidungsindustrie, sehr wohl aber die Preissetzung, deren Rahmen in der Preisstopp-Verordnung von November 1936 weiter eingeschränkt wurde.[29]

Die Restriktionen, mit denen die Textilindustrie vor allem ab 1934 zu kämpfen hatte, schlugen allerdings indirekt auf die ihr nachgelagerte Bekleidungsindustrie durch. Letztere stand vor der Herausforderung, mit sich qualitativ langsam verschlechternden Stoffen Kleidung für den ständig steigenden Bedarf herzustellen, der nicht nur bei den privaten Haushalten anfiel, sondern auch bei Parteiformationen, Behörden und Wehrmacht. Während die Wehrmacht sehr genau darauf achtete, Zellwolle nur insoweit zuzulassen, wie sie die Funktionalität nicht wesentlich beeinträchtigte, waren die anderen Bedarfsträger dem Beimischungszwang unterworfen und beklagten dessen Folgen für die Qualität. Eine eher hilflose Reaktion darauf war eine Änderung der Bezeichnungsgrundsätze für Wolle und Baumwolle im Oktober 1936: Unter anderem durfte die Qualität der Textilrohstoffe nun nicht mehr durch Etiketten wie „rein" oder Ähnliches hervorgehoben werden, sodass den Kunden die Information vorenthalten wurde, ob und in welchem Umfang halbsynthetische Fasern eingewoben waren. 1944 wurde das Einnähen von Etiketten ganz verboten.[30]

Die Branche profitierte von einem Boom durch die starke Nachfrage nach Partei- und insbesondere Wehrmachtsuniformen. Waren letztere vor dem Ersten Weltkrieg

---

26 *Höschle*, Textilindustrie, S. 57, 313.
27 *Höschle*, Textilindustrie, S. 131–134.
28 Statistisches Jahrbuch für das Deutsche Reich 1938, S. 132.
29 *Schnaus*, Kleidung, S. 104 f.
30 *Höschle*, Textilindustrie, S. 49 f., 118; *Balder*, Kleidung, S. 336; *Schnaus*, Kleidung, S. 136.

überwiegend in staatlichen Betrieben gefertigt worden, so wurde nun die private Industrie eingespannt. Für die Herstellung von Parteiuniformen (NSDAP, SA, SS, NSKK, HJ, BDM, DAF usw.) mussten sich interessierte Unternehmen an die Reichszeugmeisterei der NSDAP in München wenden, die entsprechende Lizenzen vergab und genaue Qualitätsvorgaben machte.[31] Auch die Reichswehr, die die Deckung ihres Bedarfs über die Heeresbekleidungsämter an private Unternehmen verteilte, galt als sehr anspruchsvoller Kunde, wie sich in der geringen Akzeptanz der Beimischung von Zellwolle zeigte. Gleichwohl versprach dies ein lukrativer Markt zu sein, sodass ab Mitte 1933 viele Neugründungen im Bereich der Uniformindustrie erfolgten. Allein in Berlin verdoppelte sich ihre Zahl zwischen 1934 und 1937, als sich eine gewisse Sättigung bemerkbar machte.[32]

Der verhältnismäßig hohe Anteil jüdischer Unternehmer in der Bekleidungs- und auch in der Modebranche[33] hatte in antisemitisch gesinnten Kreisen der Bekleidungsindustrie schon vor der nationalsozialistischen Machtübernahme für Unmut gesorgt. Spätestens 1932 gründeten einige Unternehmer die Arbeitsgemeinschaft deutscher (ab September 1934: deutsch-arischer) Fabrikanten der Bekleidungsindustrie (ADEFA), die im Mai 1932 in das Berliner Vereinsregister eingetragen wurde. Zweck der ADEFA war die Förderung der nationalsozialistischen Haltung der Mitglieder untereinander sowie gegenüber Staat und Partei, einer „zeit- und artgemäßen Kleiderkultur" sowie des Exports. Eines der Gründungsmitglieder war Herbert Tengelmann, ihr Leiter Gottfried Dierig und ihr Geschäftsführer Otto Jung, der die gleiche Funktion in der Wirtschaftsgruppe Bekleidungsindustrie wahrnahm. Trotz dieser in der Branche prominenten Namen traten bis 1936 nur wenige Unternehmen bei – von Mitgliedern wurde gefordert, keine geschäftlichen Beziehungen zu Juden zu unterhalten, was über lange Jahre eingespielte Lieferbeziehungen unterbrochen hätte. Die ADEFA wurde in der Branche anfangs vielmehr von vielen belächelt, und ihre Aktivitäten blieben zunächst weitgehend folgenlos. In der Literatur wird dafür auch die Tatsache angeführt, dass Teile der Bekleidungsindustrie, insbesondere im Bereich der Damenoberbekleidung, aufgrund der zumindest zu Zeiten der Weimarer Republik wichtigen Rolle Berlins in der internationalen Modeszene nicht unbedeutende Exporteure waren, also knappe Devisen verdienten.[34] Erst als es der ADEFA gelang, im Rahmen des Vierjahresplans vom Reichswirtschaftsministerium die Zuständigkeit für hoheitliche Aufgaben zu erlangen, gewann sie an Bedeutung und Mitgliedern. Nachdem im Zuge der Arisierung 1938/39 praktisch alle jüdischen Unternehmen vom Markt gedrängt worden waren, löste sich die ADEFA im August 1939 auf – sie hatte ihr Ziel erreicht.[35]

---

31 *Schnaus*, Kleidung, S. 99.
32 *Höschle*, Textilindustrie, S. 49 f.; *Schnaus*, Kleidung, S. 98–100. *Spoerer*, C&A, S. 210.
33 *Uwe Westphal*, Modemetropole Berlin 1836–1939. Entstehung und Zerstörung der jüdischen Konfektionshäuser, Leipzig 2019; zu einer Schätzung des Anteils jüdischer Unternehmen *Christoph Kreutzmüller*, Ausverkauf. Die Vernichtung der jüdischen Gewerbetätigkeit in Berlin 1930–1945, 1. Aufl. Berlin 2012, S. 99 f., und *Schnaus*, Kleidung, S. 113 f.
34 *Westphal*, Modemetropole, S. 122–125.
35 *Kreutzmüller*, Ausverkauf, S. 234 f.; *Schnaus*, Kleidung, S. 112 (Zitat), 114 f.; *Westphal*, Modemetropole, S. 117, 121–125.

3.9.6 Textileinzelhandel und -versorgung

Der Textileinzelhandel war in den 1930er Jahren nach wie vor stark von Kleinbetrieben dominiert. Im Jahre 1933 waren etwa 1,9 Millionen Menschen im Einzelhandel tätig, davon 30 % im Textileinzelhandel, die in insgesamt 146 000 Betrieben arbeiteten. Von diesen waren gut 40 % inhabergeführte Alleinbetriebe.[36]

Die Waren- und Kaufhäuser – die etwa drei Viertel ihres Umsatzes mit Textilien machten – hatten seit ihren Anfängen in den 1880er Jahren ständig Marktanteile gewonnen und stellten 1933 zwar nur weniger als ein Prozent der Betriebe des Textileinzelhandels, jedoch 19 % der Beschäftigten.[37] Diese Entwicklung hatte schon Ende des 19. Jahrhunderts zu einer Anti-Warenhaus-Bewegung geführt, in die antikapitalistische, kulturkritische und antisemitische Elemente einflossen. Die Ängste des traditionellen Einzelhandels nahm die NSDAP nur zu gerne auf, die in Punkt 16 ihres Parteiprogramms von 1920 „die Schaffung eines gesunden Mittelstands und seine Erhaltung [sowie] die sofortige Kommunalisierung der Großwarenhäuser und ihre Vermietung zu billigen Preisen an kleine Gewerbetreibende" forderte.[38]

Im Gegensatz zu vielen anderen die Wirtschaft betreffenden Forderungen setzte der Kampf gegen Waren- und Kaufhäuser sofort nach der Machtübernahme ein. Hermann Göring, unter anderem Reichsminister ohne Geschäftsbereich, rief schon am 10. März 1933 öffentlich zum Boykott jüdischer Warenhäuser auf, was tags darauf vor allem in Breslau zu Boykottaktionen und Unruhen mit Toten führte. Am 1. April 1933 rief die NSDAP zu einem Boykott jüdischer Geschäfte und insbesondere Warenhäuser auf, der im Ausland zu einiger Beunruhigung führte. Das „Gesetz zum Schutz des Einzelhandels" vom 12. Mai 1933 bremste durch das darin unter anderem verankerte Errichtungs- und Übernahmeverbot vor allem Waren- und Kaufhäuser sowie ab Juli 1934 auch den Textilversandhandel. Was genau unter einem Waren- bzw. Kaufhaus zu verstehen war, definierte das Reichswirtschaftsministerium im Herbst 1933 in einem Runderlass.[39]

Der nationalsozialistische Rüstungsboom bescherte auch dem Textileinzelhandel kräftig steigende Umsätze und Gewinne. Dabei kam es mehrfach zu sogenannten Hamsterwellen, wenn die Kundschaft Maßnahmen befürchtete, die das Angebot ver-

---

36 *Balder*, Kleidung, S. 318–323. Hier im Vergleich mit Tabelle 1 geringfügig geringere Zahlenangaben wegen anderer Erfassungskriterien.
37 *Balder*, Kleidung, S. 321–323.
38 Zitat nach https://www.historisches-lexikon-bayerns.de/Lexikon/Datei:Artikel_44553_bilder_value_1_nsdap.jpg (abgerufen 5. 7. 2022).
39 Vgl. zu den Boykottaktionen u. a. *Erica Fischer/Simone Ladwig-Winters*, Die Wertheims. Geschichte einer Familie, 2. Aufl. Berlin 2005, S. 266–273; zur Definition von Waren- vs. Kaufhäusern *Simone Ladwig-Winters*, Wertheim – ein Warenhausunternehmen und seine Eigentümer: Ein Beispiel der Entwicklung der Berliner Warenhäuser bis zur Arisierung, Münster 1997, S. 26 f., 137, 242; zum Wortlaut des Erlasses *Heinrich Uhlig*, Die Warenhäuser im Dritten Reich, Köln/Opladen 1956, S. 101; und zum Versandhandel *Balder*, Kleidung, S. 327.

knappen oder die Qualität sinken lassen könnten. Die erste erfolgte kurz nach der Verschärfung der Devisenbewirtschaftung im Herbst 1934 und dauerte etwa sechs Wochen. So willkommen steigende Umsätze eigentlich waren, so gefürchtet waren die monatelangen Ruhephasen danach, wenn sich das Publikum mit Ware eingedeckt hatte. 1935 stagnierten die Umsätze, um dann gegen Ende des Olympiajahrs 1936 wieder anzusteigen. Der Aufschwung der folgenden Jahre ließ schließlich die Umsätze von 1939 so weit steigen, dass sie (preisbereinigt) wieder den Stand des letzten Vorkrisenjahres 1928 erreichten. Insgesamt stiegen die Umsätze des Textileinzelhandels zwischen 1933 und 1939 um 84 % auf knapp elf Milliarden RM. Neben dem Mengenzuwachs spielte dabei aber auch eine Rolle, dass die Preise für Textilstoffe und Kleidung trotz staatlicher Regulierung und qualitativer Verschlechterung überdurchschnittlich stark anzogen. Stiegen die gesamten Lebenshaltungskosten nach amtlichen Angaben zwischen April 1933 und April 1939 um 8,6 %, so nahmen die für Bekleidung um 25,7 % zu, weil die Unternehmen es auf allen Wertschöpfungsstufen immer wieder schafften, die staatlichen Preissetzungsmaßnahmen zu umgehen.[40] Dabei ist zu berücksichtigen, dass die amtlichen Angaben die Inflation sehr wahrscheinlich kräftig unterschätzten.[41] So ging etwa gerade bei der Bekleidung die Qualität aufgrund der immer stärkeren Beimischung von Zellwolle deutlich zurück.

Während die Boykotte schon Mitte 1933 auf Anweisung der Parteileitung insoweit kanalisiert wurden, als sie auf Geschäfte konzentriert wurden, die als „jüdisch" galten (sich also nicht mehr gegen nichtjüdische Warenhäuser richten sollten), blieb das Expansionsverbot für die Waren- und Kaufhäuser bestehen. Im Hintergrund spielte dabei auch die Diskussion um eine „Übersetzung" des Textileinzelhandels eine Rolle. Für ausländische Ketten wie etwa Woolworth (USA), die im Sommer 1939 82 Filialen in Deutschland betrieb, oder C&A Brenninkmeyer (Niederlande, 20 Filialen) entstand dabei zusätzlich das Problem, wie die ab 1933 wieder kräftig sprudelnden Gewinne angelegt werden sollten. Den Transfer in das Heimatland untersagte die Devisengesetzgebung, und die schleichende Geldentwertung im Inland entging aufmerksamen Geschäftsleuten nicht. C&A löste das Problem dadurch, dass es sich im Zuge der Arisierung verstärkt Immobilien zulegte. Dabei handelte es sich zum einen um Geschäftshäuser, in denen das Unternehmen bis dahin Mieter gewesen war, und zum anderen um Grundstücke neben existierenden Filialen oder ganz generell im Großraum Berlin.[42]

---

40 *Balder*, Kleidung, S. 340–344; *Schnaus*, Kleidung, S. 104–106.
41 *Rüdiger Hachtmann*, Lebenshaltungskosten und Reallöhne während des „Dritten Reichs", in: Vierteljahrschrift für Sozial- und Wirtschaftsgeschichte 75, 1988, S. 32–73; *Mark Spoerer/Jochen Streb*, Guns and Butter – but no Margarine: The Impact of Nazi Economic Policies on German Food Consumption, 1933–38, in: Jahrbuch für Wirtschaftsgeschichte 2013/1, S. 75–88.
42 *Spoerer*, C&A, S. 160–175.

3.9.7 Arisierung

In wohl keiner Branche war die Arisierung so gut öffentlich sichtbar wie im Einzelhandel. Während jedoch der Anteil jüdischer[43] Geschäftsinhaber im Lebensmitteleinzelhandel relativ gering war, wiesen die Unternehmen der ganzen textilen Wertschöpfungskette von der Spinnerei bis zum Bekleidungsgeschäft einen vergleichsweise hohen Anteil jüdischer Eigentümer auf.[44] In Berlin war ihr Anteil mit mutmaßlich 43 Prozent besonders hoch. Am Hausvogteiplatz, dem Herz der deutschen oder zumindest Berliner Bekleidungsindustrie mit Schwerpunkt auf Damenoberbekleidung, waren viele Unternehmen in jüdischer Hand. Für die Berliner Geschäfte der Damen- und Herrenkonfektion gehen die entsprechenden Schätzungen bis zu 50 %.[45]

Wie für die einzelnen Branchen bereits geschildert, begannen die Boykottaktionen fast unmittelbar nach der Machtübernahme. Während die Aktionen gegen jüdische Geschäfte öffentlich sichtbar waren (und sein sollten), waren die langsam zunehmenden Boykotte gegen jüdische Unternehmen der Textil- und Bekleidungsindustrie für die Öffentlichkeit kaum sichtbar, wenn sie nicht etwa wie durch die ADEFA aggressiv propagiert wurden. Typische Beispiele für die Einschüchterung von Kunden jüdischer Bekleidungsgeschäfte waren etwa Fotoaufnahmen, die uniformierte Personen von ihnen machten, um sie dann in Parteizeitungen zu veröffentlichen. Beamte, öffentlich Bedienstete, Wehrmachtsangehörige und natürlich Parteimitglieder hatten mit Nachteilen zu rechnen, wenn sie „beim Juden" einkauften.[46]

Die Boykottaktionen hatten nicht nur propagandistische Funktion. Sie führten bei jüdischen Unternehmen auf allen Wertschöpfungsstufen und insbesondere natürlich im Einzelhandel zu einem Rückgang der Umsätze und damit letztlich der Gewinne. Dies senkte den Unternehmenswert, was zum einen den Verkaufsdruck erhöhte und zum anderen den Kaufpreis verringerte. Dieser entsprach ohnehin in den seltensten Fällen einem fairen Unternehmenswert, sondern wurde auch durch das Einwirken diverser die Arisierungen begleitenden bzw. genehmigenden Institutionen weiter verringert. Auch aus diesem Grunde harrten viele jüdische Geschäftsinhaber noch aus und hofften auf bessere Zeiten.[47]

---

43 Im Folgenden wird analog zu *Kreutzmüller*, Ausverkauf, S. 21, die rechtlich relevante zeitgenössische (also nationalsozialistische) Bezeichnung übernommen, die auf genetischer Grundlage beruhte, nicht auf religiöser. Vgl. auch Kapitel 6.4 in diesem Band.
44 *Avraham Barkai*, Die deutschen Unternehmer und die Judenpolitik im „Dritten Reich", in: Geschichte und Gesellschaft 15, 1989, S. 231.
45 *Schnaus*, Kleidung, S. 119; *Kreutzmüller*, Ausverkauf, S. 99–104, 107, 115 f.; vgl. auch *Roman Köster/ Julia Schnaus*, Sewing for Hitler? The Clothing Industry in the Third Reich, in: Business History 62, 2020, S. 398.
46 So etwa bei *Balder*, Kleidung, S. 375 f. (Mai 1935); *Spoerer*, C&A, S. 149.
47 Vgl. *Ingo Köhler*, Werten und Bewerten. Die kalte Technik der „Arisierung" von 1933 bis 1938, in: *Hartmut Berghoff/Jürgen Kocka/Dieter Ziegler* (Hrsg.): Wirtschaft im Zeitalter der Extreme. Beiträge zur Unternehmensgeschichte Österreichs und Deutschlands. Im Gedenken an Gerald D. Feldman, München 2010, S. 316–336; *Spoerer*, C&A, S. 160–163; *Mark Spoerer*, Arisierung und Zwangsarbeit. Tradierte wirt-

Sehr schnell wirkte sich hingegen der Kreuzzug gegen jüdische Geschäfte auf die Eigentümer- und Managementstruktur der Warenhäuser aus, von denen viele von Juden gegründet worden waren.[48] Ihr Geschäftsprinzip bestand darin, geringere Gewinnmargen durch hohen Umsatz zu kompensieren. Umsatzeinbrüche hatten daher eine viel stärkere Hebelwirkung als bei traditionellen Betrieben. Zudem war der politische Druck besonders groß, wenn ein Unternehmen nicht nur „jüdisch", sondern auch noch „Warenhaus" war. In den meisten großen Warenhausketten mussten daher jüdische Vorstands- und Aufsichtsratsmitglieder ihren Platz noch 1933 für „arische" Kollegen oder Konkurrenten räumen.[49]

Ab Ende 1937 nahm der behördliche Druck auf die jüdischen Unternehmen zu. Jüdischen Konfektionsbetrieben wurden im November 1937 die Devisen- und Rohstoffkontingente um 10 % gekürzt. Viel gravierender war, dass im April 1938 die „Verordnung gegen die Unterstützung der Tarnung jüdischer Gewerbebetriebe" allen Unternehmen die Zusammenarbeit mit jüdischen Unternehmen untersagte, was vielen von ihnen die Geschäftsgrundlage raubte. Einige Tage später mussten alle jüdischen Bürger ihr Vermögen anmelden. Zusammen mit anderen antisemitischen Maßnahmen war damit die Grundlage geschaffen, das Tempo der Arisierung zu beschleunigen. Im Juni durften jüdische Einzelhandelsgeschäfte ohne Zustimmung der Inhaber von außen als „jüdisch" gekennzeichnet werden, wovon SA-Trupps mit Farbeimern eifrig Gebrauch machten. Wegen der Kritik aus dem Ausland musste die Aktion jedoch nach einer Woche abgebrochen werden. Die illegalen (und nicht geahndeten) Gewaltaktionen gegen jüdische Ladeninhaber nahmen jedoch weiter zu. Im Laufe des Jahres 1938 wechselten immer mehr vormals jüdische Unternehmen die Besitzer, verstärkt durch die Reichspogromnacht am 9./10. November 1938.[50]

Sowohl in der Bekleidungsindustrie als auch im Textileinzelhandel legt die verstreute Überlieferung den vorsichtigen Schluss nahe, dass bis 1938 arisierte Unternehmen öfters durch den neuen Erwerber weitergeführt als zerschlagen und liquidiert wurden, und sich dies nach der Reichspogromnacht umdrehte, obwohl die Übernahmekonditionen und auch die Skrupellosigkeit immer günstiger bzw. größer wurden.[51]

---

schaftsethische Prinzipien versus Gewinnchancen in der Diktatur, in: Gert Kollmer-v. Oheimb-Loup/ Sibylle Lehmann/Stefanie van de Kerkhof (Hrsg.), Ökonomie und Ethik. Beiträge aus Wirtschaft und Geschichte, Ostfildern 2017, S. 193–198 (Bamberger & Hertz, München).
48 Vgl. *Kreutzmüller*, Ausverkauf, S. 105.
49 Vgl. für die Beispiele Hermann Tietz (später Hertie) und Wertheim *Fischer/Ladwig-Winters*, Wertheim, S. 277–286; für Leonard Tietz (später Kaufhof) und Schocken *Balder*, Kleidung, S. 364 f.
50 *Schnaus*, Kleidung, S. 116; *Westphal*, Modemetropole Berlin, S. 113; *Kreutzmüller*, Ausverkauf, S. 156–165, 205–207.
51 *Balder*, Kleidung, S. 429–437; *Schnaus*, Kleidung, S. 120, 130; *Dieter Ziegler*, Erosion der Kaufmannsmoral. „Arisierung", Raub und Expansion, in: Norbert Frei/Tim Schanetzky (Hrsg.), Unternehmen im Nationalsozialismus. Zur Historisierung einer Forschungskonjunktur, Göttingen 2010, S. 156–168; *Spoerer*, Arisierung. Für Berlin ist der Trend zu Liquidationen für jüdische Unternehmen insgesamt klar belegbar, vgl. *Kreutzmüller*, Ausverkauf, S. 204, 212 f., 247–249.

Bis Kriegsbeginn waren fast alle jüdischen Unternehmen in „arische" Hände übergegangen oder liquidiert worden.

3.9.8 Textilbewirtschaftung im Krieg

Seit etwa 1937 kann man sagen, dass die textile Nachfrage der Bevölkerung sowohl quantitativ als auch qualitativ „dauerhaft unbefriedigt" blieb.[52] Im selben Jahr hatte das militärische Beschaffungswesen Unternehmen der Textilindustrie ausgewählt, die im „Mob"(ilisierungs)-Fall ihre Produktionspalette auf ein dann massenhaft herzustellendes Produkt einengen sollten. Die dafür benötigten Arbeitskräfte würden dann unabkömmlich „uk" gestellt.

Unmittelbar nach dem Überfall auf Polen wurden diese Pläne umgesetzt. Außerdem beschlagnahmte die Reichsstelle für Kleidung und verwandte Gebiete im Rahmen einer „Sicherungsmaßnahme" sämtliche Spinnstoffe und Spinnstoffwaren (also auch Kleidung), d. h. die kompletten Lagervorräte des Textilsektors. Die Reichsstelle für Textilwirtschaft lenkte fortan die Zuteilung und Verarbeitung der Rohstoffe in der Textilindustrie. Einen Teil der von der Bekleidungsindustrie produzierten Ware lenkte die für den gesamten Absatz der Branche zuständige Reichsstelle für Kleidung in den Export, um Devisen zu verdienen bzw. Clearingsalden zu verringern und entzog sie damit dem heimischen Markt.[53]

Schon einige Tage vor dem Überfall auf Polen wurde die Textilversorgung der Bevölkerung einem Bewirtschaftungssystem unterworfen, das zunächst auf individueller Bedarfsprüfung basierte. Mit der „Verordnung über die Wirtschaftsverwaltung" vom 27. August 1939 schufen die Behörden eine Bezugsscheinpflicht für den Kauf bestimmter Textilien. Wer etwa einen Wintermantel benötigte, musste den Bedarf gegenüber dem zuständigen Wirtschaftsamt geltend machen und erhielt im Falle einer Genehmigung einen Bezugsschein, der gemeinsam mit der Kaufsumme an den Verkäufer zu übergeben war. Dieser durfte die von der Verordnung betroffene Ware nur gegen Bezugsschein abgeben. Da die Lager bei Kriegsausbruch gut gefüllt waren, war die Praxis der Ämter nicht besonders restriktiv. Allerdings überforderte die Überprüfung des Bedarfs die Wirtschaftsämter, deren Entscheidungen außerdem naturgemäß nicht frei von Willkür und Korruptionsanfälligkeit waren. Mitte November 1939 ersetzte Kehrl das Bezugsscheinsystem daher im Rahmen der „Verordnung über die Verbrauchsregelung für Spinnstoffwaren" durch ein pauschalisiertes Rationierungssystem, das den Verbrauchern eine Reichskleiderkarte zuteilte, deren Punktzahl nach Alter und Geschlecht variierte. Die Karte bestand aus Teilabschnitten, die im Laufe des Gültigkeitszeitraums gültig wurden und aus Sonderabschnitten, die erst durch

---

52 *Höschle*, Textilindustrie, S. 322.
53 *Höschle*, Textilindustrie, S. 71; *Schnaus*, Kleidung, S. 132; *Balder*, Kleidung, S. 438, 448 f.

eine öffentliche Mitteilung gültig wurden. Im Rahmen dieser Beschränkungen konnten die Verbraucher – im Gegensatz etwa zu den meisten Abschnitten der Lebensmittelkarte – ihre Punkte frei verteilen. Jedem bewirtschafteten Kleidungsstück entsprach ein Punktwert, der sich nach Gewicht und Qualität bemaß. Ein Kleid aus Wolle etwa kostete 42 Punkte, eines aus Kunstseide 23 und eines aus anderen Stoffen 30 Punkte. Diese Punkte trennte der Verkäufer von der Kleiderkarte ab und war damit (ab Februar 1940) berechtigt, seinerseits entsprechend neue Ware nachzubestellen.[54] Daneben gab es eine „Freiliste" mit Textilien und Kleidungsstücken, die weder einen Bezugsschein noch Kleiderkartenpunkte benötigten und von den Konsumenten im Handel ohne Einschränkungen bezogen werden konnten – vorbehaltlich der Verfügbarkeit natürlich. Darunter fielen z. B. Schnittwaren, Oberbekleidung für besondere Anlässe, Wäsche, Kopfbekleidung aller Art, Ausstattungen, sanitäre Waren, Schirme, Handarbeitswaren, Kurzwaren, Teppiche und Möbelstoffe.[55]

Insgesamt gaben die Behörden vier Reichskleiderkarten aus, die rückwirkend vom 1. November 1939 bis September 1940, Oktober 1940 bis September 1941, Oktober 1941 bis Dezember 1942 und von Januar 1943 bis Juni 1944 Gültigkeit hatten. Im Wesentlichen wanderten immer mehr Textilprodukte von der Freiliste in die Bewirtschaftung, und das Verhältnis Punkte pro Kleidungsstück wurde immer ungünstiger für die Verbraucher. Die vierte und letzte Kleiderkarte wurde angesichts der immer größeren Engpässe im Dezember 1943 gesperrt, um die wenigen verfügbaren Textilien für Ausgebombte zu reservieren. Diese erhielten bereits seit einigen Monaten pauschale „Sammelbezugsscheine", auch „Fliegerscheine" genannt. Um Missbrauch zu vermeiden, wurde für deren Einlösung ab Februar 1944 wieder eine Bedarfsprüfung eingeführt, was die entsprechenden Stellen in den Wirtschaftsämtern stark in Anspruch nahm.[56]

Mit der Einführung der Reichskleiderkarte war nun nicht mehr das (zunehmend reichlich vorhandene) Geld der limitierende Faktor in der Textilversorgung, sondern Punkte auf der Kleiderkarte bzw. letztlich die tatsächliche Verfügbarkeit von Ware. Die Kunden reagierten darauf, indem sie versuchten, für die knappen Punkte die bestmögliche Qualität zu erhalten. Im Übrigen fiel den Einzelhändlern auf, dass die Anzahl der Diebstähle – von Kunden wie von Mitarbeitern – trotz drastischer Strafen deutlich zunahm.[57]

Regelte das Punktesystem zunächst nur die Beziehung zwischen Endverbrauchern und Einzelhandel, so wurde das System ab Februar 1940 auf alle Stufen der

---

54 Vgl. *Jochen Streb*, Das Reichswirtschaftsministerium im Kriege, in: Albrecht Ritschl (Hrsg.), Das Reichswirtschaftsministerium in der NS-Zeit: Wirtschaftsordnung und Verbrechenskomplex, Berlin/Boston 2016, S. 579; *Nils Bennemann*, Die Reichskleiderkarte. Textilrationierung zwischen Technokratie und Ideologie, in: Claudia Gottfried [u. a.] (Hrsg.), Glanz und Grauen. Kulturhistorische Untersuchungen zur Mode und Bekleidung in der Zeit des Nationalsozialismus, Ratingen 2018, S. 190–201; *Balder*, Kleidung, S. 483 f.
55 *Balder*, Kleidung, S. 444.
56 *Streb*, Reichswirtschaftsministerium, S. 592 f.; *Spoerer*, C&A, S. 199.
57 *Spoerer*, C&A, S. 201; *Balder*, Kleidung, S. 453, 455.

textilen Wertschöpfungskette übertragen. Mit der zeitgleichen Einrichtung von Punkteverrechnungsstellen, Punktesammelkonten und Punkteschecks war nun der gesamte Textilsektor einer staatlichen Lenkung unterworfen.[58]

Doch auch noch so ausgefeilte Lenkungsmaßnahmen konnten das Grundproblem des Textilsektors nicht beheben. Weil er nicht kriegswichtig war, verlor er zunehmend Arbeitskräfte und Produktions- bzw. Verkaufsstätten. Daher blieb ein immer größerer Teil der Nachfrage nach Kleidung ungedeckt, was durch die Auswirkungen der alliierten Luftangriffe noch verstärkt wurde. Zudem war der Großteil der vor allem ab dem Frühjahr 1942 ins Reich kommenden ausländischen Arbeiter deportiert worden und hatte einen entsprechend hohen Bedarf an privater und an Arbeitskleidung, insbesondere in der kalten Jahreszeit. Schon ab April 1941 riefen die Behörden die Bevölkerung mit zunehmender Dringlichkeit (vor allem im Winter) im Rahmen der Reichsspinnstoffsammlung auf, nicht benötigte Spinnstoffe, Lumpen und Altkleider an eine der über 100 entsprechenden kommunalen Sammelstellen im Reich abzugeben. Als Gegenleistung erhielten die Haushalte Bescheinigungen, die ihre Chancen bei der Bewilligung von Bezugsscheinen erhöhten. Die Altware sollte dann in den Unternehmen der Textil- und Bekleidungsindustrie umgearbeitet werden.[59] Geschäften des Einzelhandels, die eigene Werkstätten unterhielten, wurde zudem zunächst im Juni 1942 und dann im März 1943 eine grundsätzliche Reparaturpflicht für Altkleidung (ausbessern, wenden, umarbeiten, reinigen) vorgeschrieben. Ab Mai 1943 war die Neuanfertigung von Maßkleidung grundsätzlich untersagt.[60]

Zwischen einzelnen Behörden des Reichs gab es auch im Textilsektor vielfach Kompetenzkonflikte, etwa bei der Uniformbeschaffung zwischen einerseits dem Wehrmachtsbeschaffungsamt und den ihm unterstehenden Bekleidungsämtern von Heer, Marine und Luftwaffe, sowie andererseits dem Reichswirtschaftsministerium und der von ihm gegründeten Reichsstelle für Kleidung. Deren Leiter war der Würzburger Kaufmann Josef Neckermann (1912–1992), der sich zwischen 1935 und 1938 durch verschiedene Arisierungen ein kleines Textilimperium aufgebaut hatte und einen Teil seiner Ware über das zu diesem Zeitpunkt viertgrößte deutsche Textilversandunternehmen Wäsche- und Kleiderfabrik Josef Neckermann vertrieb. Er gründete 1941 „im Auftrag des RWM" gemeinsam mit einer Tochtergesellschaft des Hertie-Konzerns die Zentrallagergemeinschaft für Bekleidung GbR (ZLG) und schaffte es, über sie – und am Wehrmachtsbeschaffungsamt vorbei – einen riesigen Auftrag für 2,5 Millionen Winteruniformen abzuwickeln. Danach verteilte die ZLG, die ihren Firmensitz in Neckermanns Versandhauszentrale hatte, im Auftrag der Reichsstelle über 23 Auslieferungslager Kleidung unter anderem an deutsche Zivilarbeiter in den besetzten Gebieten, ausländische Zivilarbeiter im Inland und Ausgebombte. Eine dieser Auslieferungsstellen war die Bernward Leineweber KG, die Herbert Tengelmann leitete, seines Zeichens Verwal-

---

[58] *Schnaus*, Kleidung, S. 132 f. (v. a. Schaubild auf S. 133); *Balder*, Kleidung, S. 438, 444 f.
[59] *Balder*, Kleidung, S. 459 f.
[60] *Balder*, Kleidung, S. 438, 444 f.

tungsratsvorsitzender der ZLG.⁶¹ Auch ohne hohe Priorität in der Rüstung ließ sich im Textilbereich viel Geld verdienen, wenn man die richtigen Kontakte hatte und an den richtigen Stellen saß.

3.9.9 Ein Wirtschaftssektor in der Defensive: Verlagerung in die Peripherie und Rückbau im Inland

Kehrl, mittlerweile eine der führenden Personen in der NS-Wirtschaftspolitik, reorganisierte im März 1942 Teile des Bewirtschaftungssystems des Textilsektors und setzte durch, dass sich Unternehmen noch stärker auf vorgegebene Produkte spezialisieren mussten. Dies führte zu erheblichen Rationalisierungserfolgen. Doch angesichts der geringen kriegswirtschaftlichen Priorität musste der Textilsektor zunehmend Ressourcen abgeben. Viele Arbeiter wurden zur Wehrmacht eingezogen und Arbeiterinnen vom Arbeitsamt in Rüstungsbetriebe umgesetzt. Insgesamt stieg durch die Auskämmungsaktionen der Anteil der weiblichen Beschäftigten an. Die Behörden legten schon ab 1940 immer mehr Betriebe still und verfügten im weiteren Kriegsverlauf, dass Rüstungsunternehmen die Betriebsräume über Pachtverträge für ihre Fertigung belegen konnten. Einige sehr kleine inhabergeführte Unternehmen blieben bestehen, wenn die Inhaber oder Inhaberinnen z. B. wegen ihres Alters ohnehin nicht für die Wehrmacht oder andere Tätigkeiten infrage kamen.⁶²

Eine Methode, die Produktionsengpässe zu mindern, war die Verlagerung der Fertigung ins Ausland. Von dort – aus dem besetzten Ausland und Italien – waren bislang nur Rohstoffe über spezielle Einkaufsgesellschaften bezogen worden. Zunehmend wurden jedoch auch Fertigungsaufträge dorthin vergeben oder direkt ausgeführt. Zwischen Mai 1940 und Juni 1944 verlagerten die deutsche Textilindustrie und die deutsche Bekleidungsindustrie Aufträge im Wert von über 2,1 Milliarden Reichsmark allein nach Frankreich und Belgien.⁶³ Von besonderer Bedeutung für den Osten Europas war die Anfang August 1941 gegründete Ost-Faser GmbH, deren Verwaltungsratsvorsitzender Hans Kehrl war. Unter ihrem Dach waren die in den besetzten Ostgebieten beschlagnahmten Betriebe der Textil-, Zellstoff- und Papierindustrie vereint, die teilweise an deutsche Firmen verpachtet wurden. Anfangs war ihre Hauptaufgabe,

---

61 Vgl. *Schnaus*, Kleidung, S. 102, 136 f.; *Spoerer*, C&A, S. 207, 210.
62 Vgl. *Schnaus*, Kleidung, S. 100 f., 137–140; *Streb*, Reichswirtschaftsministerium, S. 542 f.; *Balder*, Kleidung, S. 463–470.
63 Vgl. im Überblick *Elena Dickert*, Die „Nutzbarmachung" des Produktionspotentials besetzter Gebiete durch Auftragsverlagerungen im Zweiten Weltkrieg. Staatliche Regulierung und Verlagerungsverhalten von Maschinenbau- und Automobilunternehmen, Diss. NTNU Trondheim 2013, S. 155 f.; und für Beispiele *Spoerer*, C&A, 206 f.

die in den neu besetzten Gebieten vorgefundenen Rohstoff- und Warenvorräte ins Reich abzutransportieren. Die Textil- und Bekleidungsbetriebe wurden jedoch ab Anfang 1942 zur Herstellung von Uniformen, Arbeits- und Berufskleidung sowie zur Reparatur ausgebaut. Binnen weniger Monate entwickelte sich die Ost-Faser zum größten Textilkonzern Europas mit – nach Kehrls Angaben – mehr als 300 Betrieben und 30 000 Beschäftigten, die hauptsächlich für die Wehrmacht produzierten. Hans Kehrl wurde daher auch als „Textilpapst" bezeichnet.[64]

Ebenfalls in die Kleiderfertigung miteinbezogen wurden die Ghettos und Konzentrationslager. In Łódź (seit April 1940 Litzmannstadt), einem traditionellen polnischen Textilzentrum im nun deutschen Reichsgau Posen, ab Januar 1940 Wartheland, ließ die deutsche Ghettoverwaltung Betriebsstätten für die Produktion einfacher Güter einrichten. Mit über 31 000 beschäftigten Ghettoinsassen dürfte der Bereich Schneiderei weltweit einer der größten Bekleidungsbetriebe überhaupt gewesen sein. Die Ghettoverwaltung holte etwa hälftig Aufträge von der Wehrmacht und deutschen privaten Unternehmen herein. Diese lieferten im Rahmen der Lohnfertigung die Stoffe ins Ghetto, dessen Insassen sie dort umarbeiteten und wieder ablieferten. Der mit Abstand größte Kunde war der Neckermann-Konzern.[65]

Etwa 20 weitere Ghettos produzierten Kleidung für das Deutsche Reich. Zudem begann die Texled, ein Unternehmen der SS, 1940 im Konzentrationslager Dachau Kleidungsstücke zu fertigen. Nach einigen Monaten verlegte sie die Produktion in das Frauen-KZ Ravensbrück. Dort wurden moderne Nähmaschinen installiert, mit denen die Häftlinge den kompletten Eigenbedarf der Konzentrationslager und 80 % des Bedarfs der SS fertigten. Sowohl in Łódź als auch in Ravensbrück mussten die dort Beschäftigten ungereinigte Kleidungsstücke verarbeiten, die aus Wehrmachtslazaretten und Vernichtungslagern angeliefert wurden. Im Gegensatz zu den sonstigen Betrieben der SS war die Texled Ravensbrück ein profitabler KZ-Musterbetrieb, der sogar zu Beschwerden aus der Privatwirtschaft führte. Auf dem Höhepunkt waren dort im September 1942 5082 Häftlinge im Einsatz.[66]

Trotz der Verlagerung der Produktion ins Ausland, in Ghettos und in Konzentrationslager brach um den Jahreswechsel 1943/44 die Textilversorgung zusammen. Der immer geringer werdenden Produktion stand vor allem infolge des Luftkriegs eine immer stärker zunehmende Nachfrage gegenüber. Nach der Sperrung der Kleiderkarte Ende 1943 gab es kaum noch neue Ware. Im Textileinzelhandel wurde nun zunehmend Material der Kunden umgearbeitet.

---

[64] Rolf-Dieter Müller, Der Manager der Kriegswirtschaft: Hans Kehrl, ein Unternehmer in der Politik des „Dritten Reiches", Essen 1999, S. 81 f.; *Müller*, Parteibuch-Industrieller, S. 206 (Zitat); *Christian Gerlach*, Kalkulierte Morde. Die deutsche Wirtschafts- und Vernichtungspolitik in Weißrußland 1941–1944, Hamburg 1999, S. 400; *Schnaus*, Kleidung, S. 134, 140.
[65] *Schnaus*, Kleidung, S. 147–156; *Julia Schnaus/Roman P. Smolorz/Mark Spoerer*, Die Rolle des Ghetto Litzmannstadt (Łódź) bei der Versorgung der Wehrmacht und der deutschen Privatwirtschaft mit Kleidung (1940 bis 1944), in: Zeitschrift für Unternehmensgeschichte 62, 2017, S. 35–56.
[66] *Schnaus*, Kleidung, S. 134 f., 144, 157–163.

Angesichts des geringeren Verkaufsflächenbedarfs und der Folgen der Luftangriffe wurden unterschiedliche Betriebe in Kriegsbetriebsgemeinschaften zusammengefasst, d. h. sie teilten sich bestehende Räumlichkeiten. Für das Überleben von Einzelhandelsbetrieben und -filialen war wichtig, wenn sie im Rahmen der Reichsleitbetriebs-Aktion (Oktober 1943) als Leitbetrieb ausgewählt wurden. Sie waren dann in Hinsicht auf den Bezug von Ware privilegiert und fungierten quasi als Verteilstellen für die öffentliche Verwaltung.[67] In ganz überproportionalem Maße dürfte es sich dabei um die tendenziell rationeller geführten Filialbetriebe von Waren- und Kaufhausketten gehandelt haben, also genau der Art von Betrieben, die der Nationalsozialismus von Beginn an vehement bekämpft hatte.

3.9.10 Schluss

Der Textilsektor, und dort insbesondere die Textilindustrie, unterlag von 1934 an wegen des starken Devisenverbrauchs des Rohstoffbezugs stärker einer weitgehenden staatlichen Regulierung als die meisten anderen Industriebranchen. Nach Höschle lässt sich das nationale Faserstoffprogramm von 1934 als Vorläufer des Vierjahresplans von Herbst 1936 verstehen. Dieses Urteil bezieht sich nicht nur auf die Intensität der staatlichen Eingriffe, sondern auch auf die für das NS-Wirtschaftssystem typische Miteinbeziehung der Unternehmer bzw. Manager, die es auch im nicht so kriegswichtigen Textilsektor ihren Unternehmen erlaubte, ansehnliche Gewinne zu erzielen.[68] Dies wird immer wieder auf Hitlers Respekt vor der organisatorischen Leistungsfähigkeit von Unternehmern zurückgeführt. Auch und gerade die stark regulierte Textilindustrie ist daher ein Beispiel dafür, dass es völlig abwegig wäre, vor dem Krieg von einer staatlichen Befehlswirtschaft à la Stalin zu sprechen.[69] Die unternehmerischen Interessen der Industrie bzw. des Einzelhandels traten erst im Krieg in den Hintergrund, dessen Erfordernisse schnelle Entscheidungswege erzwangen. Doch auch hier saßen an den Schaltstellen Unternehmer wie Josef Neckermann, Herbert Tengelmann und Gottfried Dierig, die ihre kriegswirtschaftlichen Kompetenzen bestens mit dem Wohlergehen ihrer Unternehmen zu verbinden wussten.

Abschließend lässt sich fragen, welchen langfristigen Einfluss die zwölf Jahre des Nationalsozialismus auf den Textilsektor hatten. Die vor und in der Kriegswirtschaft geschaffene Regulierung verschwand in Westdeutschland mit und kurz nach der

---

67 *Balder*, Kleidung, S. 497 f., 500 f.; *Schnaus*, Kleidung, S. 141 f., 336; *Spoerer*, C&A, S. 202 f., 214.
68 *Höschle*, Textilindustrie, S. 315–318.
69 So etwa *Peter Temin*, Soviet and Nazi Planning in the 1930s, in: Economic History Review 44, 1991, S. 573–593; gemäßigter und historisch informierter, *Peter Hayes*, Corporate Freedom of Action in Nazi Germany, in: Bulletin of the German Historical Institute 2009/2, S. 29–42; und dagegen *Christoph Buchheim/Jonas Scherner*, Corporate Freedom of Action in Nazi Germany: a Response to Peter Hayes. In: Bulletin of the German Historical Institute 2009/2, S. 43–50.

Währungsreform von Juni 1948. Eine gewisse Wirkung dürfte die ausgeprägte Förderung der Zellwolle-Industrie gehabt haben. Sie war ironischerweise aus Gründen der Importsubstitution weit über das Anfang der 1930er Jahre wirtschaftlich vertretbare Maß ausgebaut worden und bewährte sich ab den 1950er Jahren mit immer stärkerem Exportanteil auf den Weltmärkten. Allerdings betrug der westdeutsche Anteil an der Weltmarktproduktion nie mehr als 17 Prozent (1949) und fiel dann kontinuierlich. Der im Verhältnis zur Vorkriegszeit geringe Weltmarktanteil hing auch damit zusammen, dass der Großteil der Kapazität in Mittel- und Ostdeutschland lag. Diese Betriebe wurden nach 1945 teilweise demontiert und verloren technologisch, aber vor allem wirtschaftlich an Konkurrenzfähigkeit.[70]

Interessant ist die Entwicklung des Strukturwandels. Die Nationalsozialisten hatten insbesondere den Einzelhandel im Blick, wenn sie die zunehmende kapitalistische Unternehmenskonzentration anprangerten. Ein Vergleich der Betriebszählungsergebnisse von 1925, 1933, 1939 und 1950 (Westdeutschland) veranschaulicht, dass ihnen deren Rückbau selbst in den „Friedensjahren" des Dritten Reichs nicht gelang. Hatten sie den Strukturwandel in diesen Jahren vielleicht noch verlangsamen können, etwa durch den Expansionsstopp für Warenhaus- und Kaufhausketten, so zwangen sie die Kriegsverhältnisse, ausgerechnet auf deren vergleichsweise effektive Logistik zurückgreifen zu müssen. Letztlich spricht einiges dafür, dass der Krieg den Strukturwandel im Textileinzelhandel beschleunigte. Für die Textil- und Bekleidungsindustrie lässt sich das nicht so klar festhalten. Es wird oft übersehen, dass diese beiden zunächst noch sehr bedeutenden Branchen in den 1950er und teils auch in den 1960er Jahren eine wirtschaftliche Blüte erlebten, ehe sie als wenig forschungsintensive, jedoch sehr personalintensive Branchen Konkurrenten aus weniger entwickelten Ländern weichen mussten.[71]

Auswahlbibliografie

Balder, Uwe, Kleidung zwischen Konjunktur und Krise. Eine Branchengeschichte des deutschen Textileinzelhandels 1914 bis 1961, Stuttgart 2020.
Bennemann, Nils, Die Reichskleiderkarte. Textilrationierung zwischen Technokratie und Ideologie, in: Claudia Gottfried [u. a.] (Hrsg.): Glanz und Grauen. Kulturhistorische Untersuchungen zur Mode und Bekleidung in der Zeit des Nationalsozialismus, Ratingen 2018, S. 190–201.
Fischer, Erica/Ladwig-Winters, Simone, Die Wertheims. Geschichte einer Familie, 2. Aufl. Berlin 2005.
Gottfried, Claudia, Kunstseide und Zellwolle. Moderne deutsche Produkte im Dienst der Diktatur, in: Gottfried [u. a.], Glanz und Grauen, S. 276–305.

---

70 *Scherner/Spoerer*, Infant Company Protection, S. 17, 31–33.
71 Vgl. *Stephan H. Lindner*, Den Faden verloren. Die westdeutsche und die französische Textilindustrie auf dem Rückzug (1930/45–1990), München 2001; *Julia Schnaus*, Das leise Sterben einer Branche – Der Niedergang der westdeutschen Bekleidungsindustrie in den 1960er/70er Jahren, in: Zeitschrift für Unternehmensgeschichte 62, 2017, S. 9–33.

Höschle, Gerd, Die deutsche Textilindustrie zwischen 1933 und 1939. Staatsinterventionismus und ökonomische Rationalität, Stuttgart 2004.
Kehrl, Hans, Krisenmanager im Dritten Reich. 6 Jahre Friede – 6 Jahre Krieg. Erinnerungen, Düsseldorf 1973.
Köster, Roman, Hugo Boss 1924–1945. Die Geschichte eines Bekleidungsunternehmens, München 2011.
Köster, Roman, Seidensticker. Eine Unternehmensgeschichte 1919–2019. Die Geschichte eines Bekleidungsunternehmens, Essen 2019.
Köster, Roman/Schnaus Julia, Sewing for Hitler? The Clothing Industry in the Third Reich, in: Business History 62, 2020, S. 393–409.
Kreutzmüller, Christoph, Ausverkauf. Die Vernichtung der jüdischen Gewerbetätigkeit in Berlin 1930–1945, 1. Aufl. Berlin 2012.
Lindner, Stephan H., Den Faden verloren. Die westdeutsche und die französische Textilindustrie auf dem Rückzug (1930/45–1990), München 2001.
Müller, Rolf-Dieter, Der Manager der Kriegswirtschaft: Hans Kehrl, ein Unternehmer in der Politik des „Dritten Reiches", Essen 1999.
Scherner, Jonas, The Beginnings of Nazi Autarky Policy: the "National Pulp Programme" and the Origin of Regional Staple Fibre Plants, in: Economic History Review 61, 2008, S. 867–895.
Scherner, Jonas/Spoerer, Mark, Infant Company Protection in the German Semi-synthetic Fibre Industry: Market Power, Technology, the Nazi Government and the post-1945 World Market, in: Business History 63, 2021, https://doi.org/10.1080/00076791.2021.1900118.
Schmidt, Martin, „Alles so schnell wie möglich". Bemerkungen zum Textileinzelhandel und nationalsozialistischer Wirtschaftspolitik, in: Gottfried [u. a.], Glanz und Grauen, S. 166–181.
Schnaus, Julia, „Kleidung zieht jeden an". Die deutsche Bekleidungsindustrie 1918 bis 1973, Berlin 2017.
Schnaus, Julia/Smolorz, Roman P./Spoerer, Mark, Die Rolle des Ghetto Litzmannstadt (Łódź) bei der Versorgung der Wehrmacht und der deutschen Privatwirtschaft mit Kleidung (1940 bis 1944), in: Zeitschrift für Unternehmensgeschichte 62, 2017, S. 35–56.
Spoerer, Mark, C&A. Ein Familienunternehmen in Deutschland, den Niederlanden und Großbritannien 1911–1961, München 2016.
Vogt, Helmut, Bierbaum-Proenen 1929–1952. Ein Familienunternehmen während Weltwirtschaftskrise, Nationalsozialismus und Wiederaufbau, Köln 2012.
Westphal, Uwe, Modemetropole Berlin 1836–1939. Entstehung und Zerstörung der jüdischen Konfektionshäuser, Leipzig 2019.

Boris Gehlen
3.10 Energiewirtschaft

3.10.1 Einleitung

Die Energieversorgung war im Ersten Weltkrieg ein ökonomischer Engpassfaktor gewesen.[1] Diese Erfahrung beeinflusste die Energiewirtschaftspolitik während des Nationalsozialismus nachhaltig: Publikationen im Umfeld von Reichswirtschaftsministerium und Vierjahresplan-Behörde machten aus der strategischen und militärischen Bedeutung der Energiewirtschaft keinen Hehl und beriefen sich explizit auf die Erfahrungen aus dem Ersten Weltkrieg.[2] Da auch das Energiewirtschaftsgesetz von 1935 weiterhin staatliche Eingriffe ermöglichte, war die Energiewirtschaft seit Beginn der NS-Zeit wichtiger Bestandteil rüstungswirtschaftlicher Planungen. Gerade weil die Erfahrungen aus dem Ersten Weltkrieg die strukturellen, kapazitativen und politischen Konzeptionen der 1920er und frühen 1930er Jahre geprägt hatten, schien den meisten sachkundigen Beobachtern Mitte der 1930er Jahre sowohl die Elektrizitäts- als auch die Gasversorgung für alle künftigen Anforderungen gerüstet. Doch bereits 1937/38 deutete sich an, dass die Planungen den tatsächlichen Energiebedarf erheblich unterschätzt hatten, sodass fortan kurzfristige Reaktionen auf Engpässe zur energiepolitischen Regel wurden.[3]

Die bisherige Forschung hat sich umfassend den Interessenlagen rund um das Energiewirtschaftsgesetz von 1935 gewidmet, wobei in der Regel die Frage im Vordergrund stand, wie viel nationalsozialistisches Gedankengut dem Gesetz zugrunde lag.[4]

---

1 Vgl. *Boris Gehlen*, Energiewirtschaft, in: Marcel Boldorf (Hrsg.), Deutsche Wirtschaft im Ersten Weltkrieg. München/Wien 2020, S. 317–341.
2 *Carl Krecke*, Die Energiewirtschaft im nationalsozialistischen Staat, Berlin 1937; *Albrecht Czimatis*, Energiewirtschaft als Grundlage der Kriegswirtschaft, Hamburg 1936. Krecke (1885–1938) leitete seit 1934 die Reichsgruppe Energiewirtschaft, der Offizier Albrecht Czimatis (1897–1984) war mit einer Arbeit über die energieintensive Aluminium-Industrie zum Dr. ing. promoviert worden, anschließend zunächst beim Amt für deutsche Roh- und Werkstoffe tätig und leitete seit 1938 die dem Reichswirtschaftsministerium unterstellte Reichsstelle für Wirtschaftsausbau.
3 *Bernhard Stier*, Staat und Strom. Die politische Steuerung des Elektrizitätssystems in Deutschland 1890–1950. Ubstadt-Weiher 1999, S. 476–478.
4 Z. B. *Hans Dieter Hellige*, Entstehungsbedingungen und energietechnische Langzeitwirkungen des Energiewirtschaftsgesetzes von 1935, in: Technikgeschichte 53, 1986, S. 123–155; *Gerold Ambrosius*, Was war eigentlich „nationalsozialistisch" an den Regulierungsansätzen der dreißiger Jahre? In: Werner Abelshauser/Jan-Otmar Hesse/Werner Plumpe (Hrsg.), Wirtschaftsordnung, Staat und Unternehmen. Neue Forschungen zur Wirtschaftsgeschichte des Nationalsozialismus. Festschrift für Dietmar Petzina zum 65. Geburtstag, Essen 2003, S. 41–60; *Jan O. C. Kehrberg*, Die Entwicklung des Elektrizitätsrechts in Deutschland. Der Weg zum Energiewirtschaftsgesetz von 1935, Frankfurt am Main 1997; *Bernhard Stier*, Zwischen kodifaktorischer Innovation und materieller Kontinuität. Das Energiewirtschaftsgesetz von 1935 und die Lenkung der Elektrizitätswirtschaft im Nationalsozialismus, in: Johannes Bähr/Ralf Banken

Zur Kontextualisierung trugen vor allem die Arbeiten Bernhard Stiers bei, die die vielschichtigen Problemlagen, Lösungsansätze und normativen Konzeptionen zur politischen Steuerung der Elektrizitätswirtschaft umfassend aufgearbeitet haben. Sie finden ihre technik- und wissenshistorische Ergänzung in der Darstellung von Norbert Gilson, ihre konsumhistorische Unterfütterung in der Arbeit von Karl Ditt.[5]

Jüngere elektrizitätswirtschaftliche Arbeiten thematisieren vor allem zwei Aspekte, die während der Zeit des Nationalsozialismus – und darüber hinaus – ein Spezifikum der deutschen Strommärkte abbildeten: Zum Ersten das Verhältnis von öffentlicher Elektrizitätsversorgung und industrieller Eigenversorgung und zum Zweiten, daran anknüpfend, die Strategie des Ruhrbergbaus bei der Steinkohleverstromung.[6] Anders als die Strom- wurde die Gasversorgung erst in jüngster Zeit eingehender untersucht.[7] Eine energetische Sonderstellung nimmt das Erdöl ein, das im Deutschen Reich kaum vorhanden war und im Energiewirtschaftsgesetz nicht als Regelungsgegenstand expliziert wurde, aber indirekt, über die energieintensive Ersatzstoffproduktion mittels Kohlehydrierung, die Energiepolitik beeinflusste.[8] Diese Forschungsschwerpunkte aufgreifend, bietet der folgende Beitrag einen Überblick über die maßgeblichen Strukturen und Entwicklungen, beschränkt sich aber im Wesentlichen auf das Deutsche Reich.

(Hrsg.), Wirtschaftssteuerung durch Recht im Nationalsozialismus. Studien zur Entwicklung des Wirtschaftsrechts im Interventionsstaat des „Dritten Reichs", Frankfurt am Main 2006, S. 281–305.
5 *Stier*, Staat und Strom; *Norbert Gilson*, Konzepte von Elektrizitätsversorgung und Elektrizitätswirtschaft. Die Entstehung eines neuen Fachgebietes der Technikwissenschaften zwischen 1880 und 1945, Stuttgart 1994; *Karl Ditt*, Zweite Industrialisierung und Konsum. Energieversorgung, Haushaltstechnik und Massenkultur am Beispiel nordenglischer und westfälischer Städte 1880–1939, Paderborn [u. a.] 2011.
6 *John-Wesley Löwen*, Die dezentrale Stromwirtschaft. Industrie, Kommunen und Staat in der westdeutschen Elektrizitätswirtschaft 1927–1957, Berlin/Boston 2015; *Alexander Faridi*, Eigenstromerzeugung oder Fremdstrombezug? Stromlieferungen und Stromlieferungsverträge zwischen deutscher Großindustrie und öffentlichen Energieversorgungsunternehmen in den 1920er und 1930er Jahren, in: Technikgeschichte 70, 2003, S. 3–22; *Peter Döring*, Ruhrbergbau und Elektrizitätswirtschaft. Die Auseinandersetzung zwischen dem Ruhrbergbau und der öffentlichen Elektrizitätswirtschaft um die Steinkohlenverstromung von 1925 bis 1951, Essen 2012.
7 *Rainer Karlsch*, Vom Licht zur Wärme. Geschichte der ostdeutschen Gaswirtschaft 1855–2008, Berlin 2008; *Dietmar Bleidick*, Die Ruhrgas 1926 bis 2013. Aufstieg und Ende eines Marktführers, Berlin/Boston 2018; *Michael A. Kanther*, Thyssengas. Die Geschichte des ersten deutschen Unternehmens der Ferngasversorgung von 1892 bis 2020, Münster 2021.
8 *Rainer Karlsch/Raymond G. Stokes*, Faktor Öl. Die Mineralölwirtschaft in Deutschland 1859–1974, München 2003; *Titus Kockel*, Deutsche Ölpolitik 1928–1938, Berlin 2005.

3.10.2 End- und Ausgangspunkt: Energiewirtschaftsgesetz 1935

Das Gesetz zur Förderung der Energiewirtschaft vom 13. Dezember 1935 (Energiewirtschaftsgesetz)[9] hat eine lange Vorgeschichte. Seit dem Ersten Weltkrieg hatten sich zahlreiche miteinander verflochtene Entwicklungen beschleunigt: die Idee einer (zentralisierten) Großkraftwirtschaft, der enorme Anstieg der Produktionskapazitäten, die Hinwendung zu (zentral-)staatlicher Regulierung, die Nutzung alternativer Primärenergieträger neben der Steinkohle (Braunkohle, Wasserkraft) sowie die Etablierung energieintensiver Produktionsmethoden in der chemischen und metallverarbeitenden Industrie. Die Gesamterzeugung von Elektrizität stieg von 2,5 (1913) auf 14,5 Mrd. Kilowattstunden (kWh) (1928), aber die Frage der politischen Steuerung blieb ein beständiger wirtschaftspolitischer Streitpunkt:[10] Die Interessenlagen in der historisch gewachsenen Struktur waren vielfältig und die Konflikte zwischen kleinen, kommunalen Elektrizitätswerken, zwischen Kapazitätsausweitung und Rationalisierung, zwischen flächendeckender Elektrifizierung und Kostensenkung, zwischen privatwirtschaftlichen und öffentlichen Erzeugern, zwischen fiskalischen und sozialpolitischen Interessen sowie zwischen Kommunen, Reich und Ländern waren so erheblich, dass die Zeitgenossen von einem „Elektrokrieg" sprachen.[11]

Die Gasversorgung war weniger politisiert. Während vor dem Ersten Weltkrieg kommunale Gaswerke das Gros der Produktion (und der Distribution) auf sich vereint hatten, setzte sich seit den 1920er Jahren die Gasfernversorgung als Modell durch. Bei der Verkokung von Steinkohle entstand Kokereigas, das private Zechen zunächst an umliegende Kommunen veräußerten. Aufgrund von Skaleneffekten verfügten die privaten Anbieter über erhebliche Stückkostenvorteile, sodass sie nach und nach Abnehmer in entfernteren Gebieten gewinnen konnten. Trotz der Einpreisung des aufwändigen Rohrleitungsbaus war ein Fremdbezug für viele Kommunen günstiger als eine Modernisierung oder ein Neubau kommunaler Gaswerke.[12]

In beiden Segmenten prägte ein eigentümliches Zusammenspiel von Gemeinwohl- und privatwirtschaftlichen Interessen die Marktordnung, die 1935 durch das Energiewirtschaftsgesetz einen einheitlichen Rechtsrahmen erhielt. Materiell ist es kein Kind des Nationalsozialismus. Die Konzepte und Vorstellungen, die ihm zugrunde liegen, lassen sich bis in die Zeit des Kaiserreichs zurückverfolgen. Allein die Tatsache, dass der junge Bankangestellte Hjalmar Schacht 1908 ein energiepolitisches Konzept vorgestellt hatte, dessen Grundzüge unter dem Reichswirtschaftsminister Hjalmar Schacht

---

9 Reichsgesetzblatt 1935, S. 1451–1456.
10 *Krecke*, Energiewirtschaft, S. 38.
11 Umfassend *Stier*, Staat und Strom.
12 Zeitgenössisch: *Otto Dellweg*, Die deutsche Gasversorgung unter besonderer Berücksichtigung der zentralorganisierten Ferngasversorgung auf der Kohlenbasis, Diss. Köln 1934.

1935 in Gesetzesform gegossen wurden, verdeutlicht, dass der lange Weg zum Energiewirtschaftsgesetz weniger mangelnder inhaltlicher Auseinandersetzung mit elektrizitätspolitischen Fragen geschuldet, sondern Ergebnis mangelnder politischer Durchsetzbarkeit war: Weder im Kaiserreich noch in der Weimarer Zeit gelang es aufgrund der Vielzahl an Veto-Spielern, Kompromisse zu finden – weder auf politischem Verhandlungswege noch durch eine aggressive Übernahmepolitik, wie sie etwa der preußische Fiskus Mitte der 1920er Jahre verfolgt hatte, als er weit in die Interessensphäre der Rheinisch-Westfälischen Elektrizitätswerke AG (RWE) vordrang. In den nachfolgenden Verhandlungen, die 1927 im „Elektrofrieden" mündeten, fanden der preußische Staat, der im selben Jahr seine unternehmerischen Interessen in der Preußischen Elektrizitäts-Aktiengesellschaft (Preußenelektra) bündelte, und das RWE einen Kompromiss: Sie einigten sich darauf, einander in klar definierten Gebieten keine Konkurrenz mehr zu machen. Damit erprobten sie einen Weg, der für das Energiewirtschaftsgesetz Pate stand: Demarkation von Einflussgebieten und Errichtung faktischer Gebietsmonopole.

Dies entsprach vor allem den Interessen der großen Energieversorgungsunternehmen. Zu ihnen gehörten die jeweils landeseigenen Unternehmen Badenwerk, Bayernwerk und Preußenelektra, die reichseigenen Elektrowerke, die Vereinigten Elektrizitätswerke Westfalen (VEW), ein Zusammenschluss kommunaler Elektrizitätswerke, und das gemischtwirtschaftliche RWE. Sie produzierten Strom und betrieben das Netz. Sie schlossen sich seit 1928 in der AG für deutsche Elektrizitätswirtschaft zusammen, um den weiteren Netzausbau zu koordinieren, ihre (Hochspannungs-)Netze miteinander zu verbinden und sich wechselseitig Strom zu liefern, wodurch jedes der beteiligten Unternehmen weniger Reservekapazitäten als bislang vorhalten musste.[13] Damit ging nicht nur eine Rationalisierung einher, sondern noch vor Beginn des „Dritten Reichs" waren Fakten geschaffen worden, die im Einklang mit vorherrschenden technikwissenschaftlichen (Überlegenheit der Großkraftwirtschaft) und nationalökonomischen Leitbildern standen (gebundene Konkurrenz).[14]

Das Energiewirtschaftsgesetz knüpfte daran an. Die Federführung lag bei Hjalmar Schachts Reichswirtschaftsministerium. Dies verhinderte zwar genuin nationalsozialistische Elemente nicht, aber im Wesentlichen bestand die „Leistung" des NS-Regimes darin, überhaupt eine reichsgesetzliche Regelung der Energiewirtschaft implementiert zu haben, indem „das neue Regime die verfassungsrechtlichen Hindernisse radikal überwand und die zentrifugalen Kräfte, die eine einheitliche Regulierung bisher verhindert hatten, autoritär auf Kosten eines pluralistischen und demokratischen Willensbildungs- und Entscheidungsprozesses ausschaltete."[15]

---

13 Zum Vorstehenden *Stier*, Staat und Strom, S. 312–324.
14 Zur technischen Seite *Gilson*, Konzepte, S. 199–222. Selbst Ordoliberale wie Franz Böhm und Leonhard Miksch befürworteten und legitimierten die entstandene Marktordnung, vgl. *Löwen*, Stromwirtschaft, S. 91 f.
15 *Ambrosius*, Was war eigentlich nationalsozialistisch, S. 54.

Das Gesetz bezweckte, „im Interesse des Gemeinwohls die Energiearten wirtschaftlich einzusetzen, den notwendigen öffentlichen Einfluß [...] zu sichern, volkswirtschaftlich schädliche Auswirkungen des Wettbewerbs zu verhindern, [...] Verbundwirtschaft zu fördern und durch all dies Energieversorgung so sicher und billig wie möglich zu gestalten."[16] Die Regelung zielte erkennbar auf volkswirtschaftliche Rationalisierung. Verlierer waren daher kommunale Elektrizitäts- und Gaswerke, generell kleinere Anbieter mit ungünstiger Kostenstruktur sowie nicht zuletzt die Energieverbraucher, die sich zumindest theoretisch monopolistischer Preissetzung ausgesetzt sahen. Um preispolitische Auswüchse zu vermeiden, wies das Energiewirtschaftsgesetz dem Reichswirtschaftsminister jedoch weitreichende Eingriffsmöglichkeiten zu. Dies war auch eine latente Mahnung an die (privaten) Energieversorgungsunternehmen, die NS-Ziele bei ihren Planungen zu berücksichtigen.[17] Das Energiewirtschaftsgesetz bestätigte den Status quo, spiegelte den zeitgenössischen technischen und ökonomischen Kenntnisstand wider und entsprach auch in seinen Zielsetzungen – sichere, günstige und gemeinwohlorientierte Energieversorgung – Vorstellungen, wie sie auch unter demokratischen Vorzeichen unstrittig gewesen wären und waren. Nicht von ungefähr überlebte es als Marktordnung das NS-Regime um Jahrzehnte.

Dennoch ließ sich das Gesetz auch für nationalsozialistische Zwecke nutzen. Insbesondere die Erfahrung mit den Engpässen in der Energieversorgung während des Ersten Weltkriegs fand implizit Eingang in das Energiewirtschaftsgesetz (§ 13). Ob in der „Wehrhaftmachung der deutschen Energiewirtschaft", wie es in einer geheimen Zusatzbegründung zum Gesetzentwurf hieß, tatsächlich der „eigentliche Zweck des Gesetzes" zu erblicken ist,[18] erscheint dennoch fraglich, denn die Energiewirtschaft war seit jeher ein strategisch bedeutsames Objekt und ein Instrument staatlicher Steuerung. Entsprechend machte auch der NS-Staat von seinen Eingriffsmöglichkeiten Gebrauch und lenkte die Marktakteure zu erwünschtem Verhalten – in der Regel über spezifische Anreize und Garantien. Nur selten griff er zu expliziten Zwangsmaßnahmen: So beseitigte er das dezentral-genossenschaftliche württembergische System, das trotz inhärenter Ineffizienzen über ein hohes Maß an demokratischer Legitimation verfügte. Die Gründung der Energie-Versorgung Schwaben AG 1939 als zentralisiertes Versorgungsunternehmen war Ausdruck des erzwungenen Pfadbruchs in der württembergischen Energiegeschichte, der aus einer nationalen Perspektive gleichwohl eher eine Anpassung an die anderweitig bestehenden Strukturen erscheint.[19]

Die „Politisierung" der Energiewirtschaft nahm im Verlauf des „Dritten Reichs" weiter zu, weil Reichsministerien, Preiskommissar und Militär eigene Vorstellungen durchzusetzen versuchten. Im Ergebnis wirkten die bekannten, häufig konfligierenden

---

16 Gesetz zur Förderung der Energiewirtschaft, Reichsgesetzblatt 1935, S. 1451.
17 *Krecke*, Energiewirtschaft, S. 89.
18 *Kehrberg*, Entwicklung des Elektrizitätsrechts, S. 167.
19 *Bernhard Stier*, Württembergs energiepolitischer Sonderweg. Kommunale Stromselbsthilfe und staatliche Elektrizitätspolitik, in: Zeitschrift für Württembergische Landesgeschichte 54, 1995, S. 268–275.

Interessen der NS-Polykratie zunehmend auch auf die Energiebranche ein. Beispielsweise wurde 1938 ein Generalbevollmächtigter für die deutschen Energiewirtschaft installiert, in der Nachfolge des verstorbenen Carl Kreckes der Essener Oberbürgermeister Just Dillgardt. Mit Kriegsbeginn errichtete dann das Wirtschaftsministerium eine Reichsstelle für Elektrizitätswirtschaft (Reichslastverteiler), 1941 folgte auf Weisung Hitlers die Ernennung Fritz Todts zum Generalinspektor für Wasser und Energie im Rang eines Reichsministers. Es entstand somit eine eigene Energiebehörde. Jedoch gelang es weder Todt noch seinem Nachfolger Albert Speer, das Kompetenzgerangel immer neuer Behörden, Kommissare und Stellen in der Energiewirtschaft zu beseitigen, sodass viele Projekte, die dem seit 1942 weiter zunehmenden Energiemangel Abhilfe schaffen sollten, nie realisiert wurden. Trotzdem und trotz der zunehmenden Kriegseinwirkungen konnte die Energieversorgung bis 1944 weitgehend aufrechterhalten werden.[20]

Dies lag nicht zuletzt an einer vorausschauenden Offenheit des Energiewirtschaftsgesetzes: Aus militärischen Gründen stellte eine zentralisierte Energiewirtschaft ein Problem dar, weil wenige große Kraftwerke ein leichteres militärisches Ziel darstellten als zahlreiche kleine. Deshalb bevorzugte das Militär grundsätzlich eine dezentrale Energieversorgung. Diese blieb auch unter dem Energiewirtschaftsgesetz möglich und spielte trotz der Zentralisierungstendenzen der *öffentlichen* Elektrizitätswirtschaft bei der *privaten* Energieversorgung, vor allem hinsichtlich industrieller Eigenanlagen, eine nicht zu unterschätzende Rolle.

3.10.3 Doppelte Stromwirtschaft: öffentliche Stromversorgung und industrielle Eigenproduktion

Im Deutschen Reich existierten demnach zwei Elektrizitätssysteme: ein tendenziell zentrales öffentliches Versorgungssystem mit faktischen Gebietsmonopolen und ein dezentrales System, das der Eigenversorgung energieintensiver Großunternehmen diente. Das Energiewirtschaftsrecht sah den Kontrahierungszwang nur für Tarifabnehmer, im Wesentlichen private Haushalte, vor, wohingegen Industrieunternehmen darauf angewiesen waren, sich mit einem Energieversorgungsunternehmen auf Stromlieferung zu einigen. Gelang dies nicht, bestand die Gefahr, vom Strombezug ausgeschlossen zu werden. Die Energieversorgungsunternehmen besaßen gegenüber den Großunternehmen eine erhebliche monopolbasierte Verhandlungsmacht, die sie auch nutzten, um Konditionen zu diktieren. Daher bestanden Anreize für Großabnehmer, in eigene Stromerzeugungsanlagen zu investieren und sich von der öffentlichen

---

20 Exemplarisch *Bleidick*, Ruhrgas, S. 101–104; *Stier*, Staat und Strom, S. 478–486.

Elektrizitätsversorgung unabhängig zu machen. Die Investitionen in Eigenanlagen stiegen daher noch vor Beginn des „Dritten Reiches" rascher an als die Investitionen in die öffentliche Energieversorgung: Bis 1938 weitete das öffentliche System seine Kapazitäten um etwa 30 Prozent im Vergleich zu 1929 aus, das privatwirtschaftlich-dezentrale hingegen um 80 Prozent.

Es war jedoch nur auf den ersten Blick paradox, dass in einer Phase, in der der Gesetzgeber die Weichen in Richtung zentralisierter Stromproduktion stellte, um die Ineffizienzen des dezentralen Versorgungssystems zu überwinden, ausgerechnet ein dezentrales Versorgungssystem erkennbar an Bedeutung gewann. Denn anders als viele Stadtwerke bzw. Kleinversorger waren die industriellen Eigenlagen keineswegs weniger effizient als die Großkraftwerke. Sie basierten auf der Kraft-Wärme-Kopplung und nutzten „Abfallprodukte" der eigentlichen Produktion zur Energieherstellung. In der Montanindustrie wurde z. B. Kokereigas zum Antrieb von Turbinen genutzt und in der Chemieindustrie fielen ebenfalls große Dampfmengen an, die in elektrische Energie umgewandelt werden konnten. Dadurch ließ sich der Einsatz von Primärenergieträgern im Vergleich mit konventionellen Kohle- oder Wasserkraftwerken reduzieren.[21]

Das Nebeneinander öffentlicher und privater Stromversorgung war jedoch konfliktbeladen. Nicht zuletzt aufgrund wehrwirtschaftlicher Überlegungen sollten auch die privaten Erzeuger an die Stromnetze angeschlossen werden, um die Systemstabilität zu erhöhen: Der Vorzug dezentraler Stromproduktion war zugleich ihr Nachteil, denn bei einer „zufälligen oder gewaltsamen Störung" der eigenen Stromversorgung kam die gesamte Produktion des jeweiligen Werks zum Erliegen. Da vor allem energieintensive Industrien – Chemie-, Düngemittel-, Metallindustrie sowie Ersatzstoffherstellung wie beim Kunstkautschuk Buna und der Benzinherstellung mittels Kohlehydrierung – über eigene Kraftwerke verfügten, war es aus Motiven der Versorgungssicherheit geboten, im Bedarfsfall die Produktion durch externe Energielieferungen aufrecht erhalten zu können.[22]

Die Anbindung an die öffentlichen Netze führte folglich dazu, dass auch externer Strombezug – ganzheitlich oder ergänzend – möglich war. Die öffentlichen Energieversorger hatten durchaus ein Interesse an den Großkunden, sodass es zu vielfältigen Gemengelagen zwischen öffentlicher Energieversorgung und privaten Industrieabnehmern mit eigener Energieproduktion kam. Beispielhaft sei auf die beständige „Konfliktkooperation" zwischen dem RWE und der IG Farben hingewiesen, die selbst einer der größten Stromproduzenten im Deutschen Reich waren und diese Position nutzten, um in den Vertragsverhandlungen über die Einbindung aller IG-Werke in das RWE-Netz vorteilhafte Konditionen auszuhandeln.[23]

---

21 Zum Vorstehenden *Löwen*, Stromwirtschaft, S. 114–120.
22 *Czimatis*, Energiewirtschaft, S. 30 ff.
23 *Löwen*, Stromwirtschaft, S. 127–135.

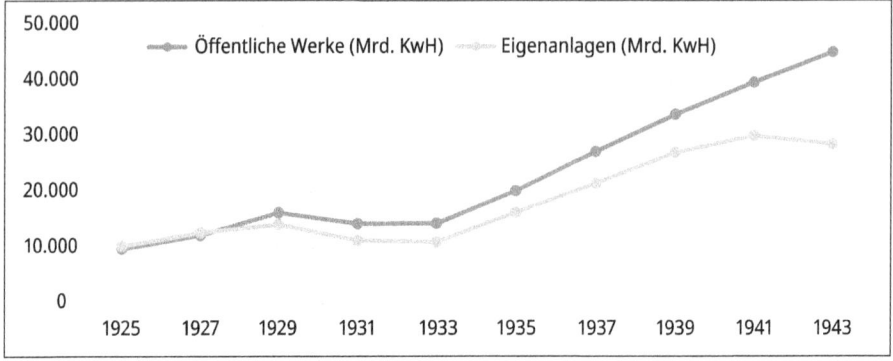

Abb. 1: Brutto-Erzeugung von Elektrizität im Deutschen Reich 1925–1943.
Quelle: *Stier*, Staat und Strom, S. 15.

Im Gegenzug setzte die Anbindung der Eigenversorger an die öffentlichen Netze auch Anreize, die eigenen Kapazitäten auszuweiten und die zusätzliche Elektrizität an externe Kunden zu veräußern. Besonders die Ruhrzechen wollten ihre Strukturkrise unter anderem dadurch überwinden, dass sie ihren auf Steinkohlebasis produzierten Eigenstrom vermarkteten. Die dem RWKS angeschlossen Zechen verwerteten meist minderwertige Steinkohle, die anderweitig keine Abnehmer fand, um Elektrizität zu produzieren. Dies war zwar eine ökonomisch sinnvolle Verwertung des Rohstoffs, aber keine besonders kosteneffiziente Stromproduktion. Mit den Konditionen des braunkohlebasierten RWE konnten die Zechen daher nicht mithalten. Als jedoch im Zuge des Vierjahresplans die Ausweitung der Kapazitäten notwendig wurde, sicherte sich das RWKS in Abstimmung mit Paul Pleiger und Carl Krecke die Versorgung eines neuen Aluminiumwerks in Lünen und die Zusage, auch in die öffentliche Energieversorgung einbezogen zu werden. Darauf wurde 1937 die Steinkohlen-Elektrizitäts AG (Steag) von den Ruhrzechen gegründet. Für die öffentliche Stromversorgung spielte das Unternehmen auch wegen der Widerstände des RWE zwar bis 1945 nur eine untergeordnete Rolle, konnte jedoch mit politischer Unterstützung weitere energieintensive Großkunden, darunter den Buna-Produzenten Chemische Werke Hüls, gewinnen.[24]

Die Doppelstruktur aus privater und öffentlicher Elektrizitätsproduktion erschwert alleine wegen des fließenden Übergangs zwischen beiden Formen statistisch valide Aussagen zur Elektrizitätsproduktion. Die vorhandenen Zahlen legen gleichwohl nahe, dass die technisch-ökonomischen Weichenstellungen der 1920er und frühen 1930er Jahren eine erhebliche Steigerung des Outputs ermöglichten: Innerhalb von 16 Jahren, von 1925 bis 1941, stieg die Stromproduktion auf das 3,5fache, bei der öffentlichen Versorgung auf das Vierfache und bei den industriellen Eigenanlagen auf

---

24 Umfassend zur Rolle des Ruhrbergbaus in der Elektrizitätswirtschaft *Döring*, Ruhrbergbau (zur Steag: S. 209–248).

das Dreifache. Diese eindrucksvolle Steigerung ließ auch die Zeitgenossen glauben, energetisch für die Zukunft gerüstet zu sein, doch die Nachfrage von privaten Haushalten und Industrieunternehmen wuchs deutlich schneller als erwartet, sodass die vormaligen Überkapazitäten bereits 1937/38 nahezu ausgelastet und somit Kraftwerksneubauten unausweichlich waren.

Bemerkenswert ist dabei vor allem, dass der Zugewinn bei der öffentlichen Produktion im Wesentlichen auf Rationalisierungseffekte, d.h. die Durchsetzung der Großkraftwirtschaft, zurückzuführen ist, da die installierten Kapazitäten nur geringfügig anstiegen. Waren 1933 8,02 Mio. kW Leistung installiert, waren es 1939 nur gut 10 % mehr (8,84 Mio. kW). Dagegen stieg die installierte Leistung bei den Eigenanlagen im selben Zeitraum von 4,86 auf 6,5 Mio. kW, d.h. um etwa ein Drittel.[25]

3.10.4 Ferngasversorgung im Einklang mit der NS-Politik

Ähnlich wie bei der großflächigen Elektrizitätswirtschaft wurden auch die Grundlagen für die Gasfernversorgung bereits in den 1920er Jahren gelegt. Seit Beginn des 20. Jahrhunderts entwickelte sich aus der zunächst kleinräumig wirksamen Idee, Kokereigas zu Versorgungszwecken an die Umlandgemeinden zu verkaufen, ein eigenständiges, auf Skalierung ausgerichtetes Geschäftsmodell. In den Steinkohleregionen bestimmten dabei jene Spieler das Geschehen, die auch bereits in der Elektrizitätswirtschaft tätig waren. Im Ruhrgebiet waren dies Mitte der 1920er Jahre die Vereinigten Elektrizitätswerke Westfalen, das RWE, die Thyssenschen Gas- und Wasserwerke (Thyssengas) und die Aktiengesellschaft für Kohlenverwertung. Diese war als Studiengesellschaft der RWKS-Zechen gegründet worden, um die Möglichkeiten der Gasvermarktung auszuloten. Aus ihr entstand 1928 der lange Zeit wichtigste Akteur im deutschen Ferngasmarkt, die Ruhrgas AG.[26] Während somit auf Basis von Saar-, Ruhr- und Aachener Steinkohle Ferngas gewonnen wurde, war die Gaswirtschaft in Nieder- und Oberschlesien noch kaum von Bedeutung.[27]

Die Überlegenheit der Ferngasversorgung ergab sich aus den Logiken der Verbundwirtschaft bzw. der primärrohstoffsparenden Verwertung von Gas, das bei der Verkokung ohnehin entstand. Zudem ermöglichten Fortschritte bei der Röhrenproduktion den sicheren Transport von Gas über weite Strecken. Zwischen 1928 und 1935 erhöhte sich der Anteil von Kokereigas in der Gaswirtschaft von 13 auf 54 Prozent. Im selben Zeitraum versiebenfachte sich der Output der kokereigebundenen Gas-

---

25 *Stier*, Staat und Strom, S. 476–478.
26 *Bleidick*, Ruhrgas, S. 38 f., 50 f.
27 *Willy Puzicha*, Der Wettbewerb zwischen der Steinkohle und der Braunkohle in Deutschland und Vorschläge zur Bereinigung des deutschen Kohlenmarktes, Würzburg 1938, S. 91.

produzenten, während er bei den herkömmlichen, meist kommunalen Gaswerken stagnierte bzw. allmählich zurückging.[28]

Zwar gab es auf kommunaler Seite, v. a. in kohlenfernen Gebieten, noch bis weit in die 1930er Jahre hinein Bestrebungen, durch eine Zusammenlegung der Kapazitäten eine Gruppengasversorgung zu etablieren, um mit Blick auf die Kommunalfinanzen weiterhin Einnahmen generieren zu können, doch waren diese Versuche nicht sonderlich erfolgreich. Beispielsweise war 1928 die Pfälzische Gas Aktiengesellschaft, ein mehrheitlich öffentliches Unternehmen, gegründet worden, um sich gegen die Konkurrenz aus dem Westen – Ferngasgesellschaft Saar m. b. H. – und vor allem dem Norden – Ruhrgas AG – zu wappnen. Die Ruhrgas AG hatte bis dahin gemeinschaftlich mit Thyssengas bereits den Anschluss Hessens an das eigene Netz projektiert und war damit auf Sicht bis an die Grenze der Pfalz herangerückt. Der politisch-fiskalische Selbstbehauptungswille der pfälzischen Gaswerke konnte aber gegen die ökonomische Überlegenheit der Ferngasversorgung, die in mehreren Gutachten belegt wurde, nicht bestehen. Nach 1933 forcierte dann der NS-Staat mit seiner eindeutigen Positionierung zugunsten der Großkraftwirtschaft den Anschluss der pfälzischen Gemeinden an die Ferngasnetze, konkret an das der Ferngas Saar, die sich mit der Ruhrgas AG auf eine Demarkation der Absatzgebiete geeinigt hatte. Wie bereits in der Elektrizitätswirtschaft waren die wesentlichen ordnungspolitischen Schritte bereits durch die Anbieter erfolgt, ehe das Energiewirtschaftsgesetz sie normierte.[29] Denn auch an der Ruhr hatten die Gasproduzenten auf dem Verhandlungsweg eine Marktaufteilung herbeigeführt und Demarkationsgebiete abgesteckt, in denen die Unternehmen nicht konkurrierten oder die sie gemeinsam belieferten. Ein Ergebnis dieser Verhandlung war der Ausstieg des RWE aus der Ferngaswirtschaft. Das Ferngasnetz und die Lieferverträge gingen 1928 an die Ruhrgas über, die zudem seit 1927 mit der kleineren Thyssengas zusammenarbeitete.[30]

Der ursprünglich scharfe Wettbewerb im Gasmarkt, der besonders auf die Sicherung von Einflusssphären zielte, schwächte sich bald nach der Machtübernahme der Nationalsozialisten ab. Das Energiewirtschaftsgesetz behandelte die Gaswirtschaft mit.[31] Ähnlich wie bei der Elektrizitätswirtschaft maß der NS-Staat der Energieversorgung rüstungsrelevanter Betriebe eine besondere Bedeutung zu. Diese wussten das für eigene Zwecke zu nutzen. Beispielsweise konnte die BASF, die seit 1866 eigenes Gas produziert hatte, in den Verhandlungen mit der Ferngas Saar den Verkaufspreis so weit drücken, dass er unter den Selbstkosten des Produzenten lag. Die Verluste mussten anderweitig kompensiert werden, d. h. durch andere Kunden, meist private Haushalte.[32]

Dieser normativ implizierte Fokus auf die industriellen Kunden war auch Ergebnis der gestiegenen Nachfrage. Entfielen 1913 noch etwa 81 Prozent des Gasabsatzes auf

---

28 *Krecke*, Energiewirtschaft, S. 64 ff.
29 Vgl. *Rothenberger*, Geschichte, S. 70–95.
30 Umfassend zu den Kooperationsbemühungen der Gaswirtschaft *Bleidick*, Ruhrgas, S. 50–56.
31 *Bleidick*, Ruhrgas, S. 98 f., 113.
32 Karl-Heinz *Rothenberger*, Geschichte der pfälzischen Gasindustrie, Landau 1996, S. 95 f.

Privathaushalte (Beleuchtung, Heizung, Kochen), weitere 13 Prozent auf die öffentliche Beleuchtung und nur gut 6 Prozent auf Gewerbe und Industrie, hatten sich die Relationen bis 1933 erheblich verschoben: Mit etwa 47 Prozent waren Gewerbe und Industrie nunmehr die Hauptabnehmer von Gas. Da die absoluten Mengen bei privaten Haushalten und den Kommunen in dieser Phase nahezu identisch blieben, ist das Wachstum des Gasabsatzes somit alleine auf die gesteigerte Nachfrage der gewerblichen Wirtschaft zurückzuführen.[33]

Von 1933 bis 1939 steigerte etwa die Ruhrgas AG ihre Gasabgabe jährlich um zehn bis 30 Prozent.[34] Das rasante Wachstum führte jedoch bald zu Engpässen bei der Kokereigasproduktion. Deshalb verkündete die Ruhrgas AG 1939 einen temporären Anschluss-Stopp, d. h. sie nahm keine Neukunden mehr an, kürzte vereinzelt Gaslieferungen u. a. auch an „Vierjahresplan-Unternehmen" wie die Chemischen Werke Hüls, Krupp und Hoesch. Der Gasmangel rief noch vor Beginn des Weltkriegs, im Frühjahr 1939, das Reichswirtschaftsministerium auf den Plan, das u. a. die Einspeisung von Erdgas ins Spiel brachte. Es dauerte jedoch noch bis 1944, ehe die Ruhrgas AG Erdgas aus der Grafschaft Bentheim an der niederländischen Grenze in die Netze einspeisen konnte.

Ansonsten blieb zunächst nur der Ausweg, den Mangel zu verwalten, d. h. konkret die Politik des „offenen Hahns" zu revidieren und die vorhandene Gasproduktion bzw. die Gasabgabe zu rationieren. Alternative Gasquellen ließen sich aus technischen Gründen so gut wie nicht erschließen oder waren ökonomisch ineffizient. Damit drohte bereits 1939/40 ein erheblicher Rückschlag bei der Versorgung der Kriegs- und Rüstungsindustrie, deren Energie- bzw. Gasbedarf stetig anstieg. Die Nachfrage überstieg die Leistungsfähigkeit der Ruhrgas AG, die zu etwa zwei Dritteln an Industrieunternehmen lieferte. Zwar gelang des dem Unternehmen, auch auf Druck der staatlichen Stellen und durch staatlich unterstützte Disziplinierung der Abnehmer, den Gasabsatz von 1939 bis 1944 weiterhin leicht, um gut acht Prozent insgesamt, zu steigern, aber im Wesentlichen arbeitete das Unternehmen bereits seit 1939 an den Kapazitätsgrenzen. Der Fokus lag auf Vollauslastung, wodurch auch notwendige Ersatzinvestitonen oder Reparaturen unterblieben, sodass letztlich während der Kriegsjahre ökonomischer Raubbau die Lage bei Ruhrgas im Speziellen und der Gaswirtschaft im Allgemeinen kennzeichnete.[35]

Die Lage wurde durch das Kompetenzgerangel von staatlichen Stellen und den NSDAP-Funktionären verschärft. Während die Gasnachfrage beständig hoch war, kamen Ausbauprojekte nur schleppend voran und wurden in der Regel bis Kriegsende gar nicht mehr realisiert. Ein Beispiel dafür ist die stärkere Einbindung des Aachener Steinkohlereviers in die Gasversorgung. Das Oberkommando der Wehrmacht bewertete – im Gegensatz zum Reichswirtschaftsministerium – das Vorhaben von Thyssengas,

---

33 *Krecke*, Energiewirtschaft, S. 57.
34 *Bleidick*, Ruhrgas, S. 105.
35 *Bleidick*, Ruhrgas, S. 120–125, 132–147.

Tab. 1: Gasabgabe von Thyssengas und Ruhrgas 1930–1944.

Jahr	Thyssengas		Ruhrgas	
	Gasabgabe (in Mio. cbm)	Index (1930 = 100)	Gasabgabe (in Mio. cbm)	Index (1930 = 100)
1930	468	100,0	718	100,0
1935	740	158,1	1672	232,9
1939	1023	218,0	2949	410,7
1944	800	170,9	3206	446,5

Quelle: Stiftung Industriegeschichte Thyssen (SIT) NROE 15. Exposé (Roelen) [1952], S. 32.

1938 die grenznahe Gewerkschaft Carolus Magnus an ihr Ferngasnetz anzuschließen kritisch, weil damit das linksrheinische und das rechtsrheinische Gasnetz gekoppelt worden wären. Der Leitungsbau musste daher aufs Engste mit den militärischen Stellen abgestimmt werden, sodass die eigentlichen Bauarbeiten erst 1943 starteten. Während des Zweiten Weltkriegs konnten die Leitungen nicht mehr in Betrieb genommen werden. Keine Bedenken gab es hingegen nach dem Überfall auf die Niederlande im Mai 1940, das deutsche mit dem niederländischen Ferngasnetz zu koppeln. Da die Niederlande dauerhaft in den deutschen Herrschaftsbereich integriert werden sollten, beauftragte das Reichswirtschaftsministerium Thyssengas, eine solche Kopplung herbeizuführen. Weil aber die niederländischen Vertragspartner auf Augenhöhe agieren konnten (und sollten), folgten komplizierte Verhandlungen über Vertragsdetails, die bis Kriegsende nicht zu einer Realisierung des Vorhabens führten.[36]

3.10.5 Privater Energiekonsum in der „Volksgemeinschaft"

Die Energieversorgung war nicht nur das Rückgrat der Industrie, sondern der private Energiekonsum hatte seit Beginn des 20. Jahrhunderts ebenfalls erheblich an Bedeutung gewonnen. Die Versorgung privater Haushalte war in der Regel wenig konjunkturempfindlich, weil Kochen, Heizen und Beleuchtung regelmäßigen und wiederkehrenden Energiekonsum mit sich brachten. Jedoch bereitete die im Tages- wie im Jahresverlauf schwankende Nachfrage den Produzenten von Elektrizität – anders als beim speicherfähigen Gas – dahingehend Probleme, dass diese ihre Kapazitäten so ausrichten mussten, dass sie jederzeit den Spitzenbedarf decken konnten.

---

[36] *Boris Gehlen*, Die Thyssen-Bornemisza-Gruppe. Eine transnationale business group in Zeiten des Wirtschaftsnationalismus (1932–1955), Paderborn [u. a.] 2021, S. 222–227; *Kanther*, Thyssengas, S. 138–143.

Die seit Beginn des 20. Jahrhunderts beginnende Elektrifizierung der Haushalte, zunächst vor allem für Beleuchtungs- und Kochzwecke, setzte sich in den 1920er und 1930er Jahren fort: Die Anzahl von Elektroherden im Deutschen Reich stieg z. B. von 5000 (1926) auf etwa eine Million (1939).[37] Als Sprachrohr der Verbraucher fungierte seit 1919 der Reichsverband der Elektrizitätsabnehmer. Er bezog wiederholt gegen eine Bevorzugung von Produzenten und Großkunden Stellung.[38] Sein Vorstoß, auf die Preisbildung administrativ-gemeinwirtschaftlich einzuwirken, fand politisch lange kaum Gehör, wurde aber von der NSDAP aufgegriffen. So forderte etwa der NS-Wirtschaftstheoretiker Gottfried Feder 1933 als Staatssekretär im Reichswirtschaftsministerium einheitlich niedrige Strompreise, denn selbst in kleineren regionalen Einheiten wie Württemberg konnten an einem Ort für dieselbe Strommenge doppelt so hohe Strompreise anfallen wie in den Nachbargemeinden. Die Faktoren dafür waren vielfältig, hingen von den Produktionskosten bzw. den Kosten des Primärenergieträgers ebenso ab wie von den Transport- und Netzkosten und nicht zuletzt von der Preisstrategie der Versorger, die in der Regel nach Verbraucherkreisen (Privathaushalte, Unternehmen, Großabnehmer) differenzierten.[39] Zwar stellt gerade Württemberg mit einer dezentralen, teils genossenschaftlich organisierten, aufgrund der Kohlenferne häufig auf Wasserkraft basierenden Energieversorgung energiepolitisch einen Sonderfall dar,[40] doch zeigen auch andere verfügbare Daten teils erhebliche Preisunterschiede für Endverbraucher.[41] Einheitliche Tarife waren angesichts dessen ökonomisch keine realistische Option.

Die Nationalsozialisten inszenierten sich dennoch als Vorkämpfer sozial ausgewogener Tarife und befürworteten auch deshalb die großtechnische Verbundwirtschaft, weil sie gleichsam aus sich selbst heraus günstigere Stromtarife auch für Privathaushalte ermöglichte. Sie integrierten daher die Elektrifizierung der Haushalte in ihre politische Vision der volksgemeinschaftlichen Konsumgesellschaft. Diese kam zwar in vielen Feldern über Ankündigungen und Projekte kaum hinaus, aber die zunehmende Werbung sowie Produkte wie der – indes nur in bescheidenem Maße erfolgreiche –

---

37 *Ditt*, Industrialisierung und Konsum, S. 462.
38 Bundesarchiv R 11/1560, Bl. 74–90. „Bildung einer Gemeinschaftsfront der Stromlieferer und der Stromabnehmer", Referat Weichert.
39 Vgl. umfassend *Robert Möllenberg*, Die ökonomischen Folgen unterschiedlicher Marktmacht und vertikaler Integration. Eine historische Fallstudie der Elektrizitätswirtschaft von Baden und Württemberg in der Zwischenkriegszeit (1918–1933), Ostfildern 2013.
40 *Stier*, Sonderweg.
41 In Dortmund kostete in den 1920er Jahren der Lichtstrom zwischen 42 und 45 Pfennig (Pf.) pro kWh, in Münster zwischen 48 und 50 Pf., in Berlin etwa 40, *Ditt*, Industrialisierung und Konsum, S. 434. In württembergischen Gemeinden kostete der Lichtstrom 1924 zwischen 27 und 60 Pf. pro kWh, in den meisten erfassten Gemeinden zwischen lag der Preis zwischen 40 und 50 Pf., die kWh Kraftstrom kostete zwischen 20 und 35 Pf., *Möllenberg*, Marktmacht, S. 186. In Köln schwankten seit 1925 die Jahresdurchschnittspreise (für beide Stromarten) um die 13 Pf., *Albert Pass*, Das Rheinische Elektrizitätswerk und die Elektrizitätswirtschaft der Stadt Köln. Eine wirtschaftsgeschichtliche Abhandlung, Köln 1930, S. 44.

„Volkskühlschrank" und besonders der „Volksempfänger" ließen Elektrogeräte und Stromnutzung in den Haushalten mehr und mehr zu einer Selbstverständlichkeit werden:[42] War in Berlin 1926 erst ein gutes Drittel der Haushalte an das Stromnetz angeschlossen gewesen, waren es 1933 bereits drei Viertel und im Verlauf der 1930er Jahre lassen sich für die deutsche Hauptstadt wie für die meisten Städte Anschlussquoten um die 90 Prozent nachweisen.[43]

Dies lag auch an der Strategie der Stromproduzenten: Mitte der 1930er Jahre kam es zu einem scharfen Preis- und Konditionenwettbewerb zwischen den teilsubstitutiven Energien Elektrizität und Gas. Allen voran das RWE, das sich Ende der 1920er Jahre freiwillig aus dem Gasgeschäft zurückgezogen hatte, trat mit Kampfangeboten an private Haushalte heran, um diese dazu zu bewegen, sich energetisch vom Gas zu lösen und der Elektrizität zuzuwenden, d. h. Herde, Heizung und Warmwasser von Gas auf Strom umzustellen. Es nutzte gezielt bestehende Kundenverbindungen – die Beleuchtung war in der Regel bereits elektrisch –, um die Ferngasunternehmen aus dem Markt zu drängen. Dies war möglich, weil das Energiewirtschaftsgesetz den Wettbewerb zwischen Gas und Elektrizität nicht geregelt hatte. Ähnlich sah es hinsichtlich der Kommunen aus, die – häufig erfolgreich – dazu bewogen wurden, die öffentliche Beleuchtung von Gas auf elektrische Energie umzustellen.[44]

Damit stieg zum einen die Notwendigkeit, weiter in die Netze bzw. deren Verdichtung zu investieren, zum anderen erhöhte sich auch die private Stromnachfrage, was spätestens seit 1937/38 zu energiepolitischen Zielkonflikten führte, weil die absehbare Elektrizitätsknappheit eine Prioritätensetzung erforderte. Sie wurde letztlich zu Gunsten der Rüstungsindustrie und zu Lasten des privaten Stromkonsums entschieden: Als sich 1942/43 abzeichnete, dass die energieintensiven Rüstungsbetriebe und Synthese- bzw. Hydrierwerke ihren Energiebedarf mit den bestehenden, vollausgelasteten Kapazitäten kaum mehr decken konnten, kürzte der Reichslastverteiler die Strommengen für Haushalte um 30, für Großverbraucher jedoch nur um zehn Prozent. Im weiteren Verlauf kam es immer häufiger zu temporären Stromabschaltungen, um zumindest die Rüstungsindustrie weiterhin ausreichend mit Elektrizität versorgen zu können. Spätestens seit Beginn der 1940er Jahre hatte sich der NS-Staat somit von seinen sozial- und konsumpolitischen Energiezielen verabschiedet.[45]

---

[42] *Tim Schanetzky*, „Kanonen statt Butter". Wirtschaft und Konsum im Dritten Reich, München 2015, S. 101–110.
[43] *Ditt*, Industrialisierung und Konsum, S. 443–446 (dort umfassend zur Energienutzung in deutschen Haushalten: S. 439–492).
[44] *Wolfgang Zängl*, Deutschlands Strom. Die Politik der Elektrifizierung von 1866 bis heute. Frankfurt am Main 1989, S. 151–164; *Bleidick*, Ruhrgas, S. 108–124.
[45] *Stier*, Staat und Strom, S. 478 f.

3.10.6 Basis der Energieproduktion: Zur Bedeutung der Primärenergieträger

Die Produktion von Gas und Elektrizität basiert auf der ökonomischen Verwertung von Primärenergieträgern wie Holz, Wasser, Erdgas, Kohle und Öl. Der mit Abstand wichtigste Primärenergieträger im Deutschen Reich war Steinkohle, wenn auch seit dem Ersten Weltkrieg die öffentliche Stromversorgung in zunehmenden Maß auf Braunkohle sowie auf Wasserkraft basierte, die über deutliche Kostenvorteile verfügten. Der Anteil von Steinkohle als Primärenergieträger der öffentlichen Elektrizitätsversorgung reduzierte sich von 63,3 (1913) auf 30,3 Prozent (1935), während zu den gleichen Zeitpunkten Braunkohle 23,0 und 46,6, Wasserkraft 11,6 und 22,0 Prozent der Primärenergie für die Herstellung von Elektrizität lieferten. Braunkohle und Wasserkraft dienten insbesondere der Bereitstellung der Grundlast, wohingegen Steinkohle und mehr noch die wenigen Gas- und Ölkraftwerke für die Deckung von Bedarfsspitzen herangezogen wurden.[46]

Darin wird zum einen die Strategie der Energieversorgungsunternehmen deutlich, die wie Preußenelektra, das RWE und das Bayernwerk in den 1920er Jahren besonders die Braunkohleverstromung ausgeweitet hatten bzw. Wasserkraft als Basisenergie für die süddeutschen Versorgungsgebiete nutzten. Zum anderen verlor damit Steinkohle temporär an Bedeutung für die *öffentliche* Stromversorgung.

1935 waren drei Viertel der im Inland abgesetzten Kohlen Steinkohlen und nur ein Viertel Braunkohle. Diese hatte jedoch in einigen Feldern deutlich überproportionale Bedeutung (vgl. Tab. 2) und teilsubstituierte Steinkohle, auch in rüstungswirtschaftlich relevanten Branchen wie der Chemieindustrie, dem Kalibergbau und vor allem der Elektrizitätsproduktion. Hingegen war Braunkohle als Primärenergie für die Gasproduktion unbedeutend. Besonders im mitteldeutschen Braunkohlerevier war die Chemieindustrie, allen voran die IG Farben, Eigner von Braunkohlegruben und Elektrizitätsproduzent in einem – eine Entwicklung, die sich seit den 1920ern abgezeichnet hatte. Bei der Metallproduktion spielte die Braunkohle für die energieintensiven Aluminiumwerke eine zentrale Rolle, da diese ähnlich wie elektrochemische Werke im Ersten Weltkrieg direkt auf der Braunkohle errichtet worden waren.[47] Somit beruhte nicht nur die öffentliche Elektrizitätsproduktion überwiegend auf Braunkohle, sondern auch bei den industriellen Eigenanlagen war Braunkohle 1935 mit einem Anteil von mehr als 30 Prozent ein wichtiger Faktor, wenngleich sie dort nicht ganz an die Bedeutung der Steinkohle herankam (57,9 %).[48]

---

[46] *Krecke*, Energiewirtschaft, S. 43 ff.
[47] Exemplarisch *Dirk Hackenholz*, Die elektrochemischen Werke in Bitterfeld 1914–1945. Ein Standort der IG Farbenindustrie AG, Münster 2004, S. 49–57.
[48] 9,6 Prozent der Eigenanlagen basierten auf Wasserkraft, die übrigen auf sonstigen Energieträgern, *Puzicha*, Wettbewerb, S. 78–81.

Tab. 2: Anteil von Stein- und Braunkohle am inländischen Kohlenabsatz nach Verbrauchsgruppen 1935.

	Anteil Steinkohle	Anteil Braunkohle
Hausbrand, Landwirtschaft, Platzhandel	61,0 %	39,0 %
Eisenbahn	98,0 %	2,0 %
Schifffahrt	98,8 %	1,2 %
Gas- und Wasserwerke	98,9 %	1,1 %
Elektrizitätswerke	44,1 %	55,9 %
Eisen-, Erz- und Metallindustrie	92,0 %	8,0 %
Chemische Industrie	58,7 %	41,3 %
Glas- und Porzellanindustrie	32,7 %	67,3 %
Steine und Erden	82,9 %	17,1 %
Textil- und Leder	72,2 %	27,8 %
Papier und Zellstoff	72,2 %	27,8 %
Zuckerfabriken	67,7 %	32,3 %
Brennerei, Brauereien	65,7 %	34,3 %
Sonstige Nahrungsmittelindustrie	68,0 %	32,0 %
Kaliindustrie	43,4 %	56,6 %
Sonstige Industrie	87,7 %	12,3 %
Gesamt	75,0 %	25,0 %

Quelle: *Puzicha*, Wettbewerb, S. 65 ff.

Aus Sicht einiger Verbrauchsindustrien, besonders der Eisen- und Stahlherstellung, erwies sich bereits 1939 die Versorgung mit Steinkohle bzw. Koks als katastrophal,[49] während für den Braunkohlenbergbau vergleichbare Knappheitsprobleme nicht existierten. So stagnierte die Steinkohleförderung im Deutschen Reich seit 1936 mehr oder minder, was partiell jedoch durch die Förderung in besetzten Gebieten kompensiert werden konnte,[50] aber die inländische Braunkohleförderung verdoppelte sich von 1933 bis 1943 annähernd und wies trotz kriegsbedingter Rückgänge auch 1944 noch das Niveau von 1940 auf.[51]

Am Beispiel von Thyssengas lassen sich einige Limitationen der steinkohlenbasierten Energieproduktion gut verdeutlichen. Während die Ruhrgas AG auf das Produktionsvolumen sämtlicher RWKS-Zechen und damit 1930 auf 23 und 1945 auf 51 Kokereien zurückgreifen konnte, bezog Thyssengas im gesamten Zeitraum lediglich von drei Kokereien Gas. Andere Bezugsquellen konnten nicht erschlossen werden und für den Aufbau einer eigenen Kokerei auf der seit 1927 abgeteuften Zeche

---

49 *Dieter Ziegler*, Kriegswirtschaft, Kriegsfolgenbewältigung, Kriegsvorbereitung. Der deutsche Bergbau im dauernden Ausnahmezustand (1914–1945), in: Dieter Ziegler (Hrsg.), Geschichte des deutschen Bergbaus, Bd. 4: Rohstoffgewinnung im Strukturwandel. Der deutsche Bergbau im 20. Jahrhundert, Münster 2013, S. 147.
50 Vgl. den Abschnitt 3.3.4 in diesem Band.
51 *Deutscher Braunkohlen-Industrie-Verein* (Hrsg.), Deutscher Braunkohlen-Industrie-Verein e. V., 1885–1960, Düsseldorf o. J. [1960], S. 16.

Walsum fehlte Material.⁵² Ferner stellte sich heraus, dass anders als ursprünglich angenommen, Walsum keine verkokbare Steinkohle förderte, sodass der Bau einer eigenen Kokerei vor diesem Hintergrund ebenfalls keinen Sinn ergab. Damit waren aber zugleich die Gaslieferkapazitäten von Thyssengas begrenzt. Walsum war gleichwohl die einzige Kohlenzeche, die in den Vierjahresplan aufgenommen worden war. Doch die allgemeine Material-, Devisen- und Rohstoffknappheit des „Dritten Reichs" verhinderte die eigentlich geplante bevorzugte Belieferung Walsums mit Baumaterial, sodass die tatsächliche Kohlenförderung selbst den mehrfach nach unten angepassten Prognosen weit hinterherhinkte. Dieses Problem betraf zwar eine „junge" Zeche in besonderem Maße, zeigt jedoch auch, dass ein Kapazitätsausbau in der Steinkohleförderung insgesamt kaum möglich war, weil Baumaterial, insbesondere Stahl, knapp war, Erzimporte für andere Zwecke dringender benötigt wurden und die administrierten (niedrigen) Kohlenpreise kostendeckende Erweiterungsinvestitionen überdies unwahrscheinlich machten.⁵³

Die Knappheitsprobleme im Braunkohlenbergbau bzw. der Elektrizitätsproduktion auf Braunkohlenbasis waren leichter zu lösen. Sie zeigten sich z. B. 1937/38: Energieintensive Industrien in der Nähe der großen Braunkohlevorkommen hatten teils eigene Kraftwerke errichtet, teils bezogen Aluminium- oder Stickstoffproduzenten ihre Energie direkt von den großen Stromversorgern. Das RWE belieferte beispielsweise die zur IG Farben gehörende AG für Stickstoffdünger in Knapsack bei Köln mit Elektrizität, jedoch überstieg deren Energiebedarf Ende der 1930er Jahre die vertraglich vereinbarte Liefermenge, für die das RWE 85 Megawatt Kraftwerkskapazität vorhielt. Die rüstungswirtschaftlich erwünschte Ausweitung der Stromlieferungen lehnte das RWE zunächst mit Blick auf Mehrkosten ab, und eine vertragliche Vereinbarung kam nicht zustande. Da das Wirtschaftsministerium jedoch eine Ausweitung wünschte, übernahm der Fiskus schließlich die Mehrkosten bzw. subventionierte den Strompreis. Er setzte mithin einen finanziellen Anreiz, nicht nur um den Konflikt beizulegen, sondern auch um die Kraftwerksbetreiber dazu zu veranlassen, auch weniger rentable Anlagen in Betrieb zu nehmen. Mag ein solches Vorgehen auch betriebswirtschaftlich fragwürdig gewesen sein, stellte die Rohstoffbasis keinen limitierenden Faktor dar – im Gegenteil: Bis dahin dominierte weitgehend ein Sicherheitsdenken die Produktionsstrategie der großen braunkohlenbasierten Energieversorgungsunternehmen. Die Demarkation von Versorgungsgebieten beförderte u. a. beim RWE eine Denkweise, die auf Eigenständigkeit und Liefersicherheit fokussierte, d. h. die Stromanbieter erlaubten sich den relativen Luxus umfangreicher Reservekapazitäten, die vor allem bezweckten, kurzfristige Kapazitätsausfälle beispielsweise durch Reparatur und Wartung, im eigenen Versorgungsgebiet eigenständig kompensieren zu können. Volkswirtschaftlich effizient war dies nicht, weil die Kapazitätsauslastung künstlich verringert wurde, statt im Bedarfsfall Elektrizität von benachbarten Versorgern hinzuzukaufen.⁵⁴

---

52 *Kanther*, Thyssengas, S. 102–109; *Gehlen*, Thyssen-Bornemisza, S. 203–226.
53 Vgl. das Kapitel 3.3 in diesem Band.
54 *Löwen*, Stromwirtschaft, S. 186–190.

Volkswirtschaftliche Effizienz kennzeichnete ohnehin zunehmend weniger die energiewirtschaftlichen Weichenstellungen, gleich ob es sich um private Unternehmensstrategien oder um politische Lenkung handelte, die sich aber ohnehin wechselseitig bedingten. Insbesondere die Strategie des RWKS bzw. der Ruhrzechen verdeutlicht dies. Für die Zechen waren die Investitionen in die Steinkohleverstromung nur unter den Bedingungen der Kriegswirtschaft, zumal aufgrund staatlicher Anreize, ökonomisch rational, mit Blick auf „normale" Marktbedingungen schufen sie jedoch Überkapazitäten auf Basis einer weniger effizienten Primärenergie. Doch mit der zunehmenden Energieknappheit während des Zweiten Weltkriegs, vor allem seit der Bündelung energiepolitischer Kompetenzen unter Speer, wurden solche Bedenken hintangestellt und die Mobilisierung aller Ressourcen rückte in den Vordergrund. Daher gewann Stromproduktion aus minderwertiger Steinkohle wieder an Bedeutung. Im Ergebnis stieg daher der Anteil steinkohlebasierter Elektrizitätsproduktion im Deutschen Reich zwischen 1929 und 1943 von 37 auf 42 Prozent an. Dies war jedoch eher Ausdruck forcierten Ressourcenraubbaus unter Kriegsbedingungen als Ausweis einer rationalen, effizienzorientierten Energiepolitik.[55]

Widersprüchlich war die NS-Ressourcenpolitik vor allem hinsichtlich der Treibstoffversorgung. Um den in Deutschland kaum vorhandenen Primärenergieträger Erdöl zu substituieren, wurden Stein- und mehr noch Braunkohle mittels Hydrierung in synthetisches Benzin umgewandelt. Dafür waren großen Energiemengen erforderlich, die ebenfalls von den direkt bei den Zechen und Gruben errichteten Kraftwerken bereitgestellt wurden. Braun- und Steinkohle dienten als Rohstoff und Energiebasis gleichermaßen, um einen anderen Primärenergieträger zu substituieren. Im Ergebnis war dies alleine dadurch eine fragwürdige Strategie, dass die doppelte Primärenergienutzung das Knappheitsproblem vor allem bei der Steinkohlenförderung verschärfte. Sie war jedoch zum einen eine Möglichkeit, sich vom Weltmarkt unabhängig zu machen – Erdöl machte nur selten mehr als drei Prozent des Primärenergieverbrauchs aus (vgl. Abb. 2) –, und zum anderen gab es Grund zu der Annahme, dass die Treibstoffherstellung aus Kohle ein kosteneffizientes Verfahren sein konnte: Die IG Farben stellten seit 1927 im mitteldeutschen Hydrierwerk Leuna synthetisches Benzin her. Die kalkulierten Kosten (20 Pf./Liter) lagen bei Planung noch im Bereich des Importpreises für Benzin (17 Pf./Liter), sodass eine wirtschaftliche Alternative zu bestehen schien.[56]

Da es im Deutschen Reich kaum Ölvorkommen gab, konnte die Kohlehydrierung der staatlich angestrebten Importsubstitution dienen. Der NS-Staat förderte daher nach 1933 den Ausbau von Hydrierkapazitäten mit Nachdruck. Wirtschaftlichkeitserwägungen spielten nur eine untergeordnete Rolle, denn inzwischen war der Welt-

---

55 *Döring*, Ruhrbergbau, S. 367–371.
56 *Bogislav Graf von Schwerin*, Die Treibstoffversorgung durch Kohlehydrierung in Deutschland von 1933 bis 1945 unter besonderer Berücksichtigung wirtschafts- und energiepolitischer Einflüsse, Köln 1991, S. 102 ff.

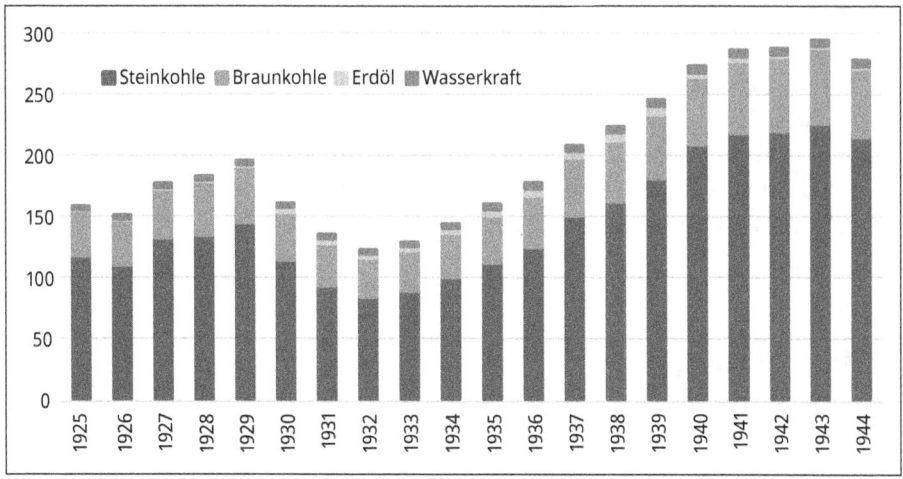

Abb. 2: Verbrauch von Primärenergie im Deutschen Reich 1925–1944 [Mio. t, Steinkohleeinheiten (SKE)]. Quelle: *Hans-Dieter Schilling/Rainer Hildebrandt*, Primärenergie – elektrische Energie. Die Entwicklung des Verbrauchs an Primärenergieträgern und an elektrischer Energie in der Welt, in den USA und in Deutschland seit 1860 bzw. 1925, Essen 1977. – GESIS Datenarchiv, Köln, ZA 8191, https://doi.org/10.4232/1.8191.

marktpreis deutlich zurückgegangen und die Kosten für die Hydrierung höher als ursprünglich kalkuliert. Die privaten Unternehmen hatten daher auch kein größeres Interesse an Investitionen in Hydrieranlagen, aber der NS-Staat minimierte ihr Investitionsrisiko durch Wirtschaftlichkeitsverträge und erweiterte Finanzierungsmöglichkeiten.[57]

Im Zusammenspiel staatlicher Ziele und unternehmerischer Entscheidungen entstanden unter anderem als Gemeinschaftsunternehmen die mitteldeutsche Braunkohle-Benzin AG und die rheinische Union Kraftstoff (Wesseling), die beide Braunkohle verflüssigten, sowie die steinkohlebasierte Gelsenberg Benzin AG, eine Tochtergesellschaft der Vereinigten Stahlwerke. Die Hydrierung war aus Sicht des NS-Staates eine strategisch wichtige Brückentechnologie, die nur solange genutzt werden sollte, bis im Zuge eines Eroberungskriegs Erdölvorkommen unter deutsche Herrschaft gelangten. Legt man diesen recht kurzen Planungshorizont zugrunde, war die Kohlehydrierung zwar nicht effizient, aber erfolgreich. Denn mit ihrer Hilfe, seit 1938 freilich ergänzt durch die Verwertung von Vorkommen besetzter Gebiete – böhmische Braunkohlen, österreichisches Erdöl, niederländische und französische Ölraffinerien – sowie seit 1940 durch Öllieferverträge mit Rumänien und der Sowjetunion, gelang es, die Treibstoffversorgung der deutschen Armee bis 1942 aufrechtzuerhalten. Mit der

---

57 Vgl. den Abschnitt 3.3.4 in diesem Band.

Kriegswende waren jedoch die Pläne, auf Erdölvorkommen z. B. im Kaukasus und im Nahen Osten zugreifen zu können, obsolet geworden.[58]

Mit den bestehenden Kapazitäten in der Treibstoff- wie der Energieversorgung insgesamt ließ sich spätestens seitdem – trotz forcierten Raubbaus – der zivile und militärische Energiebedarf nicht mehr decken. Die Luftangriffe und die Beschädigung bzw. Zerstörung von Hydrieranlagen und Kraftwerken taten ein Übriges, um der Kriegswirtschaft ihre energetische Basis endgültig zu entziehen.

3.10.7 Schluss

Wie schon im Ersten Weltkrieg erwies sich die Energieversorgung als kriegswirtschaftliche Achillesferse, obwohl sowohl bei den Vorbereitungen des Energiewirtschaftsgesetzes 1935 als auch im Rahmen des Vierjahresplans die kriegswirtschaftliche Bedeutung der Energiewirtschaft explizit betont worden war und ihr Ausbau Priorität genoss. Maßgebliche energiewirtschaftliche Weichenstellungen waren jedoch schon seit Mitte der 1920er Jahre vorgenommen worden: großtechnische Elektrizitätsproduktion, Nebeneinander öffentlicher Strom- und industrieller Eigenversorgung, Verbundwirtschaft, Ferngasversorgung, Demarkation von Absatzgebieten, Kohlehydrierung. Der NS-Staat nutzte die bestehende Struktur, normierte sie im Energiewirtschaftsgesetz und setzte vor allem bei der Förderung der Kohlehydrierung eigene Ziele auch gegen Widerstände durch.

Besonders aufgrund der Erfahrungen aus dem Ersten Weltkrieg lag eine rationale, ressourcen- und kosteneffiziente Energiewirtschaft von Beginn an im Interesse der NS-Wirtschaftspolitik. Doch trotz frühzeitiger Planungen konnte das NS-Regime eine nachhaltige „Wehrhaftmachung" nicht erreichen. Das lag vor allem an zwei Faktoren: Zum Ersten hatten sämtliche Planungen den tatsächlichen Energiebedarf erheblich unterschätzt, sodass erste Engpässe noch vor Beginn des Zweiten Weltkriegs auftraten. Die anschließenden teils wenig koordinierten Maßnahmen waren insofern erfolgreich, als jeweils kurzfristig drängende Energieengpässe bis 1944 behoben werden konnten. Dafür mussten jedoch eine Diskriminierung privater Haushalte sowie vor allem zunehmend ineffiziente Lösungen in Kauf genommen werden, weshalb spätestens seit 1942 Wirtschaftlichkeitserwägungen ökonomischem Raubbau wichen. Zum Zweiten erwies sich der Mangel an Erdöl und die damit verbundene ressourcenineffiziente Notwendigkeit, Benzin durch energieintensive Kohlehydrierung zu gewinnen, als Problem, das auf Dauer nur bei einem erfolgreichen Zugriff auf Ressourcen in besetzten Gebieten zu lösen gewesen wäre.

---

58 Umfassend *Karlsch/Stokes*, Faktor Öl, S. 133–244.

Auswahlbibliografie

Bleidick, Dietmar, Die Ruhrgas 1926 bis 2013. Aufstieg und Ende eines Marktführers, Berlin/Boston 2018.
Czimatis, Albrecht, Energiewirtschaft als Grundlage der Kriegswirtschaft, Hamburg 1936.
Ditt, Karl, Zweite Industrialisierung und Konsum. Energieversorgung, Haushaltstechnik und Massenkultur am Beispiel nordenglischer und westfälischer Städte 1880–1939, Paderborn [u. a.] 2011.
Döring, Peter, Ruhrbergbau und Elektrizitätswirtschaft. Die Auseinandersetzung zwischen dem Ruhrbergbau und der öffentlichen Elektrizitätswirtschaft um die Steinkohlenverstromung von 1925 bis 1951, Essen 2012.
Gilson, Norbert, Konzepte von Elektrizitätsversorgung und Elektrizitätswirtschaft. Die Entstehung eines neuen Fachgebietes der Technikwissenschaften zwischen 1880 und 1945, Stuttgart 1994.
Gehlen, Boris, Energiewirtschaft, in: Marcel Boldorf (Hrsg.), Deutsche Wirtschaft im Ersten Weltkrieg, München/Wien 2020, S. 317–341.
Gehlen, Boris, Die Thyssen-Bornemisza-Gruppe. Eine transnationale business group in Zeiten des Wirtschaftsnationalismus (1932–1955), Paderborn [u. a.] 2021.
Hackenholz, Dirk, Die elektrochemischen Werke in Bitterfeld 1914–1945. Ein Standort der IG Farbenindustrie AG, Münster 2004.
Kanther, Michael A., Thyssengas. Die Geschichte des ersten deutschen Unternehmens der Ferngasversorgung von 1892 bis 2020, Münster 2021.
Karlsch, Rainer, Vom Licht zur Wärme. Geschichte der ostdeutschen Gaswirtschaft 1855–2008, Berlin 2008.
Karlsch, Rainer/Stokes, Raymond G., Faktor Öl. Die Mineralölwirtschaft in Deutschland 1859–1974, München 2003.
Kockel, Titus, Deutsche Ölpolitik 1928–1938, Berlin 2005.
Krecke, Carl, Die Energiewirtschaft im nationalsozialistischen Staat, Berlin 1937.
Kehrberg, Jan O. C., Die Entwicklung des Elektrizitätsrechts in Deutschland. Der Weg zum Energiewirtschaftsgesetz von 1935, Frankfurt am Main 1997.
Löwen, John-Wesley, Die dezentrale Stromwirtschaft. Industrie, Kommunen und Staat in der westdeutschen Elektrizitätswirtschaft 1927–1957, Berlin/Boston 2015.
Puzicha, Willy, Der Wettbewerb zwischen der Steinkohle und der Braunkohle in Deutschland und Vorschläge zur Bereinigung des deutschen Kohlenmarktes, Würzburg 1938.
Karl-Heinz Rothenberger, Geschichte der pfälzischen Gasindustrie, Landau 1996.
Stier, Bernhard, Staat und Strom. Die politische Steuerung des Elektrizitätssystems in Deutschland 1890–1950, Ubstadt-Weiher 1999.
Zängl, Wolfgang, Deutschlands Strom. Die Politik der Elektrifizierung von 1866 bis heute, Frankfurt am Main 1989.
Ziegler, Dieter, Kriegswirtschaft, Kriegsfolgenbewältigung, Kriegsvorbereitung. Der deutsche Bergbau im dauernden Ausnahmezustand (1914–1945), in: Dieter Ziegler (Hrsg.), Geschichte des deutschen Bergbaus, Bd. 4: Rohstoffgewinnung im Strukturwandel. Der deutsche Bergbau im 20. Jahrhundert, Münster 2013, S. 15–182.

Gustavo Corni
3.11 Agrarpolitik

3.11.1 Einleitung

Die Kontextualisierung dieses Beitrags reicht bis zum Beginn des Ersten Weltkriegs zurück. Zu diesem Zeitpunkt wurde deutlich, dass die Leistungsfähigkeit der deutschen Landwirtschaft nicht mehr zur Versorgung der Bevölkerung ausreichte. Die Folgen des Produktionsdefizits waren Unterernährung, Schleichhandel und eine Zuspitzung des Verteilungskonfliktes zwischen Stadt und Land. Um die Krise zu meistern, bediente sich die Reichsregierung während des Kriegs neuer Formen des staatlichen Interventionismus. Auch in der Weimarer Republik setzte sich die Krise des Primärsektors fort (Abschnitt 2 dieses Kapitels). Der von der „Blut und Boden"-Ideologie angetriebene Nationalsozialismus profitierte ab 1930 von der Unterstützung der Landbevölkerung wegen der anhaltend schlechten Agrarkonjunktur: Dies erwies sich bei der NS-Machtübernahme als ein entscheidender Faktor (Abschnitt 3). Die darauffolgenden Ausführungen vergleichen die ideologischen Prinzipien der Agrarpolitik mit ihrer praktischen Umsetzung: Das Augenmerk liegt auf dem Erbhof, der Marktordnung und dem Reichsnährstand (Abschnitte 4 und 5). Herausgearbeitet werden die Schwierigkeiten und Widersprüche bei den Bemühungen um eine Stabilisierung der Lage der Landbevölkerung und der Verringerung der Abhängigkeit vom Ausland im Ernährungssektor (Abschnitt 6). Diese Ziele waren nur durch eine Ausbeutung besetzter Gebiete im Rahmen eines Eroberungskrieges zu erreichen. Aber auch als dies erreicht war, waren die Ergebnisse, die sich im Laufe des Krieges einstellten, enttäuschend: Die Ideologie behielt gegenüber der Realpolitik die Oberhand (Abschnitt 7).

Die Historiographie zum Thema dieses Kapitels ist nicht besonders umfangreich und wird der Bedeutung des Primärsektors und der Agrarpolitik im Nationalsozialismus nicht gerecht. Neben technisch-ökonomisch ausgerichteten Studien[1] lassen sich hauptsächlich zwei Forschungsrichtungen unterscheiden: Zum einen die Studien über Verbindungen zwischen der Politik des Regimes und dem wirtschaftlichen Verhalten der Landbevölkerung;[2] zum anderen eine Perspektive, die die von Widersprüchen geprägten Verknüpfungen zwischen ideologischen Voraussetzungen und konkreten

---

[1] Karl Brandt, Management of Agriculture and Food in the German-Occupied and Other Areas of Fortress Europe, Stanford 1953; Arthur Hanau/Roderich Plate, Die deutsche landwirtschaftliche Preis- und Marktpolitik im Zweiten Weltkrieg, Stuttgart 1975.
[2] *Daniela Münkel*, Nationalsozialistische Agrarpolitik und Bauernalltag, Frankfurt am Main/New York 1996; *Ernst Langthaler*, Schlachtfelder. Alltägliches Wirtschaften in der nationalsozialistischen Agrargesellschaft 1938–1945, Wien/Köln 2018; *Anette Blaschke*, Zwischen „Dorfgemeinschaft" und „Volksgemeinschaft". Landbevölkerung und ländliche Lebenswelten im Nationalsozialismus, Paderborn 2018.

Anmerkung: Übersetzt von Ulrich Beuttler.

Handlungen des NS-Regimes betrachtet.³ Der letztgenannte Ansatz bildet auch die Grundlage für den vorliegenden Beitrag.

3.11.2 Vom Weltkrieg zur Weltwirtschaftskrise

Ab Ende der zwanziger Jahre erhöhte sich das politische Gewicht der Landwirtschaft. Dazu trug die dramatischer werdende Agrarkrise ebenso bei wie die Zuspitzung der sozialen Konflikte. Die 15 zurückliegenden Jahre seit Ausbruch des Ersten Weltkriegs waren von einer intensiven Dialektik zwischen regulierenden Staatseingriffen und Versuchen einer Rückkehr zur Ausgangssituation gekennzeichnet. Bis 1920 standen abwechselnd die Verbraucherinteressen und dann wieder die Ansprüche der Agrarproduzenten nach Konsolidierung im Vordergrund. Es brauchte einige Jahre, um den Staatsinterventionismus zu beseitigen. Das sogenannte Umlagesystem für den strategischen Getreidesektor blieb bis Juli 1923 bestehen. Demnach kaufte der Staat einen bestimmten Anteil der Produktion zu einem vorher festgelegten Preis auf. Nur die darüber hinaus gehenden Mengen standen den Produzenten frei zur Verfügung.⁴ In den folgenden Jahren stand die Agrarpolitik unter dem Druck der Interessenverbände. Die Zolltarife des Kaiserreichs wurden wieder eingeführt, was aufgrund der Verschärfung der Krise nicht ausreichend war. Die Verschuldung der landwirtschaftlichen Betriebe und ihre geringe Rentabilität rückten ins Zentrum der Agrarpolitik. Staatliche Darlehen und Hilfsmittel wurden vergeben, um die hochverschuldeten Betriebe zu sanieren. Anfang 1928 legte der Präsident des Reichslandbundes Martin Schiele ein Notprogramm vor, das die Umwandlung hochverzinslicher Verbindlichkeiten in langfristige Kredite vorsah. Die Agrarverbände forderten jedoch eine allgemeine Entschuldung. Auf Drängen des Reichspräsidenten Hindenburg wurde im Mai 1928 das Projekt Schieles in Form der Ostpreußenhilfe eingeführt. Diese Maßnahme wälzte die Schulden der Landwirte teilweise auf den Staatshaushalt ab.

Das finanzielle Engagement des Staates vermochte jedoch die Produktivität der Betriebe nicht zu verbessern. Am Horizont tauchte häufig das Schlagwort „Marktordnung" aus den Kriegsjahren auf. Zwischen März 1928 und dem Ende des zweiten Kabinetts Müller im März 1930 nahmen Maßnahmen zur Marktregulierung immer mehr zu. Staatliche Kontrollorgane für den Außenhandel wurden geschaffen. Es folgten Gesetze über die Vermahlung von Inlandweizen sowie die Eosinierung des Roggens, um diesen ausschließlich als Futter zu verwenden.⁵ Sowohl die parlamentarisch legitimierten Regierungen als auch die Präsidialkabinette ab März 1930 operierten mit regulatorischen Mitteln. Die Schwere der Krise konnte aber kaum abgemildert

---

3 Vgl. die Publikationen von *Gustavo Corni* und *Horst Gies* in der Auswahlbibliografie.
4 *Martin Schumacher*, Land und Politik. Eine Untersuchung über politische Parteien und agrarische Interessen 1914–1923, Düsseldorf 1978, S. 182.
5 *Adelheid von Saldern*, Hermann Dietrich: ein Staatsmann der Weimarer Republik, Boppard 1966, S. 60.

werden, was die in der ländlichen Bevölkerung verbreitete Wahrnehmung eines unheilbaren Notstandes zuspitzte.

3.11.3 „Erlösung" durch „Blut und Boden"-Ideologie

Mit der zunehmenden Radikalisierung der Landbevölkerung bildeten sich Gruppierungen, die den Aufstieg der NSDAP begünstigten.[6] Das Kerngebiet der Proteste lag 1928/29 in Schleswig-Holstein, wo die Verschuldung der Bauern besonders drückend war.[7] Eine zweite reichsweite Welle der Bauernproteste 1931/32 wurde durch den von Darré gegründeten agrarpolitischen Apparat der NSDAP unmittelbar beeinflusst.

Diplomlandwirt Richard Walther Darré verfasste Aufsätze und Bücher, die in völkischen Kreisen rezipiert wurden.[8] Er konstruierte einen Zusammenhang zwischen der höheren rassischen Qualität der Arier und deren Tätigkeit als Bauern. Seine Hauptwerke *Das Bauerntum als Lebensquell der nordischen Rasse* (1929) und *Neuadel aus Blut und Boden* (1930) hatten den Anspruch, eine neue Weltanschauung zu definieren. Das zentrale Unterscheidungsmerkmal zwischen der arischen und den anderen Rassen lag für Darré im bäuerlichen Wesen. Um den Niedergang des Volkes durch Industrialisierung und Urbanisierung aufzuhalten, sollte eine Rückkehr zu den Wurzeln erfolgen. Dies zu initiieren, sah er als vorrangige Staatsaufgabe an.

Hitler ernannte Darré im Sommer 1930 zum landwirtschaftlichen Berater. Als solcher unterstützte er den Aufbau des agrarpolitischen Apparats der NSDAP und schuf ein Propagandanetzwerk, um Organisationen wie Landwirtschaftskammern und Verbände zu unterwandern. Viele Menschen auf dem Land waren der Überzeugung, dass sich die NSDAP energischer als andere Parteien für ihre Interessen einsetze.[9] Bei den Reichstagswahlen von 1930 verzeichnete die Partei Adolf Hitlers einen Wahlerfolg, als sich ihre Stimmzahl gegenüber der vorangehenden Wahl verachtfachte. Besondere Erfolge erzielte die Partei in Regionen, die von Kleinbauern und landwirtschaftlichen Familienbetrieben geprägt waren.[10]

Im Dezember 1932 übernahm Darré die Leitung des neugegründeten Amts für Agrarpolitik der NSDAP. Hier arbeitete er die Grundlinien der Gesetzgebung aus, die nach der Machtübernahme umgesetzt werden sollte. Durch Märsche und Kundgebun-

---

6 *Jürgen Bergmann, Klaus Megerle*, Protest und Aufruhr in der Landwirtschaft in der Weimarer Republik, in: Jürgen Bergmann (Hrsg.), Regionen in historischen Vergleich. Studien zu Deutschland im 19. und 20. Jahrhundert, Opladen 1989, S. 206.
7 Vgl. *Rudolf Heberle*, Landbevölkerung und Nationalsozialismus, Stuttgart 1963.
8 Vgl. *Horst Gies*, Richard Walter Darré. Der „Reichsbauernführer", die nationalsozialistische „Blut und Boden"-Ideologie und Hitlers Machteroberung, Köln 2019.
9 *Heberle*, Landbevölkerung, S. 163.
10 *Thomas Childers*, The Nazi Voter. The Social Foundations of Fascism in Germany 1919–1933, Chapel Hill 1983, S. 159.

gen förderten die Nationalsozialisten die Verbreitung eines Weltbildes, das als „Blut und Boden"-Ideologie bekannt wurde. Gleichzeitig setzte Darré seine Politik der Unterwanderung der Verbände fort. Die „Blut und Boden"-Ideologie begegnete der Identitätskrise von Großgrundbesitzern und Bauern mit der Betonung ihres Wertes als Fundament der Volksgemeinschaft und der Vorspiegelung einer „bauerngerechten" Gesellschaft als Erlösung allen Übels.[11] Das Wahlergebnis vom Juli 1932 bestätigte die Wechselbeziehung zwischen Radikalisierung der Landbevölkerung und Stimmenzuwachs der NSDAP.

Der Aufstieg der nationalsozialistischen Bewegung vollzog sich im Gleichschritt mit der Unfähigkeit der Präsidialregierungen, die Krise zu meistern. Landwirtschaftsminister Schiele hielt eine hohe Zollbarriere für erforderlich. Außerdem plante er besondere Hilfsmaßnahmen für die notleidende Landwirtschaft im Osten Deutschlands. Schließlich sollten Stützungsaktionen fortgeführt werden, die den Kriegsmaßnahmen ähnelten, wie etwa die Beimischung von Roggen- und Kartoffelmehl zum Weizenmehl.

Am 31. März 1931 verabschiedete die Regierung von Heinrich Brüning das „Gesetz über Hilfsmaßnahmen für die notleidenden Gebiete des Ostens" (Osthilfe) unter dem Druck des Reichspräsidenten Hindenburg. Die Osthilfe stellte bis 1936 Mittel für die Siedlung, die Lastensenkung und die Förderung der Landwirtschaft sowie für einen Vollstreckungsschutz über ca. zwei Milliarden RM bereit, d. h. der Reichsetat wurde erheblich zugunsten der Agrarier umgestellt.[12] Mit der Durchsetzung der Osthilfe standen sich zwei Grundsätze der Agrarpolitik entgegen: erstens die bloße Sanierung der Großgrundbetriebe mit staatlichem Geld, zweitens die Modernisierung durch Aufteilung der sanierungsunfähigen Betriebe. Die Großgrundbesitzer fühlten sich bedroht. Hans Schlange-Schöningen, ein reformorientierter pommerscher Großgrundbesitzer fungierte seit November 1931 als Reichskommissar für die Osthilfe; er stellte fest:

> Volkswirtschaftlich gesehen stellt sich die gesamte Entschuldungsaktion als eine Fehlleitung von Kapital dar; denn ohne tiefgreifende Strukturverbesserungen in der Landwirtschaft musste ein großer Teil der zu vergebenden Darlehen in wenigen Jahren wieder notleidend werden.[13]

Im Mai 1932 legte er einen Verordnungsentwurf vor, nach dem Teile des Großgrundbesitzes gegen angemessene Entschädigung enteignet werden sollten.[14]

In der Folge sah er sich einer scharfen Pressekampagne ausgesetzt. Innerhalb weniger Tage kam es zum Bruch zwischen Hindenburg und dem Kanzler. Die Osthilfe

---

11 Vgl. *Frank-Lothar Kroll*, Utopie als Ideologie. Geschichtsdenken und politisches Handeln im Dritten Reich, Paderborn 1998; ausführlich *Gies*, Darré, S. 161–550.
12 *Dietmar Petzina*, Deutsche Wirtschaft in der Zwischenkriegszeit. Wiesbaden 1977, S. 103 f.
13 *Michael Grübler*, Die Spitzenverbände der Wirtschaft und das erste Kabinett Brüning. Vom Ende der Großen Koalition 1929/30 bis zum Vorabend der Bankenkrise 1931, Düsseldorf 1982, S. 290.
14 Bundesarchiv Berlin, R 43 I/928, Bl. 266, Auszug aus der Niederschrift über die Ministerbesprechung, 3. 6. 1932.

stellte somit eine willkommene Gelegenheit dar, um der Regierung Brüning ein Ende zu bereiten. Auch die Absetzung des Präsidialkabinetts Kurt Schleicher war mit der Frage der Unantastbarkeit des Großgrundbesitzes verbunden. Der Kanzler stieß mit seinen Kolonisierungsplänen bei den Interessenverbänden auf Ablehnung. Dies nahm der Reichspräsident als Anlass für Schleichers Entlassung, worauf am 30. Januar 1933 die Ernennung Hitlers zum Reichskanzler folgte.

3.11.4 Das Intermezzo Hugenberg als Landwirtschaftsminister

Bei Hitlers Regierungsneubildung wurde das Ministerium für Landwirtschaft nicht wie erwartet Darré, sondern dem DNVP-Vorsitzenden Alfred Hugenberg übertragen. Dies war der Preis, den der Reichsbauernführer für die Allianz mit den Konservativen zu bezahlen hatte. In Hugenbergs Augen galt die Landwirtschaft als Fundament der Wirtschaft.[15] Ein Gesetz im Juni 1933 stellte staatliche Mittel in Höhe von 600 Mio. RM zur Entschuldung von Agrarbetrieben bereit.

Eine zentrale Rolle spielte der sogenannte Fett-Plan, den Staatssekretär Hans Joachim von Rohr-Demmin ausgearbeitet hatte, um den Konsum inländisch erzeugter Fette bei garantiertem Preis zu fördern. Am 23. März 1933 wurde die Reichsstelle für Milcherzeugnisse, Öle und Fette eingerichtet, womit man zur Staatsregulierung des Ersten Weltkriegs zurückkehrte. Darré ertrug die Zurücksetzung nur schwer, und die nationalsozialistisch kontrollierte Presse ging mit dem neuen Landwirtschaftsminister Hugenberg hart ins Gericht. Darré nahm den Titel eines Reichsbauernführers an und vollendete in dieser Funktion die Gleichschaltung der Agrarverbände.

Dabei unterschieden sich die Vorschläge Hugenbergs nicht stark von denen Darrés. Sie reichten vom Zollschutz durch Schaffung eines mitteleuropäischen Wirtschaftsraumes bis zur staatlichen Marktregulierung und der bedingungslosen Entschuldung der Landbevölkerung. Seiner Rhetorik fehlten lediglich die scharfen ideologischen Konturen und die rassistischen Bezüge.

Hugenbergs Fauxpas bei seiner Rede auf der Londoner Weltwirtschaftskonferenz am 12. Juni 1933, als er auf das Recht des Reichs auf Rückgabe der Kolonien pochte, stellte für Hitler die Gelegenheit dar, sich seiner zu entledigen. Als er am 26. Juni als Reichsminister zurücktrat, hatte er „seine offenkundig weit ausgreifenden Vorstellungen [...] nicht einmal in Ansätzen verwirklichen" können.[16]

---

15 Vgl. *Gustavo Corni*, Alfred Hugenberg as Minister for Agriculture: Interlude or Continuity? In: German History 7, 1989, S. 204–224.
16 *Ulrich Schlie*, Das Reichsministerium für Ernährung und Landwirtschaft in der Zeit des Nationalsozialismus, in: Horst Möller [u. a.] (Hrsg.), Agrarpolitik im 20. Jahrhundert. Das Bundesministerium für Ernährung und Landwirtschaft und seine Vorgänger, Berlin 2020, S. 116.

Drei Tage später nahm Darré seine Position ein. An seine Seite rückte Herbert Backe als Staatssekretär, der einerseits enger Mitarbeiter Darrés, andererseits aber auch dessen Rivale wurde. Indem sich Backe mit Himmler verbündete, gelang ihm innerhalb weniger Jahre, den Reichsbauernführer, der nicht in der Lage war, seine rigiden ideologischen Positionen mit dem Pragmatismus des Regierens in Einklang zu bringen, in den Hintergrund zu drängen. In seinen ersten beiden Amtsjahren war Darré jedoch sehr aktiv. Mit einer Reihe stark ideologisch eingefärbter Gesetze schuf er die Grundlagen für eine Umstrukturierung der Agrarpolitik und der Interessenvertretung des Landstandes.

3.11.5 Institutionelle Neuordnung: Reichsnährstand, Erbhof und Marktordnung

Der erste Baustein einer neuen Ordnungspolitik war das „Gesetz über den vorläufigen Aufbau des Reichsnährstandes und Maßnahmen zur Markt- und Preisregelung für landwirtschaftliche Erzeugnisse" vom 13. September 1933. Ihm ging ein Gesetz voraus, das am 15. Juli dem Reich die Zuständigkeit für die Regelung des ständischen Aufbaus der Landwirtschaft übertrug. Das Reichsnährstandgesetz vereinte zwei wesentliche Aspekte der Vision Darrés: 1. Die Interessen des Bauernstandes sollten zusammengefasst und unter staatliche Kontrolle gestellt werden; 2. der Markt für landwirtschaftliche Erzeugnisse sollte ebenfalls der Staatsregulierung unterliegen. Mit einer späteren Verordnung wurden bestehende Einrichtungen wie Landwirtschaftskammern, Landwirtschaftsrat, Genossenschaften zwangsweise in den Reichsnährstand (RNS) eingegliedert.

Zwar bemühte sich die NS-Propaganda, den RNS als ein Organ der Selbstverwaltung darzustellen, doch war die Wirklichkeit eine andere. Tatsächlich wurde der Reichsnährstand vom Staat, das heißt vom Reichsminister, kontrolliert. Das Führungspersonal entstammte dem agrarpolitischen Apparat der NSDAP und hatte den Anweisungen Darrés Folge zu leisten. Der RNS war „zwar formaljuristisch gesehen selbständig, der Sache nach und faktisch aber Organ des Staates".[17]

Dieses „Handstreichverfahren"[18] gab der Landwirtschaft die Gelegenheit, das gegenüber den anderen Wirtschaftssektoren verlorene politische Terrain zurückzuerobern. In den folgenden Jahren gab es Proteste von Seiten anderer Interessenvertretungen gegen die Ansprüche des RNS. Besonders mit den Groß- und Kleinhändlern

---

[17] *Horst Gies*, Die Rolle des Reichsnährstand im nationalsozialistischen Herrschaftssystem, in: Gerhard Hirschfeld/ Lothar Kettenacker (Hrsg.), Der „Führerstaat". Studien zur Struktur und Politik des Dritten Reiches, Stuttgart 1981, S. 273.
[18] *Gustavo Corni/Horst Gies*, Brot – Butter – Kanonen. Die Ernährungswirtschaft in Deutschland unter der Diktatur Hitler, Berlin 1997, S. 89.

von Agrarprodukten entstanden heftige Auseinandersetzungen. Nicht weniger problematisch war das Verhältnis zu den Gauleitern. Darré verteidigte sich mit dem Hinweis auf die gesamtwirtschaftliche Bedeutung des primären Sektors, auch aus bevölkerungspolitischer Perspektive. Er betonte, dass der RNS das Modell für eine Restrukturierung der gesamten Volkswirtschaft bilden sollte.

Die Organisationsstruktur des RNS wurde mit sechs zwischen 1933 und 1935 erlassenen Durchführungsverordnungen festgelegt. Von den drei Hauptabteilungen sollte die erste („Der Mensch") die sog. Standesaufgaben wahrnehmen. Die zweite Hauptabteilung („Der Hof") war für die Förderung der Produktion zuständig, während die dritte („Der Markt") das Marktgeschehen überwachen und die Kommandozentrale der Marktordnung darstellen sollte.

Es handelte sich um eine verzweigte Organisation mit rund zwanzig Landesbauernschaften, mehr als 500 Kreis- und rund 55 000 Ortsbauernschaften. Es gab etwa 30 000 hauptamtlich angestellte und bis zu 250 000 ehrenamtliche Mitarbeiter, ferner lokale „Bauernführer" und Sonderbeauftragte aller Art. Die Aufrechterhaltung des Apparats ermöglichten die Beitragszahlungen der ca. 17 Millionen Mitglieder, die sie im Verhältnis zum Einheitswert und zum Betriebsertrag leisteten. Der Jahreshaushalt von mehr als 100 Mio. RM war auch durch steuerliche Abgaben gedeckt, die auf die Profitspannen der Händler und Verarbeiter erhoben wurden. Die bürokratische Expansion erforderte immer höhere Personalausgaben, die trotz der vom Reichsrechnungshof verfügten Kostenrationalisierung immer weiter anstiegen.

Von seiner Größe her war der RNS eine der bedeutendsten Massenorganisationen des Dritten Reiches und stand in direkter Konkurrenz zur Deutschen Arbeitsfront. Seine politische Macht schränkten verschiedene Faktoren ein, vor allem der Umstand, dass Darré nicht zu Hitlers engstem Kreis gehörte. Dieser Ausschluss war dem streitsüchtigen Charakter des Bauernführers zuzuschreiben. Auch gab es interne Spannungen im RNS, die von der Rivalität zwischen den „Unterführern" herrührten.[19] Gleichzeitig waren die Überschneidungen zwischen RNS und Ministerium der operativen Effizienz abträglich.[20] Es muss hinzugefügt werden, dass Darré infolge seiner charakterlichen Eigenschaften unfähig war, einen solch komplexen Apparat zu steuern. Schließlich verlor der Primärsektor in der Wirtschaftspolitik des Regimes an Bedeutung, obwohl er, wie man aus dem Ersten Weltkrieg wusste, in höchstem Maße kriegsrelevant war.

Um die immer stärker zutage tretende konkrete Unzulänglichkeit zu kompensieren, förderte der RNS kulturelle Aktivitäten, Versammlungen und Feste, in denen eine fingierte urbäuerliche Tradition verherrlicht wurde. Eine zentrale Rolle spielte dabei das Reichserntedankfest, das man seit 1933 am ersten Sonntag im Oktober zentral auf

---

19 *Gustavo Corni*, La politica agraria del nazionalsocialismo, Mailand 1989, S. 107; vgl. auch *Andreas Dornheim*, Beamte, Adjutanten, Funktionäre. Personenlexikon zum Reichsministerium für Ernährung und Landwirtschaft und Reichsnährstand, Stuttgart 2021.
20 *Schlie*, Das Reichsministerium, S. 150 ff.

dem Bückeberg in der Nähe von Hameln veranstaltete. Im Laufe der Jahre nahmen hunderttausende Menschen an dem Fest teil. Dabei wurde die enge Beziehung zwischen Regime und Landvolk gefeiert. Hitler machte von Anfang an seine Aufwartung bei dem Fest, das 1938 wegen der Sudetenkrise eingestellt und danach nie wieder veranstaltet wurde. Dies kann als zusätzliches Zeichen des politischen Untergangs Darrés gedeutet werden.

Ein weiteres Element des RNS war die Marktorganisation. Das erwähnte Gesetz vom 15. Juli 1933 ermächtigte den Reichsminister, Betriebe zum Zwecke der Marktregulierung zu Syndikaten und Kartellen zusammenzuschließen. Mit der Marktordnung verfolgte man nicht die Absicht, die Privatinitiative einzuschränken, und sie entsprach auch nicht einer Staatsplanung nach sowjetischem Vorbild. Der Staat nahm vielmehr die Rolle eines Impulsgebers ein – so lautete die offizielle Begründung. Anfänglich nahm ein großer Teil der Bauern diese Maßnahmen als positiv wahr. Das System versprach, Preisschwankungen zu vermeiden und die nationale Produktion vor der Auslandskonkurrenz zu schützen.

Das Rahmengesetz orientierte sich am Prinzip einer „Regelung der Erzeugung, des Absatzes sowie der Preise und Preisspannen von landwirtschaftlichen Erzeugnissen"[21] und übertrug dem RNS die Befugnisse zur Durchführung aller erforderlichen Maßnahmen. Um diese Ziele zu erreichen, hatte der Minister große Machtbefugnisse, um Erzeuger- und Verkäufergruppierungen zu errichten oder einzelne Betriebe zur Anpassung zu zwingen. Die Analyse dieser Grundsätze verdeutlicht, dass der RNS ein von Staat und Partei kontrolliertes Kartell war, das die gesamte Ernährungswirtschaft umfassen sollte. Die Maßnahmen gründeten nach den Worten von Darré auf dem ehrgeizigen Ziel einer „Herauslösung der Bauernwirtschaft aus der kapitalistischen Wirtschaft".[22] Seit Langem strebten Theoretiker, Politiker und Interessenverbände des Primärsektors dieses Ziel an. Die von Darré unterzeichneten Gesetze fügten sich in einen internationalen Rahmen ein, in dem seit 1918 Formen der Agrarmarktplanung praktiziert wurden: Preislenkung, Marktkontrolle und Staatsmonopole.[23]

Durch die Garantie fester Preise wurden nicht nur Erwartungen der Erzeuger hinsichtlich eines sicheren Einkommens, sondern auch die Interessen der Verbraucher befriedigt, die auf dem Markt Lebensmittel in ausreichenden Mengen vorzufinden hofften. Für eine solche Politik mussten alle Komponenten der Agrarwirtschaft reguliert werden, angefangen bei der Übersicht über Bedarf und Erzeugung bis zur Berücksichtigung der Erzeugungsmöglichkeiten. Die Handelsspannen wurden verringert und negative Einflüsse der internationalen Märkte ausgeschlossen, indem man die Importe reglementierte und die Preise für alle Nahrungsmittel festschrieb. Das ehrgeizige Programm

---

21 *Hermann Reischle/Wilhelm Saure*, Der Reichsnährstand: Aufgaben, Aufbau und Bedeutung, Berlin 1934, S. 20 f.
22 Zitiert in *Corni/Gies*, Brot – Butter – Kanonen, S. 253.
23 Siehe die vergleichende Studie: *Klaus Schiller*, Marktregulierung und Marktordnung in der Weltagrarwirtschaft, Jena 1940.

wollte unterschiedliche Interessen unter einen Hut bringen und musste gleichzeitig berücksichtigen, dass die Agrarproduktion in wesentlichen Bereichen unzureichend war, vor allem bei Futtermitteln, Ölen und Fetten. Schließlich wirkte der Schutz des Ernährungssektors auf die internationale Stellung der deutschen Wirtschaft zurück, denn ein protektionistischer Kurs hätte Vergeltungsmaßnahmen von den anderen Ländern provoziert und der deutschen Exportindustrie geschadet.

Die ersten im Rahmen der Marktordnung gegründeten Einrichtungen waren ab Dezember 1933 die sogenannten Reichsstellen. Sie hatten die Aufgabe, die Importe landwirtschaftlicher Produkte zu regulieren und waren dem Ministerium direkt unterstellt. Bis 1935 folgten die wirtschaftlichen Vereinigungen, die später in Hauptvereinigungen umbenannt wurden. Es handelte sich um Zwangskartelle von Erzeugern, die die Quoten und die Marktpreise für die Agrarproduktion festlegten. Formal wurden die Vereinigungen von den Erzeugern selbstverwaltet, tatsächlich aber vom RNS gesteuert.

Die Reichsstellen regulierten die Agrarimporte unter Berücksichtigung der Lage auf dem Binnenmarkt. Sie legten auch deren Preise fest, kauften eventuell überschüssige Vorräte auf und lagerten diese bis zum geeigneten Zeitpunkt für die Vermarktung ein oder verarbeiteten sie zum Beispiel zu Konserven. Die dabei entstandenen Kosten wurden vom Staat übernommen und zum Teil an die Verbraucher weitergegeben. Diese Mechanismen fanden auch nach 1945 in der gemeinsamen europäischen Agrarpolitik Anwendung.[24] Die Vereinigungen legten für alle Landwirte die Preise fest, die sie für ihre Produktion erhielten, aufgeschlüsselt nach Gebieten und Jahreszeit und unter Berücksichtigung des inländischen Bedarfs. Die Erzeuger hatten auf diese Weise Sicherheit hinsichtlich ihres Einkommens. Über die Preise ließen sich auch die Entscheidungen der Landwirte beeinflussen; sie setzten Anreize zur Verlagerung der Produktion in ertragreiche Bereiche.

Die Steuerungsmechanismen waren komplex und hingen von zahlreichen Variablen ab. In der Getreidewirtschaft wurde z. B. für 1933 eine Überproduktion geschätzt und daher ein Mindestpreis für Weizen und Roggen festgelegt. Außerdem wurde ein Zwangskartell der Mühlindustrie eingerichtet, um die Möglichkeit zur Spekulation zu verringern. In den folgenden beiden Jahren war die Getreideproduktion dann wegen Trockenheit unzureichend. Daher wurden entgegengesetzte Maßnahmen angewandt: die Festlegung von Höchstpreisen als Verbraucherschutz; die Einführung der Abgabequoten an die Hauptvereinigungen; das Verbot, das Getreide für andere Zwecke als den menschlichen Verbrauch zu verwenden. Auf diese Weise entstand jedoch eine Versorgungslücke in der ohnehin schon schwierigen Futtermittelsituation. Die Preise wurden in elf Klassen für Weizen und neun für Roggen festgelegt und diese zusätzlich nach Marktzonen unterteilt.

Die Agrarpolitik Darrés musste Antworten auf komplexe Probleme geben. Um den Verbrauchern z. B. qualitativ gute Milch anbieten zu können, wurde das Molkereiwesen

---

24 Vgl. Friedrich Kießling, Landwirtschaftsministerium und Agrarpolitik in der alten Bundesrepublik, in: Möller, Agrarpolitik, S. 459 ff.

rationalisiert, indem man Qualitätsvorschriften und Produktionsstandards einführte und die Absatzmöglichkeiten für die sog. Bauernbutter einschränkte, die von den Bauern selbst oder von kleinen Molkereien erzeugt wurde. Die Behörden garantierten den Erzeugern einen mit öffentlichen Mitteln gestützten Preis, der über die Jahre tendenziell stieg. Ein zentraler Bereich der Preisregulierung war Fett, weil die reichsweite Versorgungslücke mehr als 30 Prozent des Bedarfs betrug.

Man musste die Bedürfnisse der Verbraucher berücksichtigen: nicht alle konnten Butter besserer Qualität kaufen. Deswegen konnte die Margarineproduktion, die auf importierten Grundstoffen beruhte, nicht begrenzt werden. Im Herbst 1933 wurde beschlossen, zur Abdeckung von etwa zwei Dritteln des Angebots die sog. Haushaltsmargarine einzuführen, deren Anteil später auf 75 Prozent erhöht wurde. Sie war von minderer Qualität und unterstand einem administrativ festgelegten Preis. Trotz der Vorbehalte Hitlers musste der Einzelhandel Listen mit namentlicher Erfassung der Kunden einführen, was einer Rationierung gleichkam. Das System war kompliziert und funktionierte nicht optimal.

Allgemein war Darrés Marktordnung vom Sommer 1933 auf dem Papier durchdringender als die im Ersten Weltkrieg praktizierte Zwangswirtschaft. Dies war dem Umstand geschuldet, dass die nationalsozialistische Diktatur über weitaus mehr Macht verfügte als das Kaiserreich. Auch darf nicht vergessen werden, dass die Marktordnung in eine Zeit des Friedens sowie politischer und wirtschaftlicher Erfolge fiel. Andererseits war die Marktordnung schwerfälliger und widersprüchlicher, denn in den ersten beiden Regierungsjahren mussten Ministerium und RNS rund 250 detaillierte Verordnungen und Bestimmungen in diesem Bereich erlassen: „Der RNS wurde zum Opfer seiner eigenen Bemühungen, alle Aspekte der Nahrungsmittelproduktion zu kontrollieren".[25]

Bevor das Thema der Entwicklung der Agrarproduktion im Rahmen der Marktordnung vertieft wird, ist das dritte Gesetz zu behandeln, das die „Blut und Boden"-Ideologie widerspiegelte. Am 29. September 1933 wurde das Reichserbhofgesetz veröffentlicht, das auf eine Änderung des Erbrechts zielte. Im größten Teil des Deutschen Reichs galt damals das Anerbenrecht, d. h. der ungeteilte Übergang des Nachlasses auf einen Haupterben unter Abfindung der Miterben. In den südlichen und südwestlichen Landesteilen war hingegen noch die Tradition der Realteilung verwurzelt. Schon am 15. Mai 1933 wurde unter Federführung des nationalsozialistischen Justizministers Preußens, Hanns Kerrl und unter Umgehung des Landwirtschaftsministers Hugenberg ein Gesetz erlassen, das in den Realteilungsgebieten Preußens fakultativ die „geschlossene Vererbung" (Einzelerbenfolge) einführte. Nachdem Darré die beiden Positionen des Reichs- und preußischen Ernährungsministers in Personalunion übernommen hatte, wurde das Reichserbhofgesetz mit aller Eile in Kraft gesetzt. Bereits am 1. Oktober 1933, anlässlich des ersten Reichsbauerntages in Goslar, präsentierte es

---

[25] *Adam Tooze*, Ökonomie der Zerstörung. Die Geschichte der Wirtschaft im Nationalsozialismus, München 2007, S. 245.

Darré mit den Worten: „Die Erbhöfe sollen wieder die Keimzellen der rassischen Wiedergeburt des deutschen Volkes werden".[26]

Das Erbhofgesetz führte das Zwangsanerbenrecht auf dem ganzen Reichsgebiet ein und brach vielerorts mit den althergebrachten Traditionen. Anders als im preußischen Gesetz konnte der Erblasser die Erbfolgebestimmungen nicht ändern, sondern lediglich den Einzelerben benennen, der männlichen Geschlechts sein musste. Der Staat behielt sich zudem das Recht zur Überprüfung vor, ob der Erbe „bauernfähig" war. Ein Recht der weichenden Erben auf eine Abfindung oder Mitgift in Form von Geld gab es nicht. Als „Ackernahrung" im Sinne des Gesetzes, also die zur Ernährung einer Familie erforderliche Fläche, wurde in der Regel eine Betriebsgröße zwischen 7,5 und 125 Hektar angenommen. Besondere Kulturen wie Weinbau oder territoriale Gegebenheiten wurden dabei berücksichtigt. Nur der Besitzer eines Erbhofes konnte weiterhin die Bezeichnung „Bauer" führen, der das Regime eine besondere Ehrwürdigkeit zuerkannte, alle anderen galten als „Landwirte". „Bauer" durfte außerdem nur eine Person sein, die „deutschen oder stammesgleichen Blutes" war.

Das Gesetz brach – wie seine Kritiker unterstrichen[27] – mit einem Grundprinzip der Bauernkultur: dem Zusammenhalt der Familie. Somit förderte es die Landflucht und den Trend zur Einkindehe.

Die Verfügungs- und Vertragsfreiheit des erbenden Bauers war beschränkt, weil Erbhöfe als „grundsätzlich unveräußerlich und unbelastbar" erklärt wurden. Das beeinträchtigte die Kreditfähigkeit und Investitionsmöglichkeit der Produzenten. Deshalb übte die Reichsbank Kritik: Der Bauer, „bislang unumstrittener Herr auf seiner Scholle, wurde zum Statthalter der Interessen seines Volkes".[28]

Die Eingriffe in das Selbstbestimmungsrecht der Bauern und die wirtschaftlichen Schwierigkeiten, die das Gesetz noch verstärkte, sorgten bei der Landbevölkerung für erhebliche Akzeptanzprobleme. Mitte 1936 gab es ca. 116 000 Einsprüche vor den Gerichten.[29] Die in die Erbhofrolle eingetragenen 718 000 Betriebe lagen weit unter der angestrebten Million. Die Erbhöfe bewirtschafteten insgesamt nur knapp ein Drittel der Anbaufläche. Zwar bemühten sich die eigens eingerichteten Anerbengerichte, den Willen des Erblassers zu respektieren und das Gesetz den Gegebenheiten pragmatisch anzupassen. Aber die Verfahren erwiesen sich als umständlich, sodass das Ergebnis der Erbhofbildung im Dritten Reich hinter den optimistischen Erwartungen zurückblieb.[30] Mit der Verordnung vom 30. September 1943 versuchte man wesent-

---

26 Zit. in *Gustavo Corni/Horst Gies*, „Blut und Boden". Rassenideologie und Agrarpolitik im Staat Hitlers, Idstein 1994, S. 35.
27 *Max Sering*, Erbhofrecht und Entschuldung, Leipzig 1934. Die kritische Schrift des angesehenen Agrarökonomen wurde zensiert und der Wissenschaftler diffamiert.
28 *Schlie*, Das Reichsministerium, S. 145.
29 *Daniela Münkel*, Bäuerliche Interessen versus NS-Ideologie. Das Reichserbhof in der Praxis, in: Vierteljahrshefte für Zeitgeschichte 44, 1996, S. 549–580.
30 *Corni/Gies*, Blut und Boden, S. 39.

liche Verbesserungen einzuführen, um dem wachsenden Unbehagen vor allem in Bayern und in Österreich entgegenzuwirken. Doch diese Modifikationen erfolgten zu spät.

3.11.6 Versäumnisse in der Produktionsförderung

Die Nationalsozialisten betonten das Prinzip der „Nahrungsfreiheit" – d. h. Importunabhängigkeit – als wesentliche Voraussetzung, um in der Außenpolitik freie Hand zu haben. In den Worten des NS-Agrarfunktionärs Hermann Reischle: „Wir Nationalsozialisten sehen im deutschen Grund und Boden den Garanten einer ausreichenden Ernährung unseres Volkes".[31] Die Ergebnisse dieser Politik wurden jedoch den Erwartungen nicht gerecht. 1932 musste noch 26 Prozent des deutschen Nahrungsmittelverbrauchs importiert werden, hauptsächlich in den Güterkategorien Getreide und Futtermittel sowie Fett und Speiseöle. Für 1933 schätzte man, dass die einheimische Produktion knapp 81 Prozent der inländischen Nachfrage befriedigen konnte.

Im November 1934, während des Reichsbauerntages in Goslar, proklamierte Darré die „Erzeugungsschlacht" als prioritäre Aufgabe der Bauernschaft und des RNS. Damit lehnte man sich an die „Getreideschlacht" an, die seit Mitte der zwanziger Jahre die Säule der Agrarpolitik Mussolinis in Italien war.[32] Diese Erklärung widersprach dem ursprünglichen Geist von Darrés Agrarpolitik. Er hatte nämlich den Bauern versprochen, ihre wirtschaftliche Selbständigkeit und ihre traditionelle Lebensweise und Sitten zu schützen. Bereits im September des Vorjahres hatte der Minister jedoch gefordert: „Der Bauer muss seine Tätigkeit immer als eine Aufgabe an seinem Geschlecht und seinem Volk betrachten und niemals nur als eine rein wirtschaftliche Aufgabe". Drei Jahre später drückte sein Gegenspieler Backe diese Vorstellung wie folgt aus: „So ist die Erzeugungsschlacht ein bewusster Appell an den Idealismus des deutschen Bauers".[33] Die beiden Zitate verdeutlichen, wie die Idealvorstellung vom Bauern nach der „Blut und Boden"-Ideologie nicht mit einer produktionsorientierten Dynamik in Einklang zu bringen war.

Zudem fehlten wichtige Voraussetzungen für eine signifikante Produktionssteigerung. Die Mechanisierung der Arbeit auf dem Lande musste vor allem nach 1936 dem Vorrang der Industriebranchen weichen, die für die Aufrüstung unerlässlich waren. Deshalb wurden Gummi, Stahl, Eisen und andere Basisprodukte zur Mangelware. Auch die Verfügbarkeit von Lohnarbeitskräften ging zurück, weil die Fabrikarbeit und das städtische Leben auf viele Landarbeiter und Bauernsöhne eine starke Anziehungskraft ausübten.

---

31 Zit. in *Schlie*, Das Reichsministerium, S. 143.
32 Vgl. *Alexander Nützenadel*, Landwirtschaft, Staat und Autarkie. Agrarpolitik im faschistischen Italien 1922–1943, Tübingen 1997.
33 Zitiert in *Corni/Gies*, Brot – Butter – Kanonen, 267.

Die innere Kolonisation wurde seit dem späten 19. Jahrhundert als ein Mittel angesehen, um der Auswanderung aus den ländlichen Gebieten entgegenzuwirken.[34] Aus Sicht des NS-Regimes kamen zwei weitere Ziele hinzu: erstens die größere Verfügbarkeit von Arbeitskräften, um in der „Erzeugungsschlacht" zu bestehen und zweitens, nach Möglichkeit den Landhunger der wegen des Erbhofgesetzes nicht erbberechtigten Bauernsöhne zu stillen. Die offizielle Ideologie erwies sich jedoch als eine Fessel, die den Erfolg der Kolonisation beeinträchtigte. Mit der Umbenennung in „Neubildung des deutschen Bauerntums" wurde die nationalsozialistische Siedlungspolitik mit dem erklärten Ziel vorangetrieben, die „Blutsqualität" der Landbevölkerung zu erhöhen. Daher wurden strenge, rassisch- und nicht leistungsorientierte Auswahlkriterien für die „Jungbauern" eingeführt. Neben der rassenideologisch bedingten Eingrenzung des Kreises potenzieller Siedler reduzierte das Erbhofrecht den ohnehin knappen Landvorrat. Man wollte auch nicht den Besitzstand der von Göring wegen ihres höheren Produktionspotenzials protegierten Großgrundbesitzer Ostelbiens antasten. Der Einfluss des Adels in der Ministerialbürokratie und in der Wehrmacht behinderte die Bestrebungen Darrés, die Entschuldung durch Landabgabe als Hebel zur Aufteilung der Großbetriebe einzusetzen. Zwischen 1933 und 1939 entstanden insgesamt 21 774 Neusiedlungen mit einer Gesamtfläche von 362 442 Hektar. Dieses enttäuschende Ergebnis – nicht viel brillanter als das des verhassten Weimarer Systems – führte zu keiner Änderung des Status quo. Nach der Reichsstatistik von 1939 verringerte sich die Anzahl der Großbetriebe über 100 Hektar gegenüber 1933 nur um einige hundert Einheiten, und ihr Anteil an der Nutzfläche ging von 37,9 % auf 36,8 % zurück.

Einen Ausweg aus dem Dilemma, in dem sich die nationalsozialistische Siedlungspolitik befand, bot die expansionistische „Lebensraum"-Perspektive. Ebenso wie das Autarkieziel nur durch die rücksichtslose Ausbeutung der zu erobernden Gebiete erreichbar schien, könne auch die Bildung eines neuen, rassisch einwandfreien Bauerntums nur im erweiterten Lebensraum erfolgen. Nachdem Darré politisch kaltgestellt war, wurde er zu Kriegsbeginn von der Planung der „idealen Räume" für das deutsche Volk im Rahmen des Generalplans Ost ausgeschlossen. Nach der Ernennung Heinrich Himmlers zum Reichskommissar für die Festigung des deutschen Volkstums am 7. Oktober 1939 lagen diese Planungen in seinen Händen.[35]

Darré und der RNS stuften die Behebung des agrarischen Arbeitskräftemangels als eine Angelegenheit höchster Dringlichkeit ein, die nicht nur wirtschaftlich, sondern auch „weltanschaulich" höchst bedeutsam sei. Ab 1936 nahm das Problem wegen der im Rüstungsboom erreichten Vollbeschäftigung dramatische Ausmaße an. Die jüngeren Landbewohner wanderten in die Städte ab, angelockt nicht nur von besseren Löhnen, sondern auch von der Erwartung eines sozialen Aufstiegs. Das Regime versuchte auf

---

34 Grundlegend *Friedrich-Wilhelm Boyens*, Geschichte der ländlichen Kolonisation, 2 Bde. Berlin/Bonn 1959.
35 *Isabel Heinemann*, Rasse, Siedlung, deutsches Blut. Das Rasse- und Siedlungshauptamt der SS und die rassenpolitische Neuordnung Europas, Göttingen 2006.

Abb. 1: BArch, Bild 146-1987-085-19. Ostpreußen, Löwenstein (heute Lwowiec), Reichsarbeitsdienst als Erntehelfer, Juli 1938.

diese Dynamik zu reagieren, denn sie gefährdete sowohl die Produktionssteigerung als auch die Prinzipien der „Blut und Boden"-Ideologie. Man fürchtete auch, dass die erhöhte Arbeitsbelastung der Bauersfrauen deren Gebärfreudigkeit beeinträchtigen könnte.

Teilen des Problems wirkten Treueprämien und Ehestandsdarlehen entgegen.[36] Es wurden Arbeitsprogramme mit begrenzter Dauer aufgelegt, die an den Idealismus der Jugend appellierten: Landjahr, Landhilfe, das Pflichtjahr für Frauen. Verbote wie dasjenige des Arbeitsplatzwechsels von Dezember 1936 folgten. Im April 1938 schlug Backe eine 20-prozentige Lohnerhöhung für Arbeitskräfte in der Landwirtschaft vor, was Hitler jedoch ablehnte. Zwischen 1933 und 1939 verringerte sich die Zahl der Lohnarbeiter um 16,8 Prozent, während die der mithelfenden Familienangehörigen um 5,5 Prozent stieg. 1939 arbeiteten schließlich 1,3 Millionen weibliche Familienangehörige mehr in der Landwirtschaft als sechs Jahre zuvor.[37] Daraus ist der Schluss zu ziehen, dass die „Erzeugungsschlacht" letztlich nur ein propagandistisches Mittel ohne solides Fundament war.

---

36 Vgl. die Abschnitte 5.4.3 und 5.5.4 in diesem Band.
37 *Frida Wunderlich*, Farm Labor in Nazi Germany 1810–1945, Princeton 1961.

In Anbetracht der Langsamkeit, mit der sich die Produktion steigern ließ und des zeitweiligen Rückgangs der Getreideerzeugung in den Jahren 1934 und 1935 (Mindererten um durchschnittlich 15 % gegenüber dem Rekordjahr 1933), forderte Darré enorme Summen für den Ankauf von Nahrungs- und Futtermitteln. Mit Hinweis auf die Devisenknappheit widersetzte sich Wirtschaftsminister Hjalmar Schacht diesen Forderungen und attackierte Darrés Politik als verfehlt. Er beschwor die Gefahr einer allgemeinen Krise des industriellen Sektors, dem daher bei der Verteilung der knappen Devisenreserven Vorrang eingeräumt werden sollte. Zwar wollte man keine Unzufriedenheit bei den Verbrauchern provozieren, doch genoss das industrielle Wachstum stets Priorität.

Darré trug Optimismus zur Schau, wenn er die Krise als vorübergehend bezeichnete. Der Reichsobmann des RNS Wilhelm Meinberg bekräftigte schon Ende 1935, dass in naher Zukunft die Verteilung von Lebensmitteln unter Anwendung „sozialistischer Methoden" drastisch reglementiert werden müsse, um jedem Bürger die von ihm benötigten Lebensmittel zu garantieren. Die vor allem ab 1937 steigenden Lebensmittelimporte belegten, dass die Erzeugungsschlacht nicht in der Lage war, die Versorgungslücke zu schließen: In der zweiten Hälfte des Jahrzehnts konnte die Binnenerzeugung 18 bis 20 % des Gesamtbedarfs nicht decken.[38]

Die im August 1936 verfasste Denkschrift zum Vierjahresplan setzte neue Prioritäten. Hitler erklärte die unbedingte Durchsetzung der Autarkie zum Ziel, aber mit einer veränderten Perspektive. Denn seiner Ansicht nach konnte das „Ergebnis unserer landwirtschaftlichen Produktion [...] eine wesentliche Steigerung nicht mehr erfahren [...]. Die endgültige Lösung liegt in einer Erweiterung des Lebensraumes bzw. der Rohstoff- und Ernährungsbasis unseres Volkes".[39] Darré stimmte zwar mit Hitlers Linie überein, doch in Wirklichkeit bedeutete die Wende für den Reichsbauernführer eine Niederlage. Sie legte fest, dass jegliches Streben der Landwirtschaft nach Autonomie endgültig beendet und den Erfordernissen der Aufrüstung unterzuordnen war. Folgerichtig ernannte Göring den Technokraten Backe zum Ernährungsbeauftragten in der Vierjahresplanbehörde. „Kanonen" erhielten nun gegenüber „Brot und Butter" oberste Priorität.[40]

3.11.7 Agrarpolitik im erweiterten Lebensraum

Am Vorabend des Krieges war die Lage in der Landwirtschaft alles andere als beruhigend. 1938 hatten Darré und Backe unabhängig voneinander in zwei Denkschriften

---

38 *Walther G. Hoffmann*, Das Wachstum der deutschen Wirtschaft seit Mitte des 19. Jahrhunderts, Berlin 1965, S. 329.
39 *Wilhelm Treue*, Dokumentation: Hitlers Denkschrift zum Vierjahresplan 1936, in: Vierteljahrshefte für Zeitgeschichte 3, 1955, S. 206.
40 *Corni/Gies*, Brot – Butter – Kanonen, S. 273 f.

aufgezeigt, dass die Krise des Sektors nur durch eine Erhöhung der Erzeugerpreise gelindert werden könne. Zugleich sollten die Löhne erhöht und damit die Preisschere geschlossen werden. Hitlers Antwort war ablehnend, weil die Zufriedenheit der Verbraucher für ihn Vorrang hatte. Denn obwohl erhebliche Getreidereserven vorhanden waren, zweifelten die Experten daran, dass der Zivilbevölkerung im Kriegsfall ausreichende Lebensmittelrationen bereitgestellt werden könnten. Der politisch geschwächte Reichsbauernführer war daher gezwungen, seine Vorhaben in eine ungewisse Zukunft zu verschieben. Nur nach einem von ihm als „Intermezzo" eingeschätzten siegreichen Krieg sei man in der Lage, „ein Bauernreich im Sinne des Führers" zu errichten.[41]

Die für die Agrarpolitik Verantwortlichen hatten die Engpässe in der Ernährungswirtschaft des Ersten Weltkrieges als Schreckgespenst vor Augen. Um einer ähnlichen Entwicklung entgegenzuwirken, wurden bereits ab April 1936 mit Gründung einer Dienststelle für Ernährungssicherung präventive Vorkehrungen getroffen. Im September 1938 gelangte im engsten Regierungskreis eine Broschüre mit der Liste von 17 im Kriegsfall zu erlassenden Bestimmungen zur Verteilung.[42]

Eine Verordnung vom 27. August 1939 sah unter anderem vor, dass den Bauern und Landwirten festgesetzte Anteile ihrer Produktion für den Eigenverbrauch und als Saatgut belassen werden sollten. Alles, was darüber hinausging, unterlag der Beschlagnahme. Am selben Tage wurde ein gestaffeltes System der Lebensmittelrationierung eingeführt. Zwei Aspekte unterschieden das neue System von den im vorangehenden Weltkrieg angewandten Maßnahmen: Die Einbeziehung aller Lebensmittel und die Diversifizierung der Empfängerkategorien nach Frauen, Kindern, Normalverbrauchern, Schwer- und Schwerstarbeitern, was auf eine gerechte Verteilung abzielte.

Gemäß den Erfahrungen des Ersten Weltkrieges wollten die Behörden gleich zu Kriegsbeginn Druck auf Produzenten, Händler und Konsumenten ausüben. Eine Verordnung vom 4. September 1939 drohte „Wirtschaftsverbrechern" Geld- und Haftstrafen an. Die Produzenten wurden in ein dichtes Regelwerk strenger Vorschriften eingebunden. Das System der Marktordnung wurde verschärft: Bauern, die nicht effizient wirtschafteten, drohte mit einer Verordnung vom 20. Januar 1943 sogar die Enteignung.

Die Verordnung sah auch vor, die 1937 eingeführte „Hofkarte" und „Hofbegehungen" in breitem Umfang anzuwenden. Die „Hofkarte" legte im Detail die Produktionsbedingungen und das Inventar jeden Hofes fest; „Hofbegehungen" waren periodische Inspektionen von Seiten des RNS vor Ort. Im Rahmen dieser Kontrolltätigkeit wurden Ratschläge und Mahnungen verteilt. Damit drängte man die Bauern dazu, ihr wirtschaftliches Verhalten der allgemeinen Nachfrage anzupassen.[43] Es handelte sich ins-

---

41 *Corni/Gies*, Blut und Boden, S. 58.
42 *Corni/Gies*, Brot – Butter – Kanonen, S. 412.
43 Im Falle Österreichs erbrachten diese Maßnahmen eine wesentliche Rationalisierung der Bauernwirtschaft, vor allem in den Bergregionen, vgl. *Ernst Langthaler*, Schlachtfelder. Alltägliches Wirtschaften in der nationalsozialistischen Agrargesellschaft 1938–1945, Wien/Köln 2018.

gesamt um einen ehrgeizigen, aber zu spät eingeleiteten Versuch, die Landwirtschaft zu modernisieren. Bauern und Landwirte sahen die Eintragungen in der Hofkarte und die jährlichen Hofbegehungen als lästige Einmischung in ihre unternehmerische Freiheit an.

Der propagandistisch angekündigten Produktionsintensivierung waren enge Grenzen gesetzt. Im Dezember 1940 legte Darré unter dem Motto „Aufrüstung des deutschen Dorfes" einen anspruchsvollen Plan vor. Mithilfe breit angelegter Investitionen in Elektrifizierung und Mechanisierung sollte die landwirtschaftliche Modernisierung vorangebracht werden. Der Plan hatte jedoch keine Aussicht auf Verwirklichung. Die massenhafte Soldatenrekrutierung hatte die bereits vorher angespannte Lage bei der Verfügbarkeit von Arbeitskräften weiter verschlechtert. Die Konkurrenzsituation zum industriellen Rüstungssektor blieb erhalten. Die Reserven an Stahl, Gummi und Treibstoffen gingen immer mehr zurück, und der Mangel schränkte auch die Möglichkeiten zur Erhöhung der Produktivität ein. Die Verwendung von Düngemitteln sank erheblich, für Stickstoff zum Beispiel von 21,5 kg pro Hektar (1938/39) auf 5 kg pro Hektar im letzten Kriegsjahr. Auch die agrarischen Investitionen brachen um ein Drittel ein, nämlich von durchschnittlich 36 RM pro Hektar im Zeitraum 1936–1939 auf 24 RM pro Hektar in den Kriegsjahren.[44]

Wegen der Massenrekrutierung in die Wehrmacht hatten die Bäuerinnen, noch mehr als zuvor, die Arbeitslast und die Verantwortung für die Betriebsführung allein zu tragen. Diese Lage wurde zunehmend als belastend empfunden. Auf das Reservoir nicht arbeitender Frauen zurückzugreifen, erwies sich als nicht einfach[45] und der wiederholte Appell an die Jugend, Freiwilligenleistungen zu erbringen, als unzureichend. Die Zuteilung von ausländischen Arbeitskräften an die Betriebe wurde somit trotz rassistisch bedingter Vorbehalte unumgänglich. Die Rekrutierung war zunächst freiwillig, wurde aber dann zunehmend mit Zwang und Gewalt durchgesetzt. Nach der im August 1944 durchgeführten Erhebung waren 2,4 Millionen Ausländer in der Landwirtschaft tätig, das entsprach mehr als einem Fünftel der Beschäftigten.[46] Ein Drittel aller ausländischen Arbeitskräfte arbeitete im Primärsektor.

Auf die sinkende Ablieferungsmoral und den sich ausbreitenden Schwarzmarkt reagierten die Behörden mit einer gewissen taktischen Toleranz. Das „Zuckerbrot und Peitsche"-Prinzip trug dazu bei, dass die Lebensmittelablieferungen bis fast zum Ende des Krieges relativ stabil blieben. Hitler interpretierte das Trauma von 1918 als „Zusammenbruch der Heimatfront" und sah eine angemessene Versorgung der Zivilbevölkerung als Voraussetzung für eine erfolgreiche Kriegsführung an. Daher wurde ein differenziertes Rationierungssystem eingeführt, das möglichst gerecht die Arbeits-

---

44 *Hanau/Plate*, Preis- und Marktpolitik, S. 122.
45 Vgl. *Claudia Koonz*, Mothers in the Fatherland, London 1987; siehe auch Kapitel 5.4 in diesem Band.
46 *Joachim Lehmann*, Die deutsche Landwirtschaft im Krieg, in: Dietrich Eichholtz, Geschichte der deutschen Kriegswirtschaft, Bd. 2, Berlin 1985, S. 610. Vgl. zur Zwangsarbeit das Kapitel 5.3 in diesem Band.

leistung, aber nicht das Einkommen oder die soziale Stellung berücksichtigen sollte. Am Ende gab es offiziell 16 Verbraucherkategorien, in denen die zugeteilten Lebensmittelmengen stark voneinander abwichen. Die Zuteilungsperioden wurden auf nur vier Wochen festgelegt, um möglichst große Flexibilität zu haben. Für den Normalverbraucher waren anfänglich 2400 Kalorien täglich vorgesehen, für den Schwerstarbeiter 4200 Kalorien, wobei nach 1937 durchgeführte Untersuchungen für eine durchschnittliche Arbeiterfamilie 2750 Kalorien pro Kopf berechneten. Um keinen Raum für Willkür zu lassen, wurde versucht, alle erdenklichen Situationen zu regeln: So gab es etwa Zuteilungen für Gasthäuser und Restaurants unterschiedlicher Kategorien, Sonderpakete für die Festlichkeiten wie die bereits 1939 eingeführten Weihnachtspakete und zusätzlich Sonderkarten für Süßigkeiten, Milchzuschüsse für stillende Mütter, für Kranke usw. Ungeachtet der grundsätzlich optimistischen Sichtweise von Darré und Backe gab es hin und wieder Spannungen, vor allem wegen des anhaltenden Mangels an Fett, Eiern, Fleisch, aber auch Kartoffeln. Insbesondere erwies es sich als unmöglich, das Problem des „Schlangestehens" zu lösen. In den Schlangen verbreitete sich Unmut, und es kam zu Streitigkeiten zwischen Verbrauchern und Einzelhändlern. Auch die Einteilung in verschiedene Konsumentenkategorien gab Anlass zu Auseinandersetzungen, in diesem Fall zwischen Behörden und Unternehmen: Letztere versuchten, möglichst viele ihrer Arbeiterinnen und Arbeiter in die besser versorgte Kategorie der Schwerstarbeiter hochzustufen. Konflikte entstanden auch zwischen Ministerium und RNS einerseits und anderen Einrichtungen, wie etwa der Deutschen Arbeitsfront (DAF), andererseits. Letztere gab der Gemeinschaftsverpflegung in Kantinen und Mensen den Vorzug gegenüber der individuellen Rationierung und versuchte, diese Form der Lebensmittelverteilung unter ihre Kontrolle zu bringen. Laut Quellen der DAF gab es 1943 mehr als 21 000 Werkskantinen, die Zahl der Nutzer stieg seit 1939 von 800 000 auf fast fünf Millionen an.[47]

Die erste Reduzierung der Rationen wurde im Frühjahr 1942 im Hinblick auf eine vorhersehbare Missernte vorgenommen: Man kürzte die wöchentliche Brotration für Schwerarbeiter von 3650 auf 3400 Gramm und ihre Fettzuteilung von 800 auf 600 Gramm. Die Propaganda verbreitete dazu, dass es sich um eine Ausnahme handele. Innerhalb der Regierungsclique jedoch wurde die Episode als Vorwand benutzt, um Darré endgültig loszuwerden und Backe mit der Geschäftsführung des Ministeriums zu betrauen. Nur einen Monat nach Darrés Entlassung distanzierte sich Backe von seinem Vorgänger, indem er dessen „verschwommener Romantik" das Motto des „realen Idealismus" entgegensetzte.[48]

Jede Schwankung in der Bemessung der Rationen oder auch nur entsprechende Gerüchte verursachten „schockartige" Reaktionen in der Bevölkerung, die vom Sicher-

---

[47] Vgl. *Christoph Buchheim*, Der Mythos vom „Wohlleben". Der Lebensstandard der deutschen Zivilbevölkerung im Zweiten Weltkrieg, in: Vierteljahrshefte für Zeitgeschichte 58, 2010, S. 299–328.
[48] Backe und seine Tätigkeit stehen im Fokus der Monographie von *Gesine Gerhard*, Nazi Hunger Politics. A History of Food in the Third Reich, London 2015.

heitsdienst sorgfältig registriert und analysiert wurden. Tatsächlich blieb der Nahrungsmittelkonsum bis Herbst 1944 jedoch trotz zunehmender Engpässe auf einem relativ hohen Niveau. Daran hatten auch die Zwangslieferungen aus den besetzten Gebieten einen erheblichen Anteil. Eine verbreitete Unterernährung wie im Ersten Weltkrieg blieb aus, und auch die negativen Auswirkungen des Schwarzmarktes blieben begrenzt. Dies trug dazu bei, innerhalb der Bevölkerung ein relativ hohes Maß an Konsens zu erhalten. Allerdings zeigte die Verfügbarkeit qualitativ hochwertiger Lebensmittel eine sinkende Tendenz. Die jährliche Pro-Kopf-Verfügbarkeit von Fleischwaren, ohne die Schwarzschlachtungen mitzurechnen, fiel zwischen 1928 und 1944 von 44,8 kg auf 22,2 kg.

Einer der Faktoren, der zu einer Verschlechterung der Ernährungslage beitrug, war die nach dem Sommer 1943 beginnende langsame, aber ununterbrochene Verlegung der Ostfront nach Westen. Denn damit fielen für die deutschen Streitkräfte sukzessive die in den besetzten Gebieten verfügbaren Ressourcen weg.

Nun lastete die Versorgung der Wehrmacht immer mehr auf der Heimat. Aufgrund der strukturellen Einschränkungen und knapper Investitionen wies die Nahrungsmittelproduktion im Krieg insgesamt eine negative Tendenz aus: Die Erzeugung von Brotgetreide ging von 14,1 (1938) auf 10,3 Mio. Tonnen (1944) zurück; Futtergetreide von 11,9 auf 7,9 Mio. Tonnen, Kartoffeln von 50,9 auf 38,7 Mio. Tonnen.[49] Auch die Hektarerträge waren tendenziell rückläufig, mit Ausnahme der Kartoffeln. Der Schweinebestand verzeichnete einen Rückgang von 20,2 Mio. Stück (1928) auf 16,5 Mio. Stück (1943). Die Erzeugung von Frischmilch brach noch stärker ein: von 7,5 Mio. Litern (1932) auf 4,5 Mio. Liter (1944).[50] Im Vergleich zum Ersten Weltkrieg war der Produktionsrückgang allerdings weniger dramatisch. Der Schweinebestand etwa verringerte sich im Ersten Weltkrieg um 64 Prozent, im Zweiten „nur" um 34 Prozent. Dies lässt sich zum einen auf den Druck der Behörden auf die Erzeuger zurückzuführen, zum anderen auf die rigorosere Organisation der Kriegswirtschaft. Die Lage verschlechterte sich im Winter 1944/45 schlagartig, als die Selbstdisziplin sowohl der Bauern als auch der Verbraucher zunehmend nachließ. Die offiziellen Lebensmittelrationen spiegelten zu diesem Zeitpunkt die reale Lage wider: Zu Ende des Winters wurde die tägliche Ration für den Normalverbraucher offiziell nur noch mit 1671 Kalorien angesetzt, wobei die Lage in den Städten dramatischer war als auf dem Land.

Die nationalsozialistische Wirtschaftskonzeption verwarf das Prinzip der allgemeinen Handelsfreiheit, weshalb die Wirtschaft der Zukunft auf Großräumen gründen sollte. Der nationalsozialistische Großraum hätte auf dem europäischen Festland seine Wurzeln ausbreiten müssen, um sich eine solide Grundlage im Ernährungssektor zu beschaffen. Daher galt das Interesse vor allem den Ländern Mittel- und Ostmitteleuropas. Im Zentrum dieses Szenarios stand Russland. Die Fachleute, darunter Backe, waren überzeugt, dass Produkte in enormen Mengen ans Reich geliefert wer-

---
49 *Lehmann*, Deutsche Landwirtschaft, S. 617 ff.
50 Statistisches Handbuch für Deutschland 1928–1944, München 1949, S. 158 ff.

den konnten. Hitler behauptete im August 1941: „Ich brauche die Ukraine, damit man uns nicht wieder wie im letzten Krieg aushungern kann".[51] Nach Alan Milward hatte das Potential der Ukraine „fast eine mystische Bedeutung".[52] Die Bedingung für eine Nutzung dieser Ressourcen war, dass die defizitären Regionen im Norden und Zentrum des Landes, die sog. Waldzone, von dem fruchtbaren Schwarzerdegebiet der Ukraine abgetrennt würden. Das Schicksal der Bevölkerungen in den wirtschaftlich schwächeren Landesteilen war bei diesen Betrachtungen zweitrangig. In den Worten von Backe: „Armut, Hunger und Genügsamkeit erträgt der russische Mensch schon seit Jahrhunderten. Sein Magen ist dehnbar, daher kein falsches Mitleid".[53]

Im Molotow-Ribbentrop-Pakt von August 1939 war auch ein Abkommen zur Förderung des Tauschhandels enthalten: Nahrungsmittel und Rohstoffe für Deutschland im Austausch gegen Industriegüter und Technologie. Mit dem Ausbruch des Krieges wurde die Sowjetunion zum Herzstück der Strategie des Dritten Reiches, die die Züge einer radikalen Aushungerungspolitik annahm.[54] Die Propaganda konzentrierte ihre Botschaft auf das Motto eines Europas, dem es gelingen sollte, autark zu werden. Dem Reich fiele demnach die Aufgabe zu, den Großwirtschaftsraum zum Wohle Europas zu gestalten. Die Wirklichkeit sah anders aus: Es ging um nichts anderes als den Lebensraum, den das rassisch überlegene deutsche Volk benötige. Die Bedürfnisse aller anderen Völker seien diesem Ziel unterzuordnen. Die Logik, die allen härteren oder milderen Formen der Besatzung gemeinsam war, brachte Göring zum Ausdruck, als er im für die interne Versorgungslage kritischen Sommer 1942 die Besatzungsbehörden mahnte: „Es ist unmöglich, das deutsche Volk schlechter zu ernähren, als es im Leben der anderen Völker in den besetzten Gebieten aussieht".[55]

Bei den Besatzungen in West- und Nordeuropa spielte die Landwirtschaft dieser Länder anfangs eine bescheidene Rolle, mit Ausnahme der hochentwickelten Viehhaltung in Holland und Dänemark. Doch nachdem die Ergebnisse der Plünderung in Osteuropa enttäuschend waren, erhielten die westlichen Länder im Wirtschaftsgroßraum mehr Gewicht. Grob geschätzt machten die Zwangslieferungen aus Frankreich ein Fünftel der gesamten französischen Agrarproduktion aus. Was Südosteuropa betrifft, kann der Meinung eines Spezialisten zugestimmt werden: „Die wichtigsten Erwartungen der Deutschen wurden nicht erfüllt. Dort, wo Deutschland in der Lage war, eine effiziente Verwaltung und Produktions- und Lieferkontrollen einzuführen [...] war man auch in

---

51 *Reinhard Rürup* (Hrsg.). Der Krieg gegen die Sowjetunion 1941–1945, Berlin 1991, S. 32.
52 *Alan S. Milward*, War, Economy and Society 1939–1945, Berkeley/Los Angeles 1977, S. 261.
53 Nach den sog. 12 Geboten, verfasst von Backe am Vorabend des Angriffs, in: *Rürup*, Der Krieg, S. 46.
54 *Wigbert Benz*, Der Hungerplan im „Unternehmen Barbarossa" 1941, Berlin 2011.
55 *Corni-Gies*, Brot – Butter – Kanonen, S. 504. Die Vielfältigkeit der Beziehungen zwischen Produzenten und Besatzungsbehörden erläutert *Nicolas Stargardt*, Wartime Occupation by Germany: Food and Sex, in: Richard Bosworth/Joseph Maiolo (Hrsg.), The Cambridge History of the Second World War, Bd. 2: Politics and Ideology, Cambridge 2015, S. 385–411.

der Lage, Agrarüberschüsse abzuschöpfen".[56] Die Ausbeutung funktionierte also dort am besten, wo die Produktionssysteme moderner waren.

Die Fälle von Polen und der Sowjetunion liefern auf umgekehrte Weise den Beweis für die getroffene Feststellung. Nach der Annexion der westlichen Gebiete Polens wurde eine Planung umgesetzt, nach der die Kleinbauern enteignet wurden und sie dadurch Platz für deutsche Kolonisten freimachten. Ein Teil der Bauern wurde in das Generalgouvernement vertrieben, andere wurden zur Lohnarbeit gezwungen. Es wird geschätzt, dass zwischen 1939 und 1944 800 000 bis 850 000 Polen, größtenteils Bauern, Opfer der Vertreibungen wurden. Trotz der Anstrengungen von Gouverneur Hans Frank, das soziale und wirtschaftliche Leben zu rationalisieren, herrschte eine rücksichtslose Ausbeutung vor. Zwischen 1941 und 1943 schrumpften die Bestände an Pferden um 20 %, an Rindern um 25 % und an Schweinen sogar um 60 %.[57]

Insgesamt muss man jedoch davon ausgehen, dass die Erträge des besetzten Polens bis 1942/43 weniger als ein Zehntel der deutschen Importe von Fleischwaren und ein Drittel der Importe von Kartoffeln ausgemacht.[58] Diese Importe waren das Ergebnis eines besonders starken Drucks auf die Erzeuger und einer Herabsetzung des Ernährungsstandards für die einheimische Bevölkerung. Ein allgemeiner Rückgang verfügbarer Lebensmittel stellte sich in allen besetzten Gebieten ein, wenn auch mit unterschiedlicher Schärfe.[59] Besonders dramatisch verschlechterte sich die Ernährungslage unter der deutschen Besatzungsherrschaft in Osteuropa. Die Sowjetunion erlitt eine rücksichtslose Ausbeutung ihrer Ressourcen. Die eroberten Gebiete wurden unterschiedlichen Besatzungsregimen unterstellt: Direkt hinter der Front gab es einen breiten Streifen, der erbarmungslos für den Nahrungsbedarf der Streitkräfte ausgenutzt wurde; weiter im Hinterland wurden Reichskommissariate eingerichtet, in denen ein ständiger Konflikt zwischen dem Ministerium für die besetzten Ostgebiete von Alfred Rosenberg und dem von Göring geleiteten Apparat des Vierjahresplanes entbrannte. Rosenberg schickte etwa 14 000 vom RNS ausgewählte Landwirtschaftsführer mit dem Auftrag in die Reichskommissariate, die Sowchosen und Kolchosen anzuleiten. Die ersten Ergebnisse der Zwangslieferungen waren jedoch enttäuschend. Man hatte die strukturellen Probleme der rückständigen sowjetischen Landwirtschaft mit ihrer niedrigen Produktivität unterschätzt. Parallel zur Barbarisierung des Krieges gegen den bolschewistischen Erzfeind ging man bei der Nahrungsmittelentnahme zur rücksichtslosen Plünderung über. Diese Vorgehensweise entsprach den von Göring vertretenen Prinzipien: „Durch billige Produktion unter Aufrechterhaltung des niedrigen

---

56 *Edward A. Radice*, Agriculture and Food, in: *Michael C. Kaser* (Hrsg.), The Economic History of Eastern Europe, Bd. 2: Interwar Policy, the War and Reconstruction, Oxford 1985, S. 391.
57 Vgl. auch das Kapitel 7.5 in diesem Band.
58 *Radice*, Agriculture and Food, S. 395.
59 Vgl. die Fallstudien in *Tatjana Tönsmeyer/Peter Haslinger/Agnes Laba* (Hrsg.), Coping with Hunger and Shortage under German Occupation in World War II, London 2018.

Lebensstandards der einheimischen Bevölkerung sind möglichst hohe Produktionsüberschüsse zur Versorgung des Reiches zu erzielen".[60]

Aufgrund der enttäuschenden Ergebnisse wurden in Rosenbergs Ministerium Pläne für eine radikale Reform des sowjetischen Agrarwesens geschmiedet. Zu deren Förderern gehörte Karl Schiller, der spätere Wirtschaftsminister (1966–1972) in der Bundesrepublik. Nach intensiver Debatte genehmigte Hitler den Plan einer stufenweisen Rückführung der Kolchosen in Privateigentum. Die Reform wurde allerdings erst im Februar 1942 angekündigt, als klar wurde, dass der Sieg nicht so schnell wie geplant zu erringen war. Die Reform ging eher vorsichtig vor: Die Kolchosen sollten zunächst unter der Aufsicht der Landwirtschaftsführer in Landbaugenossenschaften umgewandelt werden. Erst später hätten dann „nur besonders fähige und tüchtige Bauern" die Betriebe als Privatbesitz unter der Bedingung erhalten, dass sie „über angemessene Betriebsmittel verfügten".

Schon dieser moderate Reformansatz wurde jedoch von den höheren Okkupationsbehörden, insbesondere Erich Koch, Reichskommissar in der Ukraine, kritisiert. Unterstützt von Himmler vertrat Koch die Ansicht, dass die fruchtbaren Böden der Ukraine nach dem Ende des siegreichen Krieges als Siedlungsland für das deutsche Volk dienen sollten. Die Reform blieb ohne praktische Ergebnisse, die Lieferungen aus der Ukraine gingen zurück. Ab Sommer 1943 begann dann der Rückzug der Wehrmacht, begleitet von einer Politik der „verbrannten Erde". Zweifellos trug jedoch die russische Landwirtschaft in erheblichem Maße zur Verbesserung der Ernährungsbilanz des NS-Staates bei: Im Jahr 1942/43, das aus deutscher Perspektive am ertragreichsten war, lieferte Russland fast drei Millionen Tonnen Getreide, 1,2 Mio. Tonnen Kartoffeln und über 262 000 Tonnen Fleisch. In den ersten drei Besatzungsjahren wurde auch die bedeutende Menge von über 900 000 Tonnen wertvoller Ölsaaten erbeutet. Die Kehrseite der Medaille bildeten – nach offiziellen sowjetischen Angaben – mehr als zehn Millionen getötete Zivilisten, 70 000 zerstörte oder schwer beschädigte Dörfer, der Verlust von 7 Mio. Pferden, 17 Mio. Rindern, 20 Mio. Schweinen sowie 192 Mio. Tonnen Kartoffeln und 150 Mio. Tonnen Getreide.[61]

Gleichwohl blieben die Ergebnisse hinter den hoch gesteckten Erwartungen zurück. Die gesamte Menge von neun Millionen Tonnen Getreide, die tatsächlich aus Russland ins Deutsche Reich floss, entsprach kaum dem Umfang einer durchschnittlichen Jahresernte im „Land der endlosen Ressourcen". Der Beitrag der Lebensmittel und Agrarrohstoffe aus den besetzten Gebieten zur Gesamtbilanz der Ernährungspolitik des Dritten Reiches lässt sich nur schlecht quantifizieren, vor allem wegen der Schwierigkeit, die wilden Requirierungen und die Lebensmittelpakete der Offiziere und Soldaten für ihre Familien einzuschätzen. Insgesamt stieg der Anteil aller Einfuhren

---

60 Zitiert in *Corni/Gies*, Brot – Butter – Kanonen, S. 540.
61 Diese Zahlen erfassen auch den Produktionsausfall und dienten eindeutig propagandistischen Zwecken, vgl. *Norbert Müller* (Hrsg.), Die faschistische Okkupationspolitik in den zeitweilig besetzten Gebieten der Sowjetunion, Berlin 1991, S. 95 ff.

und Zwangslieferungen am Gesamtvolumen der für die deutsche Zivilbevölkerung verfügbaren Nahrungsmittel von 9,8 % (1938/39) auf 14,8 % (1942/43), um ein Jahr später wieder auf 12,9 % zu fallen.[62]

3.11.8 Fazit

Zusammenfassend lässt sich feststellen, dass die NS-Diktatur auf einer hoch industrialisierten Massengesellschaft basierte. Die Voraussetzungen für einen Weltkrieg um den „Lebensraum" waren Aufrüstung und Industrialisierung, die sich auch klar in den Investitionsdaten der jeweiligen Sektoren sowohl in den Jahren vor dem Krieg als auch im Krieg widerspiegelten. Der Schwerpunkt lag nicht auf einer von der „Blut und Boden"-Ideologie gesteuerten Agrarpolitik. Dass die Reagrarisierung kein so großes Gewicht hatte, war eine Tatsache, die auch der nationalsozialistischen Führung bewusst war. In diesem Kontext konnten die durch die Agrarideologie Darrés gesetzten Prioritäten keine Durchsetzungskraft entwickeln.[63] Trotz der eindeutigen Erhöhung der Arbeitsproduktivität dank der Umsetzung des technischen Fortschrittes setzte sich die langfristige Dynamik des relativen Niedergangs der Landwirtschaft im Rahmen der gesamten demographischen, wirtschaftlichen und politischen Entwicklung auch nach 1945 in Deutschland unaufhaltsam fort.[64]

Auswahlbibliografie

Blaschke, Anette, Zwischen „Dorfgemeinschaft" und „Volksgemeinschaft". Landbevölkerung und ländliche Lebenswelten im Nationalsozialismus, Paderborn 2018.
Brandt, Karl, Management of Agriculture and Food in the German-Occupied and Other Areas of Fortress Europe, Stanford 1953.
Corni, Gustavo, La politica agraria del nazionalsocialismo, Mailand 1989 (Englisch: Hitler and the Peasants, Oxford 1990).
Corni, Gustavo/Gies, Horst, „Blut und Boden". Rassenideologie und Agrarpolitik im Staat Hitlers, Idstein 1994.
Corni, Gustavo/Gies, Horst, Brot – Butter – Kanonen. Die Ernährungswirtschaft in Deutschland unter der Diktatur Hitler, Berlin 1997.
Gerhard, Gesine, Nazi Hunger Politics. A History of Food in the Third Reich, London 2015.
Gies, Horst, Richard Walter Darré. Der „Reichsbauernführer", die nationalsozialistische „Blut und Boden"-Ideologie und Hitlers Machteroberung, Köln 2019.
Hanau, Arthur/Plate, Roderich, Die deutsche landwirtschaftliche Preis- und Marktpolitik im Zweiten Weltkrieg, Stuttgart 1975.

---

[62] *Hans Erich Volkmann*, Landwirtschaft und Ernährung in Hitlers Europa 1939–1945, in: Militärgeschichtliche Mitteilungen, 35, 1984, S. 62. Vgl. auch: *Karl Brandt*, Management of Agriculture.
[63] *Corni/Gies*, Brot – Butter – Kanonen, S. 250.
[64] *Münkel, Daniela* (Hrsg.), Der lange Abschied vom Agrarland. Agrarpolitik, Landwirtschaft und ländliche Gesellschaft zwischen Weimar und Bonn, Göttingen 2000.

Heinemann, Isabel, Rasse, Siedlung, deutsches Blut. Das Rasse- und Siedlungshauptamt der SS und die rassenpolitische Neuordnung Europas, Göttingen 2006.

Langthaler, Ernst, Schlachtfelder. Alltägliches Wirtschaften in der nationalsozialistischen Agrargesellschaft 1938–1945, Wien/Köln 2018.

Lehmann, Joachim, Die deutsche Landwirtschaft im Krieg, in: Eichholtz, Dietrich, Geschichte der deutschen Kriegswirtschaft, Bd. 2, Berlin 1985 (Neudruck: München 1999, S. 570 ff.).

Möller, Horst [u. a.] (Hrsg.), Agrarpolitik im 20. Jahrhundert. Das Bundesministerium für Ernährung und Landwirtschaft und seine Vorgänger, Berlin 2020.

Münkel, Daniela, Nationalsozialistische Agrarpolitik und Bauernalltag, Frankfurt am Main/New York 1996.

Schumacher, Martin, Land und Politik. Eine Untersuchung über politische Parteien und agrarische Interessen 1914–1923, Düsseldorf 1978.

Tönsmeyer, Tatjana/Haslinger, Peter/Laba, Agnes (Hrsg.), Coping with Hunger and Shortage under German Occupation in World War II, London 2018.

Wunderlich, Frida, Farm Labor in Nazi Germany 1810–1945, Princeton 1961.

4 **Wirtschaft und Gesellschaft**

Ole Sparenberg
4.1 Umwelt und Wirtschaft

4.1.1 Einleitung

> Allein schon der Gedanke der Nachhaltigkeit, der in der Regel ein Opfer der gegenwärtigen Geschlechter für die künftigen und einen Verzicht des einzelnen zugunsten der Gemeinschaft fordert, bedeutet die Anerkennung des nationalsozialistischen Grundsatzes: Gemeinnutz geht vor Eigennutz.[1]

Auch wenn sich Hermann Göring in diesem Zitat aus einer Rede vor dem Deutschen Forstverein auf den ursprünglichen, forstwissenschaftlichen Begriff der Nachhaltigkeit bezog, erhob das nationalsozialistische Regime mit Äußerungen wie dieser den Anspruch, die Natur besonders zu schützen. Tatsächlich ging das Reichsnaturschutzgesetz (RNG) von 1935, das erste reichsweite Gesetz dieser Art, auf Görings Initiative zurück. Gleichzeitig bekannten sich führende Naturschützer schon früh zu den politischen Zielen des Nationalsozialismus. Das Verhältnis von Naturschutzbewegung und Nationalsozialismus steht daher seit den 1980er Jahren im Mittelpunkt öffentlicher und geschichtswissenschaftlicher Debatten.

Gegenstand dieses Beitrags sind dagegen die Wechselwirkungen zwischen Wirtschaft und natürlicher Umwelt in den Jahren 1933–1945 in Deutschland. Es wird eine dreifache Themenstellung verfolgt: Erstens wird der Einfluss der natürlichen Umwelt auf das wirtschaftliche Handeln, zweitens der Einfluss wirtschaftlichen Handelns auf die Umwelt und drittens die Auswirkungen von Natur- und Umweltschutzmaßnahmen des NS-Staates auf ökonomische Aktivitäten untersucht.

Umweltgeschichte entstand als historische Disziplin seit den 1970er Jahren und hat seitdem ausgehend von der Geschichte der Umweltverschmutzung, des Umweltbewusstseins und der Umweltbewegungen ihren Themenkanon ständig erweitert. Als Thema der Umweltgeschichte im weitesten Sinne kann heute die Wechselbeziehung zwischen Menschen und der übrigen Natur in der Vergangenheit gelten, also die Manipulation natürlicher Prozesse, an die die Menschen dennoch weiterhin gebunden bleiben.[2]

Die Wirtschaftsgeschichte hat lange keine Bezüge zur Umwelt und zur Umweltgeschichte hergestellt. Sofern sie sich an der Volkswirtschaftlichen Gesamtrechnung orientiert, lassen sich Auswirkungen auf die Umwelt als externe Effekte kaum erfassen. Natürliche Ressourcen werden zudem meist unter dem Produktionsfaktor Land subsummiert, der in der Regel weniger Beachtung findet als die Faktoren Kapital und Arbeit. Dies ist insofern bedauerlich, als Produktion und Konsum immer in Wechsel-

---

[1] *Hermann Göring*, Ewiger Wald – Ewiges Volk. Rede auf der Tagung des Deutschen Forstvereins am 17. 8. 1936, in: Erich Gritzbach (Hrsg.), Hermann Göring. Reden und Aufsätze, München 1938, S. 249.
[2] *Frank Uekötter*, Umweltgeschichte im 19. und 20. Jahrhundert, München 2007, S. 2, 6; *Verena Winiwarter/Martin Knoll*, Umweltgeschichte. Eine Einführung, Köln [u. a.] 2007, S. 14.

wirkung mit der Umwelt als Quelle von Rohstoffen und Senke für Abfälle und Emissionen stehen. Verstärkt, aber nicht erst seit den 1970er Jahren beeinflusst zudem die staatliche Regulierung zum Schutz der Umwelt wirtschaftliches Handeln.[3]

Ein Problem bei der umwelthistorischen Betrachtung der NS-Zeit liegt in den unterschiedlichen Zeithorizonten von Umwelt- und Politikgeschichte. Natürliche Vorgänge vollziehen sich in Zeitspannen, die regelmäßig über denen menschlicher Gesellschaften liegen. Dennoch lässt sich die Zeit des Nationalsozialismus umwelthistorisch einordnen. Eine seit den 2000er Jahren vielfach in der Umweltgeschichte angewandte Periodisierung stellt das Anthropozän ins Zentrum als eine neue Epoche der Erdgeschichte, in der der Mensch über globale Effekte wie die CO_2-Emissionen zum wichtigsten Einflussfaktor auf das Erdsystem wurde. In der Regel wird der Beginn des Anthropozäns auf das späte 18. Jh. mit der Industriellen Revolution und der großmaßstäblichen Nutzung fossiler Energien gelegt, während die Zeit nach 1945 als zweite Stufe des Anthropozäns gesehen wird, in der sich die anthropogenen Effekte auf das Erdsystem noch einmal deutlich intensivierten.[4] Eine ähnliche Zäsur in der Mitte des 20. Jahrhunderts schlug Christian Pfister bereits zuvor unter dem Begriff „1950er Syndrom" vor.[5] Die Zeit des Nationalsozialismus oder allgemeiner die Epoche der Weltkriege stellt insofern einen Zeitabschnitt dar, der unmittelbar einer Zäsur vorangig und zu dieser in einem ambivalenten Verhältnis stand. Die politischen und militärischen Ereignisse der 1930er und 1940er Jahre in Deutschland und auf der globalen Ebene wirkten einerseits beschleunigend auf zentrale Elemente des Anthropozäns wie die Erdölverbrennung und die Atomspaltung, während sie andererseits die Massenkonsumgesellschaft und das globale Bevölkerungswachstum verzögerten.

Der Großteil der einschlägigen umwelthistorischen Literatur fokussiert auf das Verhältnis der Naturschutzbewegung zum Nationalsozialismus.[6] 1983 veröffentlichten Gert Gröning und Joachim Wolschke einen Aufsatz, der anhand der Zustimmung führender Naturschützer zum Nationalsozialismus aufzeigte, dass Naturschutz keinesfalls ein politisch neutrales Feld ist.[7] Anna Bramwells Monographie *Blood and Soil*

---

[3] *Hartmut Berghoff/Mathias Mutz*, Missing Links? Business History and Environmental Change, in: Jahrbuch für Wirtschaftsgeschichte 2009/2, S. 9–22; *Reinhold Reith*, Internalisierung der externen Effekte. Konzepte der Umweltgeschichte und die Wirtschaftsgeschichte, in: Günter Bayerl/Wolfhard Weber (Hrsg.), Sozialgeschichte der Technik. Ulrich Troitzsch zum 60. Geburtstag, Münster [u. a.] 1998, S. 15–24.

[4] *Will Steffen/Paul J. Crutzen/John R. McNeill*, The Anthropocene: Are Humans Now Overwhelming the Great Forces of Nature? In: Ambio 36, 2007, S. 614–621; *John R. McNeill/Peter Engelke*, The Great Acceleration. An Environmental History of the Anthropocene since 1945, Cambridge/London 2014.

[5] *Christian Pfister*, Das „1950er Syndrom" – die umweltgeschichtliche Epochenschwelle zwischen Industriegesellschaft und Konsumgesellschaft, in: Christian Pfister (Hrsg.), Das 1950er Syndrom. Der Weg in die Konsumgesellschaft, 2. Aufl. Bern [u. a.] 1996, S. 51–95.

[6] Für einen Literaturüberblick: *Frank Uekötter*, Natur- und Landschaftsschutz im Dritten Reich: Ein Literaturbericht, in: Joachim Radkau/Frank Uekötter (Hrsg.), Naturschutz und Nationalsozialismus, Frankfurt am Main 2003, S. 447–481.

[7] *Gert Gröning/Joachim Wolschke*, Naturschutz und Ökologie im Nationalsozialismus, in: Die Alte Stadt 10, 1983, S. 1–17.

von 1985 stellte Reichslandwirtschaftsminister R. Walther Darré in affirmativer Sicht als Anhänger ökologischen Denkens, vor allem des ökologischen Landbaus dar.[8] Diese Sichtweise stieß auf Kritik, weil sie die zentrale Position des Rassismus in Darrés Denken herunterspielte.[9] Immer noch grundlegend ist dagegen der 1992 erschienene Aufsatz von Michael Wettengel über die staatlichen Institutionen für den Naturschutz seit dem Kaiserreich.[10] Vergleichsweise früh entstanden Arbeiten über naturbezogene Berufsgruppen unter dem Nationalsozialismus, so zur Beteiligung von Landschaftsarchitekten an den genozidalen Plänen für Osteuropa sowie Heinrich Rubners *Deutsche Forstgeschichte*.[11]

Angesichts personeller und institutioneller Kontinuitäten über 1933 und 1945 hinaus sowie der Bedeutung des RNG von 1935 für den deutschen Naturschutz nahm das Bedürfnis nach einer kritischen Befragung der eigenen Geschichte oder das Bestreben, die Deutungshoheit hierüber zu behalten, in den folgenden Jahren noch zu. Dies schlug sich in drei Sammelbänden nieder, die die Geschichte von Natur- und Umweltschutz im Nationalsozialismus thematisch breitgefächert untersuchten. Der 2003 von Joachim Radkau und Frank Uekötter herausgegebene Band entsprang einer vom Bundesamt für Naturschutz und dem Bundesumweltministerium organisierten Tagung,[12] 2005 folgte ein von Franz-Josef Brüggemeier, Mark Cioc und Thomas Zeller ediertes englischsprachiges Werk,[13] und 2006 erschien ein vom Bundesamt für Naturschutz geförderter Band von Hans-Werner Frohn und Friedemann Schmoll, der den größeren Zeitraum 1906 bis 2006 abdeckt.[14] Uekötter legte mit *The Green and the Brown* eine Monographie vor, die vier regionale Fallstudien zur Naturschutzpraxis im Nationalsozialismus in den Mittelpunkt stellt.[15] Während diese Arbeiten den Fokus auf die Naturschutzbewegung und die staatliche Naturschutzpolitik richteten, liegen Forschungsergebnisse zum Einfluss von Umweltfaktoren auf das wirtschaftliche Handeln

---

8 *Anna Bramwell*, Blood and Soil. Richard Walther Darré and Hitler's "Green Party", Bourne End 1985.
9 Siehe *Franz-Josef Brüggemeier/Mark Cioc/Thomas Zeller*, Introduction, in: Franz-Josef Brüggemeier/Mark Cioc/Thomas Zeller (Hrsg.), How Green Were the Nazis? Nature, Environment, and Nation in the Third Reich. Athens 2005, S. 2; *Gesine Gerhard*, Breeding Pigs and People for the Third Reich. Richard Walther Darrés Agrarian Ideology, in: Brüggemeier/Cioc/Zeller, How Green, S. 130; *Uekötter*, Natur- und Landschaftsschutz, S. 460; *Gustavo Corni/Horst Gies*, Brot – Butter – Kanonen. Die Ernährungswirtschaft in Deutschland unter der Diktatur Hitlers, Berlin 1997, S. 26.
10 *Michael Wettengel*, Staat und Naturschutz 1906–1945. Zur Geschichte der Staatlichen Stelle für Naturdenkmalpflege in Preußen und der Reichsstelle für Naturschutz, in: Historische Zeitschrift 257, 1993, S. 355–399.
11 *Gert Gröning/Joachim Wolschke-Bulmahn*, Die Liebe zur Landschaft. Teil 3: Der Drang nach Osten, München 1987; *Heinrich Rubner*, Deutsche Forstgeschichte 1933–1945. Forstwirtschaft, Jagd und Umwelt im NS-Staat, 2. Aufl. St. Katharinen 1997 (Erstauflage 1985).
12 *Radkau/Uekötter*, Naturschutz und Nationalsozialismus.
13 *Brüggemeier/Cioc/Zeller*, How Green.
14 *Hans-Werner Frohn/Friedemann Schmoll* (Hrsg.), Natur und Staat. Staatlicher Naturschutz in Deutschland 1906–2006, Bonn-Bad Godesberg 2006.
15 *Frank Uekötter*, The Green and the Brown. A History of Conservation in Nazi Germany, Cambridge 2006.

in der NS-Zeit sowie zu den Auswirkungen auf die Umwelt nur stärker zerstreut in der umwelt-, wirtschafts- und technikhistorischen Literatur vor. Obwohl der Großteil der Literatur in irgendeiner Form wirtschaftliches Handeln berührt, sind die Wechselbeziehungen zwischen Umwelt und Wirtschaft während der NS-Zeit bisher nicht explizit dargestellt worden.

4.1.2 Umwelt und Ressourcenausstattung als Rahmenbedingung für die Wirtschaft

In langer Perspektive gesehen ist die Wirtschaftsgeschichte von einer zunehmenden Emanzipation des Menschen von den Schranken der ihn umgebenden natürlichen Lebensbedingungen gekennzeichnet, die jedoch nie vollständig sein kann. Die im Vergleich zur Bevölkerungsdichte und wirtschaftlichen Entwicklung eingeschränkte Ausstattung Mitteleuropas mit natürlichen Ressourcen besaß erheblichen Einfluss auf Wirtschaft, Politik, technische Entwicklung und die Kriegführung des NS-Staats. Allerdings haben Umweltfaktoren die Geschichte nicht determiniert, denn die Weltmarktorientierung Deutschlands vor und nach der NS-Zeit stellte ebenfalls eine Antwort auf das Problem der unzureichenden Ressourcenausstattung dar – nur unter anderen politischen Vorzeichen. In Hitlers Weltbild herrschte hingegen die Vorstellung von Knappheit und Verteilungskampf angesichts der begrenzten Ressourcen Mitteleuropas, die nur den Kampf um Lebensraum als Ausweg zuließ.[16] Die hierfür nötige Aufrüstung musste jedoch mit den in Deutschland verfügbaren Ressourcen geleistet werden.

Deutschland besaß und besitzt wenige nutzbare Erdölvorkommen, geringe Lagerstätten von Buntmetallen, dafür jedoch umfangreiche natürliche Vorräte an Steinkohle, Braunkohle, Kalisalz sowie erhebliche Waldgebiete. Damit waren die Herausforderungen der Autarkiepolitik und die Richtung der Ersatzstoffentwicklung vorgezeichnet.

Innerhalb dieses vorgegebenen Rahmens bestanden gewisse Spielräume, weil es sich bei Ressourcen nicht um endliche Mengen fest definierter Dinge handelt. Vielmehr bezieht sich der Begriff „Ressource" auf die Eigenschaft eines Stoffes, einen bestimmten Zweck zu erfüllen, sodass der Ressourcencharakter eines Stoffes von den Bedürfnissen, der verfügbaren Technologie, den wirtschaftlichen sowie politischen Rahmenbedingungen und den verfügbaren Alternativen abhängt. Bestimmte Stoffe oder Lagerstätten eines Stoffes können somit unter den Bedingungen einer Autarkie- oder Kriegswirtschaft in Verbindung mit technischen Innovationen einen Ressourcencharakter annehmen, den sie in einem anderen Rahmen nicht haben oder wieder verlieren.[17]

---

16 *Timothy Snyder*, Black Earth. Der Holocaust und warum er sich wiederholen kann, München 2015, S. 15–44, 343 f.
17 *Ole Sparenberg/Matthias Heymann*, Introduction: Resource Challenges and Constructions of Scarcity in the Nineteenth and Twentieth Century, in: European Review of History/Revue européenne d'histoire 27, 2020, S. 243–252.

Die sehr begrenzte Verfügbarkeit von Erdöl stellte angesichts der angestrebten höheren Motorisierung Deutschlands und insbesondere der Anforderungen der mechanisierten Kriegführung ein zentrales Problem für das NS-Regime dar. Einen technischen Lösungsansatz bot hier die Kohlehydrierung oder Benzinsynthese auf der Grundlage der verfügbaren heimischen Rohstoffe Stein- und Braunkohle. Dieses noch unter marktwirtschaftlichen Bedingungen vor dem Hintergrund einer erwarteten weltweiten Ölverknappung von der BASF bzw. IG Farben in den 1920er Jahren entwickelte Verfahren erschien bald darauf angesichts fallender Ölpreise als Fehlinvestition. Dann allerdings sicherte der NS-Staat mit dem Benzinvertrag vom 14. Dezember 1933 der IG Farben einen garantierten Abnahmepreis zu, während sich das Unternehmen im Gegenzug zum Ausbau der Produktion verpflichtete. Die Bedeutung dieses Verfahrens wird dadurch unterstrichen, dass das NS-Regime im Oktober 1934 die Unternehmen der Braunkohleindustrie zur Gründung der Braunkohle-Benzin AG (Brabag) verpflichtete und somit in ungewöhnlich direkter Weise Zwang auf Privatunternehmen ausübte. Da es in Deutschland und den besetzten oder kontrollierten Gebieten mit Ausnahme Rumäniens kaum Ölquellen gab, kam der Kohlehydrierung eine große Bedeutung für die Kriegswirtschaft zu. Dieses Verfahren war insofern erfolgreich, als dass es einen zentralen Beitrag zur Treibstoffversorgung im Krieg leistete.[18]

Holzgas war eine weitere Möglichkeit, das importierte Erdöl durch einen heimischen Rohstoff zu ersetzen. Diese Technik war nicht auf Deutschland oder die NS-Zeit beschränkt, aber die Neuanschaffung oder Umrüstung von Fahrzeugen mit Holzgasgeneratoren, die man mit Holzwürfeln bestückte, wurde hier schon ab 1935 staatlich gefördert, obwohl der Nutzwert durch Leistungsverluste und die aufwändige Bedienung litt. Dieser Treibstoff gewann ab 1939 an Bedeutung, sodass bei Kriegsende viele Lkw, Pkw und Traktoren mit Holzgas liefen.[19]

Ähnlich ungünstig war die natürliche Ausstattung Deutschlands mit Erzlagerstätten. Mit Ausnahme von Zink wiesen alle Metalle einen Importbedarf von 70 bis 100 % auf.[20] Im Fall von Eisen begannen die Reichswerke Hermann Göring ab 1937 mit neuer Technologie das niedriggradige und „saure" Erz des Salzgittergebietes zu verhütten. Um diese Lagerstätte, die bis dahin nicht als abbauwürdig gegolten hatte, zu nutzen, musste der NS-Staat allerdings Rentabilitätskriterien zurückstellen. Trotz der so gesteigerten heimischen Produktion betrug der Anteil importierter Erze an der

---

18 *Dieter Ziegler*, Kriegswirtschaft, Kriegsfolgenbewältigung, Kriegsvorbereitung. Der deutsche Bergbau im dauernden Ausnahmezustand (1914–1945), in: Dieter Ziegler (Hrsg.), Rohstoffgewinnung im Strukturwandel. Der deutsche Bergbau im 20. Jahrhundert, Münster 2013, S. 158–163; *Adam Tooze*, The Wages of Destruction, London 2006, S. 115–120; *Rainer Karlsch/Ray Stokes*, „Faktor Öl". Die Mineralölwirtschaft in Deutschland 1859–1974, München 2003, S. 135–138, 182–184.
19 *Peter-Michael Steinsiek*, Forst- und Holzforschung im „Dritten Reich", Remagen 2008, S. 168–178; *Kurt Möser*, Geschichte des Autos, Frankfurt am Main/New York 2002, S. 174.
20 *Helmut Maier*, Ideologie, Rüstung und Ressourcen. Das Kaiser-Wilhelm-Institut für Metallforschung und die „Deutschen Metalle" 1933–1945, in: Helmut Maier (Hrsg.), Rüstungsforschung im Nationalsozialismus. Organisation, Mobilisierung und Entgrenzung der Technikwissenschaften, Göttingen 2002, S. 361.

deutschen Eisenproduktion in der NS-Zeit regelmäßig über 70 %, da der Eisenverbrauch der Rüstungswirtschaft noch schneller wuchs als die inländische Erzproduktion.[21]

Bei den Nichteisenmetallen wurde ab 1934 in Deutschland offen die Einsparung von importabhängigen Metallen wie Kupfer und die Umstellung auf Metalle mit sicherer Versorgungslage wie Zink, Aluminium und Magnesium gefordert, wobei Wirtschaft, Staat und Wissenschaft auf Konzepte und Erfahrungen aus dem Ersten Weltkrieg zurückgreifen konnten. Obwohl es dank metallischer Ersatzstoffe grundsätzlich gelang, die Versorgung bis weit in den Krieg hinein sicherzustellen, erforderten neue Legierungen oft erhebliche Umstellungen bei Konstruktion und Verarbeitung sowie Einbußen bei Qualität und Lebensdauer der Endprodukte.[22]

Neben der Nutzung bisher nicht als abbauwürdig geltender Lagerstätten wie im Fall Salzgitter und der Substitution knapper Metalle durch Ersatzstoffe bildete das verstärkte Recycling einen dritten Weg, um die Metallversorgung aufrecht zu erhalten. Ab 1939 konnte das NS-Regime bedeutende Mengen Kupfer und Zinn durch das Einschmelzen von Altmaterial bzw. nicht kriegswichtiger Objekte einschließlich von Kirchenglocken mobilisieren, sodass die Lagerbestände an beiden Metallen noch Ende 1944 höher waren als zu Kriegsbeginn. Maßnahmen aus dem Ersten Weltkriegs dienten hier als Vorbild, allerdings konnten nun mit strafferer Organisation, besserer Infrastruktur und vermehrten metallurgischen Kenntnissen wesentlich größere Mengen Kupfer und Zinn für die Kriegswirtschaft gewonnen werden.[23]

Auch im Bereich nachwachsender Rohstoffe setzten die natürlichen Umweltbedingungen einen Rahmen, innerhalb dessen Staat, Unternehmen und Wissenschaft agieren mussten. Einen nachwachsenden Rohstoff von zentraler Bedeutung für Motorisierung und mechanisierte Kriegsführung stellte Kautschuk dar, der vor allem in Südostasien produziert wurde. Ein Ersatzstoff aus heimischen Ressourcen war daher aus Gründen der Deviseneinsparung und der Blockadesicherheit für den NS-Staat sehr erstrebenswert. Die wichtigste Entwicklung auf diesem Gebiet bildete wie beim Mineralöl die chemische Synthese auf Kohlebasis durch die IG Farben. Erneut handelte es sich um eine Innovation aus den 1920er Jahren, die aber erst im Zeichen der verstärkten Kriegsvorbereitung ab 1936 in die großtechnische Produktion überführt wurde. Synthesekautschuk (Buna) stellte im Krieg den Großteil der deutschen Gummiversorgung.[24]

---

21 *Ziegler*, Kriegswirtschaft, S. 165–170; *Tooze*, Wages, S. 228, 234–239.
22 *Günther Luxbacher*, „Für bestimmte Anwendungsgebiete best geeignete Werkstoffe ... finden." Zur Praxis der Forschung an Ersatzstoffen für Metalle in den deutschen Autarkie-Phasen des 20. Jahrhunderts, in: NTM 19, 2011, S. 41–68; *Maier*, Ideologie.
23 *Jonas Scherner*, Lernen und Lernversagen. Die „Metallmobilisierung" im Deutschen Reich 1939 bis 1945, in: Vierteljahrshefte für Zeitgeschichte 66, 2018, S. 233–266.
24 *Ziegler*, Kriegswirtschaft, S. 163 f.; *Tooze*, Wages, S. 227 f.; *Jochen Streb*, Technologiepolitik im Zweiten Weltkrieg. Die staatliche Förderung der Synthesekautschukproduktion im deutsch-amerikanischen Vergleich, in: Vierteljahrshefte für Zeitgeschichte 50, 2002, S. 367–397; *Gottfried Plumpe*, Die IG-Farbenindustrie-AG. Wirtschaft, Technik und Politik 1904–1945, Berlin 1990, S. 325–395.

Eine mögliche Alternative zur Synthese bestand darin, neue Nutzpflanzen zu finden, die im Klima Mitteleuropas angebaut werden konnten. Im Fall von Kautschuk stieß man auf das löwenzahnähnliche Gewächs Kok-Saghys, mit dem das Kaiser-Wilhelm-Institut für Züchtungsforschung im Februar 1939 Versuche begann. Später wurde auch die SS auf diesem Gebiet aktiv. Der Anbau der Pflanze, an deren Züchtung auch Zwangsarbeiterinnen des Konzentrationslagers Auschwitz arbeiten mussten, war vor allem in den besetzten Gebieten der Sowjetunion geplant. Letztlich führte die Kautschukgewinnung aus Kok-Saghys zu keinen verwertbaren Ergebnissen.[25]

Weder Synthese noch Züchtungsforschung konnten die hohe Importabhängigkeit bei Fetten und Ölen reduzieren. Der Versuch, auch Nahrungsfette über Nebenprodukte der Benzinsynthese aus Kohle zu gewinnen, führte nur zu einem gesundheitsschädlichen Produkt, das dennoch Kriegsgefangenen und Häftlingen in Konzentrationslagern verabreicht wurde.[26] Eine neue, in Mitteleuropa anbaubare Ölpflanze schien das Kaiser-Wilhelm-Institut für Züchtungsforschung mit der Süßlupine gefunden zu haben, die aber die in sie gesetzten Erwartungen nicht erfüllte und keinen nennenswerten Beitrag zur Fettversorgung leistete. Größere Bedeutung, insbesondere in der Wehrmachtsverpflegung, kam dagegen der Sojabohne als Öl- und Eiweißlieferant zu, deren Anbau vor allem im von Deutschland kontrollierten Südosteuropa forciert wurde.[27] Auch der Anbau neuer Nutzpflanzen blieb an begrenzte Produktionsfaktoren wie Arbeitskraft, Anbauflächen und Düngemittel gebunden.

Die Textilfasern Baumwolle und Wolle bildeten einen weiteren Bereich mit hoher Importabhängigkeit, weil weder die klimatischen Bedingungen noch die verfügbaren Flächen eine Eigenversorgung Deutschlands zuließen. In diesem Fall stützten sich die Autarkiebestrebungen auf die in Deutschland hinreichend vorhandene Ressource Holz als Quelle von Zellulose, aus der in einem chemischen Verfahren die Kunstfasern Zellwolle und Kunstseide gewonnen wurden.[28] Die Umstellung der deutschen Textilwirtschaft auf zellulosebasierte Kunstfasern ging zwar mit Qualitätseinbußen einher, aber vor allem Zellwolle leistete ab 1936 und bis in den Krieg hinein einen wesentlichen Beitrag zur Versorgung mit Textilfasern.[29] Zudem handelte es sich nicht um ein reines Produkt der Autarkiewirtschaft, sondern die Unternehmen verbanden mit Zellwolle auch unabhängig von den Zahlungsbilanzschwierigkeiten des NS-Staates

---

25 *Susanne Heim*, Kalorien, Kautschuk, Karrieren. Pflanzenzüchtung und landwirtschaftliche Forschung in Kaiser-Wilhelm-Instituten 1933–1945, Göttingen 2003, S. 125–198.
26 *Birgit Pelzer-Reith/Reinhold Reith*, „Fett aus Kohle"? Die Speisefettsynthese in Deutschland 1933–1945, in: Technikgeschichte 69, 2002, S. 173–205.
27 *Thomas Wieland*, Die Süßlupine. Natürlicher Organismus, technisches Artefakt oder politisches Manifest, in: Technikgeschichte 66, 1999, S. 295–309; *Joachim Drews*, Die „Nazi-Bohne". Anbau, Verwendung und Auswirkung der Sojabohne im Deutschen Reich und Südosteuropa (1933–1945), Münster 2004.
28 *Steinsiek*, Forst, S. 164–167; *Rubner*, Forstgeschichte, S. 124–131.
29 Vgl. Kapitel 3.9. in diesem Band.

positive Erwartungen für die Zukunft.[30] Holz diente darüber hinaus der chemischen Industrie als Ausgangsstoff für eine Vielzahl weiterer Produkte.[31]

Beim Einsatz von Pferden setzte die natürliche Umwelt ebenfalls Rahmenbedingungen für die Wirtschaft und insbesondere das Militär. Im Agrarsektor und in ländlichen Gebieten generell wurde tierische Arbeitskraft erst in den 1950er Jahre verdrängt, sodass die Motorisierung vor dem Zweiten Weltkrieg in Mitteleuropa längst noch nicht abgeschlossen war. Trotz an sich hoher Zuwachsraten bei den Investitionen in Landmaschinen waren Traktoren in der deutschen Landwirtschaft der 1930er Jahre im internationalen Vergleich dünn gesät, sodass viele Höfe weiterhin mit Pferden oder sogar Rindern als Zugtieren arbeiteten. Die Pferde erforderten zwar kein Erdöl als Treibstoff, dafür jedoch erhebliche Acker- und Weideflächen zu ihrer Ernährung.[32] Die Wehrmacht war im Ganzen nie eine hochmechanisierte Streitkraft, sondern blieb bis Kriegsende in hohem Maße auf Zugtiere angewiesen, von denen die durchschnittliche Infanteriedivision mehr als Kraftwagen besaß. Die geringe Motorisierung schränkte die Mobilität der Wehrmacht während des gesamten Krieges erheblich ein und beeinflusste somit ihre Operationen. Mit der zunehmenden Ölknappheit im Verlauf des Konfliktes wuchs die Bedeutung von Pferden im militärischen und zivilen Bereich noch weiter.[33]

Schließlich war die Landwirtschaft in den 1930er Jahren noch stärker als heute vom Wetter abhängig. Aufgrund der hohen volkswirtschaftlichen und politischen Bedeutung des Agrarsektors sowie der Abkoppelung vom Weltmarkt galt dies in besonderem Maße für das nationalsozialistische Deutschland. Günstigem Wetter war 1933 eine reiche Ernte zu verdanken, die dem Reichsnährstand gute Startbedingungen verschaffte und ihm ermöglichte, Getreidereserven aufzubauen. Da die Ernte witterungsbedingt in den folgenden Jahren deutlich schlechter ausfiel, geriet der Reichsnährstand unter Darré in Konflikt mit Reichsbankpräsident Hjalmar Schacht über die Zuteilung von Devisen für Importe, um die Ausfälle auszugleichen und eine Lebensmittelverteuerung für die Bevölkerung zu vermeiden. Auch wenn der Reichsnährstand beträchtliche Anstrengungen zur Steigerung der Produktion unternahm, blieb das Wetter ein zentraler Faktor außerhalb Darrés Kontrolle.[34]

---

30 *Jonas Scherner*, The Beginings of the Nazi Autarky Policy: the "National Pulp Programme" and the Origin of Regional Staple Fibre Plants, in: Economic History Review 61, 2008, S. 867–895.
31 Für zeitgenössische Übersichtsgrafiken zur Holzverwendung s. *Steinsiek*, Forst, S. 166, 176; *Rubner*, Forstgeschichte, S. 126 f.
32 *Heinz Meyer*, 19./20. Jahrhundert, in: Peter Dinzelbacher (Hrsg.), Mensch und Tier in der Geschichte Europas. Stuttgart 2000, S. 441–448; *Corni/Gies*, Brot, S. 308, 427 f.
33 *Tooze*, Wages, S. 212; *Richard Overy*, Why the Allies Won, 2. Aufl. London 2006, S. 265, 283; *Möser*, Auto, S. 179, 185 f.; *Richard L. DiNardo*, Mechanized Juggernaut or Military Anachronism? Horses and the German Army of World War II, New York [u. a.] 1991. Daneben besaß die Wehrmacht in der ersten Kriegshälfte noch Kavallerieeinheiten.
34 *Tooze*, Wages, S. 189–192; *Corni/Gies*, Brot, S. 260, 263.

4.1.3 Der Einfluss wirtschaftlichen Handelns auf die Umwelt

Wenn es darum geht, den Einfluss der NS-Herrschaft auf die Umwelt abzuschätzen, liegt ein Problem darin, dass in dieser Zeit keine grundlegende Änderung der Umweltnutzung stattfand. Selbst die Schwerpunktsetzung auf Chemie- und Schwerindustrie innerhalb der Aufrüstungspolitik des Nationalsozialismus stellte keinen radikalen Bruch in der deutschen Wirtschaftsstruktur, wie sie sich seit dem späten 19. Jahrhundert herausgebildet hatte, dar. Ebenso wenig waren die Konzepte von Melioration, Entwässerung und Moorkultivierung in den Jahren 1933–1945 grundsätzlich verschieden von der Zeit vorher und nachher. Die Dauer des NS-Regimes von lediglich zwölf Jahren entspricht überdies in umwelthistorischen Dimensionen nur einer sehr kurzen Periode.[35] Dennoch lassen sich bei der konkreten Ausprägung qualitative und quantitative Entwicklungen ausmachen, die spezifisch für die NS-Zeit waren.

Die umwelthistorische Literatur zur Luftverschmutzung widmet der Zeit des Nationalsozialismus nur wenige Seiten oder geht gar nicht gesondert hierauf ein.[36] Das ist insofern berechtigt, als die Jahre 1933–1945 sowohl in Bezug auf die Emissionen als auch auf den politischen, administrativen und juristischen Umgang mit diesem Problem keine klar abgegrenzte Einheit bildeten, sondern Teil der größeren Entwicklung seit der Hochindustrialisierung waren. Die Emissionen nahmen sicherlich im Verlauf der 1930er Jahre in dem Maße zu, wie sich die deutsche Wirtschaft von der Weltwirtschaftskrise erholte und in die Rüstungskonjunktur überging. Inwieweit oder wann die Luftverschmutzung das Niveau der Weimarer Republik überstieg, ist weniger klar, allerdings können hier die Kohleproduktion und Schätzungen zum Gesamtenergieumsatz der Volkswirtschaft als annäherungsweiser Maßstab dienen. Eine neuere Schätzung kommt zu dem Ergebnis, dass der Gesamtenergieumsatz der deutschen Volkswirtschaft offenbar erst 1940 das Niveau von 1929 übertroffen habe.[37] Die Produktion an Stein- und Braunkohle hingegen übertraf jeweils ab 1937 die bisherigen Höchstwerte von 1929 und stieg im Folgenden bis 1943 weiter an, wobei die Braunkohle das stärkste Wachstum aufwies.[38] Da man von einer seit der Weimarer Zeit weitgehend unverän-

---

35 *Uekötter*, Green and Brown, S. 167–171.
36 Vergl. *Franz-Josef Brüggemeier/Thomas Rommelspacher*, Blauer Himmel über der Ruhr. Geschichte der Umwelt im Ruhrgebiet 1840–1990, Essen 1992, S. 58–61; *Frank Uekötter*, Von der Rauchplage zur ökologischen Revolution. Eine Geschichte der Luftverschmutzung in Deutschland und den USA 1880–1970, Essen 2003, S. 215–217, 238 f.; *Frank Uekötter*, Polycentrism in Full Swing. Air Pollution Control in Nazi Germany, in: Brüggemeier/Cioc/Zeller, How Green, S. 101–128. Aus globaler Perspektive: *John R. McNeill*, Blue Planet. Die Geschichte der Umwelt im 20. Jahrhundert, Frankfurt am Main 2003, S. 73–134.
37 *Ben Gales/Paul Warde*, Per Capita Energy Consumption and Total Consumption in Germany, https://histecon.fas.harvard.edu/energyhistory/energydata.html (abgerufen 20. 2. 2023).
38 *Walther G. Hoffmann*, Das Wachstum der deutschen Wirtschaft seit der Mitte des 19. Jahrhunderts, Heidelberg 1965, S. 342; *Ziegler*, Kriegswirtschaft, S. 137.

derten Feuerungstechnik ausgehen kann, dürfte sich die Luftverschmutzung ähnlich wie der Kohleverbrauch verhalten haben, sodass gegen Ende der 1930er Jahre die Belastungen aus der Zeit vor der Weltwirtschaftskrise übertroffen wurden.

Bei der Emissionsbelastung sind jedoch auch regionale Unterschiede zu beachten: In unmittelbarer Nachbarschaft der neuen kohlebasierten Ersatzstoffindustrien verschlechterte sich die Luftqualität während der NS-Zeit sicherlich erheblich.[39] Die Synthesetechnologien verschlangen große Mengen Kohle: Für eine Tonne per Hydrierung gewonnenem Flugbenzin wurden sechs Tonnen Steinkohle und für eine Tonne Buna sogar 20 Tonnen Steinkohle benötigt, dabei entfielen 30 % bzw. 85 % des Kohlenverbrauchs auf die Bereitstellung von Dampf und Elektrizität.[40] Die Autarkie- und Ersatzstoffwirtschaft führte hier zu einer besonders emissionsintensiven Technologie. Zudem konzentrierten sich nun die ökologischen Folgen der Produktion ehemals importierter Güter zunehmend in Deutschland.

Bergbau stellte traditionell eine weitere Wirtschaftsform dar, mit der erhebliche ökologische Folgewirkungen einhergingen. Hierzu zählen die Bergschäden und Halden des Steinkohleabbaus, die Phenolbelastung aus Kokereien, die Tieftagebaue zur Braunkohlegewinnung einschließlich der Rekultivierungsfrage und des Staub- und Flugascheausstoßes von Brikettfabriken und Großkraftwerken, der Hüttenrauch der Erzbergwerke sowie die Salzlaugeneinleitungen der Kaliwerke.[41] In vieler Hinsicht folgte hier die Entwicklung in der NS-Zeit lediglich einem Pfad, der vom 19. Jahrhundert bis in die Nachkriegszeit reichte. Allerdings erhöhte sich im Ruhrbergbau in den 1930er und 1940er Jahren durch einen Wechsel der Abbautechnik das Risiko von Bergschäden deutlich. Bis 1929 hatte der Ruhrbergbau zu 90 % den Versatzbau eingeführt, bei dem die ausgekohlten Flöze weitgehend wieder aufgefüllt wurden, sodass Bergsenkungen erheblich verringert wurden. Überdies entstanden keine neuen Bergehalden mehr, sondern alte wurden sogar wieder abgetragen. Nachteilig wirkte sich hingegen der hohe Arbeitsaufwand aus, da meist ca. 30 % der Bergleute mit dem Versetzen beschäftigt waren. In dem Maße wie Arbeitskräfte in der Rüstungskonjunktur knapp wurden und der Kohlebedarf anstieg, ging der Ruhrbergbau wieder zum arbeitssparenden Bruchbau über, dessen Anteil von 1933 bis 1946 von 2 % auf über 35 % stieg. Infolgedessen nahmen nicht nur Folgelasten des Bergbaus wie Bergsenkungen und Haldenbildung wieder zu, sondern die Bergleute waren auch größeren Gefahren durch Silikose und Explosionen ausgesetzt.[42]

---

39 Für die 1920er Jahre: *Frank Baumann*, Die Geschichte der Benzinsynthese in den Leunawerken und ihre ökologischen Folgeerscheinungen am Anfang des 20. Jhdts., in: Geschichte der Chemie. Mitteilungen 12, 1996, S. 63–72.
40 *Helmut Maier*, „Weiße Kohle" versus Schwarze Kohle. Naturschutz und Ressourcenschonung als Deckmantel nationalsozialistischer Energiepolitik, in: WerkstattGeschichte 3, 1992, S. 34.
41 Umfassend hierzu, aber ohne auf die NS-Zeit gesondert einzugehen: *Frank Uekötter*, Bergbau und Umwelt im 19. und 20. Jahrhundert, in: Dieter Ziegler (Hrsg.), Rohstoffgewinnung im Strukturwandel. Der deutsche Bergbau im 20. Jahrhundert, Münster 2013, S. 539–570.
42 *Helmut Maier*, Kippenlandschaft, „Wasserkrafttaumel" und Kahlschlag: Anspruch und Wirklichkeit nationalsozialistischer Naturschutz- und Energiepolitik, in: Günter Bayerl [u. a.] (Hrsg.), Umwelt-

Die ökologischen Auswirkungen der Elektrizitätswirtschaft beschränkten sich nicht nur auf die Folgen der Kohleverbrennung und -gewinnung. Nach dem „Anschluss" Österreichs 1938 setzte das NS-Regime auf das Wasserkraftpotential der Alpen, um durch Großprojekte wie dem Tauernwerk mit dem Kraftwerk Kaprun den wachsenden Strombedarf des Reichs zu decken. Das Tauernwerk versprach, eine Leistung von 3000 Megawatt und damit in etwa 20 % der bisherigen deutschen Stromkapazität bereitzustellen. Sein Ausbau war aber auch durch die Anlage von Stauseen und die Umleitung von Wasserläufen mit großflächigen Eingriffen in die alpine Umwelt verbunden. Nach der Besetzung Norwegens wurde das dortige Wasserkraftpotential ebenfalls in die deutschen Pläne einbezogen. Der Reichsminister für Bewaffnung und Munition Fritz Todt, der seit Sommer 1941 auch Generalinspektor für Wasser und Energie war, erklärte im Juli 1941, dass der zukünftige Ausbau der Elektrizitätserzeugung weitgehend auf Hydroenergie beruhen sollte, um die Kohlevorräte zu schonen. Hinter diesen Planungen stand kein ökologisches Motiv der Ressourcenschonung oder Emissionsvermeidung, sondern die Kohle sollte für die chemische Verwertung, also in erster Linie die Syntheseindustrien, erhalten werden. Letztlich kam der Ausbau der Wasserkraft aufgrund von Engpässen bei Arbeitern und Rohstoffen bald zum Erliegen. Das Tauernwerk leistete Ende 1944 lediglich 90 Megawatt, sodass Todts Nachfolger Albert Speer schon 1943 den Bau neuer Kohlekraftwerke in Auftrag geben musste.[43]

Vor dem Hintergrund von Autarkie- und Kriegswirtschaft fanden in Deutschland auch verstärkt Forschungen zur Windenergienutzung statt. Dabei wurden wichtige theoretische Grundlagen für Windkraftanlagen gelegt, aber zu einem tatsächlichen Beitrag zur deutschen Elektrizitätsversorgung kam es nicht.[44]

Unabhängig davon, wie die Elektrizität erzeugt wurde, erforderte die Kriegswirtschaft einen Ausbau des Freileitungsnetzes, um die Wasserkraft Süddeutschlands und Österreichs mit den Kohlekraftwerken West- und Mitteldeutschlands zu koppeln. Dieses Verbundnetz, das bis 1945 weitgehend fertiggestellt werden konnte, stellte nicht nur durch die Hochspannungsmasten einen Eingriff in das Landschaftsbild dar, sondern erforderte auch bis zu 70 m breite Schneisen durch die Wälder.[45]

Holz war eine wichtige Ressource für die deutsche Volkswirtschaft, sowohl auf traditionellen Anwendungsgebieten – wie als Bauholz, für die Papierherstellung und vielfach noch als Brennholz – als auch in der Ersatzstoffwirtschaft. Daher nahm der

---

geschichte – Methoden, Themen, Potentiale. Tagung des Hamburger Arbeitskreises für Umweltgeschichte, Münster [u. a.] 1996, S. 249 f.
43 *Maier*, Kippenlandschaft, S. 260–264; *Helmut Maier*, „Unter Wasser und unter die Erde". Die süddeutschen und alpinen Wasserkraftprojekte des Rheinisch-Westfälischen Elektrizitätswerks (RWE) und der Natur- und Landschaftsschutz während des „Dritten Reiches", in: Günter Bayerl/Torsten Meyer (Hrsg.), Die Veränderung der Kulturlandschaft. Nutzungen – Sichtweisen, Münster [u. a.] 2003, S. 142–146; *Maier*, Weiße Kohle, S. 35–37.
44 *Matthias Heymann*, Signs of Hubris: The Shaping of Wind Technology Styles in Germany, Denmark, and the United States, 1940–1990, in: Technology and Culture 39, 1998, S. 652 f.
45 *Maier*, Kippenlandschaft, S. 254 f.

Nutzungsdruck auf den Wald in der NS-Zeit zu. Nachdem die Nutzholzproduktion Anfang der 1930er Jahre noch krisenbedingt deutlich reduziert gewesen war, wurde ab Mitte des Jahrzehnts mit zunehmender Tendenz mehr Holz geschlagen als je in der Weimarer Republik oder dem Kaiserreich.[46] Erreicht wurde dies, indem das Reichsforstamt ab 1935 eine Einschlagquote von 150 % des nachhaltigen Holzertrags anordnete, bevor nach Kriegsbeginn der Druck auf die deutschen Wälder zunächst wieder abnahm, weil nun die Holzressourcen der besetzten Gebieten herangezogen wurden. Die gesamte Waldfläche in Deutschland nahm gleichzeitig und trotz des Flächenbedarfs von Landwirtschaft, Industrie und Militär während der NS-Zeit durch Aufforstungen geringfügig zu, auch wenn die Wälder deutlich ausgedünnt waren.[47] Im öffentlichen Gedächtnis haben sich dagegen nur die Holzfällungen der Besatzungsmächte nach dem Krieg – „Franzosenhiebe" im Südwesten – gehalten.[48]

Zum staatswirtschaftlichen Handeln des NS-Regimes zählte auch der Reichsarbeitsdienst, der in erster Linie als Beschäftigungsmaßnahme gedacht war. Er wirkte sich aber auch auf die Umwelt aus, weil zu seinen Hauptaufgaben Landeskulturarbeiten wie die Regulierung von Wasserläufen, die Entwässerung von Feuchtwiesen und die Moorkultivierung zählten. Das zeitweise größte Projekt dieser Art stellten die Kultivierungsarbeiten in den Mooren des Emslands dar, wo neben dem Reichsarbeitsdienst auch Strafgefangene und die Insassen der dortigen Konzentrationslager arbeiten mussten. Derartige Maßnahmen folgten einer langen Tradition der Melioration, wurden in der NS-Zeit jedoch forciert und erregten zum Teil öffentliche Kritik von Naturschützern, die den ökologischen Wert dieser bisher noch verbliebenen Nischen in der Kulturlandschaft erkannten.[49]

Die ökologischen Auswirkungen der NS-Autarkiebestrebungen blieben nicht auf das Reichsgebiet beschränkt, sondern betrafen auch die Meere. Hochseefischerei und Walfang versprachen eine Erweiterung der Fett- und Eiweißversorgung ohne Belastung der Landwirtschaft oder der Devisenbilanz. Angesichts häufiger Fleischknappheit bewarb die staatliche Verbrauchslenkung ab Mitte der 1930er Jahre zunehmend Seefisch. Während die Viehproduktion ohne zusätzliche Futtermittelimporte kaum noch zu steigern war, konnte die Hochseefischerei, die bis dahin regelmäßig mit Absatzproblemen rang, versprechen, innerhalb des Vierjahresplans ihre Produktion zu verdoppeln. Dieses Ziel hatte sie bis 1939 zu einem guten Teil erreicht, auch wenn sich

---

46 *Hoffmann*, Wachstum, S. 327.
47 *Michael Imort*, „Eternal Forest – Eternal Volk." The Rhetoric and Reality of National Socialist Forest Policy, in: Brüggemeier/Cioc/Zeller, How Green, S. 43–72; *Rubner*, Forstgeschichte, S. 123.
48 *Uekötter*, Green and the Brown, S. 177.
49 *Kiran Klaus Patel*, „Soldaten der Arbeit." Arbeitsdienste in Deutschland und den USA 1933–1945, Göttingen 2003, S. 304–321, 341–351. Zur Kritik der Naturschützer: *Uekötter*, Green and the Brown, S. 164 f.; *Edeltraud Klueting*, Die gesetzlichen Regelungen der nationalsozialistischen Reichsregierung für den Tierschutz, den Naturschutz und den Umweltschutz, in: Radkau/Uekötter, Naturschutz und Nationalsozialismus, S. 98 f.; *Joachim Radkau*, Natur und Macht. Eine Weltgeschichte der Umwelt, München 2002, S. 298.

Probleme beim Vertrieb, der Konservierung und der Verbraucherakzeptanz ergaben. Für die Natur in den Fanggebieten der Hochseefischerei – vor allem bei Island – bedeutete diese Steigerung eine erhebliche zusätzliche Belastung, zumal Deutschland die drittgrößte Fischereination Europas war.[50] Ab 1939 hingegen war die europäische Hochseefischerei kriegsbedingt stark eingeschränkt und kam im deutschen Fall völlig zum Erliegen. Deutschland konnte allerdings den Ausfall teilweise kompensieren, indem die ergiebige Küstenfischerei im besetzten Norwegen auf den deutschen Bedarf umgestellt wurde.[51] Die Einschränkungen der Hochseefischerei liefen auf eine Schonzeit für die meisten Fischbestände hinaus, sodass Fischer in der unmittelbaren Nachkriegszeit Rekordfänge erzielten. Allerdings legte der Krieg durch politische Veränderungen im Nordatlantikraum und technische Innovationen zugleich das Fundament für die Überfischung der folgenden Jahrzehnte.[52]

Der Import von pflanzlichen und tierischen Ölen und Fetten stellte eine große Belastung für die deutsche Devisenbilanz dar. Walöl war seit den 1920er Jahren ein üblicher Rohstoff für die Margarine- und Seifenindustrie, wurde aber fast ausschließlich von Norwegen und Großbritannien produziert. Daher beteiligte sich Deutschland ab 1936 selbst am Walfang in der Antarktis und rüstete sieben Fangflotten aus, auf die schließlich ca. 15 % der weltweiten Walölproduktion entfielen. Der Walfang machte Deutschland nicht autark bei Fettrohstoffen, entlastete jedoch die Zahlungsbilanz, während die beteiligten Unternehmen auf diese Weise ihr vom Staat zugeteiltes Fettkontingent erhöhen konnten. Der Einstieg Deutschlands und Japans (ab 1934) in den antarktischen Walfang verstärkte den Druck auf die Walbestände, die bereits klare Zeichen der Übernutzung zeigten. Da der deutsche Walfang mit Kriegsbeginn zu einem sofortigen Ende kam, trug die verstärkte Nutzung des Meeres im Unterschied zu den Synthesetechnologien zwar in Friedenszeiten zur Deviseneinsparung ein, nicht aber zur Blockadesicherheit im Kriegsfall.[53]

Wenn das deutliche Anschwellen des Abfallvolumens seit den 1950er Jahren ein wichtiger Gradmesser für die beschleunigte globale Umweltbelastung darstellt,[54] bildet die NS-Zeit hierzu einen klaren Kontrast. Ab 1936 und lokal schon zuvor strebte

---

50 *Ole Sparenberg*, „Segen des Meeres": Hochseefischerei und Walfang im Rahmen der nationalsozialistischen Autarkiepolitik, Berlin 2012, S. 49–255; *Birgit Pelzer-Reith/Reinhold Reith*, Fischkonsum und „Eiweißlücke" im Nationalsozialismus, in: Vierteljahrschrift für Sozial- und Wirtschaftsgeschichte 96, 2009, S. 4–26.
51 *Bjørn-Petter Finstad*, The Norwegian Fishing Sector During the German Occupation: Continuity or Change, in: Hans-Otto Frøland/Mats Ingulstad/Jonas Scherner (Hrsg.), Industrial Collaboration in Nazi-Occupied Europe. Norway in Context, London 2016, S. 389–415; *Ole Sparenberg*, Frozen Fillets from the Far North: German Demand for Norwegian Fish, in: Frøland/Ingulstad/Scherner, Industrial Collaboration, S. 63–85.
52 *Poul Holm*, World War II and the "Great Acceleration" of North Atlantic Fisheries, in: Global Environment 10/2012, S. 66–91.
53 *Sparenberg*, Segen, S. 256–347.
54 *Pfister*, 1950er Syndrom, S. 57.

der NS-Staat eine weitgehende Wiederverwendung von Altmaterialien wie Metallen, Lumpen, Knochen, Essensresten und Papier an, wie dies in anderen Nationen erst im Krieg geschah. Gelegentlich wurden solche Sammlungen mit Umwelt- und Naturschutzmotiven begründet, so bei Altpapiersammlungen, die ab 1940 als Beitrag zum Schutz des deutschen Waldes dargestellt wurden. Dem Staat ging es jedoch vielmehr um die Rohstoffeinsparung vor dem Hintergrund von Devisenmangel und Autarkiestreben sowie um die ideologische Mobilisierung der Bevölkerung. Die Altstoffverwertung in der NS-Zeit griff dabei auf Vorbilder aus dem Ersten Weltkrieg zurück, als ab etwa 1916 systematisch Schüler für die Altstoffsammlung eingesetzt worden waren, sodass in den 1930er Jahren viele Erwachsene bereits praktische Erfahrungen hiermit besaßen. In der NS-Zeit wurden erneut Schulen für die Sammlungen eingespannt, auch wenn die Hauptlast des Trennens und Lagerns im Haushalt auf die Hausfrauen fiel. Zudem errichtete der NS-Staat einen eigenen bürokratischen Apparat zur Organisation der Sammlungen und reorganisierte das Altstoffgewerbe, dessen Leistungsfähigkeit jedoch durch die Verdrängung der zahlreichen jüdischen Händler litt. Neben übermäßiger Bürokratisierung traten auch Fehlanreize auf, sodass der Reichskommissar für Altmaterialverwertung 1939 über große Mengen nichtabsetzbaren Altpapiers und Halden von Knochen klagte, von denen eine Gesundheitsgefahr ausginge.[55]

4.1.4 Staatlicher Natur- und Umweltschutz

Die bis heute meist beachtete Maßnahme des NS-Staates auf dem Gebiet des Naturschutzes war das RNG vom 26. Juni 1935.[56] Es bildet das stärkste Argument, um die Bedeutung des Nationalsozialismus in der Geschichte des deutschen Naturschutzes hervorzuheben und wird oft als Beleg für die ökologische Ausrichtung des NS-Regimes angeführt.[57] Nicht nur handelte es sich bei dem RNG um das erste Gesetz seiner Art auf Reichsebene, sondern es blieb auch in der Bundesrepublik bis 1976 in Kraft und entfaltete somit über die Diktatur hinaus Wirkung.

Wenn von staatlichen Maßnahmen zum Schutz der natürlichen Umwelt unter dem Nationalsozialismus die Rede ist, sollte bedacht werden, dass Natur- und Umweltschutz bis weit in die Nachkriegszeit weitgehend getrennte Konzepte waren, während sie heute meist zusammen gedacht werden. Naturschutz, wie er sich seit dem frühen

---

55 *Heike Weber*, Nazi German Waste Recovery and the Vision of a Circular Economy: The Case of Waste Paper and Rags, in: Business History 64, 2022, S. 882–903; *Heike Weber*, Towards "Total" Recycling: Women, Waste and Food. Waste Recovery in Germany, 1914–1939, in: Contemporary European History 22, 2013, S. 371–397; *Susanne Köstering*, „Pioniere der Rohstoffbeschaffung." Lumpensammler im Nationalsozialismus, 1934–1939, in: WerkstattGeschichte 17, 1997, S. 45–65; *Friedrich Huchting*, Abfallwirtschaft im Dritten Reich, in: Technikgeschichte 48, 1981, S. 252–273.
56 Reichsgesetzblatt (RGBl.) I, 1935, S. 821.
57 *Radkau*, Natur, S. 48; *Brüggemeier/Cioc/Zeller*, Introduction, S. 8.

19. Jahrhundert entwickelte, galt als kulturelle Aufgabe, nämlich als Pflege von „Naturdenkmälern" wie eindrucksvollen Felsformationen, alten Bäumen, Schluchten, Wasserfällen usw., später auch ganzen Landschaften, deren Schutzwürdigkeit ästhetisch und aufgrund ihrer Bedeutung für die Kultur und Geschichte des Volkes begründet wurde. Daneben galt die Aufmerksamkeit der Naturschützer der Tier- und Pflanzenwelt. Als kulturelle Aufgabe fiel der Naturschutz staatlicherseits in die Zuständigkeit des Kultusressorts. Ab Ende des 19. Jahrhunderts wurden auch antimodernistische, völkische und rassistische Stimmen in der Naturschutzbewegung laut.[58]

Die Auswirkungen der Industrialisierung auf die Gesundheit und die natürlichen Lebensgrundlagen im Sinne des heutigen Umweltschutzes spielten im damaligen Naturschutz kaum eine Rolle. Emissionen, Abfallentsorgung und Gewässerreinhaltung wurden überwiegend von den Kommunen als Hygiene und öffentliche Gesundheitspflege behandelt.[59] Das RNG stand in der Tradition des Naturschutzes und berücksichtigte Fragen des Umweltschutzes nicht.

Nachdem Anläufe für ein Naturschutzgesetz auf der Ebene Preußens oder des Reichs in der Weimarer Republik im Sande verlaufen waren, wurde die Reichsregierung 1935 aktiv, wofür sich mehrere Motive ausmachen lassen: Naturschutz war im Bürgertum populär, sodass einem entsprechenden Gesetz eine propagandistische Wirkung zukam, der für die Regierung kaum Kosten gegenüberstanden. Zudem entsprach das Vorhaben den Neigungen führender Nationalsozialisten wie Heinrich Himmler und Hermann Göring. Insbesondere letzterer, der seit 3. Juli 1934 an der Spitze des neugeschaffenen Reichsforstamtes stand, wurde zur treibenden Kraft hinter dem RNG, weil er so sein Projekt eines Naturschutzparks und Staatsjagdgebiets in der Schorfheide – nicht zuletzt für den eigenen Gebrauch – voranbringen konnte.[60]

Rechtspolitisch stand das RNG in einem größeren Kontext: Mit dem „Gesetz über den Neuaufbau des Reiches" vom 30. Januar 1934 gingen die Hoheitsrechte und Gesetzgebungskompetenzen der Länder, darunter die für Naturschutz, auf das Reich über.[61] Daneben gab es einen Zusammenhang mit thematisch ähnlichen Gesetzen wie dem Tierschutzgesetz vom 24. November 1933,[62] dem Gesetz gegen Waldverwüstung vom 18. Januar 1934[63] und dem Reichsjagdgesetz vom 3. Juli 1934.[64]

Ein erster Gesetzentwurf des Reichsjustizministers Franz Gürtner scheiterte an Einsprüchen anderer Ressorts, aber anschließend begann das Reichsforstamt Anfang

---

58 *Wettengel*, Staat, S. 355–374.
59 *Wettengel*, Staat, S. 355.
60 *Klueting*, Regelungen, S. 77, 92–96; *Wettengel*, Staat, S. 381–384.
61 RGBl. I, 1934, S. 75.
62 RGBl. I, 1933, S. 987. Zum Tierschutz(recht) *Stefan Dirscherl*, Tier- und Naturschutz im Nationalsozialismus, Göttingen 2012; *Klueting*, Regelungen, S. 78–88; *Miriam Zerbel*, Tierschutz und Antivivisektion, in: Diethart Kerbs/Jürgen Reulecke (Hrsg.), Handbuch der deutschen Reformbewegungen 1880–1933, Wuppertal 1998, S. 35–46.
63 RGBl. I, 1934, S. 37.
64 RGBl. I, 1934, S. 431.

April 1935 einen Entwurf auszuarbeiten. Nachdem Göring persönlich Gürtner und dem Reichsminister für Wissenschaft, Erziehung und Volksbildung Bernhard Rust die Kompetenz für diesen Bereich abgerungen hatte, bestätigte ein Erlass Hitlers die Übertragung der Zuständigkeit für den Naturschutz auf Görings Reichsforstamt, sodass sich hier in einer für das NS-System charakteristischen Weise persönliche Ambitionen und der Zugang zum Machthaber gegenüber der hergebrachten Geschäftsordnung durchsetzten. Schon am 26. Juni 1935 beschloss das Kabinett das RNG.[65]

Die Präambel des RNG ist eine Mischung aus nationalsozialistischer Rhetorik und heute noch anerkannter ökologischer Diagnose: Einerseits wird die Natur als „des deutschen Volkes Sehnsucht, Freude und Erholung" beschworen, die auch „dem ärmsten Volksgenossen" zugutekommen solle, andererseits werden „intensive Land- und Forstwirtschaft, einseitige Flurbereinigung und Nadelholzkultur" beklagt. Die inhaltlichen Bestimmungen des RNG sind dagegen weitgehend frei von nationalsozialistischer Sprache und Gedankengut, sondern kompilieren ältere Regelungen und Forderungen.[66] Der Schutz des Gesetzes erstreckte sich auf Pflanzen und nichtjagdbare Tiere, Naturdenkmale, Naturschutzgebiete sowie sonstige Landschaftsteile (§ 1 RNG). Das RNG sah das Reichsforstamt als oberste Naturschutzbehörde vor, während die jeweiligen höheren und unteren Verwaltungsbehörden als Naturschutzbehörden für ihren Bezirk dienten (§ 7 RNG). Daneben sollte auf jeder Verwaltungsebene eine „Stelle für Naturschutz" eingerichtet werden, um die Verwaltung zu beraten und schutzwürdige Gebiete zu identifizieren, zu dokumentieren und zu erforschen (§ 8 RNG). Des Weiteren führte das RNG jeweils eine Liste ein, in die Naturdenkmäler und Naturschutzgebiete eingetragen wurden (§ 12 RNG). Flächen im Staatsbesitz konnte der Reichsforstmeister zu Naturschutzgebieten erklären (§ 18 RNG) und hierbei auch angrenzende private Flächen entschädigungslos enteignen (§ 24 RNG) – die einzige Bestimmung des Gesetzes, die nach 1949 nicht in Kraft blieb. Schließlich sah das RNG die Beteiligung der Naturschutzbehörden bei jeder Maßnahme oder Planung vor, die wesentlich in die Landschaft eingriff (§ 20 RNG).

Da es im Kaiserreich und in der Weimarer Republik nicht gelungen war, eine reichsweite Gesetzesgrundlage zu schaffen, begrüßten die Naturschützer das RNG enthusiastisch, das überdies fast alle ihrer Forderungen erfüllte.[67] Auch im internationalen Vergleich handelte es sich gemessen an den Standards der 1930er Jahre um ein fortschrittliches Gesetz.[68] Noch bis weit in die Bundesrepublik wurde das RNG daher in deutschen Naturschutzkreisen als zentrale Errungenschaft betrachtet.[69]

---

65 *Klueting*, Regelungen, S. 94 f.
66 *Klueting*, Regelungen, S. 104; *Radkau*, Natur, S. 295. Abweichend hierzu mit Verweis auf den Entstehungskontext: *Charles E. Closmann*, Legalizing a Volksgemeinschaft: Nazi Germany's Reich Nature Protection Law of 1935, in: Brüggemeier/Cioc/Zeller, How Green, S. 18–42.
67 *Frank Uekötter*, Die autoritäre Versuchung: Das Reichsnaturschutzgesetz, in: Frank Uekötter (Hrsg.), Ökologische Erinnerungsorte, Göttingen 2014, S. 87 f.
68 *Closmann*, Legalizing, S. 18, 21.
69 *Jens Ivo Engels*, „Hohe Zeit" und „dicker Strich". Vergangenheitsdeutung und -bewahrung im westdeutschen Naturschutz nach dem Zweiten Weltkrieg, in: Radkau/Uekötter, Naturschutz und Nationalsozialismus, S. 363–404.

Eine andere Frage ist, welche Auswirkungen das RNG auf den Schutz der Natur und auf die Wirtschaft im NS-Staat hatte. Erhebliche Einschränkungen des Naturschutzes waren schon im Gesetzestext selbst vorgesehen. Gemäß § 6 RNG „dürfen Flächen, die ausschließlich oder vorwiegend Zwecken der Wehrmacht, der wichtigen öffentlichen Verkehrsstraßen, der See- oder Binnenschifffahrt oder lebenswichtigen Wirtschaftsbetrieben dienen" durch den Naturschutz nicht in ihrer Benutzung beeinträchtigt werden. Potenzielle Konflikte waren damit von vornherein auf Kosten des Naturschutzes entschärft.

Hinzu kam die geringe personelle Ausstattung der Reichsstelle für Naturschutz. Hierbei handelte es sich lediglich um die schon 1906 eingerichtete Staatliche Stelle für Naturdenkmalpflege in Preußen, deren Tätigkeitsbereich jetzt auf das ganze Reich ausgedehnt wurde, während ihre personelle Besetzung mit drei bis vier wissenschaftlichen Mitarbeitern neben dem Direktor Walther Schoenichen (ab 1938 Hans Klose) seit der Weimarer Republik unverändert blieb. Für die eigentliche administrative Naturschutzarbeit dienten die normalen Verwaltungsbehörden als höhere und untere Naturschutzbehörden, die hierfür jedoch keine zusätzlichen Planstellen erhielten.[70]

Der Vollzug des Gesetzes blieb daher stets hinter den Vorgaben zurück, noch bevor Göring im Krieg zusätzliche Vereinfachungsmaßnahmen anordnete.[71] Bereits zuvor scheint das Gesetz in der Praxis oft auch einfach ignoriert worden zu sein.[72] Zwar waren 1940 im ganzen Reich mehr als 800 Naturschutzgebiete ausgewiesen, allerdings bestanden 1933 allein in Preußen schon etwa 400, sodass es sich vielfach nur um die Registrierung bereits bestehender Schutzgebiete handelte.[73]

Für die Energiewirtschaft lässt sich sagen, dass kein Projekt während des Nationalsozialismus durch den Naturschutz verhindert worden ist.[74] Allerdings war der Naturschutz selbst noch im Krieg nicht völlig zahnlos. Im Fall der Wutach, einem Gebirgsfluss im südlichen Schwarzwald, bewirkte der Naturschutz die planerische Veränderung, zeitliche Verzögerung und damit letztlich indirekt doch das Scheitern eines Wasserkraftprojekts. Die Idee eines Naturschutzgebietes in der Wutachschlucht kam zuerst 1926 nach einem verheerenden Hochwasser auf, vor allem weil wasserbauliche Maßnahmen in der abgelegenen Region nicht als wirtschaftlich angesehen wurden. Gleichzeitig galt der Schutz der landschaftlich reizvollen Schlucht als Ausgleich für ein Wasserkraftprojekt, bei dem der nahegelegene Schluchsee aufgestaut wurde. Daher wurde 1939 das Naturschutzgebiet Wutachschlucht eingerichtet.[75]

---

70 *Klueting*, Regelungen, S. 98–100; *Wettengel*, Staat, S. 386–388; *Imort*, Forest, S. 62.
71 *Wettengel*, Staat, S. 390.
72 *Radkau*, Natur, S. 295.
73 *Wettengel*, Staat, S. 389. Auf jeweils über 40 neue Naturschutzgebiete in Württemberg und in Baden sowie geringere Zahlen in den 1950er Jahren verweist jedoch *Uekötter*, Versuchung, S. 95; *Uekötter*, Green and the Brown, S. 142.
74 *Maier*, Kippenlandschaft, S. 265.
75 Siehe im Folgenden: *Uekötter*, Green and the Brown, S. 125–135.

Zu diesem Zeitpunkt plante allerdings das Schluchseewerk als Betreiber des Stausees bereits, die Wutach ebenfalls aufzustauen und das Wasser in den Schluchsee umzuleiten. Als sich die Pläne 1942 konkretisierten, verlangte die Naturschutzstelle Baden gemäß § 20 RNG, an der Planung beteiligt zu werden. Gegen den badischen Reichsstatthalter Robert Wagner, der die Baupläne unterstützte, stritten die Naturschützer im Winter 1942/43 für die Bewahrung des Schutzgebietes. Um dem Naturschutz entgegenzukommen, legte das Schluchseewerk einen revidierten Plan vor, der mehr Wasser in der Wutach beließ, und diesen Plan billigte das Reichsforstamt als oberste Naturschutzbehörde im März 1943. Damit hatte sich das Unternehmen durchgesetzt, allerdings mit fast einem Jahr Zeitverlust und unter Zugeständnissen. Die Naturschützer gaben aber nicht auf; der Leiter der Naturschutzstelle Baden warb noch im Juli 1944 in einem öffentlichen Vortrag für das Wutachtal, und die Naturschützer versuchten bereits im Sommer des Vorjahrs, sich diskret an Heinrich Himmler zu wenden. Dessen persönliche Intervention war 1938 entscheidend gewesen, um einen Steinbruch am Hohenstoffeln, einem Basaltkegel westlich des Bodensees, zu stoppen. 1943 jedoch ließ sich der Reichsführer SS mit anderen Aufgaben entschuldigen und griff nicht ein. Die Bauarbeiten in der Wutachschlucht wurden 1944 dennoch kriegsbedingt eingestellt. Als das Schluchseewerk sich 1950 auf die Genehmigung von 1943 berief, um das Projekt wieder aufzunehmen, kam es erneut zu Protesten. Das Vorhaben wurde 1960 endgültig zu den Akten gelegt.

In ähnlicher Weise konnte der Landschaftsschutz den Bau von Hochspannungsleitungen der RWE, die den Wasserkraftstrom aus den Alpen nach Norden übertragen sollten, zwar nicht verhindern, aber doch verzögern und einschränken. In dieser Frage kam es allerdings auch zu einer Allianz zwischen Naturschützern, die die alpine Landschaft bewahren wollten, und der Wehrmacht, die die gut sichtbaren Freileitungen aus Gründen des Luftschutzes ablehnte.[76]

Im Unterschied zum Naturschutz während des Nationalsozialismus dominierte beim Umweltschutz, also der Emissionskontrolle und der Reinhaltung von Luft, Wasser und Boden, eindeutig die Kontinuität. Diese Fragen fanden kaum einen Niederschlag in der Gesetzgebung des NS-Staates.[77] Bei der Luftreinhaltung lassen sich dennoch drei Anläufe für eine Neuregelung erkennen, bei denen jedoch jeweils andere Ziele als der Immissionsschutz im Vordergrund standen. In der Akademie für Deutsches Recht wurde ab 1933 eine Debatte geführt, ob das bisherige Emissionsrecht mit der NS-Ideologie vereinbar sei. Im Mittelpunkt stand § 906 des Bürgerlichen Gesetzbuchs (BGB), der regelte, inwieweit ein Grundstückseigentümer die Emissionen seines Nachbarn hinzunehmen habe. Diese Norm galt als Ausdruck eines liberalen Denkens und ließ für die NS-Juristen den Bezug auf das Volksganze vermissen. Damit stand die Diskussion im Kontext der letztlich ergebnislosen Bestrebungen, das BGB durch ein „Volksgesetzbuch" zu ersetzen, das auf der nationalsozialistischen Parole „Gemein-

---

76 *Maier*, Unter Wasser, S. 139–175.
77 *Klueting*, Regelungen, S. 77 f.

nutz vor Eigennutz" basieren sollte. Das Emissionsrecht war hier somit nur ein Mittel zum Zweck.[78] Eine praktische Anwendung ideologischer Grundsätze war überdies schwierig. Das Reichsgericht verwies 1937 in einem Prozess zwischen der Gutehoffnungshütte in Oberhausen und einem Landwirt zwar auf die „Volksgemeinschaft", in deren Sinne beide Parteien aufeinander Rücksicht zu nehmen hätten, stützte sein Urteil aber dennoch auf das seit dem Kaiserreich etablierte Kriterium der Ortsüblichkeit der Belastung aus dem § 906 BGB.[79]

Eine zweite Initiative im Bereich der Emissionen ging vom Reichsnährstand aus, der Landwirte ermutigte, offensiver Entschädigungszahlungen für Ernteausfälle – ein seit dem Kaiserreich üblicher Weg der Streitbeilegung – von der Industrie einzufordern. Hiermit versuchte der Reichsnährstand jedoch in erster Linie, seine Popularität bei den Landwirten zu erhöhen und Handlungsfreiheit zu demonstrieren, nachdem er unter dem Vierjahresplan an Autonomie eingebüßt hatte. Gleichzeitig war das Thema für den Reichsnährstand schwierig, weil es nicht erwünscht war, dass Bauern in einem Umfang Entschädigungszahlungen erhielten, dass sie die Landwirtschaft vernachlässigten.[80]

Drittens schließlich führten Geheimhaltungsbestrebungen in der Aufrüstung zu der einzigen Änderung im Emissionsrecht während der NS-Zeit. Seit dem 19. Jahrhundert sah die Gewerbeordnung für das Deutsche Reich eine Konzessionspflicht für Anlagen vor, von denen eine Belästigung oder Gefährdung der Nachbarschaft oder Allgemeinheit ausgehen konnte. Im Rahmen dieses Verfahrens mussten die Baupläne öffentlich ausgelegt werden, und hierin lag bei Rüstungsbetrieben ein Problem für die Geheimhaltung. Daher wurde im Juli 1934 der Gewerbeordnung ein § 22a hinzugefügt, nach dem die oberste Landesbehörde die Genehmigung erteilen konnte, ohne dass die Pläne öffentlich ausgelegt wurden, wenn ein öffentliches Interesse an der Anlage bestand.[81] Ein öffentliches Interesse sahen die NS-Behörden bei Rüstungsbetrieben in der Regel als gegeben an, während das Ziel des § 22a lediglich die Geheimhaltung war. Gelockerte Anforderungen an den Immissionsschutz waren nicht vorgesehen, sodass auch hier die Kontinuität im Emissionsrecht dominierte.[82]

Im Wasserrecht als einem weiteren zentralen Feld des Umweltrechts geschah noch weniger, abgesehen davon, dass wie in allen Bereichen Zuständigkeiten von den Ländern auf das Reich übertragen wurden. Zwar legte die Akademie für Deutsches Recht 1941 einen Entwurf für ein Reichswassergesetz vor, das auch Bestimmungen zum Gewässerschutz vorsah, diese gingen aber der Industrie und der Wasserwirtschaft zu weit, sodass sie eine Neufassung erarbeiteten. Schließlich kam das Vorhaben kriegsbedingt zum Erliegen.[83]

---

78 *Uekötter*, Polycentrism, S. 103–108.
79 *Brüggemeier/Rommelspacher*, Himmel, S. 61.
80 *Uekötter*, Polycentrism, S. 108–111.
81 RGBl. I, 1934, S. 566.
82 *Uekötter*, Polycentrism, S. 108–111.
83 *Klueting*, Regelungen, S. 101 f.

In ähnlicher Weise blieb der große Wurf im Forstrecht ebenfalls aus. Der 1940 vorgelegte Entwurf eines Forstgesetzbuchs enthielt zukunftsweisende ökologische Aspekte, stieß jedoch auf den Widerstand anderer Ressorts und wurde letztlich für die Dauer des Krieges auf Eis gelegt. Unterhalb der Gesetzesebene versuchte das Reichsforstamt bereits seit seiner Gründung 1934 das Leitbild des Dauerwaldes durchzusetzen. Dieses vom Generalforstmeister Walter von Keudell verfochtene Konzept sah einen artenreichen Wald mit gemischter Altersstruktur und der Entnahme einzelner Stämme statt Monokultur und Kahlschlag vor. Es entspricht damit auch heutigen Vorstellungen ökologischen Waldbaus. Der NS-Staat übernahm dieses Konzept, in erster Linie aufgrund der persönlichen Präferenz Görings. Daneben schien der Dauerwald, der weniger Arbeitsaufwand erforderte und langfristig höhere Erträge versprach, in den frühen 1930er Jahren angesichts niedriger Holzpreise ökonomisch attraktiv. Schließlich ließ sich das Konzept über die Gleichsetzung von Wald und Volk propagandistisch auswerten.[84] In der Forstverwaltung war der Dauerwald allerdings umstritten und wurde auch öffentlich kritisiert.[85] Als das Konzept mit den kurzfristigen Holzanforderungen der Autarkiewirtschaft kollidierte, musste von Keudell 1937 zurücktreten und die Kompromissformel des „naturgemäßen Wirtschaftswalds" wurde eingeführt.[86]

Ungeachtet der landschaftszerstörenden Wirkung der steigenden Braunkohleproduktion änderte sich während der NS-Zeit wenig an den gesetzlichen Vorgaben für die Rekultivierung. Die 1940 herausgegebenen „Richtlinien für die Urbarmachung der Tagebaue" schrieben zwar die möglichst unverzügliche Rekultivierung unter Verwendung des vorher beim Abbau gesondert aufzuhaldenden Mutterbodens vor, allerdings handelte es sich hierbei nur um die Weiterentwicklung eines preußischen Erlasses von 1932. Bemerkenswerterweise gab das Reichswirtschaftsministerium die Richtlinien heraus, während der behördliche Naturschutz für sich keine Zuständigkeit in einem Bereich sah, wo es nicht um die Erhaltung von Naturdenkmälern, sondern um die Planung zur Minimierung oder Kompensation ökologischer Folgen ging.[87]

Zur Umweltpolitik während des Nationalsozialismus gehört schließlich auch das Wirken des prominenten Naturschützers Alwin Seifert, obwohl dieses sich – in einer für das NS-System charakteristischen Weise – weitgehend außerhalb der hergebrachten Strukturen von Staat und Verwaltung abspielte. Seifert begleitete ab 1934 als Landschaftsplaner den Autobahnbau, eine Tätigkeit, die ihm 1940 den Titel „Reichslandschaftsanwalt" eintrug. Seine öffentlichkeitswirksame Stellung in der NS-Zeit verdankte der studierte Architekt der Patronage von Rudolf Heß und Fritz Todt als Generalinspekteur für das deutsche Straßenwesen. Beim Autobahnbau favorisierte Seifert, der stets ästhetische und ökologische Argumente verband, bepflanzte Böschungen und

---

84 *Imort*, Forest.
85 *Rubner*, Forstgeschichte, S. 136–141.
86 *Imort*, Forest, S. 57 f.; *Radkau*, Natur, S. 296; *Wettengel*, Staat, S. 386.
87 *Maier*, Kippenlandschaft, S. 251, 263.

einen kurvenförmigen Streckenverlauf, der sich an die Landschaftskonturen anpasste, statt der graden und ebenen Linienführung der Eisenbahnen. Der Einfluss Seiferts und seiner Mitarbeiter als „Landschaftsanwälte" auf den Autobahnbau war jedoch deutlich geringer, als es die Propaganda glauben machen wollte. In der Regel folgten die Ingenieure Seiferts Vorstellungen nur, wenn sie der kostengünstigsten Lösung entsprachen, was die „Landschaftsanwälte" frustriert zurückließ. Bei dem Versuch, deren Tätigkeit auch auf die Projekte des Reichsarbeitsdienstes und den Ausbau der österreichischen Wasserkraft auszudehnen, konnte Seifert nur sehr begrenzte Erfolge erzielen.[88]

Wie die Allianz Seifert-Todt zeigt, galten Auto und Straße damals noch nicht als zentrale Probleme des Naturschutzes. Seiferts Feindbild war dagegen die Eisenbahn mit ihren landschaftszerschneidenden Trassen.[89] Seiferts anderes großes Thema, mit dem er seit 1936 an die Öffentlichkeit trat, bildete die Warnung vor der „Versteppung" Deutschlands als Folge übermäßiger Entwässerung, ohne dass dies Einfluss auf die laufenden Meliorationsmaßnahmen gehabt hätte.[90] Obwohl sich diese Warnung in einen internationalen Diskurs nach der Dust-Bowl-Katastrophe in den USA einfügte, war sie für Deutschland tatsächlich wenig berechtigt. Allerdings entsprach Seiferts Warnung bereits den Denkmustern modernen Umweltschutzes, indem er von der Bedrohung der natürlichen Lebensgrundlagen durch anthropogene Veränderungen ausging.

Seifert interessierte sich ebenfalls für die biologisch-dynamische Wirtschaftsweise in Landwirtschaft und Gartenbau basierend auf Rudolf Steiners Anthroposophie und nahm Anteil an den Versuchen der SS, auf dieser Grundlage Heilkräuter im Konzentrationslager Dachau anzubauen.[91] Das Interesse an biologisch-dynamischer Landwirtschaft teilte er u. a. mit Rudolf Heß, Heinrich Himmler und R. Walther Darré. Letzterer begann sich jedoch erst ab 1940 für das Konzept zu erwärmen.[92] Biologisch-dynamische Landwirtschaft schien diesen NS-Führern zum einen unter dem Gesichtspunkt der Autarkie attraktiv, weil sie hohe Erträge ohne Mineraldünger versprach. Zum anderen gab es ideelle Schnittmengen zwischen dem Nationalsozialismus und den Anhängern der biologisch-dynamischen Landwirtschaft, wie die Ablehnung einer als materialistisch wahrgenommenen Moderne sowie die Betonung der Gesundheit von Volk und

---

88 *Thomas Zeller*, Molding the Landscape of Nazi Environmentalism. Alwin Seifert and the Third Reich, in: Brüggemeier/Cioc/Zeller, How Green, S. 147–170; *Thomas Zeller*, „Ganz Deutschland sein Garten". Alwin Seifert und die Landschaft des Nationalsozialismus, in: Radkau/Uekötter, Naturschutz und Nationalsozialismus, S. 273–308.
89 *Radkau*, Natur, S. 297.
90 *Zeller*, Deutschland, S. 282–287.
91 *Zeller*, Deutschland, S. 307. Im Gartenbau reicht Seiferts Einfluss bis heute. Ein von ihm zuerst 1971 veröffentlichter Ratgeber ist immer noch lieferbar; in der aktuellen Ausgabe mit einem Vorwort des Historikers Hansjörg Küster zur Biografie des Autors: *Alwin Seifert*, Gärtnern, Ackern – ohne Gift, 9. Aufl. München 2008.
92 *Zeller*, Garten, S. 302; *Gesine Gerhard*, Richard Walther Darré. Naturschützer oder Rassenzüchter? In: Radkau/Uekötter, Naturschutz und Nationalsozialismus, S. 257–271; *Bramwell*, Blood, S. 175–179.

Boden.[93] Für die Ernährungswirtschaft insgesamt spielten alternative Anbaumethoden trotz solch prominenter Fürsprecher keine Rolle. Die deutsche Landwirtschaft blieb auf Mineraldünger angewiesen und die immer schlechtere Versorgung hiermit wurde während des Krieges zu einem wachsenden Problem für die Lebensmittelproduktion.[94]

4.1.5 Fazit

Umwelt und Wirtschaft standen unter dem Nationalsozialismus wie unter jedem anderen politischen System in einer vielfältigen Wechselbeziehung zueinander. Die natürliche Umwelt – das Vorhandensein mineralischer und nachwachsender Ressourcen, Nutzpflanzen und -tiere sowie Wetter und Klima – setzte Rahmenbedingungen für das ökonomische, politische und militärische Handeln. Dieser Rahmen war durchaus elastisch, wie die Entwicklung von Ersatzstoffen zeigte, aber nicht beliebig verschiebbar. Überdies folgte auch die Ersatzstoffentwicklung Pfaden, die durch die Ressourcenausstattung Mitteleuropas (Kohle und Holz) vorgezeichnet waren. Die Gebundenheit an die Umwelt stellt kein Spezifikum des Nationalsozialismus dar und sie besteht bis heute, war aber in der ersten Hälfte des 20. Jahrhunderts noch deutlich ausgeprägter als später und wurde im Fall des nationalsozialistischen Deutschlands durch den Rückzug aus der Weltwirtschaft noch verstärkt.

Hinsichtlich der Auswirkungen des wirtschaftlichen Handelns auf die Umwelt dominierte in vielen Bereichen die Kontinuität einer hochindustrialisierten Volkswirtschaft vom späten Kaiserreich bis in die Nachkriegszeit. Dies betraf die Industriestruktur mit Schwerpunkten bei Schwerindustrie und Chemie und die daraus resultierenden Emissionen. Allerdings wuchs der Nutzungsdruck auf heimische oder erreichbare Ressourcen durch die Rüstungskonjunktur unter Autarkiebedingungen. Die Verwendung von Stein- und besonders Braunkohle nahm zu, der Holzeinschlag wurde erhöht, sogenanntes Ödland verstärkt urbar gemacht, auch die Ausbeutung der Meere wurde verstärkt. Zwar gingen von der Autarkiepolitik auch Impulse für die Förderung erneuerbarer Energien wie Holzgas, Wasser- und Windkraft aus, die zentrale Energieressource der NS-Wirtschaft blieb jedoch die Kohle, also eine fossile Energie, deren Bedeutung durch die Synthesetechnologien noch zunahm. In ähnlicher Weise lag bei der Abfallwirtschaft im NS-Staat lediglich eine oberflächliche Ähnlichkeit mit ökologisch motivierten Recyclingbestrebungen seit den 1970er Jahren vor, weil die Motive nur im Rohstoff- bzw. Devisenmangel lagen. Somit stellte der National-

---

93 *Peter Staudenmaier*, Organic Farming in Nazi Germany: The Politics of Biodynamic Agriculture, 1933–1945, in: Environmental History 18, 2003, S. 383–411; *Werner Troßbach*, Im Zeitalter des Lebendigen? Zum Verhältnis der Nähe zwischen Regimevertretern und Exponenten der biologisch-dynamischen Wirtschaftsweise im Nationalsozialismus, in: Zeitschrift für Agrargeschichte und Agrarsoziologie 69, 2021, S. 11–47.
94 *Corni/Gies*, Brot, S. 423–427.

sozialismus eben keine ökologische Gegenthese zu der nicht-nachhaltigen, globalisierten und kapitalistischen Wirtschaftsweise des 20. Jahrhunderts dar.[95]

In der staatlichen Natur- und Umweltschutzpolitik bietet sich das Polykratie-Modell an zur Erklärung des Nebeneinanders eines wegweisenden Naturschutzgesetzes einerseits und andererseits der ressourcen- und emissionsintensiven Autarkie- und Rüstungswirtschaft, den Kultivierungsarbeiten des Reichsarbeitsdienstes sowie der Motorisierung. Dies gilt insbesondere, da der Begriff „Natur" bei Hitler selbst nur im sozialdarwinistischen Sinne erscheint, sodass aus seinen Äußerungen keine kanonische nationalsozialistische Position zu Natur- und Umweltschutz abzuleiten war.[96]

Das RNG von 1935 stellte als erstes reichsweites Naturschutzgesetz in Deutschland einen Einschnitt dar. Es handelte sich um ein fortschrittliches Gesetz, das zentrale Forderungen der Naturschützer erfüllte. Seine Auswirkungen auf die Wirtschaft und insbesondere auf die Rüstungswirtschaft waren allerdings sehr gering, was schon im Gesetzestext angelegt war. Die unzureichenden Möglichkeiten oder der fehlende Wille der Behörden bei der Durchsetzung des RNG kamen noch hinzu, auch wenn es bemerkenswerte Einzelfälle gab. Insgesamt war die Stellung Görings, der in Personalunion u. a. dem Reichsforstamt als oberster Naturschutzbehörde, der Luftwaffe und der Vierjahresplanbehörde vorstand, emblematisch für die Situation des Naturschutzes im NS-Staat, wobei an dem grundsätzlichen Vorrang von Autarkiewirtschaft und Aufrüstung nie Zweifel bestehen konnten. Insofern waren die Konflikte begrenzter und die Prioritäten klarer, als es zunächst scheint.

Ein weiterer Grund für die geringe Reichweite und Durchsetzungskraft von im weitesten Sinne ökologischer Politik während der NS-Zeit lag auch in dem vorherrschenden überkommenen Verständnis von Naturschutz als Bewahrung ästhetisch ansprechender Naturdenkmäler und kleinräumiger Schutzgebiete. In diesem Bereich konnten zwar einige Erfolge verbucht werden, die Bewahrung natürlicher Lebensgrundlagen und die Reduktion industrieller Emissionen hingegen war bis in die Nachkriegszeit kaum ein Thema für die Naturschutzbewegung, und dies spiegelt sich auch in der Gesetzgebung des NS-Staates wider, die hier kaum aktiv wurde. Beim Immissionsschutz dominierte eindeutig die Kontinuität von der Kaiserzeit bis in die Nachkriegszeit.

Auswahlbibliografie

Brüggemeier, Franz-Josef/Cioc, Mark/Zeller, Thomas (Hrsg.), How Green Were the Nazis? Nature, Environment, and Nation in the Third Reich, Athens 2005.
Heim, Susanne, Kalorien, Kautschuk, Karrieren. Pflanzenzüchtung und landwirtschaftliche Forschung in Kaiser-Wilhelm-Instituten 1933–1945, Göttingen 2003.

---

95 *Radkau*, Natur, S. 294–298.
96 *Joachim Radkau*, Naturschutz und Nationalsozialismus – wo ist das Problem? In: Radkau/Uekötter, Naturschutz und Nationalsozialismus, S. 43–46.

Maier, Helmut, „Unter Wasser und unter die Erde". Die süddeutschen und alpinen Wasserkraftprojekte des Rheinisch-Westfälischen Elektrizitätswerks (RWE) und der Natur- und Landschaftsschutz während des „Dritten Reiches", in: Günter Bayerl/Torsten Meyer (Hrsg.), Die Veränderung der Kulturlandschaft. Nutzungen – Sichtweisen, Münster [u. a.] 2003, S. 139–175.

Radkau, Joachim, Natur und Macht. Eine Weltgeschichte der Umwelt, München 2002.

Radkau, Joachim/Uekötter, Frank (Hrsg.), Naturschutz und Nationalsozialismus, Frankfurt am Main 2003.

Sparenberg, Ole, „Segen des Meeres": Hochseefischerei und Walfang im Rahmen der nationalsozialistischen Autarkiepolitik, Berlin 2012.

Uekötter, Frank, The Green and the Brown. A History of Conservation in Nazi Germany, Cambridge 2006.

Uekötter, Frank, Die autoritäre Versuchung: Das Reichsnaturschutzgesetz, in: Frank Uekötter (Hrsg.), Ökologische Erinnerungsorte, Göttingen 2014, S. 86–100.

Weber, Heike, Nazi German Waste Recovery and the Vision of a Circular Economy: The Case of Waste Paper and Rags, in: Business History 64, 2022, S. 882–903.

Wettengel, Michael, Staat und Naturschutz 1906–1945. Zur Geschichte der Staatlichen Stelle für Naturdenkmalpflege in Preußen und der Reichsstelle für Naturschutz, in: Historische Zeitschrift 257, 1993, S. 355–399.

Wolfgang Mühl-Benninghaus
4.2 Medienwirtschaft: Tagespresse, Film und Rundfunk

4.2.1 Einleitung

Die Medienwirtschaft steht als eigenständiger Bestandteil der Volkswirtschaft stets in einem Wechselverhältnis mit der jeweiligen Staatsform, da Medieninhalte das Denken, das Fühlen und die Erfahrungen beeinflussen. Der NS-Staat leitete aus einer Reihe von Faktoren die Notwendigkeit einer bedingungslosen Vereinnahmung der Medieninhalte ab. Zum Ersten interpretierte Hitler die Niederlage im Ersten Weltkrieg als eine Folge fehlender Propagandaaktivitäten. Dieser vermeintliche Fehler sollte sich nicht wiederholen. Unter diesem Gesichtspunkt galt für die Medienwirtschaft nicht der Grundsatz einer auf Privateigentum basierenden „freien Wirtschaft". Zum Zweiten leitete sich aus der Gemeinschaftsideologie des Systems die Schaffung einer Gemeinschaftskultur ab. Diese Vorstellung insistierte auf die Verdrängung aller individualistischen Tendenzen und damit die Begrenzung medialer Vielfaltsmöglichkeiten. Beide Annahmen wiesen der Medienwirtschaft eine dienende und damit politische Funktion zu. Sie hatte sich den Zielen von Staat und Nation unterzuordnen. Insofern war es für die Machthaber selbstverständlich, dass sie im Bereich der Medienwirtschaft stärker intervenieren wollten als in anderen Bereichen der Volkswirtschaft.[1] Das Ziel der NS-Ideologen bestand drittens im Bruch mit dem angenommenen jüdischen Einfluss auf die Wirtschaft und dem Aufbau einer arischen Wirtschaftsgemeinschaft, die in einer geistig einheitlich ausgerichteten Gesellschaft wirtschaftlich weitgehend autark sein sollte. Dieser Anspruch schloss viertens eine Konkurrenz der Medien als Grundprinzip kapitalistischen Wirtschaftens partiell aus. An ihre Stelle sollte das Miteinander aller wirtschaftlichen Kräfte treten und ein Wettstreit der Leistungen als hohe Form des wirtschaftlichen Wettbewerbs. Zur Durchsetzung dieser Ziele entfielen in der Medienwirtschaft fünftens weitgehend die Methoden der staatlichen Lenkung der Wirtschaft über das Setzen von Anreizen.

Um diese Punkte durchzusetzen, standen die Verantwortlichen vor dem Problem, die Medien, die sich in Konkurrenz zueinander entwickelt hatten, neu zu definieren. Im Verständnis der NS-Ideologie galt es, den Antagonismus zwischen Nachricht als geistigem Produkt und als Ware zu überwinden. Medien, die traditionell Meinungen für unterschiedliche Öffentlichkeiten publizierten, mussten zu einem inhaltlich harmonischen Kommunikationsmittel stark beschränkter Öffentlichkeiten umgeformt werden. Die Ökonomie hatte dieser inhaltlichen Gleichschaltung zu dienen. Die Not-

---

1 Vgl. *Rüdiger Hachtmann*, Das Wirtschaftsimperium der deutschen Arbeitsfront 1933–1945, Göttingen 2012, S. 358.

wendigkeit einer schnellen und rigorosen Umsetzung dieser neuen Medienpolitik und -wirtschaft ergab sich aus dem von Anfang an geplanten Krieg.

Die vorliegenden Film- und Rundfunkgeschichten erwähnen wirtschaftliche Fragen nur partiell. Die inhaltlichen Schwerpunkte fast aller Publikationen lagen auf den propagandistischen bzw. den organisatorischen Entwicklungen. So beschränkte sich etwa Ansgar Diller[2] in seiner Rundfunkgeschichte des Dritten Reichs weitgehend auf Fragen der Verwendung der Gebührengelder. Für den Film behandelten wirtschaftliche Zusammenhänge neben einer Reihe zeitgenössischer Dissertationen vor allem die Monografien von Wolfgang Becker und Jürgen Spiker,[3] die aber einen begrenzten Zugriff auf das Archivmaterial hatten. Da in der überwiegenden Mehrheit filmhistorischer Darstellungen wirtschaftliche Sachverhalte unberücksichtigt blieben, geben nur wenige Fallstudien einen tieferen Einblick in ausgewählte Entwicklungen.[4] Für die Wirtschaftsgeschichte der Presse erschien schon unmittelbar nach Kriegsende eine Monografie, die eine Art Verteidigungsschrift der an der Pressepolitik Beteiligten war.[5] Die Arbeit des US-Amerikaners Oron Hale basierte auf den von ihm durchgeführten Verhören in Nürnberg, ergänzt durch Dokumente des Berlin Document Center.[6] Einen prägnanten Überblick zum Thema für die Zeit bis zum Kriegsausbruch gibt der Aufsatz von Christian Führer,[7] während die Monografie von Doris Kohlmann-Viand wirtschaftliche Fragen der Presseentwicklung im Weltkrieg behandelt.[8]

Bis auf den im November 1932 faktisch verstaatlichten Rundfunk dominierten in der späten Weimarer Republik auf dem Medienmarkt Polypole. Ihnen war eine weitgehende wirtschaftliche und inhaltliche Unüberschaubarkeit geschuldet. Gleiches galt sowohl für die inhaltlichen und personellen Netzwerke, die sich zwischen den unterschiedlichen Medienproduzenten herausgebildet hatten, als auch für die Distribution und Publikumsstrukturen. Die Erlösstrukturen hingen entscheidend von der jeweiligen Nachfrage der Rezipienten ab. Die Werbewirtschaft als zweite Finanzie-

---

2 *Ansgar Diller*, Rundfunkpolitik im Dritten Reich, München 1980.
3 *Wolfgang Becker*, Film und Herrschaft: Organisationsprinzipien und Organisationsstrukturen der nationalsozialistischen Filmpropaganda, Berlin 1973; *Jürgen Spiker*, Film und Kapital. Der Weg der deutschen Filmwirtschaft zum nationalsozialistischen Einheitskonzern, Berlin 1975.
4 *Wolfgang Mühl-Benninghaus*, The German Film Credit Bank, Inc. Film Financing during the First Years of National-Socialist Rule in Germany, in: Film History 3, 1989, S. 317–332; *Wolfgang Mühl-Benninghaus*, Lizenzen und Konzentrationen. Von der internationalen Patentgesellschaft zum Staatskonzern, in: Jan Distelmeyer (Hrsg.), Tonfilmfrieden/Tonfilmkrieg. Die Geschichte der Tobis vom Technik-Syndikat zum Staatskonzern, München 2003, S. 90–106; *Daniel Otto*, Der Bürgermeister und der Filmkonzern. Gleichschaltung und Verstaatlichung der deutschen Filmindustrie am Beispiel der Tobis AG, in: Distelmeyer, Tonfilmfrieden/Tonfilmkrieg, S. 107–124.
5 *Verlag Archiv und Kartei* (Hrsg.), Presse in Fesseln. Eine Schilderung des NS-Pressetrusts, Berlin 1948.
6 *Oron J. Hale*, Presse in der Zwangsjacke. 1933–1945, Düsseldorf 1965.
7 *Karl Christian Führer*, Die Tageszeitung als wichtigstes Massenmedium der nationalsozialistischen Gesellschaft, in: Zeitschrift für Geschichtswissenschaft 55, 2007, S. 411–434.
8 *Doris Kohlmann-Viand*, NS-Pressepolitik im Zweiten Weltkrieg. Die „Vertraulichen Informationen" als Formen der Presselenkung, München [u. a.] 1991.

rungsmöglichkeit konnte im NS-Staat nicht an die Einnahmen vor 1929 anknüpfen.[9] Da die Rezipienten ihren Mediengebrauch entsprechend ihren Bedürfnissen ausrichteten, waren vor allem die vielen kleinen Medienunternehmen nicht nur von den Publikumserwartungen, sondern auch von der jeweils aktuellen volkswirtschaftlichen Situation abhängig. Diese Feststellung schloss die durch Autarkiebestrebungen und Devisenkontrollen zusätzlich eingeschränkten Exportmärkte, auf die vor allem die Filmindustrie angewiesen war, ein. Insgesamt waren die Medien der Weimarer Republik mit Ausnahme des im Aufbau befindlichen und aus Gebührengeldern finanzierten Rundfunks ein instabiles, von Krisen geschütteltes Gebilde, das nur kurze wirtschaftliche Erholungsphasen kannte.

Den Markt der Rundfunkindustrie dominierten AEG und Siemens mit ihren drei Töchtern Saba, Mende und Lorenz. Sie erzielten unter Einschluss des Exports 61,4 Prozent des Gesamtumsatzes. 1932 zählte der Verband der Funkindustrie 28 ordentliche und 66 außerordentliche Mitglieder. Der Firmenvielzahl entsprach die breite Produktpalette, die eine effektive Geräteproduktion verhinderte und zugleich Ausdruck für das geringe technische Niveau der frühen Geräte war.[10]

Die medialen und damit auch gesellschaftlichen Ordnungs- und Orientierungsvorstellungen der neuen Machthaber hatte die NS-Presse schon vor 1933 aufgezeigt. Die Krisenerfahrungen der Vergangenheit und die Konkurrenz zwischen den Unternehmen verhinderten ein einheitliches Handeln gegen die bereits mit der Einsetzung der Hitler-Regierung beginnenden medienpolitischen Maßnahmen. Stattdessen war eine augenfällige Bereitschaft zur Unterordnung erkennbar, weil man sich einen besseren ökonomischen Hintergrund erhoffte. Die im Laufe des Jahres 1933 einsetzende Demobilisierung der Bevölkerung setzte auch von dieser Seite dem Partei- und Staatsinterventionismus keine Grenzen. Im Folgenden wird am Beispiel der Tagespresse, des Films und des Rundfunks die wirtschaftliche Vereinnahmung der Medien durch den NS-Staat bzw. die NSDAP modellhaft nachgezeichnet.

4.2.2 Die wirtschaftliche Entwicklung der Tagespresse

Trotz Wirtschaftskrise erreichte die Presse vor 1933 etwa 70 Prozent aller Haushalte mit Abonnement und mit freiem Verkauf insgesamt etwa 80 Prozent. Die vorliegenden Angaben über Zahl und Auflagenhöhe der Ende 1932 erschienen Zeitungen und

---

9 Ausführlich zur Werbung: *Hartmut Berghoff*, Von der „Reklame" zur Verbrauchslenkung. Werbung im nationalsozialistischen Deutschland, in: Hartmut Berghoff (Hrsg.), Konsumpolitik. Die Regulierung des privaten Verbrauchs im 20. Jahrhundert, Göttingen 1999, S. 77–112.
10 *Karl Christian Führer*, Wirtschaftsgeschichte des Rundfunks in der Weimarer Republik, Potsdam 1997, S. 40 f.

Zeitschriften beruhen auf Schätzungen und Selbstaussagen der Redaktionen.[11] Da diese ihre Zahlen wegen Werbeeinnahmen schönten, sind valide wirtschaftliche Aussagen zum Umfang des Printmarktes vor 1934 nicht möglich.[12] Insofern lassen sich auch die kommerziellen Schäden der frühen Zeitungs- und Zeitschriftenverbote im März 1933 nicht beziffern.[13] Indirekte Hinweise geben Eingaben der Papierhersteller und der Druckereien an die Reichsregierung. Sie verweisen auf die erheblichen Verluste, die beiden Industriezweigen durch die zum Teil langfristigen Verbote entstanden.[14] Die beiden Gesetze über die Einziehung kommunistischen bzw. volks- und staatsfeindlichen Vermögens vom März und Juli 1933 bildeten die Grundlage für die Enteignung aller sozialdemokratischen und kommunistischen Verlage und Druckereien. Die Exil-SPD bezifferte den der Partei durch die Beschlagnahmung ihrer etwa 100 Druckereien entstandenen Schaden auf etwa 40 Mio. RM.[15]

Dr. Max Winkler von der Cura Revisions- und Treuhand-GmbH – einer mit Mitteln des Reiches 1926 zur Beratung und Revision von deutschsprachigen in- und ausländischen Presseverlagen und Druckereien gegründeten Gesellschaft[16] – überführte die unzerstörten Druckereien beider Parteien in das Eigentum der NSDAP und die der Gewerkschaften in das der Deutsche Arbeitsfront (DAF). Erstere zahlte auf diesem Weg einen Teil ihrer Schulden, die die Parteiverlage in der Vergangenheit angehäuft hatten, zurück. Für die DAF bildeten die Unternehmen einen Grundstock ihres späteren Verlagsimperiums.[17]

Die Grundlage für die gewaltige Expansion der Münchner Franz-Eher-Nachfolger GmbH, dem Zentralverlag der NSDAP, der Anfang der 1940er Jahre etwa den gleichen Umsatz wie die IG Farben AG erzielte, aber keine Steuern zahlte,[18] bildete die Enteignung der Familie Ullstein. Deren gleichnamiger Verlag wurde im Januar 1933 mit einem Vermögenswert zwischen 50 bis 60 Mio. RM veranschlagt. Verbote erfolgreicher Blätter und die Einsetzung eines politischen Kommissars ruinierten den Verlag innerhalb weniger Monate. Käufer des Verlages war formal die 1929 mit Reichsmitteln

---

11 1932 gab es nach unterschiedlichen Zählungen zwischen 3400 (nach: *Norbert Frei/Johannes Schmitz*, Journalismus im Dritten Reich, München 1989, S. 23) und über 4000 Zeitungen (nach: *Kurt Koszyk*, Deutsche Presse 1914–1945, Berlin 1972, S. 369). Einig sind sich alle Autoren, dass die Auflagenstärke deutlich unter 3000 lag und sich das Erscheinen oft auf drei- bis viermal pro Woche beschränkte.
12 *Führer*, Die Tageszeitung, S. 413 f.
13 Reichsgesetzblatt (RGBl.) I, 1933, S. 35, 83.
14 Bundesarchiv Berlin (BArch), R 1501/125906/e, Bl. 116 f.; BArch, R 1501/125906/i, Bl. 160. Bereits im Februar 1932 waren 35 % der im Druckereigewerbe Beschäftigten arbeitslos und etwa 15 % zu Kurzarbeit gezwungen; vgl. auch *Kurt Koszyk*, Zwischen Kaiserreich und Diktatur. Die sozialdemokratische Presse von 1914 bis 1933, Heidelberg 1958, S. 196.
15 Deutschland-Berichte der Sopade, Bd. 3/1936, Neudruck Frankfurt am Main 1980, S. 778.
16 *Helga Wermuth*, Dr. h. c. Max Winkler – Ein Gehilfe staatlicher Pressepolitik in der Weimarer Republik, München 1975, S. 33.
17 *Hachtmann*, Das Wirtschaftsimperium, S. 266.
18 *Thomas Tavernaro*, Der Verlag Hitlers und der NSDAP: die Franz-Eher-Nachfolger-GmbH, Wien 2004, S. 70.

gegründete Cautio, die im Auftrag des Eher-Verlages handelte.[19] Dessen Leiter Max Amann, ein enger Vertrauter Hitlers, war seit Juni 1933 Reichsleiter für die Presse und damit dem Führer direkt unterstellt. Im Zuge der Gleichschaltung übernahm er den Verbandsvorsitz des Vereins Deutscher Zeitungsverleger (VDZV) und wurde im November 1933 zum Präsidenten der Reichspressekammer. Mit diesen Funktionen sicherte er sich die wirtschaftliche Kontrolle über das gesamte deutsche Pressewesen. Die gesamten Verhandlungen mit der Familie Ullstein führte Max Winkler, der Amann mit dem Verweis auf den möglichen Verlust von über 5000 Arbeitskräften überzeugte, das Verlagsimperium nicht untergehen zu lassen. Mit der Erlaubnis Hitlers zu dessen Kauf entzog es Amann dem Einfluss von Joseph Goebbels.[20]

Die Schließung von Verlagen, die Zeitungsverbote sowie die Uniformierung der Inhalte hatten erhebliche Auswirkungen auf die Rezeption. Während die Bevölkerung zwischen 1933 und 1939 infolge der Gebietsanschlüsse um etwa 18 Prozent anwuchs, stieg die Druckauflage aller Tageszeitungen nur um etwa vier Prozent.[21] An der generellen Struktur des Zeitungsmarktes, den traditionell die kleinen Zeitungen dominierten, änderte sich bis 1939 relativ wenig. Noch Mitte der 1930er Jahre hatten fast 77 Prozent aller Zeitungen eine Gesamtauflage von unter 8000 Exemplaren.[22] Alle diese Zeitungen verzichten auf Grund ihrer ökonomischen Schwäche von vornherein auf die Herstellung kostenintensiverer Inhalte etwa in Form von eigenständigen Korrespondentenberichten oder Kommentaren. Ihr hoher Anteil am Pressemarkt unterstreicht zugleich das anhaltende Interesse an Informationen über den Nahbereich, das weder der Rundfunk noch der Film abdecken konnten. Leichte Veränderungen in der Rezeption sind zwischen 1934 und 1939 erkennbar hinsichtlich der Hinwendung der Leser zu Tageszeitungen, die mindestens sechsmal in der Woche erschienen. Nach einer Umfrage stellten Mitte der 1930er 13 Prozent der Bevölkerung ihre Zeitung entweder Nachbarn zur Verfügung oder legten sie an öffentlichen Plätzen ab, sodass sie von weiteren Lesern genutzt werden konnten. Die Interessenten waren vor allem Arbeiter und Landwirte, die aufgrund ihrer geringen Einkommen unterdurchschnittlich oft Zeitungen lasen.[23]

Die Leserwanderung Mitte der 1930er Jahren war eine Folge der im April 1935 veröffentlichten Anordnungen Amanns. Um das sog. Geschäftsverlegertum zurückzudrängen, zwangen sie alle Zeitungsverlage, ihre Besitzverhältnisse unter Angabe des Gesellschaftskapitals offenzulegen. Mit Ausnahme der Partei- und des Scherl-Verlages

---

19 *Wermuth*, Dr. h. c. Max Winkler, S. 36 f. Vgl. auch: *André Uzulis*, Nachrichtenagenturen im Nationalsozialismus. Propagandainstrumente und Mittel der Presselenkung, Frankfurt am Main 1995, S. 232.
20 *Margret Boveri*, Wir lügen alle. Eine Hauptstadtzeitung unter Hitler, Freiburg im Breisgau 1965, S. 230; *Hachtmann*, Das Wirtschaftsimperium, S. 359.
21 *Führer*, Die Tageszeitung, S. 418.
22 *Institut für Zeitungswissenschaft an der Universität Berlin* (Hrsg.), Handbuch der deutschen Tagespresse, 6. Aufl. Leipzig, Frankfurt am Main 1937, S. XXIV.
23 *Fritz List*, Die Tageszeitung als publizistisches Führungsmittel unter besonderer Berücksichtigung der Reichweite und der Grenzen ihrer Wirkung, Würzburg 1939, S. 108.

durfte zukünftig jeder Verleger nur noch eine Zeitung herausgeben. Subventionen und Sammelbestellungen von Zeitungen jenseits der Zeitungshändler wurden verboten. Als Resultat der Anordnungen verschwanden etwa 500 kleine Zeitungen vom Markt.[24]

Die in der Folgezeit veröffentlichten Zahlen über die Tagespresse liefern wegen der verschleierten Besitzverhältnisse kein reales Bild. Auf dem Weg zum weltweit größten Pressetrust gründete der Eher-Verlag 1935 zwei Holdings als Auffanggesellschaften für ehemalig selbstständige Zeitungen in Berlin, die Phönix GmbH und die Herold Verlagsanstalt GmbH. Erstere kaufte die zwangsweise zum Verkauf anstehenden konfessionell gebundenen meist lokalen Zeitungen. Nach der Übernahme wurden deren Redaktionen ausgewechselt. Das jeweilige Layout blieb erhalten, um die Leser und die Anzeigenkunden nicht abzuschrecken. Ab 1938 wurden die Zeitungen der Gau-Presse übergeben oder dem Eher-Verlag direkt eingegliedert.[25]

Die Herold Verlagsanstalt bildete das Dach für die im Zuge der Umstrukturierung gekauften bürgerlichen Verlage. Darüber hinaus hielt sie Anteile an der seit 1922 zum Hugenberg-Konzern gehörenden Vera Verlagsanstalt GmbH mit ihren Beteiligungen an mehreren Tageszeitungen. Als Zweiggesellschaft des Eher-Verlags reorganisierte der zum Geschäftsführer der Vera ernannte Winkler sie für zwei Millionen RM.[26] Auf diesem Weg entstanden zwei Typen von im Besitz der NSDAP befindlichen Regionalzeitungen: zum einen die gauamtlichen, sie hatten Hoheitsadler und Hakenkreuz im Layout – ihre Dachgesellschaft war die Standarte GmbH, in die 1938 auch die Phoenix eingegliedert wurde, zum anderen die Vera- bzw. Herold-Zeitungen.

Im Oktober 1936 wurden die Anzeigenpreise in Abhängigkeit von der Auflagenhöhe festgeschrieben. Sie durften zukünftig nur mit dem Einverständnis des Preiskommissars ab einer Auflagensteigerung von 20 Prozent erhöht werden. Damit bildeten alle Zeitungen und Zeitschriften als Werbeträger eine Art Zwangskartell. 1937 folgte die Einführung der Papierkontingentierung, um Zellulose einzusparen. Diese Maßnahme hatte bis Kriegsbeginn kaum Auswirkungen auf die Presselandschaft, weil das Referenzjahr für die Zuteilungen 1936 war. Infolge der Berichterstattungen über die Olympischen Spiele und die Rheinlandbesetzung war der Papierbedarf in diesem Jahr außergewöhnlich groß. Nur die Heimatzeitungen, die regelmäßig Beilagen und regionale Unterhaltungsangebote druckten, mussten ab sofort Papier einsparen. Die von außen nicht kontrollierte Verteilung der Kontingente oblag Amann.

In der Vorkriegszeit dienten die von den Gesellschaften und vom Eher-Verlag selbst erwirtschafteten Mittel der Finanzierung von Um- und Erweiterungsbauten sowie der Modernisierung des Maschinenparks. Dieser Prozess war 1938/39 weitgehend abgeschlossen. Danach flossen sie in die Parteikasse. Am Ende des Krieges hatte der Eher-Verlag mit seinen Untergesellschaften einen Gewinn von fast 600 Mio. RM er-

---

24 *Konrad Dussel*, Deutsche Tagespresse im 19. und 20. Jahrhundert, Münster 2004, S. 176.
25 *Hale*, Presse in der Zwangsjacke, S. 188 f.; *Frei/Schmitz*, Journalismus im Dritten Reich, S. 66 f.
26 *Hale*, Presse in der Zwangsjacke, S. 195 ff.

zielt.²⁷ Am Vorabend des Krieges wurde auf Anweisung Amanns die Arbeitsgemeinschaft der privateigenen Zeitungen innerhalb des Reichsverbandes der deutschen Zeitungsverleger gegründet. Für sie wurde ein einheitliches Rechnungswesen eingeführt, um ihnen das Überleben in Kriegszeiten zu ermöglichen.²⁸

Die ökonomische Entwicklung der Tagespresse, das Leitmedium vor und im Krieg, war durch die veränderten Rahmenbedingungen der Medienproduktion und -rezeption gekennzeichnet. Das Interesse an Informationen und medialer Unterhaltung führte zu einer sprunghaften Nachfrage aller Medien. Vor allem das Bedürfnis nach Unterhaltung wuchs mit der schlechter werdenden Lage an den Fronten.

Vor dem Krieg betrug der monatliche Papierverbrauch für die 2391 Zeitungen 33 450 Tonnen.²⁹ Im Laufe des Kriegs wurden immer mehr Zeitungen mittels Papierzuteilungen zusammengelegt und damit der Privatbesitz an Zeitungen weiter eingeschränkt. Die Gründe für diesen etappenweisen Prozess lagen neben der Papierknappheit auch in der Herausgabe fremdsprachiger Zeitungen in den besetzten Gebieten und für die Kriegsgefangenen und Zwangsarbeiter im Inland. Deren Papier musste auch aus dem Gesamtkontingent der Pressezuteilungen bestritten werden. Der Prozess lief geografisch sehr ungleichmäßig. Insbesondere in Berlin befanden sich über 90 Prozent der Zeitungen im Besitz der Amann-Gesellschaften, während in anderen Gebieten sich die Besitzverhältnisse für private Zeitungen günstiger darstellten. Vor allem im Ruhrgebiet blieben die Eigentumsfragen relativ unangetastet, weil es bereits 1942/43 erheblich unter den Bombenangriffen zu leiden hatte und man die Bevölkerung nicht noch zusätzlich aufbringen wollte.³⁰ Im September 1944 gab es infolge von fehlendem Holz, Betriebsschließungen und der Luftangriffe nur noch 24 Papierfabriken, die mangels ausreichender Kohle nur beschränkt funktionstüchtig waren. Für die Presse standen nur noch 8500 Tonnen Papier zur Verfügung. Im Oktober existierten deshalb nur noch 977 politische Tageszeitungen. Ihre Zahl sank bis März 1945 sogar auf 14. Die Konzentration und Vereinheitlichung innerhalb der deutschen Presselandschaft erreichten damit ihren Höhepunkt.³¹

4.2.3 Filmwirtschaft

Im Februar 1933 nahmen Vertreter der Spitzenorganisation der Filmindustrie (Spio) unter Leitung von Ludwig Klitzsch Kontakt zum neuen Wirtschaftsminister Alfred Hugenberg auf, um ihre Ideen über eine langfristige wirtschaftliche Stabilisierung

---

27 *Hale*, Presse in der Zwangsjacke, S. 312; *Verlag Archiv und Kartei*, Presse in Fesseln, S. 95.
28 *Verlag Archiv und Kartei*, Presse in Fesseln, S. 159 f.
29 BArch, R 56 I/7 Bl. 169.
30 *Verlag Archiv und Kartei*, Presse in Fesseln, S. 120.
31 *Kohlmann-Viand*, NS-Pressepolitik, S. 58; *Verlag Archiv und Kartei*, Presse in Fesseln, S. 177 f.

der Filmwirtschaft offiziell vorzutragen.³² Zeitgleich legten Vertreter der kleinen Lichtspielbetreiber dem Reichsinnenminister ihre Vorstellungen zur Stabilisierung der Branche vor.³³ Die Besuche verdeutlichen die wirtschaftliche Schwäche des Filmmarktes am Ende der Weltwirtschaftskrise. Mit ihrem Hilferuf an die neue Regierung wählten sie freiwillig den politischen Einfluss.

Die seit Februar 1933 auf Länderebene begonnene und im März auf Reichsebene legalisierte Filmzensur richtete wie auch die Filmverbote vom April und Mai wirtschaftlich geringen Schaden an, weil es sich meist um Spielfilme mit geringer Massenattraktivität handelte. Dagegen führten die zeitgleichen Gerüchte über die Zukunftsfähigkeit der Filmwirtschaft zu einem weitgehenden Stopp der Filmproduktion. Die bestehende Unsicherheit verstärkte die fehlende Zensurfreigabe einiger bereits fertiggestellter Filme. Das verminderte Repertoire führte im ersten Quartal 1933 zum Tiefpunkt der Kinoeinnahmen.

Bis Ende März 1933 verloren in Preußen etwa 1100 jüdische Darsteller ihre Engagements beim Film und auf den Bühnen. Den daraus resultierende Schaden verdeutlicht die NS-Zählung in den Jahren 1930 bis 1933: Allein im Bereich der Spielfilmproduktion stellten Juden teilweise bis zwei Drittel der Drehbuchautoren, Komponisten, Musiker oder Produzenten.³⁴ Ihr plötzlicher Ausfall und die staatlich verordnete Schließung kompletter Unternehmen – bis 1933 waren beispielsweise mehr als zwei Drittel aller Spielfilme von jüdischen Unternehmen verliehen worden,³⁵ führten auch zum Abfluss jüdischen Kapitals und schädigten die Filmwirtschaft als Ganzes in Millionenhöhe. Mit der am 3. Juli 1935 von der Reichsfilmkammer erlassenen Verfügung über die Nachzensur aller vor dem 30. Januar 1933 zensierten Filme verschwanden endgültig alle Filme mit jüdischen Filmschaffenden aus den Kinos.

Weitere Firmen mussten 1933 auf Anordnung der Reichsfilmkammer ihr Geschäft wegen fehlender finanzieller Liquidität aufgeben.³⁶ Die Folge waren grundlegende Strukturveränderungen. Die Zahl der von kleinen und mittleren Verleihern auf den Markt gebrachten Spielfilme ohne die der Bezirke sank bis 1934 auf weniger als die Hälfte.³⁷

Zu den ersten wirtschaftlichen Stabilisierungsmaßnahmen des neu gegründeten Ministeriums für Volksaufklärung und Propaganda (RMVP) zählte zur besseren Auswertung deutscher Filme auf dem einheimischen Markt die Verlängerung des seit 1925 existierenden Filmkontingentierungsgesetzes um weitere vier Jahre.³⁸ Des Weiteren glich das Finanzministerium die lokal unterschiedlichen Vergnügungssteuersätze

---

32 Film-Kurier vom 18. 2. 1933 (15. Jg., Nr. 43).
33 *Spiker*, Film und Kapital, S. 80 f.
34 *Alexander Jason*, Handbuch des Films, Berlin 1935/36, S. 166.
35 *Jason*, Handbuch des Films, S. 120.
36 *Günther Kaiser*, Das Zusammenspiel in der Filmwirtschaft, in: Die Wirtschaftskurve 15, 1936, S. 368.
37 *Kurt Wolf*, Entwicklung und Neugestaltung der deutschen Filmwirtschaft seit 1933, Heidelberg 1938, S. 39.
38 RGBl. I, 1933, S. 393.

per Gesetz an.³⁹ 1932 zahlten die Lichtspielhäuser etwa 18,5 Mio. RM und damit etwa die Hälfte der gesamten kommunalen Steuern.⁴⁰ Die mittlere Steuerbelastung der Kinos sank von 11,5 Prozent auf acht Prozent. Die Verleihung bestehender und durch das RMVP neu geschaffene Filmprädikate senkten die durchschnittliche kommunale Steuerlast der Lichtspielhäuser noch einmal um jährlich knapp drei Prozent.⁴¹ Obwohl die Kinobetreiber siebeneinhalb Prozent ihres Verleihumsatzes als Mitgliedsbeitrag für die Reichsfilmkammer zahlten, förderten die Steuervergünstigungen die Schaffung wirtschaftlich tragfähiger Kinobetriebe mit positiven Rückwirkungen auf die Produktion. In die gleiche Richtung zielte die Herabsetzung der Altersgrenze.⁴² Von wirtschaftlich geringerer Bedeutung war das Verbot des Zwei-Schlager-Systems, d. h. die Vorführung von zwei Filmen während einer Vorstellung, und die Festsetzung von Mindesteintrittspreisen. Damit entfielen auch die bisherigen Vergünstigungen für Arbeitslose, Soldaten und uniformierte Parteigliederungen. Die vom Reichsverband Deutscher Lichtspielbetreiber geforderte Begrenzung der Neugründung von Kinos wurde per Anordnung Rechnung getragen. Grundlegende Veränderungen waren mit der wirtschaftlichen Stabilisierung der Kinobranche nicht verbunden. Die Landbevölkerung fiel als neue Zuschauergruppe aus, weil sie lediglich mittels der Parteifilmveranstaltungen, die mit transportablen Vorführgeräten im Freien oder in größeren Räumen veranstaltet wurden, Zugang zum Medium Film hatte. Diese Vorführungen zählten bis 1940 etwa 50 Mio. Besucher. Vor allem qualifizierte Arbeiter mieden wie vor 1933 das Kino, und auch die Dominanz männlicher Kinobesucher blieb während der NS-Diktatur bestehen.⁴³

Da die überwiegende Mehrheit der Produzenten über wenig Eigenkapital verfügte und die Zinssätze für die Filmproduktion in der Weimarer Republik 20 und mehr Prozent betrugen, produzierte die überwiegende Mehrheit der Firmen vor 1933 nur ein bis zwei Filme pro Jahr.⁴⁴ Um die ständigen Konkurse und Neugründungen zu beenden, griff Goebbels die in den 1920er Jahren mehrfach diskutierte Idee einer Filmkreditbank auf. Sie überwachte ab Juni 1933 den gesamten Zahlungsverkehr der Produktion. Kleine Produzenten reichten das geforderte Eigenkapital in der Regel mittels geliehener Sach- und Dienstleistungen ein. Diese Finanzierungspraxis belohnte kostensteigernde Entscheidungen, weil der Produzent in Abhängigkeit von den Gesamtkosten stets Geschäftsunkosten zwischen 7,5 und 10 Prozent pro Film geltend

---

39 RGBl. I, 1933, S. 345.
40 *Alexander Jason*, Handbuch der Filmwirtschaft. 3. Bd.: Die erste Tonfilmperiode, Berlin 1932, S. 66 f.
41 *Spiker*, Film und Kapital, S. 122.
42 *Güner W. Klimsch*, Die Entwicklung des nationalsozialistischen Filmmonopols von 1930 bis 1940 in vergleichender Betrachtung zur Pressekonzentration, o. O. 1954, S. 58.
43 *Wolfgang Mühl-Benninghaus*, Unterhaltung als Eigensinn. Eine ostdeutsche Mediengeschichte, Frankfurt/New York 2012, S. 79; *Gerhard Stahr*, Volksgemeinschaft vor der Leinwand? Der nationalsozialistische Film und sein Publikum, Berlin 2001, S. 276.
44 *Werner Hürf*eld, Die optimale Unternehmungsgröße in der Filmproduktion, Köln 1958, S. 48 f.; Filmkurier vom 18. 2. 1933.

machen konnte.⁴⁵ Dieses opportunistische Verhalten führte weiterhin zu Unternehmenskonkursen, sobald neue Projekte ausblieben und damit nachrangige Kredite nur partiell oder nicht bedient werden konnten.

Zum wichtigsten Sach- und Dienstleister der deutschen Filmproduktion avancierte die Tonbild-Syndikat AG (Tobis). Sie kreditierte in Form gestundeter Mieten für die Atelier- und die Apparatenutzung in den ersten Jahren der NS-Diktatur rund 40 Prozent der deutschen Spielfilmproduktion.⁴⁶ Die von der Tobis vergebenen Kredite lagen ab 1934 höher als die aus den Tonfilmpatenten resultierenden Netto-Lizenz- und die Ateliereinnahmen. Bis Anfang 1935 liefen für ungedeckte Kredite Verluste in Höhe von etwa acht Millionen RM auf, die ihrerseits weitere Unternehmen in den Konkurs trieben.⁴⁷

Die in der ersten Jahren nach 1933 permanent steigenden Produktionskosten für Spielfilme – sie lagen 1936 im Durchschnitt um zwei Drittel über denen von 1933 – waren neben der Rassenideologie auch einer Reihe weiterer Faktoren geschuldet. Die verbliebenen Filmstars verdoppelten zwischen 1933 und 1935 ihre Gagenforderungen, Drehbuchautoren forderten im gleichen Zeitraum 150 Prozent höhere Gagen, obwohl die Ergebnisse oft nicht den Erwartungen entsprachen. Auch in anderen Berufsgruppen stiegen die Gagen und die Löhne.⁴⁸ Weitere Gründe für die gestiegenen Herstellungskosten lagen in den Zensurentscheidungen, die Planungsunsicherheiten bewirkten. Hinzu kamen Aufwendungen für abgebrochene oder nicht zur Aufführung zugelassene Filme, nicht verwertbare Drehbücher oder Manuskripte, die ebenfalls in die Kostenrechnung einflossen. Den steigenden Produktionskosten standen nur langsam steigende Besucherzahlen gegenüber. Gleichzeitig nahmen die Exporteinnahmen permanent ab. Vor 1933 glichen sie 20 bis 40 Prozent der Herstellungskosten aus. Mit Beginn der massiven Ausgrenzung jüdischer Filmschaffender setzte in einigen Ländern eine Boykottbewegung ein. Sie potenzierten die Folgen der wirtschaftlichen Autarkiebestrebungen vieler Länder und trafen damit die Refinanzierung deutscher Spielfilme an entscheidender Stelle. Auch die Exporterlöse gingen stark zurück. Infolge all dieser Faktoren sank die Rentabilität des gesamten Wirtschaftszweigs.⁴⁹ Versuche einer Preisstabilisierung durch Abstriche an der Ausstattung und einer zahlenmäßigen Begrenzung der Stars pro Film blieben wegen der begrenzten Nachfrage erfolglos. Deshalb setzten die Produzenten ab 1935/36 auf aufwendige Produktionen, sogenannte Großfilme, von denen sie erwarteten, dass sie mehr Publikum anziehen würden.

Mit den Veränderungen der Filmfinanzierung änderte sich das Selbstverständnis größerer Verleihfirmen. In der Weimarer Republik bestand oft eine enge Verbindung

---

45 BArch, R 8119 F/5360, Bl. 67 f.
46 *Klimsch*, Entwicklung des nationalsozialistischen Filmmonopols, S. 56.
47 *Wolfgang Mühl-Benninghaus*, Das Ringen um den Tonfilm. Strategien der Elektro- und Filmindustrie in den 20er und 30er Jahren, Düsseldorf 1999, S. 379 ff.; BArch R 8119 F/5360, Bl. 69.
48 BArch, R 8119 F/5360, Bl. 101 f.
49 *Klimsch*, Entwicklung des nationalsozialistischen Filmmonopols, S. 50; *A. Wieder*, Der Film in der deutschen Devisenwirtschaft, in: Der deutsche Film 2, 1937/38, S. 18 f.; *Günther Kaiser*, Das Zusammenspiel in der Filmwirtschaft, in: Die Wirtschaftskurve 15, 1936, S. 368.

zwischen Produzenten und Regisseuren sowie den von ihnen präferierten Filmstars. Dieses tradierte Verhältnis zwischen Regie und Schauspiel begann sich 1934 zu ändern. Die großen Verleiher begannen, den im Land verbliebenen Stars Optionen für eine bestimmte Anzahl an Filmen zu geben, um sie mit Ein- und Mehrjahresverträgen an sich zu binden. Sie richteten eigene dramaturgische Büros ein und beschäftigten eigene Produzenten und Regisseure. Statt selbst den gesamten Produktionsprozess zu gestalten, realisierten kleine Unternehmen zunehmend Aufträge der Verleihfirmen. Sie selbst verantworteten nur noch die inhaltliche, technische und finanzielle Umsetzung der Drehbücher sowie die personelle Besetzung von Nebenrollen. Wenige Verleihbetriebe mutierten so Mitte der 1930er Jahre zu einer Art Filmverleger. Um die Risiken auf dem relativ kleinen deutschsprachigen Markt besser abfedern zu können, präferierten die Verleiher im Gegensatz zu den Kinobetreibern und den Produzenten die Herstellung von in Bezug auf die Ausstattung sowie das Engagement von Stars weniger aufwendigen Filmen.[50]

Da auch die Großfilme nicht die für ihre Refinanzierung notwendigen Zuschauer erreichten, erließ die Reichsfilmkammer 1935 zwei Anordnungen, um der Differenz von steigenden Produktionskosten und fehlenden Einnahmen entgegenzuwirken. Sie zielten auf den Abbau von Vorteilen aus der Monopolstellung des örtlichen Theaterbesitzes in Kleinstädten. Die Kinobetreiber durften zukünftig nur noch Verträge auf prozentualer Basis der Kinoeinnahmen abschließen. Nicht täglich spielende Häuser hatten einen Mindestleihmietensatz zu zahlen.[51] Sondervergünstigungen des Verleihs gegenüber den Theaterbesitzern waren verboten.

Diese Anordnungen standardisierten den finanziellen Handlungsspielraum der Branchen und regelten die Geldflüsse ebenso einheitlich wie den Ablauf der Filmvorführungen. Die Wirkung der Anordnungen ergab sich aus der Kinostruktur. Insgesamt kennzeichneten Polypole den Markt. Da sich etwa ein Viertel der Häuser in Kleinstädten befand, die ihrerseits nur 13 Prozent der Gesamtbevölkerung ausmachten, herrschte dort eine Monopolstruktur. Insofern konnten hier die Lichtspielbetreiber in der Vergangenheit regelmäßig Sonderkonditionen aushandeln.[52] Diese Kinos waren nicht nur klein, sondern spielten auch nicht täglich, im Sommer oft überhaupt nicht. Die gesamten Kinoeinnahmen waren also wesentlich von den Einnahmen in den Klein- und Mittelstädten abhängig. Die angedeutete Gesamtstruktur der Branche führte dazu, dass das deutsche Lichtspielwesen auch im internationalen Vergleich wirtschaftlich schwach entwickelt war.

1935/36 lag die Auslastung der Lichtspielhäuser bei lediglich 28 Prozent. Zwei Jahre später überschritten ihre Nettoeinnahmen wieder den Stand vor der Weltwirtschaftskrise.[53] Die geringere Zahl an Spielfilmen, die jährlich in die Kinos kamen, ermöglichte

---

50 *Otto Suhr*, Konsolidierung in der Filmwirtschaft, in: Der deutsche Volkswirt 11, 1936, S. 534 f.
51 *Spiker*, Film und Kapital, S. 127 f.
52 Ein Rekordjahr des Kinobesuchs, in: Der deutsche Volkswirt 12, 1937, S. 529 f.
53 BArch, R 55/483, Bl. 26.

mehr Vorführungen pro Film. Zusammen mit den insgesamt steigenden Besucherzahlen erzielten die Filmtheaterbesitzer pro Film höhere Einnahmen. Die notwendige höhere Zahl an Kopien beschleunigte ihrerseits den Geldrücklauf. Dennoch blieb die Filmproduktion insgesamt defizitär.

Vor dem Hintergrund der Überschuldung großer Teile der Produktionsfirmen begann nach der personellen, wirtschaftlichen und inhaltlichen Strangulierung 1935 eine neue Etappe wirtschaftlicher Einflussnahme auf die Unternehmen. Diese zielte – wie bei der Tagespresse – auf die Schaffung monopolistischer Strukturen. Bei den Tageszeitungen war der Nutznießer der Enteignungen und Aufkäufe der Verlage der der NSDAP gehörende Eher-Verlag. Max Winkler, der für Amann die notwendigen Transaktionen durchführte, wurde von Goebbels beauftragt, die Filmindustrie zu sanieren und sie mittels staatlicher Gelder in eine neue Struktur zu überführen. Winkler bediente sich bei all seinen finanziellen Transaktionen auch hier der Cautio-GmbH.

1935 begann Winkler Verhandlungen mit der niederländischen Internationale Tobis Maatschappyi N.V. (Intertobis), die entscheidende Tonfilmpatente international verwaltete. Sie hielt 70 Prozent des Aktienkapitals der Tobis, die ihrerseits wiederum firmenrechtlich als Dach für eine Reihe von Tochtergesellschaften diente.[54] Es gelang ihm, den niederländischen Einfluss auf die deutsche Filmindustrie auszuschalten,indem er 1935/36 die Aktien der Intertobis mittels eines Kredits der Hollandische Buitenbank für das Reich aufkaufte. Ende 1936 begannen die Planungen, die Filmwirtschaft in einer Interessengemeinschaft unter der Leitung von Goebbels zusammenzuschließen. Die Gesellschaft sollte im Rahmen einer abgestimmten Gesamtplanung die gesamte wirtschaftliche, finanzielle und technische Koordination der deutschen Filmvorhaben übernehmen. Das Ziel der Aufkäufe war im ersten Schritt, privatwirtschaftliche Interessen an den Produktions- und Verleihfirmen auszuschalten. Durch geeignete Rationalisierungsmaßnahmen und eine verbesserte Filmauswertung sollten im zweiten Schritt der Geldrückfluss sichergestellt und der Kostenanstieg gedämpft werden. Da die strukturellen Veränderungen nur mit Reichsmitteln finanziert werden konnten, verlangte der Finanzminister von Goebbels eine unmittelbare wirtschaftliche Kontrollbefugnis der aufgekauften Unternehmen. Zu diesem Zweck wurde die Ostsee Handels- und Finanzgesellschaft am 30. Dezember 1937 in Neue Revisions- und Treuhandgesellschaft umbenannt und dem Finanzministerium direkt unterstellt. Ihr Aufgabengebiet beschränkte sich auf die Wirtschaftsprüfung aller dem Reich gehörenden Unternehmen bis 1945.[55]

1937/38 strukturierte Winkler die gesamte Filmproduktion und den Verleih um, in dem er die Tobis, die Bavaria und die Terra mittels staatlicher Gelder entschuldete und sie mit neuem Kapital ausstattete. Durch Abtrennungen und Zusammenlegungen

---

54 *Mühl-Benninghaus*, Ringen um den Tonfilm, S. 104 f.
55 *Jürgen Reitz*, Das Deutsche Nachrichtenbüro, in: Jürgen Wilke (Hrsg.), Telegraphenbüros und Nachrichtenagenturen in Deutschland. Untersuchungen zu ihrer Geschichte bis 1949, München [u. a.] 1991, S. 235.

von Teilbetrieben entstanden zum Teil stark veränderte Produktionsunternehmen mit je einem eigenen Verleih. Die UFA, die infolge ihrer besonderen Stellung innerhalb der deutschen Filmwirtschaft noch immer geringe Gewinne verbuchte, wurde dem Scherl-Verlag bzw. der Hugenberg-Gruppe durch Aktienaufkauf entzogen und ebenfalls in ein staatsmittelbares Unternehmen umgewandelt. Die wenigen noch vorhandenen freien Produzenten wurden jeweils einem Unternehmen zugeordnet. Mit der UFA, der Tobis und der Terra waren drei der vier großen Filmunternehmen in Berlin angesiedelt. Um München als „Stadt der Kunst" entwickeln zu können, blieb als viertes auf Wunsch Hitlers die Bavaria erhalten.[56] Die Wien-Film und die Prager Studios, die ebenfalls von der Cautio übernommen wurden, vervollständigten später das neu geschaffene Oligopol.

Die wirtschaftliche Planung und Kontrolle der dezentral angesiedelten Gesellschaften lag bei der Cautio. Sie arbeitete mittels ihrer Richtlinienkompetenz an dem von Goebbels formulierten Ziel des Aufrechterhaltens der Wirtschaftlichkeit der gesamten Filmindustrie.[57] Der wirtschaftliche Erfolg der von Winkler durchgeführten Maßnahmen lässt sich 1938/39 an den steuerlichen Gewinnen der Filmproduktion erkennen, nachdem in den Jahren zuvor insgesamt überwiegend Verluste verrechnet wurden. Die Gründe für die seit Anfang der 1920er Jahre erstmals wieder rentable Filmwirtschaft lagen auch in der Realisierung überfälliger Rationalisierungsmaßnahmen in der Produktion und deren Umstellung auf wiederverwendbare Materialien beim Bau von Kulissen. Entscheidend aber war die Vergrößerung des Theaterparks durch den Anschluss Österreichs und des Sudetenlandes. Dadurch kamen etwa 1100 Kinos und später in Böhmen und Mähren noch einmal um 250 Kinos hinzu. Im Ergebnis zeigten die hohen staatlichen Investitionen demnach nur geringe wirtschaftliche Effekte, vereinfachten aber die politische Lenkung. Der Filmexport ging fast ausschließlich in die Schweiz, wo deutsche Filme noch auf Interesse stießen.[58]

Die von Winkler geplante Gründung einer Interessengemeinschaft zwischen den Filmfirmen und der dadurch mögliche Gewinn- und Verlustausgleich zwischen allen reichsmittelbaren Unternehmen scheiterte im Frühjahr 1939 am Einspruch des Finanzministeriums, das um seine Steuereinnahmen fürchtete. Die politischen Spannungen vor dem 1. September 1939 und während der ersten Kriegshandlungen bescherten der Filmindustrie Verluste von über zehn Mio. RM. Die Gründe waren fertiggestellte Filme, die von der Zensur bei Kriegsausbruch verboten wurden, abgebrochene Filmvorhaben, Filme, die in den Kinos bereits liefen, aber nicht weiter ausgewertet werden durften und französischsprachige Filme, die nicht mehr exportiert werden konnten. Eingespart wurden dagegen die Kosten für die eingestellten Bauarbeiten, weshalb das Reichsfinanzministerium Ausgleichszahlungen ablehnte.[59]

---

56 BArch, R 2301/6984, Bl. 44 f.
57 *Becker*, Film und Herrschaft, S. 173.
58 *Otto Suhr*, Kriegswichtige Filmindustrie, in: Der deutsche Volkswirt 14, 1940, S. 590 f.
59 BArch, R 55/1319, Bl. 5, 38, 50.

Wenige Tage nach Kriegsbeginn begannen die Kinoeinnahmen in einem bisher nicht gekanntem Umfang zu steigen. Diese Tendenz entsprach der am Beginn des Ersten Weltkriegs und hatte die gleichen Ursachen: Unterhaltungsangebote wie Tanzabende, Gaststätten- und Restaurantbesuche sowie andere Zerstreuungsmöglichkeiten waren eingeschränkt oder verboten.[60] Die Angst vor der Inflation, das Interesse an den Wochenschauen sowie der vorhandene Geldüberschuss förderten die Zunahme der Kinobesuche, die zwischen 1939 und 1941 um 88 Prozent stiegen.

Der hohen Nachfrage stand ein mangelndes Angebot gegenüber. Um einer Filmverknappung vorzubeugen, erließ die Filmkammer im November 1939 einen Erlass über die Mindestspielzeit von Filmen in einem Lichtspielhaus. Im Gegensatz zur Nachfrage im Reich mussten Vorführungen in den besetzten Gebieten wie Polen, der Sowjetunion aber auch in Westeuropa subventioniert werden.[61] Ab 1940 war das bisher für den Kinobesuch typische Saisongeschäft weitgehend verschwunden, und die Kinos waren über das Jahr hinweg gleichmäßig ausgelastet. Um eine Konzentration im privaten Theatergewerbe durch die kriegsbedingten Mehreinnahmen zu verhindern, legte 1940 eine Verordnung fest, dass jeder Filmtheaterbesitzer, der ein weiteres Kino betreiben wollte, sich diesen Kauf genehmigen lassen musste. In der Regel wurde er in diesen Fällen angehalten, mit dem ihm zur Verfügung stehenden Geld sein Lichtspielhaus zu einer „Kulturstätte" auszubauen.[62]

Der Krieg hatte erhebliche wirtschaftliche Auswirkungen auf die Kostenstruktur der Filmproduktion. Die Schauspielergagen wurden mit Beginn des Krieges durch Androhung von Front- und Arbeitseinsätzen gedrückt oder niedrig gehalten. Infolge der Einberufungen von Facharbeitern wurden zum einen Fachkräfte aus Frankreich, Belgien und den Niederlanden eingesetzt und ab 1941 Kriegsgefangene, die die entstandenen fachlichen Defizite nur bedingt ausgleichen konnten.[63] Die Folge waren längere Drehzeiten und einer Minderauslastung der Serviceangebote. Wegen der Anordnungen zum Stromsparen wurden Filmszenen erst morgens eingeleuchtet. Dies führte permanent zu Zeitverzögerungen von täglich zwei Stunden. Außerdem fehlte es an Materialien für den Bau von Kulissen. Infolge der Vorverlegung der Theaterspielzeiten mussten viele Schauspieler die Ateliers früher verlassen. Die zugesagten Verbesserungen in den Ateliers wurden nicht realisiert, sodass sie gegenüber den amerikanischen deutlich ins Hintertreffen gerieten. Um dennoch eine vergleichbare Qualität zu liefern, verdoppelten sich in Folge der Einschränkungen die durchschnittlichen Produktionskosten pro Film zwischen 1939 und 1942.[64] Im Produktionsprogramm selbst vollzogen sich Umstellungen durch die vermehrte Produktion von Unterhaltungsfilmen, die ihrerseits mehr Besucher anlockten.

---

60 *Suhr*, Kriegswichtige Filmindustrie, S. 590.
61 *Grolla, Margarete*, Entwicklung und Aufbau der deutschen Filmwirtschaft, Halle 1943, S. 92; BArch, R2/7034/3, Bl. 598.
62 *Spiker*, Film und Kapital, S. 128.
63 *Grolla*, Entwicklung und Aufbau, S. 92.
64 BArch, R 2301/6984, Bl. 112; R 55/484, Bl. 24.

Nach jedem erfolgreichen Eroberungsfeldzug sicherte die Filmwirtschaft ihre Interessen durch den Erwerb von neuen Produktionsstätten und Lichtspielhäusern, um auf diese Weise auch die Wirtschaftlichkeit des deutschen Films dauerhaft sicherzustellen. 1941 erfolgte die Gründung der Berlin-Film GmbH. Sie vereinigte unter ihrem Dach die noch freien Produktionsfirmen. Auf diese Weise war die wirtschaftliche Kontrolle der gesamten Filmproduktion endgültig hergestellt. Die bisher freien Fachkräfte blieben im Rahmen des Möglichen für die Filmproduktion erhalten und die Realisierung von Auftragsproduktionen für die großen Unternehmen blieb abgesichert. Zur Erfüllung ihrer Aufgaben erhielt die Gesellschaft die niederländischen Ateliers in Amsterdam und Den Haag.[65]

Um den bisherigen US-Einfluss in Deutschland und den besetzten Gebieten zukünftig auszuschalten, stellte Klitzsch im November 1939 einen Antrag auf Zulassung steuerfreier Rückstellungen. Um dieses Ziel zu erreichen, zählte er auf die Wiederaufnahme der durch den Krieg gestoppten Baumaßnahmen, die technische Entwicklung in der Geräteproduktion, den Übergang zum Farbfilm sowie dem Wiederaufbau der Auslandsorganisationen nach Kriegsende. Im Ergebnis Winklers permanenter Interventionen wurde die Filmwirtschaft ab 1942 steuerlich erheblich entlastet. Gleichzeitig wurde, um ein Gegengewicht für die Disney-Filme aufzubauen, die Deutsche Zeichenfilm GmbH gegründet.[66]

Um eine vom Reich unabhängige wirtschaftliche Sicherstellung der zukünftigen Filmversorgung zu ermöglichen, vollzog Winkler im Februar 1942 den schon vor dem Krieg geplanten, aber an den Interessen des Finanzministeriums zunächst gescheiterten Abschluss der Neuordnung der deutschen Filmwirtschaft. Wie in anderen Bereichen der Wirtschaft bot die Konzentration aller Bereiche der Filmwirtschaft in den Augen Winklers die Voraussetzung einer stark erweiterten internationalen Marktmacht ohne Belastung des Reichshaushaltes oder anderer Geldgeber. Die Voraussetzung für dieses Vorhaben sah Winkler in der Zusammenfassung aller Film-Unternehmen in einem Großkonzern. Das Gründungskapital des Monopolisten, der UFA-Film GmbH, das sich fast vollständig im Besitz der Cautio befand, betrug 65 Mio. RM. Im Konzern waren sämtliche Gesellschaften durch Organverträge miteinander verbunden. Gewinne und Verluste der Unternehmen konnten ohne Einschränkung des Wettbewerbs zwischen den Produktionsbetrieben miteinander verrechnet werden. An der Spitze des Unternehmens stand der Reichsfilmintendant, der für die Koordinierung der Gesamtproduktion und auch für Einzelfragen wie der Vorzensur verantwortlich war. Der Wirtschaftsbereich der UFA AG umfasste alle übrigen Sparten bzw. Geschäftszweige wie Verleih, Atelierbetriebe, Kopierwerke, Wochenschau, Werbefilm usw. Sie wurden in jeweils eigenständige GmbHs zusammengefasst. Nur die Tobis AG behielt aus patentrechtlichen Gründen ihren alten Rechtsstatus. Um die gesamten im Reich relevanten Lichtspielhäuser in die UFA-Film GmbH zu integrieren und für die Neuerrichtung und den

---

65 BArch, R 2301/7028, Bl. 2 ff.
66 BArch, R 3001/5107, Bl. 220, 267; R 2/4799, Bl. 405; R 55/483, Bl. 17, 21.

Umbau von Filmtheatern auch in besetzten Gebieten, stellte das Reich der Cautio noch einmal 120 Mio. RM zur Verfügung, die aber nicht mehr abgerufen wurden.[67]

Unter den Bedingungen des totalen Kriegs bildeten die Einsparungen an Arbeitskräften und an Material die beiden zentralen Fragen für die Filmwirtschaft.[68] Fliegerangriffe zerstörten ab 1943 zunehmend den Atelierraum. Einige Gebäudeteile mussten Kriegsgefangene wiederaufbauen, um die Produktion zu sichern. Um weiteren Schäden zu entgehen, wurden außerhalb Berlins, in der Nähe von Storkow, Baracken und Werkstätten errichtet. Allerdings fehlte es dort an wichtigen Ausrüstungsgegenständen, sodass die Provisorien kaum genutzt wurden. Um den Filmbedarf trotz kriegsbedingter Einschränkungen zu decken, wurden viele Produktionen in die besetzten Gebiete, also Prag, Paris und die Niederlande ausgelagert und die Zahl der Außenaufnahmen erheblich erhöht. Auf diese Weise konnte auch ein weiteres großes Defizit, die Beschaffung des für die Kulissen benötigten Materials, umgangen werden. Um den seit 1943 infolge der Bombenangriffe rückläufigen Kinobesuch zu mindern, wurde in Provisorien auch Kinoausrüstungen installiert, die die deutschen Verbände bei ihrem Rückzug vor der heranrückenden Roten Armee mitgenommen hatten. Mit den Provisorien in der Produktion und in der Kinosparte gelang es, die Filmversorgung der Bevölkerung bis zur bedingungslosen Kapitulation weitgehend aufrechtzuerhalten. Am 3. April 1945 wurde das letzte Berliner Kopierwerk durch alliierte Bomben getroffen. Damit endete die Filmproduktion in der Reichshauptstadt und deren Umgebung.

4.2.4 Wirtschaftliche Aspekte des Rundfunks

Gemäß der im November 1932 beschlossenen neuen Struktur übertrugen die Länder Anfang Juli 1933 ihre Anteile an den Sendegesellschaften dem Reich und brachten deren Vermögen in die Reichs-Rundfunk-Gesellschaft (RRG) ein. Nach Abschluss der Transaktionen und dem Aufkauf weniger in privater Hand verbliebener Aktien wurden die Gesellschaften liquidiert. An ihre Stelle traten die Reichssender, die Zweigniederlassungen der RRG darstellten. Sie selbst war im Zuge der Neuordnung eine Holding geworden, um die vom Propagandaministerium bereitgestellten Gelder zu verteilen und ihre Verwendung zu kontrollieren. Die Intendanten gestalteten nur noch die einzelnen Sendeprogramme im Rahmen vorgegebener Richtlinien und der ihnen zur Verfügung stehenden Mittel. Zu diesem Zeitpunkt waren, wie in der Presse und im Film, alle jüdischen, sozialdemokratischen und kommunistische Mitarbeiter entlassen, die leitenden Funktionsträger von ihren Funktionen entbunden und durch NSDAP-Parteimitglieder ersetzt.[69]

---

67 BArch, R 2/4853, Bl. 25.
68 *Becker*, Film und Herrschaft, S. 221.
69 *Diller*, Rundfunkpolitik, S. 76.

Aus der Zuordnung der wirtschaftlichen und inhaltlichen Verantwortung des Rundfunks zum RMVP und dem Verbleib der Funkhoheit beim Reichspostministerium ergaben sich Diskussionen über die Verteilung der Rundfunkgebühren. Die Auseinandersetzung wurde am Senderausbau deutlich. Bis 1935 realisierte die Reichspost, abgesehen von der Einführung technischer Neuerungen und kleinen Erhöhungen der Sendeenergie bei einigen Nebensendern, nur das bereits 1929 Beschlossene. Allein in dem Gebiet zwischen Braunschweig, Breslau und Stettin konnten mehrere Sender mit einer normalen Feldstärke empfangen werden. In den übrigen Teilen Deutschlands wurde die Bevölkerung meist nur durch einen Sender versorgt.[70] Vom Ausbau des Deutschlandsenders abgesehen, änderte sich daran auch in der Folgezeit nichts.

Der permanent steigende Finanzbedarf des Propagandaministeriums führte dazu, dass die finanziellen Zuwachsraten für die Programme trotz der steigenden Einnahmen über Gebühren nur relativ gering erhöht wurden. Laut RRG betrugen sie 1933/34 noch 32,5 Prozent und sanken bis 1939/40 auf 19,1 Prozent.[71] Um die zweckentfremdeten Gebührengelder zu kompensieren, wurden erhebliche Programmeinsparungen durch die Einrichtung von Sendergruppen und Programmübernahmen vorgenommen, Baumaßnahmen zurückgestellt und Verwaltungsmittel gekürzt. Die Programmkosten durch den Verzicht auf freie Mitarbeiter und Künstler zu senken, lief den frühen, vom Regime angestoßenen Arbeitsbeschaffungsmaßnahmen zuwider. Goebbels stellte deshalb im Januar 1934 einmalig eine Million RM extra für die Beschäftigung freier Künstler zur Verfügung.[72] Wenig beschäftigte Künstler mittels Auftritte im Rundfunk zu alimentieren, um so die Programmkosten zu senken, scheiterte an der mangelnden Programmqualität. In den ersten beiden Geschäftsjahren waren die Einsparungen in der Verwaltung und der regelmäßige Programmaustausch nachhaltiger. Die Zahl der Programmstunden pro Tag stieg zwischen 1932/33 und 1935/36 um 14 Prozent und die Zahl der Programmübernahmen von anderen Sendern im gleichen Zeitraum um 65 Prozent.[73] Kostenintensive Programmelemente wie Hörspiele und literarische Sendungen ersetzte die wesentlich preiswertere Unterhaltungsmusik. Unterhaltung entwickelte sich zum entscheidenden Moment der Senderbindung. Mit der Programmpolitik verbanden sich also das Bestreben nach verstärkter Akzeptanz des Mediums und die Reaktion auf wirtschaftliche Gegebenheiten.

In der zweiten Hälfte der 1930er Jahre konkurrierten die öffentlichen Rundfunkveranstaltungen mit denen der „Kraft durch Freude" und der Konzert-Agenturen. Infolge des Ausschlusses jüdischer Künstler waren die dafür infrage kommenden Spitzenkünstler ebenso knapp wie die Spitzenschauspieler im Film. Folglich wurden

---

70 *Heinz Pohle*, Der Rundfunk als Instrument der Politik. Organisation und politische Programmgestaltung des deutschen Rundfunks von seiner Gründung bis zum Beginn des Großdeutschen Rundfunks, Hamburg 1953, S. 246 ff.
71 *Diller*, Rundfunkpolitik, S. 167.
72 *Diller*, Rundfunkpolitik, S. 171 ff.
73 *Diller*, Rundfunkpolitik, S. 138; *Pohle*, Rundfunk als Instrument, S. 330.

die Honorare angehoben. Um dem Künstlermangel entgegenzuwirken, startete der Rundfunk ab Oktober 1934 regelmäßig Sondersendungen mit Laien- und weniger bekannten Künstlern. Zu den neuen unterhaltenden Programmen zählten ab 1936 die sogenannte Werkpausensendungen, die die Arbeitnehmer in den Mittagsstunden mit Musik unterhielten. Die technische Basis bildeten die Empfänger DAF1011, die ab 1935 den Unternehmen für Gemeinschaftsempfang zur Verfügung standen.[74] Wie der 1938 auf den Markt gekommene Deutsche Kleinempfänger waren sie vor allem für den Empfang des Ortssenders geeignet. Der Verkauf der ersten 10 000 Geräte dauerte fast bis Kriegsbeginn.[75]

1937 kam es vor dem Hintergrund einer sinkenden Nachfrage nach neuen Geräten zu einer zweiten Neuordnung des Rundfunks. Jenseits der politischen Zentralisation erhoffte sich Goebbels eine höhere Popularität des Mediums durch eine stärkere Berücksichtigung regionaler kultureller Beiträge.[76] Im Zuge der Dezentralisierung der kulturell künstlerischen Programme wurden bis Sommer 1939 die Hälfte des Angebots der jeweiligen Reichssender mit Eigenproduktionen gefüllt.[77] Dieser Schwenk im Programm vergrößerte die an anderer Stelle wieder einzusparenden Kosten.

Im Juni 1933 kündigte die RRG den bestehenden Vertrag mit der Deutschen Reichspostreklame zum Jahresende. 1934/35 wurde Werbung ohne vertragliche Grundlage weitergesendet. Im Hintergrund entbrannte auf Ministerebene ein heftiger Streit zum Thema zwischen dem Wirtschafts-, Finanz- und dem Postministerium einerseits und dem RMVP andererseits. Am Ende setzte sich Goebbels mit Verweis auf die besondere Rolle des Rundfunks, der kein Wirtschaftsunternehmen sei, durch. Weiterhin möglich war die Gemeinschaftswerbung. Letztere stände, so Goebbels, im Dienst der gesamten deutschen Wirtschaft und damit des gesamten deutschen Volkes.[78] Ab dem 1. Januar 1936 entfiel die Einzelwerbung und damit eine weitere Einnahmequelle der RRG. In der Folgezeit ging das Propagandaministerium systematisch gegen alle Firmen vor, die ihre Produkte mit dem Wort Rundfunk bewarben, wie etwa die eingeführte Marke Rundfunk-Kaffee der Firma Meßmer.[79]

Die Ende April 1933 gegründete Wirtschaftsstelle für Rundfunkapparatefirmen (Wirufa) regulierte den gesamten Empfängermarkt durch verpflichtende Bruttopreislisten. Zu diesem Zweck wurden ab Mai 1933 alle Rundfunkgeräte zur Nachverfolgung der Händler gekennzeichnet. Diese Maßnahme sollte den Verkauf von Radios zu stark herabgesetzten Preisen sowie den Schwarzhandel verhindern.[80]

---

74 *Gerhard Eckert*, Der Rundfunk als Führungsmittel, Heidelberg [u. a.] 1941, S. 41.
75 *Wolfgang König*, Volkswagen, Volksempfänger, Volksgemeinschaft, „Volksprodukte" im Dritten Reich. Vom Scheitern einer nationalsozialistischen Konsumgesellschaft, Paderborn [u. a.] 2004, S. 92.
76 *Wolfgang Schütte*, Regionalität und Föderalismus im Rundfunk. Die geschichtliche Entwicklung in Deutschland 1923–1945, Frankfurt am Main 1971, S. 163 ff.
77 *Diller*, Rundfunkpolitik, S. 374.
78 *Waltraud Sennebogen*, Zwischen Kommerz und Ideologie. Berührungspunkte von Wirtschaftswerbung und Propaganda im Nationalsozialismus, München 2008, S. 182 ff.
79 *Sennebogen*, Zwischen Kommerz und Ideologie, S. 196 ff.
80 *Wolfgang Ritgen*, Marktüberwachung in der Rundfunkwirtschaft, in: FunkArchiv 14, 1941, S. 6–12.

In den USA und auf der Funkausstellung 1932 zeichneten sich der Trend zu billigen Empfangsgeräten ab. In diesem Jahr lief auch das von Telefunken gehaltene Lieben-Patent aus.[81] Die entfallenden Lizenzgebühren bildeten die Basis für die Herstellung von für den Massenmarkt tauglichen Geräten und dies ermöglichte die Vision, jedem Haushalt die Chance zu geben, einen Rundfunkempfänger zu kaufen. Der von den Nationalsozialisten propagierte Volksempfänger legitimierte ihren Machtanspruch und erlaubte zugleich, ihre Inhalte breiter zu streuen. Das steigende Gebührenaufkommen hatte darüber hinaus positive Auswirkungen auf die Einnahmen des Post- und des Propagandaministeriums.

Auf der Grundlage von Wirtschaftsverträgen beschloss die Wirtschaftsstelle der Wirufa im Mai 1933 die Fabrikation der ersten 100 000 Volksempfänger.[82] Ab Anfang Juli war dessen Erwerb über Ratenzahlung möglich. Um eventuellen Preisnachlässen vorzubeugen, mussten die jeweiligen kommunalen Elektrizitätswerke ohne Beteiligung am Gewinn das Geld für die fehlenden Teilbeträge vorstrecken.[83] Mit dem Volksempfänger nahmen nicht nur die Hörerzahlen zu, er erwies sich auch als Wegbereiter zu besseren Apparaten. 1934/35 war die Zahl der verkauften Markengeräte und der Volksempfänger etwa gleich hoch, ein Jahr später wurden doppelt so viele Markengeräte wie Volksempfänger verkauft und im Geschäftsjahr 1936/37 betrug das Verhältnis 2,6 zu 1. Zeitlich parallel zur Dezentralisierung der kulturell-künstlerischen Rundfunkprogramme wurde zur Funkausstellung 1937 der Preis für den Volksempfänger auf 59 RM herabgesetzt und ein neuer VE 301 Dyn für 65 RM angekündigt. Bis zum Ausbruch des Weltkrieges wurden insgesamt 3,5 Mio. Volksempfänger verkauft, das entsprach etwa einem Viertel aller im Reich angemeldeten Rundfunkempfänger.[84]

Die Geräteproduktion unterlag markanten jahreszeitlichen Schwankungen, weil der Absatz sich ungleich über das Jahr verteilte. Rundfunkgeräte wurden primär zwischen September und Dezember verkauft. Das hing einerseits mit der Funkausstellung im August jeden Jahres zusammen, auf der die neusten Produkte vorgestellt wurden. Andererseits waren Rundfunkgeräte häufig Geschenkartikel zu Weihnachten. Die Auswirkungen der saisonalen Abverkäufe auf die Produktion waren unzureichend genutzte Betriebskapazitäten bei konstant fixen Kosten sowie die Abwanderung von qualifizierten Arbeitskräften und das ständige Anlernen neuer Mitarbeiter.[85] Dem Ziel einer gleichmäßigeren Auslastung der Produktionskapazitäten diente ein Wirtschaftsvertrag, der 1936 zwischen den der Reichsrundfunkkammer unterstellten Rundfunkgeräteherstellern ausgehandelt wurde. Er zielte auf die Produktion höherer Stückzahlen durch eine Reduktion der Modelle mit dem Ziel, die Schwankungen im Verkauf abzu-

---

81 Vgl. ausführlich *Mühl-Benninghaus*, Ringen um den Tonfilm, S. 144 ff.
82 Zur Produktionsseite vgl. Kapitel 3.8.3 in diesem Band.
83 *Stefan Geldrich*, Untersuchungen über die wirtschaftlichen Probleme des Rundfunks, Innsbruck 1942, S. 96.
84 *Otto Suhr*, Funk und Film vor neuem Start, in: Der deutsche Volkswirt 11, 1937, S. 2053; *Pohle*, Rundfunk als Instrument, S. 255 f.
85 *Geldrich*, Untersuchungen, S. 61 ff.

Abb. 1: BArch, Bild 183-H14243. Verteilung von Volksempfängern an Bedürftige durch den Berliner Gaupropagandaleiter Wächter, Oktober 1938.

federn und auch auf internationalen Märkten konkurrenzfähige Produkte anzubieten. Neben einer weiteren Senkung der Lizenzgebühren wurde die Zahl der Bauteile erheblich gesenkt und weitere Einzelteile normiert. Die bisherigen Bauerlaubnisverträge wurden in Lizenzverträge mit Telefunken umgewandelt. In der Folgezeit existierten jenseits des VE nur noch drei sich an der Leistungsfähigkeit der Apparate orientierende Eckpreise. Dieses neue Preissystem erlaubte größere Freiheiten in der Preisgestaltung. Im Ergebnis konnten größere Serien billiger produziert werden. Die Hoffnung, auf diese Weise auch den Export zu erweitern, zerschlug sich mit Kriegsausbruch.[86]

Die positiven Effekte des Zusammenspiels von Preis- und Gerätepolitik sowie veränderten Programminhalten drückten sich in der Zahl der Rundfunkteilnehmer aus. Am Ende der Weimarer Republik hatte jeder vierte Haushalt ein Radiogerät, am Vorabend des Weltkrieges lag die Zahl der Gebührenzahler bei 13,7 Mio. Das entsprach etwas mehr als der Hälfte der Haushalte. Diese Zahl ist dahingehend zu korrigieren, als hier die vielen Geräte in öffentlichen Gebäuden, Cafés oder Gaststätten usw. mit-

---

86 *Suhr*, Funk und Film, S. 2054; *Geldrich*, Untersuchungen, S. 112 f.

gezählt wurden. Die Zuwachszahlen bedingten eine erhebliche Zunahme der Rundfunkdichte insbesondere jenseits der Großstädte, auch wenn das Radio dort überproportional verbreitet blieb. Wie beim Film waren es vor allem die Mittel- und Oberschichten, die die Rundfunkprogramme rezipierten.[87] 1939 belegte Deutschland im europäischen Maßstab bezüglich der Radioverbreitung pro 1000 Einwohner nach Dänemark 212, Schweden 209 und England 188 mit 158 Geräten den vierten Rang.[88]

Ende August 1939 richtete das Propagandaministerium die Kommandostelle für den Rundfunk in Berlin ein, die die Programme bis Kriegsende lenkte. Zu ihren ersten Maßnahmen zählte die Kürzung der Programmittel pro Sender auf 1000 RM pro Tag. Dies bedeutete etwa für den Reichssender Hamburg eine Kürzung um 61 Prozent. Mit dem Überfall auf Polen endete der in den Programmzeitschriften und in der Presse publizierte Programmbetrieb wegen der Sondermeldungen und -berichte. Im Unterschied zur Presse und zum Film wirkte sich der Kriegsbeginn kaum auf die Zahl der Rundfunkteilnehmer aus, für die das Programm oft die einzige Möglichkeit zur Entspannung nach einem langen Arbeitstag bot. Der interministerielle Schriftverkehr verdeutlicht, dass der ausgewiesene Zuwachs für das Jahr 1940 in etwa dem Rückgang an Schwarzhörern entsprach, die auf die mit Kriegsausbruch verschärfte Gesetzeslage reagierten. In der Mehrheit hatten diese Familien geringe Einkommen.

25 Prozent der männlichen Angestellten erhielten zu Kriegsbeginn den Stellungsbefehl, unter ihnen waren 80 Prozent der Rundfunksprecher und 30 Prozent der Techniker. Sie wurden den Propagandakompanien zugeteilt oder in Sendern der eroberten Gebiete eingesetzt.[89] Die Folgen waren ein deutlicher Rückgang eigenproduzierter Sendungen, eine deutliche Zunahme der Programmübernahmen und der Schallplattensendungen sowie der publizistischen und Nachrichtensendungen.

Kriegsbedingt nahm die Gesamtsendezeit gegenüber dem Vorjahr um 14 Prozent zu, während die finanziellen Zuweisungen durch das Propagandaministerium abnahmen. Diese gegensätzlichen Tendenzen hatten Auswirkungen auf die bisherige Organisationsstruktur des Rundfunks mit seinen 12 Haupt- und 27 Nebensendern, über die in der Folgezeit zunehmend das Militär bestimmte. Wegen der Bombenangriffe ab Herbst 1939 mussten die Reichssender und die Nebensender der betroffenen Gebiete zeitweise ihre Programme einstellen, um dem Feind keine zusätzlichen Orientierungsmöglichkeiten zu geben. Im Winter 1939/40 wurden die ersten Nebensender dauerhaft abgeschaltet.[90] Ab 1940 mussten die Hörer im Westen Deutschlands für die Zeit nach 22 Uhr ihre Frequenzen regelmäßig auf die des Breslauer Rundfunks verändern, wenn die näher gelegenen Strahlungsanlagen abgeschaltet wurden. Neben dem im Juni 1940 eingeführten Einheitsprogramm mit mehreren lokalen Fenstern strahlte der

---

87 *König*, Volkswagen, Volksempfänger, S. 86 f.
88 *Geldrich*, Untersuchungen, S. 19.
89 *Diller*, Rundfunkpolitik, S. 374.
90 *Schütte*, Regionalität und Föderalismus, S. 180.

Deutschlandsender ein eigenes von 5 Uhr bis 22:15 Uhr aus, das allerdings nicht im gesamten Reichsgebiet zu empfangen war.[91]

Im Verständnis von Goebbels war das Abendprogramm in seiner gesamten Länge ein politischer Nachrichtendienst, weil zwischen die musikalischen Beiträge immer wieder Beiträge vom Kriegsgeschehen gesendet wurden. Aus diesem Grund mussten Gaststätten, die das Programm laufen ließen, keine Vergnügungssteuer mehr bezahlen.[92] Die für die Reichssender eingesparten Programmkosten bildeten eine finanzielle Basis für die Ausdehnung der Programme der Kurzwellensender und der Europawelle, die für das europäische und das nichteuropäische Ausland Programme produzierten. Deren Kosten beliefen sich gegen Anfang der 1940er Jahre auf 2,5 bis drei Mio. RM.[93] Hinzu kamen noch die Ausgaben für die sogenannten Geheimsender, die unter der Bezeichnung Concordia zusammengefasst waren.

Der Erwerb von Radiogeräten unterlag bei Kriegsbeginn keinen Einschränkungen. Das RMVP versuchte im November 1939 vergeblich, die Rundfunkgeräteproduktion als kriegswichtig einstufen zu lassen. Der Einzelhandel konnte Geräte ab Februar 1940 nur noch gegen Bezugsscheine erwerben. Der Großhandel lieferte gegen Bestellschein. Ab dem Sommer 1940 war eine flächendeckende Versorgung mit Geräten nicht mehr gewährleistet. Die entsprechenden Industriezweige waren durch Großserienproduktion der Wehrmacht hochgradig ausgelastet und konnten auch den Bedarf an Ersatzteilen nicht mehr befriedigen.[94] Im Winter 1940 lagen hunderttausende reparaturbedürftige Geräte bei den Funkhändlern, die mangels Ersatzteilen nicht instandgesetzt werden konnten, was zu Abmeldungen führte. Laut der offiziellen Zahl der Gebührenzahler blieben 1940 im Reichsgebiet rein rechnerisch knapp 20 Mio. Haushalte ohne Gerät und zwei Jahre später 30 Mio. Einwohner. Damit war man von einer flächendeckenden Rundfunkversorgung weit entfernt. Das erkennbare Defizit an Radios bedeutete, dass für die Informationsbeschaffung für große Teile der Bevölkerung nur die Zeitungen zur Verfügung standen.

Fehlende Batterien und Röhren verhinderten bereits Ende 1940 an vielen Orten den Gemeinschaftsempfang. Um die Bedarfslücke zu schließen, öffnete nach langen Verhandlungen das neu gegründete Gemeinschaftswerk der deutschen Rundfunkindustrie 1941 in Warschau die Deutsche Empfängerfabrik. Sie produzierte vor allem Kleinempfänger, um Material und Arbeitskräfte zu sparen. Der Bedarf an Ersatzteilen im Reich konnte wegen der Typenvielfalt nicht befriedigt werden. Ebenso fehlte es an Fachkräften für Reparaturen. Ab Mitte 1942 wurden neue Rundfunkempfänger nur noch gegen Bezugsscheine für Kriegsopfer und Bombengeschädigte verkauft.[95] Ende

---

91 *Conrad F. Latour*, Goebbels „Außerordentliche Rundfunkmaßnahmen" 1939–1942, in: Vierteljahreshefte für Zeitgeschichte, 11, 1963, S. 435.
92 *Willi A. Boelke*, Kriegspropaganda 1939–1941. Geheime Ministerkonferenzen im Reichspropagandaministerium, Stuttgart 1966, S. 443.
93 BArch, R 55/563, Bl. 3, 41.
94 *Suhr*, Kriegswichtige Filmindustrie, S. 653; BArch, R 55/20672, Bl. 11.
95 *Hans Gut*, Die Marktordnung in der deutschen Rundfunkwirtschaft bis zum Jahre 1945. Ein Beitrag zur Rechtsgeschichte der deutschen Wirtschaft, Freiburg im Breisgau 1946, S. 136 f.

1942 konnte auch für diese Gruppe weder im Reich noch in den besetzten Gebieten die Nachfrage befriedigt werden, und die Rundfunkgerätefertigung wurde am 1. November 1943 endgültig eingestellt.[96]

Wenn der Mediengebrauch ein Ausweis von Modernisierung ist, dann zeigt er im Dritten Reich, dass ein diesbezüglicher Modernisierungsschub kaum erkennbar ist. In Bezug auf beide Medien des frühen 20. Jahrhunderts, Kino und Radio, blieb das Angebot deutlich hinter anderen europäischen Ländern zurück. Auch die Tagespresse verharrte bis auf die Kriegszeit inhaltlich in wesentlichen Teilen im Rahmen des Lokalen und verweist damit auf das anhaltend hohe Maß geografischer und sozialer Ver- und Gebundenheit großer Teile der Bevölkerung. Das Medienangebot richtete sich vor allem an die Ober- und Mittelschichten und blieb damit deutlich begrenzt. Darüber hinaus unterlag es – wie in der Vergangenheit – saisonalen Schwankungen. In der Urlaubs- bzw. Erntezeit wurden Abonnements vor allem auf dem Land abgemeldet und Kinos zeitweise geschlossen.[97]

Auswahlbiografie

Albrecht, Gerd, Nationalsozialistische Filmpolitik. Eine soziologische Untersuchung über die Spielfilme des Dritten Reiches, Stuttgart 1969.
Becker, Wolfgang, Film und Herrschaft: Organisationsprinzipien und Organisationsstrukturen der nationalsozialistischen Filmpropaganda, Berlin 1973.
Berghoff, Hartmut, Von der „Reklame" zur Verbrauchslenkung. Werbung im nationalsozialistischen Deutschland, in: Hartmut Berghoff (Hrsg.), Konsumpolitik. Die Regulierung des privaten Verbrauchs im 20. Jahrhundert, Göttingen 1999, S. 77–112.
Diller, Ansgar, Rundfunkpolitik im Dritten Reich, München 1980.
Drewniak, Boguslaw, Der deutsche Film 1938–1945. Ein Gesamtüberblick, Düsseldorf 1987.
Dussel, Konrad, Deutsche Tagespresse im 19. und 20. Jahrhundert, Münster 2004.
Frei, Norbert/Schmitz, Johannes, Journalismus im Dritten Reich, München 1989.
Führer, Karl Christian, Die Tageszeitung als wichtigstes Massenmedium der nationalsozialistischen Gesellschaft, in: Zeitschrift für Geschichtswissenschaft 55, 2007, S. 411–434.
Gut, Hans, Die Marktordnung in der deutschen Rundfunkwirtschaft bis zum Jahre 1945. Ein Beitrag zur Rechtsgeschichte der deutschen Wirtschaft, Freiburg 1946.
Hachtmann, Rüdiger, Das Wirtschaftsimperium der Deutschen Arbeitsfront 1933–1945, Göttingen 2012.
Hale, Oron J., Presse in der Zwangsjacke. 1933–1945, Düsseldorf 1965.
Klimsch, Günter W., Die Entwicklung des nationalsozialistischen Filmmonopols von 1930 bis 1940 in vergleichender Betrachtung zur Pressekonzentration, o. O. 1954.
Kohlmann-Viand, Doris, NS-Pressepolitik im Zweiten Weltkrieg. Die „Vertraulichen Informationen" als Formen der Presselenkung, München [u. a.] 1991.
König, Wolfgang, Volkswagen, Volksempfänger, Volksgemeinschaft, „Volksprodukte" im Dritten Reich. Vom Scheitern einer nationalsozialistischen Konsumgesellschaft, Paderborn [u. a.] 2004.
Koszyk, Kurt, Deutsche Presse 1914–1945 (Geschichte der deutschen Presse, Teil 3), Berlin 1972.

---

96 *Schütte*, Regionalität und Föderalismus, S. 183; *König*, Volkswagen, Volksempfänger, S. 96.
97 *Geldrich*, Untersuchungen, S. 22.

Mühl-Benninghaus, Wolfgang, Das Ringen um den Tonfilm. Strategien der Elektro- und Filmindustrie in den 20er und 30er Jahren, Düsseldorf 1999.
Mühl-Benninghaus, Wolfgang, The German Film Credit Bank, Inc. Film Financing during the First Years of National-Socialist Rule in Germany, in: Film History 3, 1989, S. 317–332.
Pohle, Heinz, Der Rundfunk als Instrument der Politik. Organisation und politische Programmgestaltung des deutschen Rundfunks von seiner Gründung bis zum Beginn des Großdeutschen Rundfunks, Hamburg 1953.
Reitz, Jürgen, Das Deutsche Nachrichtenbüro, in: Jürgen Wilke (Hrsg.), Telegraphenbüros und Nachrichtenagenturen in Deutschland. Untersuchungen zu ihrer Geschichte bis 1949, München [u. a.] 1991, S. 213–266.
Sennebogen, Waltraud, Zwischen Kommerz und Ideologie. Berührungspunkte von Wirtschaftswerbung und Propaganda im Nationalsozialismus, München 2008.
Spiker, Jürgen, Film und Kapital. Der Weg der deutschen Filmwirtschaft zum nationalsozialistischen Einheitskonzern, Berlin 1975.
Tavernaro, Thomas, Der Verlag Hitlers und der NSDAP. Die Franz Eher Nachfolger GmbH, Wien 2004.
Uzulis, André, Nachrichtenagenturen im Nationalsozialismus. Propagandainstrumente und Mittel der Presselenkung, Frankfurt am Main 1995.
Verlag Archiv und Kartei (Hrsg.), Presse in Fesseln. Eine Schilderung des NS-Pressetrusts, Berlin 1948.
Wermuth, Helga, Dr. h. c. Max Winkler – Ein Gehilfe staatlicher Pressepolitik in der Weimarer Republik, München 1975.

Hasso Spode
4.3 Tourismus

4.3.1 Einführung

Die touristische Reise ist von anderen Mobilitätsformen idealtypisch zu unterscheiden.[1] Sie dient nicht dem Erwerb von Kapitalien jedweder Art, sondern dem Konsum, nämlich von Erlebnissen und Symbolen, und ist insofern Selbstzweck, wobei – wie bei vielen Konsumgütern – als abgeleitete Funktion symbolisches Kapital erworben werden kann. In der Erinnerungskultur wird der Tourismus im Dritten Reich mit der Organisation „Kraft durch Freude" (KdF) nahezu gleichgesetzt, ob in den Medien oder in tourismushistorischen Gesamtdarstellungen.[2] In diesem Kapitel wird ebenso der kommerzielle Fremdenverkehr betrachtet, der gleichsam im Schatten des staatlichen florierte. KdF ist unter sozial- und politik-, später auch kultur- und konsumgeschichtlichen Fragestellungen seit langem gut erforscht;[3] das Thema fand allerdings – wie die gesamte Tourismusgeschichte[4] – erst spät Annerkennung in der Fachhistorie. Weniger gut erforscht ist der sonstige Fremdenverkehr (wobei KdF meist mitbehandelt wird),[5] insbesondere die ökonomisch-quantitativen Aspekte.[6]

Um 1900 war die Praxis alljährlich zu verreisen in den wohlhabenden Schichten der Industrieländer fest etabliert. Dies betraf in Deutschland rund ein Zehntel der

---

[1] *Hasso Spode*, Mobilität, Reisen, Tourismus, in: Harald Pechlaner/Michael Volgger (Hrsg.), Die Gesellschaft auf Reisen – eine Reise in die Gesellschaft, Wiesbaden 2017, S. 23–48; *Jörn W. Mundt*, Tourismus, 4. Aufl. München 2013, S. 4 ff.
[2] *Rüdiger Hachtmann*, Tourismusgeschichte, 2. Aufl. Göttingen 2016; *Hasso Spode*, Wie die Deutschen „Reiseweltmeister" wurden, Erfurt 2003.
[3] *Wolfhard Buchholz*, Die nationalsozialistische Gemeinschaft „Kraft durch Freude", Diss. München 1976; *Hasso Spode*, Arbeiterurlaub im Dritten Reich, in: Timothy W. Mason [u. a.], Angst, Belohnung, Zucht und Ordnung, Opladen 1982, S. 275–329; *Hasso Spode*, Traveling into the Abyss: Kraft durch Freude in the Third Reich, in: Ekatarina Degot/David Riff (Hrsg.), A Pleasant Apocalypse, Berlin 2020, S. 67–76; *Hasso Spode/Albrecht Steinecke*, Die NS-Gemeinschaft „Kraft durch Freude" – ein Volk auf Reisen? In: Hasso Spode (Hrsg.), Zur Sonne, zur Freiheit! Berlin 1991, S. 79–94; *Shelley Baranowski*, Strength through Joy. Consumerism and Mass Tourism in the Third Reich, 2. Aufl. New York [u. a.] 2007.
[4] *Rüdiger Hachtmann*, Tourismusgeschichte – ein Mauerblümchen mit Zukunft, in: H-Soz-Kult v. 6. 10. 2011; *Hasso Spode*, Zur Geschichte der Tourismusgeschichte, in: Voyage 8, 2009, S. 9–22.
[5] *Christopher Görlich*, Hermann Esser und die nationalsozialistische Fremdenverkehrspolitik, Magisterarbeit, FU Berlin 2004; *Kristin Semmens*, Seeing Hitler's Germany. Tourism in the Third Reich, Basingstoke 2005; *Hasso Spode*, Gleichschaltung und Imagepflege, in: Informationen Deutscher Widerstand 45, 2021, S. 8–12; *Hasso Spode*, Traumzeitreise (im Erscheinen), Kap. 7.3.3; mit regionalem Schwerpunkt: *Matthias Frese*, Die Herausbildung des Massentourismus in Westfalen. Tourismusförderung, organisierte Reisen und Individualtourismus während der Weimarer Republik und der NS-Zeit, in: Westfälische Forschungen 47, 1997, S. 561–584; mit Schwerpunkt 1920er Jahre: Christine *Keitz*, Reisen als Leitbild. Die Entstehung des modernen Massentourismus in Deutschland, München 1997.
[6] *Günter Menges*, Wachstum und Konjunktur des deutschen Fremdenverkehrs 1913 bis 1956, Frankfurt am Main 1959.

Bevölkerung: eine von der Mehrheit scharf abgegrenzte Touristenklasse, die sich vornehmlich aus „Geistesarbeitern" rekrutierte. Die Reiseintensität[7] folgte mithin der Kragenlinie. 1914 erhielten alle Beamte und zwei Drittel der Angestellten Urlaub, aber nur ein Zehntel der Arbeiter. In der Weimarer Republik setzten die Gewerkschaften dann für tarifvertraglich erfasste Arbeiter einen Urlaubsanspruch von oftmals einer Woche durch. Das war international vorbildlich. Häufig ließen sich Arbeiter den Anspruch aber ausbezahlen („Abgeltung"); die Teilhabe am Tourismus blieb ein Luxus. Dabei weitete sich die Touristenklasse allerdings ein wenig in Richtung der neuen Mittelschichten aus. Lehrkräfte und Büroangestellte, zumal weibliche, vereinzelt auch Facharbeiter, fuhren nun bisweilen in den Urlaub. Für sie gab es sog. „Volksreisen". So offerierte das Reisebüro Carl Degener eine Woche in die Alpen zum Sensationspreis von 69 RM und in der Phase relativer Stabilität erlebten gemeinnützige Reiseorganisationen wie der sozialistische Touristenverein „Die Naturfreunde" eine kurze Blüte. Freilich waren diese Aktivitäten quantitativ betrachtet ein Randphänomen. Für Arbeiter und auch für kleine Angestellte und Beamte blieb die Teilhabe am Tourismus in der Regel auf Ausflüge oder Verwandtenbesuche beschränkt.[8] Einzig Jugendliche wurden mobil und bevölkerten Herbergen und Zeltlager.

Die ohnehin bescheidenen Ansätze einer touristischen Emanzipation breiterer Schichten machte die Weltwirtschaftskrise zunichte. Der Fremdenverkehr fiel unter den Vorkriegsstand.[9] Die Krise verschärfte das generelle Problem eines „zurückgestauten Bedarfs":[10] Reisen war zwar seit dem späten Kaiserreich ein Ideal, blieb jedoch allzu oft ein unerfüllbarer Traum. Die Politik sah allmählich Handlungsbedarf. Das gewerkschaftsnahe Internationale Arbeitsamt setzte das Thema auf die Agenda, vorangig allerdings das faschistische Italien: 1931 begann die Freizeitorganisation Opera Nazionale „Dopolavoro" (OND, dt. Nationalwerk „Nach der Arbeit") subventionierte „Volkszüge" durchs Land zu schicken. Die Zahl der OND-Urlauber war mit rund hunderttausend pro Jahr sensationell, blieb aber weit entfernt von einer wirklichen Demokratisierung des Reisens.

---

7 Bevölkerungsanteil, der pro Jahr mindestens eine Urlaubsreise macht; zu den im Einzelnen stark abweichenden Erhebungsweisen *Spode*, Traumzeitreise, Kap. 1.5; *Mundt*, Tourismus, S. 18 ff.
8 Ein Arbeiter gab 1928 für Freizeitmobilität nur um 12, teils bis 25 RM aus: *Hasso Spode*, „Der deutsche Arbeiter reist". Massentourismus im Dritten Reich, in: Gerhard Huck (Hrsg.), Sozialgeschichte der Freizeit, 2. Aufl. Wuppertal 1982, S. 288f; s. auch *Keitz*, Reisen, Tab. 17, die dennoch den Beginn des Massentourismus in die 1920er Jahre vorverlegt.
9 *Walther G. Hoffmann* [u. a.], Das Wachstum der deutschen Wirtschaft, Berlin 1965, Tab. 183; *Menges*, Wachstum, Tab 1.
10 *Reinhard Spree*, Modernisierung des Konsumverhaltens deutscher Mittel- und Unterschichten während der Zwischenkriegszeit, in: Zeitschrift für Soziologie 14, 1985, S. 400–410.

4.3.2 „Kraft durch Freude": Gründung und Ziele

Am 27. November 1933 wurde die Gründung eines „Freizeitwerks" der Deutschen Arbeitsfront (DAF) verkündet: NS-Gemeinschaft „Kraft durch Freude". Ursprünglich sollte es ebenfalls „Nach der Arbeit" heißen; „Kraft" spielte nun auf die Leistungssteigerung durch erholte Arbeiter an; „Freude" nahm ein Schlagwort aus der gewerkschaftlichen Arbeitswissenschaft auf. DAF-Leiter Robert Ley erklärte: Die Rationalisierung der Produktion – als „Taylorismus" und „Fordismus" heiß diskutiert – schaffe unmenschliche Arbeitsbedingungen, was die Arbeitsleistung auf längere Sicht reduziere und die Arbeiter in die Arme des „Marxismus" treibe, wenn sie nicht durch „Freude" kompensiert würde.

Offiziell hieß es, Hitler habe die Gründung von KdF angeordnet, da er die „Nerven" des Volkes stärken wollte. Doch das Projekt ging auf Ley, den Reichsminister für Volksaufklärung und Propaganda Joseph Goebbels und dessen Protegé, den Kultur- und Rundfunkpolitiker Horst Dressler-Andress zurück. Die aus den zerschlagenen Gewerkschaften geformte Arbeitsfront wurde – entgegen den Plänen des sozialrevolutionären Parteiflügels – keine NS-Gewerkschaft. Stattdessen sollte sie „alle schaffenden Deutschen", also auch die Arbeitgeber, erfassen bzw. kontrollieren und so die „absolute Wirtschaftsbefriedung" garantieren. Zugleich aber sollte sie das „Herz" der „heimatlos" gewordenen Arbeiter, so Ley, für das neue Regime gewinnen, indem sie half, beim Freizeit-Konsum die Kragenlinie zu überwinden: Die „Arbeiter der Faust" sollten an den Genüssen der „Arbeiter der Stirn" teilhaben, wodurch schrittweise die „Volksgemeinschaft" verwirklicht werde. Das Glanzstück dieses „Sozialismus der Tat"[11] sollten Urlaubsreisen werden.

Eine sozialistisch grundierte Volksgemeinschaft schwebte zumal dem KdF-Reichsamtsleiter Dressler-Andress vor. KdF wolle, stichelte er gegen den Chefideologen Alfred Rosenberg, nicht das „Erbgut zelebrieren", sondern habe die „kulturelle Mission" einer Demokratisierung des gehobenen Konsums und der Schönen Künste. Rosenberg konnte nicht verhindern, dass seine NS-Kulturgemeinde von KdF übernommen wurde; im Gegenzug aber setzte er seine „weltanschauliche" Richtlinienkompetenz weitgehend durch und erwirkte die Entlassung von Dressler-Andress. Goebbels ersetzte ihn 1938 durch den sozialpolitisch unambitionierten Leiter des KdF-Amts „Reisen, Wandern, Urlaub" (RWU), den Volkswirt Bodo Lafferentz.[12]

Damit waren die „Kulturbolschewisten" bei KdF – so Rosenberg – ausgeschaltet. Doch zunächst verhalf ihr Elan dem Regime zu einem überwältigenden Propagandaerfolg. In den ursprünglichen Planungen stand allerdings die Tagesfreizeit im Vordergrund: Sport, Konzerte, Theater usf. Insoweit fungierte KdF primär als ein Auffangbecken für die zerschlagenen Freizeitvereine der Arbeiterbewegung. Hinzukam ein Amt „Schönheit der Arbeit", das arbeitswissenschaftliche Ansätze fortentwickelte.

---

11 Vgl. *Spode*, Traumzeitreise, Kap. 7.2.5.
12 Vgl. *Reinhard Bollmus*, Das Amt Rosenberg und seine Gegner. Studien zum Machtkampf im nationalsozialistischen Herrschaftssystem, 2. Aufl. München 2006.

Einzig bei der Gestaltung der Jahresfreizeit ging man wesentlich über das Bestehende hinaus. Und zwar so erfolgreich, dass auf das Amt RWU im Durchschnitt vier Fünftel des KdF-Umsatzes entfielen. In einem an die Exil-SPD nach Prag geschmuggelten Bericht hieß es: „Vielen gilt ‚Kraft durch Freude' überhaupt nur als eine Art Reiseorganisation, die große Vorteile gewährt."[13]

Der KdF-Tourismus sollte ein multifunktionales Instrument werden: politische Kontrolle, Überwindung sozialer und landsmannschaftlicher Gegensätze, Verbrauchslenkung, Steigerung der Arbeitsleistung, der Volksgesundheit und des Fremdenverkehrs. Primär aber galt es, die noch fragile Herrschaft zu festigen und die Resistenzhaltung der Arbeiterschaft abzubauen. Dazu gehörte neben wohlfeiler Volksgemeinschafts-Rhetorik auch die konkrete Teilhabe am Luxus prestigeträchtiger Urlaubsreisen. Innerhalb der NSDAP und in der Wirtschaft war dieser Ansatz nicht unumstritten. Der Wirtschaft gegenüber wurde daher der Beitrag zur Schaffung der „Leistungsgemeinschaft" betont. Indes war die Steigerung der „Leistungskraft" eine bloße Zweckbehauptung.[14] Die Zahl der Arbeiter-Urlauber war dafür viel zu gering. Zudem wurde der Einfluss von Reisen auf die Arbeitsleistung gar nicht untersucht. Bis heute ist es nicht gelungen, mehr als ein kurzlebiges Gefühl der Erholtheit nachzuweisen.

4.3.3 Organisation von Urlaubsreisen

Das Reiseprogramm startete am 17. Februar 1934: Über zehntausend „Arbeiterurlauber" wurden mit Sonderzügen in bayerische Ferienorte befördert. Postwendend wurde KdF mit Buchungswünschen überschüttet. Die Resonanz hatte die Initiatoren freudig überrascht und umgehend weiteten sie das Programm aus. Dabei kam eine einheitliche Nomenklatur zur Anwendung: [15]

- Kurzfahrt (KF): Sonntags- oder Wochenendtour,
- Wanderfahrt (WF): Fuß-, Rad- und Wasserwanderungen, Dauer meist wie Kurzfahrt,
- Urlaubsfahrt (UF): Urlaubsreise, meist stationär, meist ein bis zwei Wochen,
- Seefahrt (SF): Kreuzfahrt, meist ein bis zwei Wochen.

Bis Ende des Jahres waren fast 2,4 Millionen solcher Fahrten verkauft (vgl. Tabelle 1, Abschnitt 4.3.4). KdF war in eine Bedarfslücke gestoßen und wurde aus dem Stand zum weltgrößten Reiseveranstalter. Die Preise lagen mit durchschnittlich 35 RM (UF und SF) weit unter den „Volksreisen" zuvor, erst recht unter den üblichen Reisekosten um dreihundert Mark. So kostete eine Woche Reit im Winkel 28 RM; zehn Tage auf

---

13 Deutschland-Berichte der Sozialdemokratischen Partei Deutschlands (Sopade) 5, 1938, 2, S. A22.
14 *Spode*, Arbeiterurlaub, S. 322 f., 326 f.
15 *Hasso Spode*, Some Quantitative Aspects of „Kraft durch Freude"-Tourism, in: Margarita Dritsas (Hrsg.), European Tourism and Culture, Athen 2007, S. 124–128.

Amrum 51 RM; eine Woche in der Schwäbischen Alb gab es zum „Ermäßigungspreis" von 16 RM. Technisch handelte es sich um Pauschalreisen, die zu einer Gesellschaftsreise mit bis zu tausend Teilnehmern zusammengefasst waren. Das Leistungspaket umfasste Transport, Unterkunft und Vollpension, oft auch ein oder zwei Veranstaltungen, bei denen die auf viele Quartiere verteilten Urlauber zusammenkommen konnten bzw. sollten; Ausflüge kosteten extra.

Bei einem Monatslohn um rund 200 RM[16] war für Facharbeiter ein Preisniveau von 30 bis 40 RM durchaus erreichbar, zumal das von der Bank der Arbeiter und vom Reisebüro Degener 1929/30 kurzzeitig angebotene Reisesparen wieder eingeführt wurde. Aus den Zinsen wurden Freifahrten finanziert, auch wurden KdF-Reisen von den „Betriebsführern" verschenkt oder bezuschusst. Diese stationären Standardurlaubsfahrten machten vier Fünftel der Landreisen aus; hinzu kamen spezielle Angebote für kleinere Reisegruppen, vom Skikurs über Schiffstouren auf der Donau bis zu Busrundfahrten durch Italien. Solche Spezialreisen waren weniger preisgünstig, doch wurden auch hierbei kommerzielle Anbieter deutlich unterboten. Ebenso bei den Kreuzfahrten. So kostete eine einwöchige Norwegenfahrt 50 bis 65 RM ab Wohnort, eine 18-tägige Fahrt nach Lissabon und Madeira rund 120 RM. Thomas Cook verlangte 1937 für die billigste Kreuzfahrt – zwei Wochen Madeira ab Bremerhaven – 245 RM.

Die Kreuzfahrten waren das „Juwel" des Programms, seit am 3. Mai 1934 die ersten zwei KdF-Schiffe zur Isle of Wight in See gestochen waren. Die Fahrten nahmen die etablierten Routen der Eliten auf und führten in die Nord- und Ostsee, den Atlantik und ins Mittelmeer, etwa ins italienisch besetzte Tripolis.[17] Besonders begehrt waren – passend zur Germanenschwärmerei – die einst von Wilhelm II. populär gemachten „Nordlandfahrten" in die Fjorde Norwegens, auch wenn hier der Landgang, anders als in Portugal oder Italien, aus fiskalischen und politischen Gründen entfiel. Die Kreuzfahrten wirkten nicht nur nach innen propagandistisch, sondern demonstrierten nach außen das wirtschaftliche Wiedererstarken des Reichs, sein soziales Engagement und vor allem seinen vermeintlichen Friedenswillen. Als „Künder des Friedens" und „eines wahrhaften Sozialismus" wurden die Schiffe gepriesen.[18] Bereedert wurden sie von der Hapag, dem Norddeutschen Lloyd und der Hamburg-Süd, die so einen gewissen Ausgleich für den krisenbedingten Rückgang des Passagieraufkommens erhielten. Pro Jahr wurden sechs bis acht Schiffe eingesetzt, teils gechartert, teils angekauft und dann für höhere Passagierzahlen umgerüstet. Und angesichts der enormen Nachfrage bestellte die DAF bei Blohm & Voss bzw. den Howaldtswerken zwei modernste, klassenlose Eigenentwicklungen, die 1938/39 in Dienst gestellt wurden: die *Wilhelm Gustloff* und die *Robert Ley* – alle Kabinen mit „Meerblick". Die Konzeption dieser Schiffe blieb für Jahrzehnte modellgebend.

---

16 Statistisches Jahrbuch für das Deutsche Reich 1937, S. 315 ff.
17 *Arnold Kludas*, Vergnügungsreisen zur See. Eine Geschichte der deutschen Kreuzfahrt. Bd. 1: 1889–1939, Hamburg 2001, Kap. 8; *Spode*, Arbeiterurlaub.
18 Monatshefte für NS-Sozialpolitik 6, 1939, S. 175 f.

4.3.4 Industrialisierung des Reisens

Die Mitgliederzahl der Arbeitsfront wuchs bis 1938 auf 20 Millionen; das Beitragsaufkommen auf 0,5 Milliarden RM. Ihre Finanzkraft und die Tatsache, dass sie die einzige nennenswerte Organisation war, die für Arbeitnehmer zuständig war, verlieh ihr hypothetisch ein enormes Gewicht im Herrschaftsgefüge. Es gelang Ley aber nur bedingt, dies in persönliche Macht umzumünzen. Umso mehr forcierte er die wirtschaftliche Expansion der DAF und gigantische Bauprojekte. An erster Stelle sind hier fünf „Massenbäder" an der Ostsee zu nennen. Sie sollten einerseits die etablierten Seebäder wie das von KdF-Urlaubern überflutete Heiligendamm entlasten, anderseits ein besonders niedriges Preisniveau und damit auch unteren Lohngruppen und Ehepaaren einen Urlaub ermöglichen.[19]

Als Pilotprojekt fungierte das „Bad der 20 000" am Prorer Wiek auf Rügen. Die Grundsteinlegung erfolgte symbolträchtig am 2. Mai 1936. Die Idee war im Prinzip nicht neu: Beginnend mit dem englischen Fleetwood hundert Jahre zuvor waren etliche Seebäder am Reißbrett entstanden. Doch diese Retortenstadt stellte ihre Vorgänger weit in den Schatten; 100 Millionen RM waren dafür eingeplant. Die Anlage erstreckte sich, so die Konzeption, gut viereinhalb Kilometer parallel zum Strand: Zwei schmale sechsgeschossige „Gästehäuser" à zwei Kilometer, in denen sich annähernd zehntausend identische Zweibettzimmer („Wohn- und Schlafzellen-Einheiten") an- und übereinander reihten, unterbrochen durch zehn bis an die Wasserlinie vorspringende „Gemeinschaftshäuser"; im Zentrum der Anlage ein weiträumiger Platz mit Festhalle, Wasserspielen, Aussichtsturm und Seebrücken; landeinwärts Wohnungen für 2000 Beschäftigte, Kraftwerk, Bahnhof, Schlachthof, Großküchen, unterirdische Garagen, Kinos, Theater und Schwimmhallen. Diese Dimensionen stießen auch auf Ablehnung, etwa bei Rosenberg, und an anderen geplanten Standorten solcher „Massenbäder" (der Begriff wurde bald vermieden) formierte sich Widerstand. Indes ist eine Demokratisierung des Tourismus ohne dessen Rationalisierung nicht zu erreichen. Immerhin sorgte die starke Streckung der Anlage für eine Entzerrung der Besuchermassen und eine relativ dezente Einpassung in die Landschaft. Jährlich sollten 300 000 bis 400 000 Urlauber durch die Anlage geschleust werden – wegweisend für die „Tourismusindustrie" der Nachkriegszeit. Doch die Ferienfabrik nahm den Betrieb nie auf.[20] Die Kosten liefen auf das Doppelte davon, und bei Kriegsbeginn waren im Wesentlichen nur die sog. Gästehäuser rohbaufertig.

Bei KdF hingegen wurde durchaus kaufmännisch gedacht. Gänzlich selbsttragend, wie Ley einmal gefordert hatte, wurde die Organisation nicht, doch „Reisen, Wandern,

---

[19] *Hasso Spode*, Ein Seebad für zwanzigtausend Volksgenossen. Zur Grammatik und Geschichte des fordistischen Urlaubs, in: Peter J. Brenner. (Hrsg.), Reisekultur in Deutschland, Tübingen 1997, S. 7–48; *Jürgen Rostock*, Paradiesruinen, 10. Aufl. Berlin 2015.
[20] Erst heute werden die Relikte der Anlage touristisch genutzt, die in der DDR unter dem Namen Prora militärisches Sperrgebiet war.

Urlaub", das mit Abstand größte Amt, arbeitete bei der Masse der Fahrten kostendeckend; viele warfen sogar einen kleinen Gewinn ab. 1939 betrug die Subventionsquote 2,4 %: 2,2 Millionen RM für die Seefahrten, für alle anderen Fahrten zusammen nur 600 000 RM.[21] Dies gelang durch das Zusammenwirken mehrerer Faktoren. Zunächst einmal konnte KdF die ganze Marktmacht gegen die darniederliegende Hotellerie und die nicht ausgelastete Reichsbahn einsetzen, die kräftige Rabatte einräumen mussten. Um ihre Züge zu füllen, hatte die Bahn schon vor 1933 Preisnachlässe von 60 Prozent eingeführt;[22] für KdF-Sonderzüge betrug der Rabatt nun 75 Prozent. Den Hotels zahlte KdF anfangs mit 2,50 RM pro Übernachtung nur knapp die Hälfte des üblichen Satzes. Dies war, wie die Wirtschaftsgruppe Gaststätten- und Beherbergungsgewerbe klagte, für viele Hotels nicht kostendeckend. Um überhaupt Gäste zu haben, akzeptierten dies manche, andere weigerten sich, sodass KdF häufig auf Pensionen und Privatquartiere auswich.[23] Auch Transport und Verpflegung lagen oft unter dem Leistungsniveau des etablierten Fremdenverkehrs. KdF-Reisen waren dessen abgespeckte Kopie – wenn auch keinesfalls „Proletarierfahrten im alten Sinn", wie Ley zurecht betonte.[24] Vielmehr enthielten sie jene „Grundzüge [...] nach denen gerade auch der gebildete Deutsche schon immer seinen Urlaub zu verleben pflegte".[25] Daher ließen sich die Standards nicht beliebig senken, um Kosten zu sparen. Hilfreich war es, dass die meisten KdF-Warte umsonst arbeiteten.[26] Vor allem aber half das entschlossene Bekenntnis zum Massenkonsum. Der Wille, die Regel „großer Umsatz, kleine Preise" zu sozialpolitischen Zwecken einzusetzen, bewirkte den Durchbruch des Prinzips der serienproduzierten Pauschalreise. Die universelle „Grammatik der Rationalisierung"[27] hatte nicht nur die Industrie, sondern auch den Tourismus erfasst, der fortan selbst zur „Industrie" werden sollte.

Bei Kriegsbeginn standen die KdF-Leistungen der Hälfte der knapp siebzig Millionen Deutschen[28] im „Altreich" offen. Bis dahin hatte KdF mehr als sieben Millionen

---

21 *Buchholz*, Nationalsozialistische Gemeinschaft, S. 214 ff.; hohe Subventionen suggerieren dennoch *Susanne Appel*, Reisen im Nationalsozialismus. Eine rechtshistorische Untersuchung, Baden-Baden 2001, S. 69 f. und *Christopher Kopper*, Eine komparative Geschichte des Massentourismus im Europa der 1930er bis 1980er Jahre. Deutschland, Frankreich und Großbritannien im Vergleich, in: Archiv für Sozialgeschichte 49, 2009, S. 131 f.
22 Rabattangebote gab es noch bis 1938: *Margarete Kollmar*, Mit der Reichsbahn ins Blaue, Hövelhof 2005; *Keitz*, Reisen, S. 225 f.
23 *Moritz Hoffmann*, Wirtschaftsfragen bei den Kraft-durch-Freude-Reisen, in: Der Deutsche Volkswirt 9, 1934/35, S. 2181 f.
24 *Robert Ley*, Deutschland ist schöner geworden, 3. Aufl. München 1939, S. 8.
25 Deutsche Informationsstelle des Auswärtigen Amtes 1940, zit. nach *Spode*, Arbeiterurlaub, S. 310.
26 1939 hatte KdF bis zu 135 000 ehrenamtliche und 7500 hauptamtliche Mitarbeiter: *Buchholz*, Nationalsozialistische Gemeinschaft, S. 202 f; *Spode*, Der deutsche Arbeiter, S. 293.
27 *Spode*, Seebad, S. 10 ff.
28 DAF-Mitglieder und deren im Haushalt lebende Angehörige, sowie gegen Sonderbeiträge Mitglieder der korporativ angeschlossenen Verbände, ab 1937 auch Wehrmachtsangehörige. Juden waren mit dem Reichsbürgergesetz 1935 von KdF ausgeschlossen, vgl. *Spode*, Der deutsche Arbeiter, S. 293.

Tab. 1: Vermittelte Reisen durch das KdF-Amt Reisen, Wandern, Urlaub.

Typ:	Kurzfahrt (KF)	Wanderfahrt (WF)	Urlaubsfahrt (UF)	Seefahrt (SF)
übliche Dauer	1 Tag	1 Tag	1–2 Wochen	1–2 Wochen
maximale Dauer	2 Tage	1 % wie UF	15 Tage	21 Tage
	Teilnehmer aus dem „Altreich" in Millionen			
1934	1,8	0,1	0,4	0,06
1935	4,8	0,4	1,0	0,12
1936	6,2	1,1	1,3	0,12
1937	6,8	1,6	1,4	0,13
1938 [a]	5,9	1,2	1,2	0,12
1939 [b]	5,1	1,1	1,0	0,14

a) Einschl. Teilnehmer aus der „Ostmark": KF: 6,8; WF: 1,9; UF: 1,5; SF: 0,13 Mio.
b) Bis 1. Sept.; Zahlen für annektierte Gebiete unklar.
Quelle: *Spode*, Aspects, Tab. 1.

in den Urlaub transportiert, davon ein Zehntel auf Kreuzfahrten.[29] Die Übernachtungszahlen hatten sich mehr als vervierfacht.[30] Unter Einbeziehung der Kurz- und Wanderfahrten waren sogar über 43 Millionen Deutsche mit KdF unterwegs gewesen; hinzukamen 1938/39 wahrscheinlich fast vier Millionen aus den „angeschlossenen" Gebieten.

Im September 1939 stellte KdF den Reisebetrieb ein. Hauptaufgabe wurde die moralische Stärkung der Truppe und der „Heimatfront" durch das Amt „Feierabend".[31] Die indirekt von KdF bewegten Gelder wurden zuvor auf 2 bis 2,5 Milliarden RM geschätzt, wovon der Löwenanteil auf das Amt RWU entfiel. Dann brach dessen direkter Umsatz von 108 auf drei Millionen RM ein, sein Anteil am KdF-Umsatz sank von 74 auf drei Prozent.[32] Es wurden fast nur noch Tagestouren, Sonderzüge für Dienstverpflichtete und Reisen für Soldaten organisiert.

4.3.5 Die Urlaubsregelung

Die Urlaubspolitik galt Freund und Feind als „das Prunkstück der nationalsozialistischen Sozialpolitik".[33] Der KdF-Tourismus wurde dabei flankiert durch spürbare Verbesserungen der Urlaubsregelungen für Lohnempfänger.[34] Mittels „Richtlinien" gelang es,

---

29 Offizielle Angaben validiert und ergänzt durch eine 1-%-Stichprobe (alle durchgeführten Fahrten des Gaus Mainfranken), s. *Spode*, Arbeiterurlaub, S. 297, 299.
30 Übernachtungen: 1934: 3,1 Mio., 1935: 8,5 Mio., 1936: 10,1 Mio., 1937: 10,5 Mio., 1938: 13,5 Mio. (von „Altreich"-Deutschen: 10,9 Mio.), 1939: k. A. (von „Altreich"-Deutschen bis 1. Sept.: 9,4 Mio.), nach Tab. 1 und *Spode*, Aspects, Tab. 4.
31 *Buchholz*, Nationalsozialistische Gemeinschaft, Kap. 4; *Baranowski*, Strength, S. 199–230.
32 *Spode*, Der deutsche Arbeiter, S. 293; *Buchholz*, Nationalsozialistische Gemeinschaft, S. 215 ff.
33 So auch die Exil-SPD: Sopade 5, 1938, 3, S. A81 f.
34 *Spode*, Arbeiterurlaub; *Appel*, Reisen.

die nach Branche, Region und Beschäftigtengruppe sehr unterschiedlichen Bestimmungen in den Tarifordnungen der Treuhänder der Arbeit zu harmonisieren und dabei die Urlaubsdauer zu verlängern und den Kreis der Anspruchberechtigten zu erweitern. Hiervon profitierten zumal jene, die aufgrund fehlender Tarifbindung oder kurzer Betriebszugehörigkeit praktisch keinen Urlaub erhalten hatten, in erster Linie Jugendliche. Für sie kam es auf Betreiben der DAF und der Hitlerjugend 1938 zu einer gesetzlichen Regelung von 12 bis 18 Tagen. Aber auch Fabrikarbeiterinnen, Bau- und andere Saisonarbeiter und in Heimarbeit Beschäftigte erhielten nun erstmals bzw. deutlich mehr Urlaub, während die ohnehin günstigen Regelungen für Angestellte und Beamte kaum verändert wurden. 1937 sahen 15 Prozent der Tarifordnungen (Tarifverträge 1931: 61) für Arbeitererwerbspersonen eine Mindestdauer von drei Tagen vor, 80 Prozent (1931: 30) von vier bis sechs Tagen und 71 Prozent (1931: 49) eine Höchstdauer von sieben bis zwölf Tagen. Die tatsächliche Urlaubsdauer in der Metallindustrie betrug 1938 für 62 Prozent der Lohnempfänger 7 bis 12 Tage, für 8 Prozent mehr als 12; Frauen und Männer waren ungefähr gleichgestellt.[35] Urlaub zu haben war kein Privileg mehr, worin man tatsächlich etwas „Volksgemeinschaftliches" sehen konnte.

Beides, KdF-Reisen und Urlaubsregelungen, fügte sich bestens in die Politik der Verbrauchslenkung mit ihrem Vorrang der Aufrüstung und der heimischen Produktion.[36] Und beides war preiswert zu haben. Die Urlaubsfahrten kosteten die DAF praktisch nichts und die Belastung der Unternehmen durch die neuen Urlaubsregelungen machte nur ein bis drei Prozent der Jahreslohnsumme aus.[37] Hinzukamen zwar in etlichen Firmen die Gewährung von Extraurlaub für KdF-Fahrer und Zuschüsse zu „KdF-Ausgleichskassen". Dennoch ermöglichte die Urlaubspolitik eine Hebung des Lebensstandards, ohne direkt die Löhne und damit die Nachfrage nach Konsumgütern und Importen zu erhöhen, was Mittel aus kriegswichtigen Branchen und/oder Devisen abgezogen hätte. In diesem Sinne forderte das Arbeitswissenschaftliche Institut der DAF 1936, dass an die Stelle der „überlieferten Begriffe der Lebenshaltung, des Lohns usw. [die] Erhöhung der organisierten Verbrauchsleistungen" zu treten habe.[38] Nicht für Butter, sondern für Reisen sollte das Geld ausgegeben werden. Auf Betreiben der DAF wurde die Abgeltung des Urlaubsanspruchs verboten, indem sie gegen den zähen Widerstand des Reichsarbeitsgerichts anstelle der „Entgelttheorie" (Urlaub als Lohn für geleistete Arbeit) den „Regenerationsgedanken" durchsetzte, wie er im Prinzip noch heute gilt („Erholungsanspruch" und „-pflicht"). Anders als in Belgien und Frankreich, wo die Volksfrontregierung 1936 einen zwölftägigen Urlaubsanspruch einführte, ge-

---

[35] *Spode*, Arbeiterurlaub, Tab. 1 u. 2.
[36] *Markus A. Diehl*, Von der Marktwirtschaft zur Kriegswirtschaft, Stuttgart 2005; *Hartmut Berghoff*, Träume und Alpträume. Konsumpolitik im nationalsozialistischen Deutschland, in: Heinz-Gerhard Haupt/Claudius Torp (Hrsg.), Die Konsumgesellschaft in Deutschland, Frankfurt am Main/New York 2009, S. 268–288.
[37] *Spode*, Arbeiterurlaub, S. 287.
[38] Zit. nach *Spode*, Arbeiterurlaub, S. 315.

lang es in Deutschland allerdings nicht, einen Mindesturlaub für alle Arbeitnehmer gesetzlich zu verankern. Doch die „Richtlinien" führten zu vergleichbaren Ergebnissen.

4.3.6 Brechung des Reiseprivilegs?

Eine Dissertation über „Kraft durch Freude" jubelte 1937:

> Im neuen Deutschland ist jetzt Reisen nicht mehr eine Angelegenheit einer bevorzugten Klasse, sondern auch dem wirtschaftlich schwachen Volksgenossen ist heute die Möglichkeit gegeben, den Urlaub in einer Form zu verbringen, die ihm das Bewußtsein gibt, kein Knecht mehr der Gesellschaft zu sein, sondern gleichwertiges Mitglied einer großen Volksgemeinschaft.[39]

Das sahen keineswegs alle so. Sowohl von Regimegegnern als auch seitens der Tourismusbranche wurde behauptet, dass sich Arbeiter die KdF-Reisen nicht würden leisten können. Diese Frage wurde lebhaft diskutiert. Unter der Überschrift „KdF stellt sich der öffentlichen Kritik!" sah sich die Gaudienststelle Würzburg genötigt, eine detaillierte Aufstellung der Berufe und Einkommen der 922 Urlauber der UF 4/36 ins Berchtesgadener Land abzudrucken. Demnach waren 28 Prozent Arbeiter und 38 Prozent Angestellte.[40] Ein achtbares, aber kein glänzendes Ergebnis. Zahlreiche Tabellen dieser Art wurden zeitnah veröffentlicht. Da sie (im Gegensatz zu den aggregierten Zahlen der KdF-Reichsleitung[41]) in etwa nachprüfbar waren, konnten sie schwerlich ganz aus der Luft gegriffen sein. Aus ihnen ergibt sich im Verbund mit Geheimdienstberichten und Meldungen an die Exil-SPD, dass der Anteil „kleiner Leute" in der Tat beträchtlich war, ebenso der der Frauen.[42] Letztere stellten rund vier Zehntel, was ihren Anteil an der Erwerbsbevölkerung leicht übertraf. Für die Berufsgruppen ergibt sich: Bei den Landreisen dürfte die Quote der Lohnempfänger ein Drittel bis knapp zwei Fünftel betragen haben, lag mithin nicht allzu weit unter ihrem Anteil an der Erwerbsbevölkerung von fünfzig Prozent. Da auch untere Angestellte stark vertreten waren, bildeten mithin solche Schichten die deutliche Mehrheit der KdF-Urlauber, die bislang vom Tourismus weitgehend ausgeschlossen waren. Bei den Kreuzfahrten erreichte die Arbeiterquote allenfalls ein Fünftel. Fast doppelt so hoch war hier die Quote der Angestellten, darunter aber ebenfalls viele mit geringem Einkommen. Obschon auf den Madeira- und Italienfahrten zahlreiche „Amtswalter" und „Goldfasane" der diversen NS-Organisationen die Schiffe bevölkerten, war die soziale Zusammensetzung sensa-

---

39 H. Krapfenbauer, zit. nach *Spode*, Arbeiterurlaub, S. 306.
40 KdF-Programmheft Mainfranken 3, 1936, S. 12 ff.
41 Demnach seien 50 bis 70 % der Teilnehmer Arbeiter, 65 bis 85 % würden höchstens 150 RM pro Monat verdienen, *Spode*, Der deutsche Arbeiter, S. 301.
42 *Spode*, Aspects, S. 127; *Spode*, Arbeiterurlaub, S. 300 ff.; *Keitz*, Reisen, Tab. 21, 22, 25; *Kludas*, Vergnügungsreisen, Bd. 1, S. 169 f.

tionell. Bis zu 150 000 „Arbeiter der Faust" machten eine Seereise – zuvor praktisch kein einziger.

Die geballte Massenhaftigkeit der KdF-Fahrten verdeckte freilich die Tatsache, dass die verkündete Brechung des bürgerlichen Reiseprivilegs soziologisch gesehen im Ansatz stecken blieb. Keineswegs konnte der Arbeiter nun „seine Freizeit wie ein Akademiker verbringen".[43] Die Arbeiterschaft war nur mit rund fünf, maximal acht Prozent am gesamten Urlaubstourismus beteiligt. Und dieser Anteil verringerte sich im Zeitverlauf sogar. Denn mehr und mehr bemächtigten sich mittlere Schichten der besseren KdF-Reisen. Die Reichsleitung setzte ab 1938 auch offen auf diese Klientel und hob die Qualität an: Angebotsvielfalt, Preise und Reisedauer stiegen. Das Regime saß fest im Sattel, der sozialrevolutionäre Impetus verflog. Immer mehr Angebote kamen für Lohnempfänger nicht in Frage. Der Durchschnittspreis der Reisen erhöhte sich 1934 bis 1939 um 39 Prozent von 35 auf 48 RM: der Höchstpreis für eine KdF-Fahrt stieg von 65 auf 150 RM, der Anteil der Reisen von mehr als acht Tagen Dauer von sieben auf 47 Prozent; der Durchschnittspreis pro Reisetag von 4,44 auf 5,23 RM.[44] Der 1936 erlassene Preisstopp galt hier nicht.

Die Reiseintensität in der Arbeiterschaft lag nur bei drei, vielleicht vier Prozent. Allerdings wird diese heute gebräuchliche Maßzahl der psychologischen Wirkung des KdF-Tourismus nicht gerecht: Wer bislang nie verreist war, wird nicht gleich den Anspruch haben, nun jedes Jahr zu verreisen. Bis zum Kriegsbeginn dürfte immerhin rund jede zehnte Arbeitererwerbsperson mindestens eine KdF-Reise unternommen haben. Primär profitierten davon die „respektablen" Facharbeiter der großen Industriebetriebe und hier zumal Ledige und jung Verheiratete (sie konnten allerdings fast nie zusammen fahren; die große Mehrheit der „KdFler" stellten Alleinreisende). Bevorzugt war somit jenes sozialdemokratisch geprägte Arbeitermilieu, das schon seit dem Kaiserreich den Einstieg in den Tourismus geprobt hatte. „Gerade in den Kreisen ehemaliger Linker", hieß es bei der Exil-SPD, grassiere das „Reisefieber".[45] Für die Mehrheit der unteren Lohngruppen und für Kinderreiche sah es weit schlechter aus. DAF-Experten monierten, die Reisen seien noch das „Vorrecht der besserverdienenden" Arbeiter, und initiierten 1937 eine Verbrauchserhebung in „weniger kaufkräftigen" Arbeiterhaushalten: Im Durchschnitt hatte jeder Erwachsene nur 6,41 RM für KdF-Fahrten ausgegeben.[46] Ungewollt verschärfte der KdF-Tourismus die überkommene Spaltung der Arbeiterschaft in eine „Aristokratie" und die Masse der Ungelernten. Und dennoch: Das eine Zehntel, das verreiste, war zwar noch kein sozialer Durchbruch, aber doch genug, um den Eindruck zu erwecken, jeder könne nun teilhaben an den Genüssen der „besseren Leute". Das Tor zur exklusiven Welt touristischen Erlebens

---

43 So *Buchholz*, Nationalsozialistische Gemeinschaft, S. 141.
44 *Spode*, Aspects, S. 128.
45 Sopade 5, 1938, 2, S. A36 f.
46 Jahrbuch des Arbeitswissenschaftlichen Instituts der DAF 1, 1936, S. 183; Wirtschaft und Statistik 19, 1939, S. 118 ff.

war aufgestoßen worden, wenn auch nur einen Spalt breit. Weniger die gelenkten Medien als vielmehr die Millionen KdF-Kunden fungierten hierbei als Multiplikatoren der NS-Propaganda. In den Berichten an die Exil-SPD hieß es verbittert: „Manche sagen: ‚Ja so etwas hat uns der Staat früher nicht geboten. Da sind wir aus unserem Nest nicht herausgekommen.' Besonders die Frauen erzählen monatelang von den schönen Reisen und begeistern damit auch ihre Umgebung". Ein anderer V-Mann der SPD analysierte: Für einen „unpolitischen Arbeiter [...] ist es schon etwas, wenn er einmal an einer Nordlandreise teilgenommen hat oder wenn er auch nur im Schwarzwald oder im Harz war. Er bildet sich ein, daß er dadurch auf der sozialen Stufenleiter eine Sprosse höher gekommen sei."[47]

4.3.7 Wandel der Funktionen und Destinationen

Unter den nationalsozialistischen Massenorganisationen waren es einzig die NS-Volkswohlfahrt[48] und „Kraft durch Freude", die eine enorme Popularität erlangten. Indes blieb der im engeren Sinne politische Propagandaerfolg letztlich bescheiden: Zum „treuesten Gefolgsmann" Hitlers, wie DAF-Funktionäre anfangs hofften, wurde durch billige Reisen kaum jemand auf Dauer. Auf die erste Sensationsphase folgte eine Gewöhnungsphase. Die Demokratisierung des Luxus ist ein Widerspruch in sich selbst: Mit der Erreichbarkeit eines Konsumguts sinkt sein Prestigewert.[49] An den KdF-Urlaub heftete sich das Odium der Zweitklassigkeit. Ausschlaggebend wurde nicht dass, sondern wie man reist.

Solch eine Abwertung des KdF-Urlaubs war der Volksgemeinschaftspropaganda natürlich abträglich. Dennoch wurde sie auf Druck der Interessenverbände sogar verstärkt. Anfangs hatte KdF primär die „eleganten" Urlaubsorte beschickt, auch um der daniederliegenden Branche Gäste zuzuführen. Doch sobald die Konjunktur wieder ansprang, führten die Verbände laut Klage, dass KdF die „zahlungskräftige Kundschaft" vergraule.[50] Die KdF-Leitung betonte, „zusätzlichen Reiseverkehr" zu erzeugen und verbot den Gaudienststellen damit zu werben, dass „alle" an den Reisen teilnehmen können. Denn „nur solche Volksgenossen" dürfen mit KdF fahren, lautete ein Erlass nach Interventionen der Nationalen Reisebüro-Vereinigung, die sich „reguläre Urlaubsreisen" nicht leisten können. Auch die Reichsbahn unter ihrem mächtigen Chef Julius Dorpmüller drängte auf eine solche Limitierung. Die Einkommensprüfung

---

47 Zit. nach *Spode*, Arbeiterurlaub, S. 314f. Zur Aufstiegsillusion vgl. *David Schoenbaum*, Die braune Revolution. Eine Sozialgeschichte des Dritten Reiches, Berlin 1999.
48 Vgl. Kapitel 5.5 in diesem Band.
49 *Roland Conrady* [u. a.] (Hrsg.), Luxury Tourism, Cham 2020, S. 54f.
50 *Semmens*, Hitler's Germany, S. 103 ff.; *Spode*, Arbeiterurlaub, S. 300 f., 307 ff.; *Keitz*, Reisen, S. 223–233; *Baranowski*, Strength, S. 132 ff.; *Wolfgang König*, Nazi Visions of Mass Tourism, in: Laurent Tissot (Hrsg.), Construction d'une industrie touristique aux 19e et 20e siècles, Neuchâtel 2003, S. 263.

Tab. 2: KdF-Reiseziele nach Ortstypen.

	Von 10 Teilnehmern an Inlandreisen (Urlaubs- und Wanderfahrten) fuhren in:				
	Kur- und Heilbäder	Seebäder	Großstädte	Nichttypische FV-Orte	Annektierte Gebiete
1934	6	4	0	0	
1935	6	1	0	3	
1936	4	2	0	4	
1937	4	2	0	4	
Nur „Altreich":					
1938	2	2	0	6	
1939	0	4	0	6	
„Großdeutsches Reich":					
1938	2	2	0	5	1
1939	0	1	0	2	7

Quelle: *Spode*, Aspects, Tab. 5.

wurde jedoch (außer bei den „Ermäßigungsfahrten") locker gehandhabt, zumal es zugleich hieß, die Zusammensetzung der Teilnehmer solle nach dem „Sozialspiegel" erfolgen, um die „Volksgemeinschaft abzubilden", sprich: sie solle auch Besserverdienende einschließen. Der Widerspruch zwischen den beiden Vorgaben wurde nie aufgelöst. Konsequent und geräuschlos wurde stattdessen eine räumliche Trennung durchgesetzt. KdF schickte die Urlauber zunehmend in touristisch wenig erschlossene Destinationen, wie den Bayerischen Wald oder die Eifel. Hier waren sie hoch willkommen. So zählte das Bodensee-Städtchen Allensbach 1933 keine tausend Fremdenübernachtungen, 1937 waren es 25 000 – abgelegene Provinzorte erlebten einen warmen Geldregen.[51] Umgekehrt hieß das: Am Ende waren die „etablierten Fremdenplätze" mit Ausnahme einiger Seebäder wieder KdF-frei; hier war das klassische Publikum wieder unter sich. Auch hierin zeigt sich der Bedeutungsverlust des initialen „volksgemeinschaftlichen" Motivs.

Der Anteil der Kurorte im „Altreich" am KdF-Gästeaufkommen sank von zwei Dritteln auf ein Prozent. Durchaus erwünscht war dabei der Nebeneffekt, für periphere „Notstandsgebiete" Entwicklungshilfe zu leisten, ein Konzept, das schon die Gebirgsvereine im Kaiserreich propagiert hatten. Ebenfalls ein altes Konzept war es, durch Reisen die Heimatliebe zu stärken. Wobei unter „Heimat" nicht Bayern oder Sachsen verstanden wurde, sondern – angesichts des regionalen Partikularismus – Deutschland als Ganzes.[52] Und so setzte das Regime KdF dann massiv dazu ein, die „angeschlossenen" Gebiete ökonomisch und mental ins „Großdeutsche Reich" einzubinden. 1939 gingen gut zwei Drittel der KdF-Reisen aus dem „Altreich" in die annektierten

---

51 *Semmens*, Hitler's Germany, S. 101.
52 Vgl. *Schoenbaum*, Revolution.

Gebiete, voran in die „Ostmark". Umgekehrt waren Österreicher bei den KdF-Reisen überrepräsentiert. Die nationale Integration genoss nun Vorrang vor der sozialen.

4.3.8 Die Organisation des „freien Fremdenverkehrs"

Das NS-Regime schenkte dem Tourismus mehr Beachtung als je eine deutsche Regierung zuvor und danach, was nicht nur für den Sozialtourismus galt. Im Gefolge des Ersten Weltkriegs war der Fremdenverkehr ein Gegenstand der Wirtschaftspolitik geworden.[53] Der Rückschlag der Globalisierung hatte sich auch verheerend auf die grenzüberschreitende Mobilität ausgewirkt. Sie trat als Faktor der Zahlungsbilanz ins Bewusstsein, und allenthalben wurden protektionistische Maßnahmen ergriffen, um ausländische Touristen anzulocken, inländische aber im Lande zu halten. Mittel der Wahl waren entsprechende Visa- und Devisenbestimmungen und zentrale Werbeagenturen. Zweimal, 1924 und 1931, belegte die Reichsregierung Auslandsreisen für kurze Zeit mit einer Strafgebühr. 1920 wurde eine nationale Agentur installiert, die 1928 als Reichsbahnzentrale für den Deutschen Reiseverkehr (RDV) eine GmbH im Besitz der Bahn wurde. Die Bahn war eng verfilzt mit dem größten Reiseveranstalter, dem Mitteleuropäischen Reisebüro (MER). Über seine 750 Auslandsvertretungen kurbelte es den Inbound-Tourismus an. Auch der Bäderverband, der Bund Deutscher Verkehrsverbände und der beratende Reichsausschuss für Fremdenverkehr (RAFV) betrieben ein wenig Werbung.

Das NS-Regime wollte die Urlaubsreise sozial und technisch revolutionieren, doch an den Grundlinien der Weimarer Fremdenverkehrspolitik hielt es fest: Förderung des Binnen- und des Inbound-Tourismus, Drosselung des Outbound-Tourismus.[54] Neu war die Verve, mit der dies geschah – und dass es im Rahmen einer diktatorischen Politik erfolgte. Das hieß erstens, den Tourismus auch für die Außenpolitik in Dienst zu nehmen. Und zweitens, die Organisationen des Fremdenverkehrs unter Kuratel zu stellen. Als erstes wurden der Verkehrs- und der Bäderverband zum Bund Deutscher Verkehrsverbände und Bäder zwangsvereinigt und die „gebietsmäßig tätigen Vereine", wie der Harzklub, sollten zugunsten der Landesverbände aufgelöst werden.

---

53 *Ernst Bernhauer*, 1902–1972. Deutscher Fremdenverkehrsverband (DFV), Bonn 1972, S. 81 ff.; *Thilo Nowack*, Rhein, Romantik, Reisen. Der Ausflugs- und Erholungsreiseverkehr im Mittelrheintal im Kontext gesellschaftlichen Wandels (1890 bis 1970), Diss. Bonn 2006, S. 68–74; *Keitz*, Reisen, S. 54–68.
54 *Görlich*, Hermann Esser, S. 64 ff.; *Semmens*, Hitler's Germany, S. 103–128; *Appel*, Reisen, S. 75 f.; *Bernhauer*, DFV, S. 88 ff.; *Nowack*, Rhein, S. 120–123; *Keitz*, Reisen, S. 230–234; *[Karl] Fuss*, Geschichte der Reisebüros, Darmstadt 1960, S. 264 ff.; *Spode*, Gleichschaltung; s. auch *Frese*, Herausbildung; *Matthias Frese*, Naherholung und Ferntourismus, in: Wilfried Reininghaus/Karl Teppe (Hrsg.), Verkehr und Region im 19. und 20. Jahrhundert, Paderborn 1999, S. 339–386.

Abb. 1: Historisches Archiv zum Tourismus (HAT). Bamberger Reiter, Werbung des RAFV 1935.

Zugleich wurde der RAFV vom Verkehrs- zum Propagandaministerium verschoben und erhielt Behördenstatus. Goebbels richtete ein Referat „Verkehrswesen" ein, holte sich den bayerischen Tourismusexperten Fritz Mahlo als dessen Leiter und war nun faktisch auch Tourismusminister („Bevollmächtigter der Reichsregierung"), wobei allerdings der Reichsverkehrsminister von Eltz-Rübenach, ab 1937 Dorpmüller, für das Transport- und Vermittlungswesen zuständig blieb. Präsident des Bundes Deutscher Verkehrsverbände und Bäder wurde der bayerische Staatsminister Hermann Esser, ein Mitstreiter Hitlers aus der Münchener „Kampfzeit". 1935 wurde er zudem Leiter der „Reichsgruppe Fremdenverkehr" in der Reichswirtschaftskammer – kein allzu einflussreicher Posten, doch dass der Tourismus zu den sieben Reichsgruppen zählte, unterstreicht seinen Stellenwert beim Regime. Im selben Jahr übernahm Esser auch die Leitung des konkurrierenden Reichsausschusses. Dieses Gremium, in dem etliche Ministerien, die Reichsbahn, die Lufthansa, der Deutsche Gemeindetag etc. vertreten waren, hatte unter Mahlos Geschäftsführung zum Verdruss seiner Mitglieder wenig effizient gearbeitet. So kam es bald erneut zu einem Umbau: Der Bund Deutscher Verkehrsverbände und Bäder wurde in Reichsfremdenverkehrsverband (RFV) umbenannt und per Gesetz vom 28. März 1936 eine Körperschaft öffentlichen Rechts beim Propagandaministerium, in der die 24 Landesfremdenverkehrsverbände und weitere Organisationen zusammengefasst waren. Präsident wurde formal Goebbels, geschäftsführender Präsident blieb Hermann Esser. Er stand nun einer Spitzenorganisation vor, die hypothetisch durchregieren konnte. Doch er löste den RAFV nicht auf, sondern beschränkte ihn zunehmend auf Werbung. Die Aufgabenverteilung zwischen den beiden Reichsbehörden blieb unscharf und viele „gebietsmäßig tätige" Gebirgsvereine konnten sich der Auflösung entziehen, dennoch war im Vergleich zu Weimar eine einigermaßen übersichtliche Struktur geschaffen. Goebbels beklagte Essers Faulheit und machte ihn erst 1939 zum Staatssekretär, aber er entfaltete durchaus eine rege Betriebsamkeit als Branchenlobbyist. Es wurde eine Definition des Begriffs „Fremdenverkehrsgemeinde" getroffen (Kommunen, in denen die Übernachtungszahl ein Viertel der Einwohnerzahl übersteigt), um die Reichsstatistik und die Finanzierung des RFV auf feste Füße zu stellen, und es wurden, wie längst in anderen Ländern üblich, verbindliche Kriterien eingeführt, was als „Heilbad", „Seebad" usw. zu gelten habe.

Der Reichsfremdenverkehrsverband suchte den Binnentourismus anzukurbeln und artikulierte die Interessen seiner Mitglieder – die sich bevorzugt gegen „Kraft durch Freude" richteten. Behauptete der Presseleiter des Amtes RWU, die KdF-Reisen „stellen einen zusätzlichen Verkehr dar", sodass „keinerlei Reibung mit dem normalen Touristenverkehr auftreten" könne, so forderte Verbandspräsident Esser, „wir werden im Fremdenverkehr dafür zu sorgen haben, [...] daß die Zahl der sozial [d. h. durch KdF] zu Betreuenden dauernd abnimmt".[55] Leys Expansionsgelüste mussten der Branche Angst einjagen. Sie fürchtete panisch, dass ihr KdF Kunden abspenstig macht und einen starken Preisdruck ausübt. Und dass die Horden von „KdFlern" die wohlhabende Stammkundschaft vertreiben. Sie hoffte aber anderseits, dass die Billigangebote neue Schichten ans Reisen heranführen, die dann „versuchen, die Stufenleiter im freien Leistungswettbewerb aufwärts zu steigen", sprich: bei besseren Veranstaltern buchen.[56] Zweifelsohne will die Touristenrolle erst erlernt sein[57] und KdF trug dazu bei. Doch ebenso sicher ist, dass manche „Fremdenplätze" unter einer Abwanderung des „zahlenden Publikums" litten, dass Besserverdienende bei KdF ihr Schnäppchen machten und dass sich daher etliche Veranstalter gezwungen sahen, ebenfalls preiswertere, knapp kalkulierte Reisen anzubieten. War die KdF-Reise eine verschlankte Kopie der kommerziellen Touristik, so begann diese nun KdF zu kopieren. Das wichtigste Resultat des Konflikts war aber die räumliche Separation von staatlichem und „freiem" Fremdenverkehr (s. Tabelle 2). Den Wehklagen der Verbände zum Trotz erwies sich daher, dass die mittelständische Branche mit der riesigen Konkurrenz gut leben konnte. Die 300 000 Fremdenbetten waren nun gut ausgelastet. Ebenso die Transportunternehmen, die Veranstalter und die davon nicht immer zu trennenden Reisebüros, obwohl ihnen der Verkauf verbilligter „Sammelreisen" verboten worden war.

Sie wurden 1933 in der Nationalen Vereinigung Deutscher Reisebüros erfasst, die 1935 in der Abteilung „Hilfsgewerbe des Verkehrs" (später „Reichsverkehrsgruppe")

---

55 *Eberhard Moes*, Aufbau und Leistungen der nationalsozialistischen Gemeinschaft „Kraft durch Freude", in: Deutsches Arbeitsrecht 4, 1936, S. 286; *Hermann Esser*, Wirtschaftsfragen im Fremdenverkehr, in: Die Deutsche Volkswirtschaft 5, 1936, S. 696.
56 *Gustav Plum*, „Kraft durch Freude". Wirtschaftspolitisch gesehen, in: Die Deutsche Volkswirtschaft 4, 1935, S. 407.
57 Vgl. *Orvar Löfgren*, On Holiday. A History of Vacationing, Berkeley 1999.

des Verkehrsministeriums unter Leitung des Hapag-Managers Emil Kipfmüller aufging, wo sie als „Fachgruppe Reiseunternehmen" eine Zwangsinnung bildete. Deren Leiter Carl Degener sah seine Hauptaufgabe darin, das Gewerbe vor unqualifizierten „Newcomern" zu schützen. Die „Bekämpfung der wilden Reisebüros" war schon 1914 ein Anliegen der Vorgängerorganisation gewesen. 1933 war ein Verbot der Gründung neuer Reisebüros im Sande verlaufen; 1936 wurde es erneuert und hatte 15 Monate Bestand. Rückblickend hieß es: „Objektiv beurteilt, muß gesagt werden, daß das Wirken dieser Organisationen [...] dem Reisebürogewerbe im gesamten gesehen eine beachtliche Konsolidierung brachte."[58] Dies obwohl die gute Ertragslage eine Sogwirkung entfaltete und eine Klage gegen die Verweigerung einer Konzession vor Gericht Erfolg haben konnte, sodass sich von 1933 bis 1939 die Zahl der Reisebüros auf über tausend mehr als verdoppelte. Zudem waren Verkehrsämter auf diesem Feld tätig und gut 4000 oft nebenberufliche „Reisemittler". Reisebüros waren in der Regel kleine und mittlere Betriebe, aber es gab auch vertikal diversifizierte Global Player, voran die Hapag, der Norddeutsche Lloyd und das halbstaatliche Mitteleuropäische Reisebüro. Der hochpreisige Branchenprimus erzielte 1938 mit seinen vielen Geschäftsfeldern einen Umsatz von 250 Millionen RM – mehr als das Doppelte des RWU-Umsatzes. Und zwar bei ungleich weniger verkauften Reisen. 1936 brachte es das MER auf gut 50 000 Teilnehmer an Gesellschaftsreisen; Billiganbieter Degener, der zweitgrößte Veranstalter, auf halb so viele. Dies war – gemessen an den 1,4 Millionen KdF-Gesellschaftsreisen in diesem Jahr – nicht viel.

4.3.9 Individualtourismus

Überwiegend blieb die Urlaubsreise selbstorganisiert; eine zeitgenössische Schätzung vermutete zu 60 Prozent, plausibler sind bis zu 80. Urlaub und Ausflüge bildeten eine Nische des „Eigensinns" in der totalen Diktatur, die diese Ventilfunktion durchaus mit Wohlwollen sah. Anders als später in der DDR wurde nicht versucht, den Individualtourismus zu drosseln, im Gegenteil.[59] Fahrkarten bekam man in jedem größeren Bahnhof oder aufschlagfrei beim MER, Zimmer ließen sich über Annoncen und Verkehrsämter buchen, und neben den gleichgeschalteten Gebirgs- und Wandervereinen durchstreiften zahllose informelle Wandergruppen, darunter auch ehemalige „Naturfreunde", das Land. Hier blieb man unter sich. Ebenso bei Auto-, Motorrad-, Fahrrad- oder Paddeltouren.

Auch einige Wohnwagen und Zeltanhänger waren unterwegs. 1938 gab es 200 Campingplätze für Autofahrer, doch gemessen an den USA, auch an Großbritannien und Frankreich, war Deutschland hier Entwicklungsland. 1933 rangierte es bei der Pkw-

---

58 *Fuss*, Geschichte, S. 266.
59 *Spode*, Traumzeitreise, Kap. 7.3.

Dichte hinter Südafrika; stattdessen hatte man auf das billigere Motorrad gesetzt. Nun begann eine Aufholjagd nach dem amerikanischen Erfolgsmodell „Motorisierung gleich Touristifizierung", auch wenn dies schwer vereinbar mit der Autarkiepolitik war. Der KdF-Wagen wurde bevorzugt als Freizeitmobil beworben und das größte zivile Bauvorhaben des Dritten Reichs stand ganz im Zeichen des Tourismus: die Reichsautobahn.[60] Analog zu KdF wurde sie als ein mulifunktionales Instrument gepriesen, doch der Tourismus gab den Grundton an. Die Autobahn sollte weniger der Schnelligkeit dienen als vielmehr das „Autowandern" – und damit das Auto – popularisieren („Nicht rasen, sondern reisen"). Der *Völkische Beobachter* titelte: „Herrliche Landschaften werden erschlossen", und der Generalinspekteur für das Straßenwesen, Fritz Todt, legitimierte den geringen geldwerten und militärischen Nutzen des Mammutprojekts mit dem Regenerationsargument: Das Volk „braucht seine Erholung, um leistungsfähig zu bleiben". Wer mit dem eigenen Auto verreist, konnte, wie sich dann in der Bundesrepublik zeigen sollte, auf die Dienste von Veranstaltern gut verzichten.

4.3.10 Tourismus in Zahlen

Das „Reisefieber", das die Deutschen befallen hatte, konnte mithin die vielfältigsten Formen annehmen. Die durch die Rezession unterbrochenen Trends setzten sich dabei beschleunigt fort. Die Tourismusstatistik ist ein schwieriges Feld, doch für die 1930er Jahren ist die Datenlage nicht so schlecht wie bisweilen suggeriert. Aufschlussreich sind hier weniger die Absolutwerte als die Wachstumsraten. Die amtliche Statistik war eine Beherbergungsstatistik, sie erhob die Meldungen, d. h. die Ankünfte in Beherbergungsbetrieben, als Maß der Mobilität. Reisende, die keine meldepflichtigen Beherbergungsstätten in Anspruch nahmen, wurden natürlich nicht erfasst (Verwandtenbesuche, Zeltlager etc.). Nicht nur aus diesem Grund ist eine Berechnung des volkswirtschaftlichen Gewichts des Tourismus mit vertretbarem Aufwand nicht möglich:[61] Sie müsste die anteiligen Ausgaben im Gastronomie-, Beherbergungs-, Transport-, Veranstaltungs- und Vermittlungswesen erfassen, aber auch zum Beispiel im Kulturbereich, für Baugewerke, Fahrzeuge, Souvenirs oder Produkte der Foto- und Sportindustrie sowie die Multiplikationseffekte.

Im Reich stieg die Zahl der Fremdenmeldungen von Deutschen vom Berichtsjahr 1932/33, dem Tiefstand, bis 1938/39 von 13,4 auf 30,3 Millionen, die der Übernachtungen von 46,2 auf 120,5 Millionen (inklusive der „Massenquartiere", worunter zumal die

---

[60] *Erhard Schütz*, „Eine glückliche Zeitlosigkeit". Zeitreise zu den „Straßen des Führers", in: Brenner, Reisekultur, S. 73–100 (Zitate im Folgenden auf S. 81 u. 95); *Thomas Zeller*, Driving Germany; The Landscape of the German Autobahn, 1930–1970, Oxford/New York 2007.
[61] *Menges*, Wachstum, S. 9. Dennoch versucht er eine Berechnung der Umsätze, die 1933–1938 um durchschnittlich 15 % gewachsen seien (Tab. 42; Gebiet: spätere BRD); die Absolutwerte sind aber zu niedrig.

Jugendherbergen fielen, auf 34,7 bzw. 131,1 Millionen).[62] Entsprechend legte die Reiseintensität zu und dürfte gut ein Fünftel, vielleicht ein Viertel erreicht haben. In etlichen Regionen war der Tourismus ein prägender Wirtschaftsfaktor. 1938/39 entfielen 14% der Übernachtungen auf Seebäder, 51% auf Kur- und Heilbäder, 12% auf Klein- und Mittelstädte und 23% auf Großstädte. Großstädte und zuvor wenig frequentierte Sommerfrischen profitierten, auch dank KdF, vom Zuwachs mehr als etablierte Kur- und Seebäder. Wichtigste Destinationen waren die bayerischen Alpen, voran des „Führers" Domizil Berchtesgaden, wo 1,1 Millionen Nächtigungen gezählt wurden; die Küsten, voran Norderney mit 0,8 Millionen Übernachtungen; der Harz; der Schwarzwald; das Riesengebirge sowie der Thüringer Wald und die Sächsische Schweiz. Hinzu kamen die übers Land verstreuten Kurorte, voran Wiesbaden mit einer Millionen Übernachtungen gefolgt von Bad Nauheim und Baden-Baden, und einige Großstädte, voran Berlin, die mit Abstand größte Fremdenstadt mit 4,9 Millionen Übernachtungen. Bei den Übernachtungen von Inländern (ohne „Massenquartiere") ergibt sich für die sechs Jahre eine Zunahme von 161 Prozent, d.h. eine jährliche Wachstumsrate von 27 Prozent. Wegen der gleichzeitigen Zunahme der Berichtsorte lag die tatsächliche Rate allerdings um fünf bis zehn Prozentpunkte niedriger.[63] Dies war immer noch ein hoher Wert, wenngleich kein ganz überraschender, denn er folgte der Entwicklung des Sozialprodukts und lag wohl ein wenig über dessen Wachstumsrate. Weiche Indikatoren, wie die Vermehrung der Reisebüros und das Modewort „Reisefieber", deuten jedenfalls auf eine kräftige Zunahme, auch im Vergleich zu den „Goldenen Zwanzigern". Die Reichsstatistik steckte da noch in den Kinderschuhen, immerhin liegt eine informierte Schätzung vor: Demnach gab es im Spitzenjahr 1928/29 knapp 58 Millionen Übernachtungen.[64] Bis 1938/39 läge demnach die durchschnittliche jährliche Wachstumsrate trotz des zwischenzeitlichen Konjunktureinbruchs bei 11 Prozent. Auch wenn man die Erweiterung der Datenbasis berücksichtigt, übertraf das deutlich die Rate der Weimarer Republik, in der der Vorkriegsstand nur geringfügig oder sogar nur „scheinbar" übertroffen wurde.[65] Es übertraf aber nicht die Rate des Kaiserreichs,

---

[62] Berechnet nach der Halbjahresstatistik der Länder in: Vierteljahrshefte zur Statistik des Deutschen Reichs S. 42ff., 1933ff. (1938/39: „Altreich"; 1939: Sept. hochgerechnet); vgl. *Spode*, Arbeiterurlaub, S. 298. Zur räumlichen Verteilung siehe *Institut für Länderkunde* (Hrsg.), Nationalatlas Bundesrepublik Deutschland, Bd. 10, München 2004, S. 23.
[63] Die Zahl der Berichtsorte stieg 1933–1939 (Sommerhalbjahr) von 2340 auf 5436; der größte Sprung erfolgte 1936, als 1368 Orte hinzukamen. Trotzdem blieben die ausgewiesenen Werte im Rahmen des Trends, offenbar waren alle wichtigen Gemeinden bereits erfasst. Für Zeitreihen lässt sich statt der angestrebten Totalerhebung auch ein Sample ziehen. Dabei fallen die Werte jedoch umgekehrt zu niedrig aus, wenn nicht erfasste Orte eine Zunahme verzeichnen. Diese Methode wurde von Hoffmann, Menges und schon vom Statistischen Reichsamt angewandt. Bei den Übernachtungen ergibt sich so eine Wachstumsrate von 16%, vgl. Statistisches Jahrbuch für das Deutsche Reich 1940/41, S. 99.
[64] Wirtschaft und Statistik 11, 1931, S. 550 (ohne Inbound-Tourismus).
[65] Wirtschaft und Statistik 8, 1928, S. 634f. Nach *Hoffmann*, Wachstum, Tab. 183, lag die Wachstumsrate der Übernachtungen 1913–1928 bei einem Prozent; 1928–1938 aber auch nur bei zwei Prozent (das Sample enthält aber nur etablierte Tourismusorte).

als die Verkaufszahlen des Baedeker in die Höhe schossen und zahlreiche Gebirgs- und Wandervereine entstanden. Der Tourismus hatte eine erste Blüte erlebt, die sich zwar kaum seriös beziffern lässt,[66] aber außer Frage steht. Somit lässt sich bilanzieren: Die Entwicklung 1933 bis 1939 lag letztlich im langen Trend. Doch dank des in Weimar „zurückgestauten Bedarfs" erlebte der Tourismus einen Boom, dessen Ausmaß und Wahrnehmung nach Kräften politisch verstärkt wurde.

Das Selbst- und Fremdbild der Deutschen als Reiseweltmeister ist – obschon die Wurzeln bis in die Romantik zurückreichen – ein Produkt der NS-Zeit. In den Augen der Zeitgenossen stand dafür die NS-Gemeinschaft „Kraft durch Freude". Eine Dissertation konstatierte 1937, sie habe einem „Massenbedürfnis in Deutschland zum Durchbruch verholfen".[67] Das war übertrieben, doch zweifellos hat KdF den Boom angeheizt, sowohl indirekt-psychologisch als auch direkt durch Reiseverkehr. Zunächst nahmen KdF-Reisen schneller zu als der übrige Fremdenverkehr; 1936 stellte KdF gut 11 Prozent der Inländerübernachtungen, dann wurde der Anteil leicht rückläufig.[68] Dagegen ist allerdings zurecht eingewandt worden, dass die Gesamtzahl auch nichttouristisch bedingte Übernachtungen enthält.[69] Deren Anteil lässt sich anhand der Ortstypen nur grob schätzen: ein Drittel bis die Hälfte. KdF hat somit wohl eine Größenordung von knapp einem Fünftel am *touristischen* Reiseverkehr erreicht. Rechnet man ferner über die Hälfte der „KdFler" unteren Einkommensgruppen zu, stellt sich der „zusätzliche Reiseverkehr" in der Spitze immerhin auf mindestens ein Zehntel.

4.3.11 Die Gründe für das „Reisefieber"

Neben dem katalytischen Effekt von KdF und der kommerziellen Werbung mag die forcierte staatliche Werbung das „Reisefieber" verstärkt haben. So wurde die professionelle Gestaltung von Filmen und anderem Werbematerial gefördert und die Ausbildung und Bezahlung von „Verkehrswerbern" und anderen Tourismusberufen geregelt. Letztlich aber war Essers Fremdenverkehrspolitik situative Klientelpolitik, wenn nicht Selbstzweck. Der Mangel an klaren Entscheidungsstrukturen und strategischer Planung unterschied diese Reichswirtschaftsgruppe nicht von anderen. Sie war aber auch die einzig kriegswirtschaftlich bedeutungslose Reichsgruppe und Essers Handlungsspielräume waren begrenzt. Er hatte es mit einer seit jeher unübersichtlichen, nun auf zwei Ministerien aufgeteilten Querschnittsbranche zu tun. Deren zentralistische Gleichschaltung blieb letztlich ein Papiertiger (effiziente Strukturen und strategisches Denken sind freilich bis heute nicht das Markenzeichen der Touristik[70]). Man

---

66 Nach *Hoffmann*, Wachstum, Tab. 183, betrug 1871–1913 die Wachstumsrate 14 %.
67 R. Führsatz, zit. nach *Spode/Steinecke*, NS-Gemeinschaft, S. 89.
68 *Spode*, Aspects, Tab. 2.
69 *König*, Nazi Visions, S. 266.
70 Vgl. *Roland Conrady/David Ruetz* (Hrsg.), Tourismus und Politik, Berlin 2014.

beließ den Fremdenverkehr in den marktwirtschaftlichen, wenn auch korporatistisch gerahmten Bahnen relativer Autonomie. Er hätte sich unter einer demokratischen Regierung nicht viel anders entwickelt – sofern sie eine vergleichbar umfassende Propagierung des Reisens betrieben hätte. Das aber hatte vor 1933, sieht man von dem weitgebend gescheiterten Ansatz in Italien ab, niemand getan. Erst ab 1936 folgten darin einige Länder, an erster Stelle – und mit durchaus ähnlichen Motiven und Rhetoriken – das links regierte Frankreich.[71] Und so konnte Robert Ley beim Stapellauf der *Wilhelm Gustloff* verkünden: Das Schönste, was der „Führer" seinem Volk gegeben habe, sei ein „neuer Lebensstil".[72] Der touristische Binnenkonsum spielte in Deutschland eine mindestens ebenso große Rolle wie in Ländern mit einem höheren Lebensstandard. Wohl grassierte auch dort die Reiselust: in England, wo zweihundert *Holiday Camps* mit 30 000 Betten gebaut wurden; in Frankreich, wo ein „Büro für Volkstourismus" entstand und die Reiseintensität auf rund 15 Prozent stieg; und in den USA, über die eine groteske Statistik behauptete, dass der „Fremdenverkehr nicht klassenmäßig beschränkt" sei.[73] Indes dürfte Deutschland mit einer Reiseintensität von 20 bis 25 Prozent führend gewesen sein. Auf diesem Feld des Massenkonsums konnte das Dritte Reich bestens mithalten – obwohl im Rüstungsaufschwung vergleichsweise wenig für den privaten Verbrauch abfiel. Dabei knüpfte die Politik an den traditionell hohen Stellenwert touristischen Erlebens im deutschsprachigen Raum an. Das Regime fand ein „Massenbedürfnis" vor und nutzte diese Chance zur Produktion von Loyalität durch autarkiekonformen Konsum. Dies gelang aufgrund des Wachstums des Sozialprodukts im Verbund mit weiteren Faktoren, zumal den verbesserten Urlaubsregelungen und der erhöhten Nachfragestimulierung und -befriedigung durch den KdF-Rummel. Es ist zwar – wie ein Ländervergleich mühelos zeigen würde – verfehlt, eine aus den frei verfügbaren Einkommenszuwächsen abgeleitete „touristische Konsumquote" zum einzig entscheidenden Wachstumsfaktor zu machen.[74] Doch die wirtschaftliche Erholung lieferte die Grundlage für die rasante Zunahme des Fremdenverkehrs. Sie beendete die Arbeitslosigkeit und ließ die Kaufkraft wachsen. Wovon allerdings sehr ungleich profitiert wurde. Am meisten in jenen höheren und „neuen" mittleren Schichten, die schon vor 1933 das Publikum der touristischen Destinationen geprägt hatten und nun verstärkt prägen.

---

71 Zu dieser „Ironie" siehe *Gary Cross*, Vacations for All. The Leisure Question in the Era of the Popular Front, in: Journal of Contemporary History 24, 1989, S. 599–621.
72 Zit. nach *Spode*, Seebad, S. 40.
73 Archiv für den Fremdenverkehr 5, 1935, S. 127; ebenso abwegig die bei *Kopper*, Geschichte, S. 132, kolportierte Angabe J. K. Waltons, in Großbritannien habe die Reiseintensität 1938 40 Prozent betragen. Dieser Wert wurde vor dem Krieg in keinem Land erreicht.
74 *Günter Menges*, Die touristische Konsumfunktion Deutschlands 1924–1957, in: Fremdenverkehr in Theorie und Praxis (Festschrift für Walter Hunziker), Bern 1959, S. 124–139.

4.3.12 Auslandsreisen als Elitenprivileg

Auslandsreisen wurden allerdings seltener und exklusiver. Reisebüros mussten mindestens 51 Prozent der Gesellschaftsreisen im Inland durchführen. Weit wirkungsvoller wurden Auslandsreisen aber über den Geldbeutel reguliert. Die Weimarer Devisenbewirtschaftung des Reiseverkehrs wurde im Prinzip fortgesetzt.[75] Brünings 1931 nach vier Wochen gescheitertes Experiment einer Ausreisegebühr von 100 RM wurde aber nicht wiederholt. Deutsche konnten hypothetisch in jedes Land der Welt reisen. Vielfach durften aber nur 10 RM „Handgeld" ausgeführt werden (was ab 1934 für Juden grundsätzlich galt). Bilaterale Devisenabkommen mit einigen europäischen Staaten begrenzten den Umtausch auf 50 bis 500 RM; es gab jedoch Spielräume und Sonderregelungen, etwa für Geschäftsreisende. Gegen Österreich aber wurde im Juni 1933 eine faktische Sperre verhängt, die kaum Schlupflöcher offenließ. Das Nachbarland hatte mit Abstand die meisten Deutschen angezogen, 1928/29 waren es über eine Million gewesen. Wer es nun besuchen wollte, musste einen „Ausreisesichtvermerk" einholen, für den die prohibitive Summe von 1000 RM zu entrichten war.[76] Hitler hatte dies gegen Widerstände im Kabinett durchgesetzt. In erster Linie wollte er einen Aufstand gegen das NS-feindliche, mit Mussolini verbündete Dollfuß-Regime auslösen, in zweiter Linie Devisen in den heimischen Tourismus lenken. Nach der Ermordung von Dollfuß zeigte sich, dass das Hauptziel verfehlt wurde: Österreich konnte den Ausfall der Deutschen einigermaßen durch gesteigerten Binnentourismus und Besucher aus anderen Ländern kompensieren. Hitler arrangierte sich mit Mussolini und setzte auf eine Entspannungs- und Unterwanderungspolitik; 1936 wurde die 1000-Mark-Sperre aufgehoben.

Schon als bayerischer Minister hatte Hermann Esser gefordert, die österreichische Konkurrenz durch Reisebeschränkungen auszuschalten. Der touristischen Autarkiepolitik blieb das Reich treu. 1929 dürften Deutsche auf Erholungs- und Geschäftsreisen im Ausland 300 Millionen RM ausgegeben haben, 1935 nur noch 125 Millionen.[77] Dennoch wuchs die Angebotspalette – jedenfalls im Bereich des Elitetourismus. So flog die Hautevolee – bis zur Lakehurst-Katastrophe 1937 – mit dem Zeppelin für 2000 RM nach New York. 1935 hatten immerhin über 90 000 Deutsche trotz der 1000-Mark-Sperre genug Geld, nach Österreich zu reisen.

---

[75] *Ralf Banken*, Das nationalsozialistische Devisenrecht als Steuerungs- und Diskriminierungsinstrument. 1933–1945, in: Ralf Banken/Johannes Bähr (Hrsg.), Wirtschaftssteuerung durch Recht im Nationalsozialismus, Frankfurt am Main 2006, S. 121–236.
[76] *Eva M. Mayrhuber*, Wirtschaftsfaktor Fremdenverkehr. Die Geschichte des österreichischen Tourismus zwischen Weltwirtschaftskrise und 1000-Mark-Sperre, Diplomarbeit Wien 2010.
[77] *Bernhard Pfister*, Der Fremdenverkehr in der deutschen Zahlungsbilanz, in: Jahrbuch für Fremdenverkehr 1, 1952/53, S. 14 (einschl. Seeschifffahrt).

4.3.13 Zwischen Imagepflege und Rassenwahn

Große Anstrengungen wurden unternommen, Ausländer nach Deutschland zu locken.[78] Während die Devisenbestimmungen für Ausreisende verschärft wurden, wurde der Urlaub für Einreisende verbilligt: Sie konnten Reisemark – eine Variante der Registermark – zu einem vergünstigten Kurs erwerben, und die Bahn musste ihnen Rabatte einräumen. Für die Auslandswerbung blieb – Goebbels unterstellt – primär die Reichsbahn-Agentur RDV zuständig. Sie unterhielt nun rund fünfzig Auslandsbüros und gab neben Zeitschriften, Broschüren und Werbefilmen 17 fremdsprachige Pressedienste heraus. Ab 1934 verstärkte Goebbels mit Großereignissen wie den Heidelberger „Reichsfestspielen" die Aufmerksamkeit; später wurde sogar die Autobahn beworben („Speed along German Reichsautobahnen"). Die beste Gelegenheit, das Dritte Reich zu vermarkten, boten die Olympischen Sommerspiele 1936 in Berlin. Das Regime machte aus den bis dahin nur mäßig beachteten Spielen ein Weltereignis. Dem In- und Ausland demonstrierte es Deutschlands Leistungskraft, Friedfertigkeit und Kultiviertheit und kurbelte zugleich den Tourismus an.

Zum Marketing gehörte auch, die Rassentrennung dezent zu handhaben.[79] Anlässlich der Olympiade forderte Martin Bormann im Namen von Heß, dass Zutrittsverbote „ohne besondere Gehässigkeit zum Ausdruck bringen, dass Juden unerwünscht seien".[80] Besucher aus westlichen Ländern sollten nicht verschreckt werden, und auf „jüdische" Mark wollte man nicht verzichten. Deutsche Juden stellten ein kaufkraftstarkes Marktsegment dar, das ihren Bevölkerungsanteil weit übertraf. Den lokalen Stellen und den Hoteliers blieb ein beachtlicher Spielraum: Manche wiesen Juden kategorisch ab, andere keineswegs. In etlichen Ländern sah dies seit Langem nicht anders aus. Mit staatlicher Rückendeckung wurden nun viele Sommerfrischen und fast alle Seebäder für Juden bald tabu. In vornehmen Kurorten schien es hingegen, als habe sich wenig geändert. Eigens für das „Judenbad" Baden-Baden war 1933 das Spielbankverbot aufgehoben worden. Doch 1937 kam die Wende. Zum Entsetzen der Hoteliers machte Reichsstatthalter Robert Wagner, ein besonders fanatischer Judenhasser, im Land Baden die Rassentrennung in Kurorten obligatorisch, und vom Reichsministerium des Inneren kam ein Runderlass über in- und ausländische „jüdische Kurgäste" heraus. Esser, Antisemit aber auch Branchenlobbyist, hatte sich in dieser Frage zurückgehalten; er war vom Ministerium übergangen worden und ihm blieb nur, den Erlass als „Richtlinie Nr. 7" seines Reichsauschusses zu übernehmen. Sie ließ noch Schlupflöcher offen und galt lediglich für „staatliche und gemeindliche Träger von Kureinrichtungen": In Kurorten „können" Juden von den Einrichtungen

---

78 *Nowack*, Rhein, S. 134–149; *Frese*, Naherholung, S. 361 f.; *Spode*, Gleichschaltung, S. 9 ff.
79 *Görlich*, Hermann Esser, S. 96 ff.; *Spode*, Traumzeitreise, Kap. 7.1.2 u. 7.3.3; vor allem *Frank Bajohr*, „Unser Hotel ist judenfrei". Bäder-Antisemitismus im 19. und 20. Jahrhundert, Frankfurt am Main 2003, S. 116–140.
80 Zit. nach *Görlich*, Hermann Esser, S. 94 f.

ausgeschlossen werden. In Heilbädern sind sie dagegen „zuzulassen", sofern sie getrennt untergebracht und getrennt therapiert werden – wobei sie nicht durch „deutschblütiges weibliches Personal unter 45 Jahren" betreut werden dürfen.[81] Bei der Richtlinie blieb es nicht. 1939 wurde ein ärztliches Attest obligatorisch und 1940 waren dann die Bäder nahezu „judenfrei". Schrittweise waren Juden immer radikaler ausgegrenzt worden – was vielen ausländischen Gästen kaum aufgefallen war, wenn sie es denn nicht begrüßt hatten. In Amerika galt schließlich in vielen Bundesstaaten ebenfalls strikte Rassentrennung, informell oft auch für Juden.

Durch die geschickte Imagepflege konnte das grimmige Bild der Diktatur zum Gutteil neutralisiert und der Incoming-Tourismus gesteigert werden. Im Olympiasommer 1936 nahmen die Meldungen um 48 Prozent zu. Der Anteil von Ausländern am wachsenden Gesamttourismus änderte sich kaum, maximal sieben Prozent der Übernachtungen entfielen auf sie. Die höchsten Werte wurden 1936/37 mit 2,3 Millionen Meldungen und 6,9 Millionen Übernachtungen erreicht: 71 Prozent mehr als 1928/29 bei fast gleichem Anteil. Dass dieser Anteil gehalten werden konnte, ist angesichts des Zusammenbruchs des Welthandels, der ja auch den Reiseverkehr tangierte, als Erfolg zu werten. Bereits 1935 dürften sich die Einnahmen im Inbound-Tourismus von 180 Millionen RM im Jahr 1929 auf 320 Millionen erhöht haben (spätere Zahlen sind nicht verfügbar).[82] Das entsprach rund einem Zwölftel der deutschen Exporterlöse. Die meisten Besucher kamen aus Großbritannien, den Niederlanden und den USA. Darunter dürften viele Bewunderer des Nationalsozialismus gewesen sein. Der Alltag in Deutschland erschien ihnen jedenfalls von erstaunlich unspektakulärer Normalität:[83] ein kultiviertes, prosperierendes und im Grunde friedfertiges Land, das zurecht gegen seine Diskriminierung durch Versailles vorgeht. Neben dem außenwirtschaftlichen auch ein außenpolitischer Gewinn. Doch 1938 begann Hitler eine nun unverhohlen aggressive Außenpolitik, und im Sommer gingen die Meldungen von Ausländern um ein Viertel zurück. Das Pogrom vom 9. November 1938, das Goebbels kurz nach der Münchner Konferenz initiierte, und die Annexion der „Rest-Tschechei" im März 1939 öffneten der Welt dann endgültig die Augen. Der Incoming-Tourismus brach nochmals um ein Drittel ein, bevor er im September nahezu versiegte.

4.3.14 Die Kriegsjahre

Die Kriegswirtschaftsverordnung vom 4. September 1939 bestimmte: „Vorschriften und Vereinbarungen über den Urlaub treten vorläufig außer Kraft." Indes, schon im November wurde der Passus gestrichen und bis Januar 1940 fiel auch die Urlaubssperre für

---

81 Der Fremdenverkehr Nr. 33 v. 10. 8. 1937.
82 *Pfister*, Fremdenverkehr, S. 13 f. Ohne Seeschifffahrt, deren Passagieraufkommen eingebrochen war. Die Deviseneinnahmen einschließlich Schifffahrt wuchsen daher nur von 359 auf 384 Mill. RM.
83 Vgl. *Semmens*, Hitler's Germany, S. 72–97.

wehrfähige Männer. Die Reichsführung wusste, wie unpopulär der Kriegsausbruch war und tat alles, um Härten an der „Heimatfront" zu vermeiden.[84] Der Spagat zwischen „Kriegsnotwendigkeit" und „Stärkung der Nerven" zeigte sich in der Kriegswirtschaft auch und gerade beim Tourismus: Wollten ihn die einen möglichst verbieten, so wollten die anderen möglichst alles beim Alten lassen. KdF allerdings stellte die Urlaubsfahrten ein. Keine Rede mehr davon, durch Arbeiterreisen werde die „Volks- und Leistungsgemeinschaft" geschaffen. Einzig Arbeiter in Rüstungsbetrieben, Bergwerken etc. konnten mit Freifahrten rechnen. Doch anders der kommerzielle Fremdenverkehr: Hier hatten die situierten Mittelschichten das Sagen, hier verbanden sich die Interessen der Touristen am Urlaubmachen und der Touristiker am Geldverdienen. Der Beteuerung der Branche, ihre Werbung zu reduzieren, folgten kaum Taten; das „Reisefieber" dämpften zunächst nur Kapazitätsengpässe. Vor allem fehlte es der Reichsbahn an rollendem Material.

Im Sommer 1940 gingen die Übernachtungen reichsweit um ein Drittel zurück.[85] Die Statistik wurde eingestellt, doch es scheint, dass der Tourismus zumindest punktuell wieder kräftig zunahm. Eine Stichprobe des Sicherheitsdiensts der SS in zehn oberbayerischen Ferienorten ergab, dass sich die Übernachtungen von 1940 zu 1941 mehr als verdoppelt hatten. Zwar startete die Bahn 1942 eine Plakataktion: „Erst siegen dann reisen! Denke daran: Räder müssen rollen für den Sieg!" Doch der populäre Slogan zeigte keine Wirkung. Und so häuften sich Beschwerden, dass Soldaten auf dem Bahnsteig zurückgelassen würden, weil die Züge mit Urlaubern – und zumal Urlauberinnen – überfüllt waren. Indes scheute das Regime vor drastischen Maßnahmen zurück. Als Innenminister Frick 1939/40 zwei Erlasse zur „weitestgehenden" Einschränkung der Arbeit der Fremdenverkehrsorganisationen herausgab, intervenierte Esser erfolgreich bei Hitler. Zwar verschwanden die Anzeigen aus den Zeitungen, doch unbeirrt wurden Prospekte und Reiseführer gedruckt. Erlasse, die Kurorte Verwundeten, Fronturlaubern und „kriegswichtigen" Personen vorzubehalten, ließen sich umgehen. Die Einführung eines Reisebezugsscheins, analog zur Kleiderkarte, wurde verworfen. Erst mit den katastrophalen Bombenschäden und schließlich mit einer erneuten Urlaubssperre im August 1944 kam der Tourismus allmählich zum Erliegen.

4.3.15 Fazit

Es ist erstaunlich, wie wenig Einfluss politische Strukturen und Ideologien auf die Entwicklung des Tourismus hatten. In den 1930er Jahren etablierte sich in den führenden Industrieländern endgültig eine mittlere Ebene touristischen Verhaltens: zwischen

---

[84] *Semmens*, Hitler's Germany, S. 154–186; *Görlich*, Hermann Esser, S. 100 ff.; *Frese*, Naherholung, S. 367 ff.
[85] Statisches Jahrbuch für das Deutsche Reich 1941/42, S. 99; *Görlich*, Hermann Esser, S. 105.

spartanischem Proletarierausflug und luxuriöser Bürgerreise. In Deutschland ließen drastisch verbilligte Pauschalreisen, rasantes Wirtschaftswachstum, verbesserte Urlaubsregelungen, die Autobahnen nebst dem versprochenen Volkswagen und die massive Propagierung touristischen Erlebens in den Medien das „Reisefieber" besonders heftig ausbrechen. Für die Bevölkerungsmehrheit meinte dies noch keine Praxis, wohl aber eine Hoffnung. Langfristig erzielte der „Sozialismus der Tat" in Gestalt billiger serienproduzierter Urlaubsreisen durchaus Wirkung: Er fungierte als technische Blaupause und als mentaler Katalysator der Industrialisierung und damit Demokratisierung des Tourismus.

Auswahlbibliografie

Baranowski, Shelley, Strength through Joy. Consumerism and Mass Tourism in the Third Reich, 2. Aufl. New York [u. a.] 2007.
Buchholz, Wolfhard, Die nationalsozialistische Gemeinschaft „Kraft durch Freude". Freizeitgestaltung und Arbeiterschaft im Dritten Reich, Diss. LMU München 1976.
Frese, Matthias, Die Herausbildung des Massentourismus in Westfalen. Tourismusförderung, organisierte Reisen und Individualtourismus während der Weimarer Republik und der NS-Zeit, in: Westfälische Forschungen 47, 1997, S. 561–584.
Görlich, Christopher, Hermann Esser und die nationalsozialistische Fremdenverkehrspolitik, Magisterarbeit, FU Berlin 2004.
Keitz, Christine, Reisen als Leitbild. Die Entstehung des modernen Massentourismus in Deutschland, München 1997.
Menges, Günter, Wachstum und Konjunktur des deutschen Fremdenverkehrs 1913 bis 1956. Eine Analyse der langfristigen Korrelation zwischen Fremdenverkehr und anderen gesamtwirtschaftlichen Größen, Frankfurt am Main 1959.
Nowack, Thilo, Rhein, Romantik, Reisen. Der Ausflugs- und Erholungsreiseverkehr im Mittelrheintal im Kontext gesellschaftlichen Wandels (1890 bis 1970), Diss. Bonn 2006.
Semmens, Kristin, Seeing Hitler's Germany. Tourism in the Third Reich, Basingstoke 2005.
Spode, Hasso, Arbeiterurlaub im Dritten Reich, in: Timothy W. Mason [u. a.], Angst, Belohnung, Zucht und Ordnung. Herrschaftsmechanismen im Nationalsozialismus, Opladen 1982, S. 275–329.
Spode, Hasso, Some Quantitative Aspects of Kraft durch Freude-Tourism, 1934–1939, in: Margarita Dritsas (Hrsg.), European Tourism and Culture, Athen 2007, S. 123–133.
Spode, Hasso, Traveling into the Abyss: Kraft durch Freude in the Third Reich, in: Ekatarina Degot/David Riff (Hrsg.), A Pleasant Apocalypse, Berlin 2020, S. 67–76.

Sina Fabian
4.4 Luxusgüter und Genussmittel

4.4.1 Einleitung

Unter die Begriffe Luxusgüter und Genussmittel fallen eine Vielzahl von Konsumgütern, die sich vom Automobil über die Zigarette bis hin zu Feinstrumpfhosen erstrecken können. Dennoch stehen sie historisch in einem engen Verhältnis zueinander. Sowohl Luxusgüter als auch Genussmittel definieren sich darüber, was sie nicht sind: basale, also lebensnotwendige Dinge. Gleichwohl sind sie ein wichtiger Bestandteil nicht nur moderner Konsumgesellschaften, sondern waren bereits in der Vormoderne verbreitet.[1] Luxusgüter und Genussmittel haben demnach soziale, wirtschaftliche und kulturelle Funktionen, die über ihren unmittelbaren Gebrauch hinausgehen.

Luxusgüter, zu denen Genussmittel lange Zeit zählten und heute teilweise noch zählen, dienen zur Distinktion und dadurch zur Festigung und Zurschaustellung des sozialen Status. Gerade weil es sich um teure, nicht lebensnotwenige Dinge handelt, demonstrieren diejenigen, die sie sich leisten können, dass sie über ein disponibles Einkommen verfügen.[2] Luxusgüter und Genussmittel waren historisch jedoch häufig stark umstritten. Die Kritik daran war zumeist moralisch konnotiert – ein Leben im genussbetonten Überfluss verderbe den Charakter oder sei Ausweis eines schlechten Charakters.[3] Gesundheitliche Aspekte, die heute die Kritik an Genussmitteln dominieren, wurden vornehmlich im 19. und 20. Jahrhundert thematisiert, als etwa Sucht nicht mehr als moralische Verfehlung, sondern zunehmend als Krankheit betrachtet wurde.[4]

Aus wirtschaftlicher und finanzpolitischer Sicht sind Luxusgüter und Genussmittel hingegen äußerst lukrativ. Zum einen lassen sich mit ihrer Produktion relativ hohe Gewinnmargen erzielen. Sie waren zudem wichtige Wegbereiter sowohl des globalen Handels als auch technischer Innovationen.[5] Luxusprodukte und Genussmittel generierten und generieren hohe Steuereinnahmen. So waren und sind sie häufig mit spezifischen Steuern, etwa einer Luxussteuer oder einer Tabaksteuer belegt. Da es sich nicht um basale Konsumgüter handelt, die sich, etwa im Fall von Luxusgütern, vor allem wohlhabende Personen leisten können, ließen sie sich leichter als andere Konsumgüter mit hohen Steuern belegen. Dabei wurde die zentrale Streitfrage, was denn eigentlich als Luxus betrachtet werden müsse, unterschiedlich beantwortet.[6]

---

1 *Reinhold Reith* (Hrsg.), Luxus und Konsum. Eine historische Annäherung, Münster [u. a.] 2003.
2 Vgl. dazu klassisch *Thorstein Veblen*, Theorie der feinen Leute. Eine ökonomische Untersuchung der Institutionen, 8. Aufl. Frankfurt am Main 1993 (Erstausgabe 1899).
3 *Ulrich Wyrwa*, Luxus und Konsum. Begriffsgeschichtliche Aspekte, in: Reith, Luxus, S. 47–60.
4 *Claudia Wiesemann*, Die heimliche Krankheit. Eine Geschichte des Suchtbegriffs, Stuttgart-Bad Cannstatt 2000.
5 Vgl. *Sidney W. Mintz*, Sweetness and Power. The Place of Sugar in Modern History, New York 1986.
6 *Christoph M. Merki*, Zwischen Luxus und Notwendigkeit. Genußmittel, in: Reith, Luxus, S. 83–95.

Ob Genussmittel als Luxusgut, Nahrungs-, Heil- oder Suchtmittel galten, hing von dem jeweiligen Produkt ab und war zudem historisch wandelbar. So galt Alkohol lange Zeit als Nahrungsmittel, während Tabak eine Entwicklung von einem Heil- über ein Genuss- bis hin zu einem Suchtmittel durchlief.[7] Da es sich bei ihnen um psychoaktive Substanzen handelt, die eine pharmakologische Wirkung auf den Menschen haben, standen sie häufig im Mittelpunkt kontrovers geführter gesellschaftlicher Debatten. Neben Alkohol und Tabak gehören dazu beispielsweise auch Tee, Kaffee und Zucker. Sie können eine anregende, betäubende oder entspannende Wirkung haben.

Bei Luxusgütern und Genussmitteln handelt es sich demnach um besondere Konsumgüter, die in hohem Maße Gegenstand sowohl gesellschaftlicher Debatten als auch staatlicher Steuerungsversuche waren. Dies traf auch auf die Zeit des Nationalsozialismus zu. Dieser Beitrag widmet sich den NS-spezifischen Bedeutungen und Konflikten, die mit den genannten Konsumgütergruppen verbunden waren. Im Mittelpunkt steht das nationalsozialistische Verständnis von Luxusgütern und Genussmitteln, das sich, zumindest in Teilen, von etablierten Vorstellungen unterschied. Sowohl Luxus- als auch Genussmitteln kamen eine große wirtschaftliche, aber auch ideologische Bedeutung zu. Im Fall von Genussmitteln spielten auch gesundheitspolitische Argumente eine bedeutende Rolle. Hinzu traten die Präferenzen und das Verhalten der Konsumentinnen und Konsumenten, die die Nationalsozialisten nicht ignorieren wollten bzw. konnten, um die Massenloyalität nicht zu gefährden.

Im Folgenden werden für die Jahre 1933 bis 1939 das Verständnis und der Umgang mit Luxusgütern und Genussmitteln skizziert und die teilweise antagonistischen Interessen der Akteure herausgearbeitet. Für die Kriegszeit untersucht der Beitrag die Veränderungen der Produktion, Distribution und des Konsums insbesondere von Genussmitteln.

Die Betrachtungen zu Luxusgütern konzentrieren sich auf das von den Nationalsozialisten propagierte Verständnis. Es geht um Produkte, die potenziell für eine breitere Bevölkerungsschicht erschwinglich waren oder es in absehbarer Zeit werden konnten. Das „Luxusleben" der nationalsozialistischen Elite ist Gegenstand anderer Studien.[8]

4.4.2 „Luxus" und Nationalsozialismus

Die Nationalsozialisten hatten ein ambivalentes Verhältnis zum Luxuskonsum. In der von wirtschaftlichen Krisen gebeutelten Weimarer Republik war „Luxus" zu einem Kampf- und stärker noch zu einem Diffamierungsbegriff geworden, der häufig antise-

---

7 *Thomas Hengartner/Christoph M. Merki*, Für eine Geschichte der Genussmittel, in: Thomas Hengartner/Christoph M. Merki, (Hrsg.), Genussmittel. Eine Kulturgeschichte, Frankfurt 2001, S. 9–26; *Thomas Hengartner/Christoph M. Merki*, Heilmittel, Genussmittel, Suchtmittel. Veränderungen in Konsum und Bewertung von Tabak in der Schweiz, in: Schweizerische Zeitschrift für Geschichte 43, 1993, S. 375–418.
8 *Fabrice d'Almeida*, High Society in the Third Reich, Cambridge/Malden 2008; *Frank Bajohr*, Parvenüs und Profiteure. Korruption in der NS-Zeit, Frankfurt am Main 2001.

mitisch konnotiert war. Vor allem in den ersten Nachkriegsjahren gab es Engpässe in der Nahrungsmittelversorgung, sodass „Luxuskonsum" im Besonderen in der Kritik stand, ebenso wie während der Weltwirtschaftskrise in den frühen 1930er Jahren. Dabei stellten „jüdische Bonzen" bereits vor der Machtübernahme ein Hauptfeindbild der Nationalsozialisten dar.[9]

Nach dem Machtantritt bedienten sich die Nationalsozialisten allerdings einer Luxusrhetorik und propagierten, dass alle „Volksgenossen" am Luxus teilhaben sollten.[10] Dies wird anhand des Eintrags „Luxus" in *Meyers Lexikon* von 1939 deutlich, der gegenüber der Ausgabe von 1927 stark verändert war:

> Der Nationalsozialismus weist mit Recht darauf hin, daß Aufwand, der noch vor 5 oder 10 Jahren als L. bezeichnet wurde, durch die Verbilligung der Massenerzeugung zu einem Bestandteil der allg. bzw. durchschnittl. Lebenshaltung wird (z. B. Fahrrad, Rundfunkgerät, Volkswagen). [...] Schädlichen Auswirkungen des L. setzt der Nationalsozialismus Einfuhrbeschränkungen und eine progressive Besteuerung des Einkommens entgegen, während er durch Sozialmaßnahmen, z. B. durch die Organisation ‚Kraft durch Freude', bisher als L. geltenden Aufwand breiten Volksschichten zugänglich macht.[11]

Damit legten die Nationalsozialisten eine Neudefinition von Luxus vor. Sie bestimmten damit, was „gute" Luxusprodukte waren, die sie förderten, wie etwa Rundfunkgeräte und KdF-Reisen und was „schlechte" Luxusgüter waren, zum Beispiel hochwertige Konsumgüter aus dem Ausland, deren Einfuhr sie beschränkten. Sie versprachen eine breitere gesellschaftliche Reichweite luxuriöser Konsumgüter, weil sie dies der vermeintlichen Vormachtstellung des deutschen Volkes als angemessen erachteten.[12] Umgekehrt drückte in den Augen der Nationalsozialisten ein hoher Lebensstandard die vermeintliche Höherwertigkeit des deutschen Volkes aus. „Luxus" sollte deshalb etwas für alle „Volksgenossinnen" und „-genossen" sein und dieser sollte über die Förderung insbe-

---

9 Vgl. „Fort mit dem französischen Luxus", Simplicissimus-Titelbild, 8. 6. 1921; „Deutsches Schicksal 1918–1933", Wahlplakat der NSDAP zur Reichstagswahl im März 1933, BArch Plakat 002-042-136; *Martin H. Geyer*, Korruptionsdebatten in der Zeit der Revolution 1918/19: Der „Fall Sklarz", das Pamphlet „Der Rattenkönig" und die (Ab-)Wege des politischen Radikalismus nach dem Ersten Weltkrieg, in: Heidrun Kaemper/Peter Haslinger/Thomas Raithel (Hrsg.), Demokratiegeschichte als Zäsurgeschichte. Diskurse der frühen Weimarer Republik, Berlin/Boston 2014, S. 333–358; *Martin H. Geyer*, Kapitalismus und politische Moral in der Zwischenkriegszeit. Oder: Wer war Julius Barmat? Hamburg 2018; *Claudius Torp*, Konsum und Politik in der Weimarer Republik, Göttingen 2011.
10 *Fabrice d'Almeida*, Luxury and Distinction under National Socialism, in: Pamela E. Swett/Corey Ross/Fabrice d'Almeida (Hrsg.), Pleasure and Power in Nazi Germany, Basingstoke/Hampshire 2011, S. 67–83.
11 „Luxus", in: Meyers Lexikon, Bd. 7, Leipzig 1939, S. 823; vgl. dazu: „Luxus" in: Meyers Lexikon. Bd. 7, Leipzig 1927, S. 1382.
12 *Wolfgang König*, Volkswagen, Volksempfänger, Volksgemeinschaft. „Volksprodukte" im Dritten Reich. Vom Scheitern einer nationalsozialistischen Konsumgesellschaft, Paderborn 2004, S. 17–19; vgl. dazu auch: *Birthe Kundrus*, Greasing the Palm of the „Volksgemeinschaft"? Consumption under National Socialism, in: Martina Steber/Bernhard Gotto (Hrsg.), Visions of Community in Nazi Germany. Social Engineering and Private Lives, Oxford 2014, S. 157–170.

sondere von prestigeträchtigen Konsumgütern realisiert werden. Dies wurde, der nationalsozialistischen Propaganda folgend, jedoch nicht durch ein liberal-kapitalistisches Wirtschaftssystem erreicht, sondern ließ sich ausschließlich auf die Anstrengungen und den Erfolg der Nationalsozialisten zurückführen.

Dem nationalsozialistischen „Luxus"-Begriff lag ein rassistisch-nationalistisches Verständnis zugrunde. Nur Mitglieder der „Volksgemeinschaft" waren legitime Luxuskonsumenten und -konsumentinnen. Jüdischen Wohlhabenden wurden hingegen die wirtschaftlichen Grundlagen ihres Wohlstandes entzogen und sie mussten zudem bei einer Emigration einen großen Teil ihres Hab und Gutes bzw. im Falle der Deportation das gesamte zurücklassen, welches dann häufig dem Wohlstands- und Luxuskonsum hoher NS-Funktionäre zugutekam.[13]

Die nationalsozialistische Führung machte deutlich, dass die Hebung des Lebensstandards, die sie versprach, nur durch Verzicht auf individuelle Wünsche und durch eine standardisierte Massenproduktion möglich war.[14] Das Regime forcierte, wie im zitierten Lexikonartikel propagiert, die Produktion von „Luxusgütern" wie Rundfunkgeräten, Automobilen, elektrischen Geräten und Urlauben. Die Forschung hat jedoch vielfach betont, dass die sogenannten „Volksprodukte", bei denen es sich um bisher für die breite Bevölkerung unerschwingliche Konsumgüter handelte, nur in sehr begrenztem Umfang einen Erfolg darstellten.[15]

Ein Hauptgrund für das Scheitern lag darin, dass die Luxusgüter nicht zu Luxuspreisen verkauft werden sollten, um einen hohen Absatz zu sichern. Dies führte dazu, dass privatwirtschaftliche Unternehmen häufig nicht oder nur schwer dazu zu bewegen waren, ein „Volksprodukt" zu produzieren. Konnten sich die Unternehmen und die politische Führung beim „Volksempfänger" noch auf einen Kompromiss einigen, war keiner der Automobilhersteller bereit, einen „Volkswagen" für die psychologisch wichtige Grenze von unter 1000 Reichsmark herzustellen, sodass die Deutsche Arbeitsfront (DAF) das Projekt übernahm.[16] Indessen wurde nicht ein einziger „Volkswagen" zwischen 1939 und Kriegsende an die knapp 350 000 Sparer ausgeliefert.[17]

---

13 *Almeida*, High Society, S. 87–111; vgl. zur Enteignung jüdischer Unternehmen in Hamburg und Berlin *Frank Bajohr*, „Arisierung" in Hamburg. Die Verdrängung der jüdischen Unternehmer 1933–1945, Hamburg 1997; *Christoph Kreutzmüller*, Ausverkauf. Die Vernichtung der jüdischen Gewerbetätigkeit in Berlin 1930–1945, Berlin 2012; vgl. auch das Kapitel 6.4 in diesem Band.
14 *Hartmut Berghoff*, Träume und Alpträume. Konsumpolitik im nationalsozialistischen Deutschland, in: Heinz-Gerhard Haupt/Claudius Torp (Hrsg.), Die Konsumgesellschaft in Deutschland 1890–1990. Ein Handbuch, Frankfurt am Main 2009, S. 268–288; vgl. zum Lebensstandard das Kapitel 5.1 in diesem Band.
15 Vgl. beispielsweise *König*, Volkswagen; *Hartmut Berghoff*, Methoden der Verbrauchslenkung im Nationalsozialismus, in: Dieter Gosewinkel (Hrsg.), Wirtschaftskontrolle und Recht in der nationalsozialistischen Diktatur, Frankfurt am Main 2005, S. 281–316; *Tim Schanetzky*, „Kanonen statt Butter". Wirtschaft und Konsum im Dritten Reich, München 2015, S. 101–114.
16 *Wolfgang König*, Das Scheitern einer nationalsozialistischen Konsumgesellschaft. „Volksprodukte" in Politik, Propaganda und Gesellschaft des „Dritten Reiches", in: Zeitschrift für Unternehmensgeschichte 48, 2003, S. 131–163.
17 *Schanetzky*, Kanonen, S. 110–113.

Allerdings erlebten die privaten Automobilhersteller bis zum Kriegsbeginn, besonders in den ersten Jahren der nationalsozialistischen Herrschaft, einen Boom. Anzeichen einer wirtschaftlichen Erholung waren jedoch schon in der zweiten Hälfte des Jahres 1932 erkennbar gewesen. Der Pkw-Absatz nahm in den 1930er Jahren stark zu. Das lag zum einen an einer nachholenden Nachfrage, die während der Weltwirtschaftskrise zurückgestellt worden war. Zum anderen förderte das NS-Regime den Absatz von Automobilen und schaffte verschiedene Finanzierungs- und Steuererleichterungen, um die Anschaffung und vor allem die Haltung zu erleichtern.[18]

Die Nationalsozialisten förderten die Motorisierung der Bevölkerung nicht nur aus wirtschaftlichen, sondern auch aus ideologischen Gründen. So sollte die Bedeutung von Hitlers Vorliebe für Automobile nicht unterschätzt werden. Er, ebenso wie andere Angehörige der NS-Elite, bevorzugten luxuriöse Marken, vor allem Mercedes Benz. Das moderne Fortbewegungsmittel wurde als passender Ausdruck einer „modernen Nation" gesehen. Technische Innovationen, Kraft und Schnelligkeit ließen sich vom Automobil auf das „deutsche Wesen" übertragen.[19]

Der Autobesitz nahm in der Folge tatsächlich stark zu, und das Deutsche Reich holte gegenüber anderen Staaten wie Frankreich und Großbritannien, die ihm in der Pkw-Dichte weit voraus waren, rasant auf. Sie lag 1932 bei 135 Einwohnern pro Pkw, 1936 nur noch bei 71. In Großbritannien und Frankreich lag sie jedoch Mitte der 1930er Jahre bei 28 bzw. 26 Einwohnern pro Pkw. Allerdings wurde die große Mehrheit der Autos in Deutschland zu Geschäftszwecken angeschafft und diente nicht in erster Linie dem privaten Konsum. Dies spiegelte sich auch in der Käuferstruktur wider. So stellten 1934 Fabrikanten und Firmen sowie Vertreter, Reisende und Geschäftsinhaber mehr als die Hälfte der Autokäufer.[20] Die Automobilindustrie hatte jedoch zunehmend mit Materialengpässen und Produktionsvorschriften im Zuge des Vierjahresplans und der Kriegsvorbereitungen zu kämpfen, sodass die zivile Nachfrage nach Automobilen immer weniger bedient werden konnte.[21] Obwohl die Ausweitung des privaten Pkw-Besitzes ein ideelles Prestigeprojekt der NS-Führung war und mit dem „Volkswagen"-Projekt auch gefördert wurde, hatten die Autarkiebestrebungen und Kriegsvorbereitungen letztlich Vorrang.

In der Friedenszeit trieb das Regime jedoch auch die Förderung weiterer, vornehmlich als „Luxus" verstandener Konsumgüter voran, die nicht mit den Autarkiebestrebungen und Kriegsvorbereitungen in Konflikt standen. Dazu zählte auch die Expansion organisierter Urlaubsreisen durch die DAF-Organisation „Kraft durch Freude". Im Rahmen der KdF-Fahrten machte eine Vielzahl von Personen zum ersten Mal Urlaub

---

[18] Heidrun *Edelmann*, Vom Luxusgut zum Gebrauchsgegenstand. Die Geschichte der Verbreitung von Personenkraftwagen in Deutschland, Frankfurt am Main 1989, S. 157–168.
[19] Vgl. dazu das Kapitel „Ideologie und Praxis der NS-Motorisierungspolitik", in: *Dorothee Hochstetter*, Motorisierung und „Volksgemeinschaft". Das Nationalsozialistische Kraftfahrkorps (NSKK) 1931–1945, München 2009, S. 151–190; vgl. zu den Automobilen der NS-Elite *Almeida*, High Society, S. 112–116.
[20] *Edelmann*, Luxusgut, S. 167.
[21] *Edelmann*, Luxusgut, S. 193–202.

jenseits von zu Hause. In der Außendarstellung waren es besonders die Kreuzfahrten nach Skandinavien oder im Mittelmeer, die symbolisch aufgeladen waren und die den Wohlstand bzw. den „Luxus für alle" verkörpern sollten.[22] Allerdings hat die historische Forschung betont, dass der egalitäre Anspruch der Reisen in der Realität in deutlich geringerem Maße umgesetzt wurde. So waren es doch vor allem Angestellte und Beamte, die an den Reisen, zumal an den Auslandsreisen, teilnahmen. Arbeiter und Arbeiterinnen waren hingegen unterrepräsentiert.[23]

In der Forschung wurden zudem die Widersprüche der nationalsozialistischen Konsumpolitik herausgearbeitet. Während es bei Grundnahrungsmitteln wiederholt zu einer Mangelversorgung kam, war das Regime zumindest teilweise erfolgreich darin, kompensatorische Konsumangebote zu machen, die ressourcen- und devisenschonend waren, wie etwa Inlandsreisen, oder die sich vornehmlich auf „virtuellen" Konsum beschränkten. Damit schufen die Nationalsozialisten durch umfangreiche Ankündigungen und Propaganda die Illusion, dass sich in naher Zukunft der Lebensstandard deutlich verbessere.[24] Als Luxus geltenden Gütern kam demnach stärker eine propagandistische als eine wirtschaftliche oder konsumtive Funktion zu.

Konkret lässt sich dies anhand der Kampagne, Wein und Sekt als „Volksgetränke" zu propagieren, nachvollziehen. Die Nationalsozialisten versuchten so, Konsumgüter, die bisher in hohem Maße mit „Luxus" assoziiert waren, als „volkstauglich" und distinktionslos umzudeuten.[25] Diese gezielte Wein- und Sektförderung hatte durchaus einen ökonomischen Hintergrund. Im Fokus der „Winzerhilfe" standen die Weinanbaugebiete im Gau Rheinpfalz bzw. ab 1936 Saarpfalz, im Gau Koblenz-Trier und im Gau Rheinhessen. Das Gebiet war nach dem Ersten Weltkrieg von alliierten Truppen bis 1930 besetzt gewesen. Bereits in der Weimarer Republik hatte es eine staatliche Weinförderung gegeben, in deren Zuge die Weinsteuer, die erst 1918 eingeführt worden war, wieder abgeschafft und Hilfskredite vergeben wurden. Die Winzer waren durch die Besatzung, durch schlechte Ernten sowie durch für sie nachteilige Handelsverträge mit Spanien, die den Import günstiger Weine förderten, in gravierende wirtschaftliche Schwierigkeiten geraten.[26]

Die Nationalsozialisten weiteten die Weinwerbung nach der Machtübernahme deutlich aus. Unter anderem ging die Einweihung der „Deutschen Weinstraße" 1935 auf

---

22 Vgl. *Shelley Baranowski*, Strength Through Joy. Consumerism and Mass Tourism in the Third Reich, Cambridge 2004.
23 *Hasso Spode*, Arbeiterurlaub im Dritten Reich, in: Carola Sachse (Hrsg.), Angst, Belohnung, Zucht und Ordnung. Herrschaftsmechanismen im Nationalsozialismus, Opladen 1982, S. 275–328; *Rüdiger Hachtmann*, Tourismus-Geschichte, Göttingen 2007, S. 124 f. Vgl. zum Tourismus das Kapitel 4.3 in diesem Band.
24 *Berghoff*, Träume, S. 278–279.
25 *Christof Krieger*, „Wein ist Volksgetränk!". Weinpropaganda im Dritten Reich, Zell/Mosel 2018.
26 *Dieter Graff*, Die deutsche Weinwirtschaft nach dem Ersten Weltkrieg bis 1930, Wiesbaden 2007, S. 22–27; BArch 86/2013. Reichsausschuss für Weinpropaganda.

Abb. 1: BArch, Plak 003-023-010. Deutsche Landwerbung, Berlin, September 1935.

die Initiative des Gauleiters der Pfalz bzw. Saarpfalz Josef Bürckel zurück.[27] Während der zwischen 1935 und 1937 jährlich stattfinden Weinwerbewoche „Fest der Deutschen Traube und des Weines" überstieg der Weinabsatz deutlich die Prognosen. In Berlin wurden während der Festwoche 1935 anstatt der vorsichtig kalkulierten 250 000 Liter Wein 800 000 abgesetzt. Im Jahr darauf waren es sogar mehr als 1,3 Millionen Liter.[28]

Allerdings war die kurzfristige Absatzsteigerung nicht das einzige Ziel der Weinwerbung. Wie der Slogan „Wein ist Volksgetränk" bereits ausdrückt, versuchten die Nationalsozialisten Wein in ein klassen- und distinktionsloses Getränk umzudeuten. Ökonomisch konnte diese Strategie nicht motiviert sein, denn wäre Wein auch nur ansatzweise zu einem breitere Schichten erreichenden Alltagsgetränk geworden, hätte die deutsche Weinindustrie den Bedarf bei Weitem nicht mehr decken können. Als die Rekordernten 1937 ausblieben, konnten die deutschen Winzer die durch die Propaganda angeheizte Nachfrage bereits nicht mehr bedienen. Nichtsdestotrotz gab es auch in diesem Jahr, wenn auch in reduziertem Umfang, Weinwerbung und Weinfeste.[29]

Dies spricht dafür, dass die Nationalsozialisten mit der Förderung des Wein- und Sektkonsums andere, nämlich politisch-ideologisch motivierte Ziele verfolgten. Wie auch andere teure Konsumgüter dienten sie der Propagierung einer klassenlosen „Volksgemeinschaft". Wein eignete sich dafür gut, weil er nicht nur ein teures Konsumgut war, sondern vornehmlich in bestimmten Regionen des Reiches getrunken wurde, hauptsächlich in den Weinbauregionen im Südwesten. Mit einer erfolgreichen Ausweitung des Weinkonsums hätten die Nationalsozialisten demnach nicht nur die Überwindung von Klassengrenzen, sondern auch die Überwindung regionaler Grenzen demonstrieren können.[30] Wie die Verheißungen auf andere Luxusgüter wie Pkws und Urlaubsreisen sollte auch der Weinkonsum auf die Erfolge der Nationalsozialisten verweisen und Wohlstand für alle zum Ausdruck bringen.

Besonders deutlich wurde dies bei der Förderung und Werbung für Sekt. Die Sektsteuer, die seit 1902 als dezidierte Luxussteuer erhoben worden war, schafften die Nationalsozialisten bereits 1933 ab. Sekt war in noch deutlich höherem Maße als „Luxusgetränk" konnotiert als Wein. Während der Weimarer Republik symbolisierte Sekt in den Augen weiter Bevölkerungskreise einen überflüssigen und unmoralischen Luxuskonsum.[31] Nach ihrem Machtantritt propagierten die Nationalsozialisten jedoch

---

27 Vgl. zur nationalsozialistischen Weinförderung ausführlich: *Krieger*, Volksgetränk; *Günther List* (Hrsg.), „Deutsche, lasst des Weines Strom sich ins ganze Reich ergießen!". Die Pfälzer und ihre Weinstraße. Ein Beitrag zur alternativen Landeskunde, Heidelberg 1985.
28 Landeshauptarchiv Koblenz (LHA KO) Best. 655, 178 Nr. 476. Schlußbericht und Ergebnisse der Hilfsaktion für die notleidenden Winzergebiete, 8. 11. 1935; LHA KO, Best. 457, Nr. 568. Schlußbericht des Patenstadt-Organisationsausschusses der Stadt Berlin.
29 *Krieger*, Volksgetränk, S. 346–360.
30 Vgl. dazu *Sina Fabian*, Inszenierter Frohsinn. Wein und „Volksgemeinschaft" im Nationalsozialismus, in: Historische Anthropologie 28, 2020, S. 270–294.
31 Vgl. zur Geschichte und dem Image von Sekt am Beispiel von „Deinhard": *Rainer Gries*, Produkte als Medien. Kulturgeschichte der Produktkommunikation in der Bundesrepublik und der DDR, Leipzig 2003, S. 285–371.

Sekt ebenfalls als „Volksgetränk", das dank ihnen nun von jedem „Volksgenossen" konsumiert werden konnte.

Diese Botschaft vermittelte auch eine Gemeinschaftswerbung der deutschen Sekthersteller im Jahr 1934. Sie initiierten ein Preisausschreiben, in dem die Teilnehmenden dazu aufgerufen wurden, einen Merksatz zu kreieren, der verdeutlichte, „daß deutscher Schaumwein heute sehr preiswert ist und demnach nicht mehr als ‚Luxus' betrachtet werden kann, so daß Mucker keinen Grund und keine Berechtigung haben den Verbrauch [...] in neidischer Gesinnung zu kritisieren."[32] Die Werbung für das Trinken von Sekt wurde bis zum Kriegsausbruch fortgesetzt, indem „Schaumwein für jedermann" propagiert wurde.

Zwischen 1933 und 1939 verfünffachte sich der Absatz von Sekt im Deutschen Reich auf 26,5 Millionen Liter. Pro Kopf bedeutete dies jedoch lediglich den Konsum von 0,3 Liter im Jahr.[33] Mit Kriegsbeginn wurde die Sektsteuer allerdings wieder eingeführt. Während des Krieges ging der Konsum von Sekt wie auch von Wein drastisch zurück.

Zwar hatte auch die nationalsozialistische Weinförderung kurzfristig Erfolg. Der Pro-Kopf-Verbrauch lag 1936 mit 6,7 Liter um zwei Liter höher als noch 1929. Nach 1937 sank er jedoch wieder auf das Niveau der frühen 1930er Jahre. Die Nationalsozialisten waren zudem weder beim Wein noch beim Sekt erfolgreich damit, sie in breiteren Bevölkerungsschichten, insbesondere unter Arbeitern populär zu machen.[34] Erst in der zweiten Hälfte des 20. Jahrhunderts nahm der Konsum von Wein und Sekt signifikant zu.[35]

4.4.3 Genussmittel und Genussgifte

Die Stellung von und der Umgang mit Genussmitteln im Nationalsozialismus waren ambivalent. Als zentrale Gegenpole lassen sich „gesundheitliche" Interessen auf der einen Seite ausmachen, die durch die Sorge um die „Volksgesundheit" allerdings stark eugenisch-rassistisch konnotiert waren, und wirtschaftliche Interessen auf der anderen Seite, die nicht nur durch Rücksicht auf bedeutende Industriezweige wie die Alkohol- und Tabakindustrie gekennzeichnet waren, sondern auch wichtige Steuereinnahmen

---

32 Zitiert in: *Gries*, Produkte, S. 330–331; vgl. zur Gemeinschaftswerbung: *Dirk Schindelbeck*, Werbung für alle? Kleine Geschichte der Gemeinschaftswerbung von der Weimarer Republik bis zur Bundesrepublik Deutschland, in: Clemens Wischermann/Peter Borscheid/Karl-Peter Ellerbrock (Hrsg.), Unternehmenskommunikation im 19. und 20. Jahrhundert. Neue Wege der Unternehmensgeschichte, Dortmund 2000, S. 63–97.
33 *Gries*, Produkte, S. 331.
34 Eigene Berechnungen aus: Statistisches Jahrbuch für das Deutsche Reich, mehrere Jahrgänge; *Krieger*, Volksgetränk, S. 444–446.
35 Vgl. *Gries*, Produkte, S. 336–357; *Knut Bergmann*, Mit Wein Staat machen. Eine Geschichte der Bundesrepublik Deutschland, Berlin 2018.

generierten. Ein dritter Aspekt, der ebenfalls eine wichtige Rolle im Umgang mit Genussmitteln spielte, war die Rücksichtnahme auf die Konsumgewohnheiten der Bevölkerung.

Die Definition von Genuss und Genussmitteln fand gegenüber der Weimarer Republik eine negativere Grundierung. So wurde „Genuss" im *Neuen Brockhaus* von 1937 unter anderem definiert als „Gebrauch (von Genußmitteln): der G. von Rauschgiften ist strafbar."[36] Hier tritt die Verbindung von Genussmitteln und Genussgiften deutlich zutage. Dies spiegelte sich zudem 1939 in der Umbenennung der Fachzeitschrift der Alkoholgegner *Alkoholfrage* in *Genussgifte* wider. Dies war auch eine Folge der Gleichschaltung der alkoholgegnerischen Gruppen und der zunehmenden Zentralisierung des Kampfes gegen „Genussgifte" allgemein, insbesondere gegen Alkohol und Tabak.[37] NS-„Gesundheitspolitiker" wie der Reichsgesundheitsführer Leonardo Conti sprachen meistens von „Genussgiften", wenn sie sich auf Alkohol und Tabak bezogen.

Gerade die stark eugenisch geprägte Anti-Alkoholbewegung hatte sich weiterreichende Befugnisse und Maßnahmen im „Kampf gegen den Alkohol" erhofft. Führende „Rassenhygieniker" wie Alfred Ploetz, Ernst Rüdin, Emil Kreaplin und August Forel verband zugleich die strikte Ablehnung des Alkoholkonsums, den sie, wie andere Eugeniker auch, für irreparable Schäden am Erbgut verantwortlich machten.[38] Ernst Rüdin, seit 1931 Direktor des Kaiser-Wilhelm-Instituts für Psychiatrie, verfasste 1934 zusammen mit Arthur Gütt und Falk Ruttke den amtlichen Kommentar zum „Gesetz zur Verhütung erbkranken Nachwuchses", auf dessen Grundlage auch die Zwangssterilisation von an „schwerem Alkoholismus" leidenden Menschen legalisiert wurde.[39] Er hatte bereits 1903 die Sterilisierung von Alkoholkranken gefordert, war aber damit auf heftigen Widerstand gestoßen.[40]

Während sich die „Rassenhygieniker" mit ihrer harten Linie gegenüber den als „minderwertige Trinker" eingestuften Personen durchsetzen konnten, erreichten sie

---

36 „Genuß", in: Der Neue Brockhaus, Bd. 2: F–K, Leipzig 1937, S. 194. In der Definition des Brockhaus aus der Weimarer Republik findet sich diese Verbindung nicht, vgl. „Genuß", in: Der Große Brockhaus, Bd. 7: Gas–Gz. Leipzig 1930, S. 176.
37 Vgl. *Tilmann Holzer*, Die Geburt der Drogenpolitik aus dem Geist der Rassenhygiene. Deutsche Drogenpolitik von 1933 bis 1972, Norderstedt 2007, S. 277–285; vgl. dazu auch: *Hans Reiter/Günther Hecht*, Genußgifte, Leistung, Rasse, Berlin-Dahlem 1940.
38 *Francesco Spöring*, „Du musst Apostel der Wahrheit werden". Auguste Forel und der sozialhygienische Antialkoholdiskurs. 1886–1931, in: Judith Grosse/Francesco Spöring/Jana Tschurenev (Hrsg.), Biopolitik und Sittlichkeitsreform. Kampagnen gegen Alkohol, Drogen und Prostitution 1880–1950, Frankfurt am Main 2014, S. 111–144; *Paul Weindling*, Health, Race and German Politics Between National Unification and Nazism, 1870–1945, Cambridge/New York/Melbourne 1989; *Volker Roelecke*, Renommierter Wissenschaftler. Radikaler Rassenhygieniker, in: Der Nervenarzt 83, 2012.
39 *Arthur Gütt/Ernst Rüdin/Falk Ruttke*, Gesetz zur Verhütung erbkranken Nachwuchses, 14. 7. 1933. Mit Auszug aus dem Gesetz gegen gefährliche Gewohnheitsverbrecher und über Maßregeln der Sicherung und Besserung vom 24. Nov. 1933, München 1934.
40 *Robert Proctor*, The Nazi War on Cancer, Princeton 1999, S. 148.

nicht ihr Ziel, ein komplettes Alkoholverbot im nationalsozialistischen Deutschland einzuführen. Stattdessen wurde die Anti-Alkoholbewegung gleichgeschaltet und Mäßigkeit anstatt Abstinenz als Leitlinie festgelegt.[41]

Obwohl Raucher und Raucherinnen keine vergleichbare Verfolgung erfuhren wie als „schwere Alkoholiker" eingestufte Personen, nahm auch die Kritik am Tabakkonsum während des Nationalsozialismus zu. Dies lag zum einen daran, dass seit den 1920er Jahren die medizinische Forschung den Konsum von Tabak zunehmend mit einem erhöhten Krebsrisiko in Verbindung brachte. Dieser Zusammenhang wurde während des Nationalsozialismus erstmals bewiesen.[42] Hinzu kam, dass Hitler grundsätzlich feindlich gegenüber dem Rauchen, insbesondere in seiner Gegenwart, eingestellt war. Diese Abneigung steigerte sich im Laufe des Krieges. Im April 1941 sandte er ein Glückwunschtelegramm an das gerade eröffnete „Wissenschaftliche Institut zur Erforschung der Tabakgefahren", in dem er die „Arbeit zur Befreiung der Menschheit von einem ihrer gefährlichsten Gifte" lobte.[43]

Sowohl die Alkohol- als auch die Tabakgegner hatten demnach mehr politisches Gewicht als während der Weimarer Republik. Dies führte zum einen zu einer intensivierten „Aufklärung" der Verbraucher über die Gefahren von Alkohol und Tabak, zum anderen wurde eine Vielzahl von Gesetzen erlassen, die sowohl die Werbung als auch den Konsum einzuschränken versuchten.[44] Demgegenüber standen jedoch die Produzenten. Sowohl die Tabak- als auch die Alkoholindustrie waren bedeutende Branchen mit entsprechender Lobby. Vor dem Ersten Weltkrieg hatte die Brauindustrie, gemessen am Wert ihrer Erzeugung, den zweitgrößten Industriezweig im Deutschen Reich dargestellt und rund 100 000 Personen beschäftigt. Trotz Einbußen blieb sie auch nach dem Krieg eine bedeutende Branche.[45]

Nicht nur ihre Wirtschaftsleistung, sondern auch die staatlichen Einnahmen aus Steuern und Zöllen waren enorm. Sie beliefen sich im Jahr 1933 allein im Fall von Tabak auf 32 Prozent aller Einnahmen an Verbrauchssteuern und Zöllen. Dies machte 13 Prozent der Gesamteinnahmen des Reiches aus. Die Einnahmen stiegen in den

---

41 BArch R 26/1360. An die Landes- und Provinzialdienststellen des Deutschen Gemeindetages, betr. Rauschgiftbekämpfung, 5. 3. 1938; *Holzer*, Geburt, S. 102–114.
42 Vgl. dazu ausführlich *Proctor*, War on Cancer, S. 191–198
43 Zitiert nach *Christoph M. Merki*, Die nationalsozialistische Tabakpolitik, in: Vierteljahrshefte für Zeitgeschichte 46, 1998, S. 19–42.
44 Vgl. als Überblick für Alkohol *Hermann Fahrenkrug*, Alcohol and the State in Nazi Germany 1933–1945, in: Susanna Barrows/Robin Room (Hrsg.), Drinking. Behavior and Belief in Modern History, Berkeley 1991, S. 315–334; vgl. für Tabak *Merki*, Tabakpolitik, S. 25–29.
45 *Roman Köster*, Konjunkturen, Krisen, Konzentration. Zur Entwicklung des deutschen Biermarkts vom ausgehenden 19. Jahrhundert bis zur Weltwirtschaftskrise. Dortmunder Beispiele, in: Karl-Peter Ellerbrock (Hrsg.), Zur Geschichte der westfälischen Brauwirtschaft im 19. und 20. Jahrhundert, Dortmund 2012, S. 109–131; *Karl-Peter Ellerbrock*, Faktoren und Strukturen der Industrialisierung der deutschen Brauwirtschaft im „langen 19. Jahrhundert". Neue Perspektiven der Forschung, in: Ellerbrock, Geschichte, S. 69–107.

folgenden Jahren noch.[46] Hinzu kamen Kriegszuschläge von anfangs 20, ab November 1941 von 50 Prozent des Kleinhandelspreises.[47] Auch auf andere Genussmittel wie Alkoholika wurden Kriegszuschläge erhoben. Zwischen 1933 und 1944 gehörten die Tabakfabrikatssteuer – ohne Zölle – (7.), die Biersteuer (8.) und die Zuckersteuer (10.) zu den zehn ertragreichsten Steuern.[48] Dies war allerdings kein Spezifikum moderner Staaten. Steuer- und Zolleinnahmen durch den Handel mit Genussmitteln waren historisch schon immer bedeutsam und einer der Hauptgründe von Regierenden, ihren Konsum zuzulassen oder gar zu forcieren.[49]

Wie reagierten nun die Genussmittelproduzenten auf die zunehmende Kritik an ihren Produkten? Dies lässt sich am Beispiel der Zigarettenindustrie illustrieren.[50] Dass die Zigarettenherstellung ein lukratives Geschäft war, erkannte auch die SA-Führung. Arthur Dressler, ein Freund Ernst Röhms und des NSDAP-Schatzmeisters Franz Xaver Schwarz, gründete 1929 in Dresden die Zigarettenfabrik „Sturm". Nicht nur der Name der Firma, sondern auch die der Zigarettenmarken verwiesen auf die enge Zusammenarbeit mit der SA. Sie hießen „Alarm", „Trommler", „Sturm" und „Neue Front". Sowohl die SA als auch ihre Führung waren am Gewinn des Unternehmens beteiligt.[51]

Die bedeutende wirtschaftliche und finanzielle Macht der Tabakindustrie verkörperte insbesondere die Firma Reemtsma aus Hamburg. Diese war von einem kleinen Familienbetrieb im Jahr 1920 mit weniger als einem Prozent Marktanteil zum dominierenden Zigarettenunternehmen Ende der 1920er Jahre geworden.[52] Anfeindungen von Teilen der SA und der NSDAP sowie drohende Gerichtsprozesse schaffte der Unternehmenschef Philipp F. Reemtsma wiederholt durch die Zahlung hoher Geldsummen aus dem Weg. So zahlte er etwa drei Millionen Reichsmark (RM) an Hermann Göring, der in seiner Funktion als preußischer Ministerpräsident juristische Ermittlungen gegen Reemtsma einstellen ließ. Weiterhin zahlte er jährlich von 1934 bis 1944 eine Million RM an Göring. Insgesamt flossen zwischen 1933 und 1945 mehr als 34 Millionen RM als „Spenden" einerseits an Parteifunktionäre und -organisationen sowie an andere NS-Einrichtungen und andererseits an Stiftungen, Vereine oder zivilgesellschaftliche Institutionen.[53]

---

46 *Nicole Petrick-Felber*, Kriegswichtiger Genuss. Tabak und Kaffee im „Dritten Reich", Göttingen 2015, S. 56.
47 *Merki*, Tabakpolitik, S. 33.
48 *Ralf Banken*, Hitlers Steuerstaat. Die Steuerpolitik im Dritten Reich, Berlin/Boston 2018, S. 38 f.
49 *David T. Courtwright*, Forces of Habit. Drugs and the Making of the Modern World, Cambridge 2001, S. 155–165.
50 Nicole Petrick-Felber hat dies insbesondere mit dem Fokus auf die Produktion und Distribution von Tabak und Kaffee untersucht *Petrick-Felber*, Kriegswichtiger Genuss.
51 Vgl. auch zum Konflikt zwischen Sturm und Reemtsma *Erik Lindner*, Die Reemtsmas. Geschichte einer deutschen Unternehmerfamilie, 2. Aufl. Hamburg 2007, S. 69–82.
52 Vgl. dazu *Tino Jacobs*, Rauch und Macht. Das Unternehmen Reemtsma 1920 bis 1961, Göttingen 2008; *Lindner*, Die Reemtsmas.
53 *Jacobs*, Rauch und Macht, S. 119–126.

Die Konflikte zwischen gesundheitspolitischen Maßnahmen und wirtschaftlichen Interessen lassen sich beispielhaft an der Werbung für Alkohol und Tabak illustrieren. Werbung stellte einen Bereich dar, in dem recht weitreichende Beschränkungen erlassen wurden.[54] Im Mai 1939 fand in Berlin die Tagung „Volksgesundheit und Werbung" statt, die vom Werberat der deutschen Wirtschaft veranstaltet wurde. Bei der Tagung mit 15 000 Teilnehmenden und einem großen Medienecho handelte es sich freilich nicht um ein wissenschaftliches Diskussionsforum. So waren keine Vertreter der Genussmittelindustrie anwesend. Stattdessen kritisierten Reichsgesundheitsführer und Reichsärzteführer Leonardo Conti und der Präsident des Reichsgesundheitsamtes Hans Reiter die Genussmittelindustrie und den -konsum scharf. Der Präsident des Werberates Heinrich Hunke verkündete sodann die Vorgaben und Einschränkungen der Genussmittelwerbung. Dabei handelte es sich vornehmlich um eine Zusammenfassung bereits erlassener Vorschriften. Werbung für alkoholische Getränke oder Tabakerzeugnisse durfte sich nicht an Jugendliche oder Frauen richten, sie durfte auch nicht damit werben, „gesundheitsfördernd" zu sein. Dies betraf zum Beispiel hochprozentige Liköre und Schnäpse, die nicht als gut für die Verdauung oder ähnliches beworben werden durften. Bei der Werbung für Tabakerzeugnisse solle „Geschmack, Takt und Vorsicht bewiesen werden [...]. Werbesprüche wie ‚XY-Zigaretten, ein kultureller Fortschritt' sind unmöglich."[55]

Allerdings machte Hunke auch deutlich, dass Werbung für Alkohol und Zigaretten generell weiter möglich sein sollte und betonte, dass das NS-Regime explizit den Genussmittelkonsum nicht verbiete: „Wenn aber Alkohol- und Tabakfabriken in ihrer Existenz vom Staat erlaubt werden, dann kann ich ihnen auch ihre Werbung nicht grundsätzlich untersagen."[56] Stattdessen wurden Konsumentinnen und Konsumenten zu einem verantwortungsvollen Umgang mit Genussmitteln aufgerufen. Die Werbung sollte diese Art des Konsums unterstützen.

Den Genussmittelproduzenten kam ihre wirtschaftliche und fiskalische Bedeutung zugute. So sprachen sich sowohl der Wirtschafts- als auch der Finanzminister gegen eine zu weitreichende Gängelung der Genussmittelindustrie aus.[57] Die Genussmittelproduzenten nutzten zudem persönliche Netzwerke sowie Korruption und Bestechung, um ihre Interessen durchzusetzen. Philipp F. Reemtsma verfügte über beste Kontakte in die nationalsozialistische Führungsriege, nicht nur zu Hermann Göring, sondern auch zu Adolf Hitler.[58] Auch andere Unternehmen, etwa die Löwenbräu-Brauerei aus München, nutzte sowohl lokal als auch national ihre persönlichen und

---

54 Vgl. zu Werbung im Nationalsozialismus generell *Pamela E. Swett*, Selling Under the Swastika. Advertising and Commercial Culture in Nazi Germany, Stanford 2013.
55 Vgl. alle Bestimmungen in *Werberat der deutschen Wirtschaft* (Hrsg.), Volksgesundheit und Werbung, Berlin 1939.
56 *Werberat der deutschen Wirtschaft*, Volksgesundheit, S. 40.
57 *Petrick-Felber*, Kriegswichtiger Genuss, S. 176; S. 182–183.
58 *Lindner*, Die Reemtsmas, S. 153–161.

finanziellen Einflussmöglichkeiten zu ihren Gunsten.[59] Beide Unternehmen taten dies jedoch auch zum Schutz leitender jüdischer Angestellter.[60]

Obwohl Genussmittel in der öffentlichen Kommunikation, etwa in Aufklärungs- und Erziehungskampagnen, und durch die Einschränkungen der Werbung deutlich weniger bzw. in überwiegend negativer Form vorkamen, wirkte sich dies weder auf die Umsätze der Produzenten noch auf die Höhe des Konsums aus. Im Gegenteil: Der Konsum von Alkohol nahm zwischen 1933 und 1939 kontinuierlich zu. Während der Bierverbrauch von 52 auf 74 Liter pro Kopf stieg, lag der Weinverbrauch mit sechs Litern etwa anderthalb Liter über dem Verbrauch von 1929. Auch der Branntweinkonsum nahm in den Jahren vor Kriegsausbruch zu und erreichte mit 1,2 Litern pro Kopf in etwa das Niveau von 1928.[61]

Noch deutlicher war der Anstieg beim Tabakkonsum. So stieg die Anzahl der gerauchten Zigaretten in den Geschäftsjahren 1932/33 bis 1939/40 von 31,7 auf 47,25 Billionen. Im selben Zeitraum stieg auch der Verbrauch der noch stärker als Luxusgut wahrgenommenen Zigarren von 5,65 auf 9,1 Billionen. Anders jedoch als beim Alkohol brachte der Krieg keinen Rückgang des Konsums, sondern bis 1942 einen Anstieg. Während der Konsum von Zigarren etwa gleich blieb, stieg die Anzahl von gerauchten Zigaretten im Geschäftsjahr 1940/41 auf 64,2 Billionen.[62]

Der Anstieg in der NS-Zeit war zum einen der verbesserten Wirtschaftslage gegenüber der Ausgangssituation 1932/33 geschuldet, die noch stark von der Weltwirtschaftskrise geprägt war. Gegenüber den Krisenjahren hatte sich der private Konsum in jedem Bereich verbessert. Nicht nur die Menge des konsumierten Tabaks und Kaffees nahm zu, sondern auch die Qualität im Vergleich zu den frühen 1930er Jahren. Der Verbrauch von Bohnenkaffee etwa stieg zwischen 1933 und 1938 jährlich um acht Prozent, während parallel dazu der Verbrauch günstigeren Ersatzkaffees, der aus Getreide bestand, zurückging.[63] Anders als bei einer Vielzahl von Grundnahrungsmitteln wie Brot, Eier und Fette herrschte bei ihnen kein Mangel und ihre Qualität nahm bis zum Kriegsbeginn nicht ab.[64]

Vergleicht man allerdings das Konsumniveau der Weimarer Republik vor Beginn der Wirtschaftskrise mit dem der nationalsozialistischen Friedensjahre, dann stellt sich die Situation differenzierter dar. So war etwa der Konsum von Bier stets geringer als während der späten 1920er Jahre. Während der Anstieg von Wein- und Sektkonsum

---

59 *Richard Winkler*, Ein Bier wie Bayern. Geschichte der Münchner Löwenbrauerei 1818–2003. Neustadt an der Aisch 2016, S. 123–128.
60 *Jacobs*, Rauch und Macht, S. 128; *Winkler*, Bier, S. 128.
61 Eigene Berechnungen aus: Statistisches Jahrbuch für das Deutsche Reich, Berlin, mehrere Jahrgänge.
62 Vgl. die Tabelle bei *Petrick-Felber*, Kriegswichtiger Genuss, S. 548.
63 *Petrick-Felber*, Kriegswichtiger Genuss, S. 77–79.
64 Vgl. *Mark Spoerer/Jochen Streb*, Guns and Butter – But No Margarine. The Impact of Nazi Economic Policies on German Food Consumption, 1933–38, in: Jahrbuch für Wirtschaftsgeschichte 2013/1, S. 75–88; *Schanetzky*, Kanonen, S. 7–10; *Berghoff*, Verbrauchslenkung; sowie das Kapitel 5.1 in diesem Band.

bereits erklärt wurde, ist es vor allem die Zunahme des Zigarettenkonsums, die hervorsticht.

Einblicke in die Konsumwelt der Zigarettenraucher und -raucherinnen gibt die Gesellschaft für Konsumforschung, die 1939 eine Untersuchung durchführte, die in dem Bericht *Die Zigarette im Urteil des letzten Verbrauchers* mündete. Der Report führte die Zunahme des Zigarettenkonsums auf die „Zeit der Nervosität" zurück, die seit dem Ende des Ersten Weltkriegs mit sozialen, kulturellen und politischen Umwälzungen einhergegangen sei.[65] Der Bericht wirft zudem ein Licht auf Zigarettenkonsumentinnen. Es ist bemerkenswert, dass Frauen als Raucherinnen genauso ernst genommen wurden wie Männer, trotz der nationalsozialistischen Kampagnen, die sich gegen rauchende Frauen richteten. Die ägyptische Zigarettenfirma Kyriazi Frères, die die Studie in Auftrag gegeben hatte, vertrieb mit Astra eine Marke, die im Report als „Damenzigarette" eingestuft wurde, weil sie einen geringeren Nikotingehalt als andere Marken aufwies.[66] Daraus lässt sich schließen, dass Zigarettenhersteller vornehmlich am Absatz ihrer Produkte interessiert waren und Frauen als eine zunehmend wichtige Zielgruppe entdeckten, um die mit eigenen Marken geworben wurde. Nicht nur Konsumenten und Konsumentinnen trotzten demnach weitgehend den „Erziehungskampagnen", sondern auch die Produzenten. Unternehmen gerieten häufig in die Kritik, weil sie sich beispielsweise nicht an die Werbevorgaben hielten.[67]

Genussmittelproduzenten konnten in den Vorkriegsjahren ihren Absatz deutlich steigern, trotz einiger Eingriffe der Nationalsozialisten in das Wirtschaftshandeln – Werbung stellte lediglich einen Bereich dar. Dies galt jedoch vor allem im Vergleich zum Absatz während der Weltwirtschaftskrise. Die Konsumentinnen und Konsumenten schränkten ihren Genussmittelkonsum trotz intensiver gesundheitspolitischer Kampagnen nicht ein. Im Gegenteil: Sie konsumierten mehr und wenn möglich höherwertige Genussmittel.

Dies wirft ein Licht auf die ambivalente Genussmittelpolitik der Nationalsozialisten. Bereits vor dem Krieg zeigte sich, dass sie mehr Rücksicht nahmen auf wirtschaftliche und fiskalische Interessen und in erster Linie auf die Konsumgewohnheiten der Bevölkerung, als ihre gesundheitspolitischen Ziele durchzusetzen. Deshalb verzichteten sie auf ein Tabak- und Alkoholverbot, obwohl dies von Teilen der NS-Führung durchaus erwünscht war. Sie verschoben eine schärfere Politik auf die Zeit nach dem (gewonnenen) Krieg.[68] Sie betonten wiederholt, dass Genussmittelverbote gegen den Willen der Konsumenten nur schwer durchzusetzen seien. Dies habe etwa die gescheiterte Alkoholprohibition in den USA gezeigt.[69]

---

65 Zitiert nach *S. Jonathan Wiesen*, Driving, Shopping and Smoking. The Society for Consumer Research and the Politics of Pleasure in Nazi Germany, in: Ross/Almeida/Swett, Pleasure, S. 19–38.
66 *Wiesen*, Driving, S. 28.
67 Vgl. *Swett*, Selling, S. 62–80.
68 *Petrick-Felber*, Kriegswichtiger Genuss, S. 208.
69 Vgl. *Werberat der deutschen Wirtschaft*, Volksgesundheit, S. 40–42.

4.4.4 Luxusgüter und Genussmittel während des Krieges

Wie andere Konsumgüter auch stand die Produktion und Versorgung der Bevölkerung mit Genussmitteln deutlich hinter der Kriegsproduktion zurück. Allerdings kam Genussmitteln aufgrund ihrer pharmakologischen Wirkung im Krieg eine gestiegene Bedeutung gegenüber den Friedensjahren zu. Dem NS-Regime ging es nicht mehr vornehmlich darum, seine Erfolge anhand eines gestiegenen Lebensstandards zu demonstrieren. Genussmittel wie Zigaretten, Alkohol und Kaffee sollten nun vielmehr kriegswichtige Funktionen erfüllen. Deshalb war es folgerichtig, dass Wehrmachtsoldaten bei allen Genussmitteln, selbst im Falle von Süßigkeiten wie Schokolade, bevorzugt versorgt wurden.

Der Beginn des Krieges wirkte sich auf die Produktion und Distribution von Genussmitteln unterschiedlich aus. Bohnenkaffee war für die Zivilbevölkerung kurz nach Kriegsbeginn nicht mehr verfügbar und selbst Kaffee-Ersatz wurde rationiert. Bohnenkaffee bekamen ausschließlich Angehörige der Wehrmacht sowie Polizei-, Grenz- und Schutzgliederungen, zu denen auch die Waffen-SS und das KZ-Bewachungspersonal zählten.[70] Der Versorgung mit Kaffee kam große Aufmerksamkeit in den Planungen vor Kriegsbeginn und in den Berichten zur Ernährungslage nach dem Ausbruch des Krieges zu. Er galt als Grundnahrungsmittel, während Alkohol und Zigaretten deutlich weniger präsent waren.[71] Insbesondere die Produktion von Alkohol konkurrierte mit den Produzenten lebensnotwendiger Nahrungsmittel um Rohstoffe und Anbauflächen. So gab es beispielsweise Überlegungen, die Bierproduktion und den -konsum zugunsten des Grundnahrungsmittels Brot einzuschränken. Demgegenüber wurde jedoch die steuerliche sowie „stimmungsmässige" Bedeutung des Alkoholkonsums betont.[72] Mit Beginn des Krieges wurden sämtliche landwirtschaftlichen Erzeugnisse, worunter auch alkoholische Getränke fielen, als beschlagnahmt erklärt. Über ihre Verteilung entschied die Ernährungsverwaltung.[73]

Der Stammwürzegehalt, der auch die Stärke des Bieres bestimmt, wurde sukzessive von 11 bis 14 % auf maximal 7,5 bis 3,5 % gekürzt, wobei das stärkere „Spezialbier" höchstens ein Drittel der Produktion ausmachen durfte. Ab Juli 1942 durfte nur noch Bier mit einem Stammwürzegehalt von maximal 3,5 %, was einem Alkoholgehalt von etwa einem Prozent entsprach, hergestellt werden. Biere mit einem Stammwürzegehalt von 7 % bis teilweise mehr als 10 % bekamen nur noch militärische Einheiten und Kunden im Ausland geliefert. Obwohl der Bierausstoß der Münchener Löwenbrauerei

---

70 *Petrick-Felber*, Kriegswichtiger Genuss, S. 113–121.
71 Vgl. Bundesarchiv (BArch) Militärarchiv Freiburg, RW 19/2445.
72 BArch, RW 19/2452. Deutsches Institut für Wirtschaftsforschung, Vorschläge zur Ernährungswirtschaft, 20. 2. 1942.
73 Vgl. *Gustavo Corni/Horst Gies*, Brot, Butter, Kanonen. Die Ernährungswirtschaft in Deutschland unter der Diktatur Hitlers, Berlin 1997, S. 413–416.

während des Krieges kaum sank, nahm jedoch die Stärke und Qualität des Bieres deutlich ab.[74] Für die Zivilbevölkerung bedeutete dies, dass die Genussmittel Kaffee und Bier kein Koffein und kaum noch Alkohol enthielten, die pharmakologische Wirkung, die Genussmittel zu einem großen Teil ausmacht, demnach nicht mehr oder nur in sehr geringem Maße bestand.

Im Fall von Zigaretten sah das anders aus. Die Produktion und Versorgung sanken mit Kriegsbeginn nicht, sondern nahmen zunächst deutlich zu. Während der Anteil der produzierten Zigaretten, der an die Wehrmacht ging, im Jahr 1940/41 17 % betrug, stieg er bis 1943/44 auf 51 % an.[75] Obwohl die Produktion weiterhin über der der Friedenszeit lag, musste die Zivilbevölkerung Einschränkungen auch beim Tabakkonsum hinnehmen, weil der Belieferung der Wehrmacht Vorrang eingeräumt wurde. Dennoch blieben Zigaretten zunächst frei verkäuflich. Allerdings stellten sich zunehmend Versorgungsschwierigkeiten ein. Die Tabaklieferungen aus den besetzten Gebieten, insbesondere aus Südosteuropa, milderten die Engpässe zwar etwas, blieben wegen durch Krieg und Besatzung zerstörten Anbauflächen und Transportproblemen jedoch weit hinter den Hoffnungen deutscher Zigarettenhersteller zurück.[76]

Was hier exemplarisch für einige Genussmittel aufgezeigt wurde, galt mit längerer Kriegsdauer für nahezu alle Grundnahrungsmittel und zunehmend auch für andere Konsumgüter wie Haushaltsgegenstände.[77] Die von Götz Aly aufgestellte Behauptung, der deutschen Bevölkerung sei es im Krieg „besser als je zuvor" gegangen, wurde mittlerweile zahlreich widerlegt.[78] Aly widmete sich ausführlich Einkäufen, Plünderungen und Bereicherungen von Wehrmachtssoldaten in besetzten Gebieten, die sie in großen Mengen an ihre Familien nach Hause schickten. So erließ Hermann Göring einen sogenannten Schlepperlass, in dem er anordnete: „Was der Soldat tragen kann und was zu seinem persönlichen Gebrauch oder für seine Angehörigen bestimmt ist, soll der mitnehmen dürfen."[79] Die so beschafften Konsumgüter trugen zwar nicht oder nur in geringem Maße zur materiellen und finanziellen Verbesserung der Lebensverhältnisse der Haushalte im Reich bei.[80] Allerdings lohnt ein Blick auf die Konsumgüter, die aus

---

74 *Winkler*, Bier, S. 144, 370 (vgl. zum Bierausstoß Tabelle 8).
75 *Petrick-Felber*, Kriegswichtiger Genuss, S. 548–550.
76 *Petrick-Felber*, Kriegswichtiger Genuss, S. 236–239.
77 Vgl. dazu ausführlich: *Christoph Buchheim*, Der Mythos vom „Wohlleben". Der Lebensstandard der deutschen Zivilbevölkerung im Zweiten Weltkrieg, in: Vierteljahrshefte für Zeitgeschichte 58, 2010, S. 299–328.
78 Vgl. *Götz Aly*, Hitlers Volksstaat. Raub, Rassenkrieg und nationaler Sozialismus, 5. Aufl. Frankfurt am Main 2005 (Zitat aus dem Klappentext des Buches). Vgl. zur Widerlegung dieser Behauptung insbesondere *Christoph Buchheim*, Die vielen Rechenfehler in der Abrechnung Götz Alys mit den Deutschen unter dem NS-Regime, in: Sozial.Geschichte: Zeitschrift für historische Analyse des 20. und 21. Jahrhunderts 20, 2005, S. 67–76.
79 Zitiert nach *Aly*, Hitlers Volksstaat, S. 125; zu den Einkäufen und Bereicherungen der Wehrmachtssoldaten vgl. ausführlich *Aly*, Hitlers Volksstaat, S. 114–139.
80 Vgl. *Buchheim*, Rechenfehler; *Buchheim*, Mythos; *Marcel Boldorf/Jonas Scherner*, France's Occupation Costs and the War in the East. The Contribution to the German War Economy, 1940-4, in: Journal of Contemporary History 47, 2012, S. 291–316.

den besetzten Gebieten ins Reichs geschickt oder „geschleppt" wurden. Dabei handelte es sich häufig um Genussmittel und um ausgesprochene Luxusgegenstände. Zwar waren auch viele Grundnahrungsmittel darunter, an denen es im Reich mangelte, aber auffällig ist doch der Schwerpunkt auf teuren Gütern. Es handelte sich dabei unter anderem um Spirituosen, Bohnenkaffee, Parfüme, Pelzmäntel, Gemälde oder Spitzenunterwäsche.[81] Auch wenn sie den Lebensstandard materiell nur geringfügig verbesserten, so kam ihnen doch eine ideelle Bedeutung zu. Luxusgüter und Genussmittel entschädigten zumindest etwas für die Entbehrungen, die der Krieg Haushalten im Reich zunehmend abverlangte. Zudem zeugten gerade eigentlich sehr teure Güter, die auf verschiedene Weisen „besorgt" wurden – durch legalen Kauf bis hin zu Plünderungen aus dem Besitz ermordeter Menschen –, von der Dominanz über die besetzten Gebiete und gaben einen „Vorgeschmack" auf das Leben nach dem vermeintlich siegreichen Krieg.[82]

Im Kontrast dazu stand die zunehmende Rationierung fast aller Konsumgüter im Deutschen Reich. Ab 1942 betraf dies auch den Zigarettenkonsum. Es wurde eine „Reichsraucherkontrollkarte" eingeführt, die den Bezug von Tabakerzeugnissen kontingentierte. An ihrem Beispiel lassen sich Diskriminierungen aufzeigen, die das gesamte Rationierungssystem prägten.[83] So war etwa höchst umstritten, ob Frauen auch eine Kontrollkarte erhalten sollten. Nach intensiven Diskussionen stand Frauen der Zugang zu Zigaretten weiterhin offen, allerdings nur für diejenigen im Alter zwischen 25 und 55 Jahren. Männer hatten hingegen ab 18 Jahren Anspruch auf eine Kontrollkarte. Vor allem auf Betreiben des Propagandaministeriums und der Wehrmacht wurden Frauen nicht komplett von der Zigarettenversorgung ausgeschlossen. Ihnen ging es jedoch nicht um Gleichberechtigung. Sie betonten vielmehr, dass es sich nachteilig für Soldaten an der Front auswirken würde, da viele Frauen ihren Männern, Brüdern und Verlobten keine Zigaretten mehr schicken könnten.[84] Auch die Frauen, die Zigaretten beziehen durften, erhielten nur halb so viele wie Männer. Das Rationierungssystem diskriminierte nicht nur nach Geschlecht, sondern auch nach rassistischen Kriterien. Zwangsarbeiter aus Polen und der Sowjetunion, sogenannte Ostarbeiter, bekamen eine eigene „P-Raucherkarte", die sie dazu berechtigte, lediglich die Hälfte der Menge an Zigaretten zu beziehen wie männliche „Volksgenossen". Polinnen und Zwangsarbeiterinnen aus der Sowjetunion waren ebenso wie jüdische Personen gänzlich von der Zigarettenzuteilung ausgeschlossen.[85]

Nach ebenfalls intensiven Diskussionen stand die „Raucherkarte" mit der Ausnahme der dezidiert ausgeschlossenen Gruppen allen Personen, also auch Nichtrauchern,

---

81 Vgl. neben Aly auch *Julia S. Torrie*, German Soldiers and the Occupation of France, 1940–1944, Cambridge 2018, S. 61–91.
82 *Torrie*, Soldiers, S. 79–80; *Kundrus*, Greasing the Palm.
83 Vgl. dazu ausführlich *Buchheim*, Mythos.
84 *Merki*, Tabakpolitik, S. 35 f.
85 Vgl. dazu ausführlich *Petrick-Felber*, Kriegswichtiger Genuss.

zur Verfügung. Dies führte jedoch dazu, dass die Raucherkontrollkarte innerhalb kürzester Zeit zu einem begehrten Tausch- und Handelsobjekt auf dem Schwarzmarkt wurde. Dies galt für alle Luxus- und Genussmittel. Wer in der späten Kriegsphase noch über solche verfügte, konnte diese gegen Grundnahrungsmittel eintauschen. Es fand eine „Flucht in die Sachwerte" statt, da das Vertrauen in die Währung zunehmend schwand. Haushalte häuften immer mehr Geld an, konnten es jedoch aufgrund der voranschreitenden Warenverknappung kaum noch ausgeben.[86] So stellte ein Bericht des Sicherheitsdienstes (SD) Ende 1943 fest: „Die *Flucht in die Sachwerte der kapitalkräftigen Kreise* [Hervorhebung im Original] ziele auf Haus- und Grundbesitz, wertvolle Teppiche, Brillanten, Gold- und Kunstgegenstände."[87] Vom Tauschhandel und vom Schwarzmarkt profitierten vor allem Landwirte sowie Inhaber oder Produzenten von knappen Gütern. Ein SD-Bericht von Januar 1944 führte folgendes Beispiel an: „Ein ostpreußischer Bauer hatte sich im Laufe des Jahres neu zugelegt: 1 *Smoking* [Hervorhebung im Original], 1 eleganten Sommeranzug, 1 Straßenanzug, 2 Wintermäntel, einen Sommermantel, ferner Oberhemden, Handschuhe, mehrere Hüte und einige Paar Schuhe." Häufig wurden auch Alkohol- und Tabakwaren als begehrte Tauschobjekte erwähnt.[88]

Besonders Zigaretten avancierten zu einer neuen Währung, der mehr Vertrauen entgegengebracht wurde als der Reichsmark. Die Zigarette eignete sich aus mehreren Gründen als alternative Währung: Sie war „handlich, leicht zu transportieren, praktisch verpackt, ziemlich haltbar." Sie war nach Größe und Gewicht normiert und ließ sich gut in verschiedene Mengen teilen.[89] Anders als Bargeld war sie inflationssicher, da sie bei Bedarf einfach verbraucht wurde. Auf dem Schwarzmarkt wurden deshalb Preise immer häufiger in „Zigaretten" anstatt in Reichsmark angegeben. Diese Entwicklung wurde dadurch begünstigt, dass auch Nichtraucher die Raucherkarte beziehen konnten. Es bot sich für sie an, entweder die ganze Karte gegen andere Konsumgüter zu tauschen oder die Zigaretten zu beziehen und sie dann gegen andere Waren auf dem Schwarzmarkt einzutauschen.[90] Das NS-Regime war sich des Ausmaßes des Schwarzmarktes und der Rolle, die Zigaretten darin spielten, bewusst und versuchte, etwa mit Verboten und Diffamierungskampagnen, dagegen vorzugehen. Dies blieb allerdings weitgehend erfolglos. Ab 1944 wurden Schwarzmarktgeschäfte nicht mehr

---

86 *Malte Zierenberg*, Stadt der Schieber. Der Berliner Schwarzmarkt 1939–1950, Göttingen 2008, S. 151–163.
87 SD-Berichte zu Inlandsfragen vom 13. Dezember 1943, in: Heinz Boberach (Hrsg.), Meldungen aus dem Reich 1938–1945. Die geheimen Lageberichte des Sicherheitsdienstes der SS, Bd. 15, Herrsching 1984, S. 6148.
88 SD-Berichte zu Inlandsfragen vom 20. Januar 1944, in: Boberach, Meldungen aus dem Reich, Bd. 16, S. 6261.
89 *Günter Schmölders*, Die Zigarettenwährung, in: Gerhard Brinkmann/Burkhard Strümpel/Horst Zimmermann (Hrsg.), Sozialökonomische Verhaltensforschung. Ausgewählte Aufsätze von Günther Schmölders, Berlin 1973, S. 166.
90 *Merki*, Tabakpolitik, S. 39 f.

im Verborgenen, sondern immer öfter auf öffentlichen Plätzen getätigt.[91] Der Schwarzmarkthandel und die „Zigarettenwährung" bestanden auch nach Kriegsende fort. Beides nahm an Intensität sogar noch zu.[92]

4.4.5 Fazit

Pamela Swett und andere haben auf die große Bedeutung hingewiesen, die „Freude" in der nationalsozialistischen Propaganda zukam, etwa in der Feierabend- und Freizeitorganisation „Kraft durch Freude". Es handelte sich dabei um das Versprechen der Nationalsozialisten eines guten, sorgenfreien Lebens.[93] „Luxusgüter" wie Autos, Reisen, Sekt und Wein sollten für alle „Volksgenossinnen" und „-genossen" erschwinglich werden und damit den Erfolg des NS-Regimes demonstrieren. Allerdings war der Umgang mit Luxusgütern und Genussmitteln im Nationalsozialismus in hohem Maße ambivalent und von Widersprüchen geprägt. Beide Konsumgruppen erfuhren eine Umdeutung unter den Nationalsozialisten und wurden ideologisch und rassistisch aufgeladen. Im Hinblick auf die größere Verbreitung von Luxusgütern in der Bevölkerung waren die Versprechungen und großangelegten Kampagnen wesentlich bedeutsamer als die tatsächlichen Ergebnisse. Diese blieben stets hinter den Ankündigungen zurück. Allerdings ist zu fragen, ob die Illusion des Wohlstands den Nationalsozialisten nicht ohnehin wichtiger war als die tatsächliche Implementierung. Im Fall von Wein und Sekt wäre eine Ausweitung zum „Volksgetränk" nur durch Importe ausländischer Produkte möglich gewesen, weil die Anbauflächen im Reich bei Weitem nicht ausgereicht hätten. Auch Produkte wie der „Volkswagen" konnten für den anvisierten Preis von unter 1000 RM nicht wirtschaftlich rentabel produziert werden.[94]

Anhand des Umgangs mit Genussmitteln wurde der Konflikt zwischen rassistisch-eugenischen „Gesundheitsvorstellungen" und wirtschaftlichen Interessen deutlich. Trotz der Beteuerungen, dass „Volksgesundheit" stets wichtiger als wirtschaftliche Interessen sei, schränkten die Nationalsozialisten die Produktion von gesundheitsschädlichen Genussmitteln letztlich kaum ein. Dies lag an der wirtschaftlichen Bedeutung der Genussmittelindustrie, an der eine Vielzahl von Arbeitsplätzen hing. Noch bedeutender waren allerdings die Steuer- und Zolleinnahmen, die einen wichtigen Teil des Reichsetats ausmachten.

---

91 Vgl. zum Schwarzmarkt und zur Bedeutung der Zigarette *Petrick-Felber*, Kriegswichtiger Genuss, S. 310–334.
92 *Christoph M. Merki*, Die amerikanische Zigarette – das Mass aller Dinge. Rauchen in Deutschland zur Zeit der Zigarettenwährung (1945–1948), in: Thomas Hengartner (Hrsg.), Tabakfragen. Rauchen aus kulturwissenschaftlicher Sicht, Zürich 1996, S. 57–82; vgl. zum Schwarzmarkt generell *Zierenberg*, Stadt der Schieber.
93 *Pamela E. Swett/Corey Ross/Fabrice d'Almeida*, Pleasure and Power in Nazi Germany: An Introduction, in: Ross/Almeida/Swett, Pleasure, S. 1–15.
94 *König*, Volkswagen, S. 157–174.

Im Hinblick auf die Konsumenten beschränkte sich das Regime auf „Aufklärungskampagnen" und Appelle, freiwillig den Genussmittelkonsum zu reduzieren. Diese Freiheit genossen jedoch nur die als „vollwertig" geltenden „Volksgenossinnen" und „-genossen". Als „minderwertig" oder „asozial" eingestufte Alkoholiker wurden hingegen rigoros verfolgt und mitunter zwangssterilisiert.[95] Ein wichtiger Grund, warum das NS-Regime auf weitreichende Verbote verzichtete, war die Angst vor der Macht der Konsumierenden. Im Umgang mit Genussmitteln demonstrierten sie erheblichen „Eigensinn" und reduzierten ihren Konsum trotz umfangreicher öffentlicher Kampagnen nicht. Im Gegenteil, er stieg zwischen 1933 bis 1939 kontinuierlich an. Auch im Krieg versuchten sie an ihren Konsumgewohnheiten, soweit es ging, festzuhalten.

Luxusgütern und Genussmitteln kam eine gestiegene Bedeutung während des Krieges zu. Sie wurden zu Beute, „Liebesgaben" und illegalen Tauschobjekten. Mit steigender Inflation begann eine „Flucht in Sachwerte" und der Schwarzmarkthandel blühte. Daran ließ sich zum einen das sinkende Vertrauen in das nationalsozialistische Regime erkennen. Zum anderen demonstrierte es auch den zunehmenden Kontrollverlust des NS-Regimes, das die Verbraucher trotz Strafandrohungen nicht mehr von Hamsterfahrten und Schwarzmarktaktivitäten abhalten konnte. Luxusgütern und Genussmitteln kam als alternative Währungen somit immer größere Bedeutung zu, die, wie im Fall der „Zigarettenwährung", häufig den Krieg überdauerten.

Auswahlbibliografie

Almeida, Fabrice d', High Society in the Third Reich, Cambridge/Malden 2008.
Berghoff, Hartmut, Methoden der Verbrauchslenkung im Nationalsozialismus, in: Dieter Gosewinkel (Hrsg.), Wirtschaftskontrolle und Recht in der nationalsozialistischen Diktatur, Frankfurt am Main 2005, S. 281–316.
Buchheim, Christoph, Der Mythos vom „Wohlleben". Der Lebensstandard der deutschen Zivilbevölkerung im Zweiten Weltkrieg, in: Vierteljahrshefte für Zeitgeschichte 58, 2010, S. 299–328.
Corni, Gustavo/Gies, Horst, Brot, Butter, Kanonen. Die Ernährungswirtschaft in Deutschland unter der Diktatur Hitlers, Berlin 1997.
Edelmann, Heidrun, Vom Luxusgut zum Gebrauchsgegenstand. Die Geschichte der Verbreitung von Personenkraftwagen in Deutschland, Frankfurt am Main 1989.
Fahrenkrug, Hermann, Alcohol and the State in Nazi Germany 1933–1945, in: Susanna Barrows/Robin Room (Hrsg.), Drinking. Behavior and Belief in Modern History, Berkeley 1991, S. 315–334.
Hauschildt, Elke, „Auf den richtigen Weg zwingen ..." Trinkerfürsorge 1922 bis 1945, Freiburg im Breisgau 1995.
Hengartner, Thomas /Merki, Christoph M. (Hrsg.), Genussmittel. Eine Kulturgeschichte, Frankfurt am Main 2001.
Holzer, Tilmann, Die Geburt der Drogenpolitik aus dem Geist der Rassenhygiene. Deutsche Drogenpolitik von 1933 bis 1972, Norderstedt 2007.

---

95 *Elke Hauschildt*, Auf den richtigen Weg zwingen ...: Trinkerfürsorge 1922 bis 1945, Freiburg im Breisgau 1995.

Jacobs, Tino, Rauch und Macht. Das Unternehmen Reemtsma 1920 bis 1961, Göttingen 2008.
König, Wolfgang, Volkswagen, Volksempfänger, Volksgemeinschaft. „Volksprodukte" im Dritten Reich. Vom Scheitern einer nationalsozialistischen Konsumgesellschaft, Paderborn 2004.
Krieger, Christof, „Wein ist Volksgetränk!". Weinpropaganda im Dritten Reich, Zell/Mosel 2018.
Kundrus, Birthe, Greasing the Palm of the "Volksgemeinschaft"? Consumption under National Socialism, in: Martina Steber/Bernhard Gotto (Hrsg.), Visions of Community in Nazi Germany. Social Engineering and Private Lives; Oxford 2014, S. 157–170.
Lindner, Erik, Die Reemtsmas. Geschichte einer deutschen Unternehmerfamilie, Hamburg 2007.
Merki, Christoph M., Die nationalsozialistische Tabakpolitik, in: Vierteljahrshefte für Zeitgeschichte 46, 1998, S. 19–42.
Petrick-Felber, Nicole, Kriegswichtiger Genuss. Tabak und Kaffee im „Dritten Reich", Göttingen 2015.
Proctor, Robert, The Nazi War on Cancer, Princeton 1999.
Reith, Reinhold (Hrsg.), Luxus und Konsum. Eine historische Annäherung, Münster [u. a.] 2003.
Schanetzky, Tim, „Kanonen statt Butter". Wirtschaft und Konsum im Dritten Reich, München 2015.
Schindelbeck, Dirk, Werbung für alle? Kleine Geschichte der Gemeinschaftswerbung von der Weimarer Republik bis zur Bundesrepublik Deutschland, in: Clemens Wischermann/Peter Borscheid/Karl-Peter Ellerbrock (Hrsg.), Unternehmenskommunikation im 19. und 20. Jahrhundert. Neue Wege der Unternehmensgeschichte, Dortmund 2000, S. 63–97.
Swett, Pamela E./Ross, Corey/Almeida, Fabrice d' (Hrsg.), Pleasure and Power in Nazi Germany, Basingstoke/Hampshire 2011.
Swett, Pamela E., Selling Under the Swastika. Advertising and Commercial Culture in Nazi Germany, Stanford 2013.
Torp, Claudius, Konsum und Politik in der Weimarer Republik, Göttingen 2011.
Weindling, Paul, Health, Race and German Politics Between National Unification and Nazism, 1870–1945, Cambridge/New York/Melbourne 1989.
Zierenberg, Malte, Stadt der Schieber. Der Berliner Schwarzmarkt 1939–1950, Göttingen 2008.

5 Erwerbstätigkeit und Verteilungspolitik

André Steiner
5.1 Einkommen, Lebensstandard und Konsum

5.1.1 Einleitung

Der vorliegende Beitrag widmet sich der Frage, wie sich der Lebensstandard der breiten Masse der deutschen Bevölkerung während der Zeit des Nationalsozialismus entwickelt hat. Nach einem kurzen Abriss zur bisherigen Forschung wird dafür zunächst auf die Veränderungen der Einkommen und dann der Lebenshaltungskosten eingegangen, um anschließend in einem dritten Abschnitt den daraus resultierenden Konsum in der Vorkriegszeit zu behandeln. Viertens wird die Zeit des Zweiten Weltkriegs dargestellt, um dann mit einem Fazit zu schließen.

Der Entwicklung der Löhne und Einkommen, der Verbraucherpreise und damit der Reallöhne im Dritten Reich widmeten sich schon zeitgenössisch verschiedene Autoren im Ausland, wie Jürgen Kuczynski, René Livchen und Hilde Oppenheimer-Bluhm, wobei sie bereits die amtlichen Angaben problematisierten und beispielsweise auf die gestiegenen Lohnabzüge verwiesen.[1] In der Nachkriegszeit war es zunächst Gerhard Bry, der im Rahmen seiner Langzeituntersuchung der Lohnentwicklung in Deutschland die NS-Zeit mitbetrachtete.[2] Ebenso vertiefte Kuczynski anknüpfend an seine früheren Arbeiten in seinem Hauptwerk noch einmal die Analyse der „Lage der Arbeiter".[3] Vor allem Rüdiger Hachtmann präsentierte Ende der 1980er Jahre neue Daten, mit denen er die Lohnentwicklung im NS-Regime differenzierter darstellen konnte.[4] Auf Basis der Beitragsstatistiken der gewerblichen Berufsgenossenschaften legte Rüdiger Hohls schließlich eine weitere langfristig angelegte Untersuchung der Arbeitseinkommen vor, in der er auch die Angaben verschiedener Autoren verglich.[5] Nachdem der amtliche Lebenshaltungskostenindex schon früh in Frage gestellt worden war, trug Hachtmann verschiedene Quellenangaben zusammen, um auf dieser Basis dessen Entwicklung realistischer zu beziffern.[6] André Steiner legte schließlich für

---

[1] Vgl. u. a. *Jürgen Kuczynski*, Löhne und Ernährungskosten in Deutschland 1820–1937, Libau 1937; *René Livchen*, Net Wages and Real Wages in Germany, in: International Labour Review 50, 1944, S. 65–72; *Hilde Oppenheimer-Bluhm*, The Standard of Living of German Labor under Nazi Rule, New York 1943.
[2] *Gerhard Bry*, Wages in Germany 1871–1945, Princeton 1960.
[3] *Jürgen Kuczynski*, Die Geschichte der Lage der Arbeiter unter dem Kapitalismus, Bd. 6: Darstellung der Lage der Arbeiter in Deutschland von 1933 bis 1945, Berlin (Ost) 1964.
[4] *Rüdiger Hachtmann*, Industriearbeit im „Dritten Reich". Untersuchungen zu den Lohn und Arbeitsbedingungen in Deutschland 1933 bis 1945, Göttingen 1989.
[5] Zum Vergleich siehe *Rüdiger Hohls*, Arbeit und Verdienst. Entwicklung und Struktur der Arbeitseinkommen im Deutschen Reich und in der Bundesrepublik (1885–1985), Diss. Phil. Berlin 1992, S. 95 f.
[6] *Rüdiger Hachtmann*, Lebenshaltungskosten und Reallöhne während des „Dritten Reiches", in: Vierteljahrschrift für Sozial- und Wirtschaftsgeschichte 75, 1988, S. 32–73.

die Vorkriegszeit auf neuer Quellengrundlage eine fundierte Schätzung dieses Index vor und beleuchtete die Preispolitik des NS-Regimes in der Vorkriegszeit ausführlich.[7]

Diese auf den materiellen Lebensstandard im engeren Sinne zielenden Untersuchungen wurden in jüngerer Zeit durch Analysen des biologischen Lebensstandards ergänzt, die mit Körpermaßen, dem Krankheitsgeschehen und Mortalitätsraten arbeiten.[8] Die Entwicklung des Lebensstandards während des Krieges wurde vor allem von Christoph Buchheim, aber auch von Gustavo Corni und Horst Gries beleuchtet.[9] Um die Jahrtausendwende entwickelte sich ausgehend von Veröffentlichungen von Werner Abelshauser[10] und anknüpfend an ältere Veröffentlichungen eine Debatte darüber, inwieweit es den Nationalsozialisten gelungen war, Kriegsvorbereitung und -durchführung mit Lebensstandardsicherung und -wachstum zu verbinden.[11] Darüber hinaus wurden in jüngerer Zeit u. a. von Hartmut Berghoff Lebensstandardentwicklung und verschiedene Facetten der Konsumpolitik in Zusammenhang gebracht sowie der private Verbrauch als Teil der allgemeinen Wirtschaftspolitik untersucht.[12] In einer Gesamtdarstellung mit erfahrungsgeschichtlichem Schwerpunkt stellte kürzlich Tim Schanetzky auch diese Probleme in den Mittelpunkt.[13]

---

7 *André Steiner*, Zur Neuschätzung des Lebenshaltungskostenindex für die Vorkriegszeit des Nationalsozialismus, in: Jahrbuch für Wirtschaftsgeschichte 2005/2, S. 129–152; *André Steiner*, Von der Preisüberwachung zur staatlichen Preisbildung: Verbraucherpreispolitik und ihre Konsequenzen für den Lebensstandard unter dem Nationalsozialismus in der Vorkriegszeit, in: André Steiner (Hrsg.), Preispolitik und Lebensstandard. Nationalsozialismus, DDR und Bundesrepublik im Vergleich, Köln 2006, S. 23–85.
8 *Jörg Baten/Andrea Wagner*, Autarchy, Market Disintegration, and Health: the Mortality and Nutritional Crisis in Nazi Germany, 1933–1937, in: Economics & Human Biology 1, 2003, S. 1–28; *Jörg Baten/ Andrea Wagner*, Mangelernährung, Krankheit und Sterblichkeit im NS-Wirtschaftsaufschwung (1933–1937), in: Jahrbuch für Wirtschaftsgeschichte 2003/1, S. 99–123.
9 *Christoph Buchheim*, Der Mythos vom „Wohlleben". Der Lebensstandard der deutschen Zivilbevölkerung im Zweiten Weltkrieg, in: Vierteljahrshefte für Zeitgeschichte 58, 2010, S. 299–328; *Gustavo Corni/Horst Gies*, Brot, Butter, Kanonen. Die Ernährungswirtschaft in Deutschland unter der Diktatur Hitlers, Berlin 1997.
10 *Werner Abelshauser*, Germany: Guns, Butter, and Economic Miracles, in: Mark Harrison (Hrsg.), The Economics of World War II: Six Great Powers in International Comparison, Cambridge 1998, S. 122–176; *Werner Abelshauser*, Kriegswirtschaft und Wirtschaftswunder. Deutschlands wirtschaftliche Mobilisierung für den Zweiten Weltkrieg und die Folgen für die Nachkriegszeit, in: Vierteljahrshefte für Zeitgeschichte 47, 1999, S. 503–538.
11 Zu den Entgegnungen siehe *Christoph Buchheim*, Die Wirtschaftsentwicklung im Dritten Reich – Mehr Desaster als Wunder. Eine Erwiderung auf Werner Abelshauser, in: Vierteljahrshefte für Zeitgeschichte 49, 2001, S. 653–664; *Mark Spoerer*, Demontage eines Mythos? Zu der Kontroverse über das nationalsozialistische „Wirtschaftswunder", in: Geschichte und Gesellschaft 31, 2005, S. 415–438. Zu den Ergebnissen der Debatte siehe unten sowie zu ihren Wurzeln siehe: *Mark Spoerer/Jochen Streb*, Guns and Butter – But No Margarine: The Impact of Nazi Economic Policies on German Food Consumption, 1933–38, in: Jahrbuch für Wirtschaftsgeschichte 2013/1, S. 75 ff.
12 U. a. *Hartmut Berghoff*, Träume und Albträume: Konsumpolitik im nationalsozialistischen Deutschland, in: Heinz-Gerhard Haupt/Claudius Torp (Hrsg.), Die Konsumgesellschaft in Deutschland 1890–1990. Ein Handbuch, Frankfurt am Main 2009, S. 268–288.
13 *Tim Schanetzky*, „Kanonen statt Butter". Wirtschaft und Konsum im Dritten Reich, München 2015.

Einigkeit herrscht darüber, dass der Lebensstandard der breiten Bevölkerung für die NS-Führung immer eminent wichtig war, weil sie die Stabilität, aber auch die Legitimität des Regimes von dieser Seite nicht gefährden wollte. Vor dem Hintergrund der Hungererfahrungen des Ersten Weltkrieges, aber auch der Weltwirtschaftskrise 1929 bis 1932 spielte für sie vor allem die Sicherung der Ernährung der Bevölkerung eine zentrale Rolle.[14] Da aber das eigentliche wirtschaftspolitische Ziel Hitlers die „Wehrhaftmachung" Deutschlands war, musste zugleich der private Konsum (relativ) beschränkt werden, um die für das Primärziel erforderlichen Ressourcen bereitstellen zu können. Dieser grundlegende Widerspruch prägte die gesamte Lebensstandardpolitik des Regimes. Jedoch sollte dieser „rüstungsbedingte Verzicht" künftigen Wohlstand sichern, von dem „Volksfremde" ausgeschlossen werden, aber sozial schwache und rassisch einwandfreie Verbraucher partizipieren sollten. Die Eroberung von Lebensraum und die Vernichtung der als „minderwertig" Betrachteten wurden als Voraussetzung für spätere Prosperität betrachtet.[15] Um diese Ziele durchzusetzen, setzte das Regime verschiedene wirtschaftspolitische Instrumente ein. Dazu gehörte es, dass die Löhne und Verbraucherpreise stabil bleiben sollten oder nur begrenzt ansteigen durften.[16]

5.1.2 Einkommensentwicklung

Auch um die Lohnentwicklung zu beschränken, waren die Gewerkschaften als Interessenvertreter der Arbeiterschaft zerschlagen worden, und Träger der staatlichen Lohnpolitik wurden nun die Treuhänder der Arbeit.[17] Sie hatten den Auftrag, für Lohnstabilität zu sorgen. Auch unter dem Druck der zunächst noch herrschenden Arbeitslosigkeit und angesichts der schlechten wirtschaftlichen Lage einiger Branchen stimmten sie vereinzelt Forderungen zu, die tariflichen Bedingungen aufzuweichen. Solche Tarifsenkungen wurden aber – wie die neuere Forschung betont – von ihnen nicht forciert. Gleichwohl bezahlten die Unternehmen bis 1936 verbreitet untertariflich. Vielfach kam der Aufschwung den Arbeitnehmern insofern zugute, als sie wieder eine Erwerbsarbeit fanden. Mit der Beseitigung der Arbeitslosigkeit nahmen ab 1936 die Löhne infolge strukturellen Arbeitskräftemangels schneller zu. Jedoch versuchte

---

14 *Alf Lüdtke*, Hunger in der Großen Depression. Hungererfahrungen und Hungerpolitik am Ende der Weimarer Republik, in: Archiv für Sozialgeschichte 27, 1987, S. 173 ff.; *Kim Christian Priemel*, Lernversagen. Der Erste Weltkrieg und die nationalsozialistische Wirtschaftspolitik, in: Gerd Krumeich (Hrsg.), Nationalsozialismus und Erster Weltkrieg, Essen 2010, S. 313 f.
15 Mit entsprechenden Belegen: *Berghoff*, Träume, S. 269 ff. (Zitat S. 270).
16 Vgl. ausführlich *Steiner*, Preisüberwachung.
17 Zu den Treuhändern der Arbeit *Sören Eden*, Die Verwaltung einer Utopie: Die Treuhänder der Arbeit zwischen Betriebs und Volksgemeinschaft 1933–1945, Göttingen 2020. Zur Arbeitsverfassung siehe das Kapitel 5.2 in diesem Band.)

das NS-Regime, die Einkommenssteigerungen zu begrenzen, indem es die Arbeitsplatzwahl beschränkte und die Treuhänder keine tariflichen Verbesserungen der Löhne mehr zuließen. Mit den Lohngestaltungs- und Kriegswirtschaftsverordnungen wurde 1938/39 endgültig ein Lohnstopp festgeschrieben. Auch wenn dieser durch die Treuhänder kaum zu kontrollieren war, wurde damit die Lohnentwicklung gedämpft.[18] Um aber den aufkeimenden Unmut oder gar Widerstand der Arbeiter zu begrenzen, bedurfte es zugleich auch der Preisstabilität, worauf zurückzukommen ist.

Auf dieser Basis blieben die Tariflöhne der Industriearbeiter während der Vorkriegszeit auf dem Niveau am Ausgang der Weltwirtschaftskrise, um dann während des Krieges nur minimal zu steigen. Dagegen nahmen die effektiven Stundenlöhne nominal gegenüber 1932 bis 1938 um 8,2 % und bis 1944 um 21,8 % zu. Durch die sich verlängernden Arbeitszeiten wuchsen die effektiven Wochenlöhne ebenso nominal bis 1938 um 26,5 % und bis 1944 um 43,8 %.[19] Wie der Tabelle 1 zu entnehmen ist, blieben die Effektivlöhne aber während der gesamten Zeit unter dem Vorkrisenniveau, was von den Arbeitern wohl durchaus registriert wurde, denn infolge der weit verbreiteten Geldillusion galt die Summe auf dem Lohnzettel als Maß für den Lebensstandard.[20] Diese Angaben beruhen auf der amtlichen Statistik, die während des Dritten Reichs, auch wenn leicht hinterherhinkend, in etwa mit den von Hohls auf Basis der Beitragsstatistiken der gewerblichen Berufsgenossenschaften zusammengestellten Daten für Arbeiter übereinstimmen. Es wird aber auch deutlich, dass die nominalen Gehälter der Angestellten in der Weltwirtschaftskrise nicht so stark wie die Arbeiterlöhne eingebrochen waren und dass sie sich dann aber in der NS-Zeit auch langsamer erholten.[21]

Diese übergreifenden Angaben verdecken außerordentlich starke Differenzen zwischen den Lohnentwicklungen in verschiedenen Branchen sowie nach Qualifikationen, Geschlechtern, Betriebsgrößen und Regionen. Bereits Bry hatte darauf verwiesen, dass die Löhne der Facharbeiter schneller als die der ungelernten Arbeiter stiegen, was sich nach Kriegseintritt noch verschärfte, womit sich die Lohnunterschiede zwischen den beiden Gruppen verstärkten. Angesichts der Notwendigkeit steigender Frauenbeschäftigung wegen zunehmender Arbeitskräfteknappheit und Einbezugs der Männer in den Kriegsdienst vergrößerten sich die Unterschiede bei den effektiven Stundenlöhnen zwischen den Geschlechtern von Ende 1935 bis Kriegsende trotzdem nicht, sondern veränderten sich nur geringfügig. Allerdings dehnten sie sich in den rüstungsrelevanten

---

18 Zur Lohnpolitik siehe *Bry*, Wages, S. 233 f.; *Tilla Siegel*, Lohnpolitik im nationalsozialistischen Deutschland, in: Carola Sachse [u. a.] (Hrsg.), Angst, Belohnung, Zucht und Ordnung. Herrschaftsmechanismen im Nationalsozialismus, Opladen 1982, S. 62 f.; *Hachtmann*, Industriearbeit, S. 112. Im Unterschied dazu siehe zur Rolle der Treuhänder *Eden*, Verwaltung, S. 161–169, 197–203.
19 Berechnet nach: *Bry*, Wages, S. 56, 331. Vgl. *Länderrat des amerikanischen Besatzungsgebietes* (Hrsg.), Statistisches Handbuch von Deutschland 1928–1944, München 1949, S. 472.
20 Vgl. *Christoph Buchheim*, Das NS-Regime und die Überwindung der Weltwirtschaftskrise in Deutschland, in: Vierteljahrshefte für Zeitgeschichte 56, 2008, S. 412.
21 Die Daten der Angestelltenversicherung weisen für die beiden ersten Kriegsjahre eine deutlich positivere Entwicklung aus, als die Angaben von Hohls. Vgl. Statistisches Handbuch von Deutschland, S. 473.

Tab. 1: Entwicklung der nominalen effektiven Bruttoeinkommen für Arbeiter und Angestellte (1932 = 100).

	Statistisches Reichsamt		Hohls	
	Arbeiter		Arbeiter	Angestellte
	je Stunde	je Woche	je Jahr	je Jahr
1928	125,9	145,1	124,2	102,5
1929	132,7	149,4	135,3	115,1
1930	128,9	137,6	129,7	116,0
1931	119,2	121,1	116,9	111,6
1932	100,0	100,0	100,0	100,0
1933	96,9	102,2	96,7	95,2
1934	99,4	109,7	101,3	97,9
1935	100,8	112,4	107,0	104,4
1936	102,5	116,6	112,5	110,3
1937	104,6	120,6	117,5	114,4
1938	108,2	126,5	123,5	121,0
1939	111,3	131,2	130,7	132,6
1940	113,9	135,2	137,0	139,4
1941	119,3	144,1	–	–
1942	121,1	144,9	–	–
1943	122,0	145,6	–	–
1944	121,8	143,8	–	–

Quellen: *Länderrat des Amerikanischen Besatzungsgebiets* (Hrsg.), Statistisches Handbuch von Deutschland 1928–1944, München 1949, S. 472; *Rüdiger Hohls*, Arbeit und Verdienst. Entwicklung und Struktur der Arbeitseinkommen im Deutschen Reich und in der Bundesrepublik (1885–1985), Diss. phil. Berlin 1992, S. 89 f.

Branchen weiter aus, wohingegen sie sich in den konsumnahen Industriezweigen verringerten. Jedoch stiegen die effektiven Wochenlöhne für Männer signifikant schneller als die von Frauen, weil erstere bei zunehmender Arbeitskräfteknappheit länger und letztere eher in Teilzeit arbeiteten, was zu einer leichten Ausweitung der Differenzen führte.[22]

Daran anschließend hat Hachtmann detailliertere Angaben zu den Branchenunterschieden bereitgestellt. Danach entwickelten sich in den rüstungsnahen Bereichen bis 1936/37 die effektiven Stundenlöhne für die qualifizierten Kräfte besser als für die Ungelernten. Wohingegen in den Konsumgüterindustrien bis zu diesem Zeitpunkt selbst die Fachkräfte noch mit beträchtlichen Abschlägen gegenüber dem Lohnhoch vor der Weltwirtschaftskrise zurechtkommen mussten. Zwar stiegen die Wochenlöhne auf Grund der Ausdehnung der Arbeitszeiten schneller an, aber der Zuwachs der Löhne blieb selbst in den rüstungsnahen Branchen hinter dem der Arbeitszeiten zurück.[23] Nach Verkündung des Vierjahresplans stiegen die Stunden- und Wochenverdienste bis

---

[22] *Bry*, Wages, S. 245–249.
[23] *Hachtmann*, Industriearbeit, S. 101–110.

zum Kriegsbeginn sowohl in den Investitionsgüter- als auch in den Konsumgüterindustrien schneller als in den Jahren zuvor.[24] Hohls zeigt auf breiter Quellenbasis, dass die Lohndifferenzen zwischen den Branchen wegen der durch die Rüstungskonjunktur hervorgerufenen Vollbeschäftigung von 1933 bis 1939/40 gesunken, nachdem sie in der Weltwirtschaftskrise angestiegen waren.[25] Bedingt durch die Ausdehnung der Arbeitszeiten wuchsen die Wocheneinkommen weiter schneller als die Stundenlöhne. Allerdings war diese Tendenz bei Arbeiterinnen umgekehrt, weil bei ihnen der Anteil von Teilzeitarbeit stieg. Gleichwohl blieben insgesamt die Einkommensgewinne der Industriearbeiter bescheiden: Selbst in der metallverarbeitenden Industrie waren die Stundenlöhne vor Kriegsbeginn um knapp 10 % niedriger als vor der Krise. Die Wochenlöhne erreichten nur bei qualifizierten Metallarbeitern zu diesem Zeitpunkt wieder das Niveau von 1928. Bei allen anderen lagen sie weiter dahinter zurück. Insofern war die mehr oder weniger improvisierte Lohnpolitik, mit der insbesondere die Möglichkeiten eines Arbeitsplatzwechsels beschränkt wurden, erfolgreich.[26]

Mit Kriegsbeginn stiegen die Löhne zwar wieder schneller, konnten aber ab 1941 im Industriedurchschnitt stabilisiert werden, wobei Hachtmann vermutet, dass dies das Ergebnis des Rückgangs des Anteils der besonders gut bezahlten Facharbeiter zugunsten der schlechter entlohnten angelernten Spezialarbeiter war. Zugleich nahmen in beiden Gruppen die Einkommen zu. Außerdem wurde ab 1941/42 die staatliche Lohnkontrolle zunehmend rigide gehandhabt, wenngleich nach wie vor Möglichkeiten bestanden, diese zu umgehen. Zudem war der besondere Sprung der Wochenlöhne im Jahr 1941 wohl größtenteils darauf zurückzuführen, dass das Statistische Reichsamt nun ins Reich „eingegliederte" Gebiete und weitere Beschäftigtengruppen in die Erhebung einbezog. Aber auch während des Krieges verbargen sich hinter der Gesamtentwicklung differenzierte Trends: In der Investitions- und Rüstungsgüterindustrie sowie abgeschwächt auch im Baugewerbe stiegen die Stundenlöhne gelernter Arbeitskräfte relativ stark an, während die der angelernten Beschäftigten dahinter zurückblieben, teils sogar sanken. Bei Hilfsarbeitern und Arbeiterinnen war dies noch ausgeprägter. Zudem wurde der steigende Anteil ausländischer Zivilarbeiter nicht nur von vornherein schlechter bezahlt, sondern erlaubte den Unternehmern auch die Löhne deutscher angelernter und Hilfsarbeiter und -arbeiterinnen zu drücken. In der Konsumgüterindustrie wurden auf Grund des Rückstandes in der Lohnentwicklung die Stundenverdienste zwischen 1940 und Anfang 1944 überdurchschnittlich angehoben. Gleichwohl blieben in manchen dieser Branchen selbst Fachkräfte 1944 noch zwölf bis zwanzig Prozent unter ihren Löhnen aus der Vorkrisenzeit. Noch stärker waren die Stundenlöhne bei den Fachkräften in der Investitionsgüterindustrie im Vergleich zum Vorkrisenstand zurückgegangen. Jedoch kamen sie durch die Arbeitszeitverlängerungen auf deutlich höhere Effektiv-

---

24 *Hachtmann*, Industriearbeit, S. 124.
25 *Hohls*, Arbeit und Verdienst, S. 285 f.
26 *Hachtmann*, Industriearbeit, S. 124 ff.; vgl. zur Lohnpolitik und -entwicklung auch *Michael Schneider*, Unterm Hakenkreuz. Arbeiter und Arbeiterbewegung 1933 bis 1939, Bonn 1999, S. 519–541.

verdienste als Ende 1928. Nur in der metallverarbeitenden Industrie erreichten die Stundenverdienste der Facharbeiter und Angelernten 1944 das Niveau von Ende 1928. Dem Regime gelang es, sein Ziel zu erreichen und die Lohnentwicklung zu dämpfen: Insgesamt lagen die Effektivlöhne unter deren Höhe vor der Krise.[27] Zugleich hatten sich aber die Arbeitsverhältnisse verschlechtert: Zunehmende Arbeitshetze und eine steigende Zahl von Unfällen prägten sie.[28]

Diese Bruttoangaben spiegeln aber nicht adäquat wider, wie sich das den Arbeitern und ihren Familien zur Verfügung stehende Einkommen entwickelte. Bereits zeitgenössisch wurde berichtet, dass zum einen die gesetzlichen und außergesetzlichen Abzüge vom Lohn gestiegen waren und zum anderen der amtliche Lebenshaltungskostenindex die Preisveränderungen unterschätzte.[29] Die gesetzlichen Einkommensabzüge umfassten die Einkommenssteuern und die während der Weltwirtschaftskrise eingeführte Bürgersteuer sowie die Sozialversicherungsbeiträge. Sie waren während der Weltwirtschaftskrise in unterschiedlichem Maße angehoben worden, was von den Nationalsozialisten im Großen und Ganzen beibehalten bzw. bei den Steuern noch einmal verschärft wurde, womit sich die Belastung der Einkommen erhöhte.[30] Dazu kamen jedoch nominell freiwillige, aber faktisch obligatorische Abgaben, wie die Beiträge für die Deutsche Arbeitsfront (DAF) und andere NS-Organisationen sowie „Spenden" an das Winterhilfswerk.[31] Die Schätzungen über die Gesamthöhe der verschiedenen Lohnabzüge variieren nach der älteren Literatur bei den Arbeitern und Arbeiterinnen zwischen 20–30 % und 13–17 %.[32] Hachtmann schätzte konservativ, dass sich die gesetzlichen und außergesetzlichen Abzüge vom Brutto-Wochenverdienst von 11,9 % 1928 während der Weltwirtschaftskrise auf 12,9 % 1932 und bis 1938 auf 17,1 % sowie schließlich 1944 auf 18,1 % erhöht hatten. Anhand der älteren Schätzungen und vorliegender Berichte über den Unmut über diese zusätzlichen Belastungen ist ersichtlich, dass diese verschiedentlich noch höher gelegen haben. Daraus ergibt sich, dass die nominalen Netto-Wochenverdienste der Industriearbeiter bis 1938 gegenüber 1932 lediglich um 20,4 % und bis 1944 um 35,3 % gestiegen waren und damit während der gesamten Zeit des NS-Regimes unter dem Niveau vor der Weltwirtschaftskrise blieben.[33] Hinter diesen Durchschnittswerten verbargen sich allerdings wiederum erhebliche regionale, branchenseitige und geschlechterbezogene Differenzen, sodass manche besser und andere schlechter dastanden. Diese Verschlechterung der Einkommenslage gegen-

---

27 *Hachtmann*, Industriearbeit, S. 132–135.
28 *Kuczynski*, Geschichte, Bd. 6, S. 177–187; *Hachtmann*, Industriearbeit, S. 224–253.
29 *Livchen*, Net Wages.
30 *Hachtmann*, Lebenshaltungskosten, S. 35–39. Zur Steuerpolitik und ihren Konsequenzen *Ralf Banken*, Hitlers Steuerstaat. Die Steuerpolitik im Dritten Reich, Berlin 2018.
31 *Hachtmann*, Lebenshaltungskosten, S. 39–45; *Schanetzky*, Kanonen, S. 68 f.; *Banken*, Hitlers Steuerstaat, S. 380–389.
32 Vgl. *Siegel*, Lohnpolitik, S. 105.
33 *Hachtmann*, Lebenshaltungskosten, S. 45 ff. Bry kam zu leicht höheren Werten, berechnet nach *Bry*, Wages, S. 58.

über der Vorkrisenzeit war für viele direkt auf dem Lohnzettel ablesbar und löste entsprechende Unzufriedenheit aus, was das Regime eigentlich möglichst vermeiden wollte.

5.1.3 Entwicklung der Lebenshaltungskosten

Es gab aber noch weitere Quellen des Unmuts. Immer wieder kam es zu Preissteigerungen bei wechselnden Produkten und in verschiedenen Regionen.[34] Die Preispolitik des Regimes, mit der das verhindert werden sollte, war bis 1936 weder koordiniert noch strikt zielgerichtet. Vielmehr wirkten die auf Rüstung und Autarkie zielenden wirtschaftspolitischen Maßnahmen auch auf die Verbraucherpreise zurück. So wurde die Einfuhr von Textilfasern beschränkt, um rüstungswichtige Rohstoffe zu importieren. Sie führten dazu, dass die entsprechenden Güter knapper wurden und nachfolgend die Preise anstiegen. Schon die Zeitgenossen erkannten, dass die Preisbildung nach Angebot und Nachfrage durch Höchstpreissetzungen und polizeiliche Maßnahmen nicht außer Kraft zu setzen war. Sie überformten die Marktkräfte und führten zu schwarzen und grauen Märkten.[35] Höchstpreise – meist regional differenziert – führten zu neuen Fehlallokationen der betroffenen Güter. Nicht selten fühlten sich die Menschen in die Kriegs- und Inflationszeit zurückversetzt, was den führenden Nationalsozialisten angesichts ihrer prägenden Erfahrungen aus dieser Zeit wie ein Menetekel vor Augen stehen musste. Aber auch die im Hintergrund ständig wirksame Geldschöpfung forcierte den inflationären Druck und drückte tendenziell das Preisniveau nach oben, was durch die auf Einzelpreise gerichtete Politik nicht zu kompensieren war.

Stärkere Erhöhungen der Verbraucherpreise wurden nicht durch das Eingreifen der Reichsinstanzen verhindert. Der 1934 wieder etablierte Reichskommissar für Preisüberwachung konnte sich kaum durchsetzen. Insbesondere betrieb der Reichsernährungsminister eine Politik zugunsten der Landwirte; auch der Reichswirtschaftsminister und selbst Hitler konnten sich zunächst nicht mit einer staatlichen Preisadministration anfreunden. Sie beschränkten sich weitgehend auf Appelle und Drohgebärden, denen allerdings – als Exempel inszeniert – teilweise auch Taten oft mit rassischen Begründungen folgten. Vielmehr ergriffen 1934/35 untergeordnete Parteistellen, Kommunalverwaltungen und ähnliche Behörden immer strengere Maßnahmen und überschütteten die übergeordneten Institutionen mit Beschwerden.[36] Nicht zuletzt wurde ein weiteres Ansteigen der Preise verhindert, weil sie bei den Verbrauchern infolge deren niedriger Einkommen nicht durchsetzbar waren. Die NS-Führung reagierte auf die Preisentwicklung mit „ständigem Wechsel zwischen hektischer Akti-

---

34 Das Folgende nach *Steiner*, Preisüberwachung.
35 S. auch die Angaben bei *Hachtmann*, Lebenshaltungskosten, S. 57.
36 S. auch *Günther Morsch*, Arbeit und Brot. Studien zu Lage, Stimmung, Einstellung und Verhalten der deutschen Arbeiterschaft 1933–1936/37, Frankfurt am Main 1993, S. 292 f., 295.

vität und passivem Abwarten" und damit mit „Phantasielosigkeit und Unstetigkeit". Ihre Preispolitik betrieb sie zuallererst mit Blick auf die Stimmung der Bevölkerung.³⁷ Aber nicht nur diese machte die NS-Spitze zunehmend nervös, vielmehr fürchtete sie, dass die steigenden Verbraucherpreise auch ein Wachstum der Löhne verlangten und damit ihre Prioritäten im Rüstungsbereich gefährdet würden. Das war aber nur eine der Problemlagen, die sich im Sommer 1936 zuspitzten.

Angesichts der Krise, in deren Mittelpunkt auch die Versorgung mit Lebensmitteln stand und deshalb immer öfter die ansonsten für die Aufrüstung benötigten Devisen für Nahrungsmittelimporte eingesetzt wurden, musste die NS-Politik grundsätzlich überprüft werden. Ein weiterer Anstieg der Preise sollte nun durch ihre noch stärkere Reglementierung verhindert werden. Die Sicherung der Ernährung der Bevölkerung und die dafür erforderlichen Importe bildeten mit Bezug auf die Erfahrungen aus dem Ersten Weltkrieg neben der im Mittelpunkt stehenden Schaffung der Kriegsfähigkeit einen wesentlichen Ausgangspunkt in den Überlegungen Hitlers, die dann zum Vierjahresplan führten. Mit ihm sollte die heimische Agrarproduktion intensiviert und die Versorgung der Bevölkerung ebenso wie das Hauptziel – die weitere Rüstung – gesichert werden, wobei der Autarkiegedanke zunehmend in den Mittelpunkt rückte.³⁸ In diesem Kontext wurde im Oktober 1936 das Amt des Reichskommissars für die Preis*bildung* neu geschaffen, der die Preise in der gesamten Wirtschaft einheitlich nach gleichen Grundsätzen durch *eine* Stelle überwachen sollte.³⁹

Die immer detaillierteren Regelungen für die verschiedensten Preise konnten aber nicht verdecken, dass die Preisentwicklung selbst nach wie vor stark von Angebot und Nachfrage bestimmt wurde. Da die beschleunigte Rüstung Vorrang hatte, war die Verknappung von Verbrauchsgütern nicht zu vermeiden. Jedoch wurde das Ungleichgewicht von Nachfrage und Angebot auch durch den im Zuge des Abbaus der Arbeitslosigkeit und der anlaufenden Rüstungskonjunktur bedingten Anstieg der Einkommen verstärkt. Nachdem 1936 die Vollbeschäftigung erreicht war, geriet auch die Lohnentwicklung immer stärker zu einem Problem der Preisadministration. Jedoch waren die Versuche, über Preiskontrollen Lohnsteigerungen zu begrenzen, wohl nicht nur zum Scheitern verurteilt, weil der Staat bei den öffentlichen Rüstungsaufträgen jeden Preis bezahlte,⁴⁰ sondern weil die Behörde des Reichskommissars angesichts ihrer begrenzten Kapazitäten nicht die gesamten Verbraucherpreise kontrollieren konnte. Als zwischen 1937 und Kriegsbeginn alle Ressourcen und Produk-

---

37 *Morsch*, Arbeit und Brot, S. 158, 216 ff., 296, 369 f.
38 Siehe zur Vorgeschichte des Vierjahresplans: *Arthur Schweitzer*, Foreign Exchange Crisis of 1936, in: Zeitschrift für die gesamte Staatswissenschaft 118, 1962, S. 243–277; *Dietmar Petzina*, Autarkiepolitik im Dritten Reich. Der nationalsozialistische Vierjahresplan, Stuttgart 1968, S. 31–53.
39 Zu den Möglichkeiten und Grenzen dieser Institution siehe: *André Steiner*, Der Reichskommissar für die Preisbildung – „eine Art wirtschaftlicher Reichskanzler"? In: Rüdiger Hachtmann/Winfried Süß (Hrsg.), Hitlers Kommissare. Sondergewalten in der nationalsozialistischen Diktatur, Göttingen 2006, S. 93–114.
40 Vgl. *Siegel*, Lohnpolitik, S. 80.

tionsfaktoren angesichts forcierter Rüstungsbemühungen zunehmend ausgelastet waren, verstärkten sich Lohn- und Verbraucherpreissteigerungen wechselseitig, was durch die staatlichen Instanzen kaum zu begrenzen war.

Über den tatsächlichen Preisanstieg spekulierten schon die Zeitgenossen, wobei sie übereinstimmten, dass der amtliche Lebenshaltungskostenindex die Inflation zu niedrig ausweise, weshalb des Öfteren versucht wurde, die Preisentwicklung zu schätzen, wobei die Ergebnisse eine nicht unerhebliche Spannbreite aufwiesen.[41] Die jüngste Berechnung der Verbraucherpreisentwicklung für die Vorkriegszeit des Dritten Reiches wurde auf Basis der Wirtschaftsrechnungen von Arbeiterhaushalten von 1927/28 und 1937 sowie auf Grundlage verschiedener qualitativer zeitgenössischer Quellenfunde durchgeführt. Danach belief sich der Anstieg der Lebenshaltungskosten zwischen April 1933 – dem Tiefpunkt des Preisstandes – und Ende 1938 etwa auf 23 %. Der amtliche Index weist dagegen für den gleichen Zeitraum lediglich eine Zunahme um 8,1 % aus, d. h. er unterschätzte den Preisanstieg um 12,1 % bzw. um knapp 15 Punkte. Allerdings berücksichtigt diese Neuschätzung auch Erscheinungen, die sich im amtlichen Index per definitionem nicht widerspiegeln: Qualitätsverschlechterungen, Angebotsverknappungen sowie schwarze und graue Märkte sind zumindest teilweise in dieser Schätzung abgebildet.[42]

5.1.4 Realeinkommen und Konsum

Wenn man für die Bestimmung des Lebensstandards in der Vorkriegszeit des NS-Regimes – in seiner engeren wirtschaftlichen Definition als Realeinkommen – das Wachstum der oben angegebenen (korrigierten) Netto-Wochenverdienste von 1932 bis 1938 um 20,4 % heranzieht, ergibt sich mit dieser Schätzung der Preisentwicklung, dass das Realeinkommen der Arbeiter zwischen Krisenausgang 1932 und 1938 nur um 1,0 % zunahm, also über den Gesamtzeitraum gesehen faktisch stagnierte.[43] Damit lag es trotz längerer Arbeitszeit unter dem Vorkrisenniveau.[44] Dieses Ergebnis wird auch von Untersuchungen zum biologischen Lebensstandard sowie der mikroökonomischen Analyse der materiellen Ernährungslage der deutschen Bevölkerung bestätigt.[45]

Im gleichen Zeitraum stieg aber – getragen von der Rüstungskonjunktur – das Bruttosozialprodukt um 69,8 %. Doch dieses Wachstum kam dem privaten Konsum augenscheinlich kaum zugute: 1932 betrug der Anteil des privaten Konsums am Brutto-

---

41 Siehe Beispiele in *Hachtmann*, Lebenshaltungskosten, S. 68 ff.; *Steiner*, Neuschätzung, S. 129–132.
42 Vgl. zur Methodik, den Ergebnissen und ihrer Problematisierung: *Steiner*, Neuschätzung.
43 Zu den Details: *Steiner*, Neuschätzung. Die Unsicherheiten der Schätzung legen allerdings die Möglichkeit nahe, dass die Realeinkommen auch um 12,5 % gestiegen oder um 3,8 % gesunken sein könnten.
44 Vgl. dazu auch die Berechnung bei *Buchheim*, NS-Regime, S. 413.
45 *Mark Spoerer/Jochen Streb*, Neue deutsche Wirtschaftsgeschichte des 20. Jahrhunderts, München 2013, S. 143–154; s. auch *Schanetzky*, Kanonen, S. 71 f.

sozialprodukt krisenbedingt noch 90,3 % und 1938 nur noch 54,8 %. Da die Beschäftigung in der gleichen Zeit stark anstieg, ging der private Konsum je Erwerbstätigen zwischen 1932 und 1938 sogar um 20,8 % zurück. Je Kopf der Bevölkerung sank der private Verbrauch aber lediglich um 1,4 %.[46] Der Pro-Kopf-Konsum stagnierte also ebenfalls. Jedoch verbesserte sich für die ehemals Arbeitslosen und dann wieder Beschäftigten die Lebenslage deutlich. Mit diesem Beschäftigungsanstieg wuchs der gesamte private Konsum aber kaum, sodass er sich auf mehr Erwerbstätige verteilte, für die er im Durchschnitt sank.[47] Es war dem Regime also gelungen, den privaten Konsum in seiner Entwicklung zu begrenzen und damit seinen Anteil am erzielten Produkt stark zu reduzieren. Die entsprechenden Mittel und Ressourcen kamen letztlich der von der NS-Führung präferierten Rüstung zugute. Das widerspricht aber auch der Annahme von Werner Abelshauser, dass beides möglich war: ein „stetig, wenn auch langsam steigender Lebensstandard *und* schnelle, wenn auch nicht planmäßige Aufrüstung".[48]

Zudem wurde bereits zeitgenössisch darauf hingewiesen, dass die Lebensqualität insgesamt nachgelassen hatte. Infolge der verstärkten Arbeitsintensität wurde von „allgemeiner Nervenüberspannung und der Zunahme von Erkrankungen" bei Arbeitern berichtet.[49] Zugleich hatte sich der Lebensmittelverbrauch – teils durch direkte Lenkungsmaßnahmen des Regimes, teils durch Mangel – verschoben: Insbesondere ging es darum, den Verbrauch der Bevölkerung auf Güter aus einheimischer Produktion zu lenken und den von Importgütern zu reduzieren. Die Ernährung sollte von vorwiegend tierischen auf pflanzliche Produkte, von Eiweiß und Fett auf Kohlehydrate umgestellt werden. Das hieß, dass Brot, Gemüse, Kartoffeln und Rübenzucker deutlich mehr konsumiert, während insbesondere Fleisch und Fleischwaren, Eier, Milch sowie zu importierende Güter, wie Südfrüchte und Bohnenkaffee teils erheblich reduziert

---

46 Alle Aggregatwerte berechnet nach: *Albrecht Ritschl*, Deutschlands Krise und Konjunktur 1924–1934. Binnenkonjunktur, Auslandsverschuldung und Reparationsproblem zwischen DawesPlan und Transfersperre, Berlin 2002; Anhangtabellen B.8 und B.9 korrigiert mit der neuen Schätzung des Lebenshaltungskostenindex. Zu den Details: *Steiner*, Neuschätzung. Die Korrektur des Konsumaggregats nach oben, um den subventionierten KdF-Tourismus zu seinem „richtigen" Wert eingehen zu lassen, wie von Berghoff gefordert, scheitert an den fehlenden statistischen Angaben, würde aber bei dem geringen Anteil dieser Reisen an den Gesamtkonsumausgaben das Ergebnis wohl nur unwesentlich verschieben, vgl. *Hartmut Berghoff*, Gefälligkeitsdiktatur oder Tyrannei des Mangels? Neue Kontroversen zur Konsumgeschichte des Nationalsozialismus, in: Geschichte in Wissenschaft und Unterricht 58, 2007, S. 509.
47 Deshalb ist der Einwand von Berghoff gegen diese Schätzung, es komme auf die Haushaltseinkommen an, letztlich auch nicht stichhaltig. Denn der Pro-Kopf-Konsum stagnierte wohl. Vgl. *Berghoff*, Gefälligkeitsdiktatur, S. 508. Der begrenzte materielle Effekt der Beseitigung der Arbeitslosigkeit wird weiter unten gezeigt.
48 *Abelshauser*, Kriegswirtschaft, S. 525. Hierzu bereits kontrovers *Buchheim*, Wirtschaftsentwicklung; *Spoerer*, Demontage.
49 Bundesarchiv R 2501/6585, Bl. 259. [Dr. Eicke], Steigende Arbeiterlöhne, 19. 6. 1939.

verbraucht wurden.⁵⁰ Neuere Studien zeigen außerdem, dass die Sterblichkeit bereits vor dem Krieg anstieg, was vor allem auf Mangelernährung in Folge von staatlichen Markteingriffen und Autarkiepolitik sowie eine Vernachlässigung des öffentlichen Gesundheitswesens zurückgeführt wird.⁵¹ Ursachen der Unzufriedenheit unter den Arbeitern waren kurz vor Kriegsausbruch die Inflation, die unzureichenden Lohnsteigerungen und hohen Lohnabzüge, die ungenügende Ernährung und schlechte Versorgung mit Bekleidung, aber auch die Aufhebung der Freizügigkeit bei der Arbeitsplatzwahl. Jedoch war das bereits früher der Fall, wobei in den Stimmungsberichten der verschiedensten Instanzen Klagen über Löhne, Preise und Versorgung einen zentralen Platz einnahmen. Darauf reagierte das Regime meist mit lokalen und regionalen Aktionen, um die gravierendsten Mangelsituationen oder Teuerungen zu beseitigen. Mit solchen oder auch den Lohn betreffenden Konzessionen konnte die Unruhe in der Bevölkerung immer wieder zumindest partiell gemindert werden.⁵²

Wenn sich der materielle Lebensstandard bis etwa 1936 verschlechterte und insgesamt in der Vorkriegszeit des Regimes bei ausgedehnten Arbeitszeiten und gestiegener Arbeitsintensität stagnierte, stellt sich die Frage, weshalb das von der breiten Masse der Bevölkerung hingenommen wurde. Ausschlaggebend dürfte – wie vielfach in der Literatur hervorgehoben – die Beseitigung der Arbeitslosigkeit gewesen sein, denn die Beschäftigten verglichen ihre Lage mit der Zeit der Massenarbeitslosigkeit sowie der durch sie hervorgerufenen Not und weniger mit der Situation vor der Weltwirtschaftskrise und den damals gezahlten Spitzenlöhnen.⁵³ Dies belegt auch die neuere glücksökonomische Forschung, die zudem darauf hindeutet, dass der Abbau der Arbeitslosigkeit für die Bevölkerung im Hinblick auf ihre Zufriedenheit den Preisanstieg deutlich überkompensierte.⁵⁴ Schließlich waren viele Familien nun nicht mehr auf wohlfahrtsstaatliche Unterstützung angewiesen und konnten wieder Arbeitseinkommen erzielen, sodass die Familieneinkommen stiegen. Die Arbeitsplätze wurden

---

50 Zur Verbrauchslenkung und ihren Effekten: *Corni/Gies*, Brot, S. 353–363; *Hartmut Berghoff*, Methoden der Verbrauchslenkung im Nationalsozialismus, in: Dieter Gosewinkel (Hrsg.), Wirtschaftskontrolle und Recht in der nationalsozialistischen Diktatur, Frankfurt am Main 2005, S. 281–316.
51 *Baten/Wagner*, Autarchy; *Baten/Wagner*, Mangelernährung. Berghoff meldet allerdings Einwände gegen diese Betrachtung an, vgl. *Berghoff*, Gefälligkeitsdiktatur, S. 505 f.
52 Siehe u. a. *Timothy W. Mason*, Die Bändigung der Arbeiterklasse im nationalsozialistischen Deutschland. Eine Einleitung, in: Sachse, Angst, S. 24; *Bernd Stöver*, Volksgemeinschaft im Dritten Reich. Die Konsensbereitschaft der Deutschen aus der Sicht sozialistischer Exilberichte, Düsseldorf 1993, S. 136 f.
53 Vgl. u. a. *Mason*, Bändigung, S. 13; *Ulrich Herbert*, Arbeiterschaft im „Dritten Reich". Zwischenbilanz und offene Fragen, in: Geschichte und Gesellschaft 15, 1989, S. 324 ff., 332; *Wolfgang Zollitsch*, Arbeiter zwischen Weltwirtschaftskrise und Nationalsozialismus. Ein Beitrag zur Sozialgeschichte der Jahre 1928 bis 1936, Göttingen 1990, S. 103. Das bestätigt auch eine Berechnung des Human Development Index für den betreffenden Zeitraum, vgl. *Andrea Wagner*, Ein Human Development Index für Deutschland und die Entwicklung des Lebensstandards im „Dritten Reich", 1933–1939, in: Vierteljahrschrift für Sozial und Wirtschaftsgeschichte 94, 2007, S. 325.
54 *Fabian Wahl*, Die Entwicklung des Lebensstandards im Dritten Reich – eine glücksökonomische Perspektive, in: Jahrbuch für Wirtschaftsgeschichte 2013/1, S. 89–110.

angesichts der sich herausbildenden Vollbeschäftigung zunehmend als sicher und stabil erfahren. Dafür nahm man manchen Verlust sowohl an materiellem Lebensniveau – gegenüber der Vorkrisenzeit – als auch an Freiheit hin.[55]

Jedoch sollte der materielle Effekt des Abbaus der Arbeitslosigkeit nicht überschätzt werden. Wenn man die Entwicklung der Lohn und Gehaltssumme der abhängig Beschäftigten von 1932 bis 1938 heranzieht, so stieg diese insbesondere durch die Zunahme der Beschäftigung zwar auf 167,1%, aber je Kopf der abhängigen Erwerbspersonen (abhängig Beschäftigte und Arbeitslose) wuchs sie nur noch auf 134,6%. Dieser Index bildet faktisch die Bruttonominallohnentwicklung und den Zuwachs der Einkommen durch den Abbau der Arbeitslosigkeit ab. Bei Heranziehen der oben bereits angeführten Werte für die Abzüge vom Lohn und für den neu berechneten Lebenshaltungskostenindex zeigt sich, dass die realen Nettoeinkommen zuzüglich des Einkommenszuwachses aus dem Rückgang der Arbeitslosigkeit bei (dann wieder) abhängig Beschäftigten bis 1938 gegenüber 1932 auch nur um 7,6% gestiegen war, was einem durchschnittlichen jährlichen Wachstum von 1,2% entsprach.[56] Das ist eine deutlich stärkere Zunahme als bei den „reinen" Realnettoeinkommen, aber sie bleibt doch letztlich auch begrenzt. Das unterstreicht aber umso mehr den psychologischen Effekt des Abbaus der Arbeitslosigkeit.

Darüber hinaus hatten nicht zuletzt die außenpolitischen Erfolge Hitlers, mit denen er in den Augen vieler Deutscher den Versailler Vertrag revidierte, zumindest bis Anfang 1938 einen erheblichen positiven Einfluss auf die Stimmung breiter Bevölkerungsschichten.[57] Gleichwohl haben neben den zunehmend sicheren Arbeitsplätzen noch andere Gründe dazu beigetragen, dass von der Bevölkerung und insbesondere der Arbeiterschaft die Stagnation der materiellen Lebenslage hingenommen wurde. So hatte wohl die Differenzierung der Einkommen ebenfalls ihren Anteil daran, weil geringer Verdienende unter den Bedingungen wieder sicherer Arbeitsplätze höhere Löhne, vor allem als eine Möglichkeit für sich selbst, als einen Anreiz sahen. Außerdem entstanden mit den zwar nur gedämpft steigenden, aber gesicherten Einkommen neue Konsumchancen. In bestimmten Bereichen sollte der Verbrauch seitens des Regimes sogar ausgeweitet werden, wenngleich diese nicht zum lebensnotwendigen Bedarf zählten.[58] Das zeigte sich beispielsweise in der massenhaften Verbreitung des

---

55 Vgl. *Hans-Ulrich Wehler*, Deutsche Gesellschaftsgeschichte, Bd. 4: Vom Beginn des Ersten Weltkriegs bis zur Gründung der beiden deutschen Staaten 1914–1949, München 2003, S. 681, 732, 737.
56 Berechnet nach: Lohn- und Gehaltssumme aus Statistisches Handbuch von Deutschland, S. 600; abhängige Erwerbstätige aus: *Dietmar Petzina/Werner Abelshauser/Anselm Faust*, Sozialgeschichtliches Arbeitsbuch III. Materialien zur Statistik des Deutschen Reiches 1914–1945, München 1978, S. 119. Alle anderen Werte siehe oben. Laut Mason sind die Angaben im Statistischen Handbuch zu den Beschäftigten fehlerhaft, vgl. *Timothy W. Mason*, Arbeiterklasse und Volksgemeinschaft. Dokumente und Materialien zur deutschen Arbeiterpolitik 1936–1939, Opladen 1975, S. 193.
57 *Hans-Ulrich Thamer*, Verführung und Gewalt. Deutschland 1933–1945, Berlin 1986, S. 538–543; *Wehler*, Gesellschaftsgeschichte, S. 648–652.
58 *Hartmut Berghoff*, Enticement and Deprivation: The Regulation of Consumption in Pre-War Nazi Germany, in: Martin Daunton/Matthew Hilton (Hrsg.), The Politics of Consumption. Material Culture

Radios als Volksempfänger, obwohl diese Geräte seitens des Regimes zunächst als Propagandainstrument gedacht waren. Eine Vielzahl anderer Konsumversprechen, wie die auf den Volkswagen oder den Massentourismus, blieben aber für die breite Masse oft nicht einlösbar.[59] Der Stellenwert des Tourismus für die Wahrnehmung ihres Lebensstandards durch die Arbeiter ergab sich – unabhängig von der Zahl und der Dauer der tatsächlich durchgeführten Reisen – vor allem daraus, dass dergleichen in der Weimarer Zeit weitgehend ausgeschlossen war. Insofern nutzten die Nationalsozialisten diese Versprechen, um ein nicht nur materiell fundiertes Bild vom Lebensstandard zu propagieren und durchaus viele zu überzeugen, dass sich ihre Lebenslage seit 1933 verbessert habe und weiter verbessern werde.[60] Angesichts der im gesamten privaten Verbrauch nach wie vor eine überragende Rolle spielenden Ernährung und Bekleidung und der dort aufgetretenen Defizite erscheint es zwar überzeichnet, das „Kraft-durch-Freude"-Angebot als Mittler zwischen Konsum und Aufrüstung zu betrachten.[61] Aber diese Chancen waren letztlich doch mehr als „virtuell",[62] da sie bei den Arbeitern in der Wahrnehmung ihres Lebensstandards bzw. Erträumen von Möglichkeiten wirkungsmächtig wurden. Dieser „zukunftsorientierte Modus" des Konsums sollte letztlich dem Ausgleich zwischen dem Streben der Bevölkerung nach Konsum und dem primären wirtschaftspolitischen Ziel der NS-Spitze, der Aufrüstung, dienen.[63]

Die nichtmateriellen Aspekte des Konsums werden aber in dem oben angeführten Konsumaggregat der volkswirtschaftlichen Gesamtrechnung nicht abgebildet,[64] was sich jedoch mit deren Methoden nicht beheben lässt. Gleichwohl änderte das nichts daran, dass die angestrebte Balance zwischen Lebensstandard und Aufrüstung zuungunsten des privaten Verbrauchs nicht gelang. Insofern konnte die nationalsozialistische „Konsumgesellschaft" auch nicht – wie angestrebt – zu einer Alternative zum amerikanischen Konsummodell werden.[65] Gleichwohl bleibt festzuhalten: Auch wenn der materielle Lebensstandard der breiten Masse der Bevölkerung in der Vorkriegszeit stagnierte, wurde das Existenzminimum gesichert und nach den konjunkturell stark

---

and Citizenship in Europe and America, Oxford 2001, S. 173–177; *Claudius Torp*, Besser als in Weimar? Spielräume des Konsums im Nationalsozialismus, in: Birte Kundrus/Sybille Steinbacher (Hrsg.), Kontinuitäten und Diskontinuitäten. Der Nationalsozialismus in der Geschichte des 20. Jahrhunderts, Göttingen 2013, S. 86–91.
59 Vgl. dazu: *Wolfgang König*, Volkswagen, Volksempfänger, Volksgemeinschaft. „Volksprodukte" im Dritten Reich. Vom Scheitern einer nationalsozialistischen Konsumgesellschaft, Paderborn 2004.
60 Zu diesen Konsumwelten vgl. *Schanetzky*, Kanonen, S. 101–114. Zum Tourismus vgl. Kapitel 4.3 in diesem Band.
61 Vgl. *Shelley Baranowski*, Strength through Joy: Consumerism and Mass Tourism in the Third Reich, Cambridge 2004, S. 142.
62 So charakterisiert sie *Berghoff*, Enticement, S. 173, 178; *Berghoff*, Methoden, S. 287 ff.
63 *Frank Trentmann*, Herrschaft der Dinge. Die Geschichte des Konsums vom 15. Jahrhundert bis heute, München 2017, S. 388.
64 Vgl. *Berghoff*, Gefälligkeitsdiktatur, S. 509.
65 Vgl. zu dieser Konfrontation *Victoria de Grazia*, Irresistible Empire. America's Advance through Twentieth-century Europe, Cambridge 2005, S. 10 f., 124, 458.

wechselhaften Jahren der Weimarer Republik nahm man das als „Rückkehr zur Stabilität" wahr.[66]

5.1.5 Kriegszeit

Der NS-Führung war vor Kriegsausbruch durchaus bewusst, dass das volkswirtschaftliche Potential Deutschlands nicht ausreichen würde, um den steigenden Bedarf an Rüstung abzudecken und zugleich für die Konsumenten Verbrauchsgüter im lebensnotwendigen Umfang bereitzustellen.[67] Ihr Ziel war es auch während des Krieges, den Lebensstandard nicht unter das Existenzminimum sinken zu lassen und Situationen wie im Ersten Weltkrieg, beispielsweise den Steckrübenwinter, zu verhindern.[68] Dabei antizipierten die bereits seit 1933 in Kraft gesetzten wirtschaftlichen Regulierungsmaßnahmen, die indirekt und direkt auch den Konsum beeinflussten, im Grunde die Realität nach 1939, als Lebensmittelkarten und Kundenlisten als Mittel dienten, um den privaten Konsum den Erfordernissen der Kriegsführung anzupassen.[69]

Gleichwohl mussten die rationierten Güter käuflich erworben werden. Die dazu erforderlichen nominalen Brutto-Wochenlöhne der Arbeiter stiegen nach den oben angeführten amtlichen Daten bis 1944 gegenüber 1938 um 13,7 %, wobei aber auch diese Angaben mit erheblichen Unsicherheiten belastet waren und zudem die Branchen und Regionen untereinander außerordentlich starke Differenzen aufwiesen. Dieser Zuwachs ergab sich aus den verschiedenen Möglichkeiten, den Lohnstopp zu umgehen: sei es durch Umbewertung von Tätigkeiten, Arbeitsplatzwechsel, höhere Akkordleistungen, verlängerte Arbeitszeiten oder Schichtzulagen. Mit ihnen wurde auf die zunehmende Arbeitskräfteknappheit reagiert.[70] Infolge dieses marktbedingten Anstiegs stiegen durch die kalte Progression aber auch die relativen Steuerabzüge und fraßen einen guten Teil davon wieder auf.[71] Zudem nahmen die Lebenshaltungskosten auch in der Kriegszeit schon nach dem offiziellen Index weiter um 12,6 % zu.[72] Da der Index definitionsgemäß die sich während des Krieges noch verschärfenden Erscheinungen von Qualitätsverschlechterung, Verbrauchssubstitutionen infolge von Rationierung sowie die über-

---

66 *Torp*, Besser als in Weimar, S. 82.
67 *Jochen Streb*, Das Reichswirtschaftsministerium im Kriege, in: Albrecht Ritschl (Hrsg.), Das Reichswirtschaftsministerium in der NS-Zeit. Wirtschaftsordnung und Verbrechenskomplex, Berlin 2016, S. 573.
68 *Richard J. Overy*, „Blitzkriegswirtschaft"? Finanzpolitik, Lebensstandard und Arbeitseinsatz in Deutschland 1939–1942, in: Vierteljahrshefte für Zeitgeschichte 36, 1988, S. 401.
69 *S. Jonathan Wiesen*, Creating the Nazi Marketplace. Commerce and Consumption in the Third Reich, Cambridge 2011, S. 192 f.
70 Vgl. u. a. *Michael Schneider*, In der Kriegsgesellschaft. Arbeiter und Arbeiterbewegung 1939 bis 1945, Bonn 2014, S. 541–555.
71 *Banken*, Hitlers Steuerstaat, S. 367 ff.
72 Berechnet nach: Statistisches Handbuch von Deutschland, S. 463.

höhten Preise auf den sich ausbreitenden Schwarzmärkten nicht erfasste, muss sich die Lebenshaltung weit stärker verteuert haben. Allerdings verloren die Geldeinkommen angesichts der sich verstärkenden Güterknappheit an Bedeutung für den tatsächlichen Lebensstandard, was sich insbesondere in den rasant ansteigenden Sparguthaben niederschlug, worauf Buchheim aufmerksam gemacht hat. Deshalb ist eine Analyse der konsumierten Warenmengen geboten, um sich dem Lebensstandard der deutschen Zivilbevölkerung zu nähern.[73]

Der größte Teil der für die private Lebensführung erforderlichen Güter wurde nun rationiert. Dieses Zuteilungssystem war bereits wenige Tage vor Kriegsausbruch für wesentliche Nahrungsmittel, wie Fleisch, Fett, Zucker und Marmelade, und weitere Konsumgüter, wie Seife, Kohle, Textilien und Schuhe, eingeführt worden.[74] Für den Erwerb dieser Güter war nun außer Geld auch eine staatlich ausgegebene Bezugsberechtigung notwendig. Schon kurz nach Kriegsbeginn wurde dieses System für Nahrungsmittel nach Alter und Schwere der körperlichen Arbeit stark differenziert. Immer mehr Güter bezog man in die Rationierung ein: teils nur sporadisch oder lokal, teils bezogen auf besondere Anlässe, wie Weihnachten und Hochzeiten, oder für Reisen und Urlaub. Auch regionale Verbrauchsgewohnheiten wurden berücksichtigt. Ebenso waren zunehmend mehr industrielle Gebrauchsgüter betroffen. Um den wachsenden Versorgungslücken zu begegnen und den nötigsten Bedarf zu decken, bezog man in das „von Anfang an recht komplizierte System der Rationierung" eine zunehmende Zahl von Produkten ein und differenzierte es weiter aus. Auf Grund der verschiedenen Zulagen für schwere körperliche Arbeit in diesem System war ein großer Teil der Arbeiterbevölkerung versorgungsseitig bessergestellt als die meist mehr verdienenden Angestellten- und Beamtenhaushalte. Jedoch hatte erstere auch infolge ihrer Arbeit einen höheren Kalorienbedarf.[75] Andererseits konnten nach Berechnungen des Statistischen Reichsamtes und des Arbeitswissenschaftlichen Instituts der DAF bei Kriegsausbruch die unteren Einkommensgruppen die zugewiesenen Mengen der Verbrauchs- und Lebensmittelkarten wegen fehlender Geldmittel nicht vollständig nutzen. Jedoch waren davon nur zu einem kleinen Teil Industriearbeiter betroffen. Meist handelte es sich um „Rentner, kleinste Gewerbetreibende, auch Heimarbeiter und Hausgewerbetreibende" mit so geringen Einkünften.[76]

Die jüdische Bevölkerung dagegen wurde, auch was die Zuteilung von rationierten Gütern betraf, von 1939 an offiziell diskriminiert, indem sie beispielsweise von den Sonderzuteilungen zu Weihnachten und Jahreswechsel 1939/40 ausgeschlossen blieb. Sie erhielten damit weniger Fleisch und Butter sowie kein Kakaopulver und Reis. Aber auch danach blieben ihnen die Sonderzuteilungen grundsätzlich verwehrt. Zudem wurden ab Mitte September 1939 gesonderte Einkaufszeiten für Juden, zumeist

---

73 *Buchheim*, Mythos, S. 301 f.
74 *Corni/Gies*, Brot, S. 413–416.
75 *Buchheim*, Mythos, S. 304–307 (Zitat, S. 306).
76 Vgl. die entsprechenden Dokumente in: *Mason*, Arbeiterklasse, S. 1122 f., 1282.

am Nachmittag, festgelegt, wo wichtige Waren oft schon ausverkauft waren. Erhielten Juden zunächst im Prinzip – d.h. eine Vielzahl zusätzlicher punktueller Einschränkungen wurden fortlaufend erlassen – noch die gleichen Normalrationen wie die übrige deutsche Bevölkerung, durften nach einem Erlass des Reichsernährungsministeriums seit September 1942 an sie keine Fleisch-, Eier- und Milchkarten sowie keine örtlichen Bezugsausweise mehr ausgegeben werden. Damit waren diese Lebensmittel für sie auf legalem Wege nicht mehr zugänglich. Ihnen blieben nur die Brot-, Fett-, Nährmittel- und Marmeladenkarten, verbunden allerdings mit weiteren Einschränkungen beim Bezug von Kleidern und anderen Gebrauchsgütern.[77] In Essen beispielsweise erhielten Juden letztmalig im August 1944 Lebensmittelkarten und blieben von da an bis zum Kriegsende ohne Zuteilung. Zu diesem Zeitpunkt lebten offiziell von den etwa 4500 Juden des Jahres 1933 noch 35 in der Stadt.[78] Nachfolgend wird nur die deutsche Zivilbevölkerung betrachtet und die Versorgung der Fremd- und Zwangsarbeiter ausgeklammert, die sich aber ab der Jahreswende 1941/42 drastisch verschlechterte.[79]

In den ersten zweieinhalb Kriegsjahren kam es lediglich bei Brot und Fleisch für die meisten Verbraucher zu je einer Rationskürzung.[80] Drastisch wurden die Zuteilungen erst im April 1942 reduziert. Sie verringerten sich bei Brot, Fleisch und Fett um bis zu 25 %. Vor allem der Mangel an Futtermitteln schlug sich hier nieder. Zudem wurde im April 1942 die reichseinheitliche Kartoffelkarte ausgegeben. Angesichts sinkender Rationen nahm der Unmut bei Arbeitern ab dieser Zeit so zu, dass man sich veranlasst sah, nach der neuen Ernte die Rationen wieder – soweit wie möglich auf das alte Niveau – anzuheben. Dass der Ernährungsstandard überhaupt so hoch gehalten werden konnte, war nicht nur auf den extensiven Einsatz von Fremdarbeitern und Kriegsgefangenen in der deutschen Landwirtschaft, sondern auch auf die beträchtlichen Nahrungsmittellieferungen aus den besetzten Gebieten zurückzuführen.[81] Nicht zuletzt trug die Versorgung erheblicher Teile der Wehrmacht aus nichtdeutschen Ressourcen wesentlich dazu bei, im Reichsgebiet lange Zeit die Grundversorgung der deutschen Bevölkerung zu sichern. In den Agrarwirtschaftsjahren 1939/40 bis 1943/44 deckten

---

77 Alles nach *Hans-Ludwig Grabowski/Wolfgang Haney* (Hrsg.), Kennzeichen „Jude": Antisemitismus, Entrechtung, Verfolgung, Vernichtung und die Rationierung von Nahrungsmitteln und Verbrauchsgütern für Juden in Großdeutschland und den besetzten Gebieten 1939 bis 1945. Dokumentation basierend auf Belegen der zeitgeschichtlichen Sammlung Wolfgang Haney, Berlin 2014, passim.
78 *Hubert Schmitz*, Die Bewirtschaftung der Nahrungsmittel und Verbrauchsgüter 1939–1950. Dargestellt an dem Beispiel der Stadt Essen, Essen 1956, S. 320.
79 Im Detail dazu *Mark Spoerer*, Die soziale Differenzierung der ausländischen Zivilarbeiter, Kriegsgefangenen und Häftlinge im Deutschen Reich, in: Jörg Echternkamp (Hrsg.), Das Deutsche Reich und der Zweite Weltkrieg, Bd. 9: Die Deutsche Kriegsgesellschaft 1939 bis 1945, Halbbd. 2: Ausbeutung, Deutungen, Ausgrenzung, München 2005, S. 485–576.
80 Vgl. zu der im Folgenden vor allem auf Buchheim beruhenden Darstellung auch die ausführlichere Beschreibung des Wechselspiels zwischen Ernährungslage, Bevölkerungsstimmung und Reaktionen der NS-Führung bei: *Corni/Gies*, Brot, S. 555–582; *Schneider*, Kriegsgesellschaft, S. 661–686.
81 Vgl. Abschnitt 7.2.5 in diesem Band.

ausländische Nettolieferungen im Mittel 12 % des gesamten deutschen militärischen und zivilen Verbrauchs an Getreide, bei Fleisch belief sich dieser Anteil auf ein Fünftel. Trotzdem mussten schon im Frühjahr 1943 die Fleischrationen erneut gesenkt werden. Sie lagen bei Normalverbrauchern nur noch bei 50 % der Zuteilungen von 1939/40; bei Schwerarbeitern und Kindern war es etwas höher. Auch das wirkte sich auf die Stimmung der Bevölkerung stark negativ aus und wurde mit den militärischen Rückschlägen in Zusammenhang gebracht.[82] Die mitunter angeführten, von deutschen Soldaten in den besetzten Gebieten erworbenen und nach Hause verbrachten Lebensmittel konnten zwar im Einzelfall vielleicht die Lebenslage verbessern, aber für die deutsche zivile Gesamtbevölkerung können sie – wie Buchheim nachgewiesen hat – vernachlässigt werden.[83] Seit Ende 1943 verschlechterte sich die Versorgung mit Lebensmitteln kontinuierlich, weil immer mehr von Deutschland besetzte Länder befreit wurden und damit die Einfuhren von dort sanken. Darüber hinaus mussten zunehmend Teile der Wehrmacht aus dem innerdeutschen Aufkommen versorgt werden. Spätestens seit Februar 1945 wurde die Zivilbevölkerung von Monat zu Monat erheblich schlechter versorgt. Insgesamt sank damit auch der Nährwert der Rationen, vielfach auf unter 60 % im Vergleich zu 1939/40. Allerdings sind dies alles nur Durchschnittswerte, die Lage der einzelnen Haushalte differierte stark in Abhängigkeit vom Status der arbeitenden Familienmitglieder sowie von Zahl und Alter der Kinder.[84]

Der Verbrauch verschob sich – ähnlich wie im Ersten Weltkrieg – vom Fleisch hin zu vegetabilen Produkten, wie Kartoffeln, Gemüse und Zucker in all seinen Formen. Diese Produkte und der Familienausgleich durch die teils über deren Bedarf liegenden Kinderrationen ermöglichte es einer durchschnittlichen städtischen Arbeiterfamilie zwar ihren Gesamtbedarf an Kalorien im Krieg über weite Strecken annähernd zu decken, aber zugleich war infolge des Rückgangs des Verzehrs tierischen Eiweißes und von Speisefett der Ernährungsstandard selbst einer Schwerarbeiterfamilie bereits Mitte 1942 im Vergleich zu 1937 beträchtlich gesunken. Wenn dann noch die schlechtere Qualität einzelner Lebensmittel berücksichtigt wird, verstärkt sich dieser Trend zusätzlich, was nicht nur objektiv, sondern auch im subjektiven Empfinden der Konsumenten deren Lebensstandard verringerte. Dennoch war die Versorgungslage bei Lebensmitteln in Arbeiterfamilien während des gesamten Krieges vergleichsweise gut. Die beste Ernährung hatten während des Krieges allerdings die sogenannten Selbstversorger, also Haushalte, deren Mitglieder in der Landwirtschaft tätig waren und Nahrungsmittel selbst produzierten. Sie konnten gar nicht alle zur Verfügung stehenden Lebensmittel selbst verbrauchen, sodass sie sie teilweise – meist auf grauen und schwarzen Märk-

---

82 *Buchheim*, Mythos, S. 307–311.
83 *Buchheim*, Mythos, S. 313 f.; Vgl. *Christoph Buchheim*, Die vielen Rechenfehler in der Abrechnung Götz Alys mit den Deutschen unter dem NS-Regime, in: SozialGeschichte 20, 2005, S. 69 ff. Zum Beitrag der besetzten Gebiete insgesamt siehe auch: *Jürgen Kilian*, Krieg auf Kosten anderer. Das Reichsministerium der Finanzen und die wirtschaftliche Mobilisierung Europas für Hitlers Krieg, Berlin 2017, S. 394–397.
84 *Buchheim*, Mythos, S. 311 ff., 316 ff.

ten – verkauften. Im Gegensatz dazu hatten die fast ausschließlich auf Karten angewiesenen Erwachsenen, in deren Haushalt keine Kinder lebten, die schlechteste Ernährung, weil ihnen der innerfamiliäre Ausgleich nicht zugutekam.[85]

Insbesondere Angestellte und Beamte konnten sich aufgrund ihrer höheren Einkommen eher als Arbeiter im Schleichhandel oder auf dem Schwarzmarkt zusätzliche Nahrungsmittel beschaffen. Jedoch war es bei den vielen potentiellen Nachfragern nicht sicher, dass sie auf diesem Weg ihren Ernährungsstandard tatsächlich entscheidend verbessern konnten.[86] Der bekannte Statistiker Alfred Jacobs schätzte in einer unveröffentlichten Studie unmittelbar nach Kriegsende anhand der Schwarzmarktpreise sowie der Einkommens- und Vermögensverhältnisse, dass während des Krieges lediglich das oberste Drittel der städtischen Privathaushalte in der Einkommenspyramide die finanziellen Spielräume hatte, um Nahrungsmittel auf dem schwarzen Markt zu erwerben. Seiner Beobachtung nach entstanden bereits in den ersten beiden Kriegsjahren schwarze Märkte, auf denen die Preise um das Drei- bis Zehnfache über dem Vorkriegsniveau lagen. In den folgenden Jahren stiegen diese Preise stetig und bewegten sich Ende 1944 beim bis zu Fünfzigfachen über denen der Vorkriegszeit. Im Jahr 1945 explodierten sie förmlich und beliefen sich auf das 100- bis 200-fache der legalen Preise. Angesichts dieser hohen Schwarzmarktpreise blieb der illegal zugekaufte Anteil an der gesamten Lebens- und Genussmittelversorgung wohl gering. Jacobs schätzte ihn auf etwa 7 % der offiziellen Rationen.[87]

Nicht nur die Quantität und Qualität der verfügbaren Nahrungsmittel nahm im Verlauf des Krieges ab. Das Angebot an anderen Konsumgütern verschlechterte sich noch wesentlich mehr. Gerade Textilien und Kleidung standen der Zivilbevölkerung in deutlich verringertem Umfang zur Verfügung, dabei waren diese bereits in der Vorkriegszeit nicht nur zunehmend knapp, sondern auch von schlechterer Qualität oder ohnehin nur noch mit Ersatzstoffen erhältlich. Auch sie wurden jetzt – beispielsweise mit der Reichskleiderkarte – kontingentiert. Zum einen war die entsprechende Produktion wegen Rohstoffmangels zurückgegangen. Dazu kam der steigende Bedarf der Wehrmacht und der anderen paramilitärischen Stellen (Organisation Todt, Polizei, SS, SA und Arbeitsdienst). Außerdem wuchs die Nachfrage nach Kleidung und Haushaltswaren infolge des Bombenkrieges. In der Folge waren für normale Arbeitnehmerhaushalte in der zweiten Kriegshälfte solche Güter kaum noch zu erlangen. Entsprechend wurden bereits die zugeteilten Rationen an Bekleidung und vielmehr noch an Schuhen immer kleiner, die aber immer seltener tatsächlich verfügbar waren. Letztere ebenso wie auch Möbel und Hausrat – nicht selten der jüdischen Bevölkerung geraubt – wurden ab Anfang 1943 ohnehin nur noch an Bombenkriegsopfer ausgegeben, sodass

---

85 *Buchheim*, Mythos, S. 318–321.
86 *Buchheim*, Mythos, S. 322; vgl. zu den Praktiken des Schwarzmarkts *Malte Zierenberg*, Stadt der Schieber. Der Berliner Schwarzmarkt 1939–1950, Göttingen 2008; *Schanetzky*, Kanonen, S. 204–208.
87 Alles nach *Stefan Mörchen*, Schwarzer Markt. Kriminalität, Ordnung und Moral in Bremen 1939–1949, Frankfurt am Main 2011, S. 62. Er hat diese auf Deutschland bezogene Studie im Staatsarchiv Bremen ausfindig gemacht.

die restliche Zivilbevölkerung fast nichts mehr bekam.[88] Deshalb nahm während des Krieges die Eigenfertigung, Wiederverwertung oder Reparatur von Gebrauchsgegenständen entgegen dem langfristigen Trend wieder stark zu. Selbst in der nationalsozialistischen Propaganda tauchten vermehrt entsprechende Anleitungen und Aufforderungen auf.[89]

5.1.6 Fazit

Der materielle Lebensstandard der deutschen Zivilbevölkerung stagnierte in der Vorkriegszeit und lag noch unter dem Vorkrisenniveau. Schon am Anfang des Krieges wurde er weiter nach unten gedrückt. Allerdings traf das auf die Ernährung, jedenfalls von Arbeiterfamilien, zunächst nur in vergleichsweise geringem Umfang zu; diese verschlechterte sich erst ab Frühjahr 1942 stark und zwar vor allem in ihrer Zusammensetzung. Dagegen war ein Mangel an vielen Gebrauchsgütern bereits vorher massiv spürbar geworden, wobei seit etwa Mitte 1943 für den Normalverbraucher fast gar keine Versorgungsmöglichkeit mehr bestand.[90] Der private Verbrauch – gemessen anhand der Pro-Kopf-Konsumausgaben – ging im Gebiet des Deutschen Reiches in den Grenzen von 1938 im Kriegsverlauf stark zurück, um 1944 nur noch bei 70 % des Standes von 1938 zu liegen.[91] Im Frühjahr 1945 brach die Versorgung der Bevölkerung mit Nahrungsmitteln weitgehend zusammen.

Der NS-Führung gelang es lange Zeit, ihre Priorität für die Rüstung und schließlich den Krieg durchzusetzen und zugleich der Masse der deutschen Bevölkerung einen hinreichenden Lebensstandard zu gewähren, der zwar den Mangel an vielen Gütern nicht ausschloss, aber die Stabilität des Regimes sicherte. Ausgeschlossen von dieser „Sicherheit" blieben alle, die als rassisch und gesellschaftlich minderwertig oder politisch gegnerisch galten. Die Lebensstandard- und Konsumpolitik des Nationalsozialismus blieb aber „häufig inkohärent und erratisch", weil verschiedenste Institutionen beteiligt waren (Polykratie), aber vor allem weil ihr nicht lösbare Zielkonflikte zugrunde lagen.[92] Zudem wurde auf entstehenden Unmut bei den Verbrauchern reagiert, die die Versuche, den Konsum zu lenken, ignorierten, kritisierten oder sich dem widersetzten, woraufhin die jeweilige Konsumpolitik kurzfristig modifiziert wurde. Auch aus diesen Reaktionen auf die Bevölkerungsstimmungen resultierte eine gewisse Sprunghaftigkeit.

---

88 *Buchheim*, Mythos, S. 324–327. Zu dem Kartensystem für diese Güter und seinen Konsequenzen siehe ausführlicher: *Streb*, Reichswirtschaftsministerium, S. 579–595; vgl. auch *Schanetzky*, Kanonen, S. 92–96, 203 f.
89 *Reinhild Kreis*, Die kleine Fabrik Zuhause. Haushaltsproduktion als Versorgungsstrategie, Lebensstil und Markt vom 18. bis 20. Jahrhundert, in: Christian Kleinschmidt/Jan Logemann (Hrsg.), Konsum im 19. und 20. Jahrhundert, Berlin/Boston 2021, S. 100.
90 *Buchheim*, Mythos, S. 327.
91 *Overy*, Blitzkriegswirtschaft, S. 395 f. (Tab. 6)
92 *Berghoff*, Gefälligkeitsdiktatur, S. 516 f.

Dabei richtete sich die NS-Konsumpolitik nicht nur am materiellen Lebensstandard im engeren Sinne aus, sondern es wurden auch gezielt letztlich nicht oder bestenfalls ansatzweise eingelöste Konsumversprechen eingesetzt, die aber in ihrer Wirksamkeit über die Zeit des Dritten Reiches hinausreichten. Mit Thomas Welskopp kann man angesichts der Entwicklungen in der Weimarer Zeit und in der Bundesrepublik sagen, dass mit Rationierung, Schwarzmärkten und wieder zugenommener Subsistenzwirtschaft in der NS-Zeit die Konsumgesellschaft „suspendiert" wurde.[93] Daran änderte auch der „virtuelle Konsum" nichts, sondern bestätigte das eher.[94] An diese Entwicklungen wurde in beiden deutschen Nachkriegsgesellschaften mit unterschiedlichen Schwerpunkten und in verschiedenem Ausmaß angeknüpft.

Auswahlbibliografie

Baten, Jörg/Wagner, Andrea, Mangelernährung, Krankheit und Sterblichkeit im NS-Wirtschaftsaufschwung (1933–1937), in: Jahrbuch für Wirtschaftsgeschichte 2003/1, S. 99–123.

Berghoff, Hartmut, Träume und Alpträume: Konsumpolitik im nationalsozialistischen Deutschland, in: Heinz-Gerhard Haupt/Claudius Torp (Hrsg.), Die Konsumgesellschaft in Deutschland 1890–1990. Ein Handbuch, Frankfurt am Main 2009, S. 268–288.

Buchheim, Christoph, Der Mythos vom „Wohlleben". Der Lebensstandard der deutschen Zivilbevölkerung im Zweiten Weltkrieg, in: Vierteljahrshefte für Zeitgeschichte 58, 2010, S. 299–328.

Hachtmann, Rüdiger, Industriearbeit im „Dritten Reich". Untersuchungen zu den Lohn- und Arbeitsbedingungen in Deutschland 1933 bis 1945, Göttingen 1989.

Hohls, Rüdiger, Arbeit und Verdienst. Entwicklung und Struktur der Arbeitseinkommen im Deutschen Reich und in der Bundesrepublik (1885–1985), Diss. Phil. Berlin 1992.

König, Wolfgang, Volkswagen, Volksempfänger, Volksgemeinschaft. „Volksprodukte" im Dritten Reich. Vom Scheitern einer nationalsozialistischen Konsumgesellschaft, Paderborn 2004.

Morsch, Günter, Arbeit und Brot. Studien zu Lage, Stimmung, Einstellung und Verhalten der deutschen Arbeiterschaft 1933–1936/37, Frankfurt am Main 1993.

Overy, Richard J., „Blitzkriegswirtschaft"? Finanzpolitik, Lebensstandard und Arbeitseinsatz in Deutschland 1939–1942, in: Vierteljahrshefte für Zeitgeschichte 36, 1988, S. 379–435.

Schanetzky, Tim, „Kanonen statt Butter". Wirtschaft und Konsum im Dritten Reich, München 2015.

Spoerer, Mark/Streb, Jochen, Guns and Butter – But No Margarine: The Impact of Nazi Economic Policies on German Food Consumption, 1933–38, in: Jahrbuch für Wirtschaftsgeschichte 2013/1, S. 75–88.

Steiner, André, Von der Preisüberwachung zur staatlichen Preisbildung: Verbraucherpreispolitik und ihre Konsequenzen für den Lebensstandard unter dem Nationalsozialismus in der Vorkriegszeit, in: André Steiner (Hrsg.), Preispolitik und Lebensstandard. Nationalsozialismus, DDR und Bundesrepublik im Vergleich, Köln 2006, S. 23–85.

---

93 *Thomas Welskopp*, Konsum, in: Christoph Dejung/Monika Dommann/Daniel Speich Chassé (Hrsg.), Auf der Suche nach der Ökonomie. Historische Annäherungen, Tübingen 2014, S. 145.

94 Die Unterscheidung von Logemann zwischen einer „virtuellen" Konsumgesellschaft bis 1941 und einer „suspendierten" ab 1942 erscheint vor dem Hintergrund der hier dargestellten Entwicklungen nicht schlüssig. Vgl. *Jan Logemann*, Dynamiken der Massenkonsumgesellschaft im 20. Jahrhundert, 1918–2008, in: Kleinschmidt/Logemann, Konsum, S. 302 f.

Wagner, Andrea, Ein Human Development Index für Deutschland und die Entwicklung des Lebensstandards im „Dritten Reich", 1933–1939, in: Vierteljahrschrift für Sozial und Wirtschaftsgeschichte 94, 2007, S. 309–332.

Wahl, Fabian, Die Entwicklung des Lebensstandards im Dritten Reich – eine glücksökonomische Perspektive, in: Jahrbuch für Wirtschaftsgeschichte 2013/1, S. 89–110.

Wiesen, S. Jonathan, Creating the Nazi Marketplace. Commerce and Consumption in the Third Reich, Cambridge 2011.

Rüdiger Hachtmann
5.2 Arbeitsbeziehungen und Tarifsystem

5.2.1 Einleitung

„Zwangsorganisation auf der einen, Atomisierung auf der anderen Seite" – in diese Formel brachte ein Autor der Deutschland-Berichte der Exil-SPD bereits 1935 „das Wesen der faschistischen Massenbeherrschung".[1] Mit diesem Satz ist die in ihren Grundzügen schon früh fixierte NS-Arbeitsverfassung ziemlich präzise charakterisiert. Hinzu traten eine weitgehende kollektivrechtliche Entmündigung, die zunehmende Verschlechterung auch der auf das Individuum gemünzten Arbeitsrechte sowie eine vielschichtige, zugleich repressive wie sozialpaternalistische Integration der (deutschen) Arbeitnehmerschaft in eine rassistisch definierte „deutsche Volks- und Leistungsgemeinschaft". Dabei stellen sich zahlreiche Fragen, u. a.: Welche arbeitsrechtlichen Instrumente wurden seit 1933 neu geschaffen? Welche Rolle spielten insbesondere die sog. Treuhänder der Arbeit? In welcher Hinsicht knüpfte die Diktatur an ältere Regelungen und Institutionen an? Wie wurden der nationalsozialistische Rassismus und Biologismus in die NS-Arbeitsverfassung „integriert"? Um dies zu erläutern, sind die Rahmenbedingungen knapp zu skizzieren und die „Vorgeschichte" der NS-Arbeitsverfassung wenigstens anzureißen. Zu berücksichtigen ist außerdem, dass die Nationalsozialisten kein festgefügtes System schufen. Unter dem Druck von Aufrüstung, Expansion und Krieg befand sich auch die Arbeitsverfassung in einem Zustand permanenter Veränderung.

Im Folgenden werden im ersten Abschnitt Kompetenzen und Praxis der Treuhänder der Arbeit bzw. „Reichstreuhänder der Arbeit" (wie sie seit dem 9. April 1937 hießen)[2] skizziert. Diese Treuhänder waren bis 1943 die zentrale tarifpolitische Institution. Der zweite Teil thematisiert die Rolle der Arbeitsgerichte sowie der ihnen vorgeschalteten Rechtsberatung der Deutschen Arbeitsfront (DAF). Er setzt zudem einige Schlaglichter auf die Arbeitsfront, die de facto zu einer zentralen Säule der nationalsozialistischen Arbeitsverfassung wurde. Im letzten Teil werden die rassistischen Diskriminierungen der „Fremdarbeiter" während des Zweiten Weltkrieges und deren formalrechtliche Ausformungen diskutiert.

---

[1] *Klaus Behnken* (Hrsg.), Deutschland-Berichte der Sozialdemokratischen Partei Deutschlands (SOPADE) 1934–1940. Bd. 2: 1935, Salzhausen/Frankfurt 1980, S. 1376.
[2] Zur terminologischen Vereinfachung spreche ich im Folgenden dennoch durchgehend von „Treuhändern der Arbeit" oder „Treuhändern", in den Anmerkungen von TDA.

5.2.2 Autoritäre Regulierung der Tarifpolitik: die Treuhänder der Arbeit

Grundgesetzlich fixiert wurde die NS-Arbeitsverfassung im sog. „Gesetz zur Ordnung der nationalen Arbeit" vom 20. Januar 1934.[3] Entgegen landläufiger Meinung auch unter Historikern markierte dieses Arbeitsordnungsgesetz (AOG) keine Niederlage der Arbeitsfront – im Gegenteil. Neben hohen Beamten vor allem aus dem Reichsarbeitsministerium waren maßgebliche Akteure der DAF federführend an der Ausformulierung dieses Gesetzes beteiligt. Neben Rudolf Schmeer, der bis 1938 nominell als „Stellvertreter" des NSDAP-Reichsorganisationsleiters und Chefs der DAF Robert Ley firmierte, spielte hier namentlich Wolfgang Pohl eine zentrale Rolle. Pohl war seit 1933 ein enger Vertrauter und einer der wenigen Duzfreunde Leys. Gleichzeitig war er bis 1935 bzw. 1937 leitender Beamter (Ministerialrat) sowohl im Reichsarbeits- als auch im Reichswirtschaftsministerium; er fungierte als eine Art personelles Scharnier zwischen den beiden Reichsministerien und der Arbeitsfront. Wenn Pohl Anfang 1935 zum Leiter des Arbeitswissenschaftlichen Instituts, dem Braintrust der Arbeitsfront, der die Strategien der Gesamtorganisation vorformulierte, avancierte, – und diese Position bis 1945 behielt – dann war dies auch ein Ausdruck der Zufriedenheit Robert Leys mit dem Beitrag seines Freundes zur Ausarbeitung des AOG. Auch Ley selbst war an der Abfassung des Arbeitsordnungsgesetzes beteiligt. Er habe, so erklärte er rückblickend, bei dessen Ausformulierung sogar „gleich die Führung in die Hand" genommen.[4] Nur in einer Hinsicht waren Ley und seine Mitstreiter mit dem Arbeitsordnungsgesetz unzufrieden: Sie wollten eigentlich ein auf wenige Kernsätze konzentriertes „Grundgesetz der Arbeit". Damit konnten sie sich jedoch gegenüber der in traditionellem Rechtsdenken befangenen Ministerialbürokratie noch nicht durchsetzen.

Ein weiterer Aspekt ist wichtig: Die Bestimmungen des AOG waren nicht in Stein gemeißelt. Hitler selbst hatte bei den Vorbereitungen dieses vermeintlichen Grundgesetzes der nationalsozialistischen Arbeit ausdrücklich verlangt, „daß in diesem Gesetz keine allzu feste gesetzliche Regelung zunächst erfolgt; das Gesetz müsse zunächst möglichst beweglich gehalten werden, man müsse abwarten, wie sich die einzelnen Bestimmungen in der Praxis bewährten."[5] Von diesem Aufruf des „Führers" zu Flexibilität bei der Neustrukturierung der Arbeitsverfassung mag derjenige überrascht sein, der unterstellt, die NS-Protagonisten hätten nach bestimmten Dogmen ihren Staat errichten wollen. Dem war jedoch keineswegs so: Fest standen für alle NS-Protagonisten lediglich die Ziele. Diese lassen sich in den folgenden Schlagworten bündeln: erstens Primat

---
3 Reichsgesetzblatt (RGBl.) I, 1934, S. 45–56.
4 Zit. nach *Hans-Joachim Reichhardt*, Die Deutsche Arbeitsfront. Ein Beitrag zur Geschichte des nationalsozialistischen Deutschlands und zur Struktur des totalitären Herrschaftssystems, Diss. Freie Universität Berlin 1956, S. 85.
5 Nach: *Tilla Siegel*, Leistung und Lohn in der nationalsozialistischen „Ordnung der Arbeit", Opladen 1989, S. 85.

des Rassismus, Antisemitismus und (eugenischen) Biologismus; zweitens Primat des Bellizismus – also der Kriegsvorbereitung und -führung – sowie drittens der Vernichtungswille gegenüber allem, was irgendwie an Kommunismus, Sozialismus sowie überhaupt Demokratie und Emanzipation erinnerte. Die Mittel, mit denen dies erreicht werden sollte, waren dem untergeordnet. Daraus resultierte eine eigentümliche Form von politischem Pragmatismus, eine NS-typische, so fluide wie dynamische Neue Staatlichkeit.[6] Sie schloss zentral auch die NS-Arbeitsverfassung ein: dies nicht nur, weil die Industriearbeiterschaft die zentrale soziale Trägerschicht der sozialistischen und kommunistischen Arbeiterbewegung – der „Novemberverbrecher" – gewesen war, der im Tausendjährigen Reich auf „ewig" jegliche Grundlage entzogen werden sollte. Darüber hinaus entschied die Arbeits- und Leistungspolitik, mit der Arbeitsverfassung als Rahmen, darüber, ob die von der NS-Bewegung avisierten Kriege überhaupt geführt werden konnten.

Zur – so die Forderung Hitlers – „beweglichen" Rechtsgrundlage der Arbeits- und Leistungspolitik wurde das Arbeitsordnungsgesetz vom Januar 1934. Dieses Gesetz wies den Treuhändern der Arbeit eine zentrale Rolle in der NS-Arbeitsverfassung zu. Diese waren durch ein Gesetz am 19. Mai 1933[7] zunächst provisorisch installiert worden. Tarifpolitisch traten die Treuhänder an die Stelle der Arbeitnehmer- und Arbeitgeberverbände. Die freien Gewerkschaften waren Anfang Mai 1933 zerschlagen worden; die christlich-katholischen und die Hirsch-Dunckerschen Gewerkschaften hatten sich unter politischem Druck aufgelöst. Damit war das bisherige, auf Verhandlungen und Verträgen basierende Tarifsystem hinfällig. Unabhängige Tarifparteien, die in autonomen Verhandlungen Tarifverträge aushandelten, hätten freilich ohnehin den Grundprinzipien des nationalsozialistischen Führer-Staates widersprochen. Die Arbeitgeber konnten sich zwar eigenständige Organisationen von erheblichem Einfluss erhalten. Diese wirkten als Transmissionsriemen zwischen den wirtschaftspolitischen Stellen des NS-Regimes und den einzelnen Unternehmern sowie gleichzeitig als insgesamt durchaus erfolgreiche Lobby-Organisationen der Arbeitgeber. Tarifpolitisch allerdings waren die Wirtschaftsorganisationen ab 1933 ohne Funktion.

Die Zahl der Treuhänder der Arbeit wuchs von zunächst 13 auf 20 Ende 1939 sowie 1942 schließlich auf 24. Seit Frühjahr 1935 wurden für einzelne Branchen oder Berufsgruppen außerdem „Sondertreuhänder" berufen, in erster Linie für die verschiedenen Sparten der Heimarbeit, daneben aber auch für einzelne kriegswichtige Branchen. Als autoritäre staatliche Instanzen waren die Treuhänder dem Reichsarbeitsminister unterstellt. Seit der Angliederung Österreichs begannen die NSDAP-Gauleiter und regionalen

---

[6] Ausführlich hierzu: *Rüdiger Hachtmann*, Elastisch, dynamisch und von katastrophaler Effizienz – Anmerkungen zur Neuen Staatlichkeit des Nationalsozialismus, in: Wolfgang Seibel/Sven Reichardt (Hrsg.), Der prekäre Staat. Herrschen und Verwalten im Nationalsozialismus, Frankfurt am Main/New York 2011, S. 29–73; *Rüdiger Hachtmann*, Institutionen in Diktaturen, in: Johannes Hürter/Hermann Wentker (Hrsg.), Perspektiven moderner Diktaturenforschung, München 2019, S. 82–88.
[7] RGBl. I, 1933, S. 285.

Machthaber in den neu dem Reich eingegliederten Regionen die Treuhänder zunehmend an sich zu binden und in den eigenen Machtapparat ‚einzubauen'. Dabei wurden die Verbindungen zum Arbeitsministerium gelockert, allerdings ohne dass diese gänzlich gekappt worden wären. Dem folgten schon bald auch die NSDAP-Gauleiter des „Altreichs" und integrierten die Treuhänder gleichfalls zunehmend in den Apparat ihrer Gauleitungen. Fritz Sauckel machte als „Generalbevollmächtigter für den Arbeitseinsatz" die Treuhänder dann seit Frühjahr 1942 zu zentralen Akteuren seines Sonderkommissariats. Im Juli 1943 verschmolz er sie und die Treuhänder-Behörden mit den Landesarbeitsämtern zu „Gauarbeitsämtern".

Die Treuhänder der Arbeit waren, als sie 1933 entstanden, keine völlig neu konzipierte Institution. Sie knüpften tarifpolitisch an die staatlichen Schlichter der Weimarer Republik an. Diese waren ein bereits 1923 installiertes Provisorium gewesen, das danach auf Dauer gestellt wurde und während der Krise ab 1930 mit erweiterten Kompetenzen immer stärker ins Zentrum der Tarifpolitik rückte.[8] Allerdings wurden die schon recht weitgehenden Befugnisse der Schlichter ab 1933 noch einmal erheblich ausgeweitet. Die wichtigste Kompetenz der Treuhänder der Arbeit bestand in der autoritären Fixierung von Tarifordnungen.[9] Überwiegend schrieben sie dort die auf dem Tiefpunkt der Weltwirtschaftskrise oft schon von den staatlichen Schlichtern fixierten Tarifverträge mit ihren häufig sehr niedrigen Lohnsätzen fest.

Bereits während der Krise hatten die Bestimmungen in den Tarifverträgen immer weniger die Untergrenzen für effektive Löhne und Arbeitsbedingungen markiert.[10] Dieser Trend setzte sich ab Mitte 1933 forciert fort, weil die Treuhänder von ihrer Befugnis, einzelnen Unternehmen die Übertretung eben dieser Tarifordnungen zu gewähren, noch extensiver Gebrauch machten als ihre Vorgänger. In welchen Dimensionen die Treuhänder eine untertarifliche Entlohnung durchsetzten, lässt sich daran ablesen, dass die Bruttostundenverdienste der Textilfacharbeiterinnen bis 1935 im Reichsdurchschnitt um 2,6 %, die der ungelernten Textilarbeiterinnen sogar um 5,3 % unter die tariflichen Lohnsätze im Reich sanken. Noch im März 1938 lagen deren Bruttostundenverdienste durchschnittlich 1,8 %, die der ungelernten Textilarbeiterinnen reichsweit sogar 2,8 % unter den Lohnsätzen der für sie gültigen Tarifordnungen, trotz Rüstungskonjunktur und Arbeitskräfteknappheit.[11] Ab 1936 machten die Treu-

---

8 Vgl. vor allem *Johannes Bähr*, Staatliche Schlichtung in der Weimarer Republik. Tarifpolitik, Korporatismus und industrieller Konflikt zwischen Inflation und Deflation 1919–1932, Berlin 1989.
9 Ausführlich: *Andreas Kranig*, Lockung und Zwang. Zur Arbeitsverfassung im Dritten Reich, Stuttgart 1983, S. 168–184; *Wolfgang Spohn*, Betriebsgemeinschaft und Volksgemeinschaft. Die rechtliche und institutionelle Regelung der Arbeitsbeziehungen im NS-Staat, Berlin 1987, S. 274–351; *Matthias Frese*, Betriebspolitik im „Dritten Reich". Deutsche Arbeitsfront, Unternehmer und Staatsbürokratie in der westdeutschen Großeisenindustrie 1933–1939, Paderborn 1991, S. 228–244.
10 Förmlich legalisiert wurde die von den Schlichtern angeordnete untertarifliche Entlohnung durch die Verordnung über die „Vermehrung und Erhaltung der Arbeitsgelegenheit" vom 5. Sept. 1932 (§§ 7 und 8), RGBl. I, 1932, S. 433 f.
11 Vgl. *Rüdiger Hachtmann*, Industriearbeit im Dritten Reich. Untersuchungen zu den Lohn- und Arbeitsbedingungen 1933–1945, Göttingen 1989, S. 97–101. Grund für diese Praxis war zum einen das

händer außerdem zunehmend von der Möglichkeit Gebrauch, Überstunden zuzulassen – weit über den Acht-Stunden-Tag hinaus, der während der NS-Zeit nominell nicht aufgehoben wurde.[12]

Zu den weiteren Kompetenzen der Treuhänder gehörte das Recht, neue Mitglieder der mit dem AOG eingeführten einzelbetrieblichen Vertrauensräte einzusetzen. Diese waren nur auf den ersten Blick Erben der Anfang 1920 eingeführten Betriebsräte. Tatsächlich besaßen die Vertrauensräte keinerlei substanzielle Rechte, die Interessen der Belegschaften zu vertreten. Sie waren ohne Wenn und Aber dem Wohl des Unternehmens, der „Betriebs-" und der „Volksgemeinschaft" verpflichtet. Um eine Entwicklung der Vertrauensräte zu Arbeitnehmerorganen auszuschließen, war außerdem der „Betriebsführer" Vorsitzender des Vertrauensrates seines Unternehmens. 1934 und 1935 wurden in den Betrieben Vertrauensrätewahlen durchgeführt, bei denen die Belegschaften über eine von der Arbeitsfront aufgestellte Liste abstimmen konnten. Die Ergebnisse dieser Wahlen waren ein Desaster für die DAF-Führung.[13] Von ihrer Befugnis, neue Vertrauensratsmitglieder zu berufen, machten die Treuhänder ab 1936 gehäuft Gebrauch, nachdem die Abstimmungen in diesem Jahr und ebenso den folgenden Jahren verschoben worden waren. Dass die Vertrauensräte in den Belegschaften die verbliebenen Reste an Legitimation verloren, konnten die Treuhänder allerdings nicht verhindern.

Verantwortlich waren die Treuhänder außerdem für die Einrichtung sog. Sozialer Ehrengerichte, vor denen sich angebliche unsoziale „Betriebsführer" und nonkonforme Arbeitnehmer verantworten sollten. Praktische Bedeutung haben diese Ehrengerichte nicht erlangt. Sie gehörten zu den – letztlich vorbürgerlichen – Sondergerichtsbarkeiten, die ab 1933 geradezu inflationär in fast allen gesellschaftlichen Bereichen sowie für die NS-Massenverbände aufgebaut wurden. Auf anderen Rechtsgebieten konnten diese neugeschaffenen Gerichtsbarkeiten teilweise erheblichen Einfluss erlangen.[14]

Nach dem AOG waren die Treuhänder also mit weitreichenden Kompetenzen ausgestattet. Darüber hinaus sollten sie zur „Prominenz" des Dritten Reichs gehören. Das zeigen nicht nur beispielsweise die Sammelbildchen, die Zigarettenschachteln

---

Bestreben einer generellen Senkung der einzelbetrieblichen Personalkosten und volkswirtschaftlich der Lohnquote und zum anderen eine Lenkung der Arbeitskräfte aus der Konsumgüterindustrie in die rüstungsrelevante Produktionsmittelindustrie.

12 Vgl. *Hachtmann*, Industriearbeit, S. 50–53; *Rüdiger Hachtmann*, Arbeitsmarkt und Arbeitszeit in der deutschen Industrie 1929–1939, in: Archiv für Sozialgeschichte 28, 1987, S. 208–218.

13 Vgl. *Rüdiger Hachtmann*, Wie stand „der deutsche Arbeiter" zu Hitler? Empirische Anmerkungen zu vorschnellen Urteilen, zugleich ein Plädoyer für eine differenzierte politische Sozialgeschichte, in: Frank Becker/Daniel Schmidt (Hrsg.), Der Betrieb als Laboratorium der Volksgemeinschaft, Essen 2020, S. 74–85.

14 Vgl. zu deren neuartiger Zusammensetzung und den daraus für das Recht resultierenden Konsequenzen exemplarisch für die sog. Erbgesundheitsgerichtsbarkeit: *Vivian Yurdakul*, Der juristische Kommentar und die Verschränkung von Naturwissenschaft und Recht im Dritten Reich. Das Beispiel des Gesetzes zur Verhütung erbkranken Nachwuchses, in: Jahrbuch der Juristischen Zeitgeschichte 18, 2017, S. 105 ff.

beilagen und die Treuhänder der Arbeit in einer Reihe mit anderen herausragenden „Männern im Dritten Reichs" zeigten.[15] Von besonderem Gewicht war, dass Hitler höchstpersönlich die Treuhänder 1933/34 „eine Art Reichsstatthalter auf wirtschaftlichem Gebiet" nannte, deren Aufgaben „besonders bedeutungsvoll" seien.[16] Die Berufungspolitik folgte dieser Vorgabe: Zu Treuhändern ernannt wurden vornehmlich „Alte Kämpfer" der NSDAP. Etwa die Hälfte von ihnen gehörte zudem der SS an; mehrere von ihnen bekleideten dort hohe Ränge, als „Ober-" und „Brigadeführer" (dem Status hochrangiger Generäle der Wehrmacht vergleichbar).[17]

Warum eine auch politisch herausragende Stellung der Treuhänder? Sie erklärt sich nicht zuletzt mit der Rolle, die die Treuhänder der Arbeit nach dem Willen Hitlers und ebenso dem der Verfasser der „Gesetzes zur Ordnung der nationalen Arbeit" *langfristig* spielen sollten: Im Zentrum sollten die „Betriebsgemeinschaften" stehen. Die maßgeblichen politischen Akteure und ebenso die Arbeitsrechtler avisierten nach dem „Endsieg" die möglichst vollständige und mit Blick auf die Machtverhältnisse in den Einzelunternehmen asymmetrische – nämlich auf einer autokratischen Stellung des „Betriebsführers" basierende – „Verbetrieblichung" der Tarif- und Sozialbeziehungen. Die Treuhänder sollten sich dabei tarifpolitisch auf die Rolle einer (so der Plan:) selten beanspruchten, letztinstanzlichen tariflichen Schiedsinstanz konzentrieren können.

Diese Vision einer möglichst vollständigen Entstaatlichung der Tarifpolitik gaben die maßgeblichen Akteure bis weit in den Krieg nicht auf. Werner Mansfeld, Leiter der für Arbeitsrecht und Lohnpolitik zuständigen Abteilung und bis Anfang 1942 der starke Mann im Reichsarbeitsministerium, hielt noch 1942 an der dem AOG zugrunde liegenden Idee fest, langfristig die Tarifordnungen zugunsten der Betriebsordnungen zurücktreten zu lassen.[18] Es wäre voreilig, diese Vision als realitätsfremd abzutun. Ernst zu nehmen ist vielmehr der Zeithorizont der Zeitgenossen: Sie kalkulierten nicht mit zwölf Jahren, sondern mit den „Tausend Jahren", die Hitler seinen Anhängern versprach.

Erst nach der Kriegswende 1942/43 wurden diese Pläne faktisch ad acta gelegt. Stattdessen improvisierte das NS-Regime politisch-administrativ in zunehmendem

---

15 Vgl. die stilisierten Porträts aus dem Sammelalbum „Männer im Dritten Reich" der Orientalischen Cigaretten-Compagnie „Rosma" GmbH, Bremen 1934, nach: Katalog „Das Reichsarbeitsministerium im Dritten Reich. Beamte im Dienst des Nationalsozialismus", Berlin 2019, S. 86 f.
16 Bundesarchiv (BArch) R 43 II/532, Bl. 80, 83. Hans Heinrich Lammers (Chef der Reichskanzlei) an J. L. Graf Schwerin v. Krosigk (Reichsfinanzminister), 12. 4. 1933 und 14. 2. 1934; vgl. auch *Sören Eden*, Die Verwaltung einer Utopie. Die Treuhänder der Arbeit zwischen Betriebs- und Volksgemeinschaft 1933–1945, Göttingen 2020, S. 86 f.
17 Zu den Biografien der Treuhänder ausführlich: *Rüdiger Hachtmann*, Vom Wilhelminismus zur Neuen Staatlichkeit des Nationalsozialismus. Das Reichsarbeitsministerium 1918 bis 1945. Bd. 1, Göttingen 2022, Bd. 1, S. 720–749.
18 Vgl. *Werner Mansfeld*, Um die Zukunft des deutschen Arbeitsrechts, in: Deutsches Arbeitsrecht, 1942, S. 117 ff.

Maße. Die 1934 eingeführte Arbeitsverfassung wurde auch institutionell verändert, vorübergehend, wie man bis in den Spätsommer 1944 hinein weiterhin hoffte. Die Fusion der Institution des Treuhänders mit ihren personell chronisch unterbesetzten regionalen Behörden und den Landesarbeitsämtern am 27. Juli 1943 zu „Gauarbeitsämtern" – mit einem, den NSDAP-Gauen angepassten kleineren räumlichen Radius – war ebenfalls eine kriegsbedingte Improvisation.[19] Nach dem „Endsieg" sollten die weitreichenden Eingriffsrechte, die die Treuhänder erhalten hatten, zugunsten der „Betriebsgemeinschaften" und eines „Betriebsführer"-Autokratismus möglichst vollständig wieder zurückgeschraubt werden.

Anfangs verfügten die Treuhänder über keinen größeren personellen Apparat. Im Vorfeld des Vierjahresplans wurde ihr Personalapparat zwar ausgebaut. Wie in Tabelle 1 zu sehen, blieb er jedoch chronisch unterbesetzt. Bis Anfang 1934 waren die Treuhänder ehrenamtlich tätig. 1934/35 waren zunächst lediglich sie selbst sowie in wichtigen Bezirken auch ihre Stellvertreter verbeamtet. Abgesehen von den Fahrern der wenigen Dienstfahrzeuge, die besonders in großflächigen, bevölkerungsarmen, kleingewerblich und ländlich geprägten Treuhänderbezirken wichtig waren, und dem Personal für bürokratische Routinetätigkeiten blieben 1934 reichsweit ganze 134 Beamte und Angestellte, die sich inhaltlich den eigentlichen Treuhänderaufgaben widmeten. Jedem einzelnen Treuhänder standen im Durchschnitt mithin fünf qualifiziertere Angestellte zur Verfügung, die in seinem Namen die Einhaltung der Tarifordnungen und sämtlicher seiner Ausnahmegenehmigungen kontrollierten und gegebenenfalls Sanktionen einleiten durften. Eine Überwachung der Einhaltung allein der tariflich vorgegeben Lohnuntergrenzen und Arbeitsbedingungen war mit derart wenig Personal nicht einmal ansatzweise möglich.

Innerhalb der folgenden zwei Jahre verdoppelte sich die Zahl der Mitarbeiter. 1937 dann beschäftigte ein Treuhänder im Schnitt insgesamt knapp 58 Beamte, Arbeiter und Angestellte. Separiert man davon die mit Hilfstätigkeiten befassten Arbeitskräfte, standen jedem der Treuhänder 27 Beamte und Angestellte (ohne Büro- und Registraturdienst) zur Verfügung, die sich den eigentlichen Treuhänderaufgaben widmeten – keine sonderlich beeindruckende Zahl angesichts des mit der Verkündung des Vierjahresplanes Ende 1936 anschwellenden Aufgabenspektrums. Vor allem mit der Einführung der (Teil-)Dienstpflicht am 22. Juni 1938 sowie der sogenannten Lohngestaltungsverordnung vom 25. Juni 1938, die den Treuhändern erlaubte, auch Lohnobergrenzen festzusetzen, wurde deren Aufgabenspektrum beträchtlich erweitert. Immerhin stieg die Zahl der Mitarbeiter aller Treuhänderverwaltungen reichsweit auf knapp 1300. Die Zahl der Beamten und der für substanzielle Treuhänder-Aufgaben qualifizierten Angestellten, die jedem einzelnen der seit der Ausdehnung des „Altreiches" zum „Großdeutschen Reich" zwanzig Tarif-Kommissare des Arbeitsministeriums zur Verfügung standen, erhöhte sich damit auf 44.

---

19 RGBl. I, 1943, S. 450.

Tab. 1: Beschäftigte im Personalapparat der (Reichs-)Treuhänder der Arbeit (a).

Jeweils Oktober	Beamte (b) Absolut	Beamte (b) v. H. (sämtlicher Beschäftigter)	Angestellte (c) Beauftragte der TDA (Vergütungsgruppe X/XI)	Angestellte (c) Wiss. Hilfsarbeiter (Vergütungsgruppe X)	Angestellte (c) Büro- und Registraturdienst (d) (Vergütungsgr. VII)	Angestellte (c) Kanzlei- und Fernsprechdienst	Arbeiter (Boten- und Fahrdienst)	Beschäftigte insgesamt Absolut	Beschäftigte insgesamt Index (1934=100)
1934	24	7,5	52	58	37	112	37	320	100,0
1935	86	14,8	84	84	66	129	58	582	181,9
1936	142	21,9	100	93	89	156	67	647	202,2
1937	231	28,6		265		163	78	809	252,8
1938	480	27,2		425		260	121	1289	402,8
1939	667	44,9		384		302	132	1485	464,1
1940	698	41,5		497		326	158	1679	524,7
1941	700	40,4		531		336	164	1731	540,9
1942	700	39,4		554		357	167	1778	555,6

a) Ohne die 14 bzw. (ab 1938:) 17 (ab 1939:) 18 (ab 1939:) 20 (Reichs-)Treuhänder der Arbeit.
b) Einschl. beamteter wissenschaftlicher Hilfsarbeiter bei den TDA-Dienststellen (ab A 8a).
c) Einschl. (weniger) außertariflich Angestellter.
d) Einschl. Heimarbeiterkontrolle.

Quelle: Haushalte des Reichsarbeitsministeriums für das Rechnungsjahr 1934, S. 35; 1936, S. 31 f.; 1937, S. 32 ff.; 1938, S. 34 ff.; 1939, S. 36 ff.; 1940; S. 48 ff.; 1941, S. 58 ff.; 1943, S. 48.

Gleichwohl blieb es um die Arbeitsfähigkeit der Treuhänderapparate schlecht bestellt. Vor allem in großflächigen, agrarisch geprägten Bezirken konnten die einschlägigen „Sachbearbeiter" oft nur wenige „Fälle" pro Tag bewältigen, allein weil der zeitliche Aufwand für die Anreise erheblich war. Zudem blieb die Fluktuation hoch: Für qualifiziertes Personal winkten attraktive, verbeamtete Stellen im Justizdienst und anderen Verwaltungen; die Industrie wiederum zahlte auch Bürohilfskräften höhere Gehälter, als die Treuhänder-Behörden bieten konnten. Noch 1942/43 war der Personalapparat für das breite Aufgabenspektrum, das die Treuhänder zu bewältigen hatten, völlig unzureichend.

Die zur Unterstützung der Treuhänder im Arbeitsordnungsgesetz von 1934 vorgesehenen „Sachverständigenbeiräte" und „-ausschüsse", überwiegend aus Vertretern der Arbeitgeberorganisationen und der DAF bestehend, entwickelten sich de facto zu Foren, in denen unter dem Vorsitz des Treuhänders neue Tarifordnungen ausgehandelt und weitere, alle Seiten interessierende Fragen diskutiert wurden.[20] Diese Aushandlungsprozesse verliefen überwiegend einvernehmlich. Zu größeren Konflikten zwischen DAF und Organen der Industrie kam es lediglich in den Anfangsjahren der NS-Diktatur: Die zunächst noch im Klassenkampfdenken der Weimarer Republik befangenen Arbeitgeberorganisationen fürchteten, die Arbeitsfront könne sich zu einer Riesengewerkschaft auswachsen. Nachdem es Robert Ley bis 1935 gelungen war, seinen DAF-Funktionären Restbestände an „gewerkschaftlichem Geist auszutreiben" (Ley), entwickelten sich spätestens in den Vorkriegsjahren auf fast allen arbeits- und sozialpolitischen Feldern von beidseitigem Interesse weitgehend konfliktfreie Arbeitsbeziehungen.[21]

Die „Sachverständigenbeiräte" bzw. „-ausschüsse" waren nicht nur Foren, in denen sich Treuhänder, Wirtschaftsorganisationen und DAF abstimmten. Informell koordiniert wurden dort auch die verschiedenen Formen der Zuarbeit der Wirtschaftsorganisationen und der DAF für die Treuhänder sowie ihre Behörden. In den ersten Jahren – als die Arbeitsfront bei den Treuhändern, in der Ministerialbürokratie und ebenso bei vielen Unternehmern sowie deren Verbänden noch in dem Verdacht stand, eine Quasi-Gewerkschaft zu sein – wandten sich die Treuhänder in erster Linie an die Wirtschaftsorganisationen mit der Bitte um Unterstützung. Sie brachten dabei zum Ausdruck, wie wenig sie in der Lage waren, von ihren nominell bereits nach dem vorläufigen Treuhändergesetz vom 19. Mai 1933 weitreichenden Befugnissen auch tatsächlich Gebrauch zu machen. So klagte der westfälische Treuhänder in einem Schreiben vom 19. Juli 1933 an die Industrie- und Handelskammer seines Bezirks, ihm stünden für seine Tätigkeit „leider keine Etatmittel zur Verfügung". Er sei deshalb „gezwungen, diese Tätigkeit aus

---

20 Ausführlich: *Eden*, Verwaltung einer Utopie, S. 140–160.
21 Vgl. *Rüdiger Hachtmann*, Reichsarbeitsministerium und Deutsche Arbeitsfront: Dauerkonflikt und informelle Kooperation, in: Alexander Nützenadel (Hrsg.), Das Reichsarbeitsministerium im Nationalsozialismus. Verwaltung – Politik – Verbrechen, Göttingen 2017, S. 137–173; *Hachtmann*, Vom Wilhelminismus zur neuen Staatlichkeit, bes. Bd. 1, S. 671–680; Bd. 2, S. 1022–1034.

eigenen [privaten] Mitteln bzw. aus freiwilligen Spenden zu finanzieren" – und bat um „einen monatlichen Betrag" zur Finanzierung seiner Tätigkeit. Denn die IHK habe ohne Zweifel „ein wesentliches Interesse" am Erfolg seiner Tätigkeit: der „Wiederherstellung von Ruhe und Sicherheit im Wirtschaftsleben".[22]

Schon vor der Berufung Görings zum „Beauftragten für den Vierjahresplan" im Spätsommer 1936 entwickelten viele Treuhänder daneben enge Beziehungen zur Arbeitsfront. Dies schloss u. a. auch eine mediale Unterstützung ein. So konnte der brandenburgische Treuhänder der Arbeit, Leon Daeschner, bereits im Sommer 1935 einen Artikel in der im Besitz der DAF befindlichen auflagenstarken Tageszeitung „Der Angriff" platzieren, in der er „vertragsbrüchige Arbeitnehmer als egoistisch, verantwortungslos und feige" stigmatisierte und diese damit bereits semantisch aus der „Volksgemeinschaft" ausschloss.[23] Spätestens in den Vorkriegsjahren spielten sich einvernehmliche Arbeitsbeziehungen auch zwischen und den Treuhänder-Behörden ein. Nur in Ausnahmefällen votierte die Arbeitsfront beispielsweise für eine Heraufsetzung der Tariflöhne. Auch Interventionen gegen untertarifliche Entlohnung blieben selten. Sie gingen zudem meist von unteren DAF-Funktionären aus, die in den Anfangsjahren der NS-Diktatur ihre Organisation noch als Quasi-Gewerkschaft missverstanden.

Tatsächlich war auch die DAF, wie alle NS-Massenorganisationen, dem Primat des Rassismus und einer unbedingten Aufrüstung sowie ab 1939 der Optimierung der deutschen Kriegswirtschaft verpflichtet. Handlungsleitend war dabei, neben dem Fokus auf die langfristigen, grundsätzlichen politisch-ideologischen Ziele der NS-Diktatur, ein Selbstverständnis der DAF-Führung als eine Art „Aufbauhelfer" und „Wächter" der Volksgemeinschaft. Den Weg dahin hatte ihr Hitler selbst gewiesen. Denn der hatte die NS-Massenorganisation in seiner Verordnung über „Wesen und Ziel der Deutschen Arbeitsfront" vom 24. Oktober 1934 ausdrücklich damit beauftragt, die („deutsch-arische") „Volks- und Leistungsgemeinschaft" federführend zu errichten. Die Arbeitsfront, hieß es in dieser Verordnung – nach dem Tod Hindenburgs zwei Monate zuvor einer der ersten „Führer-Befehle" –, habe „dafür zu sorgen, dass jeder einzelne seinen Platz im wirtschaftlichen Leben der Nation in der geistigen und körperlichen Verfassung einnehmen kann, die ihn zur höchsten Leistung befähigt und damit den größten Nutzen für die Volksgemeinschaft gewährleistet." Die schon bald mitgliederstärkste und finanzkräftigste Massenorganisation der NS-Diktatur hatte vor allem die großindustriellen Betriebe politisch und ideologisch zu sichern. Alles, was nach Klassenkampf auch nur roch, sollte die DAF mit Peitsche und Zuckerbrot „ausmerzen". Die sozialintegrativen Aktivitäten, die daraus erwuchsen (und noch anzu-

---

22 Rheinisch-westfälisches Wirtschaftsarchiv (RWWA) zu Köln, 20-1284-1. Schreiben des westfälischen TDA an die IHK Duisburg-Ruhrort vom 19. Juli 1933. Ähnliches gilt für andere TDA-Bezirke, vgl. z. B. Landesarchiv Sachsen-Anhalt Magdeburg, C 20 I, Ib, Nr. 2630. Vgl. auch *Rüdiger Hachtmann*, Krise der nationalsozialistischen Arbeitsverfassung. Pläne zur Änderung der Tarifgestaltung 1936–1940, in: Redaktion Kritische Justiz (Hrsg.), Die juristische Aufarbeitung des Unrechtsstaates, Baden-Baden 1998, S. 92 ff.
23 *Leon Daeschner*, Gegen den Treuebruch von Gefolgschaftsmitgliedern, in: „Der Angriff" vom 7. 9. 1935.

sprechen sind) schlossen gelegentliche Konflikte mit Unternehmern nicht aus, wenn diese allzu sehr auf die eigenen ökonomischen Interessen (Gewinnmaximierung auf Kosten der „Betriebsgemeinschaft") schauten und damit womöglich offene Sozialkonflikte heraufbeschworen, mithin die „Volks- und Leistungsgemeinschaft" Risse zu bekommen drohte.

Derartige Konflikte waren jedoch auf die Anfangszeit beschränkt und sollten nicht überbewertet werden. Zwischen allen Beteiligten war Konsens, dass die Bruttoverdienste und Reallöhne niedrig zu bleiben hatten – weil andernfalls die forcierte Aufrüstung (hohe Personalkosten) gefährdet gewesen wäre. Dennoch drohten Vollbeschäftigung ab 1935/36 und ein in den Vorkriegsjahren immer dramatischerer Arbeitskräftemangel Konjunkturlöhne nach sich zu ziehen. Um die in der rüstungswichtigen metallverarbeitenden Industrie – bereits seit 1934/35 – steigenden Effektivlöhne zu deckeln, erhielten die Treuhänder mit der sog. Lohngestaltungsverordnung vom 25. Juni 1938[24] auch die Befugnis, Höchstlöhne festzulegen. Parallel dazu verschärften die Treuhänder ab dem letzten Vorkriegsjahr dort, wo sie es im Interesse einer forcierten Aufrüstung für notwendig hielten, aus eigener Machtvollkommenheit die Sanktionen gegen Arbeitsvertragsbrüche. Mit rechtsverbindlichen Anordnungen – die durch die Arbeitsgerichte nicht überprüft werden konnten – verboten sie das unerlaubte Verlassen eines Betriebes durch Arbeitnehmer; Arbeitgeber konnten bestraft werden, wenn sie anderswo beschäftigte Arbeitnehmer abwarben.

Wie sehr die Ausweitung der Treuhänder-Befugnisse seit 1938 einen Bruch mit allen Formen des Rechtsstaates und selbst mit vielen der nach 1933 anfangs fixierten juristischen Reglementierungen markierte, brachte ein Linzer Staatsanwalt zum Ausdruck, als er 1941 feststellte, dass es den Treuhändern für ihre weitreichenden Anordnungen eigentlich „grundsätzlich" an der „erforderlichen gesetzlichen Grundlage" fehle. Das Reichsgericht sanktionierte die ausufernden Strafbefugnisse der Treuhänder wenig später dennoch.[25]

Dass die Treuhänder der Arbeit bei Kriegsbeginn an die Grenzen ihrer Handlungsfähigkeit stießen, sorgte innerhalb der Repressivorgane des NS-Regimes und unter deren juristischen Repräsentanten für erheblichen Unmut. So war etwa Roland Freisler (als Staatssekretär im Reichsjustizministerium) hochgradig verärgert, dass sich Strafverfahren wegen Arbeitsvertragsbrüchen, Leistungsverweigerung von Arbeitnehmern und Ähnlichem oft monatelang hinzogen und der beabsichtigte Abschreckungseffekt durch sofortige harte Verurteilungen in den eigentlich vorgesehenen „Schnellverfahren" nicht eintreten konnte. Auch Reichsnährstand und Reichsagrarministerium beklagten die regelmäßigen Verzögerungen des Sanktionsvollzugs aufgrund „vollkommen überforderter" Treuhänder-Verwaltungen, machte dies doch einen wichtigen disziplinarischen Hebel stumpf, die anhaltende Landflucht effizient einzudämmen. Die Führung der Wehrmacht wiederum wollte deshalb die Verfolgung von Vertrags-

---

24 RGBl. I, 1938, S. 691; vgl. dazu: *Hachtmann*, Industriearbeit, S. 114–117.
25 Vgl. (inkl. Zitat) *Eden*, Verwaltung einer Utopie, S. 294.

brüchen und anderen vermeintlichen Disziplinlosigkeiten den Treuhändern entziehen und ganz der Gestapo überweisen. Unterstützt wurde sie dabei von Robert Ley. Der Leiter der DAF forderte alle „Betriebsführer" nachdrücklich dazu auf, bei angeblichen Verstößen gegen die Arbeitsdisziplin umgehend die Gestapo ins Haus zu holen[26] – und unterstrich damit, dass die Arbeitsfront als Wächter der „Volks- und Leistungsgemeinschaft" eine allem Sozialpopulismus zum Trotz tatsächlich arbeitnehmerfeindliche Organisation war.

Angesichts der Ausweitung der Kompetenzen der Treuhänder auch auf dem Feld des Arbeitseinsatzes verwundert nicht, dass das Reichsarbeitsministerium die Treuhänder bereits am 31. August 1936[27] zu einer engen Kooperation mit der Arbeitsverwaltung und der Gewerbeaufsicht verpflichtete und im Juni 1939 eine teilweise Verschmelzung der Arbeitsämter mit den Treuhänderbehörden anordnete. Leitende Beschäftigte der Arbeitsämter wurden gleichzeitig zu „Beauftragten" der Treuhänder. Auch die Arbeitsämter litten zwar unter Personalknappheit. Aufgrund der Anordnung und der dadurch entstehenden Synergieeffekte erhielten die Treuhänderverwaltungen auf diese Weise aber immerhin einen lokalen Unterbau und blieben so wenigstens partiell arbeitsfähig.[28]

5.2.3 Funktionsverlust der Arbeitsgerichtsbarkeit und die Rolle der DAF-Rechtsberatung

Die tarifpolitischen Entscheidungen der Treuhänder der Arbeit und ebenso ihre für einzelne Betriebe getroffenen Anordnungen besaßen Legislativcharakter. Infolgedessen ist für die Zeit des Dritten Reiches im Vergleich zur Weimarer Republik ein erheblicher Funktionsverlust der ohnehin erst Ende 1926 eingerichteten Arbeitsgerichtsbarkeit[29] zu konstatieren. Rechtsstreitigkeiten zwischen den Tarifparteien entfielen. Die Rechtsprechung der Arbeitsgerichte wurde weitgehend auf individuelle Streitfälle zwischen Arbeitgebern und Arbeitnehmern beschränkt. Die im AOG und späteren Verordnungen fixierten Änderungen des Arbeitsrechts verschlechterten zudem die Chancen des Rechtschutz suchenden Arbeitnehmers, vor den Arbeitsgerichten auch tatsächlich Recht zu bekommen.

---

26 Alle Zitate nach *Eden*, Verwaltung einer Utopie, S. 321 f.
27 Nach: Jahresberichte der Gewerbeaufsichtsbeamten 1935/36 (Preußen), S. 8.
28 Ausführlich: *Eden*, Verwaltung einer Utopie, S. 322–330. Vgl. außerdem *Hans-Walter Schmuhl*, Arbeitsmarktpolitik und Arbeitsverwaltung in Deutschland 1871–2002, Karlsruhe 2003, S. 231.
29 Vgl. (inkl. Vorgeschichte) *Johannes Bähr*, Entstehung und Folgen des Arbeitsgerichtsgesetzes von 1926. Zum Verhältnis von Arbeiterschaft, Arbeiterbewegung und Justiz zwischen Kaiserreich und Nationalsozialismus, in: Klaus Tenfelde (Hrsg.), Arbeiter im 20. Jahrhundert, Stuttgart 1991, S. 507–532.

Tab. 2: Inanspruchnahme von Arbeitsgerichten und Rechtsberatungsstellen der Deutschen Arbeitsfront.

Jahr	Streitfälle vor Arbeitsgerichten (a)	Index (1931 = 100)	Streitfälle vor Landesarbeitsgerichten	Index (1931 = 100)	Davon: Durch DAF-Rechtsberatungsstellen anhängig gemacht	Zahl der Besucher, die den DAF-Rechtsberatungsstellen Rechtsschutzanliegen vortrugen (b)	Index (1935 = 100)
1931	441243	100,0	20633	100,0	–	–	–
1932	371592	84,2	17220	83,5	–	–	–
1933	261530	59,3	10774	52,2	–	–	–
1934	200052	45,3	7373	35,7	–	–	–
1935	188908	42,8	7105	34,4	76657	2994479	100,0
1936	174476	39,5	7015	34,0	84354	3388823	113,2
1937	167895	38,1	6079	29,5	84205	3456313	115,4
1938	151577	34,4	5549	26,9	75458	3657046	122,1
1939	122795	27,8	4315	20,9	60291	3675672	122,7
1940	82506	18,7	2885	13,4	39760	2905908	97,0
1941	–	–	–	–	27615	2673988	89,3
1942	–	–	–	–	18830	2066695	69,0

a) Ohne Güteverhandlungen.
b) Überwiegend Rechtsauskünfte, die nicht zu arbeits- oder sozialrechtlichen Streitfällen vor den Arbeitsgerichten eskalierten.
Quelle: Zentral-Archiv der DAF, „Aufgaben und Leistungen der Deutschen Arbeitsfront und der NS-Gemeinschaft ‚Kraft durch Freude'. Kriegsjahre 1939–1942",
S. 38 ff, in: BArch, NS 26/319.

Das ist allerdings nur ein Grund, der erklärt, warum die Streitfälle vor Arbeitsgerichten dramatisch zurückgingen (vgl. Tabelle 2).[30] Hinzu kam, dass die – bis 1932 oft arbeitnehmerfreundlichen – unteren Instanzen der Arbeitsgerichte ab 1933 neu formiert wurden. Sie waren seitdem ausdrücklich dazu „berufen, den Gedanken der Betriebsgemeinschaft zu vertiefen […], Gesetze und Verordnungen, Tarifordnungen und Verträge […] im Geiste der nationalsozialistischen Weltanschauung anzuwenden".[31] Auffällig sind gleichwohl die starken personellen Kontinuitäten unter den Richtern, namentlich des Reichsarbeitsgerichts.[32] Deren ungebrochene Karrieren über den Epochenbruch von 1933 hinaus erklären eine Rechtsprechung dort, die in ihrer Substanz auf der inhaltlichen Ebene eine weitgehende Fortsetzung jenes seit Ende der zwanziger Jahre ausgebildeten reaktionären Sozialideals war, das dieses Gericht seit seiner Entstehung 1926 ausgebildet hatte. Der prominente sozialdemokratische Arbeitsrechtler Otto Kahn-Freund hatte die hinter der Rechtsprechung des Reichsarbeitsgerichts stehenden Grundsätze, die jegliche Arbeitnehmerinteressen den vom Unternehmer definierten „Betriebszwecken" unterordneten, 1931 als faschistisches Sozialideal charakterisiert, wie es „gegenwärtig in Italien besteht".[33]

Der Hauptgrund, warum die quantitative Bedeutung der Arbeitsgerichte unter dem NS-Regime zwischen 1931 und dem letzten „Friedensjahr" um knapp zwei Drittel zurückging und Arbeitsrechts-Streitfälle vor höheren Instanzen noch seltener ausgetragen wurden, war eine Institution, die den Arbeitsgerichten vorgeschaltet war: die Rechtsberatungsstellen der Deutschen Arbeitsfront. Die Rechtsberater der Arbeitsfront sollten Streitfälle schlichten, bevor diese vor einem Arbeitsgericht ausgetragen wurden. Allerdings knüpften sie nur dem Namen nach an die Rechtsberatungen der vormaligen Gewerkschaften (und der Arbeitgeberverbände) an. Tatsächlich gingen sie in ihrem Handeln von gänzlich anderen Prämissen aus als ihre Vorgänger. Maßgeblich für die Tätigkeit der DAF-Rechtsberater hatte „nicht der Streit bzw. die Interessenlage des Einzelnen, sondern die Gemeinschaftssicherung" zu sein, also die im Ideologem der Volksgemeinschaft gebündelten Ziele des NS-Regimes.[34] Die Arbeitsfront, der Reichswirtschaftsminister sowie der Reichsarbeitsminister erhofften sich von den

---

30 Vgl. *Rüdiger Hachtmann*, Die rechtliche Regelung der Arbeitsbeziehungen im Dritten Reich, in: Dieter Gosewinkel (Hrsg.), Wirtschaftskontrolle und Recht im Nationalsozialismus – zwischen Entrechtlichung und Modernisierung. Bilanz und Perspektiven der Forschung, Baden-Baden 2004, S. 144 f.
31 So der promovierte innerhalb der DAF für Arbeitsrechtfragen zuständige hohe Funktionär Kurt Gusko, Treuhänder der Arbeit oder Arbeitsgericht, in: Monatshefte für NS-Sozialpolitik 1, 1934/35, S. 174.
32 Vgl. Hachtmann, Vom Wilhelminismus zur neuen Staatlichkeit. Bd. 1, S. 283 f.
33 *Otto Kahn-Freund*, Das soziale Ideal des Reichsarbeitsgerichts, Mannheim [u. a.] 1931, hier nach: *Thomas Blanke* [u. a.] (Hrsg.), Kollektives Arbeitsrecht. Quellentexte zur Geschichte des Arbeitsrechts in Deutschland. Bd. 1, Reinbek 1975, S. 248; vgl. auch *Bähr*, Entstehung und Folgen, S. 532; *Hachtmann*, Vom Wilhelminismus zur neuen Staatlichkeit. Bd. 1, S. 279–283, 285.
34 Zitat des Reichsleiters des Amtes für Rechtsberatungsstellen in der DAF: *Werner Hellwig*, Die Stellung der Rechtsberatungsstellen der Deutschen Arbeitsfront im Arbeitsleben, in: Soziale Praxis 48, 1939, Sp. 770.

neuen Rechtsberatern unisono eine „große erzieherische" Wirkung auf die Arbeitnehmer. Die von der DAF gestellte Rechtsberatung würde, erklärten sie Ende 1933, „einen der schwersten Schläge gegen das Klassenkampfprinzip" darstellen.[35]

Sie sollten Recht behalten. Der Erfolg dieser Politik, die Verpflichtung der Rechtsberater der Arbeitsfront auf Ideologie und Ziele des NS-Regimes, war auch statistisch signifikant (siehe Tabelle 2): Die Zahl der Rechtsschutzanliegen, die von ihnen als gerichtsfähige Streitfälle überhaupt anerkannt wurden, sank relativ und absolut deutlich, allein zwischen 1936 und 1942 auf deutlich weniger als ein Viertel (22,3 %). Diejenigen Arbeitnehmer wiederum, deren Rechtsschutzanliegen immerhin als Streitfall anerkannt wurden, hatten zunehmend weniger Chancen, vor Gericht auch tatsächlich Recht zu bekommen. Der „eigentliche arbeitsgerichtliche Prozess", resümierte der Leiter des DAF-Presseamtes 1942 lakonisch, „büßt immer mehr an Bedeutung ein".[36] Das Arbeitsrecht als Arbeiterschutzrecht und ebenso die Arbeitsgerichte als rechtsstaatliche Schutzschilder hatten während der NS-Zeit weitgehend abgedankt.

5.2.4 Schlaglichter auf die Deutsche Arbeitsfront

Bereits in den vorstehenden Bemerkungen klingt an, dass der Deutschen Arbeitsfront de facto eine wichtige Rolle innerhalb der NS-Arbeitsverfassung zukam. Was aber war dies für eine Organisation?[37] Die Deutsche Arbeitsfront als Quasi-Gewerkschaft oder auch nur als Pseudo-Gewerkschaft zu bezeichnen, wäre grob irreführend. Sie wurde zwar auf den Trümmern der Weimarer Richtungsgewerkschaften errichtet. Ihr fehlten jedoch jegliche gewerkschaftlichen Qualitäten. Sie war nach dem Führerprinzip aufgebaut, alle Funktionäre wurden von oben ernannt, kein einziger durch die Mitglieder gewählt. Während der ADGB und der christlich-nationale DGB der Weimarer Demokratie ebenso wie der heutige DGB „Bünde" mit starken Einzelgewerkschaften waren, besaßen Branchen oder Berufe als strukturierendes Organisationsprinzip innerhalb der Arbeitsfront keine Bedeutung. Denn dies hätte zur Ausbildung gruppenspezifischer, vielleicht gar klassenkämpferischer Identitäten führen können. Genau dies, die autonome Artikulation von Arbeitnehmerinteressen und -forderungen

---

[35] Zitate aus BArch, R 43 II/547, Bl. 37R. Reichswirtschaftsminister (Schmitt) und Reichsarbeitsminister (Seldte) an Reichskanzlei (Lammers), 8. 12. 1933.

[36] *Werner Scheunemann*, Die Rechtsberatung der Deutschen Arbeitsfront, in: Der Vierjahresplan 6/1942, S. 382.

[37] Vgl. als Überblick zur DAF: *Michael Schneider*, Unterm Hakenkreuz. Arbeiter und Arbeiterbewegung 1933 bis 1939, Bonn 1999, S. 168–243; *Michael Schneider*, In der Kriegsgesellschaft. Arbeiter und Arbeiterbewegung 1939 bis 1945, Bonn 2014, S. 333–364, 380–410; *Tilla Siegel*, Rationalisierung statt Klassenkampf. Zur Rolle der DAF in der nationalsozialistischen Ordnung der Arbeit, in: Hans Mommsen (Hrsg.), Herrschaftsalltag im Dritten Reich, Düsseldorf 1988, S. 97–149; *Frese*, Betriebspolitik; *Rüdiger Hachtmann* (Hrsg.), Ein Koloss auf tönernen Füßen. Das Gutachten des Wirtschaftsprüfers Karl Eicke über die Deutsche Arbeitsfront vom 31. Juli 1936, München 2006, bes. die Einleitung S. 7–94.

sollte die DAF jedoch unbedingt unterbinden. Aufgabe der Arbeitsfront war es, der Fiktion der Volksgemeinschaft durch vielfältige sozialintegrative Aktivitäten und Konsumangebote Plausibilität und Wirkungsmacht zu verschaffen.

Dass die Arbeitsfront nicht in die Fußstapfen der Gewerkschaften trat, dass es Tarifverhandlungen und -verträge nicht mehr geben sollte, geschah (entgegen einer in der historischen Forschung verbreiteten Ansicht) nicht gegen den Willen der DAF-Führung, sondern war von ihr im Gegenteil ausdrücklich gewollt. Jedenfalls berichtete Robert Ley keine zwei Wochen nach der Gründung dieser NS-Massenorganisation, am 23. Mai 1933 auf einer Tagung hoher DAF-Funktionäre „über das in Arbeit befindliche Gesetz der Arbeit", dass es dessen zentraler Zweck sei, „in der Praxis den Klassenkampf zu überwinden".[38] Keine zwei Monate später, am 12. August 1933, führte Ley vor der wichtigsten deutschen Presseagentur aus, deshalb sei im AOG ganz bewusst *nicht* vorgesehen, dass die Arbeitsfront Partei für die „Gefolgschaft" ergreife und deren Interessen artikuliere. Der neue NS-Massenverband solle vielmehr in den Betrieben die soziale „Zerklüftung [...] mit Klammern und Bändern umgeben und immer mehr umschlingen". Aufgabe der Arbeitsfront sei deshalb (so formulierte Ley etwas umständlich) die „Aufrichtung der weltanschaulichen Festigung" der „deutschen Arbeitsmenschen" bzw. „deutschen Gemeinschaftsmenschen".[39]

Faktisch entwickelte sich die DAF zu einer nationalsozialistischen Repressions- und Sozialbehörde für Arbeitnehmer, in der die (deutschen) Beschäftigten seit 1936/37 praktisch und seit November 1939 auch nominell Zwangsmitglieder waren. Sie wurde zu einer gigantischen NS-Verwaltung, deren Ziel die „vollkommene Atomisierung der deutschen Arbeiterklasse" (Franz L. Neumann) war. Diese sollte paralysiert und „stillgestellt", also zunächst „negativ" und schließlich „positiv" in die deutsche „Volks- und Leistungsgemeinschaft" unter bellizistischem Vorzeichen integriert werden. Auf diese Weise neuformiert, sollte es namentlich der Industriearbeiterschaft nie wieder einfallen, zum Kern einer demokratisch-sozialistischen Bewegung zu werden, wie in der Novemberrevolution 1918, dem bis 1945 bleibenden Albtraum aller führenden Nationalsozialisten.

So wie das Arbeitsordnungsgesetz – nach dem ausdrücklichen Willen Hitlers – „beweglich" bleiben sollte, sollte auch die Arbeitsfront als zentrales Instrument einer effizienten Arbeits- und Leistungspolitik elastisch bleiben. Auch in dieser Hinsicht war der „Führer" höchstpersönlich der Stichwortgeber. Hitler habe, so berichtete Ley später, einige Tage nach der Zerschlagung der Gewerkschaften und der Gründung der DAF „in seiner väterlich-gütigen Art" wörtlich erklärt: „Wir wollen einmal abwarten, was aus dem Wechselbalg [also der DAF] wird." Hitler wollte, kommentierte Ley, „also nicht ein Chaos, das noch gar nicht zu übersehen und nicht geordnet war, nun schon gesetzlich verankern" und in feste organisatorische Formen bringen. „Der Führer be-

---

[38] BArch, R 43 II/531, Bl. 70. „Die erste Tagung des Großen Arbeits-Konvents. – Dr. Ley spricht über die Aufgaben der Arbeitsfront", nach: Wolff's Telegraphisches Büro (WTB), 23. 5. 1933.
[39] BArch, R 43 II/527b. WTB vom 12. 8. 1933.

deutete mir, dass sich das erst entwickeln müßte."⁴⁰ Hitler und ebenso Robert Ley (der ja nicht nur Chef der DAF, sondern auch „Reichsorganisationsleiter" der NSDAP war) wollten einen politisch wie organisatorisch flexiblen, an je unterschiedliche Konstellationen hochgradig anpassungsfähigen Massenverband. Noch Anfang 1941 erklärte Ley, dass „die gesamte Deutsche Arbeitsfront" ein „einziges großes Versuchsfeld" sei und man auch künftig die „Elastizität" der Organisation „bis in ihre letzten Glieder" erhalten wolle.⁴¹

Ein „Wechselbalg" war und blieb die Arbeitsfront darüber hinaus, weil sie ein elaboriertes und zugleich flexibles, situations- und klientelangepasstes System von Lockungen und Anreizen entwickelte. Dazu zählten die „NS-Gemeinschaft ‚Kraft durch Freude'" mit ihren Tourismusangeboten⁴² sowie einem ebenfalls breit angelegten Massensport⁴³ und überhaupt zahllosen Bildungs- und Freizeitveranstaltungen, der gemeinsam mit der Hitlerjugend durchgeführte und in erster Linie an eine karriereorientierte junge Arbeitnehmerschaft adressierte „Reichsberufswettkampf" und das lange Zeit von Albert Speer geführte Amt „Schönheit der Arbeit" mit seinen zahlreichen Kampagnen zur betriebsbezogenen Sozialpolitik.⁴⁴ Zu diesen Integrationsinstrumenten der DAF sind im Weiteren der „Leistungskampf der Betriebe", der allerdings ab den Vorkriegsjahren statt betrieblicher Sozialleistungen in zunehmendem Maße Leistungssteigerung und Rationalisierungserfolge prämierte,⁴⁵ oder auch die Palette an günstigen Volksprodukten zu zählen, die der DAF-Riesenkonzern anbot – also Volkswohnungen, Volkswagen, Volkskühlschränke, Volksversicherungen, zinsgünstige Sparkonten, leichte Unterhaltungsliteratur und vieles mehr.⁴⁶

Als sozialpaternalistische und gleichzeitig – ebenfalls bis 1945 – repressive Sozialbehörde im Vorfeld der NSDAP verkörperte die Arbeitsfront gleichsam das Prinzip

---

40 Nach: Der Parteitag der Arbeit vom 6. bis 13. September 1937. Offizieller Bericht über den Verlauf des Reichsparteitages mit sämtlichen Kongressreden, München 1937, S. 265.
41 Deshalb hat die DAF bis 1945 auch niemals eine „endgültige" Organisationsstruktur ausgebildet, *Robert Ley*, Haltet den Sieg und beutet ihn aus, Berlin 1941 (Broschüre ohne Paginierung).
42 Vgl. Kapitel 4.3 in diesem Band.
43 *Rüdiger Hachtmann*, „Bäuche wegmassieren" und „überflüssiges Fett in unserem Volke beseitigen" – der kommunale Breitensport der NS-Gemeinschaft „Kraft durch Freude", in: Frank Becker/Ralf Schäfer (Hrsg.), Sport und Nationalsozialismus, Göttingen 2016, S. 27–65.
44 Vgl. *Karsten Uhl*, Humane Rationalisierung? Die Raumordnung der Fabrik im fordistischen Jahrhundert, Bielefeld 2014; *Chup Friemert*, Produktionsästhetik im Faschismus. Das Amt „Schönheit der Arbeit", München 1980; *Frese*, Betriebspolitik, S. 333–351.
45 Vgl. als konzise Zusammenfassung: *Matthias Frese*, Vom NS-Musterbetrieb zum Kriegsmusterbetrieb. Zum Verhältnis von DAF und Großindustrie 1936–1944, in: Wolfgang Michalka (Hrsg.), Der Zweite Weltkrieg, München 1989, S. 382–401.
46 1942 machte das schwer überschaubare Unternehmenskonglomerat der DAF einen Umsatz, der dem des weltgrößten Chemiekonzerns, der IG Farbenindustrie, nahekam. Mit ungefähr 200 000 Arbeitnehmern beschäftigte das in zahlreichen Branchen aktive DAF-Wirtschaftsimperium weit mehr Arbeiter und Angestellte als der gesamte Siemenskonzern. Ausführlich: *Rüdiger Hachtmann*, Das Wirtschaftsimperium der Deutschen Arbeitsfront, Göttingen 2012.

der Anti-Gewerkschaft. Dass die Massen-‚Organisation' de facto eine Behörde im Dienste des NS-Regimes war, brachte die DAF-Führung auch sprachlich zum Ausdruck: Die Anfang 1934 für die einzelnen Branchen geschaffenen „Reichsbetriebsgemeinschaften" wurden 1938 in „Fachämter" umbenannt; diese besaßen kaum Macht. Zu zentralen Organisationseinheiten wurden die in Berlin zentrierten und nicht zufällig so genannten „Zentralämter".

5.2.5 Reichstreuhänder der Arbeit im Krieg: Repressionsorgane gegenüber den deutschen „Volksgenossen"

Mit Kriegsbeginn kehrte nicht nur die Arbeitsfront ihre repressive Seite stärker hervor. Wenn man nicht schon ab 1934, dem Jahr, in dem die reichsdeutsche Arbeitsverfassung grundlegend umgestaltet wurde, oder ab den Dienstpflichtverordnungen von 1938/39, als die reichsdeutschen Arbeitnehmer die Verfügungsgewalt über ihre Arbeitskraft verloren, von einer „Abdankung des Arbeitsrechts" sprechen will, dann wird man dies spätestens für den Krieg tun müssen, und zwar nicht nur mit Blick auf die Millionenmassen an rassistisch diskriminierten „Fremdarbeitern" (auf die gleich noch einzugehen sein wird), sondern auch mit Blick auf die deutschen „Gefolgschaftsangehörigen". Nicht zuletzt die 1933/34 institutionalisierten Treuhänder der Arbeit wurden zu einem Instrument des „Maßnahmenstaates" (Ernst Fraenkel), das unmittelbar in die Betriebe hineinregierte.

Mitte Mai 1939 forderte das Reichsjustizministerium die Staatsanwälte und Richter auf, Anzeigen der Treuhänder gegen vertragsbrüchige Arbeitnehmer, die die Arbeitsstelle gewechselt hatten, um anderswo zu besseren Arbeits- und Lohnbedingungen beschäftigt zu werden, nicht mehr genauer zu prüfen. Sie sollten künftig vielmehr die „Empfehlungen" der Treuhänder möglichst uneingeschränkt übernehmen und zur exemplarischen Abschreckung möglichst „empfindliche Strafen" aussprechen.[47] Diese zunächst unverbindliche Aufforderung wurde im ersten Kriegsjahr zum „Gesetz".[48] Nach der Kriegswende 1942/43 forderte das Reichsjustizministerium die (Arbeits-)Gerichte zu generell drakonischen Strafmaßnahmen auf, unabhängig davon, ob „im Einzelfall Milderungsgründe" vorlägen.[49] Ab Januar 1943 sollten nur noch ausnahmsweise Zeugen zur Entlastung der Angeklagten vorgeladen werden.[50]

---

47 Niedersächsisches Landesarchiv (NLA) Hannover, Hann. 275, Nr. 182, Bl. 9. Reichsjustizministerium an das Reichsarbeitsministerium (RAM), 11. 5. 1939.
48 Vgl. RGBl. I, 1939, S. 1658–1662. Verordnung „über Maßnahmen auf dem Gebiete der Gerichtsverfassung und der Rechtspflege", 1. 9. 1939; RGBl. I, 1940, S. 405–411. Verordnung „über die Zuständigkeit der Strafgerichte, der Sondergerichte", 21. 2. 1940.
49 *Eden*, Verwaltung der Utopie, S. 371, zum Folgenden ausführlich S. 361–389.
50 BArch 3001/21964, Heft 51, Bl. 98. Aktennotiz Ministerialrat Sturm (RAM), 23. 12. 1942.

Parallel dazu wurden die Rechtsbefugnisse der Treuhänder erweitert. Sie erhielten die Kompetenz, nach eigenem Gutdünken Ordnungsstrafen zu verhängen, die vor Gerichten nicht mehr angefochten werden durften.[51] Das waren zunächst „nur" Geldstrafen, die oft freilich so hoch waren, dass sie von den betroffenen Arbeitnehmern nicht aufgebracht werden konnten. Die Treuhänder selbst regten deshalb an, dass diejenigen, die diese Geldbußen nicht zahlen konnten, „ersatzweise" ins Gefängnis eingewiesen werden sollten.[52] Dieser Vorschlag wurde im Frühjahr 1942 zur rechtsverbindlichen Vorschrift.[53]

Zehn Tage nach der Kapitulation der Reste der 6. Armee in Stalingrad dekretierte der Beauftragte des im März 1942 eingesetzten Generalbevollmächtigten für den Arbeitseinsatz Fritz Sauckel, der ehemalige Treuhänder und langjährige Ministerialbeamte Wilhelm Kimmich, dass die zumeist aus den regionalen- und lokalen Arbeitsämtern sowie den Gewerbeaufsichtsämtern rekrutierten „Beauftragten" der Treuhänder der Arbeit das Recht besäßen, Arbeitnehmer, die (so die dehnbare Formel:) „arbeitsvertragsbrüchig" geworden seien, per Anzeige bei der Gestapo ohne weitere Umwege in ein Arbeitserziehungslager einweisen zu lassen. Das war, wie zuvor schon die Umwandlung von Geldbußen in Freiheitsstrafen, ein aufschlussreicher Vorgang: Die Treuhänder selbst wurden zur treibenden Kraft für die Verschärfungen der Repression in der Arbeitswelt. Sie waren als „Alte Kämpfer" und SS-Männer dem Regime und damit einer möglichst effizienten Kriegswirtschaft unbedingt verpflichtet und entwickelten *eigeninitiativ* Regelungen, die dann erst später durch das Reichsarbeits- oder Reichsjustizministerium für rechtsverbindlich erklärt wurden.

Ähnlich war dies mit den zynisch so bezeichneten „Arbeitserziehungslagern", die im weiteren Sinne zum nationalsozialistischen KZ-System zu rechnen sind. Diese Lager, die seit Sommer 1940 aufgebaut wurden und ab Mai 1941 einen offiziösen Charakter besaßen,[54] wurden seit Ende November 1941 zu einem integralen Bestandteil der „Rechts"-Politik der Treuhänder der Arbeit. Seitdem hatten sie das Recht, vorgeblich renitente jugendliche Arbeitnehmer unmittelbar bei der Gestapo anzuzeigen, die diese dann umgehend in die Erziehungslager einwies.[55] Auch in dieser Hinsicht wurden die Treuhänder zu Antreibern, die aktiv versuchten, diese Strafpraxis zu beschleunigen.

Es waren vor allem männliche jugendliche Arbeitnehmer, die sich nach Kriegsbeginn weiterhin über die einschnürenden rechtlichen Restriktionen der Hitler-Diktatur hinwegsetzten. Der für sie anfangs vorgesehene „Jugendarrest" erschien den Treuhän-

---

51 Dies wurde durch ein Urteil des Reichsarbeitsgerichts vom 29. 1. 1942 nachträglich sanktioniert, vgl. *Eden*, Verwaltung der Utopie, S. 294.
52 Vgl. NLA Hannover, Hann. 275, Nr. 191, Bl. 77 f. TDA Hessen und Niedersachsen an das RAM, 12. 2. 1941 bzw. 30. 4. 1941.
53 RGBl. I, 1942, S. 180. 5. Durchführungsbestimmung zum Abschnitt III (Kriegslöhne) der Kriegswirtschaftsverordnung, 14. 4. 1942.
54 Vgl. *Stefan Karner*, Arbeitsvertragsbrüche als Verletzung der Arbeitspflicht im „Dritten Reich", in: Archiv für Sozialgeschichte 21, 1981, S. 283 ff.
55 NLA Hannover, Hann. 275, Nr. 192, Bl. 9 f. Mansfeld (RAM) an die TDA, 22. 11. 1941.

dern viel zu mild. Sie setzten deshalb Mitte Februar 1943 gemeinsam mit Sauckel als „neue und wirksame Bekämpfungsmethode" die Einrichtung eigener „Jugenderziehungslager" durch.[56] Auf die Spitze getrieben wurde, ebenfalls auf Initiative der Treuhänder, die Disziplinierung renitenter Arbeitnehmer einen Monat später durch die Einführung von „Gerichtstagen" in den einzelnen Betrieben. Dort wurden dann von einem Gericht – dem neben dem „Beauftragten" des Treuhänders ein Angehöriger der Gestapo, der „Betriebsführer" und weitere NS-Funktionäre angehörten – vermeintlich undisziplinierte Arbeitskräfte ohne Zeugenvernehmung im Schnelldurchlauf abgeurteilt. Der Begriff „Schnellgerichtsverfahren" ist wörtlich zu nehmen: Beim Flugzeugbauer VDM in der Untersteiermark beispielsweise wurden im März 1944 an solchen, vierzehntägig durchgeführten Gerichtstagen innerhalb von acht Stunden insgesamt fünfzig (deutsche) „Straffällige" abgeurteilt – vor den Augen der Belegschaft.[57]

Die seit 1942/43 gleichzeitig legislative, judikative und (in enger Kooperation mit der Gestapo) exekutive Praxis der Treuhänder der Arbeit und ihrer Beauftragten hatte zur Folge, dass neben den DAF-Rechtsberatungsstellen auch die Arbeitsgerichte rapide an Bedeutung verloren (Tabelle 2). 1942 waren lediglich in 15 % der Fälle ordentliche Richter an der Verurteilung von vertragsbrüchigen Arbeitern und Angestellten beteiligt.[58]

5.2.6 Rassistische sowie biologistische Diskriminierungen – und die Folgen für das Arbeitsrecht

Ein Hebel, mit dem das NS-Regime die deutsche Arbeitnehmerschaft zu gewinnen versuchte, lässt sich mit der Formel „Integration durch Rassismus" umschreiben. Zwar war die deutsche Volksgemeinschaft von Anfang an rassistisch aufgeladen. Man denke an die Stigmatisierung von Menschen, die nach den NS-Gesetzen als „jüdisch" galten, als „asozial" oder sonst wie als „gemeinschaftsfremd" kriminalisiert und aus der Volksgemeinschaft ausgeschlossen wurden. Das war jedoch nur ein Anfang. Fatal für die Mentalitäten der „deutsch-arischen" Belegschaften des „Großdeutschen Reichs" war deren Unterschichtung vor allem ab 1940/41 mit einer stigmatisierten, intern wiederum vielfältig aufgesplitterten Fremdarbeiterschaft, die schließlich nach Millionen zählte. Als Tendenz gilt: Die deutschen Rest-Belegschaften – vor allem ältere sowie invalide Arbeitnehmer, die nicht mehr an die militärischen Fronten eingezogen

---

56 NLA Hannover, Hann. 275, Nr. 183, Bl. 84, 84R. Kimmich (RAM) an die TDA, 12. 2. 1943. Vgl. allgemein *Gabriele Lotfi*, KZ der Gestapo. Arbeitserziehungslager im Dritten Reich, Stuttgart 2000.
57 Vgl. *Karner*, Arbeitsvertragsbrüche, S. 293.
58 Vgl. Landesarchiv Nordrhein-Westfalen, Abt. Westfalen (Münster), K 001, 5065, Bl. 30 f. TDA für Westfalen, betr. Zusammenstellung der Maßnahmen zur Bekämpfung von Disziplinlosigkeiten.

wurden – rückten an die Spitze der betrieblichen Hierarchien. Viele Arbeitnehmer entwickelten eine Art Herrenmenschenbewusstsein und genossen die gewonnene Machtstellung; andere erhielten sich indes eine Empathie für die oft in bitterem Elend lebenden und arbeitenden sog. Fremdarbeiter.

Dass sich vor dem Hintergrund des sog. Fremdarbeitereinsatzes wie überhaupt einer Ausweitung des Belagerungszustandes auch (soweit diese Termini hier überhaupt noch sinnvoll sind) Arbeitsrecht und Arbeitsverfassung von Grund auf wandelten, ist evident. Wichtig ist zunächst festzuhalten, dass das „Gesetz zur Ordnung der nationalen Arbeit" vom Januar 1934 für ausländische Arbeitnehmer nicht galt. Zur „Gefolgschaft" in den „Betriebsgemeinschaften" zählten nur nicht-jüdische deutsche Arbeitnehmer. Auch die Treuhänder der Arbeit waren ausschließlich für „Volksgenossen" zuständig. Ging es um die Disziplinierung von „Fremdarbeitern", intervenierte in der Regel die Gestapo direkt.

Die sog. Polenerlasse vom 8. März 1940[59] hatten teilweise an die für die deutschen Juden schon vor dem Krieg, insbesondere an die ab November 1938 geltenden Sonderrechte – die die von den NS-Rassegesetzen als „Juden" stigmatisierten Frauen und Männer tendenziell außerhalb der menschlichen Gesellschaft stellten – angeknüpft. Die sog. Ostarbeitererlasse vom 2. Februar 1942 nahmen ihrerseits die Diskriminierungen der Polenerlasse auf und verschärften diese für alle aus den Regionen der Sowjetunion rekrutierten „Fremdarbeiter". Diese sog. Ostarbeitererlasse, die ebenfalls in der Folgezeit ausgebaut und „verfeinert" wurden, „bildeten den Schlussstein in einem Regelwerk, das aufgrund seines rassistischen Grundzugs dazu führte, dass der ‚Ostarbeitereinsatz' vielerorts geradezu vernichtende Züge annahm" (Hans-Walter Schmuhl).[60]

Wichtig ist, dass keineswegs nur interpretationsoffene Generalklauseln der Willkür Tor und Tür öffneten, sondern ebenso das scheinbare Gegenteil: eine Übernormierung, der Wust an Verordnungen, Erlassen, Anordnungen etc. von Institutionen mit oft unklaren Kompetenzen, die sich untereinander kaum oder gar nicht koordinierten. Die auf diese Weise „rigorose und totale Überregulierung [wurde zum] Freibrief, im Namen der Regeln Willkür ausüben zu können". Nicht nur in den Konzentrationslagern, auch in den „normalen Betriebsgemeinschaften" entwickelte sich ein „Dschungel von Strafanlässen",[61] für den die Reichstreuhänder der Arbeit mitverantwortlich waren. Die für einzelne Akteure und oft genug auch ganze Institutionen nicht mehr überschaubare Fülle an sich zudem häufig widersprechenden Verordnungen, Gesetzen, Erlassen, Anordnungen und sonstigen verbindlich wirkenden Richtlinien schuf enorme Freiräume für staatsterroristisches Handeln.

Der „Terror der Überregulierung" vor allem (aber nicht nur) gegen ausländische Zwangsarbeiter einerseits und ein an deutsche Arbeitnehmer adressierter rassistisch-

---
59 Vgl. Abschnitt 5.3.4 in diesem Band.
60 *Schmuhl*, Arbeitsmarkt, S. 314. Ausführlich: *Herbert*, Fremdarbeiter, S. 154–157; *Spoerer*, Zwangsarbeit, S. 94 f.
61 *Wolfgang Sofsky*, Ordnung des Terrors. Das Konzentrationslager, Frankfurt am Main 1997, Zitate: S. 132 f., 247 f.

biologistischer Sozialpaternalismus andererseits schlossen sich nicht aus. Im Gegenteil, beides waren zwei Seiten derselben Medaille. Wie schon vor 1939 prägte ein rassistisch-biologischer Sozialpaternalismus auch während des Krieges die nationalsozialistische Arbeitsverfassung. Weibliche Arbeitskräfte sollten geschont werden, als Ehefrauen und vor allem als „Gebärmütter" eines erbgesunden „arischen" Nachwuchses. Deswegen gingen die Treuhänder der Arbeit mit der weiblichen Hälfte der großdeutschen Arbeiterschaft deutlich behutsamer um als mit der männlichen. Sie wiesen angeblich undisziplinierte Arbeiterinnen nur selten in „Arbeitserziehungslager" ein. Zurückhaltend waren sie aus biologistischen Gründen gegenüber jungen gebärfähigen, aus psychologischen Gründen aber auch gegenüber älteren Frauen, wenn deren Männer als Soldaten an den Fronten standen. In ihrem vergleichsweise milden Umgang mit Frauen wurden sie durch Sauckel und Göring bestärkt.[62]

Solche Rücksichtnahmen aus rassistisch-biologischen Gründen spiegelten sich in vielen konkreten Veränderungen des Arbeitsrechts, die deutsche Arbeitnehmerinnen betrafen und die für sich genommen durchaus fortschrittlich anmuten. Ein markantes Beispiel ist das „Gesetz zum Schutze der erwerbstätigen Mutter" vom 17. Mai 1942.[63] Tatsächlich lässt sich dieses Gesetz wie viele andere jedoch nur angemessen bewerten, wenn seine Bestimmungen auf die Ziele und das Selbstverständnis des NS-Regimes bezogen werden. Nationalsozialistisches Ideal war und blieb es, die „deutsche Frau" aus dem industriellen Erwerbsleben herauszuziehen, damit sie sich ganz auf ihre biologisch angeblich determinierte Rolle als Ehefrau und Mutter konzentrieren konnte.[64]

Schon vor 1942 hatten Diktatur und Industrie die Widersprüche zwischen kriegswirtschaftlichen Erfordernissen, die eine verstärkte Mobilisierung von Frauen für die Industrie erforderlich machten, und biologistischen Rollenzuweisungen aufzulösen versucht. So war es dem sozialpaternalistischen Rassismus des NS-Regimes zuzuschreiben, dass Teilzeitarbeit bereits in den letzten Vorkriegsjahren und dann verstärkt während des Krieges zum Massenphänomen wurde. Halbtagsschichten und familienfreundlich reduzierte Arbeitszeiten für Mütter und Hausfrauen sind also nicht etwa erst Errungenschaften der bundesdeutschen Nachkriegsgesellschaft. In welchen Dimensionen der rassistisch grundierte Pronatalismus der Hitler-Diktatur die Einführung von Halbtagsarbeit begünstigte, lässt sich an den Arbeitszeitstatistiken ablesen: Reichsweit sank die (tatsächlich geleistete) Arbeitszeit von qualifizierten Arbeiterinnen in der Produktionsgüterindustrie einschließlich der Rüstungsindustrie von 47 Stunden im März 1939 auf 41,5 Stunden im März 1944, die der weit größeren Zahl der ungelernten Arbeiterinnen im gleichen Zeitraum sogar von 47 auf 39 Stunden.[65]

---

62 Vgl. *Eden*, Verwaltung der Utopie, S. 383 f.
63 RGBl. I, 1942, S. 321 ff. Zum Mutterschutz vgl. Abschnitte 5.4.5 und 5.5.4 in diesem Band.
64 Dies begann bereits 1933/34 mit der sog. Doppelverdienerkampagne. Solche Kampagnen waren nicht NS-spezifisch. Dieser voraus gingen Doppelverdienerkampagnen zwischen 1918 und 1920, 1923/24 und 1930 bis 1932, vgl. *Hachtmann*, Reichsarbeitsministerium und Deutsche Arbeitsfront, S. 154 ff.
65 Vgl. *Rüdiger Hachtmann*, Industriearbeiterinnen in der deutschen Kriegswirtschaft 1936–1944/45, in: Geschichte und Gesellschaft 19, 1993, S. 364 (Tabelle 3).

5.2.7 Fazit

Das NS-Regime baute die Arbeitsverfassung in Deutschland 1933/34 von Grund auf um. Tarifverhandlungen sowie überhaupt jegliche Partizipationsmöglichkeiten der Arbeitnehmer wurden vollständig ausgehebelt. Innerbetrieblich wurde dem „Betriebsführer" durch das „Gesetz zur Ordnung der nationalen Arbeit" vom Januar 1934 eine autokratische Stellung zurückgegeben, wie er sie während des wilhelminischen Kaiserreichs besessen hatte. Die „Betriebsgemeinschaften" sollten im Zentrum der Regelung der Arbeitsverhältnisse und Sozialbeziehungen stehen, die Treuhänder der Arbeit als „wirtschaftspolitische Reichstatthalter" möglichst selten eingreifen. Rekrutiert für dieses Amt wurden überwiegend „Alte Kämpfer", die der NSDAP in den zwanziger oder Anfang der dreißiger Jahre beigetreten waren, sowie zu mehr als der Hälfte SS-Mitglieder, teilweise in hohen Rängen. Am Ziel, dass die Treuhänder tarifpolitisch nur als eine möglichst selten in Anspruch genommenen Letztinstanz fungieren sollten, hielten die Protagonisten des NS-Regimes bis 1942/43 fest. Verwundern kann dies nicht: Die politischen Akteure und ebenso die einschlägigen Arbeitsrechtler dachten nicht in einem Zeitrahmen von zwölf Jahren, sondern planten in dem Zeithorizont der von den Nazis versprochenen „Tausend Jahre".

Deshalb blieben auch die Treuhänder-Behörden bis zu ihrer Fusion mit den Landesarbeitsämtern zu Gauarbeitsämtern personell chronisch unterbesetzt: Das NS-Regime wollte keinen neuen Verwaltungskoloss schaffen, den es nach dem (wie viele Zeitgenossen glaubten) baldigen NS-„Endsieg" nicht mehr benötigte. Die zunehmenden Befugnisse, die die Treuhänder vor allem ab 1938 erhielten, waren Ausdruck eines bellizistischen Staatsinterventionismus, einer kriegswirtschaftlichen Improvisation. Sie sollten nach dem „Endsieg" wieder zurückgenommen werden. Um sich ein Minimum an Effizienz zu verschaffen, kooperierten die Treuhänder der Arbeit – die tarifpolitisch auf den Weimarer Schlichtern fußten – mit den Organen der Wirtschaft sowie der DAF. Seit Ende 1936 arbeiteten sie zudem mit den Gewerbeaufsichtsämtern sowie vor allem den Arbeitseinsatz-Behörden, also den Landesarbeitsämtern und den kommunalen Arbeitsämtern, immer enger zusammen. Die letztendliche Fusion der Treuhänder-Behörden mit den Landesarbeitsämtern 1943 zu Gauarbeitsämtern erklärt sich vor dem Hintergrund der verstärkten kriegswirtschaftlichen Anstrengungen in der zweiten Kriegshälfte, die einen effizienten Arbeitseinsatz forderten.

Die Möglichkeiten der – deutschen – Arbeitnehmer, die ihnen nominell verbliebenen individuellen Rechte tatsächlich wahrzunehmen, wurden seit Beginn der Diktatur immer weiter reduziert. Ausdruck dieser Entwicklung war der rapide Bedeutungsverlust der Arbeitsgerichtsbarkeit. Die ihr vorgeschaltete Rechtsberatung lag in den Händen der Deutschen Arbeitsfront. Diese war als Organisation der „Volks- und Leistungsgemeinschaft" verpflichtet. Entsprechend suchten die Rechtsberater seit 1933 nicht mehr – wie ihre von den Gewerkschaften gestellten Vorgänger – die individuellen Interessen der rechtsuchenden Arbeitnehmer zu vertreten, sondern dem einseitig zugunsten des „Betriebsführers" ausgelegten Betriebswohl und den NS-Ideologemen zur Durchsetzung zu verhelfen.

Nicht nur in dieser Hinsicht spielte die Arbeitsfront innerhalb der NS-Arbeitsverfassung eine wichtige Rolle. Sie nahm auch sonst eine Schlüsselstellung ein. Als Organisation sollte sie die proletarisch-sozialistischen Milieus zerstören, die Atomisierung der deutschen Arbeitnehmerschaft bewerkstelligen und Arbeiter und Angestellte dann unter den neuen politisch-ideologischen Prämissen mit Hilfe von Lockung und Zwang zu reibungslos funktionierenden Gliedern der nationalsozialistischen „Volks- und Leistungsgemeinschaft" machen. Die Volksgemeinschaft selbst wiederum war zwar hierarchisch konzipiert. Der Arbeiterklasse sollten jedoch alle Ansätze zur Ausbildung einer eigenständigen sozialen Identität genommen werden. Gleichzeitig wurde sie unter eine Art paternalistische Kuratel der Arbeitsfront gestellt.

Langfristig sollten Klassengrenzen zugunsten rassistischer Hierarchisierungen zurücktreten: Eines der wirkungsvollsten Mittel, das Gros der deutschen Arbeiter und Angestellten zu integrieren – wenn man so will: zu korrumpieren – waren der Rassismus und die aus ihm abgeleiteten Inklusions- und Exklusionsmechanismen. Die Arbeitsverfassung, wie überhaupt das gesamte NS-Rechtssystem, spiegelten diesen politisch-ideologischen Willen. Durch die Unterschichtung der Belegschaften während des Krieges mit Fremdarbeitern aus aller Herren Ländern begannen rassistische Stereotypen in breiten Schichten der deutschen Arbeiterschaft auch praktisch auf positive Resonanz zu stoßen.

Begünstigt wurde die faktische Rechtlosigkeit insbesondere der „Ostarbeiter" durch Generalklauseln, die den NS-Akteuren große Handlungsspielräume öffneten, sowie gleichzeitig durch eine Übernormierung, die von zahlreichen, in kooperativer Konkurrenz zueinander stehenden Institutionen der Neuen Staatlichkeit der Hitler-Diktatur ausging und zwischen diesen meist nicht abgestimmt war. Übernormierung, Generalklauseln und eine ohnedies allgemeine moralisch-ethische Enthemmung öffneten der Willkür der Kontroll- und Repressionsorgane des NS-Regimes, zu denen spätestens seit 1939/40 auch die Treuhänder der Arbeit zu rechnen sind, und einer schrankenlosen Ausbeutung ausländischer Arbeitskräfte Tür und Tor. Nationalsozialismus und emanzipatorischer Fortschritt schlossen sich grundsätzlich aus. Es war deshalb nur logisch, dass auch alle vordergründigen Verbesserungen, die sich für die Zeit des Nationalsozialismus beobachten lassen – etwa beim Arbeitsschutz für deutsche Arbeitnehmer, insbesondere beim Mutterschutz für lohnabhängig arbeitende Frauen – stets an Nation und Rasse gebunden waren.

Auswahlbibliografie

Becker, Martin, Arbeitsvertrag und Arbeitsverhältnis während der Weimarer Republik und in der Zeit des Nationalsozialismus, Frankfurt am Main 2005.
Deutscher Arbeitsgerichtsverband (Hrsg.), Die Arbeitsgerichtsbarkeit. Festschrift zum 100-jährigen Bestehen des Deutschen Arbeitsgerichtsverbandes, Darmstadt 1994.
Eden, Sören, Die Verwaltung einer Utopie. Die Treuhänder der Arbeit zwischen Betriebs- und Volksgemeinschaft 1933–1945, Göttingen 2020.

Frese, Matthias, Betriebspolitik im „Dritten Reich". Deutsche Arbeitsfront, Unternehmer und Staatsbürokratie in der westdeutschen Großeisenindustrie 1933–1939, Paderborn 1991.

Hachtmann, Rüdiger, Arbeitsverfassungen, in: Hans Günter Hockerts (Hrsg.), Drei Wege deutscher Sozialstaatlichkeit. NS-Diktatur, Bundesrepublik und DDR im Vergleich, München 1998, S. 27–54.

Hachtmann, Rüdiger, Industriearbeit im Dritten Reich. Untersuchungen zu den Lohn- und Arbeitsbedingungen 1933–1945, Göttingen 1989.

Hachtmann, Rüdiger, Die rechtliche Regelung der Arbeitsbeziehungen im Dritten Reich, in: Dieter Gosewinkel (Hrsg.), Wirtschaftskontrolle und Recht im Nationalsozialismus – zwischen Entrechtlichung und Modernisierung. Bilanz und Perspektiven der Forschung, Baden-Baden 2004, S. 123–139.

Hachtmann, Rüdiger, Reichsarbeitsministerium und Deutsche Arbeitsfront: Dauerkonflikt und informelle Kooperation, in: Alexander Nützenadel (Hrsg.), Das Reichsarbeitsministerium im Nationalsozialismus. Verwaltung – Politik – Verbrechen, Göttingen 2017, S. 137–173.

Hachtmann, Rüdiger, Wiederbelebung von Tarifparteien oder Militarisierung der Arbeit? Kontroversen um die Grundlinien der nationalsozialistischen Tarifpolitik und die „künftige Gestaltung der NS-Arbeitsverfassung" 1936 bis 1944, in: Karl-Christian Führer (Hrsg.), Tarifbeziehungen und Tarifpolitik in Deutschland im historischen Wandel, Bonn 2004, S.114–140.

Hachtmann, Rüdiger, Vom Wilhelminismus zur Neuen Staatlichkeit des Nationalsozialismus. Das Reichsarbeitsministerium 1918 bis 1945, 2 Bde. Göttingen 2023.

Herbert, Ulrich, Fremdarbeiter. Politik und Praxis des „Ausländer-Einsatzes" in der Kriegswirtschaft des Dritten Reiches, Berlin/Bonn 1985.

Karner, Stefan, Arbeitsvertragsbrüche als Verletzung der Arbeitspflicht im „Dritten Reich", in: Archiv für Sozialgeschichte 21, 1981, S. 269–328.

Kranig, Andreas, Lockung und Zwang. Zur Arbeitsverfassung im Dritten Reich, Stuttgart 1983.

Mason, Timothy W., Zur Entstehung des Gesetzes zur Ordnung der nationalen Arbeit vom 20. Januar 1934. Ein Versuch über das Verhältnis „archaischer" und „moderner" Elemente in der neuesten deutschen Geschichte, in: Hans Mommsen [u. a.] (Hrsg.), Industrielles System und politische Entwicklung in der Weimarer Republik, Düsseldorf 1974, S. 322–351.

Rücker, Simone, Rechtsberatung. Das Rechtsberatungswesen von 1919–1945 und die Entstehung des Rechtsberatungsmissbrauchsgesetzes von 1935, Tübingen 2007.

Schneider, Michael, Unterm Hakenkreuz. Arbeiter und Arbeiterbewegung 1933 bis 1939, Bonn 1999.

Schneider, Michael, In der Kriegsgesellschaft. Arbeiter und Arbeiterbewegung 1939 bis 1945, Bonn 2014.

Spoerer, Mark, Zwangsarbeit unter dem Hakenkreuz. Ausländische Zivilarbeiter, Kriegsgefangene und Häftlinge im Deutschen Reich und im besetzten Europa, 1939–1945, Stuttgart/München 2001.

Spohn, Wolfgang, Betriebsgemeinschaft und Volksgemeinschaft. Die rechtliche und institutionelle Regelung der Arbeitsbeziehungen im NS-Staat, Berlin 1987.

Mark Spoerer
5.3 Zwangsarbeit

5.3.1 Einleitung

Auf dem Höhepunkt der deutschen Machtausdehnung im Zweiten Weltkrieg arbeiteten über acht Millionen Ausländer im Deutschen Reich und viele weitere Millionen in den besetzten Gebieten gegen ihren Willen für die Zwecke des NS-Regimes. Für diese Arbeitsverhältnisse wird häufig pauschal der Begriff „Zwangsarbeit" verwendet, was in den meisten, aber nicht allen Fällen zutrifft. Damit der Begriff „Zwangsarbeit" historiographisch operationalisierbar wird, bedarf er einer Präzisierung; schließlich befanden sich auch Millionen von deutschen Männern und Frauen in Arbeitsverhältnissen, die sie sich nicht unbedingt ausgesucht hatten, zum Teil schon seit 1938. Für diese Präzisierung eignen sich die Begriffe „exit" und „voice", die der Sozialwissenschaftler Albert O. Hirschman ganz allgemein zur Charakterisierung von sozialen Verhältnissen vorgeschlagen hat.[1] Im Krieg ein Arbeitsverhältnis einfach zu verlassen, also die Option „exit" auszuüben, wäre sowohl deutschen als auch insbesondere ausländischen Beschäftigten nicht ohne Weiteres möglich gewesen. Die deutschen Arbeitskräfte hatten jedoch „voice", d. h. sie hatten die Möglichkeit, Beschwerden vorzutragen und Gehör zu finden – die viel propagierte Volksgemeinschaft war mehr als nur eine Floskel, vielmehr beinhaltete sie ein, wenn auch unscharfes, sozialpolitisches Versprechen. Ausländer, oder aus der deutschen Volksgemeinschaft ausgegrenzte Deutsche, wie etwa Juden oder Sinti und Roma („Zigeuner"), hatten nur sehr wenig oder gar kein „voice". Will man ein drittes Kriterium zur Differenzierung der verschiedenen Zwangsarbeitergruppen einführen, so bietet sich die Sterblichkeit an. Während etwa Arbeiter aus Westeuropa eine ähnlich hohe Sterblichkeit aufwiesen wie gleichaltrige Deutsche in Friedenszeiten, lag sie für Arbeiter aus Osteuropa viel höher.[2]

Ganz wesentlichen Anteil an der Abgrenzung und Präzisierung der Begriffe „Fremdarbeiter", „Zwangsarbeiter" etc. hatte die Pionierstudie von Ulrich Herbert, die 1985 in erster Auflage erschien.[3] Herbert arbeitete vor allem weitaus gründlicher

---

[1] Vgl. *Albert O. Hirschman*, Exit, Voice, and Loyalty: Responses to Decline in Firms, Organizations, and States, Cambridge (Mass.) 1970.
[2] Vgl. zur Begrifflichkeit *Mark Spoerer/Jochen Fleischhacker*, Forced Laborers in Nazi Germany: Categories, Numbers, and Survivors, in: Journal of Interdisciplinary History 33, 2002, S. 173 f.; und weiter differenzierend *Marc Buggeln*, Unfreie Arbeit im Nationalsozialismus. Begrifflichkeiten und Vergleichsaspekte zu den Arbeitsbedingungen im Deutschen Reich und in den besetzten Gebieten, in: Marc Buggeln/Michael Wildt (Hrsg.), Arbeit im Nationalsozialismus, Berlin 2014, S. 231–252; *Fabian Lemmes*, Arbeiten in Hitlers Europa. Die Organisation Todt in Frankreich und Italien 1940–1945, Wien/Köln/Weimar 2021, S. 22–25, 686 f.
[3] Vgl. *Ulrich Herbert*, Fremdarbeiter. Politik und Praxis des „Ausländer-Einsatzes" in der Kriegswirtschaft des Dritten Reiches, 2. Aufl. Bonn 1999; ferner *Ulrich Herbert*, Zwangsarbeit im 20. Jahrhundert.

als Autoren vor ihm die vielfältigen Beziehungen zwischen Ausländerbeschäftigung, Rüstungswirtschaft und NS-Ideologie heraus. Seine zentrale These vom „Herrschaftskompromiss" hat bis heute Bestand: Zwar konnten die Ideologen innerhalb des NS-Regimes nicht verhindern, dass die Rüstungspragmatiker slawische und in der zweiten Kriegshälfte gar jüdische „Untermenschen" auf deutschem Boden zur Zwangsarbeit einsetzten, doch konnten sie ein manchmal absurd fein differenziertes diskriminatorisches Sonder(un)recht durchsetzen, das im Ergebnis die Überlebenschancen der aus ihrer Sicht unerwünschten Gruppen deutlich verringerte. Im Extremfall resultierte daraus „Vernichtung durch Arbeit" für einen großen Teil der KZ-Häftlinge und der sowjetischen Kriegsgefangenen.

Die quantitative Dimension, einschließlich der Sterblichkeit, war einer der Schwerpunkte der 2001 erschienenen Studie von Mark Spoerer, die stärker deskriptiv geprägt ist und Überblickscharakter aufweist.[4] Beide Studien, und auch viele der hunderte von Titeln umfassenden Lokal-, Regional- und Unternehmensstudien zum Thema Zwangsarbeit heben die Bedeutung des Rechtsstatus hervor. Der größte Teil der Ausländer stand in einem meist – aber nicht immer – unfreiwillig eingegangenen zivilrechtlichen Arbeitsverhältnis oder gehörte zu den Kriegsgefangenen. Neben den Zivilarbeitern und den Kriegsgefangenen bildeten KZ-Häftlinge und weitere Häftlingsgruppen, insbesondere „Arbeitsjuden", die dritte große Zwangsarbeitergruppe. Insbesondere mit dem Einsatz von KZ-Häftlingen hat sich Marc Buggeln ausführlich auseinandergesetzt.[5]

Im nächsten Abschnitt werden zunächst jeweils kurz die ideologischen und rüstungswirtschaftlichen Hintergründe des Ausländereinsatzes im Dritten Reich betrachtet, denen ein Abschnitt über die Rekrutierungspraxis der deutschen Behörden in den besetzten bzw. verbündeten Gebieten folgt. Dieser Punkt verdient insofern Bedeutung, als er dazu beiträgt, die komplexe Frage der Freiwilligkeit besser zu beleuchten. Dann wendet sich die Perspektive von der Peripherie nach innen, zu den Lebens- und Arbeitsbedingungen der ausländischen Arbeiter und Arbeiterinnen im „Großdeutschen Reich".[6] Im abschließenden Abschnitt wird auf die Verantwortlichkeiten für den Einsatz von Zwangsarbeitern eingegangen.

Begriffe, Entwicklung, Definitionen, in: Dieter Pohl/Tanja Sebta (Hrsg.), Zwangsarbeit in Hitlers Europa. Besatzung, Arbeit, Folgen. Berlin 2013, S. 23–36.
4 Vgl. *Mark Spoerer*, Zwangsarbeit unter dem Hakenkreuz. Ausländische Zivilarbeiter, Kriegsgefangene und Häftlinge im Dritten Reich und im besetzten Europa 1939–1945, Stuttgart 2001; ferner *Mark Spoerer*, Profitierten Unternehmen von KZ-Arbeit? Eine kritische Analyse der Literatur, in: Historische Zeitschrift 268, 1999, S. 61–95.
5 *Marc Buggeln*, Were KZ-Prisoners Slaves? Possibilities and Limits of Comparisons and Global-Historic Approaches, in: International Review of Social History 53, 2008, S. 101–129; *Marc Buggeln*, Slave Labour in Nazi Concentration Camps, Oxford 2014; *Buggeln*, Unfreie Arbeit im Nationalsozialismus.
6 Eine vergleichende Synthese steht noch aus; vgl. für Ansätze *Mark Spoerer*, Travail forcé dans l'Europe occupée, in: Jean-Paul Cahn/Stefan Martens/Bernd Wegner (Hrsg.), Le Troisième Reich dans l'historiographie allemande. Lieux de pouvoir, rivalités de pouvoir, Paris 2013, S. 351–373; *Mark Spoerer*, Forced Labour in Nazi-occupied Europe, 1939–1945, in: Marcel Boldorf/Tetsuji Okazaki (Hrsg.), Economies under

5.3.2 Die ideologischen und rüstungswirtschaftlichen Hintergründe des Ausländereinsatzes

Der Nationalsozialismus basierte auf einer atavistischen Rassendoktrin und einer entsprechenden Rassenskala, der zufolge die „nordischen Völker", also Skandinavier, Niederländer und flämische Belgier an der Spitze standen. Ihnen folgten die „romanischen Völker", also etwa die Wallonen und Franzosen. Am unteren Ende der Skala standen die „slawischen Untermenschen", insbesondere die Polen und Russen, unter denen sich nur noch die Juden und „Zigeuner" befanden.

Dieses primitive Gerüst bereitete in der Praxis einige Schwierigkeiten bei der Zuordnung verbündeter Völker, wie etwa der Italiener, Japaner oder Angehöriger verbündeter, z. T. slawischer Nationen auf dem Balkan. Bei allen Verrenkungen, die die nationalsozialistischen Planer in dieser Hinsicht machen mussten, so war doch eines klar: Deutschland sollte – schon aus „blutlichen" Gründen – den Deutschen gehören, und Ausländer waren allenfalls temporär und dann nur unter Nützlichkeitserwägungen im Deutschen Reich zu tolerieren, das 1943 „judenrein" wurde. Dies galt insbesondere für „slawische Untermenschen", die womöglich gar noch „bolschewistisch infiziert" waren.[7]

Zunächst hatte es kaum Konflikte zwischen rasseideologischen und wirtschaftlichen Zielen gegeben. Die Nationalsozialisten übernahmen die Macht auf dem Höhepunkt der Arbeitslosigkeit, als auch die Beschäftigung von Ausländern auf dem Tiefpunkt stand. Schon 1934 waren jedoch Facharbeiter in metallverarbeitenden Berufen wieder knapp, und 1936/37 war Vollbeschäftigung erreicht. Die Hereinnahme ausländischer Arbeitskräfte – zu diesem Zeitpunkt auf rein freiwilliger Basis – stieg zwar an, blieb jedoch aufgrund des chronischen Devisenmangels des Reichs gedrosselt.[8]

Im Krieg wurde die Verteilung der Arbeitskräfte wie die von Rohstoffen und teilweise selbst Finanzmitteln immer mehr marktlichen Selbstregulierungsmechanismen entzogen und zunehmend zentral geplant. Der Wettbewerb wurde jedoch keineswegs aufgehoben, sondern verlagerte sich vom anonymen Markt in die Flure der Beschaffungsabteilungen der Rüstungsbürokratie. Die langfristige Perspektive der Unternehmen war ganz auf die Nachkriegszeit ausgerichtet; die Kriegswirtschaft wurde als Zwischenphase mit ganz spezifischen unternehmerischen Chancen und Risiken aufgefasst. Rüstungsaufträge waren durchaus lukrativ, allerdings konnten die hohen Gewinne nur zum Teil ausgeschüttet werden und wurden daher reinvestiert. Durch gezielte Hereinnahme von Rüstungsaufträgen ließen sich Bestände an Fachkräften,

---

Occupation. The Hegemony of Nazi Germany and Imperial Japan in World War II, London 2015, S. 73–85. Zum Arbeitseinsatz in den besetzten Gebieten vgl. die Kapitel 5.1–5.4 in diesem Band.

7 Vgl. *Herbert*, Fremdarbeiter, S. 116–122, 271–274.

8 Vgl. zur zahlenmäßigen Entwicklung der Ausländerbeschäftigung in der Zwischenkriegszeit: *Lothar Elsner/Joachim Lehmann*, Ausländische Arbeiter unter dem deutschen Imperialismus 1900 bis 1985, Berlin 1988, S. 390.

Sachkapital und Warenvorräten halten oder gar aufbauen, die wertvolles Startkapital im Frieden darstellen würden.[9]

Das Jahr 1942 war in mehrfacher Hinsicht ein Wendepunkt in der deutschen Kriegswirtschaft. Die Rüstungsproduktion war weitgehend dem Reichsminister für Bewaffnung und Munition unterstellt. Unternehmen, die keine rüstungswirtschaftlich bedeutenden Produkte herstellen konnten oder wollten, wurden zunehmend die Arbeitskräfte entzogen und sie liefen nun Gefahr, von den Behörden stillgelegt zu werden, vor allem die kleineren. Im März 1942 ernannte Hitler zudem den thüringischen Gauleiter Fritz Sauckel zum Generalbevollmächtigten für den Arbeitseinsatz. Sauckel sollte das drängendste Problem der Rüstungswirtschaft lösen, die Knappheit an Arbeitskräften, wobei aus ideologischen und sozialpolitischen Gründen die deutschen Frauen weitgehend verschont bleiben sollten.[10]

Sauckels politischer Hauptgegner saß nur wenige Straßen weit entfernt. Das Jahr 1942 wird meist nicht nur als Wendepunkt der deutschen Arbeitseinsatzpolitik, sondern auch der Rüstungspolitik gesehen. Nachfolger des Reichsministers für Rüstung und Munition, Fritz Todt, wurde nach dessen Tod im Februar 1942 Albert Speer, ab November 1943 mit dem Titel Reichsminister für Rüstung und Kriegsproduktion. Speer setzte unter Miteinbeziehung führender Industrieller („Selbstverantwortung der Industrie") und in Fortsetzung bereits von Todt begonnener Maßnahmen ein scharfes Rationalisierungsprogramm durch und konnte die Ziffern der Rüstungsendproduktion eindrucksvoll steigern – allerdings unter Vernachlässigung der Konsumgüterproduktion. Speers Produktionsstatistik verdeckte, dass ein beträchtlicher Teil des Anstiegs der Rüstungsproduktion auf die Verlagerung von Produktionsaufträgen ins Ausland zurückzuführen war.[11] Vor allem die tschechische und die französische Industrie trugen viel zu den deutschen Kriegsanstrengungen bei.[12] Da die für Deutsch-

---

9 Grundlegend dazu *Willi A. Boelcke*, Die Kosten von Hitlers Krieg. Kriegsfinanzierung und finanzielles Kriegserbe in Deutschland 1933–1948, Paderborn 1985; *Paul Erker*, Industrieeliten in der NS-Zeit. Anpassungsbereitschaft und Eigeninteresse von Unternehmern in der Rüstungs- und Kriegswirtschaft 1936–1945, Passau 1994, insb. S. 67–75; zusammenfassend *Werner Plumpe*, Unternehmensgeschichte im 19. und 20. Jahrhundert, Berlin 2018, S. 126–130. Vgl. zu den Gewinnen aus der Ex-ante-Perspektive: *Jonas Scherner*, Die Logik der Industriepolitik im Dritten Reich. Die Investitionen in die Autarkie- und Rüstungsindustrie und ihre staatliche Förderung, Stuttgart 2008; und aus der Ex-post-Perspektive: *Mark Spoerer*, Von Scheingewinnen zum Rüstungsboom. Die Eigenkapitalrentabilität der deutschen Industrieaktiengesellschaften 1925–1941, Stuttgart 1996.
10 Vgl. *Swantje Greve*, Das „System Sauckel". Der Generalbevollmächtigte für den Arbeitseinsatz und die Arbeitskräftepolitik in der besetzten Ukraine 1942–1945, Göttingen 2019; und zur Frauenarbeit Kapitel 5.4 in diesem Band.
11 Vgl. *Jonas Scherner/Jochen Streb*, Das Ende eines Mythos? Albert Speer und das so genannte Rüstungswunder, in: Vierteljahrschrift für Sozial- und Wirtschaftsgeschichte 93, 2006, S. 172–196; *Jochen Streb*, Das Reichswirtschaftsministerium im Kriege, in: Albrecht Ritschl (Hrsg.), Das Reichswirtschaftsministerium in der NS-Zeit: Wirtschaftsordnung und Verbrechenskomplex, Berlin 2016, S. 533–610.
12 Vgl. für Frankreich *Olivier Dard/Hervé Joly/Philippe Verheyde* (Hrsg.), Les entreprises françaises, l'occupation et le second XXe siècle, Metz 2011; *Marcel Boldorf/Jonas Scherner*, France's Occupation Costs and the War in the East: The Contribution to the German War Economy, 1940–1944, in: Journal

land produzierenden Firmen sowohl qualifizierte als auch unqualifizierte Arbeitskräfte benötigten, konkurrierten die Organisationen von Speer und Sauckel um die gleiche Ressource.

5.3.3 Die Rekrutierung von Arbeitskräften im „Großwirtschaftsraum Europa"

Wo immer die deutsche Wehrmacht den Machtbereich des Deutschen Reiches ausweitete, wurde sehr bald die Arbeitseinsatzverwaltung eingerichtet, die kurz darauf mit der Rekrutierung von Arbeitskräften begann. Die offizielle Rekrutierung von Arbeitskräften für den Einsatz im Reich fand in allen besetzten Gebieten statt, mit Ausnahme Nordafrikas und Norwegens, das aufgrund der enormen deutschen Investitions- und Wirtschaftstätigkeit in diesem Land selbst Nettoimporteur von Arbeitskräften war.[13] Darüber hinaus gab es Rekrutierungen in allen verbündeten und einigen neutralen Staaten, einschließlich der nicht besetzten Länder Bulgarien und Spanien, jedoch nicht in Finnland, Portugal, Schweden oder der Schweiz. Tabelle 1 fasst die Maßnahmen der deutschen Arbeitseinsatzverwaltung in den besetzten Gebieten zusammen, um die Bevölkerung im Heimatland, im Deutschen Reich oder in einem Drittstaat zur Arbeit einzusetzen.

Nachdem Sauckel von Hitler das Rekrutierungsmonopol erhalten hatte, setzte er eigene Beamte in den besetzten Gebieten ein oder delegierte Befugnisse an die dortigen militärischen oder zivilen Arbeitseinsatzdienststellen. Auf dem Höhepunkt ihrer Expansion unterhielt die deutsche Arbeitseinsatzverwaltung 1942/43 außerhalb der Reichsgrenzen etwa 4000 Mitarbeiter, von denen mindestens 1500 im Generalgouvernement (Zentralpolen) und den „besetzten Ostgebieten" (Sowjetunion), weitere 1000 in Frankreich und über 400 in Belgien und den Niederlanden beschäftigt waren.[14] Sie hatten eine doppelte Aufgabe: Zum einen sollten sie die Rekrutierung von Arbeitskräften für den Einsatz im Reich koordinieren; zum anderen sollten sie dafür sorgen, dass die wirtschafts- und arbeitsmarktpolitischen Entscheidungen der deutschen

---

of Contemporary History 47, 2012, S. 291–316; und für das Protektorat Böhmen und Mähren *Jaromír Balcar/Jaroslav Kučera*, Nationalsozialistische Wirtschaftslenkung und unternehmerische Handlungsspielräume im Protektorat Böhmen und Mähren (1939–1945). Staatlicher Druck, Zwangslagen und betriebswirtschaftliches Kalkül, in: Christoph Buchheim/Marcel Boldorf (Hrsg.), Europäische Volkswirtschaften unter deutscher Hegemonie 1938–1945, München 2012, S. 150, 164; *Jaromír Balcar/Jaroslav Kučera*, Von der Rüstkammer des Reiches zum Maschinenwerk des Sozialismus. Wirtschaftslenkung in Böhmen und Mähren 1938 bis 1953, Göttingen 2013.
13 Vgl. *Hans Otto Frøland/Gunnar D. Hatlehol/Mats Ingulstad*, Regimenting Labour in Norway during Nazi Germany's Occupation, Berlin 2017.
14 Vgl. *Dieter G. Maier*, Arbeitseinsatzverwaltung und NS-Zwangsarbeit, in: Ulrike Winkler (Hrsg.), Stiften gehen: NS-Zwangsarbeit und Entschädigungsdebatte, Köln 2000, S. 73 f.

Tab. 1: Maßnahmen der deutschen Arbeitseinsatzbehörden in den besetzten Gebieten.

Staat/Region	Unter deutscher Kontrolle seit	Arbeitszwang für		Freiwilligenwerbung	Rekrutierung von Zivilarbeiter/inne/n		
		Juden	Nicht-Juden		Zwangsarbeit im eigenen Land	Zwangsarbeit im Reich	wahllose Deportation ins Reich
Protektorat Böhmen und Mähren	März 1939	ja	ja	ja	ja	ja	nein
Polen	Sept. 1939	ja	ja	ja	ja	ja	seit Herbst 1939
Dänemark	April 1940	nein	nein	ja	nein	nein	nein
Norwegen	April 1940	nein	ja	generell nein	ja	nein	nein
Niederlande	Mai 1940	ja	ja	ja	ja	ja	seit Ende 1944
Belgien	Mai 1940	ja	ja	ja	ja	ja	nein
Frankreich	Juni 1940	ja	ja	ja	ja	ja	nein
Serbien	April 1941	ja	ja	ja	ja	ja	nein
Griechenland	Mai 1941	ja	ja	ja	ja	wenige	nein
Sowjetunion	Juni 1941	nein (ermordet)	ja	ja	ja	ja	seit Frühjahr 1942
Tunesien	Nov. 1942	ja	nein	nein	nein	nein	nein
Italien	Sept. 1943	nein (deportiert)	ja	ja	ja	ja	seit Herbst 1943
Ungarn	Okt. 1944	ja	nein	ja	nein	nein	nein

Quelle: *Spoerer*, Forced Labour, S. 80.

Besatzungsbehörden ein günstiges Klima für die Rekrutierung schufen, indem sie zum Beispiel ein erhebliches Lohngefälle gegenüber dem Reich herstellten oder aufrechterhielten.

Die deutschen Besatzungsbehörden hatten zunächst kein Interesse an der Zwangsrekrutierung. Abgesehen davon, dass sie erheblich größere personelle Ressourcen erforderte als die Anwerbung von Freiwilligen, verschlechterte die Gewaltanwendung zwangsläufig die Beziehungen zur einheimischen Bevölkerung, gefährdete dadurch das Leben der Besatzer und erschwerte ihre Aufgabe. Die Suche nach Arbeitskräften für lokale Bauarbeiten und große Industrieprojekte war trotz der hohen Arbeitslosigkeit in den meisten besetzten Gebieten ohnehin schwierig genug. Es fehlte nicht nur an qualifizierten Handwerkern, noch gravierender war die schwindende Kaufkraft der Löhne, verursacht durch die Inflation, zu der die deutsche Besatzung aus verschiedenen Gründen fast überall führte. Die Menschen zogen es vor, Arbeit auf dem Land zu suchen, wo es einfacher war, an Lebensmittel zu gelangen. Wenn die deutschen Besatzungsbehörden daraufhin eine härtere Rekrutierungspolitik betrieben, führte dies vor allem dazu, dass die Männer in die Arme der Partisanen getrieben wurden, die ihrerseits energisch gegen die Arbeitseinsatzpolitik kämpften. Deutsche Arbeitseinsatzbeamte, die im Ausland tätig waren, trugen Uniformen und waren natürlich bevorzugte Ziele von Angriffen. Insofern muss es im Interesse jener deutschen Beamten gelegen haben, die nicht der Arbeitseinsatzverwaltung angehörten, die Rolle des *good cop* zu spielen, der die örtliche Bevölkerung vor den Forderungen des *bad cop* – Sauckel und seine Männer – beschützt.

Hinsichtlich der Rekrutierung ausländischer Zivilarbeiter und Zivilarbeiterinnen, sowohl für den Einsatz im Reich als auch in den besetzten Gebieten, lassen sich im gesamten von Deutschland besetzten oder mit ihm verbündeten Europa vier Methoden unterscheiden: (1) die reine Werbung, (2) Werbung mit maßgeblicher Beeinflussung der Existenzbedingungen, (3) Konskription, d. h. die Einberufung ganzer Jahrgänge mit Hilfe der einheimischen Verwaltung, und (4) Deportation durch offene Gewaltanwendung deutscher oder deutsch-verbündeter Besatzungsorgane. Diese vier Idealtypen, die natürlich in der Praxis ineinander übergingen oder auch eine Zeit lang nebeneinander existierten, lassen sich je nach Härte des Besatzungsregimes in den meisten Territorien des deutschen Hegemonialraums finden.[15]

In den verbündeten, offiziell autonomen Staaten Süd- und Südosteuropas konnten die deutschen Werber keinen direkten Druck auf die Bevölkerung ausüben. Bei diesen Staaten handelte es sich – in der Reihenfolge der tatsächlich erreichten Anwerbezif-

---

15 Vgl. als Überblicksdarstellungen mit jeweils mehreren Beiträgen zur Arbeitskräfterekrutierung: *Ulrich Herbert* (Hrsg.), Europa und der „Reichseinsatz". Ausländische Zivilarbeiter, Kriegsgefangene und KZ-Häftlinge in Deutschland 1938–1945, Essen 1991; *Richard J. Overy/Gerhard Otto/Johannes Houwink ten Cate* (Hrsg.), Die „Neuordnung" Europas. NS-Wirtschaftspolitik in den besetzten Gebieten, Berlin 1997; *Karsten Linne/Florian Dierl* (Hrsg.), Arbeitskräfte als Kriegsbeute: der Fall Ost- und Südosteuropa 1939–1945, Berlin 2011; *Pohl/Sebta*, Zwangsarbeit.

fern – um Italien (bis zur Kapitulation 1943), Kroatien, die Slowakei, Ungarn, Bulgarien und Rumänien. Um in diesen Ländern Anwerbung durchführen zu können, musste das Deutsche Reich bilaterale Abkommen schließen, die vor allem die Regelung devisen- und sozialversicherungsrechtlicher Fragen zum Gegenstand hatten.

Ähnlich gingen die deutschen Behörden zunächst auch in den besetzten Gebieten West- und Osteuropas vor, nur dass im Falle direkter deutscher Herrschaft die Notwendigkeit zwischenstaatlicher Abkommen entfiel. Da den ausländischen Arbeitskräften mit Ausnahme der Polen und Sowjetbürger gleiche Lohn- und Arbeitsbedingungen wie ihren deutschen Kollegen zugesichert wurden und die meisten Staaten Kontinentaleuropas vor Kriegsbeginn immer noch unter der Arbeitslosigkeit infolge der Weltwirtschaftskrise der 1930er Jahre litten, waren die deutschen Arbeitseinsatzbehörden zunächst optimistisch.

In Westeuropa, wo es eine große Zahl hochqualifizierter Fachkräfte gab, führten die großen deutschen Unternehmen zudem eigene Anwerbungsaktivitäten durch. Da die Arbeitsbehörden in dieser Angelegenheit ein Monopol beanspruchten, untersagten sie den Firmen ab 1940 wiederholt die Anwerbung aus eigener Initiative, allerdings ohne nachhaltigen Erfolg. Das Problem löste sich erst 1943, als nach der deutschen Niederlage bei Stalingrad kaum noch Freiwillige für die Arbeit im Deutschen Reich gefunden werden konnten, das zunehmend von Angriffen aus der Luft bedroht war. Letztlich konnten die deutschen Anwerber in keinem Gebiet die (hochgesteckten) Erwartungen Berlins erfüllen. Nur ein kleiner Teil der Menschen ließ sich von den Errungenschaften der NS-Arbeits- und Sozialpolitik (relativ hohe Löhne, Arbeitshygiene und -schutz, vermeintliche Aufhebung des Gegensatzes von Kapital und Arbeit) verleiten, nach Deutschland zu gehen.

In den besetzten Gebieten standen den deutschen Arbeitseinsatzbehörden jedoch auch weitergehende Mittel zur Verfügung als in den verbündeten Staaten; insbesondere konnten sie auf vielfältige Weise Druck auf die arbeitsfähige Bevölkerung ausüben. In Polen, wie auch später in den besetzten Gebieten Westeuropas, trugen Nichtzuteilung essenzieller Vorprodukte bzw. direkte Stilllegungsverfügungen durch die Besatzungsbehörden dazu bei, die Arbeitslosigkeit zu erhöhen. Wer sich nicht beim Arbeitsamt meldete (und damit riskierte, nach Deutschland dienstverpflichtet zu werden), dessen Familie konnten Lebensmittelmarken oder Sozialleistungen gekürzt oder ganz vorenthalten werden. Diese Kombination aus Verringerung der Arbeitsplätze vor Ort, umfassender verwaltungsmäßiger Erfassung und materiellem Druck auf die Familie veranlasste viele jüngere, ledige Haushaltsmitglieder, sich für den Arbeitseinsatz zu melden, zur Not auch nach Deutschland.[16] Dies veranschaulicht, wie problematisch der Begriff der Freiwilligkeit in diesem Kontext ist.

---

16 Vgl. etwa *Rolf-Dieter Müller*, Die Rekrutierung sowjetischer Zwangsarbeiter für die deutsche Kriegswirtschaft, in: Herbert, Europa, S. 234–250; *Werner Warmbrunn*, The German Occupation of Belgium 1940–44, New York 1993, S. 225–238; *Bernd Zielinski*, Die deutsche Arbeitseinsatzpolitik in Frankreich 1940–1944, in: Overy [u. a.], Neuordnung, S. 109–131; *Karsten Linne*, Zwischen Freiwilligkeit und Menschenjagden, in: Zeitschrift für Geschichte Osteuropas 62, 2014, S. 61–88.

Da auch diese Maßnahmen nicht den gewünschten Erfolg hatten, gingen die deutschen Besatzer letztlich in allen besetzten Gebieten mit Ausnahme Dänemarks zu offener Zwangsrekrutierung (Konskription bzw. Deportation) über.[17] Hatten die Deutschen die einheimischen Behörden belassen und nur unter ihre Befehlsgewalt oder die einer Marionettenregierung gestellt, so hatte dies einerseits den Vorteil, dass mit weniger Widerstand zu rechnen war. Andererseits mussten bestimmte Rücksichtnahmen gewährt werden, um die einheimischen Behörden bzw. ihre Regierung zur Kollaboration zu bewegen.

Das klassische Beispiel dafür ist der im Februar 1943 eingerichtete *Service du travail obligatoire* (STO) in Frankreich. Sauckel, der immer mehr französische Arbeiter, vor allem Facharbeiter, für die deutsche Kriegswirtschaft gewinnen wollte, hatte den Druck auf das Vichy-Regime so weit verstärkt, dass es sich im September 1942 zur Einführung einer Dienstverpflichtung veranlasst sah, die dann im STO institutionalisiert wurde. Immerhin ließen sich die Forderungen der Deutschen durch den STO – den Umständen entsprechend – sozialverträglich abfedern: es wurden ganze Jahrgänge aufgerufen, jedoch – ab 1943 wieder eingeschränkte – Ausnahmeregelungen erlassen, z. B. für Verheiratete und Familienväter bzw. Landwirte und Polizisten. Insgesamt gingen mehr als 600 000 französische Arbeiter über den STO nach Deutschland.[18]

Ohne auch nur den Schein quasi-legitimer Verwaltungsakte erwecken zu wollen, gingen die deutschen Arbeitseinsatzbehörden in Polen und den besetzten Gebieten der Sowjetunion fast von Anfang an zu Deportationen über. Schon am 3. September 1939 wurde das erste deutsche Arbeitsamt in Polen errichtet, und bereits nach wenigen Tagen fanden erste Razzien und Deportationen statt. Der Normalfall war in den annektierten polnischen Gebieten die Konskription, also die über die lokale Verwaltung vorgenommene namentliche Aufforderung zum Arbeitseinsatz, während die deutschen Arbeitseinsatzbehörden im Generalgouvernement zunächst auf freiwillige Werbung und erst nach deren Scheitern auf rücksichtslose Deportation setzten. Diese Methoden kamen auch in den besetzten Gebieten der Sowjetunion zur Anwendung. Die gemäßigtere Variante bestand darin, regionalen bzw. kommunalen Gebietskörperschaften bestimmte Quoten an „Freiwilligen" aufzulegen. Wurden diese nicht erfüllt, griffen deutsche Sicherheitskräfte einfach die fehlenden Menschen in den betreffenden Dörfern oder auf Gütern auf. Die noch rücksichtlosere Variante bestand in Razzien, etwa in Dörfern, städtischen Wohnvierteln, Cafés oder Kinos. Wer nicht durch entsprechende Papiere nachweisen konnte, dass er oder sie beschäftigt war, wurde einfach mitgenom-

---

[17] Vgl. zu Dänemark *Therkel Strœde*, „Deutschlandarbeiter". Dänen in der deutschen Kriegswirtschaft, 1940–1945, in: Herbert, Europa, S. 143–147; *Steen Andersen*, Living Conditions and the Business Environment in Denmark, 1940–1945, in: Buchheim/Boldorf, Europäische Volkswirtschaften, S. 27–52.
[18] Vgl. *Yves Durand*, Vichy und der „Reichseinsatz", in: Herbert, Europa, S.184–199; *Helga Bories-Sawala*, Franzosen im „Reichseinsatz". Deportation, Zwangsarbeit, Alltag. Erfahrungen und Erinnerungen von Kriegsgefangenen und Zivilarbeitern, Bd. 1, Frankfurt am Main 1996, S. 248; Zielinski, Arbeitseinsatzpolitik, S. 123.

men und zur nächsten Sammelstelle gebracht. Bis zum Abtransport hatten die Familienangehörigen dann ggf. noch Gelegenheit, ihren Kindern oder Geschwistern etwas Reiseproviant, Kleidung und Hygieneartikel mitzugeben.[19]

Der Transport von polnischen und sowjetischen Zwangsarbeitern erfolgte normalerweise in geschlossenen Güterwaggons; ein Kübel in der Ecke diente zur Verrichtung der Notdurft. In bestimmten Durchgangslagern, z. B. Krakau, Lublin, Tschenstochau und Warschau, wurden die Deportierten entlaust und medizinisch auf Tauglichkeit untersucht. Bei der Ankunft in deutschen Durchgangslagern erfolgte in der Regel noch einmal eine Entlausung und danach der Abmarsch oder Transport zu den jeweiligen deutschen Einsatzträgern: privatwirtschaftliche Betriebe von einzelnen Bauernhöfen bis zu Großkonzernen, öffentliche Unternehmen, Kommunen, kirchliche Einrichtungen usw.

Der Transport der Kriegsgefangenen spielte sich ähnlich ab. Sie wurden nach der Gefangennahme in Durchgangslager hinter der Front gebracht und dort entlaust, um dann von dort in Kriegsgefangenen-Stamm- bzw. -Offizierslager im Reich verbracht zu werden. Die Insassen der Stammlager wurden, wenn sie arbeitsfähig waren, über die Arbeitsämter in Arbeitskommandos an die Einsatzträger ausgeliehen, wohingegen die Offiziere nicht zur Arbeit eingesetzt wurden.[20]

Den sowjetischen Kriegsgefangenen war zunächst ein anderes Schicksal zugedacht. Die Wehrmacht, die 1940 auf dem westlichen Kriegsschauplatz keine Probleme gehabt hatte, über zwei Millionen französische und belgische Kriegsgefangene (die Niederländer waren direkt entlassen worden) ins Reich zu transportieren, ließ in den ersten Monaten des Ostfeldzugs von 3,35 Millionen sowjetischen Kriegsgefangenen zwei Millionen trotz guter Erntelage vor Ort verhungern. Erst Ende Oktober 1941, als der deutsche Vormarsch steckengeblieben war, entschied sich Hitler für den Arbeitseinsatz von sowjetischen Kriegsgefangenen im Reich. Diese Entscheidung wird nicht nur Hitler Überwindung gekostet haben, auch die deutschen Sicherheitsorgane waren nicht glücklich darüber, dass nun neben den Polen weitere, möglicherweise „bolschewistisch infizierte" Slawen noch weiter aus dem Osten ins Reich gelangen sollten.[21] Diesen ideologischen Bedenken wurde durch entsprechend unmenschliche Einsatzbedingungen Rechnung getragen. Dies galt auch für andere europäische Regionen, in denen sowjetische Kriegsgefangene von den Deutschen eingesetzt wurden, z. B. in

---

19 Vgl. für Polen *Czesław Łuczak*, Polnische Arbeiter im nationalsozialistischen Deutschland während des Zweiten Weltkriegs. Entwicklung und Aufgaben der polnischen Forschung, in: Herbert, Europa, S. 94–99; für die Sowjetunion *Müller*, Rekrutierung; *Linne*, Freiwilligkeit; für Weißrussland *Christian Gerlach*, Kalkulierte Morde. Die deutsche Wirtschafts- und Vernichtungspolitik in Weißrußland 1941–1944, Hamburg 1999, S. 466–476.
20 Vgl. *Spoerer*, Zwangsarbeit, S. 101 f.
21 Vgl. zum nationalsozialistischen Antislawismus *Herbert*, Fremdarbeiter, S. 59–61, 153–166; und zu dem der deutschen Bevölkerung *Mark Spoerer*, Die soziale Differenzierung der ausländischen Zivilarbeiter, Kriegsgefangenen und Häftlinge im Deutschen Reich, in: Jörg Echternkamp, Das Deutsche Reich und der Zweite Weltkrieg, Bd. 9: Die deutsche Kriegsgesellschaft 1939 bis 1945, Halbbd. 2: Ausbeutung, Deutungen, Ausgrenzung, München 2005, S. 569–576.

Frankreich und den Niederlanden. Besonders hart waren ihre Lebens- und Arbeitsbedingungen in Norwegen.[22]

Das Schicksal der Häftlinge im Arbeitseinsatz war meistens unvorstellbar grausam. Wer in ein deutsches Konzentrationslager eingewiesen wurde, war mindestens monatelanger Schikane und Drangsalierung ausgesetzt. Juden, bis dahin in Ghettos zusammengepfercht oder in KZ-ähnlichen Zwangsarbeiterlagern interniert, wurden ab 1941 in die eigens errichteten Vernichtungslager transportiert, die sich mit Ausnahme von Auschwitz auf dem Boden des Generalgouvernements befanden. Wer nach Chełmno, Lublin-Majdanek, Sobibor oder Treblinka kam, wurde in der Regel sofort ermordet. Auschwitz nahm eine Sonderstellung im deutschen KZ-System ein. Während die anderen genannten Lager reine Vernichtungslager für die umliegende, meist jüdische Bevölkerung waren, kamen Juden aus ganz Europa nach Auschwitz. Dort fanden die berüchtigten Selektionen statt. Wer den Deutschen als nicht arbeitsfähig erschien, kam in die Gaskammer. Die anderen wurden entweder über eines der Außenkommandos des KZ Auschwitz an Einsatzträger in Oberschlesien bzw. Mähren verliehen, oder ins Reich geschickt, einem der dortigen KZ unterstellt und von dort verliehen. Somit befanden sich nun nicht nur Slawen, sondern auch wieder Juden im Reich – ein schmerzhaftes Zugeständnis der NS-Ideologen an die Pragmatiker der Rüstungswirtschaft.[23]

Die Verteilung der ausländischen Arbeiter auf die Einsatzträger im Reich erfolgte mit Ausnahme der Häftlinge über das Arbeitsamt. Angesichts des zunehmenden Abzugs deutscher Arbeitskräfte durch Einberufungen zur Wehrmacht forderten die Unternehmen Ersatz beim Arbeitsamt an, wobei sie in Abstimmung mit dem Rüstungskommando bestimmte Dringlichkeitsstufen geltend machen konnten. Das Arbeitsamt teilte den Unternehmen dann nach Bedarf und Vorhandensein ausländische Zivilarbeiter oder Kriegsgefangene zu.[24] Konzentrationslagerhäftlinge konnten nur bei besonders rüstungswichtigem Bedarf und nur beim Wirtschaftsverwaltungshauptamt (WVHA) der SS in Berlin angefordert werden. Die Häftlinge wurden dann von der SS

---

22 Vgl. grundlegend dazu *Christian Streit*, Keine Kameraden. Die Wehrmacht und die sowjetischen Kriegsgefangenen 1941–1945, 4. Aufl. Bonn 1997 (1. Aufl. Stuttgart 1978); vgl. zu Norwegen *Marianne N. Soleim*, Sovjetiske krigsfanger i Norge, 1941–1945: antall, organisering og repatriering, Tromsö 2004; *Marina Panikar*, Comparative Perspective on Soviet Prisoners of War in Norway and Foreign Prisoners of War in the European North of Russia during the Second World War, in: Marianne Neerland Soleim (Hrsg.), Prisoners of War and Forced Labour: Histories of War and Occupation, Newcastle 2010, S. 150–156; *Frøland/Hatlehol/Ingulstad*, Norway; zu den Niederlanden *Jean Put*, Russische krijgsgevangenen in Limburg 1942–1945. Leven en werken in oorlogstijd, Beverlo 2002.
23 Vgl. *Dieter Pohl*, Die großen Zwangsarbeiterlager der SS- und Polizeiführer für Juden im Generalgouvernement 1942–1944, in: Ulrich Herbert/Karin Orth/Christoph Dieckmann (Hrsg.), Die nationalsozialistischen Konzentrationslager. Entwicklung und Struktur, Göttingen 1998, Bd. 1; *Stephan Lehnstaedt*, Die deutsche Arbeitsverwaltung im Generalgouvernement und die Juden, in: Vierteljahrshefte für Zeitgeschichte 60, 2012, S. 409–440.
24 Vgl. *Henry Marx*, Arbeitsverwaltung und Organisation der Kriegswirtschaft, in: Alexander Nützenadel (Hrsg.), Das Reichsarbeitsministerium im Nationalsozialismus. Verwaltung, Politik, Verbrechen, Göttingen 2017, S. 282–312, insb. 299–305.

an die Unternehmen gegen eine tägliche Gebühr (normalerweise 4 RM für Ungelernte, Angelernte und Frauen sowie 6 RM für Fachkräfte) verliehen. Die Einnahmen aus dem Verleih der Häftlinge musste die SS jedoch an das Reichsfinanzministerium abführen.[25]

Die Gesamtzahl der nach Deutschland angeworbenen bzw. deportierten ausländischen Arbeiter und Arbeiterinnen konnte bislang nur geschätzt werden.[26] Dabei ist die Datenlage so schlecht nicht: Die deutschen Arbeitseinsatzbehörden führten sehr genau Buch über die sich jeweils im „Großdeutschen Reich" befindlichen einheimischen und ausländischen Zivilarbeiter sowie Kriegsgefangenen.[27] Diese Zahlen sind jedoch nur Stichtagszahlen, die naturgemäß weder vorher in ihre Heimat zurückgekehrte oder verstorbene, noch später angeworbene ausländische Arbeiter/innen berücksichtigen. Dieses Problem der zeitlichen Fluktuation lässt sich aber insoweit eingrenzen, als es für die größeren Arbeitergruppen Angaben über die insgesamt aus der Heimat Angeworbenen oder Deportierten gibt. Diese Zahlenangaben allerdings enthalten Doppelzählungen, da insbesondere in Ländern, in denen freiwillige Anwerbung überwog, viele Männer und Frauen nur als Saisonarbeiter nach Deutschland kamen, im Dezember zurückkehrten und sich dann im Frühjahr wieder anheuern ließen. Die echte kumulierte Gesamtzahl muss also in diesen Fällen zwischen der höchsten Stichtagszahl und der Gesamtanwerbungszahl liegen.

Ein weiteres methodisches Problem ist, dass der Rechtsstatus der ausländischen Zivilarbeiter und Kriegsgefangenen nicht unabänderbar war. Viele französische, italienische und teilweise sogar sowjetische Kriegsgefangene wurden in den Zivilstatus entlassen, und einige von ihnen mögen wegen tatsächlicher oder vermeintlicher Vergehen in ein KZ eingewiesen worden sein, sodass eine einzige Person im Laufe ihres Schicksals als Zwangsarbeiter alle drei Statusformen durchlief und von den Behörden entsprechend mehrfach erfasst wurde.

Wie viele der insgesamt im Deutschen Reich eingesetzten ausländischen Arbeiter in einem Zwangsarbeitsverhältnis im Deutschen Reich standen, ist noch schwieriger zu schätzen, da zum einen aus den oben dargelegten Gründen die Grenzen der „Freiwil-

---

25 Vgl. *Hermann Kaienburg*, KZ-Haft und Wirtschaftsinteresse. Das Wirtschaftsverwaltungshauptamt der SS als Leitungszentrale der Konzentrationslager und der SS-Wirtschaft, in: Hermann Kaienburg (Hrsg.), Konzentrationslager und deutsche Wirtschaft, S. 59 f.
26 Vgl. für den letzten rekonstruierbaren Stichtagsbestand (15. 8. 1944) *Mark Spoerer/Jochen Streb*, Neue deutsche Wirtschaftsgeschichte des 20. Jahrhunderts, München 2013, S. 202; und für die kumulierte Gesamtzahl *Fleischhacker/Spoerer*, Forced Laborers.
27 Vgl. *Generalbevollmächtigter für den Arbeitseinsatz* (Hrsg.), Der Arbeitseinsatz im Großdeutschen Reich. Berlin 1938–1944. Diese fortlaufende Statistik ist die mit Abstand ergiebigste Quelle zur Größenordnung des Ausländereinsatzes. Für viele Landes- bzw. Gauarbeitsamtsbezirke wurden auch entsprechende regionale Ausgaben erstellt, vgl. *Mark Spoerer*, NS-Zwangsarbeiter im Deutschen Reich. Eine Statistik vom 30. September 1944 nach Arbeitsamtsbezirken, in: Vierteljahrshefte für Zeitgeschichte 49, 2001, S. 667 f. Vgl. ferner zum Arbeitsbuch: *Stefanie Werner/Harald Degner/Mark Adamo*, Hitlers gläserne Arbeitskräfte. Das Arbeitsbuch als Quelle von Mikrodaten für die historische Arbeitsmarktforschung, in: Jahrbuch für Wirtschaftsgeschichte 2011/2, S. 175–191.

ligkeit" schwer zu bestimmen sind und zum anderen die Fluktuation (Statuswechsel, Einsatzortwechsel, Rückkehr, Flucht, Tod) hoch war. Von den vielleicht 13,5 Millionen ausländischen männlichen und weiblichen Zivilarbeitern, Kriegsgefangenen und KZ-Häftlingen, die im Laufe des Krieges in der deutschen Wirtschaft arbeiteten, wird man sicherlich 11 bis 12 Millionen als Zwangsarbeiter rechnen müssen. Im September 1944 stellten die drei genannten Gruppen etwa 9,4 Millionen Arbeitskräfte in der deutschen Wirtschaft (26 % der Arbeitskräfte insgesamt). Während sich unter den zur Zwangsarbeit eingesetzten Kriegsgefangenen ausschließlich Männer befanden, machten Frauen grob überschlagen jeweils ein gutes Viertel der zivilen Zwangsarbeiter und der KZ-Häftlinge aus.[28]

5.3.4 Die Arbeits- und Lebensbedingungen der ausländischen Arbeiter im Deutschen Reich

In der deutschen Kriegswirtschaft wurde die Erfüllung der wesentlichen Grundbedürfnisse der Bevölkerung – Unterkunft, Ernährung und Kleidung – immer mehr reglementiert, vor allem für Ausländer. Auch dieses Regelwerk war Ausdruck der nationalsozialistischen Rassenskala. Dies spiegelt sich ganz besonders deutlich im Sonderrecht – oder besser Sonderunrecht – für bestimmte Ausländergruppen wider. Um dieses im Alltag umzusetzen, wurden in den Polenerlassen vom März 1940 die polnischen Arbeiter und Arbeiterinnen, neben vielen Verboten und drakonischen Strafen, vor allem durch die Einführung eines auf der Brust zu tragenden „P"-Abzeichens optisch stigmatisiert – anderthalb Jahre vor Einführung des gelben Judensterns im Reich. Auch die „Ostarbeiter" – Zivilarbeiter und -arbeiterinnen aus altsowjetischem Gebiet[29] – mussten zwei Jahre später das Tragen eines „OST"-Abzeichens erdulden. Die scharf kontrollierte Kennzeichnungspflicht hatte eine klare Funktion: Polen und Ostarbeiter sollten nicht nur ganz allgemein als angeblich minderwertige Menschen gekennzeichnet werden, sondern in Geschäften, Restaurants, öffentlichen Verkehrsmitteln usw. sofort erkannt und gegebenenfalls zurückgewiesen werden. Dies erschwerte auch aufgeschlossenen Deutschen den Umgang mit Angehörigen dieser beiden Gruppen.

Nur ein geringer Teil der ausländischen Zivilarbeiter hatte die Möglichkeit, sich außerhalb der Barackenlager eine Unterkunft zu suchen, in der Regel Staatsangehörige aus den Niederlanden, Belgien, Dänemark oder verbündeten Ländern. Deutsche Sprach-

---

28 Vgl. *Spoerer/Fleischhacker*, Forced Laborers, S. 195; *Spoerer/Streb*, Wirtschaftsgeschichte, S. 196 f., 202.
29 In den Grenzen von 1938, also ohne die Einwohner des 1939 besetzten Ostpolens und der 1940 annektierten baltischen Staaten. Zivilarbeiter aus Wolhynien und Polesien (bis 1939 Bestandteil Polens) wurden jedoch auch zu den Ostarbeitern gezählt; vgl. *Mark Spoerer*, Wie viele der zwischen 1939 und 1945 auf heutigem österreichischen Territorium eingesetzten Zwangsarbeiter leben noch im Jahre 2000? In: Florian Freund/Bertrand Perz/Mark Spoerer, Zwangsarbeiter und Zwangsarbeiterinnen auf dem Gebiet der Republik Österreich 1939–1945, Wien 2004, S. 304–321.

kenntnisse waren dafür von Vorteil. Der Normalfall war jedoch für Ausländer jeder Gruppe die Unterbringung in Lagern; meistens in Baracken, manchmal auch in Turnhallen oder den Sälen von Gaststätten, Klöstern usw. Die Ausstattung dieser Lager war karg, ganz besonders in den Ostarbeiterlagern, in denen eine höhere Belegung herrschte. Nicht nur ging den Lagern jede Privatsphäre ab, die Insassen mussten auch mit Diebstahl und vor allem Ungeziefer und Seuchen rechnen.

Nur die Lager für Kriegsgefangene und Häftlinge waren bewacht, Zivilarbeiterlager in der Regel nicht. Die ersten Ostarbeiter allerdings fanden Anfang 1942 mit Stacheldraht umzäunte Lager vor, die bewacht waren und nur unter Aufsicht verlassen werden durften. Nach einigen Monaten erkannten die deutschen Behörden jedoch, dass eine direkte Bewachung angesichts der Massen von Ostarbeitern nicht durchführbar und letztlich auch nicht nötig war. Um zu fliehen, hätten Ausländer Fahrscheine und vor allem Reisepapiere benötigt. Speziell den besonders stark diskriminierten Polen und Ostarbeitern, deren Kleidung nach einigen Monaten oft nur noch Lumpen glich, wäre es darüber hinaus schwergefallen, Reisekleidung zu organisieren. Schließlich wäre das Reiseziel unsicher gewesen: Ihre Heimat war entweder noch unter deutscher Besatzung oder lag auf der anderen Seite der Front.

Das Hauptproblem für die meisten ausländischen Arbeiter war die quantitativ unzureichende und qualitativ oft minderwertige Ernährung. Die wesentlichen Mahlzeiten wurden von den Unternehmen gestellt und im Lager bzw. Werk eingenommen. Westeuropäische Arbeiter und solche aus verbündeten Staaten erhielten darüber hinaus je nach Unterbringung auch Lebensmittelkarten und konnten in jedem Falle mit ihrem Lohn in Geschäften und auf dem Schwarzmarkt weitere Lebensmittel hinzukaufen. Polen und Ostarbeiter erhielten deutlich weniger und qualitativ schlechteres Essen, keine Lebensmittelkarten und zudem deutlich geringeren Lohn. Während die meisten Polen auf dem Land arbeiteten und dadurch auch nebenher noch Nahrungsmittel für sie abfielen, war der Hunger ständiger Begleiter der überwiegend in der Industrie eingesetzten Ostarbeiter. Gleiches traf für die sowjetischen Kriegsgefangenen, die italienischen Militärinternierten und die KZ-Häftlinge zu. Es gibt unzählige Augenzeugenberichte, wonach sich Angehörige dieser vier Gruppen um Essensabfälle balgten oder nachts aus dem Lager schlichen, um unter Lebensgefahr auf umliegenden Feldern Kartoffeln, Kohl oder Rüben zu stehlen. Diebstahl und Verrat war in den Lagern endemisch, weil der quälende Hunger stärker als die Solidarität war; Ostarbeiterinnen prostituierten sich bei den besser versorgten westeuropäischen Arbeitern für einen Laib Brot. Bei der deutlich besser ernährten deutschen Bevölkerung bestätigten diese der existenzbedrohenden Not geschuldeten Verhaltensweisen die rassistischen Vorurteile.

Auch Kleidung gab es seit November 1939 nur noch gegen Bezugsscheine (Reichskleiderkarte). Die von den Ausländern von zu Hause mitgebrachte Kleidung war insbesondere bei der Arbeit Verschleiß ausgesetzt und konnte vielfach nicht ersetzt werden. Besonders bei von der Stelle weg deportierten Zwangsarbeitern machte sich der Mangel bemerkbar. Das Fehlen von Ersatzkleidung, insbesondere auch Unterwäsche,

Abb. 1: Historisches Archiv Krupp, WA 16 o, 11a.6. Russische Zwangsarbeiterinnen bei Krupp, um 1943.

führte zu unangenehmem Körpergeruch, insbesondere wenn offene Wunden eiterten. Auch hier erwies sich der unterschiedlich hohe Versorgungsgrad aufgrund der Rassenskala als *self-fulfilling prophecy*, denn während es die westeuropäischen Arbeiter und Kriegsgefangenen häufig schafften, Ungeziefer fernzuhalten und die Kleidung einigermaßen sauber zu halten, war dies den wesentlich schlechter versorgten Ostarbeitern, sowjetischen Kriegsgefangenen, italienischen Militärinternierten und KZ-Häftlingen in aller Regel nicht möglich.

Kontakt zu den letztgenannten Gruppen war über unmittelbare Arbeitsanweisungen hinaus den Deutschen verboten. Die Aufdeckung sexueller Kontakte mit deutschen Frauen hatte für männliche Angehörige dieser Gruppen normalerweise die Todesstrafe zur Folge. Auch bei den meisten anderen Gruppen waren Kontakte zu deutschen Frauen bei den Behörden und der Bevölkerung ungern gesehen. Deutschen Frauen drohte mindestens Stigmatisierung (Kahlscheren des Kopfes, Umzug im Dorf), deutschen Männern die Einweisung ins KZ.

Was die medizinische Versorgung in Deutschland angeht, so wurden die Ausländer benachteiligt, und insbesondere natürlich wieder die Polen und Ostarbeiter. In Krankenhäusern waren sie ganz offiziell nach den Deutschen Patienten zweiter bzw. dritter Klasse; und bei gesundheitlichen Beeinträchtigungen, die einen längeren Ausfall der Arbeitskraft erwarten ließen, wurden sie einfach nach Hause geschickt, wo die medizinische Versorgung auch infolge der deutschen Besatzung deutlich schlechter war, ebenso erging es zunächst Schwangeren.[30]

Der Umgang mit schwangeren Polinnen und Ostarbeiterinnen und ihrer neugeborenen Kinder ist ein besonders abstoßendes Kapitel in der Behandlung der Zwangsarbeiter. Die Lebens- und Arbeitsbedingungen vieler Mädchen und Frauen dieser Gruppe waren so hart, dass sich viele bewusst schwängern ließen, um nach Hause abgeschoben zu werden. Nachdem dies den deutschen Behörden aufgefallen war, untersagten sie den Abschub in die Heimat. Den Polinnen und Ostarbeiterinnen wurde die Abtreibung – auf die für deutsche Frauen die Todesstrafe stand – nahegelegt oder sogar aufgezwungen. Wollten und konnten sie dennoch das Kind zur Welt bringen, so wurden sie bis kurz vor dem Geburtstermin weiter zur Arbeit eingesetzt. Das Kind wurde ihnen kurz nach der Geburt abgenommen. War es nach rassischen Kriterien „eindeutschungsfähig", die Mutter jedoch nicht, so wurde es für ein deutsches Ehepaar zur Adoption freigegeben, ohne die Mutter zu informieren. Anderenfalls wurde das Kind in ein Ausländerkinderheim gesteckt, wo es die Mütter, wenn es die Entfernung zuließ, in der arbeitsfreien Zeit besuchen konnten. Da diese Heime in der Regel noch nicht einmal mit ausreichend Milch versorgt wurden, lag die Sterblichkeit der Ostarbeiterkinder ein Vielfaches über der deutscher Kinder – 25 bis 50 % war vermutlich normal. Wie viele tausend dieser von Zwangsarbeiterinnen geborenen Kinder zwangsadoptiert wurden bzw. verhungerten oder auf andere Weise umkamen, ist bis heute nicht systematisch erforscht worden.[31]

Der Komplex der materiellen Gegenleistung für die erbrachte Arbeitsleistung, also Geldlohn, Lohn in Naturalien und Sozialversicherungsansprüche, unterlag ständigen Änderungen.[32] Generell lässt sich sagen, dass Zivilarbeiter mit Ausnahme der Polen und Ostarbeiter im Prinzip den vollen deutschen Lohn für die gleiche Arbeit bekamen. Bei der Einstufung der ausländischen Arbeiter in Lohngruppen und der Verteilung von Sonderprämien hatte der Arbeitgeber jedoch Spielraum. Umgekehrt konnte es wegen Trennungszulagen sogar vorkommen, dass ausländische Arbeiter einen höheren Auszahlungsbetrag erhielten als ihre deutschen Kollegen.

Polen und Ostarbeiter erhielten denselben Bruttolohn wie Deutsche; Ostarbeiter wurden jedoch unabhängig vom tatsächlichen Familienstand nach Steuerklasse I (Ledige ohne Kinder) besteuert. Die Polen hatten über die Lohnsteuer hinaus noch eine diskriminierende Sondersteuer, die 15 %ige „Sozialausgleichsabgabe", und die Ostarbeiter die noch höhere „Ostarbeiterabgabe" abzuführen. Da die Arbeitgeber außerdem Arbeitern dieser beiden Gruppen 1,50 RM pro Tag für Kost und Logis abziehen durften, erhielten die Polen und Ostarbeiter am Ende der Woche nur ein paar

---

30 Vgl. für die vorangegangenen Abschnitte *Spoerer*, Zwangsarbeit, S. 116–143.
31 Vgl. *Gisela Schwarze*, Kinder, die nicht zählten. Ostarbeiterinnen und ihre Kinder im Zweiten Weltkrieg, Essen 1997; *Herbert*, Fremdarbeiter, S. 287–291.
32 Die umfassendste Darstellung findet sich nach wie vor bei *John H. E. Fried*, The Exploitation of Foreign Labor by Germany, Montreal 1945, S. 107–136; außerdem *Spoerer*, Zwangsarbeit, S. 151–166.

Mark oder gar Groschen ausgezahlt, während ein deutscher oder westeuropäischer Facharbeiter auf einen Auszahlungsbetrag von etwa 40 bis 50 RM pro Woche kam.[33]

Doch auch die meisten anderen ausländischen Arbeiter wurden um einen nicht unbeträchtlichen Teil ihres Lohns gebracht, wenn sie Ersparnisse nach Hause überwiesen. Aufgrund der Besatzungspolitik der Deutschen herrschte in den meisten besetzten Gebieten hohe Inflation. Eigentlich hätte das zu einer Abwertung dieser Währungen führen müssen. Der Kurs der Reichsmark wurde jedoch von der Reichsbank künstlich niedrig gehalten. Die ausländischen Arbeiter zahlten also Reichsmark-Beträge bei einer deutschen Bank ein, und diese verständigte über die jeweilige bilaterale Clearing-Stelle die ausländische Bank, sodass diese – gemäß den unvorteilhaften Wechselkursen – einen entsprechenden Betrag in lokaler Währung an die Angehörigen auszahlen konnte. Wegen der dort vorherrschenden Inflation war aber die Kaufkraft gesunken, sodass dies eine starke reale Entwertung der überwiesenen Summe bedeutete. Darüber hinaus beglich das Deutsche Reich die Clearing-Schuld aus Lohnüberweisungen nicht und ließ – wie bei anderen länderübergreifenden Transaktionen auch – die Clearing-Schuld einfach akkumulieren. Ein Teil der überwiesenen Löhne wurde also vom Reich vereinnahmt, den besetzten Staaten jedoch im Rahmen des zwischenstaatlichen Clearings nicht ausgezahlt.[34]

Eine weitere Benachteiligung der ausländischen Zivilarbeiter fand durch das Missverhältnis von Sozialabgaben und -ansprüchen statt. Den Ausländern wurden die üblichen Abgaben für Krankenversicherung, Arbeitslosenversicherung und Rentenversicherung abgezogen, den Polen und Ostarbeitern sogar noch mehr (s. o.). Es entbehrt nicht einer gewissen Ironie, dass Zwangsarbeiter zwangsweise gegen Arbeitslosigkeit versichert wurden und dafür Lohnabzug hinnehmen mussten.

Das häufigste „Delikt", das von ausländischen Arbeitern begangen wurde, war „Arbeitsvertragsbruch". Unter diesem Begriff wurden jegliche arbeitsrechtlichen Verstöße gegen die harschen Umstände des Arbeitseinsatzes zusammengefasst. Die Strafen reichten von Ermahnung und Lohnabzug bis hin zu Einweisung in Konzentrations- oder Arbeitserziehungslager (AEL). Die AEL waren seit 1940 entstanden und unterstanden der Gestapo. Die Haftbedingungen entsprachen in etwa denen der deutschen Konzentrationslager, doch war die Haftdauer auf maximal acht Wochen beschränkt. Nach Ablauf der Haft kamen die AEL-Häftlinge meistens an ihre alte Arbeitsstelle zurück. Darin lag aus Sicht der Unternehmen, von denen sich einige aktiv am Aufbau des schnell

---

33 Vgl. für die Bruttowochenverdienste im März 1944: *Länderrat des Amerikanischen Besatzungsgebiets* (Hrsg.), Statistisches Handbuch von Deutschland 1928–1944, München 1949, S. 470 f.
34 Vgl. *Fried*, Exploitation, S. 159–182; *Boelcke*, Kosten, S. 108–114; *Karl Heinz Roth*, Dreifache Ausbeutung der Fremdarbeiter. Eine Dokumentation über Ökonomie und Politik des Lohnersparnistransfers in der „europäischen Großraumwirtschaft" 1940–1944, in: Mitteilungen der Dokumentationsstelle zur NS-Sozialpolitik 1, 1985, H. 7/8, S. 69–100; zum Clearing: *Jonas Scherner*, Der deutsche Importboom während des Zweiten Weltkriegs. Neue Ergebnisse zur Struktur der Ausbeutung des besetzten Europas auf der Grundlage einer Neuschätzung der deutschen Handelsbilanz, in: Historische Zeitschrift 294, 2012, S. 79–113.

expandierenden Netzes von AEL beteiligten, der große Vorteil gegenüber der Einweisung ins KZ. Arbeitskräfte, derer die SS habhaft wurde und mit denen sie ihr KZ-Wirtschaftsimperium ausbauen konnte, gab sie in aller Regel nicht wieder her. Zudem versprachen sich die Unternehmen vom Anblick der stark geschundenen Rückkehrer aus den AEL disziplinierende Wirkung.[35]

Über die Lebensumstände der KZ-Häftlinge gibt es eine breite Literatur, sodass hier nur die ganz großen Linien wiedergegeben werden.[36] Für jüdische KZ-Häftlinge bedeutete der Zwangsarbeitseinsatz zunächst einen Aufschub des Todesurteils. Kamen sie in Baukommandos, so waren sie einfach nur Menschenmaterial. Vom dünnen Häftlingskittel kaum geschützt, mussten sie bei jeder Witterung Schwerstarbeit verrichten. Wurde ein Häftling krank oder verletzt, also arbeitsunfähig, so wurde er ins Stammlager zurücktransportiert oder gar in eines der berüchtigten Krankenlager verlegt, die vielmehr Sterbelager waren. Die Sterblichkeit der sogenannten Bauhäftlinge war immens hoch; die durchschnittliche Lebenserwartung betrug nur wenige Monate. Kamen KZ-Häftlinge dagegen zur Produktion in eine Werkshalle, so hatten sie nicht nur wegen des Schutzes vor der Witterung eine Chance. Selbst für einfache Tätigkeiten mussten sie angelernt werden, was einige Wochen dauern konnte. Damit verkörperten die Häftlinge Humankapital in den Augen der Einsatzträger. Nicht in ihrer Eigenschaft als Mensch besaßen sie nun einen Wert, wohl aber als Träger von Fertigkeiten, für deren Aneignung das Unternehmen mindestens Zeit investiert hatte. Sie waren dadurch nicht ohne Weiteres ersetzbar. Mutige Manager bzw. Unternehmer wie Berthold Beitz und Oskar Schindler wussten dieses Argument sogar für jüdische Häftlinge im Generalgouvernement mit Erfolg gegenüber der SS einzusetzen.[37] Tatsächlich waren – bei allen Unterschieden im Einzelnen – die Todesraten in Produktionskommandos deutlich geringer.

Weibliche KZ-Häftlinge waren meistens in der Produktion eingesetzt und hatten daher vergleichsweise hohe Überlebenschancen, zumal auch die Schikanen der Wachmannschaften und deutschen Vorarbeiter Frauen gegenüber weniger ausgeprägt waren. Diese Unterschiede können natürlich nicht den barbarischen Charakter des KZ-Einsatzes verwischen. Obwohl die Häftlinge nie mehr als 10 Prozent aller ausländischen Arbeiter stellten, liegt ihr Anteil bei den Todesfällen grob geschätzt in der Größenordnung von knapp der Hälfte aller im Reichseinsatz verstorbenen oder ermordeten Zwangsarbeiter. Dazu trugen insbesondere auch die verlustreichen „Todesmärsche" gegen Kriegsende bei.[38]

---

[35] Vgl. *Gabi Lotfi*, KZ der Gestapo. Arbeitserziehungslager im Dritten Reich, Stuttgart 2000; *Cord Pagenstecher*, Arbeitserziehungslager, in: Wolfgang Benz/Barbara Distel (Hrsg.), Der Ort des Terrors. Geschichte der nationalsozialistischen Konzentrationslager, Bd. 9, München 2009, S. 75–99.
[36] Vgl. *Spoerer*, KZ-Arbeit, S. 91–94; *Buggeln*, Slave Labour.
[37] Vgl. *Thomas Sandkühler*, „Endlösung" in Galizien. Der Judenmord in Ostpolen und die Rettungsaktionen von Berthold Beitz 1941–1944, Bonn 1996; *David M. Crowe*, Oskar Schindler. Die Biographie, Berlin 2005.
[38] Vgl. *Spoerer/Fleischhacker*, Forced Labour, S. 196; *Daniel Blatman*, Die Todesmärsche 1944/45. Das letzte Kapitel des nationalsozialistischen Massenmords, Hamburg 2011.

In vielen Zeitzeugeninterviews hat sich bestätigt, dass die prägenden Eindrücke der Zwangsarbeiter in Deutschland von Hunger, Kälte, rassischer Diskriminierung und Angst vor Luftangriffen gezeichnet waren. Je nach Nationalität und Status spielten diese vier Faktoren eine unterschiedlich ausgeprägte Rolle.[39] Gegen Ende des Kriegs, als kaum noch ein Tal in Deutschland sicher vor alliierten Tieffliegern war, wird kaum noch einer der 7,4 Millionen (letztverfügbare Stichtagszahl vom Spätsommer 1944) ausländischen Zivilarbeiter freiwillig in Deutschland gewesen sein.

5.3.5 Die Verantwortung für den Einsatz von Zwangsarbeitern

Das riesige Zwangsarbeitsprogramm, das die Deutschen vor allem ab 1942 aufbauten, ist in der Geschichte des 20. Jahrhunderts ohne Beispiel. Vom Umfang her mag es ähnlich große Programme in der Sowjetunion und China gegeben haben, doch waren deren Opfer ganz überwiegend Inländer.

Es kann keinem Zweifel unterliegen, dass der Hauptverantwortliche für den Zwangsarbeitereinsatz und seine Begleitumstände der deutsche Staat war. Die staatlichen Planer der Kriegsproduktion erkannten im Arbeitskräftemangel einen entscheidenden Engpass und veranlassten entsprechende Maßnahmen zur Abhilfe. Der Versuch einzelner Unternehmen, vor allem im westlichen besetzten Ausland auf eigene Faust Facharbeiter anzuwerben, wurde nach kurzer Zeit von den deutschen Arbeitseinsatzbehörden untersagt. Dies entspricht dem neueren Bild der Forschung vom Verhältnis zwischen Staat und Wirtschaft im Dritten Reich, wonach der Staat die Rahmenbedingungen vorgab. Innerhalb dieses Rahmens jedoch konnten vor allem die Vertreter von Großunternehmen erheblichen Einfluss erringen.[40]

Hinsichtlich der viel diskutierten Rolle privatwirtschaftlicher Unternehmen sollte man zwischen der Verantwortung für den Zwangsarbeitseinsatz als solchen und den konkreten Bedingungen des Einsatzes unterscheiden. Was Letzteres angeht, so lässt sich für die Mehrheit der Unternehmen eine weitgehende Indifferenz feststellen: Für die konkrete Gestaltung der Lebensbedingungen der Zwangsarbeiter sahen sie den deutschen Staat in der Verantwortung. In etlichen Unternehmen nahm man die zunehmende Verwahrlosung und teilweise hungerbedingte Übersterblichkeit von ost(mittel)europäischen Zwangsarbeitergruppen achselzuckend zur Kenntnis. Die rassische Hierarchisierung der Ausländer durch das NS-Regime dürfte, unab-

---

39 Vgl. *Barbara Hopmann* [u. a.], Zwangsarbeit bei Daimler-Benz, 2. Aufl. Stuttgart 2017, S. 483–489; *Alexander von Plato/Almut Leh/Christoph Thonfeld*, Hitlers Sklaven: Lebensgeschichtliche Analysen zur Zwangsarbeit im internationalen Vergleich, Wien 2008.
40 *Christoph Buchheim/Jonas Scherner*, Corporate Freedom of Action in Nazi Germany: a Response to Peter Hayes, in: Bulletin of the German Historical Institute, 2009, H. 2, S. 43–50.

hängig von politischer Übereinstimmung, von weiten Teilen der deutschen Bevölkerung und somit auch den Verantwortlichen in den Unternehmen geteilt worden sein.[41] Es sind aber auch viele Fälle bekannt, in denen sich Unternehmen mit Forderungen oder Petitionen an die zuständigen Ämter wandten, in denen sie dringend eine Verbesserung der Lebensumstände, insbesondere der Verpflegung, anmahnten. Dass sie dabei systemimmanent darauf verwiesen, dass nur auskömmlich ernährte und anständig behandelte Arbeiter gut für die Rüstung produzieren könnten und fast nie humanitäre Gründe anführten, sollte angesichts des totalitären Charakters des Regimes nicht verwundern.[42]

Die Frage nach der Verantwortung der Unternehmen für den Zwangsarbeitereinsatz als solchen ist schwieriger zu beantworten. Alleine schon die Tatsache, dass kein größeres Unternehmen des produzierenden Gewerbes bekannt ist, dass 1944 keine ausländischen Arbeiter – und somit zu diesem Zeitpunkt sicherlich Zwangsarbeiter – einsetzte,[43] veranschaulicht, dass in dieser Frage der unternehmerische Handlungsspielraum gering war. Wenn die deutschen Arbeitnehmer einberufen wurden und das Arbeitsamt den Unternehmen nur noch – zunächst freiwillig nach Deutschland gekommene – Ausländer zuwies, so war dies abgesehen von organisatorischen Fragen nicht zu beanstanden. Ab einem gewissen Zeitpunkt, insbesondere ab Frühjahr 1942, war jedoch allen Unternehmen klar, dass der Großteil der neu hereinkommenden Ausländer deportiert worden war. Ein Unternehmen, das jetzt noch offensiv um Rüstungsaufträge konkurrierte und diese anschließend ausführte, wusste genau, dass es sich auf den Einsatz von Zwangsarbeitern würde stützen müssen. In ganz besonderem Maße gilt dies für den Einsatz von KZ-Häftlingen, die ein Unternehmen nur dann vom SS-Wirtschaftsverwaltungshauptamt zugewiesen bekam, wenn es eine besonders rüstungswichtige Fertigung und die Erfüllung einer Reihe von Kriterien logistischer Art nachweisen konnte. Bislang ist in keinem Falle belegt worden, dass ein privatwirtschaftlich geführtes Unternehmen gegen seinen Willen KZ-Häftlinge zugewiesen bekommen hätte, sehr wohl jedoch, dass Unternehmen umgekehrt einen solchen Einsatz ablehnen konnten.[44]

Je stärker also ein Unternehmen im Krieg darauf hinarbeitete, im Sinne des Regimes rüstungswirtschaftlich relevant zu produzieren, desto intensiver verstrickte es sich zwangsläufig und wissentlich in das System der Zwangsarbeit. Wer Aufträge bekam, durfte investieren und somit Anlagekapital aufbauen, mit dem sich die Startposition für die Zeit nach dem Krieg verbesserte. Insofern ist es durchaus gerechtfertigt

---

41 Vgl. *Spoerer*, Differenzierung, S. 569–576.
42 Vgl. *Cornelia Rauh-Kühne*, Hitler's Hehler? Unternehmerprofite und Zwangsarbeiterlöhne, in: Historische Zeitschrift 275, 2002, S. 34.
43 Darauf hat auch schon *Herbert*, Fremdarbeiter, S. 430, verwiesen.
44 Vgl. *Spoerer*, KZ-Arbeit. Dort wurde ein einziges vermeintliches Gegenbeispiel gefunden, das jedoch von zwischenzeitlich erfolgter Forschung in Frage gestellt worden ist, vgl. *Joachim Scholtyseck*, Der Aufstieg der Quandts. Eine deutsche Unternehmerdynastie, München 2011, S. 640 f.

zu sagen, dass der Zwangsarbeitereinsatz in vielen Betrieben dazu beitrug, den Kapitalstock zu erhöhen. Am sogenannten Wirtschaftswunder der Nachkriegszeit hatten die Zwangsarbeiter insoweit einen gewissen Anteil.

Auswahlbibliografie

Browning, Christopher A., Nazi Policy, Jewish Workers, German Killers, Cambridge 2000.
Buggeln, Marc, Slave Labour in Nazi Concentration Camps, Oxford 2014.
Dierl, Florian/Janjetovic, Zoran/Linne, Karsten, Pflicht, Zwang und Gewalt: Arbeitsverwaltungen und Arbeitskräftepolitik im deutsch besetzten Polen und Serbien 1939–1944, Essen 2013.
Echternkamp, Jörg (Hrsg.), Das Deutsche Reich und der Zweite Weltkrieg, Bd. 9: Die deutsche Kriegsgesellschaft 1939 bis 1945, Halbbd. 2: Ausbeutung, Deutungen, Ausgrenzung, München 2005.
Ferencz, Benjamin B., Less Than Slaves: Jewish Forced Labor and the Quest for Compensation, Cambridge 1979.
Freund, Florian/Perz, Bertrand/Spoerer, Mark, Zwangsarbeiter und Zwangsarbeiterinnen auf dem Gebiet der Republik Österreich 1939–1945, Wien 2004.
Garnier, Bernard/Quellien, Jean (Hrsg.), La Main d'œuvre française exploitée par le IIIe Reich, Caen 2003.
Gerlach, Christian, Kalkulierte Morde. Die deutsche Wirtschafts- und Vernichtungspolitik in Weißrußland 1941–1944, Hamburg 1999.
Greve, Swantje, Das „System Sauckel". Der Generalbevollmächtigte für den Arbeitseinsatz und die Arbeitskräftepolitik in der besetzten Ukraine 1942–1945, Göttingen 2019.
Gruner, Wolf, Jewish Forced Labor under the Nazis: Economic Needs and Racial Aims, 1938–1944, Cambridge 2006.
Harvey, Elizabeth, Arbeitsverwaltung und Arbeitskräfterekrutierung im besetzten Europa. Belgien und das Generalgouvernement, in: Alexander Nützenadel (Hrsg.), Das Reichsarbeitsministerium im Nationalsozialismus. Verwaltung, Politik, Verbrechen, Göttingen 2017, S. 348–386.
Herbert, Ulrich, Fremdarbeiter. Politik und Praxis des „Ausländer-Einsatzes" in der Kriegswirtschaft des Dritten Reiches, Bonn 1985 (2. Aufl. 1999).
Herbert, Ulrich (Hrsg.), Europa und der „Reichseinsatz". Ausländische Zivilarbeiter, Kriegsgefangene und KZ-Häftlinge in Deutschland 1938–1945, Essen 1991.
Herbert, Ulrich/Orth, Karin/Dieckmann, Christoph (Hrsg.), Die nationalsozialistischen Konzentrationslager. Entwicklung und Struktur, Göttingen 1998.
Heusler, Andreas, Ausländereinsatz. Zwangsarbeit für die Münchner Kriegswirtschaft 1939–1945, München 1996.
Hopmann, Barbara [u. a.], Zwangsarbeit bei Daimler-Benz, Stuttgart 1994 (2. Aufl. 2017).
Kaienburg, Hermann (Hrsg.), Konzentrationslager und deutsche Wirtschaft, Opladen 1996.
Lehnstaedt, Stephan, Die deutsche Arbeitsverwaltung im Generalgouvernement und die Juden, in: Vierteljahrshefte für Zeitgeschichte 60, 2012, S. 409–440.
Lemmes, Fabian, Arbeiten in Hitlers Europa. Die Organisation Todt in Frankreich und Italien 1940–1945, Wien/Köln/Weimar 2021.
Linne, Karsten/Dierl, Florian (Hrsg.), Arbeitskräfte als Kriegsbeute: der Fall Ost- und Südosteuropa 1939–1945, Berlin 2011.
Lotfi, Gabi, KZ der Gestapo. Arbeitserziehungslager im Dritten Reich, Stuttgart 2000.
Medykowski, Witold W., Macht Arbeit frei? Forced Labor of Jews in the General Government during the Years 1939–1943, Boston 2018.
Plato, Alexander von/Leh, Almut/Thonfeld, Christoph, Hitlers Sklaven: Lebensgeschichtliche Analysen zur Zwangsarbeit im internationalen Vergleich, Wien 2008.
Pohl, Dieter/Sebta, Tanja (Hrsg.), Zwangsarbeit in Hitlers Europa. Besatzung, Arbeit, Folgen, Berlin 2013.

Spoerer, Mark, Profitierten Unternehmen von KZ-Arbeit? Eine kritische Analyse der Literatur, in: Historische Zeitschrift 268, 1999, S. 61–95.

Spoerer, Mark, Zwangsarbeit unter dem Hakenkreuz. Ausländische Zivilarbeiter, Kriegsgefangene und Häftlinge im Dritten Reich und im besetzten Europa 1939–1945, München 2001.

Spoerer, Mark/Fleischhacker, Jochen, Forced Laborers in Nazi Germany: Categories, Numbers, and Survivors, in: Journal of Interdisciplinary History 33, 2002, S. 169–204.

Streit, Christian, Keine Kameraden. Die Wehrmacht und die sowjetischen Kriegsgefangenen 1941–1945, Stuttgart 1978 (4. Aufl. Bonn 1997).

Wagner, Bernd C., IG Auschwitz. Zwangsarbeit und Vernichtung von Häftlingen des Lagers Monowitz 1941–1945, München 2000.

Winkler, Ulrike (Hrsg.), Stiften gehen: NS-Zwangsarbeit und Entschädigungsdebatte, Köln 2000.

Elizabeth Harvey
5.4 Frauenarbeit in der NS- und der Kriegswirtschaft

5.4.1 Einführung

Als US-amerikanische Wirtschaftsexperten nach dem Zweiten Weltkrieg die Besonderheiten der nationalsozialistischen Kriegswirtschaft untersuchten, fiel ihnen bei der Analyse der Frauenarbeit nur eines auf: Warum war es dem Regime nicht gelungen, deutsche Frauen effektiver als Arbeitskräfte für die Kriegsproduktion zu mobilisieren?[1] In den Augen dieser Außenbeobachter war der Arbeitseinsatz von deutschen Frauen ein Lackmustest für die Fähigkeit des Regimes, einen „totalen" Krieg zu führen. Das Versagen in dieser Hinsicht wurde als wichtiges Indiz dafür angesehen, dass die „totale" Kriegführung in wichtigen Aspekten an ihre Grenzen gestoßen war.

Dieses vermeintliche Versagen ist ein wichtiger Topos in historischen Untersuchungen zur Frauenerwerbstätigkeit in der NS-Zeit und in der Kriegswirtschaft.[2] Neben dieser Fragestellung rückten jedoch in den letzten Jahrzehnten weitere Aspekte in den Fokus der Forschung. In den 1970er Jahren entstanden Pionierarbeiten über die Frauenarbeit im Nationalsozialismus, indem neue Ansätze in der Sozial- und Wirtschaftsgeschichte angewandt wurden. Sie stellten gängige Mythen über „Frauen" und „Arbeit" unter dem Nationalsozialismus infrage und räumten endgültig mit dem Klischee auf, das NS-Regime habe die Frauen „zurück zu Heim und Herd" gezwungen.[3] Aber diese Ansätze gingen noch weiter, wenn sie Impulse aus der feministischen Frauenforschung und neue Perspektiven „von unten" auf die Geschichte der Arbeit mit der detaillierten Auswertung von Akten aus NS-Dienststellen verknüpften. Sie beleuchteten den grundlegenden Konflikt zwischen der reaktionären Geschlechterideologie des Regimes und dem Bedarf einer auf den Krieg ausgerichteten industriellen Wirtschaft. Die Folgen dieses Konfliktes waren komplex, wie diese Studien zeigten:

---

[1] *The United States Strategic Bombing Survey*, Effects of Strategic Bombing on the German War Economy. [1945], S. 7f., 23, 33; *Nicholas Kaldor*, The German War Economy, in: The Review of Economic Studies 13, 1945/46, S. 37f.; *Rolf Wagenführ*, Die deutsche Industrie im Kriege, Berlin 1954, S. 47.
[2] Zu den wichtigsten Werken zur Frauenerwerbstätigkeit im Zweiten Weltkrieg gehören: *Dörte Winkler*, Frauenarbeit im „Dritten Reich", Hamburg 1977; *Stefan Bajohr*, Die Hälfte der Fabrik. Geschichte der Frauenarbeit in Deutschland 1914–1945, Marburg 1979; *Rüdiger Hachtmann*, Industriearbeiterinnen in der deutschen Kriegswirtschaft 1936 bis 1944/45, in: Geschichte und Gesellschaft 19, 1993, S. 332–366.
[3] *Jill Stephenson*, Women in German Society 1930–1940, London 1975; *Tim Mason*, Women in Germany, 1925–1940: Family, Welfare and Work, in: Jane Caplan (Hrsg.), Nazism, Fascism and the Working Class: Essays by Tim Mason, Cambridge 1995, S. 131–211; *Winkler*, Frauenarbeit; *Bajohr*, Hälfte der Fabrik.

Anmerkung: Dieser Beitrag wurde während eines Forschungsaufenthaltes in Deutschland verfasst, der vom Leverhulme Trust finanziert wurde. Ich möchte mich für die großzügige Unterstützung bedanken.

Diversen Initiativen auf Reichsebene, die den Arbeitseinsatz deutscher Frauen energischer lenken sollten, stand der Widerwillen der NS-Führung entgegen, negative Stimmungen an der „Heimatfront" zu riskieren. Auch die unterschiedliche Lage deutscher Frauen verschiedener Klassenzugehörigkeit und in diversen Beschäftigungssektoren – in der Landwirtschaft, in der Hauswirtschaft, in der Fabrik, im Einzelhandel, in Büros – wurde in diesen Studien herausgearbeitet.

In den 1980er Jahren entstanden neue Forschungen zum Holocaust und zur NS-Rassenideologie, die den Fokus auf das Massensterben sowjetischer Kriegsgefangener durch systematische Vernachlässigung und auf die hemmungslose Ausbeutung ausländischer ziviler Zwangsarbeiter legten.[4] Die Erkenntnisse über die Einzigartigkeit des „Rassenstaats" hatten auch wichtige Implikationen für die Geschichtsschreibung über die Arbeitskräftemobilisierung der deutschen Frauen.[5] Die Aufmerksamkeit, die den Millionen von Zwangsarbeitern in der nationalsozialistischen Wirtschaft gewidmet wurde, brachte den beträchtlichen Anteil von Frauen an den zivilen Deportierten aus dem besetzten Polen und den besetzten sowjetischen Gebieten zum Vorschein. Studien, die die Biopolitik des Nationalsozialismus untersuchten, erkannten ein bewusstes antinatalistisches Programm in dem Bestreben, junge osteuropäische Frauen zu deportieren und zu versklaven. Angesichts des neuen Wissensstands über die Zwangsarbeit richteten Historikerinnen, die über die NS-Geschlechterpolitik forschen, ihren Blick zunehmend auf die Formen der wirtschaftlichen Ausbeutung von ausländischen und jüdischen Frauen.[6]

In den letzten Jahren brachte ein neuer Blick auf die Geschichte von Behörden Einsichten in die Praxis der Arbeitsverwaltung und die Politik des „Arbeitseinsatzes" – auf der Reichsebene, auf regionaler Ebene und auch in den von der Wehrmacht besetzten Gebieten.[7] Dadurch können die Rekrutierung bzw. zwangsweise Erfassung und der

---

4 *Christian Streit*, Keine Kameraden: Die Wehrmacht und die sowjetischen Kriegsgefangenen, 1941–45, Stuttgart 1978; *Ernst Klee*, „Euthanasie" im Dritten Reich: Die „Vernichtung lebensunwerten Lebens", Frankfurt am Main 1983; *Ulrich Herbert*, Fremdarbeiter: Politik und Praxis des „Ausländer-Einsatzes" in der Kriegswirtschaft des Dritten Reiches, Berlin/Bonn 1985. Zum Konzept des „Rassenstaats", siehe *Michael Burleigh/Wolfgang Wippermann*, The Racial State: Germany 1933–1945, Cambridge 1991.
5 *Hachtmann*, Industriearbeiterinnen.
6 *Carola Sachse*, Zwangsarbeit jüdischer und nichtjüdischer Frauen bei der Firma Siemens 1940 bis 1945, in: Internationale Wissenschaftliche Korrespondenz 27, 1991, S. 1–12; *Tilla Siegel*, Die doppelte Rationalisierung des „Ausländereinsatzes" bei Siemens, in: Internationale Wissenschaftliche Korrespondenz 27, 1991, S. 12–24; *Carola Sachse*, Als Zwangsarbeiterin 1941 in Berlin: Die Aufzeichnungen der Volkswirtin Elisabeth Freund, Berlin 1996.
7 *Silke Schumann*, Kooperation und Effizienz im Dienste des Eroberungskrieges. Die Organisation von Arbeitseinsatz, Soldatenrekrutierung und Zwangsarbeit in der Region Chemnitz 1939 bis 1945, Göttingen 2016; *Alexander Nützenadel* (Hrsg.), Das Reichsarbeitsministerium im Nationalsozialismus. Verwaltung – Politik – Verbrechen, Göttingen 2017; *Swantje Greve*, Das „System Sauckel": Der Generalbevollmächtigte für den Arbeitseinsatz und die Arbeitskräftepolitik in der besetzten Ukraine, 1942–1945, Göttingen 2019; *Henry Marx*, Die Verwaltung des Ausnahmezustands. Wissensgenerierung und Arbeitskräftelenkung im Nationalsozialismus, Göttingen 2019; *Sören Eden*, Die Verwaltung einer Utopie. Die Treuhänder der Arbeit zwischen Betriebs- und Volksgemeinschaft, Göttingen 2020. Zur Arbeits-

"Einsatz" verschiedener Kategorien von Arbeitskräften, darunter auch die Kategorien der deutschen und ausländischen Frauen, näher untersucht werden.

Anhand der Ergebnisse aus verschiedenen Forschungsrichtungen – über die Mobilisierung deutscher Frauen für die Kriegswirtschaft und über die erzwungene Arbeit von ausländischen und jüdischen Frauen unter NS-Herrschaft – kann man heute ein differenziertes Bild der Frauenarbeit im Nationalsozialismus zeichnen und aus einer Geschlechterperspektive die Praktiken der NS-Machthaber gegenüber weiblichen Arbeitskräften verschiedener Ethnizität und „Rasse" analysieren. Dies wirft weitere Fragen auf: Inwieweit herrschten in der NS-Arbeitseinsatzpolitik die Topoi, die in modernen Industriegesellschaften im Denken über Frauen und Arbeit kursieren, etwa die Meinung, dass Frauen sich besonders für minderqualifizierte und monotone Arbeit bzw. für helfende und subalterne Rollen eignen, dass Frauen von einer männlich konnotierten Norm von physischer Stärke, Mobilität und Verfügbarkeit abweichen, dass ihre Beteiligung an der Erwerbstätigkeit von ihrer Doppelfunktion in der reproduktiven neben der produktiven Arbeit bestimmt wird und dass sie geschlechtsspezifische Bedürfnisse haben, die am Arbeitsplatz berücksichtigt werden müssen. Für den Nationalsozialismus stellt sich die Frage, in welchem Ausmaß solche Grundsätze für den Arbeitseinsatz deutscher Frauen galten, aber auch, ob die NS-Rassenideologie ein solches Denken über Arbeit und Geschlecht in Bezug auf nichtdeutsche Frauen negierte.

5.4.2 Frauenerwerbstätigkeit und Frauenarbeitslosigkeit: Tendenzen in der Zwischenkriegszeit

Die „ungleiche Entwicklung des deutschen Kapitalismus" in einem Zeitalter schnellen Wandels und akuter Krisen zeichnet Tim Mason in den Strukturen der Frauenerwerbstätigkeit in der ersten Hälfte des 20. Jahrhunderts nach: Neben Beharrungstendenzen – der Mitarbeit auf Bauernhöfen, der Tätigkeit als Hausangestellte oder in kleinen Eckläden – fanden dramatische Veränderungen statt, zum Beispiel an neuen hochtechnisierten Fabrikarbeitsplätzen oder im expandierenden Angestelltensektor.[8] Bei aller Diversität der Frauenarbeit blieb jedoch die geschlechtsspezifische Aufteilung des Arbeitsmarktes erhalten: Selbst in den modernen Produktions- und Dienstleistungssektoren entstanden klar definierte, wenig qualifizierte und niedrig bezahlte Tätigkeiten, die Frauen vorbehalten waren.[9]

---

kräftepolitik in den besetzten Gebieten: *Karsten Linne/Florian Dierl/Zoran Janjetović*, Pflicht, Zwang und Gewalt. Arbeitsverwaltungen und Arbeitskräftepolitik im deutsch besetzten Polen und Serbien 1939–1944, Essen 2013.

8 *Mason*, Women, S. 137.

9 *Silke Schumann*, „Die Frau aus dem Erwerbsleben wieder herausnehmen": NS-Propaganda und Arbeitsmarktpolitik in Sachsen 1933–1939, Dresden 2000, 16; *Carola Sachse*, Siemens, der Nationalsozialis-

Aus den Berufszählungen der Zwischenkriegszeit in den Jahren 1925, 1933 und 1939 geht deutlich hervor, wie dominant die Kategorie der „weiblichen Erwerbspersonen" in der Landwirtschaft und der Hauswirtschaft blieb.[10] Bei den Zählungen 1925 und 1939 bildeten Frauen die Mehrheit der Erwerbspersonen in der Landwirtschaft (1925: 4,97 Millionen Frauen, 4,79 Millionen Männer; 1939: 4,88 Millionen Frauen, 4,05 Millionen Männer). Nur im Jahr 1933 stellten die männlichen Erwerbspersonen im Agrarsektor eine knappe Mehrheit (Frauen: 4,65 Millionen, Männer: 4,69 Millionen). Die Landwirtschaft wies in diesem Zeitraum durchgehend die höchste Zahl weiblicher Erwerbspersonen auf, wobei die Gesamtzahl der Erwerbspersonen im Sektor um eine dreiviertel Million zurückging. Auch in dem fast völlig „feminisierten" Sektor Hauswirtschaft war ein substanzieller Anteil aller weiblichen Erwerbspersonen zu finden (1925: 1,36 Millionen; 1933: 1,25 Millionen; 1939: 1,33 Millionen).[11]

Dass eine große Zahl von Frauen in traditionellen Rollen auf Bauernhöfen und in Familienbetrieben beschäftigt war, machten die Berufszählungen sichtbar, weil die deutsche Statistik „mithelfende Familienangehörige", ob entlohnt oder unbezahlt, als Erwerbspersonen zählte. Von den 11,47 Millionen weiblichen Erwerbspersonen im Jahre 1925 gehörten 4,1 Millionen Frauen dieser Kategorie an, davon 3,57 Million in der Landwirtschaft, 182 600 im Sektor Industrie und Gewerbe, und 361 200 im Sektor Handel und Verkehr.

Im Sektor Industrie und Gewerbe bildeten Frauen ungefähr ein Viertel der Arbeiterschaft. Nach der Berufszählung 1925 gehörten den Erwerbspersonen – d. h. Erwerbstätige sowie Erwerbslose – in der Kategorie „Arbeiter" 2,2 Millionen Frauen an. Diese Zahl ging auf 1,9 Millionen im Jahre 1933 zurück und stieg bis 1939 wieder auf 2,3 Millionen. Industriearbeiterinnen waren in den Konsumgüterindustrien konzentriert: in der Textil-, Bekleidung-, Nahrungsmittel- und Tabakproduktion. Obwohl in diesen Branchen Frauen auch als Facharbeiterinnen beschäftigt wurden, waren Arbeiterinnen wie in anderen Branchen typischerweise mit unqualifizierten oder niedrig bezahlten Tätigkeiten befasst.

Angestellte in der Industrie, im Handel und in der öffentlichen Verwaltung bildeten eine weitere große Kategorie unter den weiblichen Erwerbspersonen. Auch im Bereich der Büroorganisation schuf die Rationalisierung von Arbeitsprozessen neue Stellen, die

---

mus und die moderne Familie: Eine Untersuchung zur sozialen Rationalisierung in Deutschland im 20. Jahrhundert, Hamburg 1990, S. 14.
10 Zur Frauenarbeit in der Landwirtschaft *Daniela Münkel*, „Du, Deutsche Landfrau, bist verantwortlich!" Bauer und Bäuerin im Nationalsozialismus, in: Archiv für Sozialgeschichte 38, 1998, S. 141–164; zu den Hausgehilfinnen *Mareike Witkowski*, In untergeordneter Stellung. Hausgehilfinnen im Nationalsozialismus, in: Nicole Kramer/Armin Nolzen (Hrsg.), Ungleichheiten im Dritten Reich, Göttingen 2021, S. 155–175.
11 Für die Zahlen hier und im Folgenden: *Länderrat des Amerikanischen Besatzungsgebietes* (Hrsg.), Statistisches Handbuch von Deutschland 1928–1944, München 1949, S. 32 f. Die Erwerbspersonen nach Wirtschaftsabteilungen und Stellung im Beruf 1939, 1933 und 1925.

mit schnell ausgebildeten weiblichen Kräften belegt wurden.[12] Ihre sichtbare Präsenz in der Arbeitswelt der 1920er Jahre machten junge Verkäuferinnen und Bürofrauen zu einem ständigen Thema der populären Medien, die daraus das Klischeebild „Neue Frau" bzw. „Girl" schufen. Die Berufszählungen dokumentierten einen kontinuierlichen Anstieg der Zahl der weiblichen Angestellten in der Zwischenkriegszeit: Im Jahre 1925 waren es 1,45 Millionen; 1933 1,7 Millionen und 1939 1,99 Millionen.

Während der Weltwirtschaftskrise standen solche langfristigen Trends nicht im Vordergrund der Diskussion über die Frauenerwerbstätigkeit. Stattdessen wurde häufig darauf hingewiesen, dass Frauen weniger als Männer von der Arbeitslosigkeit betroffen seien. Auf Basis der absoluten Zahlen war es ohne Weiteres möglich, die Arbeitslosigkeit als „männliches Problem" zu konstruieren: Im Jahre 1932 wurden im Jahresdurchschnitt knapp 5,6 Millionen Erwerbslose, darunter 4 470 977 Männer und 1 104 515 Frauen, gezählt.[13] Auch die relativen Zahlen scheinen dieses Bild zu bestätigen: im März 1932 waren 39 % der männlichen Erwerbspersonen, aber nur 21 % der weiblichen Erwerbspersonen arbeitslos gemeldet.[14]

Aufgrund solcher Statistiken konnte argumentiert werden, dass Frauen den Männern die Arbeitsstellen wegnahmen. Eine besondere Zielscheibe bildeten die verheirateten weiblichen Beschäftigten: Waren ihre Ehemänner ebenfalls beschäftigt, verfügten solche Haushalte über zwei Einkommen, während andere leer ausgingen.[15] So rückte der Begriff des „Doppelverdienertums" in den Mittelpunkt der Forderung, dass mitverdienende Ehefrauen ihre Arbeit aufgeben sollten. Eine Kategorie von Staatsbediensteten, die Beamtinnen, die bei Reichsstellen wie der Reichspost beschäftigt waren, mussten per Gesetz vom 30. Mai 1932 ihre Haushaltsverhältnisse offenlegen: Je nach Familieneinkommen („sofern die Versorgung nach der Höhe des Familieneinkommens dauernd gesichert erscheint") durften sie entlassen werden.[16] Damit schuf das Reichsarbeitsministerium einen Präzedenzfall, auf den das NS-Regime ein Jahr später seine „Doppelverdienerkampagne" aufbaute.

Zeitgenössische Beobachter zeichneten ein vereinfachtes Bild, wenn sie meinten, Frauen seien in der Wirtschaftskrise von der Arbeitslosigkeit weniger als Männer betroffen. Erstens: Die Statistik über Arbeitslosenquoten ließen das Spektrum von Arbeitslosigkeit und Kurzarbeit unberücksichtigt: In Sachsen war zum Beispiel die Kurzarbeit in der Textilindustrie – angesichts ihrer vielen weiblichen Beschäftigten – weiter verbreitet als im Baugewerbe oder in der Metallindustrie.[17] Zweitens: Die Not in ihren Familien trieb durchaus zahlreiche Frauen dazu, nach irgendeiner bezahlten

---

12 *Winkler*, Frauenarbeit, S. 20.
13 *Detlef Humann*, „Arbeitsschlacht". Arbeitsbeschaffung und Propaganda in der NS-Zeit 1933–1939, Göttingen 2011, Statistischer Anhang, Tabelle 8.
14 *Schumann*, Die Frau, S. 16.
15 *Winkler*, Frauenarbeit, S. 24; *Schumann*, Die Frau; *Humann*, Arbeitsschlacht.
16 Gesetz zur Rechtsstellung weiblicher Beamter vom 30. Mai 1932. Siehe *Winkler*, Frauenarbeit, S. 25; *Humann*, Arbeitsschlacht, S. 153.
17 *Schumann*, Die Frau, S. 15–17.

Arbeit zu suchen, zum Beispiel als Tageskräfte im Haushalt oder in kurzfristigen saisonalen Beschäftigungen, aber die Situation der Massenarbeitslosigkeit veranlassten andere dazu, die Suche aufzugeben.[18] Für die Behauptung, in der Wirtschaftskrise würden Arbeitgeber konsequent „billige" weibliche Arbeitskräfte auf Kosten von „teureren" Männern weiterbeschäftigen, gab es kaum stichhaltige Beweise.[19] Drittens: Verheiratete Frauen hatten weniger Anreiz, sich arbeitslos zu melden, weil Ehefrauen ab 1931 nur bei Bedürftigkeit die Arbeitslosenunterstützung und Krisenunterstützung erhielten.[20] Es deutet insgesamt vieles darauf hin, dass in der Wirtschaftskrise die Stille Reserve an erwerbslosen Frauen zunahm.

5.4.3 Frauenbeschäftigung und die Bekämpfung der männlichen Arbeitslosigkeit in der ersten Herrschaftsphase

Die Maßnahmen des NS-Regimes zur Bekämpfung der Arbeitslosigkeit ab Sommer 1933 gaben den Maßnahmen Vorrang, die die Ziffer für männliche Arbeitslosigkeit reduzierten. Dazu gehörten diverse Meliorationsarbeiten (Kultivierung von Brachland, wasserwirtschaftliche Maßnahmen) und infrastrukturelle Baumaßnahmen. Die Maßnahmen wurden als militärisch anmutender „Kampf" gegen Arbeitslosigkeit propagiert.[21] Erwerbstätige Frauen dagegen wurden zur Zielscheibe von polternden Parolen, die eine „Rückkehr zu Haus und Herd" als Ideal für alle deutschen Frauen priesen.[22] Neben dieser Propaganda unternahm das Regime eine Reihe von Maßnahmen, die in beschränktem Umfang die Erwerbstätigkeit von Frauen steuern und lenken sollten.

Durch eine Mischung von Druck und Anreiz sollten in der Industrie, im Handel und in der Verwaltung beschäftigte verheiratete Frauen zur Aufgabe ihrer Stellen veranlasst werden. In der erhitzten Atmosphäre nach der Machtübernahme, die in einer nationalsozialistischen Broschüre 1933 als „männliche Revolution" bezeichnet wurde,[23] erwarteten radikale Nazis scharfe Maßnahmen gegen das „Doppelverdienertum". Parteiaktivisten vor Ort gingen diversen Verdachtsfällen nach: In vielen Fällen

---

18 *Helgard Kramer*, Frankfurt's Working Women: Scapegoats or Winners of the Great Depression? In: Richard J. Evans/Dick Geary (Hrsg.), The German Unemployed: Experiences and Consequences of Mass Unemployment from the Weimar Republic to the Third Reich, London 1987, S. 114, 131–133.
19 *Schumann*, Die Frau, S. 16.
20 *Kramer*, Frankfurt's Working Women, S. 108.
21 *Detlef Humann*, Die „Arbeitsschlacht" als Krisenüberwindung, in: Marc Buggeln/Michael Wildt (Hrsg.), Arbeit im Nationalsozialismus, München 2014, S. 71–86.
22 *Winkler*, Frauenarbeit, S. 43 f.
23 *Engelbert Huber*, Das ist Nationalsozialismus. Organisation und Weltanschauung der NSDAP, Stuttgart 1933, S. 122.

standen mitverdienende Ehefrauen im Visier.[24] Wo der Staat der Arbeitgeber war, wurde direkt gehandelt: Im Juni 1933 erweiterte das Regime das Gesetz vom 30. Mai 1932, damit auch verheiratete Beamtinnen, die von den Ländern und Kommunen eingestellt waren, entlassen werden konnten.[25] Was den privaten Sektor anging, riet Friedrich Syrup, Präsident der Reichsanstalt für Arbeitsvermittlung und Arbeitslosenversicherung, den ihm unterstellten Arbeitsämtern, wie sie gegen das „Doppelverdienertum" vorzugehen hatten: Sie sollten lokale Arbeitgeber dazu drängen, ihren verheirateten weiblichen Beschäftigten nahezulegen, ihre Stellen zu verlassen. Manche Arbeitsämter beließen es dabei; andere gingen weiter und schickten die Anweisung an Arbeitgeber, dass sie verheiratete weibliche Beschäftigte zu entlassen hatten, wenn das Gesamteinkommen des jeweiligen Haushalts ausreichend erschien.[26] Einige Arbeitgeber weigerten sich von Anfang an, ihre verheirateten Arbeitnehmerinnen zu entlassen, mit der Begründung, diese Arbeitskräfte seien schlicht unentbehrlich für den Betrieb.[27] Andere dagegen handelten konform mit solchen Anweisungen, auch nachdem vom Reichsarbeitsministerium die Kampagne gegen „Doppelverdienerinnen" im November 1933 zurückgenommen worden war.[28] Auch wenn die Kampagne offiziell schnell endete, behielten die Arbeitsämter die Möglichkeit, verheiratete weibliche Arbeitsuchende zu diskriminieren. Insgesamt war ein Klima der Denunziation in Bezug auf private Erwerbs- und Wirtschaftsverhältnisse geschaffen worden, das auch später für andere Zwecke mobilisiert werden konnte.[29]

Neben dem Druck, den die „Doppelverdienerkampagne" auf erwerbstätige Ehefrauen ausübte, schuf das NS-Regime einen materiellen Anreiz, der verheiratete Frauen dazu bringen sollte, ihre Berufstätigkeit aufzugeben. Das Ehestandsdarlehen gehörte im Sommer 1933 zu den ersten Maßnahmen zur Bekämpfung der Arbeitslosigkeit. Bedingung für den Erhalt des Darlehens, das in Form von Gutscheinen für den Kauf von Haushaltswaren bei „deutschen Geschäften" vergeben wurde, war, dass eine erwerbstätige Ehefrau nach der Heirat ihre Arbeitstätigkeit aufgab. Das Ehestandsdarlehen diente auch den rassenhygienischen und pronatalistischen Zielen des NS-Regimes: Beide Partner mussten als Bedingung für seine Gewährung medizinisch untersucht werden, und bei der Geburt von Kindern wurde die Rückzahlungsleistung reduziert.[30] Eine Reihe von Faktoren dämpfte allerdings die potenziellen Auswirkungen der Maßnahme auf den Arbeitsmarkt. Erstens war es möglich, dass die Braut schon vor ihrer Heirat die Arbeitsstelle verloren oder aufgegeben hatte: Sie musste nur in den

---

24 *Schumann*, Die Frau, S. 22; *Mason*, Women, S. 159; *Humann*, Arbeitsschlacht, S. 155–158.
25 Gesetz zur Änderung von Vorschriften auf dem Gebiete des allgemeinen Beamten-, des Besoldungs- und des Versorgungsrechts vom 30. Juni 1933, siehe *Humann*, Arbeitsschlacht, S. 153; *Schumann*, Die Frau, S. 23.
26 *Winkler*, Frauenarbeit, S. 44; *Schumann*, Die Frau, S. 23.
27 *Schumann*, Die Frau, S. 28.
28 *Sachse*, Siemens, S. 110.
29 *Schumann*, Die Frau, S. 24; *Humann*, Arbeitsschlacht, S. 170–178.
30 *Humann*, Arbeitsschlacht, S. 170–178.

zwei Jahren vor der Heirat mindestens sechs Monate (später: neun Monate) erwerbstätig gewesen sein.[31] Zweitens war es denkbar, dass die Braut nach der Heirat ihre Stelle sowieso aufgegeben hätte: Solche Mitnahmeeffekte konnten nicht ausgeschlossen werden.[32] Dass das Ehestandsdarlehen neue Stellen für Männer schuf, war eher unwahrscheinlich. Arbeitgeber waren selten bereit, Lohnerhöhungen vorzunehmen, die den Erwartungen männlicher Bewerber entsprochen hätten, und es hinderte sie nichts daran, für eine freigewordene Stelle wieder eine Frau anzustellen. Dazu kam, dass verheiratete Frauen, die ein Ehestandsdarlehen erhalten hatten, woanders Arbeit suchen konnten, solange sie dem Arbeitsamt aus dem Wege gingen.[33] Das Gesetz hatte auch Auswirkungen, die nicht intendiert waren: Zum Beispiel nutzten weibliche Beschäftigte in der Landwirtschaft – gerade in dem Sektor, wo sie aus der Sicht des Regimes als arbeitende Frauen richtig eingesetzt waren und bleiben sollten – die Ehestandsdarlehen, um ihre Erwerbstätigkeit aufzugeben.[34]

Die Arbeitsmarktpolitik in Bezug auf erwerbstätige Frauen in den ersten Jahren der NS-Herrschaft zielte nicht nur darauf, erwerbstätige Ehefrauen aus Arbeitsstellen zu drängen, wo sie zumindest theoretisch von Männern hätten ersetzt werden können, sondern erwerbslose Frauen verstärkt in „wesensgemäße" Tätigkeiten in der Landwirtschaft und in der Hauswirtschaft zu lenken – d.h. in schlecht bezahlte und körperlich schwere Arbeit.[35] Damit Haushalte nach der Wirtschaftskrise Hausgehilfinnen verstärkt einstellten, wurden diese von der Arbeitslosenversicherungspflicht befreit. Gleichzeitig sollte ein „hauswirtschaftliches Jahr" den Arbeitsmarkt entlasten, indem arbeitslose schulentlassene Mädchen ein Jahr lang ohne Entgelt in einem fremden Haushalt arbeiteten.[36] Während die Arbeitsämter mit wenig Erfolg arbeitslose Frauen aus der Stadt in landwirtschaftliche Stellen zu vermitteln versuchten, sollte der Frauenarbeitsdienst (später umbenannt in Reichsarbeitsdienst für die weibliche Jugend) junge weibliche Arbeitslose als landwirtschaftliche Hilfskräfte zur Verfügung stellen.[37]

Die Arbeitslosigkeit verschwand nicht, sank aber merklich im Verlauf der ersten drei Jahre der NS-Diktatur: von 25,9 % der Erwerbsbevölkerung 1933 (im Jahresdurchschnitt) auf 7,4 % im Jahre 1936. 1936 waren in absoluten Zahlen (im Jahresdurchschnitt) 1 323 690 Männer und 268 965 Frauen als arbeitslos gemeldet.[38] 1937/38 wurde Vollbeschäftigung, dann sogar Überbeschäftigung erreicht. In Bezug auf die Frauenerwerbstätigkeit in den Jahren 1933 bis 1936 besteht in mehreren Punkten ein For-

---

[31] *Humann*, Arbeitsschlacht, S. 121.
[32] *Schumann*, Die Frau, S. 37.
[33] *Schumann*, Die Frau, S. 39.
[34] *Humann*, Arbeitsschlacht, S. 123.
[35] *Annemarie Tröger*, Die Frau im wesensgemäßen Einsatz, in: Frauengruppe Faschismusforschung (Hrsg.), Mutterkreuz und Arbeitsbuch. Zur Geschichte der Frauen in der Weimarer Republik und im Nationalsozialismus, Frankfurt am Main 1981, S. 254.
[36] *Humann*, Arbeitsschlacht, S. 141–144.
[37] *Winkler*, Frauenarbeit, S. 53 f.
[38] *Humann*, Arbeitsschlacht, Statistischer Anhang, Tabellen 5 und 8.

schungskonsens. In absoluten Zahlen sei die Erwerbstätigkeit von Männern stärker gestiegen als die Erwerbstätigkeit von Frauen, sodass der Frauenanteil an den Erwerbstätigen sank. Im industriellen Sektor wurde das besonders deutlich: Der Frauenanteil an den Beschäftigten in der Industrie fiel von 29,3 % 1933 auf 24,7 % im Jahr 1936.[39] Der Wiederanstieg der Produktion verlief im Baugewerbe, in der Metallindustrie und im Bergbau schneller als in den Konsumgüterindustrien, wo Industriearbeiterinnen am häufigsten anzutreffen waren. Neben dem industriellen Aufschwung, der Männer in großer Zahl in regelmäßige bezahlte Arbeitsverhältnisse brachte, wurde auch an den Arbeitslosenzahlen manipuliert: Zum Beispiel wurden ab Juli 1933 Arbeitsdienstleistende nicht mehr als Arbeitslose gezählt.[40] Was die Kampagne gegen das „Doppelverdienertum" angeht, ist die Forschung weitgehend einig: Sie mag einen einschüchternden Effekt gehabt haben, bewirkte aber konkret sehr wenig.

Anders verhält es sich in Bezug auf die Frage, inwieweit Frauen durch andere Mittel aus dem Arbeitsmarkt verdrängt wurden, während gleichzeitig die Zahl der beschäftigten Frauen insgesamt stieg. Laut Detlef Humann hatte die Vergabe von Ehestandsdarlehen – ca. 523 000 bis Ende 1935 – doch eine arbeitsmarktpolitische Wirkung, denn „rund eine halbe Million Frauen verschwand so bis Ende 1935 von ihren Arbeitsplätzen".[41] Aber diese Schlussfolgerung berücksichtigt nicht die Tatsache, dass nicht alle Frauen, die ein Ehestandsdarlehen erhielten, tatsächlich zum Zeitpunkt ihrer Heirat in Arbeit waren. Und wenn es um das Bild der weiblichen Beschäftigung insgesamt geht, darf nicht außer Betracht bleiben, dass ein Arbeitgeber eine Frau, die ihre Stelle anlässlich ihrer Verheiratung aufgab, durch eine andere Frau ersetzen konnte.[42]

5.4.4 Arbeitseinsatzpolitik im Zeichen des Vierjahresplans

Ab 1936 hatte das Regime kein Interesse mehr daran, verheiratete Frauen aus ihren Arbeitsplätzen in der Industrie und im Handel zu drängen. Die Verknappung von Arbeitskräften führte vielmehr dazu, dass die Bestimmungen über die Ehestandsdarlehen Schritt für Schritt gelockert wurden. Schon im Sommer 1936 durften weibliche Darlehensempfängerinnen eine saisonale Beschäftigung in der Erntezeit aufnehmen. Ab Oktober 1936 konnten sie als Verkaufspersonal vorübergehend beschäftigt werden, und bis Ende 1937 wurde die Darlehensvergabe nicht mehr an die Aufgabe der Er-

---

39 *Rüdiger Hachtmann*, Industriearbeit im „Dritten Reich". Untersuchungen zu den Lohn- und Arbeitsbedingungen in Deutschland 1933–1945, Göttingen 1989, S. 39.
40 *Humann*, Arbeitsschlacht, S. 615.
41 *Humann*, Arbeitsschlacht, S. 134.
42 *Schumann*, Die Frau, S. 37.

werbsarbeit geknüpft. Nachdem die Zahl der vergebenen Darlehen pro Heirat 1935 und 1936 gesunken war, stieg die Relation in den Jahren 1937 und 1938 wieder an.[43]

Die veränderten Bestimmungen des Ehestandsdarlehens entsprachen der allgemeinen Neuausrichtung der NS-Arbeitskräftepolitik ab 1936. Die sog. Arbeitsschlacht war von vornherein mit der Ausrichtung der Wirtschaft auf einen künftigen Krieg verbunden. Mit der zunehmenden Verknappung der Arbeitskräfte sollte die Arbeitsverwaltung die nötigen Arbeitskräfte für die Kriegswirtschaft mit höchster Priorität beschaffen. Die Einführung des Arbeitsbuchs 1935 war ein wichtiges Mittel zur Erfassung und Lenkung von Arbeitskräften.[44] Ab 1936 wurde die Arbeitsverwaltung als „Geschäftsgruppe Arbeitseinsatz" in die Vier-Jahres-Planbehörde eingebaut, und ab Sommer 1938 schuf das Reichsarbeitsministerium durch eine Reihe von Verordnungen neue Instrumente zur Dienstverpflichtung von Arbeitskräften beiderlei Geschlechts: Der Verordnung vom 22. Juni 1938 „zur Sicherstellung des Kräftebedarfs für Aufgaben von besonderer staatspolitischer Bedeutung" folgten weitere Bestimmungen vom 13. Februar 1939 und 10. März 1939. Jetzt durfte die Arbeitsverwaltung eine Dienstverpflichtung von unbestimmter Dauer aussprechen, und bei einem Stellenwechsel musste die Erlaubnis des Arbeitsamts eingeholt werden.[45]

Ebenfalls im Kontext des Vierjahresplans erließ Göring im Februar 1938 die bisher einschneidendste Zwangsmaßnahme der Frauenarbeitspolitik: das sogenannte Pflichtjahr für Mädchen.[46] Es war als Mittel zur Überwindung des im Jahre 1937 von der Reichsanstalt geschätzten Mangels an weiblichen Arbeitskräften in der Landwirtschaft (ca. 100 000) und in der Hauswirtschaft (ca. 60 000) gedacht. Friedrich Syrup formulierte die Bestimmungen: Arbeitswillige weibliche Schulentlassene und unverheiratete junge Frauen bis 25 Jahre, die Fabrikarbeit in den Industriebranchen Bekleidung, Textil und Tabak suchten oder Stellen als kaufmännische Angestellte oder im Einzelhandel anstrebten, mussten zwangsweise zunächst ein Jahr lang in der Landwirtschaft oder als Hausgehilfin in einem städtischen Haushalt arbeiten. Arbeitgeber in den genannten Branchen durften weibliche Arbeitskräfte im Alter von 14 bis 25 Jahren nur einstellen, wenn die Ableistung des Pflichtjahrs in ihrem Arbeitsbuch vermerkt war.[47] Das Pflichtjahr bedeutete aus mehreren Gründen einen wichtigen Einschnitt: Erstens diente es als Präzedenzfall für die Abschaffung der freien Wahl der Arbeitsstelle. Zweitens zielte es auf junge unverheiratete Frauen und unterstrich so-

---

43 *Humann*, Arbeitsschlacht, S. 122; *Schumann*, Die Frau, S. 55.
44 *Karsten Linne*, Von der Arbeitsvermittlung zum „Arbeitseinsatz": Zum Wandel der Arbeitsverwaltung 1933–1945, in: Buggeln/Wildt, Arbeit im Nationalsozialismus, S. 53–70; *Marx*, Verwaltung des Ausnahmezustands, S. 115–117.
45 *Hachtmann*, Industriearbeit, S. 46.
46 Anordnung über den verstärkten Einsatz von weiblichen Arbeitskräften in der Land- und Hauswirtschaft vom 16. Februar 1938, vgl. *Angela Vogel*, Das Pflichtjahr für Mädchen. Nationalsozialistische Arbeitseinsatzpolitik im Zeichen der Kriegswirtschaft, Frankfurt am Main 1997.
47 Im Dezember 1938 wurden die in der Pflichtjahr-Verordnung festgelegten Beschäftigungsbeschränkungen auf alle anderen Industriebranchen ausgeweitet: *Vogel*, Pflichtjahr, S. 153.

mit, wie entscheidend die Politik gegenüber weiblichen Arbeitskräften von den Variablen Alter und Familienstand bestimmt war. Auch der Reichsarbeitsdienst für die weibliche Jugend zielte auf unverheiratete junge Frauen, aber das eingeführte Pflichtjahr erfasste erst mehr von ihnen, als sie ab September 1939 der Arbeitsdienstpflicht unterlagen. Drittens gab es auch in Bezug auf das Pflichtjahr entscheidende Lücken: Da nur junge, arbeitswillige Frauen erfasst wurden, blieben solche unberücksichtigt, die ohne Erwerbseinkommen auskamen und nicht beabsichtigten, bezahlte Arbeit aufzunehmen.[48] Die Stille Reserve in dieser Altersgruppe wurde folglich nicht erfasst – trotz der Verfügung im März 1938, dass sich alle Schulentlassenen beim Arbeitsamt melden mussten.

Bis zum Sommer 1939 sank die Arbeitslosenquote so weit, dass davon auszugehen war, dass jede gewillte Person eine Arbeitsstelle gefunden hatte. Das bedeutete aber nicht, dass keine Frauen mehr als Arbeitskräftereserve zur Verfügung standen. Laut der Statistik von 1939 waren in der Altersgruppe zwischen 15 und 60 Jahren 947 641 unverheiratete Frauen und 5 424 543 verheiratete Frauen ohne Kinder unter 14 Jahren nicht erwerbstätig.[49] Selbst wenn man berücksichtigt, dass es unverheiratete Frauen mit kleinen Kindern gab, und Verheiratete, die keine Kinder, aber pflegebedürftige Angehörige versorgten, galten diese nichterwerbstätigen Frauen für die Arbeitsverwaltung als verfügbare Arbeitsreserve. Auf einer Sitzung des Reichsverteidigungsrates am 23. Juni 1939 sprach Syrup über dieses Potenzial. Er behauptete, „(d)ie weibliche Arbeitspflicht im Kriege ist von entscheidender Bedeutung" und erklärte, dass „außer den augenblicklich beschäftigten 13,8 Millionen Frauen 3,5 Millionen noch unbeschäftigte Frauen zum Einsatz gebracht werden, die durch die Volkskartei erfasst werden."[50]

Das Potenzial der weiblichen Arbeitsreserve bei Kriegsbeginn ist kontrovers diskutiert worden, und bis heute ist die Frage nicht vollständig geklärt.[51] In der Forschung findet man zwei unterschiedliche Argumentationsstränge in Bezug auf die Frage, wie die „weibliche Reserve" in Deutschland bei Kriegsbeginn zu beurteilen sei, und warum sie im Krieg nicht besser erfasst wurde. Zum einen wird die Vollbeschäftigung in Deutschland mit der relativ hohen Arbeitslosigkeit in Großbritannien 1939 und in den USA 1941 kontrastiert. Wenn bei Kriegsbeginn alle deutschen Frauen, die außer Haus arbeiten mussten oder wollten, schon erwerbstätig waren, hätte es besonderer Anreize bedurft, um weitere theoretisch vorhandene Reserven im Krieg zu mobilisieren. Solche Anreize wurden nicht geschaffen, im Gegenteil: Der relativ großzügige Familienunterhalt, der an deutsche Soldatenfrauen gezahlt wurde, hemmte die

---

48 *Vogel*, Pflichtjahr, S. 92–94, 170 f.
49 *Winkler*, Frauenarbeit, S. 61, 198.
50 Sitzungsbericht zur 2. Sitzung des Reichsverteidigungsrates, 23. Juni 1939, in: International Military Tribunal 33, Dok. 3787 – PS. Zur „Volkskartei" als anvisierte Erfassung der gesamten Reichsbevölkerung: *Marx*, Verwaltung des Ausnahmezustands, S. 141. Die Volkskartei kam über eine Anfangsphase nicht hinaus und wurde im Krieg eingestellt.
51 Für einen neueren Überblick der Debatte: *Schumann*, Kooperation und Effizienz, S. 177–182.

zusätzliche Arbeitskräftemobilisierung, während in den USA und in Großbritannien die Unterstützung für Soldatenfrauen knapper bemessen war.[52]

Eine andere Argumentation entwickelten die Wirtschaftsexperten des *Bombing Survey*. Sie stellten die Berufsstatistik in den Mittelpunkt ihrer Betrachtungen. Die relative hohe weibliche Erwerbsquote in Deutschland sei, so ihre Analyse, auf dem ersten Blick ein klares Anzeichen dafür, dass Deutschlands Frauen bei Kriegsbeginn schon weitgehend mobilisiert waren.[53] Allerdings, räumten sie ein, sei diese Quote auch deshalb so hoch, weil die mithelfenden Familienangehörigen auf deutschen Bauernhöfen und kleinen Familienbetrieben mitgezählt wurden, was in USA und Großbritannien nicht der Fall war. Sie wiesen gleichzeitig darauf hin, dass die berufliche Struktur in Deutschland sehr viel stärker landwirtschaftlich und bäuerlich geprägt war als in den USA oder Großbritannien. Allerdings sei in der städtischen Bevölkerung Deutschlands ein größeres weibliches Arbeitspotenzial vorhanden gewesen, das für die Kriegsproduktion zu mobilisieren gewesen wäre.[54] Gegen diese Interpretation setzt Adam Tooze andere Akzente. Auch er bezieht sich in seiner Analyse auf die deutsche Berufsstatistik bei Kriegsbeginn und setzt auf regionaler Ebene an. Die regionalen Frauenerwerbsquoten bestätigten laut Tooze die Befunde des *Bombing Survey* nur teilweise. Agrarregionen im Süden und Südwesten Deutschlands wiesen wegen der großen Zahl der mithelfenden Familienangehörigen tatsächlich sehr hohe Frauenerwerbsquoten auf. Aber auch in deutschen Großstädten, wo die Frauenerwerbsquote niedriger als auf dem Land lag, hätte die Frauenerwerbsquote bei Kriegsbeginn höher gelegen als in Großbritannien am Ende des Kriegs.[55] Der Hinweis von Tooze zeigt: Weibliche „Reserven" waren uneinheitlich vorhanden, und eine regional differenzierte Sicht auf die weiblichen Erwerbsquoten bleibt auf jeden Fall relevant für die Beurteilung der Arbeitskräftemobilisierung deutscher Frauen im Verlauf des Zweiten Weltkriegs.[56]

5.4.5 Neuzusammensetzung der Belegschaften in den ersten Kriegsjahren

Wenn die Forschung die bescheidenen Erfolge des NS-Regimes im Krieg bei der Mobilisierung weiblicher deutscher Arbeitskräfte betont, darf die substanzielle Präsenz

---

52 *Winkler*, Frauenarbeit, S. 176–186; zur Problematik des Familienunterhalts, siehe *Birthe Kundrus*, Kriegerfrauen: Familienpolitik und Geschlechterverhältnisse im Ersten und Zweiten Weltkrieg, Hamburg 1995.
53 *US Strategic Bombing Survey*, Effects, S. 29 f.
54 *US Strategic Bombing Survey*, Effects, S. 30.
55 *Adam Tooze*, The Wages of Destruction. The Making and Breaking of the Nazi Economy, London 2006, S. 358 f.
56 Regional unterschiedliche Frauenerwerbsquoten werden thematisiert in *Schumann*, Kooperation und Effizienz, S. 177, 180, 192.

deutscher Frauen als Erwerbstätige in allen Sektoren der deutschen Kriegswirtschaft nicht missachtet werden.[57] Die vom Statistischen Reichsamt zusammengestellte „kriegswirtschaftliche Kräftebilanz", die für die Nachkriegsanalysen als wichtige Quelle diente, präsentierte jährlich die Zusammensetzung der Arbeitskräfte im sog. Großdeutschen Reich.[58] Die Bilanz umfasste deutsche Männer und Frauen, ausländische und jüdische Zivilisten, jeweils unterteilt nach Geschlecht, sowie Kriegsgefangene. Sie zeigte die Verteilung der Arbeitskräfte nach Berufsgruppen, einschließlich des Wehrmachtbereichs (Militärverwaltung, Hilfsdienste).[59] Insgesamt nahm zwischen Mai 1939 und Mai 1943 die weibliche deutsche Erwerbsbevölkerung von 14,6 Millionen auf 14,8 Millionen leicht zu. Im Zeitraum zwischen Mai 1939 und Mai 1942 bildeten deutsche Frauen durchgehend mehr als die Hälfte der landwirtschaftlichen Arbeitskräfte und ungefähr ein Viertel der industriellen Arbeitskräfte. Sie stellten im Mai 1939 ein knappes Drittel und im Mai 1942 44 % der Kräfte in der zivilen Verwaltung. Im Wehrmachtsektor bildeten deutsche Frauen im Mai 1939 15 % und im Mai 1942 30 % des Verwaltungs- und Hilfspersonals. Sie stellten auch fast die Gesamtheit des im Sektor „Häusliche Dienste" beschäftigten Personals.[60]

Dabei darf die herausragende Bedeutung von männlichen und weiblichen ausländischen Arbeitern beim sog. Reichseinsatz nicht vergessen werden, die die einberufenen deutschen Männer ersetzen sollten. Bis Mai 1941 arbeiteten schon 1,5 Millionen Ausländer (Zivilisten, darunter 400 000 Frauen und Kriegsgefangene) in der Landwirtschaft und bildeten 13,6 % der Gesamtzahl der Arbeitskräfte in diesem Sektor. Bis Mai 1944 stieg die Zahl der ausländischen Arbeitskräfte in der Landwirtschaft auf vier Millionen und bildete 38 % der Gesamtzahl der landwirtschaftlichen Arbeitskräfte. Gleichzeitig wuchs der Ausländeranteil im Industriesektor bis Mai 1943 auf mehr als ein Viertel an.

Als nach dem Angriff auf die Sowjetunion die Zahl der Gefallenen immer weiter stieg, mussten die Schätzungen des kriegswirtschaftlichen Arbeitskräftebedarfs ständig nach oben korrigiert werden. Eine weitere Unwägbarkeit in der Arbeitspolitik war die Frage, wie die Leistung der Belegschaften gesteigert werden konnte. Ob sich viele weitere Deutsche für den „Arbeitseinsatz" gewinnen ließen, hing auch mit der Frage zusammen, welche Opfer und Entbehrungen der „kämpfenden Volksgemeinschaft" noch zugemutet werden konnten. Diese Frage stand auch bei den Debatten

---

57 *Tilla Siegel/Thomas Freyberg*, Industrielle Rationalisierung unter dem Nationalsozialismus, Frankfurt am Main 1991, S. 117.
58 Für die Daten getrennt für das Altreich, Österreich und das Sudetenland: *Wagenführ*, Die deutsche Industrie, S. 154–157.
59 Zur kriegswirtschaftlichen Kräftebilanz: *Bernhard Kroener*, Die personellen Ressourcen des Dritten Reiches im Spannungsfeld zwischen Wehrmacht, Bürokratie und Kriegswirtschaft 1939–1942, in: Bernhard Kroener (Hrsg.), Das Deutsche Reich und der Zweite Weltkrieg, Bd. 5: Organisation und Mobilisierung des deutschen Machtbereichs, Halbbd. 1: Kriegsverwaltung, Wirtschaft und personelle Ressourcen 1939–1941, Stuttgart 1988, S. 807–818.
60 *Kroener*, Die personellen Ressourcen, S. 810 f. (Grafiken).

über die Umsetzung der schon erwerbstätigen deutschen Frauen und über die Erfassung weiterer „Volksgenossinnen", besonders verheirateter Frauen, im Vordergrund. Man fürchtete die Reaktionen der Frauen selbst, aber auch ihrer Ehemänner, besonders der Soldaten an der Front. In den NS-Konzepten der totalen Kriegsführung kollidierte die systematische Erfassung von Hausfrauen und Müttern für den Arbeitseinsatz mit völkischen Visionen deutschen Herrentums in einer expandierenden Machtsphäre.[61]

Von Anfang an erschienen der deutschen Arbeitsverwaltung – neben den Kriegsgefangenen – die ausländischen Arbeitskräfte aus den eroberten Ländern als Ressource für die Wirtschaft im Reich.[62] Bei Kriegsbeginn mussten fehlende landwirtschaftliche Kräfte für die Herbsternte schnell herbeigeschafft werden. Am 1. September wurde die Arbeitsdienstpflicht für Frauen eingeführt: Ein expandierter Reichsarbeitsdienst für die weibliche Jugend sollte junge deutsche Frauen zeitweise in landwirtschaftliche Arbeit bringen. Aber eine zahlenmäßig viel wichtigere Ressource waren polnische Kriegsgefangene sowie Zivilarbeiter und -arbeiterinnen. Bis Mai 1941 wurden über 150 000 Polinnen als landwirtschaftliche Arbeiterinnen eingesetzt, d. h. ein Drittel der polnischen Zivilarbeiter arbeitete im Agrarsektor.[63]

In der Industrie führte die Arbeitsverwaltung von Kriegsbeginn an wiederholt Auskämmungen durch, um Arbeitskräfte für den dringendsten Bedarf des Rüstungssektors freizumachen: Davon waren überdurchschnittlich Frauen betroffen, die in den Konsumgüterindustrien konzentriert waren und nun durch Dienstverpflichtung (auf Grund der Verordnungen von 1938 und 1939) zum Stellenwechsel gezwungen wurden. Allerdings stand dem Rückgang von fast 300 000 weiblichen Beschäftigten der Konsumindustrien zwischen Mai 1939 und Mai 1941 eine Zunahme der weiblichen Beschäftigten in der Metallindustrie von nur 210 000 gegenüber. Insgesamt ging die Zahl der deutschen Industriearbeiterinnen im Zeitraum von Mai 1939 bis Mai 1941 von 2,76 Millionen auf 2,71 Millionen leicht zurück.[64] Nur in einigen industriellen Ballungsgebieten mit hoher Rüstungsproduktion verlief der Trend in entgegengesetzter Richtung. In München zum Beispiel hielten die Rüstungsunternehmen nach Möglichkeit an ihrem männlichen Arbeiterstamm fest, während eilig angelernte Frauen zusätzlich auf neu geschaffene Arbeitsplätze am Fließband gesetzt wurden.[65]

Schon früh im Krieg klagten Arbeitsverwaltung und Arbeitgeber über Industriearbeiterinnen, die von der Arbeit fernblieben oder ihre Stellen ganz aufgaben. Solches

---

61 *Sachse*, Siemens, S. 48; *Ludolf Herbst*, Der totale Krieg und die Ordnung der Wirtschaft. Die Kriegswirtschaft im Spannungsfeld von Politik, Ideologie und Propaganda 1939–1945, Stuttgart 1982, S. 100–102.
62 *Karsten Linne/Florian Dierl* (Hrsg.), Arbeitskräfte als Kriegsbeute: Der Fall Ost- und Südosteuropa 1939–1945, Berlin 2011; vgl. das Kapitel 5.3 in diesem Band.
63 Der Arbeitseinsatz im Deutschen Reich Nr. 6 vom 20. März 1941.
64 *Kroener*, Die personellen Ressourcen, S. 810 f. (Grafiken).
65 *Andreas Heusler*, Ausländereinsatz. Zwangsarbeit für die Münchner Kriegswirtschaft 1939–1945, München 1996, S. 100–107.

Abb. 1: BASF A 11_00119_Dia_E6_F10. Frauenarbeitseinsatz bei der BASF (um 1940).

Verhalten wurde einerseits der herrschenden Vollbeschäftigung, andererseits den Regelungen der Familienunterstützung für Soldatenfrauen zugeschrieben: Erst ab Juni 1941 wurde der Lohn der Ehefrau nicht mehr auf die Familienunterstützung angerechnet. Ab 1942 wurde der „Arbeitsvertragsbruch" zur kriminellen Straftat. Dadurch brachen Probleme und Konflikte auf, die während der ganzen Kriegszeit ungelöst bleiben sollten. Während das Regime zum einen weiterhin vorgab, dem Schutz deutschen Familienlebens einen besonderen Wert zuzuschreiben, versuchten Ehefrauen, genau diesen Schutz einzufordern, indem sie ihre häuslichen und pflegerischen Pflichten als Grund für die Aufgabe oder Nichtannahme von Erwerbsarbeit angaben.[66] Zum anderen wurde klar, dass Frauen, die noch nie erwerbstätig gewesen

---

66 *Kundrus*, Kriegerfrauen, S. 273, 319 f.

waren und daher kein Arbeitsbuch hatten, bei Weitem schwieriger zu erfassen waren als die Frauen mit Arbeitsbuch, die nun ihrer Arbeitsstelle fernblieben oder diese aufgaben. Zwischen diesen Gruppen klaffte auch der Klassenunterschied: Die Verlogenheit der Volksgemeinschaftsparole in Bezug auf die Arbeitsverpflichtung deutscher Frauen hätte kaum offensichtlicher aufscheinen können.[67]

Das Reichsarbeitsministerium, die DAF und Arbeitgeber versuchten mit einer Reihe von Maßnahmen die „Bummelei" zu bekämpfen und die Industriearbeit attraktiver oder zumindest weniger abschreckend zu gestalten. Es unterblieb aber eine Anhebung der Frauenlöhne oder gar eine Angleichung mit der Entlohnung für Männer „bei gleicher Arbeit".[68] Noch wurde ernsthaft an bessere berufliche Ausbildungs- und Aufstiegschancen für Industriearbeiterinnen gedacht. Stattdessen wurden Erleichterungen und verbesserte Schutzmaßnahmen in die Wege geleitet. Während die Arbeitswoche für deutsche Frauen im Krieg mit einem erhöhten Maximum von 56 Stunden pro Woche festgesetzt wurde, breitete sich die Teilzeitarbeit in Form von 4- oder 6-Stunden-Schichten aus, mit dem Ergebnis, dass die durchschnittliche Zahl der von Frauen geleisteten Wochenarbeitsstunden im Verlaufe des Krieges zurückging. Einige Arbeitgeber boten regelmäßig einen halben oder vollen unbezahlten freien Arbeitstag als „Haushalts-" oder „Waschtag" an: Ein solcher „Haushaltstag" wurde im Oktober 1943 gesetzlich eingeführt.[69] Darüber hinaus wurde deutschen Arbeiterinnen und Angestellten durch das Gesetz vom Mai 1942 ein verbesserter Mutterschutz gewährt. Wenn einer Frau dieser Schutz zugutekam,[70] wurde sie dadurch als Deutsche privilegiert gegenüber den jüdischen, polnischen und sowjetischen Zwangsarbeiterinnen, für die eine Schwangerschaft mit Leid und Gefahr verbunden war.[71]

In zunehmend heterogene Industriebelegschaften kamen in der ersten Kriegsphase bis Sommer 1941 Kriegsgefangene und meist männliche ausländische Zivilisten aus dem Protektorat, Polen und Westeuropa. Die polnischen Arbeiter wurden in die niedrigste Lohngruppe der jeweiligen Branche eingereiht, mussten eine 15-prozentige Sozialaus-

---

67 *Kundrus*, Kriegerfrauen, S. 327.
68 *Hachtmann*, Industriearbeit, S. 136–138, 153.
69 *Carola Sachse*, Der Hausarbeitstag. Gerechtigkeit und Gleichberechtigung in Ost und West, Göttingen 2002.
70 Der Mutterschutz wurde zwar auf Hausgehilfinnen, Heimarbeiterinnen und Frauen in der Landwirtschaft ausgeweitet, aber diese Regelung wurde während des Krieges nicht mehr umgesetzt: *Nicole Kramer*, Haushalt, Betrieb, Ehrenamt: Zu den verschiedenen Dimensionen der Frauenarbeit im Dritten Reich, in: Buggeln/Wildt (Hrsg.), Arbeit im Nationalsozialismus, S. 41.
71 *Sachse*, Siemens, S. 50–53; zu den Schwangerschaften und Entbindungen bei Polinnen und Ostarbeiterinnen, siehe u. a. *Gisela Schwarze*, Kinder, die nicht zählten. Ostarbeiterinnen und ihre Kinder im Zweiten Weltkrieg, Essen 1997; *Gabriella Hauch*, Zwangsarbeiterinnen und ihre Kinder: Zum Geschlecht der Zwangsarbeit, in: Oliver Rathkolb (Hrsg.), Der Standort Linz der Reichswerke Hermann Göring AG Berlin, 1938–1941, Bd. 1: Zwangsarbeit – Sklavenarbeit: Politik-, sozial- und wirtschaftshistorische Studien, Wien/Köln/Weimar 2001, S. 335–448; *Schumann*, Kooperation und Effizienz, S. 289–302; *Marcel Brüntrup*, Verbrechen und Erinnerung. Das „Ausländerkinderpflegeheim" des Volkswagenwerks, Göttingen 2019.

gleichsabgabe als Sondersteuer zahlen und hatten keinen Anspruch auf Krankengeld oder Sonntagszulagen. Die Kosten für Unterkunft und Ernährung wurden ihnen vom Lohn abgezogen. Ab Frühjahr 1940 kamen auch deutsche Juden (im Alter von 18 bis 55) und Jüdinnen (im Alter von 18 bis 50) als Zwangsarbeitskräfte in die Industrie: Bis Februar 1941 arbeiteten im Reich ca. 41 000 deutsche und staatenlose Juden (24 500 Männer und 16 500 Frauen).[72]

Zu welchem Grad kann die Politik der Verschleppung ausländischer Arbeitskräfte ins Reich den Widerwillen der NS-Führung erklären, eine allgemeine und systematische Arbeitsverpflichtung für deutsche Frauen auszusprechen? Die forcierte Rekrutierung von ausländischen Arbeitskräften reflektierte auch die Politik der NS-Führung, die Härten des Kriegs von der deutschen Bevölkerung auf die Bevölkerungen der besetzten Gebiete abzuwälzen.[73] Aber umgekehrt untergrub das Vorhandensein einer ausländischen Arbeitskräftereserve, darunter auch Fachkräfte aus dem Protektorat und aus Westeuropa, die Bemühungen der Arbeitsverwaltung, deutsche Frauen von Kriegsbeginn an verstärkt in den „Arbeitseinsatz" einzubeziehen. So brachte Göring im Juni 1940 mit dem Hinweis auf neue Arbeitskräftereserven aus Westeuropa den Verordnungsentwurf des Reichsarbeitsministeriums für eine Meldepflicht für nicht erwerbstätige deutsche Frauen zu Fall.[74] Nicht alle Arbeitgeber teilten sogleich diese Sicht der Dinge: Für einige unter ihnen scheinen zumindest in der ersten Kriegsphase deutsche Frauen ihre erste Wahl als Ersatzkräfte für einberufene Männer oder als Zusatzkräfte auf neu geschaffenen Stellen gewesen zu sein. Zumindest die Arbeitgeber im Raum München zeigten zunächst begrenztes Interesse an der Möglichkeit, ausländische Arbeitskräfte einzustellen.[75] Aber seit Sommer 1942 machten viele Unternehmer gute Erfahrungen mit den Arbeitskräften aus den besetzten sowjetischen Gebieten, die in großer Zahl ins Reich verschleppt worden waren. Im Raum Chemnitz begannen Unternehmer, ausländischen Arbeitskräften den Vorzug vor den inländischen weiblichen Kräften zu geben. Andere Maßnahmen zur Arbeitskräftebeschaffung, zum Beispiel die Auskämmung von Belegschaften, die zusätzliche inländische Kräfte für die Rüstungsproduktion freimachen sollten, verloren an Dringlichkeit.[76]

5.4.6 Mobilisierung der letzten weiblichen Reserven?

Die Verordnung über die Meldung von Männern und Frauen für Aufgaben der Reichsverteidigung vom 27. Januar 1943 war – darin ist die Forschung einig – ein Wende-

---

72 *Wolf Gruner*, Jewish Forced Labor Under the Nazis. Economic Needs and Racial Aims, Cambridge 2012, S. 11–14.
73 *Kroener*, Die personellen Ressourcen, S. 774.
74 *Mason*, Women, S. 200; *Winkler*, Frauenarbeit, S. 105.
75 *Heusler*, Ausländereinsatz, S. 107.
76 *Schumann*, Kooperation und Effizienz, S. 149, 310.

punkt in der nationalsozialistischen Arbeitskräftepolitik gegenüber deutschen Frauen. Weniger oft wird auf die „Verordnung über den Einsatz zusätzlicher Arbeitskräfte für die Ernährungssicherung des deutschen Volkes" vom 7. März 1942 hingewiesen, die ein wichtiger Schritt in Richtung einer allgemeinen Erfassung von deutschen Frauen und ihrer Verpflichtung zur Arbeitsaufnahme war, allerdings begrenzt auf die Landwirtschaft.[77] Die Meldepflichtverordnung von 1943 zielte auf die bisher nicht erwerbstätige bzw. nicht voll erwerbstätige deutsche Bevölkerung (in der Praxis vor allem Frauen) im Alter von 17 bis 45 Jahren (Männer: 16 bis 65 Jahren): Die betroffenen Personen mussten sich zur Prüfung ihrer Vermittelbarkeit beim Arbeitsamt melden. Ausgenommen von der Meldepflicht waren unter anderem Schwangere und Mütter mit einem Kind unter sechs Jahren oder mit zwei Kindern unter 14 Jahren.[78]

Eine solche Verordnung war mehrmals vorgeschlagen und jeweils wieder verworfen worden: Hitler hatte sich stets für die Mobilisierung deutscher Frauen auf freiwilliger Basis ausgesprochen, und erst unter der Wirkung von Stalingrad ließ er sich zu einer verpflichtenden Maßnahme überreden, wobei er in letzter Minute die Altersgrenzen änderte (von 16 auf 17 und von 50 auf 45 Jahre). Das lange Zögern des Regimes in dieser Frage ist unterschiedlich interpretiert worden. Die ältere Vorstellung, dass die nicht erwerbstätige Reserve vor allem aus Tee trinkenden Damen bestand, die die NS-Führung wegen ihrer eigenen bürgerlichen Geschlechternormen lange Zeit in Ruhe ließ, ist inzwischen als vereinfachend abgelehnt worden.[79] Stattdessen verweist die neuere Forschung auf ideologische Obsessionen und politische Ängste sowie auf praktische Hindernisse, die die NS-Führung die Meldepflicht so lange aufschieben ließen: die völkische Vision eines NS-beherrschten Europas, gegründet auf „wertvollen" deutschen Familien, die Aufwertung einer Privatsphäre als Privileg der „Volksgenossen" und als Bollwerk gegen den Bolschewismus, die Angst vor dem Unwillen der dienstverpflichteten Frauen oder ihrer Ehemänner oder aber die Schwierigkeiten, die in Zusammenhang mit der Erfassung und Eingliederung von Berufseinsteigerinnen in den Arbeitsprozess entstehen könnten.

Die Meldepflichtverordnung erbrachte bis Mitte April 1943 eine beeindruckende Erfassung von 2,76 Millionen Frauen und 566 916 Männern bei den Arbeitsämtern. Unter den Frauen wurden 1,17 Millionen als arbeitsfähig eingestuft, und 823 178 konnten in Arbeit gebracht werden. 375 935 Frauen und 22 117 Männer wurden in die Rüstungs-

---

77 *Joachim Lehmann*, Die deutsche Landwirtschaft im Kriege, in: Dietrich Eichholtz, Geschichte der deutchen Kriegswirtschaft, Bd. 2, S. 570–642; *Gustavo Corni/Horst Gies*, Brot – Butter – Kanonen: Die Ernährungswirtschaft in Deutschland unter der Diktatur Hitlers, Berlin 1997, S. 440.
78 Dritte Meldung von Männern und Frauen für Aufgaben der Reichsverteidigung, 6. Februar 1943, in: *Hubert Hildebrandt/Walter Rüdig*, Die Mobilisierung von Arbeitsreserven auf Grund der Verordnungen über die Meldung von Männern und Frauen für Aufgaben der Reichsverteidigung vom 27. Januar 1943 und zur Freimachung von Arbeitskräften für kriegswichtigen Einsatz vom 29. Januar 1943, Berlin 1943, S. 53.
79 *Ingrid Schupetta*, Frauen- und Ausländererwerbstätigkeit in Deutschland von 1939 bis 1945, Köln 1983, S. 146; *Kundrus*, Kriegerfrauen; *Schumann*, Kooperation und Effizienz, S. 179.

produktion gelenkt.[80] Allerdings stockte die Rekrutierung dann, viele neu vermittelte Kräfte fielen wieder aus, und gegen Ende 1943 wurde der Zugewinn an Arbeitskräften auf ca. eine halbe Million geschätzt, wovon viele in Teilzeit tätig waren. Der mäßige Erfolg hatte mehrere Gründe. Um die Fabrikarbeit zu vermeiden, meldete sich ein Teil der betroffenen Frauen bei der NSV, beim Roten Kreuz oder beim Reichsluftschutzbund, wo sie eine Tätigkeit im Ehrenamt oder in Teilzeit wahrnehmen konnten.[81] Gleichzeitig waren nicht alle Arbeitgeber bereit, den Arbeitsprozess zur Integration von Teilzeitkräften umzuorganisieren, und der Mangel an erfahrenen Facharbeitern erschwerte das Anlernen von Einsteigerinnen in die Fabrikarbeit. Ein weiteres Problem war der Verwaltungsstau bei den Arbeitsämtern, die in langwierigen Untersuchungen der Einzelfälle herauszufinden versuchten, wer unter den meldepflichtigen Frauen überhaupt als arbeitsfähig galt und wer einen begründeten Anspruch auf Teilzeitarbeit hatte.[82]

Ein Nebeneffekt der Meldepflichtverordnung war eine weitere Welle von Umsetzungen und Neubesetzungen, sodass eine Kategorie von Arbeitskräften gegen die andere ausgetauscht wurde. Solche Prozesse begannen mit Kriegsbeginn, um die Einberufungen deutscher Männer zu kompensieren. Die verpflichteten ausländischen Arbeitskräfte, darunter eine große Zahl von Frauen, galten als belastbare Ressource, die den Arbeitseinsatz der weniger flexibel einsetzbaren deutschen Frauen erleichtern sollte. Die Arbeitsämter sollten ausländische Arbeiterinnen aus leichteren in schwerere Arbeiten umsetzen, damit die leichteren Tätigkeiten den deutschen Frauen angeboten werden konnten.[83] Ebenfalls waren die in Baracken untergebrachten Zwangsarbeiterinnen eine mobilere Ressource als die als ortsgebunden geltenden deutschen Frauen: Die sog. Fremdarbeiterinnen wurden ohne weiteres von einem Ort zum anderen verschoben. Trotz solcher Umsetzungsprozesse blieben vielerorts die neu rekrutierten deutschen Frauen unbeschäftigt, weil es in ihren Wohnorten an sinnvollen Beschäftigungsmöglichkeiten fehlte und ihnen keine ortsfremde Beschäftigung zugemutet wurde.

Die Zwangsdeportationen aus den besetzten Ländern, die Millionen von ausländischen Arbeitskräften ins Deutsche Reich brachten, dauerten bis zum Frühjahr 1944 an: Bis dahin gelangten auch zunehmend Flüchtlinge und Evakuierte beim deutschen Rückzug in westwärts gerichtete Transporte. Bis Sommer 1944 allerdings versiegte der Strom fast und die Mobilisierung alternativer Quellen von Arbeitskräften trat stärker in den Vordergrund, darunter heterogene sog. letzte Reserven an Frauen:

---

80 Bundesarchiv (BArch), R 43 II/654 b. Stand des Arbeitseinsatzes am 15. April 1943.
81 Zur ehrenamtlichen Arbeit von deutschen Frauen im Zweiten Weltkrieg siehe *Nicole Kramer*, Volksgenossinnen an der Heimatfront: Mobilisierung, Verhalten, Erinnerung, Göttingen 2011.
82 *Andreas Ruppert*, „Der nationalsozialistische Geist lässt sich nicht in die Enge treiben, auch nicht vom Arbeitsamt": Zur Auseinandersetzung zwischen dem Kreisleiter der NSDAP in Lippe und dem Leiter des Arbeitsamtes Detmold in den Jahren 1939 bis 1943, in: Lippische Mitteilungen aus Geschichte und Landeskunde 62, 1993, S. 277; *Schumann*, Kooperation und Effizienz, S. 316.
83 *Hildebrandt/Rüdig*, Mobilisierung der Arbeitsreserven, S. 27; siehe auch *Winkler*, Frauenarbeit, S. 140.

deutsche Frauen mittleren Alters, Studentinnen, deutsche und ausländische Hausgehilfinnen sowie deutsche und ausländische KZ-Insassinnen.

Nachdem die Meldepflichtverordnung im Juli 1944 auf 45 bis 50 Jahre alte Frauen ausgedehnt wurde, kündigte Speer im August 1944 neue Maßnahmen an, um deren Integration in den Arbeitsprozess zu erleichtern.[84] Wieder ging es darum, die „Ostarbeiterinnen" und Kriegsgefangenen aus leichteren in schwerere Industriearbeiten zu versetzen. Wieder stand die Arbeitsverwaltung vor unlösbaren praktischen Problemen, weil die deutschen Frauen Teilzeit beanspruchten bzw. die verfügbaren Kräften sich an Orten dort befanden, wo keine Rüstungsproduktion vorhanden war. Im September 1944 schlug der Leiter des Gauarbeitsamts Oberschlesien vor, die gesamten nicht ortsungebundenen Frauen aus seinem Gau gegen Männer aus anderen Gebieten auszutauschen, um die Beschäftigung in den Bergwerken und Hütten Oberschlesiens zu steigern.[85]

Studentinnen, die bis 1944 rund die Hälfte der Immatrikulierten ausmachten, waren bis zu diesem Zeitpunkt nicht meldepflichtig. Ab Herbst 1944, als vielerorts der Universitätsbetrieb unterbrochen oder eingeschränkt war, wurden 26 000 Studentinnen arbeitsverpflichtet.[86] Auch die Hausangestellten, sowohl deutsche als auch ausländische, gerieten im September 1944 ins Visier der Arbeitsverwaltung als Arbeitskräftepotenzial für die Rüstungsproduktion: Im Mai 1942 waren anderthalb Millionen Frauen als Hausgehilfinnen im Reich beschäftigt, davon ca. 50 000 Ausländerinnen. Die genaue Zahl der Hausgehilfinnen im Jahre 1944 ist ungewiss. Fritz Sauckels versprochenes Ziel bei seinem Antritt als Generalbevollmächtigter für den Arbeitseinsatz, aus den besetzten sowjetischen Gebieten 400 000–500 000 „Ostarbeiterinnen" als Hausgehilfinnen ins Reich zu verschicken, wurde nie erreicht.[87] Seine Behauptung im Mai 1946 bei seinem Prozess in Nürnberg, es seien nicht mehr als 13 000 bis 15 000 gekommen, war allerdings völlig unglaubwürdig.[88] Zumindest nach Speers Einschätzung bildeten die „hauswirtschaftlichen Ostarbeiterinnen" eine viel zahlreichere Gruppe: Er erklärte im August 1944, dass sämtliche 200 000 Ukrainerinnen aus den Haushalten in die Produktion umgesetzt werden sollten.[89] Am 11. September 1944 wurde eine Verordnung erlassen, die Haushalten mit Hausangestellten eine Meldung ihres Personals vorschrieb, um deren Fabrikeinsatz vorzubereiten.[90]

---

84 *Greve*, System Sauckel, S. 246 f.; *Winkler*, Frauenarbeit, S. 147.
85 BArch, RW 20-8/35. Rüstungsinspektion VIIIb an den Reichsminister für Rüstungs- und Kriegsproduktion, 12. 9. 1944.
86 *Michael Grüttner*, Studenten im Dritten Reich, Paderborn 1995, S. 123, 415, 425.
87 *Elizabeth Harvey*, Housework, Domestic Privacy and the "German Home": Paradoxes of Private Life during the Second World War, in: Rüdiger Hachtmann/Sven Reichardt (Hrsg.), Detlev Peukert und die NS-Forschung, Göttingen 2015, S. 116, 127–130.
88 Verhandlungen gegen Sauckel, in: International Military Tribunal 15, 29. 5. 1946, S. 32.
89 BArch, RW 20-8/35. Tagung der Vorsitzer der Rüstungskommissionen in Berlin, Ansprache des Reichsministers Speer, 10. 8. 1944.
90 *Winkler*, Frauenarbeit, S. 148.

Schließlich gewann im letzten Kriegsjahr die Zwangsarbeit weiblicher KZ-Häftlinge an Bedeutung für die Rüstungsproduktion. Ihr Einsatz hatte im August 1942 im Werk von Siemens & Halske nahe dem KZ Ravensbrück begonnen.[91] Im Sommer 1944 erkannten die Reichsbehörden, wie viele Frauen im arbeitsfähigen Alter sich unter den deportierten Juden aus Ungarn befanden. Speers Reichsministerium für Rüstung und Kriegsproduktion legte den Rüstungsproduzenten nahe, Kontingente weiblicher Häftlinge zu beantragen, darunter ca. 20 000 deutsche Frauen und 10 000 bis 20 000 ungarische Jüdinnen.[92] Weibliche Häftlinge wurden – wie die Männer – bei Schwerarbeit auf Baustellen und in der Schutträumung eingesetzt, aber auch in der Produktion als angelernte Arbeiterinnen.[93] Die Analyse der Arbeitsbedingungen und Todesraten in den KZ-Außenlagern von Neuengamme zwischen Juli 1944 und März 1945 lässt erkennen, dass die Todesraten in den Frauenlagern viel niedriger waren, obwohl der prozentuale Anteil jüdischer Häftlinge dort höher lag. Die zugeschriebene Rasse gab ungeachtet des Geschlechts bei der Ermordung der ungarischen Juden den Ausschlag, doch spielte beim Überleben der jüdischen Ungarinnen als KZ-Häftlinge der Faktor Geschlecht eine wichtige Rolle.[94]

5.4.7 Fazit

In der NS-Politik in Bezug auf die Frauenerwerbstätigkeit spielten sowohl konventionelles Denken über Frauenarbeit als auch spezifisch nationalsozialistische Anschauungen und Methoden eine Rolle. Konservative Vorstellungen über weibliche Kapazitäten und über die männliche Ernährerrolle, die vor 1933 das Denken und Handeln von Arbeitsverwaltung und Arbeitgebern prägten, setzten sich auch im Dritten Reich fort. Ab 1933 jedoch proklamierte die nationalsozialistische Führung auf ungewohnt krude und explizite Weise ihre Entschlossenheit, die Gesellschaft nach den Grundsätzen ihrer rassistischen und antifeministischen Ideologie radikal umzubauen. In der Presse, in Bildern und in Reden wurden Frauen mit aufdringlichen Botschaften über ihre Pflichten als „Volksgenossinnen" belehrt. Weibliche Arbeitskräfte galten als Manövriermasse: Je nach Arbeitsmarktlage und je nachdem, ob sie jung und ledig, oder verheiratet mit Kindern waren, wurde ihnen nahegelegt oder befohlen, sich vom Arbeitsmarkt zurückzuziehen. Alternativ sollten sie sich in den Arbeitsprozess einschalten, sich für die unbeliebte Arbeit auf dem Lande oder im Haushalt zur Verfügung stellen oder sich aus ihrer

---

91 *Internationaler Freundeskreis für die Mahn- und Gedenkstätte Ravensbrück* (Hrsg.), Zwangsarbeit für Siemens im Frauenkonzentrationslager Ravensbrück. Kommentierte Berichte von Zeitzeuginnen, Berlin 2017, S. 13.
92 *Marc Buggeln*, Slave Labor in Nazi Concentration Camps, Oxford 2014, S. 49.
93 Für Beispiele des Arbeitseinsatzes von weiblichen und männlichen KZ-Häftlingen siehe auch *Schumann*, Kooperation und Effizienz, S. 376–383.
94 *Buggeln*, Slave Labor, S. 136.

gewohnten Fabrik oder dem Familiengeschäft in andere Produktionsstätten umsetzen lassen.

Aus der Perspektive des Regimes war angesichts der Massenarbeitslosigkeit 1933 die Frage der Erwerbstätigkeit verheirateter Frauen besonders brisant. Während der Weltwirtschaftskrise hatte die NSDAP versprochen, gegen das „Doppelverdienertum" vorzugehen, und nach der Machtübernahme ging es daran, mit verschiedenen Mitteln verheiratete Frauen aus ihren Arbeitsstellen in der Industrie, im Handel und Gewerbe zu locken bzw. zu verdrängen. Aber die Wirkung dieser Maßnahmen war begrenzt. Ab 1936 kehrten sich die Prioritäten der Arbeitseinsatzes um und mit immer größerer Dringlichkeit – besonders nach Kriegsbeginn – versuchte die Arbeitsverwaltung, weibliche Arbeitskräfte in die Wirtschaftssektoren zu lenken, wo Arbeitskräfte am eklatantesten fehlten, notfalls durch Dienstverpflichtung. Nun sollten verheiratete Frauen möglichst erwerbstätig bleiben und die Hausarbeit neben der bezahlten Arbeit bewältigen: Dabei kollidierten die wirtschaftlichen Prioritäten des Regimes immer offener mit seinen geschlechterpolitischen, bevölkerungspolitischen und völkischen Zielen.

Trotz zunehmenden Facharbeitermangels blieben deutsche Industriearbeiterinnen in der nationalsozialistischen Wirtschaft nach wie vor überwiegend im Status von un- und angelernten Kräften. Auch im Krieg änderte sich weder etwas an ihren Qualifikations- und Aufstiegschancen noch am Lohngefüge: Frauenlöhne wurden den Männerlöhnen nicht angeglichen. Die NS-Propaganda im Krieg malte schmeichelhafte Bilder von Industriearbeiterinnen, die ihren „Dienst fürs Vaterland" leisteten, aber in den Fabriken wurde mit zunehmend scharfen Mitteln, die bis zu Strafanzeige und Gerichtsverfahren reichten, gegen die vermeintliche Bummelei von Arbeiterinnen vorgegangen. Gleichzeitig wurden die familiäre Gebundenheit und die Haushaltspflichten von deutschen Arbeiterinnen insofern anerkannt, dass ihnen verbesserte Schutzmaßnahmen und neue Angebote zuteilwurden: der verbesserte Mutterschutz, der Haushaltstag, die Möglichkeit von Teilzeitarbeit. Solche Leistungen dienten auch dazu, deutsche Frauen von „Nichtarierinnen" und „Fremdarbeiterinnen" abzugrenzen.

Die Frauen, die Zwangsarbeit in der Landwirtschaft, in der Industrie und in deutschen Haushalten leisteten, wurden sowohl aufgrund ihrer Rassenzuschreibung bzw. Ethnizität als auch aufgrund ihres Geschlechts diskriminiert. Hunderttausende von deportierten Polinnen und „Ostarbeiterinnen" bildeten ein Arbeitskräftereservoir, das flexibel umgesetzt und versetzt werden konnte, darunter auch mit der Absicht, dadurch leichtere Arbeit für deutsche Frauen zur Verfügung zu stellen. Zwangsarbeiterinnen wurden noch geringer als männliche Zwangsarbeiter entlohnt und erhielten keinen Arbeits- oder Mutterschutz: Im Gegenteil, Schwangerschaft und Geburt waren für sie mit besonderer Not und Gefahr verbunden. Aber es gab auch Ausnahmen von diesem Bild der doppelten Diskriminierung der Zwangsarbeiterinnen. Bei jüdischen und nichtjüdischen weiblichen Häftlingen in den Außenlagern der Konzentrationslager wurde festgestellt, dass der Prozentsatz der Todesfälle geringer war als bei männlichen Häftlingen: Hier war das Geschlecht möglicherweise ein Überlebensfaktor.

Dass das Regime die verbleibende Reserve an deutschen weiblichen Erwerbspersonen nicht effektiver für die Kriegswirtschaft mobilisierte, gilt nach wie vor als ein Indiz für das Scheitern der „totalen" Kriegsführung. Allerdings darf nicht übersehen werden, dass deutsche Frauen einen substanziellen Anteil der Erwerbsbevölkerung im Krieg bildeten. Weil die Vollbeschäftigung schon vor Kriegsbeginn erreicht worden war, gab es – im Gegensatz zu Großbritannien und USA bei ihrem Eintritt in den Krieg – keinen Pool an Arbeitsuchenden mehr. In Deutschland stand bei Kriegsbeginn eine weibliche Reserve nur noch auf dem Papier zur Verfügung, denn diejenigen, die erwerbstätig sein wollten oder mussten, waren schon in Arbeit gebracht worden. Und weil nur diejenigen ein Arbeitsbuch besaßen, die seit 1935 zumindest zeitweise gearbeitet hatten, stieß die Arbeitsverwaltung bei der Erfassung derjenigen, die noch nie erwerbstätig gewesen waren, auf erhebliche Hindernisse.

Das Vorhandensein von Arbeitskraftreserven aus den besetzten Gebieten war für die Arbeitsverwaltung kein Argument gegen die effektivere Erfassung der weiblichen Reserve im Inland, wohl aber in den entscheidenden Momenten für die NS-Führung, zumindest als Anfang 1943 spätestens klar wurde, dass ein Zugriff auf alle erdenklichen Reserven notwendig sei. Als in der letzten Kriegsphase Arbeitskräftekontingente aus den besetzten Gebieten kaum mehr zu holen waren, wurden auch die am schwierigsten zu erfassenden letzten Reserven von deutschen Frauen zu einem Pool zusammengefasst, der nutzbar gemacht werden sollte. Aber gerade diese Gruppe bildete oft einen schwer vermittelbaren, an Orte ohne Beschäftigungsmöglichkeit gebundenen Überschuss, während in der letzten Kriegsphase Flexibilität und Mobilität von Arbeitskräften immer entscheidender wurden. Angesichts des Bombenkriegs und des Rückzugs aus den besetzten Gebieten wurden Produktionsstätten immer wieder verlagert, wobei die entwurzelten ausländischen Zwangsarbeiterinnen und -arbeiter sowie die KZ-Häftlinge als einfach verschiebbare Ressource immer unersetzlicher wurden.

Auswahlbibliografie

Bajohr, Stefan, Die Hälfte der Fabrik. Geschichte der Frauenarbeit in Deutschland 1914–1945, Marburg 1979.

Brüntrup, Marcel, Verbrechen und Erinnerung. Das „Ausländerkinderpflegeheim" des Volkswagenwerks, Göttingen 2019.

Buggeln, Marc, Slave Labor in Nazi Concentration Camps, Oxford 2014.

Eiber, Ludwig, Frauen in der Kriegsindustrie: Arbeitsbedingungen, Lebensumstände und Protestverhalten, in: Martin Broszat/Elke Fröhlich/Anton Grossmann (Hrsg.), Bayern in der NS-Zeit, Bd. 3, München 1981, S. 569–644.

Hachtmann, Rüdiger, Industriearbeiterinnen in der deutschen Kriegswirtschaft 1936 bis 1944/45, in: Geschichte und Gesellschaft 19, 1993, S. 332–366.

Hauch, Gabriella, Zwangsarbeiterinnen und ihre Kinder: Zum Geschlecht der Zwangsarbeit, in: Oliver Rathkolb (Hrsg.), Der Standort Linz der Reichswerke Hermann Göring AG Berlin, 1938–1941, Bd. 1: Zwangsarbeit – Sklavenarbeit: Politik-, sozial- und wirtschaftshistorische Studien, Wien/Köln/Weimar 2001, S. 335–448.

Humann, Detlef, „Arbeitsschlacht". Arbeitsbeschaffung und Propaganda in der NS-Zeit 1933–1939, Göttingen 2011.

Kramer, Helgard, Frankfurt's Working Women: Scapegoats or Winners of the Great Depression? In: Richard J. Evans/Dick Geary (Hrsg.), The German Unemployed: Experiences and Consequences of Mass Unemployment from the Weimar Republic to the Third Reich, London 1987, S. 108–141.

Kramer, Nicole, Haushalt, Betrieb, Ehrenamt: Zu den verschiedenen Dimensionen der Frauenarbeit im Dritten Reich, in: Buggeln, Marc/Wildt, Michael (Hrsg.), Arbeit im Nationalsozialismus, München 2014, S. 33–51.

Kramer, Nicole, Volksgenossinnen an der Heimatfront: Mobilisierung, Verhalten, Erinnerung, Göttingen 2011.

Kundrus, Birthe, Kriegerfrauen: Familienpolitik und Geschlechterverhältnisse im Ersten und Zweiten Weltkrieg, Hamburg 1995.

Mason, Tim, Women in Germany, 1925–1940: Family, Welfare and Work, in: Jane Caplan (Hrsg.), Nazism, Fascism and the Working Class: Essays by Tim Mason, Cambridge 1995, S. 131–211.

Münkel, Daniela, „Du, Deutsche Landfrau, bist verantwortlich!" Bauer und Bäuerin im Nationalsozialismus, in: Archiv für Sozialgeschichte 38, 1998, S. 141–164.

Sachse, Carola, Der Hausarbeitstag. Gerechtigkeit und Gleichberechtigung in Ost und West, Göttingen 2002.

Sachse, Carola, Siemens, der Nationalsozialismus und die moderne Familie: Eine Untersuchung zur sozialen Rationalisierung in Deutschland im 20. Jahrhundert, Hamburg 1990.

Schumann, Silke, „Die Frau aus dem Erwerbsleben wieder herausnehmen": NS-Propaganda und Arbeitsmarktpolitik in Sachsen 1933–1939, Dresden 2000.

Schumann, Silke, Kooperation und Effizienz im Dienste des Eroberungskrieges. Die Organisation von Arbeitseinsatz, Soldatenrekrutierung und Zwangsarbeit in der Region Chemnitz 1939 bis 1945, Göttingen 2016.

Schupetta, Ingrid, Frauen- und Ausländererwerbstätigkeit in Deutschland von 1939 bis 1945, Köln 1983.

Schwarze, Gisela, Kinder, die nicht zählten. Ostarbeiterinnen und ihre Kinder im Zweiten Weltkrieg, Essen 1997.

Siegel, Tilla, Die doppelte Rationalisierung des „Ausländereinsatzes" bei Siemens, in: Internationale Wissenschaftliche Korrespondenz 27, 1991, S. 12–24.

Spoerer, Mark, Zwangsarbeit unter dem Hakenkreuz: Ausländische Zivilarbeiter, Kriegsgefangene und Häftlinge im Deutschen Reich und im besetzten Europa 1939–1945, Stuttgart/München 2001.

Tröger, Annemarie, Die Frau im wesensgemäßen Einsatz, in: Frauengruppe Faschismusforschung (Hrsg.), Mutterkreuz und Arbeitsbuch. Zur Geschichte der Frauen in der Weimarer Republik und im Nationalsozialismus, Frankfurt am Main 1981, S. 246–272.

Vogel, Angela, Das Pflichtjahr für Mädchen. Nationalsozialistische Arbeitseinsatzpolitik im Zeichen der Kriegswirtschaft, Frankfurt am Main 1997.

Winkler, Dörte, Frauenarbeit im „Dritten Reich", Hamburg 1977.

Witkowski, Mareike, In untergeordneter Stellung. Hausgehilfinnen im Nationalsozialismus, in: Nicole Kramer/Armin Nolzen (Hrsg.), Ungleichheiten im Dritten Reich, Göttingen 2021, S. 155–175.

Marcel Boldorf
5.5 Sozialpolitik

5.5.1 Einleitung

Unter wirtschaftshistorischer Perspektive ist Sozialpolitik vor allem hinsichtlich ihrer Verteilungsfunktion von Interesse. Der größte Anteil an der gesamtgesellschaftlichen Einkommensumverteilung entfiel auf die klassischen drei Säulen der deutschen Sozialversicherung (Krankheit – Unfall – Alter und Invalidität). Seit ihrer Entstehung in der Bismarckära erfassten sie wachsende Kreise der Bevölkerung als Versicherte – eine Entwicklung, die auch unter der nationalsozialistischen Diktatur anhielt.[1] Mit einem Fokus auf dem Sozialversicherungssystem betont die NS-Sozialpolitikforschung das Argument der Kontinuität stärker als das einer paradigmatischen Wende unter der NS-Herrschaft. Die „Struktur des traditionellen gegliederten Systems" sei trotz einer Vielzahl von Änderungen, darunter oftmals Details, erhalten geblieben. Der Nationalsozialismus habe die Grundlagen der Sozialversicherung nicht erschüttert, ihre „Formen und Verfahrensweisen" hätten die Diktatur überdauert.[2] Wie Michael Stolleis schreibt, bildet dieses Urteil „zutreffend die institutionelle Lage und das Selbstverständnis der Fachbeamten im Reichsarbeitsministerium ab."[3] Die Betonung der strukturellen sozialpolitischen Kontinuität beruht meist auf einer Ausklammerung der Rassenpolitik, die eine „Dimension sui generis" darstelle, obgleich sich deren prägende Einflüsse insbesondere in der Familien- und Bevölkerungspolitik oder in der Fürsorgepolitik feststellen ließen.[4] Auf diesen Gebieten spitzte die NS-Sozialpolitik die in der Weimarer Sozialpolitik enthaltenen Elemente zur Exklusion in dramatischer Weise zu. Damit bleibt das Gesamturteil der Kontinuität zu überdenken. Auch wenn man die Verwendung der Sozialmittel in die Betrachtung einbezieht, tritt ein Bruch bezüglich der Zielrichtung der Sozialstaatlichkeit deutlich hervor.

Sozialpolitik im engeren Sinne hatte in den nationalsozialistischen Politikentwürfen vor Januar 1933 einen geringen Stellenwert. Erst als Sozialpolitik „eine wachsende schicksalhafte Bedeutung für das Überleben der Weimarer Republik gewann, entdeck-

---

1 *Michael Stolleis*, Geschichte des Sozialrechts in Deutschland, Stuttgart 2003, S. 196; *Johannes Frerich/ Martin Frey*, Handbuch der Geschichte der Sozialpolitik in Deutschland, Bd. 1: Von der vorindustriellen Zeit bis zum Ende des Dritten Reiches, 2. Aufl. München/Wien 1996, S. 292, 299.
2 Vgl. *Volker Hentschel*, Geschichte der deutschen Sozialpolitik 1880–1980, Frankfurt am Main 1983, S. 136; *Manfred G. Schmidt*, Sozialpolitik in Deutschland. Historische Entwicklung und internationaler Vergleich, 2. Aufl. Opladen 1998, S. 64; *Marie-Luise Recker*, Nationalsozialistische Sozialpolitik im Zweiten Weltkrieg, München 1985, S. 109.
3 *Stolleis*, Geschichte des Sozialrechts, S. 196.
4 *Recker*, Nationalsozialistische Sozialpolitik, S. 12.

te man in der NSDAP, welches Agitationspotential sich hier darbot."[5] Da man dieses „Werbeinstrument für Sozialdemokratie und Kommunismus" nicht dem politischen Gegner überlassen dürfe, setzte sich die wirtschaftspolitische Abteilung in der Reichsleitung der NSDAP Ende 1931 mit Fragen der Sozialversicherung auseinander. Die NS-Ideologen standen dem tradierten Sozialversicherungsgedanken durchaus nahe, weil sie ihn für ein „urdeutsches Rechtsgut" hielten. Das gegliederte Prinzip der Sozialversicherung sollte beibehalten werden, der Gedanke ihrer ständischen Umorganisation wurde nur vage ausformuliert. Die Kritik am Weimarer Wohlfahrtssystem überwog die Entwicklung eigener Visionen für eine Neuordnung des Sozialstaates.

Während der Korporatismus des Versicherungssystems ebenso im Einklang mit dem NS-Denken war wie die gruppenspezifische Gliederung des Leistungsangebots, wirkte die Ideologie in anderen Bereichen umso mehr ein. Die beherrschenden Leitlinien des Nationalsozialismus an der Macht – die Verwirklichung einer völkischen und rassistischen Politik sowie die Kriegs- und Rüstungspolitik – prägten auch die Gestaltung der Sozialpolitik. Dieser Beitrag widmet sich nach einer finanziellen Analyse des Sozialleistungsentwicklung (Teil 2) den Trägern der Sozialpolitik (Teil 3) und der Exklusion durch Stigmatisierung infolge des Vordringens von Konzepten der Rassenlehre und -hygiene (Teil 4). Teil 5 befasst sich mit der Funktion der Sozialpolitik im Zweiten Weltkrieg.

Karl Teppe legte 1977 einen grundlegenden Forschungsaufriss vor, dem allerdings nicht in jeder Deutung gefolgt werden kann.[6] Im selben Jahr erschien eine arbeitsmarktorientierte Studie des englischen Historikers Timothy Mason.[7] Mehrere Übersichtswerke enthalten lesenswerte Kapitel zur Sozialpolitik im Nationalsozialismus.[8] Mit ihrem Fokus auf Rassenpolitik und Exklusion regten die Untersuchungen von Eckhard Hansen, Wolfgang Ayaß und Wolf Gruner zu einer neuen Gesamtbewertung der NS-Sozialpolitik an.[9] In der Periode des Zweiten Weltkriegs bleibt die Sozialleistungspolitik durchweg unterbelichtet, doch liegen Studien zur sozialpolitischen Mobilisierung des Faktors Arbeitskraft vor.[10] Einen wegweisenden Sammelband mit komparativer Anlage

---

5 *Karl Teppe*, Zur Sozialpolitik des Dritten Reiches am Beispiel der Sozialversicherung, in: Archiv für Sozialgeschichte 17, 1977, S. 206; zum Folgenden: S. 206–209 sowie *Schmidt*, Sozialpolitik in Deutschland, S. 64.
6 *Teppe*, Zur Sozialpolitik.
7 *Timothy W. Mason*, Sozialpolitik im Dritten Reich. Arbeiterklasse und Volksgemeinschaft, Opladen 1977.
8 *Schmidt*, Sozialpolitik in Deutschland; *Stolleis*, Geschichte des Sozialrechts; identisch mit: Bundesministerium für Arbeit und Sozialordnung/Bundesarchiv (Hrsg.), Geschichte der Sozialpolitik in Deutschland, Bd. 1: Grundlagen der Sozialpolitik, Baden-Baden 2001, S. 199–332.
9 *Eckhard Hansen*, Wohlfahrtspolitik im NS-Staat. Motivationen, Konflikte und Machtstrukturen im „Sozialismus der Tat" des Dritten Reichs, Augsburg 1991; *Wolfgang Ayaß*, „Asoziale" im Nationalsozialismus, Stuttgart 1995; *Wolfgang Gruner*, Öffentliche Wohlfahrt und Judenverfolgung. Wechselwirkung lokaler und zentraler Politik im NS-Staat (1933–1942), München 2002.
10 *Recker*, Nationalsozialistische Sozialpolitik; *Michael Schneider*, In der Kriegsgesellschaft. Arbeiter und Arbeiterbewegung 1939 bis 1945, Bonn 2014.

legte Hans Günter Hockerts vor.[11] Unter den Sozialversicherungsträgern können vor allem die Reichsversicherung für Angestellte sowie die Reichsknappschaft für Bergleute hinsichtlich ihrer Transformation und der Veränderung ihres Politikverständnisses als gründlich erforscht gelten.[12]

5.5.2 Restriktive Vergabe von Sozialleistungen

In Ermangelung eigener Konzepte ist es nicht verwunderlich, dass Hitlers Regierung nach der Machtübernahme nicht auf grundlegende Änderungen des korporativen Sozialversicherungssystems drängte. Für Kontinuität sorgte die geringe Zahl der Personalwechsel in den für die Sozialversicherung zuständigen Abteilungen des Reichsarbeitsministeriums. Der Reformwille war dort ohnehin wenig ausgeprägt, und der im Amt verbliebene Staatssekretär Johannes Krohn, ein langgedienter Ministerialbeamter, warnte vor einer „Übertreibung des Gedankens der Sozialversicherung".[13] Die Bestrebungen der Ministerialbürokratie richteten sich eher darauf, das Leistungsangebot zu reduzieren und die Ausgaben zu drosseln, um den finanziellen Zusammenbruch des tradierten Systems zu verhindern. Die nationalsozialistischen Ausarbeitungen zur Sozialpolitik kleideten die Leitlinie des Systemerhalts in Formulierungen, die dem NS-Jargon entsprachen: Die Voraussetzung für die „Gesundung der Sozialversicherung" sei die „Bildung einer wahren Volksgemeinschaft", in der jeder möglichst viel für das Ganze leistet, sich „im Interesse der Nation die größten Beschränkungen auferlegt und zugunsten seiner notleidenden Volksgenossen die weitgehendsten Verpflichtungen übernimmt."[14]

Das größte sozialpolitische Problem bei Hitlers Machtantritt war die grassierende Arbeitslosigkeit; zur Legitimierung seiner Herrschaft brauchte der Nationalsozialismus sinkende Arbeitslosenzahlen. Lauthals verkündete Hitler in seiner Regierungserklärung am 1. Februar 1933, die Arbeitslosigkeit müsse „binnen vier Jahren" überwunden sein.[15] Außerhalb der Öffentlichkeit im Kreis hoher Reichswehroffiziere zielten seine Einlassungen aber nicht auf Konjunkturpolitik und Arbeitsbeschaffung, sondern auf eine „gross angelegte Siedlungspolitik, die eine Ausweitung des Lebensraums des

---

11 *Hans Günter Hockerts* (Hrsg.), Drei Wege deutscher Sozialstaatlichkeit. NS-Diktatur, Bundesrepublik und DDR im Vergleich, München 1998.
12 *Paul Erker*, Rente im Dritten Reich. Die Reichsversicherungsanstalt für Angestellte 1933 bis 1945, Berlin/Boston 2019; *Martin H. Geyer*, Die Reichsknappschaft. Versicherungsreformen und Sozialpolitik im Bergbau 1900–1945, München 1987.
13 *Teppe*, Zur Sozialpolitik, S. 210.
14 Der Nationalsozialismus und die Sozialversicherung, in: Die deutsche Volkswirtschaft 1, 1932, S. 275, zit. nach *Teppe*, Zur Sozialpolitik, S. 209.
15 *Ludolf Herbst*, Der totale Krieg und die Ordnung der Wirtschaft. Die Kriegswirtschaft im Spannungsfeld von Politik, Ideologie und Propaganda 1939–1945, Stuttgart 1982, S. 58.

deutschen Volkes zur Voraussetzung hat."[16] Die Möglichkeit, die Wirtschaftsankurbelung durch Stärkung des Exports zu erreichen, verwarf er. Deshalb verzichtete seine Regierung erst einmal auf energische Maßnahmen zur Senkung der Arbeitslosigkeit. Überhaupt blieb die Arbeitsmarktpolitik in den ersten sechs Monaten der NS-Herrschaft vom Umfang her beschränkt.[17]

Um der Stabilität seines Regimes willen stimmte Hitler dem Gesetz zur Verminderung der Arbeitslosigkeit vom 1. Juli 1933 zu. Ein nach Fritz Reinhardt, dem neuen nationalsozialistischen Staatssekretär im Reichsfinanzministerium, benanntes Programm griff auf traditionelle Methoden zurück. Als Teil der NS-Maßnahmenpolitik bis 1935 zielte es schwerpunktmäßig auf Infrastruktur und Rüstung sowie daneben auf Sozialpolitik. Allerdings ging die Arbeitslosigkeit unter dem NS-Regime rasch zurück. Die Gründe hierfür waren vielfältig, doch profitierte das Regime insgesamt von der konjunkturellen Verbesserung und der daraus resultierenden Schaffung neuer Beschäftigungsmöglichkeiten. In diesem Kontext waren die Auswirkungen der unmittelbaren Arbeitsbeschaffungsprogramme weniger groß als oftmals angenommen.[18]

Spätestens 1937 war im Zuge des Rüstungsbooms die Vollbeschäftigung erreicht. Die Entwicklung der Sozialbeiträge und -leistungen in diesem Zeitraum eröffnet eine aufschlussreiche Perspektive auf die Neuorientierung der Sozialstaatlichkeit unter dem Nationalsozialismus. Während die Arbeitslosenzahlen sanken, blieben die Beiträge, die die Arbeiter für die Arbeitslosenversicherung zu entrichten hatten, auf dem Niveau, das sie in der Krise erreicht hatten. Somit lagen sie weiterhin höher als in den 1920er Jahren: Sie beliefen sich auf 6,5 Prozent des Bruttolohnes, wovon die Arbeitnehmer die Hälfte zu tragen hatten. Obwohl die Arbeitslosenzahlen sanken, stagnierten die Leistungen an Arbeitslose auf dem während der Jahre 1930 bis 1932 wiederholt gekürzten Stand.[19]

Auch die in der Krisenzeit verschärften Voraussetzungen für den Erhalt von Arbeitslosengeld wurden unverändert beibehalten, vor allem die verminderte Bezugsdauer, die zudem ab der siebten Woche von einer Bedürftigkeitsprüfung abhängig gemacht worden war. Ehefrauen erhielten Arbeitslosenunterstützung ohnehin nur noch bei Bedürftigkeit. Erst im Zuge der erreichten Vollbeschäftigung wurden die Hauptunterstützungssätze im Juni 1937 wieder etwas erhöht und gestaffelt, insgesamt groß-

---

16 *Andreas Wirsching*, „Man kann nur Boden germanisieren". Eine neue Quelle zu Hitlers Rede vor den Spitzen der Reichswehr am 3. Februar 1933, in: Vierteljahrshefte für Zeitgeschichte 49, 2001, S. 525, 546.
17 *Mason*, Sozialpolitik im Dritten Reich, S. 124; im Gegensatz zu: *Heinz Lampert*, Staatliche Sozialpolitik im Dritten Reich, in: Karl Dietrich Bracher/Manfred Funke/Hans-Adolf Jacobsen (Hrsg.), Nationalsozialistische Diktatur 1933–1945. Eine Bilanz, Düsseldorf 1983, S. 184 f.
18 *Christoph Buchheim*, Das NS-Regime und die Überwindung der Weltwirtschaftskrise in Deutschland, in: Vierteljahrshefte für Zeitgeschichte 56, 2008, S. 392; dagegen Kennzeichnung als „höchst erfolgreiche Politik" bei *Lampert*, Staatliche Sozialpolitik, S. 188; differenzierter, aber verhalten positiv urteilend *Stolleis*, Geschichte des Sozialrechts, S. 191 f.
19 *Frerich/Frey*, Handbuch, Bd. 1, S. 203 f., 268.

zügigere Familienzuschläge eingeführt, ohne dass sich jedoch an den Kriterien für den Bezug von Arbeitslosengeld etwas änderte. Erst im Dezember desselben Jahres entfiel dann jegliche Beschränkung der Bezugsdauer, und die Krisenfürsorge wurde abgeschafft.[20] Die Aufrechterhaltung des niedrigen Leistungsniveaus hatte zur Folge, dass die Arbeitslosenversicherung große Überschüsse erwirtschaftete. Ein Teil dieser Mittel wurde für andere sozialpolitische Zwecke eingesetzt, wie beispielsweise für Kinderbeihilfen oder zur Bezuschussung der Renten- und Angestelltenversicherung, wodurch man dort auf Beitragserhöhungen verzichten konnte. Daneben wurden die Einnahmen zur Finanzierung allgemeiner Aufgaben des Reiches verwendet.[21]

Die krisenbedingte Reduktion von Leistungen und die restriktive Handhabung ihres Bezugs betrafen auch anderen Sozialversicherungszweige.[22] Die Änderungen des sog. Sanierungsgesetzes von Anfang Dezember 1933 waren um die Alters- und Invalidenversicherung zentriert: Waisenrenten für Kinder zwischen 15 und 18 Jahren entfielen; außerdem kam es zu größeren Einschnitten bei der Höhe aller Renten, sowohl der neu festzusetzenden als auch der bereits laufenden, die um einheitliche Beträge gekürzt wurden. Bei neu eintretenden Rentenfällen wurden die Grundbeträge auf 72 RM gesenkt und dafür die von der jeweiligen individuellen Lohnhöhe abhängigen Steigerungsbeträge erhöht. Insgesamt war damit der monatliche Grundbetrag der Invalidenrente zwischen 1931 und 1933 mehr als halbiert worden, wodurch die Arbeiter mit niedrigen Rentenansprüchen besonders stark getroffen wurden, die nun vermehrt auf zusätzliche Leistungen der Wohlfahrtsfürsorge angewiesen waren.[23]

Das Gesetz entsprach der Vorstellung einer Sanierung der Rentenversicherungsträger, wie sie der Reichssparkommissar Friedrich Saemisch bereits in der Weimarer Republik formuliert hatte. Nachfolgende Anläufe, die gravierenden Rentenkürzungen der Zeit der Weltwirtschaftskrise wieder zurückzunehmen, scheiterten vor allem am Einspruch des Reichsfinanzministeriums. Das Sanierungsgesetz entwickelte eine Signalwirkung für die Rentenversicherungsträger, die fortan strengere, als systemkonform angesehene Maßstäbe anlegten.[24] Mit zunehmender Arbeitskräfteknappheit wurde das Weiterbestehen der Erwerbsunfähigkeit von Invalidenrentnern immer stärker kontrolliert und gegebenenfalls die Rente wieder aufgehoben, sodass die betreffende Person in den Arbeitsprozess zurückkehren musste. Ganz ähnlich den Invalidenrenten entwickelten sich die Durchschnittsausgaben (ohne Verwaltungskosten) der gesetzlichen Krankenversicherung pro Versichertem, wobei sich das je Mitglied im

---

20 *Frerich/Frey*, Handbuch, Bd. 1, S. 268 f.
21 *Buchheim*, NS-Regime und die Überwindung, S. 409.
22 Zum Folgenden *Martin H. Geyer*, Soziale Rechte im Sozialstaat: Wiederaufbau, Krise und konservative Stabilisierung der deutschen Rentenversicherung, in: Klaus Tenfelde (Hrsg.), Arbeiter im 20. Jahrhundert, Stuttgart 1991, S. 420–432; *Teppe*, Zur Sozialpolitik, S. 203 f., 212–217, 232–236.
23 *Stolleis*, Geschichte des Sozialrechts, S. 198 f.; *Frerich/Frey*, Handbuch, Bd. 1, S. 298 f.
24 *Alexander Klimo*, Rentenversicherungspolitik zwischen Arbeitseinsatz und Diskriminierung, in: Alexander Nützenadel (Hrsg.), Das Reichsarbeitsministerium im Nationalsozialismus. Verwaltung – Politik – Verbrechen, Bonn 2018, S. 219 f.

Mittel gezahlte Krankengeld zwischen 1930 und 1938 besonders stark verminderte.[25] Zudem wurden die vertrauensärztlichen Kontrolluntersuchungen stark intensiviert, um die Wiederaufnahme von Arbeit zu erzwingen.[26] Erst die Kriegssozialpolitik brachte eine Umkehr der restriktiven Leistungspolitik und eine Rücknahme der Einschnitte.

Auch in der kommunal verwalteten Sozialen Fürsorge wirkte die Berliner Ministerialebene auf die Anwendung strengerer Maßstäbe bei der Leistungsgewährung hin. In den Städten und Gemeinden entschied der örtliche Richtsatz über „Art und Maß" der Unterstützungsleistung. Reichsweit waren die Sätze bis 1930 gestiegen, aber in der Krise auf einen Tiefstand gefallen. Die Zahl der Wohlfahrtserwerbslosen, d. h. der mit Reichsgeldern kommunal unterstützten Arbeitsfähigen, ging zwischen Dezember 1934 (643 000) und Dezember 1935 (378 000) um 41,2 Prozent zurück. Diesen Umstand nutzte das Reich, um die Leistungen an die Gemeinden, die Reichswohlfahrtshilfe, von 12,6 auf 3,8 Millionen RM, d. h. um fast 70 Prozent, zu senken.[27] Als gewünschten Effekt erhöhte dies den finanziellen Druck auf die oft hoch verschuldeten Kommunen. Die Unterstützungssätze verblieben indessen auf dem Stand, auf den sie mit der Krisenfürsorge der frühen 1930er Jahre gefallen waren. 1938 erreichten sie noch nicht einmal mehr die Höhe des amtlich festgelegten Existenzminimums und verharrten bis 1941 unverändert auf diesem Niveau.[28] Es bestand kein Wille zur besseren Unterstützung der ärmsten Bevölkerungsschichten, denen keine Leistungen aus der Sozialversicherung zustanden. Nur unter Ausblendung dieser Unterschicht kann man hervorheben, dass die nationalsozialistische Herrschaft mit der Verringerung der Arbeitslosigkeit Millionen Menschen Not und Hunger entrissen habe.[29]

In eine andere Richtung wies das Handwerkerversorgunggesetz vom Dezember 1938, das selbstständige Handwerker einschließlich der Hinterbliebenen in die Alters- und Invalidenversicherung für Angestellte einbezog.[30] Das Gesetz war das erste, das für Selbstständige eine Rentenversicherungspflicht außerhalb der Reichsversicherungsordnung (RVO) einführte und die Sozialversicherung über den Kreis der Arbeiter hinaus ausdehnte. Es blickte auf einen längeren Vorlauf in den 1920er Jahren zurück, seine Verabschiedung wurde dadurch begünstigt, dass die rund 1,6 Millionen Hand-

---

25 *Länderrat des Amerikanischen Besatzungsgebiets* (Hrsg.), Statistisches Handbuch von Deutschland, München 1949, S. 533.
26 *Rüdiger Hachtmann*, Industriearbeit im „Dritten Reich". Untersuchungen zu den Lohn- und Arbeitsbedingungen in Deutschland 1933–1945, Göttingen 1989, S. 247.
27 *David Kramer*, Das Fürsorgesystem im Dritten Reich, in: Rolf Landwehr/Rüdeger Baron (Hrsg.), Geschichte der Sozialarbeit. Hauptlinien ihrer Entwicklung im 19. und 20. Jahrhundert, Weinheim/Basel 1983, S. 177.
28 *Hansen*, Wohlfahrtspolitik, S. 125; vgl. Beispiele in: *Marcel Boldorf*, Sozialfürsorge in der SBZ/DDR 1945–1953. Ursachen, Ausmaß und Bewältigung der Nachkriegsarmut, Stuttgart 1998, S. 88.
29 Vgl. *Ludolf Herbst*, Das nationalsozialistische Deutschland 1933–1945, Frankfurt am Main 1996, S. 90; vgl. ähnlich *Norbert Frei*, Der Führerstaat. Nationalsozialistische Herrschaft 1933–1945, München 1987, S. 93 f.; *Hans-Ulrich Wehler*, Deutsche Gesellschaftsgeschichte 1914–1949, Bonn 2009, S. 644 f.
30 Zum Folgenden *Frerich/Frey*, Handbuch, Bd. 1, S. 302 f.; *Erker*, Rente im Dritten Reich, S. 252–275.

werker auf einen hohen Stellenwert in der NS-Mittelstandsideologie verweisen konnten. Elemente der staatlichen Sozialversicherung wurden mit der privaten kapitalbezogenen Altersvorsorge verbunden. Bei Nachweis einer ausreichenden privaten Altersabsicherung konnte der Handwerker von der Versicherungspflicht befreit werden, d. h. der potenzielle Versichertenkreis wurde zum Kauf von Finanzmarktprodukten für die Altersvorsorge angeregt. Viel häufiger als angenommen entschieden sich die Handwerker bei ihrem Eintritt in die Pflichtversicherung für die private Vorsorgelösung. Deshalb präsentierte sich die Umsetzung des Gesetzes eher als Ergebnis erfolgreicher Lobbyarbeit privater Versicherungsunternehmen auf der Suche nach neuen Kunden denn als eine Ausweitung des Sozialversicherungsprinzips. Die Reichsversicherungsanstalt für Angestellte, der Träger des neuen Versicherungszweiges, sah die Novelle als ein „Desaster"[31] an, weil die Umsetzung des Gesetzes von zahlreichen Problemen der Beitragserhebung und der Leistungserteilung begleitet war. Gleichwohl wies der Ansatz über das Jahr 1945 hinaus, weil er Wege für eine privatwirtschaftliche Daseinsvorsorge eröffnete.

Allein in der expandierenden Unfallversicherung stiegen die durchschnittlichen finanziellen Leistungen, jedenfalls auf den ersten Blick, bereits in der Vorkriegszeit. Denn die im Mittel gezahlte Entschädigung erhöhte sich von ungefähr 345 RM (1930) auf 434 RM (1938).[32] Allerdings verminderte sich der Anteil der Geschädigten, die überhaupt eine Leistung erhielten, an allen Geschädigten, die der Versicherung angezeigt wurden, in derselben Zeit von zwei Dritteln und mehr auf nur noch gut ein Drittel. Gerechnet pro Verletztem verringerte sich daher der durchschnittliche Entschädigungsbetrag nicht unbeträchtlich. Offensichtlich bekamen also zahlreiche leichter Verletzte in der NS-Zeit im Gegensatz zur früheren Praxis keine Zahlungen aus der Unfallversicherung mehr, die somit zunehmend auf die schwereren Fälle konzentriert wurden, was dann im Durchschnitt zu größeren Leistungen pro Empfänger führte.[33] Daher kann weder diese Tatsache noch die starke Erhöhung der angezeigten Arbeitsunfälle, gemessen an der Zahl der versicherten Arbeitskräfte, von 3,4 Prozent 1932 auf 6,1 Prozent 1938 umstandslos als ein Indiz für eine außergewöhnliche Rücksichtslosigkeit beim Arbeitseinsatz während des Dritten Reichs betrachtet werden.[34] Denn die Unfallhäufigkeit ist stark konjunkturabhängig, was sich auch daran zeigte, dass in den Jahren 1928/29 ebenfalls für rund 5,5 Prozent der Versicherten Arbeitsunfälle gemeldet worden waren. Dazu kam noch, dass Ende 1936 weitere Berufskrankheiten in die Unfallversicherung einbezogen wurden, was jedoch weniger ins Gewicht fiel.[35] Allenfalls ein relativ geringer Teil der gestiegenen Unfallzahlen ist daher eventuell

---

31 *Erker*, Rente im Dritten Reich, S. 273.
32 Vgl. auch für das Folgende *Länderrat*, Statistisches Handbuch, S. 533 f.
33 Siehe auch *Frerich/Frey*, Handbuch, Bd. 1, S. 295–297; *Michael Schneider*, Unterm Hakenkreuz. Arbeiter und Arbeiterbewegung 1933 bis 1939, Bonn 1999, S. 431.
34 So aber in Bezug auf den Anstieg der Unfallanzeigen *Teppe*, Zur Sozialpolitik, S. 231; vgl. dagegen richtig *Schneider*, Unterm Hakenkreuz, S. 431.
35 *Frerich/Frey*, Handbuch, Bd. 1, S. 296 f.

auf einen größeren Arbeitsstress in der NS-Zeit als in anderen Boom-Phasen zurückzuführen.[36]

Durch die Leistungen der Sozialversicherung erfolgte keine Kompensation für die geringen Durchschnittslöhne in der Phase vor dem Zweiten Weltkrieg. Zahlreiche der zwischen 1930 und 1933 durchgeführten Kürzungen und Einschränkungen blieben auch im Aufschwung noch lange erhalten; die Mehrzahl der Leistungsaufstockungen wurde erst im Krieg vorgenommen. Nicht nur die Unterstützungszahlungen der Arbeitslosenversicherung, sondern auch die Fürsorgeleistungen nahmen im Verlauf der dreißiger Jahre stark ab. Auch die finanziellen Leistungen der sonstigen Sozialversicherungszweige für ihre Klientel stiegen zwischen 1932 und 1938, in nominalen Werten gerechnet, lediglich um 31 Prozent und damit nur unwesentlich mehr als die nominalen Nettowochenlöhne, die sich um 26 Prozent erhöhten.[37] Verglichen mit dem Wachstum des Sozialprodukts im selben Zeitraum blieben jedenfalls beide sehr stark zurück. Ein weiteres Charakteristikum der Entwicklung des Sozialversicherungssystems seit der Weltwirtschaftskrise war, dass das Versicherungs- mehr und mehr durch das Fürsorgeprinzip verdrängt wurde, womit Unterstützungszahlungen von einer Bedürftigkeitsprüfung abhängig wurden und der Rechtsanspruch darauf entfiel. Schließlich sind die Indizien zahlreich, dass für den versicherten Personenkreis systematisch Anreize gesetzt wurden, im Arbeitsmarkt zu verbleiben bzw. die Arbeit wiederaufzunehmen, etwa wenn das Krankengeld oder die Rente gekürzt bzw. eine Entschädigung aus der Unfallversicherung nicht gewährt wurde.[38]

Im Gegensatz zum Gesamtwert der Staatsquote, der von 13,6 % (1932) auf 30,5 % (1938) stieg, verringerte sich der Anteil der Sozialversicherungsausgaben am Sozialprodukt von 7,5 % (1932) auf 6,0 % (1938) und lag damit nur noch geringfügig über dem Niveau von 1928.[39] Beim Wert für 1938 muss allerdings beachtet werden, dass Vermögensbestände der Sozialversicherung in großem Umfang zweckentfremdet wurden. Da die Sozialleistungen auf Krisenniveau eingefroren waren, stieg das Gesamtvermögen der Sozialversicherungen, und zwar von 4,6 Milliarden RM im Jahr 1932 auf 8,6 Milliarden (1938) und 10,5 Milliarden (1939).[40] Beträchtliche Teile dieses Überschusses, der zweieinhalb Jahresausgaben der Sozialversicherung entsprach, wurden Schritt für Schritt über Anleihen in den Staatshaushalt überführt. Zunächst ordnete Hitler Ende 1937 die Verschiebung von Mitteln der Arbeitslosenversicherung in die Rentenversicherung an, um die Aufnahme einer Reichsanleihe in diesem Versicherungszweig zu vermeiden.[41] Im April 1938 erging eine Verordnung zur Pflichtanlage

---

36 Zu den Arbeitsunfällen vgl. *Hachtmann*, Industriearbeit, S. 248–253.
37 *Länderrat*, Statistisches Handbuch, S. 536 f.
38 Vgl. *Teppe*, Zur Sozialpolitik, S. 235; *Martin H. Geyer*, Soziale Sicherheit und wirtschaftlicher Fortschritt. Überlegungen zum Verhältnis von Arbeitsideologie und Sozialpolitik im „Dritten Reich", in: Geschichte und Gesellschaft 15, 1989, S. 394 f.
39 *Buchheim*, NS-Regime und die Überwindung, S. 409.
40 *Hentschel*, Geschichte der deutschen Sozialpolitik, S. 144.
41 *Teppe*, Zur Sozialpolitik, S. 234.

von Vermögensbeständen der Rentenversicherung in Brief- oder Schuldbuchforderungen des Reichs.[42] Rückwirkend ab 1. Januar 1938 waren die Hälfte des Vermögens der Rentenversicherung sowie der Rücklagen der Kranken- und Unfallversicherung in Forderungen an das Reich zu überführen. Solange dieser Anteil noch nicht erreicht war, mussten Staatspapiere für mindestens drei Viertel des jährlichen Überschusses erworben werden. Diese Mittel wurden nicht mehr allein für finanzielle Umschichtungen und Quersubventionierung von Sozialleistungen eingesetzt, sondern auch zur Finanzierung allgemeiner Reichsaufgaben. Beispielsweise floss bis 1945 eine Darlehenssumme von 3,4 Milliarden RM in den Ausbau der Reichsautobahnen.[43]

5.5.3 Träger der Sozialpolitik

1934 war das Jahr des korporativen Umbaus der deutschen Wirtschaft, was sich auch in der Debatte um die Reorganisation der Sozialversicherung niederschlug.[44] In Anlehnung an den Reformdiskurs, der sich insbesondere in der Deutschen Arbeitsfront (DAF) weiterentwickelt hatte, drängten nationalsozialistische Wortführer auf die Errichtung einer Einheitssozialversicherung.[45] Der Kerngedanke dessen war die Aufhebung des gegliederten Systems durch Zusammenfassung aller Versicherungszweige unter staatlicher Aufsicht sowie ihre gemeinsame Finanzierung. Ein Fachausschuss unter Leitung des Reichsarbeitsministeriums, der Vertreter der Arbeitgeber, der DAF und der beteiligten Berufsgruppen einbezog, sprach sich jedoch gegen den grundlegenden Umbau aus. Das aus dieser Arbeit erwachsene „Gesetz über den Aufbau der Sozialversicherung" vom 5. Juli 1934, auch „Aufbaugesetz" genannt, behielt die korporative Gliederung bei, schuf jedoch als Dach die „Reichsversicherung", die die Angestellten- und die Knappschaftsversicherung inkorporierte. Die Versicherungszweige wurden enger zusammengeführt, und die Reichsversicherung rückte durch Straffung der Aufsicht stärker an die Staatsverwaltung heran. Das Reichsarbeitsministerium behielt sich das Recht zum Erlass weiterer „Aufbaugesetze" vor. Auf dem Verordnungswege erfolgten zwischen 1934 und 1942 die Zusammenlegung von Kassen, besonders in der Krankenversicherung, sowie andere bürokratische Vereinfachungen. Der Abbau von „Übertreibungen der Vielgestaltigkeit und schädliche[r] Zersplitterung" entsprach der Linie des Staatssekretärs Krohn, der federführend für eine „neugegliederte Reichsversicherungsordnung" eintrat, „ohne deren Substanz zu berühren."[46]

---

42 *Stolleis*, Geschichte des Sozialrechts, S. 199.
43 *Buchheim*, NS-Regime und die Überwindung, S. 410.
44 Vgl. auch Kapitel 2.1 in diesem Band.
45 *Stolleis*, Geschichte des Sozialrechts, S. 181, 196; auch zum Folgenden *Teppe*, Zur Sozialpolitik, S. 218–220.
46 *Stolleis*, Geschichte des Sozialrechts, S. 196 f.; *Frerich/Frey*, Handbuch, Bd. 1, S. 290 f.; *Geyer*, Soziale Rechte im Sozialstaat, S. 431.

Die 1929 bereits eingeschränkte Selbstverwaltung der Sozialversicherungsträger wurde abgeschafft. Das „Führerprinzip" ersetzte die vorherigen kollegialen Selbstverwaltungsorgane der Versicherungsträger, für die keine Sozialwahlen mehr stattfanden. Ihre Aufgaben wurden einem Leiter übertragen, d. h. einem von der Reichsregierung benannten Beamten, dem ein durch die Aufsichtsbehörde ernannter Beirat aus den Reihen der Unternehmer und der Versicherten zur Seite trat. In der Praxis dominierten neben den „Betriebsführern" die von der Deutschen Arbeitsfront entsandten Vertreter. In den Versicherungsträgern fanden personelle Umbesetzungen statt, unter anderem auf Grundlage des Gesetzes „zur Wiederherstellung des Berufsbeamtentums" und des Gesetzes „über Ehrenämter in der sozialen Versicherung und der Reichsversorgung" vom 18. Mai 1933. Von den Entlassungen waren jüdische Beamte betroffen, aber auch Sozialdemokraten und zahlreiche Gewerkschaftler, die in großer Zahl der Versicherungsbürokratie angehört hatten. An ihre Stelle traten nationalsozialistisch orientierte Verwaltungsbeamte.[47] Ferner waren Ärzte von den Berufsverboten betroffen, indem ihnen Approbation und Kassenfähigkeit entzogen wurden, sodass sie auch aller Funktionen bezüglich der Krankenversicherung, z. B. als Sachverständige oder als Vertrauensärzte, verloren.[48]

Die Sozialversicherung entwickelte sich von einer weitgehend selbstverwalteten Körperschaft zu einem Teil der mittelbaren Staatsverwaltung.[49] In der Reichsversicherungsanstalt für Angestellte lässt sich durch Personalaustausch und Vordringen der DAF eine Änderung der Verwaltungspraxis nachzeichnen. Beispielsweise ging die Zahl der Berufungen gegen Rentenbescheide zurück und entsprechende gerichtliche Verfahren wurden rarer.[50] Die bürokratischen Leitlinien der Konfliktminderung und Harmonisierung dominierten. Das Verwaltungsdenken änderte sich, denn der NS-Staat verstand sich nicht als verteilender Staat, sondern als „produzierender", als „Deutschland der Arbeit."[51] In der Bürokratie der Reichsversicherung ließen sich zahlreiche Einzelmaßnahmen zur Beschneidung des Rentenempfangs, des Krankengeldes usw. leichter durchsetzen.

Der neu gestalteten Reichsversicherungsanstalt wird ein Effizienzgewinn attestiert; sie habe die Nachteile der Zersplitterung beseitigt und eine „Stärkung der Leistungsfähigkeit durch organisatorische Zusammenfassung" gebracht.[52] Die Mehrzahl der Interpretatoren betont das „Beharrungsvermögen des etablierten Systems",[53] denn der Einfluss der Ministerialbürokratie sei größer als derjenige der Befürworter einer nationalsozialistischen Strukturreform geblieben. Zur Beschreibung dessen herrscht in

---

47 *Stolleis*, Geschichte des Sozialrechts, S. 197 f.; *Frerich/Frey*, Handbuch, Bd. 1, S. 291.
48 *Joseph Walk* (Hrsg.), Das Sonderrecht für die Juden im NS-Staat. Eine Sammlung der gesetzlichen Maßnahmen und Richtlinien – Inhalt und Bedeutung, Heidelberg/Karlsruhe 1981, S. 16, 23, 32 f.
49 *Geyer*, Soziale Rechte im Sozialstaat, S. 431; dazu auch *Geyer*, Reichsknappschaft, S. 276.
50 *Erker*, Rente im Dritten Reich, S. 119 f.
51 *Geyer*, Soziale Rechte im Sozialstaat, S. 434.
52 *Geyer*, Soziale Rechte im Sozialstaat, S. 434.
53 *Schmidt*, Sozialpolitik in Deutschland, S. 64.

der Literatur die Kennzeichnung als „konservativ-autoritäre Reform"[54] vor, die keine spezifisch nationalsozialistischen Züge gehabt, sondern vor 1933 Begonnenes weitergeführt habe. Diese Charakterisierung als „traditionsbewusst-autoritär" mag für das Sozialversicherungssystem gelten, doch ändert sich die Gesamtbeurteilung, wenn man den sozialpolitischen Gesamtkomplex – inklusive der Wohlfahrtspflege und der Fürsorge – unter der Maßgabe der „Politisierung der Gesundheit" betrachtet.

Aus der im 19. Jahrhundert beginnenden Diskussion um die „Verschlechterung der biologischen Substanz eines Volkes" entsprangen die Denkrichtungen der Sozialhygiene, der Eugenik und der Rassenhygiene, die sich nicht auf Deutschland beschränkten, sondern zeitgenössisch in allen modernen Industrieländern anzutreffen waren.[55] Ein Anstoß zu fundamentalen Veränderungen der Fürsorge und Sozialarbeit ging von der Aufwertung der „Volksgesundheit" aus. Die neue Leitlinie rückte vom Prinzip der Sorge um das Wohlergehen des Einzelnen ab, denn der Staat dehnte seine Vorstellungen zum Gesundheitsschutz, und dies häufig unter Anwendung von Zwang, auf die Gesamtbevölkerung aus. Zunächst gerieten die Geschlechtskranken ins Visier. Im „Gesetz zur Bekämpfung von Geschlechtskrankheiten" von 1927 begann die Kriminalisierung der Patienten durch staatliches Recht. Dem folgte im Juli 1932 ein Gesetzesentwurf des preußischen Landgesundheitsrats zur zwangsweisen Sterilisation der „Schwachsinnigen" und „Epileptiker".[56] Mit dem NS-Machtantritt fielen alle Barrieren. Die „Eugenik im Dienste der Volkswohlfahrt"[57] wurde im 1933 verabschiedeten „Gesetz zur Verhütung erbkranken Nachwuchses" (Erbgesundheitsgesetz) umgesetzt. Die Verfolgung der „Gemeinschaftsfremden" mit medizinischen Argumenten führte noch vor Kriegsbeginn zu 300 000 Zwangssterilisationen; während des Krieges kamen weitere 60 000 hinzu.

Parallel zu diesen Auswüchsen verlagerte sich der Schwerpunkt des wohlfahrtsstaatlichen Interesses auf die Installierung eines Primats des Gesundheitssektors. Den Rahmen für eine einheitliche und flächendeckende „Vollstreckung" des Erbgesundheitsgesetzes schuf das „Gesetz über die Vereinheitlichung des Gesundheitswesens", das ab April 1935 die Einrichtung staatlicher Gesundheitsämter vorsah.[58] Es entstand ein flächendeckendes Netz von 740 Gesundheitsämtern, deren Tätigkeitsfelder die Gesundheitsaufsicht und Seuchenpolizei mit der kommunalen Gesundheitspflege verbanden und um Aufgaben der Erbgesundheitspolitik erweiterten.[59] Neben ihrer medi-

---

54 *Christoph Sachße/Florian Tennstedt*, Geschichte der Armenfürsorge in Deutschland, Bd. 3: Der Wohlfahrtsstaat im Nationalsozialismus, Stuttgart 1992, S. 421.
55 *Gerhard A. Ritter*, Der Sozialstaat. Entstehung und Entwicklung im internationalen Vergleich, 2. Aufl. München 1991, S. 133.
56 *Ritter*, Sozialstaat, S. 134.
57 Vgl. *Preußischer Landgesundheitsrat*, Eugenik im Dienste der Volkswohlfahrt. Bericht über die Verhandlungen eines zusammengesetzten Ausschusses des Preußischen Landgesundheitsrats vom 2. Juli 1932, Berlin 1934.
58 *Stolleis*, Geschichte des Sozialrechts, S. 186.
59 *Winfried Süß*, Gesundheitspolitik, in: Hockerts, Drei Wege, S. 63; *Sachße/Tennstedt*, Geschichte der Armenfürsorge, Bd. 3, S. 97–105.

zinischen Kernaufgabe drangen sie auf sozialfürsorgerische Gebiete wie die Mütter- und Kinderberatung vor. Ihnen oblag die Durchführung der „Erb- und Rassenpflege" einschließlich der Eheberatung. Bis 1938 wuchs das Personal der Gesundheitsämter reichsweit auf rund 24 000 Personen an.[60]

In der Weimarer Republik hatte sich im Zuge der Professionalisierung der offenen Sozialarbeit der Beruf der Fürsorgerin durchgesetzt, die den städtischen Fürsorge- oder den Kreiswohlfahrtsämtern zugeordnet waren. Im Nationalsozialismus galt die „familienfürsorgerisch befähigte Volkspflegerin" als Leitbild. Sie sollte die Erb- und Rassenpflege als neue Tätigkeitsgebiete in die Praxis der Außenfürsorge einbringen.[61] Die Vorrangstellung des Gesundheitsdienstes stellte sich in diesem Bereich dadurch ein, dass städtische Fürsorgerinnen in den Dienst des staatlichen Gesundheitsamtes übertraten. Trotzdem blieben sie in ihren Bezirken für Fragen der allgemeinen Wohlfahrtspflege zuständig. Mancherorts schafften die Kommunen die Fürsorgerinnen ab und ersetzten sie durch Gesundheitsfürsorgerinnen. Zwar sorgte der Übertritt dieser Kräfte in den Dienst der staatlichen Gesundheitsämter zu einer willkommenen Entlastung der kommunalen Finanzen, doch beschleunigte er das Eindringen der staatlichen Gesundheitsfürsorge in die allgemeine Fürsorge.[62]

In dieselbe Richtung wies das Vordringen der Nationalsozialistischen Volkswohlfahrt (NSV) in den Wohlfahrtssektor. Am 3. Mai 1933 erkannte Hitler die drei Jahre zuvor als Verein gegründete NSV als Gliederung der Partei und als ihre offizielle Wohlfahrtsorganisation an.[63] Nach dem Verbot der Arbeiterwohlfahrt, der Christlichen Arbeiterhilfe und der Zentralwohlfahrtsstelle der Juden sowie der Inkorporierung der Paritätischen Wohlfahrt übernahm die NSV rasch die Führung unter den verbliebenen Wohlfahrtsverbänden. Der Wirkungsbereich der evangelischen Inneren Mission, der katholischen Caritas und des Deutschen Roten Kreuzes wurde – teilweise per Gesetz – beschnitten. Bis 1935 wuchs die NSV mit 4,7 Millionen Mitgliedern und 520 000 ehrenamtlichen Helferinnen und Helfern zur zweitgrößten Massenorganisation nach der Deutschen Arbeitsfront heran.[64] Das Führungspersonal, das sich aus langgedienten NSDAP-Mitgliedern rekrutierte, verfügte selten über fachliche Kenntnisse oder berufliche Erfahrungen im Sozialwesen: Nur zwei von 71 Gauamtsleitern der NSV besaßen einen einschlägigen beruflichen Hintergrund.[65] Zu den Hauptbetätigungsfeldern der Organisation wurden das von starker Propaganda begleitete Winterhilfswerk des Deut-

---

60 *Stolleis*, Geschichte des Sozialrechts, S. 187.
61 *Schön*, Armenfürsorge im Nationalsozialismus, S. 205–237; *Hansen*, Wohlfahrtspolitik, S. 313.
62 *Marcel Boldorf*, Fürsorge im Umbruch. Die Provinz Brandenburg von der Weimarer Republik bis zur Auflösung der Länder in der DDR (1920–1952), in: Wolfgang Hofmann [u. a.] (Hrsg.), Fürsorge in Brandenburg. Entwicklungen, Kontinuitäten, Umbrüche, Berlin 2007, S. 394 f.
63 *Herwart Vorländer*, Die NSV. Darstellung und Dokumentation einer nationalsozialistischen Organisation, Boppard 1988, S. 197.
64 *Gruner*, Öffentliche Wohlfahrt, S. 29 f.
65 *Hansen*, Wohlfahrtspolitik, S. 377; vgl. auch *Lutz Raphael*, Experten im Sozialstaat, in: Hockerts, Drei Wege, S. 236.

Abb. 1: BArch, Bild 102-16251. Eröffnung des Winterhilfswerkes 1934/35 durch Hitler und Goebbels, Krolloper Berlin.

schen Volkes sowie das Hilfswerk „Mutter und Kind".[66] Im Zweiten Weltkrieg kamen als neue Wirkungsbereiche die Verköstigung durch öffentliche Speisungen hinzu sowie die Versorgung der Opfer der Luftangriffe und ab Oktober 1940 die Organisation der Landverschickung von Kindern aus den vom Luftkrieg bedrohten deutschen Städten.

Je mehr sich die Durchführung der Familienfürsorge zu einem sozialpolitischen Kampfgebiet entwickelte, desto stärker strebte die NSV mit ganzer Macht in diesen Aufgabenbereich. Die „Zellenverwalter" oder „Blockwarte" der NSV fungierten als ehrenamtliche Bezirksvorsteher des Außenfürsorgedienstes. Gerade in Kleinstädten übernahmen NSV-Helferinnen und -Helfer spezielle Aufgaben der Sozialarbeit wie die Aufsicht über Pflegekinder. Im ländlichen Kontext drang die NSV auf brachliegende Felder der Wohlfahrtspflege vor und erlangte an vielen Orten eine organisatorische Vormachtstellung, was zur Verbreitung des rassenbiologisch und bevölkerungspolitisch angelegten Konzepts der „Volkspflege" beitrug. Personalunionen, wenn z. B. der Leiter des städtischen Wohlfahrtsamtes zugleich Leiter der Wohlfahrtsabteilung der NSV war, beförderten die ideologisch-politische Einbindung der offenen Sozialarbeit. Allerdings trat zwischen dem Alleinvertretungsanspruch der NSV und dem traditio-

---

66 Vgl. *Vorländer*, NSV, S. 44–77.

nellen Aufgabenkatalog der kommunalen Fürsorge eine Diskrepanz auf: Da sich die NSV allein auf die „erbgesunde", leistungstüchtige, deutsche Bevölkerung konzentrierte, war ihr Interesse an Kranken und Siechen gering, und die konfessionellen Verbände wichen auf die Anstalts- und Gemeindepflege aus. Ebenso wenig war der NSV an der wirtschaftlichen Existenzsicherung der traditionellen Armutsgruppen gelegen, sodass die Kommunen ihren Einfluss auf diesen Kernbereich der Armenfürsorge häufig bewahren konnten.[67]

5.5.4 Stigmatisierung und Exklusion

Die Rassenideologie der Nationalsozialisten sorgte für eine Stigmatisierung von Personen und gesellschaftlichen Gruppen, d. h. für eine Klassifizierung nach bestimmten äußeren Merkmalen wie Rasse, Religion oder körperliche Gebrechen. Die drei grundlegenden Gesetze waren das bereits erwähnte Erbgesundheitsgesetz vom 14. Juli 1933, das Gesetz „zum Schutze deutschen Blutes und der deutschen Ehre" vom 15. September 1935 und das Gesetz zur „Erbgesundheit des Deutschen Volkes" vom 18. Oktober 1935. Deren rassen- und erbbiologischen Vorschriften sahen für die Gesamtgesellschaft eine dichotome Einteilung in wertvolles und unwertes Leben vor. Bei positiver Distinktion, die der ersten Zuschreibung entsprach, wurde eine fördernde Sozialpolitik entworfen, während die stigmatisierten Bevölkerungsgruppen zum Opfer von Exklusion, Verfolgung und Vernichtung wurden. Nirgendwo kommt diese Ambivalenz besser zum Ausdruck als in dem Erlass zweier Gesetze am 15. September 1935: einerseits das Rassengesetz anlässlich des Nürnberger „Reichsparteitags der Freiheit", andererseits die „Verordnung zur Gewährung von Kinderbeihilfen an kinderreiche Familien".[68] Nationalsozialistische Sozialpolitik präsentierte sich durchweg als „Wechselspiel von bevölkerungspolitischer Privilegierung und rassenhygienischer Diskriminierung."[69]

Zu den positiv bewerteten Tugenden zählten Mütterlichkeit und Kinderreichtum. Dem „Pronatalismus" als Kennzeichen der NS-Familienpolitik stand ein „Antinatalismus" gegenüber, der zu den erwähnten systematisch betriebenen Zwangssterilisationen führte. Auch das pronatalistische Frauenbild war rassistisch, weil es auf der Annahme beruhte, dass nur der „erbgesunde" Nachwuchs die NS-Ideologie tradieren könne. Nicht „Kinder um jeden Preis" waren das Ziel, sondern „eine möglichst große Kinderschar aus der erbgesunden deutschen Familie".[70]

Die Durchdringungstiefe mit völkischen Inhalten war geringer, wo das Sozialversicherungsprinzip einer eigenen Funktionslogik unterlag, aber besonders ausgeprägt

---

[67] *Boldorf*, Fürsorge im Umbruch, S. 397; *Hansen*, Wohlfahrtspolitik, S. 332 f.; *Sachße/Tennstedt*, Geschichte der Armenfürsorge, Bd. 3, S. 128–132.
[68] Reichsgesetzblatt I 1935, S. 1146 f., 1160.
[69] *Wilfried Rudloff*, Öffentliche Fürsorge, in: Hockerts, Drei Wege, S. 200
[70] *Günther Schulz*, Soziale Sicherung von Frauen und Familien, in: Hockerts, Drei Wege, S. 120.

war sie in der Wohlfahrts-, Gesundheits- und Bevölkerungspolitik. Ende 1934 bildete sich das Hilfswerk „Mutter und Kind" innerhalb der NSV für „rassisch einwandfreie Mütter". Es folgten eine Reihe propagandistisch hervorgehobener pronatalistischer Maßnahmen wie 1938 die Verleihung des Mutterkreuzes für würdige, arische Mütter mit mindestens vier Kindern. Schwerer tat sich das NS-Regime bei der finanziellen Besserstellung werdender Mütter, denen die Krankenkassen seit 1926 im Falle der Erwerbstätigkeit ein Wochengeld ab vier Wochen vor bis sechs Wochen nach der Geburt zahlten.[71] Erst im Krieg führte 1942 das Mutterschutzgesetz einen umfangreichen Sozialleistungskatalog ein, der Kündigungsschutz, die Erhöhung des nun Mutterschaftsgeld genannten Wochengeldes auf die Höhe des vollen Lohns und die Verlängerung der Förderung stillender Mütter umfasste. Wie üblich war der Erhalt dieser Leistungen an die Erfüllung der rassenpolitischen Voraussetzungen geknüpft.[72]

Sozialgesetze, die in traditioneller Versicherungslogik konzipiert wurden, erhielten eine NS-spezifische Ausgestaltung. Die 1933 als neue Sozialleistung eingeführten Ehestandsdarlehen verbanden längerfristige Ziele des Regimes – die Eheschließung und die Steigerung der Natalität – mit der kurzfristigen Erwägung, Maßnahmen zur Senkung der Arbeitslosigkeit zu finden. Die unverzinslichen Darlehen für Mobiliar und Hausrat im Wert bis zu 1000 RM wurden dem Ehemann gewährt. Sie waren an eine amtsärztliche Bescheinigung der „Erbgesundheit" und an den Nachweis der staatspolitischen Zuverlässigkeit geknüpft. Die durchschnittlichen Auszahlungsbeträge zwischen 500 und 600 RM entsprachen dem vier- bis fünffachen Lohn eines Industriearbeiters. Im Jahr der Einführung wurden rund 140 000 Ehestandsdarlehen vergeben, was die Arbeitslosenstatistik entlastete, aber keine neue Beschäftigung schuf. Gegenfinanziert wurde das Sozialgesetz, indem der seit 1931 bestehende Einkommensteuerzuschlag für Ledige erhöht und in Ehestandshilfe umbenannt wurde.[73] Die Vorschrift, dass vorher erwerbstätige Frauen ihren Arbeitsplatz freimachen mussten, bestand nicht lange. Sie wurde 1936 gelockert und 1937 angesichts der Arbeitskräfteknappheit im Rüstungsboom aufgegeben.[74] Vermutlich diente das Ehestandsdarlehen sogar mehr der sozialen Selektion als der sozialen Sicherung, denn Familien mit drei oder mehr Kindern wurden nicht selten als „Asoziale" gebrandmarkt und fürsorgerisch diszipliniert.[75]

In dieselbe Richtung wies die Gewährung allgemeiner Kinderbeihilfen, eine Maßnahme, die sich als sozialpolitische Erweiterung darstellte. Kinderbeihilfen waren zuvor nur wenigen sozialen Gruppen, insbesondere Beamten, zugutegekommen. Sie wurden seit 1935 als einmalige Leistung ab dem vierten Kind und seit 1936 als laufende Beihilfe von 10 RM pro Monat ab dem fünften Kind gewährt. Auch hier erfolgte die Ausgabe

---

71 *Frerich/Frey*, Handbuch, Bd. 1, S. 192.
72 *Schulz*, Soziale Sicherung, S. 125.
73 *Buchheim*, NS-Regime und die Überwindung, S. 393.
74 *Schulz*, Soziale Sicherung, S. 121, 134 f.; zur Auswirkung auf die Frauenerwerbstätigkeit, vgl. Kapitel 5.4 in diesem Band.
75 *Ayaß*, „Asoziale", S. 107 f.

in Form von Bedarfsdeckungsscheinen, die zum Einkauf von Hausrat und Kleidung berechtigten. Voraussetzung für den Bezug der Sozialleistung war, dass die Eltern „Reichsbürger im Sinne der Nürnberger Gesetze" waren und ein Zeugnis des Gesundheitsamtes über ihre „Erbgesundheit" vorlegten.[76]

Eine zweite positive soziale Distinktion bezog sich auf die „Wehrkraftstärkung" durch Militarisierung der Versorgungsleistungen. In der Reichsversorgung für Angehörige der deutschen Streitkräfte und ihrer Hinterbliebenen wurden die durch die Notverordnungen 1930–1932 eingetretenen Restriktionen unmittelbar nach Machtübernahme des NS-Regimes abgemildert bzw. beseitigt. Die im Mai 1933 verordnete Gewährung von Mehrleistungen stand in schroffem Gegensatz zum Sparkurs in der allgemeinen Sozialversicherung.[77] Einen weiteren Schritt in Richtung einer Militarisierung bedeutete im Juli 1934 die Einführung einer „Frontzulage" für Schwerstbeschädigte ab einer Minderung der Erwerbsfähigkeit von 70 Prozent. Am 21. Dezember 1937 brachte ein Ausbaugesetz „die Anpassung der Reichsversicherung an die wiedererrungene Wehrfreiheit". Zur „Hebung der Wehrfreudigkeit" wurden einige sozialrechtliche Detailbestimmungen, wie die Anrechnung der Zeit des Wehr- und Arbeitsdienstes als Wartezeit, die Veranschlagung von Steigerungsbeträgen und die Abmilderung von Ruhensvorschriften zugunsten der Kriegsbeschädigten verbessert.[78]

Das Wehrmachtfürsorge und -versorgungsgesetz von 1938 symbolisierte die Remilitarisierung der Kriegsopferversorgung.[79] Es bezeichnete den Dienst an der Waffe als Ehrendienst und ersetzte die Kriegsopferrente durch ein sogenanntes Versehrtengeld, das an die Militärsozialgesetzgebung des Kaiserreichs anknüpfte. Ein differenziertes Zulagensystem sorgte dafür, dass die Grundrente an Bedeutung verlor; dadurch wurden für die Höhe der Leistungen militärische Gesichtspunkte wie der Dienstgrad entscheidend. Von den Kriegsopfern des Ersten Weltkriegs wurden die Soldaten der neuen Wehrmacht nochmal abgesetzt, denn sie erhielten differenziertere und höhere Renten. Außerdem regelte das Gesetz die Versorgung zahlreicher Gruppen ziviler Beschädigter, zum Beispiel der Angehörigen des Reichsarbeitsdienstes, des „Volkssturmes", der Teilnehmer an der „nationalen Erhebung", der Schutzstaffel (SS) und der Polizei. Verwaltet durch Wehrmachtsfürsorge- und Versorgungsämter, kam die in 201 Paragrafen umfassend neu geregelte militärische Versorgung besonders im Weltkrieg zum Tragen.

Die soziale Stigmatisierung, die von der NS-Kategorie des „unwerten Lebens" ausging, führte zur Exklusion „fremden Volkstums" aus dem Leistungsangebot der Sozialpolitik. In erster Linie betroffen waren die als „jüdisch" definierten Bürger des Deutschen Reichs sowie andere aus rassistischen Gründen verfolgte soziale Gruppen, vor

---

76 *Frerich/Frey*, Handbuch, S. 318; *Ayaß*, „Asoziale", S. 108.
77 *Frerich/Frey*, Handbuch, S. 308 f.
78 *Eckart Reidegeld*, Staatliche Sozialpolitik in Deutschland, Bd. 2: Sozialpolitik in Demokratie und Diktatur 1919–1945, Wiesbaden 2006, S. 462.
79 *Rainer Hudemann*, Sozialpolitik im deutschen Südwesten zwischen Tradition und Neuordnung 1945–1953. Sozialversicherung und Kriegsopferversorgung im Rahmen französischer Besatzungspolitik, Mainz 1988, S. 395.

allem „Zigeuner" und „Asoziale". Allgemein lässt sich feststellen, dass die Exklusion sich als graduell verschärfender Prozess über die gesamte Zeit der NS-Herrschaft erstreckte, wobei die Legislation mit Blick auf die Sozialversicherung ab 1941/42 an Schärfe zunahm.[80] Die Rassenpolitik wurde meist auf anderem als sozialpolitischem Wege durchgeführt; sie griff auf Verfolgungs-, Deportations- und schließlich Vernichtungsmaßnahmen zurück, die zeitiger als die verwaltungstechnischen und sozialgesetzlichen Maßnahmen des Reichsarbeitsministeriums oder der Reichsversicherungsanstalt einsetzten.

Gleichwohl lassen sich wesentliche Etappen der Ausgrenzung identifizieren, die weniger die Sozialversicherung als die spezifisch neuen NS-Gesetze und vor allem das Fürsorgewesen betrafen. Wie gesehen, war die Konzeptionierung der Ehestandsdarlehen sowie der Kinderbeihilfen eng mit dem Prinzip der völkisch-rassischen Exklusion verbunden. Nach Erlass der Nürnberger Rassengesetze wurden „Juden und Personen, die nach dem Reichsbürgergesetz als Juden gelten" im Dezember 1935 erst schleichend, dann per Anordnung im Reichsarbeitsblatt im November 1936 von den höheren Leistungen der sog. gehobenen Fürsorge ausgeschlossen, die seit Mitte der 1920er Jahre vor allem den „Kleinrentnern" zugutekam.[81] Die schnell ansteigende Zahl jüdischer Besitzloser als Folge immer neuer repressiver Maßnahmen im Arbeits- und Berufsleben ließ die Fürsorge an Bedeutung zunehmen.[82] Nach der Pogromnacht im November 1938 wurden „Juden" aus der öffentlichen Fürsorge ausgeschlossen und an die Träger der jüdischen Wohlfahrtspflege verwiesen. Die Leistungen wurden auf den engsten Kern der Anspruchsvoraussetzungen begrenzt.[83] Nach Kriegsbeginn folgten weitere sozialpolitische Exklusionen, etwa der Ausschluss aus dem Leistungskatalog der Kriegsschädenverordnung am 30. November 1940 und die Streichung aller Kinderbeihilfen am 9. Dezember 1940.[84] In den nachfolgenden Novellierungen sozialpolitischer Gesetze wurden Paragrafen eingefügt, die als „nichtdeutsch" definierte Bevölkerungsgruppen ausschlossen. Einen angesichts der Deportationen kaum mehr praktisch wirksamen Endpunkt bildete ein gemeinsamer Runderlass des Reichsinnen- und -arbeitsministeriums vom 21. Dezember 1942, der die Basisversorgung der öffentlichen Fürsorge für „hilfsbedürftige Juden" völlig abschaffte.[85]

Die Einbeziehung der Wirkungsgeschichte der Sozialpolitik bringt zutage, dass die Exklusion auf unterer, meist kommunaler Ebene oft bereits eingeleitet und vollzogen wurde, bevor die Reichsgesetzgebung entsprechende Vorschriften verankerte. Nicht selten handelte es sich um Fälle schleichenden Leistungsentzugs unter Nichtbeachtung

---

80 *Reidegeld*, Staatliche Sozialpolitik, S. 469.
81 *Walk*, Sonderrecht, S. 149, 175.
82 *Gruner*, Öffentliche Wohlfahrt, S. 156.
83 *Walk*, Sonderrecht, S. 257.
84 *Walk*, Sonderrecht, S. 331.
85 *Walk*, Sonderrecht, S. 394.

der gesetzlichen Lage.[86] Eine genauere Betrachtung zeigt aber auch, dass sich die mit der 1935er Rassengesetzgebung intendierte Aussonderung „fremden Volkstums" aus der Sozialversicherung gar nicht so einfach bewerkstelligen ließ, wie es den Machthabern vorschwebte.[87] Die aus völkisch-rassischen Gründen ausgegrenzten Bevölkerungsgruppen unter den Millionen Versicherten und Rentenberechtigten zu identifizieren, war auf dem Verwaltungswege schwer möglich, weil sich die vom Nationalsozialismus eingeführten diskriminierenden Kategorien der Logik der tradierten Verwaltungsstatistik entzogen. Im Bereich der Sozialversicherung waren daher meist nur Ausreisewillige oder bereits ins Ausland Geflüchtete von den restriktiven Maßnahmen betroffen.

Die im Nationalsozialismus betriebene Unterscheidung in zu fördernde, „wertvolle" Menschen und in die auszugrenzenden und zu vernichtenden „unwerten" Menschen war keine ökonomische Kategorisierung, sondern eine rassistische.[88] Die Motive zur Ausgrenzung, zur Verfolgung und zur Vernichtung menschlicher Existenzen folgte keinem wirtschaftlichen Kalkül. Daher sind Konzepte, die unter Berufung auf „Zweckrationalität" eine „Ökonomie des Holocaust" konstruieren wollen, unzutreffend.[89] Allein die aus der Ausgrenzung resultierenden Handlungen können von einer ökonomischen Warte beurteilt werden. In Deutschland lag ein erster Schwerpunkt der Repression nach der NS-Machtübernahme, bevor sie 1938 in eine mörderische „völkische Phase" überging.[90]

Neben der völkisch-rassistischen Ausgrenzung gab es eine Aussonderung aus dem wohlfahrtsstaatlichen Leistungskatalog, die auf dem Primat der „Verwertbarkeit" beruhte. Zu den ersten Maßnahmen, die gegenüber Gebrechlichen und psychisch Kranken ergriffen wurden, gehörte die Unterbringung in Fürsorgeheimen sowie Pflege- und Heilanstalten. Sofern es sich um Abschiebungen handelte, mochte für die Sozialversicherungs- und Fürsorgeträger eine Verringerung ihres finanziellen Aufwandes im Vordergrund stehen. Ähnlich verhielt es sich mit Kommunen, die eine Anstaltsunterbringung ausgegrenzter Bevölkerungsgruppen vorantrieben. Mitunter erhofften sie sich eine Entlastung des kommunalen Budgets durch Verschiebung der Soziallast in andere Teile des Leistungssystems. Die Institution des Arbeitshauses war in der Weimarer Republik nicht abgeschafft worden. Die weiterhin existierenden Einrichtungen füllten sich nach der NS-Machtübernahme wieder. Dies kann als verschärfte Anwendung der bereits existierenden Zwangsvollzugsmaßnahmen interpretiert werden. Die reichsweit durchgeführten „Bettlerrazzien" im September 1933 bildeten den Auftakt

---

86 *Paul Erker*, Alterssicherungssystem und Reichsversicherungsanstalt für Angestellte (RfA) in der „Volksgemeinschaft". Zur Geschichte der Rentenversicherung in der NS-Zeit, in: Sozialer Fortschritt 68, 2019, S. 112; *Gruner*, Öffentliche Wohlfahrt, S. 131.
87 *Erker*, Alterssicherungssystem, S. 125.
88 Vgl. *Ayaß*, „Asoziale", S. 218, in Anlehnung an Detlev Peukert.
89 Dies gilt insbesondere für die ökonomisierende Interpretation des Holocaust, die die Arbeiten von Götz Aly nahegelegen, vgl. *Aly*, Hitlers Volksstaat, vor allem S. 311 ff.
90 *Sachße/Tennstedt*, Geschichte der Armenfürsorge, Bd. 3, 1992, S. 13.

der systematischen Anwendung verschärfter Praktiken.[91] Viele Kommunen wandten arbeitserzieherische Fürsorgemaßnahmen an und machten die Gewährung von Unterstützungsleistungen davon abhängig. Stellten die Behörden „beharrliche Arbeitsverweigerung" oder „Arbeitsscheu" fest, drohte die Einweisung in Arbeitshäuser und Arbeitslager. Auch in diesem Kontext lassen sich ökonomische Argumente identifizieren. Die Arbeitsausbeutung, die in den Anstalten praktiziert und zur „Arbeitserziehung" stilisiert wurde, diente auch zur Senkung der Betriebskosten. Allerdings ist zu beachten, dass angesichts von Millionen Wohlfahrtsunterstützten zu Beginn der NS-Herrschaft die Disziplinierung durch Arbeit quantitativ noch nicht so bedeutend war. Sie gewann erst an Gewicht, als die Sozialausgaben aufgrund des Abbaus der Arbeitslosigkeit deutlich zurückgingen. Ab diesem Zeitpunkt „bildeten die hilfsbedürftigen Juden neben den ‚Asozialen' und ‚Zigeunern' bald die einzige Variable in den Kalkulationen der Wohlfahrtsämter".[92]

Theoretische Ansätze, die aus solchen Praktiken erwuchsen, verschrieben sich der diffusen Zielsetzung, soziale Probleme wie Armut, Krankheit und Kriminalität ein für alle Mal zu beseitigen: „Asozialität" wurde als Erblast der „Systemzeit" – einer abwertenden NS-Bezeichnung für die Weimarer Republik – interpretiert. Emmy Wagner, eine promovierte und in der Fürsorge tätige Nationalsozialistin, entwickelte 1935 die rassenhygienisch begründete Utopie der „Lösung der sozialen Frage", die das Tor für eine weitere Selektion und Verfolgung öffnete.[93] Allerdings entstand auch in der Folge kein „Generalplan" für die „Endlösung der sozialen Frage" und auch kein Vernichtungsprogramm für „Asoziale", sondern es kam zu einer Vielzahl oft dezentraler Maßnahmen.[94] Ökonomisch waren diese Konzepte nur insofern, als sie die Intention mitverfolgten, die öffentlichen Soziallasten zu senken.

Allerdings gab es vonseiten der auf die Ökonomie orientierten Instanzen des NS-Herrschaftsapparates ein Interesse an der quantitativen Seite der Ausgrenzungs- und Vernichtungspolitik. Ende Januar 1936 beauftragte das Reichswirtschaftsministerium das Statistische Reichsamt, „die Größe des jüdischen Anteils am deutschen Volksvermögen" zu schätzen.[95] Um die Pogromnacht vom November 1938 legte das Statistische Reichsamt eine zweckrationale und in Anbetracht ihres Gegenstands zynische Hochrechnung der volkswirtschaftlichen Kosten. Diese erfasste nicht nur eine Berechnung eines Nettovermögensbetrags der jüdischen Bevölkerung von rund 5,1 Milliarden RM im sog. Altreich, sondern wies auch einen Schätzwert für die Pensions- und Rentenansprüche (781 Millionen Reichsmark) aus. Eine Weiterleitung dieser Zahlen an das Arbeitsministerium oder eine andere mit sozialpolitischen Fragen befasste Instanz ist

---

91 *Ayaß*, „Asoziale", S. 20–40.
92 *Gruner*, Öffentliche Wohlfahrt, S. 326.
93 *Emmy Wagner*, Grundfragen einer artbewussten Fürsorge, Berlin 1935; vgl. *Ayaß*, „Asoziale", S. 220 f.
94 *Ayaß*, „Asoziale", S. 220.
95 *Rainer Fremdling*, Wirtschaftsstatistik 1933–1945, in: Albrecht Ritschl (Hrsg.), Das Reichswirtschaftsministerium in der NS-Zeit. Wirtschaftsordnung und Verbrechenskomplex, Berlin 2016, S. 263.

nicht belegt. Dieser Befund unterstützt die These des Fehlens eines ökonomischen „Generalplans" im Hinblick auf die Senkung des Sozialbudgets.

5.5.5 Sozialpolitik im Krieg

Kriegssozialpolitik war vor allem Arbeitsmarktpolitik. Im Mittelpunkt standen die Lohngestaltung, die Arbeitsplatzvermittlung sowie Probleme des Arbeitseinsatzes. Demgegenüber fielen die Novellierungen in der Sozialleistungspolitik deutlich ab. Auch in anderen sozialpolitischen Bereichen gab es kaum Änderungen, insbesondere nicht grundlegender Natur, sodass über das Jahr 1939 hinaus weitgehend Kontinuität herrschte.[96] Von der Steigerung der Intensität einer völkisch-rassistischen Sozialpolitik war bereits die Rede. Während des Krieges drückte sich dies vor allem darin aus, dass in einschlägigen Gesetzesänderungen diesbezügliche Verschärfungen eingefügt wurden.

Die Kriegswirtschaftsverordnung vom 4. September 1939 nahm sich vor allem lohnpolitischer Fragen an. Sie versuchte, eine Reihe von Restriktionen in Sinne einer Umstellung auf die Kriegswirtschaft durchsetzen. Dazu gehörten die Streichung aller Zulagen für Überstunden sowie für Nacht- und Feiertagsschichten. Dadurch fielen die nominalen Effektivlöhne um schätzungsweise acht Prozent. Zudem wurde die tarifvertraglich begrenzte Arbeitszeit von acht bis zehn Stunden täglich aufgehoben. Es hagelte Proteste von allen Seiten, insbesondere aus den Reihen der Belegschaften. Innerhalb weniger Wochen sorgten Göring und das Reichsarbeitsministerium für einen Kurswechsel. Nach Aufhebung der strittigen Kriegsverordnungen galten ab 12. Oktober 1939 wieder das vorherige Lohnniveau und die gewohnte Arbeitszeit.[97] Es folgten weitere Versuche, die Arbeitszeit hochzuschrauben; beispielsweise ordnete Rüstungsminister Todt im Mai 1940 für die männlichen Beschäftigten in der Rüstungsindustrie generell eine Wochenarbeitszeit von 60 Stunden an, für Frauen 54 Stunden. Auch diese Anordnung wurde im September 1940 wegen Leistungsrückgangs und der „vermeintlich günstigen Kriegslage" wieder aufgehoben.[98]

Dem Scheitern der Implementierung von Lohnsenkungen folgte eine Abkehr von der restriktiven Sozialleistungspolitik. Im Krieg weichte das strenge Finanzgebaren allgemein auf, sodass sich die Politik der „sozialen Bestechung" der Arbeiterschaft fortsetzen ließ.[99] Die Aufhebung der seit der Weltwirtschaftskrise aufrecht erhaltenen Leistungskürzungen rückte schrittweise auf die Agenda, bediente sich aber „eher kleine[r] als große[r] Befriedungsmittel".[100] Die starken Einschnitte bei der Höhe der

---

96 *Recker*, Nationalsozialistische Sozialpolitik, S. 17.
97 *Recker*, Nationalsozialistische Sozialpolitik, S. 37–49.
98 *Roland Peter*, Rüstungspolitik in Baden. Kriegswirtschaft und Arbeitseinsatz in einer Grenzregion im Zweiten Weltkrieg, München 1995, S. 271.
99 *Hentschel*, Geschichte der deutschen Sozialpolitik, S. 144.
100 *Schmidt*, Sozialpolitik in Deutschland, S. 65.

Invalidenrente wurden durch ein Gesetz vom 1. August 1941 zurückgenommen. Eine Einkommensverbesserung brachte auch die 1939 und 1942 vorgenommene Erhöhung der Kinderzuschüsse. Anfang 1941 wurden die Krankenkassen von der Verpflichtung entbunden, sich auf die gesetzlichen Regelleistungen zu beschränken. Krankenpflege wurde nicht mehr nur 26 Wochen gewährt, sondern so lange, bis vollständige Heilung eingetreten war. Der Kreis der Sozialversicherten erweiterte sich, indem die Rentner in die Krankenversicherung einbezogen wurden; die Rentenversicherungsträger führten den Orts- und Landeskrankenkassen für die Durchführung pauschale Prämien ab. Im Februar 1942 dehnte das Regime die Unfallversicherung auf alle lohnabhängigen Arbeitnehmer aus. Bereits beschrieben wurde die Erweiterung der Mutterschaftsfürsorge durch das Mutterschutzgesetz vom 17. Mai 1942, die sie der Krankenversicherung übertrug.[101]

Die Bedeutung der Fürsorge stieg im Krieg. Die Zahl der unterstützten Personen im Deutschen Reich, inklusive der eingegliederten Ostgebiete, lag Ende 1942 bei knapp 1,7 Millionen Personen, das waren 1,9 Prozent der Bevölkerung. Sie bezogen zu drei Vierteln Leistungen der gehobenen Fürsorge.[102] Trotz der Vermehrung der Unterstützungsursachen durch den Krieg war der Anteil der unterstützten Bevölkerung gegenüber 2,3 Prozent im Jahr 1938 zurückgegangen, was auf restriktive Praktiken bei der Leistungsgewährung schließen lässt.[103] Die auf dem Krisenniveau eingefrorenen Richtsätze wurden zum Gegenstand von Kritik, denn die Einführung des Rationierungssystem offenbarte, dass die Fürsorgeleistungen nicht zum Erwerb der Güter des lebensnotwendigen Bedarfs ausreichten. Der Richtsatzerlass vom 31. Oktober 1941 schränkte die kommunale Festlegungskompetenz ein, doch veränderten sich die Sätze kaum und die erwarteten Erhöhungen blieben aus. Lediglich das Gefälle zwischen Stadt und Land verringerte sich; außerdem erhielten die bisher vernachlässigten Zuschlagsempfänger, sofern sie als „Reichsbürger" klassifiziert waren, höhere Leistungen, was sich vor allem in den Kinderzuschlägen niederschlug.[104] Dennoch hatten auch die bessergestellten Fürsorgeempfänger in der gehobenen Fürsorge keinen Wohlfahrtsgewinn. Auf Grund des Anstiegs der Lebenshaltungskosten um 11,2 Prozent zwischen 1936 und 1942 sanken ihre Realeinkommen.[105]

Im November 1940 ließ der Vorsitzende der Deutschen Arbeitsfront Robert Ley durch seinen Stellvertreter verkünden, es sei der Wunsch des „Führers", dass „der Sieg jedem deutschen Menschen ein besseres Leben" bringe.[106] Er setzte einen Reichsorganisationsleiter mit den fünf Aufgabenfeldern Altersversorgung, Gesundheitswerk,

---

101 *Frerich/Frey*, Sozialpolitik, Bd. 1, S. 294f., 301f.; *Hentschel*, Geschichte der deutschen Sozialpolitik, S. 144.
102 Die Entwicklung öffentlicher Fürsorge am 31. Dezember 1942, in: Wirtschaft und Statistik 23, 1943, S. 180.
103 Statistisches Jahrbuch des Deutschen Reichs 1943, S. 618.
104 *Boldorf*, Fürsorge im Umbruch, S. 398f.; *Rudloff*, Öffentliche Fürsorge, S. 194f.
105 *Boldorf*, Sozialfürsorge, S. 89.
106 *Recker*, Nationalsozialistische Sozialpolitik, S. 82.

Reichslohnordnung, Berufserziehungswerk, soziales Wohnungsbauprogramm ein. Dessen Aufgabe war die Ausarbeitung eines Programms, das als „Sozialwerk des Deutschen Volkes" bezeichnet wurde.[107] Die Planungen, die das Arbeitswissenschaftliche Institut der DAF vorlegte, entstanden ungefähr gleichzeitig mit dem britischen Beveridge-Plan, der der europäischen sozialpolitischen Neuordnung nach dem Krieg als Orientierungspunkt diente.[108] Wie bei Beveridge strebte Leys Versorgungswerk nach einer Einbeziehung der Gesamtbevölkerung – nicht nur der „Schutzbedürftigen" oder spezifischer sozialer Gruppen – in das einheitlich zu gestaltende Sicherungssystem. Die Trennung von Arbeiter- und Angestelltenversicherung sollte aufgehoben und somit eine Volksversicherung ausgebaut werden. Mit Steuerleistungen war die Einführung einer garantierten Grundrente für alle „Reichsbürger" geplant. In diesem Begriff liegt das Hauptunterscheidungsmerkmal zu Beveridge: Das „Sozialwerk" war exklusiv für „Volksgenossen" vorgesehen und schloss „asoziale Elemente" aus. Es verschrieb sich einer Leistungsideologie mit einer „Pflicht zur Arbeit". An die Stelle eines Anspruchsrechts auf Sozialleistungen trat eine rechtlich nicht bindende „gegenseitige Treuepflicht". Über allem stand der „Nutzen für die Nation", d. h. der Sozialschutz für das Kollektiv sollte Vorrang vor der Sorge um das Individuum haben.[109] Weder die Pläne für einen Umbau des Renten- und Gesundheitssystems noch diejenigen zur Neugestaltung des Lohnsystems und für ein Wohnungsbauprogramm wurden verwirklicht. Das übergroß dimensionierte „Sozialwerk" hatte ohnehin geringe Realisierungschancen und entfaltete letztlich nur propagandistische Wirkung. Im Endeffekt blieb das in der NS-Ära des Öfteren in Frage gestellte System der gegliederten Sozialversicherung erhalten.

Das immer strenger ausgelegte Kriterium der Verwertbarkeit verschärfte auch die Exklusion nichtjüdischer und nicht rassisch verfolgter Bevölkerungsteile. Einrichtungen der Alten- und Gebrechlichenpflege wurden anderen Verwendungen zugeführt. Nach dem Überfall auf die Sowjetunion wurden Alterskranke aus den Hospitälern verdrängt. Sie entsprachen nicht dem Muster der NS-Sozialpolitik im Krieg, das auf militärische Nutzung der Menschen oder auf ihre Arbeitskraft setzte. Der knappe Krankenhausraum solle deshalb „für die jungen leistungsfähigen Menschen" sichergestellt werden. Im Zuge der Evakuierung gingen luftkriegsbedrohte Städte ab 1942 dazu über, Alte und Sieche in die Süd- und Ostgebiete des Deutschen Reiches abzuschieben. Die Mangelgüter Gesundheitsfürsorge und -pflege waren nach gesellschaftlicher „Nützlichkeit", d. h. nach strikten utilitaristischen Prinzipien, zu verteilen.[110]

---

107 Vgl. *Teppe*, Zur Sozialpolitik, S. 237–248; *Recker*, Nationalsozialistische Sozialpolitik, S. 98–109.
108 Zur Wirkungsgeschichte des Beveridge-Plans vgl. *Ritter*, Sozialstaat, S. 147–158.
109 *Schmidt*, Sozialpolitik in Deutschland, S. 63 f.; *Recker*, Nationalsozialistische Sozialpolitik, S. 98–109.
110 *Süß*, Gesundheitspolitik, S. 84

5.5.6 Schluss

Die These des Primats der rassistisch-völkischen Orientierung der Sozialpolitik wurde in diesem Beitrag ausführlich entwickelt. Ihre Kernelemente umfassen die sukzessive Radikalisierung der Sozialgesetzgebung, der Verschärfung der Separierung auf kommunaler Ebene, vor allem in der offenen Wohlfahrtspflege, und das Eindringen des Sozialrassismus in die Fürsorgepraxis. Dies mündete in eine systematische Ausgrenzung der jüdischen Bevölkerung, aber auch sogenannter Asozialer durch die Wohlfahrtsbehörden. Entwürfe für eine „völkische" Revision der Wohlfahrt blieben im Planungsstadium stecken. Abgesehen von sehr alten Werken kommt keine wissenschaftliche Darstellung zur NS-Sozialpolitik ohne einen allgemeinen Verweis auf die Dominanz der rassistischen Ideologie aus, doch häufig wird dies nicht systematisch in die sozialpolitische Analyse einbezogen.

Die These der organisatorischen Kontinuität des Sozialleistungssystems setzt in den klassischen Bereichen der sozialen Sicherung – der Unfall-, Kranken-, Invaliditäts- und Altersversicherung – an. Diese blieben als gegliedertes Sozialversicherungssystem mit unterschiedlichen Trägern erhalten, obwohl sie in der Reichsversicherung organisatorisch zusammengeschlossen wurden. Die als „konservativ-autoritär" bezeichnete Umformung bestand nicht allein darin, dass die demokratische Partizipation der Versicherten im Rahmen der Selbstverwaltung gänzlich abgeschafft, sondern auch darin, dass zwecks finanzieller Konsolidierung ein strikter Sparkurs eingeschlagen wurde. Zu wenig Beachtung schenkt die Kontinuitätsthese dem Hegemonialstreben der NSV. Diese Zielsetzung bezog sich nicht allein auf die erfolgreich verlaufene Verdrängung der Träger der öffentlichen Wohlfahrt. Die NS-Parteiorganisation entwickelte einen letztlich nicht erfüllten Totalitätsanspruch, denn ihre Pläne, die gesamte Fürsorgetätigkeit im Reich zu übernehmen, scheiterten, etwa die einer reichsweiten Aneignung der Jugendhilfe.[111] Jedoch arbeitete die NSV in der offenen Fürsorge fortwährend an der Zurückdrängung der staatlichen Verwaltung und griff in ihren Aktivitäten über die Reichsgrenzen hinaus, indem sie in die besetzten Gebiete vordrang.[112] Die Organisation bildete flächendeckend die Speerspitze der rassistisch-völkischen Umformung der Wohlfahrtspflege.

Die These der „dienenden Sozialpolitik" unter der NS-Herrschaft rückt den Aspekt der Finanzierung der Sozialpolitik stärker in den Vordergrund.[113] Das federführende Reichsarbeitsministerium setzte den Abbau von Leistungen fort, der unter den Präsidialregierungen in der Wirtschaftskrise am Ende der Republik begonnen hatte. Die gewährten Sozialleistungen blieben auf dem niedrigen Krisenniveau eingefroren. Trotz Abklingen der Krisensymptome infolge der Schaffung von Beschäftigung wur-

---

111 *Gruner*, Öffentliche Wohlfahrt, S. 30.
112 *Daniel Hadwiger*, Nationale Solidarität und ihre Grenzen. Die deutsche „Nationalsozialistische Volkswohlfahrt" und der französische „Secours national" im Zweiten Weltkrieg, Stuttgart 2021.
113 *Stolleis*, Geschichte des Sozialrechts, S. 207.

den den Sozialversicherten weiterhin hohe Beiträge abverlangt. Zur Eindämmung des Konsums wurde das Reallohnniveau niedrig gehalten, es galt „durch Propaganda zu kompensieren, was materiell fehlte".[114] Die überschüssigen Mittel wurden zur Querfinanzierung und Abführung von Sozialversicherungsmitteln in den Bereich der allgemeinen Staatsfinanzierung überführt und dann zur Kriegsvorbereitung zweckentfremdet oder nach 1939 zur Kriegsführung verwendet.

Schließlich kann noch die These der partiellen Modernisierung durch die NS-Sozialpolitik gestreift werden, die in neueren Forschungen allerdings kaum mehr aufgegriffen wird. Ihr Bestreben ist die Einbettung des NS-Sozialpolitik in die *longue durée*, d. h. die Diskussion einer Pfadabhängigkeit in der deutschen Geschichte. Zu den Ausgangsbeobachtungen gehört die organisatorische Kontinuität, die in deutschen Traditionen wurzelte und im Nachkriegsdeutschland weiterwirkte. Somit könne „korporatistische Kontinuität" als tragendes Element einer Pfadabhängigkeit interpretiert werden.[115] In Anlehnung an Modernitätstheorien wurde darüber hinaus die Annahme entwickelt, dass sich in der NS-Sozialpolitik der „Anspruch auf Sozialgestaltung"[116] und die „Verheißungen einer technokratischen Lösung sozialer Konflikte" niedergeschlagen hätten.[117] Diese Abstraktion der völkischen und rassenpolitischen Zielsetzungen zum Beleg einer „Modernisierung" steht auf tönernen Füßen. Keines der Hauptkennzeichen der NS-Sozialpolitik, weder ihre autoritären Züge noch ihre Praxis der sozialen Exklusion, lassen sich als „modern" bezeichnen. Die Fokussierung auf mögliche „Modernisierungsleistungen" ist eine „perspektivische Engführung, die den Kern der nationalsozialistischen Herrschaft verfehlt."[118]

Wenn man dagegen die NS-Sozialpolitik unter dem Primat der rassistisch-völkischen Orientierung betrachtet, gewinnen die Möglichkeiten der Perversion und des Missbrauchs des Sozialstaats klare Züge.[119] Der Sozialrassismus war nicht ökonomisch begründet und wurde nur zu einem geringen Teil und meist nachträglich so legitimiert, z. B. als Wille zur Entlastung der kommunalen Haushalte oder zur Verwertung der Arbeitskraft. Die individuelle Hilfe für den Einzelnen wurde umgedeutet in einen Utilitarismus, der auf die nebulöse Idee der Volksgemeinschaft und die Nation ausgerichtet war. Großzügige Unterstützung für die „Volksdeutschen", die aus diesem Konstrukt nicht ausgeschlossen waren, gewährte die NS-Sozialpolitik aber auch nicht generell, sondern nur, wenn eine soziale Gruppe auf eine positive Distinktion wie etwa Pronatalismus oder Militarismus verweisen konnte.

---

114 *Stolleis*, Geschichte des Sozialrechts, S. 207.
115 *Günther Schulz*, Wohlfahrtsstaat und institutionelle Kontinuitäten. Zur Einführung, in: Vierteljahrschrift für Sozial- und Wirtschaftsgeschichte 93, 2006, S. 486.
116 *Metzler*, Der deutsche Sozialstaat, S. 137.
117 *Hockerts*, Einführung, in: Hockerts, Drei Wege, S. 9.
118 *Schneider*, In der Kriegsgesellschaft, S. 493.
119 *Ritter*, Sozialstaat, S. 133.

Auswahlbibliografie

Ayaß, Wolfgang, „Asoziale" im Nationalsozialismus, Stuttgart 1995.
Boldorf, Marcel, Fürsorge im Umbruch. Die Provinz Brandenburg von der Weimarer Republik bis zur Auflösung der Länder in der DDR (1920–1952), in: Wolfgang Hofmann (Hrsg.), Fürsorge in Brandenburg. Entwicklungen, Kontinuitäten, Umbrüche, Berlin 2007, S. 371–410.
Buchheim, Christoph, Das NS-Regime und die Überwindung der Weltwirtschaftskrise in Deutschland, in: Vierteljahrshefte für Zeitgeschichte 56, 2008, S. 381–414.
Erker, Paul, Rente im Dritten Reich. Die Reichsversicherungsanstalt für Angestellte 1933 bis 1945, Berlin/Boston 2019.
Frerich, Johannes/Frey, Martin, Handbuch der Geschichte der Sozialpolitik in Deutschland, Bd. 1: Von der vorindustriellen Zeit bis zum Ende des Dritten Reiches, 2. Aufl. München/Wien 1996.
Geyer, Martin H., Soziale Sicherheit und wirtschaftlicher Fortschritt. Überlegungen zum Verhältnis von Arbeitsideologie und Sozialpolitik im „Dritten Reich", in: Geschichte und Gesellschaft 15, 1989, S. 382–406.
Gruner, Wolfgang, Öffentliche Wohlfahrt und Judenverfolgung. Wechselwirkung lokaler und zentraler Politik im NS-Staat (1933–1942), München 2002.
Hansen, Eckhard, Wohlfahrtspolitik im NS-Staat. Motivationen, Konflikte und Machtstrukturen im „Sozialismus der Tat" des Dritten Reichs, Augsburg 1991.
Hentschel, Volker, Geschichte der deutschen Sozialpolitik 1880–1980, Frankfurt am Main 1983.
Hockerts, Hans Günter (Hrsg.), Drei Wege deutscher Sozialstaatlichkeit. NS-Diktatur, Bundesrepublik und DDR im Vergleich, München 1998.
Klimo, Alexander, Im Dienste des Arbeitseinsatzes. Rentenversicherungspolitik im Dritten Reich, Göttingen 2018.
Mason, Timothy W., Sozialpolitik im Dritten Reich. Arbeiterklasse und Volksgemeinschaft, Opladen 1977.
Recker, Marie-Luise, Nationalsozialistische Sozialpolitik im Zweiten Weltkrieg, München 1985.
Reidegeld, Eckart, Staatliche Sozialpolitik in Deutschland, Bd. 2: Sozialpolitik in Demokratie und Diktatur 1919–1945, Wiesbaden 2006.
Sachße, Christoph/Tennstedt, Florian, Geschichte der Armenfürsorge in Deutschland. Bd. 3: Der Wohlfahrtsstaat im Nationalsozialismus, Stuttgart 1992.
Schmidt, Manfred G., Sozialpolitik in Deutschland. Historische Entwicklung und internationaler Vergleich, 2. Aufl. Opladen 1998.
Schulz, Günther, Wohlfahrtsstaat und institutionelle Kontinuitäten. Zur Einführung, in: Vierteljahrschrift für Sozial- und Wirtschaftsgeschichte 93, 2006, S. 481–486.
Stolleis, Michael, Geschichte des Sozialrechts in Deutschland, Stuttgart 2003.
Teppe, Karl, Zur Sozialpolitik des Dritten Reiches am Beispiel der Sozialversicherung, in: Archiv für Sozialgeschichte 17, 1977, S. 195–250.

6 Expansion und Verfolgung

Marc Buggeln
6.1 Großraumwirtschaft

6.1.1 Einleitung

Volk, Rasse und Raum stellten zentrale Begrifflichkeiten der nationalsozialistischen Weltanschauung dar. Sie bündelten sich im Begriff des „Lebensraums", der den Raum beschreiben sollte, den das „deutsche Volk" bzw. die „arische Rasse" benötigte, um gut leben zu können. In der Praxis diente der Begriff aber vor allem als Rechtfertigung für geplante territoriale Expansionen. Dabei bestand eine enge Verbindung der „Lebensraum"-Konzeption mit den Begriffen „Großraum" und „Großraumwirtschaft". Adolf Hitler, Alfred Rosenberg und Heinrich Himmler verwendeten dabei die Begriffe „Lebensraum" und „Großraum" weitgehend synonym.[1] Der Begriff „Großraum" wurde aber bald in die Alltagssprache aufgenommen und für so unterschiedliche Dinge wie „Raum im Osten", Kolonien oder auch zur Bezeichnung ökonomisch eng verbundener Regionalmärkte benutzt.[2] Der Begriff „Großraumwirtschaft" bezeichnete in der nationalsozialistischen Weltanschauung die wirtschaftliche Seite des Lebensraumes.[3] Ziel der nationalsozialistischen Führungselite war die Errichtung eines europäischen Großraums unter deutscher Führung, der Deutschland weitgehend wirtschaftlich unabhängig von den als rivalisierend betrachteten anderen Großwirtschaftsräumen, insbesondere den USA und dem britischen Empire machen sollte.

Dabei griffen die Nationalsozialisten sowohl auf ältere deutsche Europa-Ideen als auch auf geostrategische Konzepte anderer Nationen zurück. Doch als man Frankreich im Sommer 1940 besiegt hatte, existierten bestenfalls grobe Vorstellungen, wie der nun weitgehend unter deutschen Einfluss geratene europäische Raum wirtschaftlich zu organisieren war. Eine schnell ins Leben gerufene Unterabteilung im Reichswirtschaftsministerium koordinierte die Planung, woraufhin noch im Sommer 1940 wichtige Grundsatzentscheidungen getroffen wurden, von denen einige bis Kriegsende Bestand hatten. Doch mit dem Kriegsverlauf änderten sich sowohl die ergriffenen Maßnahmen und Ziele wie auch die Propaganda gegenüber der Bevölkerung in den von Deutschland besetzten Gebieten.

Während in den alliierten Prozessen gegen die Kriegsverbrecher die wirtschaftlichen Praktiken im Rahmen der Neuordnungsplanung ins Blickfeld gerieten, verschwanden sie danach vorerst aus dem Blickfeld der Forschung. In der Bundesrepublik

---

1 *Ludolf Herbst*, Der Krieg und die Unternehmensstrategie deutscher Industrie-Konzerne in der Zwischenkriegszeit, in: Martin Broszat/Klaus Schwabe (Hrsg.), Die deutschen Eliten und der Weg in den Zweiten Weltkrieg. München 1989, S. 77.
2 *Herbst*, Unternehmensstrategie, S. 77 f.; *Achim Bay*, Der nationalsozialistische Gedanke der Großraumwirtschaft und seine ideologischen Grundlagen. Darstellung und Kritik, Köln 1962, S. 9 f.
3 *Bay*, Großraumwirtschaft, S. 6.

erschienen ab Anfang der 1960er Jahre nur erste Arbeiten, die sich ideengeschichtlich mit den nationalsozialistischen Europa- bzw. Großraum-Ideen auseinandersetzten.[4] Fast gleichzeitig begannen sich vor allem Historiker in der DDR mit den wirtschaftlichen Praktiken, die der Neuordnungsplanung folgten, zu beschäftigen. Hierbei lag der Schwerpunkt meist auf den Planungen deutscher Unternehmen.[5] Das erste westliche Werk, das sich explizit mit der wirtschaftlichen Seite der nationalsozialistischen Neuordnungsplanung beschäftigte, erschien 1973 in der Schweiz in französischer Sprache.[6]

Für eine Einordnung der nationalsozialistischen Europapläne in die Geschichte des deutschen Imperialismus ist die 1986 erschienene Studie von Woodruff D. Smith zentral. Smith geht davon aus, dass der deutsche Imperialismus schon im Kaiserreich dichotomisch in zwei ideologische Hauptrichtungen gespalten war. Zum einen waren dies die Vertreter der „Weltpolitik", die einen vorrangig ökonomisch motivierten Imperialismus verfolgten. Den Anhängern der Weltpolitik standen die des „Lebensraum"-Konzeptes entgegen, die das Ziel verfolgten, die zunehmende Auswanderung deutscher Menschen in die Richtung deutscher Machtinteressen zu lenken.[7]

Ab Mitte der 1980er Jahre wurden die wirtschaftlichen Neuordnungsplanungen dann auch in bundesrepublikanischen Forschungen zunehmend bearbeitet. Zudem stieg die Zahl der Länderstudien zur Wirtschaftspolitik in den besetzten Gebieten deutlich an. In den 1990er Jahren weitete sich die Debatte über die Neuordnungsplanung aus. Götz Aly und Susanne Heim verknüpften die Neuordnungsdebatte mit der Bevölkerungs- und schließlich auch mit der Vernichtungspolitik.[8] Anfang der 2000er Jahre hat Marc Buggeln die Zentralität der Währungspolitik für die staatliche Seite der europäischen Großwirtschaftsraumplanung herausgearbeitet.[9] Seit Mark Mazowers grundlegender Arbeit über die nationalsozialistische Besatzungspolitik in Europa aus dem Jahr 2008 sind inzwischen eine Vielzahl von Werken auch zur ökonomischen

---

4 *Bay*, Großraumwirtschaft; *Lothar Gruchmann*, Nationalsozialistische Großraumordnung. Die Konstruktion einer „deutschen Monroe-Doktrin", Stuttgart 1962.
5 Beispielhaft: *Dietrich Eichholtz/Wolfgang Schumann* (Hrsg.), Anatomie des Krieges. Neue Dokumente über die Rolle des deutschen Monopolkapitals bei der Vorbereitung und Durchführung des zweiten Weltkrieges, Berlin (Ost) 1969; *Dietrich Eichholtz*, Geschichte der deutschen Kriegswirtschaft, Bd. 1: 1939–1941, Berlin (Ost) 1969.
6 *Jean Freymond*, Le Troisième Reich et la réorganisation de l'Europe, 1940–1942, Genf 1974.
7 Zur Grundkonzeption: *Woodruff D. Smith*, The Ideological Origins of Nazi Imperialism, New York 1986, S. 18–20; *Woodruff D. Smith*, „Weltpolitik" und „Lebensraum", in: Sebastian Conrad/Jürgen Osterhammel (Hrsg.), Das Kaiserreich transnational. Deutschland in der Welt 1871–1914, Göttingen 2004, S. 29–48.
8 *Götz Aly/Susanne Heim*, Vordenker der Vernichtung. Auschwitz und die deutschen Pläne für eine neue europäische Ordnung, Frankfurt am Main 1993.
9 *Marc Buggeln*, Währungspläne für den europäischen Großraum. Die Diskussion der nationalsozialistischen Wirtschaftsexperten über ein zukünftiges europäisches Zahlungssystem, in: Beiträge zur Geschichte des Nationalsozialismus 18, 2002, S. 41–76. Dazu nun umfassender: *Paolo Fonzi*, La moneta nel grande spazio. La pianificazione nazionalsocialista dell'integrazione monetaria europea 1939–1945, Mailand 2011.

und finanziellen Seite der Besatzungspolitik erschienen.[10] Zuletzt erschien ein Überblicksband zur Neuordnungsplanung.[11]

6.1.2 Pangermanismus, Lebensraum und deutsche Europa-Ideen bis 1933

Bis 1871 blieben deutsche Vorstellungen von der Beherrschung größerer Räume sehr limitiert.[12] Frühe deutsche Mitteleuropa-Konzepte waren deswegen zentral auf die Errichtung eines starken deutschen Staates ausgerichtet.[13] Nach der Gründung des deutschen Kaiserreichs verfolgte Kanzler Bismarck eine europäische Bündnispolitik, die Deutschland im Konzert der europäischen Großmächte etablieren sollte. Stärker aggressiven Ideen von einem Mitteleuropa unter deutscher Führung stand er eher skeptisch gegenüber.[14]

Mit Bismarcks Abtritt gewannen die Mitteleuropa-Vorstellungen erheblich an Bedeutung. Insbesondere der pangermanisch und völkisch argumentierende Alldeutsche Verband und der von der Schwerindustrie geführte Centralverband deutscher Industrieller vertraten eine Position, die ein von Deutschland dominiertes Mitteleuropa als Schutz vor Frankreich und Russland betrachtete.[15] In fast allen deutschen Mitteleuropakonzeptionen seit Ende des 19. Jahrhunderts verband sich damit die Idee eines arbeitsteiligen und möglichst blockadesicheren Europas.[16] Eine solche europäische Absicherung bildete für die Alldeutschen die Grundlage für die Errichtung eines deutschen Kolonialreichs.[17]

Die wesentlichen Träger der Lebensraumideologie im Kaiserreich kamen aus der Landwirtschaft, dem Handwerk und dem Bildungsbürgertum. Zwar waren an der Gründung des Alldeutschen Verbandes auch Industrielle beteiligt, aber letztlich wurde die Lebensraumideologie im Kaiserreich vor allem vom ländlichen wie städtischen Mittelstand getragen. Dies lag auch darin begründet, dass der Alldeutsche Verband auf

---

10 *Mark Mazower*, Hitler's Empire. Nazi Rule in Occupied Europe, London 2008. Für die neueren Studien beispielhaft *Hein Klemann/Sergei Kudryashov* (Hrsg.), Occupied Economies. An Economic History of Nazi-Occupied Europe. 1939–1945, London/New York 2012.
11 *Raimund Bauer*, The Construction of a National Socialist Europe during the Second World War. How the New Order Took Shape, London 2019.
12 *Henry Cord Meyer*, Mitteleuropa in German Thought and Action 1815–1945, Den Haag 1955, S. 8–29.
13 *Jörg Brechtefeld*, Mitteleuropa and German Politics. 1848 to Present, Houndmills 1996, S. 17.
14 *Brechtefeld*, Mitteleuropa, S. 31.
15 *Hartmut Kaelble*, Industrielle Interessenpolitik in der Wilhelminischen Gesellschaft. Centralverband Deutscher Industrieller 1895 bis 1914, Berlin 1967, insb. S. 146–163.
16 *Dirk van Laak*, Über alles in der Welt. Deutscher Imperialismus im 19. und 20. Jahrhundert, München 2005, S. 127.
17 *Smith*, Ideological Origins, S. 71–74.

seinem Bewegungscharakter beharrte und zunehmend einen völkischen Nationalismus entwickelte.[18]

Ein zentraler Theoretiker für die Entwicklung der Lebensraumvorstellungen war der Geograph Friedrich Ratzel (1844–1904), der zugleich Gründungsmitglied des Alldeutschen Verbandes war. Kriege entschieden bei Ratzel über die Zukunftsfähigkeit eines Staatswesens. Der Kampf um Raum war notwendig. Den vermeintlich kulturell weiterentwickelten Staaten Europas gestand Ratzel ein biologisches Recht auf die koloniale Expansion zu.[19] An Ratzel angelehnt entwickelten der britische Geograph Halford J. Mackinder (1861–1947) und der schwedische Politikwissenschaftler Rudolf Kjellén (1864–1922) Anfang des 20. Jahrhunderts aus der Politischen Geografie die Geopolitik. Sie sahen die zukünftige Weltherrschaft bei einem kontinentalimperialistischen Reich liegen, das Eurasien beherrsche. Hierfür infrage kamen aus ihrer Sicht nur Russland oder Deutschland, wobei insbesondere Kjellén auf eine deutsche Vorherrschaft hoffte.[20]

Der Erste Weltkrieg trieb die Entwicklung einer deutschen Expansionsideologie weiter voran. Das liberale Lager um Kanzler Bethmann-Hollweg vertrat mit führenden Vertretern der Chemie- und Elektroindustrie, insbesondere Walther Rathenau, vor allem eine Mitteleuropa-Konzeption. Nach dieser sollte bei Kriegsbeginn noch stark, dann aber zunehmend moderater annektiert werden, Deutschland sollte Ost- und Südosteuropa als wirtschaftliches Hinterland gewinnen und in Europa zur führenden Nation einer großen Zollunion werden. Ziel war die Abschaffung von Zöllen innerhalb Mitteleuropas, aber ein bestehender Zollschutz gegen den Rest der Welt. Die anderen Nationen Mitteleuropas galten darin nicht als minderwertig, sondern sollten durch die deutsche Übermacht in wirtschaftliche Abhängigkeit gebracht werden. Es waren nun vor allem die Liberalen, die für die Gewinnung eines europäischen Hinterlandes plädierten. Sie taten dies auch, weil sie in Europa weitgehend konkurrenzlos waren und davon ausgingen, dass sie den Markt für ihre Produkte innerhalb der Zollunion weitgehend beherrschen könnten.[21]

---

18 *Hannah Arendt*, Elemente und Ursprünge totaler Herrschaft, München 1986, S. 358–421; *Rainer Hering*, Konstruierte Nation. Der Alldeutsche Verband 1890 bis 1939, Hamburg 2003, S. 124–133; *Johannes Leicht*, Heinrich Claß 1868–1953. Die politische Biographie eines Alldeutschen, Paderborn 2012, S. 99–176.
19 *Hans-Dietrich Schultz*, Friedrich Ratzel. Bellizistischer Raumtheoretiker mit Naturgefühl oder Vorläufer der NS-Lebensraumpolitik? in: Claus Deimel/Sebastian Lentz/Bernhard Streck (Hrsg.), Auf der Suche nach Vielfalt. Ethnographie und Geographie in Leipzig, Leipzig 2009, S. 125–142; *Ulrike Jureit*, Das Ordnen von Räumen. Territorium und Lebensraum im 19. und 20. Jahrhundert, Hamburg 2012, S. 129–157.
20 *Gerry Kearns*, Geopolitics and Empire. The Legacy of Halford Mackinder, Oxford 2009; *Jureit*, Ordnen, S. 154 f.
21 *Fritz Fischer*, Griff nach der Weltmacht. Die Kriegszielpolitik des kaiserlichen Deutschland 1914/1918, Düsseldorf 1961. Die entsprechenden Dokumente finden sich bei: *Reinhard Opitz* (Hrsg.), Europastrategien des deutschen Kapitals, Köln 1977, S. 211–466.

Beim Alldeutschen Verband sowie beim schwerindustriellen Centralverband stieß diese Konzeption auf wenig Gegenliebe. Sie vertraten einen sehr viel weitgehenderen Dominanzanspruch, der auch offen rassistisch und antisemitisch propagiert wurde. Da die Schwerindustrie die Konkurrenz in Europa aber zu fürchten hatte, konnte dieser nicht auf rein wirtschaftlichem Wege exekutiert werden, sondern bedurfte in noch stärkerem Maße der militärisch-politischen Durchsetzung. Dementsprechend setzten die Schwerindustriellen, aber auch die Alldeutschen, auf einen Siegfrieden mit weitreichenden Annexionen und Reparationsleistungen der Unterlegenen.[22] Mit der Übernahme der Obersten Heeresleitung durch Ludendorff und Hindenburg und der Absetzung von Reichskanzler Bethmann-Hollweg setzte sich die Lebensraumideologie in den letzten Monaten des Krieges gegenüber der weltpolitischen Position in den letzten Kriegsmonaten durch.[23]

Nach dem verlorenen Krieg nahm die Bedeutung der Kolonien in deutschen außen- und wirtschaftspolitischen Vorstellungen erheblich ab.[24] Die NSDAP bewegte sich in ihren Anfängen im Hinblick auf die Expansionsziele noch weitgehend in der Diktion des alldeutschen Siedlungskolonialismus. In Punkt drei des 25-Punkte-Programmes des NSDAP-Vorgängers, der Deutschen Arbeiterpartei, hieß es: „Wir fordern Land und Boden (Kolonien) zur Ernährung unseres Volkes und Ansiedlung unseres Bevölkerungsüberschusses."[25] Doch zunehmend wurde Adolf Hitler zur entscheidenden Person der Partei und er änderte spätestens 1922 seine Meinung. Eine früher für möglich gehaltene Verständigung mit Russland hielt er aufgrund des von ihm angenommenen Einflusses des Judentums nun für unmöglich. Deswegen wurde für ihn die „Vernichtung" des Bolschewismus unumgänglich. Die „überschüssige" deutsche Bevölkerung sollte in Russland angesiedelt werden, wodurch zugleich ein Kolonialwettlauf mit Großbritannien vermeidbar schien.[26] Eine wichtige Rolle bei der Entwicklung Hitlers geopolitischer Gedankenwelt spielte der Münchener Geografie-Professor Karl Haushofer (1869–1946). Sein Schüler und zeitweiliger Assistent Rudolf Heß stellte ihn spätestens im Sommer 1921 Hitler vor.[27] Argumentativ lehnte sich Haushofer an Ratzel an, gleichzeitig verehrte er Mackinder und hielt die angelsächsische Geopolitik Anfang der 1920er Jahre für ausgereifter als die deutsche Geopolitik. Aus den Schriften Ratzels und Kjellens leitete Haushofer ein deutsches Recht darauf ab, seinen durch den Versailler Vertrag zu klein gewordenen „Lebensraum" mit Gewalt zu erweitern.[28]

---

22 *Hering*, Konstruierte Nation, S. 133–138; *Fischer*, Griff.
23 *Meyer*, Mitteleuropa, S. 251–290; *Fischer*, Griff, S. 425 f.
24 *Barry A. Jakisch*, The Pan-German League and Radical Nationalist Politics in Interwar Germany. 1918–1939, Farnham 2012; *Elvert*, Mitteleuropa, S. 35–73.
25 Deutsche Arbeiterpartei: Das Programm der Deutschen Arbeiterpartei (1920), http://ghdi.ghi-dc.org/sub_document.cfm?document_id=3910&language=german (abgerufen am: 20. 8. 2022).
26 *Ian Kershaw*, Adolf Hitler 1889–1936, Stuttgart 1998, S. 323 f.
27 *Holger H. Herwig*, The Demon of Geopolitics: How Karl Haushofer "Educated" Hitler and Hess, Lanham 2016, Kapitel 4.
28 *Dan Diner*, Grundbuch des Planeten. Zur Geopolitik Karl Haushofers, in: Vierteljahrshefte für Zeitgeschichte 32, 1984, S. 1–28; *Jureit*, Ordnen, S. 250–254.

Nach dem gescheiterten Putschversuch 1923 besuchte Haushofer Heß und zum Teil auch Hitler von Juni bis November 1924 mindestens acht Mal in Gefängnis in Landsberg.[29]

Als wichtiges Argument für den zentralen Einfluss von Haushofer auf Hitler gilt, dass dieser den Begriff „Lebensraum" in Hitlers politisches Denken eingeführt hat. Ein Brief von Heß belegt, dass Hitler sich aufgrund der Kritik seiner Mithäftlinge am Begriff von Haushofer eine ausführliche Definition schicken ließ, auf die er sich fortan bezog.[30] Hitler benutzte den Begriff dann auch im ersten Band von „Mein Kampf", doch weit sparsamer als vielfach angenommen. Ganze zehn Male findet er im ersten Band und 15 mal im zweiten Band Erwähnung. Somit wurde der Begriff bis mindestens 1933 keineswegs zum zentralen Topos von Hitlers Ideologie.[31] Stattdessen sprach Hitler deutlich öfter von „Grund und Boden" und nutzte auch den Begriff der Bodenpolitik. Im Gegensatz zum Lebensraum war mit dem Boden das konkrete Stück Land gemeint, auf welchem ein Bauer Erträge erzielen konnte. Die Kultivierung des Bodens war für Hitler Voraussetzung für eine „rassische Höherentwicklung" des deutschen Volkes. Die zentrale Differenz zu älteren konservativen Entwürfen waren eben diese rassistischen Ordnungsvorstellungen. Hitler lehnte die Vorstellung entschieden ab, dass z. B. die polnische Bevölkerung zu germanisieren sei. Volkstum und Rasse lagen für ihn nicht in der Sprache, sondern im Blut begründet. Deutscher war nur, wer deutsches Blut in den Adern hatte. Das zentrale Ziel Hitlers war es, deutsche Bauern möglichst große Teile des europäischen Bodens kultivieren zu lassen. Aus seiner Überzeugung zur Unmöglichkeit der Germanisierung fremder Völker folgte notwendigerweise, dass diese möglichst weitgehend aus dem deutschen Herrschaftsbereich entfernt werden sollten. Die Germanisierung des Bodens stellte damit den Kern seiner Expansionspläne dar.[32]

6.1.3 Weltwirtschaftskrise und nationalsozialistische Außenwirtschaftspolitik bis 1939

Richtungsweisend für die Außenhandelspolitik und „Großraumpolitik" des frühen NS-Regimes waren jedoch nicht „Blut und Boden", sondern zunächst vielmehr die Tatsachen, die die Regierung Brüning in den Jahren zwischen 1930 und 1932 geschaffen hatte. Denn im Gefolge der Weltwirtschaftskrise nahm die Regierung Brüning eine grundsätzliche Wende in der deutschen Wirtschaftspolitik und die „Auflösung der

---

29 *Herwig*, Demon, Kapitel 5.
30 *Othmar Plöckinger*, Geschichte eines Buches: Adolf Hitlers „Mein Kampf" 1922–1945, 2. Aufl. München 2011, S. 52
31 *Jureit*, Ordnen, S. 280–282.
32 *Jureit*, Ordnen, S. 278–286.

deutsch-amerikanischen ‚Achse'"[33] vor. Im Rahmen dieser politischen Kursänderung erfolgte auch die zunehmende Wendung des deutschen außenwirtschaftlichen Interesses nach Südosteuropa und eine Veränderung der Methoden der Außenwirtschaft, die unter den Stichworten Devisenbewirtschaftung, Bilateralismus, Importlenkung und Exportförderung zusammengefasst werden können.[34] Diese Wendung war zwar langfristig strategisch gewollt, andererseits aber durch den deutschen Gold- und Devisenmangel bedingt, der den Handel mit dem Westen erschwerte.[35] Im Zentrum dieser Politik stand der Versuch, zu einer Zollunion mit Österreich zu gelangen, worüber die beiden Regierungen im Frühjahr 1931 Einigkeit herstellten. Das Projekt stieß jedoch auf Kritik in Italien, Frankreich, Großbritannien und der Tschechoslowakei. Frankreich gelang es, Österreichs Staatsfinanzkrise auszunutzen und die Vergabe eines Kredites davon abhängig zu machen, dass die österreichische Regierung sich von der Idee einer Zollunion verabschiedete. Kurz darauf kam zudem der Ständige Internationale Gerichtshof in Den Haag zum Urteil, dass die Zollunion unvereinbar mit dem Haager Protokoll von 1922 war, in dem Österreich sich verpflichtet hatte, seine wirtschaftliche und finanzielle Unabhängigkeit zu bewahren. Damit war der deutsche Plan endgültig gescheitert.[36] Allerdings gelang es dem Deutschen Reich im Sommer 1931, Handelsverträge mit Rumänien und Ungarn abzuschließen.

Die Außenwirtschaftspolitik der nationalsozialistischen Regierung bewegte sich nach der Machtübernahme und bis zur Verkündigung des „Neuen Plans" im Herbst 1934 dementsprechend zunächst in der Tradition der seit 1930 eingeschlagenen Richtung. Zumindest gilt dies für die beiden wichtigsten außenwirtschaftlichen Entscheidungen, die das Regime bis in den Herbst 1934 traf: die Beibehaltung der Überbewertung der Reichsmark und ein Transfermoratorium, was westliche Länder weiter verprellte.[37]

---

33 *Gilbert Ziebura*, Weltwirtschaft und Weltpolitik 1922/24–1931, Frankfurt am Main 1984, S. 157.
34 *Stephen G. Gross*, Export Empire. German Soft Power in Southeastern Europe. 1890–1945, Cambridge 2015, S. 139–180.
35 *Ralf Banken*, Die wirtschaftspolitische Achillesferse des „Dritten Reiches". Das Reichswirtschaftsministerium und die NS-Außenwirtschaftspolitik 1933–1939, in: Albrecht Ritschl (Hrsg.), Das Reichswirtschaftsministerium in der NS-Zeit. Wirtschaftsordnung und Verbrechenskomplex, Berlin 2016, S. 113 f. Vgl. Kapitel 7.1 in diesem Band.
36 *Hermann Graml*, Zwischen Stresemann und Hitler. Die Außenpolitik der Präsidialkabinette Brüning, Papen und Schleicher, München 2001, S. 89–111; *Andreas Rödder*, Stresemanns Erbe. Julius Curtius und die deutsche Außenpolitik 1929–1931, Paderborn 1996, S. 186–226; *Frommelt*, Paneuropa, S. 85–96. Zu den gesellschaftlichen Gruppen, die auf die Zollunion drängten: *Harro Molt*, „... Wie ein Klotz inmitten Europas": „Anschluss" und „Mitteleuropa" während der Weimarer Republik 1925–1931, Frankfurt am Main 1986, S. 20–47.
37 *Eckart Teichert*, Autarkie und Großraumwirtschaft in Deutschland 1930–1939. Außenwirtschaftliche Konzeptionen zwischen Wirtschaftskrise und Zweitem Weltkrieg, München 1984, S. 113f; *Michael Ebi*, Export um jeden Preis. Die deutsche Exportförderung von 1932–1938, Stuttgart 2004, S. 68–73; *Adam Tooze*, Ökonomie der Zerstörung. Die Geschichte der Wirtschaft im Nationalsozialismus, München 2007, S. 108–118; *Dörte Doering*, Deutsche Außenwirtschaftspolitik 1933–1935, Berlin 1969, S. 141–159; *Banken*, Achillesferse, S. 121–124 und 174.

Die Weigerung, die eigene Währung abzuwerten, machte eine schärfere Regulierung der Außenwirtschaftspolitik fast unumgänglich, wenn ein baldiger Bankrott vermieden werden sollte. Der „Neue Plan" von Hjalmar Schacht übertrug die zuvor schon in einzelnen Branchen betriebene Devisen- und Rohstoffpolitik im Herbst 1934 auf die gesamte Wirtschaft. Ziel des Plans war es, nur mehr so viel zu importieren, wie durch den Export an Einnahmen generiert werden konnte.[38] Auch deutsche Firmen begannen sich nun verstärkt in Südosteuropa zu engagieren. Unter Federführung des Mitteleuropäischen Wirtschaftstages (MWT),[39] der von Krupps Schwager, Freiherr Tilo von Wilmowsky, geleitet wurde, entstanden dort langfristige Entwicklungsprojekte. Von besonderer Bedeutung war dabei der von den IG Farben seit 1934 betriebene Versuch, große Ernteflächen in Südosteuropa für den Anbau von Sojabohnen zu nutzen. Zielsetzung dieses Projekts war zum einen, den Mangel an Ölpflanzen auf dem europäischen Kontinent zu verringern, um die Blockadefestigkeit im Kriegsfall zu erhöhen. Zum anderen ging es darum, die von Ökonomen oft angeprangerte Überbesetzung der Landwirtschaft Südosteuropas mit zu unproduktiven Arbeitskräften durch den arbeitsintensiven Sojaanbau zu verringern. Das Vorhaben sollte auch den Einbruch in die Subsistenzwirtschaft der südosteuropäischen Bauern vorantreiben, da die Bauern im Falle des Sojaanbaus darauf angewiesen sein würden, die nicht essbaren Ölpflanzen zu verkaufen. Ihre Eigenversorgung würde so abhängig vom Markt werden.[40]

Da Schacht sich zunehmend dagegen aussprach, das Tempo der Aufrüstung weiter zu forcieren, wurde der im April 1936 zum „Rohstoff- und Devisenkommissar" ernannte Hermann Göring zunehmend zum zentralen Entscheidungsträger in wirtschaftlichen Fragen. Die im Herbst 1936 mit dem sogenannten Vierjahresplan gewählte Linie bedeutete keine Abkehr vom „Neuen Plan", sondern dessen weitere Radikalisierung, die die militärische Expansion immer wahrscheinlicher machte.[41]

Gegen Ende 1937 verschärften sich die Devisenprobleme weiter. Es hatte sich gezeigt, dass die südosteuropäischen Länder zwar enger an Deutschland gebunden, aber bei Weitem noch nicht so weit abhängig waren, dass Deutschland ihnen die Handels-

---

38 *Ebi*, Export, S. 117–191; *Banken*, Achillesferse, S. 131–138; *Doering*, Außenwirtschaftspolitik, S. 246–260; *Willi A. Boelcke*, Deutschland als Welthandelsmacht 1930–1945, Stuttgart 1994, S. 49–55. Vgl. Kapitel 7.1 in diesem Band.
39 *Carl Freytag*, Deutschlands „Drang nach Südosten". Der Mitteleuropäische Wirtschaftstag und der „Ergänzungsraum Südosteuropa" 1931–1945, Göttingen 2012; *Martin Seckendorf*, Entwicklungshilfeorganisation oder Generalstab des Kapitals? Bedeutung und Grenzen des Mitteleuropäischen Wirtschaftstages, in: 1999. Zeitschrift für Sozialgeschichte des 20. und 21. Jahrhunderts 3, 1993, S. 12 f.
40 *Joachim Drews*, Die „Nazi-Bohne". Anbau, Verwendung und Auswirkung der Sojabohne im Deutschen Reich und Südosteuropa (1933–1945), Münster 2004, S. 193–284. Für andere Entwicklungsprojekte in Südosteuropa *Gross*, Export Empire, S. 235–291.
41 *Joachim Radkau*, Entscheidungsprozesse und Entscheidungsdefizite in der deutschen Außenwirtschaftspolitik 1933–1940, in: Geschichte und Gesellschaft 2, 1976, S. 55; *Albrecht Ritschl*, Die deutsche Zahlungsbilanz 1936–1941 und das Problem des Devisenmangels vor Kriegsbeginn, in: Vierteljahrshefte für Zeitgeschichte 39, 1991, S. 121.

bedingungen diktieren konnte. Am 5. November 1937 teilte Hitler den Spitzen der Wehrmacht und Außenminister Neurath mit, dass auf friedlichem Wege eine Lösung der deutschen Probleme bei der Versorgung mit Nahrungsmitteln und Rohstoffen nicht zu erreichen sei, weswegen nun die Erweiterung des deutschen Lebensraumes mit militärischen Mitteln beschleunigt angegangen werden müsste.[42] Fast gleichzeitig demissionierte Schacht von seinem Amt als Wirtschaftsminister.

Als sich die Expansion klarer abzeichnete, prüfte die Vierjahresplanbehörde, inwieweit sich die Hoffnungen auf eine blockadefreie Großraumwirtschaft, gerade auch in Erinnerung an die Seeblockade im Ersten Weltkrieg, in verschiedenen Szenarien erfüllen ließen. Doch auch bei einem nahezu idealen Einbezug Südost- und Nordeuropas blieben erhebliche Lücken in der wehrwirtschaftlichen Blockadefähigkeit bestehen.[43] Eine Untersuchung kurz nach Kriegsbeginn kam zu dem Ergebnis, dass etwa 50 % der kriegswichtigen Importe im weitesten Sinne regional gesichert wären. Als „blockadesicher" galten unter großzügiger Einbeziehung Italiens, Nordeuropas und der Sowjetunion 44 % der Nahrungsmittel- und 33 % der Rohstoffimporte.[44] Steigerungsraten hatte die Außenhandelstätigkeit von 1930 bis zum Kriegsbeginn nur mit Nordeuropa, Südosteuropa und Lateinamerika aufzuweisen.[45] Doch trotz aller Handelsumlenkung war der anvisierte deutsche Großraum auch 1939 weit von Blockadefestigkeit und Autarkie entfernt.

Zudem war die Umlenkung des Handels kostspielig. Deutschland führte die Waren aus den genannten Regionen oft zu Kosten über dem Weltmarktpreis ein und konnte dies nur zum Teil durch überteuerte deutsche Exportwaren ausgleichen. Zudem ließen sich die Länder bis 1939 ihre Waren nicht auf Pump abkaufen. Deutschland war gezwungen, die bis 1934 aufgelaufenen Clearingguthaben in den nächsten Jahren zumindest teilweise abzubauen. Von einer ökonomischen Ausbeutung der kleinen Länder bis 1939 kann dementsprechend kaum gesprochen werden.[46] Dies aber als Misserfolg der deutschen Politik zu deuten, wäre verfehlt,[47] wie schon Howard S. Ellis 1941 konsta-

---

42 *Banken*, Achillesferse, S. 178. Zur Bedeutung militärischer Überlegungen in der Außenwirtschaftspolitik bis zum Krieg: *Volkmann*, NS-Wirtschaft, S. 302–374
43 *Bernd-Jürgen Wendt*, Nationalsozialistische Großraumwirtschaft zwischen Utopie und Wirklichkeit. Zum Scheitern einer Konzeption 1938/39, in: Franz Knipping/Klaus Jürgen Müller (Hrsg.), Machtbewußtsein in Deutschland am Vorabend des Zweiten Weltkrieges, Paderborn 1984, S. 223–245; *Volkmann*, NS-Wirtschaft, S. 412–435.
44 *Teichert*, Autarkie, S. 21 f.; *Volkmann*, NS-Wirtschaft, S. 413–415.
45 *Teichert*, Autarkie, S. 19. Vgl. Kapitel 7.1 in diesem Band.
46 *Albrecht Ritschl*, Nazi Economic Imperialism and the Exploitation of the Small: Evidence from Germany's Secret Foreign Exchange Balances, 1938–1940, in: Economic History Review 54, 2001, S. 324–345.
47 Dies taten insbesondere viele angloamerikanische Kommentatoren vor Kriegsbeginn, aber auch Alan S. Milward sprach noch 1981 davon, dass die südosteuropäischen Länder die prekäre ökonomische Situation Deutschlands ausgenutzt hätten: *Alan S. Milward*, The Reichsmark Bloc and the International Economy, in: Gerhard Hirschfeld/Lothar Kettenacker (Hrsg.), Der „Führerstaat". Mythos und Realität. Studien zur Struktur und Politik des Dritten Reiches, Stuttgart 1981, S. 401.

tierte.⁴⁸ Die deutsche Regierung verfolgte bei ihrem Handeln insbesondere gegenüber Südosteuropa vorrangig politische und militärische Ziele, wogegen kurzfristige ökonomische Vorteile eher nachrangig waren. Es ging Hitler und seinen Militärs darum, den kommenden Krieg zu gewinnen. Wenn dieser siegreich beendet wäre, würden sich ökonomischen Gewinne in dieser Sicht leicht realisieren lassen.

Das Denken in wirtschaftlichen Großräumen war keineswegs auf Deutschland begrenzt. Auch andere Großmächte richteten ihre Außenwirtschaftspolitik nach Einflusssphären aus, wobei zumindest in Großbritannien und den USA ökonomische Faktoren einen deutlich höheren Stellenwert in der Außenwirtschaftspolitik einnahmen als im deutschen Fall. Zugleich aber galt die US-amerikanische Monroe-Doktrin auch in vielen deutschen Debatten als zentraler Meilenstein für das Denken in Großräumen. Der US-Präsident James Monroe hatte 1823 verkündet, dass die USA jeden Versuch europäischer Mächte, in Lateinamerika Land in Besitz nehmen zu wollen, bekämpfen würden.⁴⁹ Carl Schmitt nannte dies 1939 ein „Interventionsverbot für raumfremde Mächte".⁵⁰ 1904 verwandelte Präsident Theodore Roosevelt die vormals eher defensive Doktrin in eine aggressive Politik, indem er den Anspruch formulierte, dass nur die USA einen Anspruch auf Interventionen auf dem gesamten amerikanischen Kontinent habe (*Roosevelt-Corollary*), was insbesondere auch auf ein Eingreifen bei Problemen lateinamerikanischer Länder bei der Schuldenrückzahlung bezogen war. In den betroffenen Ländern sorgte diese Ankündigung für Entsetzen und Angst.⁵¹ Erst Franklin D. Roosevelt widerrief diese unilaterale Amerika-Konzeption und versuchte im Rahmen der *Good Neighbor Policy* zu gemeinsamen Absprachen mit den lateinamerikanischen Ländern zu kommen, auch, um ein Bündnis gegen das nationalsozialistische Deutschland zu schließen. Denn die USA betrachten die deutschen Versuche zur Verstärkung des Handels mit Südamerika mit äußerster Sorge.⁵² Großbritannien hatte in der Folge der Weltwirtschaftskrise 1932 sein Zollpräferenzsystem mit den Kolonien und Dominions gestärkt.⁵³ Und Japan verfolgte in Ostasien unter

---

48 *Howard S. Ellis*, Exchange Control in Central Europe, Cambridge 1941, S. 289.
49 *Ernest R. May*, The Making of the Monroe Doctrine, Cambridge (Mass.) 1975; *Heiko Meiertöns*, Die Doktrinen U.S.-amerikanischer Sicherheitspolitik. Völkerrechtliche Bewertung und ihr Einfluss auf das Völkerrecht, Baden-Baden 2006, S. 43–95.
50 *Carl Schmitt*, Völkerrechtliche Großraumordnung mit Interventionsverbot für raumfremde Mächte. Ein Beitrag zum Reichsbegriff im Völkerrecht, Berlin 1939.
51 *Cyrus Veeser*, Inventing Dollar Diplomacy. Gilded-Age Origins of the Roosevelt Corollary to the Monroe Doctrine, in: Diplomatic History 27, 2003, S. 301–326; *Kris James Mitchener/Marc D. Weidemeier*, Empire Public Goods, and the Roosevelt Corollary (NBER Working Paper 10729), Cambridge/Massachusetts 2004.
52 *Mary E. Stuckey*, The Good Neighbor. Franklin D. Roosevelt and the Rhetoric of American Power, East Lansing/Michigan 2013; *Hans-Jürgen Schröder*, Das Dritte Reich, die USA und Lateinamerika 1933–1941, in: Manfred Funke (Hrsg.), Hitler, Deutschland und die Mächte. Materialien zur Außenpolitik des Dritten Reiches, Düsseldorf 1976, S. 339–364.
53 *Francine McKenzie*, Imperial Solutions to International Crises. Alliances, Trade and the Ottawa Imperial Economic Conference of 1932, in: John Fisher/Effie Pedaliu/Richard Smith (Hrsg.), The Foreign Office, Commerce and British Foreign Policy in the Twentieth Century, London 2016, S. 165–187.

der Bezeichnung „Greater East-Asia Co-Prosperity Sphere" eine ähnliche aggressive Großwirtschaftsraumpolitik wie das nationalsozialistische Deutschland, die sie selbst aber eher als Äquivalent zur Monroe-Doktrin präsentierten.[54]

Am deutlichsten zeigte sich die Tendenz zu abgeschlosseneren Großwirtschaftsräumen vor Kriegsbeginn auf dem Währungsgebiet. Hier hatten sich in der Folge der unterschiedlichen Abwertungen im Rahmen der Weltwirtschaftskrise bis 1939 unterschiedliche Währungsblöcke herausgebildet (Dollar-, Pfund-, Franc-, Mark-, Yen-Block etc.).[55] Die Fortentwicklung der Geldpolitik sorgte schließlich auch dafür, dass im Gegensatz zum Ersten Weltkrieg, wo die Zollpolitik im Mittelpunkt der staatswirtschaftlichen Maßnahmen der deutschen Expansionsbestrebungen gestanden hatte, im Zweiten Weltkrieg die Währungspolitik zum zentralen Scharnier wirtschaftlicher Besatzungspolitik werden sollte.

6.1.4 Deutsche Großwirtschaftsraumplanungen bis zum Überfall auf die Sowjetunion

Insbesondere die Stäbe der Wehrmacht und die führenden deutschen Konzerne wussten zwar vor Beginn der Annexionen, wo die für die Kriegführung notwendigen Rohstoffe und Nahrungsmittel in Europa zu finden waren. Darüber, wie ein von Deutschland dominiertes Europa wirtschaftlich zu organisieren wäre, gab es aber im Vorfeld des Krieges vergleichsweise wenig Pläne.[56] Hitlers Angliederungspläne orientierten sich an rassistischen Einordnungen und politischen Einstellungen und vergleichsweise wenig an wirtschaftlichen Organisationsfragen. Der Erste Weltkrieg bot hier zudem wenig Erkenntnispotenzial. Deutschland hatte zwar in den besetzten Gebieten einiges requiriert. Aber von einer auch nur in Ansätzen wirtschaftlich orientierten Besatzungspolitik konnte nicht die Rede sein.[57]

Dementsprechend entstanden die jeweils veränderten Pläne zur wirtschaftlichen Organisation Europas immer im Anschluss an die Eroberungen der Wehrmacht. Mit der Okkupation der „Rest-Tschechei" gelangte erstmals eine als nicht deutsch betrach-

---

54 *Jeremy A. Yellen*, The Greater East Asia Co-Prosperity Sphere. When Total Empire Met Total War, Ithaca/London 2019; *Marcel Boldorf/Tetsuji Okazaki* (Hrsg.), Economies under Occupation. The Hegemony of Nazi Germany and Imperial Japan in World War II, London 2015.
55 *Barry Eichengreen*, Golden Fetters. The Gold Standard and the Great Depression 1919–1939, New York/Oxford 1995, S. 337–389.
56 *Dietrich Eichholtz*, Institutionen und Praxis der deutschen Wirtschaftspolitik im NS-besetzten Europa, in: Richard Overy/Gerhard Otto/Johannes Houwink ten Cate (Hrsg.), Die „Neuordnung" Europas. NS-Wirtschaftspolitik in den besetzten Gebieten, Berlin 1997, S. 34.
57 *Carsten Burhop*, Germany's Economic War Aims and the Expectation of Victory 1918, in: Jonas Scherner/Eugene White (Hrsg.), Paying for Hitler's War. The Consequences of Nazi Hegemony for Europe, Cambridge 2016, S. 19–42.

tete Volksgruppe unter deutsche Herrschaft. Weder über den währungs- und zollpolitischen Umgang mit dem zukünftigen Protektorat Böhmen und Mähren noch über die Frage, inwieweit die tschechische Wirtschaft zu germanisieren sei, bestand bei Abschluss der Kampfhandlungen auch nur eine ansatzweise Übereinstimmung bei den Verantwortlichen. Die wichtigste Denkschrift zur Frage der ökonomischen Germanisierung des Protektorats entstand erst im Frühjahr 1941, zwei Jahre nach dem Okkupationsbeginn.[58]

Für die polnischen Gebiete, die Deutschland nach dem siegreichen Feldzug gemäß des Hitler-Stalin-Paktes zufielen, waren die Planungen dagegen weit konkreter. Die westlichen Gebiete wurden ins Reichsgebiet integriert und die dortige Wirtschaft sollte umfassend germanisiert und zugunsten des deutschen Kriegspotentials genutzt werden. In dem nicht zur Eingliederung vorgesehenen Gebiet, dem Generalgouvernement, kam es dagegen zu einer Dominanz des rassistischen Siedlungskolonialismus-Programms der SS. Mit Hitlers Erlass vom 7. Oktober 1939 wurde Himmler zum „Siedlungskommissar für den Osten" bestimmt. Himmler eignete sich daraufhin jedoch weitere Kompetenzen an, die im eigenmächtig, aber unwidersprochen gewählten Titel „Reichskommissar für die Festigung deutschen Volkstums" zum Ausdruck kamen.[59] Im Zentrum des SS-Programms stand die Vertreibung großer Teile der polnischen wie der gesamten jüdischen Bevölkerung und ihre Ersetzung durch volksdeutsche Siedler. Dieses Programm wurde auch von deutschen Wissenschaftlern unterstützt. So heißt es in einer Denkschrift des Historikers Theodor Schieder: „Erstes Erfordernis ist die klare Abgrenzung von polnischem und deutschem Volkstum[,] die die Gefahren völkischer und rassischer Vermischung und Unterwanderung vermeidet."[60] In diesem rassistischen, auf die Landwirtschaft zugeschnittenen Siedlungsprogramm blieb kein Platz für eine eigenständige Industrie im Generalgouvernement. Dementsprechend erfolgte dort nicht nur die auch in den anderen eroberten Gebieten übliche Ausräumung von für die deutsche Wirtschaft nutzbaren Rohstoffen und Nahrungsmitteln, sondern die absichtsvolle Deindustrialisierung.[61] In einem Schreiben von Göring aus dem Oktober 1939 heißt es: „Betriebe, die nicht für die notdürftige Aufrechterhaltung des nackten

---

58 *Jaromír Balcar*, Panzer für Hitler – Traktoren für Stalin. Großunternehmen in Böhmen und Mähren 1938–1950, München 2014, S. 249–268; *Jürgen Kilian*, Krieg auf Kosten anderer. Das Reichsministerium der Finanzen und die wirtschaftliche Mobilisierung Europas für Hitlers Krieg, Berlin 2017, S. 129–154. Vgl. auch Kapitel 6.3 in diesem Band.
59 *Michael Wildt*, „Eine neue Ordnung der ethnographischen Verhältnisse". Hitlers Reichstagsrede vom 6. Oktober 1939, in: Zeithistorische Forschungen 3, 2006, S. 129–137.
60 Vorläufer des „Generalplans Ost". Eine Dokumentation über Theodor Schieders Polendenkschrift vom 7. Oktober 1939, eingeleitet und kommentiert von Angelika Ebbinghaus/Karl Heinz Roth, in: 1999. Zeitschrift für Sozialgeschichte des 20. und 21. Jahrhunderts 7, 1992, S. 86.
61 *Werner Röhr*, Forschungsprobleme zur deutschen Okkupationspolitik im Spiegel der Reihe „Europa unter dem Hakenkreuz", in: Bundesarchiv (Hrsg.), Analysen Quellen Register (Europa unter dem Hakenkreuz, Bd. 8), Heidelberg 1996, S. 221; *Eichholtz*, Institutionen, S. 48 f.

Lebens der Bewohnerschaft unbedingt notwendig sind, müssen nach Deutschland überführt werden."[62]

Deutlich umfassendere und schnellere Planungsaktivitäten setzten ein, als die Wehrmacht wesentliche Teile Nord- und Westeuropas im Frühjahr 1940 unter deutsche Herrschaft stellte. Insbesondere der sich ab Ende Mai 1940 abzeichnende Sieg über Frankreich machte Deutschland zum Hegemon Europas und bot damit die Möglichkeit, erhebliche Teile des europäischen Wirtschaftspotenzials für die deutsche Kriegsführung einzusetzen. Das Auswärtige Amt reagierte prompt und versuchte, sich Mitspracherecht und Entscheidungsbefugnisse bei der Gestaltung wirtschaftspolitischer Angelegenheiten zu sichern.[63]

Doch letztlich blieb Göring vorerst die entscheidende Figur in der Wirtschaftsplanung. Er setzte schließlich durch, dass das Reichswirtschaftsministerium und nicht das Auswärtige Amt in dieser Frage die führende Instanz wurde.[64] Göring verzichtete damit aber darauf, diese bedeutende Aufgabe an sich zu ziehen, sondern delegierte sie. Er schaltete sich im Folgenden auch nur gelegentlich in den Planungsprozess ein und versäumte es, eine stringente Gesamtlenkung zu installieren. Insbesondere blieben die Stäbe der Wehrmacht wenig eingebunden. Wirtschaftsminister Funk beauftragte schließlich Ministerialdirigent Gustav Schlotterer,[65] bis dahin stellvertretender Leiter der Außenhandelsabteilung des Ministeriums, mit der Koordinierung der Planung für einen europäischen Großwirtschaftsraum unter deutscher Führung.

Schlotterer berief daraufhin einen interministeriellen Ausschuss ein, den „Schlotterer-Ausschuss", der ab Anfang Juli mehrmals wöchentlich über den einzuschlagenden Weg beriet.[66] Nachdem einige grundlegende Entscheidungen gefallen waren, lud Funk für den 22. Juli 1940 zu einer Chefbesprechung ein, in der die anderen Ministerien informiert und letzte Streitpunkte geklärt werden sollten. Zentral war für das Wirtschaftsministerium die Währungsfrage. Dabei hatte man sich dafür entschieden, keine europäische Währung einzuführen, sondern die Reichsmark als Leitwährung durchzusetzen. Mit Ausnahme des Protektorats und der Niederlande strebte man auch keine sofortige Währungsunion mit den besetzten Gebieten an. Der wesentliche Grund hier-

---

62 Schreiben von Göring an den zukünftigen Generalgouverneur Hans Frank, 19. 10. 1939, in: Werner Röhr (Hrsg.), Die faschistische Okkupationspolitik in Polen (Europa unter dem Hakenkreuz, Bd. 2), Berlin 1989, S. 132.
63 *Freymond*, Reich, S. 103.
64 *Buggeln*, Währungspläne, S. 50 f.
65 Zu Schlotterer: *Frank Brunecker/Christian Rak*, Dr. Gustav Schlotterer – Verbrecher oder Widerständler? in: Wolfgang Praske (Hrsg.), NS-Belastete aus Oberschwaben, Gerstetten 2015, S. 225–239; *Buggeln*, Währungspläne, S. 51.
66 Zu den Besprechungen: *Buggeln*, Währungspläne, S. 57–62; *Fonzi*, Moneta, S. 157–169. Zu anderen Besprechungen im Umfeld: *Stephen G. Gross*, Gold, Debt and the Quest for Monetary Order. The Nazi Campaign to Integrate Europe in 1940, in: Contemporary European History 26, 2017, S. 1–23; *Paolo Fonzi*, The Funk Plan, in: Alessandro Roselli (Hrsg.), Money and Trade Wars in Interwar Europe, Basingstoke 2014, S. 175–191.

für war, dass sich so der Banknotenumlauf in den besetzten Gebieten steigern ließ, ohne dass eine etwaige Inflation direkt auf das Reich zurückwirken würde. Eine Geldmittelerhöhung war deswegen zu erwarten, weil die deutschen Behörden planten, erhebliche Güter aus den besetzten Gebieten auszuführen, ohne diese gleich zu bezahlen.

Auch wenn Schlotterer öffentlich immer wieder den partnerschaftlichen und gesetzlich korrekten Umgang mit den anderen Ländern anmahnte, machte er bei internen Gesprächen durchaus deutlich, wie stark das System auf Macht und Gewalt beruhte:

> Unsere Tendenz geht nun dahin, die europäischen Staaten mit List, Tücke und vielleicht Gewalt dahin zu bringen, ihre Waren nach Deutschland zu verkaufen und ihre Salden, wenn sie entstehen, in Berlin stehen zu lassen. [...] Wir wissen nicht, wie weit wir mit diesen Ideen durchdringen werden. Bei den besetzten Ländern dürfte das klar gehen.[67]

Auf der Sitzung am 22. Juli meldete sich Reichsfinanzminister Krosigk zu Wort, um für seinen Zuständigkeitsbereich die Forderungen gegenüber den besetzten Gebieten zu artikulieren: „In den besetzten Gebieten wird aus den dortigen Einwohnern keine Armee unterhalten. Dies zwingt zu der Folgerung, daß diese Länder angemessene Zuschüsse für die Übernahme des militärischen Schutzes an uns zu zahlen haben."[68] Wirtschaftsminister Funk stimmte Krosigks Aussagen zu und fügte hinzu, dass seiner Meinung nach die Steuerbelastung in den besetzten Gebieten dieselbe Höhe wie in Deutschland erreichen müsse.[69]

Damit waren die beiden zentralen Maßnahmen umrissen, mit denen die besetzten Gebiete in den folgenden fünf Jahren maßgeblich zur deutschen Kriegsfinanzierung beitragen sollten. Erstens legte die deutsche Politik den Ländern hohe Besatzungskosten auf, die im Regelfall deutlich über den Summen lagen, die das deutsche Militär vor Ort benötigte. Das französische Finanzministerium rechnete bereits 1940 aus, dass die gezahlten Besatzungskosten zum Unterhalt einer Armee von 18 Millionen Soldaten ausgereicht hätten. Die real verbrauchten Kosten der deutschen Besatzungsarmee hätten bestenfalls fünf Prozent der Besatzungskosten in Anspruch genommen.[70] Dies war wiederum bewusst zu niedrig geschätzt. Jüngste Forschungen zeigen, dass 1942 etwa 60 Prozent der eingenommenen Besatzungskosten für nicht unter diese zu fassende Ausgaben verwendet wurden.[71] Die Deutschen nutzten den Begriff vor allem, weil gemäß der Haager Konvention Besatzungskosten als legitim galten.[72] Zweitens baute das Deutsche Reich auf den Clearingkonten ein Defizit gegenüber den anderen Ländern

---

67 Archiv der Handelskammer Hamburg, 94.A.1.59, Bd. 5, Bl. 3f. Aktenvermerk Otto Wolff über eine „Besprechung im Reichswirtschaftsministerium über Fragen der künftigen Gestaltung der Einfuhr".
68 Bundesarchiv (BArch) R 2/230. Chefbesprechung im Reichwirtschaftsministerium, 22. 7. 1940.
69 Zur Rolle des Finanzministeriums im Planungsprozess *Kilian*, Krieg, S. 64–73.
70 *Klemann/Kudryashov*, Occupied Economies, S. 203f.
71 *Marcel Boldorf/Jonas Scherner*, France's Occupation Costs and the War in the East. The Contribution to the German War Economy, 1940–1944, in: Journal of Contemporary History 47, 2012, S. 315.
72 *Kilian*, Krieg, S. 70f.

auf.⁷³ Ein drittes hinzukommendes Element war bereits länger Praxis: Die Wehrmachtssoldaten erhielten in den besetzten Gebieten Reichskreditkassenscheine, mit denen sie vor Ort bezahlen konnten. Diese wurden von den nationalen Notenbanken vorfinanziert und dann von der Reichsbank später ausgeglichen. Zum Teil löste die Reichsbank diese aber nicht ein, sodass hier ebenfalls Zwangskredite zugunsten des Deutschen Reiches entstanden.

Während die Vierjahresplanbehörde und die Wehrmachtsstäbe bis dato vor allem die Ausplünderung der besetzten Gebiete betrieben hatten, war hiermit eine systematisierte Ausbeutungsstrategie skizziert, die in ihren Grundprinzipien bis Kriegsende weitgehenden Bestand hatte. Sie war aber nicht unumstritten. Mit der Unterstützung von einigen deutschen Großkonzernen trat so das Auswärtige Amt beispielsweise für sofortige Zoll- und Währungsunionen mit den nord- und westeuropäischen Staaten ein. Doch als ihr Vorzeigeprojekt einer Union mit Dänemark an dänischen Widerständen scheiterte, musste die Alternativkonzeption vorerst beerdigt werden.⁷⁴ Der vor allem im Schlotterer-Ausschuss vom Reichswirtschaftsministerium und der Reichsbank skizzierte Weg hatte sich damit durchgesetzt. Gegenüber der Plünderungspolitik der Vierjahresplanbehörde hatte er zudem den Vorteil, dass er sich nach außen als umfassendes Kooperationsangebot an die europäischen Staaten verkaufen ließ.

Genau darum bemühte sich Funk, als er am 25. Juli 1940 die deutschen Pläne der deutschen und internationalen Presse vorstellte. Funk verwarf in seiner Rede den intern zur Beschreibung spezifischer Sachverhalte meist verwendeten Begriff der „Europäischen Großraumwirtschaft" und sprach von der „Wirtschaftssolidarität der europäischen Völker". Diese Formulierung dürfte vor allem an die kollaborationswilligen Eliten in Nord- und Westeuropa gerichtet gewesen sein. Er prophezeite ihnen, dass im Verbund mit Deutschland ein Anstieg des Lebensstandards zu erwarten war. Er betonte:

> Es muß eine Stärkung des wirtschaftlichen Gemeinschaftsgefühls unter den europäischen Völkern herbeigeführt werden durch Zusammenarbeit auf allen Gebieten der Wirtschaftspolitik […]. Die Wirtschaftssolidarität der europäischen Staaten soll eine bessere Vertretung der europäischen Wirtschaftsinteressen gegenüber anderen wirtschaftlichen Gruppen in der Weltwirtschaft ermöglichen. Dieses geeinigte Europa wird sich von keinem außereuropäischen Gebilde Bedingungen wirtschaftlicher oder politischer Art vorschreiben lassen.⁷⁵

---

73 Zur weiteren Geschichte des Clearings und der Währungspolitik *Fonzi*, Moneta, S. 213–392; *Paolo Fonzi*, Olanda e Danimarca nel „grande spazio" nazionalsocialista (1940–1941), in: Passato e presente 29, 2011, S. 62–86.
74 *Buggeln*, Währungspläne, S. 65–71.
75 BArch, R 43 II/311, Bl., 56–67; R 2501/7017, Bl. 116–126. Online findet sich die Rede mit einer Einleitung: *Raimund Bauer*, „Auch die neue europäische Wirtschaft muß organisch wachsen". Walther Funks Rede „Die wirtschaftliche Neuordnung Europas" vom 25. Juli 1940 im Kontext zeitgenössischer Europavorstellungen, in: Themenportal Europäische Geschichte, 2016, www.europa.clio-online.de/essay/id/fdae-1669 (abgerufen 20. 8. 2022).

Die Rede stieß trotz mancher Skepsis durchaus auch auf positives Echo in der europäischen Presse.[76]

Funk hatte auch offen kundgetan, dass die anderen europäischen Wirtschaften am Bedarf des deutschen Zentrums auszurichten seien. Was dies konkret bedeutete, blieb aber weitgehend ungesagt und war intern zu dem Zeitpunkt noch weitgehend unklar. Sicher war nur, dass die in Europa vorhandenen Rohstoffe für die deutsche Kriegsproduktion genutzt werden sollten. Inwieweit aber die Industriebetriebe in Nord- und Westeuropa für die deutsche Kriegswirtschaft genutzt oder aber möglichst klein gehalten und auf den einheimischen Bedarf beschränkt werden sollten, war noch zu klären. Und die Positionen hierzu veränderten sich mit dem Kriegsverlauf. Ähnliches galt für die Frage der Arbeitskräfte in den besetzten Gebieten: Sollten sie in der einheimischen Industrie für deutsche Zwecke eingesetzt werden oder aber nach Deutschland geholt werden?

Eine andere offene Frage war jene nach der Durchdringung der Privatwirtschaft der besetzten Gebiete durch deutsches Kapital. In Polen und der Tschechoslowakei hatte die deutsche Wirtschaft zum Teil zügig die Übernahme wichtiger Konzerne und Banken durchgesetzt, wobei sich insbesondere die Göring-Werke und die deutschen Großbanken hervorgetan hatten. Nach dem Sieg über Frankreich meldete sich vor allem die Montanindustrie, um Besitzansprüche für die Werke in Elsass-Lothringen anzumelden. Diese wurden auch zum Teil erfüllt, weil die Werke bis 1918 oft deutschen Konzernen gehört hatten. Am umfassendsten waren aber die Planungen der IG Farben, die für viele besetzte Länder detaillierte Vorstellungen zu Zolländerungen, Betriebsübernahmen und Betriebsschließungen hatte.[77] Über die neugegründete Produktionsgesellschaft Francolor sicherte sie sich die Kontrolle der französischen Farbenindustrie. Aber viele andere Forderungen blieben unerfüllt. Denn insgesamt trat das Reichswirtschaftsministerium in diesem Bereich eher auf die Bremse, weil klar war, dass Enteignungen oder auch Zwangsverkäufe den Kooperationswillen der westeuropäischen Wirtschaftselite negativ beeinflussen würden. Zum Teil gelang es, Einfluss auf die Firmenpolitik zu gewinnen, indem das Reich die Treuhandschaft für Anteile in feindlichen Besitz übernahm. Der bedeutendste Weg, um in den Besitz von Firmen zu gelangen, war aber die Arisierung von den Nationalsozialisten als

---

76 Eine Zusammenstellung der Pressereaktionen BArch, R 2501/7017, Bl. 136–142. Zur Rede auch *Buggeln*, Währungspläne, S. 62–65; *Tim Kirk*, Nazi Plans for a New European Order and European Responses, in: Johannes Dafinger/Dieter Pohl (Hrsg.), A New Nationalist Europe Under Hitler. Concepts of Europe and Transnational Networks in the National Socialist Sphere of Influence, 1933–1945, London 2018, S. 71–92; *Mazower*, Hitler's Empire, S. 123 f. Zum Diskurs um die „Neue Ordnung" insgesamt *Bauer*, Construction, S. 37–62; *Johannes Dafinger*, Speaking Nazi-European. The Semantic and Conceptual Formation of the National Socialist „New Europe", in: Dafinger/Pohl, A New Nationalist Europe, S. 43–56.
77 *Eichholtz*, Kriegswirtschaft, Bd. 1, S. 170–174; *Peter Hayes*, The European Strategies of IG Farben, in: Volker R. Berghahn (Hrsg.), Quest for Economic Empire. European Strategies of German Big Business in the Twentieth Century, Oxford 1996, S. 55–64.

"jüdisch" deklarierter Betriebe. Dies galt insbesondere für die Niederlande, wo immerhin 21 000 solcher Betriebe existierten, von denen 11 000 arisiert und 10 000 geschlossen wurden. Demgegenüber gab es in Belgien und Frankreich weit weniger „jüdische" Betriebe, weswegen die Durchdringung der Wirtschaft durch deutsches Kapital hier weit geringer blieb.[78]

Ein Vorteil für die NS-Politik war, dass es teils noch im Gefolge der Weltwirtschaftskrise und teils nach Kriegsbeginn in den westeuropäischen Staaten einen vergleichsweise hohen Stand der Arbeitslosigkeit gab, der gegen Ende des Jahres 1940 auch durch die Einspannung für den deutschen Bedarf zu sinken begann, wodurch zumindest einem Teil der Bevölkerung die Okkupation ökonomische Vorteile zu bringen schien. Weit wichtiger war aber, dass die Grundsatzentscheidungen von Vorteil für die privatwirtschaftliche Elite der nord- und westeuropäischen Gebiete waren.[79] Diese bekamen ihre Gewinne aus Geschäften mit Deutschland ausgezahlt. Die Probleme entstanden zuerst beim Staat, der die Salden entweder durch Steuern aufbringen oder Schulden machen musste. Langfristig bedeutete dies für Bevölkerung wie Produzenten meist höhere Steuern. Zudem nahm die Inflation in fast allen besetzten Gebieten im Kriegsverlauf zu.

Nachteilig für die Industrie der west- und nordeuropäischen Staaten war hingegen, dass die häufig umfangreichen Geschäftsbeziehungen zu Großbritannien und den USA wegbrachen. Die nationalsozialistische Neuordnungspolitik hieß für sie, letztlich der deutschen Abkoppelung vom Weltmarkt folgen zu müssen.[80] Ein Resultat dessen war, dass Deutschland in einige europäische Länder vergleichsweise viel exportieren musste, weil die Gefahr wirtschaftlicher Zusammenbrüche bestand, wenn die zuvor vom Weltmarkt bezogenen Importe wichtiger Rohstoffe, Nahrungsmittel oder Industrieprodukte nicht ersetzt wurden. Deutschland musste dadurch im Krieg ein deutlich höheres Exportvolumen als beispielsweise Großbritannien aufrechterhalten.[81]

6.1.5 Der Überfall auf die Sowjetunion und die „Neuordnung" in Osteuropa

Nach der im Herbst 1940 gescheiterten Invasion Großbritanniens entschied Hitler Ende 1940 im kommenden Jahr die Sowjetunion zu überfallen. Aufgrund italienischer militärischer Probleme in Südosteuropa schritt die Wehrmacht jedoch im Frühjahr

---

[78] *Aly/Heim*, Vordenker, S. 47.
[79] Zum Verhalten der Wirtschaftseliten in den besetzten Ländern *Joachim Lund* (Hrsg.), Working for the New Order. European Business under German Domination. 1939–1945, Kopenhagen 2006.
[80] *Karl Heinz Roth*, „Neuordnung" und wirtschaftliche Nachkriegsplanungen, in: Dietrich Eichholtz (Hrsg.), Krieg und Wirtschaft. Studien zur deutschen Wirtschaftsgeschichte 1939–1945, Berlin 1999, S. 202.
[81] *Tooze*, Ökonomie, S. 450 f.; *Mazower*, Hitler's Empire, S. 260 f.

1941 zuerst zur Eroberung Griechenlands und Jugoslawiens. Erst danach begann am 22. Juni 1941 der Überfall auf die Sowjetunion. Die wirtschaftlichen Pläne, die die deutschen Stäbe mit dem zu besetzenden Teil der Sowjetunion verbanden, ähnelten einer radikalisierten Variante der Planungen für das Generalgouvernement. Ein wesentlicher Unterschied war, dass der in Polen vergleichsweise ungeregelt abgelaufene Wettlauf um die Ausplünderung des okkupierten Gebietes vermieden werden sollte. Deswegen schuf man zentralgesteuerte Erfassungs- und Beutegesellschaften, wie etwa die Ost-Faser GmbH und die Kontinentale Öl AG, die auf ihrem jeweiligen Wirtschaftsgebiet für eine gezielte Erfassung und Verteilung der Beute sorgen sollten.

Zuständig für die Koordination der Wirtschaftspolitik in den besetzten sowjetischen Gebieten waren Göring und seine Vierjahresplanbehörde sowie das Wehrwirtschafts- und Rüstungsamt des OKW,[82] die dafür einen Wirtschaftsstab Ost einrichteten. Bereits auf der Staatssekretärsbesprechung am 2. Mai 1941 hieß es im dort präsentierten Erstentwurf für die wirtschaftspolitischen Maßnahmen in der Sowjetunion, dass zig Millionen Menschen dem Hungertod überlassen werden würden.[83] In den folgenden Wochen präzisierte man diese Pläne bis zum Erscheinen der „Grünen Mappe" am 16. Juni 1941 weiter, bei der es sich um die zentralen Richtlinien für das wirtschaftspolitische Vorgehen in den besetzten sowjetischen Gebieten handelte. Militärische Haupteroberungsziele mit kriegswirtschaftlichem Hintergrund waren die Ölquellen des Kaukasus sowie die Kornkammern der Ukraine und der Schwarzerde-Region. Daneben galten noch die Rohstoffgebiete Ostukraine, der Donbass und die Krim als bedeutende Ziele.

Insbesondere die landwirtschaftlichen Planungen spielten in der „Grünen Mappe" eine zentrale Rolle. Um die Wehrmacht aus dem Land ernähren zu können, sollten die südlichen landwirtschaftlichen Überschussgebiete von den Zuschussgebieten im Norden der Sowjetunion abgetrennt werden. In unmissverständlicher Klarheit heißt es in einem der Planungsdokumente:

> Die Konsequenz ist die Nichtbelieferung der gesamten Waldzone einschließlich der wesentlichen Industriezentren Moskau und Petersburg. [...] Daraus folgt zwangsläufig ein Absterben sowohl der Industrie wie eines großen Teils der Menschen.[84]

Da sich die Menschen beim Einsetzen des Hungerns schließlich auf alles stürzen würden, müsste dort besonders schnell alles Brauch- und Essbare beschlagnahmt werden. Wie im Generalgouvernement zielte die deutsche Politik also auf die Vertreibung der einheimischen Bevölkerung und die Deindustrialisierung des Landes. Das Gebiet sollte auf den Status eines reinen Rohstoff- und Nahrungsmittellieferanten hinabgedrückt werden. Gegenüber dem Generalgouvernement hatte sich die Bereitschaft zur Gewalt

---

82 Zu den Wehrmachtsbesatzungsplänen für die Sowjetunion: *Rolf-Dieter Müller*, Hitlers Ostkrieg und die deutsche Siedlungspolitik, Frankfurt am Main 1991, S. 11–48.
83 *Alex J. Kay*, Germany's Staatssekretäre, Mass Starvation and the Meeting of 2 May 1941, in: Journal of Contemporary History 41, 2006, S. 685–700.
84 Zitiert nach *Eichholtz*, Kriegswirtschaft, Bd. 1, S. 241.

aber erheblich potenziert. Während dort noch ausschließlich von der Vertreibung der einheimischen Bevölkerung die Rede war, plante man nun von Beginn an die Ermordung von Millionen Menschen.

Am Anfang der Besatzungszeit setzten die deutschen Stäbe die wirtschaftlichen Weisungen relativ rigoros um. In Weißrussland wurde die Deindustrialisierungs- und Entstädterungspolitik massiv vorangetrieben. Die Weigerung, die dortigen für die Wehrmacht durchaus interessanten Metallbetriebe mit Kohle zu beliefern, trug dazu bei, dass vielfach die Produktion eingestellt werden musste. Anders lagen die Verhältnisse im Textilbereich. Hier sorgte die von deutschen mittelständischen Textilbetrieben dominierte Ost-Faser-GmbH dafür, dass die Textilrohstoffe nach Deutschland zur Verarbeitung in der deutschen Textilindustrie abtransportiert wurden, wodurch der durchaus bedeutsamen weißrussischen Textilindustrie die Produktionsmöglichkeiten weitgehend genommen wurden. Die Folge war, dass die Rohstoffe durch halb Europa transportiert werden mussten, um dann als Uniformen wieder zurück nach Weißrussland zu kommen, wodurch die knappen Transportkapazitäten unnötig belegt wurden.[85] Hinsichtlich der durchgeführten Entvölkerungspolitik waren die Großstädte besonders stark betroffen. Während die Gesamtbevölkerung Weißrusslands im Krieg um etwa 20 Prozent zurückging, war die Landbevölkerung davon mit zwölf Prozent unterdurchschnittlich betroffen, während die städtische Bevölkerung um 50 Prozent und die großstädtische Bevölkerung sogar um 70 Prozent absank. Dies lag auch darin begründet, dass die deutsche Verwaltung jede Unterstützung beim Wiederaufbau von Kriegszerstörungen in den Städten ablehnte.[86]

Bei diesen grundsätzlichen Planungen im Vorfeld des Überfalls und den wirtschaftspolitischen Maßnahmen nach dem Einmarsch hatte die SS eine vergleichsweise geringe Rolle gespielt. Der zentrale Kopf hinter dem Hungerplan war vielmehr Herbert Backe, der Staatssekretär des Reichsministeriums für Ernährung und Landwirtschaft.[87] Zudem war für die konkrete Siedlungspolitik in den besetzten sowjetischen Gebieten bei Beginn des Überfalls das Reichsministerium für die besetzten Ostgebiete unter Leitung von Alfred Rosenberg für zuständig erklärt worden. Dieser stärkte seine Position durch eine enge Zusammenarbeit mit Backes Stellvertreter im Wirtschaftsstab Ost, Hans-Joachim Riecke, der schließlich Hauptabteilungsleiter im Rosenberg Ministerium wurde. Hinsichtlich der Siedlungsprogramme war die Position Rosenbergs, diese möglichst auf die Zeit nach dem Krieg zu verschieben, um nicht den Widerstand gegen die deutsche Besatzungsherrschaft anzuheizen.[88]

Himmler war für solche Rücksichtnahmen nicht zu gewinnen. Er trieb systematisch den Versuch voran, an Kompetenzen zur Siedlungspolitik in den besetzten sowje-

---

85 *Christian Gerlach*, Kalkulierte Morde. Die deutsche Wirtschafts- und Vernichtungspolitik in Weißrußland 1941 bis 1944, Hamburg 1999, S. 385–418.
86 *Gerlach*, Kalkulierte Morde, S. 423 f.
87 *Bertold Alleweldt*, Herbert Backe. Eine politische Biographie, Berlin 2011.
88 *Elvert*, Mitteleuropa, S. 355–366.

tischen Gebieten zu gelangen. Dafür beauftragte er Konrad Meyer, Professor an der Universität Berlin, Mitglied der Preußischen Akademie der Wissenschaften und seit 1939 Leiter des Planungsamtes beim Reichskommissar für die Festigung deutschen Volkstums, einen „Generalplan Ost" zu entwerfen. Nach verschiedenen Vorstufen stellte Meyer zum Ende Mai/Anfang Juni 1942 einen 84 Seiten umfassenden Entwurf fertig. Nach diesem plante Meyer 31 Millionen Menschen aus den besetzten sowjetischen Gebieten entweder ermorden oder deportieren zu lassen.[89] Hierfür sollten 5,65 Millionen deutsche Siedler in die Gebiete gebracht werden. Es war vorgesehen, sie in drei „Siedlungsmarken" und 36 „Siedlungsstützpunkten" anzusiedeln. Die Kosten für die Umsetzung schätzte Meyer auf über 66 Milliarden Reichsmark.[90] Meyers Forschung wurde von der Kaiser-Wilhelm-Gesellschaft mit erheblichen Beträgen gefördert und war eingebunden in ein breites Netzwerk der sozialräumlichen Rationalisierungsforschung.[91]

Aufgrund des Kriegsverlaufs erlangte diese in der Geschichte durch ihre Größenordnung relativ einzigartige siedlungskoloniale und soziobiologische Massenmordplanung nur noch bedingte Handlungsrelevanz. Trotz der Kritik aus Rosenbergs Ministerium und von anderen Stellen begann Himmler jedoch noch erste Ansätze seiner Siedlungsvorstellungen zu realisieren. Etwa zwei Kilometer südlich der ukrainischen Stadt Schytomyr sollte Himmlers Hauptquartier Hegewald errichtet werden. Um dieses herum sollte einer der Siedlungsstützpunkte entstehen. Hierfür ließ Himmler 15 000 Ukrainer vertreiben und siedelte bis zum Frühjahr 1943 10 000 Volksdeutsche, vorwiegend Wolhyniendeutsche, an. Doch bereits ab November 1943 mussten diese vor der heranrückenden sowjetischen Armee fliehen.[92]

Während Himmler mit seiner Vertreibungspolitik den Widerstand der Bevölkerung förderte, versuchten die Wehrmacht und der Wirtschaftsstab Ost aufgrund des zunehmend ungünstig werdenden Kriegsverlaufs Massenmord und Deindustrialisierung zurückzustellen und stattdessen zumindest die wirtschaftliche Mindestversorgung der Wehrmacht und der Bevölkerung wiederherzustellen. Die Reichsgruppe Industrie setzte hierbei auf privatwirtschaftliche Initiative, was wiederum die SS ablehnte, die auf einer

---

89 Das Dokument sowie dazugehörige Anschreiben und Kurzfassungen sind abgedruckt in: *Czeslaw Madajczyk* (Hrsg.), Vom Generalplan Ost zum Generalsiedlungsplan, München 1994, S. 85–129 (Dok. 20–23).
90 *Karl Heinz Roth*, „Generalplan Ost" – „Gesamtplan Ost". Forschungsstand, Quellenprobleme, neue Ergebnisse, in: Mechtild Rössler/Sabine Schleiermacher (Hrsg.), Der „Generalplan Ost". Hauptlinien der nationalsozialistischen Planungs- und Vernichtungspolitik, Berlin 1993, S. 25–95; *Isabel Heinemann*, Wissenschaft und Homogenisierungsplanungen für Osteuropa. Konrad Meyer, der „Generalplan Ost" und die Deutsche Forschungsgemeinschaft, in: Isabel Heinemann/Patrick Wagner (Hrsg.), Wissenschaft, Planung, Vertreibung. Neuordnungskonzepte und Umsiedlungspolitik im 20. Jahrhundert, Stuttgart 2006, S. 45–72; *Jureit*, Ordnen, S. 374–385.
91 *Jörg Gutberger*, Volk, Raum und Sozialstruktur. Sozialstruktur- und Sozialraumforschung im „Dritten Reich", Münster 1996, S. 383–410.
92 *Wendy Lower*, Nazi Empire-Building and the Holocaust in the Ukraine, Chapel Hill 2005, S. 162–179.

staatlich geplanten Gewerbepolitik bestand.⁹³ Vor allem die Energieversorgungs- und die Textil- und Fahrzeugbetriebe sollten den Betrieb wiederaufnehmen. Insgesamt investierte Deutschland in die gewerbliche Wirtschaft der besetzten sowjetischen Gebiete etwa eine Milliarde Reichsmark. Keine kleine Summe, aber viel mehr als der notdürftige Betrieb von Grund- und Wehrmachtsversorgung war damit in dem riesigen Gebiet nicht zu gewährleisten, zumal die Arbeitskräfte aufgrund der geringen Nahrungsmittelrationen nur zu geringen Leistungen in der Lage waren.⁹⁴ Insgesamt starben im Krieg durch Hunger und Mord etwa 4,2 Millionen Menschen. Dieses Schicksal traf vor allem die schwächsten Glieder der Gesellschaft bzw. jene, die von der deutschen Besatzungsmacht zu diesen gemacht wurden, vor allem Kriegsgefangene, Juden, Behinderte und Psychiatriepatienten.⁹⁵

Fasst man die deutschen Planungen bis 1941/42 zusammen, so waren die Maßnahmen darauf ausgerichtet, eine hierarchisch-rassistische Arbeitsteilung im europäischen Großraum um das deutsche Akkumulationszentrum herum entstehen zu lassen. Dem Lebensstandard der deutschen Metropole am nächsten kommen sollte, erstens, Westeuropa, das als Nebeninvestitionszentrum der deutschen Industrie gedacht war.⁹⁶ Dem folgten, zweitens, Skandinavien und das Protektorat als Zuliefererländer insbesondere für Energie und Aluminium und, drittens, schließlich die Länder Südosteuropas, denen höchstens eine Basisindustrie zur eigenen Versorgung zugestanden werden sollte. Ihre Hauptaufgabe bestand aber in der Lieferung von Rohstoffen und Agrarprodukten für den deutschen Großraum. Am Ende der Skala standen, viertens, das Generalgouvernement und die eroberten Gebiete der Sowjetunion, die als gänzlich deindustrialisierte Gebiete Arbeitssklaven und Rohstoffe für den Großraum liefern und als neue Heimat für deutsche Siedler dienen sollten.

6.1.6 Großraumplanung nach Stalingrad

Mit den Niederlagen in Stalingrad und Kursk geriet die Wehrmacht endgültig in die Defensive. Bis zum Sommer 1943 hatte sich gezeigt, dass an eine Ausdehnung des deutschen Machtbereichs vorerst nicht zu denken war, sondern die Sicherung des Bestehenden im Vordergrund zu stehen hatte. Euphorische Zukunftsplanungen ohne Rücksicht auf die Belange der besetzten Gebiete war nicht mehr das Gebot der Stunde. Das zunehmend zum Zentrum der deutschen Wirtschafts- und Rüstungspolitik avancierende Ministerium Albert Speers zielte vor allem auf die stärkere Einbindung der

---

93 *Müller*, Hitlers Ostkrieg, S. 60–64.
94 *Gerlach*, Kalkulierte Morde, S. 428–449; *Sergei Kudryashov*, Living Conditions in the Occupied Territories of the USSR, 1941–1944, in: Christoph Buchheim/Marcel Boldorf (Hrsg.), Europäische Volkswirtschaften unter deutscher Hegemonie 1938–1945, München 2012, S. 53–68.
95 *Timothy Snyder*, Bloodlands. Europa zwischen Hitler und Stalin, München 2011, S. 419.
96 Vgl. Kapitel 7.2. in diesem Band.

Großbetriebe in den besetzten Gebieten und geizte nicht mit attraktiven Angeboten an die kollaborationswilligen Wirtschaftseliten, die allerdings im Fall der nicht wunschgemäßen Kooperation auch schnell von Drohungen und Strafen begleitet werden konnten.[97]

Zum Zentrum der wirtschaftlichen Europa-Konzeption wurde das Planungsamt unter Leitung des Textilindustriellen Hans Kehrl im Speer-Ministerium. Sein Ziel war es, mit ausgedehnten Planungsinstrumenten das Wirtschaftspotenzial des europäischen Großraums bestmöglich zu erfassen und für die deutsche Kriegswirtschaft nutzbar zu machen.[98] Dafür rekrutierte er Wirtschaftswissenschaftler und Statistiker, die Pläne erstellten. Erst damit wurde für Kriegsgüter eine zentrale ökonomische Planung für den Großraum eingerichtet; in allen anderen Bereichen kam es nicht zu so einer Einrichtung.[99] Gleichzeitig versammelte Kehrl im „Europa-Kreis" deutsche Großindustrielle um sich, die jeweils für ein besetztes oder neutrales Land benennen sollten, wo ungenutzte Potenziale lagen und welche Mitglieder der dortigen Wirtschaftselite besonders kollaborationswillig waren. Der größte Erfolg von Kehrls Planungen war eine Vereinbarung zwischen Speer mit dem französischen Minister für industrielle Produktion Jean Bichelonne im September 1943.[100] In dieser schränkte Speer den geplanten Abzug französischer Arbeiter nach Deutschland deutlich ein, um dafür von Bichelonne das Versprechen verstärkter Produktion zugunsten der deutschen Kriegswirtschaft zu erhalten. Ziel von Kehrls Plänen war es, durch die Nutzung des europäischen Wirtschaftspotenzials eine „Festung" Europa zu schaffen, die für die Alliierten nicht einzunehmen wäre. Doch spätestens die im Frühjahr 1944 zunehmenden alliierten Luftangriffe und der Mangel an Transportkapazitäten machten diese Planungen hinfällig. Mit der gelungenen Invasion in der Normandie im Juni 1944 war an eine Festung Europa nicht mehr zu denken.

Nun begannen die Planungsstäbe der Reichsgruppe Industrie und der deutschen Großkonzerne für die Zeit nach dem Krieg zu planen – anfangs noch in der Hoffnung auf ein weiterhin selbständiges Deutschland, nach dem Jahreswechsel 1944/45 aber

---

97 *Joachim Lund* (Hrsg.), Working for the New Order. European Business under German Domination. 1939–1945, Kopenhagen 2006; *Hans Otto Frøland/Mats Ingulstad/Jonas Scherner* (Hrsg.), Industrial Collaboration in Nazi-Occupied Europe. Norway in Context, London 2016; *Philip Morgan*, Hitler's Collaborators. Choosing Between Bad and Worse in Nazi-Occupied Western Europe, Oxford 2018, S. 102–153; *Hervé Joly*, Französische Unternehmen unter deutscher Besatzung, in: Buchheim/Boldorf, Europäische Volkswirtschaften, S. 141–144.
98 *Karl Heinz Roth*, Wirtschaftliche Vorbereitungen auf das Kriegsende und Nachkriegsplanungen, in: Dietrich Eichholtz (Hrsg.), Geschichte der deutschen Kriegswirtschaft, Bd. 3, Berlin 1996, S. 522–536; *Ludolf Herbst*, Der Totale Krieg und die Ordnung der Wirtschaft. Die Kriegswirtschaft im Spannungsfeld von Politik, Ideologie und Propaganda. 1939–1945, Stuttgart 1982, S. 267–275.
99 *Klemann/Kudryashov*, Occupied Economies, S. 259.
100 *Klemann/Kudryashov*, Occupied Economies, S. 144–147; *Martin Horn/Talbot Imlay*, The Politics of Industrial Collaboration during World War II. Ford France, Vichy and Nazi Germany, Cambridge 2014, S. 196–201; *Marcel Boldorf*, Die gelenkte Kriegswirtschaft im besetzten Frankreich (1940–1944), in: Buchheim/Boldorf, Europäische Volkswirtschaften, S. 127 f.

unter der Voraussetzung alliierter Besatzungsverwaltung. Eine zentrale Grundlage für diese Diskussion war ein im Auftrag der Reichsgruppe Industrie erstelltes Gutachten von Ludwig Erhard über „Kriegsfinanzierung und Schuldenkonsolidierung", das alle Kriegsschulden auf den Staat konzentrieren und die durch die Rüstungsinvestitionen aufgebauten Kapital- und Sachvermögen unangetastet im Privatbesitz lassen wollte.[101]

6.1.7 Ausblick und Fazit

Mit Erhard zogen später viele der an den Nachkriegsplanungen beteiligten Personen erst in die westzonale und später in die bundesdeutsche Wirtschaftsverwaltung ein. Erhard gehörte dabei aber nicht zu den Vertretern, die einen europäischen Großwirtschaftsraum nach 1945 unter friedlichen Bedingungen wiederbeleben wollten, sondern stand für einen globalen Freihandel und die enge Anlehnung an die USA. Doch ein erheblicher Teil der deutschen Wirtschaftselite, angeführt vom Vorstandssprecher der Deutschen Bank und engen Adenauer-Berater, Hermann-Josef Abs, hielt am Ziel eines europäischen Wirtschaftsblocks fest, der die deutsche Abhängigkeit vom Dollar- und vom Pfund-Block verringern sollte.[102] Eng an der Seite von Abs stand dabei Herbert Martini, ein Vorstandsmitglied der Bank für Wiederaufbau. Martini war 1940 im Reichswirtschaftsministerium in der für die Neuordnungsplanung zuständigen Abteilung tätig gewesen und hatte dabei einen damals allerdings nicht mehrheitsfähigen Plan zur Errichtung einer „Europa-Bank" ausgearbeitet. Insbesondere für die 1950 eingerichtete Europäische Zahlungsunion sowie deren Vorläufer, die bei der Bank für Internationalen Zahlungsausgleich angesiedelt waren, bildeten die Überlegungen des Jahres 1940 für ein multilaterales Clearing eine wichtige Grundlage.[103] Dies muss nicht verwundern, schrieb doch John Maynard Keynes bereits 1940: „If Funk's plan is taken at its face value, it is excellent and just what we ourselves ought to be thinking of doing."[104] Keynes zweifelte aber an der Rechtschaffenheit der deutschen Pläne und sollte Recht behalten. Deutschland nutzte das Clearingsystem im Krieg gegenüber seinen Nachbarn als Mittel zum Abzug von Gütern auf Kredit. Deutschland war der unbestrittene Hegemon und setzte seine Interessen gegenüber den anderen Ländern rücksichtslos durch. Nach 1945 konnten die Pläne unter politisch grundlegend verän-

---

[101] *Roth*, Wirtschaftliche Vorbereitungen, S. 555–564.
[102] *Marc Buggeln*, Europa-Bank oder Dollar-Freihandel? Westdeutsche Auseinandersetzungen über eine Europäische Währungsunion zu Beginn der fünfziger Jahre, in: Beiträge zur Geschichte des Nationalsozialismus 18, 2002, S. 127–144.
[103] Buggeln, Europa-Bank; *Jochen Streb*, Das Reichswirtschaftsministerium im Kriege, in: Ritschl, Reichswirtschaftsministerium, S. 604 f.
[104] Letter of John Maynard Keynes to Harold Nicolson, 10. 11. 1940, in: *Donald Moggridge* (Hrsg.) The Collected Writings of John Maynard Keynes, Bd. 25, London 1980, S. 2.

derten Umständen zum Aufbau eines gleichberechtigteren westeuropäischen Zahlungssystems beitragen.

Das nationalsozialistische Deutschland verlor den Zweiten Weltkrieg trotz der Nutzung der von ihm besetzten Gebiete. Letztlich war die Großwirtschaumplanung so ein Misserfolg, weil sie ihr vorrangiges Ziel, Deutschland den Sieg zu sichern, verfehlte. Doch dabei stehen zu bleiben, würde zu kurz greifen. Peter Lieberman hat in seinen vergleichenden Studien zur Besatzungspolitik gegenüber industrialisierten Ländern gezeigt, dass es Deutschland im Zweiten Weltkrieg in Westeuropa oder auch Norwegen gelang, einen weit größeren Teil des Wirtschaftspozentials der besetzten Gebiete für sich zu nutzen, als in anderen von ihm untersuchten Fällen. Dies lag auch daran, dass der Widerstand lange Zeit marginal blieb und insbesondere die Eliten relativ kollaborationswillig waren. Lieberman begründet dieses Verhalten auch damit, dass die Bevölkerung in wohlhabenden Ländern weit mehr zu verlieren hat.[105] Aber vor allem war das deutsche Clearingsystem vorerst vorteilhaft für die Wirtschaftseliten der besetzten Länder. Während sie für ihre nach Deutschland exportierten Erzeugnisse bezahlt wurden, häuften sich die Schulden beim Staat.

Dabei intensivierten sich zum Teil auch die Kontakte zwischen der deutschen Wirtschaftselite und den Wirtschaftseliten in Nord- und Westeuropa. Dabei entstand aber kein multilateraler europäischer Großwirtschaftsraum, sondern ein ganz auf den Hegemon ausgerichtetes System, in dem das Deutsche Reich bilateral mit den anderen Ländern und unter sehr asymmetrischen Machtverhältnissen einen ökonomischen Austausch betrieb.

Auswahlbibliografie

Aly, Götz/Heim, Susanne, Vordenker der Vernichtung. Auschwitz und die deutschen Pläne für eine neue europäische Ordnung, Frankfurt am Main 1993.

Bauer, Raimund, The Construction of a National Socialist Europe during the Second World War. How the New Order Took Shape, London 2019.

Bay, Achim, Der nationalsozialistische Gedanke der Großraumwirtschaft und seine ideologischen Grundlagen. Darstellung und Kritik, Köln 1962.

Berghahn, Volker R. (Hrsg.), Quest for Economic Empire. European Strategies of German Big Business in the Twentieth Century, Oxford 1996.

Buchheim, Christoph/Boldorf, Marcel (Hrsg.), Europäische Volkswirtschaften unter deutscher Hegemonie 1938–1945, München 2012.

Buggeln, Marc, Währungspläne für den europäischen Großraum. Die Diskussion der nationalsozialistischen Wirtschaftsexperten über ein zukünftiges europäisches Zahlungssystem, in: Beiträge zur Geschichte des Nationalsozialismus 18, 2002, S. 41–76.

Conze, Vanessa, Das Europa der Deutschen. Ideen von Europa in Deutschland zwischen Reichstradition und Westorientierung (1920–1970), München 2005.

---

[105] *Peter Liberman*, Does Conquest Pay? The Exploitation of Occupied Industrial Societies, Princeton 1996.

Dafinger, Johannes/Pohl, Dieter (Hrsg.), A New Nationalist Europe under Hitler. Concepts of Europe and Transnational Networks in the National Socialist Sphere of Influence, 1933–1945, London 2018.
Eichholtz, Dietrich, Geschichte der deutschen Kriegswirtschaft 1939–1945, 3 Bde. Berlin 1969–1996.
Elvert, Jürgen, Mitteleuropa! Deutsche Pläne zur europäischen Neuordnung (1918–1945), Stuttgart 1999.
Fonzi, Paolo, The Funk Plan, in: Alessandro Roselli (Hrsg.), Money and Trade Wars in Interwar Europe, Basingstoke 2014, S. 175–191.
Freymond, Jean, Le IIIème Reich et la réorganisation économique de l'Europe 1940–1942. Origines et Projets, Leiden/Genf 1974.
Freytag, Carl, Deutschlands „Drang nach Südosten". Der Mitteleuropäische Wirtschaftstag und der „Ergänzungsraum Südosteuropa". 1931–1945, Göttingen 2012.
Frommelt, Reinhard, Paneuropa oder Mitteleuropa. Einigungsbestrebungen im Kalkül deutscher Wirtschaft und Politik 1925–1933, Stuttgart 1977.
Gerlach, Christian, Kalkulierte Morde. Die deutsche Wirtschafts- und Vernichtungspolitik in Weißrußland 1941 bis 1944, Hamburg 1999.
Gross, Stephen G., Export Empire. German Soft Power in Southeastern Europe. 1890–1945, Cambridge 2015.
Gruchmann, Lothar, Nationalsozialistische Großraumordnung. Die Konstruktion einer „deutschen Monroe-Doktrin", Stuttgart 1962.
Herbst, Ludolf, Der Totale Krieg und die Ordnung der Wirtschaft. Die Kriegswirtschaft im Spannungsfeld von Politik, Ideologie und Propaganda 1939–1945, Stuttgart 1982.
Jureit, Ulrike, Das Ordnen von Räumen. Territorium und Lebensraum im 19. und 20. Jahrhundert, Hamburg 2012.
Kilian, Jürgen, Krieg auf Kosten anderer. Das Reichsministerium der Finanzen und die wirtschaftliche Mobilisierung Europas für Hitlers Krieg, München 2017.
Klemann, Hein/Kudryashov, Sergei (Hrsg.), Occupied Economies. An Economic History of Nazi-Occupied Europe. 1939–1945, London/New York 2012.
Lund, Joachim (Hrsg.), Working for the New Order. European Business under German Domination, 1939–1945, Kopenhagen 2006.
Mazower, Mark, Hitler's Empire. Nazi Rule in Occupied Europe, London 2008.
Opitz, Reinhard (Hrsg.), Europastrategien des deutschen Kapitals, Köln 1977.
Overy, Richard J./Otto, Gerhard/Houwink ten Cate, Johannes (Hrsg.), „Neuordnung" Europas. NS-Wirtschaftspolitik in den besetzten Gebieten, Berlin 1997.
Roth, Karl Heinz, „Neuordnung" und wirtschaftliche Nachkriegsplanungen, in: Dietrich Eichholtz (Hrsg.), Krieg und Wirtschaft. Studien zur deutschen Wirtschaftsgeschichte 1939–1945, Berlin 1999, S. 195–220.
Scherner, Jonas/White, Eugene (Hrsg.), Paying for Hitler's War. The Consequences of Nazi Hegemony for Europe, Cambridge 2016.
Smith, Woodruff D., The Ideological Origins of Nazi Imperialism, New York 1986.
Teichert, Eckart, Autarkie und Großraumwirtschaft in Deutschland 1930–1939. Außenwirtschaftliche Konzeptionen zwischen Wirtschaftskrise und Zweitem Weltkrieg, München 1984.

Ernst Langthaler
6.2 Österreichs Wirtschaft im Nationalsozialismus

6.2.1 Einleitung

Die Forschung zur österreichischen Wirtschaft im Nationalsozialismus lässt sich in drei Abschnitte – Pionier-, Erweiterungs- und Vertiefungsphase – gliedern.[1] In den 1970er Jahren entstanden pionierhafte Überblicks- und Fallstudien. Die „Koalitionsgeschichtsschreibung" entsprechend der Staatsdoktrin von Österreich als Opfer des Nationalsozialismus rückte die Mobilisierung der Arbeitskraft-, Rohstoff- und Finanzressourcen für die deutsche Rüstungs- und Autarkiewirtschaft in den Fokus.[2] In den folgenden Jahrzehnten erweiterte eine jüngere Historikergeneration das wirtschafts- und sozialhistorische Themenspektrum, etwa in der Österreichischen Historikerkommission zu Vermögensentzug durch Zwangsarbeit, Enteignung und Berufsverboten sowie „Wiedergutmachung".[3] Ab den 2000er Jahren konzentrierte sich das Forschungsinteresse auf die Vertiefung bislang vernachlässigter Bereiche wie die Agrarentwicklung.[4]

Dieses Kapitel behandelt die Eingliederung und Neuordnung der österreichischen Wirtschaft zwischen dem Anschluss 1938, der Annexion der Ostmark durch das Deutsche Reich, und der Wiederherstellung des Staates durch die Alliierten 1945.[5] Es konzentriert sich aus historisch-institutionenökonomischer Perspektive auf den Agrar-, Industrie- und Finanzsektor, die für die deutsche Rüstungs- und Autarkiewirtschaft zentralen Bereiche. Die nationalsozialistische Wirtschaft als Alternativentwurf zur liberalistischen Markt- und sozialistischen Planwirtschaft rang mit einem Steuerungsproblem: Wie kann ein Auftraggeber (Prinzipal) gegenüber einem Auftragnehmer

---

1 *Ernst Langthaler*, Zeitgeschichte und Wirtschaftsgeschichte, in: Marcus Gräser/Dirk Rupnow (Hrsg.), Österreichische Zeitgeschichte – Zeitgeschichte in Österreich. Eine Standortbestimmung in Zeiten des Umbruchs, Wien/Köln 2021, S. 599–617.
2 *Norbert Schausberger*, Rüstung in Österreich 1938–1945. Eine Studie über die Wechselwirkung von Wirtschaft, Politik und Kriegsführung, Wien 1970; *Norbert Schausberger*, Der Griff nach Österreich. Der Anschluß, Wien, München 1978; *Felix Butschek*, Die österreichische Wirtschaft 1938 bis 1945, Stuttgart 1978; *Liselotte Wittek-Saltzberg*, Die wirtschaftspolitischen Auswirkungen der Okkupation Österreichs, Diss. Wien 1970.
3 *Emmerich Tálos/Ernst Hanisch/Wolfgang Neugebauer* (Hrsg.), NS-Herrschaft in Österreich 1938–1945. Wien 1988; *Emmerich Tálos* [u. a.] (Hrsg.), NS-Herrschaft in Österreich. Ein Handbuch, Wien 2000; *Horst Schreiber*, Wirtschafts- und Sozialgeschichte der Nazizeit in Tirol, Innsbruck [u. a.] 1994; *Josef Moser*, Oberösterreichs Wirtschaft 1938 bis 1945, Wien [u. a.] 1995.
4 *Gerhard Siegl*, Bergbauern im Nationalsozialismus. Die Berglandwirtschaft zwischen Agrarideologie und Kriegswirtschaft, Innsbruck 2013; *Ernst Langthaler*, Schlachtfelder. Alltägliches Wirtschaften in der nationalsozialistischen Agrargesellschaft 1938–1945, Wien [u. a.] 2016.
5 Zur Einführung vgl. *Fritz Weber*, Zwischen abhängiger Modernisierung und Zerstörung. Österreichs Wirtschaft 1938–1945, in: *Tálos* [u. a.], NS-Herrschaft Handbuch, S. 326–347.

(Agenten) erreichen, dass trotz der Informationsdefizite des Ersteren und der Zielkonflikte mit Letzterem die erwünschte Leistung erbracht wird? Von wenigen Ausnahmen abgesehen vermied das NS-Regime in der Regel, Privateigentum dauerhaft zu verstaatlichen und direkt für seine Ziele einzusetzen. Folglich bedurfte der nationalsozialistische Prinzipal denk- und handlungsleitender Institutionen, um die Agenten indirekt zur auftragsgemäßen Erbringung der erwünschten Leistungen zu bringen. Die Forschung behandelt vor allem Prinzipal-Agenten-Probleme zwischen Staat und Unternehmen, innerhalb des Staates zwischen NS-Führung, Staatsverwaltung und Wirtschaftsverbänden sowie innerhalb des Unternehmens zwischen (Privat-)Unternehmern und Arbeitnehmern.[6] Der Anschluss erzeugte neben allgemeinen Steuerungsproblemen auch besondere: zwischen Altreich und Ostmark, Ober- und Unterbehörden sowie Mutter- und Tochterunternehmen.

6.2.2 Agrarsektor

Die Bauernhöfe zwischen zwei und 100 Hektar Größe, die 73 % der Anzahl und 54 % der Fläche aller Agrarbetriebe von 1939 umfassten, zählten ab 1938 über die Zwangsmitgliedschaft ihrer selbständig und unselbständig Beschäftigten zum Reichsnährstand. Anstatt der – erst 1942 gebildeten – Landesbauernschaften nach den Gaugrenzen und der – von österreichischen Nationalsozialisten 1938 favorisierten – „Landesbauernschaft Österreich" entstanden die Landesbauernschaften Donauland (Gaue Wien, Nieder- und Oberdonau), Alpenland (Gaue Tirol-Vorarlberg und Salzburg) und Südmark (Gaue Steiermark und Kärnten). Der Organisationsaufbau knüpfte einerseits an das bestehende Netz von Agrarorganisationen, andererseits an die krisenbedingten Marktordnungsinstrumente an. Bei der Besetzung von Leitungspositionen kamen in vielen Fällen Experten aus dem Altreich zum Zug. Doch zu Landesbauernführern avancierten meist „Alte Kämpfer" der österreichischen NSDAP – etwa Anton Reinthaller, der 1938 zum Führer der Landesbauernschaft Donauland, zum Landwirtschaftsminister im „Lande Österreich" sowie, nach Inkrafttreten des Ostmarkgesetzes 1940, zu einem Unterstaatssekretär im Reichsministerium für Ernährung und Landwirtschaft aufstieg. Vertikal gliederten sich die Landesbauernschaften in Kreis- und Ortsbauernschaften, horizontal in Verwaltungs- sowie jeweils dreigeteilte Landes- und Kreishauptabteilungen („Mensch", „Hof" und „Markt"). Den Landesbauernschaften angegliederte Wirtschaftsverbände legten die Marktordnung mittels der Festpreise auf verschiedene Produktsparten um. Als zu Kriegsbeginn die staatliche Bewirtschaftung die friedensmäßige Marktordnung überwölbte, gewann der Reichsnährstand ne-

---

6 *Ludolf Herbst*, Steuerung der Wirtschaft im Nationalsozialismus? In: Dieter Gosewinkel (Hrsg.), Wirtschaftskontrolle und Recht in der nationalsozialistischen Diktatur, Frankfurt am Main 2005, S. 3–13; *Mark Spoerer/Jochen Streb*, Neue deutsche Wirtschaftsgeschichte des 20. Jahrhunderts, München 2013, S. 161–171.

ben seiner Selbstverwaltungsfunktion als Ernährungsamt auch Behördenstatus. Zur zentralen Steuerung der dezentralen Wirtschaftsaktivitäten diente die Betriebsstatistik – vor allem die jährlich aktualisierte Hofkarte, die als Ausweis der betrieblichen Leistungsfähigkeit Fremd- und Selbstkontrolle des „gläserner Bauern" koppelte. Orts- und Kreisbauernführer agierten nicht nur als Amtsorgane, sondern oft auch als Fürsprecher ihrer Klientel und spielten so eine moderierende Doppelrolle.[7]

Neben dem Regelwerk des Reichsnährstandes verschob das 1938 in der Ostmark eingeführte Reichserbhofgesetz im Sinn der „Blut und Boden"-Ideologie die Manövrierräume bäuerlicher Familienbetriebe: einerseits schützend gegenüber den Zwängen des Boden- und Kreditmarktes (z. B. Versteigerungsverbot), andererseits einschränkend hinsichtlich familialer Verfügungsrechte (z. B. männliches Erbfolgeprivileg). Es korrespondierte mit dem 1939 in der Ostmark eingeführten Gesetz über die „Neubildung deutschen Bauerntums", das die Ansiedlung von „Neubauernhöfen" in geopolitisch sensiblen Regionen forcierte. Bis Kriegende unterlagen in Niederdonau 20 % der Betriebe und 34 % der Betriebsfläche dem Erbhofrecht; für den Rest galt die sinnverwandte Verordnung zur Grundstückverkehrsbekanntmachung. Der mittel- bis großbäuerliche Erbhof diente als Leitbild der „ländlichen Neuordnung" im Reichsgebiet, die in der Ostmark das Planungsstadium nicht überschritt. Die Erbhofgerichtsbarkeit maß den „Bauern" – so der amtliche Titel im Gegensatz zum nicht erbhofrechtlich gebundenen „Landwirt" – an der „Bauernfähigkeit" und konnte die Betriebsführung zeitweilig oder dauerhaft entziehen. Die flexiblen Urteilssprüche stellten meist pragmatische über ideologische Anforderungen. Dennoch provozierten das Verbot der ehelichen Gütergemeinschaft sowie die Diskriminierung der Bauerntöchter in der Erbfolge bäuerliche Proteste, sodass die NSDAP-Gauleitung von Niederdonau 1940 eine alarmierende Denkschrift an die Reichskanzlei richtete. Die Erbhoffortbildungsverordnung 1943 lockerte einige Vorschriften, ohne am Kern des Gesetzes zu rütteln.[8]

Zum Reichsnährstands- und Erbhofrecht trat die Entschuldungs- und Aufbauaktion, die auf Kreditmärkten verschuldete und von Zwangsversteigerung bedrohte Bauernhöfe mit staatlichen Umschuldungs- und Investitionsmitteln versorgte – und damit deren Leistungsfähigkeit stärkte. Die mit der Abwicklung beauftragten acht Landstellen registrierten 113 330 Anträge, etwa 23 % aller Betriebe. Die Reichshilfe er-

---

[7] *Ernst Langthaler*, Eigensinnige Kolonien. NS-Agrarsystem und bäuerliche Lebenswelten 1938–1945, in: Tálos [u. a.] NS-Herrschaft Handbuch, S. 348–375; *Langthaler*, Schlachtfelder, S. 36–79, 570–585; *Siegl*, Bergbauern, S. 65–91; *Ulrich Schwarz-Gräber*, „Gläserne Bauern". Prinzipal-Agent-Probleme nationalsozialistischer Agrarpolitik am Beispiel der Regulierung der landwirtschaftlichen Pacht, in: Zeitgeschichte 45, 2018, S. 319–342.

[8] *Langthaler*, Schlachtfelder, S. 151–230; *Gabriella Hauch*, „Deutsche Landfrauen" – zwischen Angeboten und Zumutungen. Reichsnährstand – Tätigkeitsprofile – Landwirtschaftsschulen – Reichserbhofgesetz, in: Gabriella Hauch (Hrsg.), Frauen in Oberdonau. Geschlechtsspezifische Bruchlinien im Nationalsozialismus, Linz 2006, S. 147–190; *Gerhard Baumgartner*, „Unsere besten Bauern verstehen manchmal unsere Worte schwer!" Anspruch und Praxis der NS-Bodenpolitik im burgenländischen Bezirk Oberwart, in: Österreichische Zeitschrift für Geschichtswissenschaften 3, 1992, S. 192–207.

forderte die bürokratische Kontrolle der Betriebe, die dem bäuerlichen Autonomiedenken widersprach. Zur Feststellung der Entschuldungsbedürftigkeit, -fähigkeit und würdigkeit durchleuchteten Betriebsprüfer die bäuerliche Wirtschaftsführung im Sinn betriebswirtschaftlicher Optimierung. Die je Betrieb maßgeschneiderten Entschuldungs- und Aufbaupläne wirkten selektiv: Große, leistungsfähige Betriebe in Gunstlagen erhielten gemäß der betriebswirtschaftlichen „Lebensfähigkeit" reichlich Investitionskredite; mittlere, leistungsschwächere Bergbauernbetriebe wurden gemäß der rassenideologischen „Lebenswertigkeit" hoch subventioniert; die übrigen, meist kleinen Aufbaubetriebe erhielten geringere Förderungen.[9]

Die vom Reichsnährstand initiierte und von Erbhofgerichtsbarkeit und Landstellen gestützte Produktions- und Produktivitätsoffensive („Erzeugungsschlacht"), die im Altreich „an allen Fronten verloren" wurde, zeigte in der von Nahrungs- und Futtermitteleinfuhren abhängigen Ostmark anfänglich einen Etappensieg. In der Weltwirtschaftskrise verursachte die Nachfrageschwäche des kleinstaatlichen, unter Kaufkraftschwund leidenden Binnenmarktes einen Preisverfall vor allem für das bergbäuerliche Angebot an Tier- und Forstprodukten; nach dem Anschluss öffnete sich der aufnahmefähige Absatzmarkt „Großdeutschland". Auf der Input-Seite des Agrarsystems kehrten sich die Preisrelationen um: Waren vor dem Anschluss Arbeitskräfte zahlreich und billig sowie Betriebsmittel knapp und teuer, führten danach „Landflucht" und Militärdienst zu Lohnsteigerungen sowie Zollstreichungen und Förderaktionen zu Kostensenkung bei Maschinen und Handelsdünger. Diese Faktorpreisverschiebungen begünstigten Investitionen in arbeits- und landsparende Technologien. Auf der Output-Seite trieben amtliche Fest- und steigende Schwarzmarktpreise sowie Transportkostenzuschüsse einerseits, staatliche Produktionsappelle und Ablieferungszwänge andererseits die Marktverflechtung weiter. Die Impulse der staatsregulierten Faktor- und Produktmärkte schlugen sich 1938/41 gegenüber 1930/37 im moderaten Wachstum der Boden- und Arbeitsproduktivität um drei bzw. acht Prozent nieder.[10]

Trotz der Intensivierungsanläufe der „Erzeugungsschlacht" drängte nach der Kriegswende 1941/42 zunehmender Arbeitskräfte- und Betriebsmittelmangel den Hauptstrom der Betriebe in Richtung Extensivierung, oft sogar zur vorübergehenden Stilllegung. Die Kriegswirtschaft beraubte die noch kaum motorisierten Bauernbetriebe ihrer wichtigsten Energiebasis – der Muskelkraft der zum Militär eingezogenen Männer und Pferde. Die mehr- und überbelasteten Frauen und Jugendlichen in den Bauernfamilien wogen diesen Ausfall trotz des Masseneinsatzes von Kriegsgefangenen und zivilen Zwangsarbeitskräften nur zum Teil auf. Entgegen der diskriminierenden Vorschriften zum Umgang mit den „Fremdvölkischen" wurden die ausländischen Männer und Frauen, vielfach noch Jugendliche, nicht nur in die Betriebe, sondern meist auch in die Haushalte integriert. Die bäuerlich-familienwirtschaftliche Konvention „gemeinsam arbeiten – gemeinsam leben" senkte den Kontrollaufwand der Dienstgeber und

---

[9] *Langthaler*, Schlachtfelder, S. 386–436; *Siegl*, Bergbauern, S. 200–215.
[10] *Langthaler*, Schlachtfelder, S. 726–742.

hob die Leistungsmotivation der Bediensteten. Der Betriebsübernahme durch Frauen anstelle ihrer Militärdienst leistenden Ehemänner begegnete der Reichsnährstand mit Hofpatenschaften und Kriegs-Höfegemeinschaften, bei denen männliche „Betriebsführer" aus der Nachbarschaft „verwaiste" – unter weiblicher Leitung stehende – Betriebe beaufsichtigten oder leiteten. Insgesamt sanken die Betriebsleistungen bis Kriegsende deutlich unter das Anfangsniveau. Zwar blieb von 1938/41 bis 1942/44 die Arbeitsproduktivität konstant – ein Ausdruck verstärkter Selbst- und Fremdausbeutung der Familien- und sonstigen Arbeitskräfte; doch die Bodenproduktivität sackte um 13 % ab. Abseits der formellen Vermarktungskanäle blühte die informelle Schattenwirtschaft, die nicht allein dem Profitstreben auf dem lukrativen Schwarzmarkt entsprang. Das „Schwarzschlachten", Unterschlagen von Vorräten oder Verfüttern von Brotgetreide diente auch der Aufrechterhaltung der bäuerlichen Haushalts- und Betriebsführung, etwa zur Verköstigung von Tages- und Saisonarbeitskräften während der Arbeitsspitzen.[11]

Wenngleich der Hauptstrom der bäuerlichen Betriebe Extensivierungspfade beschritt, öffnete die „Erzeugungsschlacht" gegen die „Eiweiß- und Fettlücke" auch Intensivierungsnischen: den Ölfruchtanbau im Flach- und Hügelland sowie die Milchwirtschaft im Bergland. Die mit Kriegsbeginn anlaufende Anbauoffensive für Ölfrüchte schnürte ein Förderungspaket aus Preis- und Prämienanreizen, Betriebsmittelzuteilungen und Expertenwissen, das – entgegen der nationalsozialistischen Bauerntumsideologie – den „Landwirt" als Unternehmer adressierte. Die materiellen und ideellen Anreize fielen auf fruchtbaren Boden – vor allem bei technik- und gewinnorientierten Mittel- und Großbauernbetrieben in Gunstlagen –, wie etwa die Expansion des Rapsanbaus in Niederdonau um über 6200 Hektar von 1938 bis 1943 zeigt. In den klimatisch und verkehrsmäßig ungünstigen Gebirgslagen erprobte der Gemeinschaftsaufbau die flächendeckende „Aufrüstung des Dorfes" nach Kriegsende an einzelnen Pilotprojekten. Damit suchten die Agrarplaner neben dem „rassischen" auch das produktive Leistungspotenzial des „Bergbauerntums" zu mobilisieren. Das Entwicklungsziel bildete der verkehrstechnisch erschlossene, kapitalintensive sowie auf Grünlandbewirtschaftung und Milchkuhhaltung spezialisierte Mittelbetrieb auf Familienbasis. Diese Pläne wurden jedoch wegen exogenen Material- und Arbeitskräftemangels sowie endogener Widersprüche in den Aufbaugemeinschaften nur ansatzweise realisiert. Die Intensivierungsnischen leisteten zwar nur begrenzte Beiträge zur „Erzeugungsschlacht", waren aber richtungsweisend für regionale Innovationspfade der Agrarentwicklung in der Nachkriegszeit.[12]

Die mit einem Prozent der Betriebe spärlichen, mit 44 % der Betriebsfläche aber bedeutenden Großbetriebe ab 100 Hektar Größe von 1939 mit Lohnarbeiterschaft un-

---

11 *Ela Hornung/Ernst Langthaler/Sabine Schweitzer*, Zwangsarbeit in der Landwirtschaft in Niederösterreich und dem nördlichen Burgenland, Wien, München 2004; *Langthaler*, Schlachtfelder, S. 347–371, 585–620, 726–742.
12 *Langthaler*, Schlachtfelder, S. 436–472, 624–668; *Siegl*, Bergbauern, S. 217–280.

ter Leitung eines Gutsverwalters nahmen in der Ostmark eine institutionelle Sonderstellung ein. Sie unterlagen zwar überwiegend demselben Regelwerk wie die bäuerlichen Betriebe, abgesehen vom Reichserbhofgesetz mit der Obergrenze von 125 Hektar. Doch neben den im alpinen Westen konzentrierten Forstgütern galten vor allem die im östlichen Flach- und Hügelland massierten Landgüter als boden- und bevölkerungspolitisches Übel: als Schneise der „Landflucht" der „arischen" Agrarbevölkerung wie des Einsickerns von Slawen- und Judentum. Der Gegensatz zwischen Guts- und Bauernhof, der an die Debatte um die ostelbischen Junkergüter im deutschen Kaiserreich anknüpfte, nährte die boden- und bevölkerungspolitische Vision der „(Wieder-)Verbäuerlichung". In diesem Sinn war die gesetzlich verankerte „Neubildung deutschen Bauerntums" in der Ostmark gekoppelt mit der zunächst anarchischen, später geordneten „Entjudung" des jüdischen Gutsbesitzes: von der Registrierung über den Verkaufszwang bis zur Verstaatlichung. Dennoch konnte die Obere Siedlungsbehörde den komplexen Verwaltungsvorgang bis Kriegsende nicht abschließen: Zur Jahreswende 1941/42 waren in Niederdonau erst zwölf Prozent der 1120 Betriebe und 57 % der 22 951 Hektar Fläche „arisiert". Die größeren Güter standen vorläufig unter Verwaltung der Deutschen Ansiedlungsgesellschaft, weil es an der „Heimatfront" an geeigneten „Neubauern" mangelte und die an der Front stehenden Soldaten an der Landverteilung teilnehmen sollten. Wie eng die Festigung des „Bauerntums" und die „Arisierung" jüdischen Gutsbesitzes zusammenhingen, zeigt die Errichtung des Truppenübungsplatzes Döllersheim in Niederdonau für die Deutsche Wehrmacht ab 1938: Ein Teil der großräumig ausgesiedelten Bauernfamilien erhielt auf den Gründen „arisierter" Gutsbetriebe Neusiedlerstellen mit Erbhofstatus. Dieser Zusammenhang wirkte auch an der „volkspolitisch" sensiblen Reichsgrenze im Osten Niederdonaus mit ausgedehnten Agrarflächen in jüdischem Besitz. Zwar trieb hier das Leitmotiv des „Volkstumskampfes" die Verbäuerlichung durch „Entjudung"; doch mussten die Besitztransfers auch betriebswirtschaftlichen Ansprüchen genügen – woran so mancher Interessent scheiterte.[13]

6.2.3 Industriesektor

Im Vorfeld des Anschlusses rückte Österreich als Extraktions- und Produktionsstandort in den Planungshorizont der Reichswerke „Hermann Göring" (RWHG), des 1937 als Gegengewicht zur Privatindustrie gegründeten staatlichen Montankonzerns. Das größte Montanunternehmen Österreichs, die Alpine Montan, besaß zwar mit dem steirischen Erzberg eine bedeutende Lagerstätte an eisenreichen, im Tagebau gewinnbaren Erzen, aber mangels inländischer Kohlevorkommen nur bescheidene Kapazitäten zur Verhüttung. Im Rahmen von Kompensationsgeschäften auf Grund der Devisenbewirtschaftung, etwa gegen Import von Hochofenkoks, exportierte das Unternehmen

---

13 *Langthaler*, Schlachtfelder, S. 116–128, 151–199; *Baumgartner*, Bauern, S. 202–204.

Abb. 1: BArch, Bild 183-H06156. Görings erster Spatenstich zu den in Linz geplanten Reichswerken, Mai 1938.

Roherze in das Ruhrgebiet an die Vereinigte Stahlwerke AG (Vestag) als Mehrheitseigentümerin. Zur Jahreswende 1937/38 verlagerte RWHG-Vorstandsvorsitzender Paul Pleiger seine Pläne für ein weiteres Hüttenwerk von Franken in die Ostmark. Der Erzberg passte zur marktwirtschaftlich fragwürdigen, aber staatswirtschaftlich begründeten Verhüttung inländischer Erze für Rüstungs- und Autarkiezwecke.[14]

Die RWHG trieben mit dem Aufbau des Betriebsstandorts Linz ab 1938 ihre Expansion in der Ostmark voran. Bereits wenige Tage nach dem Anschluss verständigten sich Pleiger und Göring mit Rückendeckung Hitlers auf die Gründung eines Hüttenwerkes samt Fertigungsbetrieben im Raum Linz. Für die Standortwahl gaben die Nähe zum Erzberg und die Mittellage zwischen den Kohle- und Erzvorkommen im Westen und Osten des Deutschen Reiches, die Anbindung an das Straßen-, Eisenbahn- und Wasserstraßennetz sowie das unausgeschöpfte Energie- und Arbeitskräftepotenzial – neben

---

14 *Harald Wixforth/Dieter Ziegler*, Die Expansion der Reichswerke „Hermann Göring" in Europa, in: Jahrbuch für Wirtschaftsgeschichte 49, 2008/1, S. 257–278; *Alexander Donges*, Die Vereinigte Stahlwerke AG im Nationalsozialismus. Konzernpolitik zwischen Marktwirtschaft und Staatswirtschaft, Paderborn 2014, S. 268–270.

den persönlichen Präferenzen des „Führers" für seine „Patenstadt" – den Ausschlag. Der Spatenstich Mitte Mai 1938 besiegelte die Absiedelung des Dorfes St. Peter am östlichen Stadtrand, dessen Fläche der Industriekomplex nach und nach einnahm: das Hüttenwerk mit sechs errichteten, aber nur drei in Betrieb genommenen Hochöfen und die angeschlossenen Eisenwerke Oberdonau durch die RWHG sowie die Stickstoffwerke Ostmark durch den IG Farben-Konzern, die die Kokereiabgase zur Mineraldünger- und Sprengstoffherstellung verwerteten. Da während des Krieges der Material- und Arbeitskräftemangel sowie die Eingliederung zusätzlicher Eisen- und Stahlwerke in den besetzten Gebieten den Ausbau bremsten, verfehlte der Standort Linz der RWHG die hochgesteckten Produktionsziele. Dennoch weitete der Betrieb seine jährlichen Leistungen aus: bei Roheisen von 26 360 (1941) auf 537 170 Tonnen (1944), bei Stahl von 2856 (1942) auf 121 024 Tonnen (1944), bei Blechen von 61 277 (1943) auf 97 452 Tonnen (1944). Die Eisenwerke Oberdonau, die größte Panzerschmiede des Deutschen Reiches, steigerten die jährliche Zulieferung von Komponenten (1942: 350 Wannen und 188 Aufbauten, 1944: 3052 Wannen und 2866 Aufbauten), vorrangig an das neuerrichtete Nibelungenwerk von Steyr-Daimler-Puch im nahen St. Valentin. Dementsprechend wuchsen bis 1944 die Umsätze und Gewinne der Hütte Linz (83 bzw. 34 Mio. Reichsmark) und der Eisenwerke Oberdonau (197 bzw. 51 Mio. Reichsmark). Dieser Expansionsschub speiste sich aus der massenhaften Zwangsarbeit ausländischer Zivilarbeitskräfte und Kriegsgefangener, die Ende 1944 in der Hütte Linz 63 % der 6360 Beschäftigten und in den Eisenwerken Oberdonau 66 % der 12 865 Beschäftigten ausmachten; dazu kamen über 5000 Häftlinge des Konzentrationslagers Mauthausen als Leiharbeitskräfte.[15]

Der Betrieb am Standort Linz war gekoppelt an die Roherzzufuhr vom etwa 150 Kilometer entfernten Erzberg, die die RWHG durch die Kontrolle der Alpine Montan sicherzustellen suchten. Doch auch die Vestag betrachtete ihr Tochterunternehmen Alpine Montan samt Erzberg unter Führung von Hans Malzacher nach dem Wegfall devisenwirtschaftlicher und außenpolitischer Hindernisse mit gesteigertem Interesse. Die Vestag-Führung, vertreten durch Alfred Vögler, hatte vier Optionen: ein Joint-Venture mit den RWHG mit Mehrheits- oder Minderheitsbeteiligung, die alleinige Weiterführung der Tochtergesellschaft oder den Verkauf der Aktienmehrheit, den das Management auch bevorzugte. Die Parteien einigten sich auf einen Kaufpreis von 40 Mio. Reichsmark und einen Liefervertrag über Rösterz und Roheisen für 33 Jahre. Staatlicher Druck war zwar indirekt – über die potenzielle Enteignung – im Spiel, hatte aber keinen direkten Einfluss auf den kaufmännisch ausgehandelten Kompro-

---

15 *Helmut Fiereder*, Reichswerke „Hermann Göring" in Österreich (1938–1945), Wien, Salzburg 1983, S. 68–130; *Kurt Tweraser*, Die Linzer Wirtschaft im Nationalsozialismus. Anmerkungen zur strukturellen Transformation („Modernisierung") und zum NS-Krisenmanagement, in: Fritz Mayerhofer/Walter Schuster (Hrsg.), Nationalsozialismus in Linz, Bd. 1, Linz 2001, S. 387–555; *Oliver Rathkolb* (Hrsg.), NS-Zwangsarbeit: Der Standort Linz der „Reichswerke Hermann Göring AG Berlin" 1938–1945, 2 Bde. Wien [u. a.] 2001.

miss. Die Vestag sicherte sich mit günstigen Kauf- und Lieferpreisen steuerbegünstigte Investitionsmittel und den langfristigen Rohstoffnachschub für ihre Stammwerke im Ruhrgebiet. Die RWHG erlangten die alleinige Kontrolle über die Alpine Montan, die 1939 mit der Linzer Errichtungsgesellschaft unter Pleiger als Vorsitzendem und Malzacher als Stellvertreter fusionierte.[16]

Die RWHG vollendeten ihre Expansion zum vertikal integrierten Rüstungskonzern in der Ostmark durch die Übernahme der Industriebeteiligungen der Creditanstalt. Die staatliche Vereinigte Industrieunternehmungen AG (VIAG), die im Rennen um das Creditanstalt-Aktienpaket der Republik Österreich mit Görings Unterstützung die Deutsche Bank zunächst ausgebremst hatte, ging im Interesse ihres Mentors sofort an die Veräußerung der auf etwa zwei Drittel der österreichischen Industrie geschätzten Unternehmensbeteiligungen zu Dumpingpreisen an die RWHG. An oberster Stelle von Görings Wunschliste stand der einstige Waffen- und nunmehrige Automobilproduzent Steyr-Daimler-Puch, wo Georg Meindl, früheres Vorstandsmitglied der Alpine Montan, zum Generaldirektor aufstieg. Als „politischer Manager" positionierte er das Unternehmen wieder als expansiven Rüstungskonzern und nutzte seine SS-Kontakte für den Zwangsarbeitseinsatz von KZ-Häftlingen. Nach der Übernahme von Steyr-Daimler-Puch Mitte 1938 fielen unter wachsendem staatlichem Druck weitere Unternehmensanteile der Creditanstalt an die RWHG. Die zunehmend von der Deutschen Bank kontrollierte Creditanstalt blieb die Hauptbankverbindung ihrer ehemaligen Konzerngesellschaften, musste sich aber den nach Ost- und Südosteuropa expandierenden Markt mit der Länderbank im Besitz der Dresdner Bank, der Hauptbankverbindung der RWHG, teilen.[17]

Der „organische Aufbau der deutschen Wirtschaft" nach dem Anschluss erfasste die im Privatbesitz befindlichen Industrie- und Gewerbebetriebe in Zwangsverbänden, die eine vermittelnde Doppelfunktion erfüllten: einerseits die Interessenvertretung ihrer Mitglieder, andererseits die Mitwirkung an staatlichen Kontroll- und Lenkungsmaßnahmen. Gemäß reichsrechtlicher Bestimmungen wurden 1938 in der Ostmark die Wirtschaftskammerbezirke Wien (Gaue Wien und Niederdonau), Oberdonau (Gau Oberdonau), Alpenland (Gaue Tirol-Vorarlberg und Salzburg) und Südmark (Gaue Steiermark und Kärnten) mit den zugeordneten Abteilungen der Industrie-, Handels- und Handwerkskammern und der Reichsgruppe Industrie eingerichtet. Sie standen unter der Führung des jeweiligen Vorsitzenden der Industrie- und Handelskammer. Aus den nur grob umrissenen Aufgabenbereichen der Einzelorganisationen folgten Kompetenzüberschneidungen und -konflikte, die 1943 zur Vereinheitlichung des Ver-

---

16 *Donges*, Vereinigte Stahlwerke AG, S. 268–281; *Fiereder*, Reichswerke, S. 74–124.
17 *Gerald D. Feldman*, Die Creditanstalt-Bankverein in der Zeit des Nationalsozialismus 1938–1945, in: Gerald D. Feldman [u. a.] (Hrsg.), Österreichische Banken und Sparkassen im Nationalsozialismus und in der Nachkriegszeit, Bd. 1, München 2006, S. 23–684; *Wixforth/Ziegler*, Expansion, S. 263 f.; *Bertrand Perz*, Politisches Management im Wirtschaftskonzern. Georg Meindl und die Rolle des Staatskonzerns Steyr-Daimler-Puch bei der Verwirklichung der NS-Wirtschaftsziele in Österreich, in: Hermann Kaienburg (Hrsg.), Konzentrationslager und deutsche Wirtschaft 1939–1945, Opladen 1996, S. 95–112.

bandskonglomerats in den Gauwirtschaftskammern führten. Diese organisatorische Straffung diente der Indienstnahme der industriell-gewerblichen Verbände für die staatliche Wirtschaftslenkung mit dem Ziel der „vollen Mobilisierung aller Wirtschaftskräfte". Die Aufsicht über die Rüstungsbetriebe in den Wehrkreisen Wien (XVII) und Salzburg (XVIII) übernahmen die Wehrwirtschafts- (ab 1938) bzw. Rüstungsinspektionen (ab 1939).[18]

Der Anschluss schwächte die Konkurrenzfähigkeit der österreichischen Industrie gegenüber deutschen Mitbewerbern, was Forderungen nach betrieblicher Rationalisierung wie staatlichen Hilfsmaßnahmen befeuerte. Vor allem die exportorientierte Großindustrie geriet unter mehrfachen Druck: einerseits wegen der um schätzungsweise 44 % nachhinkenden Arbeitsproduktivität, andererseits durch das um zumindest 36 % verteuerte Warenangebot im Zuge der Währungsaufwertung. Um eine Deindustrialisierung und Reagrarisierung der Ostmark abzuwenden und die Produktionskapazitäten für die Rüstungs- und Autarkiewirtschaft zu optimieren, starteten die Wirtschaftsbehörden auf Initiative von Reichskommissar Josef Bürckel eine Rationalisierungsoffensive. Das Reichskuratorium für Wirtschaftlichkeit durchleuchtete die einzelnen Industriebranchen und beurteilte die Betriebe entlang einer Skala zwischen „gesunder Grundlage" und mangelnder Wirtschaftlichkeit. Wo Produktivitäts- und Produktionssteigerungen ökonomisch vertretbar oder politisch erforderlich schienen, sollten Investitionen stattfinden; wo Überkapazitäten bestanden, sollten Werke stillgelegt werden. Die betriebliche Rationalisierungsoffensive ging einher mit staatlichen Hilfsmaßnahmen: der Reichswirtschaftshilfe und dem Gebietsschutz.[19]

Die von Reichsbehörden und Privatbanken organisierte Reichswirtschaftshilfe zur Stärkung der Konkurrenzfähigkeit der österreichischen Industrie im „großdeutschen" Wirtschaftsraum brachte ambivalente Ergebnisse. Das Programm basierte auf einer öffentlich-privaten Partnerschaft zwischen der Reichsregierung, die für die Kredite bürgte, und einem Bankenkonsortium unter Führung von Creditanstalt und Mercur- bzw. Länderbank mit der Kontrollbank als Abwicklungsstelle, das die Kredite vergab. Es folgte Görings – auch propagandistisch motiviertem – Plan einer nachholenden Entwicklung der österreichischen Industrie mittels durchgreifender Rationalisierung, die förderungswürdige Unternehmen gegen den Konkurrenz- und Übernahmedruck aus dem Altreich stärken sollte. Die Reichsgarantien von zunächst 50, nach Aufstockung 150 Mio. Reichsmark sollten nicht allein der (Groß-)Industrie im Dienst der Rüstungs- und Autarkiewirtschaft – etwa der von Hans Kehrl vom Reichswirtschaftsministerium forcierten Zellulose- und Zellwollerzeugung –, sondern auch Gewerbebetrieben zugutekommen. Diese entwicklungsökonomische Logik geriet jedoch in Konflikt mit staats-

---

[18] *Helfried Pfeifer*, Die Ostmark. Eingliederung und Neugestaltung, Wien 1941, S. 490–518, 654–663; Ostmark-Jahrbuch 1942, S. 425–441; Wiener Zeit- und Wegweiser 1943, S. 69–74.
[19] *Dieter Stiefel/Fritz Weber*, „Drei zu Zwei". Probleme und Folgen der Währungsumstellung Schilling: Reichsmark beim „Anschluß" 1938, in: Karl Bachinger/Dieter Stiefel (Hrsg.), Auf Heller und Cent. Beiträge zur Finanz- und Währungsgeschichte. Wien 2001, S. 471–497; Moser, Wirtschaft, S. 87–131.

und parteipolitischen Interessen: Erhebliche Kreditsummen flossen an „Ariseure" jüdischer Unternehmen, denen es an kaufmännischen Kompetenzen und dem nötigen Investitionskapital fehlte. Die antragsprüfenden Gauwirtschaftsberater tendierten dazu, Bewerber zur „Wiedergutmachung" oder aus sonstigen parteipolitischen Motiven – auch gegen betriebswirtschaftliche Bedenken – bei der Kreditvergabe zu unterstützen. Für die Banken war die Reichswirtschaftshilfe ein sicheres Geschäft, weil die Staatsgarantien das Ausfallrisiko weitgehend beseitigten: bei den bevorzugt vergebenen Konsortialkrediten für die Großindustrie zu 100 %, bei den reserviert gewährten Hausbankkrediten für kleinere Industrie- und Gewerbebetriebe zu 70 bis 85 %. Die Ergebnisse dieses *Joint Venture* zwischen Staat und Banken blieben hinter den Erwartungen. So beurteilte der Reichsrechnungshof 1940 viele Investitionskredite – darunter auch jenen der Länderbank an die Zellwolle Lenzing AG – als „nicht befriedigend" bis „gefährdet". Dennoch diente die Reichswirtschaftshilfe als Modell für ähnliche Investitionsprojekte in den vom Deutschen Reich annektierten Gebieten der Tschechoslowakei und Polens.[20]

Wie die Reichswirtschaftshilfe erzielte auch der Gebietsschutz ambivalente Ergebnisse für die unter Konkurrenzdruck aus dem Altreich stehenden Industrie- und Gewerbebetriebe. Einerseits hemmte das bis Ende 1939 geltende Niederlassungsverbot die Expansion reichsdeutscher Unternehmen in der Ostmark – wenngleich für Gründungen im Staats- und Parteiinteresse Ausnahmen von dieser Regel galten. Andererseits war die Dauer des Gebietsschutzes trotz der zoll-, tarif-, steuer-, preis- und lohnpolitischen Erleichterungen für die betrieblichen Umstellungen zu knapp bemessen. Die Aufhebung der Schutzmaßnahmen glich einem Dammbruch, der eine Welle aufgestauter Wachstumsenergien des deutschen Privatkapitals freisetzte. Unternehmen aus dem Altreich eröffneten in der Ostmark Zweigniederlassungen oder bereits im Aufbau befindliche Tochterfirmen, die sich im oberösterreichischen Raum konzentrierten. Die Thüringische Zellwolle AG gründete 1938 in Lenzing ein Zellwollwerk, das 1940 mit der „arisierten" Papier- und Zellstofffabrik des Bunzl-Konzerns fusionierte; die IG Farben AG erweiterte 1939 den Linzer Industriecluster der RWHG um die Stickstoffwerke Ostmark; die Berliner Vereinigte Aluminiumwerke AG errichtete ab 1939 in Ranshofen die Aluminiumhütte Mattigwerk. Neben diesen Gründungen war deutsches Privatkapital bereits vor Ende des Gebietsschutzes nach dem Muster der „unfreundlichen Übernahme" in österreichische Industriebetriebe eingedrungen. Nach Säuberungen von politisch oder „rassisch" unerwünschten Führungskräften setzten parteinahe oder zugehörige Manager die angepeilten Eigentumsübertragungen um. Während in den Unternehmensleitungen nur wenige „Ostmärker aus Gründen psychologischer und taktischer Art" verblieben, stammte die Mehrheit – allen voran der Generaldirek-

---

[20] *Gerald D. Feldman*, German Banks and National Socialist Efforts to Supply Capital and Support Industrialization in Newly Annexed Territories. The Austrian Model, in: Zeitschrift für Unternehmensgeschichte 50, 2005, S. 5–16; *Dieter Ziegler*, Die Expansion nach Österreich, in: Harald Wixforth (Hrsg.), Die Expansion der Dresdner Bank in Europa, München 2006, S. 11–54.

tor – meist aus dem Altreich. Das „germanisierte" Management betrachtete es meist als seine Aufgabe, die Rentabilität der österreichischen Unternehmen auf reichsdeutsches Niveau zu heben. Die „Germanisierung" des Kapitals österreichischer Industrieunternehmen schritt 1938 bis 1944 rasch voran: im Berg- und Hüttenwesen von 25 auf 72 %, in der Elektroindustrie von 19 auf 72 %, in der chemischen Industrie von 4 auf 71 %, in der Glas- und Porzellanindustrie von 0 auf 59 % und in der Maschinen- und Metallindustrie von 7 auf 54 %.[21]

Strukturverändernd wirkte die „Entjudung" von Industrie und Gewerbe mittels „Arisierung" und Liquidierung jüdischer Betriebe, die in der staatlich organisierten Marktkonzentration mündete. Dabei kollidierten die Interessen von Partei, Unternehmen und Staat: Österreichische NSDAP-Funktionäre forcierten in den ersten Wochen nach dem Anschluss „wilde Arisierungen" von unterbewertetem jüdischem Vermögen als „Wiedergutmachung" für ihre meist unternehmerisch unerfahrene und kapitalschwache Klientel. Der antijüdische Raubzug der „Parteigenossen", der mit eigenmächtigen Einsetzungen kommissarischer Verwalter in jüdischen Firmen begann und im Novemberpogrom 1938 („Reichskristallnacht") gipfelte, rief Reichskommissar Bürckel als Handlager Görings auf den Plan. Er betrachtete die „Entjudung" nicht als Selbstzweck, sondern als Mittel zum Zweck der staatsgeleiteten – und zudem budgetentlastenden – „Bereinigung" des krisengeschüttelten Industrie- und Gewerbebereichs, um dessen Konkurrenzfähigkeit im deutschen Wirtschaftsraum zu stärken. Zunächst unterlagen jüdische Betriebe und sonstige Vermögen der Registrierungspflicht gegenüber der Vermögensverkehrsstelle als Abwicklungsbehörde. Die registrierten Vermögenswerte von 2,3 Milliarden RM umfassten überwiegend Kapital- (62 %) und Grundvermögen (14 %); beim Betriebsvermögen überwog der Industrie- und Dienstleistungs- (23 %) gegenüber dem Agrarsektor (2 %). Schließlich griff das Deutsche Reich über den Anbietungszwang für jüdische Betriebe und die Einziehung des Vermögens auf das Eigentum emigrierter und deportierter Juden und Jüdinnen zu. Auf diese Weise diente die Ostmark 1938/39 als Versuchsfeld für die „radikale Lösung der Judenfrage" im Deutschen Reich, die in Auswanderung, Deportation und Ermordung mündete. Die „Entjudung" der 25 438 Industrie- und Gewerbebetriebe (ohne Banken) war Ende 1939 weitgehend abgeschlossen: 74 % der Betriebe waren liquidiert, 16 % „arisiert". Je kleiner ein jüdischer Betrieb war, umso eher wurde er liquidiert (Verkehrsgewerbe: 82 %, Handwerksgewerbe: 73 %, Handelsgewerbe: 71 %). Je größer ein jüdischer Betrieb war, umso eher wurde er „arisiert" (Industrie: 62 %). Dabei kollidierte das Interesse der „Ariseure" an niedrigen Kaufpreisen mit dem Interesse des Staates an hohen – wenngleich wegen deren Kapitalschwäche oft schwierig einzutreibenden – Abgaben- und Steuererträgen.

---

21 *Dieter Stiefel*, „Gold gab ich für Eisen". Der Anschluß oder Die Umstellung auf die Reichsmark, in: Karl Bachinger [u. a.] (Hrsg.), Abschied vom Schilling. Eine österreichische Wirtschaftsgeschichte, Graz [u. a.] 2001, S. 135–154; *Roman Sandgruber*, Lenzing. Anatomie einer Industriegründung im Dritten Reich, Linz 2010; *Fritz Weber*, Die Geschichte der Oesterreichischen Nationalbank von 1938 bis 1979, Wien 2019, S. 56–79; *Moser*, Wirtschaft, S. 133–178.

Insgesamt eliminierte die „Entjudung" einen Gutteil der Gewerbebetriebe, was nicht nur der Rationalisierungslogik, sondern auch den Interessen der „arischen" Mitbewerber entsprach. So etwa schrumpfte der Wiener Textileinzelhandel, der Gewerbezweig mit dem höchsten jüdischen Anteil (72 % der 3642 Betriebe), durch Liquidationen um 59 %, während lediglich 13 % durch „Arisierung" den Eigentümer wechselten. Die von den Behörden forcierte „Berufsbereinigung", die Stilllegung nichtjüdischer Klein- und Ein-Mann-Betriebe, verstärkte die Konzentrationstendenz im Gewerbe. Da die Geschädigten der Stilllegungen – sofern sie nicht ermordet worden waren – nach 1945 nur geringe Entschädigungen erhielten und meist ihre Geschäfte nicht wiederaufnahmen, beschleunigte die „Entjudung" von Industrie und Gewerbe die Marktkonzentration.[22]

Ab Kriegsbeginn 1939 verlagerte sich der Schwerpunkt der industriell-gewerblichen Steuerung von lang- und mittelfristigen Rationalisierungsplänen zu kurzfristigen Leistungssteigerungen von „Grenzproduzenten" mittels Massenfertigung, Normierung oder Spezialisierung. Das jährliche Wachstum der industriellen Wertschöpfung erreichte 1943 (34 %) und 1939 (30 %) Spitzenwerte, lag 1938 und 1942 (je 18 %) auf hohem Niveau und fiel auch in den übrigen Jahren positiv aus (1940: 13 %, 1941: 9 %, 1944: 4 %). Zugleich wuchs das Energieaufkommen von 1938 bis 1944 um 94 %, wobei Erdöl und Erdgas auf Kosten von Kohle und Wasserkraft anteilig zulegten. Während zahlreiche Kleingewerbetreibende wegen des Militärdienstes schließen mussten, profitierten größere Industrieunternehmen – häufig in Kooperation mit strategischen Partnern aus dem Altreich – vom staatlich befeuerten Rüstungsboom. Die wachsenden Fremdkapitalanteile von zwölf österreichischen Rüstungsunternehmen verschiedener Branchen (1936: 46 %, 1940: 60 %) verdeutlichen die zunehmende Kreditfinanzierung der hauptsächlich in die Kapazitätserweiterung fließenden Investitionen. Die bilanzmäßigen Gewinne wurden durch erweiterte Abschreibungsmöglichkeiten im Rahmen der Reichsmarkeröffnungsbilanz steuerschonend verringert. Die ökonomisch und militärisch vorteilhafte Lage – zunächst die Nähe zur materialverschlingenden Ostfront, später die Ferne von alliierten Luftwaffenstützpunkten – veranlasste viele Unternehmen aus dem Altreich, ihre Produktionsstandorte in die Ostmark zu verlagern und Zuliefernetzwerke aufzubauen. Da die Zivil- und Militärbehörden auf die betriebliche Problemlösungskompetenz angewiesen waren, öffneten sich den Firmenleitungen erhebliche Entscheidungsspielräume. Industriemanager wie Meindl von Steyr-Daimler-Puch pflegten enge Kontakt zu Funktionsträgern von Staat und Partei, was privilegierte Zugänge zu knappen Material- und Arbeitskraftressourcen, so auch KZ-Häftlingen, sicherte. Der großbetriebliche Rüstungsboom in der Ostmark saugte die Reste der zu erheblichen Teilen bereits in das Altreich abgewanderten inländischen Facharbeitskräfte auf – gegen den Protest von Mittelstandsvertretern, der sich etwa 1940 in einer

---

22 *Ulrike Felber* [u. a.], Ökonomie der Arisierung, 2 Bde. Wien, München 2004; *Peter Melichar*, Unternehmer im Nationalsozialismus. Zur sozialen Funktion der Arisierung, in: Österreich. Geschichte, Literatur, Geographie 60, 2016, S. 197–211.

Denkschrift der Wirtschaftskammer Oberdonau gegen die „Amerikanisierung", die Gewichtsverlagerung von Selbständigen zu Lohnabhängigen, Luft verschaffte. Ab Kriegsbeginn speiste sich der Industrialisierungsschub überwiegend aus der Mobilisierung von Zwangsarbeit: Während die Zahl der inländischen Industriearbeitskräfte von 1939 bis 1944 – trotz vermehrter Frauenerwerbstätigkeit – um 56 271 schrumpfte, expandierte der Einsatz ausländischer Zivilarbeitskräfte und Kriegsgefangener um 255 334 Personen. Insgesamt verfügte die Industrie in der Ostmark 1944 um 37 % mehr an Beschäftigten als 1939. Da im selben Zeitraum der gestiegene Leistungsdruck die Produktivität je Arbeitskraft um 48 % hochkatapultierte, wuchs die Industrieproduktion gemessen an der Wertschöpfung um 103 %.[23]

6.2.4 Finanzsektor

Die deutsch-österreichische Währungsunion war keine lediglich finanztechnische Maßnahme, sondern eine Staatsintervention in ein komplexes Wirtschaftsgefüge, in der ökonomische und politische Kalküle aufeinanderprallten. Die nationalsozialistische „Revolution" von 1938 war den Planungen einer Währungs- und Wirtschaftsunion auf evolutionärem Weg seit dem Juliabkommen von 1936 zuvorgekommen, sodass die Wehrmachtskommandeure in den Anschlusstagen die Wechselkurse vor Ort aushandeln mussten. Die Reichsbank hatte zuvor zwei Möglichkeiten skizziert: Ein den deutschen Interessen entsprechendes Szenario erwog das Verhältnis 1 zu 2 gemäß dem mittleren Wechselkurs in Reichsmark. Ein den österreichischen Interessen entsprechendes Szenario veranschlagte den Kurs auf 2 zu 3 bis 3 zu 4 entsprechend der Binnenkaufkraft des Schilling. Reichsbankdirektor Hjalmar Schacht eilte wenige Tage nach dem Anschluss nach Wien, um gegenüber der nationalsozialistischen Staats- und Parteiführung Österreichs das Reichsmark-Schilling-Verhältnis von 1 zu 2 durchzusetzen. Doch Handels- und Verkehrsminister Hans Fischböck ging zur Gegenoffensive über, nachdem ihm Göring „weitgehendes Entgegenkommen" in der Währungsfrage signalisiert hatte. Schützenhilfe leistete Bürckel, der in einem Telegramm an Hitler die Bedeutung des Reichsbank-Kurses für die „Stimmung der Bevölkerung" beschwor. So ließ sich Hitler von der populistischen Position der Wiener Lobbyisten überzeugen und verschob die Entscheidungskompetenz von der Reichsbank zum Reichsinnenministerium, das am 17. März 1938 den Wechselkurs von Reichsmark zu Schilling mit 2 zu 3 festlegte. Die Schillingwährung erfuhr in der Folge, je nach Berechnung, eine Aufwertung von 36 bis 44 %. Dieser Kurs bevorzugte die sozial- und machtpolitischen Forderungen der österreichischen NS-Führung, vor allem im Hinblick auf die geplante

---

23 *Moser*, Wirtschaft, S. 200–204; *Rolf Wagenführ*, Die deutsche Industrie im Kriege 1939–1945, 2. Aufl. Berlin 1963, S. 140–157; *Butschek*, Wirtschaft, S. 65; *Christoph Strecker*, Im Zeichen der Kriegsvorbereitung. Betriebswirtschaftliche Effekte des Anschlusses Österreichs an das Dritte Reich auf die Rüstungsindustrie. Diss. Wien 2021, S. 248–378.

Volksabstimmung über den Anschluss, gegenüber den betriebs- und volkswirtschaftlichen Argumenten der Reichsbank.[24]

Der populistische Wechselkurs verringerte die Preis- und Einkommensunterschiede zwischen Altreich und Ostmark zwar insgesamt, erzeugte aber erhebliche Anpassungsprobleme für einzelne Wirtschaftszweige und Berufsgruppen. Eine Reichsbankstudie resümierte mehr als ein Jahr nach dem Anschluss,

> dass die Löhne und Gehälter sowie die der Landwirtschaft für ihre Erzeugnisse gezahlten Preise denen des Altreiches etwa entsprachen, die Lebenshaltungskosten, die Preise der industriellen Produkte und vor allem die Produktionsgüter wurden aber so im Verhältnis viel zu hoch.

In dieser Bilanz wirkten mehrere preis- und einkommensrelevante Momente zusammen. Die an der Binnenkaufkraft bemessene Aufwertung näherte die österreichischen Verbraucherpreise an die deutschen an: So stiegen die 1937 um 22 % niedrigeren Lebensmittelpreise 1938 auf 7 % über das Reichsniveau. Da das Gefälle der Nominallöhne noch steiler als jenes der Preise war, lagen die österreichischen Reallöhne 1937 um 16 % unter den deutschen; sie näherten sich in den Jahren nach dem Anschluss an. Für die Masse der bäuerlichen Familienbetriebe und den Großteil der Lohnabhängigen glichen sich die Preis- und Einkommensniveaus an den Reichsdurchschnitt an. Anders bei den Industrieunternehmen: Die mit der Aufwertung verbundenen Steigerungen der bereits 1937 – bei Koks um 86 %, bei Stabeisen um 100 %, bei Grobblechen um 112 % – höheren Kohle- und Metallpreise verstärkten das Preisgefälle. Zudem hoben Lohnsteigerungen nach dem Anschluss den Ausgleich der höheren Rohstoffpreise durch – etwa in der Eisen- und Stahlwarenindustrie um 47 % – niedrigere Arbeitskosten größtenteils wieder auf. Die wachsenden Kosten schwächten die Konkurrenzfähigkeit der österreichischen Industrie, wie die Reichsbank 1940 feststellte: „Die Ertragslage der Industrieunternehmungen hat sich jedoch erheblich kompliziert, da die Löhne nach oben, die Preise aber nach unten tendierten." Die Schilling-Aufwertung wirkte für die Industrie der Ostmark wie eine „Strukturpeitsche", die marktorientierte Rationalisierungsschritte erzwang – oder Hilferufe nach staatlichem Schutz provozierte.[25]

Die Währungsumstellung erforderte eine Vielzahl ordnungs- und ablaufpolitischer Nachjustierungen. Zunächst erzeugten die nach Ländern unterschiedlichen Gehaltsschemata je nach Gruppe Vor- und Nachteile. Die österreichischen Beamten verzeichneten durch die Umstellung auf das deutsche Gehaltsschema Zugewinne im jüngsten Drittel, konstante Bezüge im mittleren Drittel und Einbußen im älteren Drittel. In Privatunternehmen bewirkten die Reichstarife ähnliche Bevorzugungen und Benachteiligungen. Gemäß der populistischen Ansage der Machthaber, kein „Volksgenosse" dürfe wegen des Anschlusses weniger verdienen, sollten die Staats- oder Unternehmenskassen umstellungsbedingte Einkommensverluste abdecken. Weiterer Regelungs-

---

24 *Stiefel/Weber*, „Drei zu Zwei", S. 471–478; *Stiefel*, Gold, S. 135–154; *Weber*, Geschichte, S. 32–56, 84 f.
25 *Stiefel/Weber*, „Drei zu Zwei", S. 478–494; *Stiefel*, Gold, S. 142–149; *Weber*, Geschichte, S. 45–54.

bedarf entstand aus der Lücke, die der Anschluss in den reichsdeutschen Währungskorridor riss: Zur Eindämmung der Kapitalflucht galt eine befristete Abhebungsgrenze; zudem bedurften Geld- und Wertpapiertransfers in das Ausland der Genehmigung sowie Devisen-, Valuten- und Edelmetallbesitz der Anmeldung; schließlich wurde in Wien eine Devisenstelle eingerichtet und mit 23. März 1938 die deutsche Devisenbewirtschaftung auf das Land Österreich übertragen. Die Währungsumstellung tangierte auch den Kapitalbesitz: Bundes-, Landes- und Gemeindeanleihen verloren ebenso an Wert wie ausländische Geldbeträge und Wertpapiere.[26]

Die deutsch-österreichische Währungsunion erzeugte nicht nur im Inneren, sondern auch im Außenverhältnis Probleme, vor allem für Schuldendienst und Außenhandel. Das Deutsche Reich schulterte mit dem Anschluss die österreichischen Auslandsschulden von etwa 2,1 Mrd. Schilling, davon 1,5 Mrd. Schilling Bundesanleihen, mit Ende 1937. Zwar wurde der Schuldendienst für die Völkerbundanleihen von 1922 und 1932 ausgesetzt und für die übrigen Schulden nur noch in Reichsmark geleistet. Doch dem nach Ost- und Südosteuropa orientierten Außenhandel versetzte die Schilling-Aufwertung von etwa 40 % gegenüber dem Schweizer Franken einen schweren Schlag. Der Vorteil verbilligter Einfuhren verpuffte durch die rasch eingeführte Devisenbewirtschaftung. Der Nachteil verteuerter Ausfuhren katapultierte allein 1938 das Handelsbilanzdefizit auf 241 Mio. Reichsmark, was je nach Umrechnungskurs 360 bis 480 Mio. Schilling und damit fast einer Verdoppelung gegenüber 1937 (ohne den österreichisch-deutschen Handel) entsprach. Das bestätigte die Vorhersage eines jährlichen Zahlungsbilanzdefizits von 470 Mio. Schilling durch das Reichsfinanzministerium kurz nach dem Anschluss.[27]

Die vom Deutschen Reich übernommenen Gold- und Devisenbestände Österreichs boten zwar eine kurzfristige Entlastung, wogen aber auf längere Sicht die außenwirtschaftlichen Belastungen durch den Anschluss nicht auf. Da die Österreichische Nationalbank durch den Sparkurs der früheren Regierungen über erhebliche Gold- und Devisenbestände verfügte, drängten die deutschen Machthaber auf eine rasche Übernahme. Nachdem Wilhelm Keppler als Reichsbeauftragter für Österreich bereits am 13. März 1938 die bisherige Leitung abgesetzt hatte, wurde die Nationalbank am 17. März 1938 per Verordnung in Liquidation versetzt und der Reichsbank eingegliedert. Zu diesem Zeitpunkt lagerten 78,3 Tonnen Gold im Wert von 468 Mio. Schilling und Devisen im Wert von 47 Mio. Schilling in den in- und ausländischen Depots. Dazu kam privater Gold- und Devisenbesitz im Wert von 225 Mio. Schilling, der auf Grund der Devisenbewirtschaftung dem Staat zum Kauf angeboten werden musste. In Summe verzeichnete die Reichskasse bis 25. April 1938 Gold- und Devisenzuflüsse im Wert von 740 Mio. Schilling aus Nationalbank- und Privatvermögen. Über spätere Werttransfers gibt es kaum verlässliche Angaben; Schätzungen der ausländischen Geldvermögen Österreichs, die das Deutsche Reich 1938 an sich zog, schwanken zwischen 1,2 und

---

26 *Weber*, Geschichte, S. 45–54; *Stiefel*, Gold, S. 143.
27 *Stiefel/Weber*, „Drei zu Zwei", S. 485 f., 495 f.; *Stiefel*, Gold, S. 149; *Weber*, Geschichte, S. 28–31.

2,5 Mrd. Schilling. Diese Zuflüsse unter der Verfügungsgewalt des Beauftragten für den Vierjahresplan stärkten zweifellos die unter Devisenmangel leidende „Wehrwirtschaft". Dennoch war der deutsche Griff nach den österreichischen Gold- und Devisenreserven – abzüglich der übernommenen Auslandsschulden, des umstellungsbedingten Zahlungsbilanzdefizits und der verlustreichen Liquidation der Nationalbank – kurzfristig ein Nullsummenspiel und langfristig ein Verlustgeschäft. Ähnlich argumentierte Reichsbankpräsident Schacht bereits kurz vor dem Anschluss:

> Alles in allem wird aus der Gestaltung der österreichischen Zahlungsbilanz [...] im Gesamtergebnis keine Entlastung, sondern im Gegenteil eine erhebliche devisenmäßige Belastung für Deutschland zu erwarten sein. Dem steht als einmaliger Vorteil der Zuwachs der Devisenreserven der Österreichischen Nationalbank und sonstige [...] Auslandswerte Österreichs gegenüber.[28]

Die Neuordnung des österreichischen Bankensektors nach dem Anschluss führte die Flurbereinigung auf dem Wiener Finanzplatz nach dem Übergang vom prosperierenden Großreich zum krisengeschüttelten Kleinstaat fort. Nach Wellen von Bankenpleiten, -fusionen und -übernahmen durch Nachkriegsinflation und Weltwirtschaftskrise behauptete die – nach ihrem Zusammenbruch 1931 mit immensen Staatsmitteln sanierte – Creditanstalt (Bilanzsumme 1938: 696 Mio. Schilling) eine monopolartige Stellung. Unter den übrigen Banken hielten die Wiener Filiale der Pariser Banque des Pays de l'Europe Centrale oder Länderbank (Bilanzsumme 1938: 287 Mio. Schilling) und die Mercurbank (Bilanzsumme 1938: 111 Mio. Schilling) im Besitz der Dresdner Bank größere Marktanteile. Dass die Wiener Großbanken ins Visier deutscher Wirtschaftsinteressen gerieten, lag neben ihrer starken Marktstellung in Südosteuropa an den rüstungswirtschaftlich bedeutenden Industriebeteiligungen. Einfallsschneisen der „Germanisierung" öffneten die umfänglichen Bankenbeteiligungen des österreichischen Staates und seiner Nationalbank, die an das Deutsche Reich und die Reichsbank fielen. Die Neuordnung des Bankensektors mit ihren nationalsozialistischen, vor allem antijüdischen Akzenten beschleunigte die vor 1938 zurückreichende Konzentrationstendenz. Neben dem Kahlschlag unter den Privatbanken verschwanden ab 1938 von den 20 Aktienbanken (ohne Nationalbank) sieben durch Übernahme oder Auflösung. Unter den verbleibenden 13 Instituten galten 1945 zehn als „Deutsches Eigentum": Drei hatten bereits beim Anschluss deutsche (Teil-)Eigentümer, sieben waren seither – in den meisten Fällen vollständig – „germanisiert" worden.[29]

Der Anschluss beschnitt nicht nur die Autonomie österreichischer Banken, sondern eröffnete den nach der staatlichen Sanierung 1936/37 reprivatisierten deutschen Großbanken Expansionsräume – mit allen damit verbundenen Chancen und Risiken. Er bot die Chance, durch vorausschauende Erweiterung des Eigengeschäfts die wirtschaftliche Erholung zu beschleunigen, barg aber auch das Risiko unabsehbarer Folge-

---

28 *Stiefel/Weber*, „Drei zu Zwei", S. 485 f.; *Stiefel*, Gold, S. 135–138; *Weber*, Geschichte, S. 20–31.
29 *Peter Melichar*, Neuordnung im Bankwesen. Die NS-Maßnahmen und die Problematik der Restitution, Wien, München 2004, S. 28–37.

kosten von Übernahmen wirtschaftlich angeschlagener Fremdbanken. Während sich die Commerzbank in Österreich defensiv verhielt, folgten Deutsche Bank und Dresdner Bank offensiven Übernahmestrategien. Beide Berliner Großbanken fokussierten ihre Aktivitäten zunächst auf die Creditanstalt, mit ihren 100 Mio. Schilling an Eigenkapital und umfangreichen Firmenbeteiligungen das Filetstück des österreichischen Bankensektors. Als Anfang 1938 der nationalsozialistische Druck auf den „Ständestaat" stieg, vereinbarten Generaldirektor Josef Joham und Hermann Josef Abs, Verwaltungsratsmitglied der Deutschen Bank als Minderheitsaktionär, eine Zusammenarbeit der beiden Institute für den Fall eines Anschlusses. Die Dresdner Bank besaß mit der Mercurbank zwar einen vergleichsweise kleinen Brückenkopf ohne nennenswerte Industriebeteiligungen in Wien. Doch sie verfügte über die Schwägerschaft eines Vorstandsmitglieds mit Hitlers Wirtschaftsberater Keppler über eine Achse zur Schlüsselfigur der wirtschaftlichen Durchdringung Österreichs. Beim Anschluss schlug ihr für Auslandsgeschäfte zuständiges Vorstandsmitglied Hans Pilder dem Auswärtigen Amt vor, die nunmehr nationalsozialistische Bundesregierung zum Verkauf der Creditanstalt-Anteile an die Dresdner Bank zu drängen. Doch beide Berliner Großbanken hatten die Rechnung ohne den Wirt gemacht: Nach vollzogenem Anschluss übernahm das Deutsche Reich als Rechtsnachfolger der Republik Österreich die Haupteigentümerschaft der Creditanstalt. Zwar war der Staat nicht an der Aktienmehrheit an einer Großbank interessiert; doch forderte die Vierjahresplanbehörde den Zugriff auf die rüstungs- und autarkiewirtschaftlich wichtigen Industriebeteiligungen. Die Versuche der beiden Berliner Großbanken, mit der Creditanstalt-Übernahme jeweils die Monopolstellung auf dem Wiener Bankenplatz zu erringen, scheiterten am Misstrauen der Nationalsozialisten gegenüber der „Hochfinanz". Die von Kehrl betriebene Neuordnung lief auf eine Marktteilung hinaus: zwischen der Creditanstalt, die mittlerweile in einem „Freundschaftsvertrag" ihrer Übernahme durch die Deutsche Bank bei weitgehender Autonomie zugestimmt hatte, auf der einen Seite und einer Bankenfusion rund um die Mercurbank unter Federführung der Dresdner Bank auf der anderen Seite.[30]

Im Ringen um die Übernahme der Creditanstalt kam die Deutsche Bank nach anfänglichem Widerstand gegen konkurrierende Interessen zum Zug. Zunächst stieß sie trotz ihres „Freundschaftsvertrags" mit der Creditanstalt auf eine finanzkapitalskeptische Koalition um Minister Fischböck, der die Übernahme der Aktienmehrheit durch die staatliche Vereinigte Industrieunternehmungen AG (VIAG) favorisierte. Doch zwei Momente kamen der Deutschen Bank bei ihren Creditanstalt-Ambitionen zugute: Einerseits offerierte das VIAG-Vorstandsmitglied Alfred Olscher Abs im Gegenzug für die Nichtanstellung fachlich ungeeigneter „Parteigenossen" die Abtretung eines 25-prozentigen Aktienpakets und den Vorrang in der gemeinsamen Geschäftsführung. Andererseits verlor Fischböck nach einem Zerwürfnis die Unterstützung von Reichskommissar Bürckel, der Ende 1938 dem Olscher-Plan zustimmte. Auffälligerweise wurde

---

30 *Dieter Ziegler*, Die Expansion der deutschen Großbanken nach Österreich und in die Tschechoslowakei 1938/39, in: Jahrbuch für Wirtschaftsgeschichte 2020/2, S. 487–513.

Fischböck einige Monate später auf der Suche nach Ersatz für seinen verlorenen Ministerposten Vorstandsvorsitzender der Creditanstalt. Obwohl die Deutsche Bank ihren Aktienanteil an der Creditanstalt nach und nach ausbaute und bereits 1942 die Mehrheit kontrollierte, blieb als Wermutstropfen der Verlust der meisten Industriebeteiligungen an die RWHG.[31]

Die bei der Übernahme der Creditanstalt nicht zum Zug gekommene Dresdner Bank machte sich die geänderten Machtverhältnisse für den Aufbau einer eigenen Wiener Großbank zunutze. Durch den Anschluss gewann die Mercurbank in ihren Gesprächen über die Übernahme der Wiener Filiale der Pariser Banque des Pays de l'Europe Centrale an Verhandlungsmacht: Einerseits war sich der Pariser Generaldirektor Henry Reuter darüber im Klaren, dass die deutschen Behörden keine französische Bank unter jüdischer Leitung in Wien dulden würden. Andererseits befand sich die Wiener Filiale in Auflösung, weil das überwiegend jüdische Führungspersonal seine Koffer packte. So führte kein Weg vorbei an der Dresdner Bank, die sich auf ihrem Expansionskurs der Unterstützung durch Keppler und Kehrl gewiss war. In den Übernahmeverhandlungen verweigerte die deutsche Seite zwar die Abgeltung des ideellen Firmenwerts (Goodwill). Doch erhielt die französische Seite die Zusicherung, dass die Mercurbank in die Dienstverträge der etwa 260 „nichtarischen" Wiener Beschäftigen – einschließlich der bereits geflüchteten – einsteigen werde. Gleichzeitig verhandelte die Dresdner Bank mit der Živnostenská banka in Prag zwecks Übernahme der Wiener Filiale, wobei – im Gegensatz zur Länderbank – lediglich die deutsch-österreichische Hälfte der Beschäftigten übernommen werden sollten. So errichtete die Dresdner Bank im Sommer 1938 aus der Mercurbank (30 % der Bilanzsumme) sowie den Wiener Filialen der Pariser und der Prager Bank (65 bzw. 6 % der Bilanzsumme) die Wiener Länderbank, die der Größe nach fast an die Creditanstalt heranreichte. Obwohl der Vertrag mit der französischen Seite fairer als jener mit der tschechischen Seite erschien, handelte es sich um ein Täuschungsmanöver: Die Dresdner Bank erwirkte bei Reichskommissar Bürckel eine Verordnung, die Abfindungs- und Pensionszahlungen an „Nichtarier" erheblich beschnitt. So konnte die politisch bestens vernetzte Dresdner Bank durch skrupelloses, Partei- und Reichsinteressen ausnutzendes Vorgehen den Anschluss in einen wirtschaftlichen Erfolg ummünzen – im Unterschied zur Deutschen Bank, die auf ihre Marktführerschaft setzte und mit partei- und staatsgeleiteten Gegeninteressen kollidierte. Die übrigen 17 Aktienbanken wurden in den meisten Fällen „germanisiert" (z. B. Österreichisches Creditinstitut für öffentliche Unternehmungen und Arbeiten) oder liquidiert (z. B. Österreichische Industriekredit AG).[32]

Die etwa 140 Wiener Privatbanken, von denen sich etwa 100 in jüdischem Besitz befanden, wurden aus rassen- und strukturpolitischen Motiven in der Regel liquidiert

---

31 *Feldman*, Creditanstalt-Bankverein, Bd. 1; *Melichar*, Neuordnung, S. 41–50; *Wixforth/Ziegler*, Expansion, S. 263.
32 *Ziegler*, Expansion; Gerald D. Feldman, Die Länderbank Wien AG in der Zeit des Nationalsozialismus, in: Gerald D. Feldman [u. a.] (Hrsg.), Österreichische Banken und Sparkassen im Nationalsozialismus und in der Nachkriegszeit, Bd. 2, München 2006, S. 259–489; *Melichar*, Neuordnung, S. 38–58.

und nur in Ausnahmefällen „arisiert". In der nationalsozialistischen Neuordnung des Bankwesens war für sie kein Platz vorgesehen: Einerseits galt der jüdische Privatbankier im rassenpolitischen Visier des Nationalsozialismus als Ausgeburt des „raffenden Kapitals" – im Gegensatz zum „schaffenden Kapital" des völkischen Unternehmers. Andererseits sprachen strukturpolitische Argumente gegen die Erhaltung der meist kapital- und umsatzschwachen Privatbanken auf dem als überbesetzt geltenden Finanzplatz Wien. Bei den zwei größten Privatbanken, S. M. Rothschild und Gutmann, stand die Verwaltung des Familienvermögens im Vordergrund; die kleineren waren vielfach auch in anderen Geschäftszweigen als dem Bankengewerbe tätig. Die Schließung der Wiener Börse gleich nach dem Anschluss bedeutete für viele im Wertpapiergeschäft engagierte Privatbanken das wirtschaftliche Aus. Von den Privatbanken wurden nur acht – darunter auch die Rothschild-Bank zum Kaufpreis von 3,9 Mio. Reichsmark – „arisiert"; daneben gab es auch einige nicht als „Arisierung" registrierte Übernahmen. Alle übrigen als jüdisch geltenden Bankhäuser wurden in der Regel vom Wiener Giro- und Cassen-Verein und in Ausnahmefällen von Privatpersonen als kommissarischen Verwaltern liquidiert. Die jüdischen Eigentümer, die neben der organisierten Zwangsenteignung auch physischer und psychischer Gewalt (Durchsuchung, Verhaftung, Deportation usw.) ausgesetzt waren, erhielten weder Kaufsummen noch Liquidationserlöse. Auch viele nichtjüdische Privatbanken, die als „lebensunfähig" galten, wurden liquidiert oder von den Eigentümern geschlossen.[33]

Wie der Bankensektor erfuhr auch die österreichische Versicherungswirtschaft eine durchgreifende „Germanisierung" und Flurbereinigung. Die Währungsumstellung 1938 erzeugte auch in der Versicherungswirtschaft Anpassungsprobleme. Während die Reichsbehörden nach der Auflösung kleinerer Unternehmen die größeren Versicherungen gleichberechtigt einzugliedern trachteten, nutzte die Versicherungswirtschaft des Altreichs die Ostmark als abhängigen Expansionsraum. Bereits während des Gebietsschutzes bis Ende 1939 erfolgten zahlreiche „unfreundliche Übernahmen", bei denen auf die „Gleichschaltung" und Verkleinerung – häufig verbunden mit der „Entjudung" – der Unternehmensleitung der erzwungene Eigentumstransfer an das deutsche Kapital folgte. Nach Aufhebung des Gebietsschutzes schwappte eine Welle an Neuzulassungen deutscher Versicherungsunternehmen – 50 alleine 1939/40 – in die Ostmark. „Germanisierte" österreichische Versicherungsunternehmen dienten als Sprungbrett zur wirtschaftlichen Expansion nach Südosteuropa, wofür die „Ostmärker" mit ihren erprobten Geschäftsstilen und Beziehungsgeflechten in hervorragender Weise geeignet schienen. Neben der politischen und „rassischen" Säuberung der Unternehmensleitungen diente die „Germanisierung" unter ökonomischem Kalkül auch der „Marktbereinigung". In diesem Sinn erwog ein Prüfbericht zur österreichischen Versicherungswirtschaft bereits 1938, „eine Sanierung etwa durch Zusammenlegung oder durch ‚Anschluß' an eine reichsdeutsche Gesellschaft in der einen oder anderen Form durchzuführen, was übrigens zum Teil schon in die Wege geleitet ist". Folglich wuchs der Anteil des „Deutschen

---

33 *Melichar*, Neuordnung, S. 66–199.

Eigentums" in der Versicherungswirtschaft, der 1938 noch 14 % betragen hatte, bis 1945 auf 56 %. Die Österreichische Versicherungs-Aktiengesellschaft, die von der 1936 zusammengebrochenen Lebens-Phönix den Löwenanteil am Lebensversicherungsmarkt übernommen hatte, ging gänzlich in deutschen Besitz über.[34]

6.2.5 Fazit

Die Eingliederung und Neuordnung der österreichischen Wirtschaft im Nationalsozialismus zielte auf die Überwindung des Gegensatzes zwischen liberalistischem Marktwettbewerb und sozialistischem Klassenkampf durch die extern „rassenkämpferische" und intern leistungsorientierte „Volksgemeinschaft". Da das NS-Regime sowohl den Markt als auch den Staat als wirtschaftliches Steuerungsprinzip ablehnte, bevorzugte es alternative Lösungen von Prinzipal-Agenten-Problemen – Institutionen, die das Informationsdefizit des jeweiligen Prinzipals und dessen Zielkonflikt mit dem jeweiligen Agenten wenn schon nicht beseitigten, so doch eindämmten. Das breitgefächerte Arrangement formeller und informeller Institutionen reichte von der Fremdsteuerung, d. h. ablaufpolitischer Direkt- und ordnungspolitischer Kontextsteuerung, bis zur Selbststeuerung der Wirtschaftsakteure. Freilich wirkten diese Institutionen nicht immer entsprechend der Absichten des Regimes; unbeabsichtigte, oftmals auch zielgefährdende Folgen erforderten institutionelle Neuarrangements – etwa die Reform des Reichserbhofgesetzes 1943 infolge von Reibungsverlusten mit bäuerlichen Konventionen. Institutionen der staatlichen Fremdsteuerung entfalteten in der Ostmark – mehr noch als im Altreich – Wirkung quer durch die Wirtschaftssektoren: die „Germanisierung" österreichischer Gutsbetriebe, Industrieunternehmen und Großbanken mittels Eigentumstransfers an Reichsbehörden und Staatsunternehmen (Direktsteuerung) sowie an Privatunternehmen (Kontextsteuerung); die Flurbereinigung im Agrar-, Industrie- und Finanzsektor mittels bürokratisierter „Entjudung"; großindustrielle Unternehmensgründungen im deutschem Staats- oder Privateigentum – allen voran der Standort Linz der RWHG; Transfers privater Nutzungsrechte an staatliche Organisationen (z. B. Erbhofgerichtsbarkeit); die an (außer-)ökonomische Kriterien gebundene Verteilung von Investitionsmitteln im Agrar- (z. B. Entschuldungs- und Aufbauaktion) und Industriesektor (z. B. Reichswirtschaftshilfe); die organisatorische Erfassung agrarischer (Reichsnährstand) und industriell-gewerblicher Betriebe (Wirtschaftskammern); die zentralisierte Erhebung, Verarbeitung und Nutzung dezentraler Betriebsdaten im Agrar- und Industriesektor; die staatliche Bewirtschaftung von rüstungs- und autarkiewichtigen Agrar- und Industriegütern und so fort.

---

[34] *Dieter Stiefel*, Die österreichischen Lebensversicherungen und die NS-Zeit. Wirtschaftliche Entwicklung, politischer Einfluss, jüdische Polizzen, Wien [u. a.] 2001, S. 45–102; *Stiefel/Weber*, „Drei zu Zwei", S. 486–490.

Neben staatswirtschaftlichen Institutionen der Fremdsteuerung nutzte das NS-Regime in der Ostmark auch marktwirtschaftliche Institutionen der Selbststeuerung für seine Wirtschaftsziele. Im Agrarsektor entschieden bäuerliche „Betriebsführer" selbst über die Landnutzung entsprechend markt- und staatsvermittelter Produktionsanreize. Im Industriesektor lag es im Ermessen der Manager, Zwangsarbeitskräfte zu rekrutieren. Im Finanzbereich verfolgten die Berliner Großbanken ihre – allerdings vom Staat kanalisierten – Expansionsstrategien auf dem Finanzplatz Wien. Diese Beispiele verdeutlichen die Gemengelage von Staats- und Marktwirtschaft, zu der noch die in der Landwirtschaft vorherrschende Familienwirtschaft trat. Die bäuerliche Familienwirtschaft warf nicht nur Prinzipal-Agenten-Probleme auf – etwa die vielzitierte „Resistenz" des ländlich-katholischen Milieus –, sondern vermochte diese auch einzudämmen. So etwa verringerte der Einschluss ausländischer Arbeitskräfte in die bäuerliche „Hofgemeinschaft" – im Gegensatz zum polizeilich verordneten Ausschluss der „Fremdvölkischen" – durch weniger Kontrollaufwand und mehr Leistungsmotivation die Transaktionskosten der Zwangsarbeit.

Österreichs Wirtschaft unterlag zwar den Expansionsstrategien des Staates und deutscher Privatunternehmen, genoss aber im nationalsozialistischen Europa eine privilegierte Stellung. Gegenüber der älteren Forschung, die den Nutzen der österreichischen Ressourcen für die wirtschaftliche und militärische Expansion des Deutschen Reiches betont, verweist die neuere Forschung auch auf die kurzfristig mit dem Anschluss verbundenen Kosten, vor allem auf ernährungs-, handels- und budgetpolitischem Gebiet, sowie auf die mittel- bis langfristigen Entwicklungsimpulse im Agrar-, Industrie- und Finanzsektor (Verstaatlichung des „Deutschen Eigentums" 1946/47, Verschiebung von der Konsumgüter- zur Investitionsgüter- und Grundstoffindustrie, Ost-West-Verlagerung des Außenhandels usw.). Staats- und privatwirtschaftliche Entscheidungsträger betrieben die wirtschaftliche Eingliederung und Neuordnung der Ostmark mittels einer Art nachholender Entwicklung entlang „rassischer" und produktiver Leitlinien – eines *völkischen Produktivismus*, der vor allem rund um die Industrialisierungszentren in den westlichen Landesteilen zum Tragen kam. Dieses auf die „Volksgemeinschaft" beschränkte Entwicklungsprojekt, das auf der Ausbeutung, Vertreibung und Vernichtung von als „gemeinschaftsfremd" definierten Bevölkerungsgruppen basierte, brach 1945 mit dem NS-Regime zusammen. Gleichwohl zog es Spuren in der österreichischen Wirtschaftsentwicklung nach 1945 – wofür etwa das zu Kriegsende halbfertige, in der Nachkriegszeit vollendete Speicherkraftwerk Kaprun als Ikone des „Wiederaufbaus" steht.[35]

---

[35] *Norbert Schausberger*, Der Strukturwandel des ökonomischen Systems 1938–1945, in: Rudolf G. Ardelt/Hans Hautmann (Hrsg.), Arbeiterschaft und Nationalsozialismus in Österreich, Wien, Zürich 1990, S. 151–168; *Fritz Weber*, Die Spuren der NS-Zeit in der österreichischen Wirtschaftsentwicklung, in: Österreichische Zeitschrift für Geschichtswissenschaften 2, 1992, S. 135–165; *Dieter Stiefel*, Fünf Thesen zu den sozioökonomischen Folgen der Ostmark, in: Wolfgang Mantl (Hrsg.), Politik in Österreich, Wien [u. a.] 1992, S. 49–61; *Ernst Langthaler*, Völkischer Produktivismus. Nationalsozialismus und Agrarmodernisierung im Reichsgau Niederdonau 1938–1945, in: Zeitgeschichte 45, 2018, S. 293–318.

Auswahlbibliografie

Butschek, Felix, Die österreichische Wirtschaft 1938 bis 1945, Stuttgart 1978.
Felber, Ulrike [u. a.], Ökonomie der Arisierung. 2 Bde. Wien, München 2004.
Feldman, Gerald D. [u. a.] (Hrsg.), Österreichische Banken und Sparkassen im Nationalsozialismus und in der Nachkriegszeit. 2 Bde. München 2006.
Freund, Florian/Perz, Bertrand/Spoerer, Mark, Zwangsarbeiter und Zwangsarbeiterinnen auf dem Gebiet der Republik Österreich 1939–1945, Wien, München 2004.
Hornung, Ela/Langthaler, Ernst/Schweitzer, Sabine, Zwangsarbeit in der Landwirtschaft in Niederösterreich und dem nördlichen Burgenland, Wien, München 2004.
Langthaler, Ernst, Eigensinnige Kolonien. NS-Agrarsystem und bäuerliche Lebenswelten 1938–1945, in: Emmerich Tálos [u. a.] (Hrsg.), NS-Herrschaft in Österreich. Ein Handbuch, Wien 2000, S. 348–375.
Langthaler, Ernst, Schlachtfelder. Alltägliches Wirtschaften in der nationalsozialistischen Agrargesellschaft 1938–1945, Wien [u. a.] 2016.
Langthaler, Ernst, Völkischer Produktivismus. Nationalsozialismus und Agrarmodernisierung im Reichsgau Niederdonau 1938–1945, in: Zeitgeschichte 45, 2018, S. 293–318.
Melichar, Peter, Neuordnung im Bankwesen. Die NS-Maßnahmen und die Problematik der Restitution, Wien, München 2004.
Moser, Josef, Oberösterreichs Wirtschaft 1938 bis 1945, Wien [u. a.] 1995.
Rathkolb, Oliver (Hrsg.), NS-Zwangsarbeit: Der Standort Linz der „Reichswerke Hermann Göring AG Berlin" 1938–1945, 2 Bde. Wien [u. a.] 2001.
Sandgruber, Roman, Lenzing. Anatomie einer Industriegründung im Dritten Reich, Linz 2010.
Schausberger, Norbert, Rüstung in Österreich 1938–1945. Eine Studie über die Wechselwirkung von Wirtschaft, Politik und Kriegsführung, Wien 1970.
Schreiber, Horst, Wirtschafts- und Sozialgeschichte der Nazizeit in Tirol, Innsbruck [u. a.] 1994.
Siegl, Gerhard, Bergbauern im Nationalsozialismus. Die Berglandwirtschaft zwischen Agrarideologie und Kriegswirtschaft, Innsbruck 2013.
Stiefel, Dieter, „Gold gab ich für Eisen". Der Anschluß oder Die Umstellung auf die Reichsmark, in: Karl Bachinger [u. a.] (Hrsg.), Abschied vom Schilling. Eine österreichische Wirtschaftsgeschichte, Graz [u. a.] 2001, S. 135–154.
Stiefel, Dieter/Weber, Fritz, „Drei zu Zwei". Probleme und Folgen der Währungsumstellung Schilling : Reichsmark beim „Anschluß" 1938, in: Karl Bachinger/Dieter Stiefel (Hrsg.), Auf Heller und Cent. Beiträge zur Finanz- und Währungsgeschichte, Wien 2001, S. 471–497.
Weber, Fritz, Die Spuren der NS-Zeit in der österreichischen Wirtschaftsentwicklung, in: Österreichische Zeitschrift für Geschichtswissenschaften 2, 1992, S. 135–165.
Weber, Fritz, Zwischen abhängiger Modernisierung und Zerstörung. Österreichs Wirtschaft 1938–1945, in: Tálos [u. a.], NS-Herrschaft Handbuch, S. 326–347.
Ziegler, Dieter, Die Expansion der deutschen Großbanken nach Österreich und in die Tschechoslowakei 1938/39, in: Jahrbuch für Wirtschaftsgeschichte 2020/1, S. 487–513.

Jaromír Balcar
6.3 Die tschechische Industrie in der Kriegswirtschaft

6.3.1 Einleitung

Die Region Böhmen und Mähren, die auch als böhmische Länder oder Länder der Wenzelskrone bezeichnet wird, umfasst den westlichen Landesteil der 1918 gegründeten Tschechoslowakei und entspricht weitgehend dem Territorium der Tschechischen Republik von heute. Von ihrer Auflösung im Jahr 1992 abgesehen, markierte die deutsche Besatzung von 1938/39 bis 1945 den größten Einschnitt in der über 70-jährigen Geschichte der Tschechoslowakei. Im Unterschied zu anderen Regionen Europas, die der NS-Aggressionspolitik zum Opfer fielen, wurden die böhmischen Länder weder als besetztes Gebiet behandelt noch – wie Österreich – dem Deutschen Reich kurzerhand einverleibt; stattdessen erfolgte ihre Angliederung an das Reich in Form des scheinautonomen „Protektorats Böhmen und Mähren".[1] Tatsächlich stellten Böhmen und Mähren innerhalb des deutschen Macht- und Einflussbereichs aus mehreren Gründen einen bemerkenswerten Fall dar.

Erstens dauerte die NS-Okkupation hier am längsten. Böhmen und Mähren waren das erste Gebiet mit einer nichtdeutschen Bevölkerungsmehrheit, das 1938/39 zwangsweise in den „großdeutschen Wirtschaftsraum" integriert wurde, und zwar noch vor der Entfesselung des Zweiten Weltkriegs; ihre Befreiung erfolgte erst im April und Mai 1945, also deutlich später als im restlichen besetzten Europa. In diesen Kontext gehört – zweitens – auch, dass der deutsche Einmarsch in die böhmischen Länder nicht auf eine militärische Niederlage folgte, sondern als Konsequenz diplomatischer Verhandlungen der europäischen Großmächte, an denen die tschechoslowakische Regierung gar nicht oder nur als ohnmächtiger Zaungast beteiligt war – und ohne dass ein einziger Schuss fiel. Hinzu kam, drittens, die geographische Lage in der Mitte Europas in unmittelbarer Nachbarschaft zu Bayern, Sachsen, Schlesien und Österreich. Die „Konfliktgemeinschaft" zwischen Tschechen und Deutschen,[2] die daraus resultierte, ließ die böhmischen Länder aus einer großdeutschen Perspektive als Kernland des „alten Reichs" erscheinen – oder in der NS-Perspektive als „Lebensraum", der nicht neu erobert, sondern zurückgewonnen werden musste. Viertens unterschieden sich Böhmen und

---

1 Erlass des Führers und Reichskanzlers über das Protektorat Böhmen und Mähren vom 16. 3. 1939 und dazugehörige Vorordnung vom 22. 3. 1939, in: Zeitschrift für ausländisches öffentliches Recht und Völkerrecht 9, 1939, S. 506–510. Vgl. auch *Peter Demetz*, Prague in Black and Gold. Scenes from the Life of a European City, New York 1997, S. 16–18; *Volker Zimmermann*, 1939. Die nationalsozialistische „Neuordnung", in: Detlef Brandes/Dušan Kováč/Jiří Pešek (Hrsg.), Wendepunkte in den Beziehungen zwischen Deutschen, Tschechen und Slowaken 1848–1989, Essen 2007, S. 185–198.
2 *Jan Křen*, Die Konfliktgemeinschaft. Tschechen und Deutsche 1780–1918, München 2000.

Mähren auch wirtschaftlich deutlich vom europäischen Osten und Südosten, denn sie waren nicht mehr überwiegend von der Landwirtschaft geprägt, sondern wiesen einen vergleichsweise hohen Industrialisierungsgrad auf.[3] Bis zum Ersten Weltkrieg hatten die böhmischen Länder als Waffenschmiede der Habsburgermonarchie gedient und auch in der Zwischenkriegszeit war die Tschechoslowakei ein wichtiger Produzent von Rüstungsgütern gewesen.[4]

Aufgrund dieser vier regionalen Besonderheiten galten die böhmischen Länder in den Augen der Besatzer nicht als reine Ausbeutungszonen, die ausschließlich Rohstoffe und Arbeitssklaven für die NS-Kriegswirtschaft bereitzustellen hatten, sondern als integraler Bestandteil eines noch zu schaffenden „großdeutschen Reichs" und, was die wirtschaftlichen Vorstellungen betrifft, als Teil der hochindustrialisierten deutschen Kernzone in einem deutsch dominierten europäischen Großraum. Dementsprechend kam eine Politik der Tabula rasa im Sinne etwa des Generalplan Ost hier nicht in Frage,[5] vielmehr mussten die Besatzer in den böhmischen Ländern eine gewisse Rücksicht sowohl auf die dort lebenden Menschen als auch auf die gewachsenen Strukturen nehmen. Aus diesem Grund setzten sie hier andere Formen der Besatzungspolitik ins Werk als im Generalgouvernement, auf dem Balkan oder in den besetzten Teilen der Sowjetunion. Aufs Ganze gesehen zeigte die Besatzungspolitik in Böhmen und Mähren mehr Ähnlichkeiten mit dem Vorgehen, das die Deutschen in Westeuropa an den Tag legten, etwa in Frankreich oder in den Niederlanden.[6] Außerdem war der Beitrag der böhmischen Länder für die NS-Kriegswirtschaft weitaus größer, als es die historische Forschung lange Zeit wahrhaben wollte.[7] Es hatte durchaus seine Berechtigung, dass das Protektorat in der deutschen Presse wiederholt als „Rüstkammer des Reiches" charakterisiert wurde,[8] um seine Leistungen in den „Erzeugungsschlachten" für Hitlers Krieg gebührend zu würdigen.

Dass man davon in der befreiten Tschechoslowakei nach 1945 nichts mehr wissen wollte, liegt auf der Hand. Das ist allerdings nicht der einzige Grund, weshalb die beachtliche Rolle Böhmens und Mährens für die NS-Kriegswirtschaft in der Geschichts-

---

[3] Siehe dazu ausführlich *Alice Teichová*, Kleinstaaten im Spannungsfeld der Großmächte. Wirtschaft und Politik in Mittel- und Südosteuropa in der Zwischenkriegszeit, München 1988.
[4] Dazu *Walter Hummelberger*, Die Rüstungsindustrie der Tschechoslowakei 1933 bis 1939, in: *Friedrich Forstmeier/Hans-Erich Volkmann* (Hrsg.), Kriegswirtschaft und Rüstung 1939–1945, Düsseldorf 1977, S. 308–330.
[5] Zum Generalplan Ost vgl. Kapitel 6.1 in diesem Band.
[6] Vgl. Kapitel 7.2 in diesem Band.
[7] Siehe dazu *Jonas Scherner*, Europas Beitrag zu Hitlers Krieg. Die Verlagerung von Industrieaufträgen der Wehrmacht in die besetzten Gebiete und ihre Bedeutung für die deutsche Rüstung im Zweiten Weltkrieg, in: *Christoph Buchheim/Marcel Boldorf* (Hrsg.), Europäische Volkswirtschaften unter deutscher Hegemonie 1938–1945, München 2012, S. 69–92; *Jonas Scherner*, Der deutsche Importboom während des Zweiten Weltkriegs. Neue Ergebnisse zur Struktur der Ausbeutung des besetzten Europas auf der Grundlage der Neueinschätzung der deutschen Handelsbilanz, in: Historische Zeitschrift 294, 2012, S. 79–113.
[8] Beispielsweise Brüsseler Zeitung vom 14. 3. 1943 oder Neue Züricher Zeitung vom 29. 1. 1943.

wissenschaft lange Zeit nicht gebührend gewürdigt wurde. Die marxistisch orientierte Geschichtsschreibung der Tschechoslowakei betonte zwar einerseits den Ausbeutungsaspekt der deutschen Besatzungsherrschaft, blieb jedoch andererseits der Erklärung des Faschismus als Konsequenz des Kapitalismus und zugespitzter Form des Imperialismus verhaftet, betrieb mit anderen Worten historische Forschung als Klassenkampf. Von diesem Defizit abgesehen, sind aus dieser Schule einige empirisch gesättigte Untersuchungen hervorgegangen, die auch heute noch ihren Wert haben.[9] Die umfangreiche Exilhistoriographie wie auch die bohemistische Forschung aus dem westlichen Ausland litt bis 1989 in erster Linie darunter, dass ihr der Zugang zu den Quellen weitgehend fehlte. Zudem interpretierten ihre Vertreter die Besatzungszeit primär als „Scheitern des nationalen Widerstands" gegen die deutschen Okkupanten – so lautete der Untertitel des Werks von Vojtech Mastný;[10] die Wirtschaft blieb dabei weitgehend ausgeklammert. Alice Teichovás bahnbrechende Studie, in der sie die wirtschaftlichen Hintergründe auslotete, die zum Münchner Abkommen führten, endet mit dem Jahr 1938.[11] Ältere wie auch neuere Gesamtdarstellungen zur Geschichte des Protektorats sind zwar hilfreich, widmeten sich der Protektoratswirtschaft jedoch nur am Rande. Das gilt für die zweibändige Studie von Detlef Brandes, die sich vor allem mit Kollaboration und Widerstand der Tschechen befasst,[12] ebenso wie für das neuere Buch von Chad Bryant, das den tschechischen Nationalismus in Reaktion auf die deutsche Besatzung in den Mittelpunkt stellt.[13] Spezialstudien blieben dagegen bis in die jüngste Vergangenheit selten. Eine knappe Analyse der Wirtschaftsordnung des Protektorats legte Ende der 1960er Jahre der Wirtschaftshistoriker Václav Průcha in Aufsatzform vor,[14] vertiefte

---

9 Das betrifft insbesondere die voluminöse Darstellung von *Václav Král*, Otázky hospodářského a sociálního vývoje v českých zemích v letech 1938–1945 [Fragen der wirtschaftlichen und sozialen Entwicklung in den böhmischen Ländern 1938–1945], 3 Bde. Prag 1957–1959.
10 *Vojtech Mastný*, The Czechs under Nazi Rule. The Failure of National Resistance, 1939–1942, New York/London 1971.
11 *Alice Teichová*, An Economic Background to Munich. International Business and Czechoslovakia 1918–1939, Cambridge 1974. Das gilt ebenfalls für die wichtige Arbeit von *Christoph Boyer*, Nationale Kontrahenten oder Partner? Studien zu den Beziehungen zwischen Tschechen und Deutschen in der Wirtschaft der ČSR (1918–1938), München 1999.
12 *Detlef Brandes*, Die Tschechen unter deutschem Protektorat. Besatzungspolitik, Kollaboration und Widerstand im Protektorat Böhmen und Mähren (1939–1945), 2 Bde. München 1969 und 1975.
13 *Chad Bryant*, Prague in Black. Nazi Rule and Czech Nationalism, Cambridge/London 2007. Auch die neueste tschechische Gesamtdarstellung thematisiert die Wirtschaft nur am Rande. Siehe *Jan Gebhart/Jan Kuklík*, Velké dějiny zemí Koruny české 1938–1945, Bd. 15a und 15b [Große Geschichte der Länder der böhmischen Krone 1938–1945], Litomyšl 2006 und 2007.
14 *Václav Průcha*, Základní rysy válečného řízeného hospodářství v českých zemích v letech nacistické okupace [Grundzüge der gelenkten Kriegswirtschaft in den böhmischen Ländern in den Jahren der nazistischen Okkupation], in: Historie a vojenství 1967, S. 215–239. *Václav Průcha*, The Integration of Czechoslovakia in the Economic System of Nazi Germany, in: Michael L. Smith/Peter M. R. Stirk (Hrsg.), Making the New Europe: European Unity and the Second World War, London/New York 1990, S. 87–97. *Václav Průcha*, Válečné řízené hospodářství v českých zemích a na Slovensku v letech 1939–1945 [Die gelenkte Kriegswirtschaft in den böhmischen Ländern und in der Slowakei in den Jahren 1939–1945],

diese Untersuchung später jedoch nicht mehr.[15] Diese Lücke schloss erst nach der Jahrtausendwende ein großangelegtes deutsch-tschechisches Forschungsprojekt, das die Wirtschaftslenkung in Böhmen und Mähren in der Besatzungs- und Nachkriegszeit eingehend und auf breiter Quellenbasis untersuchte.[16]

Auf den in diesem Rahmen erarbeiteten Ergebnissen basiert im Wesentlichen auch der vorliegende Beitrag. Er skizziert, erstens, die Rahmenbedingungen der Protektoratswirtschaft unter deutscher Besatzung, untersucht zweitens die Ziele und Zielkonflikte der Besatzungspolitik in den böhmischen Ländern sowie – drittens – die Mittel, mit denen sie diese zu erreichen suchte; viertens werden die Folgen für die Protektoratsunternehmen in den Blick genommen, um fünftens schließlich die ökonomischen Konsequenzen der deutschen Besatzung zu bilanzieren.

6.3.2 Die böhmischen Länder unter deutscher Besatzung

Die Okkupation der Tschechoslowakei fand in zwei Schritten statt. Das Münchner Abkommen, das Deutschland, Italien, Frankreich und Großbritannien im September 1938 zur Beilegung der von Berlin gezielt geschürten „Sudetenkrise" schlossen, verfügte die Abtretung der mehrheitlich deutsch besiedelten Randgebiete im westlichen Landesteil der Tschechoslowakei, aus denen der „Reichsgau Sudetenland" als neue Verwaltungseinheit des „Dritten Reichs" hervorging. Mit diesem Schritt war die „böhmische Zitadelle" ihrer natürlichen wie auch ihrer künstlich angelegten Verteidigungsanlagen entkleidet und daher militärisch nicht mehr zu halten. Infolge diplomatischen Drucks, den Berlin auf Prag ausübte, überschritten deutsche Truppen im März 1939 die kaum ein halbes Jahr zuvor in München festgesetzten Grenzen zur Tschechoslowakei, ohne auf militärischen Widerstand zu stoßen. Die noch weitgehend agrarisch geprägte Slowakei stieg zu einem scheinselbständigen, klerikal-faschistischen

---

in: Acta oeconomica pragensia. Bd. 5: Z hospodářských a sociálních dějin Československa 1918–1992 [Zur Wirtschafts- und Sozialgeschichte der Tschechoslowakei 1918–1992], Prag 1998, S. 66–86.

15 Eine knappe Skizze der Wirtschaftsgeschichte des Protektorats bietet *Alice Teichová*, The Protectorate of Bohemia and Moravia (1939–1945): the Economic Dimension, in: Mikuláš Teich (Hrsg.), Bohemia in History, Cambridge 1998, S. 267–305. Zur Rüstungsproduktion siehe *Stanislav Zámečník*, Nejen odboj. Zbrojní výroba v protektorátu [Nicht nur Widerstand. Die Rüstungsproduktion im Protektorat], in: Historie a vojenství 40, 1991, Nr. 6, S. 56–69. Zur Eingliederung der Protektoratsindustrie in die NS-Kriegswirtschaft siehe auch *Arnold Suppan*, Hitler – Beneš – Tito. Konflikt, Krieg und Völkermord in Ostmittel- und Südosteuropa, 3 Bde. Wien 2014, Bd. 2, S. 796–804.

16 Siehe zu diesem Forschungsprojekt *Jaromír Balcar*, Staat, Unternehmen und Arbeiterschaft in gelenkten Wirtschaften. Die böhmisch-mährische Industrie zwischen Nationalsozialismus und Volksdemokratie (1938–1953), in: AKKUMULATION. Informationen des Arbeitskreises für kritische Unternehmens- und Industriegeschichte 24, 2007, S. 10–16.

Staat von Hitlers Gnaden auf,[17] während die böhmischen Länder dem Deutschen Reich als „Protektorat Böhmen und Mähren" angegliedert wurden. Damit gerieten rund 7,4 Millionen Menschen in den deutschen Machtbereich, die große Mehrheit von ihnen Tschechen.[18]

Die Konstruktion des Protektorats erfolgte mit Rücksicht auf die tschechische Bevölkerungsmehrheit und sollte zugleich nach außen die tschechische Autonomie signalisieren, um internationalen Protesten oder gar Boykottmaßnahmen vorzubeugen. Da die Besetzung Böhmens und Mährens kampflos über die Bühne ging, konnten die Deutschen einen vollkommen intakten und funktionsfähigen Verwaltungsapparat übernehmen. Um seine Unabhängigkeit zu unterstreichen, verfügte das Protektorat über eine eigene Regierung, deren Ressortstruktur weitgehend der der aufgelösten Tschechoslowakei entsprach, und sogar über einen Staatspräsidenten, der in Gestalt von Emil Hácha als Symbol der Kontinuität über den deutschen Einmarsch hinweg fungierte. Die Protektoratspolitik bestimmten jedoch nicht diese tschechischen Institutionen, sondern deutsche Organe. Dazu zählten zum einen eigens zu diesem Zweck eingerichtete Besatzungsbehörden in Prag: das Amt des Reichsprotektors und das Deutsche Staatsministerium für Böhmen und Mähren, denen der Reichsprotektor bzw. der Staatsminister vorstanden. Zum anderen besaßen reichsdeutsche zentrale Organe, beispielsweise die Reichsministerien oder von Hitler ernannte Sonderbevollmächtigte, gerade in der Wirtschaftspolitik umfangreiche Befugnisse. Diese Doppelstruktur führte zu einem permanenten Kompetenzgerangel zwischen den deutschen Protektoratsbehörden und den Berliner Ministerien, änderte jedoch nichts an den Machtverhältnissen: Alle Maßnahmen der Protektoratsregierung bedurften der Billigung des Reichsprotektors, wenn sie nicht ohnehin in seinem Amt ausgearbeitet worden waren. Damit nicht genug, entsandten Bewirtschaftungsorgane des Reichs Verbindungsmänner ins Protektorat, während wichtige Positionen im Apparat der Wirtschaftslenkung des Protektorats mit deutschen Managern oder Vertretern der Wehrmacht besetzt wurden. Die zentrale Bedeutung der Wirtschaft für die Besatzungsmacht kam besonders augenfällig darin zum Ausdruck, dass Walter Bertsch, der Leiter der Gruppe Wirtschaft im Amt des Reichsprotektors, Anfang 1942 als einziger Deutscher in die Protektoratsregierung eintrat, in der er das neugeschaffene Ressort für Wirtschaft und Arbeit übernahm. Auf diese Weise kombinierte das Pro-

---

17 Siehe *Tatjana Tönsmeyer*, Das Dritte Reich und die Slowakei 1939–1945. Politischer Alltag zwischen Kooperation und Eigensinn, Paderborn 2003.
18 Im Protektorat lebten rund 7,4 Millionen Menschen. Selbst wenn man die höchste Schätzung heranzieht, befanden sich darunter lediglich 600 000 Deutsche, die etwas mehr als acht Prozent der Protektoratsbevölkerung ausmachten. *Alfred Bohmann*, Menschen und Grenzen. Bd. 4: Bevölkerung und Nationalität in der Tschechoslowakei, Köln 1974, S. 342. Anderen Angaben zufolge betrug die Zahl der „Volksdeutschen" im Protektorat nur rund 220 000. *Václav Sekera*, Soupisy Němců v tzv. protektorátu [Aufstellungen der Deutschen im sog. Protektorat], in: Statistický zpravodaj [Statistische Nachrichten] 8, 1945, S. 83.

tektorat auch im Bereich der Wirtschaft tschechische Scheinautonomie mit deutscher Kontrolle.[19]

Da die Besatzer in Böhmen und Mähren auf gewachsene administrative Strukturen und eine kooperationsbereite Beamtenschaft zurückgreifen konnten, gelang ihnen im Protektorat der Aufbau eines Verwaltungsapparats, der mit einer geringen Zahl an deutschen Beamten die Interessen des Reichs relativ geräuschlos durchzusetzen verstand. Dazu trug auch bei, dass die Deutschen bereits bestehende nichtstaatliche Institutionen beibehielten und zu Instrumenten der Wirtschaftslenkung umfunktionierten. Die beiden wichtigsten Beispiele stellten die Dachverbände der Arbeitgeber- und Arbeitnehmerorganisationen dar: der Zentralverband der Industrie für Böhmen und Mähren sowie die Nationale Gewerkschaftszentrale der Arbeitnehmer. Der Zentralverband der Industrie für Böhmen und Mähren, der in Form und Aufgaben in etwa der Reichsgruppe Industrie und seiner Wirtschaftsgruppe entsprach, war das wichtigste Organ der Selbstverwaltung der Industrie in den böhmischen Ländern. Im August 1939 reorganisierten ihn die Besatzungsbehörden, wobei sie nur kleine, aber entscheidende Veränderungen vornahmen. Vor allem hoben sie die organisatorische Trennung zwischen der deutschen und der tschechischen Industrie auf, die für die Zwischenkriegszeit charakteristisch gewesen war.[20] Da eine Mitgliedschaft in der für die jeweilige Branche zuständigen Wirtschaftsgruppe für alle Unternehmen nunmehr verpflichtend war, gewann die Verbandsspitze Einfluss auf die gesamte Protektoratsindustrie. Auf diese Weise fungierte der Zentralverband mit seinen Wirtschaftsgruppen als wichtige Relaisstation zwischen „oben" und „unten": Einerseits gaben sie die Vorgaben und Zielsetzungen der staatlichen Stellen an ihre Mitglieder weiter und wachten über deren Umsetzung, andererseits vertraten sie die Interessen der Unternehmen gegenüber den Behörden im Protektorat und im Reich.[21]

Anders als im „Altreich" ließen die Besatzer auch die Arbeitnehmerorganisationen fortbestehen, wandelten sie jedoch in ein Instrument der Wirtschaftslenkung um. Die Aufnahme von Tschechen in die Deutsche Arbeitsfront kam von Anfang an nicht in Betracht und die Gründung einer Tschechischen Arbeitsfront lehnte Reichsprotektor Konstantin von Neurath kategorisch ab, da dies in seinen Augen eine unerwünschte

---

19 Zur Wirtschaftsverwaltung im Protektorat siehe ausführlich *Jaromír Balcar/Jaroslav Kučera*, Von der Rüstkammer des Reiches zum Maschinenwerk des Sozialismus. Wirtschaftslenkung in Böhmen und Mähren 1938 bis 1953, Göttingen 2013, S. 40–55.
20 Siehe *Christoph Boyer*, Zwischen Ökonomie und Wirtschaftsnationalismus. Der Zentralverband der tschechoslowakischen Industriellen und der Deutsche Hauptverband der Industrie in der Ersten tschechoslowakischen Republik, in: Eduard Kubů/Helga Schultz (Hrsg.), Wirtschaftsnationalismus als Entwicklungsstrategie ostmitteleuropäischer Eliten. Die böhmischen Länder und die Tschechoslowakei in vergleichender Perspektive, Berlin 2004, S. 157–167.
21 Zum Zentralverband der Industrie siehe ausführlich *Balcar/Kučera*, Rüstkammer, S. 81–89. *Marie Durmanová*, Řízené hospodářství a správa Ústředního svazu průmyslu za nacistické okupace [Die Lenkung der Wirtschaft und die Leitung des Zentralverbandes der Industrie während der nazistischen Okkupation], in: Sborník archívních prací 16, 1966, S. 366–396.

„Stärkung des Tschechentums" bedeutet hätte. Um die Gewerkschaften besser überwachen zu können, formten die Besatzer aus der stark zerklüfteten Gewerkschaftslandschaft der Zwischenkriegszeit bis 1941 mit der Nationalen Gewerkschaftszentrale der Arbeitnehmer (Národní odborová ústředna zaměstnanecká, NOÚZ) eine zentralisierte Einheitsgewerkschaft. Zu ihrer Kontrolle wurde eigens eine Verbindungsstelle des Reichsprotektors zu den Gewerkschaften eingerichtet, die zahlreiche Möglichkeiten besaß, Einfluss auf das Agieren der NOÚZ zu nehmen. Die Einheitsgewerkschaft stellte die wichtigste Massenorganisation dar, die die Besatzungsmacht der tschechischen Bevölkerung beließ. Ende 1940 zählte die NOÚZ rund 918 000 Mitglieder, was mehr als einem Viertel der Erwerbstätigen im Protektorat entsprach.[22] De facto sah sich die NOÚZ jedoch weitgehend zu einem Organ zur Indoktrination der Arbeiterschaft im Sinne der von den Nationalsozialisten propagierten „Neuen Ordnung" reduziert. Hardliner wie der Stellvertretende Reichsprotektor Reinhard Heydrich wollten die Gewerkschaften auch zur „Entpolitisierung" der tschechischen Arbeiterschaft instrumentalisieren, um die „Germanisierung" des Protektorats voranzutreiben.[23] Der Handlungsspielraum der NOÚZ, die Interessen der Arbeitnehmer zu vertreten, war dagegen stark eingeschränkt, vor allem durch das Verbot von Streiks; zudem untersagte die Besatzungsmacht der NOÚZ jedwede Betätigung auf dem Gebiet der Lohnpolitik. Auf diese Weise um ihr wichtigstes Tätigkeitsfeld gebracht, blieb ihr – abgesehen von einer breiten Palette an sozialpolitischen Initiativen – im Grunde nur, die Behörden auf soziale Missstände hinzuweisen. Damit erfüllten die tschechischen Gewerkschaften in der NS-Kriegswirtschaft im Protektorat eine wichtige Feedback-Funktion.[24]

6.3.3 Ziele und Zielkonflikte der Besatzungspolitik in den böhmischen Ländern

Das politische Fernziel der Besatzer bestand in der vollständigen Integration des Protektorats in das Deutsche Reich. Dazu planten sie die „Eindeutschung" der tschechischen Bevölkerungsmehrheit, was umfangreiche bevölkerungspolitische Maßnahmen erforderlich machte. „Der Tscheche", erklärte Reinhard Heydrich Anfang Oktober 1941, habe in Böhmen und Mähren „letzten Endes nichts mehr verloren."[25] Tschechen

---

22 Arbeitnehmergewerkschaften im Jahre 1940, in: Statistický zpravodaj [Statistische Nachrichten] 5, 1942, S. 80 f.
23 Vgl. *Robert Gerwarth*, Reinhard Heydrich. Biographie, München 2011, S. 292.
24 Siehe dazu *Jaromír Balcar/Jaroslav Kučera*, Les syndicats tchèques sous l'occupation allemande (1939–1945). Entre intérêts nationaux et sociaux, in: Christian Chevandier/Jean-Claude Daumas (Hrsg.), Travailler dans les entreprises sous l'occupation, Besançon 2007, S. 485–501; *Balcar/Kučera*, Rüstkammer, S. 89–101.
25 Rede Heydrichs in Prag am 2. Oktober 1941, in: *Václav Král/Karel Fremund* (Hrsg.), Die Vergangenheit warnt. Dokumente über die Germanisierungs- und Austilgungspolitik der Naziokkupanten in der Tschechoslowakei, Prag 1962, S. 128 (Dokument 19).

sollten entweder assimiliert oder ausgesiedelt oder einer „Sonderbehandlung" unterzogen, im Klartext: ermordet werden. Um Böhmen und Mähren in den „großdeutschen Wirtschaftsraum" einzugliedern, strebte die Besatzungsmacht danach, auch die Wirtschaft des Protektorats zu „germanisieren". Bernhard Adolf, neben Walter Bertsch der wichtigste Wirtschaftslenker im Protektorat, verfasste im Frühjahr 1941 eine Denkschrift über die „Aufgaben der Wirtschaft bei der Eindeutschung des Protektorates Böhmen und Mähren", die die Leitlinien der ökonomischen Germanisierungspolitik umriss.[26] Als Hauptziel nannte auch Adolf die *„integrale Lösung der tschechischen Frage"*, worunter er „die Eindeutschung des gesamten böhmisch-mährischen Raumes, des geopolitischen Zentrums des Großdeutschen Reiches, und die Vernichtung des Tschechentums als eigenständigen Volkes in diesem Raume" verstand. Adolf plante, dieses Ziel in drei Etappen zu erreichen: Zunächst sollten die zentralen Schaltstellen der Wirtschaft sowie die bedeutsamsten Produktionsmittel „in deutsche Hand überführt" werden. In der zweiten Etappe sollte dann „die eigentliche Masseneindeutschung mit voller Wucht" einsetzen, unter anderem durch die Gewährung ökonomischer Vorteile an kooperationswillige Tschechen bzw. die Ruinierung „assimilationsfeindlich eingestellte[r] Einzelpersonen". In der dritten Etappe sollte schließlich die „endgültige Liquidation der tschechischen Reste durch staatliche Machtmittel" erfolgen.

Die Umsetzung dieses Masterplans erwies sich jedoch bereits in der ersten Etappe als enorm schwierig. Das galt sowohl für die Durchdringung der Protektoratswirtschaft mit deutschem Kapital als auch für die Ersetzung tschechischer durch deutsche Manager in den Chefetagen, selbst bei großen Unternehmen. Schon die Ausgangsbedingungen waren ungünstig, denn in der Zwischenkriegszeit hatten sich reichsdeutsche Konzerne und Banken nur in geringem Umfang an tschechoslowakischen Unternehmen beteiligt. Das hatte politische Gründe gehabt, denn die Prager Regierung war bestrebt gewesen, ihre politische Allianz mit den Siegermächten des Ersten Weltkriegs ökonomisch zu untermauern, weshalb sie amerikanische, britische und französische Kapitalbeteiligungen begrüßt, Investitionen aus dem potentiell revisionistischen Deutschland hingegen kritisch gesehen hatte.[27] Mit dem Münchner Abkommen änderten sich die Rahmenbedingungen, was reichsdeutsche Konzerne ausnutzten, um tschechoslowakische Unternehmen zum Verkauf ihrer Betriebe in den nunmehr an

---

26 *Bernhard Adolf*, Die Aufgaben der Wirtschaft bei der Eindeutschung des Protektorates Böhmen und Mähren, undatiert, in: Fremund/Král, Vergangenheit, S. 98–108 (Dokument 16). Dort auch die folgenden Zitate (Hervorhebung im Original); vgl. zu Adolfs Denkschrift: *Jaromír Balcar*, Bernhard Adolf. NS-Rüstungspolitik im Protektorat Böhmen und Mähren zwischen Ökonomie und „Germanisierung", in: *Theresia Bauer* [u. a.] (Hrsg.), Gesichter der Zeitgeschichte. Deutsche Lebensläufe im 20. Jahrhundert, München 2009, S. 69–84.

27 Siehe *Christoph Boyer*, Reichsdeutsches und tschechisches Kapital zwischen Konkurrenz und Partnerschaft, in: Jutta Günther/Dagmara Jajeśniak-Quast (Hrsg.), Willkommene Investoren oder nationaler Ausverkauf? Ausländische Direktinvestitionen in Ostmitteleuropa im 20. Jahrhundert, Berlin 2006, S. 85–104. Zu den ausländischen Kapitalbeteiligungen in der Tschechoslowakei siehe ausführlich *Teichová*, Background.

Deutschland fallenden Grenzgebieten zu drängen. Auf diese Weise verlor beispielsweise der Verein für chemische und metallurgische Produktion, der größte Chemiekonzern der Tschechoslowakei, seine beiden wichtigsten Fabriken an die IG Farben.[28] Unter den geänderten Machtverhältnissen fanden sich französische und englische Investoren Ende der 1930er Jahre auch ohne direkten Druck bereit, ihre Anteile an tschechoslowakischen Unternehmen an reichsdeutsche Konzerne zu verkaufen. Dadurch stieg der reichsdeutsche Anteil an den ausländischen Kapitalinvestitionen in den böhmischen Ländern, der Ende 1937 nur bei 7,2 % gelegen hatte, bereits bis Ende 1940 auf 47 % an.[29] Ein drittes Einfallstor für reichsdeutsches Kapital öffnete die „Arisierung" jüdischen Eigentums, in deren Zuge – unter tätiger Mithilfe reichsdeutscher Großbanken – Aktien im Wert von über 1,6 Milliarden Kronen den Besitzer wechselten.[30] In Böhmen und Mähren diente die „Arisierung" kaum verdeckt als Instrument der „Germanisierung", wie die Protektoratsregierung klagte – unternehmen konnte sie dagegen allerdings nichts.[31]

Alles in allem kam es im Zuge der deutschen Expansion zu einer umfangreichen Verschiebung der Besitzverhältnisse in den böhmischen Ländern, wobei sich die Reichswerke Hermann Göring als eifrigster Expansionist erwiesen.[32] Der deutsche Kapitalanteil, der 1938 nur 208 Millionen Kronen betragen hatte, stieg bis 1945 auf 2,4 Milliarden Kronen an, was rund 61 % des in den böhmischen Ländern investierten ausländischen Kapitals entsprach.[33] Trotz dieser beachtlichen Kapitalpenetration ver-

---

28 Siehe dazu *Harald Wixforth*, Die Expansion der Dresdner Bank in Europa, München 2006, S. 101–107; *Jörg Osterloh*, Nationalsozialistische Judenverfolgung im Reichsgau Sudetenland 1938–1945, München 2006, S. 344–347; *Jaromír Balcar*, Panzer für Hitler – Traktoren für Stalin. Großunternehmen in Böhmen und Mähren 1938–1959, München 2014, S. 38–41.
29 Zahlenangaben nach *Teichová*, Protectorate, S. 286. Siehe dazu *Eduard Kubů*, Vom Kommen und Gehen ausländischen Kapitals in der Tschechoslowakei, in: Günther/Jajesniak-Quast, Willkommene Investoren, S. 71–84; *Jiří Šouša/Eduard Kubů/Jiří Novotný*, Under Threat of Nazi Occupation. The Fate of Multinational Industries in the Czech Lands 1938–1945, in: Christopher Kobrak/Per H. Hansen (Hrsg.), European Business, Dictatorship and Political Risk, 1920–1945, New York 2004, S. 206–222.
30 Zahlenangaben nach *Král*, Otázky, Bd. 1, S. 59; *Teichová*, Protectorate, S. 292. Zur Rolle der Banken bei der „Arisierung" *Harold James*, Die Deutsche Bank und die „Arisierung", München 2001, S. 141–184; *Wixforth*, Expansion, S. 55–394; *Jaroslav Kučera*, Der zögerliche Expansionist. Die Commerzbank in den böhmischen Ländern 1938–1945, in: Bankhistorisches Archiv 31, 2005, S. 33–56; *Drahomír Jančík/Eduard Kubů/Jiří Šouša*, Arisierungsgewinnler. Die Rolle der deutschen Banken bei der „Arisierung" und Konfiskation jüdischer Vermögen im Protektorat Böhmen und Mähren (1939–1945), Wiesbaden 2011.
31 *Christopher Kopper*, Die „Arisierung" der deutsch-böhmischen Aktienbanken, in: Boris Barth [u. a.] (Hrsg.), Konkurrenzpartnerschaft. Die deutsche und die tschechoslowakische Wirtschaft in der Zwischenkriegszeit. Essen 1999, S. 242.
32 Siehe *Harald Wixforth/Dieter Ziegler*, Die Expansion der Reichswerke „Hermann Göring" in Europa, in: Jahrbuch für Wirtschaftsgeschichte 2008/1, S. 264–272.
33 *Helma Kaden* (Hrsg.), Nacht über Europa. Bd. 1: Die faschistische Okkupationspolitik in Österreich und der Tschechoslowakei (1938–1945), Köln 1988, S. 47. Die Angabe der reichsdeutschen Investitionen zu Kriegsende stellen jedoch allenfalls einen Näherungswert dar. Alice Teichová, die sich auf eine Untersuchung des Statistischen Staatsamts aus dem Jahr 1945 bezieht, gibt ihn mit knapp 1,9 Milliarden Kronen an. *Teichová*, Protectorate, S. 287.

blieben jedoch wichtige Wirtschaftspositionen in tschechischer Hand, insbesondere die Prager Gewerbebank (Živnostenská banka) mit ihren weit verzweigten Industriebeteiligungen.[34] In ihrem Fall dürfte dies daran gelegen haben, dass die Übernahme durch eine einzige reichsdeutsche Großbank zu einem Ungleichgewicht zwischen den deutschen Geldhäusern im Protektorat geführt hätte; in anderen Fällen verhinderten die deutschen Protektoratsbehörden eine Übernahme, um ein weiteres Ausgreifen reichsdeutscher Konzerne auf das Protektorat zu verhindern und so die eigene Machtposition zu sichern.[35]

Noch schleppender kam der Versuch voran, tschechische Manager in der Protektoratsindustrie durch deutsche zu ersetzen. Genau dies hatte Adolf in seinem Plan zur „Germanisierung" der Wirtschaft Böhmens und Mährens gefordert. Ihm reichte nicht aus, „Aktienmajoritäten zu erwerben", sondern er hielt den „Einbau eines genügend großen deutschen Führungsstabes" für erforderlich.[36] Auf diesem Weg sollten die Tschechen „aus leitenden und einflußreichen Stellungen in bedeutungslosere" abgedrängt und eine deutsche Oberschicht geschaffen werden. Zwar zwangen die Besatzer praktisch im Moment der Errichtung des Protektorats Juden und Ausländer dazu, ihre Vorstandsposten und Verwaltungsratsmandate niederzulegen.[37] Doch angesichts des eklatanten Mangels an geeignetem deutschen Personal, der sich im Verlauf des Kriegs sogar noch verschärfte, konnten sie auf tschechische Manager nicht verzichten. Nach einer Aufstellung des hauptamtlichen Personals der Wirtschaftsverbände vom 11. April 1944 waren im Verbandswesen der gewerblichen Wirtschaft des Protektorats insgesamt 3310 Personen beschäftigt, darunter 388 Deutsche (11,7 %) und 2922 Tschechen (88,3 %). Der Löwenanteil entfiel mit 1260 Beschäftigten auf den Zentralverband der Industrie für Böhmen und Mähren und seine Wirtschaftsgruppen: Hier waren 241 Deutsche (19,1 %) und 1019 Tschechen (80,9 %) tätig.[38] In den Unternehmen mussten sich die Besatzer schließlich damit begnügen, Aktienkapital in deutsche Hände zu überführen und einzelne deutsche Vertrauensmänner in den Chefetagen zu installieren – man tat also genau das, was Adolf im Frühjahr 1941 als unzureichend bezeich-

---

34 Zur Gewerbebank siehe *Král*, Otázky, Bd. 2, S. 213–330; *Vlastislav Lacina*, Dějiny bankovnictví v českých zemích [Geschichte des Bankwesens in den böhmischen Ländern], Prag 1999, S. 298–307.
35 Siehe dazu ausführlich *Jaromir Balcar*, Selbstbedienungsladen der reichsdeutschen Großindustrie? Die Eigentumsordnung des „Protektorats Böhmen und Mähren" und die Verfügungsrechte des tschechischen Kapitals am Beispiel der Prager Eisen-Industrie-Gesellschaft, in: Dieter Gosewinkel/Roman Holec/Miloš Řesník (Hrsg.), Eigentumsregime und Eigentumskonflikte im 20. Jahrhundert. Deutschland und die Tschechoslowakei im internationalen Kontext, Essen 2018, S. 163–182.
36 *Bernhard Adolf*, Die Aufgaben der Wirtschaft bei der Eindeutschung des Protektorates Böhmen und Mähren, undatiert, in: Fremund/Král, Vergangenheit, S. 102 (Dokument 16). Das folgende Zitat findet sich ebenda.
37 Siehe dazu *Balcar*, Panzer, S. 67–75; *Wolf Gruner*, Judenverfolgung im Protektorat Böhmen und Mähren. Lokale Initiativen, zentrale Entscheidungen, jüdische Antworten. Göttingen 2016, S. 69–85.
38 *Jaromír Balcar/Jaroslav Kučera*, Von der Fremdbesatzung zur kommunistischen Diktatur. Die personellen Umbrüche in der tschechoslowakischen Wirtschaft nach dem Zweiten Weltkrieg, in: Jahrbuch für Wirtschaftsgeschichte 2010/2, S. 78.

net hatte. Zudem sollte man die realen Kontrollmöglichkeiten dieser „Aufpasser" nicht allzu hoch veranschlagen, denn die wenigen deutschen Wirtschaftsfunktionäre und Manager im Protektorat mussten jeweils mehrere Firmen gleichzeitig überwachen, das beste Beispiel eines derartigen Multifunktionärs verkörperte Bernhard Adolf selbst.[39] Im mittleren Management sowie unter den Abteilungsleitern und Werkmeistern war das Übergewicht der Tschechen sogar noch größer.[40]

Die Besatzer erreichten ihr langfristiges Ziel also nicht, was vor allem daran lag, dass es sich nicht mit dem kurzfristigen Ziel in Einklang bringen ließ, die finanziellen Ressourcen und das beachtliche ökonomische Potential der böhmischen Länder für eigene Zwecke nutzbar zu machen.[41] Unmittelbar nach dem deutschen Einmarsch galt es in erster Linie, Devisen zu erwirtschaften, die das Reich zur Finanzierung seiner Rüstungsanstrengungen benötigte, auf die aber auch die Protektoratsindustrie selbst angewiesen war, um unverzichtbare Rohstoffimporte zu bezahlen.[42] Das änderte sich mit dem Beginn des Zweiten Weltkriegs, als die Industriekapazität des Protektorats zunehmend in den Dienst der Rüstungsproduktion gestellt wurde. Um diese nicht zu gefährden und den Output nach Möglichkeit zu vergrößern, galten die „Aufrechterhaltung von Ruhe und Ordnung" und die „Leistungssteigerung der Industrie" als oberste Maximen der NS-Besatzungspolitik im Protektorat, wirtschaftliche Schäden mussten dagegen unbedingt vermieden werden. Nicht zuletzt war Vorsicht bei allzu offensichtlichen Maßnahmen zur „Germanisierung" geboten, um die tschechische Bevölkerungsmehrheit nicht unnötig gegen die Besatzungsmacht aufzubringen – auf die war die Industrie nämlich angewiesen, denn die Arbeiterschaft des Protektorats bestand zum Großteil aus Tschechen: 1942 zählte die amtliche Statistik unter den 739 000 Industriebeschäftigten lediglich 32 300 Deutsche, was 4,4 % entsprach, während ihr Anteil unter den Arbeitern sogar nur 3,3 % betrug.[43] Auch das Management

---

39 Siehe dazu *Balcar*, Bernhard Adolf.
40 Zur Zusammensetzung der Unternehmensleitungen im Protektorat siehe *Jaromír Balcar*, Besetzte Wirtschaft: Die ökonomische Durchdringung der Tschechoslowakei und ihre mittel- und langfristigen Auswirkungen, in: *Jürgen Zarusky/Martin Zückert* (Hrsg.), Das Münchner Abkommen 1938 in europäischer Perspektive, München 2013, S. 318–321; *Balcar/Kučera*, Fremdbesatzung, S. 75–78.
41 Siehe auch mit Blick auf den „Reichsgau Sudetenland" *Hans-Erich Volkmann*, Die Eingliederung der Sudetengebiete und Böhmens und Mährens in das Deutsche Reich, in: Hans-Erich Volkmann, Ökonomie und Expansion. Grundzüge der NS-Wirtschaftspolitik, München 2003, S. 183–205. Zu den Nah- und Fernzielen der NS-Besatzungspolitik im Protektorat siehe *René Küpper*, Karl Hermann Frank als Deutscher Staatsminister für Böhmen und Mähren, in: Monika Glettler/L'ubomír Lipták/Alena Míšková (Hrsg.), Geteilt, besetzt, beherrscht. Die Tschechoslowakei 1938–1945: Reichsgau Sudetenland, Protektorat Böhmen und Mähren, Slowakei, Essen 2004, S. 36–40. Zum Zielkonflikt in der Wirtschaftspolitik siehe *Balcar*, Besetzte Wirtschaft, S. 308–311.
42 Den „hohen Einfuhrbedarf" der Protektoratsindustrie konstatierten verschiedene Stellen, siehe beispielsweise Bundesarchiv Berlin, R 8128/3628, fol. 6–7, Volkswirtschaftliche Abteilung der IG Farbenindustrie AG: Außenhandelsprobleme der Eingliederung des tschechoslowakischen Wirtschaftsgebietes in das Deutsche Reich vom 21. 3. 1939.
43 Die deutschen Industriebeschäftigten nach der sozialen Stellung im Beruf im Protektorat Böhmen und Mähren, in: Statistický zpravodaj [Statistische Nachrichten] 5, 1942, S. 227.

der Unternehmen bestand ja in der Mehrzahl aus Tschechen, auf deren loyale Mitarbeit die Deutschen angewiesen waren, wenn sie keinen Einbruch der Produktion riskieren wollten. Dass sich an diesen Verhältnissen auf absehbare Zeit nichts ändern würde, stand seit Dezember 1939 fest, als Hitler seinen Entschluss verkündete, das Protektorat vorläufig nicht mit deutschen Kolonisten zu besiedeln.[44] Diese Entscheidung entzog der Politik der „Germanisierung" die Grundlage, sodass die Besatzungsmacht einstweilen mit den Tschechen leben und in gewissem Maße Rücksicht auf ihre Bedürfnisse und ihre Gefühlslage nehmen musste. Solange sie Krieg führten, war den Deutschen die Integration des Protektorats in die Kriegswirtschaft wichtiger als seine „Eindeutschung".

6.3.4 Die Auswirkungen der Wirtschaftslenkung auf die Unternehmen

Um das ökonomische Potential des Protektorats für die NS-Kriegswirtschaft dienstbar zu machen, erhob die Besatzungsmacht einen umfassenden Lenkungsanspruch gegenüber den Unternehmen: Im Grunde wollte sie selbst darüber entscheiden, welcher Betrieb welches Gut wann und in welcher Menge produzierte, wobei auch der Einsatz der Produktionsfaktoren nicht im freien Ermessen des Managements stehen sollte. Um diesen Anspruch durchzusetzen, übertrugen die Deutschen die Instrumente und Methoden der Wirtschaftslenkung, die im Reich entwickelt worden waren, weitgehend auf das Protektorat. Zwar hatte der Lenkungsapparat hier eine etwas andere – und zwar deutlich zentralistischere – Gestalt, in seiner Funktionsweise glich er jedoch weitgehend seinem reichsdeutschen Vorbild.[45] Hier wie dort erfolgten die lenkungspolitischen Eingriffe in die Wirtschaft unter starker Beteiligung von Unternehmern und Managern, die auch im Lenkungsapparat des Protektorats wichtige Funktionen übernahmen, weil die Nationalsozialisten den Sachverstand dieser Wirtschaftselite für ihre Kriegswirtschaft nutzen wollten.

Der Besatzungsmacht ging es primär darum, die Ressourcen und das Potential des Protektorats auf diejenigen Bereiche zu konzentrieren, denen sie besondere Bedeutung zumaß – und das war, je länger die Okkupation andauerte, in zunehmendem Maße die Rüstung. Daher zielte die Produktionslenkung in erster Linie darauf ab, Betriebe der Konsum- und Verbrauchsgüterindustrie zumindest vorübergehend stillzulegen, um Arbeitskräfte, Rohstoffe und Maschinen für die kriegswichtige Erzeugung freizumachen. In den nicht direkt rüstungsrelevanten Branchen und Betrieben erfolgte

---

44 *Balcar/Kučera*, Rüstkammer, S. 28.
45 Siehe dazu ausführlich *Dietrich Eichholtz*, Geschichte der deutschen Kriegswirtschaft 1939–1945. 3 Bde. München 2003 (Nachdruck). Zum Aufbau des Lenkungsapparats im Protektorat und zu seiner Funktionsweise siehe ausführlich *Balcar/Kučera*, Rüstkammer, S. 40–55.

die Produktionslenkung im Wesentlichen über die Zuteilung von Rohstoffen (im Wege der Kontingentierung) und Arbeitskräften; die Protektoratsunternehmen durften nur dann auf die Zuweisung der benötigten Produktionsfaktoren hoffen, wenn ihre Produkte den Bedürfnissen der Besatzungsmacht entsprachen, d. h. als kriegswichtig galten. Für die „Betreuung" von Rüstungsbetrieben waren eigens zu diesem Zweck eingerichtete Rüstungsdienststellen zuständig, darüber hinaus hielten Wehrwirtschaftsoffiziere in die Verwaltungs- und Aufsichtsräte dieser Unternehmen Einzug, um sie noch enger an die Kandare zu nehmen.[46]

Die lenkungspolitischen Eingriffe in das Produktionsprofil (und in die damit eng verbundenen Absatzbeziehungen) wirkten sich von Branche zu Branche verschieden aus: Weniger Probleme verursachten sie in der chemischen Industrie und in der eisenschaffenden Industrie, da die Unternehmen dieser Branchen ihre Produktpalette allenfalls geringfügig umstellen mussten, um rüstungsrelevant zu sein. Weitaus härter traf es den Maschinen- und Fahrzeugbau sowie die Metallindustrie, denn hier erzwangen die Besatzer praktisch die Einstellung der zivilen bzw. nicht kriegswichtigen Produktion. Das brachte den betroffenen Unternehmen zwar einerseits de facto eine Absatzgarantie für den kompletten Output und eine bevorzugte Zuteilung von Rohstoffen und Arbeitskräften ein, andererseits begaben sie sich in immer größere Abhängigkeit von der öffentlichen Hand, die einen zunehmend größeren Teil der Produktion abnahm. Zudem mussten Exporte bewilligt werden, und die dafür zuständigen Behörden verweigerten immer öfter die Genehmigung für das aus der Sicht der Unternehmen besonders lukrative Exportgeschäft. Dies tat ein Übriges, um über lange Jahre gewachsene Absatzbeziehungen zu zerschneiden. Durch die mehr oder weniger vollständige Umstellung auf Rüstungsproduktion waren Konversionsprobleme nach Kriegsende vorprogrammiert. Erschwerend kam hinzu, dass die Unternehmen durch massive Investitionen in die Umstellung der Produktpalette, die Ausweitung ihrer Produktionskapazitäten und die Modernisierung ihrer Produktionsanlagen, die sie meist ohne Zuschüsse der öffentlichen Hand bzw. der Wehrmacht stemmen mussten, bei Kriegsende finanziell ausgezehrt waren – trotz gigantischer Umsatzsteigerungen und beachtlicher Gewinne, die sie mit dem Rüstungsgeschäft verbuchen konnten.[47]

Allerdings zeitigten die lenkungspolitischen Eingriffe in das Produktionsprofil nicht nur negative Folgen, und nicht jede Umstellung der Produktpalette, die die Protektoratsunternehmen in der Besatzungszeit vornahmen, wurde ihnen von den Umständen oder den Behörden aus dem Reich oder aus dem Protektorat aufgezwungen. Einige Unternehmen ergriffen von sich aus die Chance, die ihnen die Kriegswirtschaft durch die Einschränkungen im Warenverkehr mit dem Reich und dem Ausland bot. Die dadurch eingeschränkte Konkurrenz der reichsdeutschen Industrie eröffnete manchen Herstellern neue Optionen auf dem böhmisch-mährischen Binnenmarkt,

---

[46] Zur Produktionslenkung im Protektorat siehe *Balcar/Kučera*, Rüstkammer, S. 256–285.
[47] Zu den Auswirkungen der Produktionslenkung auf die Protektoratsindustrie siehe *Balcar*, Panzer, S. 142–178.

sodass sie freiwillig ihre Produktpalette erweiterten, wenn sie sich davon langfristige Vorteile versprachen. Anderen Gesellschaften ermöglichte der intensive Kontakt zu reichsdeutschen Firmen den Transfer von modernen Technologien und Produktionsverfahren. Das galt beispielsweise für die Einführung der Serienproduktion, die in der tschechoslowakischen Industrie der Zwischenkriegszeit noch weitgehend in den Kinderschuhen gesteckt hatte. Derartige Neuerungen versprachen, die Absatzchancen im Reich und im übrigen Europa auch nach Kriegsende zu vergrößern. Vor allem aber ermöglichte das Geschäft mit der Wehrmacht den Protektoratsunternehmen, ihren Maschinenpark zu erweitern und zu modernisieren, was ihre Ausgangsposition mit Blick auf die Nachkriegszeit verbesserte.

Auch wenn die Lenkungsorgane großen Druck auf die Unternehmen ausübten, sich in den Dienst der „Erzeugungsschlachten" zu stellen, blieb letzteren in der Regel die Möglichkeit, Wehrmachtsaufträge abzulehnen. Wie die reichsdeutsche Industrie besaßen auch die Protektoratsunternehmen die „negative Vertragsfreiheit", der Christoph Buchheim und Jonas Scherner eine zentrale Bedeutung für die Beurteilung des NS-Wirtschaftssystems in Deutschland zuschreiben.[48] In den meisten Fällen konnten die Protektoratsunternehmen aus einer breiten Palette an Kriegsgerät mehr oder weniger frei auswählen, wobei sich ihre Prioritäten nach mittel- und langfristigen betriebswirtschaftlichen Kriterien richteten. Vor allem zielten diese Überlegungen darauf ab, neue Produktionskapazitäten nur dann aufzubauen, wenn diese auch nach Kriegsende profitabel zu sein versprachen. So entschied sich, um ein konkretes Beispiel zu nennen, das Management der in Prag ansässigen Böhmisch-Mährischen Maschinenfabrik AG im Januar 1944 dafür, im großen Stil in das Jagdpanzerprogramm der Wehrmacht einzusteigen und dafür die Flugzeugproduktion, die konzernintern als Sorgenkind galt, einzuschränken.[49] Zwar nahm der Druck der Behörden auf die Unternehmen, die festgelegten Produktionsmengen zu erreichen, gerade in der Endphase des Krieges nochmals stark zu, doch blieb es bei Pressionen, verbalen Drohungen und Ultimaten; auch wenn die – oftmals unrealistisch hohen – Produktionsziele nicht erreicht wurden, mussten die Manager angesichts des Mangels an qualifiziertem Personal keine Entlassung oder Bestrafung befürchten.

Als besonders wichtiger Lenkungsbereich erwies sich die Arbeitskräftelenkung, weil Arbeitskräfte den entscheidenden Engpass in der deutschen Kriegswirtschaft darstellten.[50] Aus diesem Grund versuchte das NS-Regime, innerhalb seines gesamten Macht- und Herrschaftsbereichs sämtliche personellen Reserven für die Rüstungsproduktion zu mobilisieren. Zwar waren Tschechen vom Wehrdienst ausgenommen

---

[48] *Christoph Buchheim/Jonas Scherner*, Anmerkungen zum Wirtschaftssystem des „Dritten Reichs", in: Werner Abelshauser/Jan Otmar Hesse/Werner Plumpe (Hrsg.), Wirtschaftsordnung, Staat und Unternehmen. Neue Forschungen zur Wirtschaftsgeschichte des Nationalsozialismus, Essen 2003, S. 86 f.
[49] Siehe dazu ausführlich *Balcar*, Panzer, S. 160–174.
[50] *Marcel Boldorf*, Neue Wege zur Erforschung der Wirtschaftsgeschichte Europas unter nationalsozialistischer Hegemonie, in: *Buchheim/Boldorf*, Europäische Volkswirtschaften, S. 18.

und wurden nicht zur Wehrmacht eingezogen, doch mussten sie in den Fabriken ihren Teil zu Hitlers Krieg beitragen. In den böhmischen Ländern bewirkte dies eine starke Zunahme der Industriearbeiterschaft durch den Zustrom von Arbeitskräften aus dem primären Sektor, der Verwaltung und dem Handwerk sowie durch die forcierte Einstellung von Frauen und Jugendlichen in Industriebetrieben.[51] Davon profitierten in erster Linie die Großunternehmen aus kriegswichtigen Branchen, doch erwies sich die Zuteilung dieser neuen Arbeitskräfte als zweischneidiges Schwert: Aufs Ganze gesehen führte sie nämlich zu einem Absinken des Qualifikationsniveaus der Arbeiterschaft. Davon abgesehen verdeutlicht gerade die Arbeitskräftelenkung, dass die Forschung sich davor hüten sollte, Rationalität und Effektivität der NS-Wirtschaftslenkung allzu hoch zu veranschlagen.[52] Denn obwohl Arbeitskräfte auch in Böhmen und Mähren stets überaus knapp waren, gingen die Deutschen verschwenderisch mit dieser Ressource um. Sie konnten sich nämlich nie definitiv entscheiden, ob das Protektorat vorrangig Arbeitskräfte für das Reich bereitstellen oder selbst Rüstungsgüter produzieren sollte – deswegen beschritt die Besatzungsmacht beide Wege gleichzeitig. Die Forschung schätzt die Gesamtzahl der Tschechen, die zwischen 1939 und 1945 für kürzere oder längere Zeit in reichsdeutschen Betrieben tätig waren, auf rund 600 000.[53] Vielfach wurden sie im Reich nicht entsprechend ihrer Qualifikation eingesetzt, sondern mussten Hilfsarbeiterjobs verrichten, während sie in ihren Stammwerken schmerzlich vermisst wurden.

Ihren Höhepunkt erreichte die Anwerbung für den „Reichseinsatz" im Protektorat nach der Kriegswende in der Schlacht von Stalingrad. Der Beauftragte für den Arbeitseinsatz, Fritz Sauckel, ließ die 1941 im Protektorat eingeführte Verpflichtung zum Arbeitsdienst rigoros umsetzen. Im Zuge der sogenannten Sauckel-Aktion musste das Protektorat zahllose Arbeitskräfte an die reichsdeutsche Industrie abgeben, obwohl die Wehrmacht zur gleichen Zeit angesichts der immer stärkeren Gefährdung der Produktionsstätten im „Altreich" durch alliierte Bomberflotten Rüstungsaufträge zunehmend direkt ins Protektorat verlagerte. Durch den massiven Transfer von Arbeitskräften wurden gewachsene Belegschaftsstrukturen zerrissen, was die Produktion beeinträchtigte. Der Verlust ihrer Stammkräfte schmerzte die Protektoratsunternehmen umso mehr, als

---

51 In der Besatzungszeit nahm die Zahl der Industriebeschäftigten in den böhmischen Ländern um rund 50 Prozent zu; Ende 1944 überschritt sie die Millionengrenze. Statistische Nachrichten 8, 1945, S. 35–40, 70–71.

52 Zu der Debatte siehe *Mark Spoerer*, Demontage eines Mythos? Zu der Kontroverse über das nationalsozialistische „Wirtschaftswunder", in: Geschichte und Gesellschaft 31, 2005, S. 415–438.

53 *Miroslav Kárný*, Der „Reichsausgleich" in der deutschen Protektoratspolitik, in: Ulrich Herbert (Hrsg.), Europa und der „Reichseinsatz". Ausländische Zivilarbeiter, Kriegsgefangene und KZ-Häftlinge in Deutschland 1938–1945, Essen 1991, S. 44. Siehe dazu auch *Steffen Becker*, Von der Werbung zum „Totaleinsatz". Die Politik der Rekrutierung von Arbeitskräften im „Protektorat Böhmen und Mähren" für die deutsche Kriegswirtschaft und der Aufenthalt tschechischer Zwangsarbeiter und -arbeiterinnen im Dritten Reich 1939–1945, Berlin 2004; *Stephan Posta*, Tschechische „Fremdarbeiter" in der nationalsozialistischen Kriegswirtschaft, Dresden 2002.

der von den Arbeitsämtern gestellte Ersatz in ihren Augen vielfach untauglich war. Sie reagierten darauf, indem sie Arbeitskräfte konzernintern umschichteten und im großen Stil dazu übergingen, die ihnen zugewiesenen Arbeitskräfte vor Ort anzulernen. Eine andere Möglichkeit blieb ihnen nicht, denn anders als im Reich untersagte die Besatzungsmacht den Einsatz von Kriegsgefangenen oder ausländischen Zwangsarbeitern im Protektorat aus nationalitätenpolitischen Erwägungen.[54] Stattdessen versuchten das Amt des Reichsprotektors, das Ministerium für Wirtschaft und Arbeit der Protektoratsregierung und auch die Arbeitsämter, den chronischen Arbeitskräftemangel durch die Erhöhung der Arbeitsleistung der Beschäftigten zu kompensieren. Diesem Zweck dienten sozialpolitische Maßnahmen wie die Errichtung von Betriebskantinen,[55] vor allem aber die wiederholte Verlängerung der Arbeitszeit. Letzteres stieß allerdings bei den Betriebsleitungen auf wenig Gegenliebe, weil sie sich von einer weiteren Verlängerung der – ohnehin schon langen – Arbeitszeiten nur eine Steigerung der Lohnkosten versprachen, nicht aber der Arbeitsleistung.[56]

Einen weiteren wichtigen Lenkungsbereich stellten Eingriffe in die Preis- und Lohnpolitik dar. Die Festsetzung der Preise durch die Oberste Preisbehörde, die zu diesem Zweck in Prag errichtet worden war, schaltete den Mechanismus des Marktes im Bereich der Preisbildung weitgehend aus. Zunächst galt es aus der Sicht der Besatzer, den schnellen Preisanstieg zu stoppen, der sich unmittelbar nach der Besetzung der böhmischen Länder bemerkbar gemacht hatte. Zugleich sollten die Voraussetzungen geschaffen werden, um das Preisniveau des Protektorats an das des „Altreichs" anzugleichen. Da die Preisentwicklung Druck auf die Löhne erzeugte, sah sich die Besatzungsverwaltung gezwungen, auch die Lohnpolitik staatlich zu regulieren. Einerseits sollten die Produktionskosten (und damit die Preise) unter Kontrolle gehalten und die drohende Inflationsgefahr gebannt, andererseits der Arbeiterschaft ein einigermaßen auskömmliches Leben ermöglicht werden, um sozialen Unruhen der tschechischen Bevölkerung vorzubeugen. Im Zuge der Aufhebung der Zoll- und Devisengrenze zum Reich, die nach langem Hin und Her zum 1. Oktober 1940 erfolgte,[57] stiegen die Löhne im Protektorat, wo sie zuvor deutlich niedriger gewesen waren, spürbar an. Steigende Löhne bei gleichbleibenden oder sogar sinkenden Preisen konfrontierten die nach wie vor gewinnorientiert wirtschaftenden Unternehmen in Böhmen und Mähren mit großen Herausforderungen. Allerdings erreichten die lohnpolitischen Maßnahmen nur teilweise ihr Ziel, weil es die Protektoratsunternehmen verstanden, sich hart am

---

54 Zur Zwangsarbeit s. Kapitel 5.3 in diesem Band. Zu den Arbeitsämtern, die in der Arbeitskräftelenkung im Protektorat eine Schlüsselrolle spielten, *Jaromír Tauchen*, Die Arbeitsverwaltung im Protektorat Böhmen und Mähren (1939–1945), in: Journal on European History of Law 10, 2019, Nr. 2, S. 2–14.
55 Siehe dazu *Jaromír Balcar*, „Dem tschechischen Arbeiter das Fressen geben". Factory Canteens in the "Protectorate of Bohemia and Moravia", in: Tatjana Tönsmeyer/Peter Haslinger/Agnes Laba (Hrsg.), Coping with Hunger and Shortage Under German Occupation in World War II, London 2018, S. 167–181.
56 Zur Arbeitskräftelenkung im Protektorat siehe *Balcar/Kučera*, Rüstkammer, S. 330–352. Zu den Auswirkungen auf die Unternehmen und deren Reaktionen siehe *Balcar*, Panzer, S. 178–209.
57 Siehe dazu ausführlich *Balcar/Kučera*, Rüstkammer, S. 69–81.

Rande der Legalität (und bisweilen auch darüber hinaus) Spielräume in der Lohnpolitik zu verschaffen, um ihre dringend benötigten Arbeitskräfte zu halten oder neue hinzuzugewinnen. So monierten Arbeitsämter und andere Protektoratsbehörden beispielsweise immer wieder die sachlich nicht gerechtfertigte Eingruppierung von Arbeitskräften in höhere Lohngruppen.[58] Unternehmen, die es sich leisten konnten, zahlten dadurch sogar höhere Löhne, als die Behörden festgesetzt hatten.

Die Preispolitik, die die Deutschen im Protektorat verfolgten, stellte einige Unternehmen vor beträchtliche Probleme. Zunächst richtete sich der Preis bei Staatsaufträgen nach den Produktionskosten des einzelnen Betriebs, auf die ein „angemessener Gewinn" aufgeschlagen wurde. Ab 1942 galten auch im Protektorat Einheits- und Gruppenpreise, die die Durchschnittskosten der jeweiligen Industriebranche zugrunde legten. Dadurch sollten Preissenkungen durchgesetzt und Druck auf die Unternehmen erzeugt werden, ihre Produktion zu rationalisieren und damit zu steigern. Allerdings enthielt auch die neue Regelung zur Preisbildung zahlreiche Ausnahmebestimmungen, die den Protektoratsunternehmen die Möglichkeit eröffneten, in direkten Verhandlungen mit den zuständigen Behörden und den Abnehmern höhere Absatzpreise durchzusetzen. Zumindest den leistungsfähigen Unternehmen war es auf diese Weise möglich, ihre betriebswirtschaftlichen Ziele mit den Interessen der staatlichen Wirtschaftslenkung in Einklang zu bringen. Das lag nicht zuletzt daran, dass der Rüstungsboom auch der Protektoratsindustrie blendende Verdienstmöglichkeiten eröffnete. Zwar legte die Kriegswirtschaftsverordnung die Gewinnmargen fest und bestimmte, dass Unternehmen jeden „Übergewinn" an einen Fonds abführen mussten.[59] Da zur Berechnung des zulässigen Gewinns die Erlöse dienten, die die Unternehmen in den letzten Friedensjahren erzielt hatten, und da die Protektoratsindustrie in den Normaljahren vor dem Krieg hohe Gewinne eingefahren hatte, war sie allerdings von Gewinnabführung und -abschöpfung kaum betroffen. Dank steigender Umsätze und hoher Gewinne im Rüstungsgeschäft konnten die meisten Großunternehmen die steigenden Lohnkosten ohne Weiteres verkraften.[60]

Zwar nahm die Besatzungsmacht das Protektorat auf diese Weise umfassend für die NS-Kriegswirtschaft in Dienst; sie verfolgte hier jedoch – anders als im übrigen Ost- und Südosteuropa – keine reine Ausbeutungsstrategie.[61] Das zeigt das behutsame Vorgehen bei der Festsetzung des Wechselkurses zwischen Krone und Reichsmark oder auch die Schutzmaßnahmen, die sie bei der Aufhebung der Zoll- und Devisen-

---

58 Beispiele bei *Balcar*, Panzer, S. 194 f.
59 Zu Gewinnabführung und Gewinnabschöpfung siehe *Eichholtz*, Geschichte der deutschen Kriegswirtschaft, Bd. 3, S. 699 ff. *Balcar/Kučera*, Rüstkammer, S. 382 f.
60 Zur Preis- und Lohnpolitik im Protektorat siehe *Balcar/Kučera*, Rüstkammer, S. 367–388. Zu den Auswirkungen auf die Unternehmen siehe *Balcar*, Panzer, S. 218–245.
61 Den Ausbeutungsaspekt betont beispielsweise *Alice Teichová*, Instruments of Economic Control and Exploitation: the German Occupation of Bohemia and Moravia, in: Richard J. Overy/Gerhard Otto/Johannes Houwink ten Cate (Hrsg.), Die „Neuordnung" Europas: NS-Wirtschaftspolitik in den besetzten Gebieten, Berlin 1997, S. 83–108.

grenze zwischen Reich und Protektorat für Unternehmen aus Böhmen und Mähren ergriffen.[62] In erster Linie ging es der Besatzungsmacht darum, den Output der Protektoratsindustrie zu erhöhen, weshalb sie vor allem im Industriesektor Maßnahmen zur Rationalisierung der Wirtschaft ergriff;[63] dazu zählten die Einführung moderner Herstellungsverfahren wie der Serienproduktion, aber auch der Transfer von Technologien aus dem Reich. Trotz aller Lenkungsmaßnahmen installierten die Besatzer auch im Protektorat keine Befehls- oder Kommandowirtschaft; so konnten die Unternehmen in der Regel aus einer breiten Palette auswählen, welche Rüstungsprodukte sie herstellen wollten. Zwar nahmen die Besatzer massive Eingriffe in die Besitzverhältnisse vor, um die Wirtschaft des Protektorats zu „germanisieren", setzten aber keine Änderung der Eigentumsordnung in Werk. Grundlegende Prinzipien der Marktwirtschaft wie die Deckung der Selbstkosten und die Rentabilität galten weiterhin, auch das Gewinnprinzip blieb unangetastet. Deswegen herrschte auch weiterhin ein scharfer Wettbewerb unter den Protektoratsunternehmen, die fest davon ausgingen, dass die staatlichen Eingriffe und Einschränkungen nach Kriegsende aufgehoben und die Spielregeln des Marktes wieder Einzug halten würden. Die Unternehmen blieben also Konkurrenten auf einem auf der Nachfrageseite stark eingeschränkten Markt, und sie verfügten weiterhin über autonome Handlungs- und Entscheidungsspielräume – diese waren zwar kleiner als bei den reichsdeutschen Unternehmen, aber dennoch beachtlich, wenn man bedenkt, dass viele der betroffenen Konzerne in den Augen der Besatzungsmacht als „tschechisch" galten. Insofern erscheint die NS-Kriegswirtschaft im Protektorat als bemerkenswerte Mischform zwischen Markt, dessen Mechanismen nur teilweise ausgeschaltet waren, und Planung, die allenfalls in Ansätzen entwickelt war. Die einzelnen Lenkungsinstrumente bildeten kein geschlossenes System, sondern nur ein loses Bündel von Einzelmaßnahmen in getrennten Lenkungsbereichen; sie ersetzten nicht die unternehmerische Initiative, sondern versuchten lediglich, diese nachträglich zu korrigieren, d. h. in die gewünschte Richtung zu lenken. Alles in allem trifft daher der zeitgenössische Begriff der „gelenkten Marktwirtschaft", der von Teilen der unternehmensgeschichtlichen Forschung zum „Dritten Reich" übernommen wurde, die Realitäten auch des Protektorats am besten.[64]

---

62 Siehe dazu *Balcar/Kučera*, Rüstkammer, S. 56–64, 69–81.
63 In einigen Branchen und Bereichen – etwa bei der Produktion von Traktoren, Lastwagen und im Maschinenbau – führte dies zu einem Modernisierungsschub, der eine beachtliche Ausweitung der Produktion mit sich brachte. Die Zahlen dazu in: Statistická ročenka Československé socialistické republiky [Statistisches Jahrbuch der Tschechoslowakischen Sozialistischen Republik] 1962, Prag 1962, S. 519–522.
64 *Margarete Bosch*, Gelenkte Marktwirtschaft, Stuttgart 1939; siehe dazu: *Buchheim/Scherner*, Anmerkungen zum Wirtschaftssystem des „Dritten Reichs", v. a. S. 96 f.

6.3.5 Die Protektoratsunternehmen unter deutscher Besatzungsherrschaft

Im Großen und Ganzen gelang die Indienstnahme der Industrie Böhmens und Mährens für die NS-Kriegswirtschaft,[65] obwohl die Deutschen im Protektorat weder eine Kommandowirtschaft errichteten noch die Chefetagen der Firmen weitgehend mit deutschen, dem Nationalsozialismus treu ergebenen Managern besetzten. Statt direkten Zwang auszuüben, konfrontierte die deutsche Okkupation die Unternehmen mit Zwangslagen, die ihnen ein Agieren im Sinne der Besatzungsmacht nahelegten.[66] Den Deutschen kam dabei zugute, dass sich die Industrie Böhmens und Mährens zum Zeitpunkt ihres Einmarschs bereits im Krisenmodus befand. Das lag am spezifischen Verlauf der Weltwirtschaftskrise in der Tschechoslowakei, die hier erst ab Mitte der 1930er Jahre abflaute, und an den politischen Unsicherheiten in Mitteleuropa zwischen der „Sudetenkrise" und dem Beginn des Zweiten Weltkriegs, die sich negativ auf die tschechoslowakische Industrie auswirkten. Vor allem aber war das im internationalen Vergleich niedrige Lohnniveau der Tschechoslowakei für die schlechte Verfassung der Unternehmen verantwortlich: Einerseits hatte es in der Zwischenkriegszeit die Konkurrenzfähigkeit tschechoslowakischer Produkte auf dem Weltmarkt sichergestellt, die entsprechend billig angeboten werden konnten.[67] Doch genau dieser Umstand hatte andererseits dazu geführt, dass Investitionen in die Modernisierung der Produktionsanlagen vielfach ausgeblieben waren. Daraus resultierten – im internationalen Verglich – eklatante Strukturschwächen wie veraltete Maschinenparks, hohe Produktionskosten und technologische Rückständigkeit.[68]

Angesichts dieser Strukturschwächen stellte die Perspektive einer dauerhaften Integration in einen deutsch dominierten „Großwirtschaftsraum" eine existenzielle Bedrohung dar, denn dies bedeutete, dass die Protektoratsunternehmen mit der deutlich überlegenen reichsdeutschen Industrie auf einem gemeinsamen Binnenmarkt konkurrieren mussten. Akuten Handlungsdruck übte die Aufhebung der Zoll- und Devisengrenze zum Deutschen Reich aus, die Hitler bereits in seinem Protektoratserlass vom März 1939 angekündigt hatte und die schließlich zum 1. Oktober 1940 vollzogen wurde. Diese Maßnahme zielte darauf ab, das Preis- und Lohnniveau des Protektorats an das des „Altreichs" anzugleichen, wodurch die Protektoratsindustrie ihren

---

65 Eine Aufstellung der durchaus beeindruckenden Produktionsleistungen der Protektoratsindustrie für die Wehrmacht findet sich bei *Suppan*, Hitler – Beneš – Tito, Bd. 2, S. 799.
66 Siehe dazu *Jaromír Balcar/Jaroslav Kučera*, Nationalsozialistische Wirtschaftslenkung und unternehmerische Handlungsspielräume im Protektorat Böhmen und Mähren (1939–1945). Staatlicher Druck, Zwangslagen und betriebswirtschaftliches Kalkül, in: *Buchheim/Boldorf*, Europäische Volkswirtschaften, S. 147–171.
67 Siehe *Alice Teichová*, Wirtschaftsgeschichte der Tschechoslowakei 1918 bis 1980, Wien/Köln/Graz 1988, S. 23–24, 50–56.
68 Siehe *Balcar/Kučera*, Rüstkammer, S. 24 f. *Balcar*, Panzer, S. 219 f.

einzigen Vorteil gegenüber der reichsdeutschen Konkurrenz zu verlieren drohte: das bereits erwähnte niedrige Lohnniveau. Um dessen Wegfall zu kompensieren, kam es für sie darauf an, ihre Produktionskosten zu senken und ihre Produktivität zu steigern. Dazu waren hohe Investitionen zur Erweiterung und Modernisierung der Produktionsanlagen notwendig. Dies kam den Wünschen der Besatzungsmacht entgegen, die sich davon eine Steigerung der rüstungsrelevanten Produktion versprach. Anders als im Reich griffen zwar weder die Wehrmacht noch die Reichs- oder Protektoratsbehörden den Protektoratsfirmen mit direkten Finanzspritzen unter die Arme. Die Besatzungsmacht schuf jedoch – unter anderem im Wege von Abschreibungsmöglichkeiten – ein günstiges Investitionsklima. Die Investitionsfinanzierung stellte indes nicht das eigentliche Problem dar, weil der Kapitalmarkt des Protektorats bis zum Ende der Besatzungszeit ausreichend flüssig blieb. Die Protektoratsunternehmen finanzierten ihre Investitionen zum Großteil aus Rücklagen und Gewinnen, mit Kapitalerhöhungen sowie durch die Aufnahme von Obligationsanleihen und Bankkrediten.[69]

Weitaus schwieriger als die Finanzierung erwies sich die Realisierung größerer Investitionsprojekte unter den Bedingungen der NS-Kriegswirtschaft. Aufgrund des Mangels an Rohstoffen und Arbeitskräften verhängten die Besatzer im Mai 1941 einen Baustopp, von dem lediglich kriegswichtige Projekte ausgenommen wurden. Das trieb die Protektoratsunternehmen in eine scharfe Investitionskonkurrenz untereinander. Unter diesen Vorzeichen blieb ihnen kaum etwas anderes übrig, als ihre Produktion von sich aus auf Rüstungsgüter umzustellen, um ihre Investitionsvorhaben verwirklichen zu können. Doch selbst dann gerieten größere Aus- und Neubauten zu einem Wagnis, das diejenigen Unternehmen am besten bewältigten, die über die engsten Kontakte zu den deutschen Dienststellen im Protektorat sowie zu den Ämtern und Behörden in Berlin verfügten. In dieser Perspektive erwiesen sich die deutschen Manager und Militärs, die auf Druck der Besatzungsmacht in den Verwaltungs- und Aufsichtsräten der Großunternehmen Böhmens und Mährens installiert worden waren, für diese geradezu als Glücksfall. Das verdeutlicht einmal mehr das Beispiel von Bernhard Adolf, dem als Generaldirektor des Vereins für chemische und metallurgische Produktion mit dem Bau einer Zellwollfabrik die größte Neuinvestition im Protektorat gelang; ohne Adolfs hervorragende Kontakte zu den Mächtigen in Prag und Berlin wäre dies kaum möglich gewesen. Der Bau dieser Zellwollfabrik zeigt schlaglichtartig auch, dass bei den Investitionsentscheidungen der Konzernleitungen die mittel- und langfristigen Interessen der Unternehmen vor den Bedürfnissen der NS-Kriegswirtschaft rangierten.[70]

Die Auswirkungen der deutschen Okkupation auf die böhmisch-mährische Industrie lassen sich kaum auf einen gemeinsamen Nenner bringen, da sie von Fall zu Fall stark variierten. Manche Großunternehmen profitierten von strategischen Allianzen mit reichsdeutschen Konzernen, die ihnen bisweilen Zugang zu neuesten Technologien

---

69 Siehe dazu *Balcar*, Panzer, S. 96–102; *Balcar/Kučera*, Nationalsozialistische Wirtschaftslenkung.
70 Siehe *Balcar*, Bernhard Adolf, S. 77 ff.; *Balcar*, Panzer, S. 116–125; *Balcar/Kučera*, Nationalsozialistische Wirtschaftslenkung, S. 161–168.

und Herstellungsverfahren ermöglichten, womit sie nicht nur viel Zeit, sondern auch hohe Entwicklungskosten einsparten. Gleichzeitig schnitt die erzwungene Integration in den „großdeutschen Wirtschaftsraum" die Protektoratsindustrie von der technologischen Entwicklung aus dem Rest der Welt ab, was mit Blick auf die Innovationen, die sich in den Vereinigten Staaten von Amerika während des Zweiten Weltkriegs Bahn brachen, besonders schmerzhaft war.[71] Während einige Protektoratsfirmen unter der sich öffnenden Schere zwischen steigenden Löhnen und künstlich niedrig gehaltenen Preisen litten, verzeichneten andere eine günstige Entwicklung ihrer Rentabilität, weil es ihnen gelang, ihre Produktivität durch Modernisierungsmaßnahmen deutlich zu steigern. Aufs Ganze gesehen verstärkte die Okkupation Trends, die sich bereits vor dem deutschen Einmarsch abgezeichnet hatten: Gesunde Konzerne gingen eher gestärkt aus der Besatzungszeit hervor, während angeschlagene Unternehmen um ihr Überleben fürchten mussten.[72]

6.3.6 Ausblick: Ökonomische Folgen der deutschen Besatzungsherrschaft

Böhmen und Mähren wurden stärker als jede andere Region Europas, die im Zuge der NS-Expansionspolitik erzwungenermaßen in den deutschen Machtbereich geriet, in die Kriegswirtschaft des „Dritten Reichs" einbezogen. Hier lief die Produktion bis in den April 1945 hinein auf Hochtouren. Auf diese Weise leisteten die böhmischen Länder einen signifikanten Beitrag zu Hitlers Krieg, und zwar weniger über Matrikularbeiträge und andere Arten der direkten oder indirekten Kriegsfinanzierung (auf die sich die ältere Forschung konzentriert hatte), als vielmehr im Wege der Herstellung von Kriegsgerät und anderen Gütern für die Wehrmacht.[73] Die von der Besatzungsmacht ins Werk gesetzten Lenkungseingriffe bewirkten tiefgreifende strukturelle Veränderungen in der Wirtschaft der böhmischen Länder, deren Folgen weit über die Okkupationszeit hinausreichten. Zwar war die Errichtung der Zentralplanwirtschaft in der wiedererrichteten Tschechoslowakei nicht die Konsequenz aus der Besatzungsherrschaft und den Lenkungseingriffen, die die Deutschen in die Wirtschaft des Protektorats vorgenommen hatten; die Systemtransformation war vielmehr die Folge einer Reihe von wirtschafts-

---

71 Dieser Umstand wurde bereits in den Fachdebatten der unmittelbaren Nachkriegszeit thematisiert. Siehe beispielsweise *Otakar Mrázek*, Aktuální problémy naší průmyslové výroby [Aktuelle Probleme unserer Industrieproduktion], in: Nové hospodářství. Měsíčník pro hospodářství, sociální politiku a pracovní právo [Die neue Wirtschaft. Monatsblatt für Wirtschaft, Sozialpolitik und Arbeitsrecht] 1, 1945, S. 5 f.
72 Siehe dazu *Balcar*, Panzer, S. 451 f.
73 Siehe dazu die in Anm. 7 genannten Untersuchungen von Jonas Scherner. Zu den erzwungenen direkten und indirekten Transferleistungen an das Reich siehe auch *Suppan*, Hitler – Beneš – Tito, Bd. 2, S. 797, 802 f.

politischen Weichenstellungen, die die neuen politischen Eliten nach der Befreiung trafen. Allerdings spielten die Folgen der Besatzungsherrschaft denjenigen Kräften, die nach 1945 eine Zentralplanwirtschaft in der Tschechoslowakei installieren wollten, in die Karten.[74]

Das galt in besonderem Maße für die Nationalisierung der Industrie, die an sich keine tschechoslowakische Besonderheit darstellte, aber in der Tschechoslowakei im internationalen Vergleich besonders große Ausmaße annahm. Im März 1947 arbeiteten bereits 60 % der Industriebeschäftigten im nationalisierten Sektor, der rund zwei Drittel der Industriekapazität der Tschechoslowakei ausmachte; de facto war der nationalisierte Sektor sogar noch größer, wenn man diejenigen Firmen hinzuzählt, die damals noch unter Nationalverwaltung standen – sie beschäftigten weitere 15 % der Industriearbeiter.[75] Zu dem enormen Ausmaß der Nationalisierung in der Industrie hatte vor allem beigetragen, dass der Besitz von Deutschen nach Kriegsende beschlagnahmt und später entschädigungslos enteignet werden konnte. In der wiedererrichteten Tschechoslowakei betraf dies auch eine Reihe von Firmen, die sich in der Zwischenkriegszeit im Besitz von Investoren aus den Ententestaaten befunden hatten, nach 1938/39 dann aber in deutsche Hände überführt worden waren. Wie die schwierigen Verhandlungen um die Nationalisierung des wenigen verbliebenen Kapitalbesitzes der Siegermächte des Zweiten Weltkriegs andeuten, hätte sich die faktische Verstaatlichung von Unternehmen durch das Nationalisierungsdekret vom Oktober 1945 sehr viel problematischer gestaltet, wenn davon in größerem Umfang auch amerikanische, britische oder französische Aktionäre betroffen gewesen wären.[76] So gesehen leistete die „Germanisierung" der Protektoratsindustrie im Wege der Verdrängung von Kapitalbeteiligungen aus dem westlichen Ausland der Nationalisierung der tschechoslowakischen Industrie nach Kriegsende Vorschub.

Langfristige Spuren hinterließen Krieg und Okkupation auch in der Wirtschafts- und Industriestruktur. Zum einen bewirkten sie in den böhmischen Ländern, aber auch in der Slowakei, einen regelrechten Industrialisierungsschub, der die Verteilung der Arbeitskräfte auf die Wirtschaftssektoren veränderte: Während die Zahl der In-

---

74 Siehe dazu ausführlich *Jaromír Balcar/Jaroslav Kučera*, System Transformation as Consequence of the German Occupation? Czechoslovakia's Path from the Nazi War Economy to Postwar Centralized Planned Economy, in: Jonas Scherner/Eugene N. White (Hrsg.), Paying for Hitler's War: The Consequences of Nazi Hegemony for Europe, New York 2016, S. 343–363; *Jaromír Balcar/Jaroslav Kučera*, Von der Gestaltung der Zukunft zur Verwaltung des Mangels. Wirtschaftsplanung in der Tschechoslowakei von der Befreiung bis in die frühen 1950er Jahre, in: Martin Schulze Wessel/Christiane Brenner (Hrsg.), Zukunftsvorstellungen und staatliche Planung im Sozialismus: die Tschechoslowakei im ostmitteleuropäischen Kontext 1945–1989, München 2010, S. 187–203; *Balcar*, Besetzte Wirtschaft, S. 321–324.
75 Diese Angaben nach *Jiří Kosta*, Abriß der sozialökonomischen Entwicklung der Tschechoslowakei 1945–1978, Frankfurt am Main 1978, S. 18 f.
76 Siehe dazu *Slavomír Michálek*, Compensation for Nationalized American Property in Czechoslovakia 1945–49, in: *Robert B. Pynsent* (Hrsg.), The Phoney Peace. Power and Culture in Central Europe 1945–1949, London 2000, S. 162–170.

dustriebeschäftigten stark zunahm, mussten Landwirtschaft und Handwerk deutliche Einbußen hinnehmen; in den böhmischen Ländern verstärkte die deutsche Besatzung somit den säkularen Trend zur Industriegesellschaft. Zum anderen kam es auch innerhalb des Industriesektors zu signifikanten Verschiebungen: Vereinfacht gesagt ging der Trend von der Leicht- und Konsumgüterindustrie, die sich in der Weltwirtschaftskrise der 1930er Jahre als besonders anfällig erwiesen hatte, zur kapitalintensiven Schwerindustrie; davon profitierten in erster Linie Großunternehmen, während kleine und mittlere Betriebe Beschäftigte abgeben mussten oder ganz stillgelegt wurden.[77] Das erleichterte nach 1948 die Übernahme der stalinistischen Industrialisierungsstrategie in der Tschechoslowakei. Mit diesem Strukturwandel eng verbunden war die Frage der außenhandelspolitischen Orientierung: In der Besatzungszeit waren die traditionellen Handels- und Absatzbeziehungen der Industrie Böhmens und Mährens nach West- und nach Südeuropa weitgehend zerschnitten worden; stattdessen hatten sich die böhmischen Länder fast vollständig auf den Export nach Deutschland ausgerichtet. Nach Kriegsende ging es um eine rasche und weitgehende Entkoppelung von Deutschland, wobei sich die Rückkehr auf die Weltmärkte in der entstehenden bipolaren Weltordnung als extrem schwierig erwies. Dies ließ auch aus der Unternehmensperspektive eine Umorientierung auf die ökonomisch weniger entwickelten Volksdemokratien Ost- und Südosteuropas attraktiv erscheinen. In die gleiche Richtung wirkte der Lerneffekt, den die tschechischen Manager aus der Kriegszeit mitbrachten. Die staatlichen Absatzgarantien und andere Lenkungsmaßnahmen hatten sie ein Stück weit von Markt und Wettbewerb entwöhnt, weshalb sie in der Nachkriegszeit nur wenig Widerstand leisteten, als die Spielregeln der Marktwirtschaft von der Regierung der Nationalen Front Stück für Stück außer Kraft gesetzt wurden. Die NS-Kriegswirtschaft schuf somit auch günstige mentale Voraussetzungen für den nachfolgenden Übergang zum Staatssozialismus, der in der Tschechoslowakei vergleichsweise schnell und reibungslos über die Bühne ging.[78]

Auswahlbibliografie

Balcar, Jaromír, Besetzte Wirtschaft: Die ökonomische Durchdringung der Tschechoslowakei und ihre mittel- und langfristigen Auswirkungen, in: *Jürgen Zarusky/Martin Zückert* (Hrsg.), Das Münchner Abkommen 1938 in europäischer Perspektive, München 2013, S. 307–324.

Balcar, Jaromír/Kučera, Jaroslav, Von der Rüstkammer des Reiches zum Maschinenwerk des Sozialismus. Wirtschaftslenkung in Böhmen und Mähren 1938 bis 1953, Göttingen 2013.

Balcar, Jaromír, Panzer für Hitler – Traktoren für Stalin. Großunternehmen in Böhmen und Mähren 1938–1959, München 2014.

Becker, Steffen, Von der Werbung zum „Totaleinsatz". Die Politik der Rekrutierung von Arbeitskräften im „Protektorat Böhmen und Mähren" für die deutsche Kriegswirtschaft und der Aufenthalt tschechischer Zwangsarbeiter und -arbeiterinnen im Dritten Reich 1939–1945, Berlin 2004.

---

77 Siehe *Balcar/Kučera*, Rüstkammer, S. 342 f. mit detaillierten Zahlenangaben.
78 Siehe *Balcar*, Panzer, S. 427–432.

Jančík, Drahomír/Kubů, Eduard/Šouša, Jiří, Arisierungsgewinnler. Die Rolle der deutschen Banken bei der „Arisierung" und Konfiskation jüdischer Vermögen im Protektorat Böhmen und Mähren (1939-1945), Wiesbaden 2011.

Průcha, Václav, The Integration of Czechoslovakia in the Economic System of Nazi Germany, in: Michael L. Smith/Peter M. R. Stirk (Hrsg.), Making the New Europe: European Unity and the Second World War, London/New York 1990, S. 87-97.

Šouša, Jiří/Kubů, Eduard/Novotný, Jiří, Under Threat of Nazi Occupation. The Fate of Multinational Industries in the Czech Lands 1938-1945, in: Christopher Kobrak/Per H. Hansen (Hrsg.), European Business, Dictatorship and Political Risk, 1920-1945, New York 2004, S. 206-222.

Suppan, Arnold, Hitler – Beneš – Tito. Konflikt, Krieg und Völkermord in Ostmittel- und Südosteuropa. 3 Bde., Wien 2014.

Tauchen, Jaromír, Die Arbeitsverwaltung im Protektorat Böhmen und Mähren (1939-1945), in: Journal on European History of Law 10, 2019, Nr. 2, S. 2-14.

Teichová, Alice, Instruments of Economic Control and Exploitation: the German Occupation of Bohemia and Moravia, in: Richard J. Overy/ Gerhard Otto/Johannes Houwink ten Cate (Hrsg.), Die „Neuordnung" Europas: NS-Wirtschaftspolitik in den besetzten Gebieten, Berlin 1997, S. 83-108.

Teichová, Alice, The Protectorate of Bohemia and Moravia (1939-1945): the Economic Dimension, in: Mikuláš Teich (Hrsg.), Bohemia in History, Cambridge 1998, S. 267-305.

Volkmann, Hans-Erich, Die Eingliederung der Sudetengebiete und Böhmens und Mährens in das Deutsche Reich, in: Volkmann, Hans-Erich, Ökonomie und Expansion. Grundzüge der NS-Wirtschaftspolitik, München 2003, S. 183-205.

Wixforth, Harald, Die Expansion der Dresdner Bank in Europa, München 2006.

Christoph Kreutzmüller

6.4 Vernichtung der jüdischen Gewerbetätigkeit

6.4.1 Einleitung

Gut zwanzig Jahre nach dem Ende des Zweiten Weltkrieges erklärte der renommierte Wirtschaftshistoriker Wilhelm Treue in einer Rezension, dass eine Studie zur „Verdrängung der Juden aus der Wirtschaft" nicht nur eine Forschungs-, sondern auch eine Erinnerungslücke schließe: Denn während

> wohl jeder ältere Deutsche, besonders wenn er zwischen 1933 und dem Kriegsausbruch in einer Stadt gewohnt hat, ein jüdisches Geschäft nennen [könne], dessen gewaltsame Schließung oder ‚Arisierung' er selbst miterlebt habe [..., haben] die meisten jungen Deutschen diese Verdrängung der Juden aus der Wirtschaft nicht bewusst miterlebt und wissen nicht von solchen Ereignissen im einzelnen und besitzen vom Gesamtkomplex nur eine so allgemeine Vorstellung wie etwa von den Grausamkeiten im Dreißigjährigen Krieg.[1]

Mehr als fünfzig Jahre später ist zwar erkennbar, dass Treues Vergleich hinkt. Doch stellt sich die Frage, wie wir heute die Vernichtung der jüdischen Gewerbetätigkeit im Nationalsozialismus begreifen und wie wir sie darstellen können. Denn der Prozess war in vielerlei Hinsicht extrem: extrem brutal, umfassend und komplex. Er stellt, wie Ludolf Herbst betont hat, „wohl den radikalsten und in dieser Radikalität ‚erfolgreichsten' Umsteuerungsvorgang in der Wirtschaft dar".[2]

Nach einem kurzen Überblick über die Forschung und einer Diskussion der Reichweite der dabei genutzten Begrifflichkeiten soll die Entwicklung der Vernichtung der jüdischen Gewerbetätigkeit und die Reaktionen der jüdischen Gewerbetreibenden darauf dargestellt werden. Wie lief der Prozess vor Ort konkret ab? Welche Rolle spielten Gewalt- und welche Rolle Verwaltungsakte bei der Vernichtung der jüdischen Gewerbetätigkeit? Wie reagierten die angefeindeten Gewerbetreibenden auf die Verfolgung?

6.4.2 Einführend: Die Forschung

Obgleich die Vernichtung der jüdischen Wirtschaftstätigkeit schon bei den zeitgenössischen Beobachtern aufmerksam verfolgt worden war und die Folgen – namentlich die Rückerstattung – bis in die heutige Zeit hinein spür- und sichtbar sind, entwickelte

---

[1] *Wilhelm Treue*, Die „Arisierung" der Wirtschaft, in: Die Zeit, 28.10.1966, online unter http://www.zeit.de/1966/44/die-arisierung-der-wirtschaft (abgerufen 22.7.2022).
[2] *Ludolf Herbst*, Steuerung der Wirtschaft im Nationalsozialismus? Systemtheoretische Aspekte, in: Dieter Gosewinkel (Hrsg.), Wirtschaftskontrolle und Recht in der nationalsozialistischen Diktatur, Frankfurt am Main 2005, S. 9.

sich das Interesse der Forschung nur langsam. 1966 veröffentlichte Helmut Genschel eine Pionierstudie, auf deren Rezension eingangs eingegangen wurde.[3] Die als Dissertation entstandene Arbeit stützte sich im Wesentlichen auf die vom Internationalen Militärtribunal gesammelten Dokumente und eine Analyse der Meldungen zu „Geschäftsaufgaben" in der „Jüdischen Rundschau". Entsprechend akzentuierte Genschel die zentrale Steuerung des Prozesses und kam zu der Auffassung, dass die „eigentliche Arisierungswelle" erst 1937 eingesetzt habe.[4] Im Gegensatz dazu betonte der israelische Historiker Avraham Barkai, dessen Vater in der fraglichen Zeit ein Kleinsunternehmen in Berlin geführt hatte, gut zwei Jahrzehnte später, dass „die Entjudung" bereits im Jahr 1933 in aller Härte eingesetzt habe und vor allem von lokalen Instanzen vorangetrieben worden sei.[5] Im Pogrom seien nur noch die Reste des einst blühenden jüdischen Wirtschaftslebens zerstört worden. In seiner in der berühmten „Schwarzen Reihe" des Fischer-Verlags erschienenen Analyse legte Barkai großes Gewicht auf die Reaktionen der Gewerbetreibenden auf die Verfolgung. Außerdem schätzte er, dass es 1933 „knapp 100 000" jüdische Gewerbebetriebe gegeben habe. Obwohl diese Zahl im Wesentlichen auf der Berufs- und Betriebszählung des Jahres 1925 basiert (und mithin die Verwüstungen der Weltwirtschaftskrise außer Acht lässt), wird sie bis heute allgemein akzeptiert.[6] Während 1988 in vielen westdeutschen Städten Firmen mit ihrem 50. Firmenjubiläum warben, analysierte der Publizist Johannes Ludwig die Geschichte einiger skandalträchtiger Besitzübernahmen bekannter Unternehmen in seiner Studie zur „Entjudung' der deutschen Wirtschaft".[7]

Eine breite Dynamik entwickelte die Forschung erst Ende der 1990er Jahre – im Windschatten von Debatten über Raubgold und Altguthaben in der Schweiz sowie Studien über die Rolle von Großbanken und Großunternehmen. Als neue Quellengrundlage konnten nun – in den nun sogenannten alten Bundesländern – auch die Rückerstattungsakten genutzt werden, die nach der gesetzlichen Sperrfrist von 30 Jahren in den Landesarchiven zur Nutzung freigegeben worden waren. Wegweisend war die Studie über die „Arisierung in Hamburg". In ihr entwickelte Frank Bajohr 1997 Kategorien zur Bewertung der nicht-jüdischen Erwerber und kam zu dem Schluss, dass 40 Prozent der Erwerber jüdischer Gewerbebetriebe „skrupellose Profiteure", weitere 40 Prozent „stille Teilhaber" und nur die restlichen 20 Prozent gutwillige Erwerber gewesen seien.[8] In den folgenden Jahren ist auf diesem Gebiet eine bemerkenswerte Zahl unterschied-

---

3 *Helmut Genschel*, Die Verdrängung der Juden aus der Wirtschaft im Dritten Reich, Göttingen 1966.
4 *Genschel*, Verdrängung, S. 147.
5 *Avraham Barkai*, Vom Boykott zur „Entjudung". Der wirtschaftliche Existenzkampf der Juden im Dritten Reich 1933–1945, Frankfurt am Main 1988. Siehe auch: *Avraham Barkai*, Erlebtes und Gedachtes. Erinnerungen eines unabhängigen Historikers, Göttingen 2011, S. 13.
6 *Barkai*, Boykott, S. 14.
7 *Johannes Ludwig*, Boykott, Enteignung, Mord. Die „Entjudung" der deutschen Wirtschaft, Hamburg 1989.
8 *Frank Bajohr*, „Arisierung" in Hamburg. Die Verdrängung der jüdischen Unternehmer 1933–1945, Hamburg 1997, S. 315–319.

Abb. 1: BArch Bild 183-1987-0413-505. Berlin, Scheunenviertel, jüdische Gewerbetreibende, 1933.

licher Studien erschienen, die Benno Nietzel 2009 in einem ausnehmend konzisen Literaturbericht zusammengefasst hat.⁹ Das von ihm dabei beklagte Forschungsdesiderat – die Erforschung der Verhältnisse in den Großstädten und jüdischen Metropolen – kann

---

9 *Benno Nietzel*, Die Vernichtung der wirtschaftlichen Existenz der deutschen Juden 1933–1945. Ein Literatur- und Forschungsbericht, in: Archiv für Sozialgeschichte 49, 2009, S. 561–613. Seither sind erschienen: *S. Jonathan Wiesen*, Creating the Nazi Marketplace. Commerce and Consumption in the Third Reich, New York 2011; *Henning Medert*, Die Verdrängung der Juden von der Berliner Börse. Kleine und mittlere Unternehmen an der Wertpapier-, Produkten- und Metallbörse (1928–1938), Berlin 2011; *Bastian Blachut*, „Arisierung" als Geschäftsprinzip? Die Monopolisierung des deutschen Entzinnungsmarktes zwischen 1933 und 1939 durch die Th. Goldschmidt AG in Essen, Essen 2012; *Christiane Fritsche*, Ausgeplündert, zurückerstattet und entschädigt. Arisierung und Wiedergutmachung in Mannheim, Mannheim 2012; *Benno Nietzel*, Handeln und Überleben. Jüdische Unternehmer aus Frankfurt am Main 1924–1964, Göttingen 2012; *Christoph Kreutzmüller*, Ausverkauf. Die Vernichtung der jüdischen Gewerbetätigkeit in Berlin 1930–1945, 2. Aufl. Berlin 2013; *Ulrike Schulz*, Simson. Vom unwahrscheinlichen Überleben eines Unternehmens 1856–1993, Göttingen 2013; *Christoph Kreutzmüller/Eckart Schörle*, Stadtluft macht frei? Jüdische Gewerbebetriebe in Erfurt 1919–1939, Berlin 2013; *Christiane Fritsche/Johannes Paulmann* (Hrsg.), „Arisierung" und „Wiedergutmachung" in deutschen Städten, Wien [u.a.] 2014; *Jaromir Balcar* (Hrsg.), Raub von Amts wegen. Zur Rolle von Verwaltung, Wirtschaft und Öffentlichkeit bei der Enteignung und Entschädigung der Juden in Bremen, Bremen 2014; *Claudia Flümann*, „… doch nicht bei uns in Krefeld!" Arisierung, Enteignung, Wiedergutmachung in der Samt- und Seidenstadt 1933 bis 1963, Essen 2015; *Bjoern Weigel*, Vom deutschen zum „arischen" Theater. Die Verdrängung jüdischer Theaterunternehmer in Berlin in der NS-Zeit, Berlin 2017; *Christoph Kreutzmüller/Jonathan Zatlin* (Hrsg.), Dispossession, Plundering German Jewry 1933–1953, Ann Arbor 2020.

inzwischen weitgehend als behoben gelten.¹⁰ Von den Städten mit den bedeutenden jüdischen Gemeinden des Reichs fehlt vor allem noch eine Darstellung des Prozesses in Königsberg. Der bereits von Frank Bajohr eingeforderte Perspektivwechsel hin zu einer integrierten Geschichtsschreibung, die die Sicht der verfolgten Gewerbetreibenden einbezieht, ist freilich ebenfalls noch nicht vollzogen. Er wird auch durch engführende Begriffe erschwert.

6.4.3 Engführend: Die Begriffe

Wir sprechen von „jüdischen Unternehmen", auch wenn außer Frage steht, dass einem Gewerbebetrieb – ebenso wenig wie einer Registrierkasse oder einem Kontenblatt – eine religiöse oder soziokulturelle Prägung innewohnen kann. Nun war Juden bekanntlich im christlichen Abendland ein besonderer Reichtum angedichtet worden. Wenngleich die Forschung längst gezeigt hat, dass ihr Vermögen beim Machtantritt der Nationalsozialisten alles in allem durchschnittlich war,¹¹ war ihr vorgeblicher Reichtum den Mördern doch Motivation – und ist manchem heute noch eine Tatsache.¹² Wer „Jude" war, unterschied sich von Fall zu Fall. In der Regel wurden rassistische Kriterien angelegt und die Religionszugehörigkeit der Großeltern erfasst; oft „reichte" aber ein jüdisch konnotierter Firmenname oder ein vermeintlich jüdisches Aussehen der Gesellschafter eines Unternehmens, um angefeindet oder gar überfallen zu werden.¹³ Bereits im Herbst 1934 waren die Rechtsmaßstäbe so weit erodiert, dass selbst das Berliner Kammergericht für Recht befand, dass es unstatthaft sei, den Zusatz „deutsch" in Verbindung mit einem offenkundig jüdisch klingenden Namen neu einzutragen: Zur Begründung führte das höchste Berliner Zivilgericht an, dass „die Bezeichnung ‚deutsch' immer mehr in der Bedeutung von arisch im Gegensatz zu nichtarisch (jüdisch) verstanden [werde]. Es liegt daher [...] nahe, in dem Zusatze ‚deutsch' einen Hinweis auf die arische Abstammung des Geschäftsinhabers zu sehen".¹⁴ Im Spannungsfeld von

---

10 Vgl. *Christoph Kreutzmüller/Benno Nietzel/Ingo Loose*, Nazi Persecution and Strategies of Survival. Jewish Entrepreneurs in Berlin, Frankfurt on Main and Breslau 1933–1938/42, in: Yad Vashem Studies 39, 2011, S. 31–70; *Kreutzmüller*, Ausverkauf; *Nietzel*, Handeln und Überleben.
11 *Albrecht Ritschl*, Die langfristigen Wirkungen des Dritten Reichs, in: Albrecht Ritschl (Hrsg.) Das Reichswirtschaftsministerium in der NS-Zeit. Wirtschaftsordnung und Verbrechenskomplex, Berlin/Boston 2016, S. 663; *Albrecht Ritschl*, Financial Destruction: Confiscatory Taxation of Jewish Property and Income in Nazi Germany, in: Kreutzmüller/Zatlin, Dispossession, S. 51–70.
12 In jüngster Zeit macht vor allem Götz Aly das Argument des Sozialneids sehr stark und betont dabei den angeblich außergewöhnlichen wirtschaftlichen Erfolg der Juden. Vgl. *Götz Aly*, Hitlers Volksstaat. Raub, Rassenkrieg und nationaler Sozialismus, Frankfurt 2005; *Götz Aly*, Warum die Deutschen? Warum die Juden? Gleichheit, Neid und Rassenhass 1800–1933, Frankfurt 2011.
13 *Kreutzmüller*, Ausverkauf, S. 20 f.
14 Urteil des Kammergerichts, 25. 10. 1934 zitiert nach: Firmenzusatz Deutsch, in: Informationsblätter der Reichsvertretung der deutschen Juden, 3. Jg. 6/7, 25. Juli 1935.

willkürlichen Zuschreibungen und nachträglicher Definition kann „jüdisch" retrospektiv nichts anderes heißen als „jüdisch verfolgt".[15]

Nicht nur die Definition eines jüdischen Unternehmens, sondern auch die Benennung des sich vollziehenden Vorgangs war lange unscharf. Zunächst sprachen die Zeitgenossen in Deutschland entweder von „Boykott" oder „Gleichschaltung". Damit nutzten sie die Losungen der NSDAP und rückten die beginnende Vernichtung der wirtschaftlichen Existenz der Juden und Jüdinnen in den Kontext der „Machtergreifung". Langsam setzte sich dann der in den 1920er Jahren im völkischen Diskurs geprägte Begriff „Arisierung" durch.[16] Zwar wurde „Arisierung" im ersten Band des 1936 vom Bibliographischen Institut in Leipzig herausgegebenen „Meyers Lexikon" ebenso wenig aufgenommen wie in der 1937 erschienenen Ausgabe des „Großen Duden".[17] Bekanntlich hinken gedruckte Nachschlagewerke der Realität aber immer hinterher. Denn der Begriff hatte schon Eingang in den allgemeinen Sprachgebrauch gefunden. Selbst die konservative Londoner Times übernahm ihn im Sommer 1938 – als Zitat.[18] Gegen diese semantische Entwicklung polemisierte die äußerst auflagenstarke Zeitung der SS *Das Schwarze Korps*:

> Was heißt das: Ein Unternehmen sei nunmehr arisiert? Ist es arisch oder nicht arisch? Nach dem Sprachgebrauch dürfte es nicht arisch sein, denn was vergoldet ist, ist nicht aus Gold, was elektrisiert wird, ist nicht elektrisch, was arisiert ist, ist im Kern jüdisch und nur mit einer arischen Tünche versehen. Das Wort ‚arisiert' ist eine typisch jüdische Erfindung und bezeichnet die arische Tarnung.[19]

Im behördlichen Schriftverkehr setzte sich nun allmählich der Begriff der „Entjudung" durch. So führte der 1942 erschienene *Taschen-Brockhaus zum Zeitgeschehen* „Arisierung" gar nicht weiter aus, sondern verwies nur auf den Begriff der „Entjudung", unter dem zu diesem Zeitpunkt bereits alle Maßnahmen zur Verdrängung der Juden aus sämtlichen Gebieten „des staatlichen, wirtschaftlichen und kulturellen Lebens" verstanden wurden.[20] Die Industrie- und Handelskammer zu Berlin (IHK) sprach mit Blick auf den Verkauf von jüdischen Gewerbebetrieben an Nicht-Juden auch weiterhin von „Arisierung". Den Gesamtprozess, der daneben auch die Liquidation jüdischer Gewerbebetriebe beinhaltete, bezeichnete sie freilich als „Entjudung".[21] Selbst der Wirtschafts-

---

15 Vgl. *Kreutzmüller/Zatlin*, Introduction, in: Kreutzmüller/Zatlin, Dispossession, S. 7; *Nietzel*, Handeln und Überleben, S. 16 f.
16 Vgl. *Frank Bajohr*, Arisierung, in: Handbuch des Antisemitismus. Judenfeindschaft in Geschichte und Gegenwart, Bd. 3, Boston/Berlin 2010, S. 30–32.
17 Vgl. *Bibliographisches Institut* (Hrsg.), Meyers Lexikon. Bd. 1: A-Boll, Leipzig 1936; *Bibliographisches Institut* (Hrsg.), Der Große Duden. Rechtschreibung der deutschen Sprache und der Fremdwörter, Leipzig 1937.
18 'Aryanization' of business, The Times. 13. 8. 1938.
19 Arisieren, ein neuer Sport, Das Schwarze Korps, 5. 8. 1937.
20 Taschen-Brockhaus zum Zeitgeschehen, Leipzig 1942, S. 98.
21 Bericht der IHK über Bereinigung der Wirtschaft, o. D. (Nov. 1941), Wirtschaftsblatt der IHK Berlin, November 1941. Vgl. *Ludolf Herbst*, Banker in einem prekären Geschäft. Die Beteiligung der Commerz-

historiker Wilhelm Treue nutzte diese Unterscheidung offensichtlich noch in der eingangs zitierten Rezension.

Unbeeindruckt von den semantischen Entwicklungen in Deutschland analysierte das Comité des Délégations Juives 1934 in Paris den „Kampf gegen die Juden in der Wirtschaft".[22] Im Amsterdamer Exil fasste Alfred Wiener, ehemaliger Syndikus des Central-Vereins deutscher Staatsbürger jüdischen Glaubens (CV), den ihm aus eigener Anschauung bekannten Prozess im gleichen Jahr unter dem Stichwort „Wirtschaftsboykott".[23] Zwei Jahre später präzisierte Wiener seine Begrifflichkeit und sprach von der „Vernichtung der beruflichen und wirtschaftlichen Existenz der Juden".[24] Im Dezember 1936 verwies auch die Redaktion der in Prag herausgegebenen *Deutschland-Berichte der Sozialdemokratischen Partei Deutschlands* fast gleichlautend auf den „Kampf gegen die Juden durch Vernichtung ihrer wirtschaftlichen Existenz".[25]

Hier schloss die von Ludolf Herbst und anderen im Jahr 2004 vorgestellte Begrifflichkeit an und sprach von der „Vernichtung der wirtschaftlichen Existenz", um den gesamten Vorgang der Ausplünderung und Beraubung der Juden und Jüdinnen zu fassen. Neben der Verdrängung der jüdischen Beschäftigten aus Unternehmen und der Entziehung ihres Vermögens ist als dritter Teilbereich die „Vernichtung der jüdischen Gewerbetätigkeit" auszumachen.[26] Letztere bezeichnet entweder die Liquidation oder den Verkauf der Gewerbebetriebe an Nicht-Juden, der als Besitztransfer zu begreifen ist. Hintergrund hierfür ist eine semantische Unterscheidung, die sich in der Rechtsprechung niedergeschlagen (umgangssprachlich allerdings abgeschliffen) hat: Laut *Bürgerlichem Gesetzbuch* ist Besitzer einer Sache, wer die faktische Verfügungsgewalt über diese Sache hat. Eigentümer ist hingegen ausschließlich, wem sie rechtmäßig gehört. Wenn die Vorgänge also als „Besitztransfer" beschrieben werden, gilt die Annahme, dass der Erwerber eine Sache gegen den Willen des Eigentümers erworben hatte und der zum Verkauf genötigte Verkäufer rechtlich Eigentümer der Sache blieb. An diesen Eigentumsvorbehalt knüpfte letztlich auch die Rückerstattung an. Die Begrifflichkeit ist zwar etwas spröde, aber präzis. Sie schließt zudem direkt an den von Raul Hilberg wegweisend analysierten Prozess der „Vernichtung der europäischen Juden" an und erlaubt es auch, die Behauptungsstrategien der jüdischen Gewerbetreibenden in den Blick zu nehmen.[27]

---

bank an der Vernichtung der jüdischen Gewerbetätigkeit im Altreich (1933–1940), in: Ludolf Herbst/Thomas Weihe (Hrsg), Die Commerzbank und die Juden, München 2004, S. 75.
22 *Comité des Delegations Juives* (Hrsg.), Das Schwarzbuch. Tatsachen und Dokumente. Die Lage der Juden in Deutschland, Paris 1934, S. 280.
23 *Alfred Wiener*, Wirtschaftsboykott, Amsterdam 1934.
24 *Jewish Central Information Office* (Hrsg.), Entrechtung, Ächtung und Vernichtung der Juden in Deutschland seit der Regierung Hitler, Amsterdam 1936, S. 38.
25 Deutschland-Bericht vom Dezember 1936, in: Deutschland-Berichte der Sozialdemokratischen Partei Deutschlands (Sopade) 3. Jg., 1936, Reprint Frankfurt am Main 1980, S. 1655.
26 Vgl. *Ludolf Herbst* [u. a.], Einleitung, in: Herbst/Weihe (Hrsg.), Die Commerzbank und die Juden, S. 10–13.
27 *Raul Hilberg*, Die Vernichtung der europäischen Juden, 3 Bde. Frankfurt am Main 1990.

Dessen ungeachtet wird der Prozess der Vernichtung der jüdischen Gewerbetätigkeit (wie im Übrigen der Gesamtprozess der Vernichtung der wirtschaftlichen Existenz) sowohl in der Wissenschaft als auch in der Öffentlichkeit häufig noch immer als „Arisierung" bezeichnet. Dies ist wohl hauptsächlich auf politische Erwägungen zurückzuführen. Denn noch Anfang der 2000er Jahre klang eine klare politische Haltung – gepaart mit einer moralischen Verurteilung – im Begriff mit.[28] Dies ist inzwischen weitgehend verloren gegangen. Geblieben ist allerdings eine gewisse Engführung. Streng genommen legt der Gebrauch des Begriffs „Arisierung" erstens nahe, dass die jüdischen Gewerbebetriebe entweder allesamt – oder doch wenigstens größtenteils – von Nicht-Juden übernommen wurden. Dies ist, wie im Folgenden gezeigt werden soll, mitnichten der Fall. Zweitens lenkt der Fokus auf „Arisierung" den Blick hauptsächlich auf die direkten Nutznießer der Vernichtung der jüdischen Gewerbetätigkeit, die „Ariseure". Die verfolgten Gewerbetreibenden treten dabei nur am Rande – gleichsam als passive Opfer – ins Blickfeld. Dies ist eine Engführung, die es aufzubrechen gilt.

6.4.4 Die Verfolgung: Ein Wechselspiel von Gewalt- und Verwaltungsakten

In ihrer Einführung zu ihrem Kommentar zu den einschlägigen Verordnungen betonten Paul Enterlein und Werner Markmann, dass das Parteiprogramm der NSDAP „die Ausschaltung der Juden aus dem Leben unseres Volkes" gefordert hatte und „die Entjudung der deutschen Wirtschaft" mithin nur folgerichtig sei.[29] Tatsächlich hatte sich die völkisch radikale NSDAP von Anfang an die Vertreibung der Juden auf die Fahnen geschrieben.[30] Und natürlich war die NSDAP beileibe nicht die einzige völkisch-radikale Partei. Entsprechend gehörten Boykotte und Blockaden von Gewerbebetrieben von Jüdinnen und Juden in den 1920er Jahren insbesondere in kleineren deutschen Städten und Landgemeinden ein Stück weit zum Alltag. Dies führte, wie der Syndikus des Central-Vereins deutscher Staatsbürger jüdischen Glaubens, Alfred Wiener, rückblickend feststellte, zu einer verstärkten Landflucht.[31] Aber auch in den Großstädten

---

28 *Frank Bajohr*, „Arisierung" in Hamburg. Die Verdrängung der jüdischen Unternehmer 1933–1945, Hamburg 1997.
29 *Paul Enterlein/Werner Markmann*, Die Entjudung der deutschen Wirtschaft, Arisierungsverordnungen vom 26. April und 12. November 1938, Berlin 1938, S. 11.
30 *Francis R. Nicosia*, German Zionism and Jewish Life in Nazi Berlin, in: Francis R. Nicosia/David Scrase (Hrsg.), Jewish Life in Nazi Germany. Dilemmas and Responses, New York/Oxford 2010, S. 93 f. Vgl. *Kurt Zielenziger*, Juden in der deutschen Wirtschaft, Berlin 1930, S. 279.
31 *Wiener*, Wirtschaftsboykott, S. 3. Vgl. *Hannah Ahlheim*, „Deutsche, kauft nicht bei Juden". Antisemitismus und politischer Boykott in Deutschland 1924 bis 1935, Göttingen 2011; *Michael Wildt*, Volksgemeinschaft als Selbstermächtigung. Gewalt gegen Juden in der deutschen Provinz 1919 bis 1939, Hamburg 2007, S. 138–175.

kam es ab 1930/31 immer häufiger zu Angriffen. In Köln – wie in vielen anderen Städten – waren die nationalsozialistischen Sturmlokale nachweislich Knotenpunkte der Gewalt.[32]

Nach der Ernennung Adolf Hitlers zum Reichskanzler explodierte die Gewalt förmlich. Die nicht nur siegestrunkenen SA-Männer verübten zahllose Überfälle auf politische Gegner sowie Jüdinnen und Juden. Gerade letztere hatten oft den Charakter von veritablen Raubüberfällen. Hierüber berichtete die deutsche Presse anfangs zuweilen, die internationale Presse aber immer häufiger. Um die Gewalt zu kanalisieren, riefen der Reichskanzler und sein neu ernannter Minister für Volksaufklärung und Propaganda, Joseph Goebbels, Ende März 1933 zu einem „Boykott" der jüdischen Gewerbebetriebe, Kanzleien und Praxen auf. Als Leiter des „Zentralkomitees zur Abwehr der jüdischen Greuel- und Boykotthetze" ernannten sie den Nürnberger Gauleiter und Herausgeber des äußerst vulgären, antisemitischen Wochenblatts *Der Stürmer*, Julius Streicher. Streicher bemühte sich nicht einmal, eine eindeutige Definition vorzugeben. In seinen Richtlinien hieß es nur allgemein, dass Unternehmen, die sich in „Judenhänden befinden" zu ächten seien. Ausdrücklich wies er darauf hin, dass „katholisch oder protestantisch getaufte Geschäftsleute oder Dissidenten jüdischer Rasse im Sinne [der] Anordnung ebenfalls Juden sind".[33] Geächtet werden sollten außerdem Unternehmen, in denen der Ehepartner des Unternehmers jüdisch war. Wie aber „Juden" auf der Grundlage der eingeforderten rassistischen Kategorien zu definieren seien, wurde ebenso wenig beantwortet wie die Frage, wann genau ein Unternehmen in „jüdischen Händen" sei. Dies blieb dem Gutdünken des lokalen Komitees bzw. den Ortsgruppen, SA-Stürmen und ihren Claqueuren der Deutsch-Nationalen Volkspartei überlassen.[34] Auch wenn die Nationalsozialisten, wie Richard Evans anführt, den „Boykott" wegen der Indifferenz des Publikums vielleicht nicht als Erfolg empfanden,[35] kann dies nicht darüber hinwegtäuschen, dass das Publikum die öffentliche Ächtung letztlich zum Erfolg machte. Was auch immer die Passanten vielleicht dachten, wussten sie nun doch, wo die Grenzen in der Volks-Wirtschaft verlaufen sollten.

Und wenngleich die inzwischen fast auf Parteilinie gebrachte Presse fast einstimmig betonte, dass die Aktion diszipliniert abgelaufen sei, kam es doch zu einer Fülle von Übergriffen. Entsprechend betonte *The Times*, dass die Anordnung Streichers zur Gewaltlosigkeit „nicht beachtet" worden sei. Die Zeitung wusste auch zu berichten, dass ein Stück Straßenland vor einem jüdischen Geschäft in Kassel mit Stacheldraht abgesperrt worden war, in dem ein Schild stak, dass das abgezäunte Geviert ein „concentration camp for refractory citizens who make their purchases from Jews" sei.[36]

---

32 *Nicola Wenge*, Integration und Ausgrenzung in der städtischen Gesellschaft. Eine jüdisch-nichtjüdische Beziehungsgeschichte Kölns 1918–1933, Mainz 2005, S. 417.
33 Die Boykott-Anordnungen zur Greuelabwehr Der Angriff, 31. 3. 1933.
34 *Ahlheim*, Deutsche, S. 265 f.
35 *Richard Evans*, The Coming of the Third Reich, London 2004, S. 436. Vgl. *Ahlheim*, Deutsche, S. 259 f.; *Saul Friedländer*, Das Dritte Reich und die Juden. Verfolgung und Vernichtung, 2 Bde. Bonn 2006, S. 34 f.
36 Boycott of Jews, The Times, 3. 3. 1933.

Angesichts des Umstandes, dass die SA-Posten am 1. April 1933 längst zur Hilfspolizei ernannt worden waren, teils bewaffnet patrouillierten und dass keine erfüllbaren politischen Forderungen erhoben wurden, war der so genannte Boykott wohl eher eine Blockade. Offiziell sollte sich die Aktion gegen die Berichte der internationalen Zeitungen – Lügenpresse genannt – richten, die kritisch über die Gewalt berichtet hatten. Auch wenn die Posten in Berlin teils mit deutsch-englischen Schildern ausgestattet wurden, um dieses Argument zu betonen, blieb es natürlich hanebüchen.[37]

Obzwar die Aktion offiziell nach nur einem Tag abgebrochen wurde und die zentralen Instanzen sich nunmehr mit Rücksicht auf die volkswirtschaftlichen Folgekosten zurückhielten, wirkte sie wie ein Brandbeschleuniger eines weitergehenden Ausschlusses.[38] Aus der Rüstungsindustrie, den Brauereien und Kaufhäusern sowie aus dem Verlagswesen wurden jüdische Gewerbetreibende im Hinblick auf ihre strategische, teils auch auf ihre symbolische Bedeutung, rasch verdrängt. Neben den Stadtverwaltungen, Finanzämtern, Handwerks- und Industrie- und Handelskammern waren es vor allem die verschiedenen Gliederungen der NSDAP – von der Deutschen Arbeitsfront zur SA und SS –, die jüdische Gewerbetreibende unter Druck setzten und teils zur Aufgabe zwangen. Hinzu kamen die Gauwirtschaftsberater.[39] Zwar ergab sich die Aufgabe des Gauwirtschaftsberaters auf den ersten Blick aus seinem Titel, doch blieb die konkrete Ausgestaltung des Amtes – wie so oft im nationalsozialistischen System – dem jeweiligen Amtsinhaber überlassen und wurde in den einzelnen Gauen auch unterschiedlich gehandhabt.[40] So trifft wohl Avraham Barkais Analyse zu, der Einfluss der Gauwirtschaftsberater sei „jeweils von der effektiven Hausmacht des betreffenden Gauleiters abhängig gewesen".[41] Während die Gauwirtschaftsberater noch ihre Rolle suchten, sorgten selbsternannte Kommissare in den Betrieben für Unruhe und vertrieben jüdische Kollegen, Gesellschafter und Manager. Den beiden jüdischen Gründern der chemischen Fabrik Albert Mendel AG in Tempelhof – in deren Fabrik späterhin das Metaamphetamin Pervitin produziert werden sollte[42] – teilte ihr nicht-jüdischer Kompagnon am 6. April 1933 mit, dass er „für ihre Sicherheit nicht mehr garantieren könne" und gab ihnen eine Frist von einer Stunde, das Unternehmen, das sie aufgebaut hatten, für immer zu verlassen.[43]

---

[37] *Christoph Kreutzmüller*, Picketing Jewish-Owned Businesses in Nazi Germany: A Boycott? In: David Feldmann, Boycotts Past and Present, From the American Revolution to the Campaign to Boycott Israel, London 2019, S. 97–113.
[38] *Kreutzmüller*, Ausverkauf, S. 133–145.
[39] *Gerhard Kratzsch*, Das wirtschaftspolitische Gauamt. Der Gauwirtschaftsberater, in: Jürgen John/ Horst Möller (Hrsg.), Die NS-Gaue: regionale Mittelinstanzen im zentralistischen „Führerstaat", München 2007, S. 218 f.; vgl. *Bajohr*, Arisierung, S. 177 f.
[40] *Nietzel*, Handeln, S. 93 f; *Kratzsch*, Gauamt, S. 218 f.
[41] *Avraham Barkai*, Die deutschen Unternehmer und die Judenpolitik im Dritten Reich, in: Ursula Büttner (Hrsg.), Die Deutschen und die Judenverfolgung, Frankfurt am Main 2003 (Hamburg 1992), S. 252.
[42] *Norman Ohler*, Der totale Rausch. Drogen im Dritten Reich, Köln 2015.
[43] Eidesstattliche Versicherung Albert Mendel, 25. 4. 1950, zit. nach: *Sabrina Akermann/Christoph Kreutzmüller*, Vor dem Rausch. Die Übernahme der Chemischen Fabrik Albert Mendel AG, in: Berlin in Geschichte und Gegenwart. Jahrbuch des Landesarchivs Berlin, 2020, S. 129.

Nach verschiedenen Interventionen insbesondere des Central-Vereins deutscher Staatsbürger jüdischen Glaubens erließ das Reichswirtschaftsministerium am 25. September 1933 zwar eine Rundverfügung, die sich ganz eindeutig gegen die Behinderung der Gewerbetätigkeit von Juden aussprach: „Eine unterschiedliche Behandlung von arischen und nichtarischen oder nicht rein arischen Unternehmen oder Gewerbetreibenden [ist] mit dem nach wie vor geltenden Grundsatz der Markt- und Gewerbefreiheit nicht vereinbar".[44] Dessen ungeachtet wurden jüdische Gewerbetreibende gleichsam von Amts wegen von Marktleitern und Gewerbeämtern diskriminiert, während Finanzämter willkürlich Steuernachforderungen erhoben, um unliebsame jüdische Gewerbebetriebe in den Ruin bzw. zum Verkauf zu zwingen.[45] Parallel hierzu verweigerten immer mehr Zeitungen, Inserate von jüdischen Firmen anzunehmen.[46] Verschärft wurde die Misere dadurch, dass die ehemals marktbeherrschende – und als jüdisch betrachtete – Anzeigenexpedition des Rudolf Mosse Verlags Anfang der 1930er Jahre im Rahmen eines Sanierungsvertrages aus dem Konzern herausgelöst und letztlich vom nationalsozialistischen Franz Eher Nachf. Verlag übernommen wurde.[47] Im November 1934 verbannte selbst die Reichspost Werbeanzeigen jüdischer Unternehmen.[48] Stattdessen sammelten die lokalen Ortsgruppen- oder NS-Kreisleiter umfangreiche Listen und veröffentlichten Nachweise der jüdischen Unternehmen, um „die Bevölkerung vor diesen zu warnen".[49]

Derweil kam es immer wieder zu teils pogromähnlichen Gewaltaktionen und Blockaden, die in der Regel von den lokalen Gliederungen der NSDAP, SA und der Deutschen Arbeitsfront ausgingen. 1933 kam es nachweislich an 406 Orten des Reichs zu gewaltsamen Angriffen auf Unternehmen. Diese Zahl sank im folgenden Jahr auf 175 und stieg dann 1935 wieder auf mindestens 337.[50] Im anhaltinischen Jessnitz wurden beispielsweise im August 1935 „zwei jüdische Kaufleute mit dem Schild ‚Wer bei Juden kauft ist ein Volksverräter' durch die Stadt geführt".[51] Wenige Kilometer ent-

---

44 Vgl. Der Wille der Reichsregierung einzige Quelle des Wirtschaftsrechts, CV-Zeitung, 11. 10. 1933; Gegen unbefugte Eingriffe in die Wirtschaft, CV-Zeitung, 19. 10. 1933; Bericht der Wirtschaftshilfe der jüdischen Gemeinde vom September 1933, S. 2; *Genschel*, Verdrängung, S. 80 f.
45 *Christiane Kuller*, Bürokratie und Verbrechen. Antisemitische Finanzpolitik und Verwaltungspraxis im nationalsozialistischen Deutschland, München 2013, S. 133–150. Vgl. *Martin Friedenberger*, Fiskalische Ausplünderung. Die Berliner Steuer- und Finanzverwaltung und die jüdische Bevölkerung 1933–1945, Berlin 2008, S. 157–163.
46 *Genschel*, Verdrängung, S. 89 f.
47 *Peter de Mendelssohn*, Zeitungsstadt Berlin. Menschen und Mächte in der Geschichte der deutschen Presse, Berlin 1959, S. 330–336.
48 Wiener Library, CV, 721/1. Informationsblatt des Mitteldeutschen Landesverband des CV, 12. 11. 1934.
49 Staatsarchiv Erfurt, 1-2/931-20989. Rundschreiben des NS-Kreisleiters von Eckartsberga [1935]; Jüdische Geschäfte in Breslau. Teilverzeichnisse I und II, Breslau 1936–1937; *Otto Fischer* (Hrsg.), Eine Antwort auf die Greuel- und Boykotthetze der Juden im Ausland, Frankfurt am Main 1934.
50 *Jana Fritsche/Christoph Kreutzmüller*, Topographie der Gewalt, in: Zeitschrift für Geschichtswissenschaft 68, 2020, S. 493–517.
51 Wiener Library, CV, 721/1. Brief des Landesverbands Mitteldeutschland an den CV in Berlin, 19. 8. 1935. Auch für die folgenden Zitate dieses Absatzes.

fernt, in Harzgerode warfen derweil Unbekannte immer wieder die Schaufensterscheiben ein, während in Sandersleben der letzte verbliebene Einzelhändler mit „Zettelklebereien" und „nächtlichen Sprechchören" angefeindet wurde. Als der CV bei der zuständigen Gestapostelle in Dessau intervenierte, erklärte diese, dass es „sich um eine Einzelaktion handele, die keinesfalls die Billigung der Polizei finde. Es sei allerdings sehr schwierig hiergegen einzuschreiten".

Nach der Verkündung des Reichsbürgergesetzes auf dem Reichsparteitag der NSDAP in Nürnberg kam es zu einer gewissen Beruhigung der Lage – auch weil die Reichsleitung der NSDAP „Einzelaktionen" wieder einmal ausdrücklich untersagte. Allgemein wurde nun erwartet, dass nicht nur natürliche jüdische Personen, sondern auch juristische per Gesetz definiert werden würden. Der Berliner Gauwirtschaftsberater Heinrich Hunke, der laut Harold James zu einem der „einflussreichste[n] nationalsozialistischen Wirtschaftstheoretiker" avancierte,[52] plädierte nun „nicht aus wirtschaftlich egoistischen Gründen, sondern aus völkischen Gründen" für eine planmäßige Verdrängung der Juden und Jüdinnen aus der Wirtschaft.[53] Derweil bemühte sich das Reichswirtschaftsministerium notabene, zunächst um eine Definition des Begriffs „Einzelaktion":

> Im Zusammenhang mit dem wiederholt ausgesprochenen Verbot aller Einzelaktionen in der Judenfrage taucht ständig die Frage auf, was unter „Einzelaktionen" zu verstehen ist. Ich bin der Auffassung, dass unter Einzelaktionen alle Maßnahmen zu verstehen sind, die nicht auf einer ausdrücklichen Anordnung der Reichsregierung oder der Reichsleitung der NSDAP beruhen.[54]

Erst nachdem dies geklärt war, erarbeitete das Reichswirtschaftsministerium auch eine interne Definition,

> dass Firmen dann als jüdische angesehen würden, wenn mehr als 50 % in jüdischer Hand seien; ferner gelten Firmen als jüdisch (Kapitalgesellschaften vor allem), deren Direktoren zu mehr als 1/3 jüdisch seien. Offene Handelsgesellschaften gelten als jüdisch, wenn ein Partner Jude ist.[55]

Anfang 1937 gab Hitler dem Reichsinnenministerium den Auftrag, eine Verordnung zum Reichsbürgergesetz vorzubereiten, mit der jüdische Unternehmen definiert und gekennzeichnet werden sollten. Doch die Sondierungen des Innenministeriums führten zunächst zu keinem greifbaren Ergebnis – auch weil das Reichswirtschaftsministerium nicht einbezogen worden war.[56] Es ist davon auszugehen, dass Innenminister

---

52 *James*, Deutsche Bank, S. 30; *Harold James*, Die Deutsche Bank und die Diktatur, in: Lothar Gall [u. a.] (Hrsg.), Die Deutsche Bank. 1870–1995, München 1995, S. 393.
53 *Heinrich Hunke*, Die Lage, in: Die deutsche Volkswirtschaft, 7. 10. 1935, S. 882. Vgl. Die Juden in der deutschen Wirtschaft, in: Frankfurter Zeitung, 5. 10. 1935; *Wiesen*, Marketplace, S. 30–34; *Genschel*, Verdrängung, S. 124.
54 Generallandesarchiv Karlsruhe, Bestand 233, 27737. Brief des Reichswirtschaftsministeriums an den Stellvertreter des Führers, 10. 10. 1935.
55 Landesarchiv Berlin (LAB) A Pr Br. Rep. 057, 1741. Aktennotiz von Lippert, 6. 1. 1936.
56 Bundesarchiv (BArch), R 18/5509. Begleitschreiben des Innenministers zu einem Entwurf der Dritten Verordnung zum Reichsbürgergesetz, 20. 2. 1937; vgl. *Genschel*, Verdrängung, S. 143 f.

Frick erwartete, dass sich der noch amtierende Reichswirtschaftsminister Hjalmar Schacht eher ablehnend verhalten hätte. Als Schachts Nachfolger konnte Hermann Göring dann aber Ende 1937 auf die Vorarbeiten zurückgreifen. Sein am 4. Januar 1938 versandter Geheimerlass besagte, dass Personengesellschaften immer dann als jüdisch zu betrachten seien, wenn der Inhaber oder auch nur einer der Gesellschafter nach den Kategorien der „Ersten Verordnung zum Reichsbürgergesetz" als jüdisch betrachtet wurde. Kapitalgesellschaften sollten als jüdisch gelten, wenn ein Geschäftsführer, Vorstandsmitglied oder mehr als ein Viertel der Aufsichtsratsmitglieder jüdisch im Sinne der Ersten Verordnung waren, oder Juden sonst wie einen entscheidenden Einfluss ausüben würden.[57] Damit war die interne Regelung des Reichswirtschaftsministeriums nicht nur deutlich verschärft, sondern dem Prozess der Vernichtung der jüdischen Gewerbetätigkeit auch eine neue Dynamik gegeben worden.

Die Berliner IHK – die größte Kammer des Reichs – schrieb beispielsweise Anfang 1938 alle Unternehmen an, über die sie selbst Akten führte, und forderte diese auf, „zur Erfüllung einer von behördlicher Seite gestellten Aufgabe" Auskunft darüber zu geben, ob Gesellschafter, Geschäftsführer oder Vorstand jüdisch seien oder ob sich das Kapital des Unternehmens zu mehr als 25 Prozent im Eigentum von Juden befinde. Wenn das betreffende Unternehmen eine dieser Fragen bejahte, wurde die Akte – und damit das Unternehmen – im wahrsten Sinne des Wortes abgestempelt.[58] Auf der Grundlage der Arbeiten der Kammern fasste das Reichswirtschaftsministerium zusammen, dass es per 1. April 1938 noch 39 552 jüdische Gewerbebetriebe im gesamten Deutschen Reich – inklusive des inzwischen besetzten Österreichs – gegeben habe. Auch wenn es in der Forschung teils so interpretiert worden ist, stellt dies keinesfalls die Zahl der an dem Stichtag tatsächlich noch im Reich existenten Gewerbebetriebe dar, sondern nur eine Untergrenze. Denn die Kammern überprüften regelmäßig nur ihre Mitglieder. Dies waren aber in der Regel nur die im Handelsregister geführten Gewerbebetriebe.[59]

Nach einem Besuch in Wien, wo die Vernichtung der jüdischen Gewerbetätigkeit fast pogromartige Züge angenommen hatte, wurde Göring erneut aktiv. Am 22. April 1938 erließ er die „Verordnung gegen die Unterstützung der Tarnung jüdischer Unternehmen" und vier Tage später zusammen mit dem Reichsinnenminister die „Verordnung über die Anmeldung des Vermögens von Juden". Mit dieser Verordnung wurden Juden und Jüdinnen gezwungen, ihr sämtliches Vermögen anzumelden, sofern es ei-

---

57 Erlass des Reichswirtschaftsministerium an die Industrie- und Handelskammern, 4. Januar 1938, in: *Joseph Walk*, Das Sonderrecht für die Juden im NS-Staat. Eine Sammlung der gesetzlichen Maßnahmen und Richtlinien, Inhalt und Bedeutung, Heidelberg 1981, S. 210. Vgl. *Genschel*, Verdrängung, S. 147 f.
58 *Kreutzmüller*, Ausverkauf, S. 201–203.
59 *Ulf Krüger*, Die Lösung der Judenfrage in der deutschen Wirtschaft, Kommentar zur Judengesetzgebung, Berlin 1940, S. 44. Vgl. *Bajohr*, Arisierung, S. 134; *Jeremy Noakes/Geoffrey Pridham*, Nazism 1919–1945, State, Economy and Society 1933–1939, Exeter 1984, S. 561; *Dieter Swatek*, Unternehmenskonzentration als Ergebnis und Mittel nationalsozialistischer Wirtschaftspolitik, Berlin 1972, S. 93; *Genschel*, Verdrängung, S. 206.

nen Betrag von 5000 RM überstieg. Mit einer Ausführungsverordnung vom gleichen Tag wurde insbesondere auch die Weiterveräußerung größerer Werte genehmigungspflichtig.[60] Die Anmeldungsverordnung bedeutete ein unmissverständliches Zeichen, dass die Vernichtung der jüdischen Gewerbetätigkeit nun auf der Tagesordnung stand. Ganz in diesem Sinne hielt der Syndikus des CV Hans Reichmann fest, dass für ihn kein Zweifel bestand, „dass die Vermögensanmeldung nur eine Vorstufe zum Vermögenseingriff war".[61]

In seinem 1938 veröffentlichten Lehrbuch *Grundzüge der deutschen Volks- und Wehrwirtschaft* lieferte Heinrich Hunke auch einen rechtsphilosophischen Hintergrund für die Vernichtung der wirtschaftlichen Existenz der Juden: Erstens setzte er – nach den Reichsbürgergesetzen – voraus, „daß der Unternehmer Deutscher ist",[62] und stellte zweitens den Eigentumsbegriff auf eine neue, rassistische Grundlage:

> Das nationalsozialistische Eigentumsrecht hat natürlich nichts mit dem absoluten schrankenlosen Eigentum des wirtschaftlichen Liberalismus gemeinsam. [...] So sehen wir heute das Eigentum nicht mehr als eine Sache, mit der ein einzelner nach Willkür verfahren kann, sondern als ein Lehen, das jederzeit im Interesse des obersten Lehnsherren, des Volkes, zu verwalten ist.[63]

Hiermit stand Hunke keineswegs allein, konnte sich aber nicht durchsetzen.[64] Bekanntlich wurde das prägende Konzept des Eigentums letztlich nur für bestimmte Fälle – insbesondere im Falle der Vernichtung der wirtschaftlichen Existenz der Juden – ausgehöhlt.

Parallel zur Erfassung – und sicherlich auch durch diese motiviert – kam es nun auch wieder verstärkt zu Übergriffen auf Unternehmen. In Allenstein, Dresden und Tilsit beispielsweise wurden im Januar 1938 alle noch bestehenden jüdischen Einzelhandelsgeschäfte mit gelben Plakaten gekennzeichnet.[65] Die jahrelange Ächtung und die fortwährenden Angriffe hatten in der Fläche bereits für eine weitgehende Verödung gesorgt. Aber auch in den großen Gemeinden wie Frankfurt und Berlin gaben im Sommer 1938 immer mehr Gewerbetreibende auf.[66] Aufgrund ihrer Zähigkeit, ihres wirtschaftlichen Durchhaltewillens, erfolgreicher Behauptungsstrategien und infolge der Zuwanderung hatte sich die Zahl der jüdischen Gewerbebetriebe in der Reichshauptstadt bis zum Sommer 1938 kaum reduziert und betrug immer noch mindestens 46 000.[67] Entsprechend umfassend waren hier dann die Zerstörungen wäh-

---

60 Reichsgesetzblatt I 1938, S. 414. Verordnung über die Anmeldung des Vermögens von Juden, 26. 4. 1938.
61 *Michael Wildt* (Hrsg.), Hans Reichmann. Deutscher Bürger und verfolgter Jude. Novemberpogrom und KZ Sachsenhausen 1937 bis 1939, München 1998, S. 63.
62 *Wildt*, Hans Reichmann, S. 68.
63 *Heinrich Hunke*, Grundzüge der deutschen Volks- und Wehrwirtschaft, Berlin 1943 (Berlin 1938), S. 84.
64 *Jan Schleusener*, Eigentumspolitik im NS-Staat. Der staatliche Umgang mit Handlungs- und Verfügungsrechten über privates Eigentum 1933–1939, Frankfurt am Main 2009, S. 59–102.
65 Wiener Library, CV, 721/1, 2753. Brief des Landesverbands Mitteldeutschland an den CV in Berlin, 12. 1. 1938.
66 *Kreutzmüller/Nietzel/Loose*, Nazi Persecution and Strategies of Survival, S. 31–70.
67 BArch, NS 1/550. Brief von Heinrich Hunke an Otto de Mars, 19. 9. 1938.

rend des Pogroms. Während die Gewalt des Pogroms in den meisten Städten im Verlauf des 10. Novembers abebbte, konnten die Plünderungen in Berlin von der Polizei und Gestapo nur schwer gestoppt werden. Sie dauerten bis zum 12. November an. Da die Zahl der infrage kommenden Betriebe allein in Berlin sehr hoch und die Plünderungen umfassend waren, kann die von Reinhard Heydrich an diesem Tag auf der Konferenz im Reichsluftfahrtministerium genannte Zahl von 7500 verwüsteten Geschäften kaum zutreffen, auch wenn sie als Referenzwert bis heute allgemein akzeptiert wird.[68] Die Anzahl der tatsächlich geplünderten Betriebe wird sich wohl mangels Quellen kaum feststellen lassen, dürfte aber die Zahl von 10 000 weit übersteigen.

Während es in der Stadt noch zu vereinzelten Plünderungen kam, fand am Sonnabend, den 12. November 1938, im Reichsluftfahrtministerium in der Wilhelmstraße die nach dem Hausherrn benannte Göring-Konferenz statt. Auf ihr wurde beschlossen, dass jüdische Einzelhandelsunternehmen, Genossenschaften und Handwerksbetriebe zum 1. Januar 1939 geschlossen werden sollten.[69] Die entsprechende Verordnung, die vom Reichswirtschaftsminister Walther Funk vorbereitet worden war, wurde noch am gleichen Tag von Göring unterzeichnet und am Montag, den 14. November veröffentlicht.[70] Die Frist war für etwaige Besitztransfers äußerst knapp bemessen. Deshalb wurden viele Entscheidungen in großer Eile von den beteiligten Instanzen und Personen gefällt, was die Abläufe zweifelsohne zusätzlich brutalisierte. Vier Tage nach der Veröffentlichung konkretisierte der Stadtpräsident in Berlin, wie die Verordnung umgesetzt werden sollte. Die Bezirksbürgermeister sollten zunächst in Zusammenarbeit mit dem Einzelhandelsamt der IHK, der DAF und dem Kreiswirtschaftsberater bei sämtlichen jüdischen Einzelhandelsgeschäften überprüfen, ob sie für eine Weiterführung in Frage kämen. Dabei sei von der Überlegung auszugehen, dass „die Ausmerzung des jüdischen Einzelhändlers [...] gleichzeitig die Handhabe [böte], dem übersetzten Berliner Einzelhandel eine sichere Lebensgrundlage zu schaffen."[71] Während jedoch der Reichswirtschaftsminister dachte, dass reichsweit nur ein Drittel aller jüdischen Einzelhandelsgeschäfte von Nicht-Juden fortgeführt werden sollten, ging der Stadtpräsident unter Verweis auf eine Einschätzung des Gauwirtschaftsberaters davon aus, dass in Berlin die Hälfte aller Einzelhandelsgeschäfte übernommen werden könnte.[72]

---

68 Vgl. Stenographische Niederschrift der Besprechung über die Judenfrage bei Göring am 12. November 1938, in: *Internationaler Militärgerichtshof* (Hrsg.), Der Prozess gegen die Hauptkriegsverbrecher vor dem Internationalen Militärgerichtshof: Nürnberg, 14. November 1945–1. Oktober 1946, Nürnberg 1946, Bd. 28, S. 499–540 (Dok. 1816 PS).
69 Stenographische Niederschrift der Besprechung über die Judenfrage bei Göring am 12. November 1938, S. 508; vgl. *Friedländer*, Reich, S. 302 f.
70 Reichsgesetzblatt I 1938, S. 1580 f. Verordnung zur Ausschaltung der Juden aus dem deutschen Wirtschaftsleben, 14. 11. 1938.
71 LAB, A Rep. 038-08, 17. Rundbrief des Stadtpräsidenten an die Bezirksbürgermeister, die IHK, die NSDAP und die DAF, 18. 11. 1938. Vgl. Die Säuberung des Berliner Einzelhandels, Wirtschaftsblatt der Industrie- und Handelskammer zu Berlin (WBIHK-Berlin), 24. 11. 1938.
72 LAB, A Rep. 038-08, 17. Rundbrief des Stadtpräsidenten an die Bezirksbürgermeister, 18. 11. 1938.

Nun kamen die Beteiligten beim Gauwirtschaftsberater zusammen, um das weitere Verfahren abzustimmen. Auf der Grundlage des bei dem „Gesetz zum Schutz des Einzelhandels" praktizierten Verfahrens sowie eines Verfahrenshinweises des Reichswirtschaftsministers[73] einigten sie sich auf ein Schnellverfahren. Hiernach sollten einerseits die Bewerber nach festgelegten Kategorien vom jeweiligen Kreisleiter ausgewählt werden. Hierzu zählten „in erster Linie alte und verdiente Parteigenossen" und „wirtschaftlich erfahrene Parteigenossen". An dritter Stelle sollten „Abrissgeschädigte", d. h. Personen, die im Rahmen des Speerschen Umbaus Berlins ihre Wohnung verloren hatten, berücksichtigt werden. An letzter Stelle kamen Angestellte zur Inbesitznahme eines freigegebenen Unternehmens in Frage, allerdings nur dann, „wenn es sich nicht um Judenknechte handelt".[74]

Ende November 1938 wurde auf einer Konferenz der Arbeitsgemeinschaft der Industrie- und Handelskammern in der Reichswirtschaftskammer zum Thema „Entjudung im Einzelhandel" vermerkt, dass in Berlin ein relativ hoher Anteil von Einzelhandelsunternehmen verkauft worden sei. Dies bezog sich offenbar auf die ersten Planvorgaben von Lippert, die aber nicht eingehalten wurden.[75] In seinem Abschlussbericht über die „Entjudung des Einzelhandels in Berlin" hielt der Stadtpräsident Anfang Januar 1939 stattdessen fest, dass mehr als zwei Drittel der Einzelhandelsunternehmen liquidiert und nur der Rest von Nicht-Juden übernommen worden sei.[76] Offenbar wurden jedoch sogar noch weniger jüdische Unternehmen in den Besitz von Nicht-Juden überführt. In einem Artikel über die „Entjudung des Berliner Einzelhandels" im *Wirtschaftsblatt der IHK* vom Februar 1939 stellte der zuständige Referent Max le Viseur fest, dass von den 3000 jüdischen Einzelhandelsgeschäften, die es im November 1938 noch gegeben hatte, nur rund 700 nicht liquidiert worden waren.[77] Mithin lag also der Anteil der tatsächlich übernommenen Einzelhandelsbetriebe bei deutlich weniger als einem Viertel.

Die Auswertung eines Samples von etwas mehr als 8000 im Handelsregister geführten Firmen macht deutlich, dass in Berlin die Vernichtung der jüdischen Gewerbetätigkeit erst nach dem Pogrom kulminierte. Gleichzeitig wurden immer mehr Firmen liquidiert. 1939 waren dies über 90 Prozent. In diesem dramatischen Anstieg der Liquidationen spiegelte sich letztlich der Substanzverlust wider, der durch jahrelange Verfolgung und die Verwüstungen der Pogrome eingetreten war.[78] Trotz der nachgerade uferlosen Gewalt und ganz im Gegensatz zur Entwicklung in den anderen Städten des Reichs war der Prozess der Vernichtung der jüdischen Gewerbetätigkeit in Berlin

---

[73] LAB, A Rep. 038–08, 17. Schnellbrief des Reichswirtschaftsministers, 25. 11. 1938.
[74] LAB, A Rep. 038–08, 17. Rundbrief des Gauwirtschaftsberaters, 28. 11. 1938.
[75] Vgl. *Kreutzmüller*, Ausverkauf, S. 212.
[76] BArch, R 3101/ 32170. Sonderbericht des Stadtpräsidenten über die Entjudung des Einzelhandels in Berlin, 5. 1. 1939.
[77] Jahresbericht des SD-Hauptamts für 1938, 13. 1. 1939, in: *Otto Dov Kulka/Eberhard Jäckel* (Hrsg.), Die Juden in den geheimen Stimmungsberichten 1933–1945, Düsseldorf 2004, S. 377 (Dok. 414).
[78] Vgl. Datenbank jüdischer Gewerbebetriebe in Berlin: www2.hu-berlin.de/djgb (abgerufen 22. 7. 2022).

noch längst nicht abgeschlossen.[79] Zahlreiche Unternehmen wurden erst aus dem Handelsregister gelöscht oder in den Besitz eines Nicht-Juden überführt, als die Deportationen bereits im Gang waren. Die Löschung jüdischer Firmen aus dem Handelsregister wurde von den Beamten noch bis Mitte März 1945 fortgeführt – also noch einen Monat nachdem das Reichswirtschaftsministerium die Vernichtung aller „Entjudungsakten" angeordnet hatte[80] und während die allerletzten Deportationszüge die Stadt verließen.[81]

6.4.5 Abwehrend: Die Reaktionen jüdischer Gewerbetreibender

Gegen die Bedrohung setzten sich die jüdischen Gewerbetreibenden mit allen ihnen zu Gebote stehenden Mitteln zur Wehr. Während der Blockade legten ehemalige Frontkämpfer ihre Orden an und postierten sich damit vor ihren Geschäften. Sie folgten damit dem Beispiel eines Kaufmanns aus Wesel, auf den das *Israelitischen Familienblatt* am 30. März 1933 hingewiesen hatte.[82] Angesichts der fast ungebremsten Zerstörungswut der SA waren solche Aktionen allerdings immer auch gefährlich. Als der Sohn eines Inhabers nach dem Einschlagen der Scheiben vor dem Geschäft seines Vaters in Bernburg Wache halten wollte, wurde er Anfang April 1934 von einem betrunkenen SA Mann schrecklich „zugerichtet".[83]

Die Zeitung *Der Israelit* berichtete Ende 1934 von einem bemerkenswerten Vorfall im südhessischen Lampertheim:

> In der Nacht [...] wurden durch unbekannte Täter an verschiedenen hiesigen jüdischen Geschäftshäusern Beschriftungen angebracht mit dem Wortlaut: ‚Kauft nicht beim Juden.' Während der eine Geschäftsinhaber die Schrift entfernen ließ, änderte der andere den Schriftsatz, indem er das Wort ‚nicht' in ‚doch' abänderte und am Schluss das Wort ‚billiger' hinzufügte. Infolge dieses Vorganges erfolgte gegen 5 Uhr abends eine Ansammlung vor dem Schuhhaus Mann, die jedoch bald zerstreut wurde, nachdem man den Demonstranten mitgeteilt hatte, dass die hiesige Polizei den Sohn des Inhabers [...] bereits am Nachmittag in Schutzhaft genommen hatte.[84]

Häufig nahmen die Gewerbetreibenden Nicht-Juden als Gesellschafter auf, um das Stigma eines „jüdischen Unternehmens" abzustreifen oder einen möglichen Nachfol-

---

79 *Kreutzmüller*, Ausverkauf, S. 358–372. Vgl. *Genschel*, Verdrängung, S. 269.
80 Vgl. BArch, R 3101/9042. Rundschreiben des Reichswirtschaftsministeriums, 16. 2. 1945.
81 *Alfred Gottwald/Diana Schulle*, Die Judendeportationen aus dem Deutschen Reich 1941–1945. Eine kommentierte Chronologie, Wiesbaden 2005, S. 467.
82 Selbsthilfe eines jüdischen Frontkämpfers, Israelitisches Familienblatt, 30. 3. 1933. Vgl. *Dieter Corbach*, „Ich kann nicht schweigen!". Richard Stern, Köln Marsilsteig 20, Köln 1988, S. 9–16.
83 Wiener Library, CV, 721/1, 2753. Brief des Landesverbands Mitteldeutschland an den CV in Berlin, 20. 4. 1935.
84 Die Woche, Der Israelit. Ein Centralorgan für das orthodoxe Judentum, 20. 12. 1934.

ger einzuarbeiten. Wenn der Ehepartner nicht-jüdisch war, war es naheliegend, diesen in die Gesellschaft aufzunehmen. Manche Betriebe änderten ihr Angebot. Sie versuchten sich, wie ein Berichterstatter der Sozialdemokratischen Partei Deutschlands im Prager Exil feststellte, dadurch „zu halten, dass die sehr schöne Sachen ausstellen und niedrige Preise auszeichnen".[85] Einige Unternehmen nahmen selbst Uniformstoffe in ihr Sortiment auf, um den Wünschen ihrer Kunden entgegenzukommen, andere zogen in die Nähe von anderen jüdischen Unternehmen. Wieder andere passten ihre Dienstleistungs- oder Produktpalette an die neuen Gegebenheiten an. Dabei bemühte sich ein Teil der Unternehmer und Unternehmerinnen verstärkt um Verbindungen ins Ausland, um durch den Export Devisen zu erwirtschaften, die knapp waren. So gab es einen relativen Schutz für ihre Gewerbebetriebe bis Ende 1938. Parallel hierzu vergrößerte sich die Anzahl der Annoncen und „Bezugsquellen-Nachweise" in den Gemeindeblättern und überregionalen jüdischen Zeitungen beträchtlich.[86] Die Vielzahl der Behauptungsstrategien, Profil- und Strukturanpassungen entsprach letztlich der großen Vielfalt der jüdischen Gewerbetätigkeit. Den Betroffenen ging es beileibe nicht nur um Vermeidung wirtschaftlicher Einbußen, sondern auch darum, ihren Ruf und guten Namen als „ehrbarer Kaufmann" zu wahren und das Fortbestehen von Firmen zu sichern, die sie als Familienerbe begriffen.

Den jüdischen Gewerbetreibenden standen – besonders in den großen Gemeinden wie Berlin, Breslau und Frankfurt – originär jüdische Wirtschaftshilfeeinrichtungen zur Seite. Diese waren schon in den 1920er Jahren entstanden, als sich trotz der intensiven Verflechtung von jüdischer und nicht-jüdischer Bevölkerung auf ökonomischem Gebiet auch in den Großstädten Tendenzen zu einer Entflechtung der Wirtschaft entlang rassistisch definierter Bruchlinien abzeichneten. So wurde 1924 in Berlin die erste „jüdische Darlehnskasse" Deutschlands gegründet sowie 1928 zwei Genossenschaftsbanken von und für Juden.[87] Mit Unterstützung des Joint Distribution Committee waren bis 1933 schon 47 Darlehnskassen entstanden. Ihren Höhenpunkt erreichte diese Entwicklung um 1935, als insgesamt 68 Darlehnskassen im Deutschen Reich operierten.[88] Die mit der Darlehnskasse gemachten Erfahrungen nutzte die Berliner Gemeinde und gründete 1933 die „Zentralstelle für jüdische Wirtschaftshilfe", die zum Vorbild und Ausgangspunkt für entsprechende Einrichtungen im gesamten Reich wurde.[89] Die Wirtschaftshilfe erteilte einerseits Rechtsauskünfte, vergab andererseits aber auch

---

85 Deutschland-Bericht der Sopade, 2. Jg., Nr. 8 (August 1935), in: *Klaus Behnken* (Hrsg.), Deutschland-Berichte der Sozialdemokratischen Partei Deutschlands (Sopade) 1934–1940, Bd. 2, Frankfurt am Main 1980, S. 924.
86 Vgl. *Christoph Kreutzmüller*, Printed under Pressure. Newspaper Advertisements of Jewish-Owned Businesses in Nazi-Germany, 1933–1942, Jerusalem 2018.
87 *Christoph Kreutzmüller*, Jewish Credit Cooperatives in Berlin. 1927–1938, in: SHOFAR. An Interdisciplinary Journal for Jewish Studies 35, 2017, S. 1–19.
88 Zentralstelle für jüdische Darlehnskassen, Informationsblätter der Reichsvertretung der Juden in Deutschland, April–Mai 1937.
89 Vgl. Zentralstelle für jüdische Wirtschaftshilfe, Jüdische Rundschau, 31. 3. 1933.

Darlehen und versuchte, potenzielle Investoren für Unternehmen zu finden.[90] Flankiert wurde dies von zahlreichen Eingaben der Gemeinden, des Reichsbunds jüdischer Frontsoldaten sowie des CV. Bis 1935/36 hatten diese Petitionen durchaus Erfolg.

Ohne ihre nicht-jüdischen Kunden hätten die Gewerbebetriebe freilich kaum überleben können. Hieran zeigt sich die beschränkte Reichweite der Vorstellung besonders deutlich, es habe im Prozess der Verfolgung der Juden gleichsam passive Zuschauer gegeben. Selbst unter den Bedingungen des eingeschränkten Marktes waren die „Zuschauer" die potenziellen Kunden, deren Kaufentscheidung letztlich das wirtschaftliche Fortbestehen verfolgter Unternehmen sicherte oder verhinderte. Deshalb richteten sich viele Aktionen der Verfolger – von Blockaden bis zu Kennzeichnungen – immer an die Marktteilnehmer.

Weil insbesondere die Großstädte Schutz vor Verfolgung und damit wirtschaftliche Entfaltungsmöglichkeiten versprachen, waren sie schon lange vor 1933 Zufluchtsort für jüdische Gewerbetreibende geworden. Nach 1933 verstärkte sich dieser Trend, sodass allein im Berliner Handelsregister bis 1938 nachweislich rund 1000 Firmen von Juden und Jüdinnen neu eingetragen wurden.[91] Während der Zuzug von Betrieben aus den Landgemeinden und Kleinstädten in den anderen jüdischen Großgemeinden Deutschlands, wie etwa in Breslau oder Frankfurt am Main, Mitte der 1930er Jahre abebbte, blieb Berlin als Zufluchtsort bis zum Frühjahr 1938 bedeutsam.

Offenbar folgte auch die Emigration, die in weiten Teilen vom Bankhaus M. M. Warburg & Co gemakelt und vermittelt wurde, – viel häufiger, als dies in der Forschung bislang erkannt wurde[92] – den Handelsströmen und damit einer unternehmerischen Perspektive und setzte in gewissem Maße die Ausweichbewegung, die unternehmerische Landflucht, fort.[93] So ging die Auswanderung teils mit der Verlagerung ihrer Produktion oder ihrer Produktionsmittel bzw. dem Übertrag von Forderungen einher. Mit Ausnahme Palästinas waren es die Haupthandelsländer der jeweiligen Kaufleute, die zum bevorzugten Ziel ihrer Emigration wurden, bevor diese nach dem Pogrom 1938 Formen der regellosen Flucht annahm.[94]

---

90 Vgl. *Alexander Szanto*, Economic Aid in the Nazi Era. The Work of the Berlin Wirtschaftshilfe, in: Leo Baeck Institute Year Book 4, 1959, S. 208–219.
91 *Kreutzmüller*, Ausverkauf, S. 310–312.
92 Wirtschaftliche Erwägungen von Juden vor ihrer Emigration tauchen so in der Studie von David Jünger nur am Rande auf, vgl. *David Jünger*, Jahre der Ungewissheit. Emigrationspläne deutscher Juden 1933–1938, Göttingen 2016.
93 *Dorothea Hauser*, Banking on Emigration. Reconsidering the Warburg Bank's late Surrender, Schacht's Protecting Hand, and some other Myth about Jewish Banks in the Third Reich, in: Kreutzmüller/Zatlin, Dispossession, S. 148–166.
94 Vgl. *Kreutzmüller*, Ausverkauf, S. 327–330.

6.4.6 Resümee

Obzwar die Grundzüge der Vernichtung der jüdischen Gewerbetätigkeit in Deutschland nach mehr als einem Jahrzehnt intensiver Forschung bekannt sind, steht eine analytische Zusammenfassung der Ergebnisse der zahlreichen, in den letzten Jahren erschienenen Lokalstudien noch aus. Eine solche Synthese müsste nicht nur den sozioökonomischen Kontext dieses ungemein vielschichtigen Prozesses sowie die Bedeutung der Wirtschaftsmetropole Berlins angemessen berücksichtigen, sondern auch die räumliche Begrenzung der einzelnen Studien und die dabei eingeschliffene, engführende Begrifflichkeit aufbrechen.

Nachdem Juden und Jüdinnen weitgehend aus dem Staatsdienst und aus vielen Unternehmen entlassen worden waren, bedrohte dieser Prozess den durch die Wirtschaftskrise ohnehin fragilen materiellen Kern jüdischen Lebens in Deutschland. Hiergegen versuchten die Juden, sich selbstverständlich mit allen ihnen zu Gebote stehenden Mitteln zu behaupten, und hatten damit besonders in den Metropolen bemerkenswert lange Erfolg. Das in vielen Lokalstudien gezeichnete Bild der sich bis 1937/38 vollziehenden weitgehenden Vernichtung der jüdischen Gewerbetätigkeit ist demzufolge ergänzungsbedürftig. Denn dieser Prozess ist wohl teilweise als eine innerdeutsche Ausweichbewegung und damit als Teil der Behauptungsstrategien jüdischer Gewerbetreibender zu sehen.[95] Von den Großstädten mit großen Gemeinden war Breslau bereits Ende 1937 stark geschwächt, während in Berlin und Frankfurt die große Zerstörungswelle im Frühjahr 1938 einsetzte. Die Kulmination der verwaltungsmäßigen und der gewalttätigen Aktionen im Novemberpogrom 1938 zerstörte die Grundlage jüdischen Gewerbetreibens auch in den großen Städten fast vollständig, wenngleich einige Unternehmen erst mit der Deportation ihrer Inhaber ihren Betrieb einstellten. Die meisten Betriebe wurden liquidiert – und nicht etwa in den Besitz von Nicht-Juden transferiert. Auch in dieser Hinsicht war der Prozess der Vernichtung der jüdischen Gewerbetätigkeit vor allem ein gigantischer Zerstörungsprozess. Vor diesem Hintergrund scheint es müßig, den Wert der zerstörten Gewerbebetriebe bemessen zu wollen. Die Wertbemessung eines Unternehmens – seines Goodwills und seiner bilanzierten Aktiven – ist selbst dann eine schwierige Sache, wenn alle Zahlen vorliegen. Angesichts der weitreichenden – teils bewussten – Zerstörung der Firmenunterlagen ist dies aber bei den allerwenigsten Betrieben der Fall. Vor allem aber übersieht eine solche Wertbemessung den ideellen Wert, den Betriebe – vor allem Familienbetriebe – haben.

Der Versuch, das ererbte Unternehmen, den guten Namen für die Familie zu behaupten, kostete allzu viele das Leben. Am Tag nach der Wannsee-Konferenz erhielt Josef Juliusburger, dessen Polstermaterialien- und Möbelstoffhandlung 1938 gelöscht worden war, von der Gestapo den Deportationsbefehl, der eine von ihm auszufüllende

---

[95] Vgl. *Kreutzmüller/Nietzel/Loose*, Nazi Persecution, S. 31–34.

Vermögenserklärung enthielt, in die er all sein Vermögen – bis zur letzten Kartoffel im Keller – aufführen sollte. Daraufhin wählte Josef Juliusburger an 22. Januar 1942, „den einzig möglichen Weg des Freitods".[96] Seinen Abschiedsbrief verfasste er auf seinem Geschäftspapier! Offenbar verstand er sich immer noch als ehrbarer Kaufmann. In dem Brief begründete er seinen Schritt denn auch damit, dass es gegen sein Ehrgefühl gehe, „zu unterschreiben, dass ich staatsfeindliche Gesinnung gezeigt habe und demnach ausgebürgert werde, was demnach auch die Folge hat, dass mein restliches in 36-jähriger ehrlicher Arbeit erworbenes Vermögen beschlagnahmt wird".[97]

Auswahlbiografie

Ahlheim, Hannah, „Deutsche, kauft nicht bei Juden". Antisemitismus und politischer Boykott in Deutschland 1924 bis 1935, Göttingen 2011.

Bajohr, Frank, „Arisierung" in Hamburg. Die Verdrängung der jüdischen Unternehmer 1933–1945, Hamburg 1997.

Balcar, Jaromir (Hrsg.), Raub von Amts wegen. Zur Rolle von Verwaltung, Wirtschaft und Öffentlichkeit bei der Enteignung und Entschädigung der Juden in Bremen, Bremen 2014.

Barkai, Avraham, Vom Boykott zur „Entjudung". Der wirtschaftliche Existenzkampf der Juden im Dritten Reich 1933–1945, Frankfurt am Main 1988.

Fritsche, Christiane, Ausgeplündert, zurückerstattet und entschädigt. Arisierung und Wiedergutmachung in Mannheim, Mannheim 2012.

Fritsche, Christiane/Paulmann, Johannes (Hrsg.), „Arisierung" und „Wiedergutmachung" in deutschen Städten, Wien [u. a.] 2014.

Genschel, Helmut, Die Verdrängung der Juden aus der Wirtschaft im Dritten Reich, Göttingen 1966.

Kreutzmüller, Christoph/Nietzel, Benno/Loose, Ingo, Nazi Persecution and Strategies of Survival. Jewish Entrepreneurs in Berlin, Frankfurt on Main and Breslau 1933–1938/42, in: Yad Vashem Studies 39, 2011, S. 31–70.

Kreutzmüller, Christoph, Ausverkauf. Die Vernichtung der jüdischen Gewerbetätigkeit in Berlin 1930–1945, 2. Aufl. Berlin 2013.

Kreutzmüller, Christoph, Jewish Credit Cooperatives in Berlin. 1927–1938, in: SHOFAR. An Interdisciplinary Journal for Jewish Studies 35, 2017, S. 1–19.

Kreutzmüller, Christoph, Picketing Jewish-Owned Businesses in Nazi Germany: A Boycott? In: David Feldmann (Hrsg.), Boycotts Past and Present, From the American Revolution to the Campaign to Boycott Israel, London 2019, S. 97–113.

Kreutzmüller, Christoph/Zatlin, Jonathan (Hrsg.), Dispossession, Plundering German Jewry 1933–1953, Ann Arbor 2020.

Medert, Henning, Die Verdrängung der Juden von der Berliner Börse. Kleine und mittlere Unternehmen an der Wertpapier-, Produkten- und Metallbörse (1928–1938), Berlin 2011.

Nietzel, Benno, Die Vernichtung der wirtschaftlichen Existenz der deutschen Juden 1933–1945. Ein Literatur- und Forschungsbericht, in: Archiv für Sozialgeschichte 49, 2009, S. 561–613.

---

96 Brief Julius Josefberger an Familie Köhler, 20. 1. 1942, zitiert nach: *Anna Fischer*, Erzwungener Freitod. Spuren und Zeugnisse in den Freitod getriebener Juden der Jahre 1938–1945 in Berlin, Berlin 2007, S. 57.

97 Brief Julius Josefberger an Familie Köhler, 20. 1. 1942.

Nietzel, Benno, Handeln und Überleben. Jüdische Unternehmer aus Frankfurt am Main 1924–1964, Göttingen 2012.
Schleusener, Jan, Eigentumspolitik im NS-Staat. Der staatliche Umgang mit Handlungs- und Verfügungsrechten über privates Eigentum 1933–1939, Frankfurt am Main 2009.
Schulz, Ulrike, Simson. Vom unwahrscheinlichen Überleben eines Unternehmens 1856–1993, Göttingen 2013.
Szanto, Alexander, Economic Aid in the Nazi Era. The Work of the Berlin Wirtschaftshilfe, in: Leo Baeck, Institute Year Book 4, 1959, S. 208–219.
Weigel, Bjoern, Vom deutschen zum „arischen" Theater. Die Verdrängung jüdischer Theaterunternehmer in Berlin in der NS-Zeit, Berlin 2017.
Wiesen, S. Jonathan, Creating the Nazi Marketplace. Commerce and Consumption in the Third Reich, New York 2011.

7 **Außen- und Besatzungswirtschaft**

Jonas Scherner
7.1 Außenhandel und -wirtschaft

7.1.1 Einleitung

Vor der Weltwirtschaftskrise war Deutschland, gemessen am Volumen, die drittgrößte Handelsmacht weltweit.[1] Pro-Kopf-Ein- und Ausfuhr waren allerdings im europäischen Mittelfeld angesiedelt und wurden von denjenigen ähnlich entwickelter Staaten wie den Niederlanden und der Schweiz übertroffen, was angesichts des Umstandes, dass kleine Länder zu einer offeneren Volkswirtschaft tendieren, nicht überrascht. Unter den großen europäischen Ländern war nur Großbritannien stärker weltwirtschaftlich verflochten. Deutschland hatte in der zweiten Hälfte der 1920er Jahre immer wieder Handelsbilanzdefizite, die allerdings im europäischen Vergleich, etwa mit Frankreich oder Großbritannien, nicht besonders hoch waren und mit Kapitalimporten finanziert werden konnten.[2] Das deutsche Defizit beruhte auf dem Warenaustausch mit außereuropäischen Staaten, von denen überwiegend landwirtschaftliche Erzeugnisse und Rohstoffe – vor allem für die Verbrauchsgüterproduktion, insbesondere der Textilindustrie – importiert wurden. Es gab einen Überschuss mit europäischen Ländern, in die vor allem Fertigwaren exportiert wurden.[3] Während bei Fertigwaren die deutsche Handelsbilanz insgesamt stark positiv war, war sie bei landwirtschaftlichen Erzeugnissen, Rohstoffen und bei industriellen Halbwaren defizitär.[4] Der Anteil der Fertigwaren, also gewerblicher Vor- und Enderzeugnisse, an der Ausfuhr war in Deutschland 1929 erheblich größer als im europäischen Durchschnitt (70 gegenüber 57,5 Prozent) und an der Einfuhr wesentlich kleiner (13,1 gegenüber 28,9 Prozent). Am meisten importierte Deutschland aus den USA, gefolgt von Großbritannien und den Niederlanden, die zugleich auch die wichtigsten Kunden Deutschlands waren.

Da während der Weltwirtschaftskrise Rohstoffpreise stärker als Fertigwarenpreise gefallen waren, wurde in diesen Jahren trotz des zunehmenden weltweiten Protektionismus Deutschlands Handelsbilanz positiv.[5] Der Vorteil, den Deutschland als Fertigwarenexporteur und Rohstoffimporteur während der Weltwirtschaftskrise genossen hatte, wurde durch die Wiederbelebung der Weltwirtschaft umgekehrt, sodass langfristig wieder ein Handelsbilanzdefizit wahrscheinlich war. Das würde ein großes Pro-

---

1 Statistisches Jahrbuch für das Deutsche Reich 1931, S. 94*–96*.
2 Vgl. für die jeweiligen Defizite, *Länderrat des Amerikanischen Besatzungsgebiets* (Hrsg.), Statistisches Handbuch von Deutschland 1928–1944, München 1949, S. 602 f.; Statistisches Jahrbuch für das Deutsche Reich 1941/2, S. 164*.
3 *Dörte Doering*, Deutsche Außenwirtschaftspolitik 1933–35. Die Gleichschaltung der Außenwirtschaft in der Frühphase des nationalsozialistischen Regimes, Diss. Berlin 1969, S. 28 ff.
4 *Länderrat*, Statistisches Handbuch, S. 392 ff., 410 ff; Statistisches Jahrbuch für das Deutsche Reich, 1941/2, S. 174*.
5 *Doering*, Außenwirtschaftspolitik, S. 31.

blem darstellen, weil angesichts der Verwerfungen der internationalen Finanzmärkte und der im Sommer 1931 im Reich eingeführten Kapitalverkehrskontrollen sowie der deutschen schrittweisen Einstellung der Bedienung der Altschulden ein Ausgleich über Kapitalimporte wie in den 1920er Jahren nicht zu erwarten war.

So war die grundsätzliche Ausgangslage zu Beginn des Dritten Reichs. Wie das NS-Regime mit dieser Herausforderung unter Berücksichtigung seines zentralen Aufrüstungsziels umging, wurde nicht nur in einer Vielzahl zeitgenössischer Darstellungen,[6] sondern auch in einer sehr umfangreichen Fachliteratur untersucht.[7] Daneben gibt es zahlreiche Studien zu den außenwirtschaftlichen Beziehungen mit einzelnen Ländern,[8] wobei gerade in jüngster Zeit auch der Rolle nicht-staatlicher Akteure eine zunehmende Aufmerksamkeit gewidmet wurde.[9] Ebenfalls behandeln Gesamtdarstellungen zur Wirtschaftsgeschichte des Dritten Reiches Fragen der Außenwirtschaftspolitik und des auswärtigen Handels. Die Außenwirtschaft spielt auch im Rahmen der Kriegswirtschaft die entscheidende Rolle.[10]

---

6 Vgl. etwa *Anne-Marie Eschenbach*, Strukturwandlungen in der deutschen Außenwirtschaft und die deutsche Wirtschaftsentwicklung seit dem Kriege, Diss. Berlin 1939; *Herbert Flaig*, Untersuchung über den Einfluß des „Neuen Planes" auf den deutschen Außenhandel und die deutsche Außenhandelspolitik, Diss. Freiburg 1941.

7 Exemplarisch zu Aspekten deutscher Außenhandelspolitik in den 1930er Jahren *Doering*, Außenwirtschaftspolitik; *Michael Ebi*, Export um jeden Preis. Die deutsche Exportförderung von 1932–1938, Stuttgart 2004; *Ralf Banken*, Die wirtschaftspolitische Achillesferse des „Dritten Reiches": Das Reichswirtschaftsministerium und die NS-Außenwirtschaftspolitik 1933–1939, in: Albrecht Ritschl (Hrsg.), Das Reichswirtschaftsministerium in der NS-Zeit. Wirtschaftsordnung und Verbrechenskomplex, München 2016, S. 91–226. Zu Verrechnungsabkommen exemplarisch *Larry Neal*, The Economic and Finance of Bilateral Clearing Agreements: Germany 1934–1938, Economic History Review 32, 1979, S. 391–404; zur Zahlungsbilanz insbesondere *Albrecht Ritschl*, Die deutsche Zahlungsbilanz 1936–41 und das Problem des Devisenmangels vor dem Kriegsbeginn, in: Vierteljahrshefte für Zeitgeschichte 39, 1991, S. 103–123; zur Vorkriegszeit *Robert Jasper*, Die regionalen Strukturwandlungen des deutschen Außenhandels von 1880 bis 1938, Diss. Kassel 1996.

8 Vgl. etwa *Harm Schröter*, Außenpolitik und Wirtschaftsinteresse. Skandinavien im außenwirtschaftlichen Kalkül Deutschlands und Großbritanniens 1918–1939, Frankfurt am Main [u. a.] 1983.

9 *Carl Freytag*, Deutschlands „Drang nach Südosten". Der Mitteleuropäische Wirtschaftstag und der „Ergänzungsraum Südosteuropa" 1931–1945, Göttingen 2012; *Stephen G. Gross*, Export Empire. German Soft Power in Southeastern Europe, 1890–1945, Cambridge 2015.

10 Zur Bedeutung der Auftragsverlagerung *Jonas Scherner*, Europas Beitrag zu Hitlers Krieg. Die Verlagerung von Industrieaufträgen der Wehrmacht in die besetzten Gebiete und ihre Bedeutung für die deutsche Rüstung im Zweiten Weltkrieg, in: Christoph Buchheim/Marcel Boldorf (Hrsg.), Europäische Volkswirtschaften unter deutscher Hegemonie, München 2012, S. 70–92; *Elena Dickert*, Die „Nutzbarmachung" des Produktionspotentials besetzter Gebiete durch Auftragsverlagerung im Zweiten Weltkrieg. Staatliche Regulierung und Verlagerungsverhalten von Maschinenbau- und Automobilunternehmen, Diss. Trondheim 2013. Zur Außenhandelsentwicklung im Krieg *Jonas Scherner*, Der deutsche Importboom während des Zweiten Weltkriegs. Neue Ergebnisse zur Struktur der Ausbeutung des besetzten Europas auf der Grundlage einer Neuschätzung der deutschen Handelsbilanz, in: Historische Zeitschrift 294, 2012, S. 79–113. Zu den bilateralen wirtschaftlichen Beziehungen, vgl. für die neutralen Länder *Christian Leitz*, Nazi Germany and Neutral Europe during the Second World War, Manchester 2000; *Eric Golson*, The Economics of Neutrality: Spain, Sweden and Switzerland in the

Da sich mit Kriegsausbruch aufgrund veränderter Parameter die deutsche Außenwirtschafts- und -handelspolitik in vielerlei Hinsicht fundamental änderte, wird zunächst die Vorkriegszeit mit einem kurzen Rückblick auf die gegen Ende der Weimarer Republik getroffenen, aber auch für die NS-Zeit relevanten Maßnahmen betrachtet. Anschließend wird die Kriegszeit in den Blick genommen. Für beide Phasen werden die jeweilige Entwicklung der Außenwirtschaftspolitik sowie ihre Prämissen und danach die Effekte dieser Politik für die quantitative Entwicklung des deutschen Außenhandels beleuchtet.

7.1.2 Außenwirtschaftspolitik bis 1939

Angesichts einer massiven Kapitalflucht und eines raschen Absinkens der Gold- und Devisenreserven der Reichsbank während der Banken- und Devisenkrise wurde Mitte 1931 eine Devisenbewirtschaftung eingeführt, um die Stabilität der Reichsmark (RM) zu erhalten und sicherzustellen, dass die notwendige Einfuhr finanziert werden konnte.[11] Rückzahlungen von Krediten an ausländische Gläubiger waren nicht mehr in Devisen möglich, sondern nur noch in sogenannten Sperrmarkguthaben, die aufgrund der weggefallenen Konvertibilität der RM nicht eingetauscht werden konnten. Lediglich Zinszahlungen an das Ausland sowie regelmäßige, d.h. von Anfang an vereinbarte Tilgungsbeträge, waren zunächst noch von der Transfersperre ausgenommen. Exporteure konnten nicht mehr frei über ihre erwirtschafteten Devisen verfügen; Devisen für Importe wurden über Einzelgenehmigungen nach gewissen Kriterien zugeteilt, wobei für sogenannte lebenswichtige Güter eine unbeschränkte und für unnötige Luxuswaren keine Devisenzuteilung erfolgen sollte.

Ab Ende 1931 wurde die Devisenzuteilung zunehmend gedrosselt.[12] Allerdings brachte dies zunächst keine tatsächliche Einfuhrbeschränkung mit sich, weil die Importnachfrage im Zuge der Weltwirtschaftskrise gefallen und zugleich gerade die Preise der Waren, die überwiegend von Deutschland eingeführt wurden, nämlich Rohstoffe und Nahrungsmittel, besonders stark gesunken waren.[13] Hinzu kam, dass sich eine Reihe von Abkommen und Konstrukten entwickelt hatte, die einen devisenlosen Import ermöglichten. Eine Devisenbewirtschaftung war nämlich keineswegs nur in Deutsch-

---

Second World War, Diss. London 2011; für die verbündeten Länder *Jari Eloranta/Ilkka Nummela*, Unequal Partners: Germany and Finland during the Second World War, in: Jonas Scherner/Eugene White (Hrsg.), Paying for Hitler's War: The Consequences of Nazi Hegemony for Europe, Cambridge 2016, S. 320–340; *Jonas Scherner*, Incompetence or Ingenuity? Why did Nazi Germany not seek Closer Wartime Economic Cooperation with Italy? In: Journal of Contemporary History 57, 2022, S. 553–576.
11 Vgl. etwa *Ebi*, Export, S. 20 ff.
12 *Ebi*, Export, S. 22 f.
13 *René Erbe*, Die nationalsozialistische Wirtschaftspolitik im Lichte der modernen Theorie, Zürich 1958, S. 70; Teichert, Autarkie, S. 30.

land eingeführt worden, sondern allein in Europa in 15 weiteren Staaten.[14] Damit aber standen auch Länder zur Verfügung, mit denen bilateral Handel in anderer Weise als bisher, also ohne den Einsatz von Devisen, abgewickelt werden konnte, nämlich durch Tausch im Rahmen von Kompensationsgeschäften, bei dem es verschieden Varianten gab,[15] oder durch Verrechnung. Erste Verrechnungsabkommen wurden bald nach Einführung der Devisenbewirtschaftung mit den meisten osteuropäischen Staaten sowie Österreich und Dänemark abgeschlossen.[16] Ziel der Verrechnungsabkommen von deutscher Seite war, eingefrorene Forderungen deutscher Exporteure „aufzutauen" und zugleich den Handel mit diesen Ländern aufrechtzuerhalten. Verrechnungsabkommen implizierten im Grundsatz eine Tendenz zur Schrumpfung des Handelsvolumens, sofern – was dann auch der Regelfall war – die Partnerländer darauf bestanden, dass die Handels- oder Zahlungsbilanz zwischen den zwei betreffenden Ländern ausgeglichen sein musste, also Defizite im Handel mit einem Land nicht durch Überschüsse mit anderen Ländern ausgeglichen werden konnten und Länder auch nicht bereit waren, Kredite zu gewähren.

Mit fast allen nord- und westeuropäischen Staaten, die keine Devisenbeschränkungen eingeführt hatten, – mit der wichtigen Ausnahme Großbritannien – vereinbarte Deutschland zunächst Zahlungsabkommen, die sich von Verrechnungsabkommen dadurch unterschieden, dass Ein- und Ausfuhr grundsätzlich mit Devisen bezahlt werden mussten. Der Zweck dieser Zahlungsabkommen war, die deutschen Handelsüberschüsse, die das Reich trotz der deutschen Devisenbewirtschaftung normalerweise mit diesen Ländern erzielte, aufrechtzuerhalten.[17] Denn es bestand die Gefahr, dass die Importe aus diesen Ländern aufgrund schwindender inländischer Devisenzuweisungen zurückgehen und diese Staaten deshalb die Exporte nach Deutschland reduzieren oder Gegenmaßnahmen ergreifen würden. Daher schrieben diese Zahlungsabkommen das Verhältnis zwischen Ein- und Ausfuhr fest. Außerdem enthielten sie eine Klausel – nach dem ersten Zahlungsabkommen, in dem sie enthalten war, auch „Schwedenklausel" genannt –, wonach es Deutschland möglich war, einen Teil der Einfuhr mit RM zu bezahlen. Die Reichsmarkguthaben sollten für den Handelspartner einen Anreiz schaffen, mehr Waren aus Deutschland zu beziehen, was aber im Allgemeinen nicht funktionierte, weil Waren aus dritten Ländern, die seit 1931 ihre Währung der RM gegenüber abgewertet hatten, billiger waren.[18] Um die Nachteile, die deutschen Produkten durch die Abwertung anderer Länder entstanden waren, auszugleichen, wurden seit 1932 erste Maßnahmen der Exportförderung für Länder eingeführt, mit denen man keine Verrechnungsabkommen abgeschlossen hatte.[19] Das führte zu einer

---

14 *Ebi*, Export, S. 26.
15 Zu den verschiedenen Formen des Kompensationsgeschäfts: *Flaig*, Untersuchung, S. 43 f.
16 Für das Folgende: *Flaig*, Untersuchung, S. 18, 30 f., 40, 65.
17 *Doering*, Außenwirtschaftspolitik, S. 106–123.
18 *Ebi*, Export, S. 30; *Adam Tooze*, Ökonomie der Zerstörung: Die Geschichte der Wirtschaft im Nationalsozialismus, Bonn 2007, S. 41.
19 Für eine umfangreiche Darstellung dieser Verfahren *Ebi*, Export, S. 32–61.

partiellen Abwertung der RM, je nachdem welche Exportförderungsmaßnahme in welchem Umfang bei dem betreffenden Handelspartner angewendet wurde.

Als Hitler zum Reichskanzler ernannt wurde, konnte er auf all diese Maßnahmen und Abkommen zurückgreifen. Allerdings hatten sich gegenüber dem Vorjahr die Bedingungen für die deutsche Außenwirtschaft weiter verschlechtert oder waren im Begriff, sich weiter zu verschlechterten. Erstens gingen die kompetitiven Abwertungen weiter, ganz prominent 1933 im Fall der USA, was die Wettbewerbsfähigkeit des deutschen Exports weiter verminderte, einmal abgesehen davon, dass andere protektionistische Maßnahmen der deutschen Handelspartner Ausfuhren weiter erschwerten. Außerdem verschlechterten sich ganz generell seit Mitte 1933 die Terms of Trade.[20] Die internationale Preisentwicklung, von der Deutschland während der Weltwirtschaftskrise profitiert hatte, verkehrte sich in ihr Gegenteil, sodass Deutschland immer mehr Waren ausführen musste, um die eingeführte Menge an Rohstoffen und Lebensmitteln auf gleichem Niveau zu halten. Einer Importdrosselung waren nicht nur infolge der beabsichtigen Aufrüstung Grenzen gesetzt, sondern auch dadurch, dass ein Mindestmaß an Nahrungsmitteln eingeführt werden musste, wenn das Regime nicht den Rückhalt der Bevölkerung verlieren wollte. Gleichermaßen war zu erwarten, dass eine Drosselung der Rohstoffzufuhr den Wirtschaftsaufschwung, den damit verbundenen Abbau der Arbeitslosigkeit und demzufolge auch die Akzeptanz des neuen Regimes bei der Bevölkerung gefährden würde. Auch konnte Deutschland in den 1930er Jahren nicht auf ausländische Kredite in nennenswerten Umfang hoffen, um drohende Zahlungsbilanzdefizite auszugleichen, weil das Reich die Bezahlung der Auslandsschulden seit 1931 schrittweise eingestellt hatte.[21] Schließlich kam eine RM-Abwertung trotz öffentlicher Diskussionen nicht in Frage.[22] Während man in der Endphase der Republik einer Abwertung wegen der Befürchtung negativ gegenüberstand, dass es zu inflationären Tendenzen käme und andererseits eine überbewertete RM die Erfüllung der in Devisen zu leistenden Reparationsforderungen und zu begleichenden Auslandsschulden erleichtern würde, kam nach der NS-Machtübernahme das Motiv der direkten Beeinflussung des Außenhandels im Sinn des Staates hinzu.

Die Folgen der sich verschlechternden Außenhandelsbedingungen waren schnell zu spüren. Seit Anfang 1933 verringerten sich die Gold- und Devisenreserven der Reichsbank.[23] Neben dem zunehmenden Kapitaltransfer von Juden, die aufgrund der 1933 einsetzenden Verfolgung emigrierten,[24] lag das an der sich verschlechternden Handelsbilanz, die mit Beginn des Jahres 1934 erstmals seit der Krisenperiode negativ wurde. Zwischen 1932 und 1934 stieg nicht nur die deutsche Importnachfrage wegen

---

20 Vgl. für das Folgende *Ebi*, Export, S. 12, 30 f.
21 *Tooze*, Ökonomie, S. 41, 49, 96, 104.
22 Vgl. für das Folgende *Dietmar Petzina*, Autarkiepolitik im Dritten Reich. Der nationalsozialistische Vierjahresplan, Stuttgart 1968, S. 44; *Teichert*, Autarkie, S. 31; *Ebi*, Export, S. 93–101.
23 Statistisches Jahrbuch für das Deutsche Reich 1935, S. 348.
24 *Christopher Kopper*, Das Ministerium Schacht und sein Einfluss, in: Ritschl, Reichswirtschaftsministerium, S. 96.

der beginnenden Aufrüstung und insbesondere wegen der wachsenden privaten Nachfrage nach Einsetzen des Wirtschaftsaufschwungs.[25] Vor allem sank auch das deutsche Exportvolumen und Deutschland verlor Anteile am Weltexport, denn in diesen Jahren reduzierten gerade die für die deutsche Ausfuhr so wichtigen west- und mitteleuropäischen Länder sowie die Sowjetunion ihre Importe.[26] Auch Boykotte gegen deutsche Produkte aufgrund der Judenverfolgung und Vergeltungsmaßnahmen des Auslands gegen den deutschen Protektionismus beeinträchtigten den deutschen Export. Hinzu kam, dass die Ausfuhrförderung die Preisnachteile infolge der Abwertungen im Ausland nicht vollkommen ausgleichen konnte, einmal abgesehen davon, dass diese Art der Exportförderung bei Mengenkontingenten unwirksam war, die viele Länder als Importrestriktionen eingeführt hatten.

Angesichts rapide sinkender Devisenreserven wurden ab März 1934 die Devisenzuteilungen auf nur noch zehn Prozent der durchschnittlichen Einfuhren in den Jahren 1930/31 gekürzt.[27] Trotz dieser Kürzung blieb die deutsche Handelsbilanz passiv, weil die Verschuldungsmöglichkeit über Reichsmarksonderkonten im Rahmen der Schwedenklausel ausgenutzt wurde.[28] Ende Juni wurde die Devisenzuteilung auf Repartierung umgestellt, also auf eine Vergabe auf Basis der täglichen Zahlungseingänge. Schließlich stellte Deutschland, das bereits seit 1933 den Transfers von Zinsen auf seine Auslandsschulden nur noch teilweise leistete, angesichts der katastrophalen Devisensituation am 1. Juli 1934 mit der Verkündung des einseitigen Transfermoratoriums den gesamten Zinsendienst ein, was dazu führte, dass die betroffenen Länder mit Zwangsclearing drohten, also der zwangsweisen Verwendung deutscher Handelsüberschüsse, um deutsche Schulden zu begleichen.

Angesichts dieser krisenhaften Situation verkündete im September 1934 der Reichsbankpräsident und neue Reichswirtschaftsminister Hjalmar Schacht den „Neuen Plan", der zu einer Neuausrichtung der deutschen Außenwirtschaftspolitik führte und diese bis Ende der 1930er Jahre prägen sollte. Der Neue Plan, der zum Teil auf Elementen aufbaute, die seit Jahresbeginn geschaffen worden waren,[29] beruhte auf drei wesentlichen Grundpfeilern, nämlich erstens der Bilateralisierung des Außenhandels und des Zahlungsverkehrs durch Verrechnungsabkommen, zweitens einer Einfuhrbeschränkung und Lenkung der Importe, und drittens der Exportförderung.[30] Er sah vor, möglichst nur so viel einzuführen, wie durch die Ausfuhr finanziert wurde, zugleich die Einfuhr nach Dringlichkeiten zu steuern und schließlich in erster Linie von solchen Handelspartnern zu importieren, die bereit waren, deutsche Güter in ausreichendem

---

25 *Volkmann*, NS-Wirtschaft, S. 254; *Dengg*, Deutschlands Austritt, S. 362.
26 Für das Folgende vgl. *Ebi*, Export, S. 62–92.
27 *Kopper*, Ministerium Schacht, S. 96.
28 Für das Folgende *Flaig*, Untersuchung, S. 19 f., 31; *Doering*, Außenwirtschaftspolitik, S. 123–134, 141–159.
29 *Banken*, Achillesferse, S. 131. Dazu gehörten etwa die im Frühjahr geschaffen Überwachungsstellen, vgl. *Ebi*, Export, S. 24.
30 *Erbe*, Wirtschaftspolitik, S. 71.

Umfang einzuführen.³¹ Mit dem Neuen Plan erfolgte der Übergang von der Devisenbewirtschaftung zu einer echten Einfuhrkontrolle, indem Importe nach staatlich festgelegten Dringlichkeitslisten gelenkt wurden, für die Devisenbescheinigungen ausgestellt wurden. Innerhalb einer bestimmten Warengruppe erfolgte die Devisenverteilung durch die entsprechende Überwachungsstelle.³² Daneben wurde eine Devisenverteilungskommission mit Vertretern aus dem Reichswirtschaftsministerium, dem Reichsernährungsministerium und der Reichsbank errichtet.

Bei der Einfuhrpolitik sollte die Ernährung Priorität haben, gefolgt von dem Importbedarf für die Aufrüstung.³³ Der Import von Halbwaren und Fertigwaren im Sinn der Klassifikation der deutschen Außenhandelsstatistik, also industrielle Vor- und Enderzeugnisse, insbesondere von Konsumgütern, sollte hingegen gedrosselt werden. Es war eine möglichst hohe Wertschöpfung in Deutschland zu erzielen, was etwa für die Metalleinfuhr bedeute, dass nur die Erze und nicht die daraus hergestellten Metalle importiert werden sollten.³⁴ Auch auf der Exportseite wurden Güter mit einem großen Anteil inländischer Wertschöpfung bei der Ausfuhrförderung priorisiert.³⁵

Die sich aus den Prämissen des Neuen Plans ergebende regionale Umorientierung des europäischen Außenhandels vor allem in Richtung Südosteuropa war politisch erwünscht, um angesichts des außenpolitisch riskanten Kurses der Reichsregierung, insbesondere der Aufrüstung, das befürchtete Instrument wirtschaftlicher Sanktionen zu entschärfen.³⁶ Die Ausdehnung der deutschen Rohstoff- und Agrarimporte aus diesen verhältnismäßig rohstoffreichen und kapitalarmen Staaten bei gleichzeitiger Schaffung eines sicheren Exportmarktes wurde dadurch begünstigt, dass Deutschland Waren aus diesen Ländern zu hohen Preisen abnahm.³⁷ Diese Neuausrichtung bedeutete auch, dass es immer weniger möglich war, auf kurzfristige Marktveränderungen zu reagieren, d. h. dort zu kaufen, wo es gerade am günstigsten war.³⁸

Im Zuge der Neuordnung der Außenwirtschaftspolitik musste auch die Gefahr des Zwangsclearings als Folge des einseitigen Transfermoratoriums abgewendet werden. Daher erklärte sich Deutschland bereit, mit Gläubigerstaaten neue Abkommen mit teilweiser Aufnahme eines Schuldendienstes abzuschließen.³⁹ Mit den Niederlanden

---

31 *Flaig*, Untersuchung, S. 27; *Volkmann*, NS-Wirtschaft, S. 254f; *Boelcke*, Welthandelsmacht, S. 23.
32 Dazu und zur Entstehung der Überwachungsstellen vgl. *Banken*, Achillesferse, S. 119, 127.
33 *Ebi*, Export, S. 126, 130.
34 Vgl. *Kühn*, Verlagerungen, S. 17; *Boelcke*, Welthandelsmacht, S. 23; vgl. auch Kapitel 3.4 in diesem Band.
35 *Petzina*, Autarkiepolitik, S. 111; *Banken*, Achillesferse, S. 219.
36 *Hans-Erich Volkmann*, Die NS-Wirtschaft in Vorbereitung des Krieges, in: Wilhelm Deist (Hrsg.), Das Deutsche Reich und der Zweite Weltkrieg. Bd. 1: Ursachen und Voraussetzungen der deutschen Kriegspolitik, Stuttgart 1979, S. 256; *Dengg*, Deutschlands Austritt, S. 344, 351ff.
37 *Dengg*, Deutschlands Austritt, S. 356; *Volkmann*, Außenhandel, S. 105; *Volkmann*, NS-Wirtschaft, S. 257.
38 Vgl. etwa *Thomas Sarholz*, Die Auswirkungen der Kontingentierung von Eisen und Stahl auf die Aufrüstung der Wehrmacht von 1936 bis 1939, Diss. Darmstadt 1983, S. 27.
39 *Flaig*, Untersuchung, S. 21.

und der Schweiz schloss die Reichsregierung bereits im Herbst 1933 Sonderabkommen, die der Exportförderung dienten: Diese sahen vor, dass Deutschland in vollem Umfang die Schuldzinsen transferierte und im Gegenzug zugesichert wurde, dass diese Zahlungen durch erhöhte Importe dieser Länder aus Deutschland abgedeckt waren.[40]

Diese Politik der Spaltung der Gläubigerinteressen setzte Deutschland im Herbst 1934 erfolgreich fort, als es gelang, das wichtigste dieser Zahlungsabkommen mit Großbritannien abzuschließen, mit dem Deutschland ebenfalls traditionell einen Handelsüberschuss hatte und das zuvor mit einem Zwangsclearing gedroht hatte.[41] In diesem Abkommen, das eine Vorbildfunktion für weitere Abkommen in den Folgejahren hatte, gestand Großbritannien Deutschland zu, 45 % der Exporterlöse als freie Devisen – also nicht für Warenimporte aus dem Sterlingblock – verwenden zu können, wobei allerdings von diesem Betrag auch die Transferierung des Schuldendienstes (10 %) und die sogenannten Nebenkosten des Warenverkehrs beglichen werden mussten.[42] Die USA waren zum Abschluss eines derartigen Abkommens, das ihrer seit 1934 verfolgten handelspolitischen Agenda einer Abkehr vom Protektionismus und einer Zuwendung zur Meistbegünstigung widersprach, nicht bereit, zumal sie Deutschlands größter Gläubiger waren. Allerdings war das für Deutschland insofern akzeptabel, weil die Handelsbilanz mit den USA – im Unterschied zu den europäischen Gläubigern – stark defizitär war, sodass man interessiert war, die transatlantischen Importe zu verringern.[43]

Etliche Zahlungs- wurden später in Verrechnungsabkommen umgewandelt, so etwa mit den Niederlanden und Italien, wobei ein bestimmter Prozentsatz des deutschen Exporterlöses zur Schuldentilgung verwendet wurde, wenn das betreffende Land Gläubiger des Reichs war.[44] Diese Vereinbarungen hatten oft ein kurze Laufzeit, wie beispielsweise mit Frankreich.[45] In einigen deutschen Verrechnungsabkommen, etwa mit Italien, gelang es Deutschland, sich sogenannte Devisenspitzen festschreiben zu lassen, die den Handelspartner verpflichteten, Handelsbilanzdefizite teilweise mit Devisen zu vergüten. Begründet wurde dieser deutsche Anspruch damit, dass deutsche Exportwaren, im Unterschied zu den Importen aus Italien, oftmals Rohstoffe erhielten, die mit knappen Devisen finanziert werden mussten.[46] Bei Kriegsausbruch bestanden

---

40 *Doering*, Außenwirtschaftspolitik, S. 131; *Dengg*, Deutschlands Austritt, S. 337
41 *Dengg*, Deutschlands Austritt, S. 341, *Erbe*, Wirtschaftspolitik, S. 71. Zu den Verhandlungen vgl. *Wendt*, Economic Appeasement, S. 260–288.
42 *Flaig*, Untersuchung, S. 41 f.; *Tooze*, Ökonomie, S. 115.
43 *Dengg*, Deutschlands Austritt, S. 358 f.
44 *Eschenbach*, Strukturwandlungen, S. 190.
45 Zu einem Überblick über die zahlreichen Änderungen mit verschiedenen Ländern in den jeweiligen Jahren vgl. *Statistisches Reichsamt* (Hrsg.), Monatliche Nachweise über den Auswärtigen Handel Deutschlands, Ergänzungsheft I, B. Zahlungs- und Verrechnungsabkommen, verschiedene Jahrgänge.
46 Vgl. etwa *Francesca Schinzinger*, Kriegsökonomische Aspekte der deutsch-italienischen Wirtschaftsbeziehungen 1934–1941, in: Friedrich Forstmeier/Hans-Erich Volkmann (Hrsg.), Kriegswirtschaft und Rüstung 1939–1945, Düsseldorf 1977, S. 177 f.

mit neun Ländern Zahlungsabkommen und mit 26 Ländern Verrechnungsabkommen unterschiedlicher Ausprägung,[47] wobei die Abwicklung letzterer seit Oktober 1934 über die neu errichtete Deutsche Verrechnungskasse (DVK) erfolgte.[48] Handel konnte aber nicht nur über Zahlungs- und Verrechnungsabkommen getrieben werden. Mit süd- und mittelamerikanischen sowie einigen weiteren Ländern gab es mit dem sogenannten ASKI-Verfahren eine Art von durch Banken und Firmen durchgeführtes Privatclearing.[49] Ausländer konnten Guthaben in Deutschland (etwa aus Warenausfuhr) auf sogenannten „Ausländersonderkonten für Inlandszahlungen" (ASKI) zur Finanzierung von Importen aus Deutschland verwenden, wobei diese Guthaben gegen Disagio im Ausland gehandelt wurden und damit auch zur Exportförderung benutzt werden konnten.[50] Der Handel mit Ländern wie den USA, die weder ein Zahlungs- noch ein Verrechnungsabkommen mit dem Reich abschließen wollten, wurden über das ASKI-Verfahren bzw. Kompensationsgeschäfte abgewickelt.[51]

Die neugeordnete deutsche Außenhandelspolitik des Jahres 1934 leitete auch eine Reform der bisherigen unbefriedigenden Ausfuhrförderung ein, indem sie eine von der gewerblichen Wirtschaft aufzubringende Ausfuhrumlage einführte. Diese wurde auf Basis der ex-ante bestimmten Selbstkosten repräsentativer Hersteller zur Deckung der Verluste beim Export der jeweiligen Ware berechnet.[52] Da sie nicht auf die Verbraucher überwälzt werden durfte, stellte sie für viele Unternehmen eine erhebliche Belastung dar, je nachdem wie hoch die Umlage im Verhältnis zum Umsatz festgelegt war. Förderungswürdig sollten vor allem Waren sein, bei denen der Anteil der inländischen Wertschöpfung besonders hoch war oder die ohne Ausfuhrförderung nicht wettbewerbsfähig gewesen wären. Im Nachgang der Einführung der Ausfuhrumlage wurde die Exportförderung bei privaten Kompensationsgeschäften zunehmend eingeschränkt. Ende der 1930er Jahre wurden durch die Ausfuhrumlage etwa die Hälfte aller Exporte mit bis zu einem Drittel ihres Wertes subventioniert.[53] Weitere Anreize für einen gesteigerten Export erfolgten durch die bevorzugte Kontingentierung von Rohstoffen (die sogenannte Rohstoffprämie), durch die bereits Anfang der 1920er Jahre geschaffene *Kurssicherungstratte*, die das Wechselkursrisiko auf die Reichsbank überwälzte, und schließlich durch die 1926 eingeführte private Exportkreditversicherung, für die der Staat bürgte.[54]

---

47 Es gab drei unterschiedliche Arten Verrechnungsabkommen – solche, die nur den Warenverkehr umfassten, dann diejenigen, die auch einen Teil des Kapitalverkehrs umfassten und schließlich solche, die nur Teile des Warenverkehrs abdeckten. Letztere wurden mit den skandinavischen Ländern, den Niederlanden und der Schweiz abgeschlossen und legten keinen Wechselkurs fest. BArch R 184/186, Abhandlung über die Deutsche Verrechnungskasse, 20. 12. 1946.
48 *Flaig*, Untersuchung, S. 31, 42.
49 *Teichert*, Autarkie, S. 33.
50 *Ebi*, Export, S. 187–191.
51 *Banken*, Achillesferse, S. 174.
52 Vgl. für das Folgende *Ebi*, Export, S. 133–187, 240 f.
53 *Teichert*, Autarkie, S. 35
54 *Flaig*, Untersuchung, S. 62; *Ebi*, Export, S. 218–223; *Banken*, Achillesferse, S. 222.

Die Exportförderung konnte aber nicht verhindern, dass in der folgenden Zeit wiederholt Zahlungsbilanzschwierigkeiten auftraten. Zwar kam es 1935 zu einem Handelsbilanzüberschuss. Er war allerdings nur durch Überschüsse bei Verrechnungsländern zu erklären, während der Handel außerhalb des Verrechnungsverkehrs hoch defizitär war (vgl. Tabelle 1). Ende des gleichen Jahres setzte zudem eine Phase einer erheblichen Erhöhung der Aufrüstungspläne ein, sodass die Wehrmacht für 1936 den doppelten Rohstoffbedarf wie im Vorjahr forderte.[55] Zugleich verschlechterten sich die Aussichten infolge sich weiter verringernder Terms of Trade und einer schlechten Ernte in Deutschland. Die Behörden prognostizierten für die zweite Jahreshälfte 1936 ein gewaltiges Devisendefizit von einer halben Milliarde RM, das die zu diesem Zeitpunkt vorhandenen Reserven bei Weitem überschritt. Sie gingen davon aus, dass nur im Fall einer Rekordernte eine erhebliche Verknappung der wichtigsten Nahrungsmittel zu vermeiden sei. Die angesichts dieser Situation nur unzureichende Devisenzuteilung für Rohstoffeinfuhren und die weitgehende Erschöpfung der Rohstoffbestände führten zunehmend zu Störungen bei der Versorgung der Rüstungsindustrie.

Zur Lösung der Krise wählte man vor allem zwei Ansätze, nachdem eine RM-Abwertung und eine deutliche und vor allem dauerhafte Einschränkung der Aufrüstung nicht in Frage kamen. Erstens forcierte Hitler – was aber erst langfristig größere Wirkungen zeitigen konnte – mit dem Vierjahresplan die seit 1934 eingeleitete Autarkiepolitik, womit eine Machtverschiebung der Devisenzuteilung von Schacht zu Göring einherging.[56] Zweitens kam es von 1936 an zu einem wiederholten Zurückgreifen auf einmalige Reserven, etwa auf deutsche Wertpapierbestände und Auslandsbeteiligungen, oder zum Zugriff auf die Gold- und Devisenvorräte Österreichs nach dem „Anschluss", um die Devisenengpässe in den folgenden Jahren zu überbrücken. Eine grundsätzliche Änderung der Ziele und Methoden der Außenhandelspolitik erfolgte in diesen Jahren aber nicht mehr.

7.1.3 Veränderung des Außenhandels bis Kriegsbeginn

Die Entkoppelung der deutschen Volkswirtschaft vom Welthandel, die bereits während der Weltwirtschaftskrise eingesetzt hatte und in der NS-Zeit durch Autarkiepolitik und zunehmender Bilateralisierung des Außenhandels verstärkt wurde, mündete Ende der

---

55 *Petzina*, Autarkiepolitik, S. 30 ff.; 45 ff.; *Volkmann*, Außenhandel, S. 96; *Richard J. Overy*, Hermann Göring. Machtgier und Eitelkeit, 2. Aufl. München 1990, S. 73.
56 Für das Folgende *Petzina*, Autarkiepolitik, S. 30 ff., 47. Detailliert zu den verschiedenen Maßnahmen zur Devisenbeschaffung und ihren Erträgen *Ralf Banken*, Edelmetallmangel und Großraumwirtschaft. Die Entwicklung des deutschen Edelmetallsektors und die Degussa AG 1933–1945, Berlin 2009, S. 239–368.

1930er Jahre in einer deutlichen Verringerung der Außenhandelsquote.[57] Gegenüber den späten 1920er Jahren gingen infolge rückläufiger nominaler, aber auch realer Ein- und Ausfuhren und einem erheblichen höheren Volkseinkommen die Import- und Exportquote mehr als um die Hälfte zurück.[58] Auch die Exportquote der gewerblichen Wirtschaft sank erheblich, wenn auch nicht im gleichen Umfang wie die gesamtwirtschaftliche, nämlich von 22 Prozent 1928 auf 13,1 Prozent im ersten Halbjahr 1938. Trotz des im internationalen Vergleich überproportionalen Rückgang des Außenhandels war Deutschland auch Ende der 1930er Jahre noch die drittgrößte Handelsnation weltweit.

Betrachtet man die deutsche Einfuhrstruktur, so blieb der Anteil der Ernährungswirtschaft gegenüber Ende der 1920er Jahre unverändert, während im gewerblichen Sektor – in Übereinstimmung mit dem außenhandelspolitischen Ziel des NS-Regimes – eine deutliche Verringerung des Anteils der Fertigwarenimporte und, bei leichten Zuwächsen des Halbwarenanteils, eine spürbare Erhöhung der Rohstoffanteils stattfand.[59] Dennoch war das importierte Rohstoffvolumen Ende der 1930er Jahre ca. 20 % geringer als vor der Weltwirtschaftskrise. Den deutlichsten Importrückgang erlebten die Fertigwaren, besonders die Endprodukte mit etwa 60 %. Auf der Ausfuhrseite gingen die Anteile der Ernährungswirtschaft, der Rohstoffe und der Halbwaren im Vergleich zu den späten 1920er Jahren stark zurück, während die Fertigwarenausfuhr anteilig deutlich stieg, allerdings wegen des rückläufigen Exports vom Volumen her etwa ein Viertel geringer war.

Mit dem devisenpolitisch gewünschten Rückgang der Fertigwarenimporte entwickelte sich die deutsche Einfuhr gegenläufig zu dem seit einigen Jahrzehnten feststellbaren internationalen Trend des steigenden Außenhandels zwischen Industriestaaten.[60] Wie angesichts der oben geschilderten Importpolitik zu erwarten, stieg bei den Einfuhren von Fertigwaren die Bedeutung der Produktionsgüter gegenüber den Konsumgütern. Darüber hinaus ist zu beobachten, dass im Einklang mit den Zielen der Importpolitik und unterstützt durch eine entsprechende staatliche Industriepolitik der Anteil von Waren mit geringer ausländischer Wertschöpfung gegenüber solchen mit hoher Wertschöpfung zunahm: So vergrößerte sich das Gewicht der Importe von Metallerzen zu Lasten von Fertigmetall.[61] Auch innerhalb der jeweiligen Kategorien lassen sich zum Teil bemerkenswerte Änderungen beobachten: Verglichen mit der Zeit vor der Weltwirtschaftskrise wurde Ende der 1930er Jahre nur noch ein winziger Bruchteil der Menge von Südfrüchten importiert und statt teurer Apfelsinen nunmehr billige Bananen.[62] Bei den Rohstoffen wurden Erze und Mineralöle relativ wichtiger, während die Bedeutung der textilen Rohstoffe abnahm, was auch durch die deutliche

---

57 *Boelcke*, Welthandelsmacht, S. 38 ff.
58 Für das Folgende *Banken*, Achillesferse, S. 227; *Teichert*, Autarkie, S. 17, 279, 281.
59 *Länderrat*, Statistisches Handbuch, S. 392 f.
60 Vgl. etwa *Boelcke*, Welthandelsmacht, S. 37 f.; *Banken*, Achillesferse, S. 177.
61 Vgl. das Kapitel 3.4 in diesem Band.
62 *Kühn*, Verlagerungen, S. 19; vgl. verschiedene Jahrgänge des Statistischen Jahrbuchs.

Ausweitung der Ersatzstoffproduktion ermöglicht wurde.[63] Bezüglich der Fertigwarenausfuhr ist bemerkenswert, dass sich die Anteile deutlich zugunsten der Produktionsgüter, insbesondere Maschinen, und zulasten der Konsumgüter, etwa Textilien und Bekleidung, verschoben.

Die Strukturverschiebung war aber nicht ausschließlich das Ergebnis der NS-Wirtschaftspolitik. Der Bedeutungsrückgang der Textilindustrie muss auch im Kontext struktureller Veränderung des Textilweltmarktes betrachtet werden, in dem u. a. neue Konkurrenten zunehmende Weltmarktanteile erobern konnten.[64] Auch sagten zeitgenössische Prognosen aufgrund der steigende Nachfrage sich industrialisierender Länder eine Strukturverschiebung des Außenhandels zu Produktionsgütern voraus, wofür gerade Deutschland über gute Aussichten verfüge, weil es bei manchen Gütern eine Monopolstellung innehabe.[65] Das entsprach auch dem weltweiten Trend, dass die Industrieländer einen steigenden Anteil von Produktionsgütern produzierten.[66] Tatsächlich verschob sich auch die deutsche Exportstruktur in diese Richtung: Während 1928 etwa 10 % der Exporte auf Maschinen entfielen, waren es 1937 bereits 15 %; ihr Anteil an allen exportierten Enderzeugnissen stieg in diesem Zeitraum von 20 % auf 28 %.[67] Ebenso stieg der Anteil der Erzeugnisse der chemischen Industrie, bei denen Deutschland vor der Weltwirtschaftskrise weltweit der größte Exporteur war; der Weltmarktanteil von knapp einem Drittel konnte gehalten werden.[68] Auch im Fall der Eisenwaren und Erzeugnisse der Elektroindustrie erhöhte sich der Exportanteil. Insbesondere bei den letzten beiden Warengruppen und dem Maschinenbau gab es eine Verlagerung von den traditionellen westeuropäischen Kunden nach Nord- und vor allem Südosteuropa.

Geografisch betrachtet stieg zwischen Ende der 1920er Jahre und Ende der 1930er Jahre auf der einen Seite die Bedeutung Europas bei der Einfuhr um einige wenige Prozentpunkte an und belief sich 1938 auf 54 %.[69] Auf der anderen Seite sank der Anteil der Ausfuhr nach Europa von knapp 75 % (1928) auf 70 % zehn Jahre später.[70] Damit

---

63 Für das folgende *Jasper*, Strukturwandlungen, S. 41, 45, 70–82, 94 ff., 121–128. Zur Ersatzstoffproduktion und ihrer quantitativen Bedeutung bei der Rohstoffversorgung der Textilindustrie *Jonas Scherner*, The Beginnings of Nazi Autarky Policy: "The National Pulp Programme" and the Origin of Regional Staple Fibre Plants, in: Economic History Review 61, 2008, S. 867–895.
64 *Jasper*, Strukturwandlungen, S. 121–128.
65 *Rolf Wagenführ*, Die Bedeutung des Außenmarktes für die deutsche Industriewirtschaft. Die Exportquote der deutschen Industrie von 1870 bis 1936, Berlin 1936, S. 52.
66 *Teichert*, Autarkie, S. 23.
67 Für den Export von Maschinen *Jonas Scherner*, Nazi Germany's Preparation for War: Evidence from Revised Industrial Investment Series, European Review of Economic History 14, 2010, S. 460; für die deutsche Ausfuhr, vgl. *Länderrat*, Statistisches Handbuch, S. 364.
68 *Jasper*, Strukturwandlungen, S. 135, 142–149.
69 Vgl. die Angaben bei *Volkmann*, Außenhandel, S. 102; *Dengg*, Deutschlands Austritt, S. 357. Die entsprechende Quote war allerdings zwischenzeitlich in der Anfangsphase des Neuen Plans deutlich größer.
70 *Dengg*, Deutschlands Austritt, S. 357; *Länderrat*, Statistisches Handbuch, S. 392; Statistisches Jahrbuch für das Deutsche Reich 1941/2, S. 167*.

schwächte sich die bisherige kontinentale Zweiteilung der Handelsbilanzsalden zwischen einem sehr defizitären Handel mit Übersee und einer sehr aktiven Bilanz mit Europa stark ab.[71] Außerdem verschob sich während der 1930er Jahre die Rangordnung von Wirtschaftsräumen gegenüber der Zeit vor der Weltwirtschaftskrise. Erheblich an Bedeutung hatten vor allem Nordamerika, in erster Linie die USA, und in einem geringerem Maß Westeuropa verloren, während Südamerika, Nord- und Südosteuropa ihre Positionen verbessern konnten.[72] Insgesamt kann man davon sprechen, dass es keine allgemeine Desintegration Deutschlands vom internationalen Handel gab, sondern vielmehr, nach Albrecht Ritschl, einen Prozess selektiver Desintegration vor allem gegenüber den USA und Großbritannien sowie seinen Kolonien und in einem geringeren Maß gegenüber Frankreich.[73] Das zeigt sich auch bei einzelnen Handelspositionen. So wurde bei der sich volumenmäßig um etwa ein Viertel verringerten Einfuhr von Baumwolle 1938 gerade noch knapp ein Viertel aus den USA importiert, während es 1928 noch 73 % waren.[74] Im gleichen Zeitraum stieg der Anteil Brasiliens an den deutschen Baumwollimporten von praktisch null auf knapp 30 Prozent an. Ähnliche Verlagerungstendenzen lassen sich für andere wichtige Einfuhrwarenkategorien beobachten, etwa bei Weizen oder Mineralölen.[75] Insgesamt kam es nach einer vorsichtigen zeitgenössischen Schätzung bei knapp 40 % des gesamten Importvolumens zu derartigen Verlagerungen bei einzelnen Einfuhrpositionen.

Die starke Bedeutungszunahme des Handels mit Südosteuropa war nicht nur das Ergebnis davon, dass Deutschland diesen Ländern für ihre Exportgüter Rohstoffe und Nahrungsmittel Preise über dem Weltmarktniveau zahlte, sondern ist auch darauf zurückzuführen, dass das Reich Waffenexporte einsetzte, um die Lieferwilligkeit zu gewährleisten.[76] Darüber hinaus gewährte man diesen Staaten auch Importkredite. Hinzu kam das Wirken nichtstaatlicher Akteure wie dem *Mitteleuropäischen Wirtschaftstag* oder dem *Mittel-Europa Institut*, welche durch persönliche Netzwerke die Handelsverträge und Verrechnungsabkommen mit südosteuropäischen Ländern ergänzten.[77] Diese Netzwerke halfen typische Probleme des grenzüberschreitenden Handels zu überwinden, wie die Suche nach geeigneten Handelspartnern, die Kontrolle von Unsicherheiten sowie allgemein das Vermeiden hoher Transaktionskosten. Unterstützend kamen kulturdiplomatische Programme hinzu, die Geschäftsleute und Studenten der Ingenieurswissenschaften aus Südosteuropa nach Deutschland brachten, damit sie nach der Rückkehr in ihre Heimat deutsche Exportinteressen vertraten und ein positi-

---

71 Zur jeweiligen Saldenentwicklung vgl. *Kühn*, Verlagerungen, S. 34.
72 *Erbe*, Wirtschaftspolitik, S. 76.
73 *Albrecht Ritschl*, Devisenbewirtschaftung und Bilateralismus in Zahlen: Eine Auswertung von Deutschlands Devisenbilanzen für die Jahre 1938–1940, in: Eckart Schremmer (Hrsg.), Geld und Währung in der Neuzeit vom 16. Jahrhundert bis zur Gegenwart, Stuttgart 1992, S. 312.
74 Eigene Berechnung nach den Angaben von *Kühn*, Verlagerungen, S. 63.
75 Zu einem Überblick über die Verlagerungsentwicklung bei der deutschen Einfuhr bei verschiedenen Warenkategorien vgl. *Kühn*, Verlagerungen, insbesondere S. 58 f., 101 ff.
76 Dazu umfangreich *Boelcke*, Welthandelsmacht, S. 69–122.
77 Vgl. für das Folgende insbesondere *Gross*, Export Empire.

ves Deutschlandbild verbreiteten. Um die Attraktivität für südosteuropäische Eliten an verstärkten Beziehungen zu Deutschland zu erhöhen, entwarfen deutsche Organisationen eine Art von Entwicklungsprogrammen für diese Länder, die auf die Erhöhung des Exports deutscher Maschinenbauerzeugnisse im Austausch für Rohstoffe und Lebensmittel zielten. An diesen Initiativen, die bereits in die Zeit vor 1933 zurückreichten, konnten das NS-Regime anknüpfen. 1939 schloss die Reichsregierung einen Vertrag mit Rumänien, in dem sich der südosteuropäische Vertragspartner für fünf Jahre auf die Lieferung von Agrarprodukten und Rohstoffen verpflichtete, während das Reich im Gegenzug u. a. Know-how und Investitionsgüter zur Verfügung stellte.[78]

Trotz der innereuropäischen Handelsverschiebung waren allerdings unter den Verrechnungsländern nicht die südosteuropäischen Länder, sondern die Niederlande, Italien und Schweden die wichtigsten deutschen Außenhandelspartner.[79] Und trotz der massiven Verschlechterung der Handelsbeziehungen waren die USA (gefolgt von Großbritannien und Schweden) 1938 immer noch das Land, aus dem Deutschland wertmäßig am meisten importierte, wenn auch das Ergebnis durch die deutschen Vorratskäufe in diesem Jahr stark nach oben verzerrt war.[80] Unter den wichtigsten Kunden Deutschlands hingegen wurden die USA, 1928 noch an dritter Stelle hinter den Niederlanden und Großbritannien, auf den zehnten Platz verdrängt, und lagen nur knapp vor Argentinien.

Insgesamt war der Handel mit Verrechnungsländern von großer Bedeutung. Der genaue Umfang war bisher noch nicht ganz klar, weil man nur die Bewegung der deutschen Clearingverschuldung kannte, die allerdings neben dem Warenhandel noch weitere Posten wie den Dienstleistungsverkehr enthielt.[81] Neu entdeckte jährlich aufgeschlüsselte Daten zu den jeweiligen Kategorien der im Verrechnungsverkehr durchgeführten Zahlungen zeigen, dass im Handel mit Verrechnungsländern bereits 1935 etwa die Hälfte der Einfuhren und sogar 61 Prozent der Ausfuhren abgewickelt wurden. Diese Anteile blieben bis Ende der 1930er Jahre im Großen und Ganzen konstant. Ein weiterer Teil des Handels wurde mithilfe ASKI, privatem Clearing oder über sogenannte freie Reichsmarkzahlungen durchgeführt, während in der zweiten Hälfte der 1930er Jahre nur noch etwa ein Fünftel per Gold und Bardevisen abgewickelt wurden.[82]

Tabelle 1 zeigt zudem, dass in den 1930er Jahren unter dem Gesichtspunkt der Zahlungsabwicklung eine bemerkenswerte Zweiteilung des Außenhandels zu beobachten ist. Während Deutschland durchgängig im Verrechnungsverkehr einen deutlichen Handelsbilanzüberschuss hatte, war der Rest des Außenhandels in den Berichtsjahren –

---

78 *Volkmann*, Außenhandel, S. 109.
79 BArch R 184/170, Geschäftsbericht der Deutschen Verrechnungskasse für das Jahr 1938.
80 *Länderrat*, Statistisches Handbuch, S. 410 f.
81 *Ritschl*, Zahlungsbilanz, S. 110 f.
82 *Kühn*, Verlagerungen, S. 18; *Teichert*, Autarkie, S. 33, 285; *Boelcke*, Welthandelsmacht, S. 24; *Banken*, Achillesferse, S. 175. Eine Aufstellung der Reichsbank für die Zusammensetzung der Ausfuhrerlöse im Dezember 1938 zeigt ein ähnliches Ergebnis: knapp 22 % entfielen auf „freie Devisen", BArch R 2501/20062, Zusammenstellung der 1938 eingegangenen Ausfuhrerlöse.

Tab. 1: Verrechnungsverkehr, Clearingverschuldung und Außenhandel in der Vorkriegszeit 1935–1939.

	Anteil der im Verrechnungsverkehr abgewickelten		Handelsbilanzüberschuss (-defizit) (Mio. RM)			(VI) Veränderung der Clearingverschuldung (Mio. RM)
	(I) Einfuhr	(II) Ausfuhr	(III) Insgesamt	(IV) außerhalb des Verrechnungsverkehrs	(V) im Verrechnungsverkehr	
1935	51	61	111	-352	463	111
1936	52	57	550	56	494	-84
1937	52	56	443	-68	511	-105
1938	49	57	-192	-545	353	70
1939	53	61	446	-262	708	22

Quellen: (I), (II), (IV) ist berechnet auf der Basis der Angaben für (III), *Länderrat*, Statistisches Handbuch, S. 392, und für (V) BArch 184/186. Aufstellung über die Außenhandelsumsätze mit Clearingländern, 1935–1944. Für (VI) vgl. Ritschl, *Zahlungsbilanz*, S. 110; BArch R 3102/3552. Die Entwicklung der Clearingsalden im Zahlungsverkehr mit den einzelnen Ländern.

bis auf eine Ausnahme – negativ. Damit ist auch erklärbar, warum trotz diverser einmaliger und beträchtlicher Sonderzuflüsse von Gold und Bardevisen die deutsche Devisenlage prekär blieb.[83] Und obwohl Deutschland alleine zwischen 1936 und 1939 im Verrechnungsverkehr einen Handelsbilanzüberschuss von mehr als zwei Milliarden RM erwirtschaftete, betrug der Rückgang der Verschuldung im Verrechnungsverkehr weniger als 150 Mrd. RM. Das lässt sich damit erklären, dass in erheblichem Maße mithilfe der Handelsbilanzüberschüsse im Verrechnungsverkehr Altschulden getilgt und erhebliche Dienstleistungsimporte – etwa Reiseverkehr und Saisonarbeiter – finanziert wurden.[84]

Die Daten zeigen auch, dass sich der Handel mit Verrechnungsländern nicht nur mit Hinblick auf den Handelsbilanzüberschuss von demjenigen außerhalb des Verrechnungsverkehrs unterschied, sondern auch hinsichtlich der Struktur der jeweiligen Einfuhren nach den Warenkategorien der Handelsbilanzstatistik, was hinsichtlich der Planung eines künftigen Kriegs für das NS-Regime besonders informativ sein musste. Schließlich zählten die Verrechnungsländer im Allgemeinen nicht zu den potenziellen Kriegsgegnern, und fast die gesamte Einfuhr aus dem Verrechnungsverkehr kam 1938 aus Staaten, die nach Kriegsausbruch für das Reich auf dem Landweg zugänglich waren. Während der Anteil von Halbwaren und industriellen Fertigprodukten an den Einfuhren im Jahr 1938 jeweils etwa ein Viertel betrug, machte der Anteil der Rohstoffkäufe im Verrechnungsverkehr lediglich 25 % aus – gegenüber 42 % im

---

[83] Zu einer Analyse der deutschen Bardevisensalden, vgl. *Ritschl*, Devisenbewirtschaftung.
[84] Vgl. BArch R 184/170, Geschäftsbericht der Deutschen Verrechnungskasse für das Jahr 1938; BArch 184/186 Aufstellung über die Außenhandelsumsätze mit Clearingländern, 1935–1944; *Ebi*, Export, S. 242.

durch den sonstigen Zahlungsverkehr finanzierten Import.[85] Insbesondere bei den rüstungswirtschaftlich wichtigen Metallen – etwa ein Fünftel aller Rohstoffeinfuhren – wurden gerade einmal etwa ein Zehntel der Gesamtimporte über den Verrechnungsverkehr abgewickelt. Mit anderen Worten war trotz einer spürbaren geografischen Umlagerung des Außenhandels bei Rohstoffen im Falle einer Blockade eine Versorgungssicherheit des Reiches aus Importen unter gleichbleibenden Bedingungen nicht annähernd gewährleistet. Allerdings hatten Verrechnungsländer mit knapp 70 % am deutschen Import von Erzeugnissen der Ernährungswirtschaft (ohne Genussmittel) einen deutlich überproportionalen Anteil, was die Wirksamkeit einer Blockade bei Nahrungsmitteln begrenzen musste.

7.1.4 Außenwirtschaftspolitik im Krieg: neue Rahmenbedingungen

Infolge der bei Kriegsausbruch durch Frankreich und Großbritannien verhängten Blockade[86] verringerte sich die Zahl der Staaten, mit denen Deutschland weitgehend ungestört Handel betreiben konnte, auf neutrale und verbündete, auf dem Landweg erreichbare Länder. Aus anderen Teilen der Welt konnten nur noch in einem geringen Umfang Waren eingeführt werden, nämlich als verdeckte Reimporte über Neutrale, in einem relativ geringen Umfang bis Mitte 1941 durch das „Blockadeloch" im Osten und schließlich durch Blockadebrecher. Das bedeutete zugleich, dass man in vielen Fällen von den einzigen oder bisher wichtigsten Rohstoffquellen, etwa Baumwolle und Wolfram, faktisch abgeschnitten war.

Doch dies waren nicht die einzigen außenwirtschaftlichen Rahmenbedingungen, die sich im Krieg veränderten. Die Zahlungsbilanzrestriktion, die maßgeblich die deutsche Außenhandels- und Außenwirtschaftspolitik der Vorkriegszeit beeinflusst hatte, wurde im Falle der besetzten Gebiete de facto aufgehoben und im Falle der meisten anderen neutralen und verbündeten Handelspartner wenigstens zeitweise stark gelockert.[87] Besetzte Länder hatten unter Zwang beträchtliche Clearing-

---

85 Für den Verrechnungsverkehr vgl. BArch R 184/170, Geschäftsbericht der Deutschen Verrechnungskasse für das Jahr 1938.
86 Grundlegend zur Blockadepolitik *William N. Medlicott*, The Economic Blockade, Bd. 1, London 1952; *William N. Medlicott*, The Economic Blockade, Bd. 2, London 1959; für einen kurzen Überblick *Geoffrey Till*, Naval Blockade and Economic Warfare in the European War, 1939–45, in: Bruce A. Elleman/ S. C. M. Paine (Hrsg.), Naval Blockades and Seapower: Strategies and Counter-Strategies, 1805–2005, London 2006, S. 117–130.
87 Für das Folgende und einen Überblick *Jonas Scherner*, The Institutional Architecture of Financing German Exploitation: Principles, Conflicts, and Results, in: Scherner/White, Paying, S. 43–66. Für eine detaillierte Darstellung für die einzelnen besetzten Gebiete *Jürgen Kilian*, Krieg auf Kosten anderer. Das Reichsministerium der Finanzen und die wirtschaftliche Mobilmachung Europas für Hitlers Krieg, Berlin/Boston 2017.

kredite einzuräumen. Eine zweite Quelle, mit der Deutschland bilaterale Zahlungsbilanzdefizite finanzieren konnte, waren Reichschatzanweisungen, zu deren Ankauf manche besetzte Gebiete verpflichtet wurden und die somit Auslandskredite darstellten. All diese Zwangskredite hoffte man durch Reparationen tilgen zu können, die nach einem siegreichen Kriegsende den Ländern aufzuerlegen waren. Eine dritte Quelle zum Zahlungsbilanzausgleich stellten schließlich die sogenannten Besatzungskosten dar, welche die eigentlichen Bedürfnisse der Besatzungsarmee oftmals – und somit völkerrechtswidrig – weit übertrafen und teilweise zur Finanzierung vom deutschen Importen aus diesen Ländern zweckentfremdet wurden.[88] Diese drei Quellen befreiten Deutschland im Grundsatz von jeglicher Zahlungsbilanzrestriktion mit den besetzten Gebieten, da es die finanziellen Mittel jederzeit – was durchaus auch geschah – unilateral erhöhen konnte. Auch die meisten neutralen und verbündeten Staaten gewährten dem Reich – insbesondere in der Zeit zwischen Sommer 1940 und 1943 – überwiegend im Rahmen des Clearingverkehrs zum Teil umfangreiche Kredite.[89]

Diese Aufhebung der Zahlungsbilanzrestriktion bei besetzten Ländern und ihre Lockerung bei vielen verbündeten und neutralen Staaten machte eine fundamentale Änderung der deutschen Außenhandelspolitik möglich: die Abkehr von einer Politik der Exportförderung und der Maximierung der Ausfuhrwertschöpfung zu einer Politik der Importförderung und der Maximierung der Einfuhrwertschöpfung. Auf der Ausfuhrseite – in den 1930er Jahren noch Gegenstand einer kostspieligen Exportförderungspolitik – kam es nun zu einer Politik, die zu Ausfuhrpreisen führte, welche mit der Zeit deutlich höher als der Inlandspreis lagen, wie die Daten für 1943 zeigen. Deutsche Exportwaren der Textil- und Bekleidungsindustrie sowie der Eisen-, Stahl- und Blechwarenindustrie waren mehr als 40 % überteuert, während die Preisdifferenz beim Maschinenbau, der Chemie- und der Elektroindustrie mit Werten zwischen neun und 16 Prozent erheblich niedriger, aber immer noch deutlich war.[90] Die Erhöhung der Ausfuhrpreise war zum Teil eine Reaktion darauf, dass man die Wechselkurse aus politischen Gründen gegenüber verbündeten Ländern trotz der sich infolge der dortigen Inflation verschlechternden deutschen Terms of Trade nicht anpassen wollte, zum Teil aber auch, etwa bei Schweden, nur Ausdruck der Verhandlungsmacht des Reichs.[91]

---

[88] Beispiele für diese Überschreitung *Marcel Boldorf/Jonas Scherner*, France's Occupation Costs and the War in the East: The Contribution to the German War Economy, 1940–1944, Journal of Contemporary History 47, 2012, S. 291–316; *Jonas Scherner*, The German System of Financing Occupation, in: Marcel Boldorf/Tetsuji Okazaki (Hrsg.), Economies under Occupation. The Hegemony of Nazi Germany and Imperial Japan in World War II, London 2015, S. 39–54; *Kilian*, Krieg auf Kosten, S. 246 ff.
[89] Vgl. etwa *Scherner*, Incompetence or Ingenuity, S. 567.
[90] *Jonas Scherner*, Bericht zur deutschen Wirtschaftslage 1943/44. Eine Bilanz des Reichsministeriums für Rüstung und Kriegsproduktion über die Entwicklung der deutschen Kriegswirtschaft bis Sommer 1944, in: Vierteljahrshefte für Zeitgeschichte 55, 2007, S. 535. Auch bei der Ausfuhr von Kriegsgerät wurden erhebliche Überpreise verlangt, *Scherner*, Europas Beitrag, S. 90.
[91] *Scherner*, Institutional Architecture; *Eric Golson*, Sweden as an Occupied Country? Swedish-Belligerent Trade in the Second World War, in: Scherner/White, Paying, S. 266–295. Für die Terms

Daneben gab es auch implizite Preiserhöhungen, wenn sich die Qualität der Ware verschlechterte.[92]

Bei Importen war man bereit, vor allem für Rohstoffe aus dem unbesetzten Teil Europas zum Teil erhebliche Überpreise zu zahlen, ebenso wie in den 1930er Jahren für Importe aus südosteuropäischen Ländern, sofern man keinen Druck ausüben wollte. Dies war am Anfang des Krieges gegenüber den meisten Neutralen der Fall, oder – z. B. bei Portugal – aufgrund der geografischen Lage des exportierenden Staates notwendig.[93] Den besetzten Ländern diktierte das Reich meistens einen Wechselkurs, der die bereits bestehende Überbewertung der RM gegenüber den einheimischen Währungen nochmals erhöhte. Damit sollten u. a. Importe in das Reich verbilligt und somit stimuliert werden. Dieser Stimulus zielte vor allem auf die Einfuhren im Zusammenhang mit der sogenannten Auftragsverlagerung, die vor allem in besetzte Länder ging.[94] Darunter verstand man die Erteilung von Aufträgen an ausländische Industrieunternehmen durch deutsche Firmen oder staatliche Organisationen wie die Wehrmacht. Es war das Ziel, die mit Kriegsausbruch rasch steigende Nachfrage nach Rüstungsgütern zu befriedigen. Deutsche Firmen ließen Teile ihres zivilwirtschaftlichen Produktionsprogramms im Ausland fertigen, um Kapazitäten für die Rüstungsproduktion freizumachen. Alternativ wurden Rüstungsaufträge ins Ausland vergeben, die – obgleich nach der Haager Landkriegsordnung in besetzten Ländern nicht zulässig – die Auftragsverlagerung dominierten. Bei der Auftragsverlagerung handelte es sich ausschließlich um die Verlagerung von Fertigwaren, nicht aber von Halbwaren. Oftmals wurde nicht die Endproduktionsfertigung, sondern die Herstellung von Vorprodukten, etwa Panzerketten oder Maschinenteilen, ins Ausland verlagert. Wenn notwendig, stellte Deutschland Rohstoffe und Halbwaren zur Ausführung der verlagerten Aufträge zur Verfügung. Neben der erwähnten Aufwertung der RM in den besetzten Ländern wurde die Auftragsverlagerung durch weitere Maßnahmen gefördert.[95] Dazu gehörten neben dem Druck durch die Behörden auf deutsche Firmen, der aber wohl nur bedingt erfolgreich war, positive Anreize, etwa durch sogenannte Auftragsbörsen und Industrieausstellungen, die helfen sollten, geeignete Verlagerungspartner zu finden, die Befreiung von Einfuhrzöllen und von Gebühren für Devisenbescheinigungen sowie schließlich eine weitgehende Absicherung gegen Verlagerungsrisiken mithilfe einer durch eine staatliche Bürgschaft gedeckte Versicherung. Als im Laufe des Krieges infolge inflationären Drucks die Preise von Importwaren stiegen, wurde bei eingeführten Konsumgütern die Differenz zum Inlandspreisniveau durch Subventionen im Rahmen des neu geschaf-

---

of Trade der in der offiziellen Handelsbilanzstatistik erfassten Importe und Exporte vgl. *Länderrat*, Statistisches Handbuch, S. 392.
92 *Scherner*, Incompetence or Ingenuity, S. 567 f.
93 BArch R 184/83, Aktenvermerk über die Auswirkungen überstürzter Warenbezüge aus Clearingländern ohne Rücksicht auf Kurs- und Verschuldungsstand (unter besonderem Hinweis auf die Südoststaaten), November 1939.
94 Grundlegend zur Auftragsverlagerung, vgl. *Scherner*, Europas Beitrag; *Dickert*, Nutzbarmachung.
95 Für das Folgende insbesondere *Dickert*, Nutzbarmachung.

fenen sogenannten Preisausgleichsverfahren gedeckt.[96] Anfang 1944 wurde das Verfahren auch auf den gesamten Import von Rohstoffen und Halb- und Fertigwaren aus den Westgebieten ausgedehnt. Im Unterschied zu Einfuhren aus verbündeten und neutralen Ländern, bei denen der deutsche Fiskus den Verbilligungsbetrag finanzierte, kamen die besetzten Gebiete für die Subventionierung des deutschen Verbrauchs auf.

7.1.5 Veränderung des Außenhandels bis Kriegsende

Im Sommer 1944 wurde auf einer Wirtschaftspressekonferenz der Reichsregierung die bis dato seit Kriegsbeginn geheim gehaltene deutsche Außenhandelsstatistik der Öffentlichkeit vorgestellt.[97] Danach war die Handelsbilanz des Reiches für die betreffenden Jahre fast ausgeglichen und das Außenhandelsdefizit mit den besetzten Ländern erstaunlich gering. Allerdings erfassten diese Daten, im Unterschied zu den deutschen Ausfuhren, nur einen Teil der tatsächlichen deutschen Einfuhren, worüber sich die Behörden und informierte Zeitgenossen durchaus im Klaren waren. Dennoch wurden diese Daten unter anderem deshalb veröffentlicht, weil man dem Vorwurf der Alliierten entgegentreten wollte, dass die besetzten Gebiete ausgebeutet würden. Wenn auch der Forschung durchaus bewusst war, dass die Handelsbilanzdaten unvollständig waren, wurden sie in Ermanglung besserer Statistiken lange Zeit als Grundlage für Aussagen über den deutschen Außenhandel im Zweiten Weltkrieg verwendet.[98]

Die Untererfassung der Einfuhren in der Handelsbilanzstatistik beruhte auf mehreren Gründen.[99] Seit 1939 wurde der Import von sogenanntem Wehrmachtgut (Güter im Eigentum der Wehrmacht oder zur direkten Verwendung durch die Wehrmacht) von der statistischen Erfassung befreit. Hinzu kamen Missverständnisse bei der Auslegung der neuen Regelungen und absichtliche Falschauslegungen, sodass alle Güter, die im Auftrag der Wehrmacht im Ausland produziert wurden, statistisch bei ihrer Einfuhr nicht registriert wurden. Außerdem erfasste das die Statistiken begründende Erhebungsverfahren keine Warenströme auf deutsche Rechnung, die nicht in das Zollinland gebracht wurden, etwa Mineralöllieferungen Rumäniens an die deutschen Truppen in der Sowjetunion oder Lieferungen landwirtschaftlicher Erzeugnisse vom Balkan an die Ostfront.[100] Schließlich sind auch die Einfuhren aus dem Protektorat

---

96 *Scherner*, Europas Beitrag, S. 77 f. Zum Preisausgleich vgl. auch *Boelcke*, Welthandelsmacht, S. 149.
97 Für das Folgende vgl. *Scherner*, Importboom.
98 Vgl. z. B. *Rolf-Dieter Müller*, Albert Speer und die Rüstungspolitik im Totalen Krieg, in: Bernhard R. Kroener/Rolf-Dieter Müller/Hans Umbreit (Hrsg.), Das Deutsche Reich und der Zweite Weltkrieg. Bd. 5: Organisation und Mobilisierung des deutschen Machtbereichs, 2. Halbbd.: Kriegsverwaltung, Wirtschaft und personelle Ressourcen 1942–1944/45, Stuttgart 1999, S. 506.
99 Vgl. für das Folgende *Scherner*, Importboom, S. 85–90.
100 So machten etwa die gesamten Mineralöllieferungen Rumäniens an Deutschland 1943 2,4 Mio. Tonnen aus und somit das Doppelte der in der Außenhandelsstatistik erfassten Menge, *Andreas Hillgruber*,

Böhmen und Mähren nicht enthalten. Eine Neuschätzung der deutschen Importe, die sich methodisch im Wesentlichen auf Daten über Zahlungsströme zwischen Deutschland und dem Ausland stützt, kann diese Mängel weitgehend beheben. Wie ein Vergleich mit internen punktuellen Schätzungen deutscher Behörden zu den „tatsächlichen" Einfuhren zeigt, lässt sich eine brauchbare Untergrenze für die Importwerte ermitteln.[101]

Betrachtet man die revidierten Handelsbilanzdaten, zeigt sich zunächst, dass der deutsche Außenhandel im Krieg nicht weitgehend ausgeglichen, sondern hoch defizitär war. Das lag daran, dass vor allem die Einfuhren aus den besetzten Gebieten erheblich höher waren, als man bisher glaubte, und dass daher insgesamt die tatsächlichen Importe wenigstens zweimal so hoch waren wie die vom Statistischen Reichsamt ausgewiesenen Einfuhren.[102] Damit lag der Einfuhrwert im Krieg deutlich höher als in den letzten Friedensjahren. Es wäre aber irreführend zu glauben, dass dieser Anstieg ausschließlich auf den erfolgreichen militärischen Verlauf und die daraus resultierende Besatzung sowie Ausbeutung zahlreicher Länder zurückzuführen wäre, obwohl dies natürlich eine maßgebliche Rolle spielte. Tatsächlich stieg auch der Handel mit neutralen Ländern, wie etwa der Schweiz, seit der zweiten Jahreshälfte 1940 an und überschritt rasch das Vorkriegsniveau.[103] Ähnliches galt für verbündete Länder. Keine Rolle spielten außereuropäische Zufuhren. Bis zum Angriff auf die Sowjetunion konnten trotz des „Blockadelochs" im Osten nur in einem begrenzten Umfang Güter von außerhalb Europas eingeführt werden; danach war man auf Blockadebrecher angewiesen.[104] Wenn auch die dadurch nach Deutschland verbrachten Güter einen fast nicht ins Gewicht fallenden Anteil an den deutschen Kriegsimporten hatten, so waren sie doch punktuell eine nicht unbeträchtliche Ergänzung, etwa bei Wolfram, oder stellten gar bei bestimmten Rohstoffen die einzige Versorgungsquelle jenseits von einmaliger Kriegsbeute dar, wie bei Naturkautschuk, der Synthesekautschuk bei bestimmten Verwendungen beigemischt werden musste.

Hitler, König Carol und Marschall Antonescu. Die Deutsch-Rumänischen Beziehungen 1938–1944, Wiesbaden 1954, S. 249.

101 Es handelt sich um eine Untergrenze, weil diese Methode deutsche Schwarzmarktkäufe und deutsche Einfuhren nur unzureichend bzw. gar nicht erfasst, weil für sie nicht bezahlt wurde, d. h. die vor allem in Westeuropa umfangreiche Kriegsbeute, vgl. genauer dazu *Scherner*, Importboom.

102 *Scherner*, Institutional Architecture, S. 63 (Tabelle 1).

103 *Hans-Erich Volkmann*, NS-Außenhandel im geschlossenen Wirtschaftsraum (1939–1941), in: Forstmeier/Volkmann, Kriegswirtschaft, S. 107; generell für Importe *Scherner*, Importboom, Tabelle im Anhang; für eine Zusammenstellung der jährlichen Exporte nach Ländern: BArch, R 3/1626a, Bl. 39–60. Eidesstattliches Gutachten Kurt Hunscha als Beweismaterial für den Militärgerichtshof IV in Nürnberg, 17. 7. 1948.

104 *Jochen Brennecke*, Schwarze Schiffe – Weite See. Das Schicksal der deutschen Blockadebrecher, Herford 1989; *Boelcke*, Welthandelsmacht, S. 123 ff.; *Paul Ferdinand Schmelzing*, Did Raw Material Shortages Decide World War Two? New Data for the Example of Nazi Rubber Supplies, Essays in Economic & Business History 35, 2017, S. 26–60.

Der Einfuhrboom führte zugleich dazu, dass die unmittelbar nach Kriegsausbruch bald stark spürbaren Auswirkungen der Blockade[105] wertmäßig rasch überkompensiert wurden.[106] Auch dem Volumen nach übertrafen die Importe im Krieg teilweise bei Weitem die Einfuhrwerte der 1930er Jahre und waren zwischen 1941 und 1943, also den Jahren der größten deutschen Machtausdehnung, sogar deutlich größer als 1928. Das führte dazu, dass die Importquote gegenüber der Vorkriegszeit deutlich anstieg, ohne jedoch das Niveau vor der Weltwirtschaftskrise zu erreichen.[107] Die Exportquote hingegen sank gegenüber der Vorkriegszeit weiter.

Betrachtet man die Importstruktur, so zeigt sich, dass der Trend, der bereits bei der Betrachtung der offiziellen Handelsbilanzdaten beobachtbar ist, noch deutlicher war: Deutschland wurde zu einem Land, das überwiegend Fertigwaren einführte, wobei in erster Linie die Wehrmacht von diesem Fertigwarenimportboom profitierte. Vorerzeugnisse für die Kriegsgerätproduktion wie Panzerketten machten wertmäßig etwa 50 Prozent der wertmäßig im Ausland produzierten Industriewaren für die Wehrmacht aus. Etwa 80 % aller importierten industriellen Vorerzeugnisse gingen unmittelbar in die Rüstungsfertigung, und Rüstungsgüter machten ca. 70 % aller eingeführten industriellen Enderzeugnisse aus. Die meisten importierten Fertigwaren waren das Resultat von sog. Auftragsverlagerungen. Insgesamt kam es im Krieg zu einem zunehmenden Anteil der Fertigwaren an der Einfuhr. Somit weitete sich der intraindustrielle Handel, von dem man durch die Außenhandelspolitik nach der Machtübernahme abgekommen war, wieder aus.

Ganz anders hingegen war die Entwicklung bei den Exporten, bei denen – anders als in den 1930er Jahren – eine Abweichung vom langfristigen Trend zu beobachten ist: Der Anteil der ausgeführten Fertigwaren, vor allem Enderzeugnisse, am gesamten Export sank massiv, während die Anteile von Halbwaren, Rohstoffen und landwirtschaftlichen Erzeugnissen stiegen.[108] Bei letzterer Warenkategorie vervielfachte sich sogar das Volumen, allerdings von einem ziemlich niedrigen Vorkriegsniveau ausgehend. Der rückläufige Anteil der ausgeführten Fertigwaren war aber nicht nur darauf zurückzuführen, dass man von einer Reihe von Friedensmärkten abgeschnitten war, sondern lässt sich auch dadurch erklären, dass sich der Anteil der Fertigwarenausfuhr in die besetzten Länder verringerte, während bei neutralen und verbündeten Ländern der Anteil eher stabil blieb. Auffällig ist dabei, dass vor allem der Anteil der Endprodukte, die in besetzte Gebiete ausgeführt wurden, stark absank, während derjenige für Vorerzeugnisse oftmals anstieg.[109] Es ist anzunehmen, dass es sich dabei teilweise um Zulieferungen für deutsche Auftragsverlagerungen handelte, was ver-

---

105 *Volkmann*, NS-Außenhandel, S. 132.
106 Für das Folgende *Scherner*, Importboom.
107 Für Sozialproduktdaten *Albrecht Ritschl/Mark Spoerer*, Das Bruttosozialprodukt in Deutschland nach den amtlichen Volkseinkommens- und Sozialproduktsstatistiken 1901–1995, in: Jahrbuch für Wirtschaftsgeschichte 1997/2, S. 21 f.; für Ausfuhrdaten *Länderrat*, Statistisches Handbuch, S. 392.
108 *Ritschl*, Imperialism, S. 340 f.; *Länderrat*, Statistisches Handbuch, S. 394.
109 BArch, R 3/1626a, Bl. 39–60. Eidesstattliches Gutachten Kurt Hunscha, 17. 7. 1948.

mutlich auch erklärt, warum auch der Anteil der Halbwarenlieferungen an besetzte Gebiete im Allgemeinen gegenüber der Vorkriegszeit etwas wuchs.[110]

Generell näherte sich im Krieg die deutsche Ausfuhrstruktur nach Warengruppen wieder dem Zustand an, den sie Ende der 1920er Jahre hatte. Berücksichtigt man, dass die Fertigwarenausfuhr 1943 preisbereinigt nur etwa zwei Drittel des Wertes von 1938 ausmachte, bedeutet das angesichts des gleichzeitigen Steigens der Fertigwareneinfuhr eine massive Erhöhung der deutschen Nettoimporte von Fertigwaren. Der sehr hohe Ausfuhrüberschuss an Fertigwaren aus dem Jahr 1928, der bis Ende der 1930er Jahre dem Volumen nach nur geringfügig geschrumpft war, hatte sich 1943 zu einem gewaltigen Einfuhrüberschuss gewandelt, dessen Betrag preisbereinigt ähnliche Ausmaße wie die Nettoexporte 15 Jahre zuvor hatte.[111]

Eigentlich sollte man angesichts der Hegemonialstellung Deutschlands erwarten, dass die realen Exportwerte von Erzeugnissen des Maschinenbaus, der Chemieindustrie und der Elektroindustrie, also von Branchen, welche eindeutig kriegswichtig waren, im Krieg kleiner als in den 1930er Jahren waren. Tatsächlich waren sie im Jahr 1943 aber deutlich größer als 1936, obwohl die Fertigwarenausfuhr im Jahr 1943 preisbereinigt nur 72 Prozent des Wertes von 1936 erreichte.[112] Umgekehrt hielt das in den 1930er Jahren einsetzende Sinken der Exporte der Textil- und Bekleidungsindustrie an, während die Ausfuhr der kriegswichtigen Kohle 1943, allerdings bei einem größerem Reichsgebiet, auf dem Niveau von 1936 lag.[113] Die hohen Exportwerte in kriegswichtigen Branchen sind gerade in einer Zeit, in welcher der möglichst hohe (Netto-)Import von Fertigwaren die Leitlinie der Außenhandelspolitik war, ein Indiz dafür, dass die deutsche Hegemonialstellung im Handel mit neutralen und verbündeten Länder nicht gleichbedeutend mit einer einseitigen Ausbeutung war, denn die meisten dieser Produkte gingen in diese Länder.[114] Das zeigte auch der Umstand, dass gerade im Handel mit Neutralen, aber auch Verbündeten zur Finanzierung essentieller Einfuhren, wie rumänisches Erdöl oder portugiesisches Wolfram, zum Teil auch Gold eine Rolle spielte, das Deutschland während der Besatzungszeit in Europa geraubt hatte.[115] Auch wenn dies nur einen Bruchteil des deutschen Handelsbilanzdefizits abdeckte, war es ebenso wie die Kriegsmateriallieferungen wichtig, um die Lieferwilligkeit des Auslands bei Produkten mit hoher strategischer Bedeutung aufrechtzuerhalten. Die Kohleausfuhr

---

110 Nach Mitte 1943 wurden Zulieferungen für Auftragsverlagerungen nicht mehr in der Exportstatistik ausgewiesen, vgl. *Scherner*, Der deutsche Importboom. Tatsächlich lassen sich für einige besetzte Gebiete wie Frankreich und die Niederlande 1944 absolut und anteilig erheblich niedrigere deutsche Vorleistungslieferungen nachweisen. BArch, R 3/1626a, Bl. 39–60. Eidesstattliches Gutachten Kurt Hunscha, 17. 7. 1948.
111 Eigenen Berechnung nach den Angaben in *Länderrat*, Statisches Handbuch, S. 393 f. und *Scherner*, Der deutsche Importboom (Einfuhr 1943).
112 *Länderrat*, Statisches Handbuch, S. 394; *Scherner*, Bericht, S. 535.
113 *Scherner*, Bericht; *Jasper*, Strukturwandlungen, S. 120.
114 BArch, R 3/1626a, Bl. 63. Eidesstattliches Gutachten Kurt Hunscha, 17. 7. 1948.
115 Vgl. etwa *Boelcke*, Welthandelsmacht, S. 158–168.

lag 1940/41 niedriger als 1942/43,[116] weil die Erwartung einer deutschen Niederlage größer wurde und die nicht besetzten Länder dem Reich gegenüber in Handelsfragen selbstbewusster als vorher auftraten.[117] Ähnliches lässt sich auch für andere wichtige Ausfuhrwarengruppen beobachten, etwa für Erzeugnisse der Elektro- oder der chemischen Industrie, selbst wenn man berücksichtigt, dass es während des Kriegs zu Preissteigerungen kam.[118] Beim Maschinenbau sank der Export nach Kriegsausbruch erst einmal stark, bevor er dann wieder anstieg.[119] Das deutsche Exportvolumen und seine Struktur hingen also stark von der deutschen Verhandlungsmacht und militärischen Machtstellung ab, die sich im Laufe des Krieges veränderten.

7.1.6 Fazit

Der Neue Plan von 1934, der die Außenhandels- und Außenwirtschaftspolitik des Dritten Reichs bis Kriegsbeginn maßgeblich bestimmte, war trotz aller Mängel unter den spezifischen Prämissen des NS-Regimes erfolgreich, denn er gewährleistete unter Zuhilfenahme einmaliger Devisenzuflüsse und punktueller Erfolge der Autarkiepolitik den Aufschwung der deutschen Wirtschaft und, was zentral war, die Aufrüstung.[120] Deutschland profitierte dabei in dieser Zeit von dem Umstand, dass gegenüber dem Ende der 1920er Jahre die Importpreise stärker als die Exportpreise gefallen waren.[121] Die Umorientierung nach Südosten machte Deutschland zwar unter kriegswirtschaftlichen Aspekten im Großen und Ganzen weniger abhängig von Ressourcenzuflüssen aus Übersee. Das Land wurde aber nicht unbegrenzt blockadesicher in dem Sinn, dass es dauerhaft unabhängig von anderen Wirtschaftsräumen war.

Auf Grundlage der offiziellen Handelsbilanzstatistik wurde die NS-Außenhandelspolitik im Krieg vereinzelt als Fehlschlag beschrieben, die unter dem Strich keine Entlastung für die deutsche Wirtschaft gebracht habe, sondern eher zu einer zusätzlichen Belastung geworden sei.[122] Nach den revidierten Zahlen hingegen kann angesichts des gewaltigen Nettoimportbooms quantitativ von einem Fehlschlag keine Rede sein. Damit unterschied sich der Außenhandelssaldo auch stark vom erblichen Handelsbilanzdefizit des Ersten Weltkriegs, der ja für Hitler und die in der Kriegsvorbereitung involvierten

---

116 BArch, R 3/1626a, Bl. 58. Eidesstattliches Gutachten Kurt Hunscha, 17. 7. 1948.
117 Vgl. etwa *Golson*, Sweden.
118 Vgl. für 1941 und 1943: *Länderrat*, Statistisches Handbuch, S. 405–409.
119 *Scherner*, Nazi Germany's Preparation.
120 Vgl. *Banken*, Achillesferse, S. 136.
121 *Ritschl*, Devisenbewirtschaftung, S. 311 f.
122 *Rolf-Dieter Müller*, Die Mobilisierung der Deutschen Wirtschaft für Hitlers Kriegsführung, in: Bernhard Kroener (Hrsg.), Das Deutsche Reich und der Zweite Weltkrieg. Bd. 5: Organisation und Mobilisierung des deutschen Machtbereichs, Halbbd. 1: Kriegsverwaltung, Wirtschaft und personelle Ressourcen 1939–1941, Stuttgart 1988, S. 596.

Behörden der Referenzpunkt war.[123] Und während sich im Ersten Weltkrieg die Importe im Krieg gegenüber dem letzten vollen Friedensjahr real wenigstens halbierten, waren die realen Einfuhren zwischen 1940 und 1943 im jährlichen Durchschnitt um 53 Prozent größer als 1938. Das war vor allem das Resultat eines zunächst günstigen Kriegsverlaufs und der darauf aufbauenden rücksichtslosen Ausbeutung weiter Teile Europas, ohne die es dem Reich nicht möglich gewesen wäre, den Kampf gegen eine wirtschaftlich deutlich überlegene Koalition so lang zu führen.

Auswahlbibliografie

Banken, Ralf, Die wirtschaftspolitische Achillesferse des „Dritten Reiches". Das Reichswirtschaftsministerium und die NS-Außenwirtschaftspolitik 1933–1939, in: Albrecht Ritschl (Hrsg.), Das Reichswirtschaftsministerium in der NS-Zeit. Wirtschaftsordnung und Verbrechenskomplex, München 2016, S. 91–226.

Boelcke, Willi A., Deutschland als Welthandelsmacht 1930–1945, Stuttgart 1994.

Dengg, Sören, Deutschlands Austritt aus dem Völkerbund und Schachts „Neuer Plan". Zum Verhältnis von Außen- und Außenwirtschaftspolitik in der Übergangsphase von der Weimarer Republik zum Dritten Reich (1929–1934), Frankfurt am Main 1986.

Dickert, Elena, Die „Nutzbarmachung" des Produktionspotentials besetzter Gebiete durch Auftragsverlagerung im Zweiten Weltkrieg. Staatliche Regulierung und Verlagerungsverhalten von Maschinenbau- und Automobilunternehmen, Diss. Trondheim 2013.

Doering, Dörte, Deutsche Außenwirtschaftspolitik 1933–35. Die Gleichschaltung der Außenwirtschaft in der Frühphase des nationalsozialistischen Regimes, Diss. Berlin 1969.

Ebi, Michael, Export um jeden Preis. Die deutsche Exportförderung von 1932–1938, Stuttgart 2004.

Flaig, Herbert, Untersuchung über den Einfluß des „Neuen Planes" auf den deutschen Außenhandel und die deutsche Außenhandelspolitik, Diss. Freiburg 1941.

Gross, Stephen G., Export Empire. German Soft Power in Southeastern Europe, 1890–1945, Cambridge 2015.

Höpfner, Bernd, Der deutsche Außenhandel 1900–1945, Änderungen in der Waren- und Regionalstruktur, Frankfurt am Main 1993.

Jasper, Robert, Die regionalen Strukturwandlungen des deutschen Außenhandels von 1880 bis 1938, Diss. Kassel 1996.

Leitz, Christian, Nazi Germany and Neutral Europe during the Second World War, Manchester 2000.

Meier, Manfred, Deutsche Außenhandelsregulierung von 1933 bis 1939, Diss. Basel 1956.

Neal, Larry, The Economic and Finance of Bilateral Clearing Agreements: Germany 1934–1938, in: Economic History Review 32, 1979, S. 391–404.

Puchert, Berthold, Einige Probleme des deutschen Außenhandels 1933 bis 1939, in: Jahrbuch für Wirtschaftsgeschichte 1989/1, S. 61–81.

Ritschl, Albrecht, Die deutsche Zahlungsbilanz 1936–41 und das Problem des Devisenmangels vor dem Kriegsbeginn, in: Vierteljahrshefte für Zeitgeschichte 39, 1991, S. 103–123.

Ritschl, Albrecht, Nazi Economic Imperialism and the Exploitation of the Small. Evidence from Germany's Secret Foreign Exchange Balances, 1938–1940, in: Economic History Review 54, 2001, S. 324–345.

---

123 Albrecht Ritschl, The Pity of Peace. The German Economy at War, 1914–1918 and Beyond, in: Stephen Broadberry/Mark Harrison (Hrsg.), The Economics of World War I, Cambridge 2005, S. 50 ff.

Scherner, Jonas, Europas Beitrag zu Hitlers Krieg. Die Verlagerung von Industrieaufträgen der Wehrmacht in die besetzten Gebiete und ihre Bedeutung für die deutsche Rüstung im Zweiten Weltkrieg, in: Christoph Buchheim/Marcel Boldorf (Hrsg.), Europäische Volkswirtschaften unter deutscher Hegemonie, München 2012, S. 70-92.

Scherner, Jonas, Der deutsche Importboom während des Zweiten Weltkriegs. Neue Ergebnisse zur Struktur der Ausbeutung des besetzten Europas auf der Grundlage einer Neuschätzung der deutschen Handelsbilanz, in: Historische Zeitschrift 294, 2012, S. 79-113.

Schröter, Harm, Außenpolitik und Wirtschaftsinteresse. Skandinavien im außenwirtschaftlichen Kalkül Deutschlands und Großbritanniens 1918-1939, Frankfurt am Main [u. a.] 1983.

Tattara, Giuseppe, Power and Trade, Italy and Germany in the 1930s, in: Vierteljahrschrift für Sozial- und Wirtschaftsgeschichte 78, 1991, S. 458-500.

Teichert, Eckhard, Autarkie und Großraumwirtschaft in Deutschland 1930-1939, München 1984.

Volkmann, Hans-Erich, Außenhandel und Aufrüstung in Deutschland 1933 bis 1939, in: Friedrich Forstmeier/Hans-Erich Volkmann (Hrsg.), Wirtschaft und Rüstung am Vorabend des Zweiten Weltkrieges, 2 Aufl. Düsseldorf 1981, S. 81-131.

Wendt, Bernd Jürgen, Economic Appeasement. Handel und Finanz in der britischen Deutschland-Politik 1933-1939, Hamburg 1971.

Marcel Boldorf
7.2 Besatzungswirtschaft in Westeuropa: Frankreich, Belgien und Niederlande

7.2.1 Einleitung

Reichswirtschaftsminister und Reichsbankpräsident Walther Funk hielt am 25. Juli 1940 vor nationalen und internationalen Pressevertretern eine viel beachtete Rede „für eine friedliche, engere wirtschaftliche Zusammenarbeit in Europa".[1] Nicht nur zeitgenössisch erfuhr sie beachtliche Resonanz, zum Beispiel durch John Meynard Keynes, sondern auch wissenschaftlich wurden der „Funk-Plan" und seine Vorarbeiten stark rezipiert.[2] Wesentlich erhellender als die Propagandarede waren allerdings interne Ausarbeitungen, die Funk dem Leiter der Vierjahresplanbehörde Hermann Göring vorlegte. Sie sprachen Klartext und entwickelten Leitlinien für die „Eingliederung der besetzten Gebiete in die großdeutsche Wirtschaft": die Sicherung eines möglichst großen Teils der europäischen Warenproduktion für den deutschen Bedarf; die Schaffung eines Zentralclearing über die in Berlin ansässige Deutsche Verrechnungskasse; die Kontrolle des europäischen zwischenstaatlichen Warenverkehrs; die Verflechtung der europäischen Volkswirtschaften durch Angleichung der Organisationsformen der Wirtschaft an das deutsche Modell, Einbeziehung der europäischen Wirtschaftszweige in deutsche Kartelle, „kapitalmässige Beherrschung" wichtiger Unternehmen und die personelle Durchdringung maßgeblicher europäischer Wirtschaftspositionen.[3] Bald traten die Projektionen für eine künftige ökonomische Neuordnung Kontinentaleuropas in den Hintergrund.[4] Die Expertisen der einzelnen Ressorts beschränkten sich fortan darauf, auf der Grundlage bereits erprobter Praktiken der NS-Wirtschaftslenkung – sowohl im Reich als auch in besetzten Gebieten wie Polen – zweckmäßige Institutionen zur wirtschaftlichen Lenkung zu konzipieren.

---

1 Vgl. Bundesarchiv (BArch), R 2501/7017. Sonderdruck „Wirtschaftliche Neuordnung Europas!", 26. 7. 1940.
2 *Stephen G. Gross*, Gold, Debt and the Quest for Monetary Order: The Nazi Campaign to Integrate Europe in 1940, in: Contemporary European History 26, 2017, S. 287–309; *Paolo Fonzi*, The Funk Plan, in: Alessandro Roselli (Hrsg.), Money and Trade Wars in Interwar Europe, London 2014, S. 175–191; *Marc Buggeln*, Währungspläne für den europäischen Großraum. Die Diskussion der nationalsozialistischen Wirtschaftsexperten über ein zukünftiges europäisches Zahlungssystem, in: Beiträge zur Geschichte des Nationalsozialismus 18, 2002, S. 41–76. Vgl. auch Kapitel 6.1 in diesem Band.
3 *Jean Freymond*, Le IIIe Reich et la réorganisation économique de l'Europe 1940–1942. Origines et projets, Leiden/Genf 1974, S. 242. Nachdruck des Schreibens von Walther Funk an Hermann Göring vom 6. 8. 1940.
4 *Hans Umbreit*, Auf dem Weg zur Kontinentalherrschaft, in: Bernhard Kroener/Rolf-Dieter Müller/Hans Umbreit (Hrsg.), Das Deutsche Reich und der Zweite Weltkrieg. Bd. 5: Organisation und Mobilisierung des deutschen Machtbereichs, Halbbd. 1: Kriegsverwaltung, Wirtschaft und personelle Ressourcen, Stuttgart 1988, S. 216.

Die Funktionsweise des institutionellen Gefüges, das sich auf pragmatischem Weg entwickelte, gliedert diesen Beitrag. Für die besetzten Länder Frankreich, Belgien und Niederlande sollen die Organisation der Besatzungswirtschaft (Abschnitt 2), die Ausrichtung auf deutsche Interessen (Abschnitt 3) und die Finanzierung der Ausbeutung (Abschnitt 4) dargestellt werden. Abschließend wird die Kriegsproduktion der besetzten westeuropäischen Staaten betrachtet (Abschnitt 5).

Der Westbefehl Görings vom 26. August 1940, der eine „planmäßige Ausnutzung der Wirtschaft der besetzten westlichen Gebiete für die deutsche Kriegswirtschaft" vorsah, zeugte von einem Denken, das auf die gemeinschaftliche Behandlung Westeuropas zielte.[5] Von der Zusammengehörigkeit ging auch eine programmatische Schrift des NS-Juristen Werner Best aus, der für das westeuropäische Besatzungsregime den Begriff der „Aufsichtsverwaltung" prägte. Diese Wortschöpfung meinte eine Form indirekter Herrschaft, in der die „Beauftragten des Führungsvolkes" die landeseigene Verwaltung mit Hilfe von einheimischen Fachleuten aller Ressorts anleiteten und kontrollierten.[6]

Nach der Besetzung wurde die Wirtschaftsabteilung des Militärbefehlshabers in Frankreich (MBF) zum Hauptakteur. Sie setzte sich aus delegierten Fachbeamten aus dem Reich zusammen. Die Kompetenzen der Brüsseler Militärverwaltung erstreckten sich auf Belgien sowie die beiden nordfranzösischen industriell geprägten Departements Nord und Pas-de-Calais. Ihre Wirtschaftsabteilung unterhielt vor allem Kontakte zu den Staatssekretären der belgischen Ministerien, weil in Belgien keine eigenständige Regierung mehr existierte. Die Niederlande wurden mit ihrer Besetzung als Reichskommissariat bezeichnet, das seit dem 28. Mai 1940 dem österreichstämmigen Juristen Arthur Seyß-Inquart unterstand. Hier rechnete die NS-Regierung mit der Etablierung eines dauerhaften Herrschaftsanspruchs, was eine stärkere volkswirtschaftliche Verflechtung beförderte. Im Gegensatz zu den Militärverwaltungen in Paris und Brüssel blieben die Befehlshaber der Wehrmacht in den Niederlanden mehr auf militärische Aufgaben beschränkt, während die Einflussnahme von Berliner Stellen, z. B. der Reichsbank in monetären Fragen, größer war. Die deutsche Wirtschaftsaufsicht lag ab Mai 1940 in den Händen eines Stabes unter Generalkommissar Hans Fischböck, dessen Aufbau im Wesentlichen demjenigen in den beiden anderen betrachteten westeuropäischen Ländern entsprach.[7]

Unmittelbar nach dem Krieg entstanden Studien zur Besatzungswirtschaft, zunächst von alliierter Seite, die prägend auf die nachfolgende Forschung wirkten. Auf deutscher Seite gingen die ersten quellenbasierten Untersuchungen auf das Tübinger Institut für Besatzungsfragen zurück.[8] Die Historiografie der drei besetzten westeuro-

---

5 BArch, R 3101/32257. Hermann Göring, Reichsmarschall des Deutschen Reichs und Beauftragter für den Vierjahresplan, an verschiedene Reichs- und Parteistellen sowie Regierungsressorts, 26. 8. 1940.
6 *Werner Best*, Großraumordnung und Großraumverwaltung, in: Zeitschrift für Politik 32, 1942, S. 406–412.
7 Vgl. *Christoph Kreutzmüller*, Händler und Handlungsgehilfen. Der Finanzplatz Amsterdam und die deutschen Großbanken (1918–1945), Stuttgart 2005, S. 103–134.
8 Z. B. *Alfred Munz*, Die Auswirkung der deutschen Besetzung auf Währung und Finanzen Frankreichs, Tübingen 1957.

päischen Länder legte verdienstvolle Werke mit einem Schwerpunkt auf dem Thema Wirtschaft vor, in denen die Entscheidungsprozesse auf deutscher Seite aber oftmals unterbelichtet blieben. Für Frankreich begann die Forschung zur Wirtschaftskollaboration Ende der 1970er Jahre; sie knüpfte an die Pionierstudie des britischen Historikers Alan Milward an.[9] Die gründlichste finanz- und wirtschaftshistorische Analyse legte Michel Margairaz vor.[10] Die beiden wichtigsten Monografien zu Belgien konzentrieren sich auf die Kollaboration der Unternehmer im Industriesektor und auf die finanzpolitische Rolle der Zentralbank.[11] Die umfassendste Erforschung der besetzten Niederlande leistete Hein Klemann, der auch als Co-Autor an einer Darstellung zur gesamteuropäischen Dimension der NS-Besatzung mitwirkte.[12] Eine europäische Perspektive nahmen auch die Studien von Eichholtz ein, die auf seinen in der DDR begonnenen Forschungen fußten, sowie die stark rezipierte, aber mitunter fehlerhafte und im Gesamturteil fragwürdige Abhandlung von Götz Aly.[13] Die älteren deutschsprachigen Handbücher mit militärgeschichtlichem Hintergrund bilden ein wertvolles Gerüst, insbesondere für die Kriegswirtschaftspolitik.[14] Schließlich liegen noch einige Sammelbände vor, deren Schwerpunkte die Funktionsweise des Besatzungsregimes, seine transformierende Wirkung, der wirtschaftliche Ertrag für die deutsche Kriegswirtschaft sowie die Diversität der Ausnutzung und Ausbeutung der besetzten Volkswirtschaften sind.[15]

7.2.2 Organisation der Besatzungswirtschaft

Im Herbst 1939 erarbeitete der Planungsstab des Wirtschaftsbevollmächtigten beim Generalquartiermeister des Oberkommandos des Heeres in Gießen den sogenannten gelben Esel, d.h. eine Dokumentation für den Generalstab mit gelbem Einband.[16] Auf

---

9 *Alan S. Milward*, The New Order and the French Economy, Oxford 1970.
10 *Michel Margairaz*, L'état, les finances et l'économie. Histoire d'une conversion 1932–1952, 2 Bde. Paris 1991.
11 *Patrick Nefors*, La collaboration industrielle en Belgique, 1940–1945, Brüssel 2006; *Herman van der Wee/Monique Verbreyt*, A Small Nation in the Turmoil of the Second World War. Money, Finance and Occupation. Belgium, its Enemies, its Friends, 1939–1945, Leuven 2009.
12 *Hein Klemann/Sergei Kudryashov*, Occupied Economies. An Economic History of Nazi-Occupied Europe, 1939–1945, London/New York 2012.
13 *Dietrich Eichholtz*, Geschichte der deutschen Kriegswirtschaft 1939–1945. 3 Bde. Nachdruck München 1999; *Götz Aly*, Hitlers Volksstaat. Raub, Rassenkrieg und nationaler Sozialismus, 2. Aufl. Frankfurt am Main 2005; korrigierend: *Christoph Buchheim*, Die vielen Rechenfehler in der Abrechnung Götz Alys mit den Deutschen unter dem NS-Regime, in: Sozial.Geschichte 20, 2005, S. 67–76; vgl. auch Kapitel 8.1 in diesem Band.
14 *Kroener/Müller/Umbreit*, Das Deutsche Reich. Bd. 5, 2 Halbbde. Stuttgart 1988/1999.
15 Vgl. Auswahlbibliografie am Ende dieses Kapitels.
16 *Hans Umbreit*, Der Militärbefehlshaber in Frankreich 1940–1944, Boppard 1968, S. 2–5.

Basis publizierter Statistiken stellte man Datenreihen zur Vorbereitung einer Besatzungsverwaltung in Belgien, Luxemburg, den Niederlanden und Frankreich zusammen. Davon ausgehend erarbeitete der Planungsstab 17 Verordnungsentwürfe zu Wirtschafts-, Währungs- und Finanzfragen, die die Konturen für eine zukünftige Besatzungsherrschaft in den westeuropäischen Ländern absteckten. Das Material wurde den in Aussicht genommenen territorialen Dienststellen noch vor Beginn des Westfeldzugs im Februar 1940 zugeleitet.[17]

Als die deutsche Wehrmacht in die Niederlande einmarschierte, fand sie bereits ein Bewirtschaftungssystem vor. Im August 1939 hatte die niederländische Regierung zwölf *Rijksbureaus* als Reaktion auf die Blockadeerfahrung des Ersten Weltkriegs errichtet. Diese Überwachungsstellen dienten der Erfassung und Verteilung von Rohstoffen sowie ihrem An- und Verkauf, ihrem Transport und ihrer Lagerung. Sie waren dem niederländischen Wirtschaftsministerium unterstellt, doch stammten die Direktoren und die Leitungskräfte aus den führenden Industriebetrieben.[18] Die stärker auf die Investitionsgüterindustrie orientierten Büros hatten ihren Sitz in Den Haag (Reichskohlebüro, die Büros für Eisen und Stahl, Nichteisenmetalle, Erdöl, Teer, chemische Produkte, Metallverarbeitung, Altmaterial und Abfall, Tabak, Verteilung von Textilprodukten), die stärker auf die Konsumgüterbranchen ausgerichteten in Amsterdam (Baustoffe, Diamanten, Heilmittel und Verbandsstoffe, Holz, Häute und Leder, Gummi sowie Papier und -verarbeitung). Das Reichstextilbüro war in Arnheim und das Büro für Wolle und Lumpen in Tilburg.[19]

Der wirtschaftliche Generalkommissar Fischböck setzte jedem *Rijksbureau* einen deutschen Referenten vor, der ihm gegenüber verantwortlich war. Diese waren aus deutschen Wirtschaftskreisen nach fachlichen Kriterien, nicht nach dem Parteibuch, ausgewählt worden. Im Interesse der deutschen Industrie konnten sie lenkend eingreifen, um z. B. die Priorität der Rohstoffzuteilung für Exportaufträge durchzusetzen.[20] Die Mehrzahl der niederländischen Industriellen rechnete mit einem deutschen Kriegserfolg und diente sich dem vermeintlichen Sieger an. Nur vereinzelte Unternehmer lehnten die Orientierung auf Bedürfnisse der Besatzer ab, aber gerade für kleinere und mittlere Betriebe bot die Annahme deutscher Aufträge die beste Chance, Rohstoffe mög-

---

17 *Marcel Boldorf*, Die Wirtschaftsabteilung des Militärbefehlshabers in Frankreich. Regulierung und Lenkung durch die deutsche Besatzungsbürokratie (1939/40–1944), in: Albrecht Ritschl (Hrsg.), Das Reichswirtschaftsministerium in der NS-Zeit. Wirtschaftsordnung und Verbrechenskomplex, Berlin/Boston 2016, S. 322.
18 *Gerhard Hirschfeld*, Fremdherrschaft und Kollaboration. Die Niederlande unter deutscher Besatzung 1940–1945, Stuttgart 1984, S. 128; *Hein Klemann*, Die niederländische Wirtschaft von 1938 bis 1948 im Griff von Krieg und Besatzung, in: Jahrbuch für Wirtschaftsgeschichte 2001/1, S. 66; *Hein Klemann*, Dutch Industrial Companies and the German Occupation, 1940–1945, in: Vierteljahrschrift für Sozial- und Wirtschaftsgeschichte 93, 2006, S. 6, 8.
19 *Hirschfeld*, Fremdherrschaft, S. 259.
20 *Klemann/Kudryashov*, Occupied Economies, S. 91; *Klemann*, Dutch, S. 8 f.; *Klemann*, Niederländische Wirtschaft, S. 66.

lichst problemlos zu erhalten.[21] Dadurch rückten die deutsche Wirtschaftsverwaltung und die niederländischen Unternehmer, die in den *Rijksbureaus* das Sagen hatten, enger zusammen. Letztere sahen keine Veranlassung, das zuständige Ministerium über die Verwendung zu informieren. Somit fehlte dem niederländischen Wirtschaftsministerium immer häufiger die Kenntnis darüber, welche Mengen rationierter Rohstoffe die Industrie für deutsche Kriegszwecke einsetzte. In dem Maße, wie der Einfluss des Ministeriums auf Verteilungsfragen schwand, entwickelten sich die *Rijksbureaus* zu unabhängigen Organisationen mit Governancefunktionen.[22]

Dass die *Rijksbureaus* eher als industrie- denn als staatsaffin galten, war für die Besatzungsmacht von Vorteil, denn ihre relative Selbständigkeit erleichterte die Lenkung. Ihre Aufgaben nahmen zu, und ihr Einfluss wuchs ebenso wie ihre Personalstärke: Die Zahl der Bediensteten in den *Rijksbureaus* stieg bis Ende 1942 auf 9000 und Ende 1943 auf 11 000 an. Demgegenüber fiel die Zahl der Mitarbeiter im niederländischen Wirtschaftsministerium auf 500. Der Einfluss der zentralen Behörde, die die Interessen der niederländischen Volkswirtschaft als Ganzes vertrat, ging zurück. Stattdessen entwickelte sich die industrielle Kontrolle aus der direkten Kollaboration auf dezentraler Ebene.[23]

Der Brüsseler Militärbefehlshaber beklagte zu Beginn der militärischen Besatzung Mitte Juni 1940 das „Fehlen einer nach deutschen oder holländischen Grundsätzen aufgebauten Wirtschafts-Organisation."[24] Nach den Vorarbeiten des Gießener Planungsstabs stand der Rahmen für die Lenkungswirtschaft fest, doch die konkrete Ausgestaltung überließ man den belgischen Kollaborateuren. Die Militärverwaltung nahm Kontakte mit den beiden größten Arbeitgebervereinigungen, dem *Comité central industriel*, dem Alexandre Galopin vorstand, und dem *Vlaamsch Economisch Verbond* auf. Zusätzlich wurde die neue Position des Generalsekretärs für wirtschaftlichen Angelegenheiten geschaffen, die der flämische Nationalist Victor Leemans bekleidete.[25] Gemäß der Verordnung vom 27. Mai 1940 wurden zwölf Warenstellen eingerichtet (*Warencentrales* bzw. *Offices centraux des marchandises*).[26] Grundsätzlich unterstanden sie der Aufsicht des belgischen Wirtschaftsministeriums, doch die Arbeitgeberorganisationen entsandten das leitende Personal. Diese Stellen sollten die „Erzeugung lenken", indem sie nicht nur allgemeine Vorschriften, sondern auch Einzelverfügungen an die Betriebe erließen, um für eine „gerechte Verteilung und rationelle Verwertung der Rohstoffe" zu sorgen. Das installierte Rationierungssystem und

---

21 *Martijn Lak*, Doing Business with the Hun: Dutch Business During the German Occupation, 1940–45, in: Hans Otto Frøland/Mats Ingulstad/Jonas Scherner (Hrsg.), Industrial Collaboration in Nazi-occupied Europe. Norway in Context, London 2016, S. 116, 126, 138.
22 Vgl. *Klemann*, Dutch, S. 8 f.
23 *Hirschfeld*, Fremdherrschaft, S. 128, 256; *Klemann*, Dutch, S. 9.
24 BArch, RW36/171. Tätigkeitsbericht Nr. 2 des Militärbefehlshabers Belgien/Nordfrankreich, 16. 6. 1940.
25 *Nefors*, La collaboration, S. 63.
26 Vgl. *Dirk Luyten*, Corporatist Institutions and Economic Collaboration in Occupied Belgium, in: Frøland/Ingulstad/Scherner, Industrial Collaboration, S. 212–220.

die Ressourcenallokation lehnten sich eng an das Verfahren an, das in den deutschen Reichsstellen praktiziert wurde.[27] Jeder Warenstelle wurden deutsche Sachverständige aus dem zivilen Stab der Brüsseler Militärverwaltung zugeordnet.

Die Expertise des belgischen Wirtschaftsministeriums war vor allem bei der Einpassung der Vorschriften in die belgische Rechtsordnung gefragt. Generalsekretär Leemans interpretierte die *Warencentrales* nicht allein als notwendige Institutionen zur Bewältigung der Knappheit, sondern auch als Vorbedingung für die Integration der belgischen Wirtschaft in eine nationalsozialistische Neue Ordnung. Trotz seiner ideologischen Affinität war das Wirtschaftsministerium nicht in allen Fällen der erste Ansprechpartner, sondern die deutsche Besatzungsverwaltung suchte den direkten Kontakt mit den Industrieverbänden und den Branchen, die sie vertraten.[28] Dem Wunsch der Arbeitgeberorganisationen nach formaler Einbindung begegnete sie mit Zurückhaltung. Zwar wurden sie bei der Benennung der Beiratsmitglieder der *Warencentrales* konsultiert, doch enthielt die Kodifizierung ihres Statuts im September 1940 diesbezüglich keine verbindlichen Vorschriften. In der Praxis leisteten die neu gebildeten industriellen Wirtschaftsgruppen, die personell meist mit den Industrieverbänden deckungsgleich waren, wesentliche Zuarbeiten: Beispielsweise erstellten sie Statistiken über die Lagerbestände der Unternehmen in der von ihnen vertretenen Branche.[29]

Jede der schließlich 16 *Warencentrales* verfügte über fünf bis acht fachlich gebildete Außenbeamte, die in Betriebsbesichtigungen prüften, ob der Einsatz der Produktionsmittel, der Warenbezug und -absatz sowie die Art der Fertigung den erlassenen Direktiven entsprach. Zuweilen erließen die Warenstellen auch Einzelverfügungen für spezielle Betriebe. Ein „ernstlicher Einfluss" konnte nur bei einigen Warenstellen verzeichnet werden; die Militärverwaltung vermutete eine zögerliche Vorgehensweise „aus politischen und nationalen Rücksichten".[30] Gleichwohl war ihr Status offizieller als in den Niederlanden, sodass sich nicht das gleiche Maß an Dezentralität wie im nördlichen Nachbarstaat entwickelte. Die skizzierten Rahmenbedingungen formten die belgische Praxis der industriellen Kollaboration: Vertreter aus den für Deutschland besonders relevanten Industriesektoren – dem Kohlebergbau, der Stahl- und der Metallindustrie – schlossen sich in einem Komitee unter der Führung des Industriellen Alexandre Galopin zusammen. Es firmierte als eine Art Industriekabinett, das Verhandlungen mit der deutschen Militärverwaltung in Brüssel führte.

Frankreich hatte eine eigene Regierung mit Sitz in Vichy, die sich jedoch den Ordnungsprinzipien des Besatzungsregimes unterwerfen musste. Die Hauptansprechpartner befanden sich allerdings in den Pariser Ministerien, vor allem im Industrie-

---

27 BArch, RW 36/182. Tätigkeitsbericht Nr. 12 der Brüsseler Militärverwaltung für Dezember 1940, 3. 1. 1941. Zu den Reichsstellen vgl. Kapitel 2.1 in diesem Band.
28 *Luyten*, Corporatist Institutions, S. 212 f.; *van der Wee/Verbreyt*, Small Nation, S. 125 f.
29 *Van der Wee/Verbreyt*, Small Nation, S. 199.
30 BArch, RW 36/257, Bl. 88 f. Abschlussbericht der Abt. Wirtschaft des Militärbefehlshabers Belgien/Nordfrankreich über Wirtschaftslenkung und -kontrolle.

ministerium (*Ministère de la production industrielle*). Ausgewählte kollaborationswillige Technokraten legten Gesetzesentwürfe für einen korporativen Umbau der Wirtschaftsordnung vor. Jacques Barnaud, Generalsekretär des Industrieministeriums, erarbeitete ein Gesetz zur vorläufigen Organisation der Industrieproduktion, das am 16. August 1940 in Kraft trat.[31] Als zentrale Organisation schuf es die *Comités d'organisation*, die mit den Wirtschaftsgruppen im Reich vergleichbar waren. Wie in Belgien lehnten sie sich eng an die bestehenden Arbeitgebervereinigungen an, sodass häufig die Führungspersönlichkeiten großer Industrieunternehmen an ihre Spitze rückten. Die *Comités d'organisation* verfügten über das Recht, die Produktionsprogramme festzulegen, aber für die entscheidende Stufe der Rohstoffverteilung wurde ein zentrales Bewirtschaftungsamt (*Office central de répartition des produits industriels*) analog zu den Gießener Vorplanungen installiert. Bei seiner Gründung am 10. September 1940 teilte es sich in zehn Sektionen auf, die die deutsche Militärverwaltung auch als Verteilungs-, Überwachungs- oder Warenstellen bezeichnete. Wie in den anderen besetzten westeuropäischen Ländern deckten sie die industriellen Basissektoren ab und unterstanden den Referatsleitern der Abteilung Wirtschaft der Pariser Militärverwaltung. Den *Comités d'organisation* verblieb lediglich die sekundäre Rohstoffverteilung auf die einzelnen Betriebe der jeweiligen Branche. Allerdings übernahmen sie im Oktober 1940 von den Präfekten der Departements die für die Rohstoffzuweisung entscheidende Aufgabe der Sammlung statistischer Betriebsdaten.[32]

Von den wichtigsten Industriesektoren ausgehend bildeten sich *Comités d'organisation* bis Ende 1940 in rund 30 Branchen. Der Beitritt erwies sich für die Unternehmen immer mehr als Notwendigkeit, um Input-Faktoren zu erhalten, sodass sich ihre Zahl bis Anfang 1942 auf 110 und schließlich bis 1944 auf über 200 erhöhte.[33] Die dort eingebundenen Industriellen nahmen auch Aufgaben in der Staatsverwaltung wahr. Beispielsweise leitete Pierre Pucheu das *Comité d'organisation* des Stahlsektors und ab Februar 1941 das Staatssekretariat für die industrielle Produktion. Als er im Juli 1941 fachfremd zum Innenminister aufrückte, übernahm François Lehideux, Unternehmensvorstand bei Renault, seine Position. Dieser Neffe von Louis Renault hatte zuvor das *Comité* im Automobilbau geleitet. Nach seiner Ernennung zum Staatssekretär wurde ihm auch das Amt des Generalbeauftragten für nationalen Wiederaufbau (*Délégué général à l'équipement national*) übertragen.

Im Gegensatz zu Belgien und den Niederlanden war die oberste französische Bewirtschaftungsstelle in das Industrieministerium eingegliedert, was ihr trotz der deutschen Aufsicht Gestaltungsspielräume eröffnete. Davon zeugen einige Initiativen, die auf die Ausweitung französischer Handlungsmöglichkeiten drängten, z. B. der

---

31 *Margairaz*, L'état, les finances et l'économie, Bd. 1, S. 512 f.
32 *Marcel Boldorf*, Die gelenkte Kriegswirtschaft im besetzten Frankreich (1940–1944), in: Christoph Buchheim/Marcel Boldorf (Hrsg.), Europäische Volkswirtschaften unter deutscher Hegemonie 1938–1945, München 2012, S. 117.
33 *Margairaz*, L'état, les finances et l'économie, Bd. 1, S. 522.

Versuch von Lehideux im März 1941, die *Comités d'organisation* stärker in der Verteilungspolitik zu verankern. In Reaktion auf diesen Vorstoß bestimmte die MBF-Wirtschaftsabteilung, dass Fertigungs- und Bearbeitungsaufträge sowie Lieferungsverträge zwischen deutschen und französischen Unternehmen unmittelbar zu verhandeln seien.[34]

Eine unternehmensorientierte deutsche Maßnahme bezog sich auf die Bestimmung von „Vorzugsbetrieben" (V-Betriebe), d. h. Versorgungsbetrieben wie Gas-, Wasser- und Elektrizitätswerken oder Betrieben der Urproduktion, z. B. Kohlen- und Erzbergwerken. Der Vorzugsstatus sicherte ihnen eine Priorität bei der Kohle- und Energiebelieferung zu. Gleiche Zulieferungsbedingungen galten für Rüstungsbetriebe, die im Interesse der Wehrmacht arbeiteten. Zunehmende Engpässe bei der Belieferung mit Kohle und anderen Energieträgern führten Anfang 1942 zu einer Ausdifferenzierung der Prioritätsskala, wobei die Kennzeichnung als V-Betrieb – etwa im Textilsektor – nun auch temporär für die Dauer der Herstellung einer bestimmten Fertigungsreihe festgelegt werden konnte.[35]

Die Ausgestaltung der Kollaboration bevorzugte die Aufnahme direkter Kontakte mit den rüstungsrelevanten Industrien. Die Speer-Reformen im Reich, d. h. die Einführung der sog. Zentralen Planung im April 1942, führte zu einem partiellen Umbau des Zuteilungssystems in den besetzten Ländern. In den Niederlanden wurde am 26. November 1942 die Verantwortung für die Durchführung der Bewirtschaftungsmaßnahmen auf die deutschen Reichsstellen übertragen.[36] Diese Bestimmung wurde bis Juni 1943 auf alle besetzten Westgebiete erweitert. Manche Forschungen knüpften hieran die Annahme, dass die Berliner Zentrale Planung damit einen direkten Zugriff auf den westeuropäischen Güter- und Warenverkehr erhalten habe. Die Formulierungen reichen von einer Unterordnung unter die Berliner Planung bis zur „vollständige[n] Gleichschaltung" des französischen zentralen Bewirtschaftungsamtes „mit den deutschen Lenkungsbereichen".[37] Solchen Einschätzungen liegt ein Missverständnis der Allmacht des Speerschen Systems der Zentralen Planung sowie seiner konkreten Wirkungsweise zugrunde.[38]

Sicherlich gab es Kompetenzerweiterungen, beispielsweise erfuhren die in den Niederlanden eingesetzten deutschen Referenten eine Aufwertung, indem sie zu Bevollmächtigten ernannt wurden, die gegenüber den Direktoren der *Rijksbureaus* Weisungs-

---

34 *Boldorf*, Die gelenkte Kriegswirtschaft, S. 115.
35 *Boldorf*, Wirtschaftsabteilung, S. 340 f.; *Boldorf*, Die gelenkte Kriegswirtschaft, S. 121 f.
36 *Jochen Streb*, Das Reichswirtschaftsministerium im Kriege, in: Ritschl, Reichswirtschaftsministerium, S. 544.
37 *Radtke-Delacor, Arne*, Verlängere Werkbank im Westen: Deutsche Produktionsaufträge als Trumpfkarte der industriellen Kollaboration in Frankreich (1942–1944), in: Stefan Martens/Maurice Vaïsse (Hrsg.), Frankreich und Deutschland im Krieg (November 1942–Herbst 1944). Okkupation, Kollaboration, Résistance, Bonn 2000, S. 334.
38 Vgl. zur Speer-Reform im Reich das Kapitel 2.1 in diesem Band.

befugnis besaßen.[39] Indessen handelte sich weniger darum, konkrete Anweisungen aus Berlin durchzusetzen, als vielmehr die Interaktion mit den lenkungsrelevanten Stellen im Reich zu stärken. Im gleichen Zusammenhang hoben die im Februar 1943 für Belgien und Nordfrankreich erlassenen Ausführungsbestimmungen hervor, dass die Rohstoffbewirtschaftung im Sinne einer Warenbewirtschaftung weiterzuentwickeln sei. Die *Warencentrales* hätten stärker darauf Einfluss zu nehmen, welche Güter produziert werden, wie ihre Beschaffenheit ist und welche Rohstoffe verwendet werden. Reichsbeauftragte, die den Kontakt mit den Bewirtschaftungsträgern im Reich hielten, sollten die Produktion auf wenige Betriebe konzentrieren und stärker auf die Auftragsverlagerung aus Deutschland ausrichten.[40]

In vergleichbarer Weise wurde das Lenkungssystem auch in Frankreich komplettiert. Länderbeauftragte, die von den Hauptausschüssen und Ringen der deutschen Industrie entsandt wurden, überwachten die Bildung sog. Verlagerungsgemeinschaften. Bis Ende 1943 wurden 222 deutsche Firmen als Paten- und Leitfirmen für insgesamt 710 französische Betriebe eingesetzt. Die fachliche Anleitung der Firmenpartnerschaften sorgte zum einen in Abstimmung mit den französischen Warenstellen für die Ressourcenzuteilung und zum anderen wurde die Umsetzung der auferlegten Fertigungsprogramme, insbesondere bei Spezialerzeugnissen, kontrolliert.[41] Diese Steuerung wird plausibel, wenn man sich die gleichzeitig vorgenommene Umstellung der Rüstungsverlagerung vergegenwärtigt. Die Dienstbarmachung der besetzten Länder sollte immer weniger in der als risikoreich eingestuften Rüstungsendfertigung erfolgen. Stattdessen waren die Unternehmen in die Lieferketten einzubeziehen, indem sie sich auf die Fertigung von Teilen nach deutschen Anweisungen beschränkten.[42] Die Einschaltung der Reichsstellen in die intraindustrielle Kooperation stand der Marktkompatibilität des institutionellen Arrangements nicht entgegen.

7.2.3 Ausrichtung auf die deutsche Kriegswirtschaft

Die Ausbeutung der westeuropäischen Länder begann mit der Ausräumung der besetzten Landstriche durch die Wehrmacht. Kriegsgerät und Ausrüstungsgegenstände

---

39 *Hirschfeld*, Fremdherrschaft, S. 128.
40 BArch, R 3101/32256, Bl. 9–12. Militärverwaltung Belgien/Nordfrankreich an das Reichswirtschaftsministerium, 9. 2. 1943; vgl. für die Niederlande *Hirschfeld*, Fremdherrschaft, S. 255.
41 Arne *Radtke-Delacor*, Produire pour le Reich. Les commandes allemandes à l'industrie française (1940–1944), in: Vingtième siècle. Revue d'histoire 70, 2001, S. 109; *Radtke-Delacor*, Werkbank, S. 335; *Margairaz*, L'état, les finances et l'économie, Bd. 1, S. 713.
42 *Jonas Scherner*, Europas Beitrag zu Hitlers Krieg. Die Verlagerung von Industrieaufträgen der Wehrmacht in die besetzten Gebiete und ihre Bedeutung für die deutsche Rüstung im Zweiten Weltkrieg, in: Buchheim/Boldorf, Europäische Volkswirtschaften, S. 82.

wurden in großen Mengen beschlagnahmt und umgehend wieder für die Kriegsführung eingesetzt, Nahrungsmittel wurden requiriert und für den Verbrauch der Truppe verwendet. Der Abtransport dringend benötigten Güter ins Reich erfolgte – zumindest auf dem Papier – in geregelter Form. Das Oberkommando der Wehrmacht (OKW) designierte die seit 1934 existierende Wirtschaftliche Forschungsgesellschaft (Wifo) für die Verschickung beschlagnahmter und erbeuteter Güter. Ein OKW-Befehl vom Mai 1940 zur „Erfassung West" enthielt detaillierte Regelungen für die Registrierung der Verladezüge, die Disposition der Waggonladungen an die zuständigen Reichsstellen sowie der Einrichtung von Einlagerungsräumen für Stückgut, um eine zügige Umlenkung zu erlauben. Die bürokratische Dokumentation erfolgte in umfangreichen Lager- und Versandkarteien. Täglich waren dem OKW und dem Reichswirtschaftsministerium über die Lagerbestände Meldung zu erstatten.[43]

In den besetzten Ländern selbst erfolgte die Sicherstellung der Rohstoffvorräte und Warenlager jedoch ohne erkennbare Ordnung. Der Brüsseler Militärbefehlshaber beklagte, dass „ungeregelte Großeinkäufe verschiedener Amtsstellen [...] jede Planungsmöglichkeit" verhinderten. Die Organisation Todt tätige „ihre Einkäufe ohne Bezahlung gegen zum Teil völlig formlose Leistungsbescheinigungen."[44] Hinzu kamen Plünderungen der einmarschierenden Wehrmachtverbände, die sich auf die belgischen und französischen Kampfzonen konzentrierten. Spezialtrupps der Wehrmacht bemächtigten sich beim Einmarsch der sogenannten Spar- und Mangelgüter, derer sie habhaft werden konnten, und leerten dabei ganze Warenlager und Depots. Auch für die Niederlande sind Requisitionen belegt, doch betrafen sie lediglich die Hälfte der Lagerbestände, sodass die Entnahmen einer raschen Aufnahme der Produktion nicht im Wege standen.[45]

Trotz des Erlasses einer ordnenden Richtlinie des OKW im Juli 1940[46] bedurfte es konkreter Maßnahmen der Militärverwaltungen vor Ort, um die ungeregelten Abtransporte einzuschränken. Der Brüsseler Militärbefehlshaber ließ seit Juni 1940 Listen von Spar- und Mangelgütern erstellen.[47] Diese erste wirtschaftsbezogene Dokumentation bildete zugleich den Auftakt für die Errichtung des Bewirtschaftungssystems. In Frankreich ordnete der MBF eine Requisition „auf rein privatwirtschaftlicher Basis" an, sofern es sich nicht um Eigentum des französischen Staates handelte. Die Besatzungsverwaltung drängte auf eine Bezahlung der Ware, die nach ihrer Verschickung aus den Mitteln des Wifo-Sonderkontos bei der Reichskreditkasse erfolgte. Ab Oktober

---

43 BArch, R 121/1066. Wifo Berlin, Arbeitsplan für die „Erfassung West", 11. 6. 1940, vgl. zur Gründung *Ralf Banken*, Die wirtschaftspolitische Achillesferse des „Dritten Reiches": Das Reichswirtschaftsministerium und die NS-Außenwirtschaftspolitik 1933–1939, in: Ritschl, Reichswirtschaftsministerium, S. 192.
44 BArch, RW 36/174, Bl. 32. Tätigkeitsbericht Nr. 5 des Militärbefehlshabers Belgien/Nordfrankreich, 7. 7. 1940.
45 *Klemann*, Dutch, S. 6–9; *Umbreit*, Kontinentalherrschaft, S. 223; *Lak*, Doing Business, S. 122.
46 Vgl. den Hinweis bei *Radtke-Delacor*, Produire pour le Reich, S. 102.
47 BArch, RW 36/172, Bl. 35–40. Tätigkeitsbericht Nr. 3 des Militärbefehlshabers Belgien/Nordfrankreich, 19. 6. 1940, Anlage 4.

1940 übernahmen aus dem Reich delegierte Sachverständige den Einkauf der Rohstoffe. Auf der Grundlage von ihnen vorgelegter Erkundungsberichte achtete die Militärverwaltung auf den Abschluss von Kaufverträgen zu handelsüblichen Preisen. Im Monat darauf beschränkte das Reichswirtschaftsministerium die Rohstoffaufkäufe auf die dafür zugelassenen Firmen, insbesondere die ursprünglich vorgesehene Wifo als eigens gegründete getarnte Importgesellschaft.[48] Es war schwierig, den Gesamtwert der Beschlagnahmungen zu beziffern; auch der Wehrmacht und den Besatzungsstellen gelang es in dieser Phase nicht, die Menge der Abtransporte genau zu erheben.[49] Die Wifo konnte für das erste halbe Jahr ihrer Auslandsaktivität lediglich eine Leistungsschau ihrer logistischen Arbeit vorlegen. Demnach hatte sie von Mai bis Dezember 1940, als eine einmonatige Sperre für „Räumungsgüter West" verhängt wurde, 57 145 Waggonladungen aus den besetzten Gebieten nach Deutschland verbracht.[50]

Den Willen zur Fortsetzung der „Rohstoffeinkäufe" machte die Gründung der Rohstoffgesellschaft AG (Roges) in Berlin deutlich, die im Februar 1941 aus einer Erweiterung der Wifo hervorging. Sie wurde auf Geheiß des Wirtschafts- und Rüstungsamtes sowie des Reichswirtschaftsministeriums gegründet, um die Erschließung der in Westeuropa vorhandenen Rohstoffe für die deutsche Kriegswirtschaft beschleunigt fortzusetzen.[51] Mitunter verfolgte sie andere Absichten als die Wirtschaftsabteilungen der Militärverwaltungen, was sich vor allem in ihren umfangreichen Schwarzmarktkäufen zeigte. Diese Käufe störten das wirtschaftliche Gleichgewicht in den besetzten Gebieten empfindlich. Sie wurden teils über Besatzungskosten finanziert und teils über die bilateralen Clearing-Konten abgerechnet. Die Ausgaben der Roges auf den westeuropäischen Schwarzmärkten gingen von gut zwei Milliarden Reichsmark (1942/43) auf 246 Mio. (1943/44) und 34 Mio. (1944/45) zurück.[52]

Parallel zur Durchplanung des Rohstoffabtransports entwickelte sich als zweite Strategie die Indienstnahme der westeuropäischen Volkswirtschaften für deutsche Zwecke. Die Nutzung des vorgefundenen Produktionspotenzials begann mit dem Einmarsch, als die Beschaffungsstellen der Rüstungsinspektionen ab Mai 1940 Aufträge an verschiedene Unternehmen in den besetzten Gebieten erteilten, teilweise in Kooperation mit deutschen Unternehmen.[53] Als entscheidende Institution, die die Ausarbeitungen des Gießener Planungsstabs noch nicht vorgesehen hatte, erwiesen sich die

---

48 *Boldorf*, Die gelenkte Kriegswirtschaft, S. 111.
49 *Christoph Buchheim*, Die besetzten Länder im Dienste der deutschen Kriegswirtschaft während des Zweiten Weltkriegs. Ein Bericht der Forschungsstelle für Wehrwirtschaft, in: Vierteljahrhefte für Zeitgeschichte 34, 1986, S. 143 f.; *Umbreit*, Kontinentalherrschaft, S. 223.
50 BArch, R 121/1066. Erfassung der Räumungsgüter West, 24. 1. 1941.
51 *Boldorf*, Wirtschaftsabteilung, S. 343 f.
52 *Paul Sanders*, German Black Market Operation in Occupied France and Belgium, 1940–1944, Diss. Cambridge 1999, S. 148.
53 *Elena Dickert*, Die „Nutzbarmachung" des Produktionspotentials besetzter Gebiete durch Auftragsverlagerungen im Zweiten Weltkrieg. Staatliche Regulierung und Verlagerungsverhalten von Maschinenbau- und Automobilunternehmen, Diss. Trondheim 2014, S. 31–36.

Zentralauftragsstellen, die zum 15. September 1940 in den Hauptstädten Paris, Brüssel und Den Haag eingerichtet wurden. Sie besaßen eine Scharnierfunktion bei der Weiterleitung der Aufträge deutscher Unternehmen an geeignete Produzenten in den besetzten Gebieten. Eine Meldepflicht bestand ab einer Höhe von 5000 RM; ferner war der unbedingte Vorrang von militärischen gegenüber zivilen Aufträgen festgelegt. Die Hinwendung zur Nutzung des Industriepotenzials der besetzten Volkswirtschaften setzte dem Abtransport der „Spar- und Mangelgüter" nach Deutschland kein Ende, doch dominierte nun der sukzessive Ausbau von Lenkungsinstitutionen. Erst mit den Sauckel-Aktionen, d. h. dem massenhaften Zugriff auf die zivilen Arbeitskräfte der besetzten Länder, erfuhr das Prinzip der „Nutzbarmachung vor Ort" wieder eine deutliche Einschränkung.

Eine Pionierrolle hatte die niederländische Zentralstelle für öffentliche Aufträge, die als Vorläuferorganisation der dortigen Zentralauftragsstelle galt. Reichskommissar Seyß-Inquart förderte sie stark, doch führt die Interpretation, dass er sie gegen Görings Präferenz des Rohstoffabtransports ins Leben gerufen habe oder dass sie „sein Instrument" für die Ankurbelung der heimischen Produktion gewesen sei, zu weit.[54] Die Zentralstelle war ausschließlich für Verlagerungen staatlicher Stellen zuständig, sodass die Den Haager Zentralauftragsstelle ab Mitte September 1940 den Umfang der Verlagerungsaufträge erheblich erweiterte.[55]

In allen drei Ländern setzte die neue Institution durch ihre vertraglichen Präferenzangebote Anreize für die Lieferung an die Wehrmacht oder Rüstungsproduzenten im Deutschen Reich. Für die lokalen Produzenten war die Übernahme eines Verlagerungsauftrags von Vorteil, weil sie eine bevorzugte Zuteilung von Rohstoffen versprach. Zudem ließen sich höhere Gewinne erzielen, denn die Unternehmen erhielten die Rohstoffe zu Inlandspreisen, durften für den Export aber höhere Absatzpreise als im Inland veranschlagen. Die Eingliederung der Pariser Zentralauftragsstelle in das Deutsche Beschaffungsamt, das im August 1942 zur Bündelung der Wehrmachteinkäufe gegründet wurde, beendete ihre Tätigkeit keineswegs. Wie Beispiele aus der französischen Automobilindustrie zeigen, trat die fachliche Vermittlungskompetenz der Zentralauftragsstelle gerade bei der nunmehr bevorzugten Verlagerung von Rüstungsvorprodukten in den Vordergrund.[56]

Eine Vielzahl deutscher Unternehmen des Rüstungssektors nutzte ebenso wie die Wehrmacht das Verfahren der Auftragsverlagerung, um die westeuropäische Industrie in ihren Produktionsprozess einzuspannen. Somit unterschied man die zivile von der kriegsrelevanten Verlagerungsproduktion, die wiederum nur solche Industrieaufträge umfasste, die nicht von den Besatzungstruppen vor Ort verbraucht wurden.[57]

---

54 *Klemann*, Niederländische Wirtschaft, S. 58; *Klemann*, Dutch, S. 3, 8.
55 *Dickert*, Nutzbarmachung, S. 35.
56 *Boldorf*, Wirtschaftsabteilung, S. 342; *Dickert*, Nutzbarmachung, S. 104.
57 *Scherner*, Europas Beitrag, S. 80.

Tab. 1: Erteilte Verlagerungsaufträge ins besetzte Westeuropa 1940–1944 [in Mio. RM].

	Niederlande		Belgien		Frankreich	
	Mio. RM	Kaufkraft	Mio. RM	Kaufkraft	Mio. RM	Kaufkraft
1940	1203	1331	1100	1183	2183	3842
1941	1227	1283	1551	1667		
1942	1057	1025	1648	1648	2239	2866
1943	1535	1471	2023	1947	5598	5598
1944 (1. HJ)	481	463	965	929	2629	2629
	–	–	–	–	3820	3820
Summe	5503	5573	7287	7374	16469	18755

Quelle: *Dickert*, Nutzbarmachung, S. 161. Für Frankreich lassen sich Aufträge der Bauindustrie und der Roges in Höhe von 3,82 Milliarden RM nicht eindeutig einzelnen Kriegsjahren zuordnen.

Die in Tabelle 1 ausgewiesenen Kaufkraftparitäten zeigen – bei durchweg konstant gehaltenen Wechselkursen – den höheren Wert der RM nach ihrer Aufwertung 1940. Bis zum vierten Kriegsjahr glichen sich die Kaufkraftkurse aufgrund der Inflation den Wechselkursen an.[58] Der Wert der Verlagerungsaufträge stieg in allen Ländern kontinuierlich; außer in den Niederlanden (1941/42) ist keine markante Stockung bzw. ein Rückgang des Auftragsvolumens zu erkennen. In Frankreich erfolgte 1943 noch einmal ein quantitativer Sprung, der vor allem auf die militärische Besetzung des bisher unbesetzten Südens des Landes zurückzuführen war. Trotz des allgemeinen Rückgangs der Arbeitsproduktivität ließen sich im Rüstungssektor Produktionssteigerungen verzeichnen, die bis März 1944 anhielten. Erst danach setzte unter dem Eindruck der bevorstehenden alliierten Invasion ein Rückgang ein.[59]

In Bezug auf das Verlagerungsvolumen war Frankreich die bedeutendste europäische Volkswirtschaft unter deutscher Besatzung. Die Summe der in Belgien und Nordfrankreich tatsächlich ausgeführten Aufträge erreichte mit fast sechs Milliarden RM fast die Hälfte des für Frankreich festgestellten Verlagerungsvolumens, d. h. die jeweilige Höhe der Rüstungsproduktion entsprach bis Ende 1942 ungefähr der Einwohnerverteilung zwischen den Zuständigkeitsgebieten der beiden Zentralauftragsstellen. In Belgien/Nordfrankreich wurden die Aufträge indessen zu einem höheren Prozentsatz (86,7 %) als in Frankreich (75,8 %) erfüllt. In der westeuropäischen Gesamtsicht waren neben der Bauindustrie (36 %) und der Textilindustrie (10 %) die modernen kriegs- und rüstungsrelevanten Industriezweige für die Auftragsverlagerung am wichtigsten: Schiffbau, Fahrzeugbau und Maschinenbau mit jeweils 6 bis 7 % Anteil am Gesamtvolumen.

Trotz der Setzung von Anreizen konnten viele Aufträge – besonders in Frankreich – nicht ausgeführt werden. Vermutlich geschah dies aber weniger aus Gründen

---

[58] *Buchheim*, Die besetzten Länder, S. 118, 129, 133–135.
[59] *Radtke-Delacor*, Werkbank, S. 345.

Tab. 2: Ausgeführte Verlagerungsaufträge in den westeuropäischen Ländern, 1940–1944 [in Mio. RM].

	Niederlande		Belgien/Nordfrankreich		Frankreich	
	Ausgeführte Aufträge	In % der erteilten Aufträge	Ausgeführte Aufträge	In % der erteilten Aufträge	Ausgeführte Aufträge	In % der erteilten Aufträge
Gesamtsumme	4011	78,6 %	5998,3	86,7 %	12482,4	75,8 %
Davon in den wichtigsten Industriebranchen:						
Bauindustrie	618,4	98,0 %	1363,0	97,5 %	6251,9	96,8 %
Textilindustrie	322,6	84,0 %	1005,3	90,0 %	938,2	93,0 %
Fahrzeugbau	199,5	86,0 %	397,3	81,1 %	831,6	50,1 %
Luftfahrtindustrie	209,2	63,0 %	38,5	58,7 %	808,5	48,2 %
Schiffbau	651,0	70,7 %	499,9	84,4 %	390,9	70,0 %
Maschinenbau	347,8	84,0 %	460,5	70,7 %	558,7	63,5 %
Chemieindustrie	243,0	91,0 %	384,6	87,6 %	468,2	63,1 %
Elektroindustrie	362,5	58,0 %	183,0	59,8 %	447,0	54,3 %

Quelle: *Dickert*, Nutzbarmachung, S. 159; *Hirschfeld*, Fremdherrschaft, S. 121.

der Resistenz, sondern wegen des Mangels an verfügbaren Rohstoffen. Im Fahrzeug- und Flugzeugbau wurden vorwiegend inhomogene Produkte hergestellt, sodass ein einzelner Zulieferungsengpass die Produktion entscheidend verzögern konnte. Auch scheiterten „Verlagerungsgemeinschaften" daran, dass eine enge Kooperation zwischen dem Auftraggeber und -nehmer notwendig war, weil produktionsrelevantes Know-how transferiert werden musste.[60] Dagegen wurden im Textilsektor, der weitgehend homogene Güter herstellte, die Mehrzahl der erteilten Aufträge ausgeführt. Die mit Abstand meisten Aufträge gingen an die Bauindustrie: in den Niederlanden 15 Prozent, in Belgien 23 Prozent und in Frankreich etwas mehr als die Hälfte der registrierten Gesamtzahl. Dies spiegelt die rege Bautätigkeit der Organisation Todt wider, insbesondere ab Frühjahr 1942 beim Schwerpunktprojekt Atlantikwall.[61] Da sich die Verlagerung auf industriell gefertigte Güter rüstungsnaher Sektoren konzentrierte, liefen ihr die Rohstoffabtransporte der Roges mitunter zuwider.

Zur knappsten Ressource in den besetzten Gebieten entwickelte sich der Faktor Arbeitskraft. Mit der Ernennung des thüringischen Gauleiters Fritz Sauckel zum „Generalbevollmächtigten für den Arbeitseinsatz" im März 1942 trat die Zwangsarbeiterrekrutierung in eine neue Phase ein.[62] Neu war an seiner Methode, dass er in Kontingenten dachte und seine Anforderungsbefehle an die Militärverwaltungen in den besetzten Gebieten entsprechend weitergab. Ultimativ forderte er die Bereitstellung Hunderttausender Arbeitskräfte und ihre Überführung nach Deutschland. Nachdem

---

60 Vgl. *Dickert*, Nutzbarmachung, S. 133, 181 f., 188.
61 Vgl. zum Befestigungsausbau in Nordeuropa Kapitel 7.3 in diesem Band.
62 Vgl. zur Zwangsarbeit Kapitel 5.3 in diesem Band.

Tab. 3: Zwangsverpflichtete durch die Sauckel-Aktionen in Westeuropa, 1942–1944.

	Niederlande	Belgien/Nordfrankreich	Frankreich
Juni–September 1942	–	–	32500
Oktober–Dezember 1942	94000	–	163700
Januar–Juli 1943	145000	134000	391300
August–Dezember 1943	22300	10900	28000
Januar–April 1944	9300	8900	18900
Summe	270600	153800	634400

Quellen: *Milward*, New Order, S. 124; *Hirschfeld*, Fremdherrschaft, S. 264.

ein französisches Gesetz vom 4. September 1942 festhielt, dass die Arbeitskraft in den Dienst der Nation zu stellen sei, konzipierte das französische Arbeitsministerium unter der Leitung von Jean Bichelonne den *Service du Travail Obligatoire* (STO). Dieser Zwangsarbeitsdienst führte ab Februar 1943 zur Verschickung ganzer Geburtsjahrgänge, z. B. bei seiner Einführung der 1920, 1921 und 1922 Geborenen. In vergleichbarer Weise verfuhren die belgischen und niederländischen Kollaborationsbehörden, wie Tabelle 3 zeigt.

Sauckels Arbeitskräfteanforderungen standen den Bemühungen des Rüstungsministers Speer entgegen, den Rüstungsbeitrag der besetzten Gebiete zu erhöhen. Im September 1943 bestellte Speer den französischen Industrieminister Bichelonne nach Berlin ein, um mit ihm eine stärkere Einbindung Frankreichs in die deutsche Kriegswirtschaft vorzubereiten. Die Verhandlungsparteien einigten sich auf die Definition rüstungsrelevanter Sperrbetriebe (S-Betriebe), deren gesamte Belegschaft – einschließlich der STO-Jahrgänge – von der Deportationen nach Deutschland auszunehmen waren. Die Bedingung für die Ausstellung einer Sperrbescheinigung waren entweder ein mindestens 70-prozentiger Produktionsanteil für deutsche Zwecke oder die Beteiligung an einem Fertigungsprogramm, das gemeinsam mit einem deutschen Partner durchgeführt wurde.[63]

Die Einrichtung der S-Betriebe, die als Maßnahme zum Schutz der französischen Arbeitskräfte gedacht war, veränderte die Logik der Kollaboration. Das Industrieministerium unter Bichelonne wurde zum Förderer der Speer-Pläne, um weitere Forderungen Sauckels abzuwehren. Die Arbeit der Technokraten richtete sich darauf, dass rüstungsrelevante Unternehmen gute Produktionsergebnisse erzielten, um die Gefahr der Schließung abzuwenden, dass Konsumgüterproduzenten ihre Produktpalette um rüstungsrelevante Güter erweiterten, um in die Liste der Sperrbetriebe aufgenommen zu werden und dass sich die Arbeitskräfte in Frankreich unentbehrlich machten, um nicht nach Deutschland verschickt zu werden.[64] Im Oktober 1943 unterzeichneten

---

63 *Radtke-Delacor*, Werkbank, S. 341 f.
64 *Boldorf*, Wirtschaftsabteilung, S. 349–351.

Sauckel und der französische Staatschef Pierre Laval eine entsprechende Vereinbarung. Aber auch in den anderen westeuropäischen besetzten Ländern sank die Zahl der abtransportierten Arbeitskräfte in der zweiten Jahreshälfte 1943 markant, während die Auftragsverlagerung neue Höchstwerte erreichte. Letzteres lässt sich auf die steigende Zahl von Betriebsschließungen im Reich zurückführen, die zu vermehrten Bestellungen von Rüstungsvorleistungen im Ausland führten.[65]

Am 5. Oktober 1943 wurde das Konzept der Sperrbetriebe nicht nur auf die betrachteten westeuropäischen Länder, sondern auch auf Italien und Norwegen übertragen.[66] Schließlich betrug die Zahl der S-Betriebe in den Niederlanden 1971 mit über 300 000 Beschäftigten (Ende April 1944), in Belgien 862 mit 561 000 Arbeitern (Ende Februar 1944), während in Frankreich über 12 000 S-Betriebe der Kategorien I und II mit rund 1,3 Mio. Beschäftigten gezählt wurden.[67]

7.2.4 Besatzungskosten und Kriegsfinanzierung

Als das Reichsfinanzministerium auf der Grundlage des mit Frankreich geschlossenen Waffenstillstandsvertrages eine Regelung zur Frage der Besatzungskosten erarbeitete, galt von vornherein die Prämisse, die Summe so hoch zu bemessen, wie es mit der Leistungsfähigkeit der besetzten Volkswirtschaft vereinbar war. Von Informationen der Wehrmacht ausgehend, wurde eine Abschlagszahlung in Höhe von täglich 18 Mio. RM kalkuliert, die zu etwa zwei Fünfteln für den Sold der Wehrpflichtigen und Berufssoldaten sowie den Unterhalt ihrer Familien und zu drei Fünfteln für „sachliche Unterhaltungskosten" aufzubringen waren.[68] Die personenbezogene Kostenberechnung basierte auf einer Besatzungsarmee von ungefähr drei Mio. Soldaten, was in etwa der Mannstärke des Invasionsheeres, aber nicht der der dauerhaft in Frankreich stationierten Truppen entsprach. Der zweite Posten umfasste Verpflegung, Futter z. B. für Pferde, Bekleidung, Betriebsstoffe und Kfz-Instandhaltung, allerdings mit teilweise überhöhten Werten. Die Gesamtsumme dieser in Frankreich entstehenden Kosten wurde als „innere" Besatzungskosten bezeichnet. Dem standen die „äußeren" Besatzungskosten gegenüber, d. h. die Beträge, die das Deutsche Reich für die in Frankreich

---

65 *Dickert*, Nutzbarmachung, S. 163 f.
66 *Fabian Lemmes*, Arbeiten in Hitlers Europa. Die Organisation Todt in Frankreich und in Italien 1940–1945, Wien [u. a.] 2021, S. 304; *Dickert*, Nutzbarmachung, S. 126.
67 *Hans Umbreit*, Die deutsche Herrschaft in den besetzten Gebieten 1942–1945, in: Kroener/Müller/Umbreit, Das Deutsche Reich. Bd. 5, Halbbd. 2: Kriegsverwaltung, Wirtschaft und personelle Ressourcen 1942–1944/45, Stuttgart 1999, S. 185.
68 BArch, R 2/14566, Bl. 117. Aktenvermerk, 16. 8. 1940; vgl. *Marcel Boldorf/Jonas Scherner*, France's Occupation Costs and the War in the East: The Contribution to the German War Economy, 1940–1944, in: Journal of Contemporary History 47, 2012, S. 291–316 sowie die Nachrecherche von *Jürgen Kilian*, Krieg auf Kosten anderer. Das Reichsministerium der Finanzen und die wirtschaftliche Mobilmachung Europas für Hitlers Krieg, Berlin/Boston 2017, S. 246–248.

stehenden Truppen aufwandte, auch für deren Waffenausstattung.[69] Nach dieser Logik waren die „äußeren" Besatzungskosten in dem errechneten Abschlag noch nicht einmal enthalten. Im Prinzip forderte das Reich nichts anderes als einen Beitrag Frankreichs zur deutschen Kriegsfinanzierung ein. Entsprechend setzte die deutsche Delegation bei den Wiesbadener Waffenstillstandverhandlungen einen Abschlagsbetrag von 20 Mio. RM durch, was die französische Seite zu heftigem Widerspruch veranlasste.

Die diplomatischen Vertreter Frankreichs, allen voran Finanzminister Yves Bouthillier, konnten im Mai 1941 einen Erfolg bezüglich der Reduzierung der Höhe der täglichen Abschlagsrate auf 15 Mio. RM erzielen. Allerdings wies das Besatzungskostenkonto zu diesem Zeitpunkt einen Überschuss von 2,9 Milliarden RM auf.[70] 1942 setzte eine Steigerung der besatzungskostenfremden Ausgaben ein; darunter fielen vor allem Schwarzmarktkäufe sowie Transfers von Gütern und Leistungen an die Ostfront. Um die Ausgaben zu dämpfen, richtete das Deutsche Beschaffungsamt eine Überwachungsstelle ein, die eine zentrale Steuerung der Schwarzmarktkäufe sowie eine Bewirtschaftung der Besatzungskostenmittel anstrebte. Trotzdem stiegen die Ausgaben weiterhin, sodass das angesammelte Guthaben allmählich aufgebraucht wurde. Das war Ende 1942 der eigentliche Grund für die Heraufsetzung der täglichen Besatzungskosten von täglich 15 auf 25 Mio. RM. Die offizielle Begründung in Wiesbaden, dass die Truppenstärke wegen der Besetzung der südlichen Landeshälfte erhöht werden müsse, diente nur als Vorwand zur Durchsetzung der Erhöhung.[71]

Für Belgien orientierte sich das Reichsfinanzministerium an der für Frankreich angestellten Kalkulation. In Ermangelung eines Waffenstillstandsvertrages erhob die Brüsseler Militärverwaltung am 26. Juli 1940 eine erste Abschlagsforderung von drei Milliarden bfrs., d.h. 240 Mio. RM, für einen unbestimmten Zeitraum. Diese Rate war rasch aufgebraucht, weil die von der Wehrmacht verbrauchten Beträge stark anstiegen. Die Reichsführung und die Wehrmacht verfolgten in Belgien kostspielige Projekte wie z. B. Flughafenbauten, was die Festlegung einer fixen Kontributionssumme wünschenswert machte. Prinzipiell kam das den Wünschen der belgischen Seite entgegen, die zwecks einer geordneten Haushaltsplanung einen vorhersehbaren Zahlungsrhythmus einforderte. Mit Orientierung am Verbrauch für „innere Besatzungskosten" der vergangenen Monate errechnete das RFM eine monatliche Abschlagszahlung von umgerechnet 80 Mio. RM. In der Überzeugung, dass diese Summe weit unter den „äußeren Besatzungskosten" liege, glaubte die Besatzungsverwaltung, dem Erhalt der belgischen Leistungsfähigkeit Genüge zu tun. Über eine Verdopplung der Steuerlast und eine Verbesserung der Steuererhebung hielt das Reichsfinanzministerium den Betrag für gegenfinanzierbar.[72]

---

69 BArch, RW 35/265. Rückblickender Bericht des Leiters der MBF-Abt. Finanzen von Oertzen, [1944].
70 *Boldorf*, Die gelenkte Kriegswirtschaft, S. 123 f.
71 *Boldorf/Scherner*, France's Occupation Costs, S. 307–309; *Boldorf*, Wirtschaftsabteilung, S. 344 f.
72 *Kilian*, Krieg auf Kosten, S. 228–232.

Da in Belgien aufgrund der Frontstellung zu England eine größere Truppenstärke als andernorts nötig sei und das Land nicht mit dem Gesamtaufwand der militärischen Kosten belastet werden könne, schlug der Brüsseler Militärbefehlshaber vor, einen Pool zu bilden und die äußeren Besatzungskosten auf alle besetzten Länder umzulegen.[73] Aufgrund der schwer überwindbar erscheinenden Transferprobleme setzte sich der Vorschlag nicht durch, sodass das Territorialprinzip erhalten blieb. Zur Verbesserung der Kostendeckung intensivierten deutsche Stellen ihre Bemühungen, auf außer Landes gebrachtes belgisches Gold zuzugreifen, beispielsweise im Senegal unter Zuhilfenahme der Banque de France.[74] Am Ausgabengebaren der Wehrmacht änderte sich indessen wenig, sodass immer höhere Abschläge verlangt wurden. Sukzessive wurden die Monatsbeträge bis auf 150 Mio. RM im Oktober 1941 angehoben. Diese Festsetzung hatte bis zum Ende der Besatzungszeit Gültigkeit.

Einen anderen Weg beschritt das Reichskommissariat der Niederlande, ohne dass sich das Resultat wesentlich vom Geschilderten unterschied. Um den Eindruck der Erhebung von Kontributionen zu zerstreuen, eröffnete die Besatzungsverwaltung bei der *Nederlandsche Bank* ein Guldenkonto für Abhebungen der Besatzungstruppen in Landeswährung. Zur Deckung dienten Reichsschatzanweisungen, was zumindest die Illusion aufrechterhielt, dass das Deutsche Reich später für seine Schulden aufkommen werde. Das Reichsfinanzministerium stellte sich gegen diesen Finanzierungsweg, der auch schon im Generalgouvernement, Dänemark und Norwegen gewählt worden war, denn er erhöhte die umlaufende RM-Menge.[75] Später wurde kurzerhand der niederländische Staat als Schuldner eingesetzt und somit die Summe mit einem Federstrich zu einer nicht zurückzahlbaren Kontribution erklärt.

Auf dem Guldenkonto erhielt die Besatzungsmacht einen Kreditrahmen von einer Milliarde Gulden, was nach dem neu verfügten Wechselkurs 753,6 Mio. RM entsprach. Wie in Belgien stiegen die Wehrmachtausgaben stark an, z. B. durch Heraufsetzung des Wehrsolds für die stationierten Truppen. Die regulären Ausgaben der Wehrmacht beliefen sich auf 100 Mio. RM monatlich. Als Requisitionsscheine im Wert von 500 Mio. Gulden auf die Wehrmacht verbucht wurden, war schon Anfang Juli 1940 die Hälfte der Summe aufgebraucht. Das OKW bestimmte, dass nur die Besatzungskosten „im engeren Sinn" aus dem Guldenkredit zu tragen waren. Die übrigen militärischen Mittel wurden dann aus dem „normalen Verrechnungsverkehr" des Clearings beschafft. Der starke Druck, die Niederlande an den Kriegskosten zu beteiligen, hielt an, sodass das Land im März 1941 eine Abschlagzahlung von 500 Mio. RM auf die „äußeren Besatzungskosten" zu akzeptieren hatte. Dieses Verfahren wurde ab Februar 1942 verstetigt, und die Niederlande leisteten – rückwirkend ab 1. Juli 1941 – einen monatlichen Beitrag von 50 Mio. RM auf die „äußeren Besatzungskosten".[76] Die Beset-

---

73 *Kilian*, Krieg auf Kosten, S. 233.
74 Vgl. *van der Wee/Verbreyt*, Small Nation, S. 167–193.
75 *Kilian*, Krieg auf Kosten, S. 207 f.
76 *Kilian*, Krieg auf Kosten, S. 208–212.

Tab. 4: Besatzungskosten und -lasten der westeuropäischen Länder, 1940–1944/45 [in Mio. RM].

	Niederlande	Belgien	Frankreich
1940	664	440	3800
1941	1548	1132	6125
1942	2531	1388	5985
1943	2463	1440	9325
1944	2991	720	6321
1945	830	–	–
Summe	11027	5120	31556

Quellen: *Umbreit*, Militärbefehlshaber, S. 219; BArch, RW 36/277, Abschlussbericht der Gruppe Währung und Finanzen des Militärbefehlshabers Belgien-Nordfrankreich, 1944, Anlage 3; *Hein Klemann*, Financial and Monetary Developments in the Occupied Netherlands, in: Frøland/Ingulstad/Scherner, Industrial Collaboration, S. 99, erfasst werden: „Occupation costs", „War against USSR" und „German civil administration".

zung der Leitung der Zentralbank mit dem niederländischen Nationalsozialisten und SS-Angehörigen Meinoud Rost van Tonningen, der zugleich Finanzminister wurde, trug wesentlich dazu bei, diese Ziele zu erreichen.

Das Reich verfolgte bezüglich der Niederlande ehrgeizige Pläne, die von der Aufhebung der Devisengrenze bis zur Planung einer Währungsunion reichten.[77] Mit der Grenzöffnung wurde fast die gesamte niederländische Goldreserve von rund 192 Mio. RM an die Deutsche Reichsbank transferiert und der Kern der Zentralbankgeschäfte fortan von Berlin aus geleitet. Liquide Mittel für den inländischen Verbrauch der Wehrmacht blieben ausreichend vorhanden, sodass ihre durchschnittlichen Monatsausgaben von umgerechnet knapp 70 Mio. RM in den ersten zweieinhalb Jahren auf gut 83 Mio. RM (1943) und 105 Mio. RM (1944) stiegen.[78]

Tabelle 4 erfasst die an Deutschland geleisteten Zahlungen, deren überwiegender Teil die Besatzungskosten waren. Enthalten sind aber auch andere Kontributionen, z. B. die von den Niederlanden zwecks einer finanziellen Beteiligung am Krieg gegen die Sowjetunion entrichteten Beträge. Unregelmäßig gingen auch die gesondert erhobenen Quartierleistungen der Besatzungstruppen sowie in Belgien der Ankauf von Reichskreditkassenscheinen durch die Zentralbank in die Gesamtsumme ein. Schwierig einzuberechnen waren auch die Verschiebungen auf das oder vom Verrechnungskonto des bilateralen Handels. Teils wurden Clearingvorschüsse wieder auf das Besatzungskostenkonto umgebucht, z. B. die in Belgien verbuchten „Rücküberweisungen im Clearing für aus Besatzungskosten geleistete besatzungsfremde Ausgaben" über insgesamt 243 Mio. RM.[79]

---

[77] *Kreutzmüller*, Händler und Handlungsgehilfen, S. 122.
[78] *Kilian*, Krieg auf Kosten, S. 213.
[79] BArch, RW 36/277. Abschlussbericht der Gruppe Währung und Finanzen des Militärbefehlshabers Belgien-Nordfrankreich, 1944, Anlage 3.

Bezüglich der Aufbringung waren nur die Niederlande in der Lage, das Steuervolumen so zu erhöhen, dass ein Teil der deutschen Forderungen aus dem ordentlichen Staatshaushalt bedient werden konnte. Im Gegensatz dazu reichten die ordentlichen Staatseinnahmen, hauptsächlich durch Steuern, in Frankreich lediglich aus, um die Staatsausgaben zu einem Anteil zwischen 37 % und 78 % zu finanzieren. Wie in Belgien wurden die Besatzungskosten zur Hälfte durch die Emission von Banknoten finanziert. Der Notendruck machte dagegen in den Niederlanden nur 29 % der Aufbringung aus.[80]

Die Verwendung der Besatzungskosten durch die Wehrmacht, dem Hauptverbraucher der Mittel, lässt sich wegen ihres „in einfacher Form aufgezogene[n] Rechnungswesen[s]"[81] nicht mühelos nachvollziehen. Gemäß der Unterscheidung der „inneren" von „äußeren" Besatzungskosten dienten die transferierten Beträge, die explizit als Reichseinnahmen betrachtet wurden,[82] zunächst einmal zur Bezahlung der stationierten Besatzungssoldaten, ihrer Versorgung sowie der Finanzierung des Materialverbrauchs. In zunehmendem Maße wurde die Geldmittel dann aber in allgemeine Zwecke der Kriegsfinanzierung überführt, die die deutschen Stellen als „äußere" Besatzungskosten interpretierten, insbesondere die kostspieligen Bauprojekte wie der Atlantikwall. Nur punktuell vermochten die westeuropäischen Regierungen dem Einhalt zu gebieten, z. B. wenn sich Frankreich gegen die Nutzung der Mittel für Wertpapieraufkäufe zwecks Unternehmensbeteiligungen einigermaßen erfolgreich zur Wehr setzte. Schließlich bezeichneten deutsche Stellen selbst gewisse Posten, vor allem die Schwarzmarktkäufe oder den Mitteltransfer an die Ostfront, als „besatzungs(kosten-)fremd".[83] Ein erheblicher Teil der Einnahmen über Besatzungskosten wurde zweckfremd ausgegeben, d. h. zur Finanzierung von Rüstung und Befestigungsbau.

Zur Kriegsfinanzierung über Besatzungskosten komplementär war die kommerzielle Verschuldung des Deutschen Reichs über den bilateralen Zahlungsverkehr mittels der Clearing-Abkommen. Schon vor Kriegsbeginn hatte dieses Verfahren einen größeren Rückgang der Importe verhindert. In der Besatzungssituation sorgten die Zentralauftragsstellen für eine Ankurbelung der Lieferungen an die Wehrmacht bzw. der Exporte an deutsche Rüstungskonzerne. Erstere Lieferungen wurden in der Regel vom Besatzungskostenkonto, zweitere über Gutschriften der importierenden Unternehmen auf Konten, die die besetzten Länder bei der Deutschen Verrechnungskasse in Berlin unterhielten, beglichen. Da sich die deutsche Reichsregierung weigerte, diese Guthaben zur Auszahlung gelangen zu lassen, türmten sich auf den Verrechnungskonten immer höhere ausländische Reichsmarkguthaben auf. Die deutsche Schuld gegenüber Frankreich belief sich im August 1944 auf 8,2 Milliarden RM, gegenüber Belgien

---

80 *Kilian*, Krieg auf Kosten, S. 220, 241, 271 f.
81 Vgl. BArch, RW 36/277, Bl. 257. Abschlussbericht der Gruppe Währung und Finanzen des Militärbefehlshabers Belgien-Nordfrankreich, 1944.
82 Vgl. Archives Nationales Paris (ANP), AJ 40/834. Niederschrift der Besprechung beim MBF, 14. 11. 1940.
83 BArch, R 901/68939. Diskussionen im Handelspolitischen Ausschuss, 7. 9., 22. 10. und 7. 11. 1942.

auf rund fünf Milliarden RM.[84] Allein den Niederlanden gelang es, die deutsche Clearingverschuldung niedrig zu halten. Grund dafür war die im April 1941 hergestellte Konvertibilität des Guldens zur Reichsmark, sodass Käufe deutscher Importeure von diesem Zeitpunkt an in Reichsmark bezahlt wurden. Die *Nederlandsche Bank* musste fast sechs Milliarden RM zum festgelegten Wechselkurs ankaufen, was ihr große Mengen an Geld einbrachte, das nach dem Krieg wertlos wurde.[85]

7.2.5 Produktion und Verteilung

Eine lückenlose statistische Erfassung der Produktion scheiterte unter Kriegs- und Besatzungsbedingungen nicht allein an den fehlenden Kapazitäten der Behörden und Verwaltungen, sondern auch an den fehlenden Anreizen für die Unternehmen, ihr wahres Produktionsergebnis zu offenbaren. Die dem Bewirtschaftungssystem vorenthaltene illegale Produktion konnte auf dem Schwarzmarkt verkauft werden, wo sie zu weitaus höheren Preisen abzusetzen war. Als Haupteinkäufer auf dem Schwarzmarkt traten keineswegs die Einheimischen, sondern deutsche Organisationen auf. Nicht nur die Roges, sondern auch die Wehrmacht erwarben mit Mitteln des Besatzungskostenkontos illegale Waren in großem Maßstab, die teils im besetzten Gebiet verbraucht und teils nach Deutschland exportiert wurden. Diese Marktintransparenz erschwert auch im Nachhinein die statistische Rekonstruktion bzw. die Schätzung der Wertschöpfung für die besetzten Länder.

Einige dieser methodischen Schwierigkeiten umging Angus Maddison, indem er auf Basis der Eckdaten 1938 und 1948 die dazwischen liegenden Werte interpolierte. Dieses Schätzverfahren, dessen Resultat in Tabelle 5 präsentiert wird, umgeht das Problem der verschleierten Produktion.

Demnach hielt sich die Kriegsproduktion für längere Zeit auf einem beachtlichen Niveau. 1939 ist ein rüstungsinduzierter Aufschwung zu erkennen, der 1940 nicht völlig abbrach, weil die deutsche Wehrmacht und andere Stellen als neue Nachfrager auftraten. Aufgrund von Rohstoff- und Materialengpässen sowie Transportschwierigkeiten sank das Sozialprodukt Frankreichs und der Niederlande auf rund die Hälfte des Ausgangswertes, wobei bei letzterem Land ein starker Abfall nach 1943 zu verzeichnen war. Nach der Maddison-Schätzung blieb Belgien eine Entwicklung in derselben Schärfe erspart.

Einen Versuch zur Korrektur der Nachkriegsstatistiken um den Wert der verschleierten Produktion unternahm Hein Klemann für die Niederlande. Unter Berücksichtigung eines wachsenden Anteils der illegalen Produktion setzte er den industriellen

---

84 *Umbreit*, Militärbefehlshaber, S. 216; BArch, RW 36/277, Bl. 374. Abschlussbericht der Gruppe Währung und Finanzen des Militärbefehlshabers Belgien-Nordfrankreich, 1944, Anlage 7.
85 *Klemann*, Niederländische Wirtschaft, S. 60 f.

Tab. 5: Schätzung des Sozialprodukts der westeuropäischen Länder 1938–1945.

1938 = 100	Niederlande	Belgien	Frankreich
1939	107	107	107
1940	94	94	88
1941	89	89	70
1942	81	81	63
1943	79	80	60
1944	53	84	50
1945	55	89	55
1948	118	106	96

Quelle: *Angus Maddison*, The World Economy. Historical Statistics, Paris 2003, S. 428 f., auf Grundlage internationaler Dollars (Kaufkraftparität von 1990).

Tab. 6: Industrielle Produktion: Niederlande, Belgien und Frankreich 1941–1945 [1938 = 100].

	Niederlande		Belgien		Frankreich		
	Gesamtindex (CBS)	Gesamtindex (korrigiert)	Elektrische Energie	Rohstahl	Gesamtindex	Elektrische Energie	Rohstahl
1941	81	92	91	70	65	103	69
1942	61	80	94	60	59	102	72
1943	53	73	96	72	54	107	82
1944	36	58	91	38	41	80	50
1945	27	47	–	–	–	95	27

Quellen: Niederlande: *Klemann*, Niederländische Wirtschaft, S. 72, rekonstruierter Index des statistischen Zentralbüros CBS (Spalte 1), korrigiert von Klemann (Spalte 2); Belgien: *Fernand Baudhuin*, L'économie belge sous l'occupation, 1940–1944, Brüssel 1945, S. 396 f., mittels Produktionsdaten (Spalten 3 und 4); Frankreich: Sauvy, La vie économique, S. 155, 239, hauptsächlich basierend auf: Institut national de la statistique (Hrsg.), Mouvement économique en France de 1938 à 1948, Paris 1950: Rekonstruktion gesamtfranzösischer Indizes, d. h. unter Einschluss der 1940 abgetrennten Gebiete Elsass-Lothringen und Nordfrankreich (Spalten 5–7).

Produktionswert für 1941 um neun und für 1942 bis 1945 um rund 20 Prozentpunkte nach oben (vgl. den korrigierten Gesamtindex für die Niederlande in Tabelle 6). Zurecht nahm er an, dass der Korrekturfaktor für die landwirtschaftliche Produktion noch höher liegen dürfte. Allerdings lässt sich seine Methode der Neuschätzung nicht auf die Maddison-Werte übertragen, weil diese – anders als die Rekonstruktion des *Centraal Bureau voor de Statistiek* (CBS) – nicht auf empirisch ermittelten Daten basieren.[86] Mangels vergleichbarer Statistiken weist Tabelle 6 für Belgien und Frankreich die Indizes der Energie- und der Rohstahlproduktion aus.

---

86 Daher ist Skepsis angebracht gegenüber: *Klemann/Kudryashov*, Occupied Economies, S. 325–335.

Die Industrieproduktion ging in den Niederlanden erst nach Ende 1941 merklich zurück, während die deutschen Rüstungsaufträge bis dahin für den Erhalt einer hohen Nachfrage sorgten. In Belgien, für das Maddison hohe Sozialproduktwerte ausweist, lag die Produktion elektrischer Energie durchweg nicht mehr als neun Prozent unter dem Friedensniveau. Dieser Indikator vermag den relativ hohen Stand der industriellen Produktion zu erklären. In Frankreich lag die Produktion elektrischer Energie bis 1943, auch dank der Inbetriebnahme neuer Wasserkraftwerke, durchgehend über dem Wert von 1938.[87] Jedoch fiel der Bruch im französischen Industriesektor 1944 besonders scharf aus, sodass die Produktion auf den niedrigsten Wert sank, der für das gesamte 20. Jahrhundert verzeichnet wurde.

Frankreichs Industriestruktur zeichnete sich im Vergleich mit Belgien durch eine größere Diversität und eine geringere Konzentration auf die Schwerindustrie aus. Die Produktionsreihen nach Branchen verweisen auf die Gegenläufigkeit der Wirtschaftsentwicklung: Zwar behaupteten die kriegswichtigen Industrien ihre Vorkriegsproduktionswerte in etwa bis 1943, doch erreichten beispielsweise die Textil- oder die Chemieproduktion in diesem Jahr gerade noch ein Viertel des Ausgangswertes.[88]

Insofern war das Gesamtbild für Frankreich äußerst negativ, denn die Besatzer hatten nicht die Absicht, das wirtschaftliche Gleichgewicht aufrechtzuerhalten. Die sogenannte Konzentration setzte im Dezember 1941 ein, als dem französischen Industrieministerium Vorschläge für Betriebsschließungen abverlangt wurden. Deren Durchsetzung erfolgte 1942, wie eine Auflistung von Hunderten Betrieben in den Produktionsbereichen wie Pharmazeutik, Textil, Seifen, Farben, Kunsthandwerk oder Spielzeug zeigte.[89] Manchen kleineren Unternehmen gelang es, durch eine Neuorientierung ihrer Produktion zu überleben.[90] Dasselbe geschah in den beiden anderen Ländern: Die Hälfte der belgischen Textilunternehmen stellten bis September 1942 die Produktion ein, und binnen eines weiteren Jahres waren es zwei Drittel.[91] In den Niederlanden begannen die Stilllegungen ebenfalls 1942 und wurden, wie im Deutschen Reich, durch eine Verordnung vom 15. März 1943 auf Unternehmen eingeschränkt, die als nicht rentabel galten.[92] Insgesamt lässt sich feststellen, dass die verfügbaren Inputs nicht ausreichen, um die Produktion der Konsumgüterindustrien und anderer nicht kriegsrelevanter Bereiche aufrechtzuerhalten. Außerdem ist daran zu erinnern, dass von den Produktionsergebnissen nicht auf den inländischen Verbrauch geschlossen werden kann, weil auch die Konsumgüterindustrien, z. B. des Textilsektors, stark in die Auftragsverlagerung einbezogen waren.

---

87 Mouvement économique en France de 1938 à 1948, S. 64, 212.
88 *Alfred Sauvy*, La vie économique des Français de 1939 à 1945, Paris 1978, S. 155, 239.
89 *Boldorf*, Wirtschaftsabteilung, S. 346 f.
90 *Hervé Joly*, Französische Unternehmen unter deutscher Besatzung, in: Buchheim/Boldorf, Europäische Volkswirtschaften, S. 133.
91 *Luyten*, Corporatist Institutions, S. 239.
92 *Hirschfeld*, Fremdherrschaft, S. 259.

Tab. 7: Ausgewählte Agrarindizes der besetzten westeuropäischen Länder (1939–1945).

1939 = 100	NL Ackerbau	NL Viehzucht	BE Brotgetreide	BE Schweinezucht	FR Weizenanbau	FR Fleisch
1940	96	90	–	–	70	69
1941	104	57	90	52	77	62
1942	111	28	99	42	74	60
1943	113	40	108	43	88	53
1944	88	33	101	46	88	47
1945	44	44	–	–	58	54

Quellen: *Klemann*, Niederländische Wirtschaft, S. 64 (nicht spezifizierte Wertindizes); *Sauvy*, La vie économique, S. 239 (Mengenindizes für Weizen- und Fleischproduktion); *Baudhuin*, L'économie belge, S. 406 f. (Mengenindex für Brotgetreideproduktion und Kopfzahl in der Schweinehaltung).

Die landwirtschaftlichen Produktionsergebnisse bewegten sich teilweise auf einem ansehnlichen Niveau, wie Tabelle 7 zeigt.

Im Agrarsektor war der größte Engpass die Arbeitskräfteknappheit, die zunächst durch die Verschickung von Kriegsgefangenen und dann durch die Rekrutierung von zivilen Zwangsarbeitern verursacht wurde. Ferner waren ein Mangel an Zugtieren und einsetzbaren Traktoren sowie an Kunstdünger und Pestiziden zu beklagen.[93] Dass diese Faktoren kaum einschneidende Wirkung hatten, lässt sich auf den durchweg niedrigen Mechanisierungsgrad und die Rückbesinnung auf traditionelle Düngungsmethoden zurückführen.[94] Die ausgesprochen guten Ernteergebnisse an Getreide, wie sie die Niederlande und Belgien fast durchweg erzielten, gingen zulasten der Futtergetreideproduktion und damit der Veredelung in tierische Kalorien.[95] Auch wenn die Indizes zum Viehbestand für die Niederlande und Belgien nur bedingt vergleichbar sind, bewegten sie sich im Laufe des Krieges auf einem ähnlichen Niveau. In Belgien gingen besonders die Bestände an Schweinen und Hühnern zurück. Auch der Index zur französischen Fleischproduktion, der sich bis 1943/44 halbierte, weist in dieselbe Richtung, auch wenn hier ein hoher Absatz auf dem schwarzen Markt anzunehmen ist.

Die Angaben über die Ergebnisse der agrarischen Produktion treffen noch keine Aussage über ihre Verteilung, denn gerade in Kriegszeiten war das *entitlement* von grundlegender Bedeutung.[96] Zum einen blieben die Importe aus, die sich zum Beispiel für die Niederlande 1938 und 1939 auf jeweils über 11 000 Tonnen Getreide allein aus Deutschland beliefen,[97] zum anderen mussten die besetzten Länder Nahrungsmittel

---

93 *Milward*, New Order, S. 256, 259.
94 *Klemann/Kudryashov*, Occupied Economies, S. 320.
95 *Alan S. Milward*, Der Zweite Weltkrieg. Krieg, Wirtschaft und Gesellschaft 1939–1945. München 1977, S. 280.
96 Vgl. die Kernaussage von *Amartya Sen*, Poverty and Famines. An Essay on Entitlement and Deprivation, Oxford 1982.
97 *Volkmann*, Ökonomie und Expansion, S. 258; *Klemann*, Niederländische Wirtschaft, S. 57.

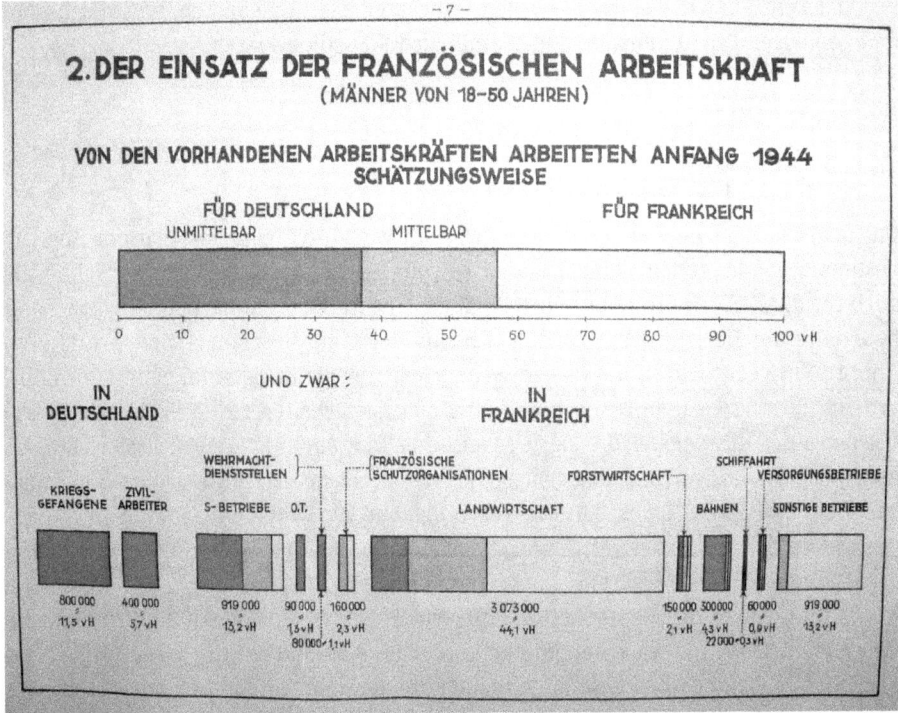

Abb. 1: Rückschau des MBF Paris zum Arbeitseinsatz (1944).
Quelle: ANP, AJ 40/413. MBF, Der Beitrag des französischen Raumes zur Kriegswirtschaft. Zahlen und Schaubilder, Paris April 1944. Aufstellung für Frankreich (ohne Nord und Pas-de-Calais). 5,77 Mio. der 6,97 Mio. französischen männlichen Arbeitskräfte zwischen 18 und 50 Jahren arbeiteten im Inland, die übrigen 1,2 Mio. waren als Zwangsarbeiter (Kriegsgefangene, Zivilarbeiter) im Deutschen Reich tätig. Von all diesen Arbeitskräften arbeiteten 37 Prozent unmittelbar und 20 Prozent mittelbar für Deutschland.

für die stationierte Wehrmacht aufbringen oder ins Deutsche Reich liefern. Nach einer relativ bescheidenen Aufbringung in den ersten beiden ersten Besatzungsjahren stiegen die Abgabewerte: 1942/43 und 1943/44 wurden jeweils 12 bis 13 Prozent der Brotgetreide- und vier bis sechs Prozent der Kartoffelernte sowie ein Viertel der gesamten Fleischproduktion für deutsche Zwecke verwandt.[98] Im Kriegsverlauf steigerte die Besatzungsmacht die Aufbringung aus den drei besetzten Ländern Westeuropas in absoluter Höhe, aber noch mehr relativ zur landwirtschaftlichen Produktion. Im letzten Jahr der Besatzung der Niederlande, als Belgien und Frankreich bereits befreit waren, steigerte sich die Ablieferung nach Deutschland auf ein Höchstmaß, sodass – bei gleichzeitig sinkenden Erträgen – eine Hungersnot im Winter 1944/45 die Folge war. Es wird geschätzt, dass 1944 und 1945 zwischen 35 bis 40 Prozent der illegal

---

[98] Umbreit, Militärbefehlshaber, S. 311; Sauvy, La vie économique, S. 239.

produzierten Agrarerzeugnisse auf den schwarzen Markt gelangten, was die besonders niedrigen Produktionswerte der amtlichen Statistik erklärt.[99]

7.2.6 Schluss

Das deutsche Denken zur Besatzungswirtschaft war durch eine Totalität des Zugriffs bestimmt. Die besetzten Gebiete waren sowohl für die deutsche Volkswirtschaft als auch für die Kriegsführung und ihre Finanzierung nutzbar zu machen. Entsprechend beurteilte der Bericht des MBF den „Einsatz der französischen Arbeitskraft" (vgl. Abb. 1). Entweder waren die französischen Arbeiter als Kriegsgefangene oder Zivilarbeiter zwangsweise in Deutschland tätig oder sie arbeiten zu Hause in den Sperrbetrieben des Rüstungssektors, der Organisation Todt oder anderen deutschen Stellen. Aber auch die übrigen Tätigkeitsfelder wurden durchleuchtet, inwieweit sie „unmittelbar" oder „mittelbar" deutschen Interessen dienten. Die Grafik entstammte einer Leistungsschau der deutschen Verwaltungstätigkeit vom April 1944, kurz bevor die Kriegsverwaltungsbeamten Frankreich fluchtartig verließen.

Mitunter wird die Akteurskonstellation im besetzten Europa auf eine zu einfache Weise erklärt, wenn etwa angenommen wird, dass ein Land wie die Niederlande „von Berlin" ausgebeutet werden sollte, und sich die deutsche Verwaltung vor Ort diesem Ansinnen entgegengestellt habe.[100] Sicherlich waren die von den Berliner Ministerien delegierten Militärverwaltungsbeamten bestrebt, ihr Bestes zu tun, um die Wirtschaft des Landes, in das sie abgeordnet wurden, für deutsche Zwecke zu fördern. Für Frankreich hat dieses Argument zusätzliches Gewicht, weil Aushandlungsprozesse und die Rücksichtnahme auf die Vichy-Regierung zu beachten sind. Deutsche Organisationen griffen im Besatzungsgebiet immer wieder hemmungslos auf die vorhandenen Ressourcen zu, seien es zu Beginn der Besatzungsherrschaft die Wirtschaftstrupps der Wehrmacht oder im weiteren Verlauf die Rohstoffgesellschaft (Roges), die Organisation Todt oder Tarnfirmen der SS.[101] In Berlin wiederum gab es Instanzen, z. B. das Reichsfinanzministerium oder die Reichsbank, denen der negative Zusammenhang zwischen größtmöglicher Ausbeutung und realwirtschaftlichem Nutzen bewusst war, sodass sie auf die bedingungslose Ausnutzung bremsend einwirkten.

Grundsätzlich muss festgehalten werden, dass Speers Reorganisation der Kriegswirtschaft keine zentrale Lenkung der besetzten Volkswirtschaften aus Berlin hervorbrachte. Wie im Reich gehörte es zu den Grundsätzen der NS-Besatzungswirtschaft, für bestimmte Problemlagen eine Sonderkompetenz zu schaffen, z. B. durch Einsetzung eines Bevollmächtigten oder Kommissars, wie 1942 des Generalbevollmächtigten für

---

99 *Klemann*, Niederländische Wirtschaft, S. 63.
100 *Klemann*, Dutch, S. 2; *Radtke-Delacor*, Werkbank, S. 334.
101 *Umbreit*, Kontinentalherrschaft, S. 237.

den Arbeitseinsatz Fritz Sauckel, um die Lösung des spezifischen Problems beschleunigt voranzutreiben. Nach der Einrichtung der Sperrbetriebe 1943 wurde die Zwangsarbeiterrekrutierung aber zurückgedrängt, und die Zahl der ins Reich verschleppten Arbeitskräfte ging deutlich zurück. Gleichzeitig erreichte der Wert der Auftragsverlagerungen seinen Höhepunkt.

Als Fazit zur Ausbeutung Europas bleibt festzuhalten, dass der größte ausländische Beitrag zur deutschen Kriegswirtschaft aus den besetzten Ländern Westeuropas stammte. Dieses Fazit zur Transferbilanz gilt, obgleich die sowjetischen Leistungen für die deutsche Kriegswirtschaft stark unterschätzt sein dürften, vor allem wegen der dort weit verbreiteten Praxis der Plünderung. 56 Milliarden RM damit fast zwei Drittel des deutschen „Gewinns" kamen allein aus Frankreich, den Niederlanden und Belgien. Dies spiegelt wider, dass die gesamtwirtschaftliche Produktivität in Westeuropa erheblich über der in Osteuropa lag. Aber auch bei den statistisch schwer zu erfassenden Bilanzen der Roges lagen die in Westeuropa verzeichneten Erlöse wesentlich über denen in Osteuropa; sie betrugen ungefähr drei Viertel.[102] Somit erwies sich das große wirtschaftliche Potenzial, das Hitler durch den Krieg in Osteuropa zu erobern hoffte, als Fehlplanung. Die westeuropäischen Länder hatten im Ergebnis eine Deformation ihrer Wirtschaftsstruktur, insbesondere im Industriesektor, die Inkaufnahme einer Mangelversorgung ihrer Bevölkerung und einen völkerrechtswidrigen Finanz- und Ressourcentransfer in einem bis dahin unbekannten Ausmaß hinzunehmen.

Auswahlbibliografie

Baudhuin, Fernand, L'économie belge sous l'occupation, 1940–1944, Brüssel 1945.
Boldorf, Marcel, Die Wirtschaftsabteilung des Militärbefehlshabers in Frankreich. Regulierung und Lenkung durch die deutsche Besatzungsbürokratie (1939/40–1944), in: Albrecht Ritschl (Hrsg.), Das Reichswirtschaftsministerium in der NS-Zeit. Wirtschaftsordnung und Verbrechenskomplex, Berlin/Boston 2016, S. 319–356.
Buchheim, Christoph/Boldorf, Marcel (Hrsg.), Europäische Volkswirtschaften unter deutscher Hegemonie 1938–1945, München 2012.
Eichholtz, Dietrich, Geschichte der deutschen Kriegswirtschaft 1939–1945, 3 Bde. Neudruck München 1999.
Gillingham, John, Belgian Business in the Nazi New Order, Gent 1977.
Hirschfeld, Gerhard, Fremdherrschaft und Kollaboration. Die Niederlande unter deutscher Besatzung, 1940–1945, Stuttgart 1984.
James, Harold/Tanner, Jakob (Hrsg.), Enterprise in the Period of Fascism in Europe, Aldershot 2002.
Kilian, Jürgen, Krieg auf Kosten anderer. Das Reichsministerium der Finanzen und die wirtschaftliche Mobilmachung Europas für Hitlers Krieg, Berlin/Boston 2017.
Klemann, Hein, Die niederländische Wirtschaft von 1938 bis 1948 im Griff von Krieg und Besatzung, in: Jahrbuch für Wirtschaftsgeschichte 2001/1, S. 53–76.
Klemann, Hein/Kudryashov, Sergei, Occupied Economies. An Economic History of Nazi-Occupied Europe, 1939–1945, London/New York 2012.

---

102 *Buchheim*, Die besetzten Länder, S. 119 f., 144.

Kreutzmüller, Christoph, Händler und Handlungsgehilfen. Der Finanzplatz Amsterdam und die deutschen Großbanken (1918–1945), Stuttgart 2005.

Kroener, Bernhard/Müller, Rolf-Dieter/Umbreit, Hans (Hrsg.), Das Deutsche Reich und der Zweite Weltkrieg. Bd. 5: Organisation und Mobilisierung des deutschen Machtbereichs, 2 Halbbände, Stuttgart 1988/1999.

Lund, Joachim (Hrsg.), Working for the New Order. European Business under German Domination 1939–1945, Kopenhagen 2006.

Milward, Alan S., The New Order and the French Economy, Oxford 1970.

Nefors, Patrick, La collaboration industrielle en Belgique, 1940–1945, Brüssel 2006.

Overy, Richard/Otto, Gerhard/Houwink ten Cate, Johannes (Hrsg.), Die „Neuordnung" Europas. NS-Wirtschaftspolitik in den besetzten Gebieten, Berlin 1997.

Radtke-Delacor, Arne, Verlängere Werkbank im Westen: Deutsche Produktionsaufträge als Trumpfkarte der industriellen Kollaboration in Frankreich (1942–1944), in: Stefan Martens/Maurice Vaïsse (Hrsg.), Frankreich und Deutschland im Krieg (November 1942–Herbst 1944). Okkupation, Kollaboration, Résistance, Bonn 2000, S. 327–350.

Scherner, Jonas/White, Eugene (Hrsg.), Paying for Hitler's War. The Consequences of Nazi Hegemony for Europe, Cambridge 2016.

Umbreit, Hans, Der Militärbefehlshaber in Frankreich 1940–1944, Boppard 1968.

Wee, Herman van der/Verbreyt, Monique, A Small Nation in the Turmoil of the Second World War. Money, Finance and Occupation. Belgium, its Enemies, its Friends, 1939–1945, Leuven 2009.

Hans Otto Frøland
7.3 Besatzungswirtschaft in Nordeuropa: Norwegen und Dänemark

7.3.1 Einleitung

Die Rüstungsexperten des Reichswirtschaftsministeriums und der Vierjahresplanbehörde betrachteten 1939 die nordeuropäischen Gebiete als etwas anderes als den von Deutschland dominierten Wirtschaftsraum Ost- und Südeuropas. Dennoch waren sie der Meinung, dass es für die deutsche Kriegswirtschaft von Vorteil sei, alle europäischen Wirtschaftsgebiete miteinander zu verbinden. Die strategisch wichtigen Ressourcen des Nordens sollten dafür eine Grundlage bilden.[1] Im Mittelpunkt standen nicht nur schwedisches Eisenerz und finnisches Nickel, sondern weitere Mineralien, Metalle, Nutzhölzer und Fisch aus Norwegen sowie vorwiegend landwirtschaftliche Produkte aus Dänemark.[2] Der Operationsplan für die Invasion von Dänemark und Norwegen enthielt eine umfassende Liste von Rohstoffen und Fertigwaren, die die Wehrmacht für die Bedürfnisse ihrer Besatzungstruppen und der deutschen Rüstungswirtschaft mobilisieren wollte.[3] Hermann Görings Westbefehl vom August 1940 gab dieser kolonialen Ausbeutungsstrategie deutlich Ausdruck. Gerechtfertigt durch Walter Funks Plan für eine europäische Großraumwirtschaft sollte Deutschland „des Nordens Tor zur Welt"[4] werden.

Die Geschichtsschreibung legt den Akzent auf die koloniale Funktion, die Skandinavien zugedacht war. Sowohl Robert Bohns Studie über das Reichskommissariat (RK) Norwegen als auch diejenige Ulrich Herberts über das Wirken des Reichsbevollmächtigten Werner Best in Dänemark zeigen jedoch, dass die unter Besatzung stehenden Volkswirtschaften wesentlich vorsichtiger behandelt wurden, als Göring es ursprünglich gefordert hatte.[5] Wirtschaftshistorische Pionierstudien weisen zudem darauf hin, dass die deutschen Behörden zwischen rigoroser Ressourcenausnutzung und makroökonomischer Stabilität abwägen mussten. Zumeist setzten sie Anreize, die Kapazi-

---
1 *Dietrich Eichholz*, Die Großraumwirtschaft für den großen Krieg. Zwei geheime Memoranden der Reichsstelle für Wirtschaftsausbau, in: Bulletin des Arbeitskreises „Zweiter Weltkrieg" 1986, S. 70–160.
2 *Fritz Petrick*, Die Bedeutung der Rohstoffe Nordeuropas für die deutsche Kriegswirtschaft, in: Robert Bohn [u. a.] (Hrsg.), Neutralität und totalitäre Aggression. Nordeuropa und die Großmächte im Zweiten Weltkrieg, Stuttgart 1991, S. 285–300.
3 *Fritz Petrick*, Das wirtschaftliche Okkupationsprogramm des faschistischen OKW beim Überfall auf Dänemark und Norwegen (1940), in: Zeitschrift für Geschichtswissenschaft 22, 1974, S. 742–747.
4 *Hinrich Lohse*, Deutschland – des Nordens Tor zur Welt, in: Reichskontor der Nordischen Gesellschaft (Hrsg.), Wirtschaft im neuen Europa, Lübeck 1941, S. 13–20.
5 *Robert Bohn*, Reichskommissariat Norwegen: „Nationalsozialistische Neuordnung" und Kriegswirtschaft, München 2000; *Ulrich Herbert*, Best. Biographische Studien über Radikalismus, Weltanschauung und Vernunft, Bonn 1996.

tätserweiterungen und Produktivitätszuwächse förderten.⁶ Im Einklang mit diesen bahnbrechenden Studien schildert dieses Kapitel die Bestrebungen des nationalsozialistischen Regimes in Bezug auf die Lenkung der beiden skandinavischen Volkswirtschaften. Es zeigt erstens auf, wie unterschiedlich die Steuerungsmechanismen in Norwegen und Dänemark organisiert waren, und zweitens erläutert es einige strukturelle Gegebenheiten, die Deutschland zwangen, in beiden Fällen abwägender als andernorts vorzugehen.

7.3.2 Organisation der Besatzungswirtschaft in Norwegen und Dänemark

Die unterschiedliche Organisation der Besatzungsregime in Norwegen und Dänemark ist auf ihre jeweilige Reaktion auf die Forderungen Hitlers während des Einmarsches zurückzuführen. Norwegen wurde formell besetzt, denn es befand sich unter der Führung seiner Exilregierung mit Deutschland im Krieg; Dänemark akzeptierte eine *occupatio pacifica* mit deutscher Militärpräsenz. In Norwegen wurde unter der Führung von Gauleiter Josef Terboven ein sog. Reichskommissariat errichtet, während Dänemark ein Reichsbevollmächtigter zugeteilt wurde, der Botschafter Cecil von Renthe-Fink, den Werner Best im Dezember 1942 ablöste. Terboven erhielt sein Mandat und diktatorische Vollmachten direkt von Hitler, während Renthe-Fink und Best dem Auswärtigen Amt unterstellt waren. Somit war auch der völkerrechtliche Status beider Länder unterschiedlich. Dänemark behielt im Gegensatz zu Norwegen seine Souveränität und Verfassungsorgane, bis es im Oktober 1943 ebenfalls formell besetzt wurde.

Die Bürokratie des Reichskommissariats Norwegen kontrollierte mit dem Auftrag einer „begrenzten Aufsichtsverwaltung" den bestehenden norwegischen Staatsapparat und regierte indirekt. Im Sommer 1941 und bis zum Beginn des Personalabbaus 1944 waren bis zu 700 Personen, davon 364 in Oslo, beschäftigt. Der Hauptabteilung Volkswirtschaft, der Lenkungsinstanz der Besatzungswirtschaft, gehörten im Februar 1942 248 Mitarbeiter an. Ihr Leiter Karolus Otte arbeitete zielstrebig daran, die norwegischen Ressourcen für die deutsche Kriegswirtschaft zu erschließen. Gleichzeitig forderte er von den zuständigen Stellen im Reich, Norwegen die für die Rohstoffgewinnung notwendigen Ressourcen zu liefern.⁷ Jede der elf wirtschaftlichen Unterabteilungen unterhielt Kontakte zu den entsprechenden norwegischen Ministerien oder Direktionen. Die Abteilung Ausfuhrwirtschaft und Bergbau verwaltete den Handel mit Deutschland. Im Gegensatz zu anderen Bereichen arbeitete sie mit den Vertretern der deutschen Indus-

---

6 *Alan S. Milward*, The Fascist Economy in Norway, Oxford 1972; *Harald Winkel*, Die wirtschaftlichen Beziehungen Deutschlands zu Dänemark in den Jahren der Besetzung 1940–1945, in: Friedrich-Wilhelm Henning (Hrsg.), Probleme der nationalsozialistischen Wirtschaftspolitik, Berlin 1976, S. 119–174.
7 *Bohn*, Reichskommissariat, S. 162–165.

trie eng zusammen, weil deutsche Unternehmen an norwegischen beteiligt oder ihre Führungskräfte als Verwalter von sog. Feindvermögen eingesetzt worden waren. Die Mehrzahl der anderen Abteilungen sollte dazu beitragen, die Produktion insgesamt zu steigern und vor allem die Engpässe zu beseitigen, welche die Blockade der Wirtschaft verursacht hatte (Abt. Binnenwirtschaft, Abt. Ernährung und Landwirtschaft, Abt. Fischwirtschaft, Abt. Holz- und Forstwirtschaft). Ihre Aufgabe war unter anderem die Kontingentierung wichtiger Rohstoffe, Halbwaren und Investitionsgüter. Die Abt. Technik und Verkehr und die Abt. Arbeit und Sozialwesen steuerten die deutsch-initiierte Bautätigkeit und den damit verbundenen Arbeitskräftebedarf. Als Albert Speer 1942 die Einsatzgruppe Wiking der Organisation Todt (OT) mit ihrem Leiter Willi Henne als Generalbevollmächtigten Bau nach Norwegen entsandte, wurde der Abt. Technik der Status einer Hauptabteilung zuerkannt. Henne behielt die Leitung und war für die Zuweisung sämtlicher Baustoffe in Norwegen verantwortlich. Mehrere Abteilungen überwachten die finanzielle Stabilität (Abt. Finanzen, Abt. Norges Bank/Zentralbank, Abt. Preisbildung und Preisüberwachung), das bilaterale Clearingkonto, das Besatzungskostenkonto der Zentralbank sowie die Terms of Trade im Außenhandel.

Die Hauptabteilung Volkswirtschaft unterhielt enge Verbindungen zum Reichswirtschaftsministerium und zur Vierjahresplanbehörde. Wesentliche Leitlinien für die Besatzungs- und Außenwirtschaft wurden in Zusammenarbeit mit Friedrich Landfried erarbeitet, dem Staatssekretär im Reichswirtschaftsministerium und Mitglied des Generalrats für den Vierjahresplan. Landfried zeigte sich zufrieden darüber, wie die Behörden des Reichskommissariats norwegische gegen deutsche Interessen abwogen.[8] Sie kamen auch rasch der norwegischen Forderung nach, die Reichskreditkassenscheine durch Kredite aus dem Besatzungsmittelkonto der Zentralbank zu ersetzen, die zur Hauptfinanzierungsquelle für die Besatzungskosten wurden.[9] Ab Juli 1940 war die Parallelwährung kaum mehr in Umlauf. Die Bemühungen der Kommissariatsbehörden, den Wehrwirtschaftsstab Norwegen näher an sich zu binden, verliefen nicht reibungslos. Trotzdem erhielt man auf diese Weise Einfluss auf die Auftragsverlagerung der Wehrmacht und errichtete eine interne Dienststelle für öffentliche Aufträge. Die Errichtung einer eigenen Zentralauftragsstelle (ZAST) war nicht erwünscht.

Ein norwegisch-deutsches Handelsabkommen wurde nicht als notwendig erachtet, weil die Warenströme der deutschen Kontingentierung unterlagen. Seit 1934 bestand ein Clearinghandel zwischen beiden Ländern, der während der Besatzung an das Zentralclearing der Berliner Verrechnungskasse gebunden wurde. Ein norwegisches Clearinginstitut wurde 1940 gegründet, weil die Zahl der einzelnen Clearingvereinbarungen nach der Invasion stark zunahm. Norwegen konnte 1941 acht bilaterale

---

[8] RA, PA 951; *Hans Claussen Korff*, Norwegens Wirtschaft im Mahlstrom der Okkupation, unpubliziertes Manuskript, Bl. 54.
[9] *Harald Espeli*, „Det gavner ingenting å gjøre store vanskeligheter i små saker. Dette er ikke store saker." Norges bank, Administrasjonsrådet og etableringen av okkupasjonskontoen i 1940, in: Historisk Tidsskrift 90, 2011, S. 559–584.

Handelsabkommen mit anderen Ländern abschließen, darunter ein Abkommen mit der Sowjetunion, welches aber nie umgesetzt wurde. Abgesehen von den Abkommen mit Dänemark und Schweden unterstanden alle dem Zentralclearing.

Zur Förderung der Kolonialstrategie wurde eine deutsch-norwegische Handelskammer mit 980 norwegischen und 567 deutschen Firmenmitgliedern (Stand 1942/43) errichtet.[10] Dort spielte die IG Farben, die eng mit der Vierjahresplanbehörde verbunden war, eine besondere Rolle. Der Konzern war Miteigentümer des Düngemittelherstellers Norsk Hydro und erwarb während der Besatzung Anteile dieses Unternehmens. Die IG Farben gab ihr Wissen über Norwegens Ressourcen und Industrie weiter, war maßgeblich an dem von Göring initiierten Leichtmetallprogramm beteiligt und verfügte über gute Beziehungen zu anderen Firmen. Der Konzern unterhielt in Oslo ein eigenes Büro und gründete im Herbst 1943 die Vermittlungsstelle Nord, die die Pläne deutscher Industrieunternehmen in Norwegen auf kommerzieller Basis förderte.[11]

In Dänemark betrachtete die Besatzungsmacht die Aufsichtsverwaltung durch einen Reichsbevollmächtigten als die einfachste Art, die deutschen Wirtschaftsinteressen durchzusetzen. Von Ende 1942 bis Mai 1945 arbeiteten in der Kopenhagener Behörde rund 200 Angestellte, die Sicherheitspolizei ausgenommen. Die Aufgabe der Hauptabteilung Wirtschaft bestand während der Besatzung darin, die deutschen Interessen gegenüber der formal souveränen dänischen Regierung und den Fachministerien zu vertreten. Dies war insofern erfolgreich, als Dänemarks Regierung und Ministerien pragmatisch-entgegenkommend reagierten und dabei von den wichtigsten dänischen Wirtschaftsorganisationen unterstützt wurden.[12] Ziel Dänemarks war es, sich so viel Souveränität wie möglich zu bewahren und die deutsche Einflussnahme zu minimieren. Von offizieller Seite ließ man durchblicken, dass die Bereitschaft zur Zusammenarbeit und zum Export sinken würde, sollte Deutschland politisch die Daumenschrauben anziehen. Den so geschaffenen Freiraum nutzte die dänische Regierung beispielsweise, als sie im Sommer 1940 die vom Auswärtigen Amt vorgeschlagene dänisch-deutsche Zollunion mit der Reichsmark als gemeinsamer Währung ablehnte.[13]

Die Hauptabteilung Wirtschaft mit den Abteilungen Landwirtschaft, Gewerbliche Wirtschaft, Holz- und Forstwirtschaft und Wirtschaftsverkehr mit dritten Ländern leitete Franz W. Ebner, der aus dem Reichswirtschaftsministerium stammte und vorher Skandinavien-Referent in der Abteilung für Handelspolitik des Reichsernährungsministeriums gewesen war. Zu Letzterem unterhielt die Hauptabteilung engere Beziehungen

---

10 *Bohn*, Reichskommissariat, S. 275.
11 Riksarkivet (RA) Oslo, RAFA-3915, Db, L0045, Bericht des IG-Farben-Direktors Wilhelm von der Bay über seine Aktivitäten und die seines Unternehmens in Norwegen, 20. 8. 1945.
12 *Steen Andersen*, Danmark i det tyske Storrum. Dansk tilpasning til Tysklands nyordning af Europa 1940–41, Kopenhagen 2003.
13 *Claus B. Christensen* [u. a.], Danmark besat. Krig og hverdag, Kopenhagen 2005, S. 192–198.

als zum Reichswirtschaftsministerium. In Verbindung mit dem verstärkten Ausbau der Küstenverteidigung wurde 1943 eine eigene Hauptabteilung Technik mit einem OT-Leiter an der Spitze gegründet, die beim Wehrmachtoberbefehlshaber Dänemark in Silkeborg auf Jütland ansässig war.

Da ein bilaterales Clearingabkommen bereits seit 1934 existierte, bestand kein Bedarf für neue Institutionen zur Steuerung des Außenhandels mit Deutschland. Die Praxis der vierteljährlichen Handelsbesprechungen behielt man bei. Auch das deutsch-dänische Regierungskomitee, das vor der Invasion über den Warenaustausch verhandelt hatte, setzte seine Arbeit wie bisher fort. Alex Walter, Ministerialdirektor der Handelspolitischen Abteilung des Ernährungsministeriums leitete die deutsche Delegation seit 1936 und nahm während der Besatzung dieselbe Rolle ein.[14]

Dänemark entging der kolonialen Kapitalverflechtung, denn sowohl Göring als auch die IG Farben zeigten an dem Land wenig Interesse. Der Wehrwirtschaftsstab setzte hingegen in Zusammenarbeit mit dem Reichsbevollmächtigten ein Programm zur Verlagerung von Rüstungsaufträgen in Gang.[15] Die dänische Regierung unterstützte dieses Programm unter der Bedingung, dass Deutschland die notwendigen Rohstoffe und Waren lieferte. In Norwegen diente die Produktion hauptsächlich der Versorgung der stationierten Truppen, während Dänemark für Deutschland produzierte und der Wehrwirtschaftsstab stark an Alex Walter gebunden war.[16] In Norwegen wurde die Produktion für die Wehrmacht über die Besatzungskosten finanziert, die Lieferungen aus der dänischen Verlagerungsproduktion zugunsten der Wehrmacht liefen dagegen über das Clearingkonto. Die Gelder auf den Besatzungsmittelkonten wurden in beiden Ländern auch für den militärischen Ausbau verwendet.[17]

Die Organisation und der Modus Operandi der Besatzungswirtschaft änderten sich nicht, als Deutschland im August 1943 Dänemark formell besetzte. General Hermann von Hanneken und Werner Best hatten bereits 1942 die Funktion des Wehrmachtsbefehlshabers bzw. Generalbevollmächtigten übernommen. Hanneken hatte erst der Vierjahresplanbehörde, dann dem Reichswirtschaftsministerium angehört und statte im Juli 1942 den Zivilverwaltungen in Oslo und Kopenhagen einen Besuch ab, als Albert Speer die Einführung fester jährlicher Lieferprogramme für Norwegen und Dänemark plante. Er zeigte sich darüber verärgert, dass Best die verantwortliche Aufsicht über die dänische Wirtschaft behalten sollte. Trotzdem waren sich beide einig, wie Deutschland seine wirtschaftlichen Interessen im Land durchsetzen solle. Daher änderten sie nichts an der deutschen Wirtschaftspolitik gegenüber Dänemark.[18]

---

14 *Mogens R. Nissen*, Til alles bedste-det danske landbrug under besættelsen, Kopenhagen 2005, S. 32–40.
15 *Philip Gleitner*, 'In the Frendliest Manner'. German-Danish Economic Cooperation during the Nazi Occupation of 1940–1945, New York 1998.
16 *Birgit Nüchel Thomsen*, Værnemagerne: Danmarks bidrag til den tyske krigsøkonomi under den tyske besætelse – i europæisk perspektiv, Skriveforlaget 2014 (E-Publikation), S. 39.
17 *Thomsen*, Værnemagerne, S. 44.
18 Drostrup, Den hæmmede kriger, S. 99, 137.

7.3.3 Strukturelle Herausforderungen der Besatzungswirtschaft

Deutschlands Ausbeutungsambitionen, d. h., wie und in welchem Umfang es sich Ressourcen aus beiden Volkswirtschaften aneignen konnte, waren in dreierlei Hinsicht strukturell begrenzt: 1.) Die frühere wirtschaftliche Abhängigkeit Dänemarks und Norwegens von Großbritannien erforderte, dass Deutschland ausfallende Ressourcen bereitstellte; 2.) die Aktivitäten und die Verpflegung der umfangreichen Besatzungstruppen nahmen erhebliche Ressourcen in Beschlag; 3.) die schwache Infrastruktur erforderte eine kräftige Zufuhr von Rohstoffen, Waren und Arbeitskraft. Vor allem Norwegens Wirtschaft war höchst belastet, und der deutsche Reichskommissar rief bereits im Herbst 1940 zur Mäßigung auf. In Dänemark waren die Auswirkungen deutscher Nachfrage und Ausgaben nicht in gleicher Weise dramatisch, und erst ab 1944 brachte der Reichsbevollmächtigte ähnliche Bedenken vor.[19]

Die erste strukturelle Einschränkung beruhte darauf, dass beide Länder jeweils hohe Außenhandelsquoten hatten. Sie wiesen Exportüberschüsse gegenüber Großbritannien auf, welche die Importüberschüsse aus Deutschland finanzierten. Im Falle von Krieg und Blockade musste Deutschland darauf vorbereitet sein, beiden Ländern Ressourcen zuzuführen, wenn man die gewünschte Leistungsfähigkeit der Volkswirtschaften aufrechterhalten wollte. Das Wehrwirtschafts- und Rüstungsamt wies darauf hin, dass die Besatzung sich dadurch für Deutschland als kostspielig erweisen könne. Trotzdem war man der Ansicht, dass die wirtschaftliche Nutzung wegen der Kontrolle über strategisch wichtige Güter Nettogewinne erbringen werde.[20]

Nachdem der Handel mit Großbritannien zusammengebrochen war, wurde Deutschland zum größten Empfänger norwegischer und dänischer Exporte. Während das Ausfuhrniveau vor der Besatzung für Norwegen bei etwa 15 bis 18 % und für Dänemark bei 23 bis 25 % lag, gingen jetzt 70 bis 80 % der Exporte nach Deutschland.[21] Dänemark lieferte überwiegend Fisch und landwirtschaftliche Produkte. Dasselbe galt für Norwegen mit seinen noch reicheren Fischgründen, hinzu kamen unterschiedliche Mineralien und Metalle. Der Handel wurde über das bilaterale Clearing verrechnet. In beiden Ländern waren mit den Exporten bedeutende Importe verbunden, vor allem Kohle, Koks, Eisen, Stahl, Mineralöl und Getreide.

Tabelle 1 zeigt die offizielle Statistik beider Länder im Handel mit Deutschland. Norwegen verzeichnete bis einschließlich 1944 einen anhaltend hohen Importüberschuss. Im Herbst 1944 fielen die Importe dramatisch, sodass Norwegen im Winter

---

[19] *Fritz* Petrick (Hrsg.), Die Okkupationspolitik des deutschen Faschismus in Dänemark und Norwegen, Berlin 1992, S. 199–201.
[20] *Manfred Menger* [u. a.] (Hrsg.), Expansionsrichtung Nordeuropa. Dokumente zur Nordeuropapolitik des faschistischen deutschen Imperialismus 1939 bis 1945, Berlin 1987, S. 68.
[21] Statistisk-økonomisk utsyn over krigsårene, Oslo 1945, S. 96.

Tab. 1: Norwegens und Dänemarks offizieller Außenhandel mit Deutschland 1940–1945 [in Mio. RM].

	1940		1941		1942		1943		1944		1945	
	Imp	Exp	Imp	Exp	Imp	Exp	Imp	Exp	Imp	Exp	Imp	Exp
Norwegen	193,0	160,6	430,1	227,0	353,7	202,6	388,3	220,2	260,2	237,6	39,4	65,9
Dänemark	384,8	544,6	510,3	488,7	442,6	361,9	453,7	516,9	473,0	569,0	82,8	95,5

Quellen: NOS XII 291, Historisk Statistikk 1978, Statistisk Sentralbyrå 1978, S. 338 (Norwegen); Statistisk Aarbog, Kopenhagen 1945, S. 114 f. und 1946, S. 96 (Dänemark); umgerechnet in RM nach *Kilian*, Krieg, S. 451.

1945 erstmals einen Exportüberschuss verzeichnete. Dänemark weist für 1941 und 1942 ebenfalls Importüberschüsse aus, aber der dänische Exportanteil im Außenhandel war höher als der Norwegens. Ab 1943 hatte Dänemark einen moderaten Exportüberschuss.

Die Werte der Tabelle 1 zeigen klar, dass Deutschland den zollpflichtigen Handel mit Norwegen und Dänemark nicht für eine koloniale Ausbeutung ausnutzte, weil umfangreiche Ressourcen für die Besatzungswirtschaft im Lande bleiben mussten. Deutschland hatte ferner erkannt, dass die alliierte Blockade den Volkswirtschaften beider nordischen Länder schadete. Eine übermäßige Ausbeutung hätte dazu geführt, dass sie die nachgefragten Rohstoffe und Waren nicht mehr hätten liefern können.

Für Norwegen lässt sich das aus der offiziellen Clearingabrechnung ablesen, welche zum Zeitpunkt der deutschen Kapitulation ein Defizit von 761 Mio. NOK (432 Mio. RM) aufwies.[22] Dies bedeutet, dass Norwegen einen deutschen Handelskredit erhielt. Deutschland gestattete Norwegen auch, Waren aus Drittländern über das zentrale Clearing zu importieren, ohne dass entsprechende Exporte getätigt werden mussten.[23] Dagegen überrascht, dass Dänemarks Clearingsaldo laut Jürgen Kilian einen Überschuss von 2671 Mio. DKK (1394,3 Mio. RM) aufwies, was einen erheblichen Handelskredit an Deutschland impliziert.[24] Möglicherweise lässt sich dieser Saldo mit dem geheimen Unterkonto „Behördenzahlungen" bei der Deutschen Verrechnungskasse erklären.[25]

Birgit N. Thomsen hat auf der Grundlage dänischer Quellen die wichtigsten Posten im Clearing Dänemarks zusammengestellt, insgesamt 6570 Mio. DKK. Abzüglich des

---

[22] *Hans Otto Frøland*, Nazi Germany's Exploitation of Norway during the Occupation, 1940–1945, in: Marcel Boldorf/Tetsuji Okazaki (Hrsg.), Economies under Occupation. The Hegemony of Nazi Germany and Imperial Japan in World War II, London 2015, S. 132.
[23] *Bohn*, Reichskommissariat, S. 287.
[24] *Jürgen Kilian*, Krieg auf Kosten anderer. Das Reichsministerium der Finanzen und die wirtschaftliche Mobilisierung Europas für Hitlers Krieg, Berlin/Boston 2017, S. 199–204.
[25] *Jonas Scherner*, Der deutsche Importboom während des Zweiten Weltkriegs. Neue Ergebnisse zur Struktur der Ausbeutung des besetzten Europas auf Grundlage einer Neuschätzung der deutschen Handelsbilanz, Historische Zeitschrift 294, 2012, S. 98.

Tab. 2: Stand des deutsch-dänischen Clearingkontos im Mai 1945.

	Betrag [Mio. DKK]	Betrag [Mio. RM]
Ausfuhr landwirtschaftlicher Erzeugnisse und Fisch	4195	2190
Industrielle Auftragsverlagerung	1030	538
Sonstige Warenexporte	400	209
Schiffstransporte	410	214
Dienstleistungen, Löhne/Gehälter	310	162
Diverse Leistungen	225	117
Dänische Gesamtleistung	6570	3430
Deutscher Clearingbeitrag	-4858	-2536
Dänischer Clearingüberschuss	1712	894

Quelle: *Thomsen*, Værnemagerne, S. 44. Umrechnung in RM nach *Kilian*, Krieg, S. 451.

deutschen Clearingbeitrags in Höhe von 4858 Mio. DKK verbleibt, wie in Tabelle 2 zu sehen, ein Saldo von 1712 Mio. DKK.

Die Differenz zwischen Kilians 2671 Mio. und Thomsens 1712 Mio. beträgt 959 Millionen DKK (501 Mio. RM). Sie beinhaltete keinen versteckten deutschen Kapitaltransfer, weil man auf deutscher Seite keinen Widerwillen der Dänen gegen Kapitalverflechtungen provozieren wollte.[26] Möglicherweise erklärt sich die Differenz durch die Auftragsverlagerungsproduktion.

Die von Jonas Scherner herangezogenen Quellen weisen einen höheren deutschen Import als offiziell angegeben auf. Der tatsächliche Import aus Norwegen betrug demnach 1779 Mio. RM, laut offizieller Statistik aber nur 1112 Mio. RM, d. h. eine Differenz von 667 Mio. RM. Die entsprechend korrigierten Zahlen für Dänemark sind 3577 Millionen RM gegenüber 2162 Mio. RM, hier beträgt die Differenz 1415 Mio. RM.[27] Die Ausfuhren Dänemarks nach Deutschland waren demnach doppelt so hoch wie diejenigen Norwegens. Scherner weist darauf hin, dass der Schlüssel zum Verständnis des Realwerts der Importe die Auftragsverlagerungsproduktion der Wehrmacht ist.

Die Produktionsaufträge der Wehrmacht in Norwegen von 520 Mio. RM erklären weitgehend den Unterschied von 667 Mio. RM zum offiziellen Importwert. Zusätzlich wurde in unbekanntem Umfang zivile, aber rüstungsorientierte Produktion verlagert. Importierte Rohstoffe wurden nach der Bearbeitung in Norwegen wieder nach Deutschland reexportiert, z. B. das aus importiertem Bauxit produzierte Aluminium. Während die norwegischen Clearingkonten lediglich den Versand und die Wertschöpfung der Verarbeitung registrierten, hielt man den Wert aus dem Clearing heraus.[28] Dies kann die restlichen 147 Mio. RM Differenz zum offiziellen Importwert erklären.

---

26 *Elena Dickert*, Die „Nutzbarmachung" des Produktionspotentials besetzter Gebiete durch Auftragsverlagerungen im Zweiten Weltkrieg. Staatliche Regulierung und Verlagerungsverhalten von Maschinenbau- und Automobilunternehmen, Diss. phil. Trondheim 2013, S. 45 f.
27 *Scherner*, Importboom, S. 112 f.
28 Statistisk-økonomisk utsyn, S. 115.

Mit einer Auftragsverlagerung von 395 Mio. RM produzierte Dänemark deutlich weniger für die Wehrmacht als Norwegen. Gleichzeitig war die Kluft zwischen offiziellem und realem Export nach Deutschland mit 1415 Mio. RM erheblich größer. Wie erklärt sich diese Spanne? Dänemark nahm auch an der zivilen Auftragsverlagerungsproduktion teil, was wahrscheinlich erklärt, warum dänische Historiker höhere Zahlen für die Auftragsverlagerung als Scherner vorlegen. Philip Giltner geht von 500 Mio. RM aus, während Joachim Lund zeigt, dass der Rüstungsstab Dänemark den Wert der Produktion Ende 1944 auf über 600 Mio. RM veranschlagte.[29] Selbst wenn wir von einem Wert von 700 Mio. RM ausgehen und annehmen, dass alle Lieferungen auf dem dänischen Clearingkonto und als „Behördenzahlungen" in der Deutschen Verrechnungskasse registriert wurden, vermag dies nicht den beträchtlichen dänischen Clearingüberschuss zu erklären.

Ungeachtet dessen lautet die Schlussfolgerung, dass Deutschland das dänische Clearingkonto in größerem Maße als das norwegische dafür benutzte, um Ressourcen aus dem Land herauszuziehen. Dies überrascht kaum, wenn man bedenkt, dass die deutsche Einfuhr von dänischen Waren doppelt so hoch lag wie diejenige norwegischer Herkunft.

Die zweite strukturelle Einschränkung der deutschen Ausbeutungsstrategie bestand in der Notwendigkeit, umfangreiche Truppenkontingente in Norwegen, Finnland und schließlich auch in Dänemark zu unterhalten. Die Anzahl von Wehrmachtsangehörigen in Norwegen stieg ungleichmäßig an, bis sie im Juli 1943 mit rund 400 000 Mann ihren Höhepunkt erreichte.[30] Hinzu kamen die mehr als 200 000 Mann starke Lappland-Armee, die teilweise aus Norwegen versorgt wurde und sich im Herbst 1944 dorthin zurückzog. In Dänemark waren Ende 1942 lediglich 36 000 Mann stationiert, doch die Mannstärke stieg bis Ende 1944 auf 186 000 an.[31] Im Mai 1945 befanden sich 310 000 Mann in dem Land, viele davon allerdings lediglich im Transit nach Deutschland. Generell erhöhte die ständig und stark wachsende Zahl von Soldaten den Druck auf die Verpflegungssituation bzw. die Nachfrage nach Lebensmitteln sowohl in Norwegen als auch in Dänemark.

Finanziert durch Besatzungskonten produzierten die norwegische und die dänische Industrie Waren und Dienstleistungen für die Wehrmacht.[32] Diese Produktion ist in Scherners Berechnungen von deutschen Importen und Wehrmachtverlagerungsproduktion nicht enthalten. Indessen existieren keine systematischen Studien über diese Produktion und deren Verteilung. Hinsichtlich Norwegen gibt Hans Claussen Korffs Schätzung des gesamten Verbrauchs aus dem Besatzungsmittelkonto in Tabelle 3

---

29 *Giltner*, 'In the Friendliest Manner', S. 40 f.; *Joachim Lund*, A Faustian Bargain: Denmark's precarious deal with the German war economy, in: Hans Otto Frøland [u. a.] (Hrsg.), Industrial Collaboration in Nazi-occupied Europe. Norway in Context, London 2016, S. 199.
30 *Ketil Korsnes/Olve Dybvig*, Wehrmacht i Norge. Antall tysk personell fra april 1940 til mai 1945, in: Septentrio reports 4, 2018, https://doi.org/10.7557/7.4575
31 *Christensen* [u. a.], Danmark besat, S. 339.
32 *Bohn*, Reichskommissariat, S. 295.

einen Hinweis auf den Produktionswert. Die Ausgaben für Materialbeschaffung/ Verpflegung, Wartung/Reparaturen, Requirierung/Miete und Transport belaufen sich auf 3,3 Mrd. NOK, d. h. 30,6 % der Entnahmen. Da die militärische Besatzung diese Ressourcen in Beschlag nahm, verringerte sich die Menge an Waren und Dienstleistungen, welche nach bzw. für Deutschland geliefert werden konnten. Bereits im Herbst 1940 war man sich in den zuständigen Reichsministerien darüber im Klaren, dass für die Versorgung der Besatzungstruppen auch Importe notwendig seien. Dänemarks Landwirtschaft lieferte daher an die deutschen Truppen in Norwegen und in Finnland. Der Umfang der Lieferungen ist nicht bekannt, aber die vom Reichsernährungsministerium zugeteilten Kalorienquoten vermittelten eine Vorstellung von den Gegenleistungen. Terboven behauptete 1944 gegenüber Staatssekretär Herbert Backe, dass Norwegen zu wenig Lebensmittel aus Dänemark erhalten habe und dies angesichts der umfangreichen norwegischen Fischexporte nach Deutschland, dem norwegischen Kunstdüngerexport nach Dänemark und in andere Länder Nordeuropas, die Nahrungsmittel für Deutschland produzierten.[33]

Die dänische Geschichtsschreibung hat darauf hingewiesen, dass die eigene Landwirtschaft von Deutschland nicht ausgeplündert wurde, weil man auf ihre Lieferfähigkeit angewiesen war. Der Export konnte aufrechterhalten werden, ohne die Lebensmittelversorgung der dänischen Bevölkerung zu beeinträchtigen.[34] Die norwegische Geschichtsschreibung hat ihrerseits hervorgehoben, dass eine einseitige Betrachtung der Verwendung der Besatzungsmittel ein falsches Bild davon vermittelt, wie die Besatzungsmacht die Volkswirtschaft ausnutzte.[35] Es wird indessen nicht bezweifelt, dass die deutsche Kriegswirtschaft ständig mehr Ressourcen des Landes entnahm und der Bevölkerung einen Konsumrückgang zumutete. Eine Schätzung von 1945 zeigte einen Rückgang von 25 bis 30 % seit 1939, war aber wohl zu hoch angesetzt.[36]

Der letzte strukturelle Grund dafür, dass Deutschland die beiden Länder nicht rücksichtslos ausbeuten konnte, liegt in dem militärisch als notwendig angesehenen Ausbau der Küstenverteidigung und der Versorgungsmobilität an der Nordfront. Besonders schwach entwickelt war die Infrastruktur in Nordnorwegen, wo Straßenverbindungen zum finnischen Lappland fehlten. Bereits ab 1940 musste Deutschland daher die notwendige Infrastruktur in Norwegen – und seit 1943 verstärkt diejenige in

---

33 National Archives and Records Aministration, Washington, EAP 161-b-12/362, Mikrofilm T175/125, Reichskommissar Terboven an Staatssekretär Backe, 2. 4. 1944 und 29. 5. 1944; Reichsminister für Ernährung und Landwirtschaft an Reichskommissar Terboven, 15. 6. 1944.
34 *Lund*, A Faustian Bargain, S. 211–242; *Steen Andersen*, A Mild Occupation? Denmark 1940–1945, in: Jonas Scherner/Eugene N. White (Hrsg.), Paying for Hitler's War: The Consequence of Nazi Hegemony for Europe, Cambridge 2016, S. 296–319.
35 *Harald Espeli*, Economic Consequences of the German Occupation of Norway, 1940–1945, in: Scandinavian Journal of History 38, 2013, S. 502–524; *Frøland*, Nazi Germany's Financial Exploitation, S. 130–146; *Harald Espeli*, The Effects of the German Occupation of Norway, 1940–1945, in: Scherner/ White, Paying for Hitler's war, S. 296–319.
36 *Odd Aukrust/P. J. Bjerve*, Hva krigen kostet Norge, Oslo 1945, S. 46.

Tab. 3: Wehrmachtausgaben in Norwegen, finanziert vom Besatzungskonto. Stand: Mai 1945.

Ausgabenkategorie	Mio. NOK (Anteil in %)	Mio. RM
Bautätigkeit	4833 (45,6 %)	2746
Truppensold, Gehälter Beschäftigte	2364 (22,3 %)	1343
Materialbeschaffung/Verpflegung	1611 (15,2 %)	915
Wartung/Reparaturen (Waffen, Schiffe, Fahrzeuge)	869 (8,2 %)	494
Requisitionen/Mietzahlungen	446 (4,4 %)	253
Transportkosten	297 (2,8 %)	169
Verschiedenes	159 (1,5 %)	90
Summe	10579 (100 %)	6010

Quelle: *Frøland*, Nazi Germany's Exploitation of Norway, S. 138; umgerechnet nach *Kilian*, Krieg, S. 451.

Dänemark – auf- und ausbauen. In beiden Ländern wurde diese Bautätigkeit über die Besatzungskonten finanziert. Die Nettoauszahlungen summierten sich in Norwegen auf insgesamt 11,3 Mrd. NOK. Tabelle 3 gibt Aufschluss über 10,6 Milliarden NOK, d. h. rund 95 % des deutschen Mittelverbrauchs, und die Verteilung dieser Ausgaben.

Die hier für Bautätigkeit ausgewiesenen 4,8 Mrd. NOK – fast 46 % des nachgewiesenen Wehrmachtverbrauchs – reichten für die tatsächlichen Baukosten nicht aus. 1941 konnte die Behörde des Reichskommissariats gegenüber den Stellen im Reich durchsetzen, dass Norwegen mehr externe Rohstoffe und Waren zur Verfügung gestellt wurden. Als Hitler im Mai 1942 per Führerbefehl den beschleunigten Ausbau der kriegswichtigen Infrastruktur in Norwegen anordnete, sollte das Programm aus dem Kriegshaushalt finanziert werden. Norwegen waren bereits vor 1942 Baustoffe zugeteilt worden, die nicht in der Handelsstatistik oder den Clearingsalden auftauchten. Andererseits gibt es Beispiele dafür, dass der Wehrmachtnachschub von anderen Ländern über das deutsche bilaterale Clearing mit Drittstaaten finanziert wurde. Der Gesamtwert dieser Zufuhr an Ressourcen ist nicht bekannt, aber es kann gezeigt werden, dass diese sich in materielle Ressourcen (Kohle, Stahl, Beton), organisatorische Ressourcen (deutsche Unternehmen mit Maschinen und Werkzeugen) und Arbeitskräfte (Zwangsarbeiter und Kriegsgefangene) aufteilten.[37] OT-Leiter Henne behauptete, dass seine Organisation zwischen 10 und 20 Mio. NOK pro Monat aus den norwegischen Besatzungskostenmitteln entnahm, doch Ressourcen im Wert von mindestens 30 Mio. RM (52,5 Mio. NOK) nach Norwegen lieferte.[38] Hinzu kam die eigene Bautätigkeit der Wehrmacht, und zumindest ab 1942 gibt es wenig Grund zu der Annahme, dass sich die Verteilung der Ausgaben signifikant von der in der OT unter-

---

[37] *Simon Gogl*, Laying the Foundations of Occupation. Organisation Todt and the German Construction Industry in Occupied Norway, Berlin/Boston 2020.
[38] *Willi Henne*, Die Organisation Todt in Norwegen. Aufgabe, Organisation, Art der Baudurchführung mit aufgetretenen Schwierigkeiten, Leistungen, unpubliziertes Manuskript 1948, OT-Archiv, NTNU, S. 24, 26.

Tab. 4: Wehrmachtausgaben in Dänemark, finanziert vom Besatzungskonto. Stand: Mai 1945.

Ausgabenkategorie	Mio. DKK (Anteil in %)	Mio. RM
Baraufwendungen	1900 (39,0 %)	992
Bautätigkeit	1600 (32,8 %)	835
Transportkosten	500 (10,3 %)	261
Verpflegung	280 (5,7 %)	146
Wareneinkauf	250 (5,1 %)	131
Benutzung öffentlicher Einrichtungen, z. B. Eisenbahn	205 (4,2 %)	107
Kraftfahrzeuge (Kauf, Miete, Reparaturen)	140 (2,9 %)	73
Summe	4875 (100 %)	2284

Quelle: *Thomsen*, Værnemagerne, S. 44; umgerechnet nach *Kilian*, Krieg, S. 451.

schied. Hennes Überschlag beinhaltete nicht den Arbeitswert der fast 100 000 Kriegsgefangenen, die als Zwangsarbeitskräfte nach Norwegen verbracht worden waren. Neuere Untersuchungen zur Bautätigkeit der OT haben die Frage aufgeworfen, ob nicht der Wert der langfristigen deutschen Investitionen in Norwegen höher lag als der Wert der Ressourcen, die die Wehrmacht verbrauchte oder dem Land entnahm.[39]

Die Hypothese des Nettoressourcenzuflusses nach Norwegen wird durch einen weiteren Überschlag unterstützt. 1947 wurde Korff vom norwegischen Justizministerium beauftragt, den Wert der von Deutschland initiierten wirtschaftlichen Tätigkeiten in Norwegen zu bewerten. Er ermittelte, dass der Wert des Nachschubs für die Wehrmacht zwischen 14 und 19 Mrd. NOK lag.[40] Es ist unbekannt, welcher Anteil davon in Bauaktivitäten floss. Über das Besatzungskostenkonto und über den Wehrmachtnachschub investierte Deutschland jedoch in einem hohen Ausmaß in die norwegische Infrastruktur. Dies kann erklären, warum Norwegens reales Sozialprodukt bereits 1946 wieder das Vorkriegsniveau erreichte.[41]

Die Entnahmen von Besatzungskostenmitteln in Dänemark beliefen sich bei der Kapitulation auf insgesamt 5,3 Mrd. DKK.[42] Tabelle 4 zeigt eine Übersicht der wichtigsten Entnahmen zugunsten der Wehrmacht in Höhe von 4,857 Mrd. DKK.

Da die Baraufwendungen außer für die Truppenentlohnung wahrscheinlich auch für unterschiedliche Einkäufe verwendet wurden, sind die Baukosten als größte Einzel-

---

39 *Espeli*, Economic Consequences; *Espeli*, The Economic Effects; *Frøland*, Nazi Germany's Financial Exploitation; *Hans Otto Frøland*, Organisasjon Todt som byggherre i Norge, in: Historisk Tidsskrift (Norge) 97, 2018, S. 167–188; *Gogl*, Laying the Foundations, S. 207–213.
40 RA, S-1643, Da-L000, Mappe 2, Abschlussbericht betr. die Überprüfung der Geschäftsbeziehungen deutscher Okkupationsstellen in Norwegen, 29. 9. 1947; *Gogl*, Laying the Foundations, S. 201–206.
41 *Ola Grytten*, The Gross Product of Norway 1830–2003, in: Øyvind Eitrheim [u. a.] (Hrsg.), Historical Monetary Statistics of Norway 1830–2003, Oslo 2004, S. 279.
42 *Drostrup*, Den hæmmede kriger, S. 188.

position anzusehen. Ab 1943 nahm die Bautätigkeit stark zu.⁴³ Die Kosten für die Verpflegung blieben überraschend gering, aber fast die Hälfte der Wehrmachtverpflegung von 240 Mio. DKK wurde zusätzlich über das Clearingkonto finanziert. 75 Mio. DKK vom Clearing wurden zur Finanzierung von Reparaturen verbraucht. Wir können davon ausgehen, dass diese Waren und Dienstleistungen aus Dänemark kamen. Die Bautätigkeit in den Jahren 1943/44 war dermaßen umfangreich, dass wahrscheinlich auch Dänemark in geringerem Maße Rohstoffe und Waren als Wehrmachtnachschub erhielt. Eine Schätzung der OT Zentrale ging davon aus, dass Deutschland 10 bis 15 Prozent der Befestigungskosten mit dänischen Mitteln abdeckte.⁴⁴ Obwohl eine Reihe deutscher Baufirmen beteiligt war, setzte man in Dänemark ausländische Zwangsarbeiter und Kriegsgefangene – wenn überhaupt – nicht in nennenswertem Umfang ein.⁴⁵

7.3.4 Besatzungswirtschaft in Norwegen

Das Besatzungsregime löste durch seine umfangreiche Nachfrage einen Aufschwung aus, der allerdings schnell in eine gesteuerte Kriegswirtschaft mündete. Notwendige Einfuhren wie Kohle, Getreide und Heizöl blieben ständig knapp. 1939 betrug der monatliche Kohleverbrauch 200 000 Tonnen, der in den beiden ersten Kriegsjahren zu 90 % aus Deutschland erfolgte, bis die Vorkriegslager erschöpft waren. Die monatlichen Einfuhren gingen allmählich auf 120 000 Tonnen zurück, bevor sie im Herbst 1944 ganz eingestellt wurden.⁴⁶ Die Industrieproduktion schrumpfte während der Besatzung um 50 % und die industriellen Exporte um 60 %. Die Beschäftigung in der Industrie ging nur leicht zurück, sodass die Arbeitsproduktivität um 40 % sank.⁴⁷ Die Wehrmacht stimulierte mit ihrer guten Bezahlung die Binnenwirtschaft. Im Vergleich zu 1939 versechsfachte sich die umlaufende Geldmange. Die Preise stiegen in den Jahren 1940 und 1941 um jeweils etwa 15 %, bevor die jährliche Steigerung ab 1942 durch Subventionen über den Staatshaushalt auf drei Prozent gesenkt werden konnte.⁴⁸ Die unter Druck gesetzte Wirtschaft wurde durch Preisregulierung und Rationierung sowohl im norwegischen als auch im deutschen Sektor in Schach gehalten.

---

43 *Claus B. Christensen* [u. a.] (Hrsg.), Dansk arbejde-tysk befæstningsanlæg, Blåvandshuk Egnsmuseum 1997; *Jens Andersen* [u. a.] (Hrsg.), Det tyske invasionsforsvar i Danmark 1940–45, Museumscenter Hanstholm/Statens Forsvarshistoriske Museum 2007.
44 BArch, R 3/1808, Bl. 237. Vermerk über die Durchführung des Bauprogramms in Dänemark, 15. 3. 1944.
45 *Therkel Stræde*, Deutschlandarbeiter. Dänen in der deutschen Kriegswirtschaft 1940–1945, in: Ulrich Herbert (Hrsg.), Europa und der „Reichseinsatz". Ausländische Zivilarbeiter, Kriegsgefangene und KZ-Häftlinge in Deutschland 1938–1945, Essen 1991, S. 140–171.
46 *Bohn*, Reichskommissariat Norwegen, S. 434 f.
47 *Tor Skoglund*, Krig og produksjonsfall, in: Ragnhild R. Bore/Tor Skoglund (Hrsg.), Fra håndkraft til høyteknologi. Norsk industri siden 1829, Oslo 2008, S. 67–72.
48 *Bohn*, Reichskommissariat, S. 251–259.

Deutschlands Exportüberschuss im Clearinghandel mit Norwegen bildete sich trotz der geschwächten Terms of Trade. Der Reichskommissar für die Preisbildung in Berlin und die deutsche Wirtschaftsverwaltung in Oslo passten Norwegens Preisniveau dem deutschen an, indem sie Exporte nach Norwegen höher bewerteten als Importe aus Norwegen. Ein Preisausgleich wurde 1941 erreicht, aber die asymmetrische Preisgestaltung blieb bestehen. Der Versorgungsminister der norwegischen Regierung bezeichnete die Preispolitik treffend als „bewusste Kolonialpolitik".[49]

Der Wehrwirtschaftsstab, der Reichskommissar und die Vertreter deutscher Industriekonzerne versuchten bereits im April 1940, die Exportindustrie mittels Kapitalverflechtung und dem Einsetzen von Treuhändern zu mobilisieren. Ein gutes Beispiel dafür war die Aluminiumindustrie. Heinrich Koppenberg, Direktor der Junkers Flug- und Motorenwerke, kam nach Norwegen, um Aluminiumbestände aufzukaufen und die Industrie für eine Produktionssteigerung zu mobilisieren. Die erste Vereinbarung traf er mit der Norsk Aluminium Company, deren Unternehmen in Norwegen und Dänemark Aluminium weiterverarbeiteten. Die Tochtergesellschaft Nordisk Aluminiumindustrie schloss mit Junkers einen Vertrag über die Produktion von Duraluminium, und Junkers wurde als Miteigentümer aufgenommen. Das Unternehmen in Dänemark sollte zuerst Milchkannen und später Teile für Arado-Flugzeugmotoren produzieren. In Absprache mit Göring ernannte Terboven Koppenberg schließlich zum Feindvermögensverwalter für Norwegens gesamte Aluminiumindustrie. Gemeinsam mit dem Rheinisch-Westfälischen Elektrizitätswerk initiierte er das Projekt Elektrizitätsausbau Norwegen, das unter anderem für die Stromversorgung des Leichtmetallprogramms zuständig war. An diesem Programm waren die IG Farben sowie die Hansa Leichtmetall, die sich im Besitz des Reichsluftfahrtministeriums befand, beteiligt. Als die Aktivitäten im Sommer 1941 ihren Höhepunkt erreichte, waren die Ziele eine Versiebenfachung der Aluminiumproduktion und das Ingangsetzen der Magnesiumproduktion. Gemeinsam mit der Metallgesellschaft und der Norddeutschen Affinerie plante die IG Farben den Abbau von Schwefelkies. Durch Besitzanteile von Hoechst kontrollierte der Konzern in Mittelnorwegen zahlreiche Minen mit Eisenerz-, Schwefel- und Kupfervorkommen. Selbstredend war das Unternehmen auch an den Düngemitteln von Norsk Hydro interessiert. Heinrich Oster, Vorstandsmitglied der IG Farben und Geschäftsführer der Stickstoff-Syndikat GmbH, war frühzeitig als Sachverständiger für Fragen der chemischen Wirtschaft beim Wehrwirtschaftsstab in Norwegen tätig. Er hatte sicherzustellen, dass der Verkauf von Düngemitteln durch Norsk Hydro entsprechend der Bedingungen des Syndikats erfolgte.[50]

Viele Unternehmen verfolgten eine solche Verflechtungsstrategie: die Krupp AG mit Nickelerzgruben in Südnorwegen, die Vereinigten Stahlwerke mit Eisenerzgruben in Nordnorwegen, Salzdetfurth mit Bleiminen in Nordnorwegen und die Norddeutsche

---

49 RA, Landssvikarkivet, L-sak 4367, eske 2, Blehr til Quisling, 2. 6. 1942.
50 *Fritz Petrick*, Der „Leichtmetallausbau Norwegen" 1940–1945. Eine Studie zur deutschen Expansions- und Okkupationspolitik in Nordeuropa, Bern 1977.

Affinerie mit Zugang zu Kupfer- und Schwefelvorkommen. Weitere deutsche Unternehmen, die sich Beteiligungen an norwegischen Unternehmen verschafften, waren Henkel, Siemens, Mannesmann und Beiersdorf. Das Molybdän-Bergwerk in Knaben, dessen schwedischer Eigentümer gute Kontakte zur deutschen Industrie besaß, spielte in diesem Zusammenhang eine besondere Rolle. IG Farben und Krupp schlossen sich zur Molybdän-Gemeinschaft Norwegen zusammen und handelten gemeinsam mit dem schwedischen Eigentümer die Abnahme eines Großteils der Produktion aus.[51]

In den ersten Besatzungsjahren überwachten die deutschen Behörden das Einhalten der Lieferprogramme nicht besonders streng. Erst ab Herbst 1942 setzte unter Rüstungsminister Albert Speer eine schärfere Kontrolle ein. In der Praxis kontrollierten die deutschen Industrieunternehmen sowohl die Verkäufer- als auch Käuferseite. Das Reichswirtschaftsministerium erteilte den deutschen Unternehmen, die Mineralien und Metalle von „ihren" norwegischen Unternehmen kaufen wollten, nach Rücksprache mit der Wirtschaftsverwaltung des Reichskommissariats die Lieferkonzessionen.

Die Macht der Unternehmen stieß trotzdem an ihre Grenzen. Obwohl die Exportindustrie bereits im November 1940 wieder 80 % ihres Produktionsniveaus vom Januar 1940 erreichte, erholte sich der Bergbau- und Metallsektor als letzter von den Auswirkungen der Besetzung. Insgesamt stieg die Produktion der Exportindustrie 1940/41 nicht mehr und war ab 1942 sogar rückläufig. Speer befahl im Juni 1942 von Hanneken, als er noch Staatssekretär im Wirtschaftsministerium war, für 1942/43 ein in Dringlichkeitsstufen unterteiltes Exportprogramm auszuarbeiten. Hanneken erklärte die Produktionsprobleme mit den fehlenden Importen von Rohstoffen und Waren, u. a. Kohle, und knüpfte daher an den Export ein zielgerichtetes Importprogramm. Ein entsprechendes Austauschprogramm wurde 1943/44 und 1944/45 zwar durchgeführt, aber nie erfüllt, denn die Lieferungen nach Deutschland erreichten nur 60 bis 70 % der Vorgaben. Anfang 1945 brach der Handel zusammen.[52]

Erfolgreicher war das Exportprogramm für Fisch. Das Ernährungsministerium in Berlin wollte die Proteinversorgung der deutschen Zivilbevölkerung durch Fischlieferungen sicherstellen und darüber hinaus Tierfutter mit Heringsöl und Fischmehl anreichern. Die deutsche Wirtschaftsverwaltung unterstützte daher große Investitionen in Nordnorwegen, wo es gelang, Produktivität und Exportkapazität erheblich zu steigern.[53] Deutsche Unternehmen investierten in Tiefkühlanlagen, und die Besatzungsmacht wurde schnell zum alleinigen Nutznießer norwegischer Fischexporte. In Anbetracht der streng regulierten Fischerei gründeten deutsche Importeure die Deutsche Fischeinkaufsgemeinschaft, welche in den meisten Fischereihäfen Einkaufbüros einrichtete. Ab 1941 führte die Behörde des Reichskommissariats eine Regelung ein, der zufolge 60 % des Fangs an den norwegischen und 40 % an den deutschen Sektor gehen sollten. Über die deutsche Quote sollte auch der Bedarf der Besatzungstruppen in

---

51 *Bohn*, Reichskommissariat, S. 298 f.
52 *Bohn*, Reichskommissariat, S. 427 f., 432, 446, 448.
53 *Bohn*, Reichskommissariat, S. 277.

Norwegen gedeckt werden. Die deutsche Verwaltung änderte die Verteilung nach und nach zu ihren Gunsten, sodass die deutsche Quote im Herbst 1942 bei 65 % lag; danach verschob sie sich wieder leicht zugunsten Norwegens.[54] Nachdem Norwegen 1941 438 000 Tonnen Fisch nach Deutschland geliefert hatte, gingen die Ausfuhren zurück. Während Berlin 1942/43 eine Jahresmenge von 500 000 Tonnen und 1943/44 von 400 000 Tonnen verlangte, erreichte das Exportvolumen im Kalenderjahr 1943 nur 300 000 Tonnen. Das Hauptproblem bestand darin, dass die Fänge aufgrund der Kriegsbedingungen drastisch zurückgingen.[55] 1944/45 kam der Fischfang in Nordnorwegen dann fast zum Erliegen.

Die Binnenwirtschaft konnte effizienter als die Exportindustrie mobilisiert werden. Bereits im September 1940 produzierte die norwegische Binnenwirtschaft auf dem gleichen Niveau wie vor der Besatzung, weil der Wehrwirtschaftsstab Norwegen zahlreiche Aufträge für die Wehrmacht an einheimische Unternehmen vergeben hatte.[56] Harm Schröter hat daher betont, dass diese Mobilisierung nicht als Teil der Etablierung der Großraumwirtschaft anzusehen sei.[57] Das statistische Material zur Binnenwirtschaft 1944 und 1945 ist unzureichend, aber ein Bericht vom Mai 1944 hielt fest, dass der Wert der Lieferungen über 410 Mio. RM betrug.

Die Aufträge der Wehrmacht waren breit gefächert, wobei Werkstätten und die Schiffbauindustrie dominierten. Der größte Posten umfasste den Neubau und die Reparatur von Schiffen; die jährlichen Ausgaben beliefen sich auf 114 Mio. RM (1941), 126 Mio. RM (1942) und 129 Mio. RM (1943). Der Gesamtbetrag der Wehrmachtaufträge lag zum Zeitpunkt der Kapitulation wahrscheinlich nur unerheblich höher, weil sowohl die Importe als auch die Produktion ab Herbst 1944 allgemein zurückgingen. Ein Überschlag geht von 450 Mio. RM aus, denn ein Lagebericht der Behörde des Reichskommissariats vermerkte, dass sich die Auftragsverlagerung im ersten Quartal 1944 auf 23 Mio. RM belief. 1942 nahmen die Wehrmachtaufträge so stark zu, dass im Reichskommissariat eine zu starke Beeinträchtigung der zivilen Wirtschaft befürchtet wurde. Aufgrund dessen führte man Dringlichkeitsstufen für binnenwirtschaftlich zu bearbeitende deutsche Aufträge ein.[58]

In den Angaben zu den deutschen Aufträgen an die Binnenwirtschaft waren die Kosten für die Bautätigkeit nicht enthalten. Selbst als die militärischen Auseinandersetzungen noch in Gang waren, hatte die Wehrmacht bereits mit eigenen Bauprojekten begonnen, und Norwegen entwickelte sich in hohem Tempo zu einer einzigen großen Baustelle. 1941 registrierte die Behörde des Reichskommissariats 1600 deutsche Baupro-

---

54 *Bohn*, Reichskommissariat, S. 279, 281.
55 *Bohn*, Reichskommissariat, S. 284 f.
56 *Bohn*, Reichskommissariat, S. 427.
57 *Harm Schröter*, Administrative Ansätze nationalsozialistischer Großraumwirtschaft in Norwegen und Dänemark – die Fälle Norwegen und Dänemark, in: Gerhard Otto/Johannes Houwink ten Cate (Hrsg.), Das organisierte Chaos. „Ämterdarwinismus" und „Gesinnungsethik". Determinanten nationalwirtschaftlicher Besatzungsherrschaft, Berlin 1999, S. 143–172.
58 *Bohn*, Reichskommmissariat, S. 269.

jekte, womit insgesamt 90 % des gesamten Bausektors kontrolliert wurden.[59] Zwischen 1941 und 1944 schloss die Wehrmacht 4688 Bauverträge mit norwegischen Unternehmen ab.[60] Während der Besatzung waren Schätzungen zufolge zwischen 15 % bis 30 % aller zur Verfügung stehenden norwegischen Arbeitskräfte, d. h. rund eine Million, auf deutschen Baustellen beschäftigt.[61] Die Bautätigkeit beseitigte die Arbeitslosigkeit, kein Norweger wurde zur Zwangsarbeit in Deutschland verpflichtet. Die Arbeitsämter erhielten erweiterte Befugnisse für die Zwangszuweisung von Arbeitskräften. Es wird geschätzt, dass davon rund 60 000 Norweger davon betroffen waren.[62]

Zwischen 1942 und 1945 wurden rund 500 deutsche Bauunternehmen für einen Einsatz in Norwegen mobilisiert.[63] Schon vor Beginn der Bausaison 1941 hatten sich deutsche Firmen für die Zuführung von Zwangsarbeitern in den Bausektor ausgesprochen. Im August 1941 trafen die ersten sowjetischen Kriegsgefangenen ein. In größerer Anzahl kamen sie aber erst, als die OT im Frühjahr 1942 ihre Arbeit aufnahm. Es wurden insgesamt etwa 130 000 ausländische Zwangsarbeiter nach Norwegen verbracht, von denen etwa 90 000 sowjetische Kriegsgefangene waren.[64] Sie wurden u. a. in Fischfiletfabriken und der Bergbauindustrie eingesetzt, aber der weit überwiegende Teil musste im Bausektor arbeiten.

7.3.5 Besatzungswirtschaft in Dänemark

Die Außenwirtschaft wurde in Dänemark schneller als in Norwegen reorganisiert. Die Verhandlungen zum Handel begannen bereits am 18. April 1940. Der Anteil Deutschlands an den dänischen Ausfuhren stieg von 23 % (1939) auf 76 % (1941), während der Anteil Deutschlands an den dänischen Einfuhren zu den gleichen Eckdaten von 37 % auf 78 % stieg. Die Agrarexporte machten 80 % des Zuwachses aus und verblieben während der gesamten Besatzung in etwa auf diesem hohen Niveau.[65] In den regelmäßig stattfindenden Handelsverhandlungen bot die deutsche Delegation die notwendigen Rohstoffe und Waren an. Die dänischen Agrarausfuhren bewegten sich daher tendenziell im Takt mit den erzielbaren Einfuhren von Kraftfutter und Kunstdünger. Exportierte Dänemark mehr lebende Schweine und Rinder nach Deutschland als erwartet, hing dies mit dem Mangel an Kraftfutter zusammen. Der vor allem 1941 bis

---

59 *Frøland*, OT som byggherre, S. 173.
60 *Bohn*, Reichskommmissariat, S. 266.
61 *Harald Espeli*, De gjorde landet større, in: Historisk Tidsskrift, 106, 2006, S. 382–399.
62 *Gunnar Hatlehol*, Tvangsstyringen av arbeidslivet under hakekorset 1940–1945: Diktat og kollaborasjon, in: Arbeiderhistorie 22, 2018, S. 49–71.
63 *Gogl*, Laying the Foundations, S. 240.
64 *Gunnar Hatlehol*, „Norwegeneinsatz" 1940–1945: Organisation Todts arbeidere i Norge og gradene av tvang. Diss. phil. Trondheim 2015.
65 *Lund*, A Faustian Bargain, S. 204; *Christensen* [u. a.], Danmark besat, S. 529.

1943 umfangreiche Export von Fisch machte Dänemark zu Deutschlands zweitgrößtem Fischlieferanten.[66] Insgesamt glichen die deutschen Exporte nach Dänemark denen Norwegens, denn neben Kraftfutter wurden überwiegend Kohle, Mineralöl, Eisen und Stahl geliefert.

Unter dänischen Historikern herrschte bisweilen Uneinigkeit darüber, wie wichtig Dänemarks Agrarexporte für Deutschland waren, aber kaum über den Umfang des Exports.[67] Die größten jährlichen Liefermengen waren ca. 50 000 Tonnen Butter und 150 000 Tonnen Fleisch. Die Butterlieferungen deckten fünf bis sechs Prozent und die Fleischlieferungen drei bis sieben Prozent des deutschen Verbrauchs. Dänemarks Anteil am deutschen Konsum stieg ab 1943, als der Wehrmacht die Kontrolle über andere Zufuhrgebiete verloren ging, während Dänemarks Export auf dem vorherigen Niveau verblieb.[68] Die Wehrmacht blieb der wichtigste Abnehmer für dänische Agrarexporte.[69]

Um die Produktivität der Landwirtschaft zu verbessern, ließen sowohl die dänische Regierung als auch das deutsche Ernährungsministerium Preisinflation und Preisdifferenzierung zu. Bis November 1941 stieg der Preis für Schweinefleisch in Dänemark um 43 % und der Exportpreis nach Deutschland um 33 %. Franz Ebner war im März 1944 mit dem Beitrag der Landwirtschaft insgesamt sehr zufrieden. Er räumte allerdings ein, dass die Anreizmechanismen unzureichend seien, weil Preisregulierung und Rationierung es den Landwirten schwer mache, steigende Einnahmen in Waren umzuwandeln.[70] 1942 stimmten die Behörden in Berlin einer Aufwertung der dänischen Krone um 8,5 % zu. Es war beabsichtigt, die Exporteinnahmen der Landwirtschaft zu begrenzen und die Rohstoffeinfuhren zu verbilligen.[71]

Die umfangreichen Agrarexporte schadeten weder der dänischen Landwirtschaft noch dem Inlandskonsum. Die insgesamt rund 200 000 landwirtschaftlichen Betriebe vermochten die Produktion aufrechtzuerhalten. Sie versorgten die deutschen Besatzungstruppen in Dänemark, konnten aber auch die genannten Exportmengen nach Deutschland liefern, ohne dass die dänische Zivilbevölkerung unter Nahrungsmittelknappheit litt.[72] Teile der landwirtschaftlichen Produktion, einschließlich Zucker, wurden im Rahmen des bilateralen Handels in andere skandinavische Länder exportiert.

---

66 *Joachim Lund*, Hitlers spisekammer. Danmark og den europæiske nyordning 1940–43, Kopenhagen 2005, S. 295, 298.
67 Vgl. die Debatte: *Ole B. Jensen*, Hitlers spisekammer? En kildekritisk undersøgelse af de danske fødevareleverancers betydning for ernæringstilstanden i Tyskland 1940–1945, in: Historisk Tidsskrift 108, 2008, S. 66–105; *Joachim Lund*, Hitlers spisekammer, den tyske fødevarekrise og de danske leveranser, in: Historisk Tidsskrift 108, 2008, S. 505–531; *Mogens R. Nissen*, Fødevareleverancenes betydning, S. 532–551.
68 *Lund*, A Faustian Bargain, S. 203.
69 *Nissen*, Fødevareleverancenes betydning, S. 545 f.
70 *Petrick*, Okkupationspolitik, S. 200.
71 *Christensen* [u. a.], Danmark besat, S. 126.
72 *Lund*, A Faustian Bargain, S. 192.

Dies lag im Interesse Deutschlands, weil die Wehrmacht große Truppenkontingente in Norwegen und Finnland unterhielt und in beiden Ländern die Nahrungsmittelproduktion begrenzt war. Die deutschen Behörden stimmten in letzter Instanz den dänisch-norwegischen Handelsabkommen zu, in deren Rahmen norwegische Düngemittel gegen landwirtschaftliche Erzeugnisse geliefert wurden.

Die dänische Industrie konnte im Gegensatz zur norwegischen Exportindustrie eine deutsche Kapitalverflechtung und die Kontrolle über das sogenannte Feindvermögen abwehren, sieht man von ein paar Ausnahmen ab. Als die Kriegsmarine im Dezember 1943 die Marinewerft übernahm, wurde diese von den Howaldts-Werken verwaltet.[73] Im zivilen Bereich investierte BMW für die Reparatur von Flugzeugmotoren in die Firma Nordverk.[74] Die dänische Industrieproduktion sank während der Besatzungszeit um ein Viertel; sie sorgte ab 1942/43 in größerem Maße als die Landwirtschaft für Vollbeschäftigung. 1943 importierte Deutschland 15 % der industriell gefertigten Produkte. Auf industrielle Auftragsverlagerungen entfielen zusammen mit den Schifffahrtsdienstleistungen etwa ein Fünftel der nicht-agrarischen Exporte nach Deutschland. Die Warenexporte beschränkten sich fast ausschließlich auf landwirtschaftliche Erzeugnisse und Auftragsverlagerungsproduktion.[75]

Der Wehrwirtschaftsstab mobilisierte die dänische Industrie frühzeitig für deutsche Auftragsverlagerungen. Bis Ende April 1940 hatte er bereits Lieferungen für 19 Mio. RM angefordert, und der Konzern Dansk Industri Syndikat begann mit der Waffenproduktion für die Wehrmacht. Am 6. Juni schloss die dänische Regierung den ersten Rahmenvertrag über deutsche Auftragsverlagerungen unter der Bedingung, dass Deutschland die erforderlichen Rohstoffe und Waren liefere, von der Regierung als „außergewöhnliche Industrielieferungen" bezeichnet.[76] Die Wehrmacht bezahlte, indem sie einen Scheck für die Bank des Produzenten ausstellte, die den Kronenbetrag auf dem Firmenkonto gutschrieb. Die Bank löste den Scheck bei der Nationalbank ein, die den Betrag auf dem Clearingkonto mit Deutschland verrechnete.[77]

Die Bandbreite der dänischen Produktion ähnelte der norwegischen: Munition und Waffen, Uniformen, diverse Werkzeuge und Maschinen sowie Wartung und Reparaturen. In beiden Ländern nahm die Schiffbauindustrie eine überragende Stellung ein. Die Werft Burmeister & Wain wurde im Frühjahr 1940 sofort für die Herstellung von Schiffsmotoren und Umbauten mobilisiert. Die Wehrmacht beschlagnahmte die Schiffe, die sich für Reeder aus feindlichen Ländern im Bau befanden. 1941 gab die Wehrmacht sieben neue Schiffe in Auftrag, und 1942 wurden die Werften in das Hansa-Bauprogramm eingegliedert. In dessen Rahmen wurden bis Ende 1944 in Dänemark 37 neue Frachter mit einer Gesamtbruttotonnage von 189 000 Tonnen gebaut. Werner Best

---

73 *Petrick*, Okkupationspolitik, S. 194.
74 *Lund*, A Faustian Bargain, S. 197.
75 *Petrick*, Okkupationspolitik, S. 200.
76 *Lund*, A Faustian Bargain, S. 194–201; *Christensen* [u. a.], Danmark besat, S. 280 f.
77 *Thomsen*, Værnemagerne, S. 38.

betonte, dass Deutschland sich damit 100 % der Neubau- und 70 % der Reparaturkapazität der dänischen Schiffbauindustrie nutzbar gemacht habe.[78] Bis Ende 1944 führte das industrielle Lieferprogramm zu 11 000 militärischen Aufträgen und 1263 kriegswichtigen zivilen Aufträgen. 325 dänische Firmen schlossen Auftragsverlagerungsverträge ab und viele von ihnen verpflichteten Zulieferer.[79]

Die Wehrmacht mobilisierte auch dänische Bauunternehmen, die aus Besatzungskostenmitteln finanziert wurden. Unmittelbar nach dem Einmarsch forderte die Luftwaffe neue Flugplätze mit zugehöriger Infrastruktur und die Erweiterung der bestehenden. Die dänische Regierung vergab die Aufträge an dänische Unternehmen um zu verhindern, dass deutsche Unternehmen das Land überschwemmten. Wenn auch in geringerem Umfang als in Norwegen entstand 1940 in Dänemark durch die Aufträge und gute Bezahlung der Wehrmacht eine enorme Baukonjunktur. Im Juli 1940 arbeiteten 27 000 Arbeiter auf Wehrmachtbaustellen, jedoch sank diese Zahl bis Jahresende auf 2600.[80] Nachdem die Flugplatzkapazität als ausreichend angesehen wurde, beruhigte sich die Baukonjunktur 1941/42. Erst ab September 1943, mit dem Baubeginn der Befestigungsanlagen an der Westküste Jütlands, wuchs die Anzahl der Aufträge wieder stark an. Bereits 1940 hatte die Kriegsmarine eine kleine Anzahl deutscher Unternehmen für den Bau von Küstenbatterien und Bunkern verpflichtet,[81] deren bekannteste in Hanstholm von Sager & Woerner als Generalunternehmer erbaut wurde. 1943, als die Befestigungsanlagen der Westküste weiter ausgebaut werden sollten, wollte man wiederum deutsche Unternehmen einsetzen, die zu diesem Zeitpunkt jedoch voll ausgelastet waren. Auch in Dänemark war die Arbeitslosigkeit praktisch verschwunden, und es erwies sich als schwierig, Arbeitskräfte in ausreichendem Maße zu mobilisieren. Am 4. September 1943, nach dem Verhängen des militärischen Ausnahmezustands, verordnete deshalb von Hanneken, dass dänische Unternehmen zur Arbeit an deutschen Bauprojekten verpflichtet werden können. Zusätzlich forderte er 100 000 dänische Arbeiter an. In Zusammenarbeit mit den dänischen Behörden gelang es Werner Best und seinem OT-Führer, die Zwangsverpflichtung dänischer Arbeiter zu vermeiden. Stattdessen wurde beschlossen, die deutsche Minderheit in Dänemark zwangsweise zum Arbeitsdienst einzuziehen. Auch konnte die Regierung die Bauindustrie davon überzeugen, Unternehmen freiwillig in Dienst zu nehmen, darunter auch viele Firmen, die auf der Basis von Verträgen mit deutschen Firmen außerhalb Dänemarks arbeiteten. Die Industrie richtete ein Rekrutierungsbüro in Silkeborg an der Westküste Jütlands ein, wohin von Hanneken sein Oberkommando im November 1943 nach Beginn der Bautätigkeit verlegen ließ. Unter der operativen Leitung der OT setzten sich die Ausbauten bis zur deutschen Kapitulation fort. Werner Best rapportierte, dass im Mai 1943 etwa 30 000 dänische Arbeiter am Bunkerbau beteiligt

---

78 *Petrick*, Okkupationspolitik, S. 174, 200.
79 *Lund*, A Faustian Bargain, S. 200.
80 *Christensen* [u. a.], Danmark besat, S. 137.
81 *Andersen* [u. a.], Det tyske invasjonsforsvar, S. 69–76.

waren.[82] Während eines Großteils des Sommers 1944 arbeiteten 70 000 dänische Arbeiter freiwillig an den Festigungsanlagen, bevor der Ausbau ab Herbst 1944 stagnierte.[83]

Mit Unterstützung der Regierung mobilisierte Deutschland bereits im Herbst 1940 dänische Unternehmen und Arbeiter für die Arbeit in Deutschland. Bis Mai 1943 hatten rund 124 000 Dänen für deutsche Kriegszwecke in dem von Deutschland kontrollierten Teil Europas gearbeitet, was ca. 18 % der gesamten dänischen Erwerbspersonen entsprach, und der Stand der im Ausland Beschäftigten lag zu diesem Zeitpunkt noch immer bei 40 000.[84] Und während des gesamten Krieges sollen etwa 100 000 dänische Freiwillige im Deutschen Reich und etwa 10 000 in Norwegen eingesetzt worden sein.[85] Einige dänische Unternehmen wurden auch aufgrund gezielter deutscher Nachfrage für Bauprojekte in der besetzten Sowjetunion mobilisiert.[86]

7.3.6 Finanzwirtschaft und Besatzungskosten

Deutschlands Verwaltung der erzwungenen Besatzungskosten führte in Norwegen wie Dänemark zu großen Liquiditätsüberschüssen, hatte die Geldmenge sich doch seit 1939 versieben- bzw. vervierfacht. Dieser Liquiditätszuwachs ist vor allem auf die Entnahmen aus den Besatzungsmittelkonten seitens der Wehrmacht zurückzuführen. Es war eine bewusste deutsche Politik, die Konten mit keinerlei Auszahlungsbeschränkungen, Zinssätzen und Rückzahlungsbedingungen zu versehen. In Norwegen wie in Dänemark sollten sie jedoch im Rahmen einer zukünftigen Friedensregelung konsolidiert werden.[87] Mit zunehmender Rohstoffknappheit bedrohte der Inflationsdruck die Finanzstabilität und wirtschaftliche Leistungsfähigkeit. Der Reichskommissar in Oslo und der Reichsbevollmächtigte in Kopenhagen erkannten schon früh die Probleme der jeweils von ihnen verwalteten Besatzungswirtschaft. Die Schwierigkeiten waren in Norwegen wesentlich größer als in Dänemark, aber in beiden Ländern bewältigte man den Liquiditätsüberschuss durch den Verkauf von Anleihen, Liquiditätsanforderungen für Banken und Steuererhöhungen für die Zivilbevölkerung.

Tabelle 5 zeigt die wichtigsten monetären Variablen im Zusammenhang mit der Verwendung der Besatzungskosten in Norwegen. Die erste Spalte zeigt die Nettoentnahmen, welche sich insgesamt auf etwas mehr als 11 Mrd. NOK (6,25 Mrd. RM) beliefen. 1939 hatte das norwegische Parlament für das kommende Haushaltsjahr reguläre

---

82 *Petrick*, Okkupationspolitik, S. 175.
83 *Christensen* [u. a.], Dansk arbejde-tyske befæstningsanlæg, S. 43 ff.
84 *Petrick*, Okkupationspolitik, S. 175.
85 *Strøde*, Deutschlandarbeiter, S. 140–171; *Christensen* [u. a.], Danmark besat, S. 207 f.
86 *Joachim Lund*, Den danske østindsats 1941–43. Østrumudvalget i den politiske og økonomiske kollaboration, in: Historisk Tidsskrift 95, 1995, S. 35–74.
87 *Milward*, Fascist Economy, S. 110; *Kilian*, Krieg auf Kosten, S. 184.

Tab. 5: Monetäre Größen in Norwegen [in Mio. NOK].

	Nettoentnahmen Besatzungskonto	Geldmenge	Verkäufe Staatsanleihen	Staatliche Zahlungen auf das Besatzungskonto	Nettoentnahmen abzüglich staatlicher Zahlungen
1940	1257	1729	75	100	1157
1941	3636	2692	879	350	3286
1942	5852	3630	2089	1300	4552
1943	8165	4434	2887	2050	6115
1944	10383	4994	4348	3050	7333
1945	11054	5436	5107	3050	8004

Quelle: *Harald Espeli*, "Cooperation on a purely matter-of-fact basis". The Norwegian Central Bank and its Relationship to the German Supervisory Authority during the Occupation, 1940–1945, in: Scandinavian Economic History Review 62, 2014, S. 191.

Ausgaben in Höhe von 600 Mio. NOK beschlossen.[88] Nehmen wir dieselbe Bewilligungspraxis für alle Besatzungsjahre an, ergeben sich rein rechnerisch Gesamtausgaben von insgesamt drei Milliarden NOK. Die Wehrmacht verbrauchte aber fast dreimal so viel. Die nächsten Spalte zeigt das Wachstum des Geldumlaufs (Bargeldumlauf und Transaktionskonten), der zum Zeitpunkt der deutschen Kapitulation über 5,4 Milliarden Kronen betrug. Nachdem die Geldmenge 1939 etwa 724 Mio. NOK betrug, versiebenfachte sie sich bis 1945. Die nächste Spalte zeigt den Wert der vom Staat ausgegebenen kurz- und langfristigen Anleihen, welche den Liquiditätsüberschuss reduzieren sollten. Somit übernahm die norwegische Regierung eine Schuldenverpflichtung von mehr als fünf Milliarden NOK. Der Wert der Staatsanleihen wurde im Wesentlichen auf Konten der Norges Bank „eingefroren". Die dritte Spalte zeigt, dass der Staat mehr als drei Milliarden NOK auf das Besatzungsmittelkonto einzahlte. Während die Transfers aus dem Staatshaushalt 1940/41 begrenzt waren, stiegen sie ab 1942: 40 % der deutschen Entnahmen zwischen 1942 und 1944 wurden in der Praxis vom Staatsbudget auf das Besatzungsmittelkonto überführt. Die finanzielle Grundlage bestand jedoch nicht nur aus dem Verkauf von Staatsanleihen, sondern zusätzlich aus Steuer- und Abgabenerhöhungen.

Die Finanzexperten beim Reichskommissar hatten mit den zuständigen Instanzen im Reich dieses Modell zur Finanzierung der Besatzungsausgaben entwickelt. Damit verbunden waren auch Diskussionen über die Höhe des Anteils der Besatzungslast für Norwegen. Ein fester Betrag wurde nicht vereinbart, aber im Mai 1940 herrschte die Vorstellung, dass die Wehrmacht 60 Mio. NOK pro Monat benötige, um eine Besatzung gemäß Artikel 49 des Haager Abkommens aufrechtzuerhalten. Im Herbst 1940

---

[88] Wegen des bereits ausgebrochenen Krieges wurden 1940 noch 300 Mio. NOK zusätzlich beschlossen.

registrierte die Kommissariatsverwaltung, dass der angemeldete zukünftige Verbrauch 170 Mio. NOK pro Monat betragen würde. Im Reichswirtschaftsministerium stellte Hans Kehrl fest, dass der tägliche Pro-Kopf-Verbrauch in Norwegen 1,20 RM betrug, während er in Frankreich und den Niederlanden lediglich bei 0,50 RM lag. Er plädierte dafür, in Norwegen den Verbrauch ebenfalls auf 0,50 RM zu senken, was einem Aufwand von 75 Mio. NOK pro Monat entsprochen hätte. Bereits im November 1940 akzeptierten die deutschen Ministerien, dass sie von dem Grundsatz abweichen mussten, nach dem Norwegen die Besatzungskosten selbst tragen solle. Stattdessen musste ein größerer Anteil des Verbrauchs der Wehrmacht außerhalb Norwegens beschafft werden.[89] Ab 1941 wurden aus Besatzungskosten finanzierte Anschaffungen, die für Wehrmachtzwecke außerhalb Norwegens verwendet wurden (Nichtbesatzungskosten), zurückgezahlt. Gleichzeitig wurde man sich einig, ein Drittel der Besatzungskosten über den Staatshaushalt zu decken, um die inflationstreibende Geldmenge durch Steuern und Staatsanleihen einzudämmen.[90] Dies gab den Anstoß für Steuer- und Abgabereformen: 1941 wurden Umsatz- und Körperschaftsteuer um 50 % und die Einkommensteuer um 30 % angehoben. Steuern und Abgaben hatten 1939/40 dem Staatshaushalt 530 Mio. NOK eingebracht und waren 1943/44 auf 1226 Mio. NOK angestiegen. Die Einnahmen für das Haushaltsjahr 1941/42 lagen höher als die Ausgaben, und die großen Transfers aus dem Staatshaushalt auf das Besatzungsmittelkonto erfolgten zwischen 1942 und 1944. Der von Hitler 1941 geforderte Ausbau der Küstenverteidigung, die notwendigen Infrastrukturmaßnahmen sowie die Verdoppelung der Besatzungstruppen 1942/43 beschleunigten dennoch den Verbrauch der Wehrmacht. Dieser war so enorm, dass Kehrl befürchtete, er könne Ende 1941 300 Mio. NOK pro Monat betragen (= 1,75 RM Tagesverbrauch pro Kopf). Im Großen und Ganzen wurden aus Besatzungskostenmitteln etwa 200 Mio. NOK entnommen, bis die Aktivitäten von Wehrmacht und OT Ende 1944 abnahmen. Kilian bezeichnet diese Finanzierung als „geräuschlos",[91] was zutrifft, wenn man die anhaltenden Beschwerden der norwegischen Regierung außer Acht lässt.

In Dänemark gestaltete sich die Finanzwirtschaft noch „geräuschloser". Die Wehrmacht war in ihrem Handlungsspielraum stärker eingeschränkt als in Norwegen. Gleichzeitig waren hier weitaus weniger Besatzungstruppen stationiert, und es gab eine Million Einwohner mehr, auf die sich die Besatzungslast verteilte. Dennoch befürchtete das Reichsfinanzministerium bereits 1940, dass die Wehrmacht die vorhandenen Lagerbestände zu schnell aufbrauchen könnte.[92] Werner Best warnte ebenfalls vor dem Inflationsrisiko als Folge überhöhter deutscher Ausgaben.[93] Als 1942 die dänische Krone aufgewertet wurde, argumentierte das Reichsfinanzministerium, dass die

---

89 RA, RAFA, FD 5320/45, Bericht über die Finanzierung des Kronenbedarfs der deutschen Wehrmacht und des Reichskommissariats, 15. 2. 1943.
90 *Kilian*, Krieg auf Kosten, S. 191 f.
91 *Kilian*, Krieg auf Kosten, S. 199.
92 *Kilian*, Krieg auf Kosten, S. 188.
93 *Lauritzen*, Tysk besættelsespolitik, S. 180, 209.

Kurssteigerung dem Geldwertverlust, den der Konsum der Wehrmacht verursachte, entgegenwirke. 1944 wollte die Wehrmacht Dänemark einen finanziellen Kriegsbeitrag auferlegen, sah jedoch bald davon ab, weil dies die Wirtschaft des Landes gefährdet hätte.

Während die Wehrmacht in Norwegen der Handel nicht über Clearing verrechnen durfte, war dies in Dänemark der Fall. Im Februar 1941 wurde formell vereinbart, auch die Verpflegung der Besatzungstruppen über das Clearingkonto zu finanzieren.[94] 214 Mio. DKK für die Verpflegung wurden über Clearing finanziert, lediglich 66 Mio. über Besatzungskosten. Über das Clearingkonto wurden Fahrzeugreparaturen in Höhe von 75 Mio. DKK finanziert, und weitere 65 Mio. DKK wurden aus Besatzungskosten für den Kauf, die Anmietung und die Reparatur von Fahrzeugen ausgegeben.[95]

Im Fall Dänemarks muss der Clearingkredit als Teil der Besatzungskosten angesehen werden. Die Entnahmen aus dem Besatzungsmittelkonto waren bis 1943/44 moderat und stiegen erst danach stark an. Wenn man für 1944/45 von zehn Monaten ausgeht, betrugen die monatlichen Entnahmen 203 Mio. DKK. Die Ausgaben der Wehrmacht erreichten jetzt die Höhe, die sie in Norwegen während der gesamten Besatzung hatten. Man sieht, dass zur gleichen Zeit der dänische Clearingkredit für Deutschland auf einem deutlich höheren Niveau als in den ersten Jahren lag. Dies kann als Hinweis dafür gelten, dass ab 1943/44 ein wesentlich größerer Anteil der dänischen Warenproduktion an die Wehrmacht ging, entweder an die Besatzungstruppen im Land oder außerhalb Dänemarks in Form sogenannter Nichtbesatzungskosten.

Das deutsche finanzielle Gebaren in Dänemark trug dazu bei, dass sich der Banknotenumlauf von 600 Mio. DKK (August 1939) auf 1770 Mio. DKK (Mai 1945) fast verdreifachte. Dänemark zog nie Mittel aus dem Staatshaushalt heran, um die Besatzungskosten zu finanzieren. Die Einnahmen des Staats wuchsen durch Steuern und Abgaben, aber deutlich geringer als in Norwegen. Sie boten den Anlass für gezielte Steuererhöhungen zur Abschöpfung von Kaufkraft. Kilian schätzt, dass Dänemark 87 % des Gesamtbetrags durch Kreditaufnahmen finanzierte.[96] Wie in Norwegen verringerte man den Liquiditätsüberschuss durch den Verkauf von Staatsobligationen und verpflichtete die Banken, Reserven auf Konten bei der Zentralbank anzulegen.[97]

7.3.7 Schluss

Die Besatzungswirtschaft sollte in Norwegen wie in Dänemark dazu beitragen, den deutschen Bedarf an natürlichen Ressourcen zu decken. Deutschland gelang es jedoch nie, die strukturelle Importabhängigkeit beider Länder von Rohstoffen und Halbfer-

---

94 *Kilian*, Krieg auf Kosten, S. 200.
95 *Thomsen*, Værnemagerne, S. 44.
96 *Kilian*, Krieg auf Kosten, S. 203.
97 *Kilian*, Krieg auf Kosten, S. 200 ff.

tigwaren zu kompensieren. Dies zog insbesondere das Lieferprogramm für norwegische Mineralien in Mitleidenschaft, aber auch die Lieferungen von Fisch oder von dänischen Agrarprodukten. Hinzu kam der Ressourcenbedarf, der durch die industrielle Auftragsverlagerung in beide Länder entstand. Der deutsche Verbrauch wurde über Besatzungskosten gedeckt, in Dänemark aber zum großen Teil über das bilaterale Verrechnungskonto. Vor allem in Norwegen führte der deutsche Verbrauch zu einer bedeutenden Geldvermehrung, die man mit Hilfe von Staatsverschuldung und Abgabenerhöhungen in den Griff bekam. In Norwegen wie in Dänemark entfiel ein zunehmender Anteil der Ausgaben auf den Ausbau der Küstenverteidigung, in Norwegen auch auf Infrastrukturmaßnahmen. Dabei handelte es sich um Investitionen, die Einsatzmaterialien und Arbeitskräfte in großem Maßstab erforderten. Der genaue Umfang des nach Norwegen und Dänemark eingeführten Nachschubs für die Wehrmacht ist unbekannt, aber für Norwegen kann angenommen werden, dass dieser Wert bei Kriegsende größer als der Saldo des Besatzungsmittelkontos war.

Auswahlbibliografie

Andersen, Steen, Danmark i det tyske Storrom. Dank tilpasning til Tysklands nyordning af Europa 1940–41, Kopenhagen 2003.
Bohn, Robert, Reichskommissariat Norwegen: „Nationalsozialistische Neuordnung" und Kriegswirtschaft, München 2000.
Christensen, Claus B. [u. a.], Danmark Besat. Krig og hverdag, Kopenhagen 2005.
Espeli, Harald, Economic Consequences of the German Occupation of Norway, 1940–1945, in: Scandinavian Journal of History 38, 2013, S. 502–524.
Espeli, Harald, The Effects of the German Occupation of Norway, 1940–1945, in: Jonas Scherner/Eugene White (Hrsg.), Paying for Hitler's War: The Consequences of Nazi Hegemony for Europe, Cambridge 2016, S. 296–319.
Frøland, Hans Otto, Nazi Germany's Financial Exploitation of Norway during the Occupation, 1940–1945, in: Marcel Boldorf/Tetsuji Okazaki (Hrsg.), Economies under Occupation. The Hegemony of Nazi Germany and Imperial Japan in World War II, London 2015, S. 130–146.
Frøland, Hans Otto [u. a.] (Hrsg.), Industrial Collaboration in Nazi-occupied Europe. Norway in Context, London 2016.
Giltner, Philip, „In the friendliest Manner". German-Danish Economic Cooperation during the Nazi Occupation of 1940–45, New York 1998.
Gogl, Simon, Laying the Foundations of Occupation. Organisation Todt and the German Construction Industry in Occupied Norway, Berlin/Boston 2020.
Jensen, Ole B., Besættelsestidens økonomiske og erhvervsmæssige forhold. Studier i de økonomiske relationer mellom Danmark og Tyskland 1940–1945, Odense 2005.
Kilian, Jürgen, Krieg auf Kosten anderer. Das Reichsministerium der Finanzen und die wirtschaftliche Mobilisierung Europas für Hitlers Krieg, Berlin 2017.
Lauritzen, John T. (Hrsg.), Werner Bests Korrespondance med Auswärtiges Amt og andre tyske akter vedrørende besættelsen af Danmark 1942–1945. Bde. 1–10, Kopenhagen 2012.
Lauritzen, John T., Tysk besættelsespolitik i Danmark 1940–1945. En introduksjon til kilder og litteratur, Kopenhagen 2013.
Lund, Joachim, Hitlers spisekammer. Danmark og den europæiske nyordning 1940–43, Kopenhagen 2005.

Milward, Alan S., The Fascist Economy in Norway, Oxford 1972.
Nissen, Mogens R., Til fælles bedste-det danske landbrug under besættelsen, Kopenhagen 2005.
Petrick, Fritz, Die Bedeutung der Rohstoffe Nordeuropas für die deutsche Kriegswirtschaft, in: Robert Bohn [u. a.] (Hrsg.), Neutralität und totalitäre Aggression. Nordeuropa und die Großmächte im Zweiten Weltkrieg, Stuttgart 1991, S. 285–300.
Petrick, Fritz (Hrsg.), Die Okkupationspolitik des deutschen Faschismus in Dänemark und Norwegen 1940–1945, Berlin 1992.
Poulsen, Henning, Danmark i tysk krigsøkonomi. Myter og realiteter om den økonomiske udnyttelse af de besatte områder under 2. verdenskrig, in: Den jyske Historiker 31/32, 1985, S. 121–132.

Paolo Fonzi
7.4 Besatzungswirtschaft in Süd- und Südosteuropa: Jugoslawien, Griechenland und Italien

7.4.1 Einleitung

Die wirtschaftliche Seite der Kriegs- und Besatzungsgeschichte Süd- und Südosteuropas zwischen 1941 und 1944 wurde bisher von der Forschung stiefmütterlich behandelt. Dieses Manko ist vor allem darauf zurückzuführen, dass die oft gewaltsam durchgeführten Nation-Building-Prozesse in dieser Region die Aufmerksamkeit der Historiographie überwiegend auf das Thema „Massengewalt" lenkten. Nicht irrelevant ist zudem das Nachwirken einer Stereotypisierung des Balkans, die als Balkanismus bezeichnet wurde.[1] In der Erforschung der deutschen Besatzungspolitik in Italien zwischen 1943 und 1945 hatte die lange andauernde Fokussierung auf den Widerstand zur Folge, dass andere Aspekte, darunter wirtschaftliche, vernachlässigt wurden.

1983 publizierte Holm Sundhaussen seine Habilitationsschrift zur Wirtschaftsgeschichte des Unabhängigen Staats Kroatiens als erste umfassende Monografie über dieses Thema.[2] Den Spuren Sundhaussens folgend, erschien drei Jahre später eine Monografie von Karl-Heinz Schlarp über die deutsche Wirtschaftspolitik im besetzten Serbien.[3] Auch außerhalb Deutschlands wuchs mittlerweile das geschichtswissenschaftliche Interesse für die Beziehungen zwischen den 1941 aus der Zersplitterung Jugoslawiens hervorgegangenen Staaten und Deutschland während des Krieges. Die 2001 publizierte monumentale Monografie des kroatisch-amerikanischen Historikers Jozo Tomasevich über Besatzung und Widerstand in Jugoslawien bot Einblicke in die mit der Besatzung verbundenen Wirtschaftsfragen.[4] Im Vergleich dazu ist die existierende Literatur über die deutsche Wirtschaftspolitik in Griechenland dürftiger. Das wirkt umso erstaunlicher, als die Ausbeutung des Landes und die damit verbundene Frage der Besatzungsanleihe seit zwei Jahrzehnten die deutsche und griechische

---

[1] *Marija Nikolaeva Todorova*, Die Erfindung des Balkans. Europas bequemes Vorurteil, Darmstadt 1999.
[2] *Holm Sundhaussen*, Wirtschaftsgeschichte Kroatiens im nationalsozialistischen Großraum 1941–1945. Das Scheitern einer Ausbeutungsstrategie, Stuttgart 1983.
[3] *Karl-Heinz Schlarp*, Wirtschaft und Besatzung in Serbien 1941–1944. Ein Beitrag zur nationalsozialistischen Wirtschaftspolitik in Südosteuropa, Stuttgart 1981; vgl. auch zur Geschichte der Zwangsarbeit im besetzten Jugoslawien *Sanela Schmid/Christian Schölzel*, Zwangsarbeit und der „Unabhängige Staat Kroatien" 1941–1945, Berlin/Münster 2013; *Sanela Schmid* [u. a.] (Hrsg.), Zwangsarbeit in Serbien. Verantwortliche, Nutznießer und Folgen der Zwangsarbeit 1941–1944, Belgrad 2018.
[4] *Jozo Tomasevich*, War and Revolution in Yugoslavia, 1941–1945. Occupation and Collaboration, Stanford 2001.

Öffentlichkeit bewegen.⁵ Abgesehen von der bisher unveröffentlichten Dissertation von Gabriella Etmektsoglou-Koehn ist die Wirtschaftspolitik der drei Besatzungsmächte Italien, Deutschland und Bulgarien bisher kaum untersucht worden.⁶ Interessant ist die Analyse der Wechselbeziehungen, denn die Besatzungspolitik im europäischen Südosten wurde nicht nur von Deutschland, sondern von einer Reihe staatlicher Akteure bestimmt, vor allem von Italien, dem die Deutschen, wenn auch nur als Lippenbekenntnis, den Balkan als eigenen Lebensraum zusprachen, aber auch von Ungarn und Bulgarien, die in der Besatzung des Balkans eine wichtige Rolle spielten. Auch fehlt bislang eine umfangreiche Darstellung der deutschen Wirtschaftspolitik im besetzten Albanien nach der italienischen Kapitulation 1943.⁷

Was die deutsche Besatzungspolitik in Italien angeht, ist hier insbesondere auf die Studie von Maximiliane Rieder über die Wirtschaftsbeziehungen zwischen Italien und Deutschland von 1936 bis 1957 zu verweisen, die eine umfassende Darstellung der Besatzungsjahre enthält. Auch bieten allgemeine Darstellungen der Besatzung Italiens wichtige Einblicke in wirtschaftliche Aspekte, wie den Einsatz italienischer Arbeiter als Freiwillige und als Zwangsarbeiter für deutsche Behörden vor Ort und im Reich, sowie die Ernährungswirtschaft.⁸

---

5 Dabei handelt es sich um eine Anleihe, die Italien und Deutschland dem griechischen Staat zur Deckung der Besatzungskosten auferlegten. Zur Restitutionsfrage gibt es eine umfangreiche Literatur, siehe zusammenfassend *Hagen Fleischer*, Schuld und Schulden – Der Fall Griechenland „final geklärt"? In: Südosteuropa Mitteilungen 55, 2015, S. 46–63; *Jürgen Kilian*, The Greek "Forced Loan" during the Second World War. Demand for Reparations or Restitution? In: Südosteuropa 64, 2016, S. 96–108.
6 *Gabriella Etmektsoglou-Koehn*, Axis Exploitation in Wartime Greece 1941–1943, Diss. Atlanta 1995. Aspekte der deutschen Wirtschaftspolitik finden sich in der Dissertation *Rainer Eckert*, Vom „Fall Marita" zur „wirtschaftlichen Sonderaktion". Die deutsche Besatzungspolitik in Griechenland vom 6. April 1941 bis zur Kriegswende im Februar/März 1943, Frankfurt am Main [u. a.] 1992. Siehe auch die bisher unveröffentlichte Dissertation *Vasileios G. Manousakis*, Wirtschaft und Politik in Griechenland während des Zweiten Weltkriegs (1940–1944), Diss. Thessaloniki 2014 [auf Griechisch].
7 Die einzigen zwei Gesamtdarstellungen bieten wirtschaftlich wenig Informationen, *Bernard Kühmel*, Deutschland und Albanien 1943–1944. Die Auswirkungen der Besatzung auf die innenpolitische Entwicklung des Landes, Phil. Diss. Bochum 1981; *Hubert Neuwirth*, Widerstand und Kollaboration in Albanien 1939–1944, Wiesbaden 2008.
8 *Enzo Collotti*, L'Amministrazione tedesca dell'Italia occupata 1943–1945. Studio e documenti, Mailand 1963; *Lutz Klinkhammer*, Zwischen Bündnis und Besatzung. Das nationalsozialistische Deutschland und die Republik von Salò 1943–1945, Tübingen 1993, S. 178–333; *Alessandro Massignani*: Il Terzo Reich e l'apporto bellico dell'Italia dopo l'8 settembre 1943, in: Rivista di storia contemporanea 22, 1993, S. 245–280; *Maximiliane Rieder*, Deutsch-Italienische Wirtschaftsbeziehungen. Kontinuitäten und Brüche 1936–1957, Frankfurt/New York 2001; *Giada Billi*, Rapporti economici tra Italia fascista e Germania nazista durante il periodo dell'occupazione (1943–1945), Perugia/Ravenna 2010; zum Arbeitseinsatz im Reich *Brunello Mantelli* (Hrsg.), Tante braccia per il Reich! Il reclutamento di manodopera nell'Italia occupata 1943–1945 per l'economia di guerra della Germania nazionalsocialista, 2 Bde. Mailand 2019; zur NS-Ausbeutung der italienischen Wirtschaft *Nicola Labanca* (Hrsg.), Il nervo della guerra. Rapporti delle Militärkommandanturen e sottrazione nazista di risorse dall'Italia occupata (1943–1944), 2 Bde., Mailand 2020, der die Monatsberichte der Militärkommandanturen ungekürzt in italienischer Übersetzung wiedergibt.

7.4.2 Deutschland und Südosteuropa von 1933 bis 1940

Als mit dem Balkanfeldzug von 1941 die faschistische Neuordnung Europas auch die Gebiete Südosteuropas erfasste, war diese Region schon seit einem Jahrzehnt Ziel eines deutschen informellen Imperialismus. Dieses einheitliche Gebiet, das als Reichsmarkblock bezeichnet wurde, war keineswegs eine Schöpfung der Nationalsozialisten, denn seine Ursprünge lagen bereits in der Weimarer Republik. In mancher Hinsicht existierten sogar Kontinuitäten zum Imperialismus des Kaiserreichs. Insofern bestand ein deutlicher Unterschied zwischen der Neuordnung in Südosteuropa als Folge des Balkanfeldzugs und der Besatzungspolitik im westlichen Europa, die in viel kleinerem Maße auf derartige Vorarbeiten zurückgreifen konnte.

Als sich ab 1934 unter dem Neuen Plan der bilateralisierte deutsche Außenhandel auf Südosteuropa orientierte, rückten Handelspartner in den Vordergrund, die Agrarprodukte und Rohstoffe nach Deutschland liefern konnten. Durch die Gewährung von Preisen, die über dem Weltmarktniveau lagen, sicherte sich das Deutsche Reich die Exporte südosteuropäischer Länder, die feste Absatzbeziehungen suchten. Dabei ermöglichte das installierte Clearingsystem die Ansammlung einer hohen, nicht eingelösten Verschuldung, was einer Kreditgewährung gleichkam. Ob eher Deutschland oder die südosteuropäischen Länder davon mehr profitierten, wurde in der Forschung ausführlich debattiert.[9] Die Tatsache, dass sich die Terms of Trade zuungunsten Deutschlands entwickelten und sich erst nach der militärischen Besatzung im Zweiten Weltkrieg verbesserten, deutet darauf hin, dass sich die deutsche informelle Durchdringung dieser Märkte ökonomisch nicht rentierte.[10] Auch brachte die deutsche Verschuldung viele südosteuropäische Länder dazu, die Reichsmark mit einem deutlichen Disagio im Vergleich zum offiziellen Kurs zu wechseln. Ein weiteres Problem bestand darin, dass das private Kreditwesen durch die Durchsetzung des Clearings im Außenhandel weitgehend ausgeschaltet war.[11] Schließlich führte die Bilateralisierung dazu, dass Deutschland von Importen aus bestimmten Ländern abhängig wurde.

---

[9] Siehe *Alan S. Milward*, The Reichsmark Bloc and the International Economy; *Bernd Jürgen Wendt*, Südosteuropa in der nationalsozialistischen Großraumwirtschaft. Eine Antwort auf Alan S. Milward, in: Lothar Kettenacker, Gerhard Hirschfeld (Hrsg.), Der „Führerstaat". Mythos und Realität. Studien zur Struktur und Politik des Dritten Reiches, Stuttgart 1981, S. 377–413, 414–428. Zur früheren Diskussion s. *William S. Grenzebach*, Germany's Informal Empire in East-Central Europe. German Economic Policy Toward Yugoslavia and Rumania, 1933–1939, Stuttgart 1988, S. 221–235.
[10] Zu diesem Schluss kommt *Albrecht Ritschl*, Nazi Economic Imperialism and the Exploitation of the Small: Evidence from Germany's Secret Foreign Exchange Balances, 1938–1940, in: Economic History Review 54, 2001, S. 324–345.
[11] Diese Probleme stellte Hermann Josef Abs vor dem Beirat der Deutschen Reichsbank dar, vgl. Bundesarchiv Berlin (BArch), R8819F-P352, Bl. 55–72. Hermann Josef Abs, Das Clearing und Kreditproblem im deutschen Außenhandel. Zur Verstaatlichung des Kredits in Südosteuropa als Folge der Außenhandelsbeziehungen *John R. Lampe/Marvin R. Jackson*, Balkan Economic History, 1550–1950. From Imperial Borderlands to Developing Nations, Bloomington 1982, S. 434–519.

Trotzdem erreichte der deutsche Austausch mit den Ländern Südosteuropas ein beträchtliches Volumen. 1938 belief sich der deutsche Anteil am Außenhandel Südosteuropas auf 40%, und umgekehrt betrug der Anteil dieses Gebietes am deutschen Außenhandel 15,7% auf der Export- und 13,6% auf der Importseite.[12] Unter den Ländern Südosteuropas war Jugoslawien sowohl als Lieferant von Nahrungsgütern als auch von kriegswirtschaftlich relevanten Bergbauprodukten von großer Bedeutung. Mit dem deutsch-jugoslawischen Handelsvertrag von 1934 bahnte sich eine enge Verknüpfung der beiden Volkswirtschaften an, die 1938 mit einem deutschen Anteil von 42,7% an der jugoslawischen Gesamteinfuhr und von 42% an der Gesamtausfuhr einen Höchststand erreichte.[13] Die deutsche Kapitalbeteiligung an jugoslawischen Firmen blieb indessen gering, bis mit dem Anschluss Österreichs und der Zerschlagung der Tschechoslowakei wichtige Eigentumsrechte aus diesen mit Jugoslawien stark verflochtenen Volkswirtschaften in deutsche Hände fielen. Am wenigsten Relevanz für die deutsche Wirtschaft hatte Griechenland. Das Mittelmeerland war deutlich stärker von Einfuhren abhängig als die meisten Balkanländer, insbesondere bei Getreide. Nachdem die Wirtschaftskrise die Absatzmöglichkeiten für den griechischen Export, hauptsächlich Tabak, stark eingeschränkt hatte, stieg Deutschland zum Hauptimporteur griechischer Güter auf, sodass es 1934 der wichtigste Abnehmer war.[14] Gleichzeitig sammelte sich – wie bei anderen südosteuropäischen Handelspartnern – eine beträchtliche Clearingverschuldung an, die 1937 zur Unterzeichnung eines Regierungsabkommens führte. Im Jahr darauf stieg der deutsche Anteil am griechischen Außenhandel auf über 40%, wobei Deutschland vermehrt Rüstungsgüter exportierte. Trotz verstärkter wirtschaftlicher Verflechtung mit dem Deutschem Reich blieb das traditionell anglophile Griechenland relativ unabhängig, insbesondere weil der Diktator Ioannis Metaxas das privilegierte Verhältnis mit London nicht aufgab und bis zum italienischen Angriff im Oktober 1940 die Taktik verfolgte, „sich wirtschaftlich und politisch nach allen Seiten abzusichern".[15]

Noch am Vorabend des Zweiten Weltkrieges war die deutsche Wirtschaft trotz der 1936 eingeleiteten Autarkiepolitik stark importabhängig. Südosteuropa spielte in den Kriegsplanungen als Lieferant lebenswichtiger Rohstoffe eine Schlüsselrolle. In

---

12 *Schlarp*, Wirtschaft und Besatzung, S. 33; *Carl Freytag*, Deutschlands „Drang nach Südosten". Der Mitteleuropäische Wirtschaftstag und der „Ergänzungsraum Südosteuropa", 1931–1945, Göttingen 2012, S. 68–71.
13 *Schlarp*, Wirtschaft und Besatzung, S. 40; *Grenzebach*, Germany's Informal Empire, S. 47–68.
14 *Roland Schönfeld*, Wirtschaftliche Kooperation unter Krisenbedingungen. Deutsch-griechische Handelsbeziehungen in der Zwischenkriegszeit, in: Institut für Balkan-Studien (Hrsg.), Griechenland und die Bundesrepublik Deutschland im Rahmen Nachkriegseuropas. Drittes Symposium organisiert in Thessaloniki und Ouranopoulis, Halkidiki von 23.–27. Juni 1989, Thessaloniki 1991, S. 124; *Morgen Pelt*, Tobacco, Arms and Politics – Greece and Germany from World Crisis to World War, 1929–1941, Kopenhagen 2008, S. 83–103.
15 *Schönfeld*, Wirtschaftliche Kooperation, S. 135; s. auch *Mark Mazower*, Greece and the Inter-War Economic Crisis, Oxford 1991, S. 233.

einer Denkschrift von 1938 über „Die wehrwirtschaftliche Bedeutung Jugoslawiens" wies das Reichsamt für wehrwirtschaftliche Planung auf die Abhängigkeit von dortigen Ausfuhren hin. Demnach habe Deutschland im Kriegsfall „nicht nur ein lebenswichtiges Interesse an der Aufrechterhaltung der von Jugoslawien in friedenmäßigem Umfange erzeugten Rohstoffe und Nahrungsmittel", sondern auch an deren Steigerung durch „Mobilisierung aller erreichbaren Hilfskräfte".[16] Eine ähnliche Denkschrift vom September 1939 über „Die Bedeutung Griechenlands für den deutschen Außenhandel im Kriegsfall" schätzte die Relevanz des Landes „für die Sicherstellung der Rohstoffversorgung des Reiches benötigten Mangelgüter" als gering ein. Dennoch hob sie hervor, dass Griechenland bei einigen wehrwirtschaftlich relevanten Rohstoffen wie Nickelerzen, Chromerzen, Bauxit, Schwefelkies und Tabak einen nicht unerheblichen Beitrag zur Versorgung Deutschlands leisten könne, besonders wenn man die infolge der Planungspolitik Metaxas' eintretende Verbesserung der Produktionsbedingungen berücksichtige.[17]

Nach dem erfolgreichen Abschluss des Westfeldzugs rückte Südosteuropa wieder ins Zentrum der Aufmerksamkeit. Die Stellung Deutschlands in Kontinentaleuropa hatte sich sowohl wirtschaftlich als auch politisch deutlich verändert. Der Beitritt mehrerer südosteuropäischer Länder zur Achse zwischen 1940 und 1941 zeigt deutlich, dass die militärischen Erfolge dem Deutschen Reich eine neue Anziehungskraft verliehen hatten.[18] Im Rahmen der Planungsarbeit für die wirtschaftliche Neuordnung Europas wurde die Rolle Südosteuropas im von Deutschland geführten europäischen Machtblock neu erörtert. Allerdings wurde weder vor noch nach dem Balkanfeldzug eine einheitliche Planung für den Südostraum, etwa im Sinne eines „Generalplans Südost", entwickelt. Das erhärtet den Schluss, dass der Osten die eigentliche Projektionsfläche der nationalsozialistischen Neuordnungsvorstellungen war.[19]

Anfang Juli 1940 schlug eine Denkschrift der Länderabteilung des Reichswirtschaftsministeriums ein zentralisiertes Verrechnungssystems unter deutscher Führung vor. Ein „innerer Kreis" schloss die Länder West- und Osteuropas sowie das Protektorat Böhmen und Mähren und das Generalgouvernement ein, ein „äußerer Kreis" die Länder Südosteuropas. Die Länder dieser zweiten Gruppe sollten ihre Waren in bilateralen Beziehungen mit den Ländern des inneren Kreises austauschen. Grund dieser Unterscheidung sei das niedrigere wirtschaftliche und kulturelle Entwicklungsniveau der letztgenannten Region.[20] Die Idee eines wirtschaftlichen und rassischen Gefälles zwischen West- und Südosteuropa zog sich wie ein roter Faden

---

16 *Schlarp*, Wirtschaft und Besatzung, S. 166 f.
17 Sonderarchiv Moskau 1458-26-13, Reichsamt für wehrwirtschaftliche Planung, Die Bedeutung Griechenlands für den deutschen Außenhandel im Kriegsfall, September 1939.
18 *Stephen Gross*, Export Empire. German Soft Power in Southeastern Europe, 1890–1945, Cambridge 2015, S. 295–305.
19 *Freytag*, Deutschlands Drang, S. 248–250.
20 *Paolo Fonzi*, La moneta nel grande spazio. La pianificazione nazionalsocialista dell'integrazione monetaria europea 1939–1945, Mailand 2011, S. 165. Vgl. auch das Kapitel 6.1 in diesem Band.

durch die deutsche Wirtschaftsplanung. In den Beziehungen zwischen Deutschland und den ihm angeschlossenen Ländern auf der einen und dem „Donauraum" auf der anderen Seite seien „neue wirtschaftspolitische Formen nicht notwendig".[21] So wurde die Idee einer engeren Wirtschaftsverflechtung mit Südosteuropa in Form einer Zoll- oder Währungsunion von allen Beteiligten an der Neuordnungsplanung abgelehnt. Grund dafür war vor allem die Annahme, dass der Wegfall der Wirtschaftsgrenze eine Angleichung des südosteuropäischen Lebensstandards an den deutschen voraussetzte. „Gegenüber den rassisch und sozial niedrig stehenden Balkan-Völkern", schrieb eine weitere aus dem Reichswirtschaftsministerium stammende Denkschrift, „muss eine Wirtschaftsgrenze in Form einer Einfuhr und Zollkontrolle bestehen bleiben, damit das Lebensniveau entsprechend unter dem deutschen gehalten werden kann".[22] Das Ziel der deutschen Außenwirtschaftspolitik in Südosteuropa war laut einer Denkschrift der Forschungsstelle für Wehrwirtschaft, das niedrige Lebenshaltungsniveau der überwiegend agrarischen Volkswirtschaften Südosteuropas zu erhalten, um weiterhin Exportüberschüsse zu erzielen.[23]

Als das Deutsche Reich nach dem Westfeldzug größere Machtmittel einsetzte, stieg der informelle Einfluss auf die Volkswirtschaften der westeuropäischen Länder. Viele Kapitalbeteiligungen, die vor allem in Frankreich, Belgien und den Niederlanden gehalten wurden, gerieten unter deutsche Treuhandschaft oder wurden von deutschen Unternehmen aufgekauft. So wurde die Pariser Zentrale der Compagnie Française des Mines de Bor, der Eigentümerin der Kupferminen in Jugoslawien, vom Pariser Militärbefehlshaber einem deutschen Treuhänder übergeben, der fortan die Aufsicht über die Verbindungsstelle der Gesellschaft in Belgrad wahrnahm.[24] Ähnliches geschah in Rumänien, wo deutsche Vertreter die Regierung veranlassten, die westlichen Beteiligungen an rumänischen Ölfirmen deutschen Interessenten abzutreten.[25] Zwischen 1939 und 1941 stieg der Anteil am Aktienkapital rumänischer Ölgesellschaften, der sich in deutschen Händen befand, von einem Prozent auf 47 % an.[26] Die neue deutsche Stellung auf dem Kontinent schlug sich auch im Bereich der Handelsbeziehungen mit Südosteuropa nieder. In einer Reihe von Verhandlungen mit diesen Ländern im Herbst 1940 setzte das Reich durch, dass im Verrechnungsverkehr die offizielle Parität der Reichsmark verwendet wurde, und somit das Reichsmarkdisagio, das die Terms of Trade für den deutschen Außenhandel verschlechterte, weitgehend beseitigt wurde. Diese vom Handelspolitischen Ausschuss am 23. August 1940 eingeleitete Politik ver-

---

21 *Freytag*, Deutschlands Drang, S. 265.
22 Sonderarchiv Moskau 1458-29-68. Undatierte Denkschrift, „Wirtschaftsunion Europa".
23 BArch RW19/3332, Forschungsstelle für Wehrwirtschaft, Zur Frage der zukünftigen Wirtschaftspolitik gegenüber Südosteuropa, 15. 1. 1941.
24 *Schlarp*, Wirtschaft und Besatzung, S. 53–72.
25 *Gross*, Export Empire, S. 299.
26 *Gross*, Export Empire, S. 300; s. auch *Dietrich Eichholtz*, Krieg um Öl. Ein Erdölimperium als deutsches Kriegsziel (1938–1943), Leipzig 2006.

folgte mehrere Ziele.²⁷ Die Aufwertung der Reichsmark schuf eine wichtige Voraussetzung, um das Importvolumen aus dem europäischen Südosten zu erhöhen. Gleichzeitig wurde das Problem der Wertsicherung der Clearingguthaben, die die Schwankung des Wechselkurses herbeiführte, eingedämmt. Schließlich bereitete die Festsetzung eines einheitlichen Reichsmarkkurses – die deutsche Währung war infolge der Akkumulierung eines Disagios in vielen Ländern unterschiedlich notiert gewesen – den Weg zum Abbau der Devisenbewirtschaftung und zum Aufstieg der Reichsmark als kontinentale Leitwährung.²⁸ Von besonderer Bedeutung war in diesem Kontext ein zwischen deutschen und griechischen Regierungsvertretern im September 1940 vereinbartes Abkommen. Noch im Januar 1940 hatte Griechenland einen Vertrag mit der britischen Regierung unterschrieben, wodurch sich Großbritannien zur Aufnahme größerer Anteile des griechischen Exports verpflichtete. Das Ziel war offensichtlich, das Mittelmeerland seiner in den vorhergehenden Jahren stark gewachsenen Abhängigkeit vom deutschen und italienischen Markt zu entziehen. Das Septemberabkommen schien also ein Erfolg der deutschen Strategie der Durchdringung mit informellen Mitteln zu sein. Aufgrund des italienischen Angriffs auf Griechenland am 28. Oktober 1940, der nicht mit Hitler abgesprochen war und seinen Wünschen zuwiderlief, trat es jedoch nie in Kraft. Das Intermezzo verweist auf die neue Machtkonstellation, die mit dem italienischen Angriff und der darauffolgenden Intervention auf dem Balkan entstand. Denn die italienische Entscheidung, Griechenland in einen unabhängigen italienischen Lebensraum einzugliedern, setzte eine Reihe von Ereignissen in Gang, die die deutsche Politik schließlich von der informellen Durchdringung zum Einsatz militärischer Mittel zur Durchsetzung ihrer wirtschaftspolitischen Ziele führte.

7.4.3 Besatzungswirtschaft in Jugoslawien und Griechenland

Mussolinis Entschluss, Griechenland von dem bereits ein Jahr zuvor besetzten Albanien aus anzugreifen, gründete vor allem in der Sorge um den ausgreifenden deutschen Imperialismus in Südosteuropa.²⁹ Die Improvisation des italienischen Angriffs, der aufgrund mangelnder Vorbereitung schnell in ein Debakel mündete, erwies sich als verhängnisvoll. Im November 1940 befahl Hitler dem Oberkommando des Heeres, unter dem Namen „Unternehmen Marita" einen Feldzug gegen Griechenland vorzubereiten. Diese Militäroperation sollte einer Besatzung durch britische Streitkräfte zuvorzukommen und gleichzeitig den durch die militärischen Misserfolge geschwächten Mussolini stützen. Als Jugoslawien aus Furcht um seine territoriale Integrität am

---

27 BArch R901/68939, Sitzung des Handelspolitischen Ausschusses, 23. 8. 1940.
28 *Fonzi*, Moneta, S. 218–227.
29 *Fonzi*, Moneta, S. 20.

25. März 1941 dem Dreimächtepakt beitrat, setzte ein Militärputsch angesichts massiven öffentlichen Drucks und Demonstrationen den Regenten Prinz Paul ab, was Hitler als Zeichen einer Abwendung von der Achse interpretierte. Am 6. April griffen Deutschland und Italien das Königreich Jugoslawien an. Gleichzeitig begann die Invasion Griechenlands durch deutsche Truppen.

Nach diesen Ereignissen gab Deutschland seinen ursprünglichen Plan auf, Südosteuropa im Bann eines informellen Imperialismus zu halten, und etablierte sich als Besatzungsmacht in der Region. Obwohl das Deutsche Reich versuchte, die Anzahl seiner Truppen in Jugoslawien und Griechenland möglichst zu beschränken und sowohl seinen Verbündeten – Italien und Bulgarien – als auch lokalen Kollaborationskräften wesentliche Verwaltungsaufgaben zu überlassen, änderten sich die Problemlagen auf einem Schlag. Deutsche Militärmissionen dienten auch in Rumänien und Bulgarien als Instrumente deutscher Einflussnahme auf das innenpolitische und wirtschaftliche Leben dieser Länder. Doch nur in Griechenland und Jugoslawien und nach der italienischen Kapitulation von September 1943 auch in Albanien musste Deutschland verstärkt eigene Kräfte einsetzten.

Die Besatzung Griechenlands und diejenige Jugoslawiens wiesen grundlegend unterschiedliche Strukturen auf. In Griechenland blieben die territoriale Einheit des Landes und die Staatsverwaltung weitgehend unangetastet und es wurde eine nationale Regierung eingesetzt. Jugoslawien hörte dagegen auf, als einheitlicher Staat zu existieren und wurde nach ethnisch-nationalen Gesichtspunkten zerstückelt. Daraus entstanden der Unabhängige Staat Kroatien, der Kroatien, Slawonien, Syrmien und Bosnien-Herzegowina einschloss und von der ultranationalistischen Ustascha-Bewegung regiert wurde. Daneben gab es einen serbischen Staat, der sich, von einer nationalen Regierung geführt, unter deutscher militärischer Besatzung befand. Weitere Landesteile wurden von Italien (Teile Dalmatiens, Istrien, die Provinz Ljubljana), Ungarn (Südbaranja, Batschka), Bulgarien (Mazedonien) und Albanien (Kosovo) annektiert. Montenegro wurde unter italienische Besatzung gestellt, mit der Absicht, daraus einen unabhängigen Staat mit dem italienischen König als Staatsoberhaupt zu errichten, doch es blieb bis zur Kapitulation Italiens unter Militärverwaltung.

Die Durchsetzung deutscher Wirtschaftsinteressen in Jugoslawien wurde zwei Bevollmächtigten übertragen. In Belgrad nahm Franz Neuhausen als Generalbevollmächtigter für die Wirtschaft in Serbien seinen Sitz. Er war Hermann Göring als Chef der Vierjahresplanorganisation direkt unterstellt, wurde aber angewiesen, seine Arbeit mit der zweiten wichtigen Person, dem Chef der deutschen Militärverwaltung in Serbien, Harald Turner, zu koordinieren. Neuhausen genoss weitgehende Autonomie,[30] und seine Aufgaben bestanden darin, die serbische Wirtschaft wieder zu beleben, ihre Leistungen zu steigern und die Nutzbarmachung Serbiens für die deutsche

---

30 *Alexander Victor Prusin*, Serbia under the Swastika. A World War II Occupation, Urbana 2017, S. 31; im Oktober 1943 übernahm Neuhausen den Posten des Chefs der Militärverwaltung vom Turners Nachfolger Egon Bönner, s. *Tomasevich*, War and Revolution, S. 76.

Kriegswirtschaft voranzutreiben. Der gleich nach dem Ende des Feldzugs geschaffene Wehrwirtschaftsstab Serbien nahm sich der Erkundung und Meldung der serbischen Betriebe an, die für das Reich zu produzieren hatten. Im Juli 1941 entstand daraus der Wehrwirtschaftsstab Südost, der dem Wehrmachtsbefehlshaber in allen kriegswirtschaftlichen Fragen beratend zur Seite stand.[31] In Kroatien, dem formell unabhängigen Staat, nahmen der Gesandte in Zagreb Sigfried Kasche und der deutsche bevollmächtigte General Edmund Glaise von Horstenau die deutschen politischen Interessen wahr. Zu Kasches Dienststelle mit 130 Mitarbeitern gehörten verschiedene Sonderbeauftragte für ausgewählte Wirtschaftsbereiche.[32] In Athen wurde der Diplomat Günther Altenburg als Reichsbevollmächtigter eingesetzt; seine Dienststelle nahm auch die wirtschaftlichen Belange wahr. Auch seine Verfügungsmacht war durch die Präsenz eines Militärbefehlshabers beschränkt. Die beiden Befehlshaber Saloniki-Ägäis und Südgriechenland unterstanden direkt dem Wehrmachtsbefehlshaber Südost. Zu dem Vertreter des Wehrwirtschaftswirtschafts- und Rüstungsamts Saloniki kam ein Verbindungsmann des Befehlshabers Südgriechenland in Athen hinzu, der ab Januar 1942 als Wirtschaftsoffizier direkt dem Wehrmachtbefehlshaber Südost unterstellt wurde. Parallel dazu betätigten sich verschiedene Beauftragte für besondere Bereiche der griechischen Wirtschaft.[33] Um den äußerst akuten Krisenerscheinungen in der griechischen Wirtschaft Einhalt zu gebieten, wurde im Oktober 1942 Hermann Neubacher, zusammen mit dem italienischen Vertreter Alberto d'Agostino, zum Sonderbeauftragten des Reiches für wirtschaftliche und finanzielle Fragen in Griechenland ernannt und mit einer Wirtschaftsabteilung ausgestattet. Diese Ernennung sollte vor allem der Hyperinflation ein Ende setzten, scheiterte aber am Ziel, die Ausgaben der deutschen Militärstellen in Griechenland, die die Besatzungskosten in die Höhe trieben, einzuschränken.[34]

Nach einer internen Vorbesprechung vom 19. April 1941 in Wien war das Ziel der deutschen Wirtschaftspolitik in Jugoslawien vor allem die Aufrechterhaltung der Rohstoffversorgung, die dem Reich vor dem Angriff zuteilgeworden war.[35] Der Realisierung dieses Vorhabens standen aber von vorneherein wesentliche Probleme im Wege. Erstens wurde die Wirtschaft Jugoslawiens durch die plötzliche Aufteilung in voneinander abgeschottete Gebiete – eine politisch-militärische Entscheidung, die jeder ökonomischen Rationalität entbehrte – stark geschwächt. Dass die Zerstückelung des Landes den deutschen Ausbeutungsabsichten zuwiderlaufen würde, war vielen Entscheidungsträgern bald klar. Schließlich hatten bis kurz vor dem militärischen Angriff sowohl Hitler als auch die Vierjahresplanbehörde ein geeintes Jugoslawien

---

31 *Schlarp*, Wirtschaft und Besatzung, S. 181.
32 *Sundhaussen*, Wirtschaftsgeschichte, S. 122.
33 *Etmektsoglou-Koehn*, Axis Exploitation, S. 135.
34 *Hagen Fleischer*, Im Kreuzschatten der Mächte. Griechenland 1941–1944, Frankfurt am Main [u. a.] 1986, S. 174–177; *Mark Mazower*, Inside Hitler's Greece. The Experience of Occupation, 1941–44, New Haven/London 1993, S. 68–72.
35 *Sundhaussen*, Wirtschaftsgeschichte, S. 121.

für besser geeignet gehalten, um einen starken Export nach Deutschland aufrecht zu erhalten.[36] Die Ernährung der bis dahin einheitlichen jugoslawischen Wirtschaft basierte maßgeblich auf Lieferungen aus dem Banat, der „Kornkammer des Donauraumes", die Serbien zugeschlagen wurde. Dies trug wesentlich dazu bei, dass in Kroatien, im italienisch besetzten Dalmatien, aber auch in Serbien Versorgungskrisen ausbrachen, die es den Besatzern erschwerten, Ressourcen aus dem Land abzuziehen. Der Nahrungsmangel bewog z. B. die Arbeiter vielfach, allein gegen Naturentgelte arbeiten zu wollen und die landwirtschaftliche Tätigkeit einer industriellen vorzuziehen, weil sie sich davon einen direkten Zugang zu Lebensmitteln versprachen. Das führte zu Arbeitskräftemangel auf städtischen Arbeitsmärkten und in Serbien zu Knappheiten in Sektoren wie dem Bergbau und der Bauwirtschaft.[37] Ähnliches geschah in Kroatien, wo der traditionelle vom Land ausgehende Druck auf den städtischen Arbeitsmarkt merklich nachließ.[38] Ein weiterer Faktor, der den deutschen Zugriff auf jugoslawische Ressourcen erschwerte, war die Konkurrenz zum italienischen Verbündeten. Der hinter der offiziellen Allianz sich abspielende Machtkampf stand sowohl in Jugoslawien als auch in Griechenland einer uneingeschränkten Ausbeutung durch das Reich im Wege.[39] Deutschland war allerdings die weitaus stärkste Partei der Achse, weil es mit seiner Handelsoffensive der Vorkriegszeit die italienische Konkurrenz in Südosteuropa – außer im italienischen Quasi-Protektorat Albanien – weitgehend ausgeschaltet hatte. Außerdem hatte es sich in der Grenzziehung zwischen der italienischen und deutschen Interessensphäre vom Mai 1941 – der sogenannten Wiener Linie – die wichtigsten Bergbaugebiete gesichert. Doch erforderte jede besatzungspolitisch relevante Entscheidung – von der Festsetzung der Besatzungskosten bis zum Arbeitseinsatz – langwierige Verhandlungen mit dem italienischen Partner. Dies erwies sich als Unsicherheitsfaktor, der die Zersetzungsprozesse in den lokalen Wirtschaften beschleunigte.[40]

Die nach der Besatzung ausbrechenden Unruhen in Kroatien und in Serbien wirkten sich besonders negativ auf den Wirtschaftsablauf aus. Gleich nach der Machtübernahme begann die Ustascha-Regierung, alle als „fremd" definierten Bevölkerungsteile, nämlich Serben, Juden und Roma, zu verfolgen. Als Reaktion darauf brach im Unabhängigen Staat Kroatien schon 1941 ein serbischer Aufstand aus, während sich auch die kommunistische Partisanenbewegung auszubreiten begann.[41] Immer größere Ge-

---

[36] *Schmid*, Besatzung, S. 21; *Schlarp*, Wirtschaft und Besatzung, S. 167. Schon 1940 sahen die deutschen Behörden kroatische Autonomiebestrebungen als Erschwernis für die wirtschaftliche Lage an, s. *Schlarp*, Wirtschaft und Besatzung, S. 51.
[37] *Schlarp*, Wirtschaft und Besatzung, S. 291.
[38] *Sundhaussen*, Wirtschaftsgeschichte, S. 261 f.
[39] *Malte König*, Kooperation als Machtkampf. Das faschistische Achsenbündnis Berlin-Rom im Krieg 1940/41, Köln 2007, S. 177–226.
[40] Zu diesem Schluss kommt *Etmektsoglou-Koehn*, Axis Exploitation, S. 569.
[41] Vgl. z. B. *Marko Attila Hoare*, Genocide and Resistance in Hitler's Bosnia. The Partisans and the Chetniks, 1941–1943, London 2006.

biete wurden der Regierungskontrolle entzogen, was sich als folgenschwer für den Wirtschaftsprozess erwies. Das besondere Interesse der deutschen Besatzungsmacht galt dem Bergbausektor, der schon vor der Besetzung bedeutende Exportmengen nach Deutschland geliefert hatte und aufgrund der hohen Beteiligung ausländischen Kapitals über eine überdurchschnittlich moderne Produktionsmittelausstattung verfügte.[42] Jugoslawien rangierte 1937 weltweit an vierter Stelle bei der Förderung von Bauxit, einem für die Aluminiumherstellung notwendigen Rohstoff, wobei die Aluminiumproduktion im Land selbst fast bedeutungslos war. Gleich nach der Besatzung machten sich Vertreter des deutschen Privatkapitals daran, die Kontrolle über die im Nordwestbosnien, Nord- und Mitteldalmatien und Herzegowina liegenden Bauxitgruben zu etablieren. Langwierige Konflikte zwischen den verschiedenen deutschen Interessenten – den Vereinigten Aluminiumwerken und der Hansa Leichtmetall, italienischen Firmen und den kroatischen Behörden, die für ihr Land die Rolle des bloßen Rohstofflieferanten nicht akzeptieren wollten und einem Pachtvertrag nur unter der Voraussetzung der Errichtung einer einheimischen Tonerde- und Aluminiumfabrik grünes Licht zu geben bereit waren, verzögerten das Zustandekommen eines vertraglichen Rahmens. Doch selbst als dies geschah, wurde der von Deutschland erwartete Bauxitexport aus dem Unabhängigen Kroatien von 500 000 t, die 40 % des deutschen Bedarfs decken sollte, nie erreicht.[43] Die jugoslawische Erzproduktion – wichtig für Deutschland waren vor allem Kupfer, Blei, Zink, Antimon – konzentrierte sich in Serbien, was für den deutschen Zugriff förderlich war, weil die dortige Kollaborationsregierung einen viel begrenzteren Entscheidungsraum besaß als in Kroatien. Die deutschen Behörden rechneten mit einer beträchtlichen Produktionssteigerung, wobei sich gute Ergebnisse erzielen ließen, z. B. in der Kupferförderung in den Minen von Bor und in der Bleiförderung im Blei-Zink-Bergwerk von Trepča. 1942 deckte die serbische Ausfuhr 22 % des deutschen Bedarfs an Kupfer, und das Land war für Deutschland die erste Bezugsquelle von Blei. Doch betrug das Produktionsvolumen unter der deutschen Besatzung im Durchschnitt nur etwa die Hälfte der Vorkriegszeit, was auf Transportschwierigkeiten, den Mangel an qualifizierten Arbeitskräften und Störungen des Produktionsprozesses durch den Widerstand zurückzuführen war.[44]

Ähnlichen Schwierigkeiten begegneten die deutschen Behörden bei der Ausschöpfung des serbischen und kroatischen Arbeitspotentials. Trotzdem war der Arbeitseinsatz der einzige Bereich, in dem die Erwartungen des Reichs erfüllt wurden. In Serbien wurde die Werbung von Arbeitskräften für den Reichseinsatz Anfang 1942 gestoppt, weil die Arbeitsknappheit, insbesondere im Kupferbergwerk Bor, den Wirtschaftsprozess erschwerte. Im Frühjahr 1943 setzten Arbeitskräfteverschickungen in reduziertem Maße wieder ein. Durch freiwillige Meldung und den Einsatz von Zwangsmethoden wie der Verschickung gefangengenommener Partisanen und Kriegsgefangener stand

---

[42] *Schlarp*, Wirtschaft und Besatzung, S. 220.
[43] *Sundhaussen*, Wirtschaftsgeschichte, S. 126–134.
[44] *Schlarp*, Wirtschaft und Besatzung, S. 220–254.

Serbien im März 1943 unter den südosteuropäischen Ländern nach Kroatien an zweiter Stelle bezüglich der nach Deutschland verschickten Arbeitskräfte. Die Gesamtzahl der während des Krieges in Deutschland eingesetzten serbischen Zwangsarbeiter belief sich auf mindestens 161 000 Männer und Frauen.[45]

Gute Ergebnisse erzielte die Werbekampagne in Kroatien, die im Mai 1941 zu einem Abkommen zwischen kroatischen und deutschen Vertretern in Zagreb führte. Nach den Berechnungen Holm Sundhaussens ergab die Aktion, zusammen mit der Zwangsrekrutierung von Kriegsgefangenen, eine Zahl von 220 000 ins Reich verschickter Arbeiter. Dies entsprach 7,5 % der Erwerbsbevölkerung des Landes, womit Kroatien den höchsten relativen Anteil aller europäischen Länder einnahm, während es in absoluten Zahlen an neunter Stelle hinter der UdSSR, Frankreich, Polen, Italien, Belgien, den Niederlanden, der Tschechoslowakei und Serbien lag.[46]

Die Schwierigkeiten, die der deutschen Ausbeutung der jugoslawischen Wirtschaft im Wege standen, betrafen Griechenland in noch stärkerem Maß. Im Vergleich zu Jugoslawien war es stärker auf Lebensmittelimporte angewiesen. Das Abschneiden von traditionellen Bezugsquellen an Lebensmitteln zählte zu den Gründen für die verheerende Hungersnot, die im Winter 1941/42 ausbrach, und auch in den folgenden Jahren mehrere Landesteile erfasste.[47] Die durch Güterknappheit und Geldvermehrung verursachte Inflation trieb die Preise für Lebensmittel in die Höhe und brachte die Bauern dazu, ihre Ernte auf dem Schwarzmarkt zu verkaufen, statt sie den staatlichen Behörden abzuliefern. Es erwies sich aus verschiedenen Gründen als unmöglich, der allgemeinen Krise der griechischen Wirtschaft mit staatlichen Maßnahmen zu begegnen. Das Land wurde ähnlich wie Jugoslawien in verschiedene Besatzungszonen geteilt, wobei Bulgarien, das sich Thrakien und Ost-Makedonien als neue Provinz einverleibte, Produktionslieferungen dieser Gegenden in andere Besatzungszonen unterband. Da zwischen 25 bis 30 % der Lebensmittelherstellung des Landes in dieser Region konzentriert war, erwies sich die bulgarische Exportblockade für die Ernährungsbilanz des restlichen Landes als besonders verhängnisvoll. Nicht minder schädlich war die Politik der italienischen und deutschen Besatzungsbehörden, deren ständiger Machtkampf jegliche gemeinsame Politik zur Eindämmung der inneren Krisenerscheinungen verhinderte. Als weitere Probleme sind die Schwäche der griechischen Regierung, die in der griechischen Bevölkerung wenig Rückhalt besaß, und die Ineffektivität der staatlichen Verwaltung zu nennen.

Noch mehr als in Kroatien, wo der Vorrang der deutschen Wirtschaftsbelange von den Italienern anerkannt wurde, musste in Griechenland auf italienische Interessen Rücksicht genommen worden. Denn, so Außenminister Ribbentrop, das Bündnis-

---

45 *Schlarp*, Wirtschaft und Besatzung, S. 204–220. Für die Zahl von 161 000 siehe S. 212. Nach *Mark Spoerer*, Zwangsarbeit unter dem Hakenkreuz. Ausländische Zivilarbeiter, Kriegsgefangene und Häftlinge im Deutschen Reich und im besetzten Europa 1939–1945, Stuttgart 2001, S. 221 f. waren 110 000 Kriegsgefangene und 100 000 Zivilarbeiter im Reich zum Arbeitseinsatz.
46 *Sundhaussen*, Wirtschaftsgeschichte, S. 179–190.
47 *Violetta Hionidou*, Famine and Death in Occupied Greece, 1941–1944, Cambridge 2006.

verhältnis mit Italien im Mittelmeerraum sei „das A und O" der deutschen Politik.[48] Eine besonders schwerwiegende Folge des Machtkampfes war die Tatsache, dass beide Besatzungsmächte zu Plünderungspraktiken griffen. Das galt vor allem für die kurze Zeit, als die Deutschen zwischen April und August 1941 nach der griechischen Kapitulation und vor der Ankunft der Italiener die einzigen Besatzer im Land waren. Da die Reichsbehörden in Griechenland die italienische „Preponderanza" (Übermacht) im Prinzip anerkannten, versuchten sie in dieser Phase, so weit wie möglich Fertigwaren und Rohstoffe zu beschlagnahmen oder aufzukaufen.

Außer direkten Beschlagnahmungen sicherten sich Vertreter der Privatwirtschaft die Lieferung wichtiger industrieller Outputs – Hans-Günther Sohl, Direktor der Friedrich Krupp AG, schloss mit 26 griechischen Firmen Lieferverträge über strategische Rohstoffe (Schwefelkies, Eisenerz, Chromerz, Nickelerz, Magnesit, Braunstein, Gold), die auf 25 Jahre angelegt waren. Auch erwarben Vertreter deutscher Firmen und Behörden Eigentums- oder Aufsichtsrechte in griechischen Schlüsselindustrien im Bereich der Nickel-, Mangan-, Chrom-, Molybdän-, Eisen-, Magnesit- und Bauxitförderung.[49] Als die ersten italienischen Abgesandten im Land eintrafen und solche *faits accomplis* vorfanden, protestierten die italienischen Behörden und konnten in einer Reihe von Verhandlungen zwischen Juni 1941 und März 1942 einen Teil ihrer Forderungen gegenüber dem Achsenpartner durchsetzen. So wurde in den deutschitalienischen Berliner Verhandlungen von Juni 1941 entschieden, die von der italienischen Staatsgesellschaft Azienda Mineraria Metallurgica Italiana vor der Besatzung erworbenen Eigentumsrechte an den Lokris-Nickelgruben, die von den deutschen Militärbehörden beschlagnahmt worden waren, den Italienern zurückzugeben. Vergeblich versuchte die Firma Krupp, die an dieser Förderung Interesse hatte, den italienischen Forderungen nach Anerkennung ihrer Rechte entgegenzutreten.[50] Doch beschränkte sich das deutsche Nachgeben nur auf das absolut Notwendige. Denn gleichzeitig wurde beschlossen, dass der zukünftige Export aus Griechenland nach den Anteilen an der Ausfuhr von 1939 auf Italien und Deutschland aufgeteilt würde, was dem Deutschen Reich erhebliche Vorteile erbrachte. Auch als im März 1942 die italienischen Interessen stärker berücksichtigt wurden, blieben wichtige Rohstoffe wie Bauxit und Chrom überwiegend in deutscher Hand.[51] Außerdem gelang es den Deutschen, den überwiegenden Teil der Tabakernten und einen beträchtlichen Teil des Ölexports nach Deutschland auszuführen. Tabelle 1 zum griechischen Chromexport zeigt, dass das Deutsche Reich seine Importmengen an wichtigen Rohstoffen im Vergleich zu der Vorbesatzungszeit deutlich erhöhen konnte.

---

48 Ribbentrop an Altenburg, 18. August 1941, in: Akten zur deutschen Auswärtigen Politik, Serie D (1937–1945), Bd. 13, Göttingen 1970, S. 271.
49 *Christos Hadziiosif*, Griechen in der deutschen Kriegsproduktion, in: Ulrich Herbert (Hrsg.), Europa und der „Reichseinsatz". Ausländische Zivilarbeiter, Kriegsgefangene und KZ-Häftlinge in Deutschland 1938–1945, Berlin 1991, S. 210–233; *Etmektsoglou-Koehn*, Axis Exploitation, S. 285.
50 *Etmektsoglou-Koehn*, Axis Exploitation, S. 293 f.
51 *Etmektsoglou-Koehn*, Axis Exploitation, S. 301–307.

Tab. 1: Griechische Chromexporte ins Deutsche Reich 1937–1944 [in Tonnen].

1937	11508
1938	13975
1939	25885
1940	1270
1941	18000
1942	60753
1943	34685
1944	31000

Quelle: *Etmetsoglou-Kohen*, Axis Exploitation, S. 326 f. Der Wert für 1940 umfasst den Zeitraum von Januar bis September; derjenige für 1944 die ersten acht Monate des Jahres.

In den folgenden Jahren variierten die von den Deutschen angewandten Methoden, um die griechische Wirtschaft für eigene Kriegszwecke nutzbar zu machen, von der Beschlagnahme, z. T. mittels Arisierung, bis zum Ankauf von Produkten, Auftragsverlagerungen und zur Kontrolle griechischer Betriebe durch Kapitalbeteiligungen. Obwohl für die Auftragsverlagerung besonders günstige Voraussetzungen bestanden – die interne Nachfrage war von der Wirtschaftskrise geschwächt, sodass deutsche Aufträge vielen Firmen eine Geschäftsmöglichkeit boten – schmälerten die Preisentwicklung und die Rohstoff- und Arbeitsknappheit vieler Branchen die Gewinne immer mehr, sodass bald eine Schrumpfung der industriellen Produktion einsetzte. 1942 lag sie um 80 bis 90 % niedriger als 1939.[52] Tabelle 2 zeigt die Entwicklung der deutschen Aufträge an griechische Firmen, wobei das Ansammeln von größeren Rückständen deutlich sichtbar wird.

In einer ersten Phase wurde von der Verbringung griechischer Arbeitskräfte ins Deutsche Reich weitgehend abgesehen. Da Hitler 1941 die griechischen Kriegsgefangenen in „Anerkennung ihres tapferen Kampfes" an der albanischen Front entließ, wurden sie, anders als im Fall der Jugoslawen, nicht als Zwangsarbeiter ins Reich verbracht.[53] Außerdem versuchten die deutschen Behörden den Reichseinsatz zu vermeiden, um der lokalen Produktion die Arbeitskräfte zu belassen und die Wirtschaft nicht weiter in die Krise zu treiben. Die Anwerbung begann im Thessaloniki im Januar 1942, wobei Facharbeiter ausgenommen waren. Eine Verstärkung scheiterte in der Folgezeit an mehreren Faktoren, nicht zuletzt an der verbesserten Ernährungslage durch die Verteilungen des internationalen Ernährungshilfsprogramms. Insgesamt wurden im Jahr 1943 nur 3395 Arbeiter nach Deutschland verschickt. 1944 stieg diese Zahl unter vermehrter Anwendung von Gewalt beträchtlich auf über 20 000, doch blieb

---

52 *Etmektsoglou-Koehn*, Axis Exploitation, S. 315.
53 *Hadziiosif*, Griechen, S. 213.

Tab. 2: Aufträge an griechische Firmen für Güter und Dienstleistungen [in RM].

		Rückstand an Aufträgen	Im Berichtsmonat ausgeführte Aufträge	Neue Auftragseingänge
1942				
Mai	A	122735395	49293323	24970000
	T	–	–	1900750
Juni	A	102346000	41373000	121567000
Juli	A	187997000	43433000	53360000
September	A	228120000	80980000	96740000
Oktober	T	8190000	4480000	910000
November	T	4620000	4030000	1500000
1943				
März	T	2370000	7450000	13720000
April	T	8640000	5660000	–
Mai	T	5320000	10490000	9920000
Dezember	A	245020000	605908000	794437000
	T	199450000	487900000	447660000

Quelle: *Etmetsoglou-Kohen*, Axis Exploitation, S. 314. Nach Angaben von deutschen Wirtschaftsoffizieren in Athen (A) und Thessaloniki (T).

die Menge der im Reich eingesetzten Arbeiter weit unter derjenigen, die im Land für deutsche Zwecke tätig waren.[54]

Der Arbeitsverpflichtung in Griechenland für deutsche Zwecke basierte sowohl auf Zwangsverpflichtungen als auch auf freien Anwerbungen, insbesondere in landwirtschaftlichen Gebieten, wo Arbeitskräfte in beschränktem Umfang vorhanden waren. Ihr Einsatz konzentrierte sich infolge der regen Bautätigkeit der Wehrmacht auf den Bausektor. Zum Bau des Flughafens Tymbaki auf Kreta wurden im Sommer 1941 rund 10 000 griechische Arbeiter eingesetzt.[55] Da sich in ländlichen Gebieten die Arbeitskräfte aufgrund der hohen Arbeitslosigkeit nicht ausschließlich von Lohnarbeit ernährten, war es für die Deutschen einfacher, Arbeitskräfte auf dem städtischen Arbeitsmarkt zu beschaffen. Doch das Fortschreiten der Geldentwertung und die Hungersnot machten die Lohnarbeit immer unattraktiver, was die Arbeitsbeschaffung auf freiwilliger Basis erschwerte. Aus diesem Grund gingen die Besatzer dazu über, die Arbeiter durch Verordnungen an eine Arbeitsstelle zu binden. Im Januar 1943 wurde eine allgemeine Arbeitspflicht für die griechische Bevölkerung im Alter von 16 bis 45 dekretiert, die aber aufgrund von Massendemonstrationen wieder zurückgezogen wurde.[56] Schließlich blieb die „Verwertung des Überschusses an Arbeitskräften" eine

---

54 *Hadziiossif*, Griechen, S. 226; *Etmetsoglou-Kohen*, Axis Exploitation, S. 388–403.
55 *Hadziiossif*, Griechen, S. 215.
56 *Hadziiossif*, Griechen, S. 223.

„immer noch ungelöste Aufgabe", wie sich ein deutscher Wirtschaftsoffizier 1944 in Athen ausdrückte.[57]

7.4.4 Finanzielle Aspekte der Besatzungspolitik in Südosteuropa

Finanzpolitisch unterschied sich das deutsche Vorgehen im besetzten Südosteuropa kaum von den in anderen besetzten Gebieten praktizierten Methoden. Dennoch wirkte es sich auf das wirtschaftliche Gleichgewicht dieser Länder, insbesondere aufgrund ihrer Wirtschaftsstruktur und der allgemeinen Besatzungsbedingungen, weitaus verhängnisvoller aus. Deshalb war es kein Zufall, dass finanzpolitische Fragen für die zwei Achsenpartner zum Zankapfel wurden.

Wie fast überall wurden auch in Jugoslawien und Griechenland Reichskreditkassenscheine als Soldatengeld ausgegeben. Von vornherein bestand die feste Absicht, den Umlauf dieses Zahlungsmittels bald zu begrenzen und stattdessen bei der Zentralbank einen Kredit in Landeswährung aufzunehmen. Dabei fiel wenig ins Gewicht, dass Kroatien offiziell gar nicht den Status eines besetzten Landes hatte, denn die deutschen Behörden gingen von der Annahme aus, dass der neue kroatische Staat „seine Existenz den Erfolgen der deutschen Wehrmacht verdankt und die zurzeit eingesetzten deutschen Einheiten wesentlich auch dem Schutz und der Befriedigung des Staates dienen".[58] Die kroatische Regierung verpflichtete sich in einer Vereinbarung vom 20. Juni 1941, die in Kroatien stationierten Wehrmachtstruppen zu versorgen.[59] Wichtig war den Deutschen, dass die heimische Finanzverwaltung und die Nationalbank die notwendigen Mittel zur Verfügung stellten. Deren Tätigkeit war der Aufsicht deutscher und italienischer Finanzexperten zu unterstellen. Zu diesem Zweck wurde am 15. April 1941 der in Slowenien geborene Regierungsdirektor Adalbert Tautscher als Vertreter des Reichsfinanzministeriums nach Belgrad entsandt.[60] Obwohl die Stärke der Besatzungstruppen im Allgemeinen vergleichsweise niedrig blieb, übertrafen die von den serbischen, kroatischen und griechischen Regierungen aufzubringenden Kontributionen bei Weitem die staatlichen Einnahmen. Dazu kam die Tatsache, dass mit dem Anwachsen der Partisanenbewegung immer größere Gebiete unter die Kontrolle des Widerstands kamen. Zu den Kontributionen in Form von Besatzungskosten kamen Zwangskredite hinzu – Kroatien wurde z. B. ein solcher

---

57 *Hadziiossif*, Griechen, S. 224.
58 Schwerin von Krosigk an das OKW, 13. 9. 1941, zit. nach *Jürgen Kilian*, Krieg auf Kosten anderer. Das Reichsministerium der Finanzen und die wirtschaftliche Mobilisierung Europas für Hitlers Krieg, Berlin 2017, S. 288.
59 *Kilian*, Krieg auf Kosten, S. 286.
60 *Kilian*, Krieg auf Kosten, S. 278.

Kredit in Höhe von einer Milliarde Dinar zur Finanzierung des Neu- und Ausbaus von Straßen, Bahnlinien, Brücken und Donauhäfen auferlegt. Außerdem mussten die heimischen Notenbanken den Deutschland gewährten Clearingkredit als Vorschuss auslegen. Da die Staatseinnahmen die Ausgaben der Besatzer nicht deckten, griffen alle Notenbanken auf die Notenpresse zurück. Das Ergebnis war eine fortschreitende Inflation, die das Funktionieren der Staatsverwaltung unterminierte, nicht zuletzt, weil das Schwinden der Kaufkraft zu Ineffizienz und Korruption führte. Wenn auch in unterschiedlichem Maße, erwies sich die Geldentwertung in allen besetzten Ländern als politisches Problem von größter Bedeutung. Sowohl die Kollaborationsregierungen als auch die deutschen Vertreter vor Ort setzten sich dafür ein, die finanzielle Bürde zu erleichtern. Doch da die Berliner Behörden, allen voran das Reichsfinanzministerium, darauf bestanden, die Kriegskosten auf die europäischen Volkswirtschaften zu übertragen, wiesen sie diese Vorschläge stets zurück.

Die Frage, ob sich die Besatzung Südosteuropas wirtschaftlich auszahlte, wird in der Literatur meistens negativ beantwortet. Holm Sundhaussen kommt in seiner Studie über den Unabhängigen Staat Kroatiens zu dem Schluss, die deutsche Ausbeutungsstrategie sei nur beim Arbeitseinsatz erfolgreich gewesen, aber in allen anderen Bereichen an der niedrigen Arbeitsproduktivität der kroatischen Wirtschaft gescheitert.[61] Höher als Kroatien, aber lediglich marginal im gesamteuropäischen Kontext war – nach Karl Heinz Schlarp – der Beitrag der serbischen Wirtschaft für die deutsche Kriegsführung.[62] Laut Gabriella Etmetsoglou-Kohen bildete Griechenland „keine Ausnahme in der Tatsache, dass die deutschen Exportziele aus den besetzten und verbündeten Balkanländern sich nicht materialisierten".[63] Auch ein Vergleich mit Rumänien, das die deutsche Wirtschaft mit wichtigen Gütern, wie Öl, während des Krieges belieferte, zeigt, dass die informelle Einflussnahme sich gegenüber der Besatzung als wirtschaftlich rentabler erwies.[64] Als Korrektiv zu dieser negativen Bilanz wurde eingewendet, dass der Beitrag der Balkanländer zwar mengenmäßig gering, aber dennoch qualitativ für die deutsche Kriegswirtschaft bedeutend war, wie die Beispiele der griechischen Chrom- oder der serbischen und griechischen Bauxitlieferungen zeigten.[65]

---

61 *Sundhaussen*, Wirtschaftsgeschichte, S. 324 ff.
62 *Schlarp*, Wirtschaft und Besatzung, S. 411 ff.
63 *Etmetsoglou-Kohen*, Axis Exploitation, S. 574.
64 *Gross*, Export Empire, S. 324–329. Zu einem ähnlichen Schluss kommen Hein Klemann und Sergei Kudryashov, die auch die These der Irrationalität deutscher Wirtschaftspolitik im besetzten Europa widerlegen, bezüglich der Lebensmittelimporte aus der UdSSR. Diese blieben weit hinter denjenigen von 1939–1941 zurück: *Hein Klemann/Sergei Kudryashov*, Occupied Economies. An Economic History of Nazi-Occupied Europe, 1939–1945, London/New York 2012, S. 105.
65 *Klemann/Kudryashov*, Occupied Economies, S. 98–108.

7.4.5 Italien: vom Verbündeten zum besetzten Land

Als am 8. September 1943 der schon unterschriebene Waffenstillstand zwischen der italienischen Regierung und den Alliierten bekanntgegeben wurde, hatte das Deutsche Reich schon klare Richtlinien ausgearbeitet, wie im Fall des Ausscheidens Italiens aus dem Achsenbündnis vorzugehen sei. In diesem Zusammenhang waren auch auf wirtschaftlichem Gebiet Strategien entworfen worden, um eine direkte Kontrolle der deutschen Behörden über die Wirtschaft des Landes zu etablieren.[66] Es verwundert also nicht, dass sich die Errichtung der Besatzungsstrukturen in Italien schnell vollzog. Kurz nach der Befreiung durch deutsche Fallschirmjäger aus seiner Haft am Gran Sasso verkündete der faschistische Diktator Benito Mussolini die Gründung des italienischen Marionettenstaates *Repubblica Sociale Italiana*, dessen Souveränität sich auf die Gebiete Italiens erstreckte, die von den Alliierten noch nicht befreit werden konnten. Der italienischen Machthoheit waren eine sich 30 Kilometer von der Front erstreckende Zone sowie zwei Operationszonen (Adriatisches Küstenland, Alpenvorland) entzogen, die dem Befehlshaber der entsprechenden Wehrmachtsverbände unterstanden.[67]

Wichtige Voraussetzung für die Integration Italiens in die deutsche Kriegswirtschaft waren die engen Wirtschaftsbeziehungen zwischen den zwei Ländern, die seit Ende des 19. Jahrhunderts, als Deutschland schon der wichtigste Exportmarkt für italienische Produkte war, eine erstrangige Bedeutung besaßen.[68] Im Zuge der außenpolitischen Annäherung und der Bildung der Achse Mitte der 1930er Jahre wurden die nach dem Ersten Weltkrieg geschwächten Außenhandelsbeziehungen zwischen dem faschistischen Italien und dem nationalsozialistischen Deutschland intensiviert.[69] Der Ausbruch des Zweiten Weltkrieges und die alliierte Blockade taten ein Weiteres, um die deutsch-italienische Wirtschaftsverflechtung zu stärken. Im Ergebnis rangierte Italien 1940 an erster Stelle in der deutschen Einfuhr und Ausfuhr.[70] Mit der Besetzung mehrerer westeuropäischer Länder durch das Deutsche Reich im selben Jahr verlor der Handelsaustausch mit Italien für Deutschland an Bedeutung. Denn im Gegensatz zum verbündeten Italien nahm Deutschland die Ressourcen der besetzten Gebiete für

---

66 Eine voluminöse Denkschrift, die von verschiedenen Wirtschaftsforschungsinstituten erarbeitet worden war, wurde nach der Einnahme Tunis durch die Alliierten vom OKW an die für Italien zuständigen deutsche Behörden geschickt, siehe *Pierluigi Pironti*, L'occupazione tedesca dell'Italia nel 1943. Preparazione e attuazione, in: Labanca, Nervo, S. 85; *Rieder*, Wirtschaftsbeziehungen, S. 267.
67 *Klinkhammer*, Bündnis, S. 76–81; *Michael Wedekind*, Nationalsozialistische Besatzungs- und Annexionspolitik in Norditalien 1943 bis 1945. Die Operationszonen „Alpenvorland" und „Adriatisches Küstenland", München 2003.
68 *Giuseppe Tattara*, Power and Trade: Italy and Germany in the Thirties, in: Vierteljahrschrift für Sozial- und Wirtschaftsgeschichte 78, 1991, S. 461.
69 *Tattara*, Power and Trade, S. 461.
70 *Rieder*, Wirtschaftsbeziehungen, S. 195 f.

sich in Anspruch.[71] Erst seit dem Sommer 1941, als ein Wehrwirtschaftsoffizier in Italien einen direkten Einfluss auf das italienische Rüstungspotential durch Auftragsverlagerung ausübte, intensivierte sich der deutsche Zugriff auf das italienische Wirtschaftspotential.[72] Doch erst mit der italienischen Kapitulation, die sich paradoxerweise in dieser Hinsicht als nützlich erwies, konnten das Industriekapazitäten Italiens voll für die deutsche Kriegswirtschaft eingespannt werden.[73]

Trotz des offiziellen Verbündetenstatus der *Repubblica Sociale Italiana* übte das Deutsche Reich einen erheblichen Einfluss auf das italienische politische und wirtschaftliche Leben aus. Eine entscheidende Rolle im deutschen Besatzungsapparat spielte der deutsche Generalbevollmächtigte Rudolf Rahn, der den Einfluss des Auswärtigen Amtes auf die Besatzungspolitik sicherte. Unbeschadet dieser Vormachtstellung war die deutsche Machtausübung in Italien wie in anderen Besatzungsgebieten durch Polykratie und Kompetenzwirrwarr charakterisiert, was aber, wie Lutz Klinkhammer überzeugend argumentiert, das effektive Funktionieren der deutschen Behörden nicht beeinträchtigte.[74] Der für die Militärverwaltung in Italien zuständige Wehrmachtsgeneral hatte weitgehende Befugnisse. Ein dichtes Netz von 18 lokalen Militärverwaltungen – mit Abteilungen für Wirtschaft, Arbeit und Finanzen, Ernährung und Landwirtschaft – garantierte die sog. Aufsichtsverwaltung über die italienischen Behörden. Da sich die Reorganisation der italienischen Verwaltung nur langsam vollzog, gingen die Militärverwaltungen anfangs über diese Bewachungsfunktion hinaus.[75] Parallel zu dieser verzweigten Organisation setzten die sog. Wirtschaftskommandos ihre Aktivitäten auf italienischem Boden fort.[76] Sie folgten dem Vorrücken der deutschen Truppen unmittelbar, um verwertbares Material zu sammeln oder verlassene Betriebe wieder in Gang zu setzen. Des Weiteren setzten sich insgesamt 33 nach Italien delegierte Vertreter des Reichsfinanzministeriums beim Militärbefehlshaber in Verona, beim Bevollmächtigten Rahn sowie in den lokalen Militärverwaltungen mit finanz- und währungspolitischen Fragen auseinander.[77]

Nicht weniger verzweigt waren die deutschen zivilen Stellen, die in Italien über Entscheidungsbefugnisse verfügten. Neben dem Amt des Reichsbevollmächtigten Rahn

---

71 *Jonas Scherner*, Incompetence or Ingenuity? Why Did Nazi Germany Not Seek Closer Wartime Economic Cooperation with Italy? In: Journal of Contemporary History 57, 2022, S. 553–576.
72 *Brunello Mantelli*, Il Terzo Reich e l'economia italiana, in: Angelo Moioli (Hrsg.), Con la vanga e col moschetto. Ruralità, ruralismo e vita quotidiana nella RSI, Venedig 2006, S. 13; *Laura Di Fabio*, Bottini di guerra indiretti. Le asportazioni di materie prime seconde e di rottami metallici verso il Reich dall'Italia occupata (1943–1945), in: Labanca, Nervo, S. 128; *Paolo Ferrari/Alessandro Massignani*, Industria ed economia bellica dal punto di vista dell'occupante tedesco, in: E-Review Dossier, 6/2018, I molti territori della Repubblica fascista. Amministrazione e società nella RSI, S. 6.
73 *Mantelli*, Tante braccia, S. 50–52.
74 Siehe dazu *Klinkhammer*, Bündnis.
75 *Collotti*, Amministrazione tedesca, S. 118; *Pironti*, Occupazione, S. 100.
76 *Pironti*, Occupazione, S. 92.
77 *Kilian*, Krieg auf Kosten, S. 368.

errichtete Alber Speer, den Hitler zum Bevollmächtigten für die Rüstungsproduktion in Italien ernannte, am 13. September 1943 eine Außenstelle in Italien, um die wirtschaftliche Ausbeutung des Landes effektiver zu gestalten.[78] Um sich die Komplexität dieses Kompetenzwirrwarrs vor Auge zu führen, kann das Beispiel der Militärkommandantur Mailand angeführt werden. Sie beklagte Anfang Oktober 1943, ihre Verfügungsrechte mit acht anderen deutschen Wirtschaftsstellen – sowohl anderen militärische Stellen als auch den Vertretern Speers und der Organisation Todt – teilen zu müssen. Es erwies sich als notwendig, einen ausschließlich für die Koordinierung dieser Vertreter zuständigen Angestellten in der Militärkommandantur einzusetzen.[79] Besonders während den ersten Monaten der Besatzung förderte dieser Ämterdarwinismus die Tendenz zu unkoordinierter Ausbeutung und zur Praxis der „wilden Beschlagnahmungen", wie man sie in den internen Berichten nannte.[80] In dieser Phase betrieben deutsche Stellen unkoordiniert die Demontage und Räumung von Industrieanlagen und die Beschlagnahme und den Transfer von Ressourcen.

Mit der Stabilisierung der Front in Süditalien und der Errichtung der norditalienischen faschistischen Republik vollzog sich gegenüber Italien bald eine politische Wende. Die deutschen Stellen gingen von den „wilden Beschlagnahmungen" zu einer geregelten Nutzbarmachung des italienischen Produktionspotenzials über. Die Außenstelle Speers übertrug das schon in Deutschland angewandte Modell der „Selbstverantwortung der Industrie" auf Italien, um die Ausnutzung der italienischen Wirtschaft rationeller zu gestalten.[81] Parallel wurde der Erlass zur Errichtung von Sperrbetrieben (S-Betriebe) in den besetzten westeuropäischen Gebieten auf Italien ausgedehnt.[82]

Eine ähnliche Wende lässt bei der Finanzierung der Besatzungskosten erkennen. Wie in anderen Ländern wurden nach dem Einmarsch Reichskreditkassenscheine für die Wehrmachtskäufe verwendet. Nach Errichtung der italienischen Kollaborationsregierung stellte ein am 21. Oktober 1943 unterzeichnetes deutsch-italienisches Abkommen die deutsche Ausgabenfinanzierung auf „Kriegskontributionen" um. Ähnlich wie die Bezeichnung „italienische Militärinternierte" für die italienischen Kriegsgefangenen sollte diese Bezeichnung den Verbündetenstatus Italiens hervorheben. Die Höhe der Kontributionen erwies sich vom Anfang an als besonders heikle Streitfrage. Um die geplanten Auftragsverlagerungen zu finanzieren, verlangte der Rüstungs- und Kontrollstab der Wehrmacht hohe Summen, ohne Rücksicht auf das italienische wirtschaftliche Gleichgewicht, während Ribbentrop und sein Vertreter Rahn eine gemäßigtere Linie vertraten. Italien hatte schon vor der deutschen Besetzung eine hohe

---

78 *Klinkhammer*, Bündnis, S. 96–116.
79 *Pironti*, Occupazione, S. 109.
80 *Pironti*, Occupazione, S. 104.
81 *Rieder*, Wirtschaftsbeziehungen, S. 306.
82 *Maximiliane Rieder*, Zwischen Bündnis und Ausbeutung. Der deutsche Zugriff auf das norditalienische Wirtschaftspotential 1943–1945, in: Quellen und Forschung aus italienischen Archiven und Bibliotheken, 71/1991, S. 685. Zu den Sperrbetrieben vgl. das Kapitel 7.2 in diesem Band.

Inflation[83] und der Vertreter des Außenministeriums verlangte deshalb eine auf längere Dauer angelegte Nutzbarmachung der Wirtschaft des Landes. Wichtig war vor allem, die Lebensmittelpreise so niedrig wie möglich zu halten, denn Italien rangierte nun an vierter Stelle der Lieferanten Deutschlands – nach Südosteuropa, Dänemark und Frankreich. Diese Linie schien sich durchzusetzen, als am 7. Oktober 1943 der Reichsbankbeauftragte Maximilian Bernhuber und die Bankabteilung der Militärverwaltungen für Finanzfragen zuständig wurden, womit dieser wichtige Bereich unter die Aufsticht Rahns gelangte.[84] Doch die über Rahn an die Italiener gestellten Forderungen von monatlich sieben Milliarden Lire übertrafen bei weitem die Zahlungsfähigkeit der *Repubblica Sociale Italiana*. Dennoch wurden die Kontributionen Anfang 1944 auf zehn, später auf zwölf Milliarden Lire heraufgesetzt.[85] Diese Summen entsprachen insgesamt 13,2 % aller Kriegsbeiträge und Besatzungskosten, die Deutschland im Zweiten Weltkrieg von besetzten und verbündeten Ländern vereinnahmte.[86] Der Betrag ist als besonders hoch anzusehen, wenn man die kurze Dauer der Besatzung berücksichtigt; er wurde von italienischer Seite ausschließlich durch Notendruck aufgebracht. Mit diesem Geld wurden sowohl die Wehrmachtsausgaben als auch Lebensmittelexporte und Auftragsverlagerungen bezahlt.

Die Vergabe von Rüstungsaufträgen nach Italien erwies sich für das Reich als besonders ergiebig. Am 6. Januar 1944 wurde die institutionelle Infrastruktur der Auftragsverlagerung mit der Errichtung von Rüstungskommandos in vielen norditalienischen Städten geschaffen. Einen Monat später begannen die deutschen Stellen mit der Direktvergabe von Aufträgen an italienische Firmen. Diese auch im besetzten Westeuropa angewandte Strategie setzte stark auf die Zusammenarbeit mit italienischen Wirtschaftskreisen. Es sollte so weit wie möglich auf die Vermittlung öffentlicher Stellen verzichtet werden, um die Wirtschaft direkt für deutsche Zwecke einzuspannen. Erst durch die Umsetzung dieses Programms erreichte die Rüstungswirtschaft Italiens ihr Höchstpotential. Zum Beispiel produzierten 1944 im Bereich Feinmechanik und Optik 181 Unternehmen für die deutsche Rüstungsindustrie.[87] In diesem Jahr trug Italien 13 % zu der gesamten ins Ausland verlagerten Produktion für die Wehrmacht bei.[88]

Auch im Bereich Arbeit konnte die deutsche Ausbeutungspolitik auf schon existierende Beziehungen zurückgreifen. Schon 1937, als sich die Achsenpartner politisch

---

83 *Vera Zamagni*, Italy: How to lose the War and Win the Peace, in: Mark Harrison (Hrsg.), The Economics of World War II: Six Great Powers in International Comparison, Cambridge 1998, S. 177–223; *Kilian*, Krieg auf Kosten, S. 369.
84 *Rieder*, Wirtschaftsbeziehungen, S. 286, 288 f.
85 *Kilian*, Krieg auf Kosten, S. 377.
86 *Rieder*, Wirtschaftsbeziehungen, S. 292.
87 *Rieder*, Wirtschaftsbeziehungen, S. 306.
88 *Jonas Scherner*, Europas Beitrag zu Hitlers Krieg. Die Verlagerung von Industrieaufträgen der Wehrmacht in die besetzten Gebiete und ihre Bedeutung für die deutsche Rüstung im Zweiten Weltkrieg, in: Christoph Buchheim/Marcel Boldorf (Hrsg.), Europäische Volkswirtschaften unter deutscher Hegemonie, München 2012, S. 70–92.

annäherten, wurden die ersten italienischen Arbeiter für Deutschland angeworben. Als 1940 der Prestigeverlust und die wachsende Clearingverschuldung die Stellung Italiens in den Wirtschaftsverhandlungen schwächte, übte das Deutsche Reich Druck auf die italienische Regierung aus, vermehrt Arbeiter ins Reich zu verschicken. So befanden sich 1942 in Deutschland durchschnittlich 200 000 italienische Arbeiter, die, obwohl deutlich bessergestellt als die Zwangsarbeiter aus anderen Ländern, von der italienischen Regierung zum Teil mit Zwangsmitteln rekrutiert worden waren.[89] Am Tag des italienischen Waffenstillstandes mit den Alliierten befanden sich 120 000 Arbeiter in Deutschland, für die die Rückkehr nach Italien unmöglich war. Dazu kamen die 600 000 nach der italienischen Kapitulation im italienischen Machtbereich gefangengenommenen Soldaten, die mehrheitlich Zwangsarbeiten verrichten mussten. Um ihre Arbeitsmotivation, die durch die unmenschliche Behandlung stark gelitten hatte, zu steigern, wurden diese Gefangenen im Juli auf Initiative des Generalbevollmächtigten für den Arbeitseinsatz, Fritz Sauckel, in den Zivilstatus überführt.

Entgegen den Vorstellungen Sauckels, der sich drei Millionen Arbeitskräfte aus Italien erhoffte, gingen die Anwerbung und Zwangsverpflichtung in Italien mühsam voran. Insgesamt waren die Ergebnisse enttäuschend, bedenkt man, dass nach verlässlichen Schätzungen 100 000 italienische Arbeiter auf verschiedene Art rekrutiert wurden, während bis 1943 insgesamt 400 000 Italiener im Reich arbeiteten.[90] Das war vor allem auf den italienischen Widerstand zurückzuführen und auf die Tatsache, dass die Rekrutierungsmaßnahmen – im Februar 1944 wurde eine allgemeine Arbeitsdienstpflicht für Männer und Frauen zwischen 16 und 60 Jahren eingeführt – der italienischen Verwaltung anvertraut wurden.

Auswahlbibliografie

Delivanis, Dimitrios/Cleveland, William C., Greek Monetary Developments 1939–1948, Bloomington 1949.
Etmektsoglou-Koehn, Gabriella, Axis Exploitation in Wartime Greece 1941–1943, Diss. Atlanta 1995.
Fleischer, Hagen, Im Kreuzschatten der Mächte. Griechenland 1941–1944 (Okkupation – Resistance – Kollaboration), Frankfurt am Main [u. a.] 1986.
Fleischer, Hagen, Schuld und Schulden – Der Fall Griechenland „final geklärt"? In: Südosteuropa Mitteilungen 55, 2015, S. 46–63.
Fonzi, Paolo, La moneta nel grande spazio. La pianificazione nazionalsocialista dell'integrazione monetaria europea 1939–1945, Mailand 2011.
Freytag, Carl, Deutschlands „Drang nach Südosten". Der Mitteleuropäische Wirtschaftstag und der „Ergänzungsraum Südosteuropa", 1931–1945, Göttingen 2012.

---

89 *Spoerer*, Zwangsarbeit, S. 80–84.
90 *Brunello Mantelli*, Von der Wanderarbeit zur Deportation. Die italienischen Arbeiter in Deutschland 1938–1945, in: Ulrich Herbert (Hrsg.), Europa und der „Reichseinsatz", Essen 1991, S. 51–89; *Klinkhammer*, Bündnis, S. 178–238, 494–521; *Spoerer*, Zwangsarbeit, S. 83.

Hadziiosif, Christos, Griechen in der deutschen Kriegsproduktion, in: Ulrich Herbert (Hrsg.), Europa und der „Reichseinsatz". Ausländische Zivilarbeiter, Kriegsgefangene und KZ-Häftlinge in Deutschland 1938–1945, Berlin 1991, S. 210–233.

Kilian, Jürgen, Krieg auf Kosten anderer. Das Reichsministerium der Finanzen und die wirtschaftliche Mobilisierung Europas für Hitlers Krieg, Berlin 2017.

Kilian, Jürgen, The Greek "Forced Loan" during the Second World War. Demand for Reparations or Restitution? In: Südosteuropa 64, 2016, S. 96–108.

Klemann, Hein/Kudryashov, Sergei, Occupied Economies. An Economic History of Nazi-Occupied Europe, 1939–1945, London/New York 2012.

Klinkhammer, Lutz, Zwischen Bündnis und Besatzung. Das nationalsozialistische Deutschland und die Republik von Salò 1943–1945, Tübingen 1993.

Labanca, Nicola (Hrsg.), Il nervo della guerra. Rapporti delle Militärkommandanturen e sottrazione nazista di risorse dall'Italia occupata (1943–1944), 2 Bde. Mailand 2020.

Mantelli, Brunello (Hrsg.), Tante braccia per il Reich! Il reclutamento di manodopera nell'Italia occupata 1943–1945 per l'economia di guerra della Germania nazionalsocialista, 2 Bde. Mailand 2019.

Mazower, Mark, Inside Hitler's Greece. The Experience of Occupation, 1941–44, New Haven/London 1993.

Schlarp, Karl-Heinz, Wirtschaft und Besatzung in Serbien 1941–1944. Ein Beitrag zur nationalsozialistischen Wirtschaftspolitik in Südosteuropa, Stuttgart 1986.

Schmid, Sanela/Schölzel, Christian, Zwangsarbeit und der „Unabhängige Staat Kroatien" 1941–1945, Berlin/Münster 2013.

Schmid, Sanela, Deutsche und italienische Besatzung im Unabhängigen Staat Kroatien. 1941 bis 1943/45, Berlin 2020.

Sundhaussen, Holm, Wirtschaftsgeschichte Kroatiens im nationalsozialistischen Großraum 1941–1945. Das Scheitern einer Ausbeutungsstrategie, Stuttgart 1983.

Tattara, Giuseppe, Power and Trade: Italy and Germany in the Thirties, in: Vierteljahrschrift für Sozial- und Wirtschaftsgeschichte 78, 1991, S. 457–500.

Tiedtke, Per, Germany, Italy and the International Economy 1929–1936. Co-operation or Rivalries at Times of Crisis?, Marburg 2016.

Tomasevich, Jozo, War and Revolution in Yugoslavia, 1941–1945. Occupation and Collaboration, Stanford 2001.

Stephan Lehnstaedt
7.5 Besatzungswirtschaft in Osteuropa – Polen und die Sowjetunion

7.5.1 Einführung

„Lebensraum" im Osten war ein zentrales ideologisches Ziel des Nationalsozialismus. Hitler sah sich als Begründer eines Imperiums und wollte schon allein deshalb den Krieg.[1] Zugleich sollten Eroberungen dafür sorgen, das Deutsche Reich von Rohstoffzufuhren unabhängig zu machen. Der dritte wesentliche Grund für einen Überfall auf die Nachbarn war die Revision des Versailler Vertrags von 1919, in dem deutsche Gebietsverluste festgeschrieben worden waren. Explizit ideologische Vorstellungen verbanden sich also mit scheinrationalen ökonomischen Überlegungen.

Hitler nahm allerdings weder vor noch nach 1939 eine wirtschaftliche Lageanalyse vor, denn Ökonomie interessierte ihn nur im Zusammenhang mit der Ideologie.[2] Insbesondere die Expansion hing in einem Zirkelschluss mit der wirtschaftlichen Autarkie zusammen: Letztere war notwendig, um den Krieg zu führen; aber Krieg war das Mittel, um den Großraum und damit die Selbständigkeit und Grundlagen für die deutsche Volkswirtschaft zu erlangen.[3] Die Ressourcen „Mitteleuropas" galten in dieser Vision als Sprungbrett für die Eroberung und Kontrolle des ganzen Ostens bis hin zum Ural und verbanden sich so mit den Raumvorstellungen.[4] Und tatsächlich benötigte das Dritte Reich gerade in einem Krieg, in dem es zu einer Seeblockade kam, dringend Rohstoffe und Produktionsmöglichkeiten. Die Wehrmacht wurde darum nach 1939 ebenfalls zur Apologetin des nationalsozialistischen Imperiums, denn für sie war der Kausalnexus von Expansion und Autarkie ebenso offensichtlich wie für Hitler selbst. In der Besatzungsrealität aber wurde vor allem die Aktivierung des Faktors Arbeitskraft häufig vernachlässigt; Deportationen traten an die Stelle der Arbeit vor Ort. Im osteuropäischen Eroberungsgebiet setzte sich nur ausnahmsweise eine rationale ökonomische Politik durch, die eine optimale Nutzung der Ressourcen zumindest als Ziel formulierte. Stattdessen dominierten Volkstums- und Rassenpolitik über die Ökonomie.

---

1 *Mark Mazower*, Hitlers Imperium. Europa unter der Herrschaft des Nationalsozialismus, Bonn 2010, S. 15.
2 *Sönke Neitzel*, Von Wirtschaftskriegen und der Wirtschaft im Kriege, in: Wolfram Dornik [u. a.] (Hrsg.), Krieg und Wirtschaft. Von der Antike bis ins 21. Jahrhundert, Innsbruck 2010, S. 57 f.
3 *Kim Christian Priemel*, Lernversagen. Der Erste Weltkrieg und die nationalsozialistische Wirtschaftspolitik, in: Gerd Krumeich (Hrsg.), Nationalsozialismus und Erster Weltkrieg, Essen 2010, S. 304. Zur allgemeinen Idee, Kriege „präventiv" zur Sicherung von Ressourcen zu beginnen, vgl. *Peter Liberman*, Does Conquest Pay? The Exploitation of Occupied Industrial Societies, Princeton 1996, S. 153 f.
4 *Henry C. Meyer*, Mitteleuropa in German Thought and Action 1815–1945, Den Haag 1955, S. 314.

Die besetzten Territorien und ihre Unternehmen mussten deshalb der deutschen Rüstungsproduktion zuliefern oder entsprechende Güter herstellen.[5] Ausbeutung war ein integraler Teil imperialer Visionen und als Kernelement der raumgreifenden nationalsozialistischen Ideologie mit dieser untrennbar verwoben. Gerade deswegen stand sie allerdings einer rein zweckrationalen Okkupation entgegen – die imperialen Ziele des Nationalsozialismus erwiesen sich gegenüber denen des Ersten Weltkriegs als viel weitgehender: Sie zielten auf eine radikale Ausplünderung genauso wie eine ethnische Säuberung und Germanisierung ab. Verbreitet war außerdem die Überzeugung, Besatzung effektiver als früher organisieren zu können – vor allem durch mehr Härte, definiert als „politischer" gegenüber rein administrativer Okkupation, worauf Hitler explizit in Bezug auf die Ukraine hinwies.[6] Und nicht zuletzt herrschte die Überzeugung vor, dass sich Besatzung lohne.

Auf dieser großen Ebene zog Hitler seine Schlüsse aus dem Ersten Weltkrieg, integrierte sie in seine Strategie und handelte entsprechend. Jenseits dessen gab es 1939 schlicht keine genaueren, von militärischen oder zivilen Fachleuten ausgearbeiteten Konzepte für das besetzte Polen: Sämtliche Planungen in sozialer, politischer und ökonomischer Hinsicht entstanden in den ersten Monaten der Okkupation.[7] Das Vorgehen in der Sowjetunion könnte davon nicht unterschiedlich sein, denn 1940/41 beschäftigten sich ganze Stäbe mit der politischen und wirtschaftlichen Zukunft des zu erobernden Raumes; und bereits im März 1941 hatte Hitler den Aufbau einer neuen, später Reichsministerium für die besetzten Ostgebiete genannten Institution angekündigt.[8]

In diesem Kapitel stehen nicht die Planungen sowie ihre ständige Überarbeitung im Zentrum,[9] sondern das konkrete Vorgehen der Besatzer. Dabei geht es um die Konsequenzen der Besatzungswirtschaft einerseits für die Deutschen und andererseits für die polnischen und sowjetischen Gebiete und die dort lebenden Menschen.

---

5 Das ist auch ein Beleg gegen die Vorstellung, der Zweite Weltkrieg sei als „Blitzkrieg" konzipiert worden. Vgl. *Jonas Scherner*, Nazi Germany's Preparation for War. Evidence from Revised Industrial Investment Series, in: European Review of Economic History 14, 2010, S. 445 f. Vgl. auch *Jonas Scherner*, Europas Beitrag zu Hitlers Krieg. Die Verlagerung von Industrieaufträgen der Wehrmacht in die besetzten Gebiete und ihre Bedeutung für die deutsche Rüstung im Zweiten Weltkrieg, in: Christoph Buchheim/Marcel Boldorf (Hrsg.), Europäische Volkswirtschaften unter deutscher Hegemonie 1938–1945, München 2012, S. 69–92.
6 *Frank M. Grelka*, Die ukrainische Nationalbewegung unter deutscher Besatzungsherrschaft 1918 und 1941/42, Wiesbaden 2005, S. 443.
7 *Czesław Łuczak*, Basic Assumptions of the Economic Policies of Nazi Germany and their Implementation in the Occupied Poland, in: Studia Historiae Oeconomicae 11, 1976, S. 193 f.
8 Umfassend hierzu: *Alex J. Kay*, Exploitation, Resettlement, Mass Murder. Political and Economic Planning for the German Occupation Policy in the Soviet Union, 1940–1941, New York 2006. Siehe auch *Wei Li*, Deutsche Pläne zur europäischen wirtschaftlichen Neuordnung 1939–1945. Weltwirtschaft, kontinentaleuropäische Autarkie und mitteleuropäische Wirtschaftsintegration, Hamburg 2007.
9 Vgl. zu diesem Aspekt Kapitel 6.1 in diesem Band.

Abb. 1: Karte „Ostgebiete" von der IG-Farben (Nov. 1942); Quelle: Rossijskij Gosudarstvennyj Voennyj Archiv (RGVA), Moskau, 1457-51-111.

Zunächst werden die Strukturen der Wirtschaftsverwaltung gezeigt, und danach Methoden und Resultate der Ausbeutung im Bereich von Finanzen, Lebensmitteln, Rüstungsgütern und Arbeitskräften dargestellt; es geht vor allem um den erzwungenen „Export" von Menschen und Dingen. Der nächste Abschnitt analysiert die Auswirkungen dieser Politik vor Ort, für Landwirtschaft und Industrie aber auch die hungernde Bevölkerung. Mit der „Vernichtungswirtschaft" kommt anschließend der ideologische Kern der deutschen Fremdherrschaft in den Blick: Der Zusammenhang von Germanisierung und Genozid, nicht zuletzt bei der Ermordung der jüdischen Bevölkerung.[10] Abschließend sollen die Folgen und „Erfolge" der Besatzungswirtschaft kurz diskutiert werden.

Einschränkend ist bei all dem zu bemerken, dass sich angesichts der riesigen hier zur Debatte stehenden Territorien oftmals regionale Unterschiede ergeben, die es kaum erlauben, von einer einheitlichen osteuropäischen Besatzungswirtschaft zu sprechen.[11] Das deuten schon die politischen Gliederungen an: Vom Territorium Vorkriegspolens gelangte die Region um die Städte Bydgoszcz und Toruń (Bromberg und Thorn) als Reichsgau Danzig-Westpreußen ins Reich; die bis 1918 preußische Provinz Posen um die gleichnamige Stadt erhielt den Namen Reichsgau Wartheland und wurde ebenfalls ins Reich eingegliedert, erhielt allerdings mit der Stadt Łódź einen wirtschaftlich wie einwohnermäßig bedeutenden Zuwachs. Im Norden Polens kam die Region um Ciechanów als Regierungsbezirk Zichenau zu Ostpreußen, im Süden kamen Kattowitz und Będzin unter der Bezeichnung Ostoberschlesien zur deutschen Provinz Oberschlesien. Als „Generalgouvernement für die besetzten polnischen Gebiete" (ab 31. Juli 1940 nur noch „Generalgouvernement") firmierte das zentralpolnische Gebiet mit den vier nach ihren größten Städten benannten Distrikten Radom, Lublin, Warschau und Krakau als „Nebenland des Reiches" mit ungeklärtem völkerrechtlichem Status. Im Herbst 1941, nach dem Überfall auf die Sowjetunion, kam dazu noch der Distrikt Galizien mit Verwaltungssitz in Lemberg. Im Norden Polens wurde zu diesem Zeitpunkt außerdem der Bezirk Bialystok kreiert, der formal nicht zum Reich gehörte, den aber der ostpreußische Oberpräsident Erich Koch in enger Anlehnung daran beherrschte.

Weitere vormals polnische Gebiete um die Stadt Wilna gelangten als Generalbezirk Litauen zum Reichskommissariat Ostland, für das in Berlin das Reichsministerium für die besetzten Ostgebiete zuständig war.[12] Ihm waren mit dem Baltikum, Belarus und der Ukraine diejenigen Teile der besetzten Sowjetunion unterstellt – bei beträchtlicher Autonomie der regionalen Besatzungsinstanzen –, die sich unter Zivilverwaltung befanden. Die Vor- und Nachkriegsgrenzziehungen waren sehr unterschiedlich, was eine statistische Erfassung wirtschaftsrelevanter Daten erschwert.

In den Territorien östlich davon herrschte die Wehrmacht, wobei sie auf dem Höhepunkt der deutschen Expansion für mehr als die einundhalbfache Fläche Frank-

---

10 Vgl. dazu nach wie vor *Götz Aly/Susanne Heim*, Vordenker der Vernichtung. Auschwitz und die Pläne für eine neue europäische Ordnung, Hamburg 1991.
11 Forschungsüberblicke sind rar, vgl. zuletzt *Ingo Loose*, Die nationalsozialistische Wirtschaftspolitik in Polen als Gegenstand der Forschung und der Instrumentalisierung im politischen Raum, in: Dieter Bingen [u. a.] (Hrsg.), Interesse und Konflikt. Zur politischen Ökonomie der deutsch-polnischen Beziehungen, 1900–2007, Wiesbaden 2008, S. 185–200. Eine Bibliografie zum besetzten Polen liegt lediglich auf Polnisch vor *Marek Deszczyński/Aldona Podolska/Meducka*, Bibliografia historii gospodarczej Polski podczas II wojny światowej, Warschau 2006.
12 Als Verwaltungsgeschichte: *Andreas Zellhuber*, „Unsere Verwaltung treibt einer Katastrophe zu ..." Das Reichsministerium für die besetzten Ostgebiete und die deutsche Besatzungsherrschaft in der Sowjetunion 1941–1945, München 2006.

reichs zuständig war: Fast eine Million Quadratkilometer, die wiederum in verschiedene Teile gegliedert wurden. Für alle ökonomischen Aspekte war mit der Wirtschaftsorganisation Ost und ihrer Spitze, dem Wirtschaftsführungsstab Ost, eine zivil-militärische Institution verantwortlich, die explizit deshalb geschaffen worden war, weil die Wehrmacht in Berlin als zu unpolitisch galt; ihr waren Wirtschaftsinspektionen und -kommandos nachgeordnet.[13]

Eine Ausdifferenzierung der verschiedenen lokalen Entwicklungen und Besonderheiten könnte Monographien füllen, und tatsächlich fehlen synthetische Überblicke weitestgehend;[14] sie beschränken sich meist auf einzelne Besatzungsgebiete, wobei gerade die deutsche Forschung sich auf den Holocaust und die Gewaltherrschaft fokussiert und ökonomische Aspekte meist nur am Rande betrachtet. Angesichts dessen sollen hier einerseits sprechende Beispiele gezeigt, andererseits aber die großen gemeinsamen Linien herausgearbeitet werden, um eine Orientierung zu bieten.

7.5.2 Strukturen der Wirtschaftsverwaltung

Während in den ins Reich eingegliederten Gebieten weitgehend dessen administrative Strukturen übernommen wurden, diente das Generalgouvernement als Muster für die später auch in der besetzten Sowjetunion etablierte Zivilverwaltung – mit dem wesentlichen Unterschied, dass diesen formal ein Ministerium in Berlin übergeordnet war, das im Falle Polens nicht existierte. Im Generalgouvernement gliederte sich die Besatzung in Distrikte (im „Ostland" entsprechend Generalbezirke mit einem Generalkommissar an der Spitze) und die Landkreisebene, wo nach 1941 insgesamt 59 Kreishauptleute beziehungsweise in größeren Städten Stadthauptleute (Gebiets- bzw. Stadtkommissariate im „Ostland") herrschten.[15] Auf allen drei Stufen gab es Fachabteilungen, die zwar die Ministerien in Berlin widerspiegelten, aber wegen des

---

13 *Dieter Pohl*, Die Herrschaft der Wehrmacht. Deutsche Militärbesatzung und einheimische Bevölkerung in der Sowjetunion 1941–1944, München 2009, S. 98 f., 107–110. Eine rein wirtschaftsgeschichtliche Studie liegt nicht vor, wichtig sind daher Einzeldarstellungen. Für die nördliche Sowjetunion *Klaus-Jochen Arnold*, Die Wehrmacht und die Besatzungspolitik in den besetzten Gebieten der Sowjetunion. Kriegführung und Radikalisierung im „Unternehmen Barbarossa", Berlin 2005; *Jürgen Kilian*, Wehrmacht und Besatzungsherrschaft im russischen Nordwesten 1941–1944. Praxis und Alltag im Militärverwaltungsgebiet der Heeresgruppe Nord, Paderborn 2012. Den Süden behandelt *Manfred Oldenburg*, Ideologie und militärisches Kalkül. Die Besatzungspolitik der Wehrmacht in der Sowjetunion 1942, Köln/Wien 2004. Als Quellenedition liegt vor *Rolf-Dieter Müller* (Hrsg), Die deutsche Wirtschaftspolitik in den besetzten sowjetischen Gebieten 1941–1943. Der Abschlussbericht des Wirtschaftsstabes Ost und Aufzeichnungen eines Angehörigen des Wirtschaftskommandos Kiew, Boppard 1991.
14 Vgl. für Polen als Ganzes deshalb nach wie vor: *Czesław Madajczyk*, Polityka III Rzeszy w okupowanej Polsce, 2 Bde., 2. Aufl. Warschau 2019 [zuerst 1967].
15 Umfassend hierzu: *Markus Roth*, Herrenmenschen. Die deutschen Kreishauptleute im besetzten Polen. Karrierewege, Herrschaftspraxis und Nachgeschichte, Göttingen 2009.

nationalsozialistischen Grundsatzes der „Einheit der Verwaltung" nicht mehr dem Ressortprinzip unterlagen; stattdessen unterstanden sie jeweils Gouverneuren und Hauptleuten.

Zusätzlich existierten in allen okkupierten Ländern Europas weitere Dienststellen auf wirtschaftlichem Sektor, was für ein erhebliches Maß an Rivalität und Kompetenzüberschneidungen sorgte.[16] Allerdings ernannte Hermann Göring im Dezember 1939 den Generalgouverneur Hans Frank zum Generalbevollmächtigten für den Vierjahresplan im Generalgouvernement. Die entsprechende Dienststelle agierte zunächst relativ unabhängig von der dort errichteten Wirtschaftsverwaltung. Innerhalb der Regierung des Generalgouvernements fielen ihr die Aufgaben zu, die auf Staatsebene dem Reichswirtschaftsministerium oblagen.[17] Die ihr unterstehenden Bewirtschaftungsstellen entsprachen den nachgeordneten Reichsstellen oder Reichsbeauftragten. Dementsprechend nahmen die Wirtschaftsabteilungen der Gouverneure – bzw. in der besetzten Sowjetunion Generalkommissariate – in etwa die Aufgaben eines Landeswirtschaftsamts wahr, und die ihnen nachgeordneten Wirtschaftsämter entsprachen im Wesentlichen ihren reichsdeutschen Pendants in Landkreisen.

Ausgehend hiervon schufen die Besatzer zahllose Institutionen, um jeweils Teilbereiche in Industrie und Landwirtschaft abzudecken, im Generalgouvernement etwa die Saatgutstelle, die staatlichen Getreide- und Industriewerke, die Ostfrucht, die Vieh- und Pferdehandels GmbH, die Kühlhaus GmbH, den Agrarverlag Ost oder die Forschungsanstalt Pulawy.[18] Die wichtigste agrarische Institution war die am 20. Januar 1940 errichtete Landwirtschaftliche Zentralstelle. Innerhalb der nächsten Jahre gelang es ihr, die Aufgaben der Behörden des Ernährungssektors auf sich zu vereinen und als Ein- und Ausfuhrstelle zu fungieren. Sie übernahm damit Aufgaben, die sonst Großhandel und genossenschaftliche Organisationen erfüllten. Außerdem diente sie als zentrale Einkaufs- und Beschaffungsbehörde für alle landwirtschaftlichen Bedarfsartikel.

Auf industriellem Gebiet existierten – um beim Beispiel Generalgouvernement zu bleiben – Rüstungsinspektionen der Wehrmacht als dauerhafte Einrichtungen, diverse temporäre Institutionen wie beispielsweise Sonderstäbe des Vierjahresplans, die Haupttreuhandstelle Ost,[19] die beschlagnahmten, beziehungsweise enteigneten Besitz

---

16 *Hans Umbreit*, Die deutsche Herrschaft in den besetzten Gebieten 1942–1945, in: Bernhard Kroener/Rolf-Dieter Müller/Hans Umbreit (Hrsg.), Das Deutsche Reich und der Zweite Weltkrieg, Bd. 5: Organisation und Mobilisierung des deutschen Machtbereichs, Halbbd. 2: Kriegsverwaltung, Wirtschaft und personelle Ressourcen 1942–1944/45, Stuttgart 1999, S. 183.
17 Als Überblick *Stephan Lehnstaedt*, The Incorporation of the General Government in the German War Economy, in: Marcel Boldorf/Tetsuji Okazaki (Hrsg.), Economies under Occupation. The Hegemony of Nazi Germany and Imperial Japan in World War II, London/New York 2015, S. 147–160.
18 Instytut Pamięci Narodowej Warschau, 196/288. 5 Jahre Aufbauarbeit in der Ernährungs- und Landwirtschaft des Generalgouvernements, 19. 10. 1944.
19 *Bernhard Rosenkötter*, Treuhandpolitik. Die „Haupttreuhandstelle Ost" und der Raub polnischer Vermögen 1939–1945, Essen 2003.

verwaltete, Büros etwa der Wirtschaftsgruppen für bestimmte Industriezweige und Rohstoffe, sowie die Karpaten Öl AG, die das ostgalizische Erdöl ausbeuten sollte. Privatwirtschaftliche Unternehmen und insbesondere die halbstaatlichen Hermann-Göring-Werke expandierten ebenfalls nach Osten und beanspruchten Sonderrechte – genau wie die Wirtschaft der SS, die vor allem auf Ghetto- und Lagerarbeit beruhte. Eine Koordination dieser vielfältigen Institutionen und Aktivitäten erfolgte selten, sodass der Mangel an Kontakt und Erfahrungsaustausch – neben den ständigen Kompetenzüberschneidungen – große Schwierigkeiten bereitete. Nicht einmal die hier vorgenommenen Kategorisierungen gab es damals tatsächlich, die komplexe Lage hatte sich nach und nach entwickelt und stellte kein Ergebnis zielgerichteter Prozesse dar.[20]

Sämtliche Institutionen hatten trotz aller Streitigkeiten ein gemeinsames Ziel: die maximale ökonomische Ausbeutung Osteuropas zugunsten Deutschlands. Die Anzahl der Dienststellen verdeutlicht die Dringlichkeit dieser Absicht, denn jede Behörde erhielt Sonderbefugnisse, um einen bestimmten Bereich möglichst effizient auszubeuten. Das allein hätte schon genug Konfliktpotential bedeutet, aber die mehr oder weniger ambitionierten Versuche, die eigenen Kompetenzen auszudehnen, verstärkten die Rivalitäten und waren nicht rational – entsprachen aber dem Primat der völkischen und rassischen Politik.

7.5.3 Ressourcen aus Osteuropa

Unmittelbar nach dem Einmarsch kam es unter deutscher Herrschaft zunächst zu Plünderungen, die Institutionen wie Wehrmacht oder Vierjahresplan-Behörde oftmals in Konkurrenz zueinander vornahmen, und die alleine in Polen bis Mitte November 1939 zum Abtransport von rund 25 000 Güterwaggons im Wert von mehreren Milliarden Reichsmark führten – darin befanden sich Rohstoffe, Fertigwaren und ganze Fabrikanlagen.[21] Danach begann eine zweite Periode der Wirtschaftspolitik, welche bis etwa Mitte 1940 – oder genauer: bis zum Zusammenbruch Frankreichs – dauerte.[22] Die deutsche Besatzungsmacht setzte die gezielte Deindustrialisierung zwar fort, beschränkte sich in diesem Zeitraum aber auf Konsumgüterfabriken, während sie die Rüstungsproduktion wieder aufnahm und teilweise sogar einen Wiederaufbau anstrebte. Das setzte sich in stärkerem Maße bis Sommer 1941 fort, denn das Generalgouvernement sollte nun Ausrüstungsgegenstände für die Wehrmacht liefern: Nach dem siegreichen Feldzug gegen Frankreich wollte Hitler den Kontinent für einen längeren

---

20 *Dietrich Eichholtz*, Institutionen und Praxis der deutschen Wirtschaftspolitik im NS-besetzten Europa, in: Richard J. Overy/Gerhard Otto/Johannes Houwink ten Cate (Hrsg.), Die „Neuordnung" Europas. NS-Wirtschaftspolitik in den besetzten Gebieten, Berlin 1997, S. 36–39.
21 *Czesław Łuczak*, Polska i Polacy w drugiej wojnie światowej, Poznań 1993, S. 201 f.
22 Zu diesen Phasen der Besatzungswirtschaft *Lehnstaedt*, Incorporation of the General Government, S. 149–155.

Krieg gegen England aufrüsten – wofür wiederum ein Blitzkrieg gegen Russland geführt werden sollte, auch um sich dort Ressourcen zu sichern.[23]

Lediglich im Bereich der Landwirtschaft sollte die exzessive Ausbeutung mit vereinzelten Investitionen, Düngerlieferungen und Maschineneinsatz vorangetrieben werden. Hinter der technischen Unterstützung stand indes nicht die Absicht, endlich den Polen mehr Lebensmittel zukommen zu lassen. Zwar hatte die Regierung in Krakau bereits 1939 festgestellt, dass eine Selbstversorgung des eroberten Gebiets nicht möglich sei und daher die Industrieproduktion angekurbelt werden müsse, um im Austausch dafür Naturalien importieren zu können.[24] Doch an eine solche marktwirtschaftliche Lösung war während des Krieges nicht zu denken, es ging gänzlich um Ausbeutung, nicht um Handel.

Zugleich waren die Methoden der Ernteerfassung in Polen äußerst brutal. Das lag vor allem daran, dass die Kontingente von oben nach unten festgelegt wurden. Völlig egal war den Besatzern, wie die Einheimischen die Quoten erfüllten. Um die angestrebten Ziele zu erreichen, überzogen sie die Bauern mit exzessiver Gewalt, denn der Ertrag hing in ihren Augen wesentlich von der „Motivation" der Erzeuger ab. Die Sanktionen begannen mit Geldbußen bei geringeren Verstößen gegen die Ablieferungspflichten, steigerten sich aber schnell zu Vermögensentzug, Prügeln und Lagerhaft. Damit gaben die Kreishauptleute des Generalgouvernements allerdings weniger den auf sie ausgeübten Druck weiter, sondern ließen sich vielmehr von ihrem Karrierestreben und ihren ideologischen Überzeugungen leiten.[25] Dergleichen war in Polen genauso zu beobachten wie nach 1941 in der besetzten Sowjetunion, wo die Besatzer gewissermaßen nahtlos an die bisherige Okkupationspolitik anknüpften und diese weiter radikalisierten. Gewalt galt immer mehr als Lösung für alle Probleme:

> Böswillige Nichtablieferung, Diebstähle oder Sabotage an Transporten, Lägern oder ernährungswissenschaftlichen Betrieben werden standrechtlich geahndet, die Urteile sofort vollstreckt. Auf Antrag des Befehlsstabes der Distrikte kann das Standgericht Kollektivstrafen verhängen.[26]

In der besetzten Sowjetunion war die Landwirtschaft weitgehend in Kolchosen bzw. Sowchosen organisiert, die die Besatzer in Landbaugenossenschaften überführten. Das sowjetische System erlaubte einen schnellen Zugriff auf große Einheiten, wobei über deren Betriebsleiter entsprechend Zwang ausgeübt werden konnte. Der Zwangs-

---

23 *Scherner*, Nazi Germany's Preparation for War, S. 445 f., 464.
24 Besprechung in Krakau, 8. 11. 1939, in: *Werner Präg/Wolfgang Jacobmeyer* (Hrsg.), Das Diensttagebuch des deutschen Generalgouverneurs in Polen 1939–1945, Stuttgart 1975, S. 61.
25 *Roth*, Herrenmenschen, S. 174. Zum System der Ernteaufbringung ausführlich *Czesław Rajca*, Walka o chleb 1939–1944. Eksploatacja rolnictwa w Generalnym Gubernatorstwie, Lublin 1991, S. 41–44. Knapp auf Deutsch *Czesław Rajca*, Beschlagnahme von Landwirtschaften im Generalgouvernement, in: Studia Historiae Oeconomicae 17, 1982, S. 247–254. Vgl. auch *Czesław Łuczak*, Die Agrarpolitik des Dritten Reiches im okkupierten Polen, in: Studia Historiae Oeconomicae 17, 1982, S. 195–203.
26 Archiwum Akt Nowych Warschau, 111/1301. Erlass des Generalgouverneurs, 10. 7. 1943. Siehe auch *Roth*, Herrenmenschen, S. 164–168.

charakter unterschied sich kaum von demjenigen in Polen – ebenso wie die grundsätzlichen Probleme der „Aktivierung" der Landwirtschaft: Es gab viel zu wenig Traktoren und Dünger, weil diese Güter beschlagnahmt waren oder schlicht nicht zur Verfügung standen. Dazu kam eine Schwerpunktsetzung auf die Ukraine, wo prinzipiell die besten Böden vorhanden waren, sodass die Okkupanten die wenigen vorhandenen Ressourcen dorthin leiteten.[27] Dennoch lieferte das Generalgouvernement während des Krieges immerhin 51 Prozent der Roggenimporte des Reichs, 66 Prozent der Haferimporte und 52 Prozent der Kartoffelimporte, was nicht zuletzt wegen der Ermordung der Juden möglich wurde, die danach nicht mehr versorgt werden mussten.[28]

Die industrielle Produktion im besetzten Osteuropa wies beträchtliche regionale Unterschiede auf. Während das Baltikum und Teile der östlichen Ukraine einen gewissen Industrialisierungsgrad erreichten, waren es in Polen, Belarus oder der Zentralukraine meist nur die größeren Städte, in denen tatsächlich in nennenswertem Umfang Güter produziert wurden – wobei gerade die Sowjets auf ihrem Rückzug zahlreiche Betriebe demontiert bzw. zerstört hatten. So meldete die Wirtschaftsinspektion Mitte, die vor allem für das Generalkommissariat Weißruthenien zuständig war, rund drei Millionen Beschäftigte – von denen neun Zehntel in der Landwirtschaft tätig waren.[29]

Osteuropa fertige bis Mitte 1942 für den deutschen Bedarf kaum schwerindustrielle Waren, sieht man einmal vom besetzten Oberschlesien ab.[30] Erst zu diesem Zeitpunkt ging man daran, die Berg- und Hüttenwerke der Ostukraine gezielt wieder in Betrieb zu nehmen, und schuf für Koordinierungszwecke Ende des Jahres das Amt eines Generalbevollmächtigen für die Ostwirtschaft unter Paul Pleiger, der u. a. als Generaldirektor der Reichswerke Hermann Göring eine enorme Posten- und Machtfülle im wirtschaftlichen Bereich vereinigte. Er war außerdem Chef der Berg- und Hüttenwerksgesellschaft Ost (BHO), in der alle schwerindustriellen Betriebe der besetzten Sowjetunion zusammengeführt worden waren. In dieser Funktion ging er dazu über, deutschen Firmen sogenannte Patenschaften über eroberten Fabriken anzutragen – was diese angesichts erhoffter Privatisierungen trotz zunächst kaum zu erwartender größerer Gewinne gerne annahmen. Siemens, Klöckner, Flick, Krupp und andere deutsche Großunternehmen wurden so im Osten tätig, ohne dort allerdings substantielle Beiträge für die Rüstung leisten zu können.[31]

---

27 *Christian Gerlach*, Kalkulierte Morde. Die deutsche Wirtschafts- und Vernichtungspolitik in Weißrußland 1941 bis 1944, Hamburg 2000, S. 319–370; zur Landwirtschaft in der Ukraine vgl. *Karel Berkhoff*, Harvest of Despair. Life and Death in Ukraine under Nazi Rule, Cambridge (Mass.) 2004, S. 114–139.
28 *Adam J. Tooze*, Ökonomie der Zerstörung. Die Geschichte der Wirtschaft im Nationalsozialismus, Bonn 2007, S. 629 ff.
29 *Gerlach*, Kalkulierte Morde, S. 387, dort umfassend zu Belarus, S. 385–448.
30 *Mirosław Sikora*, Die Waffenschmiede des Dritten Reiches. Die deutsche Rüstungsindustrie in Oberschlesien während des Zweiten Weltkrieges, Essen 2014.
31 Als Überblick *Harald Wixforth*, Handlungsspielräume in der Befehlswirtschaft. Die Hüttenwerke in der Ukraine unter deutscher Besatzung, in: Jahrbuch für Wirtschaftsgeschichte 2019/2, S. 497–532.

Im ganzen besetzten Europa profitierte Deutschland weniger von Rohstoffimporten als vielmehr von Fertigwaren, die hauptsächlich aus dem Westen kamen; demgegenüber fiel die Einfuhr unverarbeiteter Materialien 1943 auf ein Drittel des Stands von 1938.[32] Die deutsche Wirtschaftspolitik mit ihren stetigen Schwankungen und Neuausrichtungen war im besetzten Osteuropa nicht erfolgreich und konnte es auch nicht sein. In gewissem Sinne hatte Hans Frank das schon früh erkannt, denn er bemerkte im März 1940: „Es kann keine wirtschaftliche Blüte des Generalgouvernements geben, wenn es im Reich eine Kriegswirtschaft gibt."[33]

Von zentralem Interesse in Osteuropa waren für die Deutschen während des Kriegs neben Lebensmitteln vor allem die Menschen – besser gesagt: Arbeitskräfte.[34] Allerdings lagen auch hierfür 1939 keine konkreten Planungen vor. Hitlers Ideologie zielte vor allem darauf ab, die Slawen für deutsche Kolonisten im Osten als Hilfskräfte heranzuziehen. Deren Transport ins Reich stand den Überlegungen von „rassischer Reinheit" entgegen, die er in der Heimat anstrebte. Der geplante kurze Krieg ließ zudem keine Notwendigkeit vermuten, Millionen deutscher Männer längerfristig an ihren Arbeitsplätzen ersetzen zu müssen.[35] Schnell erwies sich jedoch, wie falsch insbesondere der letzte Gedanke war.

Doch wie die Lebensmittelaufbringung blieb die Gewinnung von Arbeitskräften fürs Reich schon seit ihrem Beginn weit hinter den Erwartungen zurück. Bereits im April 1940 musste das Generalgouvernement ein erstes Scheitern konstatieren: Von den ursprünglich vorgesehenen 1,2 Millionen Arbeitern für das ganze Jahr waren erst 210 000 geworben worden. Die bis zu diesem Zeitpunkt noch weitgehend friedlichen Mittel und Anreizstrukturen zeitigten nicht den erwünschten Erfolg, weshalb Frank im Frühjahr 1940 anordnete, nun mit Gewalt Polen für die deutsche Industrie und Landwirtschaft zu rekrutieren.

Der Überfall auf die Sowjetunion erhöhte noch den deutschen Bedarf an Arbeitskräften, weil spätestens seit Winter 1941 klar war, dass der Krieg nicht bald beendet sein würde und deshalb langfristige Rüstungsproduktion zu betreiben war. Freilich hatten die Sowjets bei ihrem Rückzug nicht nur in großem Maße Industrieanlagen demontiert oder unbrauchbar gemacht, sondern meist gleich die dazugehörigen Ar-

---

[32] *Jonas Scherner*, Bericht zur deutschen Wirtschaftslage 1943/44. Eine Bilanz des Reichsministeriums für Rüstung und Kriegsproduktion über die Entwicklung der deutschen Kriegswirtschaft bis Sommer 1944, in: Vierteljahrshefte für Zeitgeschichte 55, 2007, S. 506 f.
[33] Sitzung des Reichsverteidigungsausschusses, 2. 3. 1940, in: *Präg/Jacobmeyer*, Diensttagebuch, S. 129.
[34] Zu Arbeitsmarkt und Zwangsarbeit vgl. Kapitel 5.3 in diesem Band.
[35] *Ulrich Herbert*, Fremdarbeiter. Politik und Praxis des „Ausländer-Einsatzes" in der Kriegswirtschaft des Dritten Reiches, Bonn 1999, S. 36–38, 65, 188. Grundlegend außerdem *Mark Spoerer*, Zwangsarbeit unter dem Hakenkreuz. Ausländische Zivilarbeiter, Kriegsgefangene und Häftlinge im Deutschen Reich und im besetzten Europa 1939–1945, Stuttgart/München 2001; als knapper Überblick *Mark Spoerer*, Der Faktor Arbeit in den besetzten Ostgebieten im Widerstreit ökonomischer und ideologischer Interessen, in: Mitteilungen der Gemeinsamen Kommission für die Erforschung der jüngeren Geschichte der deutsch-russischen Beziehungen 2, 2005, S. 68–93.

beiter mitevakuiert; allein aus der Ukraine waren das über drei Millionen Menschen. Erneut reagierte Berlin auf die Probleme mit der Schaffung einer neuen Sonderbehörde: Hitler ernannte im März 1942 Fritz Sauckel zum Generalbevollmächtigten für den Arbeitseinsatz. Und so fanden im September 1942 in allen größeren Städten des besetzten Osteuropas fast täglich Menschenjagden statt; in kleineren Orten schlossen die Deutschen erstmals Betriebe mit dem Ziel, die Beschäftigten ins Reich zu deportieren.[36] Zugleich überboten sich die verschiedenen Stellen mit Radikalisierungsvorschlägen. Der Präsident der Hauptabteilung Bauwesen im Generalgouvernement, Theodor Bauder, regte auf dem Höhepunkt der Deportation der Juden in die Vernichtungslager sogar „eine ähnliche Aktion [...] auch gegen die Polen an. Es habe sich nämlich gezeigt, dass die Judenaktion einen großen Andrang der Juden zur Arbeit mit sich gebracht habe. Man könne daher die berechtigte Hoffnung hegen, dass die gleichen Bestrebungen sich auch bei den Polen zeigen würden."[37]

Tatsächlich zu beobachten waren zwei andere Maßnahmen: Erstens die massive Stilllegung von für die Kriegswirtschaft nicht unmittelbar relevanten Betrieben, was alleine im Generalgouvernement bis Mitte 1943 die Schließung von hunderten Fabriken und tausenden Handwerksläden bedeutete. Außerdem geschah die Ausgabe von Lebensmittel-Bezugsberechtigungen nicht mehr über das Ernährungsamt und an alle Polen, sondern nur noch direkt durch Firmen, die in deutschem Interesse fertigten, an ihre Arbeiter. Das Kalkül, damit zwei Millionen Menschen von der Versorgung abzuschneiden und somit indirekt zur Arbeit nach Deutschland zu zwingen, ging indes nicht auf. Dennoch gelangten bis Ende 1944 fast 1,3 Millionen Polen aus dem Generalgouvernement ins Reich, aus der besetzten Sowjetunion sogar 2,75 Millionen sogenannte „Ostarbeiter".

7.5.4 Das Leben im ausgeplünderten Osteuropa

Trotz dieser Raubwirtschaft wurden die Fabriken Osteuropas für die Ziele des Reiches immer wichtiger. Schon bei einer Besprechung mit Hitler am 8. Juli 1940 hatte Hans Frank die Aufgabe erhalten, in seinem Territorium die Produktion besonders von militärischen Ausrüstungsgegenständen zu intensivieren. Doch das bedeutete keine Investitionen in das Generalgouvernement oder gar dessen Industrialisierung, und Hitler lehnte zudem die Verwendung von arbeitslosen Polen vor Ort ab.[38] Erst mit dem Einmarsch in die Sowjetunion und den dort erlittenen massiven Verlusten be-

---

36 *Markus Eikel*, „Weil die Menschen fehlen". Die deutschen Zwangsarbeitsrekrutierungen und -deportationen in den besetzten Gebieten der Ukraine 1941–1944, in: Zeitschrift für Geschichtswissenschaft 53, 2005, S. 405–433. Umfassend zur Ukraine auch *Tanja Penter*, Kohle für Stalin und Hitler. Arbeiten und Leben im Donbass 1929–1953, Essen 2010.
37 Regierungssitzung, 13. 7. 1942, in: *Präg/Jacobmeyer*, Diensttagebuch, S. 523 f.
38 *Łuczak*, Polska i Polacy w drugiej wojnie światowej, S. 194–197.

gann eine weitere Phase der Okkupationsökonomie, die abermals eine Neuausrichtung der Politik erforderte. Polen musste nun verstärkt Bekleidung, Munition, Waffen und Transportmittel liefern. Die Rüstung sollte nicht mehr nur quantitativ stattfinden, sondern – gerade im Zuge des einsetzenden Bombenkriegs – auch qualitativ: Erste Betriebe aus dem Reich zogen gen Osten und versuchten, dort Fertigungsstätten und Produktionstechniken zu etablieren.

Wie sehr die Besatzungsbehörden dabei einen zweigleisigen Kurs fuhren, verdeutlichen die von verschiedenen Stellen immer wieder vorgeschlagenen Pläne, Lebensmittelkarten – die alleine den Kauf von Essen erlaubten – nur noch an diejenigen Polen auszugeben, die im deutschen Interesse arbeiteten. Im Juli 1942 war es im Generalgouvernement die Wehrmacht-Rüstungsinspektion, die einen entsprechenden Vorschlag machte, im November 1942 die Hauptabteilung Ernährung und Landwirtschaft in Krakau.[39] Hans Frank legte zweimal sein Veto ein, obwohl er selbst im Januar 1940 angeordnet hatte, lediglich die Arbeiter in den rüstungswichtigen Betrieben ausreichend zu ernähren, „während die übrige Bevölkerung [...] auf ein Minimum an Lebensmitteln angewiesen bleiben muss".[40] Doch eineinhalb Millionen Menschen ganz von der Nahrungszufuhr abzuschneiden erschien ihm zu diesem Zeitpunkt zu riskant – dahinter standen freilich weder ökonomische noch moralische Bedenken, sondern vielmehr die Angst vor einem Erstarken des Widerstands.[41]

Nach eigenen Angaben versorgten die Besatzer im Generalgouvernement im Sommer 1943 immerhin 3,5 Millionen „Normalverbraucher", also Angehörige der 700 000 Schwer- und 800 000 „Normalarbeiter", die in ihrem Interesse tätig waren.[42] Doch die auf Bezugsscheine ausgegebenen Nahrungsmittel reichten nicht zum Überleben. Selbst in Banken blieben regelmäßig mindestens zehn Prozent der Angestellten daheim und meldeten sich krank, weil sie es vor lauter Schwäche nicht ins Büro schafften. Die offiziellen Rationen erreichten im Generalgouvernement lediglich 1944 die Hälfte der Menge, die bei überwiegend sitzender Tätigkeit benötigt wird. In den anderen Jahren lagen sie noch darunter, 1941 und 1943 etwa bei rund 850 Kalorien pro Tag – und die wenigsten Polen arbeiteten in Büros.[43]

Der Schwarzmarkt konnte nur für wenige Menschen wirklich Linderung schaffen. Für die meisten Stadtbewohner blieb er unerschwinglich teuer und zwang sie indirekt zum Verschleudern zahlloser Habseligkeiten, damit sie überhaupt etwas kaufen konnten. Die inoffiziellen, realen Lebensmittelpreise nahmen bei starken regiona-

---

[39] Besprechungen in Krakau, 15. 7. 1942 und 20. 11. 1942, in: *Präg/Jacobmeyer*, Diensttagebuch, S. 524 f., 573.
[40] Instytut Pamięci Narodowej Warschau, 196/262, Bl. 67–70. Frank an Vierjahresplan-Dienststelle im Generalgouvernement, Generalmajor Bührmann, 25. 1. 1940.
[41] *Roth*, Herrenmenschen, S. 168 f.
[42] Arbeitssitzung vom 14. 4. 1943, in: *Präg/Jacobmeyer*, Diensttagebuch, S. 639 f.
[43] Hierzu und zum Folgenden *Czesław Łuczak*, Grundlegende Probleme der Landwirtschaft und Ernährung in Ost- und Südosteuropa während des Zweiten Weltkrieges, in: Studia Historiae Oeconomicae 17, 1982, S. 295.

len Schwankungen gegenüber den amtlichen Zuteilungen geradezu phantastische Höhen an. Selbst Brot oder Kartoffeln kosteten zehn bis fünfzehn Mal so viel wie vor dem Krieg, Zucker erreichte teilweise eine Teuerung von über 4000 Prozent. Den mangelnden Möglichkeiten, sich witterungsangemessene Kleidung zu besorgen oder die eigene Wohnung zu beheizen, ließ sich ebenfalls nur auf illegale und teure Weise beikommen. In der zweiten Kriegshälfte tolerierten die Besatzer in Osteuropa stillschweigend den Schwarzmarkt, weil nur auf diese Weise ein massenhaftes Hungersterben unterblieb.

Die Situation in den Gebieten unter Wehrmachtsverwaltung war nochmals deutlich desaströser, weil hier das Verhungern eines Großteils der Bevölkerung ausdrücklich politisch erwünscht war, während sich die deutschen Soldaten aus dem Lande ernähren sollten.[44] Immerhin ließ das Militär im Sommer 1942 beinahe 800 000 Zivilisten für sich arbeiten, die wenigsten davon allerdings in Industrie und Landwirtschaft, sondern vor allem bei allerlei militärischen Infrastrukturprojekten.[45] Arbeitende erhielten größere Rationen als Nichtarbeitende, Juden nochmals weniger – aber in allen Fällen waren die zugeteilten Mengen völlig unzureichend, weshalb es vielerorts zu Hungersnöten und Massensterben kam. In Charkow etwa versorgte die Wehrmacht nur 26 000 der dort verbliebenen 450 000 Einwohner – weshalb nach offiziellen Zahlen im Mai 1942 täglich 40 Menschen verhungerten; die viel zu niedrigen Angaben der Täter gehen von 14 000 Opfern allein 1942 aus, die Sterblichkeitsrate lag demnach bei 8 % gegenüber 1,5 % in Friedenszeiten. Eine Gesamtbilanz für die Gebiete unter Militärverwaltung ist nur schwer zu ziehen, ein Minimum von mehreren hunderttausend Toten gilt als gesichert, vermutlich ist aber von deutlich über einer Million auszugehen.[46]

Umso wichtiger war den Besatzern eine möglichst effiziente Ausnutzung der vorhandenen, nicht ins Reich deportierten Arbeitskräfte. Deren Leistungsfähigkeit hatte sie bisher kaum zufrieden gestellt. Doch erst im März 1943 war die Erkenntnis gereift, dass Zwangsmaßnahmen kaum zu höherer Produktivität führen würden: Ein Schwerstarbeiter bekam so viele Lebensmittel wie ein Normalverbraucher in Deutschland. Zugleich war die Versorgung seiner Angehörigen in den Augen des Rüstungsinspektors im Generalgouvernement „so minimal, dass er auf den Einkauf im Schwarzhandel angewiesen sei. Aus diesem Grunde sei jeder Rüstungsbetrieb gezwungen, seinen Arbeitern zwei Tage in der Woche freizugeben", damit diese auf dem Schwarzmarkt einkaufen konnten – was bei einer ansonsten durchaus intendierten Inflation und astronomischen Preisen angesichts des geringen Lohnniveaus eine zusätzliche Schwierig-

---

44 *Gerlach*, Kalkulierte Morde, S. 46–59. Ein Überblick bei *Sergei Kudryashov*, Living Conditions in the Occupied Territories of the USSR, 1941–1944, in: Buchheim/Boldorf, Europäische Volkswirtschaften unter deutscher Hegemonie, S. 53–68. Als Fallstudie: *Jörg Ganzenmüller*, Das belagerte Leningrad 1941–1944. Die Stadt in den Strategien von Angreifern und Verteidigern, Paderborn 2005.
45 *Pohl*, Herrschaft der Wehrmacht, S. 308.
46 *Pohl*, Herrschaft der Wehrmacht, S. 188–200.

keit bedeutete. „Aus all diesen Gründen entspringe die Tatsache, dass die Rüstungswirtschaft des Generalgouvernements zur Erstellung einer gleichen Produktion wie im Reich eine Belegschaft von etwa 230 % führen müsse."[47] Oder anders gewendet: Ein polnischer Rüstungsarbeiter war nicht in der Lage, mehr als nur die halbe Leistung eines deutschen Rüstungsarbeiters zu erbringen. Ursächlich dafür waren weder Faulheit noch Inkompetenz, sondern einfach nur Entkräftung und Hunger sowie teilweise die schlechtere maschinelle Ausstattung der Betriebe. Daran änderte sich allerdings bis Kriegsende nicht grundsätzlich etwas, denn mehr Essen in Osteuropa hätte weniger Lieferungen ins Reich bedeutet. Und so blieb den Deutschen das wirtschaftliche Potential der besetzten Gebiete weitgehend unerschlossen.

7.5.5 Vernichtungswirtschaft

Noch gravierendere Auswirkungen hatte die nationalsozialistische Ideologie für die Jüdinnen und Juden Osteuropas. Als zentral für die Besatzungswirtschaft erwies sich dabei deren „Ausschaltung" aus dem ökonomischen Leben, was 1939 zunächst mit zahllosen Enteignungen und Betriebsstilllegungen begann. Die weitere Beraubung verlief auf zwei Ebenen und wurde sowohl vor Ort vorangetrieben, als auch von den regionalen Instanzen durch die entsprechenden rechtlichen Normen legalisiert.[48] Mit der Ende 1940 einsetzenden Ghettoisierung verschärfte sich dieser Prozess nochmals dramatisch, weil viele Juden ihre Wohnungen verlassen und zugleich deren Einrichtung weitestgehend zurücklassen mussten.

In der Stadt Warschau waren von den rund 500 Betrieben, die vor dem Krieg 20 und mehr Beschäftigte hatten, 193 in jüdischem Besitz, und in ihnen arbeiteten insgesamt etwa 9400 Personen. Darunter befanden sich 144 Industriebetriebe, von denen bereits im April 1940 nur noch 32 produzierten, jedoch mit einer um 60 Prozent niedrigeren Beschäftigungszahl.[49] Im Oktober desselben Jahres verwalteten 296 Treuhänder im ganzen Distrikt Warschau 393 jüdische Betriebe, und allein aus den über 4000 enteigneten und vermieteten Häusern aus jüdischem Besitz entstanden innerhalb eines Monats Einnahmen von fast 5,5 Millionen Zloty (der offizielle Umtauschkurs waren 2 Zloty für 1 Reichsmark).[50]

---

47 Ausführungen des Rüstungsinspektors im Generalgouvernement, General Schindler, bei einer Besprechung in Krakau, 26. 3. 1943, in: *Präg/Jacobmeyer*, Diensttagebuch, S. 635. Ähnliche Ausführungen von Schindler auf der Arbeitssitzung in Krakau, 14. 4. 1943, s. S. 638.
48 *Bogdan Musial*, Deutsche Zivilverwaltung und Judenverfolgung im Generalgouvernement. Eine Fallstudie zum Distrikt Lublin 1939–1944, Wiesbaden 2000, S. 147.
49 Statistik der Betriebe im Warschauer Ghetto am 15. 4. 1940, in: *Klaus-Peter Friedrich* (Hrsg.), Die Verfolgung und Ermordung der europäischen Juden durch das nationalsozialistische Deutschland 1933–1945. Bd. 4: Polen, September 1939–Juli 1941, München 2011, S. 274–277 (Dokument 107).
50 Bilanz der Treuhandstelle des Distrikts Warschau für Oktober 1940, 8. 11. 1940, in: *Friedrich*, Verfolgung und Ermordung, S. 436–441 (Dokument 194).

Schon diese wenigen Zahlen zeigen, dass der Raub an Polen und Juden für einzelne Deutsche großartige Geschäfte erlaubte.[51] Für die Juden bedeutete dies Verarmung, Elend und Hunger, und stellte darüber hinaus einen gewaltigen, desaströs wirkenden Eingriff in die kleinteilige Wirtschaft in Polen dar, die nicht, wie in der besetzten Sowjetunion, größtenteils kollektiviert war. Bei großen und mittleren Betrieben waren die Folgen weniger gravierend, weil die Treuhänder an deren Weiterbestehen Interesse zeigten. Die vielen geschlossenen Handwerksbetriebe führten allerdings zu einem Mangel an Fachleuten, der die lokale Ökonomie schädigte. Diese Erkenntnis setzte sich nach einer gewissen Zeit durch und führte zu einem vorübergehenden Stopp der Enteignungspolitik.[52]

Weiterhin Geltung behielt die für männliche Juden zwischen 12 und 60 Jahren bereits seit Ende Oktober 1939 bestehende Arbeitspflicht. Sie umzusetzen oblag zunächst nicht der Arbeitsverwaltung, sondern dem Höheren SS- und Polizeiführer sowie seinen Untergebenen in den Distrikten und Kreisen. Die Aktivität der Arbeitsämter beschränkte sich auf gelegentliche Vermittlung an Betriebe. Doch angesichts der Deportation von Zwangsarbeitern ins Reich benötigten die Fabriken immer mehr qualifizierte jüdische Handwerker, was wiederum eine Vermittlungstätigkeit beinahe in der Art erforderte, wie sie die Arbeitsämter von jeher durchgeführt hatten. Dazu kam, dass die Versorgung der jüdischen Bevölkerung auf eine neue Basis gestellt werden musste, weil die Judenräte angesichts der fortschreitenden Ausplünderung kaum mehr in der Lage waren, Lebensmittel zur Weiterverteilung einzukaufen.

Um einen Geldzufluss und damit den Essenserwerb zu ermöglichen, war deshalb die Bezahlung der jüdischen Arbeit notwendig. Nach einer Grundsatzentscheidung Hans Franks erhielt die Arbeitsverwaltung daher am 5. Juli 1940 die alleinige Kompetenz für den Arbeitseinsatz der Juden, um deren möglichst effiziente Ausbeutung zu organisieren, was auch Entlohnung auf Subsistenzniveau bedeutete.[53] Eine weitere Initiative zur maximalen Ausnutzung der jüdischen Arbeitskraft war die Errichtung von Werkstätten an den Rändern der größeren Ghettos. Die Besatzer forderten die Judenräte dazu auf, selbst Betriebe zu eröffnen, in denen Handwerker aller Fachrichtungen für die Deutschen produzieren sollten.[54]

---

51 Umfassend hierzu *Martin Dean*, Robbing the Jews. The confiscation of Jewish property in the Holocaust 1933–1945, Cambridge 2008. Die Perspektive der Warschauer Juden bei: *Itamar Levin*, Walls Around. The Plunder of Warsaw Jewry during World War II and its Aftermath, Westport 2004. Für die besetzte Sowjetunion *Yitzhak Arad*, Plunder of Jewish Property in the Nazi-Occupied Areas of the Soviet Union, in: Yad Vashem Studies 29, 2001, S. 109–148.
52 *Musial*, Deutsche Zivilverwaltung und Judenverfolgung, S. 153–156.
53 *Stephan Lehnstaedt*, Die deutsche Arbeitsverwaltung im Generalgouvernement und die Juden, in: Vierteljahrshefte für Zeitgeschichte 60, 2012, S. 409–440. Als Überblick und umfassend zur wirtschaftlichen Situation in Ghettos *Jürgen Hensel/Stephan Lehnstaedt* (Hrsg.), Arbeit in den nationalsozialistischen Ghettos, Osnabrück 2013.
54 Vgl. *Isaiah Trunk*, Judenrat. The Jewish Councils in Eastern Europe under Nazi Occupation, Lincoln 1996, S. 75–99. Für den Distrikt Radom vgl. *Jacek Andrzej Młynarczyk*, Judenmord in Zentralpolen. Der Distrikt Radom im Generalgouvernement 1939–1945, Darmstadt 2007, S. 156.

Solange aus Polen viele Männer und Frauen ins Reich deportiert wurden und weitere folgen sollten, galt – bis Frühjahr 1942 – die Prämisse, polnische Beschäftigte durch Juden zu ersetzen. Die Genozidabsichten der SS trafen daher auf den Widerspruch der Arbeitsverwaltung, den Hans Frank allerdings nur sehr halbherzig unterstützte. Zwar gab es gerade im Rüstungssektor Betriebe, die nur mit jüdischen Arbeitern produzierten, doch deren Ersatz, den die SS zu Beginn der Deportationen zugesichert hatte, lief nur schleppend an.[55] Der Militärbefehlshaber im Generalgouvernement fasste das Problem im September 1942 wie folgt zusammen:

> Ungelernte Arbeiter können zum Teil ersetzt werden, wenn der Generalbevollmächtigte für den Arbeitseinsatz auf die bis Ende d. J. durchzuführende Abgabe von 140 000 Polen an das Reich verzichtet und wenn die Erfassung der Polizei gelingt. Dies wird nach den bisherigen Erfahrungen bezweifelt.

Die Wehrmacht plädierte deshalb dafür, „die Juden so rasch als möglich auszuschalten, ohne die kriegswichtigen Arbeiten zu beeinträchtigen".[56] Die Situation in der besetzten Sowjetunion unterschied sich hiervon grundlegend. Mit Ausnahme des Baltikums war die dortige Wirtschaft weitgehend kollektiviert, was schon vor Kriegsbeginn die annähernd vollständige Abschaffung von privatem Besitz bedeutet hatte. Darüber hinaus begann der Holocaust in diesen Gebieten bereits mit dem Eintreffen der SS-Einsatzgruppen im Sommer 1941, sodass auch Ghettos und Ghettoarbeit eine im Vergleich zum Generalgouvernement viel geringere Bedeutung hatten. Zugleich blieben SS-Güter in der besetzten Sowjetunion, die als Ausgangspunkt für eine deutsche Besiedelung dienen sollten, ökonomisch weitestgehend irrelevant und kaum mehr als eine Propagandachimäre – selbst, wenn sie oftmals Stützpunkte des Massenmords waren. Ihre Relevanz lag weniger in tatsächlicher wirtschaftlicher Stärke als vielmehr darin, dass sie ideologisch betrachtet als Zukunftsmodell galten.[57]

Das galt in noch weit größerem Maße für die Konzentrations- und Vernichtungslager – und zumal für deren angeschlossene Agrarbetriebe –, mit denen die Besatzer Osteuropa überzogen. Selbst der KZ-Komplex in Auschwitz bestätigt diese Tendenz,[58] auch wenn dessen räumliche Ausdehnung tatsächlich Ausweis der angestrebten wirtschaftlichen Nutzung ist und mit der eigentlichen Vernichtung nur wenig zu tun hat.

---

55 Als Detailstudien: *Lutz Budrass,* „Arbeitskräfte können aus der reichlich vorhandenen jüdischen Bevölkerung gewonnen werden." Das Heinkel-Werk in Budzyn 1942–1944, in: Jahrbuch für Wirtschaftsgeschichte, 2004/1, S. 41–64; *Jacek Wijaczka,* Działalność koncernu HASAG w Skarżysku-Kamiennej w latach II wojny światowej, Skarżysko-Kamienna 2007. Die Perspektive der jüdischen Arbeitskräfte bei *Christopher Browning,* Remembering survival. Inside a Nazi Slave-Labor Camp, New York 2010.
56 Bundesarchiv (BArch), RH 53-23/87, Bl. 116–120. Militärbefehlshaber im Generalgouvernement an das Oberkommando der Wehrmacht, 18. 9. 1942.
57 Dazu schon *Gerlach*, Kalkulierte Morde, S. 339–341.
58 *Jan-Erik Schulte*, Zwangsarbeit und Vernichtung. Das Wirtschaftsimperium der SS. Oswald Pohl und das SS-Wirtschafts-Verwaltungshauptamt 1933–1945, Paderborn 2001. Vgl. grundlegend auch *Nikolaus Wachsmann*, KL. Die Geschichte der nationalsozialistischen Konzentrationslager, München 2016.

Mit dem KZ Auschwitz III – Monowitz und dem dortigen Werk der IG Farben gab es zwar eine substantielle chemische Produktion, aber gerade weil es das einzige von einem Industrieunternehmen finanzierte Konzentrationslager war, unterstreicht es den erwähnten Vorbildcharakter der SS-Wirtschaft. Bei zeitweise 11 000 eingesetzten Häftlingen blieb es im Vergleich zum gesamten Zwangsarbeitseinsatz dennoch ein Nischenphänomen, das sich wirtschaftlich als wenig rational erwies.[59]

Auch die „Verwertung" der den Ermordeten geraubten Gegenstände brachte nur bescheidene Einnahmen, weil die Juden schon vorher bis aufs Blut ausgepresst worden waren. Entgegen der antisemitischen Stereotype waren sie nicht überdurchschnittlich wohlhabend. Aber der Massenmord hatte in den Augen der Täter immerhin den Effekt, dass ebenso viele Esser nicht mehr versorgt werden mussten. Schon vorher allerdings war die Ernährungslage der Juden so katastrophal gewesen, dass allein im Warschauer Ghetto mindestens 80 000 Menschen an den direkten und indirekten Folgen der Unterversorgung starben. Doch bei einem Mindestbedarf von 250 Kilo Brotgetreide pro Person und Jahr ließen sich durch die Ermordung von einer Million Menschen etwa 250 000 Tonnen „sparen".[60]

Tatsächlich war eine Folge des Judenmords ein größerer Produktionsausfall im Generalgouvernement, der allerdings weniger die unmittelbar der Wehrmacht unterstehenden Betriebe betraf. Nach anfänglichen Komplikationen war es dem Militär gelungen, mit der SS Ausnahmeregelungen zu vereinbaren, die die in Rüstungsfabriken arbeitenden Juden zunächst von der Deportation ausnahmen, um diese Arbeitskräfte mittelfristig durch Polen ersetzen zu können. Unmittelbare wirtschaftliche Auswirkungen zeitigten sich in den Ghettos: Allein im Juli 1942, also kurz vor Einsetzen des industriellen Genozids, erreichte die Ausfuhr von Gütern aus dem „jüdischen Wohnbezirk" in Warschau einen Wert von über 16,5 Millionen Zloty. Diese Waren kamen unmittelbar den Kriegsanstrengungen des Reiches zugute, handelte es sich dabei doch hauptsächlich um Ausrüstung für die Wehrmacht. Tatsächlich erwirtschaftete das Ghetto sogar einen Überschuss von 3,5 Millionen Zloty, der sich ergibt, wenn man von dem Ausfuhrwert die Kosten für die Einfuhr von Lebensmitteln und von Grundstoffen für die Produktion abzieht.[61]

Die 178 Millionen Reichsmark, die die SS im Zuge der „Aktion Reinhardt" als Gewinn bei der Ermordung der Juden des ganzen Generalgouvernements verbuchen konnte, stellte daher keinen wirklichen Mobilisierungserfolg dar – zumal die Verwen-

---

59 *Karl Heinz Roth/Florian Schmaltz*, Beiträge zur Geschichte der IG Farbenindustrie AG, der Interessengemeinschaft Auschwitz und des Konzentrationslagers Monowitz, Bremen 2009; *Bernd C. Wagner*, IG Auschwitz. Zwangsarbeit und Vernichtung von Häftlingen des Lagers Monowitz 1941–1945, München 2000. *Piotr Setkiewicz*, The Histories of Auschwitz IG Farben Werk Camps 1941–1945, Oświęcim 2008.
60 *Musial*, Deutsche Zivilverwaltung und Judenverfolgung, S. 350.
61 *Ingo Loose*, Kredite für NS-Verbrechen. Die deutschen Kreditinstitute in Polen und die Ausraubung der polnischen und jüdischen Bevölkerung 1939–1945, München 2007, S. 352–354. Die Debatten der Täter über Ökonomie und Ideologie zeichnet grundlegend nach *Christopher R. Browning*, Der Weg zur „Endlösung". Entscheidungen und Täter, Bonn 1998.

dung des Gelds nicht vollständig geklärt ist.[62] Dazu kam, dass laut der zynischen zeitgenössischen Berechnung allein bei der Niederschlagung des Aufstands im Ghetto Warschau ein wirtschaftlicher Schaden von fast 78 Millionen Reichsmark entstand. Die Summe von 178 Millionen ist deshalb nur auf den ersten Blick kein kleiner Betrag, aber sie stammt von fast 1,8 Millionen ermordeten Menschen, denen die SS sogar Haare und Zahngold gestohlen hatte. Mithin „erlösten" die Mörder mit jedem Toten etwa 100 Reichsmark – in heutiger Kaufkraft kaum mehr als 400 Euro. Selbst die Zwangsarbeit der mehreren zehntausend im Sommer 1942 noch verschonten Juden des Generalgouvernements und die darauf basierende Ostindustrie GmbH (Osti) des Lubliner SS- und Polizeiführers Odilo Globocnik war finanziell kaum ertragreich: Die Anschubfinanzierung der Osti von 5,25 Millionen RM entsprach ungefähr dem, was sie mit dem Verkauf beschlagnahmten jüdischen Eigentums erzielte.[63]

Die „Aktion Erntefest", die endgültige Ermordung der letzten in Arbeitslagern verbliebenen Jüdinnen und Juden im November 1943,[64] verursachte weitere wirtschaftliche Störungen, von denen diesmal nur Rüstungsbetriebe betroffen waren, da ausschließlich dort noch Juden tätig waren. Abermals zeigte sich die Wehrmacht unzufrieden mit dem Vorgehen der SS – weil dies ihre ökonomischen Interessen beeinträchtigte:

> Die schlagartige Herauslösung und Umsiedlung der Arbeitsjuden aus den Rüstungs- und wehrwirtschaftlich wichtigen Betrieben verursachte erhebliche Störungen im Arbeitsgang, Zeitverluste und entsprechende verspätete Lieferung kriegswichtiger Fertigung. Da diese ganze Aktion im Wesentlichen von politischen Gesichtspunkten betrachtet werden muss, so konnte die Intervention des Rüstungskommandos nur sehr behutsam geschehen.[65]

7.5.6 Folgen und Ergebnisse

Die Besatzung in Polen und der Sowjetunion war ökonomisch gesehen für die betroffenen Gebiete ein Desaster. Für die einheimische Bevölkerung war sie eine Katastrophe in humanitärer Hinsicht, deren genozidale Dimension sich wohl nie endgültig klären lassen wird.[66] Der Grund hierfür war die nationalsozialistische Raum- und

---

62 *Dean*, Robbing the Jews, S. 189–192. *Bertrand Perz/Thomas Sandkühler*, Auschwitz und die „Aktion Reinhard" 1942–45. Judenmord und Raubpraxis in neuer Sicht, in: Zeitgeschichte 26, 1999, S. 283–316.
63 *Loose*, Kredite für NS-Verbrechen, S. 367–374; *Jan Erik Schulte*, Zwangsarbeit für die SS – Juden in der Ostindustrie GmbH, in: Norbert Frei (Hrsg.), Ausbeutung, Vernichtung, Öffentlichkeit. Neue Studien zur nationalsozialistischen Lagerpolitik, München 2000, S. 43–74.
64 Vgl. zur Zwangsarbeit von Juden im Generalgouvernement 1943 *David Silberklang*, Where Murder met Greed. The Strange Case of the Kraśnik Camp, in: Stephan Lehnstaedt/Robert Traba (Hrsg.), Die „Aktion Reinhardt". Geschichte und Gedenken, Berlin 2019, S. 114–133.
65 BArch, RW 23/13, Bl. 18. Rüstungskommando Lemberg an Wehrwirtschaftsamt, 5. 1. 1943.
66 Nach wie vor wird u. a. deshalb die Frage nach Reparationen für Polen und die vormals sowjetischen Gebiete (sowie Griechenland) diskutiert. Ein materialreicher Debattenbeitrag: *Karl Heinz Roth/Hartmut Rübner*, Verdrängt – Vertagt – Zurückgewiesen. Die deutsche Reparationsschuld am Beispiel Polens und Griechenlands, Berlin 2019.

Rassenideologie, die auf den Osten abzielte und nur mit nackter Gewalt umzusetzen war. Rechtsakte hatten hauptsächlich im besetzten West- und Nordeuropa eine Bedeutung, in Südost- und Osteuropa dominierten Inkonsistenz und Willkür.[67] Das mündete in eine Wirtschaftspolitik, die sich als *trial-and-error* beschreiben lässt. Damit gelang den Besatzern zwar beispielsweise im Generalgouvernement zwischen 1940 und 1944 eine erhebliche Leistungssteigerung, die im Bereich der Rüstungslieferungen, der finanziellen Beiträge und der Nahrungsmittelaufbringung jeweils rund 600 % betrug. Trotzdem betrug der Anteil dieses Gebiets an der Waffenproduktion aller unter deutscher Herrschaft stehenden Gebiete – inklusive des Reichs – 1943 lediglich 1,8 Prozent, bei Munition 3,9 Prozent.[68]

Ähnlich gering ist der Beitrag zur deutschen Kriegswirtschaft einzuschätzen, der gerade 6,5 Prozent der Kontributionen aller besetzten Länder ausmachte – etwa so viel wie der Anteil Norwegens und halb so viel wie der der Niederlande.[69] Für die Landwirtschaft lässt sich das Scheitern der Besatzungsinstitutionen an den eigenen Ansprüchen im Vergleich zu den Vorkriegserträgen zeigen: Im letzten vollständigen Erntejahr erbrachte das Generalgouvernement im Vergleich zum Durchschnitt der Jahre 1935–1938 rund 41 % weniger Weizen, 20 % weniger Roggen und 37 % weniger Kartoffeln.[70] Die Erzeugung des Generalgouvernements lag 1942/43 bei etwa sechs Prozent dessen, was im Reich geerntet werden konnte.[71] Für ein Territorium, das fast ein Viertel der Einwohnerzahl und Fläche des Altreichs hatte, ist das nicht viel – und doch typisch für ganz Osteuropa:[72] Die Besatzer blieben weit hinter ihren eigenen Erwartungen zurück, so ihre ständige Klage während der Okkupationszeit. Eine Ausnahme stellt lediglich die Deportation von Zwangsarbeitern dar, die zwar nicht den übersteigerten Hoffnungen der Täter entsprach, aber im Generalgouvernement immerhin sieben Prozent der Bevölkerung betraf – eine Zahl, deren Dimension noch dadurch an Gewicht gewinnt, dass Kinder und Alte von vornherein für den Abtransport ausschieden.

All dies geschah in der Logik der genozidalen Politik, mit der Deutschland einen halben Kontinent überzog. Die „Endlösung der Judenfrage" bedeutete dabei den drastischsten Eingriff in die Wirtschaft der okkupierten Länder. Bereits die graduelle Ver-

---

67 *Andrzej Wrzyszcz*, Die deutsche „Wirtschafts"-Rechtsetzung im Generalgouvernement 1939–1945, in: Johannes Bähr/Ralf Banken (Hrsg.), Ausbeutung durch Recht? Einleitende Bemerkungen zum Einsatz des Wirtschaftsrechts in der deutschen Besatzungspolitik 1939–1945, S. 59–79. Vgl. auch *Bogdan Musial*, Recht und Wirtschaft im besetzten Polen 1939–1945, in: Bähr/Banken, Ausbeutung durch Recht, S. 31–57.
68 *Umbreit*, Die deutsche Herrschaft in den besetzten Gebieten 1942–1945, S. 186 f.
69 *Christoph Buchheim*, Die besetzten Länder im Dienste der deutschen Kriegswirtschaft während des Zweiten Weltkriegs. Ein Bericht der Forschungsstelle für Wehrwirtschaft, in: Vierteljahrshefte für Zeitgeschichte 34, 1986, S. 123 f. Als Überblick über die finanzielle Ausbeutung, auch zu Polen und der besetzten Sowjetunion: *Jürgen Kilian*, Krieg auf Kosten anderer. Das Reichsministerium der Finanzen und die wirtschaftliche Mobilisierung Europas für Hitlers Krieg, Berlin 2017, S. 155–178 und 318–350.
70 *Łuczak*, Grundlegende Probleme der Landwirtschaft, S. 286 f.
71 *Scherner*, Bericht zur deutschen Wirtschaftslage 1943/44, S. 516 f.
72 *Scherner*, Bericht zur deutschen Wirtschaftslage 1943/44, S. 524.

drängung der Juden aus dem ökonomischen Leben,[73] die dem Massenmord voranging, hatte gravierende Auswirkungen auf die nichtjüdische Umgebung. Hitler und seine Gefolgsleute waren allerdings davon überzeugt, eine Volkswirtschaft planen und steuern zu können. Und tatsächlich gelang es beispielsweise, in einigen Ghettos eine substanzielle Produktion zu starten oder deren Insassen als Arbeitskräfte zu „vermieten", was scheinbar die Richtigkeit dieser Annahme bestätigte.[74]

Doch komplexe Volkswirtschaften ließen sich nicht durch unkoordinierte Verordnungen steuern, insbesondere bei so unterschiedlichen ideologischen und nichtideologischen Absichten der verschiedensten Stellen im Reich und vor Ort. Letztlich nahmen sie zahlreiche willkürliche Eingriffe vor, deren Ziele und Wirkungen sie doch meist nur monokausal betrachteten. Die stetig steigende Gewalt gegen die nichtjüdische Bevölkerung, die diese bis zur totalen Erschöpfung auspresste und so zumindest gewisse Erfolge beim Aufbringen von Ressourcen ermöglichte, verdeckte nur notdürftig die durch weltanschauliche Prämissen noch verstärkte wirtschaftliche Ignoranz der Besatzer. Der Holocaust zeigt besonders deutlich, warum die Ideologie letzten Endes über jeglichem ökonomischem Kalkül stand, denn er fand statt trotz eines Arbeitskräftemangels und einer gewissen Produktivität größerer Ghettos und Lager.

Es kann daher nicht klar genug gesagt werden, dass die Vernichtung der europäischen Juden nicht aus wirtschaftlichen Gründen erfolgte: Der Holocaust hatte nicht das Ziel, sich an ihnen zu bereichern, sondern sie zu ermorden. Der Begriff Massenraubmord, der Tötung aus Habgier impliziert,[75] ist daher nicht angebracht. Selbstverständlich gab es zahllose Profiteure unter den Tätern und mittelbar auch unter vielen Deutschen in der Heimat, die etwa ein Taschenmesser, eine Uhr, einen Füller oder Textilien aus der „Verwertung" erhielten – oft ohne, gelegentlich mit Kenntnis von der Herkunft dieser Güter. Aber das stellte nicht die Hauptmotivation der Täter dar, zumal die ökonomische Widersinnigkeit des Genozids schon damals klar war. Der Gouverneur des Distrikts Warschau, Ludwig Fischer, benannte das im Herbst 1942 ganz offen: „Diese wirtschaftlichen Nachteile müssen aber in Kauf genommen werden, da die Ausmerzung des Judentums aus politischen Gründen unbedingt erforderlich ist."[76]

---

[73] Die Frage, inwieweit die Enteignung jüdischen Besitzes eine Voraussetzung, ein Nebeneffekt oder eine Konsequenz des Holocaust war, diskutiert zuletzt: *Ingo Loose*, Plunder by Decree. Review of: Martin Dean, Robbing the Jews, in: Yad Vashem Studies 38, 2010, S. 229–232.
[74] Witold Mędykowski, Macht Arbeit frei? German Economic Policy and Forced Labor of Jews in the General Government, 1939–1943, Boston 2018, S. 109–120.
[75] So argumentiert *Götz Aly*, Hitlers Volksstaat. Raub, Rassenkrieg und nationaler Sozialismus, Frankfurt am Main 2005, S. 318. Kritisch dazu u. a. *Ingo Loose*, Massenraubmord? Materielle Aspekte des Holocaust, in: Frank Bajohr/Andrea Löw (Hrsg.), Der Holocaust. Ergebnisse und neue Fragen der Forschung, Frankfurt am Main 2015, S. 141–164.
[76] Institut für Zeitgeschichte München, Fb 63, Bl. 143 f. Tätigkeitsbericht des Gouverneurs des Distrikts Warschau, 15. 10. 1942.

Auswahlbibliografie

Berkhoff, Karel, Harvest of Despair. Life and Death in Ukraine under Nazi Rule, Cambridge 2004.
Boldorf, Marcel/Okazaki, Tetsuji (Hrsg.), Economies under Occupation. The Hegemony of Nazi Germany and Imperial Japan in World War II, London/New York 2015.
Buchheim, Christoph/Boldorf, Marcel (Hrsg.), Europäische Volkswirtschaften unter deutscher Hegemonie, 1938–1945, München 2012.
Dean, Martin, Robbing the Jews. The confiscation of Jewish property in the Holocaust 1933–1945, Cambridge 2008.
Dieckmann, Christoph, Deutsche Besatzungspolitik in Litauen, 1941–1944, Göttingen 2011.
Gerlach, Christian, Kalkulierte Morde. Die deutsche Wirtschafts- und Vernichtungspolitik in Weißrußland 1941 bis 1944, Hamburg 2000.
Hensel, Jürgen/Lehnstaedt, Stephan (Hrsg.), Arbeit in den nationalsozialistischen Ghettos, Osnabrück 2013.
Kay, Alex J., Exploitation, Resettlement, Mass Murder. Political and Economic Planning for the German Occupation Policy in the Soviet Union, 1940–1941, New York 2006.
Lehnstaedt, Stephan, Imperiale Polenpolitik in den Weltkriegen. Eine vergleichende Studie zu den Mittelmächten und zu NS-Deutschland, Osnabrück 2017.
Loose, Ingo, Kredite für NS-Verbrechen. Die deutschen Kreditinstitute in Polen und die Ausraubung der polnischen und jüdischen Bevölkerung 1939–1945, München 2007.
Madajczyk, Czesław, Die Okkupationspolitik Nazideutschlands in Polen. 1939–1945, Berlin (Ost) 1987.
Matusak, Piotr, Przemysł na ziemiach polskich w latach II wojny światowej. Bd. 1: Eksploatacja przez okupantów i konspiracja przemysłowa Polaków [Die polnische Industrie im Zweiten Weltkrieg, Bd. 1: Die Ausbeutung durch die Besatzer und der wirtschaftliche Widerstand der Polen], Warschau 2009.
Mędykowski, Witold, Macht Arbeit frei? German Economic Policy and Forced Labor of Jews in the General Government, 1939–1943, Boston 2018.
Overy, Richard J./Otto, Gerhard /Houwink ten Cate, Johannes (Hrsg.), Die „Neuordnung" Europas. NS-Wirtschaftspolitik in den besetzten Gebieten, Berlin 1997.
Pohl, Dieter, Die Herrschaft der Wehrmacht. Deutsche Militärbesatzung und einheimische Bevölkerung in der Sowjetunion 1941–1944, München 2009.
Schulte, Jan-Erik, Zwangsarbeit und Vernichtung. Das Wirtschaftsimperium der SS. Oswald Pohl und das SS-Wirtschafts-Verwaltungshauptamt 1933–1945, Paderborn 2001.
Sikora, Mirosław, Die Waffenschmiede des Dritten Reiches. Die deutsche Rüstungsindustrie in Oberschlesien während des Zweiten Weltkrieges, Essen 2014.
Umbreit, Hans, Die deutsche Herrschaft in den besetzten Gebieten 1942–1945, in: Bernhard Kroener/ Rolf-Dieter Müller/Hans Umbreit (Hrsg.), Das Deutsche Reich und der Zweite Weltkrieg, Bd. 5: Organisation und Mobilisierung des deutschen Machtbereichs, Halbbd. 2: Kriegsverwaltung, Wirtschaft und personelle Ressourcen 1942–1944/45, Stuttgart 1999, S. 3–272.

8 Ausblick

Marcel Boldorf und Jonas Scherner
8.1 Wirtschaftliche Folgen der nationalsozialistischen Herrschaft und des Zweiten Weltkriegs

Die nationalsozialistische Wirtschaftspolitik brachte keine Wunder hervor, weder ein Wirtschaftswunder noch ein Beschäftigungs- oder ein Rüstungswunder.[1] Vielmehr ergriff das Regime nach der Machtübernahme reglementierende Maßnahmen und schuf sukzessive Strukturen, die die Wirtschaftsordnung für eine Kriegswirtschaft tauglich machten. Wenn man sich den Folgen des nationalsozialistischen Wirtschaftssystems zuwendet, sind die Wirkungen, die unmittelbar auf die Wirtschaftspolitik von 1933 bis 1945 zurückzuführen sind, von jenen unterscheiden, die nur mittelbar damit zu tun hatten bzw. als Folgewirkungen bei der Abwicklung der Diktatur zu werten sind. Zu letzteren gehörten insbesondere die wirtschaftlichen Effekte, die auf politischen Entscheidungen der Alliierten in der Nachkriegszeit beruhen, vor allem die Gebietsabtretungen, die Sequestrierung großindustrieller Betriebe, die Auferlegung von Reparationslasten oder die Dekartellierung. Mit diesen Hypotheken für den wirtschaftlichen Wiederaufbau wird sich dieses Schlusskapitel nicht beschäftigen. Hier stehen die Entwicklungen im Blickpunkt, die sich als Wirkung der wirtschaftlichen Eingriffe, Maßnahmen und Regulierungen des NS-Regimes ansehen lassen. Wir nähern uns diesen Folgewirkungen aus drei Blickwinkeln: (a) einer branchenspezifischen sektoralen Ebene, (b) einer Bilanz der Konsumeinbußen und der sozialen Verluste, (c) einer Gesamtberechnung der Kriegslast.

8.1.1 Entwicklung einzelner Industriesektoren

Der erste Überlegungspunkt beschäftigt sich mit den Ambivalenzen, die sich aus der Deformation der Wirtschaftsstruktur ergaben. Das deformierte Wachstum resultierte daraus, dass die Mehrzahl der strategischen Ressourcen in die kriegsrelevanten Sektoren gelenkt wurde.[2] Grob gesprochen kann man einerseits von Profiteuren in den Autarkie- und Rüstungsbranchen ausgehen und andererseits von den Verlierern in den strukturell vernachlässigten Bereichen. Dementsprechend lassen sich unterschiedliche rüstungs- und kriegswirtschaftliche Effekte aufzeigen: Der Maschinenbau wies beispielsweise durch Investitionen für Rüstungszwecke über den Krieg hinweg

---
1 Vgl. die Kapitel 2.1 und 3.2 in diesem Band.
2 *Christoph Buchheim*, Die Wirtschaftsentwicklung im Dritten Reich – mehr Desaster als Wunder, in: Vierteljahrshefte für Zeitgeschichte 49, 2001, S. 662 f.

ein kontinuierliches Wachstum des Bestandes an Werkzeugmaschinen auf.[3] Der Rüstungsaufschwung begünstigte mitunter auch ganze Regionen, etwa die sogenannte Protektoratsindustrie. Böhmen und Mähren erfuhren in der Kriegswirtschaft einen Industrialisierungsschub, mit dem ein Strukturwandel zu einem größeren Gewicht der Schwerindustrie einherging. Dies schuf wiederum eine günstige Ausgangsbasis für den planwirtschaftlichen Aufbau in der Tschechoslowakei.[4] Partiell traten Schubwirkungen sogar im Textilsektor auf, der insgesamt gesehen keinen Schwerpunkt der Ressourcenzuteilung darstellte. In einzelnen Textilbetrieben wurde der Struktur- und Sortimentswandel beschleunigt, auch durch den Einsatz von Ersatzstoffen, deren Einführung sich für die Nachkriegsrekonstruktion als vorteilhaft erwies.[5]

Derartige Urteile beziehen sich fast ausschließlich auf den Industriesektor. Empirisch ermittelte makroökonomische Datenreihen zeigen, dass der industrielle Kapitalstock insgesamt anwuchs. Manchmal gingen die Investitionen selbst im Krieg nicht zurück, vor allem in den Rüstungsbranchen. Für die nachmalige westdeutsche Industrie galt, dass der Kapitalstock, selbst unter Berücksichtigung der Demontagen, quantitativ denjenigen von 1939 übertraf.[6] In der mitteldeutschen Industrie, die nach dem Krieg in der Sowjetischen Besatzungszone lag, wurden vor allem die Kapazitäten der schwerindustriellen Branchen und der metallverarbeitenden Industrien erweitert.[7] Das Industriegebiet erlebte sowohl in der Kriegsvorbereitung als auch während des Krieges aus strategischen Gründen einen raschen Ausbau. Allerdings war dort die Zahl der sowjetischen Demontagen nach Kriegsende besonders groß.

Welche Rolle die Investitionen in der NS-Wirtschaft spielten, ist umstritten. Christoph Buchheim nahm an, gestützt auf das seinerzeit vorhandene Wissen, dass ein Investitionsboom unter dem Nationalsozialismus ausgeblieben sei. Gemessen am Sozialprodukt hätten die industriellen Investitionen erst ab 1937 wieder höher als in der Weimarer Zeit gelegen, seien aber deutlich niedriger als in den Jahren zwischen 1950 und 1955 in der Bundesrepublik Deutschland geblieben.[8] In einer Neuschätzung der industriellen Investitionen wurde ihr Volumen nach oben korrigiert: Zwischen 1936 und 1944 übertraf der Anteil industrieller Investitionen am Sozialprodukt nicht nur die Spitzenwerte der Weimarer Republik, sondern zwischen 1938 und 1942 entsprachen die Referenzwerte sogar denen in der Bundesrepublik der frühen 1950er Jahre.[9] Für diese Entwicklung war die seit 1936 forcierte Kriegsvorbereitung verantwortlich, die sich in sprunghaft gestiegenen Investitionen in die Rüstungsindustrie und ihres „Unterbaus", den Autarkieindustrien, niederschlug. Allerdings gilt auch nach den neuen Schätzungen, dass in den ersten Jahren der NS-Herrschaft das Ver-

---

3 Vgl. Abschnitt 3.5.8 in diesem Band.
4 Vgl. Kapitel 6.3 in diesem Band.
5 Vgl. Kapitel 3.9 in diesem Band.
6 Vgl. Kapitel 3.1 in diesem Band.
7 *Rainer Karlsch*, Allein bezahlt? Die Reparationsleistungen der SBZ/ DDR 1945–1953, Berlin 1993, S. 36 f.
8 *Buchheim*, Wirtschaftsentwicklung, S. 658.
9 Vgl. Kapitel 3.1 (Tabelle 1) in diesem Band.

hältnis zwischen Investitionen und Nettoproduktionswert deutlich niedriger lag, als nach der westdeutschen Währungsreform von 1948.[10]

Mit dem Befund eines vergrößerten Kapitalstocks auf Basis größerer industrieller Investitionen als bisher angenommen ist noch nichts über ihre friedenswirtschaftliche Nutzbarkeit in der Nachkriegszeit gesagt. Als erheblichen Einwand brachte Buchheim vor, dass insbesondere ein großer Teil der Investitionen in die Rüstungs- und Ersatzstoffbranchen sich ökonomisch gesehen als unproduktiv erwiesen hätten, weil mit diesen Anlagen nach dem Krieg keine weltmarktgängigen Produkte hergestellt werden konnten.[11] Damit folgte er einer vielfach vorgebrachten Deutung, die die Anlagen zur Herstellung von Benzin aus Kohle, die Reichswerke Hermann Göring oder die halbsynthetische Chemiefaserindustrie als Beispiele für kriegsbedingte Fehlinvestitionen ansah.[12] Es lag aber keinesfalls an alliierten Produktionsverboten, dass Produktionen wie die Herstellung von Fett und Benzin aus Kohle oder von Zucker aus Holz nach dem Krieg nicht weiter betrieben wurden.[13] Viele kriegsbedingt überdimensionierte Anlagen waren ohne kommerzielle Zukunft gebaut worden, z. B. die mit erheblichen staatlichen Investitionen als heereseigene Rüstungsbetriebe gebauten, von privaten Unternehmen geleiteten Pulver- und Sprengstoffanlagen, deren mangelhafte Rentabilität bereits zum Zeitpunkt ihrer Errichtung absehbar war.[14] Manchmal waren solche Betriebe aus Gründen des Luftschutzes so angesiedelt worden, dass eine wirtschaftliche Produktion nach Kriegsende kaum möglich war.

Gleichwohl weisen neuere Forschungen darauf hin, dass das Ausmaß der Fehlallokationen niedriger sei als früher angenommen. Als die Rüstungskapazitäten seit Ende der 1930er Jahre beschleunigt ausgebaut wurden, fand zunehmend ein Outsourcing statt, sodass ein wachsender Anteil der Wertschöpfung bei einem sich ausdehnenden Netz von Zulieferern produziert wurde.[15] Diese bauten Produktionskapazitäten auf, die ohne Weiteres konvertierbar waren oder von vornherein einen

---

10 Christoph Buchheim, Das NS-Regime und die Überwindung der Weltwirtschaftskrise in Deutschland, in: Vierteljahrshefte für Zeitgeschichte 56, 2008, S. 407 (Tabelle 4).
11 Buchheim, Wirtschaftsentwicklung, S. 660.
12 Vgl. etwa *Hans Mommsen*, Der Mythos der Modernität. Zur Entwicklung der Rüstungsindustrie im Dritten Reich, Essen 1999, S. 13; *Ulrich Wengenroth*, Die Flucht in den Käfig. Wissenschafts- und Innovationskultur in Deutschland 1900–1960, in: Rüdiger vom Bruch/Brigitte Kaderas (Hrsg.), Wissenschaften und Wissenschaftspolitik. Bestandsaufnahmen zu Formationen, Brüchen und Kontinuitäten im Deutschland des 20. Jahrhunderts, Stuttgart 2002, S. 52–59; *Christian Kleinschmidt*, Technik und Wirtschaft im 19. und 20. Jahrhundert, München 2007, S. 87f.
13 Vgl. etwa *Birgit Pelzer-Reith/Reinhold Reith*, „Fett aus Kohle"? Die Speisefettsynthese in Deutschland 1933–1945, in: Technikgeschichte 69, 2002, S. 173–206; *Ray Stokes*, Opting for Oil. The Political Economy of Technological Change in the West German Industry, 1945–1961, Cambridge 1994.
14 *Jonas Scherner*, Die Logik der Industriepolitik im Dritten Reich. Die Investitionen in die Autarkie- und Rüstungsindustrie und ihre staatliche Förderung, Stuttgart 2008, S. 39 und 156f.
15 Vgl. für die Luftrüstung *Lutz Budraß/Jonas Scherner/Jochen Streb*, Fixed-price Contracts, Learning and Outsourcing: Explaining the Continuous Growth of Output and Labour Productivity in the German Aircraft Industry during World War II, in: Economic History Review 63, 2010, S. 107–136.

Dual-Use-Charakter hatten. Eine Reihe zum Teil neu gegründeter Betriebe, die in der Wertschöpfungskette der Rüstungsindustrie unterhalb der Endfertigung eingebunden waren, ließen sich deshalb ohne Probleme in die Nachkriegsindustrie einbinden. Beispielsweise ermöglichte das in Westdeutschland angesiedelte Zulieferernetzwerk der unter dem Nationalsozialismus ausgebauten Luftfahrtindustrie seit den 1950er Jahren die rasche Produktionsausdehnung im Leitsektor Automobilindustrie.[16] Auch die wesentliche Autarkiebranche der Zellwollproduktion erwies sich nach dem Krieg als zukunftsfähig, weil sich die westdeutsche Zellwolle als marktfähig erwies und im Export behauptete.[17]

Im Krieg wurden eine Reihe weiterer Produktinnovationen eingeführt, z. B. einige für Rüstungszwecke entwickelte Metalllegierungen, die sich nach 1945 im Automobil- und Eisenbahnbau durchsetzten, oder manche Lederersatzstoffe.[18] Deutsche Unternehmen wurden nach dem Krieg im letztgenannten Bereich Weltmarktführer. Lag in der Schuhfabrikation der Anteil der Gummisohlen für Schuhe in der Bundesrepublik 1950 noch bei 41 Prozent, so waren es 1963 bereits 74 Prozent. Auch wurden in der Schuhindustrie Verfahrensinnovationen eingeführt, sodass die Autarkiepolitik in diesem Bereich die Umstellung auf eine Massenfertigung begünstigte. Als nach dem Krieg neue Verarbeitungsmethoden eingeführt wurden, verbesserte sich die internationale Konkurrenzfähigkeit.[19]

Werner Abelshauser betont allgemein, dass die Kriegswirtschaft in Deutschland neuen Produktionsmethoden, etwa in der Fließfertigung, zum Durchbruch verhalf.[20] Allerdings fehlt diesem Verweis auf eine „Paradoxie" der deutschen Kriegswirtschaft die Bezugnahme auf kontrafaktische mögliche Entwicklungen: Derartige innovative Prozesse hätten, vor allem durch Imitation der US-amerikanischen Industrie, auch ohne nationalsozialistische Wirtschaftspolitik und die vor ihr zu verantwortenden Kriegswirtschaft eingeleitet werden können. Dennoch stellt sich die Frage, ob Innovationen unter der NS-Diktatur tatsächlich schneller umgesetzt wurden, weil der Krieg

---

16 *Jonas Scherner/Jochen Streb/Stephanie Tilly*, Supplier-Networks in the German Aircraft Industry during World War II and the Effects for West Germany's Car Industry in the 1950s, in: Business History 56, 2014, S. 996–1020.
17 *Jonas Scherner*, Zwischen Staat und Markt. Die deutsche halbsynthetische Chemiefaserindustrie in den 1930er Jahren, in: Vierteljahrschrift für Sozial- und Wirtschaftsgeschichte 89, 2002, S. 427–448; *Jonas Scherner/Mark Spoerer*, Infant Company Protection in the German Semi-synthetic Fibre Industry: Market Power, Technology, the Nazi Government and the post-1945 World Market, in: Business History 63, 2021, https://doi.org/10.1080/00076791.2021.1900118.
18 *Helmut Maier*, Unbequeme Newcomer? Legierungen der Nichteisenmetalle (Al, Cu, Zn) vom Ersten Weltkrieg bis in die 1970er Jahre, in: Elisabeth Vaupel (Hrsg.), Ersatzstoffe im Zeitalter der Weltkriege. Geschichte, Bedeutung, Perspektiven, München 2021, S. 120–123; *Anne Sudrow*, Der Schuh im Nationalsozialismus. Eine Produktgeschichte im deutsch-britisch-amerikanischen Vergleich, Göttingen 2010, S. 760.
19 Vgl. *Sudrow*, Schuh, S. 757–774.
20 *Werner Abelshauser*, Kriegswirtschaft und Wirtschaftswunder. Deutschlands wirtschaftliche Mobilisierung für den Zweiten Weltkrieg und die Folgen für die Nachkriegszeit, in: Vierteljahrshefte für Zeitgeschichte 47, 1999, S. 531 f.

einen mächtigen Außendruck erzeugte und das NS-Regime infolgedessen Innovationen rigoroser implementierte. Auch für diese These gibt es Anhaltspunkte, denn in Deutschland nahm die staatliche Wirtschaftsförderung den Unternehmen manche Risiken ab, sodass sich z. B. Ersatzstoffinvestitionen leichter durchsetzen ließen. Auch erfuhr die kriegsrelevante Forschung in personeller und finanzieller Hinsicht eine beträchtliche Ausweitung. Unzweifelhaft gründete mancher Erfolg der westdeutschen Industrie nach 1945 auf einer Basis, die im Dritten Reich gelegt wurde.[21] Jedoch ist zu berücksichtigen, dass nicht wenige Pilotprojekte in kriegsnahen Bereichen angesiedelt waren und lediglich eine Teilfunktion im Gesamtsystem der Kriegswirtschaft wahrnahmen, sodass sie in der Nachkriegszeit keine große Bedeutung mehr hatten.[22]

Den sektoralen Erfolgen stand der kriegsbedingte Zusammenbruch der Industrie und schließlich der Gesamtwirtschaft gegenüber. Dies war vor allem eine Folge der Zerstörung der wirtschaftlichen Infrastruktur im Kriegsverlauf. Die Ausweisung höherer Industrieinvestitionen bedeutet zugleich, dass sich der Luftkrieg auf das westdeutsche industrielle Anlagevermögen stärker auswirkte, als lange Zeit angenommen wurde.[23] Ohne Kriegsschäden hätte der Nettokapitalstock der westdeutschen Industrie 1945 den tatsächlichen Wert um etwa 31 Prozent überstiegen, statt rund 23 Prozent, wie Krengel berechnete.[24] Die Zerstörung von Wohnraum erwies sich außerdem als Barriere, den starken Bevölkerungszuwachs der Nachkriegszeit adäquat zu nutzen.[25] Nach den Bombardierungen zahlreicher deutscher Städte war ein knappes Viertel der Wohnungen in Westdeutschland nicht mehr bewohnbar. Die Aufnahme von Flüchtlingen und Vertriebenen aus den abgetrennten Ostgebieten des Deutschen Reichs verstärkte den herrschenden Wohnraummangel. Aus Gründen der Ernährung und der Unterkunft mussten die Zwangsmigranten in ländlichen Regionen untergebracht werden, während die größte Nachfrage nach Arbeitskräften in den Städten bestand. 1950 ließ sich in Westdeutschland aufgrund des Bevölkerungszuwachses von ca. einem Fünftel gegenüber dem Vorkriegsniveau ein Fehlbestand von 4,8 Millionen Wohnungen feststellen.[26] Dies erwies sich als entscheidende Barriere, um die Fehlallokation an Arbeitskräften auf dem Nachkriegsarbeitsmarkt schnell zu beheben.

---

21 Vgl. die Schlussfolgerung von Kapitel 2.2 in diesem Band.
22 Vgl. die Beispiele oben sowie den Verweis des Autors selbst: *Abelshauser*, Kriegswirtschaft, S. 531.
23 Die ursprünglichen Berechnungen gehen zurück auf *Rolf Krengel*, Die langfristige Entwicklung der Brutto-Anlage-Investitionen der westdeutschen Industrie von 1924 bis 1955/6, in: Vierteljahrshefte zur Wirtschaftsforschung 1957, S. 168–184.
24 *Jonas Scherner*, Nazi Germany's Preparation for War: Evidence from Revised Industrial Investment Series, in: European Review of Economic History 14, 2010, S. 447 f.
25 Vgl. *Tamas Vonyo*, The Bombing of Germany: The Economic Geography of War-Induced Dislocation in West German Industry, in: European Review of Economic History 16, 2012, S. 97–118.
26 *Mark Spoerer/Jochen Streb*, Neue deutsche Wirtschaftsgeschichte des 20. Jahrhunderts, München 2013, S. 212.

8.1.2 Konsumeinbußen und soziale Verluste

Den vorteilhaft wahrgenommenen sektoralen Teilentwicklungen stehen klar identifizierbare Brüche und Kriegsverluste gegenüber. An erster Stelle zu nennen sind die Konsequenzen von Aufrüstung und Kriegswirtschaft für den Konsum. Das industrielle Wachstum, das Waffen und andere Rüstungsprodukte hervorbrachte, verpuffte bestenfalls, brachte meist aber millionenfachen Tod und anderes Leid. Der Krieg veränderte den Zweck des Wirtschaftens, denn Kriegswachstum mündete nicht in Wohlfahrtsgewinne, sondern in Zerstörung von Menschen samt ihrer materiellen Umwelt. Mit zunehmenden Rüstungsausgaben wurden die Möglichkeiten, für den zivilen Konsum zu produzieren, immer mehr eingeschränkt. Dass die Konsumgüterproduktion sank, hatte Folgen für die Entwicklung des Lebensstandards: Die wirtschaftliche Deformation der NS-Zeit suspendierte schrittweise die zivile Konsumgesellschaft. Das Regime machte bestenfalls Konsumversprechen, deren Einlösung es auf die Nachkriegszeit verschob.[27]

Wenn man den Blick auf die Verwendung des Sozialproduktes lenkt, lässt sich allgemein feststellen, dass das nationalsozialistische Regime zur Umsetzung seines wichtigsten wirtschaftspolitischen Ziels – der Aufrüstung – den privaten Konsum zugunsten des Staatsverbrauchs einschränkte. Entsprechend stieg die Staatsquote, d.h. die Staatskäufe in Prozent des nominalen Bruttosozialprodukts, bis 1938 auf 30,5 % gegenüber 13,1 % (1928) oder 16,2 % (1933).[28] Schon vor Kriegsbeginn verbrauchte der NS-Staat mit seiner Hochrüstung einen immer größeren Teil des deutschen Sozialprodukts. Während des Krieges beanspruchte er dann nicht nur den größten Anteil des deutschen, sondern auch des europäischen Volkseinkommens. Deutschland erreichte bis 1944 mit 70 Prozent einen besonders hohen Anteil der Kriegs- und Rüstungsausgaben am Sozialprodukt, während die anderen kriegführenden Staaten eine deutlich geringere militärische Mobilisierung ihrer Ressourcen aufwiesen.[29] Der Aufschwung der Rüstungsproduktion spiegelte sich in der Industriestruktur wider: Während die Investitions- und Rüstungsgüterproduktion wuchs, sank die relative volkswirtschaftliche Bedeutung von Konsumgüterindustrien und Wohnungsbau zulasten der Verbraucher.[30] Der Bau neuer Wohnungen erreichte ab 1942 nur noch ein Zehntel des Vorkriegsniveaus.[31]

Der in diesen Makrodaten zum Vorschein kommende Konsumverzicht war auch ein Resultat des Scheiterns der selbst gesteckten Ziele, insbesondere in der Agrarpolitik. Bildlich gesprochen ging die 1934 deklamierte landwirtschaftliche „Erzeugungs-

---

27 Vgl. Kapitel 5.1 in diesem Band.
28 *Buchheim*, NS-Regime und die Überwindung, S. 409.
29 *Banken*, Steuerstaat, S. 50 mit Verweis auf *Mark Harrison* (Hrsg.), The Economics of World War II. Six Great Powers in International Comparison, Cambridge 1998, S. 34.
30 *Spoerer/Streb*, Neue deutsche Wirtschaftsgeschichte, S. 158 f.
31 Vgl. Abschnitt 3.7.3 in diesem Band.

schlacht" verloren. Die Wachstumsraten des agrarischen technischen Fortschritts und der Mechanisierung verringerten sich, sodass das Ziel der Nahrungsmittelautarkie verfehlt wurde.[32] Trotzdem litt die deutsche Bevölkerung fast bis zum Ende des Krieges kaum an Hunger. Für eine Verbesserung ihrer Ernährungssituation sorgte die Ausbeutung der besetzten Gebiete, sich beispielsweise im Fall des polnischen Generalgouvernements zu „eine[r] erbarmungslose[n] Umverteilung von Lebensmitteln nach völkischrassischen Kriterien" steigerte.[33] Nicht anders erging es den deutsch kontrollierten sowjetischen Gebieten, während die besetzten Länder West- und Nordeuropas in quantitativer Hinsicht noch eine größere agrarische Ausbeutung erlebten.[34] Während sich im Deutschen Reich die amtlichen Lebensmittelrationen von 1941 bis 1944 auf einem Niveau von knapp 2000 Kalorien hielten, lagen sie in Frankreich nur wenig über 1000 Kalorien und in Polen deutlich unter dieser Grenze. Unterernährung und Hungerleiden wurden zum Vorteil des Konsums der deutschen Bevölkerung in die besetzten Gebiete verlagert. Da diese Lieferungen 1944/45 abrupt wegfielen und die landwirtschaftlichen Überschussgebiete im Osten des Reichs abgetrennt waren, kreideten in der Nachkriegszeit viele Stimmen den Nahrungsmittelmangel den Alliierten an.

In ökonomischen Begriffen gesprochen sorgte die NS-Verfolgung auch für einen hohen Humankapitalverlust. Der Exodus erfasste jüdische Verfolgte, antifaschistisch orientierte Flüchtlinge – darunter Unternehmer, Wissenschaftler und andere qualifizierte Personen. Obgleich der Verlust von Humankapital schwer messbar ist, lassen sich die Folgen der Emigration aufzeigen. Bestehende berufliche Netzwerke beeinflussten die Auswanderungsentscheidungen hochqualifizierter Personen.[35] Manchmal gaben auf der Flucht auch die Verbindungen zu früheren Auswanderern den Ausschlag für die Wahl des Ziellandes. Viele Akademiker von Weltrang wanderten insbesondere in die USA und nach Großbritannien aus. Sie leisteten dort wichtige Beiträge zur wissenschaftlichen Arbeit, wie vor allem die Beispiele aus der Mathematik und den Naturwissenschaften zeigten: Wegen des nationalsozialistischen Terrors, der durch Gebietsbesetzungen auf andere Länder übertragen wurde, wanderten bis 1942 131 führende europäische Mathematiker in die Vereinigten Staaten aus. Darunter stammten allein 16 von der Universität Göttingen. In Amerika waren die School of Advanced Study in Princeton, die Brown University, die New York University, Harvard, Chicago, die University of Wisconsin, das Massachusetts Institute of Technology einige der Einrichtungen, die von dem akademischen Exodus profitierten. Auch in anderen Bereichen leis-

---

32 *Stephanie Degler/Jochen Streb*, Die verlorene Erzeugungsschlacht: Die nationalsozialistische Landwirtschaft im Systemvergleich, in: Jahrbuch für Wirtschaftsgeschichte 2008/1, S. 161–181.
33 *Ingo Loose*, Reichswirtschaftsministerium und die Judenverfolgung, in: Albrecht Ritschl (Hrsg.), Das Reichswirtschaftsministerium in der NS-Zeit. Wirtschaftsordnung und Verbrechenskomplex, Berlin/Boston 2016, S. 469.
34 Vgl. die Kapitel 7.2 und 7.5 in diesem Band.
35 Vgl. zum Folgenden: *Sascha O. Becker* [u. a.], Persecution and Escape: Professional Networks and High-Skilled Emigration from Nazi Germany (Institute of Labor Economics – Diskussionspapier, Nr. 14120), Bonn 2021, https://www.econstor.eu/bitstream/10419/232872/1/dp14120.pdf (abgerufen 27. 6. 2022).

teten europäische Auswanderer wichtige wissenschaftliche Beiträge. In der Physik waren sie maßgeblich am Erfolg des Manhattan-Projekts beteiligt.

Von den Miterlebenden wurde der Exodus noch problembewusst und manchmal kritisch wahrgenommen, während nach dem Krieg eher Schweigen vorherrschte. Nach 1945 lag das Gewicht der Beobachtung auf neuen Abwerbungen bzw. Zwangsverschickungen von Wissenschaftlern und Fachleuten. Als ein weiteres Paradoxon der Kriegsfolgen lässt sich festhalten, dass der Exodus ebenso wie die nach dem Krieg erfolgten Abwerbungen sogar zeitweilig positiv zurückwirkten, denn sie beförderten die Wiedereingliederung der Bundesrepublik Deutschland in die internationale wissenschaftliche Gemeinschaft.[36]

Der Krieg und die NS-Herrschaft führten zu einem gewaltigen sozialpolitischen Kompensationsbedarf. Die Sicherungssysteme waren angesichts der hohen Soziallast mit der Bewältigung der sozialen Kriegsfolgen überfordert, was auch neue Sozialsysteme hervorbrachte. Begünstigt wurde die Umsetzung sozialpolitischer Maßnahmen durch den kriegsbedingten Ausbau des staatlichen Interventionswillens. Der Zweite Weltkrieg förderte den Aufstieg des Konzepts und des Programms der sozialen Sicherheit, z. B. durch das englische Modell des Beveridge-Plans. Die neuen sozialen Probleme stießen in der Rekonstruktionsphase bald auf vergrößerte sozialpolitisch verfügbare Ressourcen, was förderlich für den Ausbau des westdeutschen Sozialstaates war.

8.1.3 Finanzielle Gesamtlast des Krieges

Die ökonomische Ausbeutung der besetzten europäischen Länder verlängerte den Krieg bis 1945. Zum einen beruhte sie auf der Erhebung hoher Besatzungskosten und Kontributionen, zum anderen türmte die Reichsregierung im Außenhandel hohe Schulden auf. Das Berliner Verrechnungskonto, das seit 1934 zur Abrechnung des Clearings eingerichtet wurde, wies im Krieg ein immer höheres Defizit zu Gunsten der ausländischen Handelspartner auf. Durch die Besetzungen im Krieg wurde den Ländern das deutsche Handelsbilanzdefizit zwangsweise oktroyiert, und auch einigen verbündeten und neutralen Staaten wurden Transfers nach Deutschland aufgebürdet.[37]

Doch die NS-Kriegsfinanzierung beruhte nicht allein auf der finanziellen und materiellen Ausbeutung der besetzten europäischen Gebiete. Die „geräuschlose Kriegsfinanzierung" griff auch auf die Ersparnisse der deutschen Bevölkerung zurück. Da Konsummöglichkeiten fehlten, zahlte die Bevölkerung das überschüssige Geld auf Sparkonten ein; sie war zu einem Zwangssparen genötigt. Die Banken und Versicherungen, denen die monetären Ersparnisse zuflossen, benötigten aufgrund der fehlenden Mög-

---

[36] *Christoph Buchheim*, Einführung in die Wirtschaftsgeschichte, München 1995, S. 16.
[37] *Jonas Scherner*, Incompetence or Ingenuity? Why Did Nazi Germany Not Seek Closer Wartime Economic Cooperation with Italy? In: Journal of Contemporary History 57, 2022, S. 567.

lichkeiten der Platzierung der Einlagen auf dem Kapitalmarkt andere Anlageformen: Sie setzten die Spareinlagen zum Kauf kurzfristiger Staatspapiere ein. Insgesamt beliefen sich die deutschen Ersparnisse bis Ende September 1944 auf 189 Milliarden RM.[38] Als die Möglichkeiten der „geräuschlosen" Finanzierung geringer wurden, ging die Reichsregierung – verstärkt ab 1943 – zur Geldschöpfung durch den Verkauf von Schatzwechseln an die Reichsbank über. Die Verschuldung des deutschen Staates nach innen kann geschätzt werden: Sie wuchs von 30,7 Milliarden RM (1938/39) auf 379,8 Milliarden (1944/45). Diese Entwicklung ging mit einer Aufblähung der Geldmenge einher, die in der Friedenszeit begann und sich im Krieg verstärkt fortsetzte: Die inflationäre Geldvermehrung erhöhte den Bargeldumlauf von 11 Milliarden RM bei Kriegsbeginn auf 70 Milliarden RM am Kriegsende.[39]

Die Gesamtsumme der Kriegsfinanzierung setzte sich also aus der inländischen Geldaufbringung und dem Beitrag des Auslandes zusammen. Durch die stark rezipierte, aber fehlerhafte Berechnung von Götz Aly ist einige Verwirrung hinsichtlich der finanziellen Kriegslasten eingetreten, auf die mehrere Wissenschaftler hingewiesen haben.[40] Aly unterschlägt die Verschuldung des NS-Staates nach innen größtenteils und weist deshalb den Beitrag des Auslandes zur Kriegsfinanzierung mit rund zwei Dritteln überhöht aus. Die Clearinggesamtschuld und den Gegenwert der deutschen Einnahmen über Besatzungskosten schätzt er auf 131,5 Milliarden Reichsmark.[41] Wegen seiner Einführung eines statistischen Aufschlages („Donner-Faktor") liegt diese Angabe höher als andere ältere und neuere Schätzungen.[42] Die Ermittlung des genauen Wertes stößt auf Schwierigkeiten, weil auch der erzwungene Transfer aus neutralen und verbündeten Ländern berücksichtigt werden sollte sowie einige weitere Posten wie nicht eingelöste Reichskreditkassenscheine oder deutsche Erträge aus der Zwangsarbeit. Nur ein Teil der Einnahmen über Besatzungskosten wurde völkerrechtskonform für tatsächlich entstandene Besatzungsausgaben und -verwaltung eingesetzt. Im Laufe des Krieges wuchs der Anteil der zweckentfremdeten Ausgaben zur Finanzierung von Rüstungskäufen, groß angelegten Befestigungen (z. B. der Atlantikwall) und deutschen Konsumzwecken – von Champagnergelagen der Wehrmacht in Frankreich bis zu umfangreichen Schwarzmarktkäufen verschiedener Art.

---

38 *Spoerer/Streb*, Neue deutsche Wirtschaftsgeschichte, S. 204.
39 *Spoerer/Streb*, Neue deutsche Wirtschaftsgeschichte, S. 206.
40 *Christoph Buchheim*, Die vielen Rechenfehler in der Abrechnung Götz Alys mit den Deutschen unter dem NS-Regime, in: Sozial.Geschichte 20, 2005, S. 67–76; *Spoerer/Streb*, Neue deutsche Wirtschaftsgeschichte, S. 204–206; *J. Adam Tooze*, Einfach verkalkuliert, in: Die Tageszeitung (taz), 12. 3. 2005.
41 Vgl. *Götz Aly*, Hitlers Volksstaat. Raub, Rassenkrieg und nationaler Sozialismus, Frankfurt am Main 2005, S. 318–327.
42 *Jürgen Kilian*, Krieg auf Kosten anderer. Das Reichsministerium der Finanzen und die wirtschaftliche Mobilisierung Europas für Hitlers Krieg, Berlin/Boston 2017, S. 385 f. (123 bzw. 126 Mrd. RM), *Willi Boelcke*, Die Kosten von Hitlers Krieg. Kriegsfinanzierung und finanzielles Kriegserbe in Deutschland 1933–1948, Paderborn 1985, S. 109 (119 Mrd. RM) sowie bereits im Juli 1948 die gutachterliche Schätzung von Kurt Hunscha bei den Nürnberger Prozessen (124 Mrd. RM).

Der akkumulierte Geldüberhang mündete in eine zurückgestaute Inflation. Dass diese in Deutschland nicht zu einer offenen Inflation wurde, lag an dem nach Kriegsende aufrechterhaltenen Lohn- und Preisstopp sowie an der Fortführung der Bewirtschaftung von Konsumgütern in den Besatzungszonen. Der Preisstopp erhielt den Anschein der Preisstabilität, doch stand den vorhandenen Geldbeträgen immer noch kein Konsumangebot gegenüber, sodass die Folgen der Engpassökonomie spürbar blieben. Den fixierten Preisen fehlte die Steuerungs- und Anreizfunktion. Wegen dieses Mangels an Aussagekraft waren Gewinne nicht mehr kalkulierbar. Während die Verteilung von Rohstoffen und Konsumgütern weiterhin gelenkt wurde, ging für die Privatunternehmen der Westzonen der Antrieb zur Produktion und zum regulären Verkauf verloren.[43] In den Westzonen blieb daher ein sichtbarer Aufschwung der Produktion aus, bis die Währungsreform von 1948 für einen gewaltigen Geldschnitt sorgte. Erst die Einführung der Deutschen Mark in wesentlich verringerter Menge, die Freigabe der Preise sowie die sukzessive Aufhebung von Regulierungen leiteten den Nachkriegsaufschwung ein. Mit der Währungsreform wurden dann auch die deutschen Sparer an der Zeche für Hitlers Krieg beteiligt: Die im Krieg angesammelten Ersparnisse in Höhe von rund 190 Milliarden RM gingen ihnen komplett verloren.

---

43 *Christoph Buchheim*, Von altem Geld zu neuem Geld. Währungsreformen im 20. Jahrhundert, in: Reinhard Spree (Hrsg.), Geschichte der deutschen Wirtschaft im 20. Jahrhundert, München 2001, S. 149.

Verzeichnis der Autorinnen und Autoren

Johannes Bähr ist außerplanmäßiger Professor für Wirtschafts- und Sozialgeschichte an der Goethe-Universität Frankfurt. Seine Forschungsschwerpunkte beziehen sich auf Wirtschafts- und Unternehmensgeschichte des 20. Jahrhunderts und die Geschichte der Finanzmärkte. Wichtige Publikationen liegen vor zur Dresdner Bank, zum Flick-Konzern im Dritten Reich, zur Unternehmensgeschichte von MAN und Bosch sowie eine Biografie von Werner von Siemens.

Jaromír Balcar ist seit Januar 2023 wissenschaftlicher Mitarbeiter der Stiftung Hamburger Gedenkstätten und Lernorte zur Erinnerung an die Opfer der NS-Verbrechen. Er hat Geschichte, Politikwissenschaft und Slawistik an der LMU München und an der Staatlichen Universität Wolgograd studiert. Promotion 2002 an der LMU München mit einer Dissertation zur Politik auf dem Land, Habilitation 2010 an der Universität Bremen mit einer Studie über die Industrie Böhmens und Mährens zwischen Nationalsozialismus und Staatssozialismus. Seine Forschungsschwerpunkte liegen auf der Zeitgeschichte Deutschlands und Ostmitteleuropas. Zuletzt beschäftigte er sich mit der Geschichte der Max-Planck-Gesellschaft von 1946 bis 2005.

Ralf Banken ist Wirtschafts- und Unternehmenshistoriker an der Goethe Universität Frankfurt am Main. Seine Dissertation behandelte die Industrialisierung der Saarregion 1815–1914 (2 Bde., erschienen 2000 und 2003), seine Habilitation den Edelmetallsektor in der Großraubwirtschaft des Dritten Reichs (erschienen 2009). Seine Forschungsinteressen umfassen die europäische Industrialisierungsgeschichte, Unternehmens- und Industriegeschichte, die Wirtschaftsgeschichte des Dritten Reichs, Handel und Gewerbe in Deutschland sowie die Geschichte der Rheinökonomie seit dem 18. Jahrhundert.

Marcel Boldorf ist seit 2013 Professor für deutsche Geschichte und Kultur an der Universität Lumière Lyon 2. Seine Mannheimer Promotion befasst sich mit der Sozialfürsorge in der SBZ/DDR (erschienen 1998), die Habilitation mit dem Vergleich der Industrialisierung der Leinenregionen Schlesien und Nordirland im 18. und 19. Jahrhundert (erschienen 2006). Forschungsschwerpunkte liegen in der europäischen Wirtschafts- und Sozialgeschichte des 18. bis 21. Jahrhunderts. Er war an den Forschungsprojekten zur deutschen Sozialpolitik nach 1945, zur Geschichte des deutschen Wirtschaftsministeriums und zur Geschichte der Reichsbank beteiligt. Wichtige Publikationen behandeln die Sozialpolitik seit dem 19. Jahrhundert, die vergleichende Industrialisierungsforschung, die Wirtschaftsgeschichte der beiden Weltkriege sowie die zentrale Planwirtschaft der DDR.

Marc Buggeln ist wissenschaftlicher Mitarbeiter am Friedrich-Meinecke-Institut für Geschichtswissenschaften der Freien Universität Berlin, Habilitation 2020 zur deutschen Steuerpolitik seit 1871, Dissertation 2008 zum Außenlagersystem des Konzentrationslagers Neuengamme. Seine Forschungsschwerpunkte sind Gewaltgeschichte, soziale Ungleichheit und der Nationalsozialismus.

Gustavo Corni war bis zu seiner Pensionierung 2018 Ordinarius für Zeitgeschichte ab der Universität Trient. Er ist ausgewiesen für die Geschichte Deutschlands im 20. Jahrhundert (Weimarer Republik und Nationalsozialismus) sowie die vergleichende Diktaturgeschichte. Publikationsschwerpunkte liegen auf der Sozial- und Migrationsgeschichte der beiden Weltkriege sowie der Agrarpolitik im 20. Jahrhundert. Ein laufendes Forschungsprojekt behandelt die österreichisch-deutsche Besatzung Nordostitaliens 1917/18.

Alexander Donges forscht und lehrt seit 2013 als Postdoctoral Researcher an der Abteilung Volkswirtschaftslehre der Universität Mannheim. In seiner 2014 veröffentlichten Dissertation untersucht er die Unternehmensentwicklung der Vereinigte Stahlwerke AG im Nationalsozialismus. Sein Forschungsschwerpunkt liegt auf der deutschen Wirtschaftsgeschichte des 19. und frühen 20. Jahrhunderts. Zu seinen neueren Publikationen zählen insbesondere Aufsätze zu den Ursachen und Ausprägungen von Innovationstätigkeit und technologischem Wandel.

Sina Fabian ist seit 2016 wissenschaftliche Mitarbeiterin am Institut für Geschichtswissenschaften an der Humboldt-Universität zu Berlin. In ihrer im selben Jahr veröffentlichten Dissertation untersuchte sie das Konsumverhalten in Westdeutschland und Großbritannien in den 1970er und 1980er Jahren. Ihre Forschungsinteressen liegen in der deutschen und britischen Geschichte des 20. Jahrhundert mit einem Schwerpunkt auf der Geschichte des Konsums. Ihre Veröffentlichungen beschäftigen sich mit der Geschichte des Reisens, des Autofahrens und des Alkoholkonsums. In ihrem aktuellen Projekt erforscht sie den Umgang mit Alkohol im Deutschland der Zwischenkriegszeit.

Paolo Fonzi lehrt seit 2020 Zeitgeschichte an der Universität des östlichen Piemont in Vercelli, Italien. 2007 promovierte er an der Universität Neapel und der Humboldt Universität Berlin mit einer Arbeit über die nationalsozialistischen Währungspläne für den Großwirtschaftsraum. Sein aktuelles Forschungsinteresse gilt der Sozialgeschichte der unter italienischer und deutscher Besatzung stehenden Balkangebiete im Zweiten Weltkrieg. Seine Publikationen widmen sich der Währungspolitik des Dritten Reiches in den besetzten Gebieten, der italienischen und deutschen Besatzung in Griechenland sowie der deutschen Wahrnehmung der sowjetischen Hungersnöte zwischen 1931 und 1933.

Hans Otto Frøland ist seit 2002 Professor für europäische Zeitgeschichte an der Norwegian University of Science and Technology (NTNU) in Trondheim. Er legte dort 1993 seine Dissertation über die norwegische und skandinavische Einkommenspolitik vor. Zu seinen Forschungsinteressen gehören Norwegens Politik gegenüber der europäischen und nordischen Integration, Norwegen und Nordeuropa im Zweiten Weltkrieg mit den Auswirkungen auf die Nachkriegszeit sowie die Haltung der nordischen Länder zur deutschen Frage während des Kalten Krieges. In den letzten Jahren forschte er zur Abhängigkeit Europas von Rohstoffimporten.

Boris Gehlen ist seit 2021 Professor für Unternehmensgeschichte am Historischen Institut der Universität Stuttgart. Promotion 2005 mit einer Arbeit über den rheinischen Braunkohlenindustriellen Paul Silverberg, 2014 Habilitation über den Deutschen Handelstag. Forschungen und Publikationen zu Unternehmern, Unternehmen und multinationalen Unternehmensgruppen, zu Interessenverbänden, zur Regulierung, zur Energiewirtschaft und zur Banken-, Börsen- und Finanzgeschichte.

Simon Gogl ist seit 2019 Senior Advisor bei der Norwegian Agency for Shared Services in Education and Research (Sikt). Promotion an der Universität Trondheim mit einer Arbeit zur Organisation Todt im besetzten Norwegen (erschienen 2020). Forschungsschwerpunkte sind die Bauindustrie unter dem Nationalsozialismus und Norwegen unter deutscher Besatzung.

Rüdiger Hachtmann ist Senior Fellow am Zentrum für Zeithistorische Forschung Potsdam und außerplanmäßiger Professor an der TU Berlin. Seine Forschungsschwerpunkte sind Politik-, Wirtschafts- und Sozialgeschichte des 19. und 20. Jahrhunderts sowie Organisations-, Rechts- und Wissenschaftsgeschichte des 20. Jahrhunderts. Wichtige Monografien erschienen zur Industriearbeit im Dritten Reich, zur Deutschen Arbeitsfront (DAF), zum Wissenschaftsmanagement im Dritten Reich, zur Geschichte der Revolution von 1848/49 und zur Tourismusgeschichte.

Elizabeth Harvey ist seit 2005 Professorin für Geschichte an der Universität Nottingham. Ihr Forschungsschwerpunkt ist die Geschlechtergeschichte im Nationalsozialismus und im nationalsozialistisch besetzten Europa sowie die Geschichte der Zwangsarbeit. Veröffentlicht hat sie unter anderem zur NS-Germanisierungspolitik und zur Alltagsgeschichte im NS. Seit 2020 ist sie in Nottingham beurlaubt und arbeitet am Institut für Zeitgeschichte in als Leiterin der Edition „The Persecution and Murder of the European Jews by Nazi Germany, 1933–1945".

Christopher Kopper ist seit 2012 außerplanmäßiger Professor für Wirtschafts- und Sozialgeschichte an der Universität Bielefeld. Er promovierte 1992 zur Bankenpolitik im „Dritten Reich" und habilitierte sich 2005 zur „Bahn im Wirtschaftswunder". Seine Forschungsschwerpunkte sind die Geschichte der Banken und Versicherungen, Verkehrs- und Mobilitätsgeschichte. Ausgewählte Buchveröffentlichungen behandeln Handel und Verkehr im 20. Jahrhundert, die Bankiers unter dem Hakenkreuz, die Biografie Hjalmar Schachts sowie die Unternehmensgeschichten der Munich RE und des Bundesverbandes der Deutschen Industrie.

Christoph Kreutzmüller ist Co-Projektleiter des Forschungsprojekts Last Seen am Selma Stern Zentrum für jüdische Studien in Berlin. Er wurde 2005 mit einer Arbeit zur Geschichte der deutschen Banken am Finanzplatz Amsterdam (1919–1945) promoviert. Von 2006 bis 2013 war Leiter des Forschungsprojekts zur Geschichte der jüdischen Gewerbebetriebe in Berlin. Seine Forschungsschwerpunkte liegen in der Wirtschaftsgeschichte des Nationalsozialismus, insbesondere der Erforschung der „Entbesitzung" der Jüdinnen und Juden, sowie in der Fotogeschichte.

Ernst Langthaler ist seit 2016 Professor für Sozial- und Wirtschaftsgeschichte an der Johannes Kepler Universität Linz, 2000 Promotion in Geschichte und 2010 Habilitation in Wirtschafts- und Sozialgeschichte an der Universität Wien, Gastprofessuren und Fellowships an den Universitäten Innsbruck und Wien und am Rachel Carson Center for Environment and Society an der Ludwig-Maximilians-Universität München, Forschungsschwerpunkte: Agrar- und Ernährungsgeschichte im 20. Jahrhundert, Globalisierungsgeschichte am Beispiel Soja sowie die Wirtschafts-, Sozial- und Umweltgeschichte des Nationalsozialismus.

Stephan Lehnstaedt ist seit 2016 Professor für Holocaust-Studien an der Touro University, Campus Berlin. Promotion 2008 zur Alltagsgeschichte deutscher Besatzung in Warschau und Minsk, Habilitation 2016 zu imperialer Politik durch Preußen, Habsburger und Nationalsozialisten im besetzten Polen der beiden Weltkriege. Er forscht zur deutsch-polnischen Geschichte, zu den beiden Weltkriegen im östlichen Europa, zum Holocaust und dessen Folgegeschichte (insbesondere Gedenkkultur und Wiedergutmachung).

Helmut Maier ist Professor für Wissenschafts-, Technik- und Umweltgeschichte und seit 2020 Projektgruppenleiter am Interdisziplinären Zentrum für Wissenschafts- und Technikforschung der Bergischen Universität Wuppertal. 1990 Promotion zur Geschichte der elektrischen Energieübertragung, 2005 Habilitation zur Rüstungsforschung in der Kaiser-Wilhelm-Gesellschaft. Seine Forschungsschwerpunkte liegen in der Historischen Materialforschung/Stoffgeschichte, Montangeschichte, Historische Biographik (Natur- und Technikwissenschaften), Geschichte technisch-wissenschaftlicher Verbände und wissenschaftlicher Gesellschaften, Technik- und Umweltgeschichte der Energiesysteme, Geschichte der Technischen Hochschulen, Wissenschafts- und Technikgeschichte im Nationalsozialismus sowie Erinnerungspolitik und -kultur.

Christian Marx ist seit 2018 wissenschaftlicher Mitarbeiter am Institut für Zeitgeschichte in München. Er wurde 2011 an der Universität Trier über die Leitungs- und Kontrollstrukturen der Gutehoffnungshütte vom Kaiserreich zur Bundesrepublik promoviert und habilitierte sich 2020 dort über multinationale Unternehmen der westeuropäischen Chemieindustrie. Seine Forschungsschwerpunkte beziehen sich auf die Wirtschafts- und Sozialgeschichte des 19. und 20. Jahrhunderts, die europäische Zeitgeschichte und die Globalisierungsgeschichte. Wichtige Publikationen sind erschienen zum Unternehmer Paul Reusch, zum Rheinischen Kapitalismus, zu Unternehmensnetzwerken, zu NSDAP-Mitgliedschaften von Unternehmern sowie zu multinationalen Unternehmen.

Wolfgang Mühl-Benninghaus war bis zu seiner Emeritierung Professor für Theorie und Geschichte des Films an der Humboldt Universität zu Berlin. Seine Promotionsthema beschäftigte sich mit der griechischen Antike (1991), seine Dissertation B mit Medienwirtschaft in der Weimarer Republik unter besonderer Berücksichtigung des Films (1988). Seine Forschungsinteressen liegen in der Medienwirtschaft und der Mediengeschichte.

Jonas Scherner ist seit 2010 Professor für Moderne Europäische Wirtschaftsgeschichte an der Norwegian University of Science and Technology (NTNU) in Trondheim. 1998 Promotion in Mannheim mit einer Studie zur Wirtschaftsentwicklung in Polen und Spanien im 19. Jahrhundert; 2006 Habilitation in Mannheim mit einer Arbeit über Investitionen in die nationalsozialistische Autarkie- und

Rüstungsindustrie. Aktuelle Forschungsschwerpunkte sind die Geschichte der Blockaden in der Zeit der beiden Weltkriege sowie die deutsche Kriegswirtschaft im Ersten und Zweiten Weltkrieg und deren Nachwirkungen unter besonderer Berücksichtigung der deutschen Rohstoffpolitik.

Ole Sparenberg ist seit 2022 Privatdozent am Department für Geschichte des Karlsruher Instituts für Technologie. In seiner 2012 erschienenen Dissertation untersuchte er die Rolle von Hochseefischerei und Walfang in der nationalsozialistischen Autarkiepolitik. Die 2023 veröffentlichte Habilitationsschrift behandelt die Geschichte des Tiefseebergbaus von den 1960er Jahren bis zur Gegenwart. Ole Sparenbergs Forschungsschwerpunkte liegen in der Umwelt-, Wirtschafts- und Technikgeschichte des 19. und 20. Jahrhunderts, insbesondere der Geschichte von natürlichen Ressourcen, Nahrung und Energie.

Hasso Spode ist außerplanmäßiger Professor für Historische Soziologie an der Leibniz-Universität Hannover und leitet das Historische Archiv zum Tourismus (HAT) an der TU Berlin. Forschungsschwerpunkte sind die Sozial- und Kulturgeschichte der Neuzeit, Medizingeschichte, Wissenschafts- und Erkenntnistheorie und die historische Statistik. Wichtige Publikationen behandeln die Statistik der Arbeitskämpfe in Deutschland, die Kultur- und Sozialgeschichte des Alkohols und die Geschichte des Tourismus.

Mark Spoerer ist seit 2011 Inhaber des Lehrstuhls für Wirtschafts- und Sozialgeschichte an der Universität Regensburg. Dissertation „Von Scheingewinnen zum Rüstungsboom. Die Eigenkapitalrentabilität der deutschen Industrieaktiengesellschaften 1925–1941" (1996), Habilitation „Steuerlast, Steuerinzidenz und Steuerwettbewerb. Verteilungswirkungen der Besteuerung in Preußen und Württemberg (1815–1913)" (2004). Die Forschungsschwerpunkte sind in der deutschen Wirtschafts-, Unternehmens- und Sozialgeschichte des 19. und 20. Jahrhunderts angesiedelt. Wichtige Publikationen erschienen zur Zwangsarbeit im Nationalsozialismus sowie zur Firmengeschichte des Familienunternehmens C&A.

André Steiner ist Projektleiter am Leibniz-Zentrum für Zeithistorische Forschung Potsdam und außerplanmäßiger Professor für Wirtschafts- und Sozialgeschichte an der Universität Potsdam. 1987 Promotion an der Humboldt-Universität zu Berlin mit einer Studie zur Geschichte der Automatisierung in der DDR, 1997 Habilitation in Mannheim mit einer Arbeit zu den DDR-Wirtschaftsreformen. Seine Forschungsschwerpunkte sind die Wirtschaftsgeschichte der Globalisierung sowie die Wirtschafts- und Sozialgeschichte Deutschlands im 20. Jahrhundert. Zu den wichtigsten Publikationen gehören eine Wirtschaftsgeschichte der DDR sowie ein Vergleich von Preispolitik und Lebensstandard im Nationalsozialismus, der DDR und der Bundesrepublik.

Raymond Stokes ist Professor für Unternehmens-, Sozial- und Wirtschaftsgeschichte und Direktor des Centre for Business History in Scotland an der Universität Glasgow. Er promovierte 1987 an der Ohio State University (USA). Seine Forschungsinteressen umfassen die vergleichende Unternehmensgeschichte, die Technik- und Innovationsgeschichte, den Einfluss von Staat und Militär auf Wirtschaft und Technologie sowie die Wirtschaft im Kontext von Umwelt und Nachhaltigkeit. Wichtige Publikation erschienen zur deutschen Mineralölwirtschaft, zur IG Farben und zur BASF.

Jochen Streb ist Professor für Wirtschaftsgeschichte an der Universität Mannheim. Er hat 1996 an der Universität Heidelberg mit einer Arbeit zur deutschen Agrarpolitik nach 1945 promoviert und an gleicher Stelle im Jahr 2002 die Venia legendi für Volkswirtschaftslehre und Wirtschaftsgeschichte erworben. Seit 2005 erforscht er die Patentaktivitäten im deutschen Kaiserreich und in der Weimarer Republik. Er ist Experte für die Wirtschaftsgeschichte des Dritten Reichs und war an der wissenschaftlichen Aufarbeitung der Geschichte des Reichswirtschaftsministeriums beteiligt. Seine Unternehmensgeschichte des Unternehmens Trumpf behandelt die Beschäftigung von Zwangsarbeitern und die Produktion kriegswichtiger Investitionsgüter.

Harald Wixforth ist seit 2015 Senior Expert und Research Fellow am Deutschen Schifffahrtsmuseum Bremerhaven. Nach der Promotion 1991 war er Geschäftsführer des SFB 177 „Neuzeitliches Bürgertum" und ab 1995 Mitarbeiter in zahlreichen großen Forschungsprojekten, unter anderem zur „Dresdner Bank im Dritten Reich" und zu „Thyssen im 20. Jahrhundert." Zahlreiche Veröffentlichungen zur Banken- und Finanzgeschichte, zur Expansion der Dresdner Bank in Europa sowie zur modernen Unternehmensgeschichte.

Personenregister

Abs, Hermann-Josef 85, 663, 684, 821
Adolf, Bernhard 698, 700 f., 710
Agostino, Alberto d' 827
Amann, Max 449–451, 456
Ambros, Otto 291, 296
Ardenne, Manfred von 48, 61

Backe, Herbert 400, 406, 408 f., 412–414, 659, 802
Barnaud, Jacques 771
Bauder, Theodor 853
Beitz, Berthold 584
Bentz, Alfred 32
Bernhuber, Maximilian 839
Bertsch, Walter 695, 698
Best, Werner 766, 793 f., 797, 811 f., 815
Bethmann-Hollweg, Theobald von 644 f.
Bichelonne, Jean 662, 779
Blomberg, Werner von 178
Bosch, Robert 112, 328
Bouthillier, Yves 781
Braun, Magnus von 120
Brüning, Heinrich 99 f., 328, 398 f., 490, 646
Bücher, Hermann 328
Bürckel, Josef 502, 676, 678, 680, 684 f.

Conti, Leonardo 504, 507
Czimatis, Albrecht 373

Daeschner, Leon 550
Darré, Richard Walther 397–407, 409, 411 f., 417, 423, 428, 441
Degener, Carl 485
Degenkolb, Gerhard 134, 267
Dierig, Gottfried 357, 360, 370
Dillgardt, Just 378
Dollfuß, Engelbert 490
Dönitz, Karl 62
Dorpmüller, Julius 118, 122, 133–136, 480, 483
Dressler, Arthur 506

Ebner, Franz W. 796, 810
Eltz-Rübenach, Paul von 119, 122, 483
Erhard, Ludwig 663
Ernst, Friedrich 74, 88
Esau, Abraham 47, 62
Esser, Hermann 483 f., 488, 490 f., 493

Feder, Gottfried 4, 73, 385
Fischer, Ludwig 862

Fischer, Otto Christian 71
Fischböck, Hans 680, 684 f., 766, 768
Flick, Friedrich 109, 194, 211
Forel, August 504
Frank, Hans 415, 848, 852–54, 857 f.
Frank, Theodor 73
Freisler, Roland 551
Frydag, Karl 185
Funk, Walther 29, 34 f., 37, 100, 653–656, 728, 765, 793

Galopin, Alexandre 769 f.
Gercke, Rudolf 136
Goebbels, Joseph 336, 449, 453, 456 f., 461 f., 466, 471, 483 f., 491 f., 625, 722
Goerdeler, Carl Friedrich 24, 30, 343
Goldschmidt, Jakob 104
Göring, Hermann 28 f., 31, 36 f., 39, 73, 77, 88, 101, 107 f., 132, 174, 177 f., 188, 209, 214, 232, 236, 262, 284, 314 f., 317 f., 361, 407, 409, 414 f., 421, 435–437, 440, 443, 506 f., 511, 550, 562, 598, 605, 632, 648, 652 f., 658, 673, 675 f., 678, 680, 726, 728, 748, 765 f., 776, 793, 796 f., 806, 826, 848
Gürtner, Franz 435 f.
Gutmann, Herbert 104

Hácha, Emil 695
Haniel, Karl 98, 100
Hanneken, Hermann von 32, 797, 807, 812
Haushofer, Karl 645 f.
Heintze, Johannes 71
Henke, Ernst 111
Henne, Willi 795, 803 f.
Henschel, Oscar 132–134
Heß, Rudolf 440 f., 491, 645 f.
Heydrich, Reinhard 697, 728
Himmler, Heinrich 400, 407, 416, 435, 438, 441, 641, 652, 659 f.
Hindenburg, Paul von 328, 396, 398, 550, 645
Hitler, Adolf 3–6, 9 f., 12–14, 17, 19 f., 22, 26–28, 40, 70, 72, 77, 93, 95, 98, 100 f., 113, 118 f., 122, 129, 132, 134–136, 145, 148, 169 f., 172, 177 f., 193, 229, 233, 250 f., 262, 265 f., 268 f., 279, 307–310, 328, 370, 378, 397, 399, 401 f., 404, 408–411, 414, 416, 424, 436, 443, 445, 447, 449, 457, 471, 480, 483, 490, 492 f., 499, 505, 507, 521, 526 f., 531, 542 f., 546, 550,

556 f., 559, 562, 564, 570 f., 576, 606, 615 f., 620, 624 f., 641, 645 f., 649–652, 657, 673, 680, 684, 692, 695, 702, 705, 709, 711, 722, 725, 743, 748, 761, 791, 794, 803, 815, 825–827, 832, 838, 843 f., 849, 852 f., 862, 876
Hugenberg, Alfred 100, 399, 404, 451
Hunke, Heinrich 507, 725, 727

Juliusburger, Josef 733 f.
Jung, Otto 360

Kastl, Ludwig 106
Kehrl, Hans 32, 37, 88, 105, 165, 355, 365, 368 f., 662, 676, 684 f., 815
Keppler, Wilhelm 229 f., 355, 682, 684 f.
Keßler, Philipp 329
Keudell, Walter von 440
Keynes, John Maynard 23, 663, 765
Kipfmüller, Emil 485
Kirdorf, Emil 99, 109
Kleinmann, Wilhelm 123, 135
Klitzsch, Ludwig 451, 459
Klöckner, Peter 98
Klose, Hans 437
Knieriem, August von 293
Koch, Erich 416, 846
Koepchen, Arthur 111
Koppenberg, Heinrich 187, 259, 806
Körner, Paul 36
Krauch, Carl 29, 32, 49, 284, 296
Kreaplin, Emil 504
Krecke, Carl 373, 378, 380
Krohn, Johannes 615, 621
Krosigk, Johann Graf Schwerin von 654
Krupp von Bohlen und Halbach, Gustav 98 f., 101 f., 106, 193

Lafferentz, Bodo 471
Landfried, Fritz 187, 795
Lange, Karl 267
Laval, Pierre 780
Leeb, Emil 180
Leemans, Victor 769 f.
Lehideux, Francois 771 f.
Ley, Robert 39, 282, 471, 474 f., 484, 489, 542, 549, 552, 556 f., 633 f.
Ludendorff, Erich 645
Lüschen, Friedrich 343
Luther, Hans 99

Mahlo, Fritz 483
Malzacher, Hans 674 f.
Mansfeld, Werner 546
Martini, Herbert 663
Meinberg, Wilhelm 409
Meindl, Georg 675, 679
Mentzel, Rudolf 59
Meyer, Emil 82, 103, 111
Meyer, Konrad 660
Milch, Erhard 36
Mussolini, Benito 406, 490, 825, 836

Neckermann, Josef 367, 370
Neubacher, Hermann 827
Neuhausen, Franz 826
Neurath, Konstantin von 649, 696

Ohlendorf, Otto 39
Olscher, Alfred 684
Ostermann, Heinrich 343
Otte, Karolus 794

Papen, Franz von 20, 308, 328
Pleiger, Paul 78 f., 107, 212, 214, 380, 673, 675, 851
Ploetz, Alfred 504
Poensgen, Ernst 100, 105, 108, 211
Pohl, Wolfgang 542
Porsche, Ferdinand 262
Posse, Hans Ernst 71
Pucheu, Pierre 771

Quaatz, Reinhold 73

Rahn, Rudolf 837–839
Rasche, Karl 78 f., 111
Reemtsma, Philipp F. 506 f.
Reinhardt, Fritz 20, 308, 616
Reinhard, Friedrich 71
Reinthaller, Anton 668
Reischle, Hermann 406
Renault, Louis 771
Renteln, Adrian von 102
Reusch, Hermann 112
Reusch, Paul 98–100, 112
Ribbentrop, Joachim von 414, 830, 838
Riecke, Hans-Joachim 659
Ritscher, Samuel 73
Röchling, Hermann 37, 211
Rohland, Walter 105, 193
Röhm, Ernst 506

Rohr-Demmin, Hans Joachim von 399
Roosevelt, Theodore 650
Rosenberg, Alfred 415 f., 471, 474, 641, 659 f.
Rüdin, Ernst 504
Rust, Bernhard 436

Saemisch, Friedrich 617
Sauckel, Fritz 36 f., 260, 544, 559 f., 562, 570 f., 573, 575, 608, 705, 776, 778–780, 791, 840, 853
Saur, Karl-Otto 269
Schaaf, Wilhelm 267
Schacht, Hjalmar 22, 25, 27 f., 71, 73 f., 77, 100 f., 107 f., 121 f., 199, 227, 233, 353, 375 f., 409, 428, 648 f., 680, 683, 726, 744, 748
Schell, Adolf von 32, 262, 266
Schindler, Oskar 584
Schippel, Hans 111
Schlotterer, Gustav 653–655
Schmeer, Rudolf 39, 542
Schmitt, Carl 650
Schmitt, Kurt 22, 24, 106
Schoenichen, Walther 437
Schott, Ehrhart 112
Schröder, Kurt von 71
Schwarz, Franz Xaver 506
Seifert, Alwin 440 f.
Seyß-Inquart, Arthur 766, 776
Siemens, Carl Friedrich von 328
Silverberg, Paul 98–100, 104
Simson, Arthur 260
Simson, Julius 260
Sobernheim, Curt 104
Sohl, Hans-Günther 831
Solmssen, Georg 73
Speer, Albert 7 f., 13, 32, 35 f., 38, 58, 134–136, 147, 149, 157, 169 f., 172–174, 177, 185, 191, 267–270, 311–313, 318, 320, 342–344, 378, 390, 431, 557, 570 f., 608 f., 661 f., 729, 772, 779, 790, 795, 797, 807, 838
Springorum, Friedrich 98–100
Stalin, Josef 9, 17, 370, 652
Stauß, Emil Georg von 111
Steiner, Rudolf 441
Strasser, Gregor 3 f., 100
Strauß, Moritz 259
Streicher, Julius 722
Syrup, Friedrich 314, 595, 598 f.

Tengelmann, Herbert 354, 360, 367, 370
Tengelmann, Wilhelm 103
ter Meer, Fritz 296
Terboven, Josef 794, 802, 806
Thyssen, Fritz 98 f., 100 f., 106, 109, 112, 193, 206, 217
Tischbein, Willy 109
Todt, Fritz 32, 35, 38, 57, 118–120, 122, 124, 170, 267, 301, 308–310, 312, 315, 318, 320, 378, 431, 440 f., 486, 570, 632
Tonningen, Meinoud Rost van 783
Trendelenburg, Ernst 111
Tropsch, Heinz 206

Vögler, Albert 59, 98–100, 102, 211, 674

Wagenführ, Rolf 7, 9, 38, 147, 149
Wagner, Emmy 631
Wagner, Josef 30
Wagner, Robert 438, 491
Walter, Alex 797
Walz, Hans 111, 329
Wassermann, Oscar 73, 104
Werners, Paul 267
Wiener, Alfred 720 f.
Wild, Karl Martell 329
Wilmowsky, Tilo von 648
Winkler, Max 448–450, 456 f., 459

Unternehmensregister

Adam Opel AG 248 f., 256, 262, 266, 268 f.
Adrema Maschinenbaugesellschaft mbH 259
AG für Bergbau, Blei- und Zinkfabrikation zu Stolberg und in Westfalen 225
Aktiengesellschaft für Hoch- und Tiefbauten (Hochtief) 303
Albert Mendel AG 723
Allgemeine Elektricitätsgesellschaft (AEG) 51, 58, 63, 104, 324–329, 331–333, 335, 336, 339–344, 346, 447
Allgemeine Transportanlagen Gesellschaft (ATG) 184
Altmärkische Kettenwerk GmbH (Alkett) 259, 269
Arado Flugzeugwerke GmbH 182, 184, 806
Argus Motoren Gesellschaft mbH 189, 259
Audiwerke AG 249
August Thyssen-Hütte AG 56, 81, 197, 210
Auto Union AG 247, 249, 256, 262, 265–267

Badische Anilin- und Soda-Fabrik (BASF) 277–279, 285–287, 382, 425, 603
Bamberger & Hertz 364
Bavaria Film 456 f.
Bayrische Motorenwerke (BMW) 171, 247, 256, 266 f., 270 f., 811
Bergbau AG Ewald-König Ludwig 206, 212
Bergmann Elektrizitäts-Werke AG 324 f., 329, 332, 335, 340
Bergwerksgesellschaft Georg von Giesches Erben 225 f., 236
Bergwerksgesellschaft Hibernia AG (Hibernia) 103, 197, 206, 218, 287
Berlin-Erfurter Maschinenfabrik Henry Pels & Co. 259
Bernward Leineweber KG 367
Blaupunkt, Ideal Radiotelefon- und Apparatefabrik 325, 336, 340 f., 346
Bleichert Transportanlagen GmbH 247
Blohm & Voss 473
Bochumer Verein für Gußstahlfabrikation AG 216
Böhmisch-Mährische Maschinenfabrik AG 265, 269, 704
Böhmische Escompte-Bank und Creditanstalt (Bebca) 88
Böhmische Union-Bank (BUB) 88
Borsig Maschinenbau AG 259
Borsig-Lokomotiv-Werke GmbH 268
Braunkohle-Benzin AG (Brabag) 74, 160, 281, 425

Brown, Boveri & Cie. (BBC) 324, 327, 332–334, 344 f.
Brünner Waffenwerke 53
Burmeister & Wain 811
Büssing NAG 257, 267

C & A Brenninkmeyer 362
Carl Zeiss 52, 171
Christian Dierig AG 357
Commerzbank 69–71, 73–76, 79, 82, 88–90, 104, 684
Credit-Anstalt-Bankverein (CA) 87, 675 f., 683–685

Daimler-Benz AG 171, 188, 247, 250, 256, 260, 262, 264–267, 269–271, 337
Darmstädter und Nationalbank (Danat-Bank) 70, 104
Deutsche Bank AG 69, 72 f., 76, 78 f., 83, 85–90, 104, 675, 663, 675, 684 f.
Deutsche Bau AG (Berlin) 303
Deutsche Eisenwerke AG 56, 269
Deutsche Grammophon 324
Deutsche Hollerith-Maschinen Gesellschaft mbH (Dehomag) 254
Deutsche Industriewerke AG 108, 189
Deutsche Lufthansa AG (Lufthansa) 483
Deutsche Maschinenbau AG (Demag) 134, 267
Deutsche Reichsbahn 117–139, 258, 268, 334, 475, 480, 483, 491, 493
Deutsche Revisions- und Treuhand AG 183 f.
Deutsche Waffen- und Munitionsfabriken AG (DWM) 52, 58 f., 270
Deutsche Werft AG 216
Deutsche Gold- und Silber-Scheide-Anstalt vorm. (Degussa) 61, 111, 288
Dillinger Hüttenwerke 108
Dreilinden Maschinenbau GmbH 335, 340
Dresdner Bank 70, 73–76, 78–81, 83–90, 103 f., 111, 675, 683–685

Eisemann-Werke AG 325
Eisenwerke Oberdonau 674
Eisenwerk-Gesellschaft Maximilianshütte (Maxhütte) 198, 208
Ernst Heinkel AG 55, 184
Eugen Bauer GmbH (Filmprojektoren) 325

Felten & Guilleaume 325, 333, 344
Ferngasgesellschaft Saar 382

Flick-Konzern 194, 197 f., 204, 206, 208, 213, 216, 218, 851
Focke-Wulf Flugzeugbau 56, 61, 80, 171
Francolor 656
Fried. Krupp Grusonwerk AG Magdeburg 80, 216, 269

Gebr. Boehringer GmbH 270
Gebr. Borchers AG 230
Gelsenberg Benzin AG 206, 391
General Electric 325
General Motors Company 248, 249, 266
Gesellschaft für Elektro-Metallurgie Paul Grünfeld 230
Gesellschaft für Textil- und Lederverwertung mbH (Texled) 369
Gewerkschaft Mechernicher Werke 225
Gewerkschaft Vereinigung zu Leipzig 236
Gewerkschaft Zinnwalder Bergbau 236, 241
Graetz AG 324
Grün & Bilfinger (Mannheim) 303
Gutehoffnungshütte (GHH) 107 f., 112, 194, 197 f., 204, 208, 215–218, 247, 439

Hannoversche Maschinenbau Actien-Gesellschaft vormals Georg Egestorff (Hanomag) 216, 260, 337
Hansa Leichtmetall AG 806, 829
Harpener Bergbau AG (Harpen) 198, 204
Hartmann & Braun AG 329, 337, 345
Heilmann & Littmann (München) 303
Henschel & Sohn GmbH 133, 265, 269
Henschel-Flugzeugwerke AG 55, 81
Hermann C. Stark AG 230
Hermann Tietz, Hertie 364, 367
Herold GmbH 450
Hochofenwerk Lübeck AG 194
Hoesch AG für Bergbau und Hüttenbetrieb (Hoesch) 197 f., 204, 206, 208, 218, 260, 383
Horchwerke AG 249
Howaldtswerke AG 473, 811
Hydrierwerk Scholven AG 206

International Business Machines (IBM) 254
IG Farbenindustrie AG 29, 44, 49, 54, 59, 64, 96, 108, 111, 157, 171, 206, 230, 235, 275–285, 287–296, 379, 387, 389 f., 425 f., 448, 648, 656, 674, 677, 699, 796 f., 806 f., 845

Julius Berger (Wiesbaden) 303, 308
Junkers Flugzeug- und Motorenwerke AG 55, 80–82, 171, 184–187, 189, 259, 266, 269, 806

Karpaten Öl AG 849
Klangfilm GmbH 340
Klöckner-Werke AG (Klöckner) 108, 198, 204, 206, 208, 213, 218, 851
Kontinentale Öl AG 658
Krauss-Maffei AG 133, 247, 268
Krupp (Friedrich Krupp AG) 22, 45, 52 f., 58, 80 f., 108, 171, 194, 197, 204, 206, 208, 211, 215 f., 230, 235, 383, 581, 806 f., 831, 851
Kyriazi Frères 509

Linke-Hofmann-Busch-Werke AG 269
Lokomotiv- und Maschinenfabrik J. A. Maffei 249
Lorenz AG 51, 324 f., 332, 335 f., 338, 340 f., 344, 346, 447
Löwenbräu Brauerei 507, 510

Mannesmann Röhrenwerke 104, 107, 198, 204, 208, 218, 807
Mansfeld AG Metallgesellschaft 226
Maschinen- und Bahnbedarf AG 260
Maschinenfabrik Augsburg-Nürnberg AG (MAN) 57, 59, 63, 216, 246–249, 254, 258, 265, 269 f.
Maschinenfabrik Niedersachsen Hannover (MNH) 269
Mercedes Büromaschinen-Werke AG 259
Mercurbank 683–685
Messerschmitt AG 55, 58, 81, 186
Metallurgische Forschungsgesellschaft (Mefo) 22, 82, 108
Mitteldeutsche Motorenwerke GmbH 184, 189, 257
Mitteldeutsche Stahlwerke AG 198, 208
Mitteleuropäisches Reisebüro (MER) 482, 485
Mix & Genest AG 324 f., 332, 335, 346
Mühlenbau und Industrie AG (MIAG) 269

Neckermann Wäsche- und Kleiderfabrik 367, 369
Norddeutsche Affinerie AG 224, 806 f.
Noris Zünd-Licht AG 325
Norsk Hydro 796, 806

Oberschlesische Hydrierwerke AG 207
Orenstein & Koppel AG 260
Osram 324 f., 332 f., 337, 339
Österreichisch-Alpine Montangesellschaft 212 f., 672, 674 f.
Ost-Faser GmbH 368 f., 658 f.
Ostindustrie GmbH (Osti) 860
Otavi Minen-Eisenbahngesellschaft 241

Philipp Holzmann AG 300, 303
Philips 325, 333, 336, 343
Phönix GmbH 450
Phrix-Gruppe 357
Porsche 248, 262
Portland-Cementwerke Heidelberg-Mannheim Stuttgart AG 112
Prager Gewerbebank (Živnostenska banka) 88, 685, 700
Preußische Elektrizitats-Aktiengesellschaft (Preußenelektra) 376, 378
Preußische Bergwerks- und Hütten-Aktiengesellschaft (Preussag) 103

Radio AG D. S. Loewe 329 f., 332, 335, 342
Reemtsma 506 f.
Reichs-Kredit-Gesellschaft AG 71, 74, 79, 81 f., 150
Reichswerke AG für Erzbergbau und Eisenhütten „Hermann Göring" 74, 78–80, 107 f., 113, 156, 160, 194 f., 201, 207, 209, 211–214, 218, 259, 271, 318, 425, 604, 672–675, 677, 685, 687, 699, 851, 869
Renault 771
Rheinische Metallwaaren- und Maschinenfabrik AG, Rheinmetall-Borsig AG 53, 59, 61, 212, 246 f., 259, 267, 270
Rheinisch-Westfälische Elektrizitätswerke (RWE) 111, 376, 379, 381 f., 386 f., 389, 431, 438, 806
Rheinisch-Westfälisches Kohlen-Syndikat (RWKS) 138, 196, 380 f., 388, 390
Robert Bosch GmbH 108, 112, 180, 324–329, 332–338, 340, 342–345
Rohstoffgesellschaft AG (Roges) 775, 777 f., 785, 790 f.
Royal Dutch Shell 281
Ruhrchemie AG 54, 59
Ruhrgas AG 381–384, 388

Sächsische Textilmaschinenfabrik vorm. Richard Hartmann AG 255, 258
Schluchseewerk 438
Siebel Flugzeugwerke 184 f., 189
Siemens 22, 51, 58 f., 62, 65, 108, 171, 324 f., 327–329, 331–345, 447, 590, 609, 807, 851
Siemens & Halske 51, 324, 333 f., 345 f., 609
Siemens-Schuckert-Werke 324, 332–335, 344
Simson & Co KG 247, 260
Škoda-Werke 265, 269
Standard Oil of New Jersey (Esso) 278, 281, 285
Steinkohlen-Elektrizitäts AG (Steag) 380
Steyr-Daimler-Puch AG 266, 269–271, 674 f., 679

Stoewer-Werke AG 257
Sturm (Zigarettenhersteller) 506

Telefunken Gesellschaft für drahtlose Telegraphie mbH (Telefunken) 51, 63, 324 f., 328 f., 333, 335 f., 338–341, 344, 346, 463 f.
Terra Film 456 f.
Thomas Cook 473
Thyssen-Gruppe Tonbild Syndikat (Tobis) 454, 456 f., 459
Thyssengas 381–384, 388 f.
Trillke-Werke GmbH 180, 335, 338, 342
Trumpf & Co. 183, 270

Underwood Elliott Fisher Co. 259
Union Rheinische Braunkohlen Kraftstoff AG 391
Universale Hoch- und Tiefbau AG (Wien) 303
Universum Film AG (UFA) 457, 459
Unterharzer Berg- und Hütten GmbH 225

Varta-Werk 340
Vereinigte Aluminiumwerke AG 223, 677, 829
Vereinigte Deutsche Metallwerke AG 182
Vereinigte Eisenbahn-Signalwerke GmbH 324, 340
Vereinigte Elektrizitätswerke Westfalen (VEW) 376
Vereinigte Glanzstoff-Fabriken AG (VGF) 355 f.
Vereinigte Industrieunternehmungen AG (VIAG) 212, 259, 675, 684
Vereinigte Stahlwerke AG (VSt.; VESTAG) 56, 59, 105, 107 f., 158, 171, 197 f., 204, 206 f., 210–216, 218, 673–675
Vereinigung elektrischer Specialfirmen (VES) 329, 331
Verwertungsgesellschaft für Montanindustrie 180, 259
Vogtländische Maschinenfabrik AG (Vomag) 269
Volkswagenwerk 247, 262, 266, 270, 282, 498
Vulkan AG 81

Wanderer-Werke AG 246, 249, 254 f., 258, 264–266, 269
Werner & Pfleiderer GmbH 258, 270
Weser Flugzeugbau GmbH 189
Westdeutsche Kaufhof AG (Kaufhof) 364
Wilhelm-Gustloff-Werke 53
Witkowitzer Eisenwerke 213
Woolworth 362

Zentrallagergemeinschaft für Bekleidung GbR 367
Zeppelin-Werke 45

Ortsregister

Aachen 45, 336, 381, 383
Altenberg 236
Amsterdam 459, 720, 768
Anhalt 724
Antarktis 433
Argentinien 752
Arnheim 768
Asien 260, 426, 650
Athen 827, 833 f.
Atlantik 433, 473, 746, 778, 784, 875
Auschwitz 100, 283, 288–292, 295 f., 339, 427, 577, 858 f.

Bad Eilsen 56
Bad Nauheim 487
Baden 357, 437 f., 491
Baden-Baden 487, 491
Balkan 569, 692, 757, 819–825, 835
Baltikum 579, 846, 851, 858
Bamberg 354, 483
Bayern 285, 357, 406, 472, 481, 483, 487, 490, 493, 691
Belarus, Weißrussland 659, 846, 851
Belgien 89, 129 f., 137, 174, 208 f., 267, 269, 368, 458, 477, 569, 571 f., 576, 579, 657, 765–771, 773 f., 777–789, 791, 824, 830
Berchtesgaden 478, 487
Berlin 21, 31, 38, 45, 49, 51, 53 f., 59 f., 75 f., 79–81, 85 f., 123, 169, 181, 183, 239, 249 f., 256, 257, 259, 270 f., 290, 300, 303, 311, 324, 327, 329, 332, 335 f., 338 f., 344–346, 360, 362–364, 385 f., 450 f., 457, 460, 464 f., 487, 491, 502, 507, 558, 574, 577, 618, 625, 654, 660, 677, 684, 688, 694 f., 710, 716–719, 723, 725–729, 731–733, 765 f., 772 f., 775, 779, 783 f., 790, 795, 806–808, 810, 831, 835, 846 f., 853, 874
Białystok 846
Bitterfeld 157, 160, 309
Bochum 216
Bodensee 438, 481
Böhmen 78, 87 f., 137, 212, 265, 391, 457, 572, 652, 691 f., 694–701, 703–706, 708–713, 758, 823, 868
Böhmisch-Leipa 345
Bonn 196
Bor 824, 829
Brandenburg 256, 268 f., 305, 357, 550
Brasilien 358, 751

Braunschweig 52, 60, 212–214, 461
Bremen 81
Bremerhaven 473
Breslau 344, 361, 461, 465, 731–733
Bromberg (Bydgoszcz) 846
Brüssel 130, 136, 766, 769 f., 774, 776, 781 f.
Bückeberg 402
Bulgarien 571, 574, 820, 826, 830

Chemnitz 246, 255, 605
Chicago 873
China 255, 585
Ciechanow (Zichenau) 846
Coburg 332

Dänemark 138, 414, 465, 572, 575, 579, 655, 742, 782, 793 f., 796–806, 809–813, 815–817, 839
Danzig 89, 128, 131, 846
Darmstadt 59 f.
Den Haag 459, 647, 654, 756, 768, 776, 814
Dessau 55, 81, 725
Dortmund 56, 196, 385
Dresden 57, 344, 506, 727
Duisburg 56, 205, 210
Düsseldorf 53, 100, 137, 259
Dyhernfurth 285, 292

Eifel 224, 481
Elbe 181, 672
Elsass 195, 271, 656, 786
Ems, Emsland 432
England, s. Großbritannien
Erfurt 259, 338
Erzgebirge 327
Essen 52, 86, 127, 216, 303, 378, 535
Esslingen 188

Finnland 240, 793, 571, 801 f., 811
Forchheim 345
Frankfurt am Main 75, 303, 325, 329, 332, 343, 345, 727, 731–733
Frankreich 89, 129 f., 137 f., 174, 208 f., 212, 242, 249, 254, 263, 267, 269, 277, 285, 287–290, 299, 301, 310, 313, 338, 368, 391, 414, 458, 477, 485, 489, 499, 570–572, 575–578, 641, 643, 647, 653 f., 656 f., 662, 685, 692, 694, 698 f., 712, 739, 746, 751, 754, 760, 765–768,

770–774, 776–781, 783–787–791, 815, 824, 830, 839, 849, 873, 875
Freiburg im Breisgau 177, 184

Gaggenau 256
Galizien 846, 849
Gebweiler 345
Gendorf 285
Genshagen 256, 270 f.
Gießen 767, 769, 771, 775
Göttingen 60, 837
Griechenland 572, 658, 819 f., 822 f., 825–828, 830–835, 860
Grimma 53
Großbritannien; England 13, 46, 58, 65, 130, 138, 242, 254, 263, 266, 277, 336, 338, 350, 358, 433, 465, 474, 485, 489, 492, 499, 599 f., 611, 634, 642, 645, 647, 650, 657, 694, 698 f., 712, 739, 742, 746, 751 f., 754, 782, 798, 825, 850, 873

Hamburg 224, 465, 506, 716
Hameln 402
Hannover 340
Harz 224, 480, 487
Heiligendamm 474
Hessen 345, 382, 730
Hildesheim 180 f., 335, 338
Hof 345
Hüls 287 f., 292

Island 433
Italien 12, 137, 208, 267, 301, 338, 368, 406, 470, 473, 478, 489, 554, 569, 572, 574, 578, 580 f., 647, 649, 657, 694, 746, 752, 780, 819 f., 822, 825–831, 834, 836–840

Japan 186, 255, 331, 433, 569, 650
Jugoslawien 658, 819, 822–830, 834
Jütland 797, 812

Kaprun 431, 688
Karlsruhe 270
Kärnten 668, 675
Kassel 722
Kattowitz 846
Kaukasus 392, 658
Kiel 52, 62, 216
Kleinmachnow 335
Knapsack 389

Koblenz 500
Köln 71, 180, 344, 385, 389, 722
Königsberg 131, 718
Kopenhagen 796 f., 813
Krakau 89, 344, 576, 846, 850, 854
Kreta 833
Kroatien 574, 819, 826–830, 834 f.

Lampertheim 730
Lateinamerika, s. Südamerika
Lausitz 355
Leipzig 88, 236, 247, 344, 719
Lemberg 846
Leuna 278, 280 f., 287, 390
Linz 212, 551, 673–675, 677, 687
Litauen 846
Lodz (Łódź), Litzmannstadt 340, 342, 344 f., 369, 846
London 399, 719, 822
Lothringen 33, 195, 199, 203 f., 209, 213, 656, 786
Lublin 576 f., 846, 860
Ludwigshafen am Rhein 44, 287, 292, 294
Lünen 380
Luxemburg 209, 213, 768

Magdeburg 80, 189, 216, 226
Mähren 78, 87 f., 137, 213, 265, 457, 572, 577, 652, 691 f., 694–700, 703–706, 708–711, 713, 758, 823, 868
Makedonien 830
Mannheim 303, 327, 332, 334, 344 f.
Mansfeld 224 f., 230, 236
Mauthausen 674
Meppen 53
Mitteldeutschland 187, 287, 327, 338, 344, 387, 390 f., 431, 868
Mitteleuropa 86, 88, 349 f., 399, 413, 424, 427 f., 442, 643 f., 648, 709, 744, 844
Mittelmeer 473, 500, 822, 825, 831
Monowitz 90 f., 859
Muglitz 45
München 60, 75, 123, 249, 300, 303, 360, 448, 457, 483, 492, 507, 510, 602, 605, 645, 693 f., 698

Neuruppin 305
Neustadt an der Saale 339, 345
New York 490, 873
Niederdonau 668 f., 671 f., 675
Niederlande 89, 129, 137 f., 174, 208 f., 267, 269, 285, 325, 362, 383 f., 391, 456, 458–460, 492,

469, 571 f., 576 f., 579, 653, 657, 692, 739, 745–747, 752, 760, 765–772, 774, 776–780, 782–791, 815, 824, 830, 861
Niederschlesien 236, 240, 285, 344 f., 357, 381
Nordafrika 571
Nordeuropa 34, 138, 338, 354, 414, 649, 653, 655–657, 664, 742, 750 f., 793, 802, 861, 873
Nordsee 473
Normandie 662
Norwegen 33, 138, 200, 203, 209, 301, 431, 433, 473, 571 f., 577, 664, 780, 782, 793–817, 861
Nürnberg 57, 94, 114, 169, 265, 276, 288, 291 f., 295, 300, 344, 446, 608, 626, 629, 722, 725

Oderdonau 668, 674 f., 680
Oberhausen 439
Oberpfaffenhofen 60
Oberschlesien 78 f., 89, 126, 128, 195 f., 206 f., 224 f., 256, 381, 577, 608, 846, 851
Obrigheim 271
Oklahoma 279
Oppach 345
Oslo 794, 796 f., 806, 813
Österreich 46, 69, 75 f., 78, 84, 86 f., 123, 212, 265 f., 289, 303 f., 314, 332, 391, 406, 410, 431, 441, 457, 482, 490, 543, 647, 667 f., 672, 675–688, 691, 726, 742, 748, 822
Osteuropa 86, 88, 342, 289, 414 f., 423, 567, 574, 590, 644, 657, 675, 682, 707, 713, 742, 791, 793, 823, 844, 846, 849, 851–853, 855 f., 858, 861
Ostland 78, 89, 342, 846 f.
Ostmark 202, 476, 482, 667–670, 672–681, 686–688
Ostpreußen 396, 408, 846
Ostsee 456, 473 f.

Paris 130, 136, 460, 683, 685, 720, 766, 770 f., 776, 789, 824
Pfalz 382, 502
Polen 84, 88, 125, 127 f., 174, 196, 240, 265, 288 f., 365, 369, 415, 458, 465, 571 f., 574–576, 579, 590, 604, 652, 656, 658, 677, 765, 830, 843 f., 846 f., 849–860, 873
Portugal 240, 473, 571, 756, 760
Posen 89, 128, 131, 344, 369, 846
Potsdam 310
Prag 88, 213, 460, 472, 685, 694 f., 698, 704, 706, 710, 720, 731
Preußen 99, 404, 435, 437, 452
Prora 474

Radom 846 f.
Ravensbrück 339, 369, 609
Reval 344
Rhein 181
Rheinland 140, 169, 450
Riga 342, 344
Rostock 55
Rotterdam 81
Ruhr, Ruhrgebiet 80, 125, 138–140, 194–196, 201, 203, 211, 287, 374, 380–382, 390, 430, 451, 673, 675
Rumänien 391, 425, 574, 647, 752, 757, 760, 824, 826, 835
Rüsselsheim 266
Russland 249, 327, 413, 416, 643–645, 850

Saar, Saargebiet, Saarland, Saarpfalz 195, 202, 204 f., 208, 381, 500, 502
Sachsen 88, 224, 249, 270, 327, 344, 357, 481, 593, 691
Salzburg 668, 675 f.
Salzgitter 107, 200 f., 203, 211–213, 425 f.
Schkopau 287, 292
Schlesien 196, 235, 691
Schluchsee 437 f.
Schorfheide 435
Schwäbische Alb 473
Schwarzwald 437, 480, 487
Schweden 33, 199 f., 203, 331, 465, 571, 742, 752, 755, 793, 796
Schweinfurt 270
Schweiz 96, 104, 331, 457, 571, 716, 739, 746 f., 758
Serbien 572, 819, 826–830, 834 f.
Skandinavien 336, 500, 569, 661, 747, 793 f., 810
Slowakei 137, 574, 694, 712
Sömmerda 53, 259
Sowjetunion 8, 65, 77, 124 f., 131, 133 f., 149, 177, 249, 269, 339, 391, 414–416, 427, 458, 512, 561, 571 f., 575 f., 579, 585, 590, 601, 605, 608, 634, 649, 651, 657–661, 692, 744, 757 f., 783, 796, 813, 830, 835, 843 f., 846–848, 850–853, 857 f., 860, 873
Spanien 240, 266, 500, 571
Stalingrad 559, 574, 606, 661, 705
Steiermark 560, 668, 675
Stettin 461
Stuttgart 344 f.
Südafrika 358, 486
Südamerika, Lateinamerika 260, 354, 649 f., 747, 751

Sudetenland 76, 78, 87 f., 202, 240, 304, 457, 694
Südeuropa 573, 713, 793, 819
Südosteuropa 12, 26, 87, 137, 266, 354, 414, 427, 511, 573, 649, 644, 647–650, 657, 661, 675, 682 f., 686, 707, 713, 745, 750–752, 756, 819, 821–826, 828, 830, 834 f., 839, 861

Texas 279
Thessaloniki 832 f.
Thorn (Toruń) 846
Thüringen 270, 327, 338, 357
Tilburg 768
Tirol 668, 675
Tschechien, Tschechoslowakei 174, 212, 265, 289, 310, 312, 492, 570, 647, 651 f., 656, 677, 685, 691–702, 704–706, 709, 711–713, 822, 830, 868
Türkei 358

Ukraine 78 f., 89, 135, 414, 416, 608, 658, 660, 844, 846, 851, 853
Ulm 344
Ungarn 173, 572, 574, 609, 647, 820, 826
USA, Vereinigte Staaten 8, 11, 46, 149, 221, 224, 249, 254, 263 f., 266, 331, 338, 358, 362, 391, 463, 485, 489, 492, 509, 599 f., 611, 641, 650, 657, 663, 711, 739, 743, 746 f., 751 f., 873

Vichy 575, 770, 790
Vorarlberg 668, 675

Walsum 205, 389
Warschau 466, 476, 846, 856, 859 f., 862
Wartheland 369, 846
Weißrussland, s. Belarus
Wesel 730
Wesseling 391
Westeuropa 13, 34, 89, 137 f., 249, 289, 354, 414, 458, 567, 574, 580 f., 583, 604 f., 653, 655–657, 661, 664, 692, 742, 750 f., 758, 765 f., 768, 771–773, 775–780, 783 f., 786, 788 f., 791, 823 f., 836, 838 f., 861, 873
Westfalen 109, 140, 196, 198, 225, 344, 357
Wien 59, 86 f., 332, 668, 675 f., 679 f., 682–686, 688, 726, 827
Wiesbaden 487, 781
Wilna 846
Wuppertal 336
Württemberg 270, 335, 357, 377, 385
Wutachschlucht 437 f.

Sachregister

Angestellte 55, 103, 185, 305, 401, 470, 477 f., 500, 523, 537, 547 f., 557, 564, 592, 598, 618 f., 622, 796

Anreiz, -setzung 18, 20, 30–32, 40, 97, 114, 120, 127, 136, 158–160, 173, 197, 205, 210, 217 f., 228, 231 f., 264, 312, 355, 377 f., 380, 389 f., 403, 434, 445, 531, 557, 594 f., 599, 620, 671, 688, 742, 747, 756, 776 f., 785, 793, 810, 852, 876

Arbeitslosigkeit, -lose 4, 12, 19 f., 25, 122, 251, 285, 305–309, 314, 351, 353, 448, 453, 489, 521, 527, 529–531, 569, 573 f., 583, 591, 593–597, 599, 610, 615–618, 620, 627, 631, 657, 743, 809, 812, 833

Arbeitszeit 184 f., 358 f., 528, 562, 632, 706

Arisierung 83–86, 96, 105, 112–114, 194, 218, 259 f., 288, 330, 332, 352, 360, 362–365, 367, 656, 672, 678 f., 686, 699, 715–717, 719, 721, 832

Armut, Bedürftigkeit 414, 594, 616, 620, 631

Auftragsverlagerung 37 f., 175, 269, 740, 756, 762, 773, 776 f., 780, 787, 795, 800 f., 808, 817, 832, 839

Ausbeutung 13 f., 107 f., 194, 218, 229, 236, 276, 289, 395, 407, 415, 442, 564, 590, 631, 649, 655, 671, 688, 692 f., 707, 740, 758, 760, 762, 766, 773, 790 f., 793, 798 f., 801, 819, 827 f., 830, 835, 838 f., 844 f., 849 f., 857, 873 f.

Ausfuhr s. Export

Autarkie, -politik 5–7, 11, 27, 30, 32 f., 43, 46 f., 93 f., 107, 113, 146, 149, 155–161, 163 f., 166, 178, 203, 221, 223, 226 f., 232, 237, 242, 279, 281–284, 309, 355, 407, 409, 424, 427, 432, 434, 440–443, 447, 454, 486, 489 f., 499, 526 f., 530, 649, 667, 673, 676, 684, 687, 748, 761, 822, 843, 867 f., 870

Bauern, Landwirte 5, 306, 396–407, 409–411, 413, 415 f., 439, 449, 513, 526, 575 f., 591 f., 600, 646, 648, 668–672, 810, 830, 850

Baumwolle 25, 349 f., 354 f., 357–359, 427, 751, 754

Beamte 30, 46, 62, 103, 119, 128, 165, 363, 470, 477, 500, 534, 537, 542, 547–549, 571, 573, 613, 615, 622, 627, 681, 696, 730, 766, 770, 790

Bedürftigkeit s. Armut

Benzin, Treibstoff 28, 37, 54, 59, 82, 121, 126, 178, 206 f., 228, 263, 276, 278–281, 284 f., 287, 290, 292, 390–392, 411, 425, 428, 869

Bergarbeiter, -mann, -leute 203, 205, 217, 430, 615

Beschlagnahme, Requisition 120, 312, 345, 410, 774 f., 782, 803, 831 f., 838

Bewirtschaftung 6, 24–26, 30, 32, 34, 36 f., 126, 199, 317, 338, 343, 353, 358, 362, 365 f., 368, 490, 647, 668, 672, 682, 687, 695, 742, 745, 768, 771–774, 781, 785, 825, 848, 876

Blei 221, 224 f., 227, 233, 235, 238 f., 829

Boykott 332, 361–363, 454, 695, 719–722, 744

Brot 409, 508, 510, 529, 535, 580, 855

Butter 404, 409, 477, 534, 810

Clearing 34, 358, 365, 583, 649, 654, 663 f., 744–747, 752–756, 765, 783–785, 795–801, 803, 805 f., 811, 816, 821 f., 825, 835, 840, 874 f.

Denkschrift, Memorandum 5, 27 f., 39, 77, 108, 118, 120, 177, 181, 233, 293, 309, 409, 652, 669, 680, 698, 823 f.

Deportation 137, 498, 572 f., 575, 607, 629, 678, 686, 730, 733, 779, 843, 853, 857–859, 861

Deutsche Arbeitsfront (DAF) 185, 262, 282, 311, 360, 412, 448, 471, 473–475, 477, 479 f., 498 f., 525, 534, 541 f., 545, 549 f., 552–558, 563, 604, 621 f., 634, 728

Dirigismus s. Lenkung

Dünger, Düngemittel 139, 278, 284, 379, 389, 411, 427, 441 f., 670, 674, 788, 796, 802, 806, 809, 811, 850 f.

Eigentumsordnung, Sozialisierung 4, 6, 11, 18, 100, 102, 193, 280, 354, 416, 445, 668, 687, 708

Einfuhr s. Import

Einkommen, -sverteilung 11, 13, 152, 350, 402 f., 412, 449, 465, 478, 480, 488 f., 495, 497, 519, 521–531, 533–535, 537, 593, 595, 599, 613, 627, 633, 681, 749, 815, 872

Einzelhandel 84, 350–352, 354 f., 361–364, 366 f., 369–371, 404, 466, 590, 598, 679, 727–729

Elektrizität, Strom 103, 329, 332–334, 373–390, 392, 430 f.

Engpässe 5, 27, 38, 40, 44, 49, 53, 57, 66, 123, 125, 127, 130, 158, 199 f., 210, 222, 232, 241, 257, 265, 267, 306, 350, 366, 368, 373, 377,

383, 392, 410, 413, 431, 493, 497, 499, 511, 585, 704, 748, 772, 778, 785, 788, 795, 876
Ersatzstoffe 26 f., 33, 49, 163, 232, 278 f., 286, 338, 342, 350, 374, 379, 424, 426, 430 f., 442, 537, 750, 868, 870 f.
Erwerbstätigkeit 235, 591, 594, 596 f., 610, 627
Expansion 76, 79, 86 f., 89 f., 157, 194, 209, 212, 214, 242, 255, 289 f., 401, 448, 474, 499, 541, 571, 639, 644, 648 f., 671, 673, 675, 677, 686, 688, 699, 843, 846
Export, Ausfuhr 19, 26, 37, 222, 245, 252, 254–257, 259–261, 266, 289, 323 f., 326, 330 f., 338 f., 355, 365, 464, 648, 713, 731, 739–744, 747, 750, 753, 755, 759–761, 776, 796, 800–802, 807, 810, 822, 828 f., 831, 836, 845, 859, 870
Exportförderung 255, 647, 742, 744–748, 755

Fette, Öle 7, 24, 28, 399, 403 f., 406, 412, 427, 432 f., 508, 529, 534–536, 671, 869
Fleisch 412 f., 415 f., 432, 529, 534–536, 788 f., 810
Forstwirtschaft 436, 795 f.
Fürsorge 620, 623 f., 626, 629–631, 633, 635

Gas, Ferngas 153, 373–375, 381–384, 386–388, 392, 772
Generalplan Ost/Südost 407, 631 f., 660, 692, 823
Genossenschaften 71–73, 76 f., 82 f., 87, 305, 377, 385, 400, 416, 519, 522, 728, 731, 848, 850
Germanisierung 265, 646, 652, 678, 683, 686 f., 697, 699–702, 712, 844
Gewinne 3, 73, 77, 89, 90, 102, 114, 164, 181, 189, 217, 255, 265, 281, 301 f., 317, 331, 361–363, 370, 457, 459, 569, 650, 657, 674, 679, 703, 707, 776, 832, 851, 876
Gold, -reserve 221, 513, 647, 682 f., 719, 741, 743, 748, 752 f., 760, 782 f., 831
Großhandel 358, 466, 848

Handelskammern 549 f., 675, 719, 723, 726, 728 f., 796
Handlungsspielräume 11, 84, 90 f., 94, 97, 113, 193, 211, 218, 282 f., 295, 301, 313, 321, 343, 455, 488, 564, 586, 697, 815
Handwerk, Handwerker 39, 70, 299, 302 f., 306 f., 312, 573, 618 f., 643, 675, 678, 705, 713, 723, 728, 787, 853, 857
Haushalte (private) 23, 304, 326, 349 f., 367, 378, 382, 384–386, 392, 447, 464, 466, 511, 513, 536, 593, 596, 670
Höchstpreise 403, 479, 526

Humankapital s. Know-how
Hunger 414, 521, 580, 585, 618, 659, 661, 789, 830, 833, 845, 855–857, 873

Import, Einfuhr 24–27, 30, 33, 107, 162, 178, 199–203, 221 f., 224, 227 f., 233–235, 238, 241, 255, 260, 279–281, 324, 349, 353, 355, 358, 371, 389 f., 402–404, 406, 415, 426–428, 430, 432 f., 477, 497, 500, 514, 526 f., 529, 536, 571, 647–649, 657, 670, 672, 682, 701, 739–762, 775, 784 f., 788, 798–802, 805–811, 816, 822, 824 f., 830 f., 836, 850–852, 859
Improvisation 140, 524, 546 f., 563, 825
Industriearbeiter, -innen 522, 524 f., 534, 543, 556, 592, 597, 602, 604, 610, 627, 705, 712
Industrieproduktion 21, 30, 145–147, 275, 662, 680, 771, 786 f., 805, 811, 832, 850 f.
Inflation 165, 362, 458, 515, 526, 528, 530, 573, 583, 654, 657, 743, 755 f., 777, 830, 835, 855, 876
Infrastruktur 20, 23, 55, 89, 132, 299, 304 f., 313, 321, 326, 426, 594, 616, 798, 802–804, 812, 815, 817, 839, 871
Innovation 43–45, 48 f., 57, 59, 63, 65, 66, 350, 426, 870
Interessenpolitik, -verbände, Lobbyismus 4, 29, 70, 73, 94, 106 f., 109 f., 113, 396, 399 f., 402, 480, 484, 491, 505, 521, 543, 619, 675, 680
Investitionen 8 f., 18, 22, 28, 33, 80, 117 f., 121 f., 145–148, 150–166, 174, 179, 181, 184, 201, 206 f., 210, 215, 217, 227 f., 237, 240 f., 254, 264 f., 268, 271, 279, 281 f., 284, 295, 304 f., 309–311, 331, 379, 390 f., 411, 413, 428, 457, 670, 676, 679, 698, 703, 709 f., 804, 807, 817, 850, 853, 867–869

Juden 85, 96, 104, 114, 137, 289, 339, 360, 363 f., 452, 490–492, 534 f., 561, 567, 569, 572, 577, 605, 609, 624, 629, 631, 661, 678, 700, 715–722, 724–734, 743, 828, 851, 853, 855–860, 862

Kali, -salz 101, 387 f., 424, 430
Kalorien 412 f., 534, 536, 788, 802, 854, 873
Kapitalismus, Finanzkapitalismus 9 f., 95 f., 100, 371, 402, 443, 445, 498, 591, 693
Kapitalmarkt 74–76, 80, 157 f., 163 f., 181, 207, 710, 875
Kartell, Kartellierung 37, 133, 195–197, 218, 225, 234, 294, 325, 329, 333 f., 337, 402 f., 450, 765, 867

Kartoffeln 140, 398, 412 f., 415 f., 529, 535 f., 580, 734, 789, 851, 855, 861
Kaufkraft 82, 353, 479, 489, 491, 573, 583, 670, 680 f., 777, 786, 816, 835, 860
Kautschuk 25, 121, 221, 258, 260, 275, 278–280, 283–288, 290, 293 f., 296, 379, 426 f., 758
Know-how, Humankapital 104, 160, 173, 272, 278, 284, 584, 752, 778, 873
Kolonien 399, 641, 645, 650, 751
Konkurrenz 79, 83 f., 89, 118, 181, 183, 194 f., 201, 203, 207, 209, 212, 214 f., 225–227, 277 f., 328, 333, 342, 356, 371, 376, 382, 401 f., 411, 445, 447, 464, 484, 490, 564, 645, 676–678, 681, 703, 709 f., 828, 849, 870
Konjunktur, -politik 9 f., 19 f., 22, 63, 73, 77, 121 f., 146, 203, 207, 210, 232, 250 f., 254, 299, 303, 324, 328, 330, 337 f., 353, 359, 384, 395, 429 f., 442, 480, 487, 524, 527 f., 532, 544, 551, 615 f., 619, 812
Konsumgüter, -industrien 23 f., 31, 33, 37, 162, 164, 172, 199, 336, 353, 469, 477, 495–500, 502, 510–513, 523 f., 534, 537, 545, 570, 592, 597, 602, 688, 713, 745, 749 f., 756, 768, 779, 787, 849, 872, 876
Kontingent, Kontingentierung 26, 30 f., 37, 107, 123 f., 132, 135, 157 f., 160, 162–165, 193, 199, 202, 205, 210, 212, 217, 229, 257–260, 266, 268, 318–321, 358, 364, 433, 450–452, 512, 537, 609, 611, 703, 744, 747, 778, 795, 850
Kraftwerk 203, 378 f., 381, 387, 389 f., 392, 430 f., 474, 688, 787
Krankheit, Erkrankung 133, 187, 290, 412, 495, 504, 529, 581, 584, 605, 613, 618–620, 622 f., 626, 630 f., 633–635, 854
Kriegsgefangene 205, 289, 307, 340, 427, 451, 458, 460, 535, 568, 576–581, 590, 601 f., 604, 608, 661, 670, 674, 680, 706, 788–790, 803–805, 809, 829 f., 832, 838
Kunstfasern, -seide 161 f., 237, 349, 352, 354 f., 366, 427

Landwirte s. Bauern
Lebensstandard 10, 14, 27, 33, 416, 477, 489, 497 f., 500, 510, 512, 519–522, 528–530, 532–534, 536, 538 f., 655, 661, 824, 872
Lenkung, Dirigismus 17 f., 23–26, 30–36, 60, 107, 127, 130, 136, 158–160, 164, 193, 197, 199, 205, 207, 218, 267, 367, 390, 402, 432, 445, 457, 472, 477, 529 f., 545, 598, 647, 649, 653, 675 f., 694–696, 702–708, 711, 713, 744, 765, 769, 772–774, 776, 790, 794

Lobbyismus s. Interessenpolitik
Löhne 128, 301 f., 315 f., 321, 327, 359, 410, 454, 477, 519, 521–524, 527, 530 f., 544, 573 f., 583, 681, 706 f., 800
Luftwaffe, Luftfahrt 28, 35, 44 f., 55, 60 f., 63, 81, 176, 189, 266, 285, 295, 335, 341, 367, 443, 679, 812

Manager, Management 93, 103, 110–112, 169, 185 f., 276 f., 279, 289 f., 294, 328, 342, 344, 364, 370, 485, 584, 674 f., 677–679, 688, 695, 698, 700–702, 704, 709 f., 713, 723
Marine 35 f., 48, 51 f., 61–63, 156, 176, 249, 259, 278, 367, 811 f.
Marktordnung 120, 333, 375, 377, 395 f., 400–404, 410, 668
Massenfertigung, -produktion 28, 173, 187, 191, 264, 338, 498, 679, 870
Massenorganisation 401, 480, 550, 556, 624, 697
Memorandum, s. Denkschrift
Mittelstand 4, 24, 60, 105, 267, 270, 328, 352, 356 f., 361, 484, 619, 643, 659, 679
Monopol 119, 126, 181, 214, 333, 335, 376–378, 402, 455 f., 459, 571, 574, 683 f., 750
Munition 5, 8, 35, 52, 57, 134, 148, 156, 169 f., 175, 177, 180, 217, 221, 231, 258, 267 f., 270, 431, 570, 811, 854, 861

Nationalsozialistische Volkswohlfahrt (NSV) 480, 607, 624–627, 635

Öle s. Fette
Organisation Todt (OT) 32, 299, 301, 307, 310, 312 f., 316 f., 537, 774, 778, 790, 795, 797, 803–805, 809, 812, 815, 838

Panzer 5, 51, 57 f., 169 f., 177, 180, 188, 216, 259, 266, 268 f., 310, 334, 338, 341 f., 353, 674, 704, 756, 759
Pfadabhängigkeit 18, 636
Preisregulierung, -bildung, -politik 30, 157 f., 163, 193, 205, 317, 385, 404, 526 f., 706 f., 795, 805 f., 810
Produktivität 11, 35, 132, 145 f., 170, 173 f., 176, 184–186, 189 f., 205 f., 214, 218, 224, 238, 396, 411, 415, 417, 670 f., 676, 680, 710 f., 777, 791, 794, 805, 807, 810, 835, 855, 862
Propaganda 7, 9, 128, 250 f., 262, 308, 336, 352, 397, 400, 412, 414, 441, 445, 452, 460–465,

471, 480, 483, 498, 500, 502, 512, 514, 532, 538, 594, 610, 624, 636, 641, 722, 765, 858
Protektionismus 5, 279, 403, 482, 739, 743 f., 746

Rassenhygiene 504, 595, 623, 626, 631
Rassenpolitik, -ideologie 3, 110, 128, 289, 295, 407, 454, 590 f., 613 f., 626, 629, 670, 843, 861
Rationalisierung 35, 128, 174, 185, 224, 320, 327 f., 375–377, 410, 471, 474 f., 592, 676, 708
Rationierung 24, 365, 404, 410–412, 512, 533 f., 539, 633, 769, 805, 810
Reichsarbeitsdienst (RAD) 408, 432, 596, 599, 602
Reichsautobahn 9, 12, 22, 117–122, 154, 263, 299, 308–312, 314, 319, 321, 440 f., 486, 491, 621
Reichsbank 22, 27, 30, 34, 73, 77, 82, 104, 121 f., 353, 405, 583, 655, 680–683, 741, 743, 745, 747, 752, 766, 783, 790, 821, 839, 875
Reichskreditkassen, -scheine 34, 655, 774, 783, 795, 834, 838, 875
Reichsnährstand (RNS) 253, 395, 400–404, 406 f., 409 f., 412, 415, 428, 439, 551, 668–671, 687
Reichsstelle 23 f., 27, 31, 37, 61, 229, 343, 365, 367, 373, 378, 399, 403, 437, 593, 770, 772–774, 848
Requisition s. Beschlagnahme
Rohstoffmangel 232, 338, 342, 356, 537
Rüstungsindustrie 35, 78 f., 82, 88, 136, 138–140, 149, 151, 155–157, 159, 161, 163 f., 169, 171 f., 174–179, 182, 184, 186, 188–190, 215, 259, 267 f., 271, 314, 334, 383, 386, 562, 632, 723, 748, 839, 868, 870
Rüstungsproduktion 5, 33, 35–39, 51, 77, 80, 105, 108, 113, 146 f., 156 f., 165, 169, 171 f., 174 f., 177, 179, 183, 186, 191, 245, 263, 265, 268, 270, 334, 336, 341 f., 346, 570, 602, 605, 608 f., 694, 701, 703 f., 756, 777, 838, 844, 849, 852, 872

Saisonarbeiter 477, 578, 671, 753
Schiffe, Schifffahrt 57 f., 81, 126–128, 136, 140, 170, 177, 181, 216, 224, 245, 334, 353, 388, 437, 473, 478, 490, 492, 777 f., 800, 803, 808, 811 f.
Schleichhandel, Schmuggel 395, 472, 537
Schutzstaffel (SS) 32, 39, 59, 111, 261, 291, 313, 360, 369, 427, 438, 441, 493, 510, 513, 537, 546, 559, 563, 577 f., 584, 586, 628, 652, 659 f., 675, 719, 723, 783, 790, 849, 857–860
Schwarzmarkt 312, 411, 413, 513–515, 534, 537, 539, 580, 670 f., 758, 775, 781, 784 f., 830, 854 f., 875

Schwefel 806 f., 823, 831
Sozialisierung s. Eigentumsordnung
Sozialismus 17 f., 113, 471, 473, 494, 543
Staatsausgaben, -haushalt, -verbrauch 10, 21–23, 108, 283, 396, 620, 784, 805, 814–816, 872
Stahlerzeugung, -produktion 28, 79 f., 194–197, 207 f., 210, 212–215, 230
Steuern 20, 22, 164, 250 f., 281, 307, 334, 448, 453, 457, 495, 499, 503, 505 f., 525, 533, 654, 657, 675, 678, 724, 781, 784, 813, 815 f.
Stickstoff 55, 278, 284, 287, 389, 411, 674, 677, 806
Stilllegung 188, 232, 235, 266, 268, 272, 304, 320, 574, 670, 679, 787, 853, 856
Strom s. Elektrizität
Strukturwandel 73, 95, 145, 351 f., 371, 452, 678, 713, 750, 868
Substitute, Substitution 157, 178, 203, 209, 222, 228 f., 232, 238, 242, 284, 371, 386 f., 390, 426, 533
Subventionen 20, 107, 121, 181, 199, 206 f., 215 f., 218, 225–228, 230, 232 f., 255, 262, 279 f., 285, 389, 450, 458, 470, 475, 529, 621, 670, 747, 757, 756 f., 805

Tabak 495 f., 503–509, 511–513, 592, 598, 768, 822 f., 831
Transaktionskosten 193, 688, 751, 814
Treibstoff s. Benzin

Verfügungsrechte 331, 669, 838
Vierjahresplan 5, 17, 25, 27–33, 35 f., 38, 47, 49, 56, 58, 61, 88, 94, 107, 149, 155, 178, 181, 199 f., 229 f., 233, 235 f., 257 f., 262, 279, 284, 295, 309, 314 f., 317, 343, 353, 360, 370, 373, 380, 383, 389, 392, 409, 415, 432, 439, 443, 499, 523, 527, 547, 550, 555, 597 f., 648 f., 655, 658, 683 f., 748, 765, 793, 795–797, 826 f., 848 f.
Volksempfänger 336 f., 386, 463 f., 498, 532
Volksgemeinschaft 83, 299, 384 f., 398, 439, 471 f., 477 f., 480 f., 498, 502, 545, 550, 554, 556, 560, 564, 567, 601, 604, 615, 636, 687 f.

Währung, -spolitik 4, 22, 27, 225, 323, 353, 371, 513–515, 583, 642, 648, 651–653, 655, 676, 680–682, 686, 742, 756, 768, 782 f., 795 f., 824 f., 834, 837, 869, 876
Wechselkurs 354, 583, 680 f., 707, 747, 755 f., 777, 782, 785, 825
Weizen 396, 398, 403, 751, 788, 861

Welthandel, -markt 5, 27, 113, 225 f., 228 f., 233–237, 249, 255, 257, 277, 279, 285, 323, 328, 330, 346, 356, 358, 371, 390, 424, 428, 492, 649, 657, 709, 713, 748, 750 f., 821, 869 f.

Weltwirtschaftskrise 19, 54, 81, 96, 102, 109, 113, 145 f., 151, 154, 199, 203–205, 207, 221, 223–226, 234 f., 242, 248–252, 255, 279 f., 315, 324, 326–328, 330 f., 336, 353, 396, 429 f., 452, 455, 497, 499, 508 f., 521–525, 530, 544, 574, 593, 610, 617, 620, 632, 646, 650 f., 657, 670, 683, 709, 713, 716, 739, 741, 743, 748–751, 759

Wettbewerb 6, 31, 83, 85, 99, 120, 126, 158, 196 f., 206, 210, 225, 228, 286, 377, 382, 386, 445, 459, 484, 569, 687, 708, 713, 743, 747

Wirtschaftsgruppe, Reichsgruppe 24–26, 31, 34, 36–38, 49, 70 f., 107, 109, 147, 153, 224, 232, 245, 251–253, 258, 267 f., 302–304, 320, 329, 333, 335, 340, 343, 354, 357, 360, 475, 483, 488, 660, 662 f., 675, 696, 700, 770 f., 849

Wirtschaftsordnung 17, 32 f., 39, 193, 693, 771, 867

Wirtschaftspolitik 3, 8, 10, 17, 22 f., 38 f., 74, 90, 94, 109, 148, 166, 223, 235, 237, 299, 329, 355, 368, 392, 401, 482, 520, 642, 646, 658, 695, 797, 819 f., 827, 849, 852, 861, 867, 870

Wohnung, -sbau 20, 150 f., 153, 160, 164, 304, 310–312, 316, 319, 334, 474, 557, 634, 729, 855 f., 871 f.

Wolfram 221–223, 232, 236, 240 f., 754, 758, 760

Wolle 25, 221, 349 f., 354, 358 f., 366, 427, 768

Zahlungsverkehr 453, 744, 753 f., 784

Zahlungsbilanz 221, 433, 482, 683, 742

Zellwolle 158, 161–163, 349, 352, 355–360, 362, 371, 427, 676 f., 710, 870

Zentrale Planung, Zentralplanwirtschaft 17, 36, 40, 711 f., 772

Zink 57, 221 f., 224–227, 232–236, 238 f., 425 f., 829

Zinn 25, 222–224, 227, 230–232, 235 f., 238, 240 f., 426

Zoll, Zölle 226, 324, 338, 396, 398 f., 505 f., 514, 644, 647, 650 f., 655 f., 670, 677, 706 f., 709, 756 f., 796, 799, 824

Zucker 388, 496, 506, 529, 534, 536, 810, 855, 869